O PROCEDIMENTO ADMINISTRATIVO DE AVALIAÇÃO DE IMPACTO AMBIENTAL

Para uma Tutela Preventiva do Ambiente

LUÍS FILIPE COLAÇO ANTUNES

O PROCEDIMENTO ADMINISTRATIVO DE AVALIAÇÃO DE IMPACTO AMBIENTAL

Para uma Tutela Preventiva do Ambiente

Dissertação de doutoramento em Direito do Ambiente (Ciências Jurídico-Políticas) pela Faculdade de Direito da Universidade de Coimbra

LIVRARIA ALMEDINA
COIMBRA – 1998

TÍTULO: O PROCEDIMENTO ADMINISTRATIVO
DE AVALIAÇÃO DE IMPACTO AMBIENTAL
PARA UMA TUTELA PREVENTIVA DO AMBIENTE

AUTOR: LUÍS FILIPE COLAÇO ANTUNES

EDITOR: LIVRARIA ALMEDINA – COIMBRA

DISTRIBUIDORES: LIVRARIA ALMEDINA
ARCO DE ALMEDINA, 15
TELEF. (039) 851900
FAX (039) 851901
3000 COIMBRA – PORTUGAL

Livrarialmedina@mail.telepac.pt

LIVRARIA ALMEDINA – PORTO
R. DE CEUTA, 79
TELEF. (02) 2059773/2059783
FAX (02) 2026510
4050 PORTO – PORTUGAL

EDIÇÕES GLOBO, LDA.
R. S. FILIPE NERY, 37-A (AO RATO)
TELEF. (01) 3857619
1250 LISBOA – PORTUGAL

EXECUÇÃO GRÁFICA: G.C. – GRÁFICA DE COIMBRA, LDA.

MAIO, 1998

DEPÓSITO LEGAL: 123674/98

À memória do Tio Bernardo

À belíssima Maria Filomena

Aos meus amigos do séc. XVI
— por me permitirem viver com algum bom gosto e sensibilidade

NOTA PRÉVIA

Esta dissertação de doutoramento foi depositada no dia 11 de Outubro de 1996 na Faculdade de Direito da Universidade de Coimbra e defendida no dia 9 de Junho de 1998.

A tese de doutoramento de Leibniz foi *De casibus perplexis in jure* (1666), enquanto Kant pretendeu resolver de uma vez por todas o problema da convivialidade humana com *Zum ewigen Frieden* (1795).

Quando o direito "existe", a elegância é a de Kant. Quando o direito não "permanece", senão na pluralidade dos interesses, a elegância é a de Leibniz.

Apesar das profanações *deste tempo,* e também por isso, o texto original mantém-se inalterado, salvo pequenas correcções formais decorrentes do regresso ao convívio com o texto imposto pela preparação das provas públicas (defesa). Até porque entendo que as afirmações contidas nesta publicação continuam a saber exprimir cabalmente tudo o que de facto deixam entender.

Por último, uma advertência. Este trabalho não tem Mestres, nem é fruto destes ou daqueles Claustros. É apenas o resultado do estudo e da persistência de um *atleta do só,* que se recusa a "viver", para ser amável, no tempo do *Leopardo,* nem que para isso tenha de comer apenas morangos silvestres.

Porque me entendo como um cavalheiro procedimental, um justo agradecimento a dois extraordinários Professores: Massimo Severo Giannini e Joaquim Gomes Canotilho.

Abraveia, Maio de 1998

"Do meu 'Fausto' muito e pouco há a dizer"

J. GŒTHE

"O universal é o local sem os muros"

M. TORGA

"Dem Umsturz der Meinungen folgt der Umsturz der Institutionen nicht sofort nach. Vielmehr wohnen die neuen Meinungen lange Zeit im verödeten und umheimlich gewordenen Hause ihrer Vorgängerinnen und konservieren es selbst, aus Wohnungsnot"

F. NIETZSCHE

Parte I

PARA UM DIREITO PROCEDIMENTAL DO AMBIENTE

PRÉ-COMPREENSÕES: ARQUEOLOGIA DE UMA INIMIZADE

01. O direito ao ambiente como "saber humilde" de uma nova forma de habitar a terra

O povo Guarani guarda ainda uma memória e uma esperança. A memória do cansaço, do esgotamento da terra e a esperança de atingir, no fim de uma qualquer transmigração, uma Terra Nova, uma terra *sem mal*. Autêntica Terra prometida, onde leite e mel correm pelos rios, lugar apropriado para viver e espaço privilegiado para a redenção [1].

Esta memória e esta esperança não são um privilégio do povo Guarani mas de toda a condição humana. Com uma diferença, na identidade da memória, hoje como consciência de um desaparecimento pré-catastrófico, abre-se uma diversa forma de esperança, de escatologia. A palingenesia para que tendemos é projectada no tempo e não no espaço. O lugar onde se dá o "oikos" está em qualquer fragmento, em qualquer torrão desta terra próxima do esgotamento. Por isso, o mito da redenção, em desarmonia com a sua estrutura vital, rasga o véu do futuro, como tensão utópica, como antecipação palingenésica. Isto significa um futuro possível para uma terra que perdeu o encanto e viu a natureza reduzida a coisa, desprovida de qualquer essência e forma vital.

---

[1] U. GALIMBERTI, *La terra senza il male,* Milano, 1984, pp. 23 e ss.

Com efeito, o homem não foi sempre o devastador, o depradador da natureza. Em toda a idade cosmológica (cerca de dois milhões de anos até ao advento do Cristianismo) e, posteriormente, de forma mais limitada, na idade teológica (do Cristianismo ao Moderno), o homem desenvolveu, nas várias etapas civilizacionais, formas conviventes aceitáveis com a natureza [2]. As formas desta "convivialidade" passaram por uma relação dialógica com a natureza, por uma utilização "doce" dos recursos naturais. A natureza como organismo vivo, como *physis*, como lugar provido de sentido e não como coisa. A natureza era vista como "beleza" sensível, como centro de pulsões, de cores, de odores. Em suma, a natureza pensada como Epifania da harmonia, como lugar de inabitação do Logos, de formas geométricas, segundo uma tradição clássica de Pitágoras a Platão; clássico que permanece em Galileu e sobrevive nos nossos dias em Heisenberg [3].

Convivência apreciável, positiva, que soube inscrever a praxis humana no interior de "relações de relações" num complexo sistema vivente severamente selectivo. Sistema que o homem soube manter sem perturbações excessivas pelo menos até ao neolítico e à introdução da agricultura [4]. A afirmação taoísta e posteriormente heideggeriana (O homem de coração sensível forma uma unidade com o Céu e a Terra) não descrevia a totalidade do real, mas solicitava-o, indicava outros lugares e percursos para o futuro. O "habitar poeticamente a terra" [5] significa a circularidade da comunicação entre sujeitos, entre "tu", com o outro.

Na idade cosmológica (como período proto-histórico e posteriormente histórico-antigo e histórico-moderno) não há

---

[2] Para uma periodização das épocas do homem em cósmica, teológica e antropológica, cfr. S. Moses, *Système et Révélation*, Paris, 1982, pp. 48-49.

[3] Cfr. W. Heisenberg, *Fisica e filosofia*, tr. it., Milano, 1966, p. 59.

[4] M. Barbieri, *La teoria semantica dell'evoluzione*, Bologna, 1985, p. 38.

[5] A metáfora "habitar poeticamente a terra" é de Heidegger que a recupera de Hölderlin, cfr. Heidegger, *Saggi e discorsi*, tr. it., Milano, 1976, p. 119.

ainda uma autêntica "oikologia". Falta-lhe a constituição autónoma do sujeito, do sujeito como entidade autónoma (Hegel). Esta autonomia do sujeito, preparada por Sócrates, faz a sua entrada no palco da história com o Cristianismo [6].

Podemos concluir que o homem nunca habitou poeticamente a terra em sentido pleno, ainda que até ao esplendor de Péricles e depois de Sócrates, sobretudo até ao advento do Cristianismo, tenha mantido uma relação de discreta e amável convivência com a natureza.

É no período moderno que se introduz uma verdadeira ruptura epistemológica e paradigmática na relação do homem com a natureza. Nele se concretiza a linha antropocêntrica presente na idade cosmológica e emblematizada na figura de Sócrates [7]. É o "trágico" que aí vem. Esta evoluçao consolidou-se na fase teológico-medieval. Com efeito, o Cristianismo, ainda que mantendo o sentido cósmico do "belo", propiciou as condições para a ruptura do equilíbrio cosmológico numa dupla direcção. Seja segundo o racionalismo realista de S. Tomás, convertido à legalidade do sujeito, seja segundo o pessimismo antropológico e cósmico do agostinianismo, cujo fundo originário dualista e maniqueísta funcionou como separador do homem do mundo (espírito e matéria), dissolvendo a perspectiva de uma cooperação com uma natureza reduzida a contingência [8].

"Moderno", em termos heideggerianos, entendido como perda do "sagrado", do "encanto" em que o "homem" e a "terra" coabitavam. Em termos weberianos, confirmados sucessivamente por Loewith [9], o "moderno" surge como lugar e tempo

---

[6] Cfr. L. VALLE, "Ecologia, processo storico, sistema politico complesso", in *Il difficile governo dell'ambiente*, Roma, 1988, p. 26.

[7] M. HEIDEGGER, *Introduzione alla metafisica*, tr. it., Milano, 1979, pp. 154-155.

[8] A. N. WHITEHEAD, *La scienza e il mondo moderno*, tr. it., Torino, 1979, p. 90.

[9] K. LOEWITH, "Il disincanto del mondo", in *Tecnica e casistica*. "Archivio di filosofia", Padova, 1964.

de "desencanto", no qual a natureza é reificada pelo seu "assassino" [10], é reduzida a coisa.

É o redutivismo gnoseológico-epistemológico, é a forma de conhecimento que, perdendo a natureza como encanto, como o Outro, como Tu, a circunscreve a objecto de controlo, a preparar o advento de uma presença humana mais devastadora. Presença já não teorética, mas prática, tecno-prática.

Em suma, é graças a Heidegger que hoje estamos em condições de pensar que a hegemonia da técnica, como "imposição" e supremacia do Ocidente, foi preparada pelo vício teorético da onto-teologia, num percurso de conhecimento todo centrado num sujeito incapaz de dialogar e ouvir a linguagem do real, da natureza. Relacionando a forma de conhecimento objectivante-reificante com a separação do mundo da vida, temos a constituição do "trágico".

O mecanismo da ciência moderna não perde só a natureza como encanto e alteridade; perde-a também como vida, torna-a opaca, sem cheiro e cor, sem forma, é o mundo-máquina. A constituição da hegemonia da linguagem quantitativa [11] veio a manifestar-se de uma forma redutora, transformando o complexo em simples, o vivente em artifício, o organismo em máquina [12]. A descoberta do "trágico" como constitutivo do moderno dá lugar não só a uma crítica filosófica da ciência à Husserl e a uma crítica filosófica do homem à Pascal, Kirkegaard e Nietzsche, como também a uma crítica interna à ciência [13].

O "moderno" é duplamente trágico: ao lado de uma cisão entre a ciência e o mundo da vida, o "moderno" compreende uma força emancipatória e uma força destrutiva [14]. No

---

[10] Cfr. C. F. VON WEIZSÄCKER, *Para uma Nova Concepção Física do Universo,* tr. port., Coimbra, 1945, p. 221.

[11] A. SCHAFF, *Langage et connaissance,* Paris, 1974, p. 47 e ss.

[12] L. VALLE, *op. cit.*, p. 28.

[13] Cfr. M. GALZIGNA, "La fabbrica del corpo", in *Conoscenza e dominio,* Bertani, 1985, p. 63.

[14] C. F. VON WEIZSÄCKER, *op. cit.*, p. 217.

segundo caso, o "trágico" é também dialéctico à Pascal, como assistimos hoje, entre nós, com provinciano contentamento.

Por um lado, como força emancipatória, tem-se desenvolvido numa dupla direcção:

a) como emancipação do sujeito, da auto-consciência e da dialéctica do reconhecimento, até às relações de reciprocidade e às formas objectivas. Para quem heguelianamente a Polis moderna é o lugar de maturação da liberdade do homem, como *civis* universal e resultado de grandes processos de inovação: reforma protestante, iluminismo, revolução americana e francesa;

b) como realização de estruturas formais, de aparelhos burocráticos que traduzem o espírito do eficientismo, desde o plano epistemológico ao social e económico.

É graças a esta potência emancipatória, à sua eficiência, que o "moderno" permitiu o mais poderoso desenvolvimento das forças produtivas, tal como da técnica e da ciência, que a história conheceu.

Por outro lado, com a afirmação crescente da razão instrumental, com a irresistível afirmação do processo de "desencanto", verificou-se, paradoxalmente, um desejo de civilidade e uma consciência dramática das potencialidades destrutivas não só para o homem como para a biosfera. Pascalianamente poderemos dizer que o homem da técnica querendo atingir o "céu", corre o risco de acabar por invocar forças subterrâneas incontroláveis, demoníacas, aquelas mesmas que Freud ontologizava, transformando-as em princípio de morte, em *Thanatos*. Mesmo assim, a ambiguidade do moderno pode revelar-se produtiva, no pressuposto de que os contrários se opõem dialecticamente e se sintetizam numa transcendência de sentido e de valor. Como Heidegger sublinhou, a crítica da ciência e da técnica e da sua implacável actuação não pode assumir a forma de um estéril romantismo. Os prodigiosos meios e aparelhos do mundo da técnica são para todos nós, mais para uns do que para outros, indispensáveis, para não dizer que dependemos inteiramente dos produtos da técnica [15].

---

[15] M. HEIDEGGER, *L'Abbandono,* tr. it., Genova, 1983, p. 37. No filósofo da *Floresta Negra* a consideração do ser do homem *(Dasein)* como ser com *(Mitsein)* e a sua visão da técnica como algo essencialmente ambíguo resultam verdadeiramente lúcidas, aportando uma fundamentação válida ao paradigma ecológico. No *dasein* como no *mitsein* o homem é o ser que existe transcendendo-se, isto é, projectando-se sobre o mundo. O mundo não é um simples *onde* em que o homem *é.* O ser "no mundo" é constitutivo do seu ser; não se adiciona ao seu ser, antes o integra: a existência consiste em *ser no mundo.* Esta visão do ser do homem como *in der welt sein* conduz-nos à consideração da alteridade humana como elemento fundamental da própria existência do direito.

Para Heidegger a recuperação da temporalidade é fundamental para a "recuperação" do ser. Na medida em que a existência é para Heidegger temporalidade, esta não se dá no tempo, mas é o tempo. Na existência inautêntica vive-se um tempo empírico que constitui um contínuo estar fora do tempo, um contínuo estar fora de si. O homem, nesta situação, encontra-se permanentemente instado pelo presente. Heidegger tenta pôr fim à imperial supremacia do presente, recorrendo a outras dimensões do tempo (Cfr. M. OLASAGASTI, "Introducción a Heidegger", in *Rev. Occid.,* 1967, p. 167). Assim, o tempo originário da existência não é uma sucessão de momentos, mas a integração no presente do passado e do futuro.

O carácter ambivalente da técnica é outro aspecto da maior relevância em Heidegger. Para este autor (o que parece sublime e que procuraremos aproveitar quando abordarmos o tema da discricionaridade administrativa e epistemológica) a técnica não é meramente um meio, mas um modo de desocultar, de desvendar a vivência empírica (Cfr. M. HEIDEGGER, *Essais et Conférences*, Paris, 1958, p. 24). A partir desta consideração, Heidegger indica que a essência da técnica é ambígua. Tal ambiguidade assinala o mistério de todo o desocultamento, isto é, da verdade.

A essência da técnica é uma forma de superar o véu da ignorância, mas quando se "descobre" um aspecto da realidade ocultam-se outros — talvez os decisivos — e daí o perigo em que se converte a técnica (M. HEIDEGGER, *op. cit.*, p. 16). Mas é precisamente esse perigo que, segundo Heidegger, pode trazer a salvação, porque "onde está o perigo, aí surge a salvação", citando os conhecidos versos de Hölderlin: *Wo aber Gefahrt in ist, wächst das Rettende auch.*

Face ao carácter ambíguo da técnica, a atitude do homem deverá ser de serenidade perante as coisas e abertura ante o mistério. Esta atitude traduz-se fundamentalmente na recuperação do pensar meditativo *(das besinnliche Denker)* frente ao pensar calculador. Vistas as coisas deste modo, não se deve destruir nem absolutizar a técnica: "trata-se de dizer *sim* aos objectos técnicos e *não* a deixarmo-nos subjugar por eles" (Cfr. M. OLASAGASTI, *op. cit.*, p. 131).

A resposta heideggeriana à questão ambiental é a de subordinar tudo à urgência do habitar (cfr. R. SCHERER e ARION KELKEL, *Heidegger*, Madrid, 1975, p. 38). Mas fazer do mundo uma terra habitável leva-o precisamente a recusar radicalmente a razão moderna, uma vez que foi precisamente esta razão que forjou o mundo tal como se nos apresenta actualmente. Isto é, um campo de energias exploráveis até ao infinito e entregue a uma dominação sem objectivo (cfr. R. SCHERER / A. KELKEL, *op. cit.*, p. 22).

Contudo, para haver uma relação simples e segura com o mundo da técnica exige-se uma verdadeira metanóia. É a transformação do modo de ser do homem ocidental, o advento do pensamento como "Gelassenheit", como "abandono" [16], e não a recolocação de um humanismo convencional, que pode conduzir o homem à altura dos problemas que a técnica impõe.

O caminho a seguir é o do sapiente controlo das proposições e "provocações" da técnica e não o retorno ao rousseauniano bom selvagem ou ao wittgensteiniano silêncio iluminado [17]. Só depois da completa emancipação do sujeito e da objectiva radicalidade da técnica pode alcançar-se a filosofia matinal de Nietzsche, o límpido cântico do novo dia.

O ambiente como forma mais apropriada de exprimir esta "filosofia da manhã" não é uma reacção à História e ao Progresso ou o retorno ao *Nostos*. Não se dissolve, portanto, em mitologia do cosmos, em cosmologia. O "encanto" que o ambiente propõe é definitivamente pós-cosmológico.

"Habitar poeticamente" a terra não é um "habitar" simples. Naquele o "simplex" não é "sigillum veri" [18]. A sua verdade é a da riqueza das determinações conceptuais com que se pretende o "reencanto" da terra.

A razão ambiental pode, assim, manifestar-se como:

a) Saber disciplinar relacional, cuja apetência cognitiva sobre o território se exprime através da conexão das disciplinas que o constituem e ordenam. Da geologia à física, à botânica, à economia, à engenharia, ao direito do ambiente, ao urbanismo...

b) Filosofia, Weltanschauung não totalizante que deve inspirar os procedimentos autónomos das várias especialidades. Concepção processual, dialéctica, segundo a qual todo o

---

[16] M. HEIDEGGER, *op. cit.*, p. 38.

[17] L. WITTGENSTEIN, *Tractatus logico-philosophicus*, tr. it., Torino, 1964, prop. 6.54.

[18] L. VALLE, *op. cit.*, p. 30.

ente está em relação com outros entes num sistema global; ente que, por sua vez, é uma unidade complexa constituída por uma rede de relações [19]. Em síntese, o sistema global e local como realidade procedimental em permanente devir.

c) O ambiente como sabedoria. O ambiente como sabedoria significa a ecologia alargada à ética, o que pressupõe uma metanóia, um olhar à volta, uma inteligência mais profunda, mais sensível, mais ampla. Uma inteligência pura, não contaminada, como a filosofia da manhã de Nietzsche [20].

É este conhecimento altivo que permite rasgar o véu do real, a opacidade fenoménica, e reencontrar o esplendor do sujeito numa relação harmoniosa com a natureza. Não é necessário que todos os dias sejamos "santos", basta sermos sábios, portanto, éticos.

d) Como forma actual da crítica da economia política. Isto é, como crítica das formas historicamente determinadas, de modo que a complexa mudança na relação homem-natureza se articule desde a produção de mercadorias até à produção simbólico-cultural.

e) Como pedra de toque para a renovação dogmática do direito administrativo em geral e do procedimento em particular [21]. É o apontar para uma discricionaridade epistemológica, objectiva, onde a radicalidade impositiva da técnica pode ser o "vínculo no meio" que faltava ao juiz para romper o "véu da ignorância" e atingir o mérito.

É o procedimento administrativo como mediação ideal em que se condensam a dimensão técnico-instrumental, racional, estética e dramatúrgica da vida em sociedade, sempre e quando as proposições sejam aceitáveis por terceiros e possam ser objectivamente fundamentadas na base de uma relação

---

19 B. Commoner, *The Closing Circle,* New York, 1971, p. 127.

20 F. Nietzsche, *Umano, troppo umano,* vol. I, tr. it., Torino, p. 304.

21 Gomes Canotilho, "Procedimento administrativo e defesa do ambiente", in *R. L. J.,* ano 123, n.º 3802, 1991, p. 10.

plurisubjectiva [22]. Em suma, o procedimento como forma de legitimação material das decisões dos poderes públicos. O procedimento como meio de *agir comunicativo* de cidadãos livres e esclarecidos. O procedimento como meio de "defesa e reconstituição do *mundo da vida* ameaçado" [23].

A ecologia como logos e praxis inscreve-se na necessidade do "político". Tentando o grande "restauro" do edifício da Polis, da sua traça inicial, a ecologia confronta-se com a complexidade do "político" para, criticando a sua factualidade, projectar a transcendência.

A categoria de "sistema social complexo", como representação da efectiva situação do "político" contemporâneo, já não é aquela clássica de um Easton [24], nem aquela do funcionalismo à T. Parsons [25] ou mesmo a sofisticada teoria dos sistemas de N. Luhmann [26].

Para Luhmann o Estado moderno constitui-se através de uma dicotomia: entre o ambiente social, rico de complexidade e de "rumores" e o sistema institucional. O Estado Social tentou conciliar este dualismo, permitindo que a sociedade exprimisse as suas pulsões, os seus movimentos no sentido de uma dilatação das formas de representação e participação ao nível institucional.

Luhmann, ao contrário, enfrenta a questão com uma estratégia de tipo neohobbesiano, fazendo coincidir o pessimismo antropológico de Hobbes e a sua proposta de um "político" nominalista com a teoria dos sistemas complexos. O fun-

---

22 COLAÇO ANTUNES, "Metaestabilidade jurídica e procedimento administrativo: o procedimento como forma de soberania popular", in *Estado e Direito*, n.º 11, 1993, p. 51.

23 J. HABERMAS, *Teoria dell'agire comunicativo,* vol. II, tr. it., Bologna, 1986, p. 1072.

24 D. EASTON, *A System Analysis of Political Life*, New York, 1967, p. 84 e ss.

25 T. PARSONS, *The Social System*, London, 1951, p. 151 e ss.

26 N. LUHMANN, *Potere e codice politico,* tr. it., Roma, 1982. Todavia, a teoria do "sistema complexo" de Luhmann tem sido posta em causa pelo rigor interno da termodinâmica dos sistemas abertos ou pela mais produtiva epistemologização das ciências da natureza, numa óptica post-mecanicista.

cionalismo de Luhmann rompe com Parsons. Se este auspiciava uma integração forte entre os vários subsistemas que exprimem o social e o sistema institucional, já Luhmann pretende alterar a proporção entre os dois sectores. Para o autor germânico o sistema é assumido como valor, como *Nomos*, que vale pela sua funcionalidade, autodelimitação pura, separada dos subsistemas dotados de autonomia própria e sem qualquer relação (de representação) com o sistema institucional.

É nesta diferenciação funcional que o sistema encontra e selecciona as perturbações ambientais, reduzindo-as na sua complexidade, para, posteriormente, as ampliar ao introduzir no seu interior. O Poder assume aqui o carácter de função normativa metasistemática, produzindo regras, controlos, dispositivos procedimentais para que o Sistema não seja invadido por "flutuações" e "rumores" oriundos dos subsistemas. Estes, por sua vez, mantêm-se autofuncionais no seu "especialismo", e dotados de redes de inter-relações [27].

É o poder como nó górdio do sistema. É do vértice da sua auto-suficiência que se dá a legitimação dos movimentos sociais, o que significa tecnicização das decisões e dessubstancialização da democracia. Logo, na linguagem do paradigma da autopoiésis recentemente adquirido, isolamento auto-organizacional [28].

É precisamente este resultado hipersistematizador da teoria dos sistemas sociais complexos que está hoje posto em crise pela nova epistemologia das ciências da natureza. Com efeito, a nova teoria da informação (von Foerster, Atlan) e a termodinâmica dos sistemas abertos apontam para estratégias sociais dinâmicas, dialécticas na autotranscendência social e no autoprojecto criativo. Para estas teorias, os "rumores" e as "flutuações" da natureza e da sociedade não são

---

27 L. VALLE, *op. cit.*, p. 32.

28 N. LUHMANN, "The Self-Reproduction of the Law", in *Conference Materials on Autopoiesis in Law and Society*, European University Institute, Firenze, 1984, p. 32.

colhidos apenas como o "negativo" a exorcizar e reprimir. Antes podem dar lugar a sínteses sociais positivas, a informações mais autoconscientes, mais "autodirectas", logo a níveis de organização institucional mais inovadores [29].

Em termos de autopoiésis, a estabilidade das instituições prende-se com a fluidez das formas. A ecologia é então o saber, a praxis, que procura o restauro da Polis, em suma, o Direito do ambiente como Projecto.

Por um lado, como momento normativo "forte", relacional (no qual o "relacional", em contraste com o "sistémico", pretende indicar o reconhecimento das diferenças, da transcendência de sentido)" [30], adequado à representação do "político" como totalidade e ao ordenamento do território como rede complexa, feita de nexos, de interdependências em que a causalidade linear dá lugar a uma causalidade circular [31].

Por outro lado, como articulação de fluxos "doces" das mudanças naturais e sociais, logo também das microflutuações, das microprojectualidades, das práticas locais. Neste caso a refundação molecular do território encontra a filosofia "social".

Hoje, o "habitar poeticamente a terra" está em saber delinear um tecido humanista e comunitário das relações sócio-económicas. O lado humanista significa a recuperação da plenitude do sujeito, da pessoa, contaminada pela economia e pela massificação; o lado comunitário liga a auto-afirmação às relações de reciprocidade: a pessoa realiza-se na sua essência, enquanto centro de imputação de direitos e de relações com o Outro, como Tu.

O direito do ambiente, como praxis redentora e como forma de pensar a totalidade de relações, pode estar à altura da refundação da Polis. Desde os temas da sociedade (auto-

---

29 M. CERUTI, *Il vincolo e la possibilità*, Roma, 1986, p. 83.

30 A tese é de MAREN-GRISEBACH, "Philosophie der Grünen", in F. CAPRA e C. SPRETNAK, *La politica dei verdi*, tr. it., Roma, 1986, p. 29.

31 L. VALLE, *op. cit.*, p. 33.

gestão, auto-representação de formas de organização hegemónica, portanto, Tocqueville, Gramsci), às "relações", aos "mundos vitais" (Habermas) [32], na perspectiva de uma "nova aliança" entre o homem e a natureza.

Estas formas que se auto-apropriam dos espaços vitais exprimem-se e racionalizam-se com a centralidade da questão ambiental (que é também a fase da Informação, em que o oikos é a Forma, é a "In-formação"), como unidade complexa e dinâmica de relações, de cultura (o popperiano "Mundo Três", a teilhardiana "noosfera" [33]), de economia, de sociabilidade e juridicidade. Isto é, as chamadas formas transmercantilistas de A. Toffler [34] ou, talvez melhor, pós-mercantilistas.

O imperativo de uma nova cidadania comunitária, que o direito do ambiente reclama, não significa a recusa radical da organização do "buros", dos ordenamentos institucionais. Logo, nenhuma contraposição entre "Gemeinschaft" e "Gesellschaft", na dicotomia de Tonnies; portanto, nenhuma ironia à Musil para desmascarar as críticas ao mundo da precisão e da técnica. O que se pretende é fazer reencontrar os dois pólos, a auto-organização comunitária e os formalismos do mundo organizado. Só Weber, Taylor e Rathenau são superados, mas não refutados.

---

[32] J. HABERMAS, *Teoria dell'agire comunicativo,* vol. I, tr. it., *op. cit.*, p. 701. Mundo vital como lugar transcendental em que o sujeito comunicante e sujeito ouvinte se encontram, no qual podem avançar reciprocamente a pretensão de que as suas expressões se harmonizem com o mundo (objectivo, social, subjectivo) e no qual possam criticar e confirmar estas pretensões de validade, manifestar divergências e procurar o entendimento.

Para chegar aqui Habermas não aceita a explicação da patologia da modernidade nos termos de uma reificação (Lukács) ou de uma crítica da razão instrumental (Horkheimer e Adorno), porque este tipo de explicações identifica a totalidade social com o mundo da vida, absolutizando, num horizonte conscienciaIístico, o ponto de vista do agente, do sujeito activo.

É importante notar que, ao contrário de Luhmann, para Habermas o sistema está sempre ancorado ao mundo da vida, no qual encontra o próprio fundamento e sentido (do mesmo modo que para Husserl o mundo da vida representa o terreno originário de que brotam as objectivações do saber científico).

[33] G. RUFFOLO, *La qualità sociale*, Bari, 1985, p. 207.

[34] G. RUFFOLO, *op. cit.*, p. 169.

A técnica é indispensável. Deve, no entanto, ser revitalizada, reanimada pela mediação com o Eros (no sentido amplo, metapulsional), por forma a que as instituições não pareçam frias e cadavéricas e a Polis não se auto-apresente com a catastrófica incumbência de uma "gaiola de aço" [35].

Dupla necessidade, portanto, necessidade do "político" e necessidade da praxis ambiental como forma de apaziguamento entre o racional e o real, entre o princípio do prazer e o princípio da realidade [36]. O seu "agir" vem depois da filosofia do "suspeito", após Nietzsche, Darwin, Freud, após a "Finis Austriae", depois das novas hermenêuticas (Apel, Derrida, Gadamer), depois das novas epistemologias (Wittgenstein, Bachelard, Popper, termodinâmica dos sistemas abertos, construtivismo genético de Piaget), depois da pós modernidade.

Logo, a praxis ambiental como um novo olhar sobre a "Cidade da Razão", não totalizante, mas aberta, dialéctica e problemática. Isto é, como leito e margem da totalidade das linguagens, da "comunidade comunicativa" [37].

Superado o mecanicismo moderno, o reencanto da terra dá-se colocando de novo a dialéctica do agir comunicativo sobre as plantas, sem menosprezar que existe ainda uma parte da humanidade, a gramsciana parte dos "humildes", que não pode ser excluída do "bloco da redenção".

Daí a premência de um novo método, de um saber "humilde", num horizonte kantiano: como exigência de totalidade teorética e prática. Em suma, o direito do ambiente como "saber humilde" de uma nova forma de "habitar poeticamente" a terra.

---

35 M. Weber, *The Protestant Ethics and Spirit of Capitalism,* New York, 1958, p. 278.

36 A *praxis* ecológica não é, todavia, ontologia, redenção plena da história ou, ainda menos, mística da História. Cfr. L. Valle, *op. cit.*, p. 34.

37 Baptista Machado, *Introdução ao Direito e ao Discurso Legitimador*, Coimbra, 1990, p. 272 e ss., p. 300.

02. Do direito de destruir à revolta do objecto

Todavia, até lá, até esse admirável mundo novo, vivemos numa atmosfera cartesiana, onde a natureza, que não pensa, é relegada para a prateleira das coisas acessórias. *Mundus est fabula*. A folia do progresso e das *Luzes* faz-se acompanhar de desprezo pela matéria [38]. A natureza viva é abandonada aos poetas e Francisco de Assis, que vê uma parcela de Deus nos seres vivos, é um santo para as crianças [39].

O livro III do Código Civil representa um reflexo fiel desta filosofia. Nesta parte do Código Civil consagrada às coisas, o direito real, relação directa do homem com a coisa, exprime uma relação de submissão. O sujeito de direito é senhor do objecto e o seu domínio só vem contestado quando colide com outros direitos igualmente relevantes. De resto, o direito civil está ordenado em torno do direito de propriedade, o direito *príncipe dos direitos reais*, não sendo os outros direitos mais do que diminutivos ou capelas imperfeitas. Ora o direito de propriedade, tal como se nos apresenta no artigo 1305.° do Código Civil, deixa transparecer um extremo individualismo e um gozo pleno e exclusivo pelo proprietário. Não se repercute aqui, directamente, nenhuma ideia ligada à função social da propriedade, nem lá se contém uma cláusula geral, ainda que vaga, donde pudesse resultar uma limitação [40]. Quer dizer, o proprietário pode privar-se jurídica e fisicamente das coisas e mesmo destruí-las.

Esta filosofia encontra a sua exaltação na sociedade industrial. À sede de domínio acresce agora a volúpia do lucro. O entusiasmo geral pelo progresso leva a ignorar as por vezes

---

[38] Cfr. J. BUENZOD, "De l'Aufklärung au Sturm und Drang: continuité ou rupture", in *Studies on Voltaire,* vol. XXIV, Genève, 1963.

[39] M. RÈMOND-GOUILLOUD, *Du Droit de Détruire*, Paris, 1989, p. 12.

[40] MOTA PINTO, *Direitos Reais*, Coimbra, 1970/71, p. 233. Para uma visão mais contemporizadora, cfr. PIRES DE LIMA / ANTUNES VARELA, *Código Civil Anotado,* vol. III, 2.ª ed., Coimbra, 1984, p. 93; OLIVEIRA ASCENSÃO, *Direito Civil (Reais),* 4.ª ed., Coimbra, 1987, p. 213.

ásperas recriminações dos que protestam contra os danos ambientais provocados pela civilização industrial. Tais inconvenientes são mesmo julgados com uma indulgência verdadeiramente exemplar. Assim, não surpreende que um juiz da Nova-Inglaterra objecte, perante uma queixa de poluição provocada por uma refinaria, que "toda a gente sabe que nos aglomerados fortemente industrializados, a atmosfera é inevitavelmente impregnada de odores desagradáveis e de impurezas. É um desprazer que cada um deve suportar numa tal situação" [41]. No mesmo sentido um juiz americano sublinha que "para apreciar se os odores e os fumos das fábricas representam um prejuízo, as decisões jurisdicionais devem dar provas de um grande liberalismo em atenção aos industriais" [42].

O direito, como tudo o resto, é destinado a pôr-se em causa e a questionar este estado de coisas [43]. A concepção de coisa

---

[41] Strachan v. Beacon Oil Co., 215 Mass. 479, 1925, in RÈMOND-GOUILLOUD, *op. cit.*, p. 13.

[42] De Blois v. Bowers, 44 Fed. 2 d 621, 1930, 625, in RÈMOND GOUILLOUD, *op. cit.*, p. 14.

[43] A questão coloca-se quando o direito é confrontado com novos objectos, novos direitos, fragmentação dos interesses e pluralidade de sujeitos.

A fragmentação dos interesses é sobretudo diversidade de conteúdo dos interesses. A diversidade posta pela pluralidade de sujeitos e pela fragmentação cria problemas operativos ao direito (problemas de mediação e de composição de interesses) não superáveis com a simplificação da complexidade de Luhmann. A fragmentação dos interesses começa a colocar questões delicadas ao direito na medida em que este não está tecnicamente preparado para dar protecção a interesses que não se exprimem como poder (cfr. F. SPANTIGATI, "Intervento", in *Nuovi moti per la formazione del diritto*, Padova, 1988, p. 355). Interesses e direitos que só recentemente receberam reconhecimento jurídico-constitucional.

É, paradoxalmente, o regresso do sagrado ao direito, mesmo ao direito administrativo. O poder inteiramente secularizado perdeu a sua sacralidade, indispensável no direito feudal e útil no direito burguês. Nos ramos em que o direito foi modelado pelo poder, como o direito civil, é difícil encontrar vestígios do sagrado. O mesmo não sucede nos campos onde o direito é expressão de equilíbrio na realização dos interesses, como no direito administrativo. Aqui, as valorações jurídicas tornam a ter em conta a sacralidade.

O direito administrativo, como ponderação de interesses dignos de tutela e não de pressões, deve ter em consideração uma valoração axiológico-normativa dos interesses sociais. Isto inclui o sagrado, entendido aqui sobretudo como regresso à ideia ética e aos valores que devem presidir a uma comunidade de sujeitos, de

que nos oferece o Código Civil, está hoje em crise [44]. Limitada a uma simples relação de dominação do sujeito sobre a coisa, a visão dos direitos reais é claramente redutora. Não é, portanto, surpreendente que a mesma sorte esteja reservada, em princípio, a todas as coisas sem distinção, desde a matéria inerte ou viva até às coisas produzidas pelo homem.

Num contexto de obsessivo desenvolvimento, a cultura ambientalista começou por ser elitista e uma moda, associada às fantasias "hippies" e a uma contestação pitoresca da sociedade técnica e de consumo, até se converter na "questão social" do nosso tempo: a questão ambiental. O movimento sofreu do mal das palavras e de ideários mais ou menos transgressivos: soava a mais uma dessublimação repressiva das bem nutridas gerações dos anos sessenta [45] e setenta. Sofreu igualmente de

---

iguais. Em suma, o direito como instrumento do poder é totalmente secularizado, regressando ao sagrado com a pluralidade de interesses-sujeitos-de-dever-ser.

É como se partissem de novo do estado de natureza como *posição originária*, na qual a pluralidade de indivíduos, livres e iguais se põem de acordo sobre alguns princípios de justiça (cfr. J. RAWLS, *A Theory of Justice*, Cambridge, 1971). É um acordo necessário e racional, presidido por um *véu de ignorância* semelhante à *époché* de Husserl. Nesta posição o indivíduo bem pode ser um kantiano legislador universal disposto, através de uma acção comunicativa, a realizar uma justa ponderação de interesses.

44 V. M. VILLEY, "Les biens et les choses", in *Arch. phil. droit*, t. 24, p. 2.

45 Nesta altura surgiu um movimento contracultural, apelidado de eco-anarquismo, onde pontificavam Bookchin e Marcuse. Segundo Bookchin (cfr. M. BOOKCHIN, *The Ecology of Freedom: The Emergence and Dissolution of Hierarchy*, Palo Alto, 1982, p. 43. Lewis Herber é o pseudónimo com que Bookchin assinava alguns dos seus trabalhos. Cfr. L. HERBER, "The Problems of Chemicals in Food", in *Contemporary Issues*, n.º 3, 1952, pp. 206-241, citado por R. NASH, *The Rights of Nature: A History of Environmental Ethics*, Madison, 1989, p. 164) a ideia de que o homem está destinado a dominar a natureza é uma invenção da cultura humana assente no domínio do homem sobre o homem. Como solução Bookchin sustenta uma valoração positiva da técnica, na medida em que é o único meio de que o ser humano dispõe para alcançar a sua libertação e o equilíbrio ecológico. A tecnologia como veículo de transição das estruturas hierárquicas alienantes para a eco-utopia. O estado eco-utópico só é atingível, enquanto relação imediata do homem com a natureza, com a ajuda da técnica. Cfr. MURRAY BOOKCHIN, *Towards an Ecological Society*, Montreal, 1980, p. 189.

RACHER CARSON na sua obra emblemática (*Silent Spring*, London, 1963, p. 8) denuncia cruamente o desenvolvimento económico, que qualifica de selvagem, condenando a utilização indiscriminada de pesticidas e outro tipo de produtos químicos que, segundo ela, romperiam com a evolução natural do ambiente.

euforias excessivas, bem expressas nos ecologistas hostis a toda a actividade industrial, como se nos recomendassem um regresso às origens, ao bom selvagem rousseauniano. No plano jurídico alguns dos maiores êxitos do movimento ecologista serviram também para o desacreditar. Uma sentença do Supremo dos Estados Unidos suscita ironia quando manda embargar a construção de uma barragem em Tennessee Valley, porque estava em causa o desaparecimento de um pequeno peixe, o *snail darter* [46]. É obviamente uma vitória de Pirro.

Pouco a pouco o modo de pensar vai-se alterando com a consciência de que o ambiente faz parte do mundo vital do homem. Filósofos, juristas, cientistas, economistas, geógrafos, sociólogos, urbanistas alteram as suas atitudes, procurando outras formas de conceber as relações do homem com a natureza. Relêem-se os clássicos para que a coisa não se reduza necessariamente a um corpo material submetido ao domínio dos homens. Procura-se um Deus aristotélico menos sonolento e activo na defesa da natureza. Espera-se mesmo que os seres

---

Assoma aqui já a ideia de desenvolvimento sustentável, que mais tarde se haveria de banalizar.

Herbert Marcuse é, como se sabe, um dos membros ilustres da célebre "Escola de Frankfurt" onde marcavam presença Theodor Adorno, Max Horkheimer e o psicanalista Erich Fromm, entre outros.

Marcuse é o autor que, nesta escola de pensamento, mais criticou os efeitos perversos da civilização tecnocrática e industrial. O autor de *O homem unidimensional* oferece-nos uma visão antropológica do ambiente que podemos classificar, sem exagero, de biologizante.

A radicalidade do posicionamento de Marcuse relativamente à necessidade de uma "*nova técnica*" é visível na discussão sobre *Moral e política na sociedade opulenta* que manteve, entre outros, com o ilustre professor Lowenthal. Segundo Marcuse a opressão, que caracteriza o capitalismo avançado, é ilegal, é antijurídica.

Marcuse propugna na sua obra *Eros e Civilização* uma nova civilização onde o princípio da realidade não é outra coisa que o narcisismo. Movendo-se entre a utopia e a sociedade realizável, opina que os progressos tecnológicos das sociedades ocidentais criaram as condições para o advento de uma sociedade não repressiva, dirigida pelo princípio do prazer, que estenderá a presença do Eros a todos os campos da vida.

[46] J. SAX "Le petit poisson devant le grand barrage", in *R.J.E.*, nº 4, 1978, p. 368.

naturais, dispondo de um valor próprio, sejam capazes de se afirmar como sujeito jurídico [47].

Constata-se a aparição de uma nova dimensão da estética, mais profunda, que não se satisfaz com a superficialidade, exigindo-se agora a pureza tanto como a visão da pureza [48]. À corrida frenética pelo crescimento económico dos últimos decénios opõe-se agora a defesa do ambiente, à obsessão quantitativa de produzir mais, de consumir mais, opõe-se uma razão inquieta. Nas sociedades saturadas de superabundância existe agora a possibilidade de nos defendermos da "parte maldita". Esta parte maldita, que segundo George Bataille é preciso expurgar, não será antes a parte sagrada que é preciso preservar? [49]

Os homens de ciência estão inquietos tentando desvendar as veredas do próximo milénio. Vai-se mesmo mais longe, defendendo-se freudianamente que a protecção do ambiente, da natureza, é o sinal de uma nova ética que representará a sublimação do consumo esquizofrénico da natureza [50]. Botânicos e biólogos desde os anos trinta afirmaram um novo conceito, a ecologia, "ciência das comunidades", dos organismos vivos [51]. Nos anos sessenta captaram a atenção da opinião pública ao explicarem a degradação e destruição dos ecossistemas, pondo a nu as consequências da ruptura dos equilíbrios naturais [52].

---

[47] K. BOSSELMAN, "Eigene Rechte für die Natur? Ansatze einer ökologischen Rechtauffassung", in *K.J.*, 1986, p. 1.

[48] J. K. GALBRAITH, "L'autre dimension", in *Economie de l'Environnement*, Paris, 1975, p. 289.

[49] G. BATAILLE, *La Part Maudite*, Paris, 1967, citado por R. GOUILLOUD, *op. cit.*, pp. 21-22.

[50] R.- GOUILLOUD, *op. cit.*, p. 22.

[51] A palavra surge pela primeira vez quando o biólogo alemão E. HAECKEL, *Natürliche Schöpfungsgeschichte*, vol. II, Heidelberg, 1868, p. 354, propõe designar com esta expressão uma especialidade da zoologia, cujo objectivo seria a investigação "das correlações entre todos os organismos que vivem na mesma localidade e a sua adaptação ao ambiente circundante". Cfr. SERRANO MORENO, *Ecologia y Derecho,* Granada, 1992, p. 28, nota 13.

[52] P. LEBRETON, *La Nature en Crise,* Paris, 1988, p. 59.

A geografia procura e investiga também, ganhando cidadania na cena ecológica. A banalização do termo ambiente exprime o nascimento na opinião pública de uma consciência ecológica. Esta nova percepção do espaço faz-se acompanhar da consciência da sua fragilidade [53].

Em suma, o desenvolvimento cultural tem possibilitado, ainda que lentamente, que a consciência dos problemas ambientais deixe o areópago dos pensadores e penetre na esfera dos agentes sociais e da opinião pública, de modo a permitir um eco-desenvolvimento respeitador do ambiente como bem natural e cultural. É o tempo da contestação da lógica das coisas mortas.

É a vez dos juristas inscreverem nos muros da cidade a sua contribuição para a defesa do ambiente [54], nomeadamente através de novos procedimentos de impacto ambiental. Instituto este que pressupõe uma verdadeira revolução cultural dos juristas e da sociedade, na medida em que implica um desenvolvimento projectado e uma nova concepção ecocêntrica do ambiente. É o regresso às origens, ao direito natural. Concepção ecocêntrica em harmonia com a noção de interesse difuso, categoria que opera uma certa abstracção do sujeito titular do interesse meta-individual, oposto ao interesse individual de raiz proprietarista e garantística. Perspectiva ecocêntrica, reconduzível genericamente a concepções iusnaturalistas [55], que reclama um particular tratamento do ambiente "natural" por parte do direito positivo, em conside-

---

53 P. GEORGE, *Fin de Siècle en Occident: Déclin ou Métamorphose,* Paris, 1987, pp. 149-150.

54 Neste ponto são dignos de menção os contributos, por originais, de M. BOTHE, "Umweltschutz als Aufgabe der Rechtswissenschaft", in *Zeitschrift für ausländisches öffentliches Recht und Völkerrecht,* n.º 32, 1972, p. 483 e ss. e de L. H. TRIBE, "Ways Not To Think About Plastic Trees: New Foundations for Environmental Law", in *Yale Law Journ.*, vol. 83, n.º 7, 1974, p. 1315 e ss.

55 Cfr. P. ZECCHINATO, "La normatività della natura nella più recente filosofia italiana", in E. BERTI, *Problemi di etica: fondazione, norme, orientamenti,* Padova, 1990, p. 327.

ração a uma nova ética ambiental [56], pelo que se deveria reconhecer um valor *intrínseco* e *autónomo* ao ambiente [57], legitimador de *direitos — interesses-sujeitos-de-dever-ser.*

Porém, em boa verdade, tem prevalecido a concepção "antropocêntrica" de ambiente. Aqui, o homem vem posicionado como *prius* relativamente à natureza, como ser superior, dotado de razão e chamado a dominar e a apropriar-se da natureza, que deve servir como meio de satisfação das necessidades humanas, como "recurso" ou objecto de consumo. Esta relação entre homem e natureza é vista como uma relação entre o sujeito soberano e o objecto submisso. A lei que regula e define esta relação é a lei positiva redigida pela vontade humana, à qual corresponde uma ética da liberdade [58]. Ao antropocentrismo é intrínseca uma concepção substancialmente individualista e mecanicista do indivíduo e da sociedade. Esta radica numa longa tradição que tem as suas raízes na teologia hebraico-cristã [59] e se prolonga na filosofia do iluminismo. Concepção que se espelha na própria fórmula linguística de *Umwelt*, *environnement, environment, ambiente*, entendido como o mundo circundante do homem, ele sim, centro do mundo [60].

A esta concepção contrapõe-se uma nova concepção "ecocêntrica" do ambiente. Criticando a redução utilitarista do ambiente a mero "recurso", os defensores deste ecocentrismo

---

[56] Recentemente e numa linha idealista V. HOSLE, *Philosophie der ökologischen Krise. Moskauer Vortager,* München, 1991, p. 71.

[57] F. FORTE, *I diritti della natura,* Roma, 1991.

[58] J. LUTHER, "Antropocentrismo ed ecocentrismo nel diritto dell'ambiente in Germania e in Italia", in *Pol. dir.*, n.º 4, 1989, p. 673 e ss.

[59] É habitual apontar-se LYNN WHITE, "The historical roots of our environmental crisis", in *Science*, n.º 155, 1967, pp. 1203-1208, como o primeiro autor que imputa à concepção judaico-cristã da criação e das relações do homem com a natureza, as raízes profundas da crise ecológica. White imputa a esta concepção da história, caracterizada por uma confiança acrítica no progresso crescente e ilimitado e por uma visão do homem demasiadamente antropocêntrica, os males e angústias ambientais do nosso tempo.

[60] Sobre o conceito de *Umwelt,* cfr. HOPPE / BECKMANN, *Umweltrecht,* München, 1989, pp. 3-5.

propõem uma nova visão do ambiente como valor autónomo da própria "natureza". A relação entre homem e natureza é considerada um sistema ou uma dialéctica natural, resultado de circuitos sinergéticos e de regulações de um sistema ecológico complexo e omnicompreensivo que não deve ser manipulado pelo homem. Este não deve apropriar-se da natureza como mero objecto, devendo antes saber encontrar o seu lugar numa comunidade pacífica com o ambiente. O direito que pacifica o *oikos* deve ser substancialmente um direito objectivo e natural, que constitua a base de uma específica ética da responsabilidade do homem para com o ambiente. Este ecocentrismo corresponde, aliás, a uma concepção totalizante da sociedade [61]. Ele radica na filosofia clássica do romantismo e numa nova ética crítica [62], reflectindo-se mais na noção de natureza do que na de ambiente.

---

61 Os ecocentristas propõem, inclusive, o reconhecimento de direitos fundamentais à natureza, retomando os argumentos de uma antiga tradição do iusnaturalismo. *Ius istud non humani generis proprium, sed omnium animalium comune est,* sustentavam já o Digesto de Ulpiano, suscitando uma enorme perplexidade em Savigny, que considerava muito feio (übel) a atribuição do conceito de *ius* a uma coisa. Cfr. F. SAVIGNY, *System des heutigen römischen Rechts,* I, Berlin, 1840, p. 415.

62 Neste sentido cfr. J. LUTHER, *op. cit.*, pp. 675 e 676.

No nosso entendimento as posições ecocêntricas assentam fundamentalmente na "ética da terra" *(Land ethic)*. O precursor da *ética da terra* foi ALDO LEOPOLD na sua obra póstuma — *A Sand Country Almanac and Sketches Here and There,* Oxford, 1949, pp. 224-225. Leopold divide a história da ética em três fases: "na primeira, dominada pelo Decálogo judeu, o núcleo da moral é a relação do indivíduo com os seus semelhantes; na segunda, reconhecem-se obrigações ao homem face à sociedade; a terceira fase, que está para vir no Ocidente, consistirá numa ética centrada na relação do homem com a terra, os animais e as plantas que a povoam". Cfr. A. LEOPOLD, *A Sand..., op. cit.*, p. 238.

Segundo a *land ethic* a terra deve ver-se como uma comunidade de que se é membro e que, por isso, exige respeito e amor. A. Leopold, juntamente com outros autores como Albert Schweitzer e até o Heidegger da última fase, de certa forma precipitou na actualidade o movimento da *Deep-Ecology* (o homem como fruto da evolução natural).

O autor da expressão *Deep-Ecology* foi Arne Naess, no seu afã de se distanciar dos ecologistas superficiais *(shallow)*. Cfr. A. NAESS, "The Shallow and the Deep, Long-Range Ecology Movement. A Summary", in *Inquary,* n.º 16, 1973, pp. 95-100 e "Defense of the Deep-Ecology Movement", in *Environmental Ethics,* vol. 16, n.º 3, 1984.

Contudo, é preciso ter em consideração que toda e qualquer dicotomia é redutora, levando a posições extremas como a de um investigador norte-americano que se interrogava se não deveríamos reconhecer legitimidade processual a uma árvore [63], pressupondo-se, assim, a aquisição de personalidade jurídica de certos elementos naturais. Ou ainda a tese de certos autores que alvitram a possibilidade dos animais se apresentarem em juízo, "nomeando" para o efeito um representante como o menor ou o maior incapaz [64].

O problema está, no nosso entendimento, em prescrever um equilíbrio estável entre o homem e o ambiente numa nova relação entre o sujeito e o objecto. Melhor ainda, o objecto — o ambiente — não é qualquer coisa que está fora do sujeito, complementar, mas algo que integra e é constitutivo do sujeito, do homem, que faz parte do seu projecto de realização. É, no essencial, o *dasein* como *mitsein*, como *in der Welt sein.*

O âmbito espacial da *Deep-Ecology* é a bio-região. Nesta comunidade, a vida estrutura-se de acordo com os princípios do biocentrismo, da auto-realização e da presença espiritual.

[63] C. STONE, "Toward legal rights for natural objects", in *South. Calif. Law Rev.*, n.º 45, 1972, p. 450. Cfr. também STUTZIN, "Die Natur der Rechte und die Rechte der Natur", in *Rechtstheorie*, 1980, p. 344; K. BOSSELMAN, "Eigene Rechte für die Natur? Ansatze einer ökologischen Rechtauffassung", *op. cit.*, p. 7.

[64] F. CABALLERO, *Essai sur la Notion Juridique de Nuisance*, Thèse, Paris, 1981, p. 311; G. CASTIGLIONE, *I diritti degli animali,* Bologna, 1985, p. 79.

A inspiração destas posturas está, segundo cremos, no movimento da *Environmental Ethic*, que tem o seu fundador em TOM REGAN, *The Case for Animal Rights*, Los Angeles, 1983, para quem a ética ambiental se baseia no princípio do valor intrínseco da natureza. Regan propõe que os objectos naturais possam ser sujeitos de direitos morais.

Os pressupostos que a ética deve cumprir para que possa considerar-se propriamente ambiental são duas: "que se reconheça a existência de seres não humanos dotados de um estatuto moral; que o conjunto desses seres inclua não só os seres conscientes mas também alguns inconscientes (cfr. T. REGAN, "The Nature and Possibility of an Environmental Ethics", in *Environmental Ethics,* vol. 3, n.º 1, 1980, pp. 19 e 20).

A principal objecção que se pode colocar à *environmental ethic* está, precisamente, em admitir que nem todos os membros da comunidade têm um valor moral igual, uma vez que se estima que o valor do indivíduo é relativo e depende da sua conformidade com o ecossistema.

Entretanto, o nosso sistema jurídico tarda em oferecer uma solução ajustada, pese o enorme progresso feito entretanto, muito por influência do primado e do efeito directo do direito comunitário. O edifício jurídico é pós-moderno, um pouco à semelhança do *edifício de Pompidou*, em consequência do deficiente *drafting* legislativo onde tem penetrado com demasiada facilidade um discurso de engenharia social, uma espécie de colbertismo de auto-estrada. Não é fácil discernir através da proliferação dos textos legais, um corpo de regras jurídicas coerente, animado de princípios próprios, um pouco à semelhança da codificação noutros domínios do direito.

Exigir-se-ia um código do direito do ambiente, o que pressupõe um plano sistemático elaborado pela ciência jurídica, pondo em evidência os princípios comuns, as grandes orientações legislativas, os grandes nexos construtivos e funcionais, assim como a articulação precisa entre os diversos institutos e figuras jurídicas.

Está em causa, para além da modernização do sistema jurídico, uma verdadeira revolução cultural quanto ao modo de conceber e projectar a utilização dos recursos naturais em sentido lato, compreendendo o ar, a água, o solo, a energia e os minerais, mas também a paisagem e o ambiente construído pela acção do homem ao longo da história. Para a limitação da exploração destes recursos, os Estados, através do direito e da Administração Pública, estavam habituados a definir limites de polícia e contrapesos de tipo fiscal.

Parecem hoje óbvios os caminhos através dos quais a ciência e também a nova economia ambiental [65] vão mos-

---

[65] Esta nova disciplina vai adquirindo autonomia científica e didáctica. Cfr. entre outros, W. BAUMOL, *Economics, Environmental Policy and the Quality of Life,* Englewood Cliff, 1979; B. C. FIELD, *Environmental Economics: a Guide to Information Sources*, Detroit, 1979; M. M. EUFSCHMIDT, *Environmental, Natural Systems and Development: an Economic Valuation Guide*, Baltimore, 1983.

O princípio do desenvolvimento sustentável foi formulado pela *economia ecológica*, a partir de um dado empírico que se pode sintetizar da seguinte forma: *o crescimento verdadeiro é igual ao crescimento aparente, subtraída a diminuição patrimonial não contabilizada*. Cfr. S. MORENO, *Ecologia y Derecho*, *op. cit.*, p. 229.

trando a ilusão e o perigo do dogma da exploração plena dos recursos naturais. Menos visível é o fenómeno da crescente procura individual e colectiva de fruição e gozo de alguns bens naturais.

O turismo e, mais ainda, a tendência a nível mundial para a deslocação de grandes massas de população para zonas costeiras e temperadas, o chamado heliotropismo, conduzem a formas diversas de apropriação e deterioração da natureza e do ambiente [66]. Daí resultam evidentes perigos e contradições a respeito da protecção dos bens ambientais. O modelo desenvolvimentista tem vindo, todavia, a permitir estabelecer fundamentos e técnicas de programação de todo o tipo; desde a habitação, transformação fundiária, processo industrial, infra-estruturas, até à moderna planificação urbanística e ao ordenamento do território [67].

Não é, assim, surpreendente que nos Estados Unidos, zénite do capitalismo contemporâneo, tenha surgido nos finais dos anos 60 o sinal mais visível daquela revolução cultural a que já fizemos referência e que se traduziu no *National Environmental Policy Act*, uma lei mais conhecida por

---

A introdução deste princípio no sistema jurídico exigiria, em bom rigor, a revisão da Constituição, na medida em que se considere constitucionalizado apenas o princípio oposto do crescimento económico quantitativo. A solução do problema está, obviamente, numa justa tensão dialéctica entre a Constituição económica e a Constituição ambiental.

66 U. S. Council on Environmental Quality, *Global Future: Time to Act; Report to the President on Global Resources, Environmental and Population*, 1981.

67 Cfr., por todos, ALVES CORREIA, *O Plano Urbanístico e o Princípio da Igualdade,* Coimbra, 1989, p. 64 e ss; cfr. FREITAS DO AMARAL, *Direito do Urbanismo (Sumários),* Lisboa, 1993; *Id.*, "Ordenamento do território, urbanismo e ambiente: objecto, autonomia e distinções", in *Rev. Jur. Urb. Amb.*, n.º 1, 1994, p. 11 e ss.

Sem querer polemicar, devemos esclarecer que estamos mais próximos das teses do Professor de Lisboa, uma vez que Alves Correia avança uma compreensão do direito urbanístico excessivamente ampla, ao ponto de considerar o ordenamento do território um prolongamento do direito do urbanismo (p. 73). Cfr. sobre o tema, ANTÓNIO CORDEIRO, *A Protecção de Terceiros em Face de Decisões Urbanísticas,* Coimbra, 1995, p. 21 e ss.

NEPA [68]. Esta lei tem como pressuposto o dever dos cidadãos e do Estado de preservar o ambiente e propõe como mecanismo fundamental o *Environmental Impact Assessment* formalizado no *statement* final.

Com efeito, na fria linguagem normativa do *NEPA* descortina-se aquela linha cultural e científica que vê num diverso modo de "projectar o desenvolvimento" o meio essencial de salvaguardar o ambiente [69]. O "projectista" é chamado a abandonar a lógica absoluta da exploração e apropriação e a introduzir na técnica planificadora, e antes ainda na sua própria cultura, o valor ambiental. E como os maiores projectos de transformação fundiária, realizações industriais, empreendimentos turísticos têm necessidade de um acto administrativo autorizativo, muitas vezes expressão directa de uma acção ou de um programa estatal, o legislador estado-unidense endereça o seu comando imediato à Administração Pública. A autorização, concessão ou o financiamento de projectos públicos ou privados de grandes dimensões, com possíveis repercussões negativas sobre o ambiente, devem ser precedidos de uma avaliação específica do impacto ambiental. Esta avaliação é confrontada com outros efeitos — custos, ónus e benefícios sócio-económicos — do próprio projecto, antes do momento autorizativo e decisional.

Pressuposto de todo o procedimento administrativo autorizativo permanece o procedimento de avaliação de impacto ambiental, construído e documentado de modo que a avaliação ambiental seja imediatamente praticável. A isto acresce a obrigação da Administração exigir informações e observações a todos os sujeitos interessados, utilizando para o efeito a

---

68 N. Greco, *Processi decisionali e tutela preventiva dell'ambiente*, Milano, 1989, p. 21.

69 Sobre os aspectos científicos e problemáticos do desenvolvimento económico em relação aos problemas do equilíbrio ambiental, *The Limits to Growth: a Report for the Club of Rome's Project on the Predicament of Mankind* (obra colectiva), New York, 1979, referido por N. Greco, *op. cit.*, p. 21, nota 8.

velha forma anglo-saxónica do *hearing*, introduzindo, deste modo, o público no contraditório, representado frequentemente por associações ambientalistas totalmente autónomas do governo.

Vem, assim, accionado uma espécie de multiplicador cultural, capaz de agir sobre a formação e a técnica do "projectista", sobre a Administração Pública, o mercado e o público, sensibilizando-o a fornecer informações e contra-informações sobre os possíveis efeitos de um projecto no ambiente [70].

Poder-se-ia dizer que o capitalismo americano exportou para a Europa este modelo jurídico-cultural. O procedimento administrativo de avaliação de impacto ambiental foi adoptado, sob várias formas, nos Estados europeus e pela Comunidade Europeia nos anos setenta e oitenta. Em França, quando em 1976 se introduziu, através de uma lei geral sobre a protecção da natureza, os *études d'impact,* equivalente ao *Environmental Impact Assessment,* o Ministro do ambiente de então não deixou de afirmar, de forma iluminista, que se tratava de uma verdadeira revolução para os operadores económicos e para a Administração Pública [71]. Mais tarde, a elaboração cultural e política passou para a Comunidade Europeia, por força da ligação cada vez mais estreita entre o desenvolvimento económico e a tutela do ambiente. O processo de estudo e negociação que conduziu à Directiva 85/337/CEE, de 27 de Junho de 1985, foi longo, durando dez complicados anos. A sua transposição para os ordenamentos jurídicos nacionais deveria ter sido feita até 3 de Julho de 1988, precisamente três anos a contar da sua notificação, o que não veio a suceder em Portugal e noutros países.

Na altura própria procederemos à análise técnica da norma comunitária bem como à tentativa de construir um

---

[70] Cfr. W. A. ROSENBAUM, *Environmental Politics and Policy*, Washington, 1985, pp. 16 e 50.

[71] P. CHASSANDE, "La loi sur la protection de la nature et les études d'impact", in *Le Mounier,* 1977, p. 36.

procedimento administrativo padrão para a tutela preventiva do ambiente, que constituirá a *tête de chapitre* desta investigação. Salientemos agora apenas que a referida Directiva assinala um momento decisivo da tomada de consciência do legislador europeu da centralidade da questão ambiental e da necessidade de modificar profundamente concepções normativas, procedimentos administrativos, esquemas culturais e comportamentos dos agentes económicos e administrativos.

Os valores ambientais são múltiplos e complexos. Coenvolvem a natureza, a saúde, a cultura e a qualidade de vida, o que provoca frequentemente retóricas confusas, demagogias mal-humoradas e complicações burocráticas [72]. O procedimento de avaliação de impacto ambiental bem pode ser o instrumento técnico-jurídico de uma gradual e preventiva maturação do interesse ambiental, como interesse da colectividade, mas é preciso ter presente que de igual forma pode ser a ocasião e o pretexto para novas lógicas legitimatórias de um desenvolvimento precocemente tardio.

---

[72] Cfr. S. GIACCHETTI, "La valutazione di impatto ambientale (VIA): un nuovo strumento di governo dell'ambiente o un strumento di mistificazione?", in *Rass. giur. ener. elett.*, 1989, p. 601 e ss.

Capítulo I

TRIÂNGULAÇÕES PARA A INDIVIDUALIZAÇÃO DE NOVAS SITUAÇÕES JURÍDICAS

1. Noção jurídica de ambiente

O ambiente pertence a uma daquelas categorias cujo conteúdo é mais fácil intuir do que definir, tal a sua riqueza de conteúdo e a dificuldade da sua classificação jurídica.

Os escolhos que se colocam à sua categorização jurídica são vários e de diferente grandeza. Salientamos apenas dois: a indeterminação deste objecto misterioso e a penetração de um discurso jornalístico nas instâncias do *drafting* legislativo. Dificuldades, contudo, que não nos inibem de tentar uma aproximação a um tema pouco estudado pela nossa doutrina [73].

1. 1. Noção de facto e noção de direito de ambiente

O ambiente evoca, em termos etimológicos, os lugares, os espaços e o conjunto de elementos naturais e artificiais exteriores à pessoa, nos quais o homem vive e se exprime. Parece, assim, possível considerar que o ambiente, numa primeira e ainda vaga acepção, se identifique com os espaços e com aquilo que eles "contêm" com relevo para a vida do homem

[73] Neste ponto da matéria socorremo-nos, no essencial, do estudo sobre a noção jurídica de ambiente publicado na revista *S. I.* n.ºs 235 / 237, 1992.

enquanto membro da comunidade; espaços que tanto podem ser fruídos "uti civis" como "uti singulus". Isto é, os espaços comuns a todos os seres humanos.

Nesta perspectiva o ambiente vem a coincidir com a globalidade dos aspectos exteriores à pessoa, quer na veste de valores "primários" quer na de valores "secundários" (mas não menos essenciais), elementos esses que permitem a vida física e psíquica à pessoa humana. Dito de outro modo, tudo o que, sob qualquer aspecto, nos limites referidos, influencie a vida do homem ou por este seja influenciado, numa interacção constante, seja no que se refere à esfera física, seja no que toca à esfera espiritual, constitui "ambiente" [74]. Neste sentido a noção jurídica de ambiente (como objecto de direitos) não pode deixar de corresponder ao ambiente "natural", no sentido de âmbito normal de desenvolvimento da pessoa humana na sua dimensão ecológica e existencial. Exclue-se, assim, o "envolvimento" que inclua elementos sociais, económicos e políticos, a que Hegel chama significativamente uma "segunda natureza" com consistência e objectividade histórica.

Mais concretamente, o nosso "objecto" consiste no conjunto dos elementos naturais (os chamados recursos naturais: água, ar, solo, etc.) e culturais (*lato sensu,* compreendendo a paisagem, o património histórico e artístico, etc.) [75]. Da síntese destes elementos (respeitantes a diversos aspectos do ambiente e relacionáveis entre si) emerge o *ambiente protegido*, de modo a permitir a plena realização da pessoa nas suas várias dimensões, como prescreve o texto constitucional

---

[74] S. MATTEINI CHIARI, *Il danno da lesione ambientale*, Rimini, 1990, p. 21.

[75] A. POSTIGLIONE, "Ambiente: suo significato giuridico unitario", in *Riv. trim. dir. pubbl.*, 1985, p. 41. O autor dá um relevo paritário ao ambiente natural e ao ambiente cultural, definido como um dado "compreensivo dos testemunhos histórico-culturais da pessoa humana".

A Lei n.º 11/87, de 7 de Abril (Lei de Bases do Ambiente) aponta também para o reconhecimento de componentes ambientais naturais (do art. 6.º ao art. 16.º) e de componentes ambientais humanas (do art. 17.º ao art. 26.º). Cfr. CYRILLE KLEMM, "Les éléments de l'environnement", in *L'Écologie et la Loi,* Paris, 1989, p. 15 e ss.

(arts. 2.º, 9.º/d) e e), 52.º/3 e 66.º, 81.º/1/n), 96.º/1/d) e 96.º/2), da C.R.P.).

A noção *jurídica* de ambiente, segundo cremos, não pode deixar de ser mais restrita do que a noção *de facto* de ambiente. De um ponto de vista jurídico nem todas as coisas que formam o sistema ambiente são tomadas em consideração pelo direito. Estão neste caso o sol, as estrelas e o firmamento. A lei toma em consideração apenas as coisas que entram na disponibilidade humana e não as que estão fora do seu alcance, da esfera de acção dos indivíduos. Portanto, nem tudo o que é ambiente é bem jurídico.

Por outro lado, um conceito *extensivo* de ambiente, como aquele que nos é dado pela Lei de Bases do Ambiente (Lei n.º 11/87, art. 5.º/2/a)), é imprestável a nosso ver, uma vez que faz apelo a factores de bem estar e qualidade de vida (económicos, sociais e culturais) cuja tutela conduziria a uma convocação demoplenariocrática de todos os direitos (habitação, saúde, segurança social, etc.). Igualmente de pouca utilidade é o conceito *restritivo* de ambiente, que se confundiria com os elementos naturais da vida humana, designadamente o solo, o ar, a água, a biosfera [76], nas suas relações recíprocas e nas suas relações com os homens e outros seres vivos. Neste caso o conceito de ambiente confundir-se-ia com a natureza [77].

Adiantando já uma noção de ambiente, diríamos que ela faz referência ao conjunto de bens naturais e culturais relevantes para a qualidade de vida ecológica e existencial do homem. Em suma, o conceito *normativo* de ambiente vem a incluir todas as normas jurídicas que se destinem a regular e a proteger, de forma planificadora, conformadora, preventiva

---

[76] Seguindo um caminho mais empírico, a doutrina alemã tem desenvolvido esforços no sentido de definir os princípios e os escopos comuns ao *Umweltschutz* (protecção da água, tutela da natureza e da paisagem, tutela contra a poluição, etc.). Cfr. W. HOPPE, "Staatsaufgabe Umweltschutz", in *VVDStRL,* n.º 38, 1980. Cfr. também HOPPE / BECKMANN, *Umweltrecht, op. cit.*, p. 15 e ss.

[77] GOMES CANOTILHO, "Procedimento administrativo e defesa do ambiente", *op. cit.*, n.º 3799, p. 290.

e promocional o ambiente natural e humano dos efeitos nocivos resultantes do processo civilizacional [78].

1. 2. Concepção "pluralista" ou "unitária" de ambiente?

É bastante generalizada a opinião de que o significado de ambiente não deve ser procurado na lei (face à indeterminação do conceito de ambiente) [79], devendo antes ter em consideração a elaboração doutrinal em curso. É também frequente a referência a um conceito "sistémico" de ambiente, segundo o qual o ambiente é "uma relação", faz parte de uma "categoria de relações" [80]. Certamente que o ambiente encarado de um ponto de vista naturalístico e ecológico constitui um "sistema". Contudo, o sistema implica a presença de coisas que estão entre si numa determinada relação: não se esgota na relação. Por outro lado, como referimos mais atrás, nem todas as coisas que compõem o sistema ambiental são bens em sentido jurídico.

Entendemos, porém, que o conceito de ambiente não exprime uma noção estática. O ambiente é, pelo contrário, um bem dinâmico que implica movimento, crescimento e desenvolvimento. O próprio conceito "sistémico" de ambiente evi-

---

[78] GOMES CANOTILHO, *op. cit.*, p. 290.

[79] Assim, J. DOMPER FERRANDO, *El Medio Ambiente y la Intervención Administrativa en las Actividades Clasificadas*, vol. I, Madrid, 1992, p. 62 e ss.

Segundo R. MARTIN MATEO, "Tutela del medio ambiente en los centros urbanos con especial atención a la problemática de la protección de las ciudades históricas", in *Imp. Amb. e Pubbl. Amm., Quaderni*, n.º 9, 1977, p. 11, o ambiente inclue os elementos naturais de titularidade comum e de características dinâmicas: o ar, a água, veículos básicos de transmissão, suporte e factores essenciais para a existência humana. Para M. PRIEUR, *Droit de l'Environnement*, 2.ª ed., Paris, 1991, p. 2, *l'environnement* é um neologismo da língua francesa que expressa a ideia de "rodear", "cercar" e que provém do inglês *environment* e do seu derivado *environmental*, fazendo a sua entrada no dicionário *Larousse* em 1972, como "conjunto de elementos naturais e artificiais que condicionam a vida do homem".

[80] C. CASTRONOVO "Il danno all'ambiente nel sistema di responsabilità civile", in *Il danno all'ambiente*, Napoli, 1988, p. 550 e ss.

dencia esta característica: o sistema implica um modo e uma posição de equilíbrio entre as várias componentes. No plano jurídico, a expressão que melhor explicita este aspecto é a do "equilíbrio ecológico" [81]; equilíbrio que, entendido de forma não estática, implica uma tensão e a passagem contínua de uma posição a outra. No ambiente constatamos o movimento das correntes de ar, das correntes marinhas, da circulação da água; são também as mudanças climáticas, as variações das estações; é a vida das plantas e dos animais. São as coisas que se movem e que interagem que constituem o sistema. É de realçar que neste processo de interacção assumem relevo as qualidades, as características físicas, biológicas e químicas das coisas. Os ventos, por exemplo, dependem da diferença de temperatura entre as massas de ar e a temperatura é uma característica física do ar. Justamente por isso a lei protege não apenas as coisas em si, mas também as qualidades das coisas, as suas características físicas e químicas. Noutros termos, o objecto da tutela são as coisas, as qualidades das coisas e as suas interacções [82]. Confirma-o, por exemplo, o Decreto-Lei n.º 186/90, de 6 de Junho, que transpôs para o ordenamento jurídico nacional a Directiva da CEE 85/337 sobre a avaliação de impacto ambiental, precisando (art. 2.º/2) que o ambiente é constituído por uma série de bens ambientais (ar, água, solo, flora, fauna, bens culturais) e das inter-relações entre tais bens. Neste sentido, constitui dano ambiental não só a alteração dos bens individualmente considerados, mas também o equilíbrio do sistema.

O dano ambiental referido ao equilíbrio ecológico é obviamente mais grave e por vezes irreparável, mas não é necessário ir tão longe para se constatar um dano ao ambiente. Aqueles que entendem o ambiente como uma "relação" ou um

---

[81] Neste sentido B. CARAVITA, *Diritto pubblico dell'ambiente,* Bologna, 1990, p. 53.

[82] P. MADDALENA, *Danno pubblico ambientale,* Rimini, 1990, p. 95.

"processo", consideram dano apenas a alteração do sistema (por ex. o buraco na camada de ozono) ou a perturbação dos equilíbrios ecológicos [83]. É evidente que o legislador não pode ter uma concepção tão larga que o impeça de actuar preventiva e parcialmente. Além disso, o dano ambiental entendido de forma sistémica implicaria o recurso a meios ciclópicos, só ao alcance do Estado e de organizações internacionais, o que afastaria irremediavelmente os cidadãos de qualquer iniciativa jurídica em defesa do ambiente. Portanto, dano ambiental é, desde logo, a alteração parcial de um simples bem ambiental na sua individualidade.

A verdade é que a lesão do todo (o ambiente) resulta da lesão de cada um dos bens que compõem o ambiente. A situação é análoga ao que acontece em matéria de tutela penal. A este propósito a doutrina distingue entre *objecto substancial genérico do delito* (interesse do Estado em assegurar as condições de existência da vida em comum) do *objecto substancial específico* (interesse próprio do sujeito passivo do delito) [84]. Assim, por analogia, podemos dizer que a lei tutela o bem (global) ambiente como objecto substancial genérico e os vários bens ambientais como objecto substancial específico. O mesmo é dizer que a lesão da parte constitui lesão do todo: o dano a bens específicos, às componentes ambientais, é também dano ao ambiente, enquanto bem unitário e global.

Como se observa, na linguagem da lei, o bem ambiente decompõe-se em vários bens ambientais ou em grupos de bens ambientais, os quais, porém, são considerados como partes de uma totalidade, de modo que a lesão de um simples bem ambiental é *tout court* um dano ao ambiente no seu todo. Aliás, em consonância com o conceito científico de ambiente, con-

---

[83] P. MADDALENA, *op. cit.*, p. 95.

[84] A. ROCCO, *L'oggetto del reato e della tutela giuridica penale*, Torino, 1913, citado por MADDALENA, *Danno pubblico ambientale*, *op. cit.*, p. 96.

ceito que evidencia a estreita conexão entre os vários bens ambientais.

Por outro lado, quer os bens naturais quer os de natureza cultural devem ser especificamente individualizados. Neste sentido, a doutrina vem pondo o acento no facto de os bens "deverem ser individualizados e receber uma tutela absoluta" [85]; esta nota vale obviamente tanto para os bens naturais como para os bens culturais. O bem ambiental é, assim, aquele que vem considerado relevante para fins da qualidade de vida em sentido ecológico e existencial da pessoa humana. Resulta claro, portanto, que mais do que falar de ambiente como bem unitário "destacado" das suas componentes, constituídas por elementos físicos, químicos, biológicos, culturais [86], é preferível falar de ambiente como conjunto de bens naturais e culturais, unificados, por assim dizer, pela característica de serem relevantes para a qualidade de vida ecológica e existencial do ser humano.

Podemos, assim, avançar para um conceito unitário de ambiente, na medida em que ele é também *objecto indivisível da tutela dos interesses difusos* [87]. Sem pretender desenvolver aqui a temática dos interesses difusos [88], diríamos apenas que, no estado actual de evolução legislativa e mesmo jurisprudencial, é hoje indiscutível a configuração, no nosso ordenamento jurídico, de um interesse difuso ambiental como situação jurídica relevante, maxime como direito fundamental (art. 66.º/1 da C.R.P.). Relevo processual e procedimental particularmente impressivo no artigo 7.º/1 a) e b) da Lei n.º 10/87,

---

[85] P. MADDALENA, *op. cit.*, p. 99, nos termos da "Relazione" de O. Labriola sobre o projecto de lei relativo à institucionalização do Ministério do Ambiente italiano.

[86] F. GIAMPIETRO, *La responsabilità per danno all'ambiente,* Milano, 1988, p. 82; A. BERRA, "Brevi riflessioni sul bene giuridico ambiente", in *Riv. giur. edil.*, n.º 2, 1990, pp. 263-275.

[87] No mesmo sentido, a notabilíssima sentença do Tribunal Constitucional espanhol 107/95, de 26 de Junho.

[88] Sobre esta matéria, cfr. COLAÇO ANTUNES, *A Tutela dos Interesses Difusos em Direito Administrativo: Para uma Legitimação Procedimental*, Coimbra, 1989.

de 4 de Abril (Lei das Associações de Defesa do Ambiente), no artigo 52.º/3 da C.R.P. [89] e no novo Código do Procedimento Administrativo (Decreto-Lei n.º 442/91, de 15 de Novembro), onde expressamente se reconhece legitimidade procedimental aos titulares dos interesses difusos (art. 53.º) [90]. Mais recentemente e de forma pregnante a Lei n.º 83/95, de 31 de Agosto (Direito de participação procedimental e de acção popular).

Desenha-se, aliás, uma tutela unitária (procedimental e processual) dos interesses difusos com a futura-próxima revisão do Código do Contencioso Administrativo, em consonância com o Código do Procedimento Administrativo.

A perspectiva unitária do ambiente ressalta ainda do facto de constituir *objecto (unitário) da planificação e do ordenamento do território* [91]. Com efeito, os procedimentos de planificação — mormente os Planos Municipais de Ordenamento do Território (PMOTs), com especial destaque para os PDMs (Decreto-Lei n.º 69/90, de 2 de Março, alterado pelo Decreto-Lei n.º 211/92, de 8 de Outubro) e os Planos Regionais de Ordenamento do Território (PROTs, Decreto-Lei n.º 176-A/88, de 18 de Maio) [92] — manifestam uma inequívoca apetência para a protecção unitária do ambiente. Em síntese, este tipo de procedimentos constituem, pela sua globalidade e abrangência, um instrumento de composição de variados interesses, tendo em vista uma defesa adequada e eficaz do ambiente como bem público unitário. Conceito unitário de

---

[89] COLAÇO ANTUNES, "A tutela dos interesses difusos no novo Código do Procedimento Administrativo Português", in *Riv. trim. dir. pubbl.*, n.º 4, 1993, p. 1079 e ss.

[90] COLAÇO ANTUNES, "Los intereses difusos: ubicación constitucional; tutela jurisdiccional y 'acción popular de masas' ", in *R.A.P.*, n.º 124, 1991, p. 417 e ss.

[91] Neste sentido, cfr. C. MALINCONICO, *I beni ambientali*, Padova, 1991, pp. 21 e 22.

[92] Sucessivamente alterado pelos D.L. n.º 367/90, de 26 de Novembro, D.L. n.º 249/94, de 12 de Outubro e D.L. n.º 309/95, de 20 de Novembro.

Assim também os PEOT (D.L nº 151/95, de 24 de Junho, alterado, por ratificação, pela Lei nº 5/96, de 29 de Fevereiro).

ambiente que não impede de reconhecer, no seu interior, uma série de bens ambientais que isolada e separadamente podem ser objecto de tutela, mas todos no conjunto reconduzíveis à unidade [93].

Está, assim, superada a noção "pluralista" de ambiente de Giannini (noção cultural, sanitária e urbanística) [94], assim como a bipartição, proposta por Nigro [95], entre ambiente-paisagem (elemento cultural, estético e histórico) e ambiente nas suas componentes físicas e biológicas (elemento naturalístico), que não faz mais do que talhar transversalmente as categorias gianninianas. Contudo, não deixaremos de expressar a opinião de que a Constituição (art. 66.º/2/a), b) e c)) nos dá um conceito gianniniano de ambiente.

1. 3. O ambiente como bem em sentido jurídico

O ambiente é um bem em si merecedor de tutela jurídica. Tratando-se de definir juridicamente este objecto, deve-se, necessariamente, fazer um *excursus* pela teoria dos bens em sentido jurídico [96]. Esta teoria tem vindo a evidenciar novas bases, em antítese com a velha opinião que considerava bem em sentido jurídico apenas o bem individualmente apropriável (e por isso considerado "patrimonial"). Assim, esta nova teoria tem feito a distinção entre bens jurídicos em sentido estrito (bens económicos objecto de apropriação individual) e

---

93 A. POSTIGLIONE, *op. cit.*, p. 104 e ss. Para uma crítica à noção unitária de ambiente, vide, por ex., BORGONOVO RE, "Contributo allo studio del danno ambientale", in *Riv. giur. amb.*, 1992, p. 257 e ss.

94 M. S. GIANNINI, "Ambiente: saggio sui diversi suoi aspetti giuridici", in *Riv. trim. dir. pubbl.*, 1973, p. 15 e ss.

95 M. NIGRO, "Territorio: problemi generali", in AA. VV., *Seicentosedici dieci anni dopo*, Roma, 1988.

96 Para FIGUEIREDO DIAS, "Sobre o papel do Direito Penal na protecção do ambiente", in *Rev. Dir. Ec.*, n.º 1, 1978, p. 9, nota 14, a teoria do bem jurídico constitui um dos pontos mais relevantes da moderna dogmática penal. Cfr. também COSTA ANDRADE, *Consentimento e Acordo em Direito Penal,* Coimbra, 1991, p. 37 e ss. e FARIA COSTA, *O Perigo em Direito Penal (Contributo para a sua fundamentação e compreensão dogmáticas),* Coimbra, 1992, p. 38 e ss.

bens jurídicos *lato sensu* (os bens a considerar para efeito de uma tutela directa por parte da lei e no interesse da colectividade) [97].

Trata-se de uma precisão de extrema importância para os nossos fins. Com efeito, a tutela que reclama o bem ambiente é totalmente diversa da que é exigida para os bens económicos entendidos em sentido tradicional. Os bens económicos têm a função de satisfazer necessidades individuais e a sua tutela jurídica serve para garantir esta função. O instrumento mais idóneo é obviamente o instituto possessório: é, com efeito, a propriedade que garante o poder do sujeito de gozar e dispôr do bem em causa de modo pleno e exclusivo.

O bem ambiente, pelo contrário, não satisfaz necessidades individuais, mas necessidades colectivas. Assim, ao ambiente não se coloca a questão de dever passar da propriedade de um sujeito para a propriedade de um outro sujeito, uma vez que é já da "propriedade" de todos. O ambiente não se presta a uma função de troca e de alienação, mas a uma função de fruição colectiva. E, sendo assim, é óbvio que tem necessidade de uma tutela diferente daquela que têm os bens económicos. Não postula, portanto, uma tutela individual de tipo proprietarista, mas uma tutela que assegure a "propriedade" e a fruição de todos e cada um dos membros da colectividade [98].

Parece claro, agora, a importância da distinção, proposta por Pugliatti, entre bens jurídicos em sentido estrito e bens em sentido lato. O ambiente, que não devendo ser objecto, no seu conjunto, de apropriações individuais e tendo uma função de fruição colectiva, difusa, não pode deixar de ser um bem jurídico em sentido lato.

No entanto, é oportuno sublinhar que a teoria tradicional, segundo a qual são bens jurídicos apenas os bens individual-

---

[97] S. PUGLIATTI, *Beni e cose in senso giuridico*, Milano, 1964, p. 61 e ss.

[98] P. MADDALENA, *op. cit.*, p. 88.

mente apropriáveis, não é de facto a única conhecida no passado. Na verdade, também neste caso, como acontece a propósito das *res communes omnium* [99], não se deu conta de que os juristas romanos já faziam a distinção entre a disciplina do *ius naturale* e a disciplina do *ius civile*, assim como da cir-

---

[99] Entre as manifestações culturais tem lugar a *vulgata* que levou durante séculos o jurista a considerar os recursos ambientais no âmbito da *res communes omnium*.

A origem desta categoria parece ressaltar do Digesto (D. 1, 8, 2). Tal categoria encontrará posteriormente uma ampla descrição nas Instituições Justinianas (2, 1, 1) a propósito das *cose extra commercium*, tal como as *res divini iuris* e as *res publicae*. Cfr. L. FRANCARIO, *Danni ambientali e tutela civile*, Napoli, 1990, p. 84). As *res communes omnium* aparecem aqui contrapostas às *res publicae*, compreendendo o ar, a água corrente, o mar e a orla marítima.

A *ratio* inspiradora desta categoria jurídica encontra o seu fundamento originário na impossibilidade física ou económica de conceber relações jurídicas sobre tais entidades: não existiria uma proibição legal dos particulares se apropriarem de partes das *res communes omnium* como acontece às *res publicae*, mas uma impossibilidade metajurídica.

A verdade é que, na medida em que os homens descobrem novas formas de utilização destes bens, começam a colocar-se problemas pertinentes à sua apropriação. Na evolução histórica, os bens abundantes, na medida em que são objecto de novas utilizações, acabam por se tornar limitados em quantidade e, por conseguinte, tendem a confrontar-se com fenómenos de propriedade (cfr. S. CASSESE, *I beni pubblici*, Milano, 1969, p. 80. O autor opera a distinção entre propriedade colectiva e as *res communes omnium*, fazendo ressaltar como critério de distinção a escassez ou a abundância dos bens).

A categoria das *res communes omnium* assumiu ao longo do tempo um duplo sentido: por um lado, quer assinalar a inapropriabilidade dos recursos naturais; por outro, pretendeu esculpir o relevo do interesse de toda a colectividade sobre recursos *de quibus* (cfr. L. FRANCARIO, *op. cit.*, pp. 86-87).

Com efeito, inicialmente as entidades qualificadas como *res communes omnium* acabavam por identificar um sector não regulado pelo direito, o que, em última instância, redundava numa visão optimística do universo dos bens ambientais, considerados então inesgotáveis. Neste sentido é significativo que M. S. GIANNINI, *I beni pubblici*, Roma, 1963, p. 39, nos ofereça uma imagem das *res communes omnium* muito próxima da propriedade colectiva. Porém, é bom não olvidar que o enorme desenvolvimento económico das últimas décadas permitiu uma planetária delapidação do património dos recursos naturais, o que impõe, definitivamente, um problema jurídico de regulação dos bens ambientais.

O problema pregnante da qualificação dos bens ambientais como bens jurídicos, e não apenas como *res communes omnium*, significa transitar dramaticamente da esfera da *irrelevância* (cfr. S. PUGLIATTI, "Cosa" (teoria generale), in *EdD*, XI, Milano, 1962, p. 19 e ss.) para a esfera da *relevância* (jurídica), que se tem manifestado, aliás, num acentuado estado de polícia, de regulação e de controlo.

No fundo, o que está aqui em causa é a necessidade de operar uma revisão dos bens jurídicos, no sentido de um bem ambiental objecto-sujeito-de-dever-ser. Em suma, o ambiente como novo *modo-de-ser* e limite dos direitos fundamentais.

cunstância de que o conceito de bem nos termos do *ius naturale* é uma coisa diversa do conceito de bem para o *ius civile*. Segundo Ulpiano existem dois conceitos de bem em sentido jurídico: um, mais amplo, dado pelo direito natural, considera bem aquilo que é útil, que dá "felicidade"; o outro, mais restrito, é oferecido pelo *ius civile*, que indica como tais os bens apropriáveis, computados entre os nossos bens, isto é, do nosso património individual. Portanto, a "apropriabilidade" é determinante para o *ius civile*, não para o direito natural. É, assim, suficiente para decidir da juridicidade do bem o simples carácter de utilidade do referido bem. A patrimonialidade é um elemento ulterior, que vem depois e que concerne apenas ao *ius civile* [100]. Em conclusão, para o direito romano era bem jurídico (enquanto objecto das normas do *ius naturale*) o bem simplesmente útil, independentemente da sua patrimonialidade [101].

É, portanto, nas fontes romanas, e não nos riachos doutrinais muito em voga actualmente, que vamos encontrar as bases da mais moderna teoria a que fizemos referência e que faz assentar a juridicidade do bem não só no facto de aquele entrar a fazer parte do património de um sujeito (como acontecia no *ius civile*), mas também no facto de se tratar de um bem directamente tutelado pela lei (como era, *lato sensu*, para o *ius naturale*). Por outro lado, esta elaboração doutrinal encontra confirmação na moderna teoria do direito, que distingue dois tipos de tutela: a *subjectiva*, entendida como tutela dos direitos accionáveis perante o juiz e a *objectiva*, como tutela referida à ordem normativa *tout court*, como forma de relevância dos interesses gerais da colectividade [102] e de protecção directa dos próprios bens.

---

[100] P. MADDALENA, *op. cit.*, p. 89.

[101] A. GUARINO, "La tricotomia ius civile-gentium-naturale", in *L'ordinamento giuridico romano*, Napoli, 1959, p. 244 e ss.

[102] A. DI MAJO, *La tutela civile dei diritti*, Milano, 1982, p. 2.

Curiosamente deu-se um fenómeno interessante: talvez inadvertidamente passou-se praticamente do conceito de bem em sentido jurídico para o conceito de "propriedade" do bem. Com efeito, não tem sentido falar de bem jurídico se não precisarmos o sujeito a que respeita tal bem, aquele que pode fruir as suas utilidades. Começa-se, assim, a compreender que, como se distingue entre bem individual e bem colectivo, também se deve distinguir entre propriedade individual e propriedade colectiva do próprio bem.

Se por um lado, a patrimonialidade do bem indica (inclusive do ponto de vista etimológico) a pertença de um bem a um sujeito, por outro lado, vai-se igualmente delineando um novo conceito de patrimonialidade: ao lado de uma patrimonialidade privada, de índole tradicional, ocorre admitir uma patrimonialidade de tipo colectivo [103]. Em suma, deve falar-se agora não só de património individual, mas também de património colectivo. É, no fundo, reconhecer que existe e é tutelada pelo nosso ordenamento jurídico uma subjectividade pluri-individual. Sendo assim, pode dizer-se que existe um novo conceito de património público: refere-se-lhe não só o património do Estado, mas também o património da colectividade, do "povo".

Isto é de resto confirmado pelo texto constitucional (art. 9.°/e)) que fala, nomeadamente, de um património cultural do "povo português" (da Nação), a proteger e valorizar pelo Estado. Devemos ainda sublinhar que os bens patrimoniais,

---

Exemplo típico da primeira forma de tutela é a relativa aos direitos patrimoniais disponíveis; exemplo da segunda é a tutela penal. Não surpreende, assim, que os bens patrimoniais sejam tutelados na medida em que constituem propriedade de um sujeito; por sua vez, os bens tutelados pela norma penal reflectem interesses gerais da colectividade. Um outro exemplo é o direito à saúde, art. 64.°/1/3 da C.R.P., que é simultaneamente um direito fundamental do indivíduo e um interesse público que incumbe ao Estado prosseguir. A saúde do ponto de vista do sujeito é um bem individual e sob o aspecto geral é um bem colectivo. É o mesmo que dizer que a saúde é um bem de cada um e, ao mesmo tempo, um bem da colectividade.

103 P. MADDALENA, *op. cit.*, p. 90.

sejam individuais ou colectivos, são bens (materiais ou imateriais) idóneos a satisfazer necessidades humanas. Para um bem que não tenha os caracteres da utilidade [104] e da economicidade não se põe o problema da juridicidade, não se coloca o problema da sua titularidade.

Compreende-se, assim, que o conceito de patrimonialidade no que toca ao ambiente não pode ser usado para indicar uma valoração segundo critérios de mercado [105]. Esta alteração de significado é compreensível em relação ao património privado, em relação aos bens disponíveis, que podem ser adquiridos e vendidos livremente, mas não, de certo, relativamente a bens jurídicos que são tutelados por normas de direito objectivo e no interesse geral. É oportuno precisar mais uma vez que a "patrimonialidade" indica apenas o "assenhoreamento" de um bem por um sujeito, individual ou colectivo, mas não a sua valoração segundo critérios de mercado.

Torna-se agora necessário fazer referência a um outro conceito: o que vem expresso pelo termo "comerciabilidade" [106]. Compreender-se-á que entre os bens patrimoniais alguns são comercializáveis (e, portanto, avaliados financeiramente segundo critérios de mercado) enquanto outros, pelo contrário, são incomercializáveis. Quanto ao ambiente parece claro que se trata de um bem em sentido jurídico, patrimonial e incomercializável [107].

Neste quadro, como observámos, a definição de bem em sentido jurídico torna-se um tanto mais extensa do que a tradicionalmente oferecida pela doutrina. Neste sentido, entendemos por bem jurídico qualquer entidade, material ou imaterial, idónea a satisfazer necessidades e apetências humanas, individuais ou colectivas e cuja titularidade pode pertencer a

---

[104] S. PATTI, *La tutela civile dell'ambiente,* Padova, 1979, p. 138.

[105] P. MADDALENA, *Responsabilità amministrativa, danno pubblico e tutela dell'ambiente*, Rimini, 1985, p. 75.

[106] P. MADDALENA, *op. cit.*, p. 78.

[107] P. MADDALENA, *op. cit.*, p. 75.

pessoas singulares, ao Estado ou à comunidade, recebendo tutela jurídica enquanto objecto de um direito subjectivo, ou sob a forma de objecto directo de uma previsão normativa.

Em síntese, é perfeitamente errado, salvo melhor opinião, fazer derivar a afirmação da inexistência do bem jurídico ambiental do facto de este não ser susceptível de apropriação individual na sua totalidade. A verdade é que, quando se trata de um bem colectivo, de fruição indivisível e pluri-individual, como o ambiente, a afirmação ou não da sua juridicidade depende não do facto de tal bem ser objecto de apropriação individual na sua globalidade, mas do facto de constituir objecto de tutela directa do ordenamento jurídico, no pressuposto de "pertencer" a todos e da sua fruição ser colectiva [108]. A situação jurídica (dos sujeitos jurídicos e da colectividade) constituirá, assim, um *posterius* relativamente à tutela do bem e não será aquela a decidir da sua juridicidade. O bem ambiental é objecto de tutela independentemente da sua titularidade [109].

Em suma, como se fez referência anteriormente, no caso de um bem colectivo (como o ambiente) deve falar-se de *bem jurídico em sentido lato* e não de *bem jurídico em sentido restrito*, como acontece para os bens individuais que estão na livre disposição dos particulares [110]. Ancorarmo-nos apenas nesta última perspectiva significa não ter em consideração a evolução do conceito de bem em sentido jurídico e implica

---

108 F. GIAMPIETRO, *La responsabilità per danno all'ambiente, op. cit.*, p. 157.

109 Tanto assim é que quando se verifica a causação de um dano na propriedade de um particular que, simultaneamente, constitua uma agressão a bens ambientais, este tem direito a recuperar, a expensas do lesante, a situação ambiental. Assim, a reposição da situação anterior pode e deve abranger a reparação dos danos ambientais, cujo valor deve ser integrado na compensação da propriedade afectada. Cfr. GOMES CANOTILHO, "Actos autorizativos jurídico-públicos e responsabilidade por danos ambientais", in *B.F.D.U.C.*, vol. LXIX, 1993, p. 15, que opera a distinção entre danos ambientais e danos ecológicos.

110 Neste caso talvez tivesse mais sentido falar em coisas do que propriamente em bens jurídicos, no pressuposto de que o conceito de *bem* é mais amplo. Assim, CLEMENTE DE DIEGO, *Instituciones de Derecho Civil Español*, Madrid, 1959, p. 255 e ss.

circunscrever o problema numa óptica estritamente civilista, que ignora de todo as exigências de uma tutela pública do referido bem, *maxime* constitucional. Deve, portanto, afirmar-se que o ambiente é um bem em sentido jurídico: o facto de a lei o tomar em consideração e o tutelar é uma prova incontestável disso mesmo.

1. 4. O ambiente como "*universitas rerum*"

O ambiente é um conjunto de bens naturais e culturais relacionáveis entre si e com o homem, inseridos numa compreensão sistematicamente ecológica e antropogeneticamente orientada, que exclui a sua recondução a um ambiente natural indiferente ao ambiente humano [111]. O ambiente não é, portanto, a soma dos elementos naturais e culturais (ar + água + flora + fauna + bens culturais), mas uma totalidade na qual cada componente afecta ou pode ser afectada pelas outras, independentemente da sua consideração autónoma.

Pois bem, se tomarmos como ponto de partida a análise do ambiente como conjunto integrado de elementos relacionáveis entre si, poderíamos tentar um certo paralelismo com uma das categorias jurídicas que se utilizam para classificar juridicamente as coisas: as universalidades [112].

Para fazer uma classificação das coisas em sentido jurídico tomam-se em conta diversos aspectos das mesmas, dando lugar a múltiplas categorias. A configuração do ambiente como coisa ou bem jurídico [113] deverá fazer-se tendo em vista

---

[111] GOMES CANOTILHO, "Procedimento administrativo e defesa do ambiente", *op. cit.*, n.º 3802, pp. 9 e 10.

[112] Neste sentido, E. MORENO TRUJILLO, *La Protección Jurídico-Privada del Medio Ambiente y la Responsabilidad por su Deterioro*, Barcelona, 1991, p. 58 e ss.

[113] A referência do termo "coisa" exclusivamente às coisas materiais (O. T. SCOZZAFAVA, *I beni e le forme giuridiche di appartenenza*, Milano, 1982, p. 39 e ss.) não explica com clareza o fenómeno jurídico que pressupõe uma entidade pré-jurídica. Também para os bens imateriais ocorre pressupor uma entidade pré-existente e se esta entidade não se chama "coisa imaterial", a par das coisas materiais, mas se denomina "bem", criam-se evidentemente confusões. Por outro lado, o Códi-

a sua inclusão em algumas dessas categorias. Como o Direito, a noção de universalidade adapta-se ao próprio evoluir do processo civilizacional [114]. Aparecem novos complexos de bens a exigir um tratamento unitário como *universitas*, enquanto outros desaparecem por já não terem sentido ou são absorvidos por conceitos mais amplos. São universalidades os museus, as bibliotecas, os arquivos, as pinacotecas, só para citar alguns exemplos culturais [115].

---

go Civil, art. 202.º/1, entende que coisa é "tudo aquilo que pode ser objecto de relações jurídicas" e uma vez que as entidades imateriais podem constituir objecto de relações jurídicas então o termo "coisa" deve englobar também aquelas entidades.

As *res incorporales* por força da sua utilidade, pois satisfazem interesses e necessidades materiais e espirituais, são tuteladas juridicamente. Por força desta utilidade e em virtude desta protecção jurídica, as "coisas" transformam-se em bens em sentido jurídico.

Nas palavras de MANUEL DE ANDRADE, *Teoria Geral da Relação Jurídica*, vol. I, Coimbra, 1972, p. 201, a noção jurídica de coisas pressuporá a noção de bens, por força da *utilidade* ou *utilizabilidade* que caracteriza o conceito jurídico de coisa. O Autor na nota 1 da página 201 conclui que "como toda a coisa há-de ser necessariamente um bem, podemos equiparar a noção de coisas e de bens..."

Em conclusão, o "bem" é a "coisa" em relação à utilidade tomada em consideração pelo direito, pelo que não concordamos com R. SAVATIER, "Essai d'une présentation nouvelle des biens incorporels", in *Riv. trim. dir. civ.*, 1958, p. 331 e ss., para quem os bens se caracterizam pela sua incorporeidade. (No mesmo sentido, V. C. JAMBRENGHI, *Premesse per una teoria dell'uso dei beni pubblici*, Napoli, 1979, p. 51). Todavia, a compreensão dos bens ambientais como bens jurídicos impõe que se ultrapasse definitivamente o sistema de relações imaginado pelo art. 202.º do C.C., por forma a superar as colunas de Hércules da tradição jurídica. Só assim se entra no mar aberto em que a protecção jurídica se dirige fundamentalmente ao *objecto* (art. 9.º/e) da C.R.P.), sem que a *tutela objectiva* dos bens ambientais signifique uma qualquer menorização de interesses legítimos.

O que importa compreender é que se trata, no essencial, de um dano imaterial, de um dano público, donde a apreciação da lesão de situações jurídicas subjectivas não pode assumir um papel decisivo.

É precisamente a natureza pública e imaterial do dano ambiental que, segundo nós, explica a inibição das associações de defesa do ambiente intentarem acções ressarcitórias (art. 7.º da Lei n.º 10/87, de 4 de Abril). Estas devem competir sobretudo ao Estado e às Autarquias Locais.

A nossa opinião é a de que, pelo menos em alguns casos, deveria ser reconhecida legitimidade às associações de defesa do ambiente neste tipo de acções, ainda que o eventual ressarcimento venha parcial ou totalmente a favor do Estado ou de outras pessoas colectivas públicas.

[114] BIONDI, *I beni*, Torino, 1956, p. 95 e ss.

[115] Para GALVÃO TELES, *Das Universalidades*, Lisboa, 1940, p. 173, seria universalidade um conjunto de coisas que o ordenamento jurídico reconhece e trata como formando uma só coisa. O Código Civil chama às universalidades de facto

A evolução a que fizemos referência pode eventualmente abranger o conceito de ambiente, conceito que vem tendo um tratamento unitário na doutrina como vimos. No entanto, problemas não faltam para considerar o ambiente como uma universalidade. Entre outros o da heterogeneidade das suas componentes, já que se confrontaria com bens móveis, imóveis e semoventes; com bens corpóreos e incorpóreos, materiais e imateriais; por não constituir uma entidade com um destino económico imediato; por não ser assim tratado pelo legislador e pela doutrina. Por tudo isto está lançada uma problemática que merece, pelo menos, uma reflexão.

Se por *universitas rerum* entendemos aqueles conjuntos patrimoniais resultantes da reunião não material, mas ideal, de uma pluralidade de bens homogéneos e heterogéneos, de tal modo que formam uma entidade que transcende as coisas simples que a compõem, sujeita a uma única denominação e a um único regime jurídico, ainda que subsista a individualidade prática e jurídica de cada componente. Se a universalidade não é a soma de coisas simples, mas uma entidade transcendente que as supera, sem excluir que as coisas simples podem considerar-se separadamente [116]. Se a consideração social hoje dominante considera o ambiente como uma unidade e se se trata de um complexo de elementos, com determinado destino, que satisfaz um interesse diverso e juridicamente relevante, torna-se, pois, necessário um tratamento jurídico unitário. Se todos estes condicionais podem reflectir-se na noção que demos de ambiente, então este poderia receber a qualificação de *universitas rerum* [117]. Para isso torna-se obrigatório fazer uma exegese de alguns dos dados trazidos à colação. Um dos problemas que se poderia colocar é o de saber se poderemos considerar o ambiente com um "complexo patri-

---

coisas compostas, estabelecendo no art. 206.º/2, que "as coisas singulares que constituem a universalidade podem ser objecto de relações jurídicas próprias".

[116] E. MORENO TRUJILLO, *op. cit.*, p. 62.

[117] E. MORENO TRUJILLO, *op. cit.*, p. 62.

monial". Parece não haver muitas dúvidas quanto ao facto de se tratar de um conjunto de bens ou coisas. Quanto ao seu conteúdo patrimonial, já insistimos o suficiente para não restarem muitas dúvidas.

De qualquer forma sempre adiantaremos que o ambiente, enquanto objecto de um direito fundamental dos cidadãos não deixa de ser avaliável economicamente, ainda que não comercializável, como o demonstra o facto da sua deterioração dar lugar a um ressarcimento, caso não seja possível a reconstituição da situação anterior, e à realização das obras necessárias à minimização das consequências provocadas (art. 48.° da Lei n.° 11/87, de 7 de Abril e subsidiariamente os arts. 562.°, 566.° e 567.° do C.C.). Dano que pode referir-se a elementos e relações susceptíveis de integrarem o património de um particular, do Estado ou mesmo da comunidade.

Mais complexa é a questão de saber se se trata de uma reunião material ou ideal de elementos. No primeiro caso, daria lugar à qualificação do ambiente como coisa composta, enquanto que no segundo nos levaria a incluí-lo entre as universalidades.

As coisas compostas são definidas pelos romanistas como *ex contingentibus, hoc est pluribus inter se cohaerentibus* [118]; são agregações materiais, contactos, aderências entre várias coisas, que dão um resultado complexo, distinto da soma dos elementos: não existe continuidade entre os elementos, mas mera aderência material. Acresce ainda que são sempre criadas pelo homem: a natureza não oferece coisas que o direito qualifique como compostas. Quanto a elas é possível a existência de distintas relações jurídicas sobre cada um dos elementos singulares que as compõem.

Que diferença existe então relativamente às universalidades? Os juristas romanos qualificavam estas como um terceiro *corpus* que "*ex distantibus constat, ut corpora plura*

---

[118] E. MORENO TRUJILLO, *op. cit.*, p. 64.

non soluta sed uni nomini subjecta, veluti populus legio rex < 1,30,D. De usurp. et usucap., 41,3; D. 41,3,1,30 > " [119]. A essência jurídica da *universitas* encontra-se na coexistência da noção unitária, transcendental, com a noção atomista das coisas singulares que a compõem. Não se trata de um bem diverso ou de coisas diversas, mas de uma consideração unitária, para fins essencialmente jurídicos. Independentemente da união material a universalidade não é um bem composto. É um conjunto de elementos que, tendo um determinado destino, satisfaz um interesse diverso e juridicamente relevante, e que, portanto, torna necessária uma consideração jurídica unitária, que transcende a atomista. Trata-se de uma unificação mais funcional do que estrutural [120].

Se as universalidades implicam um tratamento jurídico único de um conjunto de coisas, homogéneas e heterogéneas, pode, então, ser aplicável ao conceito de ambiente que demos nas páginas anteriores. Com efeito, não basta para a sua eficaz protecção o surgimento de disciplinas jurídicas sectoriais, que cobrem parcelas concretas e restritas do ambiente como acontece com a lei de protecção e controlo da qualidade do ar (D.L. n.º 352/90, de 9 de Novembro) ou da água (D.L. n.º 74/90, de 7 de Março).

Talvez a maior dificuldade posta ao ambiente, para ser considerado como universalidade, seja a necessidade de sujeitar o todo a um único regime jurídico. Contudo, com a recente institucionalização do Ministério do Ambiente e dos Recursos Naturais, reforçando o interesse ambiental como interesse público juridicamente tutelado, colocou-se o problema sobre novas bases, tornando mais fácil a configuração do ambiente como bem unitário em sentido jurídico.

---

[119] E. MORENO TRUJILLO, *op. cit.*, p. 64.

[120] Sobre a distinção entre coisas compostas *ex-cohaerentibus* e coisas compostas *ex-distantibus*, cfr. M. ANDRADE, *op. cit.*, pp. 260 e 261. Segundo este autor as coisas compostas *ex-distantibus* integram-se no conceito de universalidades *(universitas rerum)*.

Na realidade, a *universitas* o que faz é "representar" uma pluralidade como objecto único de direitos. De outro modo teríamos um direito ao ambiente distinto do direito ao ar, à água, etc. Direito que tem, em suma, um objecto único na relação jurídica homem-ambiente [121]. Objecto que em qualquer

---

[121] É mais ou menos clara a finalidade do objecto da relação jurídica, mas o mesmo não acontece com o seu conceito.

A doutrina alemã distingue duas direcções dentro do conceito de objecto em sentido jurídico, tomando para isso como base o estabelecido no § 90 B.G.B.: o objecto em sentido amplo *(Gegenstand)* abarcaria as coisas em sentido estrito e as pessoas (que são sujeitos na sua qualidade de seres livres e racionais); objecto em sentido estrito, são os objectos, as coisas do mundo exterior *(Sachen)*. Segundo o § 90 são coisas em sentido jurídico os objectos corpóreos.

Esta concepção foi objecto de várias críticas, nomeadamente a de ser excessivamente restritiva, já que excluiria os bens imateriais, as coisas incorpóreas, criações de engenho, susceptíveis de proporcionar uma utilidade ou a satisfação de necessidades humanas. Para ORLANDO DE CARVALHO, *Direitos das Coisas*, Coimbra, 1977, pol., p. 99, à noção portuguesa "de coisa" não repugna a sua extensão às *res incorporales* (às ideias inventivas, industriais ou artísticas, etc.), no sentido de que não estamos reduzidos a um conceito crassamente material de "coisa". Para uma crítica ao art. 202.º do C.C., que estabelece equivalência entre o conceito de *coisa* e o de *objecto* de relações jurídicas, *vide* MOTA PINTO, *Teoria Geral do Direito Civil*, 3.ª ed. actualizada, Coimbra, 1991, pp. 332 e ss e 339 e ss.

A doutrina italiana, de certo modo eclética, defende a concepção de objecto da relação jurídica como todo o elemento do mundo exterior, seja material ou imaterial, susceptível de ser submetido ao poder do sujeito e idóneo a produzir uma utilidade económica.

A possibilidade de ser apropriada e a idoneidade para produzir uma utilidade económica, constituem os dois aspectos que originaram, no seio da teoria geral da "coisa" (como objecto de uma relação jurídica), uma nova categoria: os bens.

Foram, porém, os criminalistas os primeiros a elaborar o conceito de bem, derivando-o do *bona* romano. Conceito que posteriormente foi utilizado pela doutrina privatística, com o fim de distinguir "coisa" de "bem", negando carácter jurídico à noção de coisa (que representava qualquer entidade susceptível de apropriação, fosse ou não objecto de relações jurídicas) para o outorgar ao bem que, pelo contrário, "representa uma noção concreta na medida em que são coisas objecto de relações jurídicas".

Posteriormente, a distinção diluiu-se, ao conceder à coisa a possibilidade de ser objecto de direito, entrando no seu âmbito qualquer parte da realidade exterior que possa ser apropriável e possa satisfazer necessidades humanas; no momento em que a coisa for susceptível de apropriação considera-se como bem.

Biondi resume esta problemática identificando coisa com uma entidade objectiva, com existência própria, separada e independente de um sujeito e juridicamente relevante. Por outro lado, a noção de bem faz referência à ideia de interesse, de vantagem, de utilidade e, por conseguinte, referida a um sujeito.

Para ORLANDO DE CARVALHO (*Critério e Estrutura do Estabelecimento Comercial*, I, Coimbra, 1967, p. 11 e ss.) os bens para o Direito não são mais do que fontes de interesses, aproximando-se, de certa forma, da tese de BIONDI.

outra relação não poderia ser deste modo contemplado, uma vez que poderia conformar-se com qualquer dos elementos considerados individualmente.

A responsabilidade civil resultante da deterioração ambiental deve ser, deste modo, enfocada não apenas em relação a cada um dos bens ambientais, como a responsabilidade por contaminação atmosférica, por poluição das águas, por erosão do solo, mas também em relação a um dano global do ambiente [122]. Dano este que, tendo maior incidência e relevância sobre um destes elementos, actua também sobre os outros, já que alteraria o equilíbrio ecológico, tanto qualitativo como quantitativo, que entre eles se estabeleceu.

Em conclusão, a consideração do ambiente como um todo, como uma universalidade, não obsta ao tratamento e tutela dos bens ambientais individualmente considerados. Todavia, todos os bens singulares cujo conjunto e relação forma o ambiente, independentemente da sua titularidade jurídica (pública ou privada), são de fruição geral, tal como o ambiente numa consideração unitária, como universalidade jurídica.

Por outro lado, o nosso Código Civil olvida a distinção entre coisa e bem, utilizando indistintamente os dois conceitos.

Este percurso pela teoria jurídica das coisas justifica-se pela necessidade de determinar se o ambiente pode ou não ter a categoria jurídica de objecto na relação homem-ambiente, já que o objecto é um elemento essencial de toda a relação jurídica, sobre que recairão, mediata ou imediatamente, os direitos e deveres que a norma jurídica atribui aos sujeitos.

Apresentam-se, portanto, dois caminhos a seguir: considerar o ambiente na sua globalidade, como uma realidade única e plural e ver se como tal pode ser considerado coisa ou bem em sentido jurídico; ou então desagregá-lo nos seus elementos e colocar o problema a cada um deles.

122 Como bem salienta GOMES CANOTILHO, "Actos autorizativos jurídico-públicos...", *op. cit.*, p. 15, "mesmo numa concepção restritiva de danos ecológicos, parece não ser de afastar totalmente a possibilidade de incluir estes danos nos sistemas de responsabilidade, sobretudo numa ordem constitucional, como a portuguesa, que inclui o direito ao ambiente e à qualidade de vida no catálogo dos direitos fundamentais".

1. 5. O ambiente como bem cultural

Definido o ambiente em sentido jurídico como complexo de bens naturais e culturais, problema de fundamental importância, nomeadamente para a determinação do dano ambiental, é o de saber se o bem jurídico ambiental é ou não um bem cultural [123].

---

[123] Numa óptica estritamente jurídica, impõe-se a maior cautela quando estamos confrontados com uma definição. Uma definição de tal modo pregnante ao ponto de resultar vinculante para o intérprete, correria o risco de ancorar a noção de *bem cultural* num determinado momento temporal, precludindo a evolução futura da categoria.

Por outro lado, é sensato pensar que uma correcta definição de bem cultural não possa prescindir do prévio entendimento da sua noção de base, isto é, a cultura. Neste ponto, igualmente delicado, impõe-se, pelo menos, balizar o problema. Se é de refutar uma interpretação elitista dos factos culturais não o é menos a identificação da cultura com a história, o que significaria cair mais uma vez na tentação das *banalidades de base enfáticas*. Posto isto, a noção de bem cultural para o jurista não pode deixar de ser uma noção aberta aos mundos vitais da cultura, cujo conteúdo deve ser, porém, dado pelos especialistas de outras disciplinas. Neste sentido, a definição de bem cultural, como testemunho material de valor civilizacional, pode ser assumida como uma noção juridicamente válida, no pressuposto de que se trata de uma noção aberta à completude do próprio evoluir histórico-cultural.

Com a noção de *bem cultural* logram-se dois efeitos fundamentais: por um lado, dota-se de unidade e coerência o elenco, sempre heterogéneo e evolutivo, de valores protegidos pelo ordenamento jurídico em cada momento; por outro, opera-se uma profunda ampliação da realidade tutelada. O bem cultural não será já apenas a catedral românica ou gótica, o mosteiro manuelino, o palácio renascentista ou barroco, um quadro de Caravaggio ou uma escultura de Cutileiro, mas também um arado romano, um utensílio de caça ou uma máquina industrial do século passado.

Em síntese, tudo aquilo que incorpore, nas suas múltiplas manifestações, uma referência de valor histórico-civilizacional.

Vendo bem, a noção de bem cultural apresenta ainda uma terceira vantagem, como elemento vertebrador do conceito de *património cultural*. Este visa conferir unidade de sentido ao conjunto de bens culturais no âmbito de um dado ordenamento jurídico (cfr. NOGUEIRA DE BRITO, "Sobre a legislação do património cultural", in *Rev. Jur.*, n.ºs 11/12, 1989, p. 166).

O art. 9.º/e) da C.R.P. ao ordenar ao Estado o dever de proteger e valorizar o património cultural insere-se abertamente nesta linha. São os valores que o bem incorpora que determina a sua condição cultural. Neste sentido, é o valor civilizacional o elemento que oferece coerência a todo o conjunto de bens objecto de um especial sistema de tutela. Esta interpretação encontra pleno fundamento no art. 66.º/2 c) da Constituição que aponta para a necessidade de "preservação de valores culturais de interesse histórico ou artístico".

Nesta matéria seguimos o ensinamento de Giannini [124], que elaborou uma teoria unitária do bem cultural em que incluía o bem ambiente. Segundo esta tese ficou demonstrada a natureza imaterial do bem cultural e, por consequência, a imaterialidade do bem ambiental.

Trata-se, com efeito, de uma tese magistralmente exposta que vale a pena expor, ainda que sucintamente. Ponto de partida do seu discurso é a noção de bem cultural como "bem que constitui um testemunho material com valor civilizacional" [125].

Estas disposições constitucionais têm ainda o mérito de evidenciar uma compreensão ecológica dos bens culturais ao evidenciarem que a identidade cultural do povo português encontra o seu fundamento essencial na relação entre a colectividade e o ambiente em que se insere.

[124] M. S. GIANNINI, "I beni culturali", in *Riv. trim. dir. pubbl.*, 1976, p. 3 e ss.

[125] Esta noção foi elaborada pela *Comissão Franceschini*, constituída pela lei n.º 310, de 26 de Abril de 1964, para a tutela e a valorização das coisas de interesse histórico, arqueológico, artístico e paisagístico. Os trabalhos desta Comissão de investigação estão recolhidos em três volumes com o título: "*Per la salvezza dei beni culturali in Italia*", Roma, 1967. Sobre o tema cfr. MARIO D'URSO, *Tutela dell'ambiente e pianificazione urbanistica*, Padova, 1990, p. 26 e ss.

O uso deste conceito surge, todavia, no âmbito internacional, vindo pela primeira vez utilizada na *Convenção para a Protecção dos Bens Culturais em Caso de Conflito Armado* (Maio de 1954). No seu art. 1.º lê-se que "são considerados bens culturais, prescindindo da sua origem e da sua propriedade: a) os bens móveis ou imóveis de grande importância para o património cultural dos povos, como os monumentos arquitectónicos, artísticos ou históricos, religiosos ou laicos; os locais arqueológicos; o património construído que, no seu conjunto, ofereça interesse histórico ou artístico; as obras de arte; os manuscritos, livros e outros objectos de interesse artístico, histórico ou arqueológico, bem como as colecções científicas e as colecções relevantes de livros ou de arquivos ou ainda a reprodução dos bens supra definidos; b) os edifícios, cuja vocação principal e efectiva é a de conservar ou de expor os bens culturais móveis referidos na alínea a); c) os centros urbanos detentores de um número considerável de bens culturais definidos nas alíneas a) e b), os chamados centros monumentais" (cfr. T. ALIBRANDI e P. FERRI, *I beni culturali e ambientali,* Milano, 1985, p. 16). No que toca à expressão de património cultural a sua primeira aparição remonta também à *Convenção Cultural Europeia* (Paris, 19 de Dezembro de 1954) com o escopo de favorecer o estudo da língua, da história e da civilização dos países que firmaram a referida Convenção. O conceito de património cultural vem posteriormente precisado quer no art. 4.º da Convenção de 14 de Novembro de 1970, quer no art. 1.º da sucessiva *Convenção Para a Protecção do Património Mundial, Cultural e Natural* (Paris, 16 de Novembro de 1972), cfr. T. ALIBRANDI e P. FERRI, *op. cit.*, pp. 16 e 17.

Posta a noção, o Autor interroga-se como e porquê os bens ambientais podem ser qualificados como bens culturais e nesse sentido avança três teses. A *primeira* refere-se à marginalidade dos bens ambientais puramente naturalísticos. Observa que a maioria dos bens ambientais é de qualquer modo manipulada pelo homem e que a natureza intacta, constituindo um sector marginal dos bens ambientais, pode bem ser incluída na categoria dos bens culturais. A *segunda tese* postula a inexistência dos bens ambientais puramente naturalísticos. Segundo Giannini, na realidade natural os referidos objectos não existem como bens ambientais, porque a acção humana os torna acessíveis e, tornando-os acessíveis, incorpora-os no processo civilizacional como fonte de eventos emocionais. Em substância é sempre a obra do homem que torna fruível o bem pela colectividade, permanecendo até lá desconhecido e inacessível, em suma, sem existência. Ecoa, como se vê, a célebre teoria de Locke [126], segundo a qual o bem natural é de per si inútil e apenas o homem, com o seu

126 *Second Treatise on the Civil Government*, Cambridge, 1960, p. 238 e ss.

Na evolução do conceito jurídico de ambiente assumem uma notável importância as doutrinas filosóficas. Na doutrina aristotélica o influxo do ambiente sobre o homem manifesta-se na esfera psicológica e na vida política. O ambiente geográfico-histórico assume o valor de um dado a ter em conta na definição da melhor forma de governo (ARISTÓTELES, *Política*, Oxford, VII, pp. 4 e 7).

Montesquieu, evidencia, por sua vez, a relação entre o espírito e o ambiente, expresso em termos de individualidade, e não hesita em afirmar que as próprias leis devem ter em consideração os caracteres de cada povo e território. A sua doutrina conduz à máxima tensão *o factor de influência,* revelado pela filosofia grega antiga. Tese que confirma a relação do problema filosófico do ambiente com o mundo jurídico e político (cfr. MONTESQUIEU, *De l'Esprit des Lois*, Paris, 1922).

O pensamento racionalístico-científico, cujo principal exponente é Wolf considera que a realidade é, numa relação recíproca, a totalidade dos seres finitos e o ambiente a harmonia dos *atomi naturæ.* No pensamento de Wolf reflecte-se a distinção de "S. Tomás" entre *locus spiritualis* e *locus corporalis* em que está presente a ideia de ambiente como consciência e conhecimento (cfr. S. TOMMASO, *Summa theologiæ,* sob a direcção de CARAMELLO, I, Torino, 1950).

Em suma, o ensinamento que resulta das doutrinas filosóficas é que o ambiente surge como um factor que condiciona a existência moral e material do homem e, portanto, idóneo a influenciar o social, o político, o Estado.

Igual orientação deve ter o direito, a ciência jurídica, no momento em que dispõe de instrumentos procedimentais e processuais para a tutela do ambiente.

trabalho, tira a natureza da sua inutilidade, sujeitando-a e moldando-a ao seu poder. A *terceira tese* é a que assenta no "valor", na "qualidade" da coisa [127]. A "qualidade" consiste, obviamente, no facto de a coisa constituir um "testemunho civilizacional", entendendo por testemunho civilizacional tudo o que de qualquer maneira se refira à espiritualidade do homem. Assim, são bens culturais não só os objectos de arte, mas também os bens históricos, os bens que expressam a memória de empresas e acontecimentos humanos e os bens ambientais que, ainda que não manipulados pelo homem, influenciam todavia a sensibilidade e a espiritualidade humanas. Em suma, podemos falar de uma categoria unitária de bem cultural, em que se inclui o ambiente, pois não pode haver identidade cultural, património cultural, sem preservação do ambiente em que este se incorpora e o homem se realiza historicamente [128]. Sem o envolvimento ambiental o homem cairia numa crise de "desrealização" [129], em crise de identidade, em "crise de realidade".

Reconduzido o bem ambiental à categoria de bem cultural, perguntar-se-á qual a natureza jurídica do bem cultural. A doutrina mais avisada parece considerar tais bens como "bens de interesse público" [130]. Esta categoria de bens integra e refere-se a bens públicos e privados, uma vez que os bens culturais podem pertencer indiferentemente ao Estado, aos particulares ou mesmo à comunidade [131]. O elemento comum a todos os bens culturais,

---

[127] Cfr. o art. 1.º da Lei n.º 13/85, de 6 de Junho (Património Cultural Português).

[128] Entre nós, COLAÇO ANTUNES, *A Tutela dos Interesses Difusos em Direito Administrativo, op. cit.*, p. 47. No mesmo sentido, NOGUEIRA DE BRITO, "Sobre a legislação do património cultural", *op. cit.*, p. 165.

[129] A expressão é de BAPTISTA MACHADO, *Introdução ao Direito e ao Discurso Legitimador, op. cit.*, p. 11.

[130] G. PIVA, "Cose d'arte", in *EdD,* XI, Milano, 1962, p. 93 e ss.

[131] Assim, o direito subjectivo público à fruição dos bens culturais deve ser satisfeito não apenas pelo Estado mas também pelos particulares detentores de

independentemente da sua titularidade, é o valor da coisa, o valor do bem [132].

Em conclusão, não existem, pois, "enclaves próximos da natureza", "ambiente natural" [133]. O ambiente é, cada vez mais, um *Artefaktenumwelt*, no sentido de um ambiente construído e conformado pelo homem, pelo que é urgente passar *da economia do "cowboy" à economia da preservação.*

---

bens culturais, devendo os poderes públicos proporcionar-lhes os meios de poderem funcionalizar os bens culturais. Neste sentido, é de criticar a solução encontrada no art. 15.º/4 da Lei n.º 13/85, de 6 de Julho, segundo o qual a ajuda financeira a prestar pelo Estado funciona apenas quando as obras de restauro tenham sido impostas, não abrangendo, portanto, os casos de iniciativa dos proprietários ou detentores.

132 A partir desta definição dada pela *Comissão Franceschini*, Giannini propôs, como vimos, uma configuração jurídica unitária de bem cultural capaz de superar a dicotomia propriedade pública-propriedade privada (cfr. M. S. GIANNINI, *op. cit.*, p. 20 e ss.).

Neste sentido, observa que se a propriedade dos bens culturais pode variar, a função é sempre a mesma e unitários são os poderes estatais em que se exprime a função, isto é, *o poder de tutela e de valorização.* (Neste sentido o art. 4.º/4 da Lei n.º 13/85, de 6 de Julho, estipula que, independentemente do tipo de propriedade, os bens culturais serão submetidos a regras especiais).

Igualmente unitário é o modo de emergir, na realidade jurídica, do bem cultural, prevalecendo as normas que têm como escopo identificar as coisas objecto de tutela pública (cfr. T. ALIBRANDI, P. FERRI, *op. cit.*, p. 24). O regime de propriedade (pública ou privada) não afecta os traços essenciais do bem cultural enquanto objecto autónomo de tutela jurídica.

O bem cultural apresenta-se, assim, como *bem imaterial*, cuja característica essencial seria precisamente a de um bem aberto à *fruição universal*, cabendo aos poderes públicos garantir esta fruição e tutela, funcionalizando, para o efeito, o direito de propriedade privada.

Garantia de conservação e valorização e possibilidade de fruição pública são os dois vectores fundamentais que permitem individualizar a característica unificante do seu regime jurídico.

Em suma, a sua condição jurídica está intimamente ligada à função das coisas dotadas de uma intrínseca e originária apetência para integrar o interesse público.

133 GOMES CANOTILHO, "Procedimento administrativo e defesa do ambiente", *op. cit.*, n.º 3802, p. 10, na esteira da doutrina alemã (A. GEHLEN, *Der Mensch*, 12ª ed., 1978, p. 79 e ss). Recentemente, A. GIDDENS, *Beyond Left and Right*, Cambridge, 1994, pp. 189 e 190, favorece uma interpretação social e cultural dos bens ambientais sem questionar, porém, a sua existência independente e exterior ao homem.

2. Noção e relevância de dano ambiental público

A relevância jurídica do ambiente como bem jurídico e como bem da colectividade coloca sobre novas bases o problema do dano ambiental [134] e o respectivo ressarcimento, importando aqui sobretudo a noção de dano ambiental público.

---

[134] Para LITTMANN-MARTIN e C. LAMBRECHTS, "Rapport général", in *Le Dommage Ecologique en Droit Interne Communautaire et Comparé*, Paris, 1992, p. 45, a definição de dano ambiental é uma tarefa impossível. Com efeito, apesar dos esforços de uma doutrina inovadora e corajosa, a noção de dano ambiental apresenta-se misteriosa sob várias facetas. A nosso ver, a dificuldade maior radica na permanência de uma concepção antropocêntrica de dano ambiental, vertida sobre o homem, a sua saúde, os seus bens, actividades e bem estar. É obviamente uma concepção redutora, que deixa de fora os danos ecológicos puros causados à natureza selvagem sem repercussão imediata e aparente sobre as actividades humanas (cfr. G. MARTIN, "La réparation du préjudice écologique. Droit de l'environnement marin", in *Droit et Économie de l'Environnement*, Paris, 1988, p. 320).

A noção de dano ambiental público aponta antes para a ideia de que a vítima directa da acção humana é o próprio ambiente nos seus elementos inapropriados e inapropriáveis (cfr. M. PRIEUR, *Droit de l'Environnement*, *op. cit.*, p. 729. Neste sentido, *vide* também F. CABALLERO, *Essai sur la Notion Juridique de Nuisance*, Paris, 1981). É preciso entender que os bens ambientais constituem um património colectivo ou ainda um património comum da humanidade, com dimensões planetárias quando se trata, por exemplo, da biosfera, da atmosfera, dos oceanos e dos recursos genéticos (cfr. A. KISS, "La notion de patrimoine commun de l'humanité", *Académie de droit international, Recueil de cours*, t. 175, 1982).

Considerar o dano ambiental como dano colectivo é a consequência lógica do reconhecimento concedido ao ambiente nas convenções internacionais, nas Constituições, na lei, proclamando-se, nestes textos legais, que a sua protecção é um dever que se impõe aos Estados, às Autarquias e aos indivíduos. Os bens ambientais não são, portanto, *res nulius*, mas coisas comuns que fazem parte do património colectivo.

Outro equívoco, que a nosso ver resulta da noção antropocêntrica de ambiente, é a de privilegiar as normas do direito de reparação, uma vez que estas são socialmente mais visíveis, mais legíveis. HANS JONAS explica na sua obra *Le Principe de la Responsabilité. Une Éthique pour la Civilisation Technologique*, Paris, 1990, que existe uma notável dissimetria entre o mal e o bem. Na verdade o mal é mais visível e melhor conhecido que o bem. Segundo o referido autor a primeira obrigação da ética da responsabilidade é imaginar os males reais, é tentar conhecer o perigo que ameaça a humanidade, é "l'heuristique de la peur" (cfr. HANS JONAS, *op. cit.*, pp. 13-14 e 301-302).

Em suma, invocar as degradações causadas ao ambiente no quadro do direito de reparação é necessariamente desnaturar a natureza, fazendo-a entrar na esfera das mercadorias. Ao contrário, o ambiente deve ser entendido como um *valor* e um *bem* supremo do homem que importa preservar. É certamente oportuno recordar o adágio popular "de que mais vale prevenir do que remediar", o que se consegue em boa medida através dos procedimentos jurídicos inibitórios e preventivos.

Antes de mais, ao contrário do que sucede com os bens económicos privados, a atenção deve deslocar-se do plano subjectivo do interesse lesado para o plano objectivo do bem alterado ou de qualquer forma danificado [135]. Se em primeiro lugar está o valor *ambiente* é pertinente que se deva considerar primacialmente o bem em si, uma vez que é em relação à lesão do bem que se constrói o conceito de dano ambiental e não em torno da noção de dano subjectivo.

Em substância, nesta ordem de ideias, o que é posto em evidência é o *dano-evento* e não o *dano-consequência* [136]. Por

---

O que é mais grave no direito ressarcitório é deixar entender que é possível regressar ao *statu quo ante*, o que lamentavelmente em muitos casos não é possível (J. F. DAVIGNON, *La Responsabilité Objective de la Puissance Publique. Essai de Théorie Générale*, II, Thèse, Lyon, 1978, p. 12).

[135] P. MADDALENA, *Danno pubblico ambientale, op. cit.*, p. 177.

[136] Esta nova configuração do dano (dano-evento) significa que, em matéria ressarcitória, se deve ter em consideração não só o *dano sofrido*, mas fundamentalmente o *dano produzido*. Por outras palavras, em caso de lesão de interesses difusos, não se deve necessariamente limitar a condenação ao dano *sofrido* pelas partes em causa, devendo-se antes incluir na condenação (que assume um carácter quase penalístico) o dano produzido na globalidade.

De outra forma, deixar-se-á uma margem de vantagem suficiente à repetição da lesão. Se, por exemplo, uma indústria poluente for condenada esporadicamente a ressarcir apenas o *dano sofrido* por um qualquer sujeito, o comportamento inquinante poderia considerar-se vantajoso, na medida em que incluiria um custo inferior ao que seria necessário para o evitar. Neste sentido M. CAPPELLETTI, "Appunti sulla tutela giurisdizionale di interessi collettivi o diffusi", in *Giur. it.*, IV, 1975, p. 56 e ss. Este autor põe em evidência a insuficiência das disposições do Código Civil em matéria de responsabilidade civil, salientando a necessidade de atender ao dano sofrido pela colectividade, ao chamado *dano produzido*. Este conceito devia incluir também a ideia do dano sofrido pelo ambiente enquanto bem unitário, atendendo ao valor do bem ambiental lesado. Só assim será possível reconstruir a estrutura da responsabilidade civil, por forma a rendê-la adequada à tutela dos interesses difusos. A Lei n.º 83/95, de 31 de Agosto, através da acção popular, veio permitir a efectivação da responsabilidade objectiva e subjectiva (arts. 22.º/1 e 23.º). Mesmo os avanços verificados em matéria de *responsabilidade objectiva* (cfr. P. TRIMARCHI, *Rischio e responsabilità oggettiva,* Milano, 1961, p. 225 e ss.; M. FRANZONI, *La responsabilità oggettiva,* I, *Il danno da cose e da animali,* Padova, 1988; entre nós, CALVÃO DA SILVA, *Responsabilidade Civil do Produtor*, Coimbra, 1990) deverão, para se tornarem eficazes, ter em consideração não só o *dano sofrido*, mas também o dano *produzido*. Seguindo este caminho hermenêutico, a responsabilidade civil pode assumir um papel verdadeiramente decisivo na tutela do ambiente, adquirindo não só uma função de *deterrence* e de prevenção, bem como uma função de *reposição natural* (art. 562.º do C.C. e art. 48.º da Lei n.º 11/87). Desta forma, a afirmação da responsabilidade civil não está na transfe-

outras palavras, o problema não se resolve tanto na definição das consequências económicas sobre o património do sujeito lesado (dano-consequência), mas implica sobretudo a identificação do valor do bem lesado, considerado em si e por si (dano-evento) [137]. Trata-se, portanto, de individualizar a lesão do bem ambiental e de atribuir um valor a tal lesão.

Curiosamente o legislador, artigo 45.º/1 da Lei n.º 11/87, de 7 de Abril (Lei de Bases do Ambiente), vem afirmar que o conhecimento das acções relativas à defesa do ambiente é da competência dos tribunais comuns, numa óptica claramente

---

rência do peso do dano de um sujeito para outro, mas sim na repristinação dos bens ambientais.

A solução do problema da tutela ressarcitória dos bens ambientais passa pelo reconhecimento do interesse difuso como interesse unitário da colectividade. Porque estamos em presença de interesses públicos difusos deve ter lugar uma *acção popular de massas* (art. 52.º/3, da C. R. P. e Lei n.º 83/95, de 31 de Agosto), à semelhança das *public interest actions*, sem prejuízo dos titulares de posições de vantagem de carácter privado poderem fazer valer em juízo os seus direitos. Cfr. COLAÇO ANTUNES, "Los intereses difusos: ubicación constitucional; tutela jurisdiccional y acción popular de masas", *op. cit.*, p. 433.

O cálculo da reparação deve atender ao valor do bem lesado, por forma a abranger o prejuízo daqueles que não tenham requerido o respectivo ressarcimento, na esteira, aliás, da magnífica jurisprudência norte-americana (cfr. o art. 15.º da Lei n.º 83/95). No famoso *Eisen case*, de seis milhões de partes, a maioria dos interessados estavam informalmente representados por um só *ideological plaintiff*, o senhor *Eisen*. Neste caso, as partes que, embora não estando presentes no processo, eram perfeitamente individualizadas (nome e endereço), constituíam cerca de 2 250 000..., mas o dano total reportava-se a cerca de seis milhões de sujeitos. O juiz Tyler decidiu emitir a condenação por esta soma total, dando um prazo às partes ausentes ou não localizadas de reclamar em sede de execução a sua quota-parte. Coloca-se, porém, um problema, que é o de saber do destino da parte do *dano produzido* e não reclamado. O juiz americano tentou solucionar o problema recorrendo ao conceito *fluid recovery*, com escopos diversos mas de qualquer modo relacionados com o interesse colectivo tutelado em juízo. Cfr. COLAÇO ANTUNES, *A Tutela dos Interesses Difusos em Direito Administrativo, op. cit.*, pp. 152-153.

A solução, como apontámos noutro estudo (COLAÇO ANTUNES, "Los intereses difusos: ubicación constitucional; tutela jurisdiccional y acción popular de masas", *op. cit.*, p. 434), bem poderia ser a criação de um *Fundo de Garantia* destinado, entre outras funções, à reparação dos bens ambientais, sem prejuízo das obrigações do autor do dano. Cfr. o art. 22.º da Lei n.º 83/95, de 31 de Agosto

137 P. MADDALENA, *Danno pubblico ambientale, op. cit.*, p. 177.

privatística do ambiente e do dano ambiental, como dano subjectivo [138].

Não é por acaso que também a Lei n.º 10/87, de 4 de Abril (Lei das Associações de Defesa do Ambiente) no seu artigo 7.º exclui da competência das associações de defesa do ambiente a de interpor acções ressarcitórias em matéria de dano ambiental, vindo a legitimidade definida nos termos das alíneas a) e b) do referido preceito legal [139].

A desconcertante solução adoptada pelo legislador colocaria difíceis problemas de interpretação, em contraste, aliás, com a nova redacção do n.º 3 do artigo 52.º da Constituição [140] e com o direito de acção popular, mas não ao ponto de beliscar a natureza pública do dano ambiental e a natureza pública das consequentes acções de ressarcimento [141]. Situaçao tanto mais desconcertante quanto a Lei n.º 11/87 optou por considerar o bem ambiental como um bem jurídico autónomo, evitando tipicizar a conduta danosa (art. 41.º da referida Lei), numa clara consagração do dano-evento. O legislador português não optou por evitar o reconhecimento de bem jurídico ao ambiente e manter a tipicidade dos bens tradicionalmente tutelados, como acontece com a lei alemã de 10 de Dezembro

---

[138] Sobre o dano em geral, enquanto pressuposto fundamental da obrigação de indemnizar, a bibliografia é extremamente abundante. Cfr., entre outros, MANUEL DE ANDRADE, *Teoria Geral das Obrigaçoes*, Coimbra, 1966, p. 347 e ss.; ANTUNES VARELA, *Das Obrigações em Geral*, I, 6ª ed. Coimbra, 1989; RUI DE ALARCÃO, *Direito das Obrigações*, Coimbra, 1983, p. 270 e ss; ALMEIDA COSTA, *Direito das Obrigações*, 4ª ed., Coimbra, 1984, p. 388 e ss.

[139] COLAÇO ANTUNES, "Colocação institucional, tutela jurisdicional dos interesses difusos e acção popular de massas", Separata do *C.E.J.*, 1990, p. 20 e ss.; MÁRIO TORRES, "Bem jurídico/legitimidade", in *Textos-Ambiente*, C.E.J., Lisboa, 1994, p. 451 e ss. Cfr., porém, o art. 214.º/3 da C.R.P., que consagra os Tribunais administrativos como tribunais comuns em matéria administrativa.

[140] GOMES CANOTILHO / VITAL MOREIRA, *Constituição da República Portuguesa Anotada,* 3ª ed., Coimbra, 1993, p. 281 entendem que o art. 52.º/3 aponta claramente para uma garantia de acção popular perante qualquer tribunal (cível, criminal ou administrativo), sendo possível nos termos constitucionais uma "acção popular de embargo administrativo, uma acção popular penal e uma acção popular cautelar de natureza civil".

[141] Cfr. os arts. 22.º e 23.º da Lei n.º 83/95, de 31 de Agosto.

de 1990. Nos termos do § 1 desta lei, sempre que duma emissão no ambiente, proveniente de um dos estabelecimentos indicados no apêndice 1 (da referida lei), resulte a morte, a lesão do corpo ou da saúde ou da propriedade de um sujeito, o titular do estabelecimento está obrigado a ressarcir o dano provocado. Afastada foi também a solução do legislador optar por um conceito de ambiente como bem jurídico autónomo, mas tipicizando a conduta nociva do agente. Este é o modelo do legislador norte-americano [142].

Ponto de partida não pode deixar de ser a constatação de que o bem ambiental é um bem público-colectivo, enquanto "pertença" e objecto de fruição da colectividade, cuja protecção é confiada à Administração Pública ou aos cidadãos numa acção popular de massas. Trata-se de um bem directamente tutelado pela lei no interesse da comunidade, de um bem que é objecto de tutela em si, pelo seu intrínseco valor e em relação ao qual as situações subjectivas constituem um *posterius* [143] relativamente à tutela objectiva do bem ambiental.

Salienta-se, neste ponto, uma primeira e substancial diferença entre o dano ambiental público e o dano ambiental privado que, todavia, deve ser funcionalizado à luz do interesse público [144]. O dano jurídico-civil está estritamente relacionado

---

[142] Cfr. A. CROSS, "Natural Resource Damage Valuation", in *Vanderbilt Law Review*, vol. 42, 1989, p. 269.

[143] P. MADDALENA, *op. cit.*, p. 178.

[144] Uma hipótese interessante de tutelar os bens ambientais de propriedade privada talvez fosse a recuperação do instituto medieval do *dominus eminens* (cfr. SANDULLI, "Dominio eminente", in *Enc. giur.*, vol. XIII, 1964, p. 918). Num primeiro passo dir-se-ia que o Estado, que tutela o ambiente, disporia de um domínio ambiental eminente em que os conteúdos procedimentais de qualquer acto limitativo da esfera jurídica dos particulares gozariam das garantias constitucionais do procedimento ablatório.

Reconhecer em sede dogmática um domínio eminente do Estado sobre todos os bens ambientais permitiria resolver mais facilmente os problemas da relação público-privado nos direitos dominiais. Deveria, porventura, ser feito um esforço no sentido de advertir, no constante e desorgânico suceder de leis e directivas comunitárias, para a *nova relevância* dos bens ambientais sobre as actividades produtivas do homem. Poder-se-ia, assim, repensar toda a propriedade imobiliária, especialmente certas utilizações, como direito originariamente conformado aos

com as particulares situações dos sujeitos relativamente aos bens [145], logo com o dano subjectivo [146].

O dano público refere-se essencialmente à lesão do próprio bem [147], projectando-se do mesmo modo sobre as situações jurídicas pluri-individuais. O que há aqui é um dano objectivo e não um dano subjectivo. Se o dano do particular não pode afastar a lesão de um interesse ou de um direito, o dano público não pode prescindir da lesão do bem [148].

O dano ambiental público é um dano em sentido jurídico na medida em que se refere a um bem tipicamente individualizado e tutelado directamente pela lei. É da juridicidade do

---

bens naturais e não, como hoje acontece, num instrumento de guerra aos valores ambientais e paisagísticos (cfr. V. JAMBRENGHI, "Tutela dell'ambiente e beni pubblici", in *Amm. pol.*, n.º 5, 1992, p. 66).

Nesta relação *externa* à propriedade privada, entre os poderes do seu titular e os poderes da colectividade, que defende o ambiente, o recurso ao instituto do *domínio eminente* é merecedor da maior atenção. A configuração da Administração Pública como custódia do ambiente (no sentido da aceitação da velha ideia do domínio eminente sobre todo o território nacional) restituiria a responsabilidade integral de serviço público à actividade extremamente limitada e insuficiente que alguns infelizes funcionários tentam desenvolver para prevenir os danos ambientais (V. JAMBRENGHI, *op. cit.*, p. 67).

Num segundo momento dever-se-ia operar a substituição do titular do direito eminente: o soberano. O cidadão, enquanto titular dos interesses difusos, deveria suceder ao antigo soberano, numa aproximação entre domínio eminente e poder de polícia ambiental. Poder-se-ia eventualmente acrescentar que, numa certa concepção, sugerida por algumas orientações doutrinais, os bens ambientais são bens públicos no sentido de bens de fruição colectiva. (Com efeito, segundo uma insigne doutrina alemã os bens ambientais, enquanto objecto de direitos dos cidadãos, não constituiriam uma propriedade pública mas uma *Regalität* (que poderíamos traduzir por domínio eminente). Cfr. K. STERN, "Die öffentliche Sache", in *VDSFRL,* Berlin, 1964, esp. pp. 183 e 192-194.

Em síntese, "o povo", titular do domínio ambiental sobre bens imóveis privados, interpreta-os como *públicos* quanto ao ambiente, isto é, reconhece neles a presença de um interesse público constante, ainda que de intensidade variável, segundo a sensibilidade concreta dos ecossistemas. Advogaríamos, para concluir, um *direito comum* da fruição dos recursos naturais de interesse colectivo.

145 L. FRANCARIO, *Danni ambientali e tutela civile, op. cit.*, p. 135.

146 DE CUPIS, "Danno", in *EdD,* XI, 1962, p. 625 e ss., para quem, coerentemente com o modelo civilista, o dano é visto em referência aos poderes e faculdades do sujeito pelo que o dano se consubstancia na lesão de um direito subjectivo; L. DI RICCO, "Danno pubblico collettivo", in *Danno ambientale e tutela giuridica,* Padova, 1987, p. 89 e ss.

147 RÈMOND-GOUILLOUD, *Du Droit de Détruire, op. cit.*, p. 192.

148 P. MADDALENA, *op. cit.*, p. 179.

bem lesado que resulta a antijuridicidade do dano. E porque o bem é tutelado no interesse da colectividade (mesmo que a sua titularidade seja privada), resulta que da lesão do bem deriva também uma lesão do interesse público-colectivo [149]. Poder-se-ia então acrescentar que o dano ambiental corresponde à lesão do interesse público, o que pode colocar o problema da responsabilidade da Administração por actos lícitos e ilícitos [150]. As alterações e os danos ambientais constituem imediatamente um dano público: constituem alterações e destruições de bens de fruição colectiva, logo do património público [151].

Queremos, contudo, advertir que a lesão não se identifica mecanicamente com o dano, uma vez que é necessário introduzir entre os dois termos um nexo de natureza jurídico-pública — o acto autorizativo. Salvo melhor opinião, o que faz da lesão a um ou mais bens ambientais um verdadeiro e próprio dano ambiental em sentido jurídico é a importância previamente atribuída ao interesse ambiental, elevado à categoria de bem jurídico e de interesse público. Veja-se, por exemplo, o caso da instalação de uma central hidroeléctrica numa zona de grande beleza paisagística. A lesão do ambiente, sob variadíssimas formas, seria evidente, mas poderia não se traduzir necessariamente num dano ambiental sempre que fosse correctamente cumprido o procedimento autorizativo para o seu licenciamento e instalação [152]. Isto porque faltaria

---

149 P. MADDALENA, *Responsabilità amministrativa, danno pubblico e tutela dell'ambiente, op. cit.*, p. 95.

150 Cfr. os arts. 22.º e 271.º da C.R.P e o D.L. n.º 48051, de 21 de Novembro de 1967. Sobre a questão ver GOMES CANOTILHO, "A responsabilidade por danos ambientais — aproximação juspublicística, in *Direito do Ambiente,* Oeiras, 1994, p. 405 e ss.

151 P. MADDALENA, *op. cit.*, p. 180.

152 Para GOMES CANOTILHO, "Actos autorizativos jurídico-públicos e responsabilidade por danos ambientais", *op. cit.*, p. 52, o efeito justificativo e legalizador do acto autorizativo explica a sua *licitude* mas não justifica a negação da indemnização a um terceiro lesado pelo agente poluidor. Segundo este autor é esta a disciplina que se pode colher das normas civilísticas (art. 1347.º) e dos arts. 40.º/4 e 5 e 41.º da Lei n.º 11/87, de 7 de Abril (Lei de Bases do Ambiente).

o elemento de conexão – isto é, o interesse público ambiental – entre os dois termos, pelo que a agressão física e estética (lesão) não se transfigura automaticamente num facto jurídico (dano) [153].

A situação é, portanto, claramente diferente da que se verifica no direito civil. Neste, o bem é juridicamente tutelado na medida em que ofende um direito subjectivo de um sujeito; no direito público, a tutela do interesse colectivo depende sobretudo da tutela do bem enquanto tal [154]. É de evidenciar também que o requisito da ilicitude do dano vai crismado na consideração que o ordenamento jurídico faz do bem jurídico protegido. É igualmente de salientar que o ressarcimento do dano é um instituto que tem o seu fundamento e justificação como instrumento de tutela de bens socialmente relevantes. Se isto é válido para o dano privado, por maioria de razão o é para o dano ambiental público. Compreende-se, portanto, que o problema da ressarcibilidade do dano se coloque, no direito público do ambiente, em termos algo diversos relativamente aos módulos tradicionais próprios do direito privado. Os civilistas revêem tradicionalmente a ilicitude do dano na violação

---

Nos seus aspectos essenciais, esta indemnização jurídico-civil de um sacrifício licitamente imposto corresponde aos esquemas indemnizatórios da responsabilidade por actos lícitos da administração. Cfr. BAUMANN, "Die Haftung für Umweltschäden aus zivilrechtlicher Sicht", in *JuS*, 1989, p. 435, referenciado por GOMES CANOTILHO, *op. cit.*, p. 52.

Todavia, ao contrário de GOMES CANOTILHO, que faz depender a natureza jurídica da pretensão indemnizatória da actividade se destinar a prosseguir finalidades públicas ou privadas, julgamos que em matéria ambiental é ineliminável a responsabilidade do Estado por actos lícitos (cfr. o art. 9.°/1 do D.L. n.° 48051, de 21 de Novembro de 1967), quando uma actividade privada, devidamente autorizada, provocou danos ambientais. Sem afastar o princípio do poluidor-pagador e, assim, a pretensão indemnizatória de natureza jurídico-privada, pensamos que a melhor solução é admitir simultaneamente uma pretensão jurídico-pública, na medida em que cabe ao Estado prevenir este tipo de eventos e cabe-lhe a responsabilidade última pela defesa do ambiente (arts. 9.°/e) e 66.°/2 da C.R.P.). Em síntese, sempre caberia aqui uma responsabilidade extracontratual objectiva do Estado. Cfr. art. 8.° do D.L. 48051.

153 D. BORGONOVO RE, "Contributo allo studio del danno ambientale", *op. cit.*, pp. 286 e 287; C. MALINCONICO, *op. cit.*, p. 251 e ss.

154 P. MADDALENA, *op. cit.*, p. 180.

da genérica obrigação do *neminem laedere*, na lesão do direito subjectivo, na lesão de uma situação subjectiva.

No direito público o ponto de partida é a tutela jurídica do bem público – colectivo. É a lesão deste bem que constitui o dano juridicamente relevante. A antijuridicidade está precisamente na lesão do bem protegido e, correlativamente, na violação da norma que tutela o próprio bem ou ainda no desrespeito de actos administrativos legalmente adoptados [155].

O facto antijurídico não deve, assim, ser concebido essencialmente como uma mera infracção contra-ordenacional (art. 47.º da Lei n.º 11/87, de 7 de Abril) [156] ou uma violação consubstanciada na respectiva sanção ressarcitória (art. 48.º/3 da Lei n.º 11/87). O que está aqui em causa é um ilícito penal de primeira grandeza [157] (art. 46.º da Lei de Bases do Ambiente) e/ou administrativo. Impõe-se aqui o apuramento de uma responsabilidade primária pertinente à lesão de um bem jurídico de grande relevância social. É, portanto, sumamente justo prever, para a lesão deste tipo de bens, uma forma reequilibrada de ressarcimento do dano [158].

---

[155] B. CARAVITA, *Diritto pubblico dell'ambiente, op. cit.*, p. 359 e ss.

[156] Cfr. J. SOUTO DE MOURA, "Tutela penal e contra-ordenacional em matéria de ambiente", in *Textos-Ambiente,* C.E.J., Lisboa, 1994, p. 175 e ss.

[157] Estamos agora no âmbito do direito penal primário. Cfr. os arts. 278.º e 279.º do Código Penal e o art. 25.º da Lei n.º 83/95, de 31 de Agosto.

[158] Nos Estados Unidos, segundo o novo sistema introduzido pelo art. 107.º do *Comprehensive Environmental Response, Compensation and Liability Act*, de 1980, o que conta ao nível do ressarcimento do dano ambiental não é tanto a delimitação do dano provocado, quanto os custos suportados pela Administração Pública ou por terceiros para recuperar o ambiente lesado. Como os modos e as formas são predeterminadas pelas normas do *National Contingency Plan* não é difícil para a Administração documentar as despesas desembolsadas. Mais precisamente, o decreto regulamentar da *CERCLA* previa que o responsável pelo dano deveria assumir os custos pela reparação natural ou a respectiva indemnização pelo preço mais baixo do valor do uso sacrificado. Esta regra prejudicava naturalmente o princípio da reposição natural, pelo que em dois casos semelhantes – *Ohio v. US Department of the Interior and Colorado v. U.S. Department of the Interior*, o Tribunal federal de apelo do *District of Columbia* não aplicou o referido decreto, exigindo a sua revogação. Cfr. E. REHBINDER, "Rapport général", in *Le Dommage Ecologique, op. cit.*, p. 118).

No direito português o art. 48.º da Lei n.º 11/87, de 7 de Abril obriga os infractores a remover as causas de infracção e a repor a situação anterior ou equiva-

O que queremos dizer é que o facto que vem considerado como ilícito não pode ser entendido apenas como um comportamento tipicamente qualificado como ilegal. Não há qualquer dúvida que tais comportamentos devem ser penal e administrativamente sancionados [159], mas não é isso que está em causa.

---

lente. (Sobre o princípio da *reposição natural,* cfr. PIRES DE LIMA / ANTUNES VARELA, *Código Civil Anotado,* vol. I, 4ª ed., Coimbra, 1987, p. 398). Acresce que se os infractores não cumprirem as obrigações impostas, as entidades competentes mandarão proceder, a expensas dos infractores, às demolições, obras e trabalhos necessários à reposição da situação anterior à infracção. Em caso de não ser possível a reposição da situação anterior, os infractores ficam obrigados ao pagamento de uma indemnização especial a definir por legislação e à realização das obras necessárias à minimização das consequências provocadas.

Segundo a Lei alemã sobre responsabilidade em matéria de ambiente de 10-12-1990 (§ 16.º - aplicação no caso de medidas de reconstituição), "se o dano de uma coisa também constituir uma lesão na natureza ou na paisagem, será aplicável o disposto no § 251, n.º 2 do B.G.B., desde que o lesado refaça as condições que existiriam se a lesão não tivesse ocorrido, com a restrição de que os custos com a reconstituição do estado anterior não sejam desproporcionados, por ultrapassarem o valor da coisa". Cfr. IRENE VON DER HEYDE, "Responsabilità per danni ambientali. Una legge che favorisce il singolo individuo?", in *Riv. crit. dir. priv.*, 1994, p. 231 e ss.; D. VON BREITENSTEIN, "La loi allemande relative à la responsabilité en matière d'environnement: pierre angulaire du droit de l'environnement?", in *R.J.E.*, n.º 2, 1993, p. 231 e ss.

A Lei italiana de 8 de Julho de 1986 que institui o Ministério do Ambiente, dispõe no art. 18.º/1 que o dano provocado ao ambiente obriga o infractor a repará-lo. Para maiores desenvolvimentos numa perspectiva comparatística, cfr. C. DE KLEMM "Les apports du droit comparé", in *Le Dommage Ecologique*, *op. cit*, p. 143 e ss.

O projecto de Directiva sobre responsabilidade civil por danos causados por resíduos apresentado pela Comissão em 28 de Junho de 1991 individualiza nas alíneas c) e d) do art. 2.º o dano provocado à pessoa e aos seus bens do dano ao ambiente. No seu art. 4.º parece apontar para uma solução em matéria de reparação do dano ambiental, semelhante à do ordenamento jurídico alemão e norte-americano. No mesmo sentido, a *Convenção de Lugano,* de 21 de Junho de 1993, distingue entre danos às pessoas e bens (alíneas a) e b) do art. 7.º/2) dos danos propriamente ambientais. Cfr., entre outros, J. S. CUNHAL SENDIM, "Nota introdutória à Convenção de Conselho da Europa sobre responsabilidade civil pelos danos causados por actividades perigosas para o ambiente", in *Rev. Jur. Urb. Amb.*, n.º 3, 1995, p. 147 e ss.; B. POZZO, "Il criterio di imputazione della responsabilità per danno all'ambiente nelle recenti legge ecologiche", in P. TRIMARCHI, *Per una riforma della responsabilità civile per danno all'ambiente,* Milano, 1994, p. 30 e ss.

159 F. GIAMPIETRO, *La responsabilità per danno all'ambiente*, *op. cit.*, p. 243 e ss.

Entre nós, FIGUEIREDO DIAS, *op. cit.*, pp. 9 e 10; *vide* os arts. 272.º e ss. do novo Código Penal, especialmente os arts. 278.º e 279.º.

Essencial é que a referência a um facto atentatório do bem ambiente deve querer indicar que a antijuridicidade é vista não só em relação ao comportamento, mas também em relação ao evento. É sobretudo em relação a este que se deve operar a não juridicidade do facto danoso, deslocando-se, assim, a atenção do comportamento para o evento, cuja antijuridicidade se concretiza na violação das normas que tutelam o bem ambiental, enquanto interesse público. Logo, o dano ambiental deve ser entendido em sentido objectivo, ecocêntrico, abrangendo todo e qualquer comportamento ainda que não expressamente previsto na lei. Deve, assim, vigorar uma cláusula aberta, por forma a evitar que se caia facilmente num certo *numerus clausus* de comportamentos lesivos do ambiente [160]. Impõe-se aqui, portanto, o recurso aos princípios gerais do direito como forma de dar completude à tutela do ambiente.

Em consequência, deve, desde já, salientar-se que a deslocação da atenção, no que respeita à ponderação da ilicitude (desnecessária, aliás) da acção para o evento tem o mérito de facilitar o enquadramento do ressarcimento do dano ambiental público num sistema que contemple não só a responsabilidade civil por culpa (arts. 483.°, 562.° e 566.° do C.C. e o art. 48.° da Lei n.° 11/87) [161], mas também a responsabilidade pelo risco (arts. 500.°, 501.°, 502.°, 503.°, 509.° do C.C.) [162] e a responsabilidade objectiva (art. 41.° da Lei n.° 11/87 e art. 23.° da Lei n.° 83/95) [163]. Face à nossa concepção jurídica de

---

160 P. MADDALENA, *Danno pubblico ambientale, op. cit.*, p. 183.

161 Sobre algumas das mais recentes correntes doutrinárias norte-americanas em matéria de responsabilidade civil, *vide* COLAÇO ANTUNES, "Poluição industrial e dano ambiental: as novas afinidades electivas da responsabilidade civil", Separata do vol. LXVII (1991) do *B.F.D.U.C.*, 1992, p. 15 e ss.

Sobre a questão da responsabilidade objectiva, cfr., entre nós, CALVÃO DA SILVA, *Responsabilidade Civil do Produtor, op. cit.*, p. 487 e ss.

162 Cfr., por ex., MANUELA FLORES, "Tutela cível do ambiente-evolução", in *Textos, op. cit.*, p. 209 e ss.

163 Nesta matéria, como já afirmámos em estudos anteriores (cfr., por exemplo, "Los intereses difusos...", *op. cit.*, p. 34, nota 27) deve progredir-se no sentido

da inversão do ónus da prova. Os limites que o princípio do ónus da prova tem revelado na sua aplicação explicam o interesse e a atenção que, sobretudo nos Países Escandinavos e na República Federal Alemã, tem merecido a procura de soluções que consintam reduzir os aspectos subjectivos do convencimento do juiz, bastando-se com a *prova em termos de verosimilhança*.

Nos Países Escandinavos tem-se recorrido ao *critério da verosimilhança* na base do qual o juiz não deve ter a pretensão de chegar ao convencimento pleno da verdade de um facto, devendo antes assegurar se uma determinada hipótese apresenta um certo grau de *verosimilhança*, tomando em linha de conta as provas apresentadas pelas partes, as regras de experiência e o parecer de peritos (cfr. K. EKELÖF, "Beweiswürdigung, Beweislast und Beweis des estern Anscheins", in *ZZP*, n.° 75, 1962, p. 289 e ss; H. BOLDING, "Aspects of Burden of Proof", in *Scandinavian Studies in Law*, 1960, p. 11 e ss). Isto é, o juiz deve verificar se a hipótese em questão se aproxima, com um grau de probabilidade razoável ou verosimilhança, ao exigido pela lei ou, no silêncio desta, ao estabelecido pelo juiz. Em lugar de uma prova a cem por cento (100%), é suficiente que o juiz se satisfaça com uma percentagem inferior, por exemplo, setenta e cinco por cento (75%).

O critério do *Anscheinbeweis*, que apresenta pontos de contacto com a teoria de *verosimilhança*, desenvolveu-se especialmente na R.F.A. No pressuposto de que em alguns sectores da vida de relação os casos apresentam um carácter típico e se desenvolvem segundo regras de experiência, segundo determinadas modalidades, o juiz alemão, adoptando tal critério, é levado a considerar que o caso concreto subsumido à sua apreciação se apresenta segundo *critérios típicos normais*, próprios da hipótese abstracta a que aquele se reconduz.

O *Anscheinbeweis* determina, portanto, a convicção do juiz, consentindo a aplicação da regra probatória geral apenas nos casos em que venha demonstrada (pelos interessados) a anomalia da aparência. Bem vistas as coisas, o que está em causa aqui não é só o problema da inversão do ónus da prova mas um ponto de vista prático. (Neste sentido S. PATTI, "Prove. Disposizioni generali", in *Saggi di diritto privato comparato*, Torino, 1986, p. 321 e ss.).

Em suma, a adopção do critério da *verosimilhança* ou do *Anscheinbeweis* pode mitigar a rigidez e a aspereza do princípio do ónus da prova, especialmente naqueles sectores, como o do dano ambiental, em que o critério do risco é um garante de justiça substancial bem mais pregnante do que o princípio estático do ónus da prova (Cfr. BOLDING, *op. cit.*, p. 17 e ss.; EKELÖF, "Beweiswert", in *Festschrift für Baur,* Tübingen, 1981, p. 350 e ss.). Pensamos, à luz destas considerações, que o art. 17.° da Lei n.° 83/95 ganha agora uma importância transcendente que cabe ao intérprete apurar.

A solução da prova em termos de *verosimilhança* parece poder reconhecer-se no art. 4.°/6 da Proposta de Directiva do Conselho da C.E. relativa à Responsabilidade Civil por Danos causados por Resíduos. No *Umwelthaftungsgesetz* foi, aliás, introduzida uma particular presunção de causalidade que alivia o ónus probatório do lesado; cfr. DEUTSCH, "Umwelthaftung: Theorie und Grundsätze", in *NJW,* 1991, p. 1097. Se o exame das circunstâncias de facto revelar que estas são idóneas a provocar o dano verificado, o ónus da prova é deslocado para o eventual poluidor.

Chegados a este ponto interrogamo-nos se o princípio estabelecido no art. 344.° do Código Civil não pode ser objecto de uma exegese hermenêutica bem mais ampla (por exemplo, os arts. 1346.° e 1347.° do C.C.). Confrontados ainda com o art. 483.°/1 do Código Civil, reparamos que vêm previstas duas formas de ilicitude: a violação ilícita do direito de outrem e a violação de disposição legal

ambiente, como bem imaterial, teria igualmente sentido fazer aplicar, para além dos preceitos relativos à responsabilidade civil objectiva, o artigo 496.º/1 do Código Civil [164], que manda atender, na fixação da indemnização por danos não patrimoniais, aos danos morais que pela sua gravidade mereçam a tutela do direito [165].

É ainda de sublinhar que da lesão do bem ambiental resulta não só a lesão do interesse público como a dos interesses difusos pertinentes à protecção do ambiente enquanto bem de fruição colectiva. O dano ambiental tem, assim, uma dimensão subjectiva referida ao interesse pluriindividual, numa relação estreita com a tutela objectiva do próprio bem ambiental.

---

destinada a proteger interesses alheios (ANTUNES VARELA, *Das Obrigações em Geral*, vol. I, *op. cit.*, p. 503 e ss.).

Atendendo que a segunda vertente estabelece uma *quase-presunção do nexo de causalidade*, se a infracção a uma norma contribuir para determinado evento danoso, destinando-se aquela regra a prevenir (exclusivamente ou não) a eclosão desse evento, parece natural concluir-se que aquela é a causa adequada deste, devendo, portanto, inverter-se o ónus da prova.

Indo mais longe, pergunta-se se também aqui não há lugar ao chamado *dano-evento*, como complemento do *dano-consequência*, quando a norma em causa tem como escopo proteger um determinado bem ou interesses de terceiros.

Por outro lado, se se admitir que o "privilégio industrial" deve ser interpretado como presunção da necessidade de avaliação de impacto ambiental, condição indispensável da prova nos casos concretos em apreciação, então deveria, pela natureza das coisas, impor-se a *inversão de um ónus de prova objectivo.*

[164] Para uma leitura favorável à extensão do disposto no art. 496.º do C.C. à responsabilidade objectiva, cfr., por exemplo, GALVÃO TELES, *Direito das Obrigações*, 6ª ed., Lisboa, 1989, p. 380.

[165] G. H. TREITEL, *Remedies for Breach of Contract. A Comparative Account*, Oxford, 1989, p. 143 e ss, oferece-nos uma investigação comparatística preciosa e rica de indicações, ainda que circunscrita à matéria contratual, sobre algumas das técnicas limitadoras do ressarcimento adoptadas por diversos sistemas jurídicos com base: a) no grau de culpa (p. 144 e ss.); b) sobre a previsibilidade do dano (p. 150 e ss.); c) sobre a conexão causal (p. 162 e ss.); d) sobre a discricionaridade do juiz (p. 174 e ss.); e) sobre a evitabilidade do dano (mitigation) (p. 179 e ss.); f) sobre a noção de certeza do dano (p. 192 e ss.); g) e, finalmente, sobre critérios específicos que não se prestam a uma qualificação homogénea (p. 194 e ss.).

Com efeito, verifica-se um profundo processo de revisão crítica das técnicas de administração da responsabilidade civil por danos provocados a terceiros, por imperativo das novas exigências da *mass market society*. Neste sentido, cfr. J. M. PERLOFF "Breach of Contract and the Foreseeability Doctrine of Hadley v. Baxendale", in *Journ. Leg. Stud.*, 10, 1981, p. 39 e ss.

O interesse difuso ambiental é, por sua vez, um interesse verdadeiramente indisponível, enquanto modo de ser e expressão do direito fundamental à protecção do ambiente (art. 66.º da C.R.P.) [166]. Ao contrário, os interesses individuais são interesses disponíveis, que o particular pode ou não fazer valer em juízo, consoante a apreciação que faz da lesão do seu património. Em suma, o interesse público-difuso indisponível reporta-se à protecção e gestão do bem, pelo que se deve fazer valer uma acção dirigida a reparar o dano ambiental público, a acção popular nos moldes previstos na Lei n.º 83/95, de 31 de Agosto.

3. Os interesses difusos como "novo modo de ser e limite" dos direitos fundamentais. O "direito ao ambiente" como direito fundamental do cidadão e interesse geral da colectividade

Se actualmente o direito é a substância necessária e suficiente e, simultaneamente, a forma do domínio do instituto proprietarista com tudo o que ele comporta, ele é também a substância e a forma de novos direitos (ambiente, consumidores), de novos sujeitos jurídicos (formações sociais, associações, comissões de moradores, entes exponenciais de todo o tipo) e de novos interesses coexistentes e conflituantes entre si. É o "Thermidor" da hegemonia dos direitos subjectivos e a desintegração do sujeito jurídico identificado com o indivíduo [167]. A "revolta" de

[166] Cfr. o art. 16.º da Lei 83/95, de 31 de Agosto, que, em nosso entender, deveria ser mais peremptório, tendo em consideração o papel do Ministério Público.

[167] O iusnaturalismo e o racionalismo conduziram, como é sabido, a uma concepção privada do direito e, portanto, em função do indivíduo. Posicionados ao centro do sistema jurídico o sujeito e o interesse individual, toda e qualquer situação jurídica é resolvida em outros tantos atributos, predicados ou faculdades do referido sujeito, isto é, em direitos subjectivos. Deste modo não surpreende que o sistema jurídico venha identificado com o complexo de direitos subjectivos (cfr.

novos interesses e do objecto, para além de comportar a "morte" da soberania do sujeito jurídico *tout court* signi-

---

ORESTANO, "Diritti soggettivi e diritti senza soggetti", in *Jus*, 1969, p. 149), entendidos como poderes ou faculdades da vontade do sujeito (cfr. ORLANDO DE CARVALHO, *Teoria Geral da Relação Jurídica,* Coimbra, 1980, p. 39 e ss. e p. 91). Mesmo negando que a soberania da vontade do poder-querer possa constituir a fonte do sistema jurídico e fazendo derivar o direito subjectivo do direito objectivo, é manifesto que o direito subjectivo se traduz sempre, na concepção liberal-individual, num poder jurídico, numa posição de vantagem, ou mesmo numa particular autonomia de decisão. Por outras palavras, o direito subjectivo assegura, garante, ao sujeito todas as utilidades e vantagens que o bem é capaz de produzir, ficando os outros sujeitos numa situação de passividade universal.

O que acabámos de explicitar é particularmente evidente para o paradigmático direito de propriedade, cujo conteúdo normal contempla um conjunto de poderes e faculdades sobre a coisa. A amplitude de tais poderes e faculdades é, nos ordenamentos jurídicos liberais, praticamente ilimitada, segundo a radicada convicção de que os seus fundamentos político-filosóficos permanecem os mesmos, apesar das mutações sofridas pelo instituto da propriedade que conduziram mesmo à sua funcionalização ou mesmo limitação (cfr. V. MOREIRA, *A Ordem Jurídica do Capitalismo*, Coimbra, 1976, p. 87 e ss.). Com efeito, segundo a concepção liberal, o interesse individual não é concebido em conflito com outros interesses individuais, uma vez que a riqueza e a harmonia da sociedade resulta da satisfação plena de todos eles. Segundo esta visão, o assenhoreamento dos bens e o exercício das faculdades conexas ao direito de propriedade têm o dom de harmonizar, sob um outro aspecto, a própria sociedade, ao permitirem a passagem indolor e racional de um estádio de desordem a uma fase ordenada. Não é por acaso, ao que julgamos, que as primeiras limitações ao direito de propriedade e à liberdade de empresa se vêem justificadas não tanto pela necessidade de esconjurar uma crise social, mas pela necessidade de tutelar direitos e liberdades dos particulares ou o próprio sistema social, cuja vocação suicidante se adivinhava fora de qualquer intervenção jurídico-política. Mesmo quando os limites surgem para tutelar interesses públicos, tal não passa de um facto marginal relativamente ao direito de propriedade, cujo objectivo último seria mesmo o de o tornar mais eficaz, deixando incontaminada a sua essência. Cfr. A. B. MACPHERSON, *La Teoria Politica del Individualismo Posesivo*, tr. esp., Barcelona, 1970, p. 22 e ss.

Noutros termos, o direito subjectivo configurava-se e de certo modo configura-se ainda como entidade central do ordenamento jurídico, cujo núcleo duro permanece intangível às limitações que parecem atingir mais o seu exercício do que o direito propriamente dito. Deste modo, os poderes e as faculdades do proprietário podem efectivamente ser limitadas ou comprimidas mas não de todo suprimidas, pelo que a propriedade tem podido sobreviver às limitações impostas pelos poderes públicos. Graças à elasticidade do direito de propriedade tem sido possível a coabitação com outros direitos (usufruto, uso, habitação, etc.), cuja existência coincide sobre o mesmo objecto, privando, ainda que temporariamente, o titular do seu exercício. Em suma, a permanência do direito de propriedade, pese embora a multiplicidade de limites de diversa natureza, assenta, em última instância, no conjunto de poderes e faculdades do proprietário. Cfr. F. WIEACKER, *História do Direito Privado Moderno*, tr. port., Lisboa, 1980.

fica agora *a existência jurídica de interesses-sujeitos-de--dever-ser* [168].

A unidade indivisível do sujeito jurídico na *Weltanschauung* liberal do direito, átomo do ordenamento jurídico, transforma-se em "interesse-sujeito-de-dever-ser" à medida que constatamos a emergência de novos direitos, interesses e valores, isto é, transmuta-se no "quanto" de energia do dever--ser, segundo o qual o cidadão actua em novas direcções culturais e não apenas patrimoniais [169]. Em suma, vivemos agora a "mensagem" de PESSOA: sejamos plurais como o universo. O *Eu* é, agora, plural.

O dever-ser é, por consequência e antes de mais, facto ético no ser humano, tratando-se do dever-ser de escolher em conjunto aquilo que eticamente caracteriza o ser humano num determinado momento e que o leva a agir. Não é, portanto, possível distinguir numa fase de metaestabilidade jurídica (de equilíbrio de interesses e valores) entre ética e direito, entre eticidade e juridicidade. Quando o dever-ser não é mais o sujeito como unidade individual, o sujeito jurídico, mas o dever-ser de um dos elementos contraditórios do sujeito jurídico então o dever-ser torna-se incindivelmente ético e jurídico. O *Dasein* passa a constituir o elemento real na aparência do *Sein* [170].

Quando se afirma que "o sujeito não existe" significa agora que o sujeito, face às limitações impostas pelo direito objec-

---

[168] PIVA / SPANTIGATI, *Metastabilità giuridica*, Roma, 1989, p. 25 e ss.; V. MOREIRA, *op. cit.*, pp. 90 e 91, assinala, como características da ordem jurídico-económica contemporânea, o aparecimento de novos institutos jurídicos, ou a extensão dos antigos a novos domínios. Em síntese, trata-se do fenómeno da *diversificação funcional dos institutos jurídicos* quanto ao objecto e aos sujeitos.

[169] Segundo a concepção do mundo liberal-racionalista o homem parece não ter qualquer dimensão transcendente, esgotando-se nas metas do sucesso individual e da obtenção de riqueza pessoal. O interesse económico constitui, assim, o elemento catalizador da sociedade e do Estado. Sobre esta matéria cfr. a excelente síntese de RIFKIN, *Entropia*, Milano, 1985, p. 29 e ss.

[170] F. SPANTIGATI, *op. cit.*, p. 26; COLAÇO ANTUNES, "Metaestabilidade jurídica e procedimento administrativo: o procedimento como forma de soberania popular", *op. cit.*, p. 41 e ss.

tivo, está numa posição de metaestabilidade relativamente sobre qual dos seus contemporâneos e contraditórios interesses é o sujeito de dever-ser, qual dos direitos deve ser tutelado prioritariamente. O dogma "o sujeito não existe" soa a falso se não entendermos que o sujeito jurídico não existe enquanto sujeito exclusivo e hegemónico de direitos subjectivos [171].

O cumprimento das obrigações não depende agora apenas do exercício dos direitos subjectivos, ressaltando também da racionalidade comunicativa entre o sujeito activo e o sujeito passivo e dos novos valores e comandos do direito constitucional, enquanto manifestação da soberania popular (art. 2.º da C.R.P.).

Na base dos ordenamentos jurídicos de inspiração liberal está, porém, uma particular e bem determinada noção de interesse em sentido económico e patrimonial [172].

Queremos agora saber se esta concepção de interesse é também ela dominante na Constituição portuguesa, de modo a podermos configurar o interesse difuso ambiental como direito fundamental de conteúdo essencialmente imaterial. A questão é, a nosso ver, pertinente, tanto mais que o conceito de "interesse" encerra na sua longa história filológica e se-

---

[171] N. LIPARI, "Spunti problematici in tema di soggettività giuridica", *Riv. trim. dir. proc. civ.*, n.º 3, 1988, p. 642, salienta que o preceito legal tende crescentemente a exprimir-se como decisão e não como regra, decisão cujos procedimentos de formação são frequentemente autónomos de uma preventiva e clara determinação das esferas jurídicas implicadas. Importa, todavia, afastar os delírios dos filósofos pós-modernos que vêm reconduzindo o direito à função de administrador (sem sujeito) do espectáculo. Cfr. B. ROMANO, *Soggettività, diritto e postmoderno. Una interpretazione con Heidegger e Lacan,* Roma, 1988, p. 72 e ss.

Os caminhos não são fáceis, mas importa ao menos salvaguardar e combinar a simbologia dos preceitos normativos com a morfologia prática da acção social.

[172] Para Locke a procura de um sentido do homem moderno está reduzida às actividades hedonistas de produção e consumo.

Segundo o filósofo inglês a natureza só assume valor quando, através do trabalho humano, se torna produtiva e, por conseguinte, os indivíduos acumulam riqueza na proporção da sua laboriosidade e racionalidade. O mundo é destinado "ao uso dos homens laboriosos e racionais". Cfr. LOCKE, *Two Treatises of Government,* London, 1984, p. 75.

mântica uma profunda ambivalência e equivocidade [173]. Acresce ainda que a pista dos *interesses* nos parece fecunda para descortinar o verdadeiro alcance e conteúdo dos novos direitos fundamentais, bem como a sua peculiar estrutura jurídica, como *normas objectivas de princípio e decisões axiológicas.*

Saliente é, desde logo, a permanência da forma ambivalente do conceito de interesse ao longo dos tempos, com a particularidade de manifestar acepções e sentidos diametralmente opostos, envolvendo, por conseguinte, concepções do mundo bem diferenciadas. Com efeito, o conceito de interesse tem sido entendido, por um lado, como "vantagem", "utilidade", como algo de "atractivo" e, por outro, como "dano", "detrimento", "desvantagem" [174]. É verdade que tal ambiguidade

---

[173] L. ORNAGHI, *Il concetto di "interesse"*, Milano, 1984, p. 3 e ss.

[174] Em perfeita analogia também o termo francês "intérêt" (que segundo Littré parece derivar directamente de "interest" — E. LITTRÉ, *Dictionnaire de la Langue Française*, IV, Paris, 1957, pp. 1084-1088. Para uma análise etimológica, *vide* WALTER WARTBURG, *Französisches Etymologisches Wörterbuch. Eine Darstellung des galloromanisches sprachschtzes*, IV, Basel, 1952, pp. 752-754) é documentável antes do século XVI. Todavia, em França o termo é originariamente utilizado com o sentido de "aquilo que convém evitar", portanto, de dano.

Próximo é igualmente o sentido do termo inglês "interest", assumindo a partir do século XVI o significado de relação "desvantajosa" (e quase simultaneamente de relação "vantajosa") para indicar no século XVII aquilo que "importa" a uma pessoa, que a "atrai". Cfr. SKEAT WALTER, *An Etymological Dictionary of the English Language*, Oxford, 1978, p. 304.

Já a história do vocábulo interesse em alemão apresenta algumas novidades, ainda que se apresente, no essencial, semelhante ao termo interesse em francês e inglês.

Grimm, elencando seis significados fundamentais deste termo, regista com caprichosa precisão a passagem do originário significado de "dano" — característico do discurso jurídico do século XV — para a acepção, influenciada directamente pelo francês "intérêt", de "vantagem" e "utilidade". O elemento original consiste no facto de acrescer ao termo "Interesse" a palavra "Zins", que significa originariamente "imposto", "tributo" (JACOB GRIMM / WILHELM GRIMM, *Deutsches Wörterbuch*, IV/2, Leipzig, 1877, p. 2147, citado por ORNAGHI, *op. cit.*, pp. 5 e 6.

Na língua portuguesa, consultados os melhores dicionários verificamos que o vocábulo interesse vem conotado com o significado de *vantagem, conveniência, proveito, utilidade, atractivo.*

Na *Paulys Real — Encyclopädie der Classischen Altertumswissenchaft,* IX, Stuttgart, 1916, p. 1707, ARTHUR STEINWENTER para ilustrar a história e a relevância da noção jurídica de "interesse" segue as indicações fornecidas por Jhering, tomando o sentido da fórmula latina "quod (quantum, quanti) interest". Com efeito, o conceito de "interesse" parece já inteiramente contido nesta fórmula

pode ser reconduzida à óbvia consideração de que ao configurar-se o interesse como vantagem para um sujeito implica normalmente uma desvantagem ou dano para outro sujeito.

O problema que queremos dissecar não é esse, não é disso que se trata aqui. O que releva, no nosso entender, é que o termo ora vem referido a vantagens de natureza material dos particulares, ora vem conotado com o interesse geral, transcendente, ou ainda como interesse do indivíduo ligado a valores morais e éticos. No primeiro sentido o interesse parece identificar-se com o "fruto do dinheiro" (o *foenus* romano e o *tóxos* grego) [175] numa posição subordinada ao interesse geral que, segundo alguns autores, não passaria da síntese dos interesses privados ou a forma abstracta do interesse do "Príncipe" [176].

---

e esculpido da fundamental contraposição do direito romano entre "id quod rei publicæ interest" e "id quod privatim interest". Mais tarde, com a Pandectística, o termo interesse parece indicar o "valor" que um bem tem para uma determinada pessoa.

[175] A. PUBUSA, *Procedimento amministrativo e interessi sociali,* Torino, 1988, p. 97.

[176] Para além de constituir o critério-príncipe do "natural" e "racional" comportamento do indivíduo, o interesse parecia representar também a regra fundamental do seu comportamento político. De tal modo a poder ser assumido como explicação da atitude dos homens em se associarem em formas politicamente mais estáveis.

Na realidade, se resulta relativamente fácil constatar a "naturalidade" do interesse como instrumento "racional" do comportamento egoístico dos indivíduos, já o mesmo não se pode dizer quando se pretende afirmar que o interesse constituiu o mecanismo essencial da moderna forma política. Fundamento de radicais desigualdades entre os homens, o interesse individual não só não é comparável (nem eventualmente sintetizável) com os interesses de outros sujeitos como não é "determinável" e " objectivável" senão na unidade do tempo, já que este, como recordava Bossuet – "n'a point de maximes fixes; il suit les inclinatitons, il change avec les temps, il s'accommode aux affaires: tantôt ferme, tantôt relâché, et ainsi toujours variable" (G. B. BOSSUET, *Sermon sur la justice*, 118, in L. ORNAGHI, *Il concetto di "interesse"*, *op. cit.*, p. 29).

Foi precisamente este interesse individualista que se veio a constituir, a partir do século XVIII, em princípio constitutivo da forma estatal de organização do poder, tornando-se, assim, o protagonista de uma das mais prodigiosas invenções produzidas pelas "boutiques de máscaras" da política moderna: a invenção do interesse geral. Que a composição dos interesses individuais num interesse comum era indispensável para dar corpo a uma síntese política, foi, desde logo, observado por Hobbes de modo que a redução dos valores individuais num só fosse "algo mais do que o consenso ou o acordo", isto é, a unificação dos indivíduos numa pessoa através da celebração de um facto ("Covenant") (HOBBES, *Leviathan*, Parte II, Cap. XVIII, p. 87). Não obstante a artificialidade do "pacto" posto na origem do "corpo" político, a composição dos diferentes e conflituantes interesses individuais aparecia duplamente necessária: para que o interesse privado pudesse coincidir com o interesse público, mas também para que a percepção de interesse "comum" fosse capaz de reunir o conjunto de indivíduos que, constituindo-se em "sistemas", representavam as "partes" fundamentais do "Common-wealth" (HOBBES, *Leviathan*, Parte II, Cap. XXII, p. 115. Cfr. também o Cap. XI "Of the difference of Manners", citado por ORNAGHI, *op. cit.*, p. 30).

Com efeito, sobre a invenção de um interesse "comum" desenham-se duas tendências, uma congénita ao indivíduo e a outra típica do poder político, que têm em comum a necessidade de fazer crer da "comunicabilidade" e sociabilidade das vantagens individuais. Configura-se, assim, um interesse que, sintetizando em si e transcendendo a "generalidade" dos interesses particulares, resultava de tal modo "comum" que parecesse geral e cuja prossecução era coincidente com a realização dos interesses privados. Coube aos constitucionalistas e economistas do século XVIII a tarefa de o demonstrar. Para ambos, o interesse é entendido como regra fundamental e "natural" do código de comportamento do moderno "homem médio" europeu. De maneira que o interesse se constituirá num dos mais preciosos meios que, regulando a eficácia e a economicidade da actividade privada, dá também forma e disciplina ao conjunto da sua acção pública. (L. ORNAGHI, *op. cit.*, p. 32).

Provavelmente não será possível compreender a fundo as razões porque a moderna forma de organização do poder político começou a fase descendente da sua parábola histórica (porque motivo a crise do Estado aparece hoje cada vez mais ligada à crise do moderno político), se não temos em conta a estreita relação entre a "invenção" do interesse geral e a tendência da instância política moderna em alargar-se à globalidade dos interesses particulares. Quando estes dois processos aparecem ligados entre si, é interessante notar que, quer num quer noutro, tenha jogado um papel decisivo um elemento que, representando a "especificação" material e particular do "bem-estar", estava destinado a constituir-se como regulador fundamental da vida de relação social e política, isto é, o interesse económico.

A conotação especificamente económica do conceito de interesse parece precisar-se e consolidar-se a partir dos finais do século XVII (Sobre a relação do conceito de "interesse" com outras dimensões da actividade humana e em particular com a estética, cfr. WERNER STRUBE, "Interesselosigkeit. Zur Geschichte eines Grundbegriffs der Ästhetik", in *Archiv für Begriffsgeschichte*, 1979, 23, pp. 148-174). Hume identifica claramente a "paixão do interesse" com a avidez "insaciável, perpétua e universal" de adquirir "goods and possesions", D. HUME, *A Treatise of Human Nature*, 1739-1740, Oxford, 1951, Livro III, Parte II, 2ª Secção, pp. 491-492).

Na verdade, o interesse económico, para além de representar o mais importante meio de regulação e propulsão da moderna sociedade, constituiu também o mais eficaz instrumento para, "ratificando" a progressiva autonomização da "sociedade civil", convalidar a correspondente autonomia do Estado e a sua correspondente identidade com o poder político.

Parece, assim, que a autonomização do interesse "económico" remetia por inteiro a prossecução do interesse "público" para as mãos do poder político, com a consequente autonomia do "interesse" da moderna classe política. Neste sentido, a crescente autonomia do interesse económico se, por um lado, não contradizia a unidade do interesse do Estado, por outro lado, selava a ideológica coincidência entre este último interesse e o interesse "geral".

Com a pretensa coincidência do interesse estatal com o interesse geral dava-se início ao processo de consagração definitiva do modelo da moderna organização do poder: isto é, a identidade entre o "político" e o "estadual".

Não se tem, aliás, prestado a devida atenção ao facto do processo evolutivo de alargamento e reprodução dos procedimentos representativos-electivos (um processo que constituiu, como se sabe, a mais sólida e sofisticada auto-garantia da identidade entre o político e o estadual), ter encontrado o seu critério principal de actuação e de legitimação exactamente na "abstracção" do interesse geral. A partir dos séculos XVI-XVII o originário significado de "representar" como "estar para" vem associado ao sentido de "agir para" até ao momento em que os conceitos de "representação" e "eleição" vêm ligados indissoluvelmente. Relação de coincidência que é tanto maior à medida que cresce a importância "política" de fazer coincidir o interesse do Estado com o interesse geral. A acumulação dos procedimentos representativos-electivos parece obedecer à necessidade de resolver um problema destinado a reabrir-se regularmente, porque nunca inteiramente resolvido. O problema de unificar e homogeneizar os interesses económico-sociais num só e exclusivo *interesse geral.* Cfr. G. D. ROMAGNOSI, *Della costituzione di una monarchia nazionale rappresentativa*, Roma, 1937, cap. III, § 18.

Na verdade, o instrumento representativo-electivo, mais do que unificar os diferentes interesses individuais num hipotético interesse geral, propiciou, isso sim, a autonomização do "político", como o demonstra Locke ao preocupar-se com o facto da assembleia legislativa "ter um interesse distinto" (distinct interest) dos outros membros da comunidade e do governo. (J. LOCKE, *op. cit.*, p. 350 e ss.). No mesmo sentido Montesquieu que receava a constitucionalização de interesses autónomos e separados (MONTESQUIEU, *De l'Esprit des Lois*, Livro XI, Cap. VI, pp. 282-283).

Todavia, para alargar o "político" à generalidade dos interesses, e para afirmar a identidade da legitimidade de representar com a legitimidade de governar, a ininterrupta auto-reprodução dos mecanismos representativos-electivos constituía um meio extremamente eficaz. De facto, só um tal instrumento, envolvendo na vida *pública* tendencialmente todos os interesses *privados,* parecia em condições de unificar os diversos e divergentes interesses num exclusivo interesse público.

A afirmação mais solene e dramática da politicidade deste *interesse geral* deve-se, como é óbvio, a Rousseau. Antes ainda de considerar as relações entre o Estado e a vontade geral e fazendo depender desta sua observação a consequência de que a soberania, não sendo outra coisa que o exercício da vontade geral, não pode ser alienada, e que o corpo político, caracterizado como um ente colectivo, não pode ser representado por si mesmo: pode-se transmitir o poder mas não a vontade. Segundo ainda Rousseau só a vontade geral pode dirigir as forças do Estado, segundo o fim para que foi instituído, o bem comum. A sociedade existe na medida em que é possível unir num vínculo social, através de um contrato, os vários e conflituantes interesses privados, tendo em consideração o que há de comum entre eles. É precisamente na base deste interesse comum que a sociedade deve ser governada (ROUSSEAU, Du Contrat Social; ou, principes du droit politique, in *Oeuvres Complètes*, Paris, 1959-1969, p. 739).

A ilusória convicção de poder "somar" os vários interesses, se por um lado permitia unificá-los num único interesse geral, estendendo a politicidade à generalidade dos interesses, por outro lado, permitia que um único "centro" — titular exclusivo do interesse geral — aparecesse simultaneamente legitimado a *representar*

O interesse do particular é entendido frequentemente em sentido económico e, portanto, positivamente tutelado. Contudo, nem sempre foi assim. Mesmo numa perspectiva individual épocas houve, tal como hoje, em que o interesse do sujeito vinha referido a "bens" não materiais, como por exemplo a honra, a reputação, o bom nome, a vida e a saúde, ou ainda como o valor de um bem para uma determinada pessoa, como *vera rei aestimatio* [177]. Assim sendo, porque não estender o círculo de bens imateriais ao ambiente e qualidade de vida, afastando-se o entendimento redutor de interesse como vantagem pecuniária ligado a aspectos puramente materiais ou económicos?

É bom de observar que na congénita ambivalência do termo *interesse*, inclusive em termos políticos [178], sobressai a sua dimensão de valor não material, ainda que nem sempre tenha sido juridicamente relevante e prevalecente. Importa agora saber se tal leitura encontra fundamento no nosso texto constitucional. Por outras palavras, qual das dimensões do termo interesse rotula a Lei Fundamental dominante?

Trata-se agora de definir qual o critério que está na base de tão magna distinção. Importa esclarecer se, assumindo como parâmetro geral a referida ambiguidade do termo interesse, podemos concluir que os interesses considerados fundamentais pelo texto constitucional prescindem ou não são directamente conotados com aspectos económicos e patrimoniais reconduzíveis a situações jurídicas de cunho

---

e a *governar* a totalidade de uma sociedade plural. Sabemos que este processo entrou mais tarde em crise com a erupção violenta de interesses económico-sociais e corporativos, que veio questionar a pretensa identificação do *político* com o estadual. Aliás, já Robespierre o anotava dizendo que "l'intérêt du peuple, c'est le bien public; l'intérêt de l'homme en place est un intérêt privé" (*vide,* Discours de Maximilien Robespierre sur la Constitution (10 Mai 1793), in *Oeuvres*, IX, p. 496, citado por ORNAGHI, *op. cit.*, p. 44.

[177] A. PUBUSA, *Procedimento amministrativo e interessi sociali, op. cit.*, p. 98.

[178] O uso do conceito de *interesse* no sentido político parece remontar a ALONSO CASTRILLO, *Tractado de República*, Burgos, 1521, Madrid, 1958, p. 196.

individualista [179], mas, ao invés, exprimem valores diversos — imateriais, éticos.

Deste ponto de vista é iluminante salientar-se que o referido critério pode bem ser o primeiro e mais profundo significado dos artigos 1.º e 2.º da C.R.P. — o respeito e protecção da pessoa humana e da sua dignidade nas suas múltiplas expressões. O respeito da dignidade da pessoa humana [180], constituindo o núcleo duro das normas constitucionais relativas aos direitos, liberdades e garantias pessoais (arts. 24.º a 47.º da C.R.P.) está intimamente ligado à soberania popular em que se consubstanciam os direitos, liberdades e garantias políticas (arts. 48.º a 52.º da C.R.P.), no sentido de que coloca em posição primeira, entre os vários direitos, o de fazer depender a sujeição do indivíduo à autoridade estatal do reconhecimento da participação do mesmo na sua formação e nas suas sucessivas manifestações (art. 48.º/ 1 da C.R.P.).

Tal como os direitos, liberdades e garantias, os direitos fundamentais de natureza análoga (art. 17.º) [181] de conteúdo não patrimonial estão intimamente ligados aos princípios da

179 Sobre a relação entre Estado liberal e direitos subjectivos, cfr. os contributos de U. K. PREUSS, *Die Internalisierung des Subjekts. Zur Kritik der Funktionsweise des Subjektiven Rechts,* Frankfurt, 1979 e P. BARCELLONA, *I soggetti e le norme*, Milano, 1984.

180 Para VIEIRA DE ANDRADE, *Os Direitos Fundamentais na Constituição Portuguesa de 1976*, Coimbra, 1983, p. 85, o princípio da dignidade da pessoa humana é o primeiro dos valores da Constituição portuguesa; CASTANHEIRA NEVES, *Questão-de-Facto – Questão-de-Direito ou o Problema Metodológico da Juridicidade,* I – *A Crise,* Coimbra, 1967, p. 573; *Id.* "A Unidade do Sistema Jurídico e o seu Sentido", in *Estudos de Homenagem ao Prof. Doutor Teixeira Ribeiro*, vol. II, Coimbra, 1979, p. 176 e ss.

181 Sobre os direitos de natureza análoga e os direitos, liberdades e garantias e as necessárias operações metódicas para a captação da sua natureza, cfr. GOMES CANOTILHO, *Direito Constitucional,* 5.ª ed., Coimbra, 1991, pp. 540 e ss. e 589 e ss. Cfr. também JORGE MIRANDA, *Manual de Direito Constitucional*, vol. IV, Coimbra, 1988, pp. 142 e ss e 282 e ss. Deste autor, cfr. ainda "Os direitos fundamentais na ordem constitucional portuguesa", in *Rev. Esp. Der. Const.*, n.º 18, 1986, p. 122 e ss.

soberania popular e da dignidade da pessoa humana [182], de que são instrumento e expressão e deles recebendo a sua fundamentalidade formal e material no ordenamento jurídico vigente [183]. Estamos a referir-nos, de forma indicativa e por força dos artigos 17.º e 18.º da C.R.P., aos direitos ao ambiente e qualidade de vida (art. 66.º da C.R.P.), à fruição e criação cultural (art. 78.º), habitação (art. 65.º) [184], saúde (art. 64.º), liberdade religiosa (art. 41.º), bem como ao direito ao trabalho

---

[182] Para uma construção do direito ao ambiente como constituinte do direito do livre desenvolvimento da personalidade, cfr. B. BOCK, *Umweltschtutz im Spiegel von Verfassungsrecht und Verfassungspolitik*, Berlin, 1990, p. 125 e ss. Todavia, já não concordamos com este autor quando a páginas 91 e 92 sustenta que o direito ao ambiente carece de unidade e independência.

No mesmo sentido PEREZ LUÑO, *Derechos Humanos, Estado de Derecho y Constitución*, 2ª ed., Madrid, 1986, pp. 445 e 446.

[183] P. HÄBERLE, "Grundrechte im Leistungsstaat", in *VVDStRL*, n.º 30, 1972, p. 43 e ss., considera o momento da cidadania activa uma das dimensões essenciais dos direitos fundamentais. O cidadão, ao dispor de instrumentos jurídicos — procedimentais e processuais — goza da possibilidade de influenciar directamente o exercício das decisões dos poderes públicos que afectam ou podem afectar os seus direitos, garantindo para si mesmo um espaço de liberdade e de efectiva autodeterminação no desenvolvimento da sua personalidade.

A tese do *status activus processualis*, enquanto dimensão procedimental dos direitos fundamentais, significa não só a soberania do cidadão como o seu agir comunicativo. *Vide* COLAÇO ANTUNES, "Metaestabilidade jurídica e procedimento administrativo: o procedimento como forma de soberania popular", *op. cit.*, p. 41 e ss.; cfr. GOMES CANOTILHO, "Tópicos de um curso de mestrado sobre direitos fundamentais, procedimento, processo e organização", Separata do vol. LXVI (1990) do *B.F.D.U.C.*, p. 7 e ss.

[184] Na parte final de *Bauen Whonen Denken*, Heidegger escreveu que o pensar, como o construir, pertencem ao habitar nas suas vertentes *estática* (pensar seria estar próximo do que é longínquo) e *dinâmica* (a essência do pensar é andar na proximidade, é deixar-se reconduzir à proximidade do que é longínquo). Habitar é também estar sob as estrelas, sob a azulidade do céu, estar estático. Quando o habitar se transforma em *permanecer*, bem pode ser um habitar romântico e reflexivo que se move no *genius loci*, no sentir-se em consonância com o lugar. É decisivo saber sublimar um permanente "estar a caminho" daqueles que são conscientes da trágica impossibilidade do habitar autêntico, como pretendem os pensadores da escola veneziana.

Em síntese, como diz Mallarmé, "rien n'aura eu lieu que le lieu", o lugar é que dá forma ao tempo, sendo que, nas palavras de Torga, "o universal é o local sem os muros", nós sentimos a presença do regresso (pascaliano) em direcção ao seu limite infinito.

Em conclusão, impõe-se, à luz de critérios axiológico-normativos, uma nova ordenação constitucional dos direitos fundamentais superadora de uma periodização historicista.

(art. 58.º). Este direito não garante apenas os meios indispensáveis à subsistência, mas também a dignidade da pessoa humana [185].

Será análoga a consideração e relevância da dignidade da pessoa humana nos direitos e, portanto, dos interesses constitucionalmente protegidos em que o aspecto patrimonial é hegemónico?

Pensamos que não, o que passa pela ideia de que a Constituição supera, a nosso ver bem, a identificação, de raiz liberal, entre o óptimo económico, interesse privado e interesse geral. Nesta perspectiva, a referência constitucional de que a iniciativa económica privada e o direito de propriedade privada devem ser garantidos dentro dos quadros definidos pela Constituição e pela lei, tendo em conta o interesse geral (art. 61.º/1) [186], ou simplesmente nos termos da Constituição (art. 62.º/1) [187], não pode ser reduzida a uma

---

[185] Vários autores, sobretudo norte-americanos, têm salientado como característica da sociedade hipertecnológica o *fim do emprego,* depois de se ter anunciado o *fim da ideologia.* O que no futuro-presente faltará é, portanto, este factor central de identidade que é precisamente o trabalho. Numa das mais belas páginas da *Fenomenologia do Espírito,* HEGEL, falando da formação da consciência de si mesmo (no conflito entre amo e servo), atribui justamente ao trabalho a função de formar a consciência do servo, como sujeito livre e interlocutor de pleno direito do amo. O que confere ao trabalho esta extraordinária função educativa é o facto de pôr o sujeito numa relação concreta de conflito, mas também de diálogo, com um material externo a que dá forma e ao mesmo tempo se modela a si mesmo.

Mesmo fora das teses marxistas do hegelianismo pode dizer-se, com credibilidade, que toda a ideia ocidental da *Bildung* contém como elemento base a referência a uma autoformação que se realiza ao modelar o material externo. Em suma, *à formação e dialéctica da consciência de si mesmo é indispensável o trabalho como factor de identidade.* Este parece-nos ser, se compreendemos Hegel, o maior perigo do flagelo do desemprego, mais do que a delinquência.

[186] O direito de iniciativa económica privada encontra-se constitucionalmente condicionado em função do *interesse geral*. Trata-se de um conceito constitucional indeterminado cuja densificação deve arrancar das determinantes heterónimas fornecidas pela Constituição, importando destacar aqui a defesa do ambiente e a utilização racional dos recursos naturais (arts. 66.º e 96.º/1/d)). Cfr. GOMES CANOTILHO e VITAL MOREIRA, *op. cit.*, p. 328. É aqui especialmente sentida uma *dimensão objectiva*, de valoração social, que exige e legitima limitações à afirmação plena dos direitos de iniciativa económica privada e de propriedade privada.

[187] A expressão "nos termos da constituição" utilizada no art. 62.º/1, *in fine,* pretende sublinhar que o direito de propriedade não é garantido em termos abso-

inócua disposição gramatical de tipo meramente programático [188].

Mais precisamente, e no contexto dos princípios e dos direitos fundamentais consagrados na Constituição, esta referência ao interesse geral e à lei representa um valor reconstrutivo que não se padece com leituras mais ou menos compromissórias da Lei Fundamental. É que o limite do interesse geral permite e consente a compressão da iniciativa económica privada para satisfação de interesses que lhe são estranhos.

Desta leitura, que alguns considerarão ingénua, porque antiliberal, extrairemos a seguinte tese: a existência de interesses e direitos que se caracterizam, designadamente, por es-

---

lutos, mas sim dentro dos *limites* e nos *termos* previstos e definidos noutros lugares da Constituição. Cfr. GOMES CANOTILHO e VITAL MOREIRA, *Constituição da República Portuguesa Anotada, op. cit.*, p. 332; JORGE MIRANDA, *Manual...*, IV, *op. cit.*, p. 430 e ss.; ANA PRATA, *A Tutela Constitucional da Autonomia Privada*, Coimbra, 1982, cap. VII; ALVES CORREIA, *O Plano Urbanístico e o Princípio da Igualdade, op. cit.*, p. 307 e ss.

[188] Deste modo a concretização legislativa destes direitos fundamentais não pode deixar de ser *restritiva*, por força dos seus limites imanentes. JORGE MIRANDA, *Manual...*, IV, *op. cit.*, pp. 301-303; VIEIRA DE ANDRADE, *O Dever da Fundamentação Expressa de Actos Administrativos*, Coimbra, 1991, pp. 217-218; AFONSO VAZ, *Lei e Reserva da Lei*, Porto, 1992, p. 311 e ss. Segundo VIEIRA DE ANDRADE, *Os Direitos Fundamentais, op. cit.*, p. 215, os direitos fundamentais têm os seus limites imanentes definidos pela própria Constituição que os cria e recebe.

Estaríamos tentados a dizer que hoje o direito de propriedade privada é um direito subjectivo relativo, à luz da Constituição e da capacidade conformadora do Estado Social de Direito. De outra forma não seria inteligível o art. 62.º/2 da C.R.P. onde se colhe a legitimidade dos actos ablatórios da propriedade privada, compensada, é certo, com o direito a uma justa indemnização. Se tivermos em consideração a crescente vinculação social da propriedade e a extensão dos actos ablatórios, desde a expropriação clássica até à expropriação do plano, não é difícil concluir que o direito de propriedade, não sendo uma mera faculdade, é hodierna e constitucionalmente um direito subjectivo relativo, muito longe dos cânones romanistas e liberais.

Sobre a evolução e funcionalidade do conceito de expropriação por utilidade pública, cfr. ALVES CORREIA, *As Garantias do Particular na Expropiação por Utilidade Pública*, Coimbra, 1982, pp. 31 e ss. e 87 e ss. Do mesmo Autor, *O Plano Urbanístico e o Princípio da Igualdade, op. cit.*, p. 515 e ss.

Sobre a necessidade de conciliar a liberdade de conformação do legislador com as exigências de um procedimento justo de ablação, cfr. GOMES CANOTILHO, "Tópicos de um curso de mestrado sobre direitos fundamentais, procedimento, processo e organização", *op. cit.*, pp. 38-39.

tarem em conflito [189] com os interesses tradicionalmente protegidos pelo ordenamento jurídico, interesses que têm ínsita uma dimensão negativa, socialmente danosa, visível pelo menos em algumas das formas do seu exercício. Decorre já do próprio sistema jurídico, por abuso de direito, e da consciência social, que nem todas as formas de aquisição e gozo são merecedoras de tutela, ideia agora reforçada pela vinculação social e ecológica dos institutos proprietaristas imposta pela Constituição [190].

Do exposto resulta a ideia de que a Constituição tende a expurgar destes interesses os aspectos negativos e danosos, no pressuposto de que eles são inerentes ao seu exercício. Se assim é, podemos afirmar uma segunda tese, que se prende com o entendimento de que a Constituição consagra *uma escala de interesses e de valores* [191]. Isto é, os interesses inti-

---

189 Trata-se aqui de uma verdadeira colisão de direitos fundamentais ou entre estes e bens constitucionalmente protegidos. Cfr. GOMES CANOTILHO, *Direito Constitucional, op. cit.*, p. 657 e ss.; VIEIRA DE ANDRADE, *Os Direitos Fundamentais, op. cit.*, p. 220 e ss.; JORGE MIRANDA, *Manual...*, IV, *op. cit.*, p. 304, delimita a figura da colisão de direitos à conjugação dos direitos, liberdades e garantias entre si e com outros direitos fundamentais.

190 Vinculação social a que não é alheia uma certa funcionalização dos institutos jurídicos na economia contemporânea. Cfr. VITAL MOREIRA, *A Ordem Jurídica do Capitalismo, op. cit.*, p. 87 e ss.

191 No nosso entender a existência de uma ordem de interesses e valores pluralista não se opõe à sua hierarquização. Em sentido contrário K. HESSE, *Grundzüge des Verfassungsrechts der Bundesrepublik Deutschland*, 16ª ed., Heidelberg/Karlsruhe, 1988, p. 23; VIEIRA DE ANDRADE, *Os Direitos Fundamentais, op. cit.*, p. 220 e ss.

A hierarquização entre o direito fundamental ao ambiente e o direito de propriedade foi uma das pistas dogmáticas seguidas pelo Acórdão do Tribunal da Relação de Coimbra, de 17/5/94, o que lhe mereceu a "crítica" de GOMES CANOTILHO, *Protecção do Ambiente e Direito de Propriedade (Crítica de jurisprudência ambiental)*, Coimbra, 1995, p. 90 e ss.

Modestamente, entendemos que o referido Tribunal, independentemente da retórica fundamentadora, teve o mérito indiscutível de centrar, no plano dogmático, correctamente o problema. Se, como diz o ilustre Professor de Coimbra, *op. cit.*, p. 90, "a doutrina e a jurisprudência preferem métodos concretos de balanceamento de direitos e interesses", a verdade é que teoreticamente a questão está posta antes, e só ela pode servir de critério(s) ao *ad hoc balancing*, tanto mais que as operações de *interpretação* e de ponderação decisória não devem confundir-se (p. 83).

mamente ligados à protecção e ao desenvolvimento da pessoa, de índole essencialmente não patrimonial e económica, constituem o objecto, o núcleo essencial dos direitos fundamentais [192].

A emergência de novos direitos fundamentais e interesses legalmente protegidos não significa apenas pluralidade (com manifestos efeitos ao nível da legitimidade), mas sobretudo um novo "modo de ser" e limite dos direitos fundamentais. O que verdadeiramente está aqui em causa é uma nova hierarquia dos direitos fundamentais à luz do princípio da dignidade da pessoa humana, *natural e comunitariamente determinada,* e não apenas garantir um mínimo vital ou existencial ao direito ao ambiente [193].

Importa agora saber qual a relevância e estrutura jurídica dos interesses difusos, por antinomia com os interesses e direitos de natureza material. O problema tem razão de ser não só porque se trata de uma questão de alta dogmática, mas também para efeitos da compreensão das modalidades de tutela deste tipo de interesses-direitos.

Antes de mais, parece correcto afirmar, à luz do que foi dito anteriormente, que os interesses de conteúdo material e económico devem ser qualificados como direitos subjectivos privados [194]. Para os interesses protegidos mediante a tutela

---

Outra questão é a de saber qual a natureza jurídica da compressão sofrida pelo direito de propriedade no caso em apreço, onde não nos custa admitir que estamos perante um acto ablatório de sacrifício. Cfr. ALVES CORREIA, *O Plano..., op. cit.*, pp. 491 e ss e 494 e ss.; RUI MEDEIROS, *Ensaio sobre a Responsabilidade Civil do Estado por Actos Legislativos,* Coimbra, 1992, p. 274 e ss.

192 A tese da plurifuncionalidade dos direitos fundamentais é hoje unanimemente reconhecida pelo que não pode sustentar-se com base neste argumento a menoridade do direito fundamental ao ambiente e qualidade de vida. Neste sentido, R. ALEXY, *Theorie der Grundrechte,* Frankfurt, 1985, p. 419. Cfr. também H. WILLKE, *Stand und Kritik der neuren Grundrechtstheorie,* Berlin, 1975, p. 204 e ss.

193 Cfr. D. MURSWIEK, "Grundrechte als Teilhaberechte, soziale Grundrechte", in *HdbStRBRD,* t. V., 1992, pp. 284 e 285.

194 Para M. AFONSO VAZ, *Direito Económico. A Ordem Económica Portuguesa*, 2ª ed., Coimbra, 1990, p. 114, a *dimensão subjectiva* continua a caracterizar tais direitos, concluindo que são *materialmente* "direitos-liberdades", vindo, por consequência a aplicar-se-lhes, por força do art. 17.º da C.R.P., o regime jurídico dos "direitos, liberdades e garantias" expresso no art. 18.º. A qualificação do direito

objectiva de "bens", do objecto (o ambiente, a paisagem, o património histórico-cultural), tal qualificação é tradicionalmente contestada. É expressa ou implicitamente avançada a consideração de que tais situações resultariam desprovidas de qualquer garantia jurídica material, administrativa e processual [195].

Tratar-se-ia, quando muito, de situações jurídicas protegidas por normas programáticas, cuja violação ou omissão não consentiria qualquer reacção jurídica idónea para a sua tutela [196]. Tendo em atenção a falta de sanções jurídicas eficazes, as normas que as prevêem não seriam em rigor qualificáveis como normas jurídicas preceptivas, tratando-se simplesmente de directivas programáticas ou de orientações dirigidas ao legislador ordinário [197].

---

de propriedade como direito fundamental de natureza análoga aos direitos, liberdades e garantias é unânime entre nós. Cfr., p. ex., JORGE MIRANDA, *Manual...*, *op. cit.*, p. 434.

A tese daquele autor assenta na tentativa, discutível, de distinção entre direitos constitucionais materiais e direitos só formalmente constitucionais. Cfr., entre nós, VIEIRA DE ANDRADE, *Os Direitos Fundamentais, op. cit.*, pp. 78 e ss. e 89 e ss.

[195] Sobre o tema, cfr. COLAÇO ANTUNES, *A Tutela dos Interesses Difusos em Direito Administrativo, op. cit.*, p. 48 e ss. Argumento que não tem hoje o mínimo acolhimento no nosso ordenamento jurídico, face ao arsenal de instrumentos vocacionados para a tutela do ambiente.

[196] Para GOMES CANOTILHO, *Constituição Dirigente e Vinculação do Legislador,* Coimbra, 1982, p. 301, independentemente das dificuldades quanto à caracterização da "função dirigente" das normas constitucionais, deve, pelo menos, considerar-se indiscutida a *função interpretativa dos "preceitos programáticos"*. Estamos, assim, a caminho de uma lenta superação das "teorias das normas programáticas sem significado jurídico".

Segundo ainda GOMES CANOTILHO, *op. cit.*, p. 369, "o legislador inactivo suporta uma censura jurídico-constitucional de violação de direitos fundamentais equivalente à antiga interferência ilícita no âmbito da liberdade e propriedade dos cidadãos". *Vide* ainda J. P. MÜLLER, *Soziale Grundrecht in der Verfassung?,* Basel, Frankfurt, 2ª ed., 1981, p. 71 e ss.

[197] Para GOMES CANOTILHO, *Constituição Dirigente e Vinculação do Legislador, op. cit.*, pp. 298-299, "não obstante se apontar ainda hoje um "momento utópico" a certas imposições constitucionais, estamos já longe dos "simples programas", "proclamações", "exortações morais", "declamações", "sentenças políticas", "aforismos políticos", "promessas", "determinações programáticas", "programas futuros", juridicamente desprovidos de qualquer vinculatividade".

É óbvio que não concordamos com esta apreciação, tanto mais que a Lei Fundamental consagra uma verdadeira "Constituição do ambiente" [198]. Seguindo o mesmo raciocínio, poderíamos dizer o mesmo dos clássicos direitos, liberdades e garantias. Estes direitos, segundo uma orientação radical, não seriam mais do que liberdades susceptíveis ou não de serem tutelados pelo sistema jurídico-político [199]. Em suma, tratar-se-ia de instâncias e fundamentos filosóficos sucessivamente transmitidos aos ordenamentos jurídicos positivos sob a forma de declarações de princípio ou de direitos, sem que em termos jurídicos venha acrescida a garantia e a sua eficácia concreta.

Reconhecendo-se relevância jurídica, não apenas ideal ou filosófica, às liberdades, há-de salientar-se que estas têm uma estrutura jurídica diferente dos direitos subjectivos privados [200]. Em obséquio a uma tradição doutrinal, os direitos, liberdades e garantias vêm arrolados entre os direitos subjectivos públicos [201]. A concepção que está na base desta tese é a

---

De tal modo é assim que o "silêncio" legislativo tem como efeito a inconstitucionalidade por omissão (art. 283.º da C.R.P.).

De acordo com vários autores há, todavia, que salientar vários níveis de vinculação. Cfr. recentemente F. KOPP, "Grundrechtliche Schutz und Förderungspflichten der öffentlichen Hand", in *NJW*, n.º 28, 1994, p. 1753 e ss.

[198] De todas as formas sempre faria parte da Constituição em sentido material. Assim, B. BOCK, *Umweltschutz im Spiegel von Verfassungsrecht und Verfassungspolitik, op. cit.*, p. 46 e ss.

[199] VILLEY, *Le Droit et les Droits de l'Homme*, Paris, 1983, p. 7.

Entende-se hoje que a força vinculante dos direitos, liberdades e garantias e dos direitos de natureza análoga deve ser interpretada no sentido de fundamentar originariamente esses direitos, mesmo que não haja imposição constitucional dirigida expressamente ao legislador. Cfr. GOMES CANOTILHO, *op. cit.*, p. 371.

[200] G. AMATO, *Individuo e autorità nella disciplina della libertà personale*, Milano, 1967, p. 2 e ss. Cfr. também D. HATTENBERGER, *Der Umweltschutz als Staatsaufgabe. Möglichkeiten und Grenzen einer verfassungsrechtlichen Verankerung des Umweltschutzes,* Springer, Wien, New York, 1993, p. 87 e ss., que salienta o carácter atípico dos novos direitos no contexto da estrutura tradicional dos direitos subjectivos.

[201] Esta postura doutrinal tornou-se *communis opinio* graças ao peso da opinião de certos autores, como G. JELLINEK, *Sistema dei diritti pubblici subiettivi*, tr. it., Milano, 1912, p. 115 e ss., e SANTI ROMANO, *La teoria dei diritti pubblici subiettivi, Trattato Orlando*, IV, Milano, 1897, p. 115 e ss.

A. PUBUSA, *Procedimento e interessi sociali, op. cit.*, p. 121, embora crítico desta posição, segue de perto a leitura restritiva dos direitos subjectivos públicos

de que a limitação do poder estatal comportaria uma transformação da liberdade originária em direito-liberdade.

Todavia, as liberdades fundamentais, enquanto tais, recebem o seu fundamento último no terreno pré-jurídico, como complexo de faculdades ou de situações cuja existência o ordenamento jurídico toma em consideração como um *quid* que ele mesmo pressupõe [202].

A consideração dos direitos, liberdades e garantias consagrados na Constituição parece, assim, apresentar semelhanças fortes com os direitos cujo objecto de tutela são os bens

---

de Jellinek. Cfr. COLAÇO ANTUNES, *A Tutela dos Interesses Difusos em Direito Administrativo, op. cit.*, pp. 62-63, esp. a nota 87.

Segundo A. BALDASSARRE, "Diritti pubblici soggettivi", in *Enc. giur.*, vol. XI, Roma, 1988, p. 12, o ciclo histórico da teoria dos direitos subjectivos públicos esgotou-se. Estes resultam agora absorvidos nos direitos constitucionais dos cidadãos.

Como se sabe, deu-se uma decisiva viragem por forma a garantir aos cidadãos uma posição autónoma constitucionalmente protegida, um *status activus processualis* e não uma situação reflexa, situada na disponibilidade do legislador historicamente determinado. Esta nova compreensão dos direitos subjectivos públicos e dos direitos fundamentais deve-se à doutrina alemã, com manifestos reflexos na doutrina portuguesa. Cfr., por exemplo, GOMES CANOTILHO, *Constituição Dirigente e Vinculação do Legislador, op. cit.*, p. 342; V. PEREIRA DA SILVA, *Em Busca do Acto Administrativo Perdido,* Coimbra, 1996, p. 231 e ss.

Sobre a doutrina alemã, cfr. W. HENKE, *Das subjektive öffentliche Recht*, Tübingen, 1968; *id.* "Das subjektive im System des öffentlichen Rechts", in *DÖV*, 1980, p. 621 e ss.; O. FREITAG, "Zur Bedeutung subjektiver öffentlicher Rechte und des Verfahrensrechts für das Verhältnis vor Verpflichtungsklage und verbundener Leistungsklage im Sozialgerichtsverfahren", in *DVBl*, 1976, p. 6 e ss.; para a configuração dos direitos procedimentais como direitos subjectivos públicos cfr. R. PITSCHAS, *Verwaltungsverantwortung und Verwaltungsverfahren. Strukturprobleme, Funkionsbedinungen und Entwicklungsperspektiven eines Konsensualen Verwaltungsrechts,* München, 1990, p. 649 e ss.; SCHMIDT-AßMANN, "Der Verfahrensgedanke in der Dogmatik des öffentlichen Rechts", in LERCHE / / SCHMITT GLAESER / SCHMIDT-AßMANN, *Verfahren als staats und verwaltungsrechtliche Kategorie*, Heidelberg, 1984, p. 1 e ss.; P. HÄBERLE, "Grundrechte im Leistungsstaat", *op. cit.*, p. 86 e ss.; em sentido diferente, *vide* CH. STARK, "I diritti fondamentali nel Grundgesetz della Repubblica Federale di Germania", in *Giur. cost.*, 1992, p. 2544.

202 Para um amplo exame desta problemática, cfr. A. PUBUSA, *Sovranità popolare e autonomie locali nell'ordinamento costituzionale italiano*, Milano, 1983, p. 10 e ss.

Afirmar que os direitos-liberdade sejam mais do que direitos significa colocar correctamente a forma da sua garantia, a começar pelos imperativos postos ao legislador na sua disciplina e a acabar nos limites colocados aos direitos fundamentais de natureza análoga de índole material.

ambientais, também eles qualificados frequentemente como direitos subjectivos públicos [203]. Novos direitos fundamentais que devem ser assumidos (pelo ordenamento jurídico) como normas objectivas de princípio e decisões axiológicas [204].

---

[203] A nossa tese é a de que o direito fundamental ao ambiente é um direito formal e materialmente constitucional, tal como os direitos, liberdades e garantias pessoais, com uma base antropológica natural-comunitária.

A nossa discrepância relativamente a VIEIRA DE ANDRADE, *Os Direitos Fundamentais, op. cit.*, p. 89 e ss., é visível quando, partindo de pressupostos filosóficos, próximos do subjectivismo axiológico e das teorias atomísticas da sociedade, afasta do catálogo material de direitos todos aqueles que não se fundem na dignidade da pessoa humana, em referência ao princípio radical-subjectivo do *homem individual*.

[204] A concepção actual dos direitos fundamentais caracteriza-se por uma dupla qualificação de tais direitos. Os direitos fundamentais como direitos subjectivos de liberdade e como normas objectivas de princípio *(objektive Grundsatznormen)* e decisões axiológicas *(Wertentscheidungen)*, com validade em todos os âmbitos do direito. Cfr. K. HESSE, *Grundzüge des Verfassungsrechts der Bundesrepublik Deutschland, op. cit.*, p. 283 e ss.; K. STERN, *Das Staatsrecht der Bundesrepublik Deutschland*, vol. III, München, 1988, pp. 477 e ss. e 506 e ss.

A discussão em torno dos direitos fundamentais como *normas objectivas de princípio e decisões axiológicas*, levantou na R.F.A. a questão do verdadeiro significado e da fundamentação última dos direitos fundamentais. A resposta chegou inicialmente, recorrendo à ideia material de valor (cfr. E. -W. BÖCKENFÖRDE, "Zur Kritik der Wertbegründung des Rechts", in *Oikeiosis, Livro de Homenagem a Robert Spaemann,* 1987, p. 1 e ss.), nos moldes da filosofia dos valores (especialmente Max Scheler e Nicolai Hartmann), ou à teoria axiológica dos direitos fundamentais de Rudolf Smend, entretanto reactivada (cfr. R. SMEND, *Staatsrechtliche Abhandlungen*, 2ª ed., Berlin, 1968, p. 260 e ss.). Todavia, a descoberta e o desenvolvimento do carácter objectivo de valor dos direitos fundamentais é obra da jurisprudência do Tribunal Constitucional Federal Alemão. Esta é levada a cabo em duas fases: por um lado, o conjunto dos direitos fundamentais aparece como uma ordem objectivo-axiológica e como um sistema de valores que exige aplicação em todos os domínios do Direito; por outro lado, simultânea e subsequentemente, os direitos fundamentais vêm interpretados como normas de princípio jurídico-objectivas que decidem axiologicamente. O *Tribunal Constitucional Federal* tem, expressamente, reconhecido para todos os direitos fundamentais, sem excepção, o carácter de normas objectivas de princípio — decisões axiológicas. Cfr. H. D. JARASS, "Grundrechte als Wertentscheidungen bzw. objektivrechtliche Prinzipien in der Rechtsprechung des Bundesverfassungsgerichts", in *AöR*, 1985, pp. 363 e 371 e ss.

O ponto de vista que guia a interpretação dos direitos fundamentais não é senão a máxima de Richard Thoma, segundo a qual, de várias interpretações compatíveis com o teor literal, há que dar preferência à que desenvolve ao máximo a eficácia jurídica da norma. Cfr. R. THOMA, "Die juristische Bedeutung der grundrechtlichen Stätze der Deutschen Reichsverfassung im allgemeinem", in NIPPERDEY, *Die Grundrechte und Grundpflichten der Reichsverfassung*, vol. I, 1929, pp. 1-54, esp. p. 37 e ss.

Com o reconhecimento do carácter objectivo de valor aos direitos fundamentais estava-se, no fundo, a admitir que estes possuíam uma *nova qualidade*. Esta consiste em que os direitos fundamentais se desvinculam da relação imediata Estado-cidadão. Para utilizar a expressiva formulação de Hesse, os direitos fundamentais não só vigoram ali donde o Estado participa directamente nas relações jurídicas, mas vigoram também de "modo universal", isto é, em todas as direcções e em todos os âmbitos do Direito. Cfr. U. SCHEUNER, "Die Funktion der Grundrechte im Sozialstaat", in *DÖV*, 1971, pp. 505 e 507 e ss. A forma e o conteúdo desta vigência *universal* é a de uma norma objectiva sem destinatários determinados e aberta a uma evolução expansiva posterior. Cfr. E. - W. BÖCKENFÖRDE, "Zur Kritik der Wertbegründung des Rechts", *op. cit.*, p. 17.

Esta nova *qualidade* dos direitos fundamentais foi inicialmente descrita por Hans Huber e alguns anos mais tarde por P. Müller. Este autor caracteriza a nova compreensão dos direitos fundamentais, afirmando que estes estão vocacionados, como princípios elementares de ordenação da vida social, para uma vigência na comunidade, fundada na universalidade e não na bilateralidade; não são nem direito público nem direito privado, mas Direito constitucional, direito fundamental que, com a sua força normativa, penetra imediatamente no âmbito das relações jurídicas privadas. Cfr. P. MÜLLER, *Die Grundrechte der Verfassung und der Persönlichkeitsschutz des Privatrechts*, Berlin, 1964, pp. 163 e 164. Entre nós, cfr. VIEIRA DE ANDRADE, *Os Direitos Fundamentais na Constituição Portuguesa de 1976*, *op. cit.*, pp. 144 e ss., 253 e ss., esp. p. 288; com uma posição matizada próxima de G. DÜRIG, "Grundrechte und Zivilrechtsprechung", in *Livro de Homenagem a Nawiasky*, 1956, p. 157 e ss. e esp. p. 183 e ss., GOMES CANOTILHO, *Direito Constitucional*, *op. cit.*, p. 591 e ss., esp. pp. 606 e 607, defende a eficácia directa e imediata dos direitos fundamentais; GOMES CANOTILHO, "Tópicos...", *op. cit.*, pp. 18 e 19. O autor salienta neste estudo fundamentalmente a relação procedimental-processual dos direitos fundamentais. Se se parte desta concepção dos direitos fundamentais, pensamos que não será tão difícil resolver todos os demais problemas que têm ocupado a dogmática dos direitos fundamentais, começando pelo *efeito de irradiação*, passando pela *eficácia frente a terceiros*, até chegar aos direitos fundamentais como *mandatos de actuação e deveres de protecção.*

Postos perante um efeito de *irradiação* dos direitos fundamentais não só a nível vertical mas também no patamar da relação horizontal, poderemos ser confrontados com o problema da *expansão unilateral* de um direito fundamental, com manifesto sacrifício de outras posições de liberdade, igualmente motivadas em termos de direito fundamental. A solução que aqui entreabrimos é a da inevitável conexão entre o conteúdo jurídico-objectivo do direito e o princípio da proporcionalidade.

A utilização do conteúdo jurídico-objectivo dos direitos fundamentais, que irradiam para todos os âmbitos do Direito, implica necessariamente o recurso ao princípio da proporcionalidade como fundamento de ponderação e de hierarquização. A razão é evidente, os direitos fundamentais, como normas objectivas de princípio, desenvolvem a sua eficácia em *todas* as direcções e âmbitos jurídicos, inclusive de forma horizontal entre os sujeitos, e são em si mesmos indeterminados na sua extensão e intensidade. Afectam diferentes direcções de liberdade e protecção, não necessariamente paralelos quanto ao conteúdo, e actuam para diferentes titulares de direitos fundamentais. Têm por isso tendência para a *assimetria*. Se não se recorre a uma *ponderação*, certos direitos fundamentais estendem-se unilateralmente à custa de outros direitos fundamentais ou de outros titulares de direitos fundamentais (cfr. VIEIRA DE ANDRADE, *Os Direitos Fundamentais, op. cit.*, p. 288).

Daí que seja necessário recorrer ao princípio da proporcionalidade na conformação dos conteúdos jurídico-objectivos dos direitos fundamentais. Cfr. R. ALEXY, *Theorie der Grundrechte*, *op. cit.*, pp. 80 e ss. e 364 e ss.). Impõe-se, portanto, uma ponderação, uma hierarquização dos conteúdos jurídico-objectivos do direito fundamental.

A proporcionalidade que está aqui em jogo é uma proporcionalidade-adequação. Trata-se, em suma, de alcançar a compatibilidade, o equilíbrio e a coordenação entre os vários e contraditórios princípios normativos, entre os contraditórios conteúdos jurídico-objectivos dos direitos fundamentais. Cfr. ALEXY, *Theorie der Grundrechte, op. cit.*, p. 100 e ss. Perguntar-se-á de que forma se concretiza a ponderação, o princípio da proporcionalidade? Mais, como se estabelece a relação entre o conteúdo jurídico-subjectivo e o conteúdo jurídico-objectivo do direito fundamental? Desde logo, através da conformação operada pela jurisdição constitucional, mas também ao nível (trivial) procedimental-processual. O procedimento como meio de dar vida a um verdadeiro *status interactivus processualis* e a um incontornável *Verhältnismäßigkeit*. Cfr. D. SUHR, *Entfaltung der Menschen durch die Menschen*, 1976, p. 81 e ss., citado por GOMES CANOTILHO, "Tópicos...", *op. cit.*, p. 27 e ss.

Em síntese, o procedimento como meio de composição e hierarquização de vários e contraditórios conteúdos jurídico-objectivos e jurídico-subjectivos dos direitos fundamentais. Por outras palavras, o procedimento *como forma de ponderação e resolução de conflitos ou colisão de direitos*. No fundo, o procedimento como modo de afirmação dos interesses-sujeitos-de-dever-ser, ou melhor, como forma da Administração e o cidadão elegerem novas actuações objectivo-culturais.

Todavia, põe-se aqui um problema decisivo para os nossos fins. Quando o intérprete, *maxime* constitucional, está confrontado com direitos de conteúdos opostos, como o direito ao ambiente e o direito de propriedade ou a iniciativa económica privada, perguntar-se-á se deve prevalecer o conteúdo jurídico-objectivo, que caracteriza o primeiro, ou a dimensão jurídico-subjectiva que define o segundo.

No nosso modesto entendimento, somos de opinião que o intérprete não pode deixar de dar primazia ao direito ao ambiente, que implica uma relação material de natureza pública, constitucional, enquanto os outros direitos têm uma vigência essencialmente privada, horizontal, "degradando-se", naturalmente, em direitos subjectivos. Acresce que a Constituição (art. 9.º/e)) menciona como dever do Estado o de proteger e preservar o ambiente, nomeadamente quando estamos perante agressões antijurídicas. *Dever de protecção* que representa a ideia central da dimensão jurídico-objectiva dos direitos fundamentais. Cfr. D. GRIMM, "Rückkehr zum liberalen Grundrechtsverständnis?", in *Recht*, 1988, p. 41 e ss.

Poderíamos ainda argumentar que a dimensão jurídico-subjectiva do direito fundamental ao ambiente e qualidade de vida (art. 66.º da C.R.P.) tem uma relação mais directa e pregnante com o princípio da *dignidade da pessoa humana* (art. 1.º da C.R.P.), de toda a pessoa humana (cláusula de comunidade), do que o direito de propriedade (art. 62.º/1 da C.R.P.) e a livre iniciativa económica privada (art. 61.º/1 da C.R.P.) de alguns *sujeitos poderosos*.

Longe de abstracções, nestes casos, onde a colisão de direitos é irredutível, não se vê, sinceramente, como se possa privilegiar os direitos de alguns, poucos, sujeitos jurídicos poderosos em detrimento dos direitos de toda a comunidade, quando o que está em causa é, cada vez mais, o direito à vida e à integridade física e psíquica.

A doutrina e a jurisprudência devem dar-se conta que o *Grundrechtskonflikt* (conflito entre direitos fundamentais) é hoje tão visível que tem obscurecido a tradicional antinomia entre os interesses particulares e o interesse público.

Vejamos o problema mais de perto.

A tendência actual é orientada para o reconhecimento da tutela de bens jurídicos a que, por respeito a uma terminologia tradicional e a fim de sublinhar a amplitude da protecção, são reconhecidos direitos. Esta tendência é visível também na linguagem comum enquanto reflexo da evolução cultural e da sensibilidade das pessoas.

O que importa salientar, a fim de evidenciar esta tendência, é que na linguagem jurídica se tem de fazer a catarse dos "direitos ao ambiente", que ressalta a titularidade das coisas pelos sujeitos, para os "direitos do ambiente" ou, melhor ainda, para os "direitos-direitos ao ambiente" [205]. Pode parecer um mero jogo de palavras, mas a verdade é que esta mudança de terminologia é o sintoma de uma modificação profunda do modo de compreender e valorar os novos interesses difusos. No primeiro e originário modo de os representar é evidente a vontade do indivíduo, do sujeito que, apesar de limites e proibições, permanece *dominus* da coisa, ou mais precisamente dos bens que constituem o ambiente, daí a tradicional configuração como direitos subjectivos. Falando agora dos "direitos do ambiente" pretende-se, através de uma tutela objectiva (não confundir com a subjectivação da coisa") [206], conferir uma maior importância a estes direitos e inverter definitivamente a tese da sua menoridade jurídico-constitucional.

---

[205] Tal como acontece, aliás, com os direitos, liberdades e garantias, onde as "garantias" têm como objecto imediato um bem específico da pessoa (vida, honra, nome, integridade física). Cfr. VIEIRA DE ANDRADE, *Os Direitos Fundamentais, op. cit.*, p. 172. Cfr. também P. MANTINI, "Associazioni ecologiste e tutela giurisdizionale dell'ambiente: aspetti e problemi", in *Associazioni ecologiste e tutela giurisdizionale dell'ambiente,* Rimini, 1990, p. 25 e ss.

[206] Não se trata de subjectivar a floresta e muito menos a árvore, o que se pretende salientar é que o ambiente ao ser objecto directo de protecção jurídica, permite configurar, em novos termos, a relação entre os direitos fundamentais de propriedade privada e de iniciativa económica privada e o novo direito fundamental ao ambiente. Daí a nossa discrepância com A. PUBUSA, *op. cit.*, p. 125.

Ressaltam, assim, proeminentes os direitos directa ou indirectamente dirigidos a salvaguardar o ambiente, diminuindo, por sua vez, os poderes e faculdades dos sujeitos em transformar ou modificar a qualidade da coisa [207]. Esta concepção inverte, portanto, a qualificação e a graduação dos direitos dos sujeitos a respeito das coisas, no sentido de que, enquanto desvaloriza os de índole individualista, face à sua potencial eficácia negativa sobre o bem, exalta os direitos e os interesses que, consentindo a fruição daquele, são coincidentes e funcionais à protecção do ambiente.

Certo, poder-se-ia argumentar que no fundo o sujeito jurídico é sempre o indivíduo, o cidadão, ou seja, todos aqueles que recebem e gozam os efeitos positivos destes bens de fruição difusa. Ao que poderia também objectar-se que tal argumento não é decisivo no plano jurídico, bastando, a propósito,

---

[207] Como se vê estamos em presença de uma nova técnica legislativa, a que não são alheios os cânones interpretativos da *jurisprudência dos interesses*. A jurisprudência dos interesses, surgindo na Alemanha em antítese ao conceptualismo da *Begriffsiurisprudenz*, liga-se ao mais vasto movimento do teleologismo alemão que teve na *Interesseniurisprudenz* e na *Freirechtschule* os seus maiores expoentes. Cfr. sobre o tema P. HECK, *Begriffsbildung und Interesseniurisprudenz*, 1932; Id., *Interesseniurisprudenz*, 1933; K. LARENZ, *Metodologia da Ciência do Direito*, tr. port., 2.ª ed., Lisboa, 1978; GENY, *Méthodes d'Interprétation et Sources en Droit Positif*, 2ª ed., Paris, 1954.

Uma vez que o nosso sistema jurídico não é nem um sistema fechado nem um sistema aberto, caracterizados, respectivamente, pela completude e neutralidade das estruturas jurídicas, não parecem atendíveis os modelos hermenêuticos próprios da jurisprudência dos conceitos. (Sobre as origens da jurisprudência dos conceitos e do formalismo jurídico, cfr. WILHELM, *Zur Juristischen Methodenlehre*, Band. 14, 1958) e da jurisprudência dos valores (Sobre a relação entre teologismo e filosofia dos valores cfr. SCHWINGER, *Teologische Begriffsbildung im Strafrecht*, 1930, pp. 4-21).

É, portanto, óbvio que, para além de meras operações silogísticas entre facto e norma e tendo em consideração a existência de cláusulas gerais e de fórmulas normativas abertas (progresso social, interesse social, interesse geral), compete ao intérprete individualizar novos interesses socialmente relevantes, bem como proceder à sua hierarquização, de acordo com o critério e valoração constitucional.

Daí o falar-se em cláusula aberta ou no princípio *da não tipicidade dos direitos fundamentais* (cfr. J. MIRANDA, *Manual*, IV, *op. cit.*, p. 153) ou, melhor ainda, numa *compreensão aberta do âmbito normativo das normas* concretamente consagradoras de direitos fundamentais, possibilitando uma concretização e desenvolvimento plural de todo o sistema jurídico-constitucional. Neste sentido A. BALDASSARRE, "Diritti inviolabili" in *Enc. giur.* vol. XI, Roma, 1989.

recordar que análoga situação se apresenta para as pessoas colectivas sem que ninguém ponha em causa no plano jurídico a sua própria e autónoma subjectividade relativamente às pessoas físicas que as constituem [208].

Para além desta objecção que nos parece razoável, importa agora determinar quais as consequências, se as há, que resultarão do facto de termos posto como principal "actor jurídico" um "bem", em vez de uma pessoa jurídica individual ou colectiva. Será possível prefigurar, com base numa nova articulação normativa, a fundamentalidade formal e material dos interesses difusos como direitos fundamentais de conteúdo objectivo e sentido de valor? O escopo é sem dúvida esse, tendo em consideração tudo o que ficou dito e o que acrescentaremos de imediato. O havermos individualizado como objecto-sujeito da tutela um bem, que vulgarmente é pensado como destinatário das faculdades dos sujeitos, é, a nosso ver, significativo de uma diversa estrutura jurídica destes interesses, relativamente aos tradicionais direitos subjectivos, que "inexplicavelmente" conduziu à sua desvalorização. Se olharmos mais profundamente o conteúdo destes *interesses-direitos-sujeitos-de-dever-ser constitucionalmente protegidos,* é visível uma diferença relativamente aos interesses tutelados sob a forma de direitos subjectivos privados. Isto é, naqueles inverte-se o modo de tutela. Esta, no que toca aos direitos difusos, não se realiza mediante o reconhecimento directo de faculdades ou poderes aos titulares do interesse protegido (com as limitações ou porventura proibições ao livre exercício de alguma das faculdades ou poderes a que já se fez

[208] A verdade é que a Constituição (art. 12.º/2) reconhece expressamente direitos fundamentais às pessoas colectivas, bem como a organizações sindicais (arts. 54.º e 56.º) e a outras associações. Neste sentido cfr. GOMES CANOTILHO, *Direito Constitucional, op. cit.*, pp. 542-543. VIEIRA DE ANDRADE, *Os Direitos Fundamentais, op. cit.*, p. 179 e ss., partindo duma concepção redutora dos direitos fundamentais, acaba por defender que os direitos das pessoas colectivas são *direitos individuais colectivizados*.

referência), mas de um modo complexivo e pregnante através da tutela directa, imediata e objectiva do bem [209].

O sistema jurídico era no passado dirigido a garantir o livre exercício da vontade ou o interesse do sujeito, já que tal actividade produzia directamente vantagens a favor do titular do direito e, indirectamente, a favor da sociedade. Hoje, diferentemente, a tendência no direito do ambiente é a oposta, a de tutelar imediata e directamente o objecto [210] do direito, em confronto com as faculdades exercidas pelos titulares de situações jurídicas subjectivas tradicionais. Mas não só, o dever de tutela comporta também uma acção positiva da parte de todos os sujeitos que tenham a titularidade de funções relativas aos bens. Constata-se, em suma, uma *revolta do objecto* [211], no sentido de que a tutela do bem constitucionalmente protegido se obtém salvaguardando ou reconhecendo directa e objectivamente (pelo próprio ordenamento jurídico) determinadas qualidades do objecto [212]. As limitações aos direitos subjectivos tradicionalmente reconhecidos sofrem,

---

[209] A este respeito é elucidativo o art. 1.º da Lei n.º 83/95, de 31 de Agosto.

"1. A presente lei define os casos e os termos em que são conferidos e podem ser exercidos o direito de participação popular em procedimentos administrativos e o direito de acção popular para a prevenção, a cessação ou a perseguição judicial das infracções previstas no n.º 3 do art. 52.º da Constituição.

2. Sem prejuízo do disposto no número anterior, são designadamente interesses protegidos pela presente lei a saúde pública, o ambiente, a qualidade de vida, a protecção do consumo de bens e serviços, o património cultural e o domínio público".

[210] G. CORSO, "Inquinamento", in *Guida per le autonomie locali 1978*, Roma, 1978, p. 338. Este autor salienta que actualmente a orientação do legislador vai no sentido de privilegiar prioritariamente a protecção do bem em si, e só em via subordinada a sua utilização para fins económicos.

[211] A. PUBUSA, *op. cit.*, p. 131. Neste sentido, a tutela objectiva apresenta-se, paradoxalmente, mais idónea a garantir a protecção dos mais diversos interesses legalmente reconhecidos, nomeadamente dos interesses (direitos) difusos, interesses que se apresentam, por natureza, indiferenciados, indivísiveis e indeterminados. Acresce que aqui não há dano subjectivo, mas dano objectivo ao ambiente, a um bem que não tem um "senhor".

[212] Daí o sentido do art. 7.º/1/b) da L.A.A. (Lei n.º 10/87). As associações de defesa do ambiente podem "recorrer contenciosamente dos actos administrativos que violem as disposições legais que (...) protegem o ambiente e a qualidade de vida". Cfr. também os arts. 1.º, 3.º e 12.º/1 da Lei n.º 83/95, de 31 de Agosto.

nestes casos, não só um incremento quantitativo, mas um verdadeiro salto qualitativo, que exalta a protecção das qualidades do objecto em contraposição à até aqui soberana vontade dos sujeitos. Esta "ruptura epistemológica" no discurso jurídico é constituída também pelo facto de hoje dispormos de novos instrumentos de tutela (para além das limitações aos direitos subjectivos) dos bens ambientais. Referimo-nos especialmente ao novo direito de acção popular — acção pública administrativa para a defesa do ambiente (Lei n.º 83/95, de 31 de Agosto, art. 12.º) — resultante da revisão constitucional de 89 (art. 52.º/3 da C.R.P.) e ao procedimento administrativo de avaliação de impacto ambiental (D.L. n.º 186/90, de 6 de Junho, regulamentado pelo D.R. n.º 38/90, de 27 de Novembro) [213].

---

[213] Outra questão é a de saber se tais direitos vêm tutelados com recurso aos modelos que mantêm a centralidade do interesse legítimo e dos direitos subjectivos, ou se importa fazer uma profunda reflexão que supere tais esquemas de protecção, na esteira do art. 52.º/3 da C.R.P.. Sobre este ponto, *vide* COLAÇO ANTUNES, "Los intereses difusos: ubicación constitucional; tutela jurisdiccional y acción popular de masas", *op. cit.*, p. 417 e ss.

Neste sentido, a Lei n.º 83/95, de 31 de Agosto (Direito de participação procedimental e de acção popular), reguladora do art. 52.º/3 da C.R.P., parece acolher algumas das teses por nós defendidas há vários anos com persistente humildade: a) consagração de um autêntico *procedimento de massas* (art. 10.º) apoiado numa ampla participação plurisubjectiva *desvinculada de qualquer interesse directo na demanda* (arts. 2.º e 3.º); b) a participação procedimental como base da *legitimatio ad causam* dos titulares dos interesses difusos, configurando, a partir da articulação dos arts. 52.º/3, 267.º/4 e 268.º/4 da C.R.P., o que nós designámos por *acção popular de massas* (art. 12.º e ss.); c) acolhimento de um regime especial de representação processual, com alguma aproximação ao figurino das *class actions* norte-americanas (arts. 14.º e 15.º); d) efeito *erga omnes* do caso julgado, com as excepções previstas no art. 19.º; e) por último, o reconhecimento em boa medida de um processo especial *(processo padrão)* para a tutela dos interesses difusos, onde o juiz tem um papel mais interventor (arts. 17.º e 18.º).

Para as matérias referidas nas alíneas a), b) e c), cfr. COLAÇO ANTUNES, *A Tutela dos Interesses Difusos em Direito Administrativo, op. cit.*, pp. 65 e ss., 88 e ss., 130 e ss., 136 e ss. e 154 e ss.; *Id.*, "A tutela dos interesses difusos no novo Código do Procedimento Administrativo português", *op. cit.*, p. 1079 e ss., esp. p. 1093 e ss.; *id.*, "Los intereses difusos: ubicación constitucional; tutela jurisdiccional y acción popular de masas", *op. cit.*, p. 417 e ss., esp. p. 431 e ss.

Sobre as questões das alíneas d) e e), cfr. COLAÇO ANTUNES, "Para uma tutela jurisdicional dos interesses difusos", Separata do *B.F.D.U.C.*, 1986, p. 25 e ss.

Recentemente, M. TEIXEIRA DE SOUSA, "Legitimidade processual e acção popular no direito do ambiente", in *Direito do Ambiente,* INA, 1994, p. 409 e ss.,

A característica fundamental das situações jurídicas relativas aos interesses difusos reconhece-se no facto da tutela dos direitos pluri-individuais ser a resultante da tutela objectiva (os bens são directamente tutelados pelo ordenamento jurídico, sem qualquer mediação do sujeito) de uma multiplicidade de objectos que formam como que uma universalidade. Com isto não se pretende, obviamente, negar que, em última análise, a tutela seja oferecida aos sujeitos, mas estes actuam agora preferencialmente em função da tutela objectiva do bem e não na defesa de qualquer direito subjectivo. Logo exercitam os direitos que resultam, de forma explícita ou implícita, do conteúdo da tutela do objecto a que se referem os interesses difusos [214]. Em síntese, os direitos difusos se, por um lado, são limitadores dos direitos subjectivos individuais, em função da protecção do bem e das suas qualidades, por outro lado são ilimitados, enquanto manifestação positiva e actual dos direitos, liberdades e garantias e dos princípios fundamentais do Direito. O código genético do Direito, como sistema aberto, inspirado por estes princípios, enquanto manifestação profunda do património cultural da humanidade, já há muito vem a exigir, em obediência à ideia de completude para que tende todo o sistema jurídico e a dignidade da pessoa humana, a tutela total e plena dos novos direitos fundamentais de conteúdo não patrimonial [215]. Também para os interesses difusos, agora direitos fundamentais de raiz cultural e existencial (art. 66.º/1 da C.R.P.), tal como acontece para os clássicos direitos, liberdades e garantias, o uso ilegítimo do

---

GOMES CANOTILHO, "Privatismo, associativismo e publicismo na justiça administrativa do ambiente", in *R.L.J.*, ano 128, n.ºs 3858 e 3859, 1996, p. 266.

214 COLAÇO ANTUNES, *A Tutela dos Interesses Difusos em Direito Administrativo, op. cit.*, p. 179 e ss. Daí que a *causa de pedir* do titular do interesse difuso ambiental esteja numa relação de conexão com o ambiente.

215 Cfr. o clássico estudo de U. SCHEUNER, "Verfassung", in *Staatstheorie und Staatsrecht. Gesammelte Schriften,* Berlin, 1988, pp. 172-174 e U. K. PREUSS, *Revolution, Fortschrift und Verfassung. Zu einem neuen Verfassungsverständnis,* Berlin, 1990, p. 73 e ss.

poder e dos direitos subjectivos de cunho patrimonial faz surgir situações jurídicas relevantes e decisivas para a sua tutela [216].

A evolução civilizacional e da cultura jurídica levou ou tem conduzido, ainda que por outras vias, à aproximação das técnicas de tutela e da estrutura jurídica dos direitos e liberdades às dos interesses difusos. À concepção negativa dos direitos liberdades e garantias, como direitos à omissão dos poderes públicos, tem vindo, progressivamente, a substituir-se uma concepção que considera necessária a intervenção positiva dos poderes públicos de modo a tornar efectivas tais liberdades. O direito de reunião e manifestação (art. 45.º da C.R.P.) precisa, para se concretizar, de locais públicos e da respectiva comunicação prévia às autoridades [217]. Numa sociedade mediática e cibernética, os direitos à identidade pessoal, à cidadania, ao bom nome e reputação, à imagem e à reserva da intimidade privada e familiar (art. 26.º da C.R.P.) exigem cada vez mais medidas protectoras e promocionais.

Ora bem, este tipo de intervenção é igualmente necessário (a começar pela iniciativa legislativa para os efectivar juridicamente) [218] e oportuna para uma tutela efectiva dos interesses pluri-individuais relativos à protecção dos bens de fruição difusa. O ambiente ou o património histórico-cultural

---

[216] O direito ao ambiente e qualidade de vida (art. 66.º da C.R.P.) envolve uma *cláusula da comunidade*, nos termos da qual os direitos de natureza económica viriam limitados, sempre que colocassem em perigo bens jurídicos necessários à existência da comunidade. Sobre esta matéria, cfr. GOMES CANOTILHO, *Direito Constitucional, op. cit.*, p. 619.

[217] GOMES CANOTILHO e VITAL MOREIRA, *Constituição da República Portuguesa Anotada, op. cit.*, pp. 253-254; JORGE MIRANDA, *Manual...*, IV, *op. cit.*, p. 398 e ss. Esta dupla dimensão — negativa e positiva — é igualmente visível no direito ao ambiente. Cfr. GOMES CANOTILHO e VITAL MOREIRA, *op. cit.*, p. 348.

Na literatura estrangeira, recentemente, T. BENTON, *Natural Relations: Ecology, Animal Rights and Social Justice,* Londres, 1993, pp. 171-180, acentua a natureza positiva do direito ao ambiente, enquanto R. ECKERSLEY, *Liberal Democracy and the Environment: The Rights Discourse and the Struggle for Recognition,* 1994, p. 4, salienta o carácter negativo destes direitos.

[218] FREITAS DO AMARAL, "Análise preliminar da Lei de Bases do Ambiente", in *S. I.*, n.os 241/243, 1993, p. 52.

são tutelados, salvaguardando as situações de facto existentes, através de proibições e limitações, mas também por meio de uma intervenção positiva do Estado e, muito especialmente, do reconhecimento de novos direitos fundamentais aos cidadãos em função da dignidade da pessoa humana e da protecção do bem ambiental.

Quer-me parecer que os interesses difusos, relacionados com a tutela de bens ambientais, não são mais do que novos direitos fundamentais de conteúdo essencialmente axiológico-normativo, não patrimonial, e o desenvolvimento (e complemento) da dimensão negativa dos direitos, liberdades e garantias. Da leitura que fazemos depreende-se uma forte semelhança entre estes direitos-liberdades e o "direito fundamental ao ambiente e qualidade de vida" (art. 66.º da C.R.P.), no sentido de que uns e outros não são redutíveis ao esquema dos direitos subjectivos de raiz proprietarista, antes lhe marcam uma nova fronteira [219]. Para estes novos direitos fundamentais, tal como para os direitos e liberdades pessoais, é evidente que as "faculdades" dos sujeitos são de índole natural, direi mesmo originária, tratando-se, neste caso, de fruir os generosos benefícios oferecidos por uma bela paisagem ou por um ambiente ecologicamente equilibrado e saudável. Elementos naturais ao homem e a uma "comunidade comunicativa", que se vão perdendo na esquizofrenia consumista dos nossos dias.

A diferença, a existir, entre os direitos fundamentais de natureza pluri-individual e os direitos, liberdades e garantias, é a de que estes têm um recorte individual e privado mais marcado, enquanto os direitos relativos à tutela do ambiente e ao património histórico têm uma dimensão mais colectiva. Daí que não repugne a sua qualificação como direito de personalidade pública. Entendemos, porém, que os direitos de liberdade se caracterizam pela sua dimensão subjectiva, en-

---

[219] A. PUBUSA, *op. cit.*, p. 134.

quanto o direito ao ambiente tem essencialmente uma dimensão objectiva, marcada pela natureza do bem e da tutela plurisubjectiva [220]. Mas, parece-me que esta diferença só os une e completa, correspondendo a momentos diferentes do devir histórico e das necessidades humanas.

Em síntese, a característica talvez mais relevante para a diferenciação da sua estrutura jurídica, em contraste com os direitos subjectivos privados, é a de que o "direito ao ambiente" dá maior relevância ao objecto em prejuízo dos poderes e faculdades dos sujeitos. Não tanto porque as utilidades oferecidas pelo bem não redundem em vantagens dos sujeitos, mas porque vem a perder-se, definitivamente, a relação de índole individualista e materialista entre o sujeito e o bem [221]. Isto não significa, obviamente, que se perca a relação com os indivíduos, com o cidadão. Todavia, este move-se fora dos esquemas proprietaristas do direito subjectivo e até contra eles, tal como os direitos, liberdades e garantias, já que o que importa agora é um vínculo ontológico que não respeita apenas a um número mais ou menos indeterminado de sujeitos, mas ao próprio bem em si. Precisamente por causa disso, desta particularidade, a tutela do bem ambiental concretiza-se, entre outras possibilidades, mediante a previsão de limitações dos poderes e faculdades dos titulares de direitos de tipo privatístico e publicístico, na medida em que concorrem para a satisfação dos direitos-interesses difusos de uma série determinada ou indeterminada de pessoas coincidentes com a tutela objectiva do bem. Uma das características dos interesses difusos é precisamente a de não serem, no essen-

---

[220] Sobre a dupla dimensão dos direitos fundamentais, cfr. JORGE MIRANDA, *Manual,* IV, *op. cit.*, p. 473; VIEIRA DE ANDRADE, *Os Direitos Fundamentais, op. cit.*, p. 143 e ss., para quem a dimensão subjectiva dos direitos fundamentais é o elemento central (pp. 160 e 171). No mesmo sentido, ainda que com outros pressupostos, GOMES CANOTILHO, *Direito Constitucional, op. cit.*, p. 536; *id., R.L.J., op. cit.*, n.º 3802, p. 9. Recentemente G. ESCOBAR, *La Ordenación Constitucional del Medio Ambiente,* Madrid, 1995, pp. 65 e ss. e 111 e ss.

[221] A. PUBUSA, *op. cit.*, p. 135.

cial, susceptíveis de subjectivação, segundo o esquema dos direitos subjectivos e dos interesses legítimos [222].

Parece claro que o facto de sublinharmos o carácter comunitário destes interesses não exclui a sua dimensão individual. Obviamente, a tutela de uma pluralidade indeterminada de interesses é também a tutela de cada um deles, individualmente entendidos, segundo os canônes de uma tutela objectiva [223]. Por conseguinte, e por outras palavras, o facto de cada um dos interesses não ser o único a ser tutelado não comporta de per si, no plano lógico e jurídico, uma desvalorização das formas e dos meios de protecção jurídica individual [224]. Bem ao contrário, o reforço e a exaltação da tutela jurídica objectiva é fruto da consideração de que o interesse protegido não resulta apenas em benefício de um indivíduo mas de toda a comunidade [225]. Pretende-se, em suma, afirmar que a circunstância dos interesses difusos ambientais se alargarem a favor de uma multiplicidade de sujeitos não exclui,

---

[222] Cfr. COLAÇO ANTUNES, *A Tutela dos Interesses Difusos em Direito Administrativo, op. cit.*, p. 55 e ss.

O art. 2.º da Lei n.º 83/95 prescreve que são titulares do direito procedimental de participação popular e do direito de acção popular os cidadãos e as associações e fundações defensoras dos interesses difusos, *independentemente de terem ou não interesse directo na demanda*.

[223] GOMES CANOTILHO, "Privatismo, associativismo e publicismo na justiça administrativa do ambiente", *op. cit.*, n.º 3860, 1996, p. 323.

[224] O art. 14.º da Lei n.º 83/95, seguindo de perto o figurino das *class actions*, admite que: "Nos processos de acção popular, o autor representa por iniciativa própria, com dispensa de mandato ou autorização expressa, todos os demais titulares ou interesses em causa que não tenham exercido o direito de auto-exclusão previsto no artigo seguinte, com as consequências constantes da presente lei".

Uma das consequências previstas é precisamente o efeito *erga omnes* do caso julgado. Cfr., por exemplo, COLAÇO ANTUNES, "Para uma tutela jurisdicional dos interesses difusos", *op. cit.*, p. 25 e ss.

[225] Daí a qualificação deste tipo de interesses como interesses anónimos, sem titular, *(adespoti)*, operada por insigne doutrina, se atendermos que estamos na presença de normas objectivas de princípio que têm como objecto específico a tutela dos bens ambientais, em perfeita consonância com a protecção de bens próprios da pessoa humana, como a vida, a integridade física e psíquica. Cfr., sobre a referida qualificação dos interesses difusos, M. S. GIANNINI, "La tutela degli interessi diffusi nei procedimenti amministrativi", in *Le azioni a tutela di interessi collettivi*, Padova, 1976, p. 23 e ss.

naturalmente, a sua dimensão individual, tanto mais que em última análise são os cidadãos a fruir as respectivas vantagens e utilidades de um ambiente cuidado e saudável [226].

Não poderemos confundir, porém, a dimensão individual dos interesses difusos com o défice de uma visão individualista, que não compreende que os interesses de tipo pluri-individual são, por definição, situações jurídicas que excluem relações exclusivamente subjectivas entre o sujeito e o bem objecto de tutela [227].

De certo modo, tal como acontece para os direitos, liberdades e garantias, a relevância jurídica dos interesses difusos não depende da maior ou menor conformidade com o novelo das situações jurídicas já tuteladas pelo ordenamento jurídico, mas de um revisitado direito natural inspirador da sua positiva protecção normativa, enquanto normas objectivas de princípio e decisões axiológicas [228].

Se o que foi dito anteriormente sobre a estrutura dos interesses difusos é exacto, poderemos então concluir que a subjectivação dos interesses difusos deve fazer-se preferencialmente em torno de entes exponenciais, maxime de associações de defesa do ambiente (art. 7.º da Lei n.º 10/87). Ressalta, assim, determinante o papel e a função das formações sociais como momento de mediação entre os interesses

---

[226] COLAÇO ANTUNES, *A Tutela dos Interesses Difusos em Direito Administrativo, op. cit.*, p. 48 e ss. Já nessa altura salientávamos a fungibilidade (dos titulares) dos interesses difusos.

[227] Curiosamente ou talvez não, o legislador começou por privilegiar a legitimidade dos entes exponenciais, mais precisamente as associações de defesa do ambiente (art. 7.º da Lei n.º 10/87, de 4 de Abril).

Posteriormente, com a revisão constitucional de 1989, o art. 52.º/3 da C.R.P. veio reconhecer a legitimidade *a todos*, pessoalmente ou através das associações dos interesses em causa. Esta política legislativa veio a reflectir-se mais tarde no C.P.A. (art. 53.º) e na nova Lei n.º 83/95, de 31 de Agosto (art. 2.º) sobre o *direito de participação procedimental e de acção popular*.

[228] Para L. VALLAURI, *Saggio sul diritto giurisprudenziale,* Milano, 1975, p. 526, o direito positivo "è senza nascere, e per questo suo nascere richiede l'intervento del diritto naturale".

difusos e o ordenamento jurídico [229]. É nesta base que se deve configurar, no fundamental, a legitimação dos titulares dos interesses difusos ao nível do procedimento e do processo administrativo, sem prejuízo da legitimidade dos sujeitos individualmente considerados, como bem se prevê no artigo 53.º do C.P.A. e no artigo 52.º/3 da C.R.P. e mais recentemente na Lei n.º 83/95 (art. 2.º).

Uma das particularidades dos interesses difusos consiste, como vimos, no facto da tutela das qualidades do objecto ser fruto da limitação dos direitos subjectivos individuais e especialmente de uma normação que se move numa nova direcção — em oposição à evolução codicista. Esta situação dá lugar a uma conflitualidade de interesses, cuja solução não pode ser procurada radicalmente no espírito e na letra dos Códigos, esquecendo que o novo legislador actua em função do primado das normas constitucionais, normas essas que apontam claramente para uma superação das situações jurídicas tradicionais, de que é expressão a recente lei sobre o direito de participação procedimental e de acção popular.

Em suma, os interesses difusos devem ser hodiernamente entendidos como o conteúdo de novos direitos fundamentais de sentido objectivo e axiológico [230].

---

[229] E. Rossi, *Le formazioni sociali nella costituzione italiana*, Padova, 1989, p. 111.

Entendemos, todavia, que o requisito da personalidade jurídica às associações (art. 3.º da Lei n.º 83/95), ainda que ofereça maior certeza e segurança poderia ser dispensada através da fixação de critérios objectivos de uma representação adequada (ligação territorial do ente representativo, tipo, dimensão e homogeneidade dos interesses envolvidos), que o juiz controlaria casuisticamente. Cfr. Colaço Antunes, *A Tutela dos Interesses Difusos em Direito Administrativo, op. cit.*, pp. 69 e ss., 156 e 179. Esta solução estaria, aliás, mais em consonância com o regime especial de representação processual consagrado no art. 14.º e com os reforçados poderes do juiz (arts. 16º e 17.º da Lei n.º 83/95).

[230] Esta qualificação do direito fundamental ao ambiente e qualidade de vida é absolutamente correcta, atendendo à sua pluri-individualidade e conteúdo de sentido valorativo. Dürig, "Der Grundsatz von der Menschenwürde", in *AöR*, 1956, p. 118, salienta acertadamente que a pretensão axiológica do titular de um valor é universal, não conhece direcções, e por isso a sua jurisdição alcança o âmbito individual, ético-social e estadual.

A Constituição, inovadoramente, enumera uma série de novos direitos fundamentais de conteúdo não patrimonial, cuja estabilidade não pode ser posta em causa face à sua explícita consagração legal. Tais direitos, ao contrário dos direitos subjectivos privados, só são modificáveis *in melius* e não *in pejus*, tal como os clássicos direitos, liberdades e garantias [231], uma vez que são expressão da dignidade humana e de uma comunidade "existencial". Tais direitos têm a ver com a "gramática das formas de vida" e não com os problemas do tubo digestivo relacionados com os mecanismos da produção e da economia. Neste sentido, não cogitamos como se possa compreender o homem desprendido do seu *habitat* natural e do seu património histórico-cultural. Enquanto direitos de participação procedimental e processual são também uma manifestação da soberania popular e de cidadania[232], o que reforça a sua fundamentalidade formal e material, como direitos fundamentais que são [233].

---

[231] A. PUBUSA, *op. cit.*, p. 147; MORTATI, "Le comunità statale", in *Persona, società intermedie e stato, Quaderni di Justitia*, n.º 10, 1958, p. 104. Este autor faz a distinção entre "liberdades essenciais à pessoa e liberdades não essenciais". As primeiras, segundo Mortati, dizem respeito não só à integridade da personalidade física e espiritual, mas também à participação do indivíduo na sociedade. Trata-se de liberdades difusas e pluri-individuais que não sofrem restrições pelo facto de participarem outros sujeitos, pelo que devem ser não só irredutíveis como melhor garantidas. O mesmo não sucede com as "liberdades não essenciais", nas quais se inclui o direito à propriedade dos meios de produção, que comportam pelo menos as limitações necessárias ao gozo pelo maior número de sujeitos da sociedade.

Nesta matéria vigora o princípio da *proibição de retrocesso*, uma vez que estamos postos perante normas (constitucionais) objectivas de princípio, de conteúdo axiológico, cuja fundamentação última está cimentada metapositivamente. Cfr. GOMES CANOTILHO, *Direito Constitucional, op. cit.*, pp. 553 e 682. Em sentido oposto, *vide* VIEIRA DE ANDRADE, *Os Direitos Fundamentais, op. cit.*, p. 161 e ss., esp. p. 170.

[232] A participação procedimental é mais um momento da posição originária do direito fundamental ao ambiente. Cfr. HUFEN, "Heilung und Unbeachtlichkeit grundrechtsrelevanter Verfahrensfehler?", in *NJW*, 1982, p. 2169.

[233] A emergência dos interesses difusos representa também uma manifestação da crise e das limitações da democracia representativa, no sentido de um Estado de Direito participado e transparente. Cfr. COLAÇO ANTUNES, "Los intereses difusos: ubicación constitucional; tutela jurisdiccional y acción popular de masas", *op. cit.*, pp. 418 e 419. Já os direitos de raiz individual e económica estão umbili-

Parece cada vez mais indiscutível que, a respeito dos novos direitos difusos, emerge um sentimento de independência e de personalidade, qualquer coisa que o ordenamento jurídico reconhece e não pode modificar *in pejus*, uma vez que estes novos direitos repousam na consciência e no ser natural dos homens e fazem parte da "arqueologia constitucional" [234].

Em síntese, os interesses difusos, enquanto direitos fundamentais de conteúdo essencialmente cultural e existencial [235], devem prevalecer sobre os direitos de tipo económico-patrimonial [236]. Estes direitos subjectivos não possuem a validade pública e universal que é própria dos primeiros.

Enfim, se nos séculos XVII e XVIII se fez apelo ao direito natural para fazer valer os direitos de liberdade, por que não admitir hoje um direito natural ao ambiente como princípio e fundamento do direito positivo [237]. O ambiente como um

---

calmente ligados ao culminar da democracia representativa e à radicada autonomia entre o "político" e o "económico".

234 Pensamos mesmo que uma posição *interpretativística* dos direitos fundamentais tem prejudicado o completo entendimento dos interesses difusos, desvinculada da *original intention* do legislador constituinte. (Sobre esta teoria, cfr. W. REHNQUIST, "The Notion of a Living Constitution", in *Texas L. Rev.*, n.º 54, 1976, p. 693 e ss.). O caminho a seguir será, de acordo com BÖCKENFÖRDE, "Grundrechtstheorie und Grundrechtsinterpretation", in *NJW,* 1974, p. 1529 e ss., a elaboração de uma teoria dos direitos fundamentais conforme à Constituição como ideia orientadora da interpretação dos direitos fundamentais.

A *consideração pensante* (Hegel) dos direitos fundamentais poderá ser útil para compreender os interesses difusos como novos direitos fundamentais. Com uma vantagem, na Constituição portuguesa, ao contrário da alemã, os direitos sociais têm outra expressão, não se apresentam fragmentados e os direitos fundamentais não se resumem aos clássicos direitos, liberdades e garantias.

235 Entendamo-nos, nas palavras de HEIDEGGER (*Sein und Zeit,* 1927, tr. it., Milano, 1976, p. 152), "a *substância* do homem não é o espírito, como síntese da alma e do corpo, mas a *existência*".

236 Noutro capítulo, voltaremos teimosamente a este problema, cientes de que se trata de uma questão complexa e inacabada, mas decisiva para a compreensão e tutela do direito fundamental ao ambiente e qualidade de vida. Recorrer-se-á então ao princípio da razoabilidade.

237 P. MANTINI, *Lezioni di diritto pubblico dell'ambiente,* Padova, 1991, p. 48 e ss.

direito unitário [238] ou o fundamento de direitos, mas também como o modo de ser e a medida de alguns deles — direito de propriedade e iniciativa económica privada.

O carácter fundamental e primário dos novos direitos fundamentais prende-se, portanto, com a sua incindível relação com a índole democrática do nosso ordenamento jurídico, baseado na soberania popular e na dignidade da pessoa humana, nas suas múltiplas dimensões.

Em conclusão, vemos *o direito ao ambiente como um direito fundamental de conteúdo essencialmente axiológico, subjectivamente fungível, objectivamente infungível, vocacionalmente participativo, que se afirma como um novo modo de ser e limite dos direitos fundamentais*.

O interesse difuso e o interesse geral encontram o seu ponto de confluência na "instituição-cidadão". Em suma, o direito ao ambiente como direito fundamental do indivíduo e interesse geral da colectividade.

No fundo, os novos direitos não são inteiramente compreensíveis se não se admite a inversão da relação de dever-ser entre sujeito e objecto. Não é o sujeito que tem um objecto, mas este que "usa" um sujeito [239].

---

[238] Se tivermos em conta a dimensão e o reconhecimento do direito ao ambiente pelo direito internacional poderíamos, talvez, dizer que estamos perante algo semelhante ao *ius commune* da Idade Média.

[239] Talvez fosse útil, ainda que pareça esotérico (igual a banalidades de base), partir de uma sensibilidade feminista dos direitos fundamentais.

Capítulo II

O PROCEDIMENTO ADMINISTRATIVO COMO CIDADE CONSTITUCIONAL DOS INTERESSES DIFUSOS: O EXERCÍCIO PARITÁRIO DA FUNÇÃO ADMINISTRATIVA

1. O procedimento administrativo como instrumento de concretização e de ligação do artigo 2.º com os artigos 266.º e 267.º da Constituição Portuguesa

O artigo 267.º/4 da C.R.P. define o escopo principal do procedimento administrativo: racionalização dos meios e "participação dos cidadãos na formação das decisões ou deliberações que lhes disserem respeito". Esta exigência constitucional explica-se pela função democrática que a moderna iuspublicística atribui à procedimentalização da actividade administrativa [240].

[240] Resumidamente, pode dizer-se que a figura do procedimento atravessou vários estádios de elaboração, com particular ênfase para a doutrina italiana: prescindindo da época das primeiras teorizações, em que a actividade que precedia a emanação de uma decisão era vista como incorporada no acto, falando-se, neste caso, de acto-procedimento (Forti), as mais recentes teorias fizeram ressaltar os traços mais característicos do estado actual das relações entre o poder e a sociedade. Depois de um *perfil estrutural* e de certo modo *teleológico* (ligação e coordenação de actos e operações preordenadas à adopção do acto final (Sandulli), tem-se evidenciado um *figurino funcional* (Giannini, Benvenuti, Berti); Mais recentemente, emergiu o *figurino participativo*, correspondente à fase actual da evolução da concepção do procedimento (Santaniello). Segundo este figurino e de acordo com uma visão problemática pertinente às relações entre o momento

administrativo (desenvolvimento da função ou do poder) e o momento jurisdicional (controlo do primeiro), tem-se feito a distinção entre participação em função do contraditório (isto é, representar e fazer valer interesses dignos de tutela) e participação a título de colaboração com a administração de diversos sujeitos interessados; por último, na senda do pensamento germânico, sobressai uma nova concepção substancial do procedimento (não confundir com Conso, Galeotti e Ferrara) como sede de composição, qualificação e hierarquização de interesses (Cardi, Pubusa, Paolo Dell'Ano, Nigro e Cognetti).

Curiosamente dois dos mais ilustres expoentes do referido modelo procedimental, CARDI (*La manifestazione di interessi nei procedimenti amministrativi,* I, Rimini, 1983, p. 146 e ss.) e NIGRO ("Procedimento amministrativo e tutela giurisdizionale contro la pubblica amministrazione", in *L'azione ammnistrativa tra garanzia ed efficienza*, Napoli, 1981, p. 21 e ss) sustentam posições doutrinais com pressupostos semelhantes, mas cujas conclusões são diametralmente opostas. Assim, o segundo autor sustenta que é precisamente a natureza indeterminada do interesse tutelado a reclamar a sua definição no contraditório, juntamente com a participação dos interessados. Já Cardi entende que é a indeterminação dos *factos* que justifica o poder da Administração excluir os interessados do contraditório ou da participação no procedimento. Em síntese, as duas correntes doutrinais parecem referir-se a objectos distintos — o interesse a tutelar para Nigro, os factos que estão na base da justificação do poder para Cardi.

Seria inútil convocar aqui toda a literatura italiana sobre o procedimento administrativo. Sobre a recente evolução teórico-dogmática do procedimento, *vide,* entre muitos, M. SCHINAIA, "Profili evolutivi nella problematica del procedimento amministrativo", in *La disciplina generale del procedimento amministrativo,* Milano, 1989, p. 107 e ss.; F. TRIMARCHI, *Il procedimento amministrativo fra riforme legislative e trasformazioni dell'amministrazione,* Milano, 1990; L. TORCHIA, *I modelli di procedimento amministrativo*, Padova, 1993; F. TEDESCHINI, "Procedimento amministrativo", *in EdD,* vol. XXXV, Milano, 1986, p. 874 e ss.; G. SANTANIELLO, "Il procedimento amministrativo: linee di sviluppo", *in Dir. proc. amm.*, 1985, p. 499 e ss.; D. BORTOLOTTI, *Attività preparatoria e funzione amministrativa*, Milano, 1984; P. ALBERTI, G. AZZARITI, G. CANAVESIO, C. E. GALLO, M. A. QUAGLIA, *Lezioni sul procedimento amministrativo,* Torino, 1992; A. ZUCCHETTI, *La partecipazione del cittadino nelle autonomie locali,* Milano, 1992; M. TERRASI, *Procedimenti amministrativi e garanzie del cittadino,* Napoli, 1991; M. CARTABIA, *La tutela dei diritti nel procedimento amministrativo,* Milano, 1991; E. P. DI SUNI PRAT, *I diritti al procedimento,* Torino, 1994. Entre nós, destacaríamos GOMES CANOTILHO, "Procedimento administrativo e defesa do ambiente", *op. cit.*, n.os 3795, p. 170 e ss.; 3798, p. 261 e ss., oferece-nos, com densas observações as modernas bases doutrinais do procedimento. Cfr. também FERREIRA DA CUNHA, *O Procedimento Administrativo*, Coimbra, 1987; ROGÉRIO SOARES, *Direito Administrativo*, 1978, p. 141 e ss.; *id.*, "A propósito de um projecto legislativo: o chamado Código de Processo Administrativo Gracioso", in *R.L.J.*, n.os 3694, p. 14 e ss., 3695, p. 40 e ss., 3699, p. 173 e ss, 3702, p. 261 e ss., 3703, p. 255 e ss. e 3716, p. 324 e ss.; ALBERTO XAVIER, *Do Procedimento Administrativo*, São Paulo, 1976; FREITAS DO AMARAL, *Direito Administrativo*, vol. III, Lisboa, 1989, p. 163 e ss.; *id.*, "Fases do procedimento decisório do 1.º grau", in *Dir. Jus.*, vol. VI, 1992, pp. 25-36; SÉRVULO CORREIA, *Legalidade e Autonomia Contratual nos Contratos Aministrativos,* Coimbra, 1987; PAULO OTERO, "As garantias impugnatórias dos particulares no Código do Procedimento Administrativo", in *S. I.*, n.os 235/237, 1992, pp. 49-76; RUI MACHETE, "Contribuição para o estudo das relações entre o

No plano teorético, é de sublinhar que as principais teses sustentadas pela doutrina sobre o procedimento administrativo têm vindo a perder terreno face às transformações da Administração Pública [241], nomeadamente a concepção do pro-

---

processo administrativo gracioso e o contencioso", in *Cadernos de Ciência e Técnica Fiscal*, nº 125, pp. 7-159 e n.º 126, 1969; recentemente anotámos a tese de Mestrado de GONÇALVES LOUREIRO, *O Procedimento Administrativo Entre a Eficiência e a Garantia dos Particulares*, Coimbra, 1990, p. 22 e ss.; PEDRO MACHETE, *A Audiência dos Interessados no Procedimento Administrativo,* Lisboa, 1995; FREITAS DO AMARAL, *O Código do Procedimento Administrativo,* Lisboa, 1992; AA. VV., *Seminário sobre o Código do Procedimento Administrativo,* Coimbra, 1993. Cfr. também o número monográfico da revista *Legislação,* n.os 9/10, 1994.

[241] Em primeiro lugar, *o tipo burocrático de Administração,* delineado por Weber, surge hoje profundamente transformado pela *participação* de indivíduos e de grupos. Por esta razão, não só as opções administrativas deixam de ser monopólio do elemento burocrático, como passam a ser o produto deste e do elemento participativo. A cooperação entre os dois elementos realiza-se de vários modos, mas a forma mais usual e refinada (e mais relevante para a transformação do procedimento) é aquela segundo a qual a contribuição de terceiros se exprime e se manifesta na própria elaboração das opções, mais precisamente na predisposição do material, através da manifestação de interesses e de factos que são recolhidos, definidos, comparados e compostos num quadro de prevalência e de coexistência, do qual nasce a legitimante decisão administrativa. Trata-se, portanto, de uma visão da autoridade administrativa comparticipada entre o sujeito (formal) titular burocrático e a pluralidade de terceiros associados na participação procedimental. É a chamada co-administração. Cfr. G. AZZARITI, "Trasformazioni dell' amministrazione e procedimento amministrativo", in *Lezioni..., op. cit.*, p. 3 e ss.

A coexistência de princípios antitéticos — princípio burocrático e princípio participativo — é o fruto da evolução do Estado de Direito no sentido pluralístico e democrático e exprime a tentativa de atingir e compor um equilíbrio razoável entre a concentração do poder e a sua "dissolução" na sociedade (M. NIGRO, "Il procedimento amministrativo fra inerzia legislativa e trasformazioni dell'amministrazione (a proposito di un recente disegno di legge)", *in Il procedimento..., op. cit.*, pp. 12 e 13). A combinação do princípio burocrático com o princípio associativo e o intento de realizar um razoável equilíbrio entre eles deve verificar-se no processo de elaboração da decisão. Isto implica a deslocação do núcleo duro da actividade administrativa do resultado final para a fase de emersão e manifestação dos interesses coenvolvidos e de individualização dos sujeitos titulares de interesses (COLAÇO ANTUNES, *A Tutela dos Interesses Difusos em Direito Administrativo, op. cit.*, p. 189 e ss.).

Num segundo momento, por causas diversas e em parte contraditórias, a Administração Pública tem vindo a transformar-se de entidade executiva em força constitutiva e reguladora, em suma, numa *instância de governo.* Esta nova posição da Administração levou Scharpf (F. SCHARPF, *Die politischen Kosten des Rechtsstaats*, Tübingen, 1970, p. 64) a qualificar a Administração como um subsistema ao qual é "delegado" uma parte substancial do poder político. A Administração é hoje, com alguma surpreendente boa vontade dos "desregulacionistas", uma pluralidade de centros de regulação de interesses, na base de frequentes prescrições legisla-

cedimento de Sandulli, entendido como sequência dinâmica finalizada no acto administrativo final [242], e de Benvenuti, segundo o qual o procedimento é a veste formal da função administrativa [243].

Quanto à primeira tese, e contrariamente ao que esta subscreve, o acto administrativo deve ser uma síntese do desenvolvimento procedimental e, por conseguinte, deve ser ampliada a tutela jurisdicional aos interesses procedimentais nas diversas fases e patologias do procedimento (secretismo, defeito da instrução, vícios do contraditório, etc.). No que concerne à segunda, certamente mais importante, ocorre, todavia, decantar a noção de função do requisito de autoridade [244].

---

tivas, de que é expressão mais significativa a actividade de programação e de planificação.

É especialmente aqui que a necessidade e a exigência de associação e o confronto entre o princípio burocrático e o princípio participativo se manifestam com maior evidência porque neste sector, como faz ressaltar a teoria sociológica dos *comportamentos racionais*, "a essência da decisão está fora dela, situando-se no próprio processo de operações sucessivas... resultantes da interacção entre o sujeito da decisão, o sistema e o seu ambiente" (sobre a teoria das decisões, *vide* SCHMITT GLAESER, "Il procedimento amministrativo e la sua legge: un'osservazione introduttiva", in *La codificazione del procedimento amministrativo nella Repubblica Federale di Germania,* in *Problemi di amministrazione pubblica,* 2, Napoli, 1979, p. 425 e ss.).

Posto isto, pensamos que o modo de ser e as funções do procedimento devem ser definidas em estreita coerência com as transformações da Administração Pública. Como têm sublinhado alguns autores (desde logo Schmitt), temos vindo historicamente a assistir a uma crescente e rigorosa centralização do poder, ao mesmo tempo que se verifica uma igualmente crescente e difusa democratização do ordenamento jurídico e da sociedade. Parecia (e era) uma insanável contradição, mas o sucessivo desenvolvimento histórico tem demonstrado que as sociedades modernas estão destinadas a viver com esta contradição, procurando incessantemente superá-la. O procedimento é, justamente, um dos meios que melhor consegue assegurar, conjuntamente, a vitalidade destes elementos em contraste e a sua coexistência, a sua pacífica convivência. Cfr. M. NIGRO, "Conclusioni", in *L'accordo nell' azione amministrativa,* Roma, 1988, p. 91 e ss.

242 A. SANDULLI, *Il procedimento amministrativo*, Milano, 1964, p. 37 e ss.

243 F. BENVENUTI, "Funzione amministrativa, procedimento, processo", in *Riv. trim. dir. pubbl.*, 1952, p. 120.

244 Cfr. CARNEVALE VENCHI,*Contributo allo studio della funzione pubblica,* I, II, Padova, 1969 e 1974. A identificação do conceito de função com a actividade administrativa, mais do que com o poder ou autoridade, foi elaborada pela pandectística germânica, no intuito de conciliar a ordem da actividade com a

ordem dos poderes. Mais precisamente, os publicistas alemães da segunda metade do século XIX elaboram esta noção com o intuito de criar estruturas constitucionais e administrativas capazes de garantir a participação no poder das novas classes sociais emergentes *(das öffentliche Gewalt)*. A elaboração de LABAND (*Il diritto pubblico dell'impero germanico,* tr. it., IV, Torino, 1925, p. 22 e ss.) pode ser vista como o resultado da tradicional concepção orgânica do Estado, que está na base da noção de função como actividade.

Ao contrário da doutrina francesa, as preocupações da doutrina germânica não são as de garantir a segurança dos cidadãos, mas as de resolver os problemas inerentes ao poder político e à sua redistribuição.

O carácter autoritário da função é amplamente admitido na doutrina. M. S. GIANNINI, *Lezione di diritto amministrativo,* Milano, 1950, p. 114 e ss., precisa que a função pública é a actividade que se funda no poder soberano e, por consequência, ligada ao momento da autoridade. Cfr., entre nós, SÉRVULO CORREIA, *Noções de Direito Administrativo,* Lisboa, 1982, pp. 29 e 33 e ss.; AFONSO QUEIRÓ, *Lições de Direito Administrativo,* I, Coimbra, 1976, p. 9 e ss.; *id.*, "Função administrativa", Separata da *R.D.E.S.*, Ano XXIV, n.ºs 1, 2 e 3, 1977, p. 33 e ss.; FERREIRA DA CUNHA, *O Procedimento Administrativo, op. cit.*, p. 120, nota 13.

A ligação da função a um poder (executivo) é oriunda da tradição francesa, fortemente influenciada pela obra de Montesquieu. A preocupação fundamental do Barão de la Brède é rigorosamente a de garantir os cidadãos face ao poder e não a de lhes assegurar os poderes necessários para a direcção do Estado (cfr. WALINE, *Traité Élémentaire de Droit Administratif,* II, 5ª ed., Paris, 1950, p. 8). É a vontade de garantir esta segurança, através do equilíbrio de poderes, que leva à distinção de funções e à respectiva divisão entre os diversos poderes do Estado (cfr. CARNEVALE VENCHI, *Contributo,* I, *op. cit.*, p. 91 e ss.). Isto explica porque na tradição cultural francesa, com nuances diversas na doutrina (da tese *fonction-fin* à tese *fonction-objet*), se tenha dado maior atenção à problemática do poder, relativamente à qual a divisão de funções constitui um simples desenvolvimento (cfr., mais uma vez, CARNEVALE VENCHI, I, *op. cit.*, p. 93.

Segundo MARCELLO CAETANO, *Manual de Direito Administrativo,* vol. I, 10ª ed., Coimbra, 1980, p. 15, "A administração pública não nos aparece hoje em dia (...) como uma forma típica da actividade do estado, mas antes como uma das maneiras por que se manifesta como *poder* ". A ênfase dada ao momento do poder e do respectivo carácter autoritário, pelo ensinamento do ilustre administrativista, está em sintonia com as solicitações do *Estado Novo* e com a visão corporativista de então. Daí a necessidade de uma noção objectiva de função e a sua completa autonomia conceptual no âmbito dos poderes públicos.

O entendimento dominante da função administrativa parte do pressuposto de que só o Estado e outros entes públicos ou sujeitos privados expressamente investidos de *autoritas* podem prosseguir escopos públicos. A índole pública da função é, portanto, directa ou indirectamente identificada com o Estado ou com outro ente público. Assim, não surpreende que se tenha dado especial saliência a uma configuração da Administração como organização de sujeitos, de tal modo que os interesses sociais perdem a sua consistência objectiva ao transformarem-se em interesses públicos tutelados pelos sujeitos públicos.

Esta configuração da função administrativa reflecte-se, obviamente, no entendimento do procedimento, inclusive na concepção mais aceitável ou pelo menos mais aceite, nomeadamente a que considera o procedimento como o *iter* da transformação da função em acto (F. BENVENUTI, "Funzione amministrativa, procedimento, processo", *op. cit.* p. 128. Mais recentemente, G. SCIULLO, *Pianificazione amministrativa e partecipazione*, Milano, 1984, p. 123 e ss). Função sempre e apenas exercitada por um sujeito público, pelo que a intervenção do cidadão no procedimento permanece sempre estranha à função, logo subordinada a esta.

Todavia, com uma formulação que resulta particularmente eficaz, foi recentemente sublinhado que a decisão do bem público *(Gemeinwohlentscheidung)* é e deve permanecer na competência do Estado, enquanto o processo de procura e individualização do bem público *(Gemeinwohlfindung)* não diz respeito apenas à competência dos órgãos estatais, mas também à dos cidadãos que participam no procedimento (cfr. W. SCHMITT GLAESER, "Die Position der Bürger als Beteiligte im Entscheidungsverfahren gestaltender Verwaltung", in LERCHE / SCHMITT GLAESER / SCHMIDT-AßMANN, *Verfahren als Staats und Verwaltungsrechtliche Kategorie,* Heidelberg, 1984, p. 62).

Esta formulação tem a vantagem de se harmonizar com o nosso ordenamento jurídico-constitucional. O novo Código do Procedimento Administrativo veio consagrar expressamente o princípio geral do contraditório no procedimento administrativo (art. 100.º e ss. do C.P.A.), dando, assim, concretização aos arts. 2.º e 267.º da Constituição. Com efeito, já no art. 267.º/4 da C.R.P., em conjugação com o art. 2.º da C.R.P., se reconhecia *in nuce* o princípio geral do contraditório ao dizer-se neste preceito que "o processamento da actividade administrativa será objecto de lei especial, que assegurará (...) a participação dos cidadãos na formação das decisões ou deliberações que lhes disserem respeito". Por sua vez, o art. 2.º da C.R.P. prescreve, com diáfana clareza, que "A República Portuguesa é um Estado de direito democrático, baseado na soberania popular (...) e no respeito e na garantia de efectivação dos direitos e liberdades fundamentais, que tem por objectivo a realização da democracia económica, social e cultural e o aprofundamento da democracia participativa". Se é destes preceitos constitucionais que o princípio arranca, impõe-se desenvolver uma retórica argumentativa tendo em vista as reservas que colocamos ao entendimento autoritário da função administrativa no confronto com os titulares dos interesses difusos. (Cfr. FREITAS DO AMARAL, "O novo Código do Procedimento Administrativo", in *O Código..., op. cit.,* p. 31 e ss).

Mais, a Constituição no seu art. 66.º/2 diz-nos que incumbe ao Estado, por meio de organismos próprios, e por apelo e apoio a *iniciativas populares* prevenir e proteger o ambiente sob variadas formas. O art. 52.º/3 vai ainda mais longe ao conferir a todos, pessoalmente ou através de *associações de defesa do ambiente*, o direito de acção popular nos casos e nos termos previstos na lei, *nomeadamente* o direito de promover a *prevenção*, a cessação ou a perseguição judicial das infracções contra a saúde pública, a *degradação do ambiente* e da qualidade de vida ou a degradação do património cultural (art. 78.º/3), bem como de requerer para os lesados a correspondente indemnização (cfr. JOSÉ MAGALHÃES, "Ambiente de perdição, acções de salvação: a acção popular ecológica e o direito às compensações por prejuízo ambiental no horizonte português de 1992", in *Rev. Dir. Públ.*, n.º 8, 1990, p. 26. Segundo o autor, a revisão constitucional de 1989 não só não sacrificou a dimensão procedimental da tutela ambiental, como lhe conferiu uma nova dimensão). Dando concretização ao art. 52.º/3 da C. R. P., a Lei n.º 83/95, de 31 de Agosto (art. 1.º) veio definir os casos e termos em que são conferidos e podem ser exercidos o direito de participação popular em procedimentos administrativos e o direito de acção popular.

Cumprindo ao art. 267.º/4 assegurar a participação dos cidadãos na formação das decisões administrativas, afigura-se-nos, portanto, que a Constituição consagra uma relevantíssima dimensão procedimental da tutela ambiental, com particular evidência para os titulares do interesse difuso ambiental, expressamente as associações de defesa do ambiente. Estas têm, aliás, o direito de participar e intervir na definição da política do ambiente e nas grandes linhas de orientação legislativa (art. 4.º/1 da Lei n.º 10/87, de 4 de Abril), bem como promover junto das entidades competentes todos os meios administrativos de defesa do ambiente, nos termos e para os efeitos do disposto na Lei de Bases do Ambiente (art. 6.º da Lei n.º 10/87, bem como os arts. 2.º e 3.º da Lei n.º 83/95). As associações de defesa do ambiente devem ainda colaborar com as autarquias nos planos e acções que respeitem à protecção da natureza e do ambiente (art. 8.º da Lei n.º 10/87).

Com o reconhecimento jurídico da legitimidade procedimental (art. 53.º do C.P.A.) dos titulares dos interesses difusos admite-se o exercício paritário da função administrativa, na medida em que o interesse público prosseguido pela Administração (interesse público primário) ou co-envolvido no procedimento (interesse público secundário) corresponde ao interesse difuso de que é portadora a associação de defesa do ambiente. A legitimação a participar funda-se no interesse difuso ambiental, funcionando, assim, como critério de identidade da função.

Do actual quadro jurídico-constitucional sobressai, portanto, a ideia que os fins públicos a prosseguir na defesa do ambiente não competem exclusivamente à Administração, podendo e devendo ser igualmente prosseguidos pelas associações de defesa do ambiente (art. 2.º da Lei n.º 10/87). Emerge, deste modo, uma perspectiva em virtude da qual o carácter social e difuso dos interesses em causa não vem dissipado no momento da sua referência à Administração Pública. Se no plano sociológico sempre foi assim, é-o agora também no plano jurídico, no sentido de que a tutela do interesse difuso ambiental cabe não só à Administração como também às associações de defesa do ambiente. Assim, uma associação quando prossegue escopos atinentes à defesa da paisagem, do património cultural ou do ambiente, desenvolve, a par da Administração, uma actividade dirigida a um fim que ultrapassa o âmbito dos meros associados. Queremos dizer que a associação desenvolve uma *função pública*, no momento em que as corporações privadas disputam paradoxal e encarniçadamente o cadáver do Estado. Está aqui em causa a defesa de um interesse *alheio* e *objectivo* que não se confunde com o interesse próprio do ente associativo e dos seus associados, como acontece quando estamos em presença de funções meramente privadas (cfr. A. PUBUSA, *op. cit.*, p. 195.). Nestes casos a função é dirigida à tutela de interesses privados de natureza económica.

Daí uma transformação da actividade administrativa e do princípio da proporcionalidade (art. 266.º/2 da C.R.P.). Este deve agora ser entendido não apenas como garantia de justiça no confronto entre a Administração e o particular (no sentido de que esta deve evitar sacrifícios inúteis ou desproporcionados ao privado), mas como valor intrínseco do procedimento, enquanto sede de composição e hierarquização de interesses. Neste sentido, M. T. DE MELO RIBEIRO, *O Princípio da Imparcialidade da Administração Pública,* Coimbra, 1996, p. 234 e ss.).

Mais precisamente, a função administrativa é em grande medida similar à desenvolvida pelas associações de defesa do ambiente, enquanto portadoras de interesses pertinentes e vitais ao desenvolvimento da pessoa humana, funcionando como autênticos instrumentos de mediação entre o ordenamento jurídico e a sociedade, em ordem à tutela dos interesses difusos. Situação que não se pode confundir com as associações de carácter económico e sindical, que se configuram como um sujeito privado predisposto exclusivamente para a tutela de interesses privatísticos, ainda que pertencentes a grupos sociais mais ou menos significativos. Todavia, parece-nos questionável a sua exclusão, tal como as associações de carácter político, do procedimento (art. 53.º/1 do C.P.A.), pelo menos quando não estejam em causa interesses dessa índole (neste sentido, ANTÓNIO DE ARAÚJO, "O Código do Procedimento e a participação dos administrados". in *Rev. Min. Públ.*, n.º 53, 1993, pp. 32 e 33. *Vide* também PEDRO MACHETE, *op. cit.*, p. 419 e ss.).

Prosseguindo as associações de defesa do ambiente o mesmo fim proposto pela Administração pública não pode negar-se que, sob o aspecto objectivo, o fim pode ser qualificado como público. A sua actividade não é meramente lícita mas também funcional em relação à realização dos valores e dos fins fixados pelo ordenamento jurídico, maxime pela Constituição. O primado lógico-jurídico conferido pela Constituição ao direito fundamental ao ambiente determina que a Administração e o Estado devem apoiar as associações de defesa do ambiente (art. 9.º da Lei nº 10/87), na medida em que estas prosseguem actividades e fins de interesse geral. A Constituição parece, assim, afastar a concepção, largamente radicada, que considera o Estado, de modo impessoal e abstracto, como titular de interesses e finalidades de todo distintos dos interesses e dos escopos prosseguidos por comunidades de menor dimensão ou pelas formações sociais.

Do ordenamento jurídico-constitucional emerge, portanto, uma resposta à crise do Estado liberal-parlamentar, resultante da ruptura entre o "político" e o estadual, entre o público e o estadual e entre o social e o estadual. A nova síntese resulta, não da redução da complexidade social segundo modelos autoritários, mas através do reconhecimento, por um lado, da socialização do Estado e, por outro, do exercício de actividades públicas por parte de entidades privadas. Daí uma transformação da actividade administrativa e do princípio da proporcionalidade (art. 266.º/2 da C.R.P.), que enforma todo o procedimento e não apenas a decisão final.

Para além da qualificação pública da actividade desenvolvida pelas associações de defesa do ambiente, o que releva é que os escopos prosseguidos pela Administração e pelas associações são idênticos (Cfr. P. MANTINI, *Associazioni ambientaliste e interessi diffusi nel procedimento amministrativo,* Padova, 1990, p. 251 e ss.). Assim, a definição tradicional da função administrativa sofre uma correcção resultante do carácter meramente eventual do requisito da autoridade conexo à função pública. Na relação entre Administração e sujeitos que exercem a mesma função *atenua-se* o momento do poder e da autoridade pelo que o dualismo autoridade-liberdade vem substituído pelo momento participativo e pela distribuição das funções entre diversos sujeitos públicos e privados.

Aderimos, assim, à opinião segundo a qual a função administrativa se compõe de um conjunto de funções, cujo conteúdo e caracteres são estabelecidos pela lei (cfr. M. S. GIANNINI, *Diritto amministrativo*, I, 2ª ed. Milano, 1988, p. 443). É, aliás, conveniente pontualizar uma mais nítida distinção conceptual entre função, entendida não só como actividade dirigida à realização do poder, mas também e especialmente como processo formativo de uma decisão ou de um acto. Se este último é sobretudo "expressão de autoridade jurídica", já o sujeito administrativo, no exercício da própria actividade-função, "vê diminuída a sua autoridade jurídica". (Mais radical PIERLUIGI MANTINI, *Associazioni ambientaliste e interessi diffusi nel procedimento amministrativo, op. cit.*, p. 244). É possível chegar a esta conclusão sempre que venha adequadamente considerado e valorizado o papel criativo desempenhado pelos sujeitos pluri-individuais.

Esta concepção parece ser, em nossa opinião, um útil contributo em direcção ao processo de objectivação da actividade administrativa e para o repensamento das conotações tradicionais do acto administrativo. Nesta perspectiva, sai despotenciada, *inter alia*, qualquer semelhança entre autoridade e actividade-função, encontrando conforto a tentativa de prosseguir a *dessubjectivação* da administração (cfr. F. BENVENUTI, "L'amministrazione oggettivata: un nuovo modello", in *Riv. trim. sc. amm.*, 1978, p. 6 e ss.), já há muito solicitada pela doutrina europeia, que encontra na disciplina legal da participação no procedimento, especialmente dos titulares dos interesses difusos, um momento de passagem necessário e essencial (cfr. P. MANTINI, *op. cit.*, p. 242 e ss.).

Importa esclarecer que se é compreensível e até desejável que em matéria de ambiente a função administrativa perca o carácter autoritário em relação às associações de defesa do ambiente, tal não implica, no plano dogmático, o repúdio do requisito da autoridade. Bem ao contrário, o carácter autoritário da função revela-se útil e necessário quando se trata, na prossecução do fim público conexo à função, de interesses que pela sua natureza ou pela forma em que são expressos constituem um obstáculo à realização do resultado de que a função é instrumental. Tal verifica-se quando o exercício da função coenvolve interesses legítimos e direitos subjectivos. Neste caso parece evidente que a diversidade dos interesses prosseguidos pelas associações de defesa do interesse difuso ambiental e pelos titulares de interesses de índole patrimonial importa que a função do sujeito público se desenvolva de diferente modo. Se a autoridade deverá ser maior no confronto com interesses de natureza patrimonial e individual, normalmente contrastantes com o fim público prosseguido pela função administrativa, o mesmo se não deve passar relativamente às associações que prosseguem a mesma finalidade da Administração (cfr. P. MANTINI, *op. cit.*, p. 247 e ss.). Com efeito, a autoridade da função administrativa é funcional à limitação, na prossecução do interesse público, de uma posição subjectiva juridicamente protegida, na medida em que está subordinada à prossecução do interesse público: melhor ainda, é proporcional à dureza ou resistência de tais posições jurídico-patrimoniais e, portanto, ao grau de tutela reconhecido pelo ordenamento jurídico. Por outras palavras, o pressuposto da autoridade da função é, portanto, estritamente proporcional ao grau de conflitualidade posto pelos interessses dos sujeitos que se opõem à finalidade pública prosseguida pela Administração, o que explica simultaneamente a ausência de autoridade ou pelo menos o seu menor grau no que respeita às formações sociais que desenvolvem a mesma função da Administração, como é o caso dos titulares de interesses difusos tutelados pelo ordenamento jurídico-constitucional. O que não significa que as associações de defesa do ambiente assumam uma posição de mera *colaboração* para com a Administração, uma vez que se pode hipotizar um conflito de posições sem que tal invalide de todo que ambos os sujeitos, públicos e privados, desenvolvam neste caso uma actividade com o mesmo escopo – tutelar e proteger o ambiente. Cfr. U. ALLEGRETTI, "Pubblica amministrazione e ordinamento democratico", in *Foro it.*, V, 1984, p. 207. Aliás, a nosso ver, a Constituição no que se refere à Administração, acentua mais a ideia de função em desfavor da ideia de poder. Isto não significa que não haja necessidade da administração dispor de poderes unilaterais ou mesmo autoritários (poderes de polícia, de segurança). Todavia, a autoridade e unilateralidade da A. P. não pode tocar na inviolabilidade dos direitos fundamentais devendo, por outro lado, promover todos aqueles direitos que constituem um elemento intrínseco ao bom exercício da função administrativa. Por consequência, actualmente *o que caracteriza a actividade administrativa não é a relação poder-sujeição mas a relação função social-direitos da pessoa*. É verdade que se pode contrapor que os poderes dos órgãos públicos e das associações de defesa do ambiente são distintos, o que sendo verdade não pode pôr em causa a relação de "paridade" que toca a Administração e os titulares dos interesses difusos. PASTORI, "Introduzione generale", in *La procedura amministrativa*, Firenze, 1964, p. 64, depois de clarificar que a paridade procedimental se manifesta,

Sem dúvida que, *rebus sic standibus*, se deve sublinhar o valor funcional e pragmático do procedimento, seja pelas implícitas dificuldades de enquadramento ideológico, seja pelo contributo eminentemente prático e concreto daquele na actividade administrativa, ainda que dois dos seus institutos — o da participação e o da instrução — possam propiciar alternativas significativas no processo decisional.

Foi recentemente salientado que o procedimento administrativo (concepção substancial) desenvolve uma função de mediação sob dois aspectos. Por um lado, porque ele se apresenta como o instrumento preferencial de realização do equilíbrio — procurado em todos os sectores do Estado contemporâneo — entre concentração do poder e pluralismo, estrutura burocrática e auto-administração, entre o princípio autoritário e o princípio democrático; por outro lado, o procedimento revela-se também como um instrumento de mediação entre o fim de garantia (realização da imparcialidade) e o fim de uma boa administração (realização da eficácia) [245], nos termos do artigo 266.º da C.R.P..

Deve reconhecer-se que o procedimento não tem apenas uma função de imparcialidade (como imaginam os processualistas), mas é também um instrumento de eficácia e de legitimação da actividade administrativa, de modo que as suas regras são e devem ser dirigidas também à realização de

---

nomeadamente no igual tratamento de todas as partes (e dos interesses) e, sobretudo, na paridade formal com a Administração (como no caso da *adjudication* estado-unidense e no *statutory inquiries* ingleses), dá-nos conta de um permanente desequilíbrio entre a Administração e os particulares, uma vez que os últimos não podem dispor do interesse público, como é óbvio.

Todavia, este desequilíbrio tende a atenuar-se, pela natureza das coisas, quando a Administração dialoga com as associações de defesa do ambiente.

[245] M. NIGRO, "Il procedimento amministrativo fra inerzia legislativa e trasformazioni dell'amministrazione", *op. cit.*, p. 16. Cfr. C. DEGENHART, "Das Verwaltungsverfahren zwischen Verwaltungseffizienz und Rechtsschutzauftrag", in *DVBl*, 1982, p. 872 e ss.; J. HELD, *Der Grundrechtsbezug des Verwaltungsverfahrens*, Berlin, 1984, p. 55 e ss. Entre nós, sobre as dimensões funcionais do procedimento, com particular incidência na doutrina alemã, *vide* GOMES CANOTILHO, "Procedimento administrativo e defesa do ambiente, *op. cit.*, n.º 3798, p. 266 e ss.

uma nova legalidade: uma legalidade-justiça [246]. A ampla participação dos cidadãos e das associações de defesa do ambiente, o complexo envolvimento de interesses e de factos e uma cuidadosa "instrução aberta" [247], enriquecem e revitalizam o procedimento, servindo para garantir a mais escrupulosa imparcialidade e a opção mais adequada. Também neste aspecto *a actividade de preparação do acto final emerge simultaneamente como parâmetro e objecto de avaliação da legitimidade do próprio acto administrativo* [248].

Um segundo ponto refere-se, assim, à deslocação do centro da actividade administrativa do acto para o seu processo de formação [249], encontrando no procedimento administrativo o terreno mais adequado para a sua explicitação e desenvolvimento [250].

---

[246] M. NIGRO, "Procedimento amministrativo e tutela giurisdizionale contro la pubblica amministrazione" *op. cit.*, p. 33.

[247] Cfr. os arts. 86.º, 87º/1, 88.º/2, 92.º e 94.º a 97.º do C.P.A. Segundo M. NIGRO, "Procedimento e tutela giurisdizionale contro la pubblica amministrazione", *op. cit.*, p. 21 e ss. deve prevalecer, segundo nós bem, uma compreensão extensiva da fase instrutória, não acantonada à recolha e averiguação dos factos pertinentes à decisão final. Cfr. PEDRO MACHETE, *op. cit.*, p. 441 e ss. Para este autor, tal como para Nigro, a participação é fundamentalmente um princípio de organização e acção administrativa concretizador da dimensão participativa do princípio democrático. No mesmo sentido, COLAÇO ANTUNES, "A tutela dos interesses difusos no novo Código do Procedimento Administrativo Português", *op. cit.*, p. 1079 e ss. Sobre o carácter técnico da participação procedimental (instrutória), cfr. GHETTI, *Il contraddittorio amministrativo*, Padova, 1971, pp. 16 e ss e 171 e ss. Sobre o andamento do procedimento, cfr. J. M. CLARO, "A marcha do procedimento", in *O Código...*, *op. cit.*, p. 61 e ss.

[248] M. NIGRO, "Il procedimento amministrativo fra inerzia legislativa e trasformazioni dell'amministrazione", *op. cit.*, p. 17.

[249] Entre nós, cfr. SÉRVULO CORREIA, *Noções de Direito Administrativo*, *op. cit.*, p. 277 e ss. Anteriormente e de forma precursora, RUI MACHETE, "Contribuição para o estudo das relações entre processo administrativo gracioso e contencioso", *op. cit.*, p. 9 e ss. Recentemente, do mesmo autor, "Os princípios gerais do Código do Procedimento Administrativo", in *O Código do Procedimento Administrativo, op. cit.*, p. 44.

[250] É o fim da sacralização dos actos administrativos. Neste sentido, cfr. F. BENVENUTI, "Per un diritto amministrativo paritario", in *Studi in memoria di E. Giucciardi,* Padova, 1975, p. 808.

Como bem salienta V. PEREIRA DA SILVA, *Em Busca do Acto Administrativo Perdido, op. cit.*, p. 622, não é possível haver acto sem procedimento, sendo aquele

No plano procedimental, a afirmação de uma administração constitutiva e conformadora [251] comporta, antes de mais, a necessidade de dar relevo não apenas ao acto administrativo final, que conclui o procedimento administrativo, mas sobretudo às fases de formação da decisão da administração, na base da qual esta é tomada. É, a meu ver, na fase instrutória (art. 86.º e ss. do C.P.A.) que, em primeiro lugar, se centra o tónus procedimental, fazendo deslocar o barómetro da análise procedimental do acto para o exercício da função. Concluída a instrução, o segundo momento fundamental, que arranca do artigo 267.º/4 da Constituição e se concretiza nos artigos 100.º-104.º do Código do Procedimento Administrativo, é a audiência prévia dos interessados, antes da decisão final ser tomada.

Com efeito, se o procedimento administrativo deve regular e definir uma justa composição dos interesses torna-se necessário assegurar o confronto entre todos os interesses em jogo. Coloca-se, assim, em relevo a questão das formas e dos modos de manifestação dos interesses no curso da actividade administrativa: só os interesses que emergem no procedimento podem ser considerados no acto administrativo conclusivo. Mas, para relevar o problema da manifestação dos interesses no procedimento administrativo, é necessário, antes de mais, concentrar a atenção sobre o *iter* da formação da decisão, tanto mais que o Código do Procedimento Administrativo parece *consagrar o princípio da livre introdução dos interesses* [252]. O que a ser assim não pode deixar de se assinalar um relevo decisivo à instrução. Nela se realiza, numa

---

um "momento" (não forçosamente final) do processo de tomada da decisão administrativa.

[251] ROGÉRIO SOARES, "Princípio da legalidade e administração constitutiva", in *B.F.D.U.C.*, 1981, p. 168 e ss.

[252] Sobre este princípio, cfr. M. S. GIANNINI, *Istituzioni di diritto amministrativo, Milano,* 1981, p. 227.

primeira fase, a ponderação dos diversos factos e interesses em jogo [253], que a actividade procedimental deve ordenar, colocando-se o acto administrativo final como reepílogo da actividade administrativa anteriormante desenvolvida [254].

Numa concepção substancial do procedimento administrativo, em que este se assume como sede e instrumento de aquisição, composição e hierarquização dos interesses coenvolvidos na actividade administrativa [255], a instrução não pode deixar de assumir uma importância transcendente. Tanto mais que a administração, sobretudo no exercício de poderes discricionários, não aplica, na situação em que é chamada a decidir, um *direito pré-fabricado*, mas procede tendo em consideração o direito e o facto através de sucessivas passagens

---

[253] Cfr. ROGÉRIO SOARES, *Direito Administrativo, op. cit.*, p. 158, salienta a articulação dos vários interesses que constituem uma dada situação de interesse público, para depois facilitar a avaliação do peso relativo de cada um deles, de modo a apontar para a sua hierarquização.

[254] SCHMITT GLAESER, "Il procedimento amministrativo e la sua legge: un' osservazione introduttiva", in *La codificazione del procedimento amministrativo nella Repubblica Federale di Germania, op. cit.*, p. 428, que critica a atenção e prevalência do acto final na lei alemã sobre o procedimento administrativo. No mesmo sentido E. CARDI, *op. cit.*, pp. 83 e 92 e M. NIGRO, "Procedimento e tutela giurisdizionale contra la p. a.", *op. cit.*, p. 57, que, aderindo à posição de SCHMITT GLAESER (*op. cit.*, p. 428), entende que a instrução é um dos momentos essenciais da formação da decisão, onde se toca o direito e o facto e não apenas este. Cfr. igualmente V. PEREIRA DA SILVA, *Em Busca do Acto Administrativo Perdido, op. cit.*, pp. 302 e 303, ainda que com uma compreensão não coincidente com a nossa. A nossa divergência assenta em dois aspectos: o primeiro reporta-se à sua leitura do procedimento ("à Nigro"), uma vez que privilegia a função organizativa do procedimento, enquanto nós elegemos mais o papel de procedimento na actividade administrativa ("à Giannini"). A segunda diferença poisa na sua eleição da relação jurídica como conceito central do Direito Administrativo (seguindo o modelo germânico), quando nós preferimos o procedimento administrativo (escola italiana). Estas diferenças de opinião levar-nos-ão a concepções diferentes do contencioso administrativo. Se nós optamos por uma concepção fundamentalmente objectiva, já o Autor referido caminha no sentido da subjectivação do contencioso.

[255] Ainda que num outro contexto conceptual e legislativo, ROGÉRIO SOARES, *Interesse Público, Legalidade e Mérito*, Coimbra, 1955, p. 226 e ss., chamava precocemente a atenção para o problema da captação, integração e hierarquização dos interesses no procedimento.

que conduzem à precisão do facto através do direito e vice-versa [256].

É precisamente na fase instrutória que se desenvolve toda uma série de operações no sentido de delinear as premissas de facto e de valor que permitirão assumir uma decisão final. Um ponto importante é *a íntima relação que se estabelece entre a instrução e a decisão* [257]. Sem que possa considerar-se a decisão como totalmente incorporada e absorvida na fase precedente, a verdade é que na fase instrutória se opera o acerto dos pressupostos em que se fundará a decisão. Com efeito, é na instrução que começa a aflorar, pelo menos nas suas linhas principais, uma primeira orientação da linha de acção que a administração pública entende seguir no caso concreto. É, portanto, nesta fase do procedimento que começa a delinear-se a vontade da administração, sem prejuízo de eventuais alterações resultantes, nomeadamente, da audiência dos interessados (art. 100.° e ss. do C.P.A.). De qualquer forma, pode dizer-se que o esboço do projecto de decisão e sobretudo *o conteúdo dessa decisão* é, em grande medida, oferecido pela fase instrutória [258].

---

256 M. NIGRO, "Procedimento e tutela giurisdizionale contro la pubblica amministrazione", *op. cit.*, p. 41.

257 FREITAS DO AMARAL, "O novo Código do Procedimento Administrativo", *op. cit.*, p. 35, entende "que a Administração, concluída a instrução, tem que formar uma opinião sobre o caso e tem de chegar a uma primeira conclusão sobre se aquele caso vai ter uma decisão favorável ou desfavorável ao interessado. Dir-se-ia... que a Administração tem de tomar uma primeira decisão, preliminar, olhando aos elementos constantes do processo e formar a sua opinião sobre se o requerimento é para deferir ou para indeferir; tem que fazer aquilo a que se poderia chamar um "projecto de decisão" e tem de dizer porquê, tem de fundamentar logo aí, porque para que o interessado possa, com conhecimento de causa, pronunciar-se sobre aquele projecto de decisão ele tem que conhecer os respectivos fundamentos...". Esta argumentação do ilustre Professor de Lisboa ganhou ainda mais sentido com a nova redacção do n.° 1 do art. 100.° *(in fine)* do C.P.A. dada pelo D.L. n.° 6/96, de 31 de Janeiro.

258 TERESA SERRA, *Contributo ad uno studio sulla istruttoria del procedimento amministrativo,* Milano, 1991, p. 75. Para M. S. GIANNINI, *Istituzioni di diritto amministrativo, op. cit.*, p. 292, "la volontà provvedimentale è la volontà procedimentale".

A importância do procedimento revela-se, assim, não só no seu resultado, mas sobretudo na instrução que o consubstancia (art. 86.º e ss.). O *centro* do procedimento encontra-se também na participação privada sob a forma individual ou associativa (arts. 52.º e 53.º, 100.º e ss. do Código do Procedimento Administrativo), nos nexos que se venham a estabelecer entre os vários poderes públicos e entre estes e os cidadãos, na manifestação de factos e de interesses, na *instrução complexa* [259] que, verificando os factos [260], acertando os dados técnicos, consente a identificação, a avaliação, o equilíbrio dos interesses e a melhor definição do interesse público [261].

Numa visão realista qualquer que seja o interesse público, não é, todavia, qualquer coisa de externo ao mundo jurídico, quase um *deus ex machina*, mas vem relativizado historicamente e inserido numa rede de interesses juridicamente relevantes com que deve coexistir [262].

O interesse público é agora o resultado de um processo e de uma definição realizada pela autoridade administrativa, na transformação do poder abstracto da A. P., prefigurado pela norma de direito positivo (interesse público abstracto), em poder real que dá vida ao acto, expressão de um interesse

---

259 Segundo E. CARDI, *La manifestazione di interessi nei procedimenti amministrativi*, *op. cit.*, p. 73, é na instrução procedimental que a escala de valores entre os interesses coenvolvidos é concretamente definida.

260 É preciso ter consciência de que o *facto* (apurado na instrução) não é apenas um elemento passivo, objecto da actividade administrativa, mas é também e sobretudo um elemento activo, verdadeira *causam dans* da apreciação feita pela autoridade competente. Assim, M. T. SERRA, *Contributo...*, *op. cit.*, p. 395. LUHMANN, *Legitimation durch Verfahren*, Frankfurt am Main, 1983, p. 40, fala a este propósito de uma *Entscheidungsgeschichte*.

261 M. NIGRO, *op. cit.*, p. 17. Sobre a distinção entre interesse público primário e interesses públicos secundários, cfr. ROGÉRIO SOARES, *Interesse Público, Legalidade e Mérito*, *op. cit.*, p. 99 e ss. Para uma concepção plural de interesse público, cfr. A. PIZZORUSSO, "Interesse pubblico e interessi pubblici", in *Riv. trim. dir. e proc. civ.*, 1972, p. 68 e ss; COLAÇO ANTUNES, *A Tutela dos Interesses Difusos*, *op. cit.*, p. 35 e ss.

262 M. STIPO, "L'interesse pubblico: un mito sfatato?", in *Scritti in onore di Massimo Severo Giannini*, vol. III, Milano, 1988, p. 912.

público concreto [263]. O interesse público concreto (que é o que mais interessa à realidade social) é agora o ou um dos resultados do processo de composição dos vários interesses individuais, colectivos e difusos. No interesse público concreto, realizado no termo do *iter* procedimental pela A. P., haverá um *quid novi*, algo que antes não existia, porque determinado progressivamente no procedimento administrativo.

Se o núcleo essencial e estável do procedimento é a instrução (Parte III, Cap. IV, Secção III, art. 86.º e ss.), podemos dizer que o que caracteriza a actividade administrativa é o próprio desenvolvimento do procedimento, independentemente do seu resultado final. Aliás, não é por acaso que o Código fala em decisão final referindo-se ao acto terminal do procedimento (art. 106.º). É que, segundo cremos, o acto administrativo não assume (agora) uma forma unitária ou fundamental, não mostra mais um rosto preciso e característico: é antes uma síntese jurídica dos vários modos de ser do poder público. O mesmo acontece com a administração. Com efeito, esta nunca se prestou a uma definição precisa, nunca mostrou uma alma própria, isto porque não é para nós possível separá-la dos vários corpos administrativos igualmente diversos na sua razão de ser e legitimidade [264].

Por esta razão, o procedimento administrativo representa, nos Estados contemporâneos, o modo, o meio jurídico de identificação e de unificação da experiência administrativa.

---

[263] Sobre a matéria, *vide* as lúcidas páginas de M. S. GIANNINI, *Diritto amministrativo*, *op. cit.*, p. 106 e ss.

Se se considerar o interesse público como um interesse canonizado, como um interesse que deve ser prosseguido pela Administração na medida em que ele vem plasmado na lei, não surpreende que esta concepção do interesse público apareça estritamente ligada à discricionaridade entendida como poder de escolha com vista à prossecução do interesse público apriorística e abstractamente predeterminado pela lei. Na verdade, hipotizar um poder de escolha em relação a um interesse público que não está ainda determinado é, na realidade, uma aporia insustentável.

Em suma, *a forma de conceber o interesse público é determinante para o modo de compreender a discricionaridade administrativa.*

[264] COLAÇO ANTUNES, "A tutela dos interesses difusos no novo Código do Procedimento Administrativo Português", *op. cit.*, p. 1083.

Isto, porque o procedimento é uma estrutura dinâmica na qual tomam corpo uma série de relações: as diversas possibilidades de retirar do procedimento um regulamento, um acto administrativo, um contrato ou acordo [265] exprimem as múltiplas atitudes do Estado para com a sociedade ou, de outro modo, explicam os múltiplos terminais de organização jurídica, quando esta se transfunde, através das relações procedimentais, em actos, ou naquelas figuras que se consideram actos só porque constituem pontos de referência para a individualização de efeitos jurídicos ou pontos de imputação destes efeitos [266].

Podemos, portanto, afirmar, sem pretensões de exclusividade, que a exigência normativa de disciplinar legalmente o procedimento administrativo passa pela necessidade de relegitimação do poder administrativo [267]. Neste sentido, o proce-

---

[265] M. NIGRO, "Il procedimento amministrativo fra inerzia legislativa...", *op. cit.*, p. 18. Cfr. também V. PEREIRA DA SILVA, *op. cit.*, p. 307.

[266] COLAÇO ANTUNES, *op. cit.*, p. 1083.

[267] A legitimidade procedimental é uma *legitimidade pluridimensional e dinâmica das decisões* (complementar da legitimidade vertical, representativa), que implica relações mutipolares ou poligonais entre o poder público e os cidadãos, que exige juridicamente não só um conceito ampliado de *interesse e de legitimação* mas também de um conceito alargado de *participação popular* na decisão administrativa e não apenas instrumental e com carácter consultivo. ULRICH BECK, "The Reinvention of Politics: Towards a Theory of Reflexive Modernization", in U. BECK, A. GIDDENS e S. LASH, *Reflexive Modernization: Politics, Tradition and Aesthetics in the Modern Social Order,* Cambridge, 1994, p. 1 e ss., sustenta que muitas das decisões de carácter técnico, tomadas no quadro de relações "privadas" (entre a indústria e o governo), deveriam ser consideradas "questões intensamente políticas", logo, objecto de debate público (pp. 18 e 23).

É de salientar que Habermas, numa perspectiva dialéctica, tem vindo ultimamente a dar atenção aos procedimentos, como meio de reforçar o poder comunicacional e "descolonizar" a *Lebenswelt* ("Wie ist Legitimität durch Legalität möglich?", in *K.J.*, 1987, pp. 1-16). Segundo Habermas, as características históricas dos sistemas jurídicos qualificados por Weber como racionais não estão em condições, por si só, de explicar a legitimidade desses sistemas. Esta explica-se se se admite que os procedimentos instituídos por aqueles sistemas materializam uma exigência, a exigência de imparcialidade. A sua atenção tem recaído recentemente sobre o direito procedimental e os imperativos morais (constitutivos das condições de todo o debate) e o ajustamento entre os imperativos morais e a noção de interesse público, num quadro de direito público. Para Habermas os procedimentos são susceptíveis de proporcionar uma dinâmica de justificação, isto é, a invenção moral, capaz de transcender a letra da lei. O debate interno nos procedimento é, não só a forma e o meio de articulação do poder público com a plurisubjectividade jurídica [268] (pluralismo social e jurídico), mas também um instrumento de realização dos princípios da participação, da solidariedade, da igualdade e da transparência, para além dos da eficácia e imparcialidade (art. 3.º e ss. do C.P.A.). Isto é, o procedimento como forma de soberania popular e manifestação do princípio democrático (art. 2.º da C.R.P.). O procedimento administrativo como instrumento preferencial de unidade e de actuação conjunta dos artigos 2.º, 266.º e 267.º da C.R.P., delineando, assim, os novos pórticos de uma Administração Pública paritária [269], não divorciada dos administrados, e assumindo como próprios e autonomamente (não executando apenas a lei) os escopos gerais de promoção do desenvolvimento da pessoa humana e de participação na organização pública, que são próprios do ordenamento constitucional.

Em resumo, o procedimento não pode ser entendido apenas como o método pré-estabelecido para ordenar a passagem do acto menor ao acto maior ou o exercício da função por parte da autoridade. O procedimento é hoje algo de muito mais articulado, complexo e substancial; é uma *realidade*

---

dimentos pode, em certa medida, revitalizar o debate público (J. HABERMAS, *Faktizität und Geltung,* Frankfurt, 1992, pp. 154-165; J. BOHMANN, "Complexity, Pluralism and the Constitucional State: On Habermas's Faktizität und Geltung", in *Law & Society Review,* 1995, pp. 923-926). É por intermédio deste que se exerce o que Habermas chama *poder comunicacional*, cuja vocação é a de "romper" com os procedimentos jurídicos exclusivamente formais, como forma de legitimar substancialmente o poder público. Cfr. COLAÇO ANTUNES, "Metaestabilidade jurídica e procedimento administrativo", *op. cit.*, p. 50, nota 22.

Para uma função legitimadora do procedimento, cfr. LUHMANN, *Legitimation durch Verfahren*, Berlin, 1969. Sobre as várias funções do procedimento (metódica, de garantia, de protecção jurídica, de consenso, de eficiência e organizativa), cfr. GOMES CANOTILHO, "Procedimento administrativo...", *op. cit.*, n.º 3798, p. 267 e ss.

[268] Segundo GIANNINI, *Il pubblico potere*, Bologna, 1986, p. 94 e ss, o alargamento da plurisubjectividade jurídica é uma das características dos Estados pluriclassistas.

[269] B. SELLERI, *Pubblica amministrazione e cittadino: alla ricerca della "parità"*, Napoli, 1984, p. 43 e ss.; A. ZITO, *Le pretese partecipative del privato nel procedimento amministrativo*, Milano, 1996, p. 61 e ss.

pluridimensional e não unidireccional, como o exige uma Administração igualmente pluridimensional, paritária e democrática. Uma Administração pluridimensional não só do ponto de vista da pluralidade dos sujeitos administrativos, com maior ou menor autonomia, mas sobretudo na perspectiva de pluralidade política, económica, dos interesses e dos instrumentos da actividade administrativa.

No campo ambiental, compreendemos, como dissemos no início deste trabalho, o procedimento como a mediação ideal em que se condensam as dimensões técnico-instrumental, racional, estética e dramatúrgica da vida em sociedade, possibilitadora de uma nova e desalienante forma de agir comunicativo dos titulares dos interesses difusos [270].

É, assim, inevitável um papel pregnante aos entes exponenciais dos interesses difusos, com particulares direitos e deveres no âmbito da disciplina legal do procedimento administrativo.

2. Legitimidade e formas de tutela dos interesses difusos no procedimento administrativo

O Código dispõe, expressamente, como pórtico da participação dos cidadãos, Cap. II, da Parte II, o direito de intervenção dos particulares no procedimento administrativo

---

[270] Utilizamos aqui o esquema da intersubjectividade procedimental de Habermas, enquanto terreno propício de comunicação e de reflexão. Habermas recupera a noção ilustrada de vontade, não uma vontade rousseaunianamente geral, mas como espaço comunicativo e reflexivo da igualdade dos cidadãos (Fröebel) que, como formação colectivo-reflexiva da consciência política é capaz de articular a comunicação como saber e a participação segundo argumentações não coactivas.

Em suma, o procedimento como espaço do agir comunicativo e instrumento de descolonização do mundo vital. Cfr. COLAÇO ANTUNES, "Direito de acesso aos partidos políticos e liberdade de terceiros", in *E. S.*, n.º 4 1987; *Id.* "Reflexão sobre Jürgen Habermas (Theorie des Kommunikativen Handelns)", in *R.C.C.S.*, n.º 23, 1987, p. 277 e ss. Cfr. também GONÇALVES LOUREIRO, *O Procedimento Administrativo entre a Eficiência e a Garantia dos Particulares, op. cit.*, p. 73 e ss.

(art. 52.º), sendo também atribuída *legitimidade* para iniciar o procedimento ou nele intervir aos titulares de direitos subjectivos e interesses legalmente protegidos e às associações que tenham por fim a defesa desses interesses, *bem como aos titulares de interesses difusos e às associações dedicadas à defesa dos mesmos*, assim como às autarquias locais (art. 53.º) [271]. Intervenção (no procedimento) na qualidade de partes, entenda-se, com todas as garantias jurídicas procedimentais.

O Código superou, a meu ver bem, a distinção entre interesses difusos em sentido próprio ("adespoti" — sem portador) e interesses difusos em sentido impróprio (interesses colectivos — protagonizados por uma associação ou ente exponencial) [272]. Com efeito, esta distinção de raiz garantística e inspiração Gianniniana está hoje superada, uma vez que a caracterização do interesse difuso se deve centrar mais sobre a natureza do bem tutelado do que propriamente no sujeito, face à sua fungibilidade subjectiva.

A participação procedimental deve ser popular e, em obediência ao princípio da paridade procedimental, o Código não pode deixar de reconhecer a igualdade de tratamento de todas as partes (individuais ou colectivas), sobretudo dos titulares dos interesses difusos com os órgãos administrativos [273]. Em geral, a paridade com a A.P. é maior no momento do impulso, por iniciativa oficiosa ou a requerimento do interessado

---

271 Para uma análise crítica do art. 53.º do C.P.A., ANTÓNIO DE ARAÚJO, "O Código do Procedimento Administrativo e a participação dos administrados", *op. cit.*, p. 11 e ss.

272 M. S. GIANNINI, "La tutela degli interessi collettivi nei procedimenti amministrativi", *op. cit.*, p. 23 e ss.; M. CRESTI, *Contributo allo studio della tutela degli interessi diffusi,* Milano, 1992, p. 41 e ss.; COLAÇO ANTUNES, *A Tutela dos Interesses Difusos em Direito Administrativo, op. cit.*, p. 38 e ss.

O legislador italiano (Lei n.º 241, de 7 de Agosto de 1990, art. 9.º) parece ter seguido a lição de Giannini, privilegiando a legitimidade procedimental dos titulares de interesses difusos constituídos em associações ou comités.

273 C. SELLERI, *Pubblica amministrazione e cittadini: alla ricerca della "parità"*, *op. cit.*, p. 22.

(art. 54.º) vindo, todavia, a manifestar-se com especial pregnância nas fases substanciais do procedimento.

O novo Código do Procedimento Administrativo visando, naturalmente, a simplificação e democratização da actividade administrativa, introduz a obrigação para a A.P., além de ter que fundamentar o acto (art. 124.º e ss.) [274], de comunicar o início oficioso do procedimento, bem como o seu termo (art. 58.º) [275] às pessoas cujos direitos e interesses legalmente protegidos possam ser lesados pelos actos a praticar no procedimento e que possam ser desde logo nominalmente identificadas (art. 55.º/1). A comunicação deverá indicar a entidade que ordenou a instauração do procedimento, a data em que o mesmo se iniciou, o serviço por onde o mesmo corre e o respectivo objecto (art. 55.º/3).

A participação dos interessados no procedimento administrativo comporta uma série de medidas que não só a prevejam mas que a tornem possível. A primeira e necessária condição consiste em assegurar uma adequada publicidade. A actividade administrativa deve ser conhecida ou pelo menos cognoscível, em suma, deve ser assegurado a todos o acesso às repartições e a disponibilidade dos actos, de acordo com o princípio da "administração aberta" (art. 65.º), salvo as excepções previstas nos artigos 268.º/2 da C.R.P. e 65.º/1 do C.P.A. [276].

---

[274] Para VIEIRA DE ANDRADE, *O Dever da Fundamentação Expressa de Actos Administrativos*, *op. cit.*, p. 62 — o dever de fundamentação constitucionalmente consagrado tem um núcleo essencial a que corresponde o dever de formulação contextual dos fundamentos e uma garantia acessória que a lei concretiza no dever de comunicação expressamente estabelecido. Já não estamos de acordo com o referido autor quando admite que as normas relativas à *participação* dos interessados no procedimento não só se distinguem como de algum modo contrastam com o dever formal de fundamentação (*op. cit.*, p. 64, nota 60).

[275] A fixação de um prazo para a conclusão do procedimento (art. 58.º/1 do C.P.A.) veio reforçar a certeza e segurança nas relações jurídicas entre a Administração e os particulares. Cfr. M. CLARICH, *Termine del procedimento e potere amministrativo,* Torino, 1995, p. 125.

[276] Sobre o tema, cfr., entre outros, COLAÇO ANTUNES, "Mito e realidade da transparência administrativa", Separata do número especial do *B.F.D.U.C.* – *Estu-*

A mais ampla transparência e difusão publicitária deve ser assegurada, pelo menos nas primeiras fases do procedimento, de modo a consentir uma participação atempada e consciente dos interessados na fase instrutória (cfr. o art. 268.º/1 da C.R.P. e os arts. 61.º - 63.º e 86.º e ss. do C.P.A.) [277].

A transparência da actividade administrativa [278] é uma *conditio sine qua non* da participação e um instrumento apreciável não só para os interessados mas também para a A.P., que deste modo activa uma série de intervenções necessárias à definição dos objectivos públicos. O princípio da publicidade não é, portanto, reservado ao acto administrativo final, para que tende o procedimento, fazendo também referência ao procedimento, às fases em que se articula e *in*

---

dos em Homenagem ao Prof. Doutor Afonso Rodrigues Queiró, 1990, esp. p. 15 e ss.; BARBOSA DE MELO, "As garantias administrativas na Dinamarca e o princípio do arquivo aberto", in *B.F.D.U.C.* , 1981; B. SELLERI, *Il diritto di accesso agli atti del procedimento amministrativo,* Napoli, 1984; AA. VV., *L'amministrazione pubblica tra riservatezza e trasparenza,* Milano, 1991; L. A. POMED SÁNCHEZ, *El Derecho de Acceso de los Ciudadanos a los Archivos y Registros Administrativos,* Madrid, 1989; M. MATEO, *Nuevos Instrumentos para la Tutela Ambiental,* Madrid, 1994, p. 163 e ss.; V. ITALIA, *L'accesso ai documenti amministrativi,* Milano, 1992; P. ALBERTI, "L'accesso ai documenti amministrativi", in *Lezioni sul procedimento amministrativo, op. cit.*, p. 121 e ss.

277 O C.P.A. reflecte a dualidade do direito à informação consagrado nos números 1 e 2 do art. 268.º da C.R.P.. O Código regula, nos arts. 61.º a 64.º, o direito dos interessados à informação no procedimento (publicidade *erga partes*), enquanto o art. 65.º reconhece o princípio da Administração aberta (publicidade *erga omnes*).

A disciplina da primeira figura vem regulada no Código com alguma precisão, remetendo-se a disciplina da segunda para diploma próprio (art. 65.º/2). O diploma em causa é a Lei n.º 65/93, de 26 de Agosto, alterada pela Lei nº 8/95, de 29 de Março. .

Sobre esta matéria, cfr. SÉRVULO CORREIA, "O direito à informação e os direitos de participação dos particulares no procedimento e, em especial, na formação da decisão administrativa", in *Legislação*, n.os 9/10, 1994, p. 133 e ss.; cfr. também JOÃO CAUPERS, "Os princípios gerais do procedimento e o direito à informação", in *O Código do Procedimento Administrativo, op. cit.*, p. 51 e ss.; COLAÇO ANTUNES, "Mito e realidade da transparência administrativa", *op. cit.*, p. 20 e ss, com amplas referências à doutrina estrangeira; *id.* "Colbert na auto-estrada: a soberania dos interesses como critério de determinação do segredo administrativo", in *Vértice*, n.º 53, 1993, p. 27 e ss.

278 Sobre a estrutura semântica do mito da transparência, cfr. COLAÇO ANTUNES, *op. cit.*, p. 12 e ss.

primis à da iniciativa procedimental (arts. 55.º e 61.º). A publicidade entendida como oportunidade e meio de contacto entre a A. P. e os prováveis interlocutores, instrumental para uns e outra [279].

Chamamos a atenção de que deverá tratar-se de uma forma "anómala" de publicidade constitutiva: o acto administrativo interlocutório negador do direito à informação não deixará de inquinar a validade do acto final [280]. Por outro lado, a difusão de informações a levar a cabo não deverá, em princípio, ter pretensões gerais, sendo reservada às categorias interessadas, de acordo com o recurso a meios auxiliares (área de utentes de um serviço, de um bem paisagístico ou ambien-

---

[279] A matéria abrangida no âmbito do direito à informação procedimental envolve dois tipos de elementos: o primeiro envolve actos, formalidades e situações de facto pertinentes ao andamento do procedimento (art. 61.º/2); o segundo refere-se aos documentos que integram o "processo" (arts. 62.º e 63.º). As limitações admitidas pelo C.P.A. tocam, obviamente, apenas o direito de acesso aos documentos.

A indispensabilidade do direito à informação procedimental como elemento racionalizador da participação dos cidadãos transparece com nitidez da Lei n.º 83/95 (art. 6.º).

[280] Esta é uma matéria delicada, que não colhe a unanimidade da doutrina. SÉRVULO CORREIA, *op. cit.*, p. 142, entende que, em princípio, é nulo o acto que recusa a prestação de uma informação devida, contagiando o acto final com uma invalidade de igual grau (art. 133.º/2 do C.P.A.). De igual modo, V. PEREIRA DA SILVA, *Em Busca do Acto Administrativo Perdido, op. cit.*, p. 431; P. BADURA, "Il procedimento amministrativo", in *La codificazione del procedimento amministrativo nella Repubblica Federale di Germania, op. cit.*, p. 293. No sentido da anulabilidade pronunciou-se ESTEVES DE OLIVEIRA / PEDRO GONÇALVES / PACHECO DE AMORIM, *Código do Procedimento Administrativo Comentado*, I, Coimbra, 1993, p. 392. Cfr. igualmente F. LEDDA, "Problema amministrativo e partecipazione al procedimento", in *Dir. amm.*, n.º 2, 1993, pp. 138-139.

Nós optamos pela solução mais extrema, tendo em atenção que o direito à informação procedimental constitui um elemento indispensável à participação esclarecida e racional dos cidadãos no procedimento administrativo. Trata-se, aliás, de um direito fundamental de natureza análoga aos direitos, liberdades e garantias, cuja ofensa cai no âmbito do art. 133.º/2/d) do C.P.A. O direito de acesso aos actos do procedimento é hoje um elemento decisivo para que os interessados possam dar-se conta da lesão de interesses dignos de tutela, mas também da lesividade que possa atingir os valores e a lógica do desenvolvimento do procedimento, nomeadamente do vício da "justa ponderação de interesses". Cfr. COLAÇO ANTUNES "À margem de uma recente orientação do Supremo Tribunal Administrativo: um olhar ecológico sobre o artigo 268.º/4 da C.R.P.", in *Rev. Min. Públ.*, n.º 63, 1995, p. 110.

tal, etc.) [281]. Os direitos reconhecidos nos artigos 61.º a 63.º são extensivos a quaisquer pessoas que provem ter interesse legítimo no conhecimento dos elementos que pretendam (art. 64.º/1), estando, neste caso, o seu exercício dependente de despacho do dirigente do serviço, exarado em requerimento escrito, instruído com os documentos probatórios do interesse legítimo invocado (art. 64.º/2). Neste sentido, o vizinho do requerente de uma licença de construção habitacional possui um interesse legalmente protegido à obtenção de informação quando está em causa a defesa estética e urbanística da zona envolvente à sua casa.

Os interessados têm ainda o direito de consultar os processos que não contenham documentos classificados (ou que revelem segredo comercial ou industrial ou ainda segredo relativo à propriedade artística ou científica) e obter certidões ou reproduções autenticadas dos documentos que os integram, mediante o pagamento das importâncias que forem devidas (art. 62.º/1/3). O direito referido anteriormente abrange os documentos nominativos relativos a terceiros, desde que excluídos os dados pessoais que não sejam públicos, nos termos legais (art. 62.º/2) [282].

Os funcionários estão obrigados a passar aos interessados, independentemente de despacho e no prazo de dez dias (a contar da apresentação do requerimento), as respectivas certidões, reproduções ou declarações autenticadas de documentos não classificados, com exclusão igualmente dos pertinentes ao segredo industrial e à propriedade artística ou científica (art. 63º, sempre do C.P.A.).

---

281 Entendemos, assim, que se deve privilegiar a informação das associações de carácter local e regional (art. 2.º da Lei n.º 10/87, de 4 de Abril) face à dimensão territorial do ambiente.

282 As prestações típicas através das quais a Administração deve materializar o direito à informação procedimental são a informação directa (art. 61.º/2), a consulta do processo (art. 62.º) e a passagem de certidões, reprodução ou declaração autenticada de documentos (arts. 62.º e 63.º).

Porém, o momento mais solene da participação dos cidadãos chega com a "audiência dos interessados" (art. 100.º e ss.) [283]. O contraditório A.P.-cidadão permanece, todavia, imperfeito por força das limitações impostas pelo artigo 103.º do Código do Procedimento Administrativo [284], ainda que se verifique um acréscimo do relevo da parte privada. Em todo o caso, ao lado das observações (art. 101.º/1), o Código prevê também a possibilidade dos interessados requererem diligências complementares e juntarem documentos (art. 101.º/3). As

---

[283] Estamos aqui perante uma manifestação do princípio do contraditório, cujo escopo é o de garantir um debate pleno do assunto. F. PUGLIESE, "Il contraddittorio nel procedimento", in *Il procedimento amministrativo, op. cit.*, p. 26 e ss.

[284] O art. 103.º do C.P.A. distingue os casos em que vinculadamente não existe audiência e aqueles em que o órgão instrutor a pode dispensar.

Nos casos do n.º 1, alíneas a) e b), há sempre que motivar as razões da inexistência de audiência: no primeiro, a *urgência* deve ser fundamentada; no segundo, o *comprometimento* da execução ou da utilidade da decisão. Cfr. FREITAS DO AMARAL, JOÃO CAUPERS, MARTINS CLARO, PEDRO SIZA VIEIRA e PEREIRA DA SILVA, *Código do Procedimento Administrativo Anotado,* Coimbra, 1992, p. 162. O D.L. n.º 6/96, de 31 de Janeiro, veio com a nova alínea c) afastar a audiência dos interessados nos procedimentos de massas, devendo nesses casos proceder-se a consulta pública, quando possível e pela forma mais adequada. Para os procedimentos de massas (preparação de planos, localização e realização de obras e investimentos públicos) com implicações ambientais, cfr. os arts. 4.º a 11.º da Lei n.º 83/95, de 31 de Agosto.

A alínea b) do n.º 2 conduz a que em grande número de procedimentos seja dispensada a formalidade da audiência. A dispensa de audiência só se verificará quando a satisfação do interesse seja *completa*; se for parcial ou condicionada, não poderá dispensar-se a audiência.

Na situação referida na al. a) do n.º 1 do art. 103.º (quando a decisão seja urgente) é necessário precisar o que se entende por urgência, uma vez que em tais situações existirá uma diminuição das garantias administrativas, já que a urgência é instituída em favor da Administração. Isto é tanto mais grave se atendermos que os direitos difusos são por vezes interpretados como direitos débeis.

Segundo GONZÁLEZ NAVARRO, *Derecho Administrativo Español*, II, Pamplona, 1988, p. 73, a situação de urgência ocorre quando existe uma necessidade de atender um objectivo determinado em que o factor tempo é um elemento determinante e constitutivo e seja impossível cumpri-lo mediante a observância dos requisitos dos procedimentos administrativos normais, o que obrigará a aplicar procedimentos excepcionais. Cfr. igualmente S. BOTELHO, P. ESTEVES, C. DE PINHO, *Código do Procedimento Administrativo (anotado - comentado - jurisprudência)*, Coimbra, 1992, pp. 255 e 256. Porém, a dispensa de audiência prévia nos casos em que o procedimento se dirija a um elevado número de pessoas, não deverá, nos procedimentos com fortes implicações ambientais, afastar-se ou afastar o disposto no art. 10.º da Lei n.º 83/95. Cfr., por todos, PEDRO MACHETE, *op. cit.*, p. 391 e ss.

primeiras constituem argumentos ou simples opiniões expressas por escrito ou oralmente, enquanto os segundos constituem meios de prova capazes de avalizar as opiniões sustentadas. O órgão instrutor decide, em cada caso, se a audiência dos interessados é escrita ou oral (art. 100.º/2). O Código não fala de "parte contrária" porque não existe um interesse público prefixado e, portanto, falta o termo de comparação para indicar um sujeito como contraparte [285]. O ponto de vista dos interessados é adquirido através da audiência (art. 100.º e ss.) e o peso que esta deve ter é um problema em aberto [286]. A audiência pode consubstanciar-se, nos seus efeitos, em simples consulta, nem sempre obrigatória (art. 103.º) e muito menos vinculante, o que é de enorme importância. O Código do Procedimento Administrativo (art. 100.º e ss.) situa a audiência dos interessados depois da conclusão da instrução e antes de ser tomada a decisão final [287], devidamente fundamentada, sem prejuízo de os órgãos administrativos poderem ordenar, em qualquer fase do procedimento, a notificação dos

---

[285] A. PASTORI, "Introduzione", *op. cit.*, p. 64.

[286] Suscita-se aqui o problema de saber se com a preterição da audiência dos interessados estamos perante a ofensa a um direito fundamental que, de acordo com o art. 133.º/2/d), implicaria a nulidade do acto, ou se estamos face a uma mera anulabilidade de actos ilegais, como é a regra geral.

No sentido da nulidade do acto final, SÉRVULO CORREIA, *op. cit.*, p. 157. Todavia, um recentíssimo Acórdão do S.T.A. pronuncia-se no sentido da mera anulabilidade do acto principal do procedimento. Fazemos referência ao Acórdão de 15 de Dezembro de 1994 (Procedimento administrativo. Audiência de interessados. Sua preterição), in *A.D.*, ano XXIV, n.º 403, 1995, p. 783 e ss.

Cumpre salientar que a Lei n.º 83/95 veio, recentemente, para os procedimentos nela previstos (art. 4.º), pôr na disponibilidade dos interessados o exercício do direito de serem ouvidos em audiência pública (arts. 7.º e 8.º), ficando a Administração vinculada ao dever de ponderação e de resposta (art. 9.º). Está, assim, afastada a possibilidade da participação surgir como uma faculdade da Administração. Sobre a participação no procedimento como faculdade da Administração, cfr. J. CAUPERS, *op. cit.*, p. 54.

[287] Devendo os interessados ser informados sobre o sentido provável desta (art. 100.º/1) põe-se o problema de saber se naqueles casos em que o sentido da decisão foi alterado em consequência de diligências complementares à audiência dos interessados (art. 104.º do C.P.A.) não obrigará à Administração a ouvir novamente os participantes no procedimento. Cremos que se deverá cumprir de novo o disposto no art. 100.º do C.P.A.

interessados para, no prazo que lhes for fixado, se pronunciarem acerca de qualquer questão (art. 59.º) [288].

Convém, todavia, precisar que as formas em que se realiza a participação diferem segundo a maior ou menor homogeneidade dos pontos de vista de quantos partilham o interesse difuso ambiental [289]. Quando um elevado número de interessados pode participar no procedimento é previsível que um interesse homogéneo dê lugar a uma quantidade reduzida de intervenções, no limite apenas uma associação de defesa do ambiente [290]. Neste caso não se verificará um verdadeiro contraditório, uma vez que a administração se limitará a constatar a admissibilidade do interesse.

Quando o interesse não é homogéneo, a relação A.P.-cidadãos complica-se: as partes do procedimento serão provavelmente múltiplas e certamente indiciarão diversas aspirações [291]. A função discricionária da A. P. ressaltará nesta circunstância, como é óbvio, devendo compor os vários pontos de vista e escolher o interesse a tutelar (art. 10º/2 da Lei nº 83/95, de 31/8). Os outros interesses seriam satisfeitos compativelmente com o interesse escolhido [292].

---

288 O art. 104.º do C.P.A. prevê ainda que possam ser efectuadas após a audiência, oficiosamente ou a *pedido dos interessados*, diligências complementares. Sobre o carácter excepcional das diligências previstas neste artigo, cfr. PEDRO MACHETE, *op. cit.*, p. 443, nota 915.

289 Por ex.: é homogéneo o interesse dos habitantes de uma zona a preservá-la de descargas inquinantes; não é homogéneo o mesmo interesse quando se pretende valorizá-la e não haja concordância quanto à avaliação e modalidades de melhoramento do ambiente. Neste sentido, LOREDANA DE ANGELIS, "La tutela degli interessi diffusi nell'amministrazione: possibile ruolo del difensore civico (Anche in relazione alla L. 241/90)", in *Dir. proc. amm.*, n.º 2, 1991 p. 352.

290 Cfr. o art. 10.º da Lei n.º 83/95, de 31 de Agosto (Direito de participação procedimental e de acção popular).

291 Coloca-se aqui a questão de saber se o Código do Procedimento Administrativo não deveria ter consagrado, além de uma disciplina geral do procedimento unitariamente considerado, um regime específico para os chamados procedimentos de massas. Cfr. COLAÇO ANTUNES, *A Tutela dos Interesses Difusos em Direito Administrativo, op. cit.*, p. 96 e ss. O problema vem agora parcialmente resolvido pela Lei n.º 83/95.

292 Para aqueles que tenham participado e tenham ficado satisfeitos no seu interesse instrumental, mas não tenham recebido plena satisfação no seu interesse

Neste sentido, parece-nos questionável a interpretação dos preceitos do C.P.A. inspirada numa recente orientação doutrinal [293] que, separando a titularidade dos interesses tutelados da faculdade de intervir no procedimento, faz depender a intervenção dos interessados (em sentido amplo) da possibilidade de contribuirem para a determinação dos factos que constituem os pressupostos do poder e sobre os quais incide a actividade da administração. Esta posição foi avançada como reacção ao perigo de *stress*, de "sobrecarga" da actividade administrativa, em consequência do eventual excesso de intervenções de sujeitos exteriores à Administração [294]. A esta orientação podemos objectar que o "perigo" de excesso de manifestações de interesses pluri-individuais no procedimento não é real no nosso ordenamento social e jurídico, muito por força da debilidade estrutural e de uma cultura da passividade [295]. Mas, para além da inoportunidade de

---

substancial, deverá hipotizar-se, no mínimo, as vias de seguro acesso aos recursos administrativos (art. 160.°) e à própria jurisdição. Nesta sede viria de novo definida a posição do recorrente e considerada a da A.P. como de interesse público, para depois se judicar a exactidão da decisão administrativa. A participação é, portanto, um requisito suficiente da legitimação processual sempre que o interesse substancial das partes é denegado no procedimento. Cfr. PAULO OTERO, "As garantias impugnatórias dos particulares no Código do Procedimento Administrativo", *op. cit.*, p. 56 e ss.

293 R. WAHL, "Verwaltungsverfahren zwischen Verwaltungseffizienz und Rechtsschutzauftrag", in *VVDStRL,* vol. 41, Berlin, New York, 1983, p. 151 e ss. Contra, A. PUBUSA, *Procedimento amministrativo e interessi sociali, op. cit.*, p. 304 e ss.

294 Assim, E. CARDI, *La manifestazione di interessi nei procedimenti amministrativi, op. cit.*, p. 33.

295 Esta preocupação (excesso de plurisubjectividade) reconhece-se evidentemente no art. 10.° da Lei n.° 83/95. Todavia, não merece o nosso aplauso a solução acolhida pelo n.° 3 do referido artigo. Melhor seria que os pedidos de intervenção e as observações escritas fossem agrupados de acordo com a vontade dos interessados. A audição só deveria restringir-se ao primeiro interessado que a solicitou ou ao primeiro subscritor das observações feitas no caso de não haver acordo entre as partes. Salvo melhor opinião, parece adivinhar-se aqui uma manifesta influência da *Verwaltungsverfahrensgesetz*, de 25 de Maio de 1976, ainda que nesta é a Administração a proceder à nomeação do representante comum § 18. n.° 1. Cfr. COLAÇO ANTUNES, *A Tutela dos Interesses Difusos, op. cit.*, p. 105. Mais uma nota, para dizer que o número de vinte audições nos parece exíguo para efeito dos interessados escolherem os seus representantes, tanto mais que se trata de obras

projectar no nosso sistema jurídico preocupações alheias, esta interpretação funda-se na ideia da *indeterminação dos factos* sobre que incide a actividade administrativa. Em boa verdade, esta orientação extrai e deduz as regras procedimentais exclusivamente da natureza das relações consideradas [296].

---

de certa dimensão, susceptíveis de provocar um considerável impacto ambiental (art. 4.º da Lei n.º 83/95). Cfr. também o art. 2.º da L.A.A. (Lei n.º 10/87).

[296] Em nosso entender, em vez da natureza da relação, há que atender sobretudo à natureza do bem tutelado, colhendo algum fundamento na teoria da natureza das coisas. A expressão "natureza das coisas" parece invocar a ideia de regras ou valores resultantes da própria realidade objectiva, sem a intervenção de um acto de decisão. Para uma análise filosófica desta expressão, nomeadamente do seu *excursus* a partir do pensamento grego, passando pelo pensamento escolástico, racionalístico e iluminista, até aos nossos dias, *vide* N. POULANTZAS, *Nature des Choses et Droit. Essai sur la Dialectique du Fait et de la Valeur*, Paris, 1965. Para uma leitura das diferentes concepções, cfr. H. SCHAMBECK, *Der Begriff der "Natur der Sache"*, Wien, 1964. No plano jurídico a expressão "natureza das coisas" tem sido alvo de variadíssimas interpretações. Sobre esta temática, por exemplo, PASSERIN D'ENTREVES, "Il problema del diritto naturale e due domande intorno al diritto", in apêndice à 2ª ed. de *La dottrina del diritto naturale*, Milano, 1962, coloca a teoria das coisas no âmbito do direito natural; N. BOBBIO, *Giusnaturalismo e positivismo giuridico*, Milano, 1965, p. 227 e ss. enquadra a teoria em questão na versão realística do positivismo jurídico; RADBRUCH, "Die Natur der Sache als juristiche Denkform", in *Festschrift Zur Ehren von R. Laun*, Hamburg, 1948, p. 157 e ss., vê na natureza das coisas uma fonte que une o ser ao dever-ser; MAIHOFFER, "Die Natur der Sache", in *Archiv für Rechts und Sozialphilosophie*, vol. XLIV, 1958, p. 145 e ss., entende que se trata de substituir a metafísica tradicional pela existencialista.

A nosso ver, a teoria da natureza das coisas não propugna a transformação de um facto em norma e muito menos o reconhecimento de força normativa aos factos (Cfr. BAPTISTA MACHADO, *Introdução ao Direito e ao Discurso Legitimador*, *op. cit.*, p. 44 e ss.). Mais simplesmente, transforma-se uma norma - fim em norma de conduta. A natureza das coisas é, assim, fonte de derivação e não fonte de qualificação. Com efeito, se é verdade que a natureza da coisa serve para encontrar a norma, todavia é a norma que autoriza ou impõe ao intérprete tal descoberta, que confere à regra jurídica "descoberta" o crisma de juridicidade.

Limitando a análise ao nosso objecto de estudo, uma consideração decisiva a favor do primado da participação no procedimento nasce da particular natureza dos bens, cuja tutela para ser real só pode ser preventiva, já que a intervenção jurisdicional não é a mais idónea para sanar os danos entretanto produzidos aos bens ambientais pela execução do acto e pelo desenvolvimento de actividades privadas entretanto licenciadas. Neste caso, a regra de conduta extraída da natureza das coisas objecto de tutela, não implica tanto a conversão de juízos de facto em juízos de valor, mas mais simplesmente uma transformação da norma finalística em norma de conduta.

A regra, segundo a qual só podem ser admitidos a intervir no procedimento os sujeitos que estejam em condições de contribuir eficazmente para a determinação dos factos que constituem o pressuposto da decisão (E. CARDI, *op. cit.*,

Neste sentido, o dever da Administração tomar em consideração as manifestações dos cidadãos no procedimento resultaria não das normas que disciplinam abstractamente o comportamento da Administração e dos cidadãos, mas da *capacidade significativa do facto representado* [297]. Por outras palavras, a Administração goza, na formulação de opções que envolvem

p. 39 e ss.), baseia-se num elemento (a indeterminação dos factos) que, considerado em si, e por si, permanece na esfera da percepção, isto é, no âmbito dos juízos de facto. Por consequência, as proposições extraídas da natureza dos factos permanece como categoria descritiva. É verdade que se poderia objectar que o escopo da instrução é o de averiguar os factos que interessam à decisão final e, nomeadamente, à recolha das provas necessárias. Todavia, desta observação não se pode concluir pela existência de uma norma que discrimine os titulares de situações jurídicas subjectivas em função da sua idoneidade para determinar a decisão final. A tese fundada sobre a indeterminação dos factos respeita, não à legitimação para intervir no procedimento mas ao seu conteúdo e, portanto, à fundamentação do acto final. Em suma, não é por esta via que se consegue fundamentar o primado, relativamente aos titulares de interesses pluri-individuais, da legitimação procedimental dos titulares de situações subjectivas de tipo individualista. Se assim fosse teríamos de concluir que a realização da tutela do ambiente, constitucionalmente consagrada, dependeria fundamentalmente do contributo e intervenção procedimental destes sujeitos, o que é absurdo.

Poderia ainda argumentar-se que esta orientação de inspiração alemã teria a vantagem de evitar um *excesso* de manifestações de interesses no procedimento. A isto podemos contrapor que o objectivo de evitar tal sobrecarga de interesses no procedimento se pode conseguir de outro modo, isto é, partindo não da indeterminação dos factos que constituem o pressuposto da actividade administrativa, mas da particular natureza das normas que tutelam o ambiente, maxime constitucionais. Tratando-se de "normas-fim", de normas que impõem um determinado resultado (neste sentido M. KLOEPFER, *Umweltrecht*, München, 1989, p. 358. Discordando desta posição, GOMES CANOTILHO, "Procedimento administrativo e defesa do ambiente", *op. cit.*, n.º 3802, p. 8), mas também de normas de conduta (a que corresponde um direito fundamental, formal e materialmente constitucional), conjuga-se a teoria da natureza das coisas com a dimensão axiológica das normas que constituem o que habitualmente designamos por "Constituição do ambiente". Trata-se, portanto, de saber se a legitimidade procedimental dos titulares dos interesses difusos pode sofrer qualquer limitação ou "despromoção" em razão do escopo prosseguido pelas normas constitucionais. Pensamos que não, tendo em consideração precisamente que os titulares dos interesses difusos, individuais ou colectivos (sobretudo estes), desempenham uma função homogénea e concordante com a função administrativa em matéria ambiental, isto é, a prossecução do interesse público.

O mesmo já não sucede com os titulares de direitos subjectivos e interesses legítimos, pois aqui está em causa a defesa de interesses particulares e patrimoniais, de que resultaria, afinal, a parcialidade do acto final, ultrapassado que fosse o princípio da proporcionalidade em favor do particular (como frequentemente sucede).

[297] E. CARDI, *op. cit.*, p. 79.

uma multiplicidade de interesses sociais, de um amplo poder discricionário na sua selecção. Tal poder escapa naturalmente ao juiz, o qual é chamado a verificar se, no âmbito dos factos e das circunstâncias consideradas relevantes pela Administração, não foram ignorados alguns que a serem ponderados poderiam conduzir a outras opções, eventualmente mais legítimas. Corolário desta teoria, no que concerne à participação no procedimento dos diversos portadores de interesses difusos, é o de que as observações destes só devem ser tomadas em consideração quando estejam em condições de indicar factos e circunstâncias relevantes para os fins a prosseguir pela Administração. A participação assume, portanto, relevância na medida em que quem intervem no procedimento está habilitado a indicar e oferecer uma representação funcional da realidade num dado processo decisional. Em suma, segundo esta postura doutrinal, o que releva não são os interesses ou os direitos, entendidos como valores autónomos, mas os factos que possam assumir um peso decisivo em vista da decisão a adoptar [298].

Tudo isto é pertinente, mas tal aptidão dos factos para ser apreciada pela Administração pressupõe a intervenção dos titulares dos interesses pluri-individuais, o que nos leva a pensar que o critério da tese em apreço não deveria incidir sobre a legitimação para intervir, mas apenas sobre a relevância das referidas manifestações de interesses no procedimento [299]. Importa, portanto, concluir que esta doutrina se caracteriza pela reafirmação do carácter autoritário da função administrativa, a que aludimos anteriormente, e pela sua unilateralidade relativamente aos interesses envolvidos na

---

[298] E. CARDI, *op. cit.*, p. 82.

[299] U. ALLEGRETTI, "Pubblica amministrazione e ordinamento democratico", *op. cit.*, p. 215, considera que a democraticidade do ordenamento jurídico comporta e exige um alargamento da legitimidade participativa aos portadores de interesses colectivos e difusos, independentemente dos módulos já admitidos na lei e na praxis.

actividade administrativa, uma vez que a Administração teria o poder de seleccionar os sujeitos capazes de fornecer contributos relevantes no procedimento [300].

Colocando, mais uma vez, no centro da nossa reflexão o conceito de função administrativa, à luz do actual contexto constitucional, diríamos que a superação do modelo autoritário de Administração deve repousar na concepção substancial do procedimento, como instrumento de defesa antecipada e preventiva do ambiente e meio de compensação da ineficácia da tutela jurisdicional neste domínio [301]. Segundo esta orientação, a disciplina do procedimento, no qual todos os direitos e interesses legalmente protegidos têm oportunidade e legitimidade de se manifestar, tem inegáveis reflexos no processo administrativo [302]. Nesta linha de pensamento, a subjectivação do interesse exige que as partes do procedimento sejam identificadas como partes idóneas do processo administrativo [303]. Por outras palavras, a participação dos

---

300 M. CRESTI, *Contributo allo studio della tutela degli interessi diffusi, op. cit.*, p. 94 e ss.

301 R. SCHOLZ, "Verwaltungsverantwortung und Verwaltungsgerichtsbarkeit", in *VVDStRL,* Berlin, 1976, p. 211 e ss. O autor propõe a adopção de *meios administrativos compensatórios*, face à perda de eficiência dos meios de protecção jurisdicional, por forma a *antecipar* a tutela dos cidadãos. No mesmo sentido, NIGRO, "Procedimento amministrativo e tutela giurisdizionale...," *op. cit.*, p. 34 e GOMES CANOTILHO, "Procedimento...", *op. cit.*, p. 267. Criticamente SUNI PRAT, *I diritti al procedimento, op. cit.*, p. 75 e ss.

De outra opinião é Wahl. Segundo este autor, o procedimento só desenvolve uma função antecipatória da tutela nos casos (poucos) em que os pressupostos sobre que se funda a ponderação das pretensões estão suficientemente determinadas na previsão normativa que confere o poder. Tal seria o caso dos procedimentos relativos a prestações públicas de massas (Massenverwaltung) que são, segundo a doutrina em exame, predominantemente de *mera qualificação* e a que correspondem procedimentos com características standardizadas e mecanismos de tutela rigorosamente disciplinados e, portanto, mais próximos das garantias procedimentais concernentes à tutela dos direitos (Rechtswahrung). Cfr. WAHL, *op. cit.*, p. 178.

302 Neste sentido, BENVENUTI, "Parte (Diritto amministrativo)", in *EdD,* XXXI, Milano, 1981, p. 962 e ss.; SCIULLO, "Il principio del "giusto procedimento" fra giudice costituzionale e giudice amministrativo", in *Jus*, 1986, p. 305.

303 COLAÇO ANTUNES, *A Tutela dos Interesses Difusos em Direito Administrativo, op. cit.*, p. 195 e ss.

cidadãos no procedimento confere-lhes também legitimidade para agir em juízo, o que configura uma "acção procedimental administrativa" [304].

Em segundo lugar, e uma vez que os cidadãos não desempenham uma *função*, como acontece com as associações de defesa dos interesses difusos [305], importa reconhecer neste caso uma maior indeterminação dos interesses a tutelar, bem como dos factos que estão na base da sua intervenção, indeterminação que só pode ser sanada através da manifestação dos interesses no procedimento e não da sua exclusão [306]. Importa precisar também que o cidadão exprime um interesse qualificado, tão qualificado que o nosso ordenamento constitucional lhe reconhece a categoria de direito fundamental (art. 66.º da C.R.P.). Não é igualmente curial, desde logo, pela estrutura pluri-individual do interesse difuso, exigir que o interesse se apresente diferenciado e personalizado num sujeito, relativamente à generalidade dos cidadãos [307]. A ser assim, tratar-se-ia de aplicar aos interesses difusos, de forma rígida e não adequada, a regra pensada para interesses com uma estrutura diversa, como se se tratasse de meros direitos subjectivos ou interesses legítimos.

Poder-se-á, porém, argumentar que a tutela destes interesses cabe à Administração. É verdade, mas o essencial é que a estrutura deste tipo de interesses é tal, que o interesse público não cancela o seu carácter social (público-colectivo) e a

---

[304] Cfr. o art. 12.º da Lei n.º 83/95, de 31 de Agosto. Entendamo-nos, a legitimação processual não radica exclusivamente na participação procedimental, isto é, não é independente da titularidade do interesse difuso. Cfr. R. VILLATA, "Riflessioni in tema di partecipazione al procedimento e legittimazione processuale", in *Dir. proc. amm.*, 1992, p. 171 e ss.

[305] F. SPANTIGATI, "La natura giuridica delle associazioni ambientali", in *Riv. crit. dir. priv.*, n.º 3, 1992, p. 419.

[306] A. PUBUSA, *L'attività amministrativa in trasformazione,* Torino, 1993, p. 102 e ss.

[307] M. NIGRO, *Giustizia amministrativa*, 3ª ed., Bologna, 1983, p. 122 e ss.

sua relação plurisubjectiva com o ambiente [308]. É a qualidade do interesse e do bem a tutelar que determina a amplitude dos sujeitos e não vice-versa. É, precisamente, a diversa e originária qualidade do interesse a induzir que o título que justifica a participação individual do cidadão no procedimento deva ser pertinente ao interesse e à finalidade prosseguidos pela Administração, tratando-se, assim, de uma intervenção funcional a um interesse comum a uma série indefinida de sujeitos unidos por uma certa homogeneidade territorial (*vicinitas* territorial) [309]. A bem de melhor individualizar a legitimidade procedimental entre os titulares dos interesses difusos e os titulares de situações jurídicas tradicionais, é necessário chamar a atenção que as normas que tutelam os interesses difusos se caracterizam pelo seu carácter teleológico, o de quererem um determinado resultado, isto é, a defesa do ambiente [310]. É a realização deste objectivo que satisfaz os interesses tutelados. Quando o cidadão de uma determinada circunscrição se propõe agir na defesa do ambiente prossegue o mesmo escopo da função administrativa. Estamos, assim, em presença de uma situação análoga à das associações dedicadas à defesa de tais interesses. Com uma diferença, se para estas a legitimação resulta directamente da função e do fim estatutário, para os cidadãos, sendo impossível o apuramento directo dos escopos prosseguidos, tal só é possível através da análise da posição do cidadão a respeito do interesse difuso ambiental. A legitimação procedimental do cidadão passa, então, pela sua relação territorial com o bem tutelado [311], para se traduzir no exercício da mesma função da Administração, isto é, no desenvolvimento de uma actividade

---

[308] Colaço Antunes, A *Tutela dos Interesses Difusos em Direito Administrativo, op. cit.*, p. 65 e ss.

[309] M. Nigro, "Le due facce dell'interesse diffuso: ambiguità di una formula e mediazioni della giurisprudenza", in *Foro it.*, V, 1987, p. 7 e ss.

[310] Neste sentido, Pubusa, *Procedimento..., op. cit.*, pp. 239 e 240.

[311] Colaço Antunes, *op. cit.*, p. 168 e ss.

dirigida *à obtenção do mesmo escopo pretendido pelo ordenamento jurídico* e que a Administração deve prosseguir [312]. Neste sentido, para exaltar melhor o nexo entre o interesse difuso e a legitimidade para participar no procedimento, não podemos ignorar a interdependência relacional entre os direitos fundamentais e o procedimento [313]. A participação no e através do procedimento já não é só um instrumento funcional de democratização, mas uma dimensão integradora e "garantística" [314] (social, colectiva) do direito material ao ambiente. Em suma, o procedimento como meio de garantir um resultado adequado ao *conteúdo objectivo* do direito fundamental ao ambiente [315].

Mas há uma outra razão, igualmente relevante, em favor da tese por nós sustentada. Existe um elemento comum a todos os interesses juridicamente protegidos, consubstanciado no facto da sua realização constituir o escopo de um direito cuja concretização é, em larga medida, remetida para a acção e iniciativa dos sujeitos interessados. Mas, se para os direitos subjectivos e interesses legítimos individuais a lesão pode ser removida com um "acto substitutivo" do juiz, o mesmo não acontece com os interesses difusos, ou pelo menos da mesma forma e com a mesma plenitude, porque a sua tutela e, por consequência, a sua violação se põe de modo diferente rela-

---

312 No mesmo sentido, U. ALLEGRETTI, *Pubblica amministrazione, op. cit.*, p. 215. Cfr. COLAÇO ANTUNES, "A tutela dos interesses difusos no novo Código do Procedimento Administrativo", *op. cit.*, p. 1090. Curiosa é a opinião de F. LEDDA, "Problema amministrativo e partecipazione al procedimento", *op. cit.*, p. 167. Este autor entende que quanto mais a participação legitima a decisão, tanto mais aumentaria o conteúdo imperativo do acto, sendo que vem reduzida a autoridade da Administração no processo decisional.

313 Cfr. GOMES CANOTILHO, "Tópicos de um curso de mestrado...", *op. cit.*, p. 10 e ss.; *id.* "Constituição e défice procedimental", in *Estado e Direito*, n.º 2, 1988, p. 36.

314 O. SEPE, "Partecipazione e garantismo nel procedimento amministrativo", in *Riv. trim. dir. pubbl.*, n.º 2, 1992, p. 331 e ss.

315 Cfr. P. HÄBERLE, *Die Wesensgebaltgarantie des Artikel 19 Abs., 2 Grundgesetz*, 3.ª ed., Heidelberg, 1983, p. 6 e ss.; PALICI DI SUNI, "Diritti fondamentali e garanzie procedurali in Germania: spunti per una nuova visione dei diritti fondamentali", in *Dir. soc.*, n.º 4, 1990, p. 629 e ss.

tivamente aos direitos tradicionais [316]. Com efeito, para estes a tutela é remetida para o exercício de poderes e faculdades do respectivo titular sem que, por norma, seja necessário qualquer intervenção dos poderes públicos, a não ser em caso de violação. Mas também nesta hipótese, a actividade em causa entra na esfera jurisdicional e, portanto, não se refere ao gozo normal do direito, mas à situação patológica em que o direito e o seu conteúdo vêm contestados [317].

Já a tutela dos interesse difusos, logo, o escopo pretendido pelo ordenamento jurídico, pressupõe uma contínua tensão entre actividade e fim, postulando, inclusive, a intervenção de diversas e variadas entidades públicas com vista à tutela do bem ambiental [318]. A norma que define a real consistência do interesse e as modalidades da sua tutela deve ser esclarecida e extraída à luz do escopo prosseguido pela lei, tanto mais que a tutela directa do objecto é uma característica da experiência jurídica em matéria ambiental, mais do que da situação jurídica propriamente dita [319]. Esta característica do interesse difuso se, por um lado, explica a sua referência à Administração, por outro, faz ressaltar o imperativo da participação preventiva dos interessados no procedimento administrativo. Neste caso não se trata de atingir um resultado pré-constituído nem de activar meios tipicizados para atingir um fim. Ao contrário, este e aqueles vêm definidos no curso do procedimento administrativo, procurando recolher os meios necessários para uma tutela efectiva do ambiente, como prescreve a Constituição.

Pretende-se, deste modo, salientar que, se a sede jurisdicional se presta bem à tutela das situações jurídicas tradicio-

---

[316] Mesmo aqui as dificuldades são enormes, face às limitações postas pelo regime de execução das sentenças (cfr. arts. 5º e ss. do D. L. nº 256-A/77, de 17 de Junho).

[317] A. PUBUSA, *L'attività amministrativa...*, *op. cit.*, p. 116.

[318] FREITAS DO AMARAL, "Análise preliminar da Lei de Bases do Ambiente", *op. cit.*, p. 51 e ss.

[319] P. MANTINI, *op. cit.*, p. 248.

nais, já não é tão pertinente para a protecção do novo direito ao ambiente [320]. E isto por duas ordens de razões estritamente conexas. Antes de mais, os bens ambientais podem estar irremediavelmente comprometidos quando se verifica a pronúncia jurisdicional [321].

Acresce que, as sanções ressarcitórias não são idóneas para tutelar os bens ambientais, dada a sua qualidade de bens imateriais, para além de não estarem, amiúde, em condições de reparar o dano ambiental na sua plenitude, visto que em muitos casos não é possível repor as coisas no estado natural (princípio da reposição natural, art. 562.º do C.C. e art. 48º da Lei nº 11/87, de 7 de Abril) [322]. A segunda razão é a de que o juiz não é órgão idóneo para definir (preventivamente) o escopo pretendido pelas normas que tutelam o ambiente e para determinar a pertinência dos meios para conseguir o desiderato normativo. O juiz pode controlar se a lei foi ou não cumprida e, neste caso, anular o acto, mas não está em condições de carrear os meios para assegurar o resultado cominado pelas normas [323], competindo antes à Administração Pública esta função [324].

---

[320] Esta situação, é justo reconhecê-lo, foi sensivelmente alterada com a Lei n.º 83/95, de 31 de Agosto.

[321] Sobre a ineficácia da tutela jurisdicional, cfr. GOMES CANOTILHO, "Procedimento e defesa do ambiente", *op. cit.*, n.º 3794, p. 135. Este autor assinala uma tripla ineficácia à via jurisdicional: a) intervenção no "momento patológico" da actividade administrativa; b) incapacidade de satisfazer integralmente quer os interesses públicos, quer os interesses dos cidadãos; c) pouca agilidade para dar operatividade prática ao problema das relações jurídicas poligonais e à questão dos interesses difusos. No mesmo sentido, P. DELL'ANNO, "La ponderazioni degli interessi ambientali nel procedimento amministrativo ed i riflessi nella tutela processuale", in *Riv. trim. dir. pubbl.*, n.º 1, 1989, p. 106. Esta tripla ineficácia está hoje, em boa medida, superada pela nova disciplina da acção popular (Lei n.º 83/95, especialmente os arts. 2.º, 3.º, 12.º, 14.º, 17.º, 18.º, 19.º, 22.º, 23.º, 24.º e 25.º).

[322] Cfr. PIRES DE LIMA, ANTUNES VARELA, *Código Civil Anotado*, vol. I, *op. cit.*, p. 398.

[323] As medidas cautelares têm-se revelado, por ora, insuficientes, carecendo de medidas positivas para tutelar o ambiente preventivamente. Contudo, é de assinalar que, no âmbito de uma acção popular, o julgador pode conferir efeito suspensivo ao recurso, por forma a evitar um dano irreparável ou de difícil reparação (art. 18.º da Lei n.º 83/95). Salienta-se ainda que as associações de defesa do

Se é verdade que a tutela jurisdicional é sempre possível e que a sanção constitui sempre um antídoto válido à violação da norma jurídica, é também verdade que a mais eficaz e concreta tutela dos interesses pluri-individuais se realiza na fase preventiva, isto é, no processo de formação da decisão administrativa. Neste caso, o não admitir a intervenção preventiva do cidadão traduzir-se-ia no comprometimento do escopo pretendido por um ordenamento centrado, em grande medida, sobre a pessoa humana, uma vez que a tutela jurisdicional, porque sucessiva e eventual, não está em condições de assegurar. Em suma, a absoluta premência das razões que conduziram à actual disciplina formalmente vinculada da actividade administrativa permite não só reduzir as ocasiões de recorrer judicialmente, como favorece o próprio controlo jurisdicional, sempre que este venha sucessivamente accionado. Mais, a participação permite determinar com mais clareza e amplitude as diversas alternativas possíveis em sede de decisão [325], favorecendo, por consequência, a definição do momento ou fase em que vem concretizada a opção entre diversas alternativas, ainda que formalmente expressa no acto final. O que, aliás, torna possível intervenções jurisdicionais antes da emanação do acto que conclui o procedimento, permitindo, portanto, a salvaguarda de interesses legalmente protegidos que, posteriormente, corriam o risco de ser irremediavelmente comprometidos.

---

ambiente têm o direito, ao abrigo do art. 7.º/1 da Lei n.º 10/87, de propor uma acção de embargo contra obras do Estado e das autarquias locais, não obstante o disposto no art. 414.º do C.P.C.. Neste sentido, GOMES CANOTILHO, "Relações jurídicas poligonais, ponderação ecológica de bens e controlo judicial preventivo", in *Rev. Jur. Urb. Amb.*, n.º 1, 1994, p. 63. Mais recentemente, GOMES CANOTILHO, "Privatismo, associativismo e publicismo na justiça administrativa", *op. cit.*, n.º 3861, p. 34 e ss.; também PEDRO GONÇALVES, *Os Meios de Tutela Perante os Danos Ambientais Provocados no Exercício da Função Administrativa,* Coimbra, 1996, p. 12 e ss.

[324] A. PUBUSA, *op. cit.*, p. 243; BERTI, "Interessi senza strutura", in *Studi in onore de Antonio Amorth,* vol. I, Milano, 1982, p. 78..

[325] Cfr. E. CARDI, *La manifestazione di interessi nei procedimenti amministrativi,* II, Perugia, 1984, p. 88.

Assim, se no caso dos interesses pluri-individuais a configuração objectiva e subjectiva da intervenção coincidem, tal já não acontece com o titular de um interesse de índole patrimonial ou económica, que só ocasionalmente pode coincidir com o interesse público. Em suma, no que toca aos interesses difusos podemos dizer que a tutela das situações jurídicas dos cidadãos está indissoluvelmente conexa com a prossecução do interesse público, com a realização do ordenamento jurídico na sua plenitude [326]. Também no caso da intervenção individual dos cidadãos pode falar-se de homogeneidade da "função do cidadão e da Administração", tal como acontece, como vimos, para as associações de defesa do ambiente.

---

326 A tese por nós defendida coincide só parcialmente com as correntes doutrinais que tendem a integrar a função de "colaboração" com a Administração na perspectiva garantística. Com efeito, o elemento da tutela e da "colaboração" coexistem e condicionam-se no procedimento administrativo, sempre que o interesse público e o interesse do cidadão coincidem, por força da estrutura pluri-individual dos interesses em causa. Sem esta íntima identificação e conexão a coincidência das perspectivas objectiva e subjectiva é fortuita e a verificar-se tal só pode suceder *ex post.* Assim, SCHMITT GLAESER, Die Position der Bürger als Beteiligte im Entscheidungsverfahren gestaltender Verwaltung", in LERCHE / SCHMITT GLAESER / SCHMIDT-AßMANN, *Verfahren als staats und verwaltungsrechtliche Kategorie, op. cit.*, p. 392 e ss. Cfr. G. BARONE, *L'intervento del privato nel procedimento amministrativo*, Milano, 1969, pp. 42 e ss. e 111 e ss.; G. BERGONZINI, *L'attività del privato nel procedimento amministrativo,* Padova, 1975, pp. 100 e ss. e 174 e ss.; BAPTISTA MACHADO, *Participação e Descentralização. Democratização e Neutralidade da Constituição de 76*, Coimbra, 1982, p. 37.

Em princípio, a participação pluri-individual sob a forma de colaboração com a A. P. contrapõe-se e distingue-se da intervenção procedimental do particular com pretensões de defender apenas um interesse próprio. Discordamos igualmente da doutrina que vê na participação dos representantes dos interesses difusos apenas um meio de permitir à A. P. um melhor conhecimento da situação. Neste sentido, cfr. HOPPE / SCHLARMANN, *Rechtsschutz bei der Planung von Strassen und anderen Verkehrsanlagen*, München, 1981, p. 71 e ss. Outros autores, numa perspectiva garantística, vêem a intervenção como um meio fundamental de garantia a favor do particular", *vide* ULE / LAUBINGER, *Verwaltungsverfahrensrecht*, Köln, Berlin, Bonn, München, 1979, p. 194, nota 31. Para uma distinção entre participação co-constitutiva e participação dialógica, cfr. SÉRVULO CORREIA, *op. cit.*, p. 146 e ss. Em síntese, só uma posição ancorada numa concepção formalmente pluralista, mas substancialmente monolítica do interesse público (ainda que se reconheça a existência de uma pluralidade de interesses públicos potencialmente em conflito), pode considerar que a sua mediação se realiza através de formas de colaboração. Cfr. A. ZITO, *Le pretese partecipative del privato nel procedimento, op. cit.*, p. 149.

3. Consolidação da participação dos titulares de interesses difusos no procedimento administrativo. Crítica das teses garantísticas

Um dos primeiros aspectos a reflectir tem a ver com a tese que liga a participação dos sujeitos portadores dos interesses difusos no procedimento com o eventual prejuízo resultante da decisão administrativa. Na presença de uma clara definição do papel das partes e das formas de organização da participação, não será de nos interrogarmos se o critério do potencial prejuízo do interesse da parte não seja de duvidosa credibilidade. Com efeito, corre-se o risco de desembocar numa ponderação abstracta, primeiro pela A.P. e depois pelo juiz, que poderá desenvolver-se segundo os cânones tradicionais [327]; ou seja, na base do critério da natureza essencialmente garantística de direitos e situações subjectivas individuais de cunho mais ou menos proprietarista. A ser assim, a tutela dos novos valores sociais e colectivos, próprios das formações sociais e com assento constitucional, ficaria obviamente prejudicada.

Segundo a nova disciplina legal do procedimento administrativo deve entender-se a participação dos titulares dos interesses difusos na base da "plenitude do material procedimental" e do "princípio da ponderação de interesses", como regras fundamentais da actividade administrativa [328], sem qualquer

---

[327] P. MANTINI, *Associazioni ambientaliste e interessi diffusi nel procedimento amministrativo*, *op. cit.*, p. 296.

[328] As autoridades administrativas devem ter um particular cuidado no desenvolvimento do esquema metódico de ponderação de interesses nos procedimentos (por ex., o licenciamento da actividade industrial, Dec. Lei n.º 109/91, de 15 de Março, sucessivamente alterado) que envolvem relações jurídico-poligonais e direitos de terceiros.

Segundo GOMES CANOTILHO, "Relações jurídicas poligonais, ponderação ecológica de bens e controlo judicial preventivo", *op. cit.*, p. 61, o princípio da ponderação de interesses deve pôr-se da seguinte forma: *a) proibição de "falta" de ponderação; b) proibição de défice de ponderação, c) proibição de juízo de ponderação insuficiente; d) proibição de ponderação desproporcionada.*

discriminação entre cidadãos e interessados, sem qualquer distinção entre as posições *uti singuli* e *uti cives*, na sua função de evidenciar factos, interesses e circunstâncias relevantes. Participar, aqui, é sobretudo preparar a ponderação de interesses, isto é, evidenciar tudo quanto poderá eventualmente resultar merecedor de fazer parte do "material de ponderação" e ser obrigatoriamente ponderado [329]. Participar não é só o exercício do próprio direito de intervir e de obter uma resposta mais ou menos sintética ou ritual da administração, mas é essencialmente colocar esta – ao longo de todo o procedimento – em condições objectivas de conhecer da relevância do que se pretende tutelar.

Neste sentido, a colocação do problema da participação dos titulares dos interesses difusos no procedimento administrativo na base da distinção entre interessados e cidadãos, que utiliza os cânones tradicionais das situações subjectivas e a sua potencial lesão (ou prejuízo), como medida de acesso ao procedimento, não colhe o nosso apoio nem, segundo cremos, o do Código do Procedimento Administrativo, apesar da sua inspiração garantística [330].

Os diversos módulos em que é possível manifestar e exprimir o princípio da participação no procedimento administrativo constituem a expressão de uma nova legalidade

---

[329] STEFANO COGNETTI, *La tutela delle situazioni soggettive tra procedimento e processo*, Perugia, 1987, p. 58 e ss.; F. ALVES CORREIA, *O Plano Urbanístico e o Princípio da Igualdade, op. cit.*, p. 275 e ss.; RUI MACHETE, "Os princípios gerais do Código do Procedimento Administrativo", in *O Código do Procedimento Administrativo, op. cit.*, pp. 45 e 46, que salienta, a nosso ver bem, o carácter objectivista da participação. Já GOMES CANOTILHO, "Constituição e défice procedimental", *op. cit.*, pp. 36 e 37, opta por uma concepção subjectivista, garantidora dos direitos fundamentais. Sobre a participação objectivista nos procedimentos de massas, ainda que numa formulação não de todo unívoca, cfr. G. PERICU, "I procedimenti di massa", in *Il procedimento amministrativo fra riforme legislative e trasformazioni dell'amministrazione, op. cit.*, p. 102; G. SALA, *Il principio del giusto procedimento nell'ordinamento regionale,* I, Milano, 1985, p. 16 e ss.

[330] Se estas considerações são válidas para o C.P.A., ganham ainda mais sentido no que toca à Lei n.º 83/95, uma vez que a legitimidade dos titulares dos interesses difusos assenta agora no dano ao ambiente, independentemente de qualquer dano subjectivo (art. 2.º).

procedimental, caracterizada pela sequência *factos-interesses--sujeitos*, em substituição da solução legal conotada com a relação privilegiada entre norma e acto [331]. Abre-se, assim, o caminho ao confronto do juiz com o facto em substituição da norma abstracta [332].

Neste contexto conceptual, favoravelmente orientado para a participação no procedimento e para o seu contributo fundamental na selecção do interesse público, deve ser colocada a problemática da participação dos titulares dos interesses difusos [333]. Não se trata apenas de tutelar antecipadamente o bem de um potencial dano, o que é importante porque se evitam factos consumados, mas também de contribuir para a racionalidade e justiça da actividade administrativa e dos seus resultados [334], acolhendo o princípio segundo o qual as associações e os titulares dos interesses difusos têm a faculdade de participar estavelmente nos procedimentos administrativos com fortes implicações ambientais, prescindindo de qualquer eventual prejuízo resultante do acto final [335], exceptuando o dano ambiental.

---

[331] P. MANTINI, *op. cit.*, p. 299. Criticamente, M. CRESTI "Contributo allo studio...", *op. cit.*, p. 116 e ss.

[332] R. VILLATA, "Considerazioni in tema de istruttoria, processo e procedimento", in *Dir. proc. amm.*, 1995, p. 195 e ss., esp. p. 230. Segundo este autor, o juiz administrativo deve proceder à directa verificação dos factos, não se limitando a receber a realidade factual tal como a Administração a apresente, sempre que o recorrente conteste a sua exactidão.

Consequentemente, o juiz deve operar um controlo penetrante sobre a forma e modalidades em que foi exercitada a instrução procedimental.

[333] Cfr. A. ANDREANI, "Gli interessi pretensivi dinamici nel procedimento amministrativo", in *Dir. amm.*, n.º 3, 1994, p. 340 e ss.

[334] O procedimento administrativo desenvolve, assim, não só uma função de *protecção jurídica temporalmente adequada*, mas também uma *função de consenso*. Os cidadãos ficarão voluntariamente convencidos, não só da legalidade, como da justiça material da decisão (GOMES CANOTILHO, *op. cit.*, n.º 3798, p. 268).

É óbvio que não basta assegurar a participação no procedimento; é necessário que este decorra de forma transparente e que a decisão administrativa contenha uma fundamentação consensualmente obtida.

[335] A nosso ver será mais útil, como opinaremos mais adiante, apontar para um critério de lesividade (imediata e actual) ligada aos momentos significativos do procedimento, aos valores e a lógica do seu andamento, uma vez que o que está em causa é a tutela preventiva e objectiva do ambiente.

Assim, às associações de defesa do ambiente, bem como aos cidadãos, é agora reconhecida a faculdade de participação nos procedimentos administrativos em matéria ambiental. Não porque possa resultar um qualquer prejuízo da actividade organizada, mas pelo diverso motivo de que tais associações, enquanto "portadoras de interesses pluri-individuais" (segundo critérios de efectividade e de proporcionalidade), estão entre as formações sociais em que se desenvolve a personalidade dos indivíduos que, na base do princípio da solidariedade, são fins coincidentes com os que prosseguem os poderes públicos na defesa do ambiente [336].

Ao contrário, a lógica da participação condicionada pela subsistência de um dano subjectivo provocado pelo acto administrativo, resulta absolutamente incerta nos seus critérios de referência e, por isso, fatalmente sujeita às oscilações da interpretação jurisprudencial e, portanto, inadequada à participação das associações que representam os interesses difusos. Aliás, a óptica da participação procedimental de tipo garantístico resulta inadequada para as associações ecologistas e, em geral, para os portadores dos interesses difusos, se atendermos aos ensinamentos da doutrina que definiu correctamente os interesses difusos como "interesses relativos à participação" [337].

---

[336] COLAÇO ANTUNES, "A tutela dos interesses difusos no novo Código do Procedimento Administrativo", *op. cit.*, p. 1091; P. MANTINI, *op. cit.*, p. 300.

[337] G. BERTI, "Momenti della trasformazione della giustizia amministrativa", in *Riv. trim. dir. pubbl.*, 1972, p. 1894. O que está aqui verdadeiramente em causa é o reconhecimento de direitos fundamentais procedimentais, relativos à tutela de bens autónomos. Cfr. VIEIRA DE ANDRADE, *O Dever da Fundamentação Expressa de Actos Administrativos, op. cit.*, p. 188. Recentemente, PETER D. SWAN, "Droits écologiques procéduraux et démocratie déliberative", in *Rev. Int. d'Études Jur.*, 1995, p. 9, entende que os processos de decisão que determinam a nossa relação com o ambiente deveriam constituir o objecto dos direitos procedimentais.

Mais uma vez, o que está aqui em causa, agora na língua de Dante, é a realização procedimental do conteúdo jurídico-objectivo dos direitos fundamentais.

Trata-se, no fundo, de superar o garantismo individual em favor de um novo e mais adequado *garantismo social e colectivo*.

Não é, portanto, a lesão de uma situação subjectiva a justificar a participação dos portadores dos interesses pluri-individuais no procedimento, mas a natureza do dano ambiental e dos interesses e das figuras subjectivas que lhes dão vida na dialéctica social. Se é verdade que os interesses difusos dificilmente podem manifestar-se individualmente face ao poder administrativo, enquanto interesses plurais, então parece difícil, inclusive no plano conceptual, conceber a participação no procedimento administrativo subordinada à lesão ou prejuízo de uma situação subjectiva dificilmente desencarnável das posições individuais [338].

É, assim, oportuno precisar, ainda que resumidamente, os pontos essenciais da participação no procedimento dos titulares dos interesses difusos: 1) Admissibilidade da participação no procedimento administrativo dos titulares dos interesses difusos e das formações sociais (associações de defesa do ambiente e mais latamente dos titulares de interesses difusos, comissões de moradores, etc.) que não prossigam escopo lucrativo, nem tenham carácter político ou sindical, vocacionadas para a tutela de interesses difusos e sociais de relevo constitucional; 2) Individualização dos portadores dos interesses difusos com base na sua localização territorial, sem grande rigidez no que toca à sua representatividade [339]; 3) Adequada disciplina da publicidade e do acesso à informação administrativa, que constituem um aspecto decisivo da participação; 4) Disciplina pontual do ónus das partes, ou seja, tanto das formações sociais como da Administração Pública, no curso do procedimento (tempo e modalidades de intervenção, possibilidade de acesso à fase instrutória, formas de contraditório); 5) Os entes exponenciais devem poder intervir no procedimento em duas fases distintas: fase cognoscitiva e instrutória (art. 86.º e ss); e

[338] P. MANTINI, *op. cit.*, p. 302 e ss.

[339] Cfr., todavia, o art. 2.º/2 da Lei n.º 10/87, de 4 de Abril (L.A.A.), ainda que deva prevalecer o art. 3.º da Lei n.º 83/95.

fase pré-decisória ou de avaliação do material da instrução (art. 100.º e ss.) [340], em que as formações sociais têm oportunidade de requerer actos ou suplementos instrutórios, precisões e esclarecimentos respeitantes ao desenvolvimento do procedimento e, portanto, de formular observações e propostas que devem ter os requisitos da originalidade e carácter inovatório (relativamente às aquisições já contidas no material instrutório), assim como fornecer obrigatoriamente, sob pena de inadmissibilidade, indicações concretas para o apuramento da decisão final; 6) Os titulares de interesses difusos que participem no procedimento adquirem legitimidade para agir no plano processual [341].

É necessário, portanto, passar de um modelo baseado na "diferenciação de interesses entre os vários sujeitos públicos" para aquele, pelo menos em relação a determinados bens primários, fundado na "coimputação" da titularidade de interesses e funções entre a administração e a organização social através de uma nova legalidade procedimental.

4. Tutela dos interesses difusos, procedimento e processo administrativo

É conhecida a ligação entre procedimento e processo administrativo. A ideia originária da figura do procedimento desenvolveu-se numa administração que "pensava" e "agia" através de simples actos administrativos e que tinha na decisão final o seu momento mais relevante e significativo [342].

---

[340] Nos procedimentos previstos na Lei n.º 83/95, contempla-se, aliás, uma fase de audiência prévia na preparação de planos ou na localização e realização de obras e investimentos públicos (de certo montante) com relevante impacto ambiental (art. 4.º e ss.), sem prejuízo da consulta pública no âmbito de procedimentos especiais como o de avaliação de impacto ambiental.

[341] Colaço Antunes, *op. cit.*, p. 1092.

[342] F. Trimarchi, "Procedimento amministrativo e riforma del processo", in *Il procedimento amministrativo fra riforme legislative e trasformazioni dell'amministrazione, op. cit.*, p. 120.

Neste assomavam-se e sintetizavam-se as características típicas de uma A.P. que interpretava as relações com os cidadãos em termos de contraposição entre "autoridade" e "liberdade" [343].

O juiz conhecia a administração através do acto administrativo mas, na realidade, observava e controlava apenas este. Acto este, expressão de comportamentos autoritários da A.P., que acabava por absorver e delimitar a tutela e contribuir notoriamente para manter a distância entre a "administração" e a "jurisdição".

O quadro altera-se substancialmente se se considera (e isto hoje não se pode negar) que o juiz possa ter acesso ou conhecer a realidade dos interesses (e o seu modo de combinação) e dos actos procedimentais. Se assim é, então é clara a superação dos limites tradicionais de indagação judicial, tal como vêm delimitados pela "realidade" formal do acto, em favor de um mais satisfatório e directo conhecimento da actividade administrativa [344].

Com efeito, não está em harmonia com um ordenamento que dá relevo primeiro ao princípio democrático (art. 2.º da C.R.P.), uma concepção de poder da A.P. que aceite ou conceba uma noção predeterminada de interesse público. Este não é agora oponível a outros interesses pluri-individuais (colectivos, difusos, privados, etc.), todos eles tomados em consideração pelo procedimento administrativo, que oferece agora uma adequada representação daquele e a afirmação da sua justa dimensão, tendo em conta os elementos e dados que concorrem para o constituir [345]. Compreende-se, assim, que a

---

[343] M. S. GIANNINI, *Istituzioni di diritto amministrativo*, *op. cit.*, p. 251 e ss.; G. SANTANIELLO, "Il procedimento amministrativo...", *op. cit.*, p. 496 e ss.

[344] A. M. CORSO, "Impugnabilità di atti intermedi del procedimento e tutela anticipata d'interessi", in *La disciplina generale del procedimento amministrativo*, *op. cit.*, p. 127 e ss.

[345] RUI MACHETE, *op. cit.*, pp. 46 e 47, destaca um novo entendimento do princípio da imparcialidade, que obriga a Administração a não ter uma visão preconcebida dos resultados a que deve chegar.

tutela processual constitui um "momento", ainda que externo daquela realidade, que tem início no terreno substancial do procedimento [346], possibilitador, aliás, de um controlo de legalidade mais intenso. Neste sentido, não parece que deva falar-se numa relação de total separação ou alteridade entre a tutela procedimental e a tutela jurisdicional [347] . Poder-se-á, certamente, por razões de oportunidade e de eficácia, privilegiar uma delas, mas sem questionar a sua relação de perfeita complementaridade. Tal não nos deve conduzir ao excesso de pensar que só a participação procedimental comporta a legitimação processual [348].

O procedimento e o processo administrativo actuam em planos distintos mas convergentes, que se encontram sem se confundir. Há, todavia, entre ambos o escopo comum de viabilizar a participação e a tutela dos cidadãos, ainda que partam de razões e princípios inspiradores diferentes [349].

A alternância entre a tutela procedimental e a tutela processual tende a esfumar-se com o actual quadro de procedimentalização da actividade administrativa, convertendo-se, assim, o procedimento num critério de identificação e legitimação dos interesses difusos justiciáveis no processo administrativo [350].

As garantias jurisdicionais não se põem, portanto, em alternativa às da participação procedimental, antes consti-

---

[346] F. TRIMARCHI, "Procedimento amministrativo e riforma del processo", *op. cit.*, pp. 122 e 123.

[347] Negam a alteridade entre procedimento e processo P. BADURA, "Limiti e alternative della tutela giurisdizionale nelle controversie amministrative", in *Riv. trim. dir. pubbl.*, 1984, p. 115; M. GALDI, "Legge sul procedimento e giudizio amministrativo – Profili costituzionali", in *Giur. it.*, IV, 1992, p. 226 e ss.

[348] F. NICOSIA, *Interesse legittimo e tutela giurisdizionale*, Napoli, 1991, p. 364.

[349] ROGÉRIO SOARES, "A propósito de um projecto legislativo...", *op. cit.*, p. 295 e ss.

[350] Cfr. COLAÇO ANTUNES, *A Tutela dos Interesses Difusos em Direito Administrativo*, *op. cit.*, p. 138; RUI MACHETE, *op. cit.*, p. 49.

tuem momentos de relação e de complementaridade [351]. Em síntese, a imagem da A.P. que ressalta do Código do Procedimento Administrativo destaca-se da visão tradicional, que se exprimia especialmente em actos administrativos, entendidos como manifestação da autoridade.

Esta postura está, inclusive, em grande parte superada pelo reconhecimento à A.P. de um papel largamente conformador (actividade de direcção, programação e de planificação) e autónomo no complexo institucional [352].

Com efeito, não nos parece persuasiva a argumentação de que, por força da natureza das coisas, a legitimação procedimental deva ser mais ampla do que a legitimidade processual [353]. Argumentação que não seria capaz de explicar a relevância (ou mesmo o carácter decisivo) de um interesse para a conformação do acto administrativo e, simultaneamente, a sua irrelevância em sede judicial. Por outro lado, a sindicância da legalidade do acto não é de todo idónea a satisfazer as exigências de uma tutela efectiva e substancial. Os dispositivos de tutela jurisdicional não estão tecnicamente em condições de fornecer uma resposta satisfatória aos problemas manifestados nos processos decisionais das modernas A.Ps.,

---

[351] Neste sentido COLAÇO ANTUNES, *A Tutela dos Interesses Difusos...*, *op. cit.*, p. 136 e ss.; M. CHITI, "L'influenza dei valori costituzionali sull diritto processuale amministrativo", in *Dir proc. amm.*, n.º 2, 1984, p. 181; V. CAIANIELLO, "Rapporti tra procedimento amministrativo e processo", in *Dir. proc. amm.*, n.º 2, 1993, p. 241 e ss.

Sobre as relações entre o procedimento e o processo, *vide,* entre nós, MARCELLO CAETANO, *Manual de Direito Administrativo,* II, *op. cit.*, pp. 1287 e ss. e 1327 e ss.; RUI MACHETE, "Contribuição para o estudo das relações entre o processo administrativo gracioso e o contencioso", n.º 125, *op. cit.*, pp. 7 e 87 e ss.; ROGÉRIO SOARES, *Direito Administrativo, op. cit.*, pp. 143-144; *id.*, "A propósito de um projecto legislativo: o chamado Código do Processo Administrativo Gracioso", n.º 3694, *op. cit.,* p. 14 e ss.; GOMES CANOTILHO, "Procedimento...", *op. cit.*, p. 268; recentemente V. PEREIRA DA SILVA, *Em Busca do Acto Administrativo Perdido, op. cit.*, p. 380 e ss.

[352] S. CASSESE, "Le trasformazioni dell'organizzazione amministrativa", in *Riv. trim. dir. pubbl.*, 1985, p. 374.

[353] Cfr. SCHINAIA, "La disciplina generale del procedimento amministrativo", in *Foro it.*, 1987, p. 381.

devendo a solução daqueles ser procurada preventivamente no plano substancial da organização e do procedimento [354].

O sistema de tutela processual tem a ganhar (seguramente) com a procedimentalização da actividade administrativa sob o aspecto da "qualidade" das garantias jurisdicionais, não só pela previsível e desejável redução quantitativa do contencioso [355] e pela possível composição consensual de interesses contrastantes no interior do procedimento, mas sobretudo pelo facto de ter neste um ponto de referência idóneo a fornecer uma representação, o mais completa possível, da realidade dos interesses, da sua colocação e composição [356]. A nosso ver, o juiz administrativo não pode considerar-se estranho a esta nova realidade, tanto mais que o procedimento administrativo desempenha, de forma directa, uma função de protecção jurídica temporalmente adequada [357].

A simples participação no procedimento, isto é, a simples exposição de interesses pelo sujeito destinatário ou "tocado" pelo acto, não pode ter efeitos inibitórios no terreno da tutela jurisdicional: uma coisa é "participar" outra é "consentir" [358]. Os interessados que usufruem de garantias procedimentais não podem sofrer, por este facto, prejuízo no plano contencioso, antes a participação procedimental a amplia [359]. Isto vem abalar as teses que, conferindo valor absolutamente

[354] Neste sentido, M. NIGRO, "Procedimento amministrativo e tutela giurisdizionale contro la pubblica amministrazione", *op. cit.*, p. 42.

[355] Para P. WEIDES, *Verwaltungsverfahren und Widerspruchverfahren*, 1981, p. 167 e ss., referenciado por GOMES CANOTILHO, *op. cit.*, p. 268, o procedimento administrativo desempenha uma função de filtro, garantindo uma justa composição dos interesses em jogo.

[356] F. TRIMARCHI, *op. cit.*, p. 125.

[357] GOMES CANOTILHO, "O procedimento...", *op. cit.,* p. 268.

[358] F. TRIMARCHI, *op. cit.*, p. 127.

[359] F. TRIMARCHI, *op. cit.*, p. 127. Mais cautos, G. ROEHRSSEN, "Il giusto procedimento nel quadro dei principi costituzionali", in *La disciplina generale del procedimento amministrativo, op. cit.*, p. 70; SCHINAIA, "Relazione di sintesi", in *Il procedimento amministrativo..., op. cit.*, p. 145; R. FERRARA, "Gli interessi superindividuali tra procedimento amministrativo e processo", in *Dir. proc. amm.*, 1984, p. 48 e ss.

primário à tutela jurisdicional, punham em segundo plano as garantias procedimentais. Com efeito, o processo, a tutela jurisdicional, respeitando a mesma fenomenologia, deve ter com o procedimento uma ligação efectiva, complementar [360], como, aliás, o Código do Procedimento Administrativo deixa transparecer (arts. 12.° e 109.°) [361].

Como já afirmámos em estudos anteriores, a tutela procedimental dos interesses difusos não é apenas a antecâmara da tutela jurisdicional, mas o lugar de aquisição da própria legitimidade processual, nos termos dos artigos 267.°/4 e 268.°/4 da Constituição Portuguesa [362]. A possibilidade de uma mais vasta introdução dos interesses no procedimento torna o processo mais usufruível por parte dos titulares do direito difuso ambiental (arts. 53.°/100.° do C.P.A.), numa compreensão objectivista do contencioso administrativo.

A intervenção no procedimento dos vários sujeitos portadores de interesses difusos ambientais confere ou pode conferir àqueles, como vimos, a legitimidade para estarem presentes no processo [363]. Trata-se de saber, contudo, se a sua posição no processo é a de meros "assistentes" ou se, pelo contrário, a participação procedimental pode ser idónea a fazer desencadear a própria legitimação a recorrer [364]. A resposta é

---

360 Afastamo-nos, assim, das teses monistas que tem, entre nós, Marcello Caetano como máximo representante, se bem que lhe cabe o mérito de ressaltar que a legitimidade processual pode resultar da legitimidade para intervir no procedimento.

361 V. PEREIRA DA SILVA, *op. cit.*, p. 397.

362 COLAÇO ANTUNES, *A Tutela dos Interesses Difusos em Direito Administrativo*, *op. cit.*, p. 130 e ss. Os fundamentos da causa de pedir coincidem ou devem coincidir com os fundamentos da legitimidade procedimental, isto é, a pertinência e a conexão do titular do interesse difuso com a protecção do ambiente (art. 53.° do C.P.A.).

363 M. NIGRO, "*Procedimento amministrativo e tutela giurisdizionale*", *op. cit.*, p. 34. Contrariamente, R. VILLATA, Riflessioni in tema di partecipazione al procedimento e legittimazione processuale", *op. cit.*, pp. 183 e 184.

364 COLAÇO ANTUNES, *op. cit.*, p. 112, onde defendemos que os titulares dos interesses difusos participam no procedimento administrativo na qualidade de partes, com todas as garantias jurídicas procedimentais. L. BADURA, "Il procedimento amministrativo", in *La codificazione del procedimento amministrativo,*

afirmativa se se admite que a posição legitimante é também construída e determinada no procedimento, na base de dados substanciais disponíveis naquela sede [365].

Se, como nos parece melhor, é o procedimento que contribui para determinar a justa relação entre a A.P. e os interessados, nada exclui, agora, que o sujeito portador de interesses difusos, que intervém e participa no procedimento, possa resultar titular de uma situação qualificada e possa fazer valê-la ou activá-la em via contenciosa [366], o que implica, obviamente, a reforma do Código do Contencioso Administrativo [367].

Até lá, a garantia constitucional (art. 268.º/4) assegura o acesso ao tribunal para a tutela de interesses difusos quando

---

op. cit., p. 295, exclui que a legitimação processual possa fundar-se exclusivamente na participação procedimental. É necessário que a parte esgrima um interesse juridicamente tutelado.

365 Neste sentido, poderia ter sido iluminante o Acórdão do Supremo Tribunal Administrativo, de 18 de Outubro de 1990 (Licenciamento de obras. Recurso Contencioso – legitimidade. Direitos difusos – legitimidade), in *Acórdãos Doutrinais do Supremo Tribunal Administrativo*, Ano XXX, Maio de 1991, n.º 353, pp. 603-607. Concordando com a solução encontrada – reconhecimento da legitimidade do recorrente, com base na ampliação do interesse legítimo – a verdade é que não foi devidamente valorada a participação do recorrente na fase procedimental, na qualidade de interessado, enquanto fundamento da legitimidade; o que, aliás, é compreensível uma vez que neste tipo de procedimentos são tradicionalmente escassas as normas que se dirigem à protecção dos interesses e direitos de outros cidadãos, nomeadamente daqueles que se inserem numa pequena comunidade de vizinhança jurídico-urbanística. Cfr. F. BRIGNOLA, "I procedimenti di particolare interesse partecipativo", in *La disciplina generale del procedimento...*, *op. cit.*, p. 225 e ss. Este autor salienta, em sintonia com o nosso legislador (Lei n.º 83/95) a pregnância da participação (e a necessidade de uma instrução pública) nos planos urbanísticos, paisagísticos e na execução de obras públicas com importantes reflexos na economia e no ordenamento do território.

O mesmo já não acontece com o recente Código do Procedimento Administrativo que, expressamente, se refere à legitimidade procedimental em matéria de interesses difusos (art. 53.º). Legitimidade agora reforçada com a Lei n.º 83/95.

366 Parece ter sido, aliás, a lógica seguida pelo legislador em matéria de acção popular (Lei n.º 83/95, art. 12.º) ao articular o art. 52.º/3 da C.R.P. com os arts. 267.º/4 e 268.º/4.

367 No sentido da legitimidade processual dos titulares dos interesses difusos no novo Código do Contencioso Administrativo, FREITAS DO AMARAL, "Projecto de Código do Contencioso Administrativo", in *S. I.*, n.ºs 235/237, 1992, p. 18. Quanto ao P.C.C.A., cfr. os arts. 82.º e 84.º.

são perturbados ilegalmente por um acto administrativo, independentemente da sua forma, ainda que o legislador ordinário tenha optado genérica e tradicionalmente por restringir a legitimidade para interpor o recurso directo de anulação àqueles que tiverem um interesse directo, pessoal e legítimo (art. 46.º RSTA e art. 821.º CADM) [368], o que é manifestamente redutor [369].

Sem descurar os méritos da acção popular no que toca à tutela dos interesses difusos (art. 52.º/3 da C.R.P.), recentemente regulada pela Lei n.º 83/95, de 31 de Agosto, e a acção para o reconhecimento de direitos e interesses legalmente protegidos (arts. 268.º/5 da C.P.R. e arts. 69.º e 70.º da L.P.T.A.), julgamos que uma das formas mais eficazes de tutelar preventivamente o ambiente bem pode ser o caminho aberto pelo artigo 268.º/4 da Constituição. A nossa convicção alicerça-se ainda nas dificuldades sentidas pelo juiz quando analisa os requisitos para a suspensão da eficácia do acto recorrido (L.P.T.A., art. 76.º) [370].

---

[368] Também aqui a Lei n.º 83/95 nos oferece uma novidade, uma vez que os titulares do direito de participação procedimental e de acção popular *não estão dependentes de qualquer interesse directo na demanda* (arts. 2.º/1 e 12.º/1).

[369] Neste sentido, FREITAS DO AMARAL, *Direito Administrativo*, vol. IV, Lisboa, 1988, p. 171; cfr. RUI MEDEIROS, "Estrutura e âmbito da acção para o reconhecimento de um direito ou interesse legalmente protegido", in *R.D.E.S.*, n.os 1/2, 1989, p. 83.

É de salientar, aliás, que a nossa jurisprudência administrativa vem mostrando crescente abertura em matéria de tutela jurisdicional dos interesses difusos. Neste sentido é de louvar o Acórdão do Supremo Tribunal Administrativo de 28/9, de 1989, comentado por Gomes Canotilho. Neste importante Acórdão é reconhecida legitimidade, com base num critério territorial, aos titulares dos interesses difusos. Em síntese, a referida sentença reconhece legitimidade para impugnar o acto que autoriza a instalação de uma sala de ordenha, desde que cause prejuízos ao ambiente a todos aqueles que vivem permanentemente nesse local (*R.L.J.*, Secção de Jurisprudência, Ano 124, n.º 3813, pp. 359/361).

[370] Cfr., ainda recentemente o Acórdão do S.T.A. de 3 de Maio de 1994, recurso n.º 34 368-A, in *A.D.*, Ano XXXIV, n.º 403, 1995, p. 759 e ss. Sobre esta matéria, cfr. GOMES CANOTILHO, "Relações jurídicas poligonais...", *op. cit.*, pp. 65 e 66. Recentemente, este autor, de forma incisiva, vem pôr a nu o défice de prevenção do processo de suspensão de eficácia dos actos lesivos do ambiente, "Privatismo, associativismo e publicismo na justiça administrativa do ambiente", *op. cit.*, n.º 3861, p. 355 e ss.; sobre o tema, cfr., entre outros, FREITAS DO AMARAL, *Direito*

5. O direito de acesso aos actos do procedimento: um olhar ecológico sobre o artigo 268.º/4 da C.R.P.

As soluções acolhidas por uma recente e progressiva corrente doutrinal e jurisprudencial [371], em sede de impugnação dos actos preparatórios, merece a nossa concordância, ainda que a sua fundamentação nos ofereça alguns reparos [372].

Com efeito, merece-nos menor aplauso a importância decisiva atribuída por esta orientação à *lesividade do acto impugnado*, eleito aqui como critério de selecção dos actos sindicáveis. Isto é, na delimitação do acto administrativo recorrível, o critério da lesão de direitos ou interesses legalmente protegidos substitui o critério do acto definitivo e executório. O aspecto decisivo é, agora, a situação subjectiva do particular [373]. Pensamos tratar-se de uma interpretação para-

---

Administrativo, IV, *op. cit.*, p. 313 e ss; VIEIRA DE ANDRADE, *Direito Administrativo e Fiscal,* Coimbra, 1994 / 1995, p. 112 e ss.; JOÃO CAUPERS / JOÃO RAPOSO, *Contencioso Administrativo (Anotado e Comentado),* Lisboa, 1994, p. 176; G. DA FONSECA, "Garantia do recurso contencioso e fundamentação do acto administrativo", in *Estudos sobre a Jurisprudência do Tribunal Constitucional*, Lisboa, 1993, p. 314, PEDRO MACHETE, "A suspensão jurisdicional da eficácia de actos administrativos", in *O Direito,* 1991, p. 236 e ss.; M. F. MAÇÃS, "A relevância constitucional da suspensão judicial da eficácia dos actos administrativos", in *Estudos..., op. cit.*, p. 327 e ss.; M. G. DIAS GARCIA, "Os meios cautelares em direito processual administrativo", in *S.I.*, n.os 250/252, 1994, p. 211 e ss.

Em nosso entender, é de duvidosa constitucionalidade o art. 76.º da L.P.T.A., à luz da tutela efectiva consagrada nos arts. 20.º e 268.º/5 da C.R.P. Não pode esquecer-se que a plenitude da tutela dos direitos e interesses legalmente protegidos deve ter uma especial incidência no âmbito dos meios cautelares. Na literatura do país vizinho, cfr. C. CHINCHILLA, *La Tutela Cautelar en la Nueva Justicia Administrativa*, Madrid, 1991, p. 168 e ss.; GARCIA DE ENTERRÍA, *La Batalla por las Medidas Cautelares. Derecho Comunitario Europeo y Processo Contencioso-Administrativo Español*, Madrid, 1992, p. 233 e ss. Voltaremos a este problema na Parte IV.

[371] Cfr., por ex., os Acórdãos do S.T.A., de 23 de Maio de 1991 (recurso n.º 22206), in *A.D.* Ano XXXII, n.º 374, 1993, p. 198 e ss., de 4 de Fevereiro de 1992 (recurso n.º 26613), in *A.D.*, n.º 374, 1993, p. 398, de 22 de Abril de 1993 (recurso n.º 30835), de 10 de Março de 1994 (recurso n.º 30928) e de 22 de Setembro de 1994 (recurso n.º 32357).

[372] Também aqui aproveitámos, no essencial, um texto recentemente publicado na *Rev. Min. Públ.*, n.º 63, 1995.

[373] "O critério de recorribilidade é, nitidamente, mais o da idoneidade para lesar do que um critério formal-processual que atenda fundamentalmente à função

doxalmente redutora do artigo 268.º/4 da C.R.P., assente numa leitura garantística do procedimento, com a possibilidade de agora a tutela de situações jurídicas dos particulares poder ser antecipada à actividade administrativa *in itinere*. Ao admitir-se que "o critério de recorribilidade é a idoneidade do acto para lesar", não se estará a resvalar para uma concepção radicalmente subjectiva do juízo administrativo? [374]

Importa, desde já, considerar que o artigo 268.º/4 da C.R.P. comporta, à luz da sua inevitável articulação com o artigo 267.º/4, outras consequências fundamentais: alargamento da noção de acto administrativo (este não é agora apenas o acto final do procedimento ou de uma fase autónoma deste, mas também o acto preparatório); alargamento da tutela (do recurso) a situações jurídicas pluri-individuais lesadas pelo acto; o acto final do procedimento, sempre que este termina num acto principal, coincide agora com o acto definitivo; recorribilidade (contenciosa) dos actos preparatórios lesivos de direitos e interesses legalmente protegidos, incluídos os interesses difusos; carácter facultativo do recurso hierárquico, resultando materialmente inconstitucionais as normas que estatuam a obrigatoriedade de recurso hierár-

---

do acto em relação ao acto final", Acórdão de 22 de Abril de 1993. Cfr., por todos, V. PEREIRA DA SILVA, *Em Busca do Acto Administrativo Perdido, op. cit.*, p. 660 e ss.

[374] Confrontam-se aqui duas concepções diferentes do contencioso: a subjectivista e a objectivista, por nós eleita ainda que de forma matizada. Da primeira é principal defensor V. PEREIRA DA SILVA, com especial destaque para a sua recente tese de doutoramento a que já fizemos referência por diversas vezes; cfr. também SÉRVULO CORREIA, *Contencioso Administrativo,* Lisboa, 1990, p. 65. Numa posição mais compromissória, porventura mais razoável e a que ninguém é alheio, VIEIRA DE ANDRADE, *Direito Administrativo e Fiscal,* 1993/94, Coimbra, p. 25 (e já antes na sua obra – *O Dever da Fundamentação...*, p. 105, nota 42) entende que a melhor solução seria o legislador optar por um modelo misto. Do lado da tese objectivista destaca-se FREITAS DO AMARAL, *Direito Administrativo,* IV, *op. cit.*, pp. 81, 82 e 121 e ss.; MARCELLO CAETANO, *Manual de Direito Administrativo,* vol. II, *op. cit.*, pp. 1211 e 1212. Em síntese, com tónicas diversas, a dupla função — subjectiva e objectiva — do contencioso administrativo vem sendo posta em relevo pela generalidade da doutrina.

quico necessário para efeitos de recurso contencioso [375]. O acto final é agora imediatamente impugnável sem necessidade de esgotar a via-sacra administrativa. De outra forma não teria sentido admitir a impugnação contenciosa dos actos preparatórios.

Pensamos, assim, que é possível ir mais longe, para o que é indispensável afirmar alguns fundamentos jurídico-dogmáticos essenciais a uma construção que aponte fundamentalmente para um critério de *lesividade* (imediata e actual) *ligada aos momentos significativos do procedimento, aos valores e à lógica do seu desenvolvimento* [376]. Tentaremos, por último, enunciar alguns critérios que devem presidir à recorribilidade dos actos preparatórios.

Salvo melhor opinião, a retórica argumentativa em torno da impugnabilidade dos actos preparatórios deve assentar numa visão substancial do procedimento, como resultado da articulação dos artigos 52.°/3, 267.°/4 e 268.°/4 da C.R.P.: "o procedimento como sede de composição, qualificação e hierarquização dos interesses privados e públicos coenvolvidos" [377].

---

[375] Cfr. MÁRIO TORRES, "A garantia constitucional do recurso contencioso", in *S.I.*, n.ºs 223/228, 1990, p. 46 e ss.; TERESA DE MELO RIBEIRO, "A eliminação do acto definitivo e executório na revisão constitucional de 1989", in *Dir. e Jus.*, vol. VII, 1993, p. 223 e ss., esp. p. 227; G. CANOTILHO, V. MOREIRA, *Constituição da República Portuguesa*, Anotada, *op. cit.*, p. 939; V. PEREIRA DA SILVA, *op. cit.*, pp. 660 e ss, 675 e ss e 687 e ss. Outros autores têm-se pronunciado no sentido do art. 268.°/4 da C.R.P. não excluir a possibilidade do recurso hierárquico necessário para a exploração da via contenciosa. Cfr., por ex., VIEIRA DE ANDRADE, *Lições ao 3.° ano do Curso de 1992-1993*, Coimbra, p. 54 e ss.; ROGÉRIO SOARES, "O acto administrativo", in *S. I.*, n.ºs 223/228, 1990, p. 33.

A este propósito, cumpre igualmente fazer referência aos Acórdãos do T. C. n°s 9/95, 603/95 e 115/96, publicados, respectivamente, no D. R., 2ª Série, n°s 69, de 22 de Março de 1995, p. 3160 e ss., 63, de 14 de Março de 1996, p. 3484 e ss. e 105, de 6 de Maio de 1996, p. 6002 e ss..

[376] Neste sentido, F. TRIMARCHI, *op. cit.*, p. 133.

[377] Cfr. COLAÇO ANTUNES, *A Tutela dos Interesses Difusos em Direito Administrativo, op. cit.*, p. 118 e ss. Sobre os fundamentos teoréticos e dogmáticos que estiveram na origem e desenvolvimento da moderna doutrina do procedimento administrativo, cfr. GOMES CANOTILHO, "Procedimento administrativo e defesa do ambiente", in *R.L.J.* n. ^{os} 3795 (p. 170 e ss.) e 3798, p. 261 e ss.

As ilações a retirar desta diversa interpretação do procedimento são várias. Em primeiro lugar, a superação da visão do procedimento como uma sequência formal de actos finalizada com a emissão do acto conclusivo; por outro lado, e em consequência da fractura da linearidade formal do procedimento, a perda de importância da tradicional distinção entre actos internos e actos externos e, necessariamente, da fronteira entre a actividade administrativa e a tutela jurisdicional.

Em segundo lugar, através da impugnabilidade dos actos preparatórios do procedimento dá-se um passo decisivo para o que tem vindo a definir-se como um *juízo sobre a relação* [378], num claro alargamento do objecto do processo administrativo que, comportando a intervenção do juiz no curso do procedimento, determina efeitos de certo modo vinculantes para o desenvolvimento sucessivo deste [379].

O objecto do processo já não é só o acto administrativo mas também a "relação jurídica", a tutela de direitos e interesses legalmente protegidos [380]. É hoje claro que a tutela de direitos e interesses legalmente protegidos e a anulação dos actos ilegais não coincidem necessariamente [381]. Assim, de acordo com a nossa leitura, não parece conforme com o artigo 268.º/4 da Constituição que a anulação do acto venha dissociada da tutela de direitos e interesses legítimos que, no

---

[378] Cfr. P. HÄBERLE, "Das Verwaltungsrechtsverhältnis – eine Problemskizze", in *Die Verfassung des Pluralismus*, Athenäum, 1980, citado por S. COGNETTI, "La legge italiana sul procedimento e le prospettive di sviluppo del rapporto giuridico amministrativo", in *Il procedimento...*, *op. cit.*, p. 167. Este autor auspicia a progressiva criação de um direito administrativo que possa fundar-se simultaneamente sobre a perna (rígida) do acto e sobre a perna (flexível) da relação, de acordo com a sua célebre teoria da vizinhança *(Nähetheorie)*.

[379] A. M. CORSO, "Impugnabilità di atti intermedi del procedimento e tutela anticipata d'interessi", *op. cit.*, p. 324.

[380] Cfr. V. CAIANIELLO, "Rapporti tra procedimento amministrativo e processo", *op. cit.*,p. 248 e 249.

[381] Cfr. R. VILLATA, "Nuove riflessioni sull'oggetto del processo amministrativo", in *Studi in onore di Antonio Amorth*, I, Milano, 1982, p. 711.

fundo, faz parte do núcleo duro do objecto do processo administrativo [382].

Por último, com o reconhecimento da impugnabilidade dos actos preparatórios, o procedimento não constitui um campo inacessível à actividade cognoscitiva do juiz, antes permite uma tutela antecipada dos interesses em jogo. A tutela preventiva das pretensões dos interessados, através da qualificação dos factos e a composição e a hierarquização dos interesses, conduz inevitavelmente à ruptura da unidade procedimental [383].

O procedimento administrativo é hoje um instrumento indispensável ao desenvolvimento da actividade administrativa e o ponto de encontro entre a Administração e o cidadão, pelo que não é concebível um percurso frequentemente longo e

---

[382] Postura diferente é, todavia, aquela que entende que o objecto do processo não é o acto administrativo, mas as pretensões das partes relativamente a esse acto administrativo. Neste sentido, cfr. V. PEREIRA DA SILVA, *Para um Contencioso Administrativo dos Particulares*, Coimbra, 1989, p. 278. Mais recentemente este autor adopta uma posição mais matizada (que em bom rigor já transparece na obra citada, p. 148 e ss.) apoiada no critério da lesividade e no alargamento do conceito de acto administrativo (*Em Busca do Acto...*, *op. cit.*, pp. 675 e ss. Não vemos, para dar alguns exemplos, como é que a posição da Administração possa ser uma posição de parte, despida de autoridade, quando estamos perante um acto ablatório ou um acto autorizativo de uma determinada actividade. Será que o destinatário de um acto de expropriação pode considerar-se titular de um direito à sua adopção? (ainda que nos tempos que correm já nada nos surpreenda, é de todo ilógico). Por outro lado, uma concepção subjectiva do contencioso administrativo apresenta-se, paradoxalmente, menos idónea a garantir a tutela dos mais diversos interesses, nomeadamente dos chamados interesses difusos, interesses que se apresentam indiferenciados, indivisíveis e anónimos. Quanto mais objectiva é a concepção do contencioso tanto mais situações subjectivas são susceptíveis de receber tutela, com efeitos óbvios ao nível do caso julgado — o que em matéria de tutela dos interesses difusos assume a maior relevância. Cfr. RUI MACHETE, "Contencioso administrativo", in *D.J.A.P.*, vol. II, Coimbra, 1972, p. 290. Cfr. F. NICOSIA, *Interesse legittimo e tutela giurisdizionale, op. cit.*, p. 375.

Em suma, a concepção *objectiva* consente o acesso à tutela jurisdicional das mais variadas e imprevistas situações de interesse, o que não sucede com uma concepção rigorosamente *subjectiva* do contencioso administrativo, mais prestável à tutela de situações jurídicas diferenciadas como os direitos subjectivos e os interesses legítimos. Cfr. R. VILLATA, "Riflessioni in tema di partecipazione al procedimento e legittimazione processuale", *op. cit.*, p. 200 e ss.

[383] A. M. CORSO, *op. cit.*, p. 324.

tortuoso sem que seja possível um controlo da parte mais débil, no sentido de uma tutela antecipada dos seus legítimos interesses [384] (arts. 267.º/4 e 268.º/4 da C.R.P.). É para garantir esta possibilidade que a jurisprudência administrativa tem vindo a admitir a impugnação de actos procedimentais, ainda que para isso tenha que recorrer a categorias jurídicas como o acto destacável ou o acto preparatório [385]. Questionada a certeza de que no procedimento os actos preparatórios estão preordenados em função do acto final, admite-se agora que os interesses dos particulares possam ser lesados nas diversas fases que compõem o procedimento e, portanto, tuteláveis. A posição tradicional baseava-se na convicção de que o procedimento constitui uma unidade indivisível no seio de um sujeito público [386]. Agora, as representações mais modernas da doutrina tendem a reconhecer às fases procedimentais "internas" um valor co-decisório e pré-decisório; por outro lado, multiplicam-se os procedimentos com decisões graduais, como é evidente em certos procedimentos especiais ou complexos, nos sub-procedimentos ou procedimentos coligados e nas autorizações prévias [387].

Em alguns destes casos, poder-se-á mesmo falar de actos *finais parciais*. Que os actos que se encadeiam no procedimento não contenham a *decisão final*, não significa que, em determinadas situações, não possam conter *uma decisão final*, distinta logicamente da que assumirá o acto estritamente final do procedimento [388]. A assunção do conteúdo pelo acto final é, assim, um critério essencial da recorribilidade dos

---

[384] G. SCOCA, "La teoria del provvedimento dalla sua formulazione alla legge sul procedimento", in *Dir. amm.*, n.º 1, 1995, p. 53 e ss.

[385] Cfr. SÉRVULO CORREIA, *Noções de Direito Administrativo*, *op. cit.*, p. 276.

[386] A. M. CORSO, *op. cit.*, p. 317.

[387] Cfr. M. NIGRO, *La riforma del processo amministrativo*, Milano, 1980, p. 205; V. PEREIRA DA SILVA, *Em Busca do Acto Adnministrativo Perdido, op. cit.*, p. 636.

[388] J. A. TREVIJANO GARNICA, *La Impugnación de los Actos Administrativos de Trámite,* Madrid, 1993, p. 169.

actos preparatórios [389]. Com efeito, dificilmente se pode qualificar como simples acto preparatório aquele que, ainda que encadeado no procedimento, tem conteúdo próprio (contém uma decisão final) e não está destinado a ser naturalmente assumido pelo acto final do procedimento. É certo que este poderá tomar em consideração o acto anterior, sem que isso implique, todavia, a perda de conteúdo autónomo do referido acto antecedente.

Os chamados *actos finais parciais* têm lugar sobretudo naqueles procedimentos especiais em que a distinção entre as fases (do procedimento) é mais nítida. Nestes procedimentos pode até não haver um acto propriamente final do procedimento (completo), enquanto acto destinado a assumir o conteúdo dos actos preparatórios, como acontece no procedimento expropriatório [390]. Estamos postos perante actos que põem fim a cada uma das fases, o que nos permite qualificá-los como actos que *contêm uma decisão* e não como actos preparatórios *stricto sensu*. Precisamente por isso se trata de actos directamente recorríveis, sem necessidade de esperar pelo termo do procedimento [391].

Importa, por outro lado, destacar que o aspecto substancial de muitos dos actos preparatórios os torna perfeitamente sindicáveis, reforçando deste modo a tutela dos cidadãos e a eficiência da Administração. Aliás, o motivo pelo qual se vem admitindo gradualmente o controlo jurisdicional dos actos intermédios do procedimento não é estranho ao facto de

---

[389] Cfr. ESTEVES DE OLIVEIRA, *Direito Administrativo*, vol. I, Coimbra, 1980, pp. 403 a 407.

[390] Sobre o procedimento expropriativo, cfr. ALVES CORREIA, *Código das Expropriações e Outra Legislação sobre Expropriações por Utilidade Pública*, Lisboa, 1992, p. 15 e ss., esp. p. 18, onde sustenta que o acto de declaração de utilidade pública deve ser considerado como o verdadeiro acto constitutivo da expropriação. Já FREITAS DO AMARAL, *Sumários, op. cit.*, pp. 97 e 98, parece defender o entendimento de que a adjudicação da propriedade (judicial) constitui o verdadeiro acto constitutivo do procedimento expropriativo.

[391] Cfr. TREVIJANO GARNICA, *La Impugnación de los Actos Administrativos de Trámite, op. cit.*, p. 170.

se pretender, num momento de grande actividade administrativa e incremento da participação dos cidadãos, uma tutela efectiva e atempada de direitos e interesses legalmente protegidos, como prescrevem os artigos 20.º e 268.º/5 da C.R.P. [392]

Como se compreenderá, a participação dos cidadãos, o desenvolvimento do procedimento em contraditório e a transparência da Administração rompem definitivamente com o percurso estritamente unitário e linear do procedimento, permitindo desta forma a impugnabilidade dos actos preparatórios [393].

Antes de atacar o problema da sindicabilidade dos actos preparatórios é útil ver como a procedimentalização da actividade administrativa tem vindo a contribuir para a antecipação da tutela dos interesses lesados no decurso do procedimento.

Importa, desde já, ter em consideração que todo e qualquer procedimento se apresenta diferenciado, enquanto modo de realização de situações jurídicas particulares. A especialidade destas situações impõe uma tarefa de individualização dos factos relevantes, sempre que estes se apresentam como manifestação de interesses legalmente protegidos. Recortados os factos determinantes, há lugar à selecção e hierarquização dos interesses destinados a prevalecer juridicamente nas várias fases do procedimento. A concatenação de factos e interesses dignos de tutela em categorias jurídicas mais ou menos indeterminadas (incidentes autónomos, actos destacáveis, etc.) não é suficiente para fazer prevalecer uma leitura puramente garantística do procedimento, impeditiva da sua cidadania jurisdicional [394].

---

[392] M. Corso, *op. cit.*, p. 320.

[393] A relação entre a transparência administrativa e o acesso aos meios contenciosos vem ganhando adeptos na doutrina e na jurisprudência. Cfr. António de Araújo, *op. cit.*, p. 29, nota 70, onde se faz referência a vários Acórdãos do S.T.A. *Vide* especialmente Freitas do Amaral, "Direitos fundamentais dos administrados", in *Nos Dez Anos da Constituição*, Lisboa, 1986, p. 14.

[394] M. Corso, *op. cit.*, p. 319.

É sabido que a existência de uma *instrução aberta* e complexa (art. 86.º e ss. do C.P.A.) e de um contraditório amplo (art. 100.º e ss. do C.P.A.) permite, no âmbito de uma participação dialógica ou constitutiva, uma melhor identificação dos factos, uma exaustiva ponderação dos interesses divergentes e uma correcta definição do interesse público.

Acresce ainda um dado novo no que concerne à transparência da actividade administrativa — artigo 61.º e segs. do C.P.A. e Decreto-Lei n.º 65/93, de 26 de Agosto [395]. O direito de acesso aos actos e documentos administrativos é hoje um elemento naturalmente importante para que o cidadão possa dar-se conta não só da lesão de interesses dignos de tutela, mas também da *lesividade* que possa atingir os valores e a lógica do desenvolvimento do procedimento, nomeadamente do "vício de ponderação de interesses" [396].

Com o novo Código do Procedimento Administrativo opera-se uma clara transformação das relações entre os cida-

---

395 Para M. LUCIANI, "Nuovi diritti fondamentali e nuovi rapporti fra cittadino e pubblica amministrazione", in *Riv. crit. dir. priv.*, n.º 1, 1985, p. 75, o direito à simplicidade e legibilidade dos actos administrativos tem uma relação estreita com a eficiência da Administração e a tutela dos novos direitos do cidadão; SÉRVULO CORREIA, "O direito à informação e os direitos de participação dos particulares no procedimento e, em especial, na formação da decisão administrativa", *op. cit.*, p. 133 e ss.; R. VILLATA, "La trasparenza dell'azione amministrativa", in *La disciplina generale del procedimento amministrativo, op. cit.*, p. 151 e ss.; P. BADURA, "Il procedimento amministrativo", in *La codificazione del procedimento amministrativo, op. cit.*, p. 304. A literatura sobre o tema é praticamente inesgotável. Cfr. COLAÇO ANTUNES, "Mito e realidade da transparência administrativa", *op. cit.*, p. 3 e ss.

396 Cfr. S. COGNETTI, *La tutela delle situazioni soggettive tra procedimento e processo, op. cit.*, p. 102 e ss. Segundo GIANNINI, *Il potere discrezionale della pubblica amministrazione*, Milano, 1939, p. 75, "o momento essencial da discricionaridade é aquele em que se individualizam e confrontam os vários interesses concorrentes". Com esta proposição, um jovem prodigioso, de apenas vinte e quatro anos, punha definitivamente os fundamentos da noção jurídica de discricionaridade administrativa. O mérito desta tese doutrinal está, no nosso ponto de vista, em ter fundado uma hipótese rigorosamente dogmática com base no exame da realidade social, sem, todavia, transcurar a relevância do dado normativo. Nós acrescentaríamos, apenas, que hoje a discricionaridade administrativa está fortemente vinculada pelas normas técnicas e pelo princípio procedimental da ponderação de interesses.

dãos e a Administração Pública, com a assunção daqueles de pretensões cada vez mais intensas. Neste sentido, o direito de acesso aos actos e documentos administrativos dá outra visibilidade aos cidadãos da actuação da A.P. e da lesividade das suas situações jurídicas [397]. Em síntese, a instrução e o contraditório no procedimento, bem como o direito de acesso aos actos administrativos, vêm potenciar a impugnação dos actos preparatórios que apresentem efeitos imediatamente lesivos de direitos e interesses legalmente protegidos e não só efeitos prodrómicos [398].

Se a tutela é antecipada aos actos preparatórios com efeitos lesivos externos, isso é fruto de uma maior sensibilidade da doutrina e da jurisprudência às alterações constitucionais de 1989. É preciso, ainda, ter consciência de que a Administração tem vindo a transferir para momentos diversos as escolhas discricionárias inerentes à sua acção, não só antecipando tal momento, como envolvendo também um número de interesses cada vez mais vasto. Sendo assim, é oportuno sublinhar que a fase decisiva da actividade administrativa bem pode ser aquela em que se adquirem os elementos determinantes para chegar a uma decisão e não propriamente o acto final. Há, inclusive, casos em que o acto conclusivo do procedimento, ainda que abstractamente discricionário, resulta, em concreto, vinculado aos resultados adquiridos na fase instrutória. Estamos a pensar nos procedimentos plurifuncionais que pressupõem o apuramento de factos complexos sob o aspecto técnico. Nestas situações, bem pode suceder que um "parecer" técnico seja de tal forma intenso a ponto de

---

[397] C. H. ULE / H. W. LAUBINGER, "Diritto del procedimento amministrativo", in *La codificazione...*, *op. cit.*, p. 138.

[398] Cfr. GOMES CANOTILHO, "Anotação", in *R.L.J.*, ano 123, n.º 3793, 1990, pp. 116-118; R. VILLATA, *op. cit.*, p. 184; SCHINAIA, "Relazione di sintesi", in *Il procedimento amministrativo fra riforme legislative e trasformazioni dell'amministrazione, op. cit.*, p. 149, admite que o "interesse" procedimental violado, sem que haja coincidência com o interesse processual (legitimidade relativamente ao acto final), é autonomamente justiciável.

vincular a Administração activa [399] (por ex., o parecer que culmina o subprocedimento de avaliação de impacto ambiental). Este exemplo é, aliás, interessante na medida em que vem demonstrar que o critério da lesividade não se pode reportar apenas às situações jurídicas individuais de cunho patrimonial, devendo também ter em consideração a lesão dos chamaos interesses difusos. A lesividade reporta-se aqui exclusiva e objectivamente ao bem ambiental. Não há, portanto, dano subjectivo.

Em suma, o controlo jurisdicional da actividade administrativa (ainda) *in itinere* é perfeitamente justificada numa Administração constitutiva e conformadora, que actua frequentemente de forma prefigurada (planos urbanísticos, programas, etc.). Isto significa que o controlo jurisdicional não tem que incidir necessariamente sobre o acto final. A nosso ver, é necessário e suficiente que o acto preparatório, independentemente da lesividade, apresente um valor autónomo, pré-decisório, vinculativo [400].

A procedimentalização da Administração abre o caminho a uma tutela preventiva "interna", porque, tornando "externo" e cognoscível o processo de formação da decisão administrativa, permite individualizar o momento ou a fase em que se concretiza tal decisão e, portanto, a lesão de direitos e interesses legalmente protegidos [401].

Desta forma, a procedimentalização cria e desenvolve nexos "duradouros" e não apenas episódicos entre a Administração e os administrados, o que permite identificar melhor as partes e as situações jurídicas. Em suma, a procedimentalização da actividade administrativa, revelando antecipada-

---

[399] Cfr. Colaço Antunes, "O acto de avaliação de impacto ambiental entre discricionaridade e vinculação: velhas fronteiras e novos caminhos procedimentais da discricionaridade administrativa", in *Rev. Jur. Urb. Amb.*, n.º 2, 1994, p. 57 e ss.

[400] Cfr. "Acórdão do S.T.A., de 5 de Março de 1991", in *Bol. Min. Just.*, n.º 405, 1991, p. 258 e ss.

[401] Cfr. M. Nigro, *op. cit.*, p. 206.

mente a lesão de situações jurídicas individuais e pluri-individuais, vem permitir uma tutela preventiva à emanação do acto formalmente final.

Importa, ainda, fixar alguns critérios que devem presidir à impugnabilidade directa dos actos preparatórios, o que faremos mais adiante.

Antes de mais, releva perceber que há tradicionalmente dois sistemas fundamentais para determinar quais os actos susceptíveis de serem directamente recorríveis: um, atende essencialmente ao carácter lesivo do acto das situações jurídicas dos administrados [402]; o outro, centra-se no encadeamento de cada acto no seio do procedimento [403]. Nós optámos, como fizemos referência, por um terceiro modelo, baseado numa noção substancial de procedimento (o acto é fruto *do processo* de ponderação e hierarquização de interesses), que aponta para uma ideia de lesividade objectiva do bem ambiental, em conexão com as fases significativas do procedimento, os valores e a lógica do seu normal desenvolvimento. A nosso ver, a qualidade de "acto" depende da produção de efeitos externos, mas também da *função que ocupa no procedimento*, para o que é decisivo, como salientámos anteriormente, ter em consideração o tipo de procedimento em causa.

A nossa jurisprudência administrativa, partindo implicitamente de uma concepção "formal-garantística" do procedimento, tem optado pelo primeiro modelo. Parece-nos, como já anotámos, que se trata de uma postura algo redutora, na

402 Parece-me haver aqui uma clara influência da doutrina francesa, segundo a qual só são recorríveis os actos susceptíveis de "faire grief", numa identificação entre acto administrativo e acto recorrível assente na noção de acto regulador. Cfr. M. WALINE, *Traité Élémentaire de Droit Administratif, op. cit.*, pp. 116 e ss. e 128 e ss. *Vide,* também, ROGÉRIO SOARES, "O acto administrativo", *op. cit.*, p. 28. Mais recentemente sobressai a ideia de relação jurídica, de inspiração alemã, visível em V. PEREIRA DA SILVA, *op. cit.*, p. 163 e ss.

403 Aqui pesa, sobretudo, o clássico ensinamento de Sandulli sobre o procedimento administrativo.

medida que pode levar à inimpugnabilidade daqueles actos preparatórios que, condicionando irremediavelmente o acto final [404], lesam sobremaneira bens de fruição difusa (por ex., o ambiente). Acresce ainda que o acto preparatório pode ter já um carácter pré-decisório sem que isso signifique uma lesão directa de um direito ou interesse legalmente protegido. Importa compreender que a lesão de direitos e interesses dignos de tutela pode resultar de um *vício* do procedimento, sem que haja resultados lesivos imediatos [405].

Mais, o problema da impugnabilidade dos actos preparatórios não pode deixar de se confrontar com o direito a uma tutela efectiva (arts. 20.º e 268.º/5 da C.R.P.). A actual redacção do artigo 268.º/4 da Constituição está agora mais conforme com o artigo 20.º, ao permitir o recurso contencioso, com fundamento em ilegalidade contra quaisquer actos, independentemente da sua forma, lesivos de direitos e interesses legalmente protegidos dos cidadãos. Na redacção do artigo 268.º/4 definitividade e acto final do procedimento são uma e a mesma coisa, pelo que, na voz autorizada de Garcia de Enterría [406], a exigência do esgotamento da via administrativa, como condição de acesso à via contenciosa, constitui uma duplicação do privilégio da decisão prévia, que carece de toda a justificação [407].

---

404 MARCELLO CAETANO, *Manual de Direito Administrativo,* vol. I, *op. cit.*, p. 445. A meu ver, este aspecto revela-se ainda mais importante se, "paradoxalmente", partirmos de uma concepção objectivista do contencioso, em consonância com a ideia de *lesividade* dos princípios orientadores de um normal e correcto desenvolvimento do procedimento.

405 Cfr. HUFEN, "Heilung und Unbeachtlichkeit grundrechtsrelevanter Verfahrensfehler?", in *NJW,* 1982, p. 2169.

406 GARCIA DE ENTERRÍA, *Hacia una Nueva Justicia Administrativa,* Madrid, 1989, p. 78.

407 A favor do carácter facultativo do recurso hierárquico, cfr., por ex., PAULO OTERO, *Conceito e Fundamento da Hierarquia Administrativa,* Lisboa, 1989, p. 456; *id.*, "As garantias impugnatórias dos particulares...", *op. cit.*, p. 60. FREITAS DO AMARAL, *Conceito e Natureza do Recurso Hierárquico,* vol. I, Coimbra, 1981, p. 257, chama a atenção para as limitações entretanto sofridas pelo princípio hierárquico.

O conceito de definitividade é um conceito empírico, não dogmático [408], que tinha algum sentido num ordenamento jurídico de procedimentos monocráticos, sem contraditório e participação dos cidadãos, onde o recurso hierárquico constituía, porventura, um dos raros momentos de "diálogo" do particular com a Administração [409]. No quadro actual, de intensa participação e de plena legitimidade procedimental (art. 53.º do C.P.A.) e jurisdicional (arts. 52.º/3 e 268.º/4 da C.R.P.) [410] dos titulares de direitos e interesses legalmente protegidos, perde todo o sentido insistir na via administrativa enquanto passagem obrigatória para o contencioso. A noção de definitividade perde ainda sentido porque agora (art. 268.º/4 da C.R.P.) o acto preparatório se opõe ou pode opor-se ao acto final e a definitividade do acto já não constitui um requisito indispensável para a sua impugnação judicial. Mais, o aprofundamento do controlo jurisdicional de legalidade vem, de certo modo, esvaziar de conteúdo o controlo de mérito operado pelo recurso hierárquico, acentuando desta forma a sua inutilidade.

Por outro lado, resultará inconstitucional qualquer disposição que eclipse substancialmente o direito à tutela efectiva (art. 20.º da C.R.P.), ainda que o faça sob a forma de remissão da impugnação para momentos ulteriores, *maxime* do acto final. Daí que a delicadeza da questão esteja em determinar quando a recusa de um recurso directo e imediato contra um acto preparatório afecta substancialmente o direito à tutela efectiva consagrado no artigo 20.º da C.R.P. [411] A nosso ver, quando a impugnação do acto final não seja apta a satisfazer as pretensões do recorrente, isto é, sempre que esteja em

---

408 M. S. GIANNINI, "Ricorsi amministrativi negli ordinamenti regionali", in *Giur. cost.*, 1961, p. 1324.

409 G. BERTI, "La definitività negli atti amministrativi", in *Arch. giur.*, 1965, pp. 135 e 136.

410 Legitimidade agora reforçada pela Lei n.º 83/95, de 31 de Agosto.

411 Obviamente que se pressupõe que o acto esteja numa situação de lesar directamente o particular.

dúvida ou perigo a reintegração plena dos direitos e interesses legalmente protegidos.

Tratando-se de evitar uma visão romanceada do artigo 268.º/4 da C.R.P. (= banalidades de base = falar para estar calado), impõe-se agora fixar um critério interpretativo que possa orientar o problema da recorribilidade dos actos preparatórios, para o que importa ter em consideração os seguintes aspectos:

Conteúdo autónomo do acto preparatório, susceptível de lesar directamente direitos e interesses legalmente protegidos dos cidadãos, entendendo-se aqui incluídos os interesses difusos.

Absorção do conteúdo do acto preparatório pelo acto final. O critério da absorção tem o mérito de delimitar o alcance do conteúdo do acto preparatório. Caso se produza a absorção, o eventual vício na tramitação passará então para o acto final, o chamado "acto-esponja", havendo neste caso lugar a uma impugnação concentrada. Uma coisa é uma série sucessiva de actos com conteúdo próprio e outra, distinta, é a de que algum ou alguns dos actos preparatórios, em função do seu conteúdo, tenham de ser reiterados, absorvidos, em suma, assumidos pelo acto final [412].

Relevância externa ou interna do acto preparatório.

Existência ou não do acto final, em que se concentraria a acção (recurso) impugnatória.

Distinção entre actos preparatórios e actos que decidem incidentes autónomos. Destacam-se dois tipos de actos desta natureza: os actos resolutórios de incidentes de suspensão da executoriedade de actos recorridos e os de adopção de medidas cautelares, por exemplo a suspensão de funções em consequência da instauração de um procedimento disciplinar. Nestes casos trata-se de actos recorríveis, porque se trata de verdadeiros actos finais de um miniprocedimento.

---

412 Cfr. J. A. G. Trevijano Garnica, *op. cit.*, pp. 102-104.

A existência de um acto preparatório que condiciona irremediavelmente o acto final. O acto preparatório assumiria aqui a qualidade de acto-condição do acto final.

Carácter pré-decisório ou co-decisório dos actos que concluem fases autónomas do procedimento.

Existência de "actos finais parciais" naqueles procedimentos (especiais e complexos) onde a distinção entre as fases é mais nítida.

Lesividade dos princípios, da lógica e do normal desenvolvimento do procedimento administrativo, incluindo o vício de ponderação de interesses, para usar a terminologia alemã.

Incidência da invalidade do acto preparatório no acto final.

Efeitos da não recorribilidade do acto preparatório. Põe-se aqui o problema de saber se os actos recorríveis e não impugnados atempadamente resultam consentidos, precludindo, eventualmente, o direito de impugnação do acto final [413].

Excessiva demora em chegar ao acto final do procedimento. Trata-se, neste caso, de não fazer suportar demasiado tempo ao lesado por um acto preparatório. O problema que se coloca aqui é o de saber se a eficácia da tutela, através da impugnação do acto final, não fica definitivamente prejudicada. Com efeito, a morosidade do acto final pode conduzir a que a lesão do direito ou interesse legalmente protegido se torne irreparável, devendo o juiz recorrer, em conjugação com o artigo 268.º/4, ao artigo 20.º da C.R.P.

Estes critérios devem utilizar-se de forma coordenada, tendo em vista as peculiaridades do caso concreto, pois nem sempre um deles resulta determinante para a recorribilidade do acto preparatório.

---

[413] Tratando-se de dois actos distintos, não vemos como possa entender-se que a interposição de recurso do acto preparatório precluda a possibilidade de mais tarde recorrer do acto final, a não ser naquelas hipóteses, pouco prováveis nos procedimentos de massas, em que o interesse procedimental e o interesse processual não coincidam.

Importa, por último, chamar a atenção para a importância crescente da recorribilidade daqueles actos que a doutrina italiana chama de "atti di indirizzo" [414]. Estes actos configuram-se frequentemente como actos preparatórios mas na realidade constituem decisões preliminares, não auto-suficientes é certo, directa e imediatamente lesivas. Outras vezes assumem a veste de actos formalmente administrativos (de coordenação e planificação) [415], em que se contêm directrizes e estatuições directamente vinculantes no que toca, por exemplo, à localização de uma central nuclear ou hidroeléctrica.

A função prioritária deste tipo de actos é a de organizar um espaço de liberdade para a actividade administrativa e, consequentemente, ditar as regras para o exercício de tal actividade, como que autovinculando-se. A doutrina alemã fala a este propósito, de directrizes discricionárias *(Ermessenrichtlinien)* [416] agindo de forma semelhante às normas regulamentares, com a diferença de apresentarem um maior grau de concreticidade e, sobretudo, uma maior elasticidade e adaptabilidade às situações supervenientes.

A pregnância da impugnabilidade destes actos resulta do facto de apresentarem a particularidade de desencadear não só um efeito lesivo de situações jurídicas individuais, mas também de bens jurídicos imateriais (por exemplo, o ambiente) e de direitos e liberdades constitucionalmente garantidos.

---

[414] E. PICOZZA, *L'attività di indirizzo della pubblica amministrazione*, Padova, 1988, p. 113 e ss.

[415] Estamos aqui no âmbito da discricionaridade de planeamento, onde a liberdade da Administração se pode estender aos fins. Cfr. entre nós, SÉRVULO CORREIA, *Legalidade e Autonomia Contratual dos Contratos Administrativos, op. cit.*, p. 494; ALVES CORREIA, *O Plano Urbanístico e o Princípio da Igualdade, op. cit.*, pp. 282 e 283.

[416] Cfr. F. OSSENBÜHL, "Autonome Rechtsetzung der Verwaltung", in ISENSEE/KIRCHHOF, *Handbuch des Staats Rechts*, vol. III *(Das Handeln des Staates)*, Heidelberg, 1988, p. 435.

6. Concluindo

Nos termos de uma concepção substancial e constitucional [417], o escopo do procedimento administrativo está não só na tutela preventiva de situações jurídicas subjectivas como, e essencialmente, no assegurar uma participação social capaz de garantir a melhor realização do interesse público. São, portanto, questionados dois elementos fundamentais em que se apoiava o pensamento dominante no direito administrativo. A saber, a contraposição entre Estado e indivíduo, visível na carismática relação autoridade-garantia e a centralidade do acto administrativo [418]. A centralidade é agora do procedimento, adquirindo evidência (procedimental), por força da escala de valores e direitos plasmados na

---

[417] Cfr. S. CASSESE, "La disciplina legislativa del procedimento amministrativo. Una analise comparata", in *Foro it.*, V, 1993, p. 27, observa que a disciplina do procedimento tem efeitos não só sobre a administração, mas também sobre o sistema judicial e a própria constituição; G. ROEHRSSEN, "Il giusto procedimento nel quadro dei principi costituzionali", in *La disciplina generale del procedimento amministrativo, op. cit.*, p. 51 e ss. A função constitucional do procedimento administrativo está não só na garantia de situações jurídicas constituídas, mas também na tutela de direitos e interesses sociais reconhecidamente relevantes, maxime a nível constitucional. A função do procedimento é, portanto, a de operar uma nova síntese Estado-sociedade, face à crise de representatividade e de legitimidade dos poderes públicos. Trata-se de um mecanismo adequado à dimensão participativa do Estado de Direito, ao permitir agora legitimar as decisões, algo que não é de todo conseguido pelos mecanismos representativos, mais vocacionados para legitimar as instituições democráticas, mas não as decisões concretas. Constitui igualmente um instrumento de acesso a um território fechado como o da Administração, permitindo configurar, assim, uma cidadania total.

Está posta em causa, portanto, a concepção do *procedimento*, segundo a qual as garantias são projectadas na fase sucessiva, logo, na fase jurisdicional através do respectivo recurso. É sabido que esta orientação, reflectida na lei austríaca de 1925 sobre o procedimento administrativo, mergulha as suas raízes numa elaboração jurisprudencial precedente à afirmação da doutrina normativista. Para uma leitura global da doutrina austríaca sobre o procedimento administrativo, cfr., por todos, L. K. ADAMOVICH, B. C. FUNK, *Algemeines Verwaltungsrecht,* 3ª ed., Wien, New York, 1987, esp. p. 371 e ss.

[418] Cfr. F. KOPP, "Zehn Jahre Verwaltungsverfahrensgesetz - Anspruch und Wirklichkeit - ein Bilanz", in *DieVerwaltung,* 1987, p. 1 e ss.; VIEIRA DE ANDRADE, *O Dever da Fundamentação..., op. cit.*, p. 19, onde se aponta para uma redefinição do acto, de modo a servir realidades emergentes como o ambiente; COLAÇO ANTUNES, "Los intereses difusos: ubicación constitucional...", *op. cit.*, p. 420.

Constituição, a exigência social de ver tutelados, em primeira linha, direitos que a todos pertencem, sem que venham menos garantidas as posições jurídicas individuais [419].

Assim sendo, não colhe a ideia de uma contraposição geral de todos os sujeitos do procedimento em face da Administração, uma vez que os objectivos dos titulares de direitos pluri-individuais são coincidentes com os do agente administrativo, na medida em que lhe compete prosseguir o interesse público e os fins fixados pelo sistema jurídico. Isto explica porque deve ser dada uma clara acentuação aos aspectos formais e organizativos do procedimento, nomeadamente ao direito de acesso aos actos e documentos administrativos (art. 268.°/1 da C.R.P. e arts. 61° e ss. do C.P.A.), por forma a garantir a eficácia da participação no procedimento [420]. O resultado materialmente objectivo do procedimento é fruto não só da intervenção dos interessados, mas também da utilização daqueles meios procedimentais que constituem um veículo para a introdução (no procedimento) de um leque variado de documentação, informações e observações, consubstanciando uma relação paritária com a Administração Pública [421].

---

[419] Para NIGRO, "Procedimento amministrativo", *op. cit.*, p. 33, importa não confundir a por vezes lábil e abstracta distinção entre *exigência de garantia*, que procura assegurar a tutela através da participação de interesses legítimos afectados pela actividade administrativa, e *exigência social* que implica a tutela de direitos e interesses pluri-individuais mais conectados com a completude do ordenamento jurídico e a definição do interesse público. A exigência de justiça exige que se alcance o resultado pretendido pelo ordenamento jurídico no que toca à defesa do ambiente, com o menor prejuízo possível (caso exista) para as situações jurídicas privadas. Noutros termos, SÉRVULO CORREIA, "O direito à informação", *op. cit.*, p. 145 e ss.

[420] Cfr., COLAÇO ANTUNES, "Mito e realidade da transparência administrativa", *op. cit.*, p. 32 e ss.; R. DRAI, "Le dialogue administratif", in *La communication administration-administrés,* Paris, 1983, p. 143; G. LAVEISSIÈRE, "L'accès aux documents administratifs", in *Information et Transparence Administratives,* Paris, 1988, p. 16 e ss.; C. SPANOU, "Les associations face à l'information administrative: le cas de l'environnement", in *Information et Transparence, op. cit.*, p. 128 e ss.

[421] A. PUBUSA, *op. cit.*, p. 293.

Os aspectos reconstrutivos e prospectivos levados a cabo sobre o modelo participativo induzem-nos agora a fazer referência a algumas implicações e eventuais imperfeições do novo Código do Procedimento Administrativo. Antes de mais, a legitimação procedimental dos titulares de direitos e interesses difusos permite desvendar a íntima contradição de pensar o procedimento como o *iter* da transformação da função em acto (art. 1.º/1 do C.P.A.). Segundo esta concepção, que julgamos dominante, o procedimento é entendido como expressão exclusiva da função desenvolvida pela Administração. Isto implicaria, em bom rigor, uma considerável desvalorização da instrução, com evidentes reflexos no seu carácter essencialmente interno, em contraposição com o entendimento aberto deste instituto (art. 86.º e ss. do C.P.A.) [422]. Pese embora a novidade e a importância da consagração legal da audiência dos interessados (art. 100.º e ss. do C.P.A.), a verdade é que é inevitável uma desvalorização e secundarização de toda a actividade estranha à Adminis-

[422] M. TERESA SERRA, *Contributo ad uno studio sulla istruttoria...*, *op. cit.*, p. 79 e ss.

O princípio democrático da soberania popular é o "centro primário" da actividade e organização administrativas, pelo que se impõe uma nova relação paritária entre a Administração e o cidadão destinada a reflectir-se na completa *visibilidade* do poder público e do seu exercício (cfr. N. BOBBIO "La democrazia e il potere invisibile" in *Pol. dir.*, 1980, p. 180 e ss.). Por outro lado, o princípio da publicidade dos actos administrativos, inclusive dos actos instrutórios, é um pressuposto ineliminável do correcto exercício do direito de controlo e de crítica, sem o qual o direito de audiência dos interessados vem naturalmente limitado.

Vigorando no procedimento administrativo *o princípio da verdade material*, já que a decisão final deve reflectir os factos provados no procedimento e cabendo aos interessados provar os factos que tenham alegado (de acordo com a regra: quem alega, prova), "sem prejuízo do dever cometido ao órgão competente, nos termos do n.º 1 do artigo anterior" (art. 88.º/1 do C.P.A.), é de toda a justiça abrir a instrução à participação e publicidade dos interessados. A realização de uma *Administração aberta* passa, a nosso ver, por uma instrução aberta ao público, tanto mais que esta fase constitui um dos momentos mais autoritários da actuação da Administração e em que ganha corpo o conteúdo da decisão final. Cfr. S. BOTELHO, P. ESTEVES e C. DE PINHO, *op. cit.*, p. 232.

tração. Esta concepção do procedimento mantém, assim, o carácter autoritário da função administrativa [423].

Todavia, o reconhecimento da legitimidade procedimental dos titulares de interesses difusos (art. 53.º do C.P.A.) deveria levar-nos a conceber o procedimento como o instrumento no qual se transforma em acto não só a função exercitada pela Administração Pública, mas também as que, sendo homogéneas com aquela, são postas em prática por entes privados. Esta concepção permitiria colher melhor a índole social e democrática da função administrativa. Só esta perspectiva consente fundamentar correctamente a posição de paridade entre o agente administrativo e os titulares de novos direitos fundamentais no processo de formação da decisão final.

Para melhor iluminar a posição dos titulares dos interesses difusos no procedimento, importa fazer uma distinção entre o conceito de *participação* e o conceito de *intervenção*, utilizados indistintamente pelo Código do Procedimento Administrativo. A participação deve ser referida a sujeitos legitimados em virtude da sua função público-colectiva (associações de defesa do ambiente, entes exponenciais dos interesses difusos em geral, cidadãos). Já o termo intervenção pretenderá aludir às manifestações procedimentais dos titulares de direitos subjectivos e interesses legítimos, que agem numa perspectiva garantística. Esta distinção subentende uma outra; a que se refere às manifestações de tipo objectivo — próprias dos titulares dos interesses difusos — e aquelas outras de índole subjectiva, mais conotadas com a intervenção dos titulares de situações jurídicas de matriz patrimonial. Se a participação adquire uma dimensão essencialmente objectiva, tal não significa que seja correcto falar de colabora-

---

[423] Função autoritária que surge agora reforçada com a nova alínea c) do n.º 1 do art. 103.º do C.P.A., introduzida pelo DL n.º 6/96, de 31 de Janeiro.

ção [424]. Isto, porque não podem ser entendidas em tal sentido as manifestações dos sujeitos que prosseguem a mesma finalidade da Administração, na medida em que desenvolvem uma actividade e uma função autónomas e prosseguem interesses que consideram também seus, porque da colectividade [425]. É preciso convir que os interesses públicos podem ser entendidos de modo diferente ou ser prosseguidos com instrumentos diversos [426]. Por outro lado, não existe qualquer presunção de que a interpretação da Administração seja a melhor ou a mais conforme com a vontade da lei na prossecução do interesse público ou a que melhor se ajusta à defesa dos bens ambientais [427].

---

[424] F. LEDDA, "Problema amministrativo...,", *op. cit.*, p. 148, entende ser preferível substituir a perspectiva da colaboração pela da participação dialéctica e de confronto.

Fundamental nesta matéria é a aplicação do princípio da boa fé (art. 6.º-A do C.P.A.), uma vez que a existência de interesses divergentes não afasta a possibilidade de colaboração. Cfr. F. MANGANARO, *Principio di buona fede e attività delle amministrazioni pubbliche,* Napoli, 1995, p. 145 e ss.

[425] Para superar a característica autoritária do acto não basta recorrer à figura do acto *carecido de colaboração,* cujas virtualidades estão na sua função explicativa e no acentuar dos *momentos patológicos.* Cfr., entre nós, SÉRVULO CORREIA, *Legalidade e Autonomia Contratual ..., op. cit.*, p. 346; ROGÉRIO SOARES, *Direito Administrativo, op. cit.,* p. 179.

[426] Importa observar que participação e colaboração não são mundos completamente separados, já que quem intervém em defesa de um interesse directo coloca também à disposição da Administração factos que ampliam o seu conhecimento. Cfr. P. STELKENS, *Verwaltungsverfahren,* München, 1991, esp. p. 64 e ss.; MAYER-KOPP, *Allgemeines Verwaltungsrecht,* Boorberg, 1985, p. 348 e ss.

[427] Neste sentido, apesar da jurisprudência continuar a insistir na presunção de legalidade do acto administrativo, VIEIRA DE ANDRADE, *Direito Administrativo, op. cit.*, p. 150 e ss., ensina que, contrariamente à existência desta presunção, existe um "princípio da repartição do ónus da prova objectivo". Admitindo que a Administração é o actor principal da lide, deve-lhe ser endossado o ónus da prova, sem que tal signifique uma presunção de ilegalidade do acto administrativo. Segundo NIGRO, "Il giudice amministrativo 'signore della prova' " in *Foro it.*, V, 1967, p. 17, imputar o ónus da prova aos recorrentes seria admitir que a Administração "tem não só o poder de resolver unilateral e automaticamente os conflitos de interesses com os administrados, mas também o de declarar a verdade de todos os factos aduzidos". Acrescenta o mesmo autor, *op. cit.*, pp. 19 e 20, que sempre que o cidadão "resiste" à actividade da Administração, é esta que deve provar a existência de factos que justificam a sua acção.

Outro aspecto a ponderar é o de que o alargamento da participação no procedimento aos portadores de interesses difusos deveria, em nosso entender, implicar outra forma de organizar o procedimento, tendo em consideração que, segundo o artigo 86.º/1 do Código, a direcção da instrução cabe, em princípio, ao órgão competente para a decisão, salvo o disposto em diplomas orgânicos dos serviços ou em preceitos especiais. Com a devida vénia, julgamos que deveria haver uma autonomia organizatória da actividade instrutória, entendida em sentido amplo, relativamente à fase decisória, por forma a assegurar uma maior imparcialidade e eficácia à função administrativa. Em suma, a instrução e a decisão deveriam ser confiadas a órgãos administrativos distintos, de modo a garantir, no plano organizativo do procedimento administrativo [428], uma distinção entre o momento tendencialmente paritário da participação [429] e o momento tendencialmente autoritário da decisão.

Por outro lado, a *eficácia* do procedimento administrativo depende, em boa medida, da sua capacidade de acolher e ponderar todos os interesses juridicamente relevantes, ao ponto de tocar o próprio interesse primário quando este vem definido à priori, *ope legis* [430]. Há, certamente, um momento inicial autoritário e unilateral, no qual a Administração indica o programa e, portanto, o objectivo a realizar. Por sua vez, no curso do procedimento, os titulares de posições jurídicas rele-

---

428 O procedimento pertence também ao mundo da organização. Neste sentido, NIGRO, "Procedimento amministrativo...", *op. cit.*, p. 21 e ss.; SCHMITT-GLAESER, "Il procedimento amministrativo e la sua legge", in *La codificazione del procedimento amministrativo, op. cit.*, p. 429.

429 A participação procedimental tem a vantagem de permitir "simultaneamente: a) um controlo durante o processo decisional, não após o seu termo; b) um controlo dentro da Administração e não fora dela; c) um controlo dentro da Administração mas não pela Administração; d) um controlo conduzido por entidades estranhas à Administração e aos poderes formalmente instituídos; e) um controlo mais empenhado, porque conduzido pelos que nele têm directo interesse". Cfr. ANTÓNIO DE ARAÚJO, *op. cit.*, p. 18.

430 Cfr. P. LANDI, *La tutela processuale dell'ambiente,* Padova, 1991, p. 253 e ss.

vantes são chamados a pronunciar-se em relação aos objectivos delineados a montante pela Administração ou pela lei, manifestando pontos de vista e observações que podem, inclusive, alterar a valoração dos factos já conhecidos pelo órgão administrativo. É no momento da instrução do procedimento e na fase da audiência dos interessados que se concretiza a hierarquização de valores e de direitos envolvidos [431]. Nesta perspectiva, o significado do direito à participação no procedimento não está tanto e apenas na tutela de posições jurídicas, mas na exigência e garantia de completude do material instrutório, de modo a permitir achar imparcialmente o interesse público concreto. A função essencial do direito de audiência prévia está, a nosso ver, em permitir complementar e superar as limitações e lacunas de uma instrução que constitui o cerne do projecto de decisão a apresentar aos interessados.

Num esforço clarificador sobre o sentido e alcance do procedimento para a tutela preventiva do ambiente, é oportuno agora aproximarmo-nos, se possível, das *fontes do princípio da hierarquia dos interesses* no procedimento administrativo [432]. À partida, o intérprete pode sacar do sistema das fontes, segundo uma escala de valores constitucionais, dois critérios de ordenação dos interesses envolvidos no procedimento. Pode dizer-se que o princípio da hierarquia [433] marca o procedimento segundo uma dupla ordem de razões: por um lado, a natureza e relevância objectiva e substancial de cada um dos direitos ou interesses expressos no procedimento; por

[431] E. CARDI, *La manifestazione di interessi nei procedimenti amministrativi*, vol. I, *op. cit.*, p. 19 e ss.

[432] Cfr. F. FRATTINI, "Le fonti della gerarchia degli interessi", in *Atti del XXXVII Convegno di Studi di Scienza dell'Amministrazione,* Milano, 1994, p. 19 e ss.

[433] Sobre os problemas da unilateralidade e da autoridade da actividade administrativa e respectivos limites, cfr. G. CONTI, *Organizzazione gerarchica e stato democratico*, Padova, 1989, p. 280. Entre nós, *vide* PAULO OTERO, *Conceito e Fundamento da Hierarquia Administrativa*, Coimbra, 1992, p. 221 e ss.

outro, o âmbito dos poderes de participação dos interessados no procedimento. Este segundo aspecto não está necessariamente ao mesmo nível do primeiro, porque em alguns casos o sistema jurídico atribui, num determinado procedimento, poderes e faculdades limitadas a sujeitos portadores de direitos e interesses com assento constitucional. *Poderá então dizer-se que em tais casos o princípio da hierarquia está em indicar (e implicar) uma posição participativa tanto mais intensa quanto mais directa é a incidência do acto administrativo final sobre o direito ou interesse em causa.*

Voltando mais adiante a este aspecto, importa examinar o primeiro dos critérios que permite distinguir e ordenar os interesses na base da sua natureza objectiva e substancial. O critério em causa não pode deixar de reconhecer-se na Constituição que, como vimos anteriormente, reconhece primazia aos interesses-sujeitos-de-dever-ser, enquanto modo de ser e limite dos direitos fundamentais. Ao lado dos "originários" direitos de liberdade emerge agora um novo modo de ser dos direitos fundamentais de natureza essencialmente pluri-individual e participativa, cujo máximo expoente é o direito ao ambiente. O novo direito fundamental ao ambiente não é apenas um *direito,* mas um novo *modo de ser dos direitos fundamentais (pluri-individual) e o limite-medida* de outros direitos de natureza essencialmente privatística e material.

À noção liberal e iluminística da liberdade de actuação do homem sobre o mundo que o rodeia, opõe-se agora o direito a um ambiente sadio e ecologicamente equilibrado (art. 66.º/1 da C.R.P.). Não se trata só de uma relação antagonística entre a liberdade de agir do homem sobre o ambiente e dos limites desta liberdade, mas também de um *equilíbrio* em que o *prius* é o ambiente enquanto tal. É na base deste *equilíbrio,* tendencialmente favorável à protecção do ambiente, que se deve ordenar a hierarquização dos interesses no procedimento. A reinterpretação e ordenação dos direitos fundamentais deve ser iluminada pela relação dialéctica que se estabelece entre o direito de propriedade, a liberdade de iniciativa económica e o direito ao ambiente. Por outras palavras, o equilíbrio entre dois blocos de situações jurídicas contrastantes deve ser procurado ao nível da interpretação dos direitos fundamentais consagrados na Constituição [434]. O *prius* dado ao direito ao ambiente impõe a própria superação da noção positivista do direito, porque a norma jurídica não pode prescindir do dado iusnatural que é o bem ambiental. Estando em causa a ficção positivista da conformação normativa total da realidade, as lacunas do direito têm de ser aqui descobertas e colmatadas com o recurso a valorações transcendentes, suprapositivas [435]. Nesta linha de pensamento poderíamos mesmo ver a noção de impacto ambiental como um novo e diverso modo de revisitar o velho conceito da *Natur der Sache* [436] e o direito ao ambiente como a mais pregnante e dramática afirmação dos direitos, liberdades e garantias da época contemporânea.

Importa agora passar ao segundo critério, retomando o princípio da hierarquia dos interesses. A abertura do procedimento administrativo à participação dos titulares dos interesses difusos não pode deixar de confirmar a existência de um princípio de hierarquia dos interesses envolvidos, se se privilegia essencialmente a incidência do acto final no ambiente, na medida em que é objecto de tutela directa através de normas-fim e normas-tarefa (arts. 9.°/ d) e e), 66.°/ 2, a), b), c) e d); 81.°/ n), 91.°/ 1, d) e 96.°/ 2 da C.R.P. [437], relegando para segundo plano as situações subjectivas de índole proprietarista.

Colocar como "sujeito" da tutela uma coisa que é habitualmente pensada como destinatária de direitos e faculdades

---

[434] R. Rota, "Funzione amministrativa e procedimento in materia di tutela dell'ambiente e dello sviluppo", in *Dir. proc. amm.*, n.º 3, 1993, p. 567.

[435] Baptista Machado, *Introdução ao Direito e ao Discurso Legitimador, op. cit.*, p. 200 e ss.; Afonso Vaz, *Lei e Reserva da Lei, op. cit.*, p. 196 e ss.

[436] G. Lombardi, "Iniziativa economica privata e tutela dell'ambiente", in *L'ambiente e la sua protezione*, Milano, 1991, p. 262.

[437] Gomes Canotilho, "O procedimento...", *op. cit.*, n.º 3802, p. 8.

dos particulares, indicia, como vimos, uma diversa estrutura e ordenação dos direitos fundamentais. Está aqui exposta a fractura e a superação da tutela ressarcitória de matriz liberal, a favor de uma imediata e directa protecção do objecto, que se traduz essencialmente numa tutela preventiva ao nível do procedimento administrativo. Quer dizer, a tutela do ambiente é directa e imediata, logo, prioritária e inibitória, relativamente ao exercício de faculdades e direitos de diversa natureza que se revêem mais na tutela processual.

Em suma, destacar a estrutura objectiva do bem, no contexto dos direitos fundamentais, implica necessariamente privilegiar a tutela preventiva do ambiente e a pregnância de interesses pretensivos conexos aos bens ambientais.

Por consequência, o esforço e consolidação da participação dos titulares dos interesses difusos no procedimento administrativo, na base de uma relação paritária com a Administração, acaba por ampliar o campo da fundamentação do acto administrativo e, necessariamente, a tutela jurisdicional. Assistimos, assim, a uma *tripla e ampla fundamentação* [438], a que não é alheia a preocupação de tutelar os novos direitos fundamentais. A Administração tem primeiro que fundamentar o seu projecto de decisão; tem que fundamentar por que motivos afasta os interessados da audiência prévia; e, por último, tem que fundamentar por que razão não acolhe as motivações invocadas. Mais, a fundamentação não deve ser menos rigorosa quando se trate de desatender os motivos e as pretensões de sujeitos exponenciais e individuais que exercem uma função paralela à da Administração, uma vez que a sua participação no procedimento é inspirada pela prossecução do mesmo resultado, isto é, do interesse público ambiental. Quanto às intervenções de *jure privati*, na medida em que prosseguem interesses diversos e mesmo contrastantes com o

---

438 FREITAS DO AMARAL, "O novo Código do Procedimento Administrativo", *op. cit.*, p. 36.

da Administração, a fundamentação deve ser igualmente intensa, uma vez que no Estado de Direito actual a prossecução do interesse público deve respeito aos direitos e interesses legalmente protegidos das pessoas (art. 4.º do C.P.A. e art. 266.º/ 2 da C.R.P.).

Em síntese, a formalidade da audiência prévia dos vários interessados, implica o reforço do dever de fundamentar [439] e amplia a legitimidade processual.

Veremos, por último, o problema do eventual "excesso" de manifestações de interesses no procedimento administrativo [440]. Sobre este ponto, o nosso legislador esteve atento, ainda que não fosse inteiramente feliz na redacção do artigo 103.º do C.P.A. [441]. Todavia, o perigo de excesso de manifestações procedimentais parece resolvido, se entendermos que o artigo 53.º do C.P.A. parece privilegiar uma dimensão territorial e horizontal dos bens ambientais, ao reconhecer legitimidade procedimental aos titulares dos interesses difusos da circunscrição em que se situa o bem ambiental, nomeadamente às associações de defesa do ambiente. Poderíamos, assim, ser levados a concluir que nos procedimentos administrativos que envolvem interesses ambientais nacionais e regionais, as associações de âmbito nacional e regional ganham um papel relevante, enquanto nos procedimentos de âmbito local se privilegia a intervenção das associações locais,

---

[439] FREITAS DO AMARAL, *op. cit.*, p. 36. Para VIEIRA DE ANDRADE, *O Dever da Fundamentação Expressa de Actos Administrativos*, *op. cit.*, p. 109, nota 47, a protecção adequada dos interesses difusos não é tanto a que resulta da articulação entre fundamentação contextual e o controle, mas a que é susceptível de ser conseguida na articulação participação procedimental-controle.

[440] Alude-se, mais uma vez a R. WAHL, "*Verwaltungsverfahren zwischen Verwaltungseffizienz und Rechtsschutzauftrag*", *op. cit.*, p. 171. Segundo este autor, a titularidade de uma situação jurídica não constitui título suficiente para legitimar a participação no procedimento administrativo. Impõe-se igualmente um contributo eficaz para a decisão final.

[441] Infelicidade que aparentemente se acentuou com as alterações introduzidas nesta matéria pelo D.L. n.º 6/96, de 31 de Janeiro. Digo aparentemente porque os interesses difusos sempre podem ser representados por entes exponenciais, obviando o perigo da rebelião das massas no procedimento.

sempre que estas existam [442], dando lugar a uma representação homogénea e limitada dos interesses difusos.

Relativamente ainda ao problema da "sobrecarga" de interesses no procedimento é bom recordar as soluções postas pelo direito comparado nos chamados *procedimentos de massas*. Falamos aqui da construção de grandes obras públicas ou privadas (centrais nucleares, auto-estradas, portos, etc.), em cujos procedimentos autorizativos estão implicados interesses de numerosíssimas pessoas e entidades, importando, obviamente, simplificar a actividade administrativa[443]. Nestes casos a função positiva de reduzir a sobrecarga de interesses manifestados no procedimento parece apontar para uma intervenção privilegiada de associações de defesa do ambiente qualificadas e credíveis, de modo a dissuadir a participação a título individual. Isto explica porque a forma de representação de interesses homogéneos de natureza individual ou difusa é não só favorecida, como vem prevista nos parágrafos 17.° e 18.° do VwVfG [444], bem como na lei italiana do procedimento (art. 9.°).

Manifestando igual sensibilidade, o nosso legislador admitiu, recentemente, para os procedimentos previstos no

---

442 Esta solução está, aliás, em sintonia com o art. 2.°/2 da Lei n° 10/87, de 4 de Abril, onde se estipula que as associações de defesa do ambiente são de âmbito nacional, regional ou local, consoante a área a que circunscrevem a sua acção e tenham, pelo menos, quatro mil, mil e duzentos associados respectivamente. Cfr., porém, o art. 3.° da Lei n.° 83/95, de 31 de Agosto.

443 Cfr. COLAÇO ANTUNES, *A Tutela...*, *op. cit.*, p. 96 e ss. H. ULE - H. W. LAUBINGER, "Diritto del procedimento amministrativo", in *La codificazione...*, *op. cit.*, pp. 203-220; W. C. SCHMEL, *Massenverfahren vor den Verwaltungsbehörden und den Verwaltungsgerichten*, Berlin, 1982, p. 123 e ss.

444 K. OBERMAYER, "La legge sul procedimento amministrativo nella Repubblica Federale Tedesca", in *Amministrare*, 1978, p. 209 e ss.

Outras simplificações podem ocorrer neste tipo de procedimentos de massas quanto à forma de notificação dos interessados, nos termos do art. 70.°/d) do C.P.A. As notificações podem ser feitas através das modalidades previstas nas alíneas a), b) e c) e, também, por edital a afixar nos locais de estilo ou anúncio a publicar no *Diário da República*, no boletim municipal ou em dois dos jornais mais lidos da localidade da residência ou sede dos notificandos, se os interessados forem desconhecidos ou *em tal número que torne inconveniente outra forma de notificação*. No mesmo sentido, o art. 5.° da Lei n.° 83/95.

artigo 4.º da Lei n.º 83/95, que, quando haja lugar a mais de vinte audições, a autoridade instrutora possa determinar que os interessados se organizem de modo a escolherem os seus representantes nas audiências a efectuar (art. 10.º).

Sem esquecer que determinadas valorações *estão mais nos intérpretes da Constituição do que na Constituição,* diríamos que a procedimentalização e transparência da actividade administrativa comporta as seguintes conclusões: a) o carácter cada vez mais acentuado da participação na actividade administrativa conduz, inevitavelmente, a uma relação mais paritária e consensual do cidadão com a administração; b) a natureza organizatória do procedimento facilita a captação, ponderação e hierarquização de interesses e de factos relevantes para a decisão final; c) a participação procedimental como índice seguro da legitimação processual; d) a teorização do processo administrativo como instrumento complementar, mas autónomo, do exercício da função administrativa; e) a desvalorização significativa do acto final como momento de composição do conflito entre autoridade e liberdade; f) a tutela de interesses e direitos vocacionadamente participativos exige a valorização da imediata impugnabilidade dos actos preparatórios.

Capítulo III

O PROCEDIMENTO COMO DIREITO COMUM DA ACTIVIDADE ADMINISTRATIVA: PARA UMA DISCRICIONARIDADE OBJECTIVA CONSTITUCIONALMENTE NECESSÁRIA E AMBIENTALMENTE INEVITÁVEL

1. A protecção do ambiente como fim do Estado

A consagração constitucional da protecção ambiental como fim do Estado veio exigir a atribuição à Administração de novos poderes-deveres, decorrentes, em primeiro lugar, da existência na Constituição de normas-fim e normas-tarefa sobre o ambiente [445]. Trazemos aqui à colação as normas do artigo 9.°/d) e e), em que se prevêem como tarefas fundamentais do Estado a "promoção do bem-estar e qualidade de vida do povo" e a concretização dos direitos económicos, sociais e culturais, de que faz parte, obviamente, o direito ao ambiente (art. 9.°/d) da C.R.P.); a protecção e valorização do património cultural do povo português, bem como a protecção da natureza e do ambiente e a preservação dos recursos naturais (art. 9.°/e) da C.R.P.). No artigo 66.°/2/a), b), c) e d) da C.R.P. [446]

---

[445] GOMES CANOTILHO, "Procedimento administrativo e defesa do ambiente", *op. cit.*, n.° 3802, p. 8.

[446] O art. 66.° da CRP consagra um verdadeiro direito fundamental, mas é também uma norma determinadora dos fins do Estado. Neste último sentido M. KLOEPFER, *Umweltrecht*, *op. cit.*, p. 358.

estabelecem-se igualmente normas impositivas de deveres de protecção ambiental a cargo do Estado, através de organismos próprios ou com o apoio de iniciativas populares. No artigo 81.º/n) reafirma-se como incumbência prioritária do Estado a adopção de uma política nacional de energia, com preservação dos recursos naturais e do equilíbrio ecológico. Deparamos ainda, no âmbito das "políticas agrícola, comercial e industrial", com preceitos normativos com uma referência directa ou indirecta ao ambiente. Estão neste caso o artigo 96.º/1/d), onde se define como objectivo da política agrícola o "uso e a gestão racionais dos solos e dos restantes recursos naturais, bem como a manutenção da sua capacidade de regeneração"; o artigo 96.º/2 onde se consagra a promoção de uma "política de ordenamento e reconversão agrária, de acordo com os condicionalismos ecológicos e sociais do país".

Segundo o ensinamento de Gomes Canotilho, estes preceitos, no seu conjunto, consagram não só imposições constitucionais de uma *política do ambiente*, mas também a existência de um *dever jurídico-constitucional* do Estado e, por conseguinte, da Administração, de protecção do ambiente.

Todas estas normas constitucionais — direito fundamental do ambiente, normas-fim do ambiente, normas impositivas de uma política do ambiente e o dever jurídico-constitucional de protecção do ambiente — configuram uma *constituição ambiental*, global e coerente [447]. Isto implica que o critério ecológico deve presidir à actuação da Administração em todos aqueles domínios em que estejam em causa empreendimentos públicos ou privados que possam afectar o ambiente.

---

[447] Gomes Canotilho, "Procedimento administrativo e defesa do ambiente", *op. cit.*, p. 8.

Neste sentido, o instituto de avaliação de impacto ambiental deve ser entendido como a actividade administrativa encaminhada para identificar, descrever e estimar os efeitos que a execução de uma determinada obra causa no ambiente, bem como a adopção das medidas adequadas à sua protecção [448]. Cabe aqui advertir que nos sectores recentemente submetidos à tutela da Administração, como acontece em matéria ambiental, não tem sentido falar tanto de intervencionismo, tratando-se antes de um regime jurídico dentro do qual se modelam os poderes das diferentes autoridades públicas e as respectivas garantias dos particulares e dos cidadãos [449].

A situação descrita cabe perfeitamente no sector ambiental, que se nutre actualmente de regimes jurídicos e de institutos próprios, como a avaliação de impacto ambiental, em que se outorgam peculiares poderes administrativos, portanto, novos poderes jurídicos da Administração [450]. O poder administrativo de avaliação de impacto ambiental sobressai, nomeadamente, no artigo 9.º/e) da C.R.P., segundo o qual é tarefa fundamental do Estado a "defesa da natureza e do ambiente e a preservação dos recursos naturais" e muito especialmente no artigo 66.º/2/b) e d) em que se estipula,

---

[448] Mais adiante abordaremos os fins prosseguidos com o instituto de avaliação de impacto ambiental.

[449] Neste sentido, M. S. GIANNINI, *Il pubblico potere, op. cit.*, p. 22. Todavia, poder-se-ia sustentar, com idêntica razoabilidade, que a crescente intervenção do Estado em sectores vitais como a defesa do ambiente questiona a tese dominante do seu retraimento na última década. Esta leitura do regresso a um *Estado mínimo* (R. NOZICK, *Anarchi, State and Utopia,* New York, 1974) assenta no equívoco de se ter privilegiado o fenómeno da *deregulation* no campo económico.

[450] Poderes em que se manifesta um importante equilíbrio de forças e no qual intervém, como factor decisivo, o elemento político. Cabe aqui ponderar que, como poder que é, também o poder de avaliação ambiental, apesar da sua natureza técnica, se encontra numa encruzilhada onde o Direito começa a ser política e a política Direito. Fronteira que, em virtude da própria equivocidade da noção de "política", resulta muito menos nítida no campo do Direito Público. Cfr. H. TRIEPEL, *Derecho Público y Política*, trad. esp., Madrid, 1974, pp. 41 e ss.

respectivamente, que o Estado deve "ordenar e promover o ordenamento do território, tendo em vista uma correcta localização das actividades, um equilibrado desenvolvimento sócio-económico e paisagens biologicamente equilibradas" e o "aproveitamento racional dos recursos naturais, salvaguardando a sua capacidade de renovação e a estabilidade ecológica" [451].

É, precisamente, a finalidade e os fundamentos que sustentam o novo poder da Administração de avaliação de impacto ambiental que lhe conferem a sua peculiaridade.

Em síntese, para a concretização dos objectivos constitucionais de protecção do ambiente e de utilização racional dos recursos naturais concorrem, de forma decisiva, os procedimentos administrativos de avaliação de impacto ambiental, cuja função essencial é a defesa preventiva do ambiente, com base nos princípios do direito do ambiente [452] e na racionalidade ambiental [453].

---

[451] Acresce que, nos termos do art. 27.º/1/g) da Lei n.º 11/87, de 7 de Abril (Lei de Bases do Ambiente), o instituto de avaliação de impacto ambiental vem considerado como um dos instrumentos da política de ambiente e do ordenamento do território.

[452] Adquirida a substantividade do direito ambiental é pertinente advertir que a avaliação de impacto ambiental incorpora os princípios deste novo ramo do direito, princípios esses consagrados na Lei de Bases do Ambiente (Lei n.º 11/87, de 7 de Abril) nos seus arts. 2.º e 3.º. Este preceito explicita, entre outros, o princípio da prevenção (art. 3.º/a)), do equilíbrio (art. 3.º/b)), da participação (art. 3.º/c)), da unidade de gestão e acção (art. 3.º/d)), de recuperação (art. 3.º/g)) e da responsabilização (art. 3.º/h)). No mesmo sentido, a política da União Europeia (art. 130.ºR/2) baseia-se nos princípios da precaução e da acção preventiva, da correcção, prioritariamente na fonte, dos danos causados ao ambiente e do poluidor-pagador. Acresce que as exigências em matéria de ambiente devem ser integradas nas demais políticas comunitárias (cfr. A. KISS, D. SCHELTON, *Manual of European Environmental Law,* Cambridge, 1993, p. 37 e ss.; O. MCINTYRE, "The Guiding Principles of European Community Environmental Law-Making", in *European Environment,* vol. 4, 1994, pp. 25-26). Para M. PRIEUR, *Droit de l'Environnement, op. cit.*, p. 59, um dos princípios do direito do ambiente consiste na obrigação de qualquer decisão pública ou privada tomar em consideração o ambiente, sempre que haja a possibilidade de se produzir um impacto sobre o mesmo. É sabido que para a substantividade do direito do ambiente concorre a presença de matérias de âmbito geral e específico e não apenas normas de acção. É incontestável que o

Com efeito, o fim que se pretende com a avaliação de impacto ambiental, limite e ponto de partida da Administração, é a utilização racional dos recursos naturais e a protecção do ambiente, num quadro harmonioso de ordenamento do território [454]. A dimensão teleológica da avaliação de impacto ambiental implica, portanto, que se intensifique a racionalidade e democraticidade dos processos decisionais à luz de um procedimento científico, em que o binómio economia-ambiente não é visto de forma negativa e maniqueísta mas, pelo contrário, como partes de um todo que cabe desenvolver e preservar [455].

Importa agora, por razões metodológicas, abordar alguns aspectos essenciais que envolvem os procedimentos autorizativos e o procedimento avaliação de impacto ambiental, por forma a oferecer um quadro compreensivo da natureza e função da avaliação de impacto ambiental.

---

escopo do instituto de avaliação de impacto ambiental, bem como as suas técnicas peculiares, ressaltam e deduzem-se dos referidos princípios, nomeadamente do imperativo da tutela preventiva do ambiente. Princípios essenciais também para uma articulação eficaz de muitos dos objectivos de política ambiental, tanto a nível supranacional como nacional. Nesta perspectiva é de apontar para uma codificação no campo ambiental, ainda que alguns autores chamem a atenção para o perigo de se cair nas malhas de um labirinto. Neste sentido J. DE MALAFOSSE e outros, *La Codification de l'Impossible. Du Code Rural au Code de l'Environnement*. Dossiers et documents de la *Revue Française de Droit Administratif*, 1991.

[453] Segundo R. V. BARTLETT, "Ecological Rationality: Reason and Environmental Policy" in *Environmental Ethics*, n.º 8, 1986, p. 229, é necessário ter em conta a racionalidade ecológica, entendida como racionalidade dos sistemas vivos nas suas relações com o meio ambiente que os rodeia.

[454] Neste sentido A. LAUBADÈRE, *Traité de Droit Administratif*, II, Paris, 1986, p. 457, para quem o instituto de avaliação de impacto ambiental se enquadra no projecto mais vasto de ordenamento do território, definido como "...la recherche dans le cadre géographique de la France d'une meilleure répartition des hommes en fonction des ressources naturelles et des activités économiques".

[455] ROGÉRIO SOARES, *Direito Público e Sociedade Técnica*, Coimbra, 1969, p. 187, adverte para o perigo da reificação da pessoa humana face à hegemonia da razão técnico-instrumental na sociedade pós-industrial; JOHN S. DRYZEK, *Rational Ecology: Environment and Political*, New York, 1987, p. 55, enumera como formas clássicas de racionalidade, a racionalidade económica, social, técnica, legal e política.

2. Avaliação de impacto ambiental e procedimentos autorizativos

2. 1. Tendências actuais dos procedimentos autorizativos e avaliação de impacto ambiental

A Directiva comunitária 85/337/CEE, de 27 de Junho, ao delinear a disciplina jurídica de avaliação de impacto ambiental, manifesta uma especial apetência relacional com os procedimentos autorizativos, de acordo com os nexos estruturais indicados nos artigos 2.º, 6.º e 8.º da Directiva.

Neste contexto, a agora totalizante União Europeia assinala a este instituto a importante função de inserir de modo explícito e directo nos procedimentos autorizativos a avaliação das prováveis consequências ambientais de determinados projectos públicos e privados (Anexo I). Manifesta-se, assim, o escopo de prosseguir uma coordenação e complementaridade entre os procedimentos de avaliação de impacto ambiental e os procedimentos autorizativos.

A definição de autorização dada pela Directiva (art. 1.º), traduzida por aprovação entre nós [456], como "decisão da autoridade ou autoridades competentes que confere ao dono da obra o direito de realizar o projecto", parece estar em sintonia com as mais recentes orientações doutrinais sobre a natureza jurídica e eficácia dos procedimentos autorizativos [457].

[456] Para ROGÉRIO SOARES, *Direito Administrativo, op. cit.*, pp. 119-120, as aprovações são uma modalidade de comportamentos autorizativos. Mais exactamente trata-se de autorizações permissivas que têm por objecto actos cuja eficácia desencadearam. Cfr. também R. TOMEI, *L'approvazione amministrativa*, Torino, 1990, pp. 211 e ss.

[457] P. DELL'ANNO, "Il procedimento", in *La valutazione d'impatto ambientale: problemi di inserimento nell' ordinamento italiano*, Rimini, 1987, p. 16. As autorizações, ou pelo menos algumas delas, são hoje consideradas actos ampliativos da esfera jurídica dos destinatários, com eficácia constitutiva de novos poderes, faculdades e direitos. Neste sentido, cfr., entre muitos, M. S. GIANNINI, *Istituzioni di diritto amministrativo, op. cit.*, p. 311; A. M. SANDULLI, "Notazioni in tema di provvedimenti autorizzativi", in *Riv. trim. dir. pubbl.*, 1957, p. 784 e ss.; M. CHITI, *Profilo pubblico del turismo,* Milano, 1970, p. 200 e ss.; R. VILLATA, *Autorizzazioni*

Uma vez que a matéria ambiental é um dos campos em que mais se manifesta a existência de procedimentos autorizativos é por nós julgado oportuno debruçarmo-nos sobre as actuais tendências evolutivas deste tipo de procedimentos, enquanto factores condicionantes do novo instituto de avaliação de impacto ambiental.

A notabilíssima difusão de tipologias especiais de procedimentos autorizativos conduziu a diversas categorias de procedimentos e de autorizações. Desde modelos elementares de procedimentos autorizativos (pré-aviso para manifestações em espaços públicos), até modelos procedimentais complexos em que convivem distintas categorias de autorizações, motivando relações jurídicas de distinta natureza e intensidade (procedimentos de expropriação por utilidade pública [458], licenciamento da actividade industrial, adopção de instrumentos urbanísticos como o licenciamento de obras particulares, localização de obras públicas e privadas ou ainda procedimentos autorizativos em função de programação) [459].

A complexidade dos procedimentos referidos em último lugar deriva da sua natureza de "instrumentos de manobra" [460], originariamente utilizados pela administração pública da economia e mais recentemente no campo ambiental.

---

amministrative e iniziativa economica privata, Milano, 1974, p. 7 e ss.; P. DELL'ANNO, *Contributo allo studio dei procedimenti autorizzatori,* Padova, 1989, p. 197 e ss.; ROGÉRIO SOARES, *Direito Administrativo, op. cit.*, p. 114 e ss. Porém, cabe realçar que, quando a intervenção e, portanto, a regulação jurídico-administrativa de liberdades e direitos dos cidadãos adquire uma determinada intensidade, as autorizações desempenham um papel de controlo administrativo preventivo. Cfr. P. ALFONSO, J. BLANCO e O. ALVAREZ, *Manual de Derecho Administrativo*, 3.ª ed., Barcelona, 1994, p. 418.

458 Justificar-se-ia, assim, que o actual quadro legal da expropriação por utilidade pública (D.L. n.º 438/91, de 9 de Novembro) contivesse uma norma, à semelhança do Código de 1976 (art. 10.º), em que se obrigava a Administração, ao promover expropriações com vista a efectuar obras públicas, a acautelar os bens ambientais. Cfr. FREITAS DO AMARAL, "Análise preliminar...", *op. cit.*, p. 54.

459 M. S. GIANNINI, *Diritto amministrativo,* II, 2.ª ed., Milano, 1988, p. 1043 e ss.

460 P. DELL'ANNO, *Contributo allo studio dei procedimenti autorizzatori, op. cit.*, p. 272.

Complexidade que se manifesta também na característica de poder "agregar diversas finalidades relativas a interesses públicos" [461], através de módulos e momentos de composição dos interesses em jogo.

No que se refere à *função* registam-se igualmente algumas mutações dignas de relevo numa transição — resultante da frequente adopção de instrumentos de programação e planificação — para procedimentos *plurifuncionais*, dirigidos para a coordenação de diferentes interesses públicos, organicamente inseridos no campo de intervenção da Administração Pública. É precisamente neste contexto que ganham sentido os procedimentos administrativos de avaliação de impacto ambiental [462].

Os procedimentos autorizativos em função de programação apresentam ainda algumas características particulares. Na perspectiva actual, cada vez mais usual, de "administração por programas", alguns planos muito elaborados reconhecem aos referidos procedimentos o papel de meios de realização do próprio plano e a tutela dos interesses públicos, com a vantagem de limitar a discricionaridade que se manifesta com maior intensidade na fase de elaboração dos programas [463].

As autorizações, através da verificação de conformidade-desconformidade relativamente aos objectivos e às prescrições gerais do plano, consente, com efeito, a realização dos interesses públicos considerados prioritários e a prossecução

---

[461] M. S. GIANNINI, *Istituzioni di diritto amministrativo, op. cit.*, p. 321 e ss.

[462] P. DELL'ANNO, *op. cit.*, p. 273.

[463] A doutrina alemã fala hoje de uma liberdade de formação planificadora *(Planerische Gestaltungsfreiheit)*, substituindo, assim, a noção mais antiga de "discricionaridade das consequências jurídicas" *(Rechtsfolgeermessen)*. Para uma análise da discricionaridade em matéria de planificação, *vide* R. RUBEL, *Planungsermessen*, Frankfurt/Main, 1982. Mais recentemente M. IBLER, *Die Schranken planerischer - Gestaltungsfreiheit im Planfeststellungsrecht*, Berlin, 1988, p. 36 e ss., esp. p. 212 e ss. Entre nós, *vide* A. FRANCISCO DE SOUSA, *"Conceitos Indeterminados" no Direito Administrativo,* Coimbra, 1994, p. 127 e ss.; *id.*, *A Discricionariedade Administrativa,* Lisboa, 1987, p. 135 e ss.; ALVES CORREIA, *O Plano Urbanístico e o Princípio da Igualdade, op. cit.*, pp. 285 e ss. e 451 e ss.

das finalidades previstas. Sendo o plano um quadro ordenado de condutas projectadas para o futuro e tendo como destinatários tanto os operadores públicos como os particulares, parece evidente que os procedimentos autorizativos em função de programação, ao cobrirem um sector de actividade não directamente gerido pelo titular do poder de planificação, favorecem o entendimento entre os "momentos" público e privado no governo do sector [464], em suma, o consenso [465].

Como observa Giannini, a eficácia vinculante dos preceitos da programação manifesta-se em três direcções: 1) tornando obrigatórias as actividades das autoridades dirigidas à realização do objectivo previsto, na medida em que caibam nas suas atribuições; 2) vinculando a discricionaridade aos escopos assinalados; 3) activando todos os poderes de direcção e de controlo necessários à realização do programa [466].

A proliferação das autorizações administrativas, em resposta a novos e cada vez mais articulados fenómenos económicos e sociais, a par da crescente procedimentalização da actividade administrativa, constituem factores que conduziram estas categorias a modelos complexos, inseridos a vários níveis relacionais, tais como procedimentos paralelos, subprocedimentos, procedimentos plurifuncionais, etc.

Paralelamente a este fenómeno assistimos a um outro não menos relevante. É visível a "redução" da discricionaridade administrativa propriamente dita em favor da discricio-

---

464 P. DELL'ANNO, "Il procedimento", *op. cit.*, pp. 25 e 26.

465 G. BERTI, "Il processo normativo dell'impatto ambientale", in *Valutazione di impatto ambientale e pianificazione urbanistica,* Milano, 1992, p. 16, vê na autorização um acto de consenso, enquanto convergência de todos aqueles que participam no procedimento.

466 M. S. GIANNINI, *Diritto pubblico dell'economia,* Bologna, 1985, p. 297. M. BULLINGER, "Das Ermesse der öffentlichen Verwaltung - Entwicklung, Funktionen, Gerichtskontrolle", in *JZ,* 1984, p. 1001 e ss., fala de vinculação estratégica.

naridade técnica através da fixação de parâmetros objectivos à actividade dos poderes públicos [467], como acontece com as autorizações ambientais.

A verdade é que, se por um lado se assiste à eventual discriminação das áreas interna e externa da discricionaridade administrativa, por outro lado assistimos ao fenómeno crescente da deslocação da discricionaridade para níveis de programação e planificação [468]. Esta transferência do poder discricionário do acto administrativo pontual para o mais complexo procedimento de programação e planificação [469], produz também os seus efeitos sob o aspecto funcional. Assume agora relevância determinante a exigência de evidenciar os fins públicos e de composição preventiva de múltiplos interesses públicos, privados e colectivos, relativamente às garantias do particular, que se manifesta de forma pregnante e urgente nos procedimentos directamente incidentes sobre os direitos fundamentais. Simetricamente à tendência descrita, a discricionaridade transfere-se, e em certa medida transforma-se, da esfera de competências e atribuições de órgãos monocráticos para o território dos órgãos colegiais.

Neste sentido, a função administrativa exprime-se também através de actos administrativos gerais, planos e programas, incidindo desta forma sobre a tradicional relação en-

---

[467] Estes parâmetros técnicos são normalmente confiados a autoridades distintas da que detém o poder autorizativo. C. MARZUOLI, *Potere amministrativo e valutazioni tecniche,* Milano, 1985, embora critique a absorção da avaliação técnica pelo poder discricionário, p. 59 e ss., vê na reserva de avaliação técnica da Administração o elemento distintivo entre actividade discricionária e actividade vinculada.

[468] M. IBLER, *Die Schranken planerischer-Gestaltungsfreiheit im Planfeststellungsrecht, op. cit.*, p. 44 e ss.

[469] Por outro lado, poder-se-ia dizer que a recuperação da generalidade e abstracção, enquanto autolimite da discricionaridade e garantia de escolhas colectivas justas e imparciais, se pode consumar de variadas formas (planos, regulamentos emanados pela autoridade de controlo, actos administrativos gerais, com fixação de *standards,* critérios objectivos e limites de tolerabilidade), as quais convergem no sentido de pelo menos delimitar a área da autoridade administrativa activa. Cfr. P. DELL'ANNO, *Contributo..., op. cit.*, p. 33.

tre norma jurídica e acto administrativo [470]. Nestes casos, em relação à existência de institutos de alcance geral, os procedimentos autorizativos de controlo não conservam a plenitude do poder discricionário, não só no que respeita ao *an*, mas também relativamente ao *quomodo* e ao *quando*, "reduzindo--se", frequentemente, a uma mera confrontação com o esquema prefixado, em termos de conformidade ou não [471].

Com efeito, relativamente ao mais complexo mecanismo programatório, o procedimento autorizativo de controlo assume o papel de corolário executivo daquelas actividades não directamente geridas pelo sujeito público planificador.

Neste sentido, os procedimentos autorizativos, que uma insigne doutrina [472] distingue em procedimentos de controlo e de programação, desenvolvem um papel complementar e unitário destinado a fazer prevalecer o interesse público sobre o interesse privado. Isto acontece, de modo indirecto e colateral, no exercício da função de garantia e prevenção e, de forma mais imediata, na função de programação.

No que respeita à natureza e eficácia jurídica, o princípio da legalidade e o vínculo especial da reserva de lei [473], conjuntamente com a crise da planificação económica imperativa e a maior agilidade dos actos autorizativos, têm conduzido a um emprego crescente dos procedimentos autorizativos como ins-

---

[470] Coloca-se aqui o delicado problema da natureza jurídica dos planos urbanísticos. Cfr. entre nós, ALVES CORREIA, *O Plano Urbanístico e o Princípio da Igualdade, op. cit.*, p. 217 e ss.; F. REMÉDIO MARQUES, "Planeamento urbanístico: considerações acerca do regime e natureza jurídica dos seus instrumentos", in *Tribuna da Justiça*, n.ºs 4 e 5, 1990, pp. 15 e ss. e 37 e ss.

Sem entrar no mérito da questão, sempre quereríamos salientar que a teoria do plano urbanístico como acto complexo tem vindo a ser questionada à luz da fractura da unidade do procedimento. Cfr. E. PICOZZA, *Il piano regolatore generale urbanistico*, Padova, 1987, p. 230.

[471] P. DELL'ANNO, *op. cit.*, p. 34; M. S. GIANNINI, *Diritto amministrativo*, I, *op. cit.*, p. 488.

[472] M. S. GIANNINI, *Istituzioni...*, *op. cit.*, p. 311 ss.

[473] Sobre o sentido e alcance do princípio da *reserva de lei*, cfr. ROGÉRIO SOARES, *Interesse Público, Legalidade e Mérito, op. cit.*, p. 62 e ss.; GOMES CANOTILHO, *Direito Constitucional, op. cit.*, p. 795 e ss.; M. AFONSO VAZ, *Lei e Reserva da Lei, op. cit.*, p. 387 e ss.

trumento de conformação das situações jurídicas subjectivas, da empresa, da propriedade e até dos direitos fundamentais [474].

Em suma, os procedimentos autorizativos (de controle) perderam os anéis mas conservaram os dedos [475].

2. 2. Discricionaridade e procedimentos autorizativos

As importantes alterações entretanto operadas por força da necessidade de proteger o ambiente e a emergência do fenómeno de urbanização e ordenamento do território apontam inequivocamente para a negação de um direito subjectivo originário à autorização [476].

Resulta evidente, em nossa opinião, que a possibilidade de convalidação da teoria tradicional de Ranelletti [477] está ligada, por um lado, à demonstração da possibilidade de conciliar o exercício de poderes discricionários com a pré-existência de um direito subjectivo; e, por outro, à possibilidade de configurar um poder administrativo não discricionário, vinculado, que tenha como projecção um acto autorizativo qualificado como devido e obrigatório [478]. Ora acontece que não se pode ignorar que em tais actos se manifesta um carácter discricionário intenso, quer do ponto de vista qualitativo quer quanti-

---

[474] P. DELL'ANNO, "Il procedimento", *op. cit.*, p. 24.

[475] M. S. GIANNINI, "Prefazione" a V. MAZZARELLI, *Le convenzioni urbanistiche,* Bologna, 1979, p. 11.

[476] Neste sentido ROGÉRIO SOARES, *Direito Administrativo, op. cit.*, p. 117; ALVES CORREIA, *op. cit.*, p. 378 e ss.

[477] O. RANELLETTI, "Concetto e natura delle autorizzazioni e concessioni amministrative", in *Giur. it.*, 1894, p. 7 e ss.

[478] Neste caso, segundo Ranelletti, configurar-se-ia um interesse legítimo, uma vez que o autor admite a existência de poder discricionário em matéria de autorizações (concessões).

Por outro lado, não é suficiente para o reconhecimento de um direito subjectivo a presença de um poder administrativo vinculado, podendo haver apenas interesse legítimo neste caso. Neste sentido M. S. GIANNINI, *Corso di diritto amministrativo,* III, Milano, 1967, p. 76.

tativo [479]. Aliás, a discricionaridade é um dos momentos centrais da investigação sobre a natureza e eficácia dos procedimentos autorizativos. O que não significa que estejamos perante um poder discricionário livre e pleno, antes sendo sujeito a vínculos de variada natureza e função, por força de princípios que postulam a sujeição dos poderes públicos a regras que permitem a sua verificabilidade e controlo [480].

Logo, o direito subjectivo só subsiste, face à Administração, quando esta tem a obrigação de emanar um acto administrativo [481]. Mas tal situação só se configura, em princípio, quando a Administração venha a produzir uma vantagem ou uma prestação perante um sujeito determinado, pelo que, como já foi dito, não colhe a tese do direito subjectivo à autorização [482]. Acresce que o reconhecimento do poder discricionário nos procedimentos autorizativos, comportando a possibilidade de opção entre várias soluções abstractamente possíveis [483], representa a negação de tal obrigação de proceder, como se fosse possível, em matéria ambiental, a sujeição da Administração às pretensões do particular [484].

---

479 E. CAPACCIOLI, *Manuale di diritto amministrativo,* 2ª ed., Padova, 1983, p. 317.

480 Segundo nós, a discricionaridade é uma "*liberdade*" sujeita também a um *vínculo* no "meio" que consiste no poder-dever da administração representar fiel e completamente todos os factos e de ter em consideração todos os interesses envolvidos.

Existe ainda aquilo a que a doutrina italiana chama *deontologia da discricionaridade,* que compreende a instrução, a lógica e coerência interna do acto e a motivação. Cfr. G. GUARINO, " 'Unità' e autonomia del diritto dell'energia", in *Scritti diritto, economia e fonti d'energia,* I, Milano, 1962, p. 200.

481 M. S. GIANNINI, *Diritto amministrativo,* II, *op. cit.*, p. 937; E. CAPACCIOLI, *op. cit.*, pp. 291 e 292.

482 Neste sentido F. FRANCHINI, *Le autorizzazioni amministrative costitutive di rapporti giuridici tra amministrazione e i privati*, Milano, 1957, p. 30, nota 56.

483 Contudo, o poder discricionário deve ser exercitado segundo o princípio da razoabilidade. Neste sentido E. CAPACCIOLI, *op. cit.*, p. 285. Mais recentemente P. M. VIPIANA, *Introduzione allo studio del principio di ragionevolezza nel diritto pubblico*, Padova, 1993; S. KTISTAKI, *L'Évolution du Contrôle Juridictionnel des Motifs de l'Acte Administratif,* Paris, 1991, pp. 419 e ss.

484 P. DELL'ANNO, *Contributo..., op. cit.*, p. 218.

Com efeito, a discricionaridade pode ser vista como o vértice de um triângulo de que os outros (vértices) são a organização (que estabelece a trama dos interesses em relação aos quais são instituídos os poderes públicos) e o procedimento administrativo (onde os interesses se confrontam entre si e com a situação concreta que deve ser regulada) [485]. Consiste, em síntese, numa ponderação proporcional e comparativa dos diversos interesses em jogo [486].

Ao lado do interesse público, que no campo da nossa investigação bem pode ser o interesse primário à defesa dos bens ambientais, podem apresentar-se outros interesses públicos, privados e colectivos; no procedimento autorizativo a ponderação dos interesses pode assumir formas de particular complexidade, em ordem a uma correcta decisão administrativa.

É igualmente verdade que quanto maior é amplitude das escolhas mais cresce o número e a qualidade dos interesses co-envolvidos. Quando o interesse primário é de tal forma amplo que admite uma grande variedade de escolhas possíveis, a discricionaridade assume dimensões de extrema dificuldade [487]. Assim, é notório que o relevo que assume a discricionaridade nos procedimentos autorizativos parece contradizer a existência de um direito subjectivo originário. Neste sentido, a posição do requerente só pode ser qualificada como interesse legítimo, cuja realização não é obviamente autónoma [488].

É também evidente que a orientação criticada subentende a concepção, ainda muito enraizada na doutrina, que a vinculação constitui a condição normal da actividade administra-

---

[485] M. NIGRO, "L'azione dei pubblici poteri. Lineamenti generali", in *Manuale di diritto pubblico,* Bologna, 1984, p. 830. G. AZZARITI, *Della discrezionalità al potere,* Padova, 1989, p. 240 e ss.

[486] Neste sentido, M. S. GIANNINI, *Il potere discrezionale..., op. cit.*, p. 75.

[487] P. DELL'ANNO, *Contributo allo studio dei procedimenti autorizzatori, op. cit.*, p. 219.

[488] P. DELL'ANNO, *op. cit.*, p. 219; cfr. FREITAS DO AMARAL, *Direito Administrativo,* II, *op. cit.*, p. 80 e ss.

tiva, numa errónea interpretação do princípio da legalidade que não tem em conta os princípios da justiça, da igualdade e da proporcionalidade [489].

Aliás, partindo de uma concepção *objectivista* [490] de discricionaridade, os actos discricionários não se distinguem dos actos vinculados quanto à aptidão de produzirem efeitos constitutivos. Assim, o efeito *constitutivo* deve ser entendido como a capacidade do acto administrativo modificar a disciplina normativa à qual uma dada situação de interesse faz referência, permanecendo o carácter *momentâneo* de tal modificação, ligada a uma determinada fase do conflito em curso [491]. Na verdade, os efeitos resultantes da alteração da disciplina jurídica são essencialmente contingentes e relativos, posto que, por princípio, o ordenamento jurídico concorre na sua

---

489 Para M. S. GIANNINI, *Diritto amministrativo,* I, *op. cit.*, p. 46, a vinculação é uma simples abstracção verbal, introduzida em virtude da propensão do formalismo jurídico para as simetrias conceptuais. Na realidade, diz o autor, como conceito jurídico não existe, salientando que o poder discricionário tem sempre momentos vinculados, mesmo quando é extremamente amplo. Cfr. FREITAS DO AMARAL, *Direito Administrativo, op. cit.*, pp. 115 e 150.

A força do poder *vinculado* parece ter, aliás, raízes em crenças mágicas. As origens filosóficas da referida noção podem ser individualizadas nos imperativos de um poder confirmado e legitimado pela lei divina. O imperativo nasce nas sociedades primitivas, nas quais vigora "a crença na *firmitas* da norma". Segundo C. SFORZA, "Diritto soggettivo", in *EdD*, vol. XVII, 1964, p. 622, quanto mais vinculado é o poder, tanto mais absoluto e insindicável se revela na prática.

490 Num sentido não inteiramente coincidente com a concepção de discricionaridade objectiva que desenvolveremos mais adiante, BARBOSA DE MELO, *Direito Administrativo,* II, *(A protecção jurisdicional dos cidadãos perante a administração pública),* Coimbra, 1987, p. 75, aponta para uma ideia de discricionaridade equitativa.

491 Para Kant, a noção de *facto constitutivo,* em contraposição à de *facto regulativo,* indica as regras idóneas para construir *a priori* um objecto (cfr. APARTONE, "Funzioni costitutive e regolative nella Critica della Ragione Pura di Kant", in *Riv. di storia della filosofia,* n.º 4, 1990, p. 695 e ss.) numa clara analogia entre normas de relação e normas de acção.

O legislador (art. 140.º/1 b) do C.P.A.), bem como a doutrina, têm optado por uma concepção ampla de actos constitutivos de direitos, o que se compreende numa óptica garantística, mas que, em matéria ambiental, não colhe o nosso apoio. Cfr. FREITAS DO AMARAL, *Direito Administrativo,* III, *op. cit.*, p. 370 e ss.; MARCELLO CAETANO, *Manual, op. cit.*, p. 453 e ss. Estaríamos, assim, mais de acordo com o entendimento mais restritivo de ROBIN DE ANDRADE, *A Revogação dos Actos Administrativos,* 2ª ed., Lisboa, 1985, p. 93 e ss.

completude, para a definição e disciplina normativa do caso particular.

Por outro lado, a eficácia constitutiva não opera sobre o sujeito ou a esfera dos seus interesses, que permanece a mesma. Por conseguinte, o efeito de uma autorização administrativa, independentemente do carácter vinculado ou discricionário da sua adopção, consiste em tornar lícito e legítimo o exercício de uma dada actividade, pondo o interesse, que não muda na substância, sob a tutela de um manto normativo diverso e mais favorável [492]. Permanece, contudo, a possibilidade da Administração poder subtrair, em determinadas condições, o interesse ao referido regime.

Em suma, a correlação entre discricionaridade e efeito constitutivo e entre vinculação e reconhecimento de um direito subjectivo não é de tipo biunívoco perfeito, como tantas vezes se sustenta na ausência de uma suficiente verificação dos dados normativos.

Daí que não seja de aceitar a tese que o deferimento da autorização constitua a norma e o indeferimento a excepção [493]. Com efeito, não é assim porque não só a disciplina normativa de muitas autorizações, como acontece com as que se referem a actividades económicas com implicações ambientais, admitem explicitamente a discricionaridade sob o aspecto do *an*, mas também porque a incidência substancial no *quid* é tal que, frequentemente, caem os termos definitórios propostos [494]. Basta pensar nas claúsulas prescritivas acessórias ao procedimento autorizativo, que não só constituem o *verdadeiro conteúdo* do acto [495], como a sua inserção pode ser interpretada como rejeição do pedido tal como foi

---

[492] R. VILLATA, *Autorizzazioni amministrative e iniziativa economica privata*, *op. cit.*, p. 191 e ss.

[493] F. FRANCHINI, *op. cit.*, p. 30 e ss.; P. DELL'ANNO, *op. cit.*, p. 221.

[494] M. S. GIANNINI, *Istituzioni...*, *op. cit.*, p. 347.

[495] P. DELL'ANNO, *op. cit.*, p. 222; ROGÉRIO SOARES, *Direito Administrativo*, *op. cit.*, p. 287 e ss.; SÉRVULO CORREIA, *Legalidade e Autonomia Contratual nos Contratos Administrativos*, *op. cit.*, p. 739 e ss.

formulado e num convite à sua reproposição segundo os preceitos indicados na autorização [496]. Ficando, assim, a sua operatividade subordinada à prévia e pontual observância das orientações indicadas pela autoridade.

Postas estas considerações, é chegado o momento de explicitar algumas coordenadas lógicas que permitirão orientar a construção dogmática do instituto de avaliação de impacto ambiental: 1) centralidade do procedimento de avaliação de impacto ambiental relativamente ao acto final e à mera sequência de actos que o compõem; 2) o procedimento de avaliação de impacto ambiental como um procedimento científico dirigido para a tutela (funcional) discricionariamente objectiva do ambiente; 3) a avaliação de impacto ambiental como um subprocedimento de carácter instrutório, não decisório, dos procedimentos autorizativos, materialmente vinculativo do acto final (formalmente discricionário).

3. Centralidade do procedimento de avaliação de impacto ambiental

Do ponto de vista tipológico, o procedimento administrativo de impacto ambiental, tal como é prefigurado na Directiva 85/337/CEE e no Decreto-Lei n.º 186/90, de 6 de Junho, parece oscilar entre um procedimento de conteúdo declarativo e um procedimento de conteúdo autorizativo [497]. Se se optar pela primeira hipótese dever-se-ia concluir pela ausência de quaisquer vestígios de discricionaridade administrativa em

---

[496] F. Franchini, *op. cit.*, p. 45. A este propósito, é pertinente a chamada *Modifizierende Auflage,* descoberta por F. Weyreuther, "Modifizierende Auflagen", in *DVBl,* 84, p. 365 e ss., segundo a qual a licença (urbanística ou industrial) se converte em algo distinto do que foi solicitado, uma vez que incorpora também as condições que a Administração considera oportunas.

[497] E. Picozza, "Commento", in *Corr. giur.*, n.º 3, 1989, p. 251 e ss.; G. Scoca, "La valutazione di impatto ambientale alla luce della direttiva CEE", in *Tutela dell'ambiente,* Perugia, 1987, p. 78.

sentido restrito, sendo, vice-versa, o procedimento marcado pela presença da chamada discricionaridade técnica; assim como é de natureza técnica o acto de iniciativa do proponente da obra, isto é, o pedido de pronúncia sobre a compatibilidade ambiental da obra. Todavia, não é de excluir, no que se refere a alguns dos factores e componentes não ambientais e à sua caracterização, traços de discricionaridade administrativa (art. 2.º/1 b) do D.R. n.º 38/90). Tal leitura, para além de toda a ambiguidade da noção de discricionaridade técnica [498], é sugerida pelo nosso legislador em contraste com os princípios da Directiva 85/337/CEE. De todo o modo, pelas razões que passaremos a expor, do Decreto-Lei n.º 186/90, de 6 de Junho e do respectivo Decreto Regulamentar n.º 38/90, de 27 de Novembro, fica-nos a impressão de que a avaliação de impacto ambiental é um procedimento declarativo de ciência, dominado por regras das disciplinas técnicas.

3. 1. Aspectos do procedimento de avaliação de impacto ambiental. A separação entre a instrução sobre os elementos ambientais e a instrução sobre os elementos económicos.

Iniciaremos o nosso esforço teorético com a análise de alguns aspectos do procedimento de avaliação de impacto ambiental, aspectos extremamente importantes para a sua compreensão no âmbito dos procedimentos autorizativos sujeitos a avaliação ambiental.

3. 1. 1. A avaliação de impacto ambiental como garantia procedimental

O âmbito de aplicação, o conteúdo do estudo de impacto e o procedimento de avaliação de impacto ambiental foram re-

[498] Cfr. M. S. GIANNINI, *Istituzioni di diritto amministrativo, op. cit.*, p. 267 e ss.

centemente precisados com o Decreto-Lei n.º 186/90, de 6 de Junho, que transpôs a Directiva 85/337/CEE, de 27 de Junho, para o nosso ordenamento jurídico e pelo Decreto Regulamentar n.º 38/90, de 27 de Novembro.

O Decreto-Lei n.º 186/90 (arts. 3.º e 4.º) e o Decreto Regulamentar n.º 38/90 (arts. 2.º, 3.º e 4.º) definem o objecto da actividade instrutória [499], salientando a importância e as características do estudo de impacto ambiental a apresentar pelo dono da obra, bem como a participação do público interessado. O parecer em que se consubstancia a efectiva avaliação de impacto ambiental compete à entidade incumbida pelo Ministério do Ambiente e dos Recursos Naturais da instrução do procedimento de A.I.A. (art. 4.º/1 do D.L. n.º 186/90 e art. 3.º do D. R. n.º 38/90).

O instituto de avaliação de impacto ambiental, tal como vem configurado no nosso ordenamento jurídico, oferece ao ambiente uma garantia de natureza fundamentalmente procedimental. Prescreve o conhecimento dos efeitos ambientais directos, indirectos e cumulativos (de curto e longo prazo), dados como prováveis em consequência da intervenção projectada, assim como a explícita e formal assunção de tais efeitos entre os elementos de juízo sobre os quais se deve fundar a decisão a respeito do referido projecto. A avaliação de impacto ambiental exige que aos juízos analíticos respeitantes aos distintos aspectos do ambiente, sujeitos a parâmetros e *standards* relativos à emissão de substâncias inquinantes do ar, água, solo, etc., acresça um *juízo global* que tenha em consideração as alterações ambientais no seu conjunto (o impacto), tendo também em atenção as possíveis interacções entre uma

---

[499] Todavia, salvo melhor opinião, parece detectar-se uma clara desarmonia e incoerência entre o art. 2.º/2 do D.L. n.º 186/90 (objecto da avaliação ambiental) e o art. 3.º do mesmo diploma, e muito especialmente em relação ao art. 2.º do D.R. n.º 38/90 (objecto da instrução). Isto significaria que a instrução teria um âmbito mais amplo que o objecto da própria avaliação ambiental (art. 2.º/2 do D.L. n.º 186/90).

série de efeitos distintos (art. 3.º da Directiva 85/337 e art. 2.º/2 do D.L. n.º 186/90, de 6 de Junho).

Um juízo deste tipo não tem, nem pode ter, como referência parâmetros pré-estabelecidos. Assim, a *garantia* da avaliação de impacto ambiental é uma garantia de tipo procedimental, no sentido de que a protecção do ambiente resulta não tanto de rigorosos limites postos à alteração do ambiente, mas sobretudo do *modo* por que se procede à individualização e avaliação de tais alterações [500].

A Directiva não fornece indicações precisas sobre o modo de desenvolver a instrução sobre os aspectos ambientais, para além da que torna obrigatória a informação e a consulta não só de todas as autoridades com competências em matéria ambiental, bem como dos cidadãos (art. 6.º da Directiva 85/337, arts. 4.º do D.L. n.º 186/90 e do D.R. n.º 38/90) [501].

3. 1. 2. A separação entre a instrução sobre os aspectos ambientais e a instrução sobre os aspectos económicos

O Decreto-Lei n.º 186/90, de 6 de Junho, formaliza nos artigos 4.º/1 e 5.º/1 o parecer sobre os efeitos ambientais decorrentes do projecto apresentado pelo dono da obra [502].

---

500 Neste sentido, T. BANFI, "Aspetti del procedimento per la valutazione di impatto ambientale", in *Amministrare,* n.os 1/2, 1989, p. 376. A directiva comunitária (art. 2.º) deixa aos Estados membros a liberdade de escolher a forma de articular o procedimento de avaliação de impacto ambiental com os procedimentos existentes, limitando-se a prescrever que as informações recolhidas sejam *tomadas em consideração no quadro do procedimento autorizativo* (arts. 2.º/2 e 8.º da Directiva 85/337).

501 Porém, o objectivo da directiva pode considerar-se safisfeito, na medida em que as informações sobre os efeitos ambientais, com o conteúdo mínimo nela fixado, fazem parte do material instrutório, concorrendo, assim, para a formação da decisão final respeitante ao projecto em apreço.

502 Um dos vértices de incongruência deste diploma reside no art. 5.º/3, segundo o qual se considera favorável o parecer se, decorrido o prazo de cento e vinte dias, prorrogável por mais trinta dias (art. 5.º/1/2), nada for comunicado à entidade competente para licenciar ou autorizar o projecto.

Esta singular disposição presta-se a considerações políticas e jurídicas. Do ponto de vista político a norma constitui uma evidente manifestação de cinismo institucional. Sabemos todos que os projectos em questão são de grande dimensão. É, portanto, evidente que pelo menos algumas destas iniciativas possam desencadear fortes pressões políticas por parte das forças económicas interessadas. É igualmente notório e provável que estas iniciativas possam provocar reacções das populações locais eventualmente lesadas. Tratando-se de casos em que não é fácil conjugar a utilidade colectiva com o bem estar individual, o legislador procurou, da pior forma, deixar uma saída de segurança, estabelecendo este novo tipo de deferimento tácito, de silêncio-positivo.

No campo moral e jurídico as dúvidas são ainda mais graves. O poder-dever da Administração proteger o ambiente através do instrumento de avaliação de impacto ambiental é gravemente atacado ao consentir-se que a autoridade competente possa discricionariamente ou mesmo arbitrariamente decidir usá-lo ou não.

Parece-me igualmente evidente que um silêncio procedimental deste género constitui não só uma grosseira violação das normas constitucionais em matéria de ambiente, mas também um atropelo às obrigações resultantes da Directiva 85/337. Está posta em causa a garantia de uma concorrência leal intracomunitária e a qualidade de vida das populações dos vários países-membros, que obrigam a que a avaliação de impacto ambiental seja feita seriamente e não constitua uma espécie de *fictio iuris*.

Não é crível também que a eventual inércia da Administração possa eximi-la de toda e qualquer responsabilidade. A avaliação de impacto ambiental é um acto devido sob o aspecto comunitário, político, moral e jurídico. Assim sendo, não é possível que a tutela jurídico-constitucional e comunitária possa ser consumida no *espace d'un matin* de cento e vinte dias (art. 5.º do D.L. n.º 186/90), decorridos os quais a tutela cessa. É lógico, portanto, presumir que a omissão ou até o simples atraso possa dar lugar a responsabilidade penal e a responsabilidade civil, para além de responsabilidade política, obviamente.

Mas diríamos mais. Duvidamos da bondade constitucional do art. 108.º/1/3 do C.P.A., especialmente naqueles casos em que as autorizações se confrontam com exigências irrenunciáveis de interesse geral, como é manifestamente a protecção do ambiente. Neste sentido, é interessante notar as reservas que noutros ordenamentos jurídicos têm suscitado a constitucionalidade das autorizações tácitas ou fictícias, especialmente no campo económico. Cfr. M. BULLINGER, "Procedimientos administrativos al ritmo de la economia y de la sociedad (directivas constitucionales para una reforma)", in *R.E.D.A.*, n.º 28, 1992, p. 13.

Indo mais longe, diríamos que o silêncio administrativo positivo é dogmaticamente inviável e, salvo melhor opinião, o particular não gozará de maior protecção e garantia com esta figura. Basta que a Administração ignore o pedido de licenciamento (não obstante o art. 16.º do D.L. n.º 445/91, de 20 de Novembro, com sucessivas alterações), alegando que o conteúdo da pretensão não está em conformidade com o Direito. Neste caso, o acto é inexistente, pela simples razão de não se ter produzido o silêncio ao faltar-lhe um requisito essencial. Cfr. E. GARCIA-TREVIJANO GARNICA, *El Silencio Administrativo en el Derecho Español,* Madrid, 1990, p. 87. Isto é, a conformidade com o ordenamento não é só um requisito para a validade do acto, mas também para a produção do silêncio. (Segundo GARCIA-TREVIJANO FOS, *Los Actos Administrativos,* Madrid, 1986, p. 160, é princípio assente que não pode adquirir-se por silêncio administrativo o que não pode ser obtido de forma expressa, pelo que não tem cabimento o silêncio positivo *contra legem*). Em suma, o direito de acesso à tutela efectiva (art. 20.º da C.R.P.) fica sem objecto, logo, não há lugar a recurso porque não há acto. Melhor seria então interpor uma acção para o reconhecimento de um direito ou interesse legalmente protegido (art. 268.°/5 da C.R.P. e arts. 69.° e 70.° da L.P.T.A.), mas nesse caso é inútil o acto prévio (seja deferimento ou indeferimento tácito).

Na verdade, apetece dizer que a alínea b) do n.° 1 e o n.° 3 do art. 108.° (C.P.A.) são bem o espelho da passagem do *mito da caverna à utopia da vivenda.* Ironicamente, a estrutura do processo contencioso-administrativo torna, em grande medida, ilusória a efectividade do silêncio quando a declaração que comporta exige medidas de execução, donde o problema deveria ser solucionado nesta sede, nomeadamente através de uma panóplia de medidas cautelares adequadas. Acresce que a Administração fica, face ao seu penoso silêncio (art. 108.°/2 do C.P.A.), numa situação particularmente difícil no que toca à revogação do "acto" fictício de licenciamento (arts. 140.°/1 e 141.° e ss. do C.P.A., e arts. 61.° e 62.° do D.L. n.° 445/91, alterado pelo D.L. n.° 250/94, de 15 de Setembro, arts. 67.° e 68.° do D.L. n.° 448/91 (sucessivamente alterado). Curiosamente, um terceiro "frentista intolerante" poderá, eventualmente, obter uma tutela maior à consentida à Administração, nomeadamente através da suspensão da eficácia do acto (art. 76.° do Decreto-Lei n.° 267/85, de 16 de Julho). Esta técnica, que não é propriamente uma *guilhotina* sobre os actos danosos, oferece agora uma tutela indispensável ao contestatário da licença ou da autorização, com repercussões, inclusive, ao nível do planeamento urbanístico.

À entidade licenciadora restará embargar ou ordenar a demolição da obra, se esta for ilegal, sem prejuízo da responsabilidade civil pelos danos causados aos titulares de boa fé das respectivas licenças (cfr. os arts. 61.° a 63.° do D.L. n.° 448/91, de 29 de Novembro, arts. 57.° e 58.° do D.L. n.° 445/91, art. 3.° e ss. do D.L. n.° 92/95, de 9 de Maio e art. 23.° do D.L. n.° 249/94, de 12 de Outubro). Embora compreendamos o espírito que presidiu a esta norma (art. 108.° do C.P.A.), pensamos que o silêncio deve ser visto essencialmente como possibilidade da Administração se pronunciar. A distinção de significados positivo e negativo do silêncio administrativo pode ter mais ou menos justificação política, mas carece de consistência dogmática. Neste sentido, não vemos como possa ser considerado o deferimento tácito uma garantia dos particulares como sustenta FREITAS DO AMARAL, *Direito do Urbanismo (Sumários), op. cit.*, p. 123.

Partindo *ab imis* e considerando o silêncio de per si, constata-se que se trata de uma palavra que juridicamente não exprime nada ou quase nada. Filosoficamente, mais exactamente em sede da linguística, o silêncio é o oposto da linguagem. Se é correcto ainda o ensinamento da teoria das "experiências elementares" *(Erlebnisse)*, da escola de Frankfurt (R. CARNAP, *Der logische Aufbau der Welt,* Berlin, 1928), a linguagem jurídica faz parte do *protokollsprache* (linguagem dos protocolos). Ora aqui não há relação com a experiência elementar ou com o *princípio da verificação* (L. WITTGENSTEIN, *Logisch philosophische Abhandlung,* Leipzig, 1921), fundado num conceito discriminante entre *mostrar* (insignificante) e *demonstrar* (significante).

Daí que entendamos o silêncio como meio da Administração se pronunciar, pelo que seria mais razoável a solução do legislador germânico, onde a inactividade da Adminsitração ou a recusa de emanar o acto solicitado recebe directamente tratamento judicial. Cfr. SCHMITT GLAESER, *Verwaltungsprozeßrecht,* 10.ª ed., Stuttgart / München / Hannover, 1990, p. 88; R. PIETZNER, M. RONELLENFITSCH, *Das Assessorexamen in öffentlichen Recht,* 7.ª ed., Düsseldorf, 1991, p. 100 e ss.

Importa observar que o parecer sobre a compatibilidade do projecto com o ambiente (art. 4.º/1 do D.L. n.º 186/90) surge isolado, absolutizado, uma vez que só num segundo momento é confrontado com interesses antagónicos e, portanto, mais livre e controlável, o que não significa necessariamente uma mais eficaz garantia da tutela do ambiente.

No esquema procedimental adoptado no Decreto-Lei n.º 186/90 e no Decreto Regulamentar n.º 38/90, as informações sobre os efeitos ambientais não confluem directamente na instrução do procedimento autorizativo que conduz à decisão final. Constitui antes objecto de avaliação numa fase distinta do procedimento (ou melhor, no subprocedimento de avaliação de impacto ambiental), que se conclui com uma específica pronúncia sobre a compatibilidade ou não da obra com o ambiente. O "parecer" sobre a compatibilidade ambiental expresso pela autoridade competente (art. 3.º do D. R. n.º 38/90 e art. 4.º/1 do D.L. n.º 186/90) é, portanto, o acto conclusivo do subprocedimento, mas apenas no que se refere aos efeitos ambientais (art. 2.º/2 do D.L. n.º 186/90), e é através dele que os elementos recolhidos são vasados no procedimento principal. Por conseguinte, para fins da instrução do licenciamento do projecto, a posição do interesse ambiental é definida segundo aquela pronúncia (parecer) [503].

As conclusões expressas no *parecer* podem ser desatendidas (art. 6.º do D.L. n.º 186/90), sempre que seja considerado prevalecente qualquer outro interesse de natureza não ambiental, sem que isso signifique, em princípio, uma avaliação *diversa* (dos efeitos ambientais resultantes da intervenção projectada) daquela que está na base do parecer de compatibilidade ambiental. O parecer mantém-se, assim, inalterado no procedimento autorizativo.

Se bem que o regime jurídico de avaliação de impacto ambiental utilize o termo *parecer* (art. 4.º e ss. do D.L.

---

503 T. BANFI, *op. cit.*, p. 378.

n.º 186/90), a verdade é que existem razões para duvidar da exactidão desta qualificação. Para além de outras considerações que faremos mais adiante, o parecer sobre a compatibilidade ambiental formaliza a consideração do interesse ambiental segundo a apreciação do órgão a quem compete a protecção do mesmo (Ministério do Ambiente e dos Recursos Naturais ou qualquer entidade por ele designada). E, pelo menos nas hipóteses normais, nisto se esgota a participação daquele órgão num procedimento em que se decide sobre empreendimentos de elevado impacto ambiental.

Se o parecer é no sentido da compatibilidade, é previsível que o interesse ambiental possa e deva ser tomado novamente em consideração no sucessivo desenvolvimento do procedimento principal, mas agora pela mão das associações de defesa do ambiente ou de um qualquer cidadão [504]. Se o parecer é negativo, é possível assistir-se a um conflito entre o interesse ambiental e o interesse à realização da obra projectada, segundo a apreciação da entidade competente para autorizar ou licenciar o projecto. Mas, o facto de um conflito deste género ser possível tal não implica uma redefinição do interesse ambiental, já anteriormente cristalizado no parecer sobre a avaliação de impacto ambiental, nem tal implica a reabertura (total) da instrução sobre os efeitos ambientais. Parece poder dizer-se que, na hipótese de conflito, o interesse ambiental (definido no parecer) pode ser sacrificado por outros interesses (económicos ou de outra natureza), em virtude de uma decisão que não se funda apenas numa apreciação dos factos que estão na base do parecer de compatibilidade ambiental, e que exprime uma *escolha* entre interesses contrastantes [505].

---

504 Referimo-nos à fase instrutória e à audiência dos interessados (arts. 86.º e ss. e 100.º e ss. do C.P.A.). .

505 Daí a pregnância de configurar uma discricionaridade objectiva nos procedimentos autorizativos, vinculando o acto final aos resultados de uma correcta

Em suma, julgo prevalecer um figurino do procedimento de avaliação de impacto ambiental caracterizado por uma separação das fases instrutórias. Efeitos e, correlativamente, interesses ambientais de um lado; efeitos e interesses económicos de outro. Esta separação parece significar a proeminência do interesse ambiental, expresso no "parecer"; todavia, sempre se poderia argumentar que, numa consideração mais atenta, tal solução se apresenta como um possível factor de enfraquecimento da efectiva tutela dos bens ambientais. Dir-se-ia que o carácter absoluto e "redutor" que se pretende dar ao juízo de compatibilidade ambiental, constitui, com efeito, a premissa para um confronto entre o interesse ambiental e os interesses contrapostos mais livre de formalidades instrutórias, seja no que respeita à intervenção dos cidadãos, quer quanto aos próprios fundamentos da decisão (análise custos-benefícios, exame das possíveis alternativas). Não é, porém, a nossa opinião, porque tal confronto deve ocorrer, pleno de garantias, no procedimento principal (arts. 86.º e ss. e 100.º e ss. do C.P.A.). De outra forma, assistiríamos, com certeza, à diluição dos efeitos ambientais nas vantagens sócio-económicas apresentadas pelo projecto, comprometendo irremediavelmente o escopo deste instituto. O juízo sobre os efeitos ambientais transformar-se-ia num juízo sobre a aceitabilidade dos mesmos [506]. Mas sobre este aspecto da questão são necessárias ainda algumas precisões, sem que antes nos

---

aquisição e ponderação de factos e interesses desenvolvida durante a marcha do procedimento principal.

[506] Neste sentido, V. BELLOCH MARQUÉS, "La evaluación socioeconomica de los impactos ambientales derivados de las actividades humanas", in *Economia y Medio Ambiente,* Madrid, 1982, p. 366. Com uma posição matizada, *vide* P. PINHO, "Impactes sociais e económicos" in *Avaliação do Impacte Ambiental,* Lisboa, 1994, pp. 239-240.

Os elementos sócio-económicos, demográficos, bem como a relação com o uso do solo e o ordenamento do território, contidos no estudo de impacto (art. 2.º do D.R. n.º 38/90) devem ser vistos como o quadro de referência e programático do projecto, sem uma influência directa na "instrução ambiental". Em suma, a caracterização dos impactos sócio-económicos não é um fim em si mesmo, mas antes um meio de enriquecer a avaliação ambiental do projecto.

debrucemos sobre as implicações da separação das fases instrutórias.

3. 1. 2. 1. Implicações da separação das fases instrutórias: o princípio da participação - ponderação de interesses no procedimento principal

A este propósito a doutrina tem salientado que, quanto mais aumenta a variedade das alternativas de escolha, em presença de circunstâncias complexas, e quanto maiores são as interdependências, tanto menos é admissível uma composição de interesses através de soluções intuitivas e imediatas [507].

Posto isto, impõe-se, portanto, a exigência de reduzir, dentro de certos limites razoáveis, as margens de indeterminação dos pressupostos da actividade administrativa. Daí a importância de uma "participação preventiva" dos cidadãos no procedimento de avaliação de impacto ambiental, bem como proceder a uma efectiva e complexa ponderação dos interesses no procedimento autorizativo, de modo a limitar a discricionaridade das decisões administrativas com implicações ambientais.

Nesta perspectiva, a participação "preventiva" (no subprocedimento de A.I.A.) surge não só como um meio de tutela procedimental antecipada (antes mesmo de ser adoptado o parecer ambiental e, portanto, ainda não há lugar a uma eventual lesão dos particulares), mas também como um ins-

---

507 SCHMITT GLAESER, "Die Position der Bürger als Beteiligte im Entscheidungsverfahren gestaltender Verwaltung", *op. cit.*, p. 38.

A este respeito a doutrina alemã tem igualmente salientado as diferenças entre a discricionaridade planificadora — onde a composição do complexo quadro dos interesses em cena se opera através de "pré-decisões" que, cada vez mais, dão forma precisa ao esquema definitivo das escolhas — e a discricionaridade administrativa propriamente dita. Cfr. KRAUTZBERGER, in BATTIS / KRAUTZBERGER, *Bundesbaugesetz*, § 1, Als. 7, München, 1985, p. 56 e ss., esp. pp. 70-71. Mais recentemente MARTIN IBLER, *Die Schranken planerischer...*, *op. cit.*, p. 212 e ss.

trumento de racionalização dos critérios de orientação lógica da Administração no procedimento principal [508].

O momento da ponderação de interesses chega mais tarde com o procedimento principal, onde emerge a importância do nexo entre participação e ponderação — ou seja, quando se trata de aplicar o instituto da *obrigação de ponderação de interesses (Abwägunsgebot der Interessen)* [509].

O *princípio da ponderação dos interesses* adquire aqui a qualidade de um constante *leitmotiv* da actividade administrativa e do respectivo controlo jurisdicional [510]. Este princípio, de aplicação nos procedimentos de planificação urbanística e nos procedimentos com implicações ambientais, deve ser interpretado não só como regra estática da actividade administrativa, mas também como regra dinâmica de *orientação lógica* do agir administrativo [511].

Problema essencial é o que se prende com a ideia de que a participação no procedimento principal seja orientada para a completa recolha do material de ponderação, em cumprimento do requisito da sua *completude* o que, em termos absolutos,

---

[508] S. COGNETTI, *op. cit.*, p. 58.

[509] ALVES CORREIA, *O Plano Urbanístico...*, *op. cit.*, p. 275 e ss.

[510] Não se trata de elaborar uma situação diversa e mais intensa da figura dos direitos e interesses legalmente protegidos, mas de uma série mais vasta e heterogénea de bens da vida que vêm a constituir objecto de direitos sem qualquer discriminação de ordem procedimental e processual. Cfr. P. MANTINI, *Associazioni ambientaliste...*, *op. cit.*, pp. 48 e 49. Como salienta COGNETTI, *op. cit.*, p. 16, a afirmação do instituto da *ponderação de interesses* obriga à elaboração de critérios objectivos de reconhecimento das situações merecedoras de tutela.

[511] Mais exactamente, verifica-se que a concreta orientação do *processo de determinação do bem comum* depende da apreciação que se faz de tal bem, isto é, depende da avaliação pontual dos interesses que lhe fazem referência. (Cfr. S. COGNETTI, *op. cit.*, p. 101) Mas, ao mesmo tempo, aquela mesma ponderação de interesses não pode deixar de depender de uma certa orientação lógica.

Orientação que, como é natural, a própria Administração imprime na fase de abertura do procedimento. Assim, advoga-se, para o procedimento em análise, à semelhança do que acontece na Alemanha em matéria de planificação urbanística, uma participação "preventiva" dos cidadãos — prévia a qualquer escolha de carácter pontual — logo a seguir à manifestação de vontade pelo proponente da obra, sobretudo se este for uma entidade pública, dos objectivos gerais da iniciativa projectada, tal como as directrizes a seguir. Mais uma vez o art. 4.° e ss. da Lei n.° 83/95.

deveria implicar a certeza sobre a relevância de todo e qualquer elemento necessário à ponderação, porque indispensável [512].

O grande relevo que assume o nexo participação-ponderação no procedimento principal, orientado para a prossecução do objectivo da completude do material instrutório, não pode, assim, ignorar, nos projectos sujeitos a avaliação ambiental, o parecer de compatibilidade ambiental, bem como os resultados adquiridos em sede de participação *preventiva,* nos seus vários momentos: *exposição* do *projecto, consulta e perspectivação de alternativas* [513] — e que não foram atendidos pelo parecer ambiental. Especialmente quando se trata de um empreendimento público e o "parecer" é positivo, a participação preventiva (ao nível do subprocedimento de impacto ambiental) não pode, muito menos deve, precludir [514] a legitimação

[512] Cfr. sobre este ponto a magnífica obra de S. COGNETTI, *op. cit.*, p. 100.

[513] Os resultados da consulta pública constam, aliás, de um relatório elaborado por um instrutor do procedimento de A.I.A. (art. 4.º/6 do D.R. n.º 38/90).

[514] Diferentemente do que sucede no ordenamento jurídico de outros países, o procedimento de avaliação de impacto ambiental apresenta entre nós uma certa rigidez sequencial, oferecendo uma escassa aptidão para a desejável interacção de decisões e propostas, o que transcende também a consideração de possíveis alternativas.

No que se refere à *preclusão formal* somos de opinião que ela não tem sentido, desde logo pelo simples facto do procedimento de A.I.A. ter como finalidade a determinação do impacto ambiental, não havendo lugar à composição e hierarquização de interesses divergentes, o que sucede apenas no procedimento principal.

Quanto à *preclusão material,* somos igualmente de parecer que a sua efectivação colide com a cláusula do Estado de Direito e com os direitos fundamentais, nomeadamente o direito de acesso ao direito e aos tribunais (arts. 20.º e 268.º/5 da C.R.P.). Neste sentido e contrariando a doutrina dominante na RFA em matéria do procedimento autorizativo nuclear, OSSENBÜHL, "Kenenergie im Spiegel des Verfassungsrechts", in *DÖV*, 1981, p. 7 e ss.

A preclusão material apresentar-se-ia como uma sanção inadequada, que ultrapassaria amplamente o objectivo de obter uma vasta participação e uma maior capacidade cognoscitiva da Administração (J. PAPIER, "Einwendungen Dritter im Verwaltungsverfahren", in *NJW*, 1980, p. 319).

Também a argumentação da doutrina (dominante) que pretende justificar a tutela do investimento do dono da obra com o dogma da certeza do direito, através duma progressiva estabilidade do seu projecto e da exclusão de possíveis recorrentes, é passível de críticas. Sustenta-se que a possibilidade de participação preventiva de terceiros deve ser compensada, a favor do comitente, com a utilização da preclusão material, esquecendo-se que a referida participação preventiva pode

procedimental (no procedimento autorizativo) [515] e processual dos titulares dos interesses difusos (cfr. os arts. 53.°, 100.° e ss. e 12.° do C.P.A., assim como o art. 52.°/3 da C.R.P. e os arts. 4.° e ss. e 12.° e ss. da Lei n.° 83/95).

Esta argumentação é agora clamorosamente reforçada pela Lei n.° 83/95, com intuitos ampliatórios das garantias dos cidadãos, onde expressamente se prevê uma participação prévia na preparação dos planos e empreendimentos contemplados no seu artigo 4.°. Ora, esta participação preventiva, que se aproxima do modelo norte-americano de *environmental impact statement,* não só não visa substituir a participação ao nível do subprocedimento de impacto ambiental, como também não preclude a participação ao nível do procedimento principal.

Neste tipo de procedimentos administrativos estamos em presença de um vasto e complexo conjunto de interesses públi-

---

jogar também a seu favor. Acresce ainda que o dono da obra participa em todo o procedimento complexo que conduz à autorização, o que não viria a acontecer com os titulares dos interesses difusos pluri-individuais, com evidentes prejuízos para a defesa do ambiente. (Cfr. PAPIER, *op. cit.*, p. 320).

É de notar ainda que o direito de oposição dos cidadãos neste procedimento tecnicamente complexo exige só por si meios económicos avultados para consultar técnicos qualificados, de modo a não deixar prejudicada a participação preventiva. Mesmo que a Administração viesse a suportar estes custos não me parece aceitável, pelas razões aduzidas, a legitimidade da preclusão formal e material. Em suma, o incentivo à participação procedimental preventiva devida à preclusão material parece-me um argumento extremamente débil. Por último e também neste sentido cfr. WOLFRUM, "Der Ausschluss von Einwendungen im Anhörungsverfahren und sein Einfluss auf den Verwaltungsrechtsschutz", in *DÖV*, 1979, p. 501).

Acresce que o exame das possíveis variantes e alternativas, pressuposto indispensável e indesmentível para o efectivo cumprimento das funções atribuídas ao instituto de avaliação de impacto ambiental, parece ter sido marginalizado do texto legal em vigor. Fica, assim, prejudicada a articulação entre projectos e contra-projectos, sacrificando-se deste modo uma das vias mais frutuosas e lúcidas para a participação preventiva dos cidadãos e respectivas associações no processo decisional, o que parece reforçar a negação da preclusão procedimental e processual.

[515] Esta argumentação ganha ainda mais sentido se tivermos presente a "escassa" eficácia jurídica da participação no procedimento de A.I.A., apesar do seu carácter aclaratório para efeitos de avaliação ambiental. Sobre os efeitos aclaratórios do subprocedimento de informação em geral, cfr. FORTES ENGEL, *La Información Pública en el Derecho Administrativo,* Madrid, 1977, p. 62 e ss.

cos, privados, difusos, pelo que importa garantir, antes de mais, uma correcta "concretização do bem comum", sem qualquer distinção entre cidadãos e interessados [516].

Assume, assim, contornos mais nítidos a relação entre participação e ponderação ou, mais exactamente, entre o contributo de quem é chamado, seja como cidadão, seja como parte interessada, a evidenciar factos, interesses e circunstâncias e a "obrigação de ponderação" que emerge como princípio central de procedimentos complexos com implicações ambientais. Princípio cuja observância, segundo critérios sistemáticos, homogéneos e de confiança, não pode deixar de depender da clareza das premissas da actividade administrativa na qual a participação assume um papel importantíssimo.

Participar no procedimento do ponto de vista ambiental é antes de mais preparar a ponderação de interesses, ou seja, manifestar sob qualquer veste tudo quanto poderá ambientalmente resultar merecedor de fazer parte do *material de ponderação* e ser *obrigatoriamente* ponderado. A importância da participação dos cidadãos, em especial quando o parecer manifestamente insuficiente é positivo, reside em colocar a Administração em condições objectivas de se aperceber da relevância das implicações ambientais do projecto ao longo do procedimento, permitindo-se, assim, decidir com maior eficiência e equidade [517]. Ganha, portanto, todo o sentido a distinção entre o interesse público ambiental assumido pela Administração e a representação e a tutela do ambiente como direito fundamental dos cidadãos [518].

A Administração dispõe de uma margem de livre apreciação e de escolha no momento da tomada de decisão como

---

[516] Qualquer distinção entre participantes *uti singuli* e *uti cives* funcionaria contra a lógica da participação preventiva: dificuldade de conhecer preventivamente qualquer alternativa ao projecto e, consequentemente, a impossibilidade de delimitar antecipadamente um círculo de sujeitos interessados.

[517] P. MANTINI, *op. cit.*, p. 54.

[518] Tal significa, entre outras coisas, que se deve estabelecer um regime jurídico distinto quanto aos projectos públicos e privados.

resultado da ponderação entre interesses já adquiridos e seleccionados. Mas a mesma Administração deve estar desprovida de qualquer margem de apreciação no momento da introdução e ponderação dos interesses no procedimento, antes, portanto, da decisão final. Em suma, todos os direitos e interesses relevantes devem ser adquiridos e ponderados antes de se decidir sobre a sua definitiva afirmação ou não no resultado final *(Ergebnis)* [519].

Um controlo jurisdicional penetrante não deixará de produzir interferências sobre o exercício do poder discricionário, uma vez que se pode distinguir perfeitamente entre a instrução procedimental e a decisão final. A primeira, dominada pela lei e pelas regras que regem a organização e actividade administrativas e, acima de tudo, pela ponderação completa de todos os interesses dignos de tutela; a segunda, respeitante a um "âmbito de livre escolha" atribuído à Administração, em obséquio à qual se decide pela afirmação de determinados interesses em detrimento de outros [520].

Assim, a determinação dos pressupostos da actividade administrativa seria subtraída à livre apreciação da Administração e submetida a um controlo jurisdicional praticamente total. A nítida separação entre *procedimento* e *decisão final* leva-nos a uma distinção sistemática entre *vícios de ponderação inerentes ao procedimento (Abwägungsfehler als Vorgang)*, em que se verifica um controlo etiológico, isto é, aberto à completa determinação das causas que possam tê-los produzido; e *vícios de ponderação inerentes ao "resultado" (Abwägungsfehler als Ergebnis)* [521], para os quais o controlo permanece, ainda que mais limitado, uma vez que embora tais vícios digam respeito à escolha discricionária da Admi-

---

519 S. Cognetti, *op. cit.*, p. 105.

520 Cfr. entre outros Bullinger, "Das Ermessen der öffentlichen Verwaltung", *op. cit.*, p. 1001.

521 Cfr. Alves Correia, *O Plano...*, *op. cit.*, p. 278.

nistração, esta não se pode apresentar desligada da "realidade" instrutória [522].

Tendo os juízos técnicos tanta importância no procedimento administrativo de avaliação de impacto ambiental e se simultaneamente se exclui qualquer margem de *indeterminação* no procedimento principal, por força da completude do material instrutório de ponderação, também se deveria correlativa e "paradoxalmente" excluir no "resultado" final, enquanto etapa conclusiva do próprio procedimento.

Valerá a pena concretizar os traços estruturantes das relações jurídico-administrativas multipolares que envolvem este tipo de procedimentos complexos, dando um exemplo: o licenciamento da actividade industrial [523]. O Decreto-Lei n.º 109/91, de 15 de Março (alterado pelo D.L. n.º 282/93, de 17 de Agosto), ao regular o exercício da actividade industrial, consagra um complexo procedimento em que é visível, para além de um dever geral de segurança (art. 4.º), um dever geral de prevenção dos riscos ambientais, entre outros (art. 5.º). Por sua vez, o artigo 5.º do Decreto Regulamentar n.º 25/93, de 17 de Agosto, vem evidenciar que os processos de licenciamento dos estabelecimentos industriais constantes do Decreto-Lei n.º 186/90, de 6 de Junho, ficam sujeitos previamente a um procedimento de avaliação de impacto ambiental (art. 10.º/2 do D.L. nº 109/91).

É inequívoca a presença de uma pluralidade de interesses públicos. O procedimento de licenciamento da actividade industrial não se resume a uma relação entre autoridade licenciadora e o particular requerente de licenciamento, antes faz emergir várias relações em que se interpenetram interesses públicos, difusos e privados carecedores de uma

---

522 Num sentido menos conclusivo, S. COGNETTI, *op. cit.*, p. 106.

523 D.L. n.º 109/91, de 15 de Março, alterado pelo D.L. n.º 282/93, de 17 de Agosto, regulamentado pelo D.R. n.º 25/93, de 17 de Agosto.

aturada ponderação [524]. A *ponderação ecológica* dos interesses no licenciamento da actividade industrial apresenta um figurino próprio (mais reforçado), uma vez que o interesse ambiental foi, em princípio, previamente apurado em sede do procedimento de avaliação de impacto ambiental.

A exigência da ponderação de interesses no procedimento de licenciamento da actividade industrial é particularmente delicada quando o legislador estabelece vários fins a prosseguir pelos poderes públicos — desenvolvimento económico, independência energética, necessidade de emprego, protecção do ambiente. Em síntese, na determinação do interesse público o fim de protecção do ambiente concorre com outros fins [525].

O problema está em saber qual das tendências metodológicas concretizadoras a Administração deve seguir e como deve operar o controlo judicial sobre a ponderação ecológica de interesses. Deve a Administração privilegiar o bem ambiental? Ou será mais correcto juridicamente não assumir o bem ambiental qualquer relevância especial na tarefa de ponderação de interesses?

Antes de tentar oferecer uma resposta, é bom recordar que a incidência do poder administrativo sobre as situações jurídicas subjectivas pode configurar-se de diferente forma: como objecto de uma norma meramente enunciativa de um princípio; como interesse legítimo; como objecto de um direito fundamental ou de vários direitos fundamentais entre si conflituantes [526].

No primeiro caso, o princípio enunciado pode inscrever-se como princípio geral de direito. Assim, o enunciado constitucional assume a função de critério interpretativo com carácter preceptivo.

---

[524] Cfr. GOMES CANOTILHO, "Relações jurídicas poligonais, ponderação ecológica de bens e controlo judicial preventivo", *op. cit.*, p. 58 e ss.

[525] GOMES CANOTILHO, *op. cit.*, p. 59.

[526] P. DELL'ANNO, *Contributo allo studio...*, *op. cit.*, pp. 258-259.

Na segunda hipótese, a normação positiva pode conformar os direitos dos particulares de modo a torná-los penetráveis por actos da Administração Pública; neste caso a situação subjectiva do privado é representada por um interesse legítimo, perante o qual o poder público age em função da tutela de interesses públicos [527]. Aqui, o ordenamento jurídico reconhece a tutela jurisdicional dos interesses legalmente protegidos, mas a garantia constitucional comporta a existência de uma reserva de lei no que se refere à disciplina dos poderes públicos, atribuições e respectiva medida. Esta situação evolui por vezes para o domínio dos direitos subjectivos enquadráveis entre os direitos fundamentais [528].

A situação posta refere-se a actos que se confrontam, em última instância, com direitos fundamentais de natureza diversa e conflituante, como são o direito de iniciativa económica (art. 61.º da C.R.P.) [529], mais exactamente o seu exercício, e o direito fundamental a um ambiente saudável (art. 66.º da C.R.P.). Confrontam-se aqui direitos fundamentais de natureza patrimonial com direitos fundamentais de índole não patrimonial que respeitam a todos e à comunidade.

Mesmo que não possamos dar uma resposta definitiva, embora já o tenhamos tentado, cremos que uma ponderação eficaz de interesses tão divergentes tem que se apoiar numa interpretação do direito ao ambiente como *um novo modo de ser e limite dos direitos fundamentais*. Só assim a jurisprudência da teoria do *bilan-coût-avantages* pode aspirar a uma ponderação de interesses *e de valores,* fugindo ao instinto reptiliano da análise custos-benefícios.

---

527 M. S. GIANNINI, *Diritto amministrativo,* I, *op. cit.*, p. 589.

528 P. DELL'ANNO, *op. cit.*, p. 260.

529 Se bem que, em coerência com o que ficou dito anteriormente, o que está de facto em causa é um conflito entre o interesse legítimo (pertinente à autorização) e o direito fundamental (ao ambiente), o que não é despiciendo para efeitos de hierarquização dos interesses em jogo.

Um direito ao ambiente suficientemente *iusnaturalizado* bem poderia ser visto *como elemento constitutivo da legitimidade e autogenerativo de outros direitos fundamentais,* porque fundado na mais elementar dimensão da dignidade da pessoa humana — o direito de viver com um mínimo de equilíbrio psico-físico, de viver com um mínimo de qualidade de vida e identidade. Mas estes caminhos hermenêuticos continuam demasiado longínquos dos problemas postos pelo exemplo enunciado anteriormente, daí que procuremos outras vias.

Afastamos também a teoria da *supraconstitucionalidade,* referida a princípios e valores supremos do sistema constitucional ou a princípios e regras oriundas de instâncias supranacionais [530]. Esta postura doutrinal, para além de nos remeter para rotas e fontes transcendentes, depara com a colisão frontal do princípio democrático da soberania popular (art. 2.º da C.R.P.) [531].

Postos perante um procedimento em que confluem uma pluralidade de interesses com forte inimizade entre si, porque não propor o modelo simbolizado pelo *princípio da razoabilidade.* Princípio igualmente pertinente na interpretação da Constituição, uma vez que os textos constitucionais, apesar de serem muito longos e complexos, não resolvem um grande número de conflitos, como a composição entre os diversos valores constitucionais.

O princípio da razoabilidade é certamente um princípio não escrito que tem uma certa prioridade sobre outros princípios directamente dedutíveis da Constituição, ainda que tal prioridade não deva ser apenas lógica mas axiológica. A diferença entre o modelo do *direito natural* e o modelo do *princípio da razoabilidade* é uma diferença análoga àquela que

---

[530] Cfr. G. DRAGO, "La supraconstitutionnalité. Présentation et problématique générales", in *Giust. e cost.*, 1995, p. 5 e ss.; M. LUCIANI, "Sovracostituzionalità e diritto europeo", in *Giust. e cost.*, 1995, p. 41 e ss.

[531] Cfr. A. BALDASSARRE, "Aspetti teorici e storici della sopra-costituzionalità", in *Giust. e cost.*, 1995, p. 37.

existe em filosofia entre o conceito *transcendente* e o conceito *transcendental* [532]. O primeiro reenvia-nos para fontes normativas externas e superiores ao direito positivo; o segundo, não fazendo tal reenvio, exprime uma condição essencial para a ponderação de valores e direitos constitucionais e a resolução de conflitos entre os mesmos valores [533].

Admitindo que estamos confrontados com direitos fundamentais de natureza análoga aos direitos, liberdades e garantias, o critério de decisão da Administração e do juiz, *maxime* constitucional, deve ser o de estabelecer a hierarquia de valores e interesses mais razoável e efectuar uma ponderação razoável [534]. Esta ampla escolha deve ser presidida por um critério: escolher o que é mais razoável a fim de assegurar uma comum convivência entre os direitos em causa, no máximo respeito dos princípios e normas constitucionais.

Para tal é necessário fazer uma pontualização, mais exactamente, operar uma catarse: a passagem do *Estado de Direito* ao *Estado Constitucional* que enforma hoje as modernas democracias [535]. No *Estado Constitucional* a síntese unitária não repousa já na lei, expressão de maiorias parlamentares mutáveis, mas vem expressa ao nível mais elevado dos valores constitucionais. Mas como a Constituição alberga um conjunto de valores que ocorre ordenar e hierarquizar, exige-se à Administração e ao juiz um papel criativo e ponderado. Deve tomar-se consciência de que a *garantia jurisdicional da constituição* acaba por reconhecer na razoabilidade uma categoria transcendental. O princípio da razoabilidade representa

---

[532] A. BALDASSARRE, *op. cit.*, p. 33.

[533] O *princípio da razoabilidade* tem uma evidente expressão conceptual noutros sistemas jurídicos: o *principio di ragionevolezza,* em Itália, as cláusulas estado-unidenses como a do *due process of law* ou do *equal protection,* ou as fórmulas germânicas do *Erforderlichkeitsprinzip* ou da *Verhältnismässigkeit.*

[534] Cfr. GOMES CANOTILHO, *op. cit.*, pp. 60 e 61.

[535] G. ZAGREBELSKY, *Il diritto mite,* Torino, 1992, p. 25 e ss. No fundo haveria que saber combinar o pensamento débil (cfr. G. VATTIMO e P. A. ROVATTI, *Il pensiero debole,* Milano, 1983, p. 18 e ss.), como abandono da "razão-domínio", com o agir comunicativo (procedimental) de Habermas.

provavelmente o único modo de compor a unidade do *politeísmo dos valores constitucionais,* a única via para ajustar à lógica do respeito dos valores constitucionais a lógica dos meios-fins, própria da legislação [536].

Para concluir que o princípio da razoabilidade é perfeitamente compatível e adequado a um sistema jurídico inspirado na estreita positividade das fontes normativas, importa avançar mais alguns argumentos. Antes de mais, a razoabilidade é essencialmente um *princípio procedimental,* o que significa que não subsistem valores configuráveis como *ditames de razoabilidade;* em segundo lugar, a razoabilidade remete-nos para o chamado *pensamento débil,* isto é, comporta regras para a ponderação dos direitos e interesses em presença, a que não são alheias as circunstâncias particulares do evento [537].

Por último, o juiz deve constatar se a hierarquia de valores e direitos pressuposta pela legislação e concretizada na decisão pela Administração é conforme à hierarquia de valores pressuposta na Constituição. O juiz deve analisar se, na ponderação entretanto realizada, há direitos irrelativizáveis no seu conteúdo essencial (direito ao ambiente) ou se há direitos e interesses *mais relativizáveis* do que outros (iniciativa económica privada, direito de propriedade). Deve ajuizar se estamos em presença de um confronto entre valores e direitos pertinentes a bens colectivos e valores e direitos consubstanciados em interesses particulares e fraccionáveis.

Em suma, se olharmos à história constitucional do Estado de Direito e à emergência de novos-velhos direitos fundamen-

---

536 A. BALDASSARRE, *op. cit.*, p. 35.

537 A. BALDASSARRE, *op. cit.*, p. 36. O que implica a nosso ver uma concepção *forte* do procedimento. Cfr. S. BENHABIB, "Modes of Public Space: Hannah Arendt, the Liberal Tradition and Jürgen Habermas", in C. CALHOUN, *Habermas and the Public Sphere,* Cambridge, 1992, pp. 73-78. Para uma concepção procedimental dos direitos que assegure simultaneamente a autonomia pública e a autonomia privada, cfr. J. HABERMAS, "Struggles for Recognition in the Democratic Constitutional State", in A. GUTMANN, *Multiculturalism,* Princeton, 1994, pp. 115 e 116.

tais, tenho a impressão que o princípio da razoabilidade bem pode ser a linha de rumo de uma Administração necessariamente constitucionalizada.

3. 1. 3. Juízo sobre os efeitos ambientais e decisão sobre a aceitabilidade dos efeitos

Retomando o discurso, no esquema delineado pelo regime jurídico de avaliação de impacto ambiental, o parecer sobre a compatibilidade ambiental baseia-se numa fase instrutória técnica tendente a medir as transformações do ambiente na sequência da intervenção do empreendimento. A análise dos vários factores de alteração ambiental e dos seus efeitos directos, indirectos e cumulativos ou sinérgicos é objecto de uma actividade que, embora de carácter técnico-científico, não pode considerar-se de mera verificação de factos. Mesmo admitindo que as metodologias utilizadas se revelem indiscutíveis, a determinação dos efeitos ambientais exige *previsões* ou prognoses no que concerne às reacções sobre o ambiente postas pela interacção de uma pluralidade de factores, não sendo certo que previsões desta natureza apresentem sempre um carácter incontrovertido. Neste sentido, a publicidade do projecto e do estudo de impacto ambiental que o acompanha (art. 4.°/2 do D.L. n.° 186/90) é destinado a suscitar um contraditório em função do controlo da correcção e completude da instrução. Sobre esta matéria se voltará mais adiante. O que importa agora precisar é a delimitação do objecto da actividade cognoscitiva da Administração, sobre a qual se baseia o parecer de avaliação de impacto ambiental. A instrução respeita aos eventuais efeitos do projecto sobre o ambiente, considerando as possíveis alternativas [538], seja no que concerne à

[538] O n.° 2 do Anexo I do D.L. n.° 186/90 faz uma vaga referência a essa possibilidade ao admitir que o estudo de impacto, na descrição do projecto, inclua "se for caso disso, um esboço das principais soluções de substituição examinadas pelo

localização da obra, quer quanto ao tipo de intervenção, excluindo, porém, aqueles aspectos da iniciativa projectada que não respeitam ao ambiente. Em correspondência com esta delimitação do objecto da actividade instrutória, à autoridade competente pede-se que se pronuncie sobre a *compatibilidade* do projecto com as exigências de tutela do ambiente, retirando as conclusões em função do material adquirido em sede técnica, sem introduzir, pelo menos explicitamente, elementos de juízo estranhos à questão ambiental tal como é posta na instrução. Assim sendo, os aspectos económicos e sociais serão objecto de análise e de avaliação noutra sede, como já foi evidenciado, isto é, no procedimento autorizativo [539].

Diversamente do que sucede no sistema norte-americano, a tutela do interesse difuso ambiental não se realiza através de uma análise comparativa dos diversos tipos de custos e benefícios conexos à obra projectada, mas isolando o interesse ambiental, de modo a constituí-lo no objecto de um juízo *sem condições*. As "condições", isto é, os interesses antagónicos, emergirão posteriormente num plano diverso e segundo regras procedimentais igualmente diferentes.

A este ponto colocam-se algumas interrogações. Dado que o parecer de avaliação ambiental é consequente à determinação dos efeitos sobre o ambiente, sem que isso signifique que dela não se possa deduzir mecanicamente [540], trata-se, agora, de *decidir* se os efeitos, tal como vêm determinados na instrução do subprocedimento, são aceitáveis ou não. Mais ainda, na ausência de um esquema de referência que poderia resultar da ponderação entre diversos interesses, qual é o

---

dono da obra e a indicação das principais razões dessa escolha, atendendo aos efeitos no ambiente".

539 Assim, T. BANFI, *op. cit.*, p. 380.

540 Referimo-nos à intervenção do Ministro do Ambiente, se bem que entendamos que está vinculado aos resultados técnicos apurados pela comissão que dirige a instrução deste procedimento, sem prejuízo de poder solicitar um aprofundamento da análise técnica da avaliação ambiental. Em suma, o Ministro não goza de qualquer discricionaridade administrativa.

critério lógico que preside ao parecer de compatibilidade ambiental? A hipótese posta é, naturalmente, aquela em que os efeitos ambientais singularmente considerados (relativos às várias componentes do ambiente) não resultam em contraste com os *standards* estabelecidos em legislação especial. Havendo contraste, o parecer não acrescentaria nada aos referidos *standards* normativos. O parecer é, porém, especialmente relevante quando o juízo sobre a aceitabilidade dos efeitos não esteja já adquirido por avaliações previamente elaboradas em sede normativa, não podendo em qualquer caso, porque se trata de um *juízo global,* ficar confinado aos referidos *standards* [541]. Cremos que o critério não pode deixar de ser o *impacto global* da obra, segundo a boa regra da razoabilidade.

Deste modo, se o parecer deve tomar em consideração apenas os efeitos ambientais (devendo em relação a estes apenas afirmar ou negar a tolerabilidade das transformações consequentes à realização do projecto), sem explícita referência a outros interesses coenvolvidos, a decisão que assim se exprime não afasta de todo os critérios de racionalidade e proporcionalidade, nomeadamente no que toca à dimensão e rigor do estudo de impacto, como veremos na última parte, uma vez que estamos perante avaliações complexas. Na ausência dos referidos parâmetros de referência abrem-se duas possibilidades: ou os interesses divergentes do interesse ambiental influenciam o parecer e, neste caso, tais interesses deveriam ser objecto da actividade instrutória formalizada, quer no que concerne à publicidade e consulta do público, quer quanto aos efeitos da controlabilidade do processo decisional; ou então os referidos interesses contrastantes (sócio-económicos e outros) permanecem estranhos à formação do parecer e, neste caso, tendo

---

541 Assim, T. BANFI, *op. cit.*, p. 382.

como critério enformador a plena protecção do ambiente, deveria verosimilmente assumir na maioria dos casos conteúdo negativo [542].

Um regime jurídico de avaliação de impacto ambiental caracterizado pela separação das fases instrutórias, produz duas consequências fundamentais: a redução do objecto da instrução do subprocedimento (e da actividade cognoscitiva da Administração), circunscrita à determinação dos efeitos do projecto sobre o ambiente, vinculando a decisão final às determinações ambientais apuradas pelo "parecer" [543] e, em segundo lugar, permitir uma exaustiva ponderação dos interesses contrastantes no procedimento principal.

Em conclusão, as informações relativas a aspectos não ambientais, indicadas como componentes necessárias do estudo de impacto ambiental (art. 2.º do D.R. n.º 38/90), não alteram substancialmente o objecto da instrução ambiental, uma vez que a *finalidade* desta e do parecer é o de apurar e descrever o impacto global do projecto sobre o ambiente [544].

---

[542] Assim, T. BANFI, *op. cit.*, p. 382.

[543] Não concordamos, portanto, com os autores que, fascinados pelo modelo norte-americano, advertem para o perigo que tal significaria transferir a decisão final para a alta Administração, onde o confronto entre o interesse ambiental e os interesses económicos se poria de modo menos formalizado e controlável. No fundo, seria fazer repousar o *parecer* sobre o esquema tradicional da análise custos-benefícios. Cfr., entre tantos, L. W. CANTER, *Environmental Impact Assessment*, New York, 1977; R. ANDREWS, "Socio-Economic Aspects of Eia: the United States Experience", in *Aspetti socio-economici della Via,* Bologna, 1987, p. 87 e ss.; M. HOLLICK, "The Role of Quantitative Decision-Making Methods in Environmental Impact Assessment", in *Journal of Environmental Management,* vol. 12, 1981, pp. 65-78; D. PEPPER, *The Roots of Modern Environmentalism,* London, 1984; W. A. ROSS, "Evaluating Environmental Impact Statements", in *Journal of Environmental Management,* n.º 25, 1987, pp. 137-147.

[544] Não surpreende, portanto, que no resumo não técnico fornecido pelo dono da obra, para consulta do público, constem apenas *os efeitos mais importantes que o projecto pode gerar no ambiente* (art. 4.º/3 do D. R. n.º 38/90). Como já foi dito, a "separação" da instrução sobre os factores ambientais da instrução sobre os aspectos sócio-económicos favorece, em nosso entender, a tutela efectiva do ambiente, tanto mais que o parecer não tem carácter vinculativo.

3. 1. 4. O interesse ambiental e os seus inimigos no estudo de impacto ambiental

Impõe-se, todavia, saber qual a importância que estes elementos não ambientais assumem no procedimento de avaliação de impacto ambiental.

O Decreto Regulamentar n.º 38/90, no seu artigo 2.º, prescreve, desde logo, que o estudo de impacto ambiental apresentado previamente pelo dono da obra deve atender a aspectos como a descrição do projecto, referindo a sua localização, situação de referência actual e perspectivas de evolução do local da zona envolvente, incidências sobre o ambiente e medidas mitigadoras, configuração de alternativas (Anexo II, n.º 2, do D. L. n.º 186/90). Em suma, tudo o que possa vir a incidir negativamente sobre o ambiente, configurando, deste modo, o *quadro de referência do projecto* [545].

Definitivamente, *o quadro de referência do projecto* (art. 2.º/ b) do D.R. n.º 38/90) não ignora a sua relação com o território e, portanto, todos os elementos que possam ter relevo para a realização da obra a submeter a avaliação de impacto ambiental.

Com efeito, parece óbvio que a avaliação baseada apenas em normas técnicas não é autosuficiente, no sentido de que perante soluções diversas, todas tecnicamente possíveis, os critérios que operam como causa determinante da adopção de uma ou de outra solução são necessariamente de outro género [546]. Em nossa opinião, isto não significa estar em

---

[545] Estas prescrições podem ter diversas explicações, contudo parece razoável pensar que o legislador é consciente que, dada a variedade dos elementos em presença, estes não poderiam ser avaliados apenas na base de normas técnicas em sentido estrito.

[546] Neste sentido, C. MARZUOLI, *Potere amministrativo e valutazioni tecniche*, *op. cit.*, p. 207. Em sentido contrário F. LEDDA, "Potere, tecnica e sindacato giudiziario sull'amministrazione pubblica", in *Dir. proc. amm.*, 1983, p. 393.

desacordo com o ensinamento de Giannini, segundo o qual os juízos técnicos deveriam ser sempre juízos de existência, nem que eles possam converter-se em juízos de probabilidade hipotética, numa palavra, possam avizinhar-se a juízos qualitativamente próprios do poder discricionário [547]. Logo, é de todo pertinente prever a possibilidade de recorrer às chamadas disciplinas não exactas [548] [549].

Por outro lado, a letra do artigo 2.º na sua alínea b) do referido Decreto Regulamentar dispõe que o estudo de impacto ambiental deve ter em consideração o quadro demográfico, sócio-económico e cultural do território, o uso do solo e sua relação com figuras do ordenamento do território, em que se localiza o referido projecto. Isto significa que o legislador obriga que o estudo de impacto tenha em consideração o *quadro programático* do projecto, em conjugação com o *quadro de referência* anteriormente mencionado. Em síntese, o que está aqui em causa é o quadro de referência e programático do projecto [550].

A nosso ver não se trata de reconhecer aqui traços de discricionaridade, como salientámos, pelo que não se pode admitir que o estudo de impacto se configure frequentemente como *técnica de tipo operativo,* dando lugar a uma prévia e intrín-

---

547 M. S. GIANNINI, *Diritto amministrativo,* I, *op. cit.*, pp. 488-489.

548 O que está na base deste equívoco é o preconceito neopositivista de que apenas as chamadas ciências exactas oferecem soluções e resultados absolutamente certos. Cfr. E. VILLA, *Teorie della scienza giuridica e teorie delle scienze naturali,* Milano, 1984. É hoje convencimento comum que os juízos formulados pelas ciências humanas constituem juízos técnicos. Assim, C. MARZUOLI, *Potere amministrativo e valutazioni tecniche, op. cit.*, p. 194 e ss.

549 Neste caso não estamos, contudo, no âmbito de técnicas entre si alternativas, mas a usar técnicas complementares, atendendo às complexas finalidades de avaliação de impacto ambiental, a que não devem ser estranhos todos os aspectos do ambiente (estéticos, nomeadamente) susceptíveis de ser condicionados pela realização do projecto em causa.

550 Cfr. A. GUSTAPANE, "La valutazione di impatto ambientale in Italia tra indirizzo comunitario e attuazione statale", in *Valutazione di impatto ambientale,* Milano, 1992, p. 43 e ss.

seca ponderação de interesses. Nestas situações a Administração está obrigada a dar ainda maior importância à análise dos elementos técnicos, bem como à participação dos cidadãos, por forma a individualizar rigorosamente o *impacto ambiental*. De outra forma, o juízo *sobre os efeitos ambientais* converter-se-ia inevitavelmente num juízo de *aceitabilidade* dos mesmos, em especial quando a Administração é o dono da obra, se tivermos em consideração que a equipa técnica que realiza o estudo de impacto não é independente do titular do projecto. A margem de apreciação da Administração só é razoável quando estejamos confrontados com situações em que não haja uma ruptura entre os termos, isto é, em que seja possível conciliar o interesse ambiental com os interesses de outra natureza. Porém, a margem de apreciação compete à entidade que produz o acto final, não à que que dita o parecer de compatibilidade ambiental.

Em suma, pensamos que o legislador pretendeu apenas, segundo nós bem, iluminar o estudo de impacto ambiental à luz do ordenamento do território, ao exigir ao dono da obra o quadro de referência e programático do projecto, sem que isso venha alterar o sentido da instrução ambiental.

Necessariamente que as normas sobre a actividade da Administração Pública não colocam apenas limitações negativas, antes estabelecem vínculos de conteúdo positivo através da indicação dos escopos que a referida actividade deve prosseguir [551]. Se por um lado se pode admitir que estas indicações em muitos casos deixam espaço a um juízo concreto de valor, por outro lado parece dificilmente contestável que a técnica, desancorada do quadro de referência ambiental e territorial, esteja em condições de determinar o comportamento mais adequado da Administração relativamente ao resultado prático prescrito pelo ordenamento jurídico.

---

[551] Assim, LEDDA, *op. cit.*, p. 390.

3. 2. Noção jurídica de técnica e a sua importância no âmbito do procedimento de avaliação de impacto ambiental

Do ponto de vista lexical entende-se por técnica o complexo de normas a seguir na prática de uma arte, de um ofício, de uma ciência, etc. Por outro lado, a tradução jurídica desta palavra não é de todo fácil. Tem-se observado que o sentido geral do termo coincide com o de arte em sentido amplo, compreendendo todo um conjunto de regras destinadas a dirigir uma qualquer actividade. A técnica, assim, não se distingue nem da arte, nem da ciência, nem de qualquer procedimento predisposto a atingir um escopo. O seu campo de actuação estende-se a todas as actividades humanas [552].

Esta definição, pela sua amplitude, compreende não só as regras provenientes da investigação científica, mas também as que são fruto do senso comum e da experiência quotidiana. Foi igualmente salientado que a técnica se refere a questões de causalidade a que são aplicáveis regras gerais necessárias ou pelo menos consideradas como tal [553].

A técnica assim entendida pode abranger qualquer fenómeno, todavia, na matéria em análise, consideramos mais útil uma noção jurídica mais circunscrita. Em nossa opinião é correcto afirmar que técnico é tudo aquilo que tem valor cognoscitivo, se bem que nem tudo o que tem valor cognoscitivo é de considerar como técnico [554], pelo menos em referência ao tema da nossa investigação. A categoria das regras técnicas é definida essencialmente pelo facto dos seus preceitos constituirem o fruto de análises de tipo científico [555]. O facto

552 G. CONTI, *La valutazione di impatto ambientale*, Padova, 1989, p. 55.

553 Assim, LEDDA, *op. cit.*, p. 385; F. LEVI, *L'attività conoscitiva della pubblica amministrazione,* Torino, 1967, p. 269.

554 MARZUOLI, *op. cit.*, p. 197.

555 D. DE PRETIS, *Valutazione amministrativa e discrezionalità tecnica,* Padova, 1995, p. 179; M. S. GIANNINI, *Potere discrezionale, op. cit.*, p. 72.

de optarmos por um conceito restritivo de técnica comporta, como é óbvio, algumas consequências, uma vez que, como veremos mais adiante, só no caso da técnica poder determinar a solução do problema estaremos em presença de um poder vinculado. Em caso diverso estaremos perante um poder discricionário com as respectivas implicações em matéria de tutela jurisdicional [556].

Isto não significa que a noção de técnica deva assumir-se só como conjunto de conhecimentos certos, científicos, porque também as chamadas ciências exactas não estão isentas de uma certa margem de opinabilidade, ligada, entre outros factores, à sua historicidade e extrema mobilidade.

É também de admitir, como vimos, que as chamadas ciências sociais e humanas possam contribuir, nomeadamente no campo da economia, da história e da estética. De todo o modo, a técnica, no sector de que nos ocupamos neste trabalho, está ligada sobretudo a avaliações de tipo científico [557]. Trata-se agora de saber se as normas técnicas estão em condições de resolver todos os problemas conexos à avaliação de impacto ambiental, de modo a concluir-se pela inexistência de discricionaridade do parecer final (art. 4.º do D.L. 186/90, de 6 de Junho).

A este propósito merece atenção o problema posto pela impropriamente chamada discricionaridade técnica, expressão utilizada aqui para definir a actividade administrativa quando esta faz aplicação de normas técnicas [558]. A questão é

---

556 F. BASSI, *La norma interna. Lineamenti di una teoria,* Milano, 1963, p. 543. Este autor, "Note sulla discrezionalità amministrativa", in *Le trasformazioni del diritto amministrativo,* Milano, 1995, p. 51 e ss., sustentou recentemente que a presença de normas técnicas não elimina a discricionaridade administrativa (a liberdade de escolha).

557 Curiosamente, um dos motivos por que as pessoas recorrem e valorizam a ciência é a exigência de certeza, de verdade não opinável ou influenciável por prejuízos político-ideológicos. Trata-se, no fundo, da exigência parson-luhmanniana de redução da complexidade através da "verdade".

558 Por discricionaridade técnica entende-se um juízo efectuado de acordo com cânones científicos e técnicos, enquanto a discricionaridade adminstrativa se

saber se existe ou não prévia ponderação de interesses antes da tomada de decisão, ou se a aplicação de normas técnicas é capaz de fornecer a solução do problema, excluindo, assim, qualquer possibilidade de escolha que, portanto, não é necessária ou não é consentida [559].

Mas vejamos mais de perto o problema. A expressão discricionaridade técnica é vulgarmente utilizada em todos os casos em que a decisão do titular do poder é feita com base em pressupostos, estudos ou critérios extraídos de normas técnicas. Em suma, nos casos de discricionaridade técnica [560], o

---

revela na liberdade de escolha. Respeita a *certezas,* ou melhor, a resultados atendíveis, visto que a tese da univocidade das soluções oferecidas pela ciência é desde algum tempo contestada. Cfr. BACHELET, *L'attività tecnica della pubblica amministrazione,* Milano, 1967, p. 38, nota 42; D. DE PRETIS, *Valutazione amministrativa e discrezionalità tecnica, op. cit.*, p. 167 e ss.

Sobre outras dimensões da discricionaridade técnica (conceitos indeterminados e juízos de valor com base em *standards), vide,* entre outros, GOMES CANOTILHO, "Fidelidade à República ou Fidelidade à NATO?", Separata do *B.F.D.U.C.*, 1987, p. 62 e ss.; SÉRVULO CORREIA, *Noções de Direito Administrativo, op. cit,*, p. 178 e ss.; AFONSO QUEIRÓ, *Lições de Direito Administrativo,* I, *op. cit.*, p. 581 e ss.; A. FRANCISCO DE SOUSA, *"Conceitos Indeterminados" no Direito Administrativo, op. cit.*, p. 111 e ss.; ROGÉRIO SOARES, "Administração pública e controlo judicial", in *R.L.J.*, n.º 3845, p. 226 e ss.; FREITAS DO AMARAL, *Direito Administrativo,* II, *op. cit.*, pp. 127 e ss. e 165 e ss.; B. DINIZ DE AYALA, *O (Défice de) Controlo Judicial da Margem de Livre Decisão Administrativa,* Lisboa, 1995, p. 150 e ss.; M. S. GIANNINI, *Diritto amministrativo,* I, *op. cit.*, p. 488; S. RIALS, *Le Juge Administratif Français et la Technique du Standard,* Paris, 1980, p. 27 e ss.; AZEVEDO MOREIRA, "Conceitos indeterminados: sua sindicabilidade contenciosa", in *Rev. Dir. Públ.*, n.º 1, 1985, p. 15 e ss.; CARDONA FERREIRA, "O regime e a natureza da discricionaridade imprópria e da técnica", in *Ciência e Técnica Fiscal,* n.os 289/291, 1983, p. 155 e ss.; GONÇALVES PEREIRA, *Erro e Ilegalidade no Acto Administrativo,* Lisboa, 1962, p. 216 e ss.; SÉRVULO CORREIA, *Legalidade e Autonomia Contratual, op. cit.*, pp. 109 e ss., 472 e ss. e 484 e ss.; SAINZ MORENO, *Conceptos Jurídicos, Interpretación y Discricionalidad Administrativa,* Madrid, 1976, p. 304 e ss. Para uma leitura recente sobre a evolução da doutrina alemã, cfr. D. DE PRETIS, *Valutazione amministrativa e discrezionalità tecnica, op. cit.*, p. 39 e ss.; SCHMIDT-AßMANN, "I limiti del sindacato dei tribunali amministrativi", in *Dir. proc. amm.*, n.º 4, 1995, p. 702 e ss.

559 Para uma análise dos equívocos e desencontros teorético-dogmáticos em torno da expressão discricionaridade técnica, cfr. GOMES CANOTILHO, "Fidelidade à República...", *op. cit.*, pp. 65-67.

560 Entre nós, a discricionaridade técnica surge frequentemente associada *à problemática dos conceitos indeterminados* e a juízos de valor efectuados pela autoridade administrativa através do recurso a *standards* pretensamente técnicos. Cfr., entre tantos, GOMES CANOTILHO, *op. cit.*, p. 63 e ss.

comportamento da Administração é definido de modo vinculante, pelo que à Administração é pedida simplesmente uma decisão em conformidade com os factos que a lei considera como pressuposto da actuação da Administração, sem prejuízo de esta poder desenvolver uma tarefa de complementação quando estes venham formulados em termos indeterminados [561].

Que no caso do procedimento administrativo de avaliação de impacto ambiental é indispensável, para atingir os seus fins, a utilização de normas e conhecimentos fornecidos pela ciência parece inatacável. Contudo, a questão é saber se estas normas técnicas estão em condições de resolver, na íntegra, o problema da avaliação ambiental [562]. A nosso ver sim, porque o "parecer" é, como já foi referido, um *juízo sobre os efeitos ambientais* resultantes de um projecto e não um *juízo sobre a aceitabilidade dos mesmos*. O parecer configura, assim, um *aclaramento técnico-científico* dirigido a determinar e avaliar certos factos essenciais para a entidade decidente. Não se trata aqui de estabelecer critérios e meios para resolver uma questão prática através de uma prévia composição dos interesses envolvidos (avaliação técnica de tipo operativo) [563]. Do

---

[561] Cfr. AFONSO QUEIRÓ, *O Poder Discricionário da Administração,* Coimbra, 1944, p. 261 e ss.; GOMES CANOTILHO, "Fidelidade à República ou Fidelidade à Nato?", *op. cit.*, p. 60 e ss.; GONÇALVES PEREIRA, *Erro e Ilegalidade no Acto Administrativo, op. cit.*, p. 233.

Neste sentido, a cláusula geral — *incidências significativas no ambiente* — contida no art. 2.°/1 do D.L. n.° 186/90 confere à Administração uma prerrogativa de avaliação ambiental conducente à complementação dos pressupostos formulados através de conceitos indeterminados. Através desta tarefa (de complementação) a Administração, vinculada a juízos técnicos, pode concluir pela sujeição de outros projectos a avaliação de impacto ambiental, para além dos fixados no Anexo I do D.L. n.° 186/90 e no Anexo do D.R. n.° 38/90.

[562] Para colher exactamente as diversas tonalidades e diferenças entre a discricionaridade técnica e a discricionaridade propriamente administrativa é preciso ter em consideração que nesta última *diferem as margens em que é circunscrita a liberdade de apreciação, diferem os interesses que constituem a função e variam, por consequência, os conteúdos e os caracteres da avaliação.* Assim, PIRAS, "Discrezionalità amministrativa", in *EdD,* Milano, 1964, p. 87 e ss.

[563] A expressão é de F. SALVIA, "Attività amministrativa e discrezionalità tecnica", in *Dir. proc. amm.*, n.° 4, 1992, p. 701.

ponto de vista estrutural, o *parecer* de avaliação de impacto ambiental é um aclaramento técnico complexo, que envolve manifestações de ciência em que o espaço de prognose [564] tende a resumir-se compreensivelmente à avaliação dos efeitos ambientais a médio e longo prazo [565].

O elemento estruturante desta avaliação técnica é sobretudo o de verificar, segundo critérios objectivos fornecidos pela ciência e pela técnica, a existência, a quantidade e a qualidade de certos factos, proporcionando *resultados suficientemente certos e verificáveis.* Isto significa que o interesse primário a prosseguir coloca particulares vínculos e limites também à actividade discricionária da Administração Pública que, perdendo o carácter arbitral, se deve determinar de modo a conseguir a melhor realização do interesse público, em aplicação do dever de boa administração.

Logo, no procedimento de avaliação ambiental, a discricionaridade técnica refere-se a um momento cognoscitivo e implica juízos [566] e não escolhas [567], com a particularidade desta operação se desenrolar à luz do interesse público primário (o ambiente) e não de qualquer interesse secundário ou dos

---

[564] Sobre o controlo jurisdicional da *margem de prognose,* cfr. A. FRANCISCO DE SOUSA, "*Conceitos Indeterminados*"..., *op. cit.*, p. 124 e ss.

[565] M. S. GIANNINI, *Istituzioni di diritto amministrativo, op. cit.*, p. 267 e ss., fala neste caso de um juízo de probabilidade, sem que tal signifique, ao contrário da doutrina dominante, um *juízo de oportunidade.*

A relativa opinabilidade de um juízo estritamente técnico suscita naturalmente problemas, mas não é certo que possa excluir-se o controlo jurisdicional, relegando as questões técnicas, não redutíveis a um juízo de certeza, para o âmbito da *Ermessensfragen* reservada à Administração. Para o Direito, é suficiente que a norma técnica esteja em condições de fornecer aproximações atendíveis ou indicações determinantes em ordem à escolha de um comportamento racional.

Segundo Popper, a maioria das fórmulas utilizadas na engenharia ou na navegação são notoriamente falsas, o que não as impede de fornecer excelentes aproximações. K. POPPER, *Congetture e confutazioni,* tr. it, Bologna, 1972, p. 100 e 307 e ss.

[566] M. S. GIANNINI, *Diritto amministrativo,* I, *op. cit.*, p. 488.

[567] Neste sentido, P. VIRGA, "Appunti sulla cosiddetta discrezionalità tecnica", in *Jus,* 1957., p. 95 e ss.; cfr. FREITAS DO AMARAL, *Direito Administrativo,* II, *op. cit.*, p. 174 e ss.

particulares, na base de critérios técnicos que impõem uma certa conduta [568].

Postas estas considerações, somos levados a concluir que o *parecer* técnico de avaliação ambiental não pode deixar de assumir carácter vinculativo no âmbito do procedimento administrativo autorizativo [569]. Assim, perante um juízo técnico de impacto ambiental, o órgão administrativo chamado a decidir pode escolher entre diversas alternativas, mas não poderá declarar *o não impacto* da obra. O legislador, ao entender que o parecer é apenas obrigatório (art. 6.º do D.L. n.º 186/90), foi sensível à doutrina do carácter problemático de um certo número de avaliações técnicas complexas. A oponibilidade destas avaliações terá induzido o lesgislador a atribuir à entidade que licencia ou autoriza a obra o poder de dizer a última palavra [570].

A explicação resulta plausível, se bem que a possibilidade, na maioria dos casos apenas teórica, da autoridade licenciadora desatender o *parecer,* não significa que o juízo técnico possa ser desenvoltamente superado pela escolha político-administrativa. Parece, todavia, mais correcto pensar que o legislador (ao não atribuir carácter vinculante ao parecer) quis apenas salvaguardar alguma margem de apreciação à Administração, quando confrontada com orientações e juízos científicos contraditórios e contrastantes sobre a interpretação de determinados factos ou a previsão de certos eventos [571].

---

[568] A. SANDULLI, *Manuale di diritto amministrativo,* Napoli, 1984, p. 574.

[569] Em sentido oposto FERNANDO SUORDEM, *O Princípio da Separação de Poderes e os Novos Movimentos Sociais,* Coimbra, 1995, p. 286, que segue neste ponto o ensino de Rogério Soares.

[570] BACHELET, "L'attività...", *op. cit.*, p. 40 e ss. A prognose refere-se ao risco, à probabilidade do evento danoso, não ao perigo. O *perigo* é uma situação a eliminar, porque normalmente anti-jurídica, excluindo os casos em que a lei admite o exercício de actividades perigosas. Cfr. P. MARBURGER, *Das technische Risiko als Rechtsproblem, Bitburger Gespräche,* München, 1981, p. 40; BENDER, "Nukleartechnische Risiken als Rechtfrage", in *DÖV,* 1980, p. 634.

[571] Nestes casos, a Administração deveria recorrer a contributos eventualmente mais sofisticados, não se confinando às indicações fornecidas por órgãos internos da Administração. Neste sentido, F. SALVIA, *op. cit.*, p. 710.

Nestas situações seria pelo menos curial que a Administração fundamentasse o não atendimento do *parecer* com uma contraproposta técnica suficientemente credível, o que à luz do ordenamento jurídico vigente não nos parece, em princípio, exigível.

Falta ainda saber se a escolha discricionária do acto final absorve ou não a avaliação técnica, o que não é de todo indiferente no que toca à tutela jurisdicional preventiva do ambiente [572]. É nossa convicção que o *parecer ambiental* preserva a sua autonomia face ao acto autorizativo final. É indiscutível que em muitas situações tais avaliações são precedidas de uma primeira individualização e ponderação de interesses públicos e privados, que concorrem, aliás, para determinar o âmbito do problema técnico relativo a uma determinada situação; por outro lado, é ainda mais frequente a presença de determinações discricionárias sucessivas que utilizam os resultados da investigação técnica para a resolução do problema administrativo. Estes momentos, que por vezes se sucedem e alternam, são susceptíveis de distinção, devendo a cada um corresponder um critério apropriado de controlo [573].

Proposições finais

Como tem vindo a salientar a doutrina [574], o acto final, objectivamente discricionário, representa o resultado de um longo e fatigante processo de selecção e ponderação de factos e interesses, com início na fase instrutória do procedimento complexo. Neste sentido, somos de opinião que o exercício da actividade administrativa discricionária, estando frequentemente vinculada aos resultados apurados ao longo do proce-

---

572 C. MARZUOLI, *op. cit.*, pp. 60 e 151 e ss.

573 LEDDA, *op. cit.*, p. 429.

574 Cfr. F. LEVI, *L'attività conoscitiva della pubblica amministrazione*, *op. cit.*, p. 270.

dimento, adquire um carácter essencialmente intelectivo [575], que retira à Administração, em boa medida, liberdade de escolha ou apreciação. Por outras palavras, a comparação qualitativa e quantitativa dos interesses públicos e privados, que concorrem para a definição de uma situação social objectiva, está já presente na fase de aquisição dos factos, ainda que não se confunda com ela. Em suma, o momento volitivo final tende a atenuar-se, por força da composição de interesses previamente realizada e pelo carácter técnico-científico que assumem os procedimentos autorizativos complexos.

Nos procedimentos sujeitos a avaliação de impacto ambiental, há o risco do estudo de impacto poder vir a assumir as vestes de uma *avaliação técnica de tipo operativo* (reflectindo uma prévia e implícita composição de interesses), com os inevitáveis riscos do parecer se converter num *juízo sobre a aceitabilidade dos efeitos ambientais do projecto.* Risco tanto maior quando a Admnistração é também o dono da obra, assumindo, neste caso, particular delicadeza o papel dos quadros técnicos da Administração (promiscuidade técnico-política).

O *parecer* de avaliação ambiental, enquanto juízo rigorosamente técnico sobre os efeitos ambientais da obra, deve assumir carácter vinculativo, mesmo na ausência de tal requisito formal, sendo muito difícil à entidade licenciadora superar, por via da fundamentação, o escolho de um parecer contrastante com o acto final. Por último, cumpre salientar a complexidade do processo decisional, com assíduas interferências entre política, discricionaridade e técnica. Para além da relação que normalmente se estabelece entre discricionaridade técnica e discricionaridade administrativa, há a anotar outras relações não tão lineares entre discricionaridade legislativa, discricionaridade administrativa e discricionaridade técnica. Com efeito, a técnica influencia o processo legislativo

---

[575] Cfr. ROGÉRIO SOARES, *Direito Administrativo, op. cit.*, p. 96; M. S. GIANNINI, *Potere discrezionale della pubblica amministrazione, op. cit.*, p. 166, salienta a dupla natureza — intelectiva e volitiva — da discricionaridade.

(standards), mas é também condicionada pela lei; a actividade administrativa é influenciada pela técnica (parecer vinculativo), mas também ela pode contaminar as avaliações técnicas de tipo operativo.

Esta última possibilidade pode ajudar a compreender a tendência e a necessidade de estender aos momentos cognoscitivos e técnicos da actividade administrativa formas de participação activa, que configuram um verdadeiro contraditório de natureza técnica (cfr. art. 96.° do C.P.A.) [576].

4. A tutela do ambiente entre discricionaridade e vinculação: o procedimento como direito comum da actividade administrativa

Sobre a discricionaridade e a sua vivência no Estado de Direito tem-se dito que constitui um "corpo estranho", uma anomalia[577]. Deve começar por dizer-se que a discricionaridade não significa ausência do direito, nem, portanto, de controlo judicial. A discricionaridade é um espaço atribuído pelo legislador à Administração para a *Rechtsfindung* e, consequentemente, "a criação da regra jurídica aplicável ao caso", por força da redução da densidade de regulação da vinculação da actividade administrativa, determinante da atribuição da correspondente competência à Administração [578].

---

[576] Assim, face à forma incompleta e restritiva do art. 12.° do E.T.A.F., seria de aplaudir que o novo Código do Contencioso viesse permitir, em matéria de produção de prova (no processo contencioso), que os peritos possam também prestar assistência aos particulares recorrentes. Cfr. ANTÓNIO CORDEIRO, *A Protecção de Terceiros em Face de Decisões Urbanísticas, op. cit.*, p. 210.

[577] Neste sentido, C. EISENMANN, *Cours de Droit Administratif*, II, Paris, 1983, p. 661.

[578] A doutrina alemã levou a cabo uma depuração da categoria da discricionaridade. Sobre o estado desta questão cfr. N. ACHTERBERG, *Allgemeines Verwaltungsrecht*, Heidelberg, 1982. Mais actualizadamente cfr. V. GÖTZ, H. H. KLEIN e CH. STARK, *Die öffentliche Verwaltung zwischen Gesetzgebung und richterlicher Kontrolle,* München, 1985, p. 179 e ss.; H. U. ERICHSEN e W. MARTENS, *Allgemeines Verwaltungsrecht*, Berlin/New York, 1992.

É hoje indispensável atribuir e reconhecer uma capacidade configuradora e constitutiva à Administração sob pena de esta não poder actuar eficazmente para a satisfação das necessidades da vida moderna. São precisamente as novas imposições fácticas ao nível da economia, urbanismo e ambiente, que implicam materialmente novos desenvolvimentos do poder discricionário, enquanto os postulados constitucionais da legalidade e da proporcionalidade constituem o seu fundamento normativo e o seu limite [579]. Isto entronca, claramente, na necessidade, senão de "reabilitar" a figura da dis-

---

Com efeito, a doutrina alemã tem vindo a excluir da noção de discricionaridade tanto os conceitos jurídicos indeterminados como, sobretudo dentro da categoria de tais conceitos, os pressupostos balizados pelo conceito de "margem de apreciação". Cfr. SCHMIDT-AßMANN, "I limiti del sindacato", *op. cit.*, p. 705 e ss., salientando o papel do Tribunal Constitucional; A. FRANCISCO DE SOUSA, "Margem de apreciação e Estado de Direito", in *Polis,* n.º 2, 1995, p. 7 e ss. Diferentemente D. DE PRETIS, *Valutazione amministrativa e discrezionalità tecnica, op. cit.*, p. 81 e ss., onde nos dá conta das tendências mais recentes da doutrina alemã que vão no sentido de uma gradual negação da distinção qualitativa entre conceitos indeterminados e discricionaridade. A autora evidencia ainda as diferenças entre a doutrina e a jurisprudência, mais aberta esta à sindicabilidade dos conceitos indeterminados (p. 112 e ss.).

Tendo em consideração a diferente capacidade de "determinação jurídica" dos conceitos jurídicos (indeterminados) utilizados pelas normas jurídicas, a doutrina alemã distingue dois tipos de conceitos: os chamados "conceitos empíricos" ou descritivos e os denominados "conceitos normativos" ou valorativos, necessitados de concreção. Os primeiros referem-se a objectos ou acontecimentos da realidade (susceptíveis, inclusive, de ser experimentados) e não suscitam tantos problemas de interpretação como de aplicação. Já os segundos surgem desprovidos de qualquer referência à realidade, tendo por missão integrar no ordenamento jurídico juízos ou regras metajurídicas ou estados de conhecimento científico ou técnico, provocando problemas de incerteza na fase de interpretação. Isto explica-se porque se trata, nestes casos, de normas incompletas a necessitar de incorporar valorações e critérios que só podem ser postos pelo aplicador da norma jurídica. Por sua vez, a aplicação dos "conceitos empíricos" nem sempre comportam resultados unívocos, especialmente quando se trata de efectuar prognoses na base de critérios científicos e técnicos. Cfr. A. FRANCISCO DE SOUSA, *A Discricionaridade Administrativa, op. cit.*, p. 73 e ss. e 172 e ss. Mais recentemente do mesmo autor, *"Conceitos Indeterminados" no Direito Adiministrativo, op. cit.*, p. 36 e ss.; ROGÉRIO SOARES, *Direito Administrativo,* p. 59 e ss.; SÉRVULO CORREIA, *Legalidade e Autonomia Contratual..., op. cit.*, p. 116 e ss.

[579] Cfr., entre outros, P. BADURA, "Das Planungsermessen und die rechtsstaatliche Funktion des Allgemeinen Verwaltungsrechts", in *Festschrift für den bay. Verfassungsgerichtshof,* München, 1972, p. 157 e ss.

cricionaridade, pelo menos de lhe reconhecer novas dimensões em sectores em que o ordenamento jurídico a imponha [580].

Daí que Ule [581] fale de "renúncia do legislador em favor da Administração" *(Verzicht des Gesetzgebers zugunsten der Verwaltung).* Ainda que isso não implique um cheque em branco à Administração, na medida em que esta deve ater-se em qualquer caso à ordem material de valores fixados na Constituição, devendo, por isso, procurar a melhor solução, a solução justa. Assim deverá suceder, apesar das dificuldades e das incertezas que rodeiam o processo de interpretação e aplicação de normas imprecisas, converterem frequentemente a substância cognoscitiva do referido processo numa "verdade" dificilmente racionalizável e intersubjectivamente objectivável, com a consequência de distintos julgadores poderem alcançar diferentes soluções. Para resolver os problemas resultantes deste fenómeno real, a doutrina alemã elaborou a teoria do *Beurteilungsspielraum* ou "margem de livre apreciação". Todavia, uma vez que esta teoria da *margem de apreciação* joga no terreno dos conceitos jurídicos indeterminados, tem-se entendido que ela não comporta, como os referidos conceitos, uma verdadeira discricionaridade administrativa [582].

---

[580] Esta situação nada tem de dramático como salienta ROGÉRIO SOARES, "Administração pública e controlo judicial", *op. cit.*, p. 233; *vide* SÉRVULO CORREIA, *Legalidade e Autonomia Contratual ...*, *op. cit.*, p. 77 e ss. De forma mais pregnante T. FERNÁNDEZ RODRÍGUEZ, "Juzgar a la Administración contribuye también a administrar mejor", in *R.E.D.A.*, n.º 76, 1992, p. 511 e ss.

[581] Citado por H. U. ERICHSEN e W. MARTENS, *op. cit.*, p. 182, nota 56.

[582] Isto não significa que na doutrina alemã não se ouçam vozes autorizadas que propugnam uma redução e alcance da intensidade do controlo jurisdicional. Assim, BACHOF e ULE mantêm a não susceptibilidade de controlo judicial das decisões administrativas que suponham uma solução razoável na aplicação dos conceitos que outorguem uma margem de apreciação. H. J. WOLFF fala, inclusive, de uma *Einschätzungsprärrogative*, ou "prerrogativa de avaliação" da Administração, na medida em que os juízes não podem — apesar da actividade probatória, especialmente a pericial — reproduzir o processo de aplicação da norma. Alguns autores vão mesmo mais longe ao negar qualquer diferença substancial entre margem de apreciação e verdadeira discricionaridade. Cfr. H. U. ERICHSEN e W. MARTENS, *op. cit.*, p. 183 e ss.; SCHMIDT-AßMANN, *op. cit.*, p. 719 e ss.

Entre nós, recentemente, GOMES CANOTILHO, "Fidelidade à República ou Fidelidade à NATO", *op. cit.*, p. 55 e ss.; ROGÉRIO SOARES, "Administração pública e

No entretanto, foi-se pondo em relevo aquelas situações em que se pedia à Administração que avaliasse a qualidade das coisas segundo padrões científicos e técnicos, acabando por se reconhecer ao agente uma prerrogativa de avaliação ou uma discricionaridade técnica. Deixando para mais tarde o problema de saber se os juízos do administrador são definitivos, sempre se dirá que sendo a norma jurídica o fundamento e o limite do poder discricionário [583], não pode deixar de constituir um apoio essencial do mecanismo de controlo jurisdicional [584]. Deve igualmente advertir-se que o nível de controlo jurisdicional depende necessariamente do campo em que se

---

controlo judicial", *op. cit.*, p. 230 e ss.; veja-se também A. QUEIRÓ, *Os Limites do Poder Discricionário das Autoridades Administrativas*, Coimbra, 1965, para quem a questão dos conceitos indeterminados se reconduz a um problema de interpretação e aplicação de conceitos normativos; F. AZEVEDO MOREIRA, "Conceitos indeterminados: sua sindicabilidade contenciosa", *op cit.*, p. 47; M. C. CARDONA, "O regime e a natureza da discricionaridade imprópria e da discricionaridade técnica", *op. cit.*, p. 246; A. FRANCISCO DE SOUSA, "*Conceitos Indeterminados*"..., *op. cit.*, p. 45 e ss.; VIEIRA DE ANDRADE, *O Dever da Fundamentação...*, *op. cit.*, p. 372.

583 Para uma reapreciação refinada da noção de poder discricionário, veja-se S. KTISTAKI, *L'Évolution du Contrôle Juridictionnel des Motifs de l'Acte Administratif*, *op. cit.*, p. 324 e ss., com especial acentuação do princípio da razoabilidade.

584 A norma técnica adquire o valor de uma proposição jurídica explicativa *(eines erläuternden Rechtssatzes).* Segundo G. JELLINEK, *Gesetz, Gesetzeanwendung und Zweckmässigkeitserwägung,* Aalen, 1964, p. 81, "ist nicht viel zu sagen").

Em suma, a técnica como meio de desenvolvimento ou determinação posterior do comportamento que resulta do vínculo legal (do fim).

Na doutrina alemã as questões técnicas são claramente distintas das questões propriamente discricionárias. Na perspectiva do controlo judicial, elas colocam-se entre as típicas *Rechtsfragen,* na medida em que respeitam à própria interpretação da norma jurídica ou à apreciação e avalição dos factos relevantes para a norma. Todavia, continua a faltar uma precisa determinação conceptual sobre as normas técnicas e a sua relevância jurídica, o que dificulta o controlo das decisões administrativas que contêm elementos técnico-científicos. Cfr. SCHMIDT-AßMANN, *op. cit.*, p. 735 e ss.

É nosso entendimento que, mesmo no caso de técnicas alternativas, os juízos técnicos podem ser controlados do ponto de vista do Direito. O juiz deve, então, apurar se os critérios e procedimentos técnicos são cientificamente correctos e se assim for devem ser considerados plenamente conformes com o sentido da norma. Posteriormente, o juiz poderá verificar se o critério seguido é ainda *vigente,* controlando também a correcção da sua concreta aplicação. Cfr., p. ex., o art. 14º da L.P.T.A. As dúvidas podem ainda ser sanadas segundo os princípios da proporcionalidade e razoabilidade. Cfr. H. EHMKE, "*Ermessen*" *und Umbestimmter Rechtsbegriff im Verwaltungsrecht,* Tübingen, 1960, p. 23 e ss.

exerce o poder discricionário [585]. Segundo Bullinger a legitimidade do poder discricionário não é igualmente válido para

---

[585] É precisamente no campo da planificação e ordenamento urbanístico-ambiental, que maior pregnância assume o controlo jurisdicional da discricionaridade, nomeadamente ao nível do contencioso de normas jurídicas. Cfr. ALVES CORREIA, "O contencioso dos planos municipais de ordenamento do território", in *Rev. Jur. Urb. Amb.*, n.º 1, 1994, p. 35 e ss., SCHMIDT-AßMANN, *op. cit.*, p. 728 e ss.

Sobre o estado actual da jurisprudência espanhola neste domínio, veja-se o interessante livro de J. DELGADO BARRIO, *El Control de la Discricionalidad del Planeamento Urbanístico*, Madrid, 1993.

Tomando em consideração as informações desta obra, a sentença do Tribunal Supremo espanhol de 1 de Dezembro de 1986, depois de afirmar o "génio expansivo do Estado de Direito", sustenta o aprofundamento do controlo jurisdicional dos *aspectos discricionários dos poderes administrativos* através do controlo dos factos determinantes e dos princípios gerais do Direito, qualificados como a "atmosfera em que respiramos juridicamente". Conclui, afirmando a pertinência do controlo da "racionalidade" das decisões administrativas e, consequentemente, a eliminação das que *carecem de suficiente motivação*.

A sentença do Supremo espanhol de 15 de Dezembro de 1986 insiste no controlo da "racionalidade" do acto, sustentando mesmo não só a anulação das decisões de planeamento incoerentes com as suas próprias linhas gerais, mas também as "discordantes com a realidade dos factos". Mais ainda, defende esta Sentença a substituição das decisões de planeamento por novas e directas (estabelecidas em sede judicial) qualificações dos terrenos. Contudo, a sentença citada no texto limita a possibilidade de substituição da Administração pelo juiz aos casos em que existe uma única solução coerente (no critério do próprio julgador), excluindo, portanto, a hipótese da possibilidade de várias soluções igualmente lícitas que, paradoxalmente, é a definição mais generalizada da própria discricionaridade.

Surgem ainda as sentenças de 4 de Abril de 1988, 20 de Março de 1990 e 8 de Outubro, cuja doutrina se pode sintetizar nos seguintes termos:

1. Não é possível continuar a sustentar a doutrina da limitação do controlo judicial das decisões de ordenamento urbanístico-ambiental ao exame da legalidade, por improcedência da directa modificação pelo juiz da solução discricionária (com a excepção apenas da existência de desvio de poder). Isto porque a doutrina da exclusão do controlo jurisdicional da chamada oportunidade técnica está ultrapassada pelos modernos critérios doutrinais e jurisprudenciais que, aprofundando o controlo da discricionaridade, ensinam que toda a solução técnica deve estar baseada e justificada nos dados objectivos sobre que opera.

2. Quando numa solução administrativa seja constatável uma discordância com a realidade, o tribunal *deve substituir aquela solução por outra mais adequada à referida realidade*. Assim é, porque a atribuição à Administração da liberdade de eleger entre alternativas legalmente indiferentes deixa a salvo a faculdade do julgador examinar se a escolha efectuada se produziu à revelia dos fins para que a Lei concedeu tal liberdade, pois discricionaridade não é arbitrariedade.

Num contrato de adjudicação de obra pública a sentença do Supremo Tribunal espanhol, de 11 de Junho de 1991, culmina esta evolução, afirmando:

– o princípio da interdição da arbitrariedade postula a racionalidade da Administração no respeito dos interesses gerais, o que equivale a uma medida de boa administração.

todas as tarefas administrativas, sendo, contudo, pregnante a sua presença na moderna protecção do ambiente e no campo urbanístico [586].

Deste modo, parece inevitável a necessidade de atribuir actualmente à Administração Pública zonas de acção discricionária face à complexidade de emergentes necessidades sociais [587], tanto mais que, como foi recentemente salientado, a discricionaridade administrativa é *absolutamente irrenunciável* na sua função de tutela dos interesses da colectividade e

– assim, a legitimidade do exercício do poder discricionário resulta justamente da racionalidade do conteúdo em que se haja traduzido aquele exercício (em relação com a base de facto que integra a causa do acto administrativo).

– por consequência (e em virtude do princípio da efectividade da tutela jurisdicional), o juiz administrativo pode substituir a Administração nas suas decisões quando exista base para isso nos autos.

De qualquer forma deve ter-se em conta que a jurisprudência é matizada neste ponto, como expõe J. DELGADO BARRIO, *op. cit.*, p. 199 e ss. Este magistrado integra-se na corrente doutrinal de FERNÁNDEZ RODRÍGUEZ, que se pode resumir num dos seus títulos, "Juzgar a la Administración contribuye también a administrar mejor" *op. cit.*, p. 511 e ss.

Uma posição crítica das correntes jurisprudenciais demasiado vinculadas às normas e princípios constitucionais pode ver-se no relatório dos magistrados alemães "Bericht. Gefahren für Effektivät des Rechts – Richter und Bürokratisierung", publicado in *DÖV,* n.º 18, 1990, p. 776 e ss.

O problema está, em nossa opinião, em saber quem pode dizer que uma regra ou decisão é irracional, isto é, quem está legitimado constitucionalmente para definir a regra ou a decisão mais racional entre as permitidas pelo espaço gerado pela discricionaridade.

A nós não nos repugna que seja o juiz, na medida em que a sua legitimidade está fundada na vinculação às leis, suprema manifestação de soberania popular, e no respeito dos deveres estatutários do cargo. Deste modo pode dizer-se como BAPTISTA MACHADO, *Introdução ao Direito e ao Discurso Legitimador, op. cit.*, p. 142, que "o fundamento da legitimidade do juiz radica na sua vinculação às leis e, portanto, aos interesses (e directivas) do representado, decidindo 'em nome do povo'. Em nome do povo porque em conformidade com os interesses e o sentir de todo o povo legitimamente interpretados pelos órgãos legislativos".

Ainda segundo este notável pensador, o *ethos* democrático da função que o seu estatuto lhe impõe, exige do juiz o respeito das leis, a consideração do interesse geral e decisões justas e imparciais. Ora este "descomprometimento" e isenção nem sempre assiste à Administração, actuando, em muitos casos, como parte interessada, nomeadamente no campo urbanístico e ambiental.

586 M. BULLINGER, "Le pouvoir discrétionnaire de l'administration en République Fédérale d'Allemagne", in *R.F.D.A.*, n.º 4, 1988, p. 687.

587 PAREJO ALFONSO, *Manual de Derecho Administrativo*, Barcelona, 1990, p. 318.

dos *direitos constitucionais dos cidadãos* [588]. Efectivamente, um dos problemas mais pregnantes da actualidade, pela sua importância para a sobrevivência e harmonioso desenvolvimento da condição humana e pela sua dignidade constitucional, é a tutela do ambiente, reconhecidamente um direito fundamental no ordenamento jurídico português (art. 66.º da C.R.P.).

Como temos vindo a evidenciar, no sector da tutela ambiental concorrem os elementos necessários e suficientes para nos persuadir da necessidade de reconhecer à Administração uma prerrogativa de avaliação através da atribuição do poder administrativo de avaliação de impacto ambiental. Aliás, não podia ser de outro modo face à complexidade e tecnicidade do processo de tomada de decisão, em que está em causa, não só a ponderação entre uma grande e contraditória diversidade de interesses, como o papel relevantíssimo desenvolvido pela "técnica" no âmbito do procedimento de avaliação de impacto ambiental. Face a esta realidade impõe-se, desde já, fazer uma suspensão reflexiva. O que está aqui em causa não é o reconhecimento à Administração de uma margem de livre apreciação, mas uma prerrogativa de avaliação [589] exercitada através de uma discricionaridade procedimentalmente objectiva, vinculada no *meio* e não apenas no fim, por forma a chegar à única decisão justa e rigorosa.

Nesta perspectiva, entendemos que a função vital que a discricionaridade pode desempenhar no campo ambiental deve ser iluminada, em primeiro lugar, à luz da tradicional

---

[588] Neste sentido, M. BULLINGER, *op. cit.*, n.º 3, p. 449. Entre nós e em sentido oposto, *vide*, por ex., FRANCISCO DE SOUSA, *A Discricionaridade Administrativa, op. cit.*, p. 328, opinião reiterada nos seus "*Conceitos Indeterminados*"..., *op. cit.*, p. 60.

[589] Segundo o ensinamento do Professor GOMES CANOTILHO, *op. cit.*, p. 78, o controlo da discricionaridade técnica é possível e necessário, de modo que esta não se transfigure em "arbítrio administrativo". Controlo das incertezas provocadas pela porosidade semântica dos enunciados linguísticos; controlo limitado à "aceitabilidade" em virtude da existência de prerrogativas de avaliação; recurso à técnica do "erro manifesto".

dicotomia entre actividade administrativa vinculada e actividade discricionária, salientando, posteriormente, o papel "uniformizador" desenvolvido pelo procedimento administrativo no que toca aos efeitos e ao controlo jurisdicional do acto, constitucionalmente necessário e ambientalmente inevitável.

O problema que verdadeiramente queremos suscitar é o de saber se a tutela do ambiente tem a ganhar com uma actividade vinculada, sujeita a vínculos *a priori* ou se, pelo contrário, a protecção do ambiente é melhor conseguida pela via discricionária (nomeadamente técnica), que assegura uma maior percepção do real, isto é, dos factos [590], logo um impacto ambiental cientificamente adquirido.

---

[590] A questão que se põe aqui não é tanto a dos conceitos indeterminados, mas a da *indeterminação dos factos.*

É verdade, como diz K. ENGISCH, *Le Fait et le Droit en Droit Alemand,* Bruxelles, 1961, pp. 27 e ss., que "tout examen de la realité préssuppose des éléments d'appréciation". Todavia, como se sabe a (in)distinção entre os momentos de (hipotética) qualificação e os momentos de (hipotética) regulação dos factos, no âmbito do processo de formação da decisão tem um sentido mais específico do que poderá deduzir-se da afirmação de Engisch. Por outro lado, na actividade administrativa vinculada, como nas lides processuais, não é a realidade do facto *como tal* que está em causa, mas apenas a sua qualificação jurídica. Cfr. P. FORIERS, "Introduction au droit de la preuve", in *La Preuve en Droit,* Bruxelles, 1981, p. 12.

Ao contrário, na actividade discricionária, a Administração goza da liberdade de canalizar para o procedimento tudo quanto é relevante para o desenvolvimento da acção, não obstante a eventual indeterminação normativa. Especialmente quando se trate de procedimentos complexos que exigem estudos e avaliação técnicos, a Administração vê-se obrigada a conhecer do *estado dos factos (Ermittlung des Sachverhalts),* a fazer a demonstração da existência real dos factos relevantes para a decisão, em suma, a procurar a *verdade real (Wahrheit).* Cfr., entre outros, H. MEYER - H. BORGS, *Verwaltungsverfahrensgesetz,* Metzner, Frankfurt am Main, 1982, p. 174. Nesta perspectiva, a racionalidade e coerência do acto final fundar-se-ia na aquisição exacta e completa *(richtigen und vollständigen)* dos elementos de facto, por forma que aqueles se apresentem aderentes à realidade. Os factos já não apresentam o carácter indeterminado resultante do "juízo" interpretativo operado pela Administração no exercício da actividade vinculada e da representação subjectiva das partes, adquirindo antes completude e certeza, por força da actividade cognoscitiva que aquela tem de desenvolver neste tipo de procedimento. Cfr. F. LEVI, *L'attività conoscitiva della pubblica amministrazione, op. cit.*, p. 143.

Em suma, dá-se um maior *enriquecimento do facto,* na medida em que este é agora um elemento *activo* da decisão administrativa. A reconstrução dos factos operada no procedimento deve ser, portanto, exaustiva. A não ser assim, o juiz deveria ser dotado de poderes suficientes para a efectuar no processo administrativo. O pensamento iuspublicista contemporâneo tende a reconhecer *autonomia* ao objecto de análise, favorecendo simultaneamente a actividade instrutória (comple-

Talvez valha a pena antecipar, para maior clareza expositiva, uma das conclusões a que pensamos chegar: a uniformização, quanto aos efeitos, da actividade administrativa vinculada e discricionária [591], e consequente aproximação entre as figuras de desvio de poder e violação de lei, por força da procedimentalização da actividade administrativa.

---

tude dos factos) como condição necessária para a racionalização do processo intelectivo e volitivo desenvolvido pela Administração. No plano pré-jurídico, epistemológico, poderia trazer-se aqui à colação a distinção entre o "contexto da invenção" *(ordo invencendi)* e o "contexto da demonstração" *(ordo demonstrandi).* Cfr. M. PERA, *Popper e la scienza su palafitte,* Bari, 1980, p. 85 e ss. O que, em termos jurídicos, deveria significar a harmonia entre o raciocínio da Administração e a lógica dos argumentos expressos na fundamentação do acto, o que nem sempre sucede. Cfr. CH. PESTALOZZA, "Der Untersuchungsgrundsatz", in W. SCHMITT GLAESER, *Verwaltungsverfahren,* Boorberg, Stuttgart, 1977, p. 190.

Importa ainda salientar que nos procedimentos complexos, de massas, caracterizados por uma elevada discricionaridade, a "construção" do facto operada pela Administração não é feita apenas em função dos resultados que a mesma prossegue, uma vez que a manifestação de interesse pelos cidadãos e titulares de interesses difusos parte de uma representação "objectiva" dos factos e não de uma figuração subjectiva dos seus interesses.

Em suma, o que se pretende sustentar é que, paradoxalmente, se à actividade discricionária corresponde uma maior incompletude normativa, tal não significa que os factos não se apresentem rigorosamente determinados.

591 L. BENVENUTI, *La discrezionalità amministrativa,* Padova, 1986, p. 252, considera que não existem diferenças substanciais entre a discricionaridade e a actividade vinculada, mas apenas de "medida".

A atribuição a um dado sujeito da função institucional de interpretar e aplicar as normas jurídicas não é mais do que a atribuição de um *poder* e de uma função pública. Mais ainda, é a própria previsão de sistemas de controlo da correcção de uma dada actividade, que depõe — no esquema lógico do Estado de Direito — a favor da sua qualificação em termos autoritários.

Não se pretende, contudo, sustentar que a interpretação funcional da norma, isto é, preordenada à sua aplicação, seja ontologicamente idêntica à actividade convencionalmente definida como "discricionária", entendida como liberdade de decisão e composição de interesses que a lei confere à Administração. Todavia, na prática, nem sempre é possível a referida distinção, resultando tantas vezes utópico e fonte de hipocrisias.

A propósito, a teoria geral do direito não deixa de salientar que o exercício de actividades em abstracto meramente interpretativas comporta, em concreto, a realização de verdadeiras escolhas de oportunidade; mais precisamente, nada exclue que uma dada interpretação venha acolhida em função de uma composição de interesses, considerada, em certo sentido, desejável sob o aspecto político-constitucional (veja-se A. ROSS, *On Law and Justice,* London, 1958, p. 262).

Em suma, o exercício de aplicação do direito implica o reconhecimento de um certo espaço aberto à criatividade do intérprete, logo da Administração e do juiz. Neste sentido LEDDA, "Potere, tecnica e sindacato giudiziario sull'amministrazione pubblica", *op. cit.*, pp . 377-378.

O que se pretende vincar é a recusa teórica da noção de vinculação sempre que esta venha entendida em termos de pura mecanicidade da determinação a assumir em concreto. Não colhe aqui, naturalmente, a tese que aponta para uma noção ampla de discricionaridade, que englobe os conceitos indeterminados, cláusulas gerais e o carácter opinável da interpretação jurídica [592] [593].

Por outro lado, sabemos que, na actividade administrativa discricionária, o vínculo normativo é, por sua vez, incompleto, daí a necessidade de individualizar na prática, mediante uma actividade (empírica) de complementação, o conteúdo perfeito do vínculo. Tal não significa, porém, que a Administração goze de uma certa margem de discricionaridade no que concerne à completementação dos pressupostos determinantes da decisão [594]. Isto porque a vinculação do acto discricionário não está apenas no fim (legal), está também no *meio,* por força dos princípios da objectividade, imparcialidade e proporciona-

[592] L. BENVENUTI, *op. cit.*, p. 311. V. DE ANDRADE, *op. cit.*, p. 372, tende a delimitar o poder discricionário essencialmente como uma área de concretização dos conceitos indeterminados.

[593] Quem retém que a actividade interpretativa seja uma actividade discricionária é Kelsen e, em geral, a escola de Viena. A chamada *teoria kelsiana da interpretação* foi delineada por A. MERKL, em 1916 (*Sul problema dell'interpretazione,* 1916, in *id., Il duplice volto del diritto. Il sistema Kelseniano e altri saggi,* Milano, 1987, p. 255 e ss.) e retomada por KELSEN em 1934, sendo posteriormente refundida na edição da *Reine Rechtslehre* de 1960).

A doutrina austríaca sobre a discricionaridade, centrada ainda nos conceitos indeterminados, é ainda hoje fortemente condicionada pelas teses Kelsenianas. Cfr. H. P. RILL, "Discrezionalità, margine libero di apprezzamento, controllo della decisione", in Atti del Convegno internazionale – *La giustizia amministrativa in Italia e in Austria,* Perugia, 1987, p. 18 e ss.

Todavia, é a possibilidade de escolha entre soluções diversas que leva Kelsen a considerar que a actividade interpretativa é também uma actividade discricionária. Para uma crítica ao irracionalismo normativo de Kelsen, cfr. O. WEINBERGER, *Normentheorie als Grundlage der Jurisprudenz und Ethik. Eine Auseinandersetzung mit Hans Kelsen Theorie der Normen,* Berlin, 1981, pp. 43 e ss. e 118 e ss.

[594] Neste sentido, GOMES CANOTILHO, "Fidelidade à República...", *op. cit.*, p. 61; VIEIRA DE ANDRADE, *O Dever da Fundamentação...*, *op. cit.*, p. 372, nota 55, com amplas referências bibliográficas. No nosso entendimento, a escolha dos pressupostos pela Administração é também ela vinculada, por força dos referidos princípios. Assim, se entendemos bem, H. MAURER, *Allgemeines Verwaltungsrecht,* 5.ª ed., München, 1986, p. 121.

lidade, na criteriosa complementação dos pressupostos, que só poderá ser aquela que sirva da *melhor forma* a realização do interesse público. Quer dizer, sabe-se *a priori* que o vínculo existe, por força do princípio constitucional da legalidade (art. 266.º/2 da C.R.P.), sem que isso implique o exacto conhecimento do seu conteúdo [595].

Precisando melhor, não subsiste qualquer obstáculo lógico, mas dificuldades práticas para que a referida disciplina "não escrita" do caso concreto resulte, por sua vez, completamente "reelaborada" no curso do procedimento.

Por outras palavras, a indeterminação de uma quota parte dos pressupostos da decisão não denota a ausência de vínculo, mas apenas a sua não cognoscibilidade *a priori*, compensada pela necessidade de desenvolver uma actividade técnica de investigação, que na nossa matéria assume as vestes formais do procedimento administrativo de impacto ambiental. A "certeza" relativa é adquirida *a posteriori* em contacto com a experiência sensível em ordem à sua correcta definição.

A tese proposta oferece, em nossa opinião, uma saída sem qualquer perigo de arbitrariedade, sujeitando à necessidade de uma verificação de tipo empírico (poderíamos dizer de *mérito)* toda e qualquer decisão discricionária da Administração [596]. O que se propõe é, noutros termos, uma aproximação de tipo crítico, científico, fundada na dúvida metódica [597],

---

[595] Cfr. F. NICOSIA, *Potere ed eccesso di potere nell'attività amministrativa "non discrezionale"*, Napoli, 1991, p. 101.

[596] F. NICOSIA, *op. cit.*, p. 104.

[597] Neste sentido, o intérprete funcional deverá desenvolver um procedimento interpretativo baseado na zetética *(Zetetik)*. Cfr. TH. VIEHWEG, "Some Considerations Concerning Legal Reasoning", in *Law, Reason and Justice*, New York, 1969, p. 260 e ss. A *Zetetik*, em contraposição ao pensamento dogmático, próprio da actividade vinculada, caracteriza-se por uma permanente investigação (Zetein) e a dúvida incessante, desenvolvendo uma função permanentemente *cognoscitiva*.

O pensamento zetético desenvolve-se por tentativas, carecendo as suas asserções de ser fundamentadas e demonstradas, sob pena de perderem validade. Cfr. VIEHWEG, "Notizien zu einer rhetorischen Argumentationstheorie", in *Yahrbuch für Rechtssoziologie und Rechtstheorie*, II, Düsseldorf, 1972, p. 445.

tanto mais necessária quando se trata de tutelar bens ambientais.

A incompletude de um vínculo *a priori* impõe que o vínculo se forme *a posteriori*, devido à obrigação da Administração avaliar correctamente os "eventos", os factos que se apresentem no decurso da actividade administrativa procedimental [598]. Uma vez precisada a obrigação de uma correcta avaliação dos "factos", estes não se diferenciam, quanto ao regime, dos "elementos" normativamente previstos. Pode, assim, dizer-se que, uma vez verificados, qualquer "evento" se constitui num "elemento" da previsão legal [599].

Para utilizar as palavras de Gadamer, as condições do entender [600], as pré-compreensões são aqui fundamentalmente os dados da técnica e da ciência que, por sua vez, determinam a formação do vínculo *a posteriori,* numa circularidade hermenêutica que liga *factos* e *princípios,* isto é, todo e qualquer

---

Isto parece-nos tanto mais relevante quanto o legislador ambiental não fala frequentemente a linguagem do Direito (ao contrário do que pensa J. GREIMAS, *Semiotique et Sciences Sociales,* Paris, 1976, p. 85), mas a linguagem da técnica e da ciência.

Em síntese, na interpretação das normas atributivas de poder discricionário, o trabalho hermenêutico vai sobretudo do texto da norma para a sua referência, isto é, do que o texto diz para aquilo de que fala *(Gadamer).* No acto hermenêutico há uma combinação da pré-compreensão do referente mediato (*juridicidade* do Direito e não *normatividade,* como quando estamos confrontados com uma interpretação lógico-sistemática — actividade administrativa vinculada) com a pré--compreensão da realidade fáctica a que se refere o caso concreto (o mundo 3 de Popper). Isto é, o raciocínio jurídico adquire aqui uma dimensão *tópica,* logo estruturalmente equitativa e justa. Cfr. C. CANARIS, *Systemdenken und Systembegriff in der Jurisprudenz, entwickelt am Beispiel des deutschen Privatrechts,* Berlin, 1969, p. 151, com explícita referência a H. HENKEL, *Einführung in die Rechtsphilosophie,* München, 1964, p. 327, que especifica a tendência *invidualizante* e *generalizante* da justiça.

Sobre a diferença entre *juridicidade* e *normatividade,* cfr. CASTANHEIRA NEVES, *O Instituto dos "Assentos" e a Função Jurídica dos Supremos Tribunais,* Coimbra, 1983, p. 413.

598 L. VIOLINI, *Le questioni scientifiche controverse nel procedimento amministrativo,* Milano, 1986, p. 153.

599 A. SANDULLI, *Il procedimento amministrativo, op. cit.*, pp. 41 e ss. e 121 e ss., opera, porém, a distinção entre *elementos* e *pressupostos.*

600 H. G. GADAMER, *Wahrheit und Methode. Grundzüge einer philosophischen Hermeneutik* (utilizamos a tr. espanhola), Tübingen, 1965, p. 261.

facto pressupõe *a priori* um ideal e vice-versa, numa contínua interacção entre teoria e prática.

Mais, o vínculo posto por uma norma jurídica ao fixar *standards* ou limites de tolerabilidade ambiental, impõe-se como uma verdade *a priori* de todo *refutável* sempre que a Administração, depois de avaliar correctamente os eventos e os factos, formule um vínculo *a posteriori* susceptível de verificação, demonstrativo da "falsificação" operada pelo órgão legiferante [601].

A actividade discricionária indica, em suma, o traço de união de um vínculo conhecido (o fim) com outro existente mas ignorado, isto é, a descoberta do *meio* mais adequado para a realização daquele; ou melhor, individualiza e caracteriza o percurso procedimental que, partindo do primeiro, consente "descobrir" o segundo e dar-lhe actuação [602].

Não surpreende, por tudo isto, que cheguemos à conclusão de que, em princípio, a actividade vinculada (meramente lógica e analítica) se apresente mais *livre* e opinável [603] do que

---

601 Sobre a fase instrutória do procedimento legislativo, cfr. GOMES CANOTILHO, *Direito Constitucional*, *op. cit.*, pp. 958 e 959. Cfr. também S. GALEOTTI, *Contributo alla teoria del procedimento legislativo*, Milano, 1957; F. COCOZZA, *Collaborazioni preliminari al procedimento legislativo*, Milano, 1988, p. 79, que sublinha a importância do legislador ser uma pessoa de bem e sabedora, de modo a poder evitar carências e disfunções nos produtos legislativos. Cfr. ainda F. LANCHESTER, *"Drafting" e procedimento legislativo in Gran Bretagna e negli Stati Uniti*, Roma, 1990, p. 27 e ss.

Lembremos que o que está em jogo é a avaliação *global* do impacto, que não se resume, portanto, aos *standards* legalmente impostos sobre alguns dos componentes do ambiente.

602 Cfr. F. NICOSIA, *op. cit.*, p. 105.

603 Na verdade, toda a aplicação do direito pressupõe sempre um processo de interpretação, isto é, uma atribuição de sentido da parte do intérprete. Mesmo as normas consideradas unívocas podem ser relativizadas com base na *ratio legis*. A não interpretação de uma palavra é ela mesmo um acto de interpretação.

Não só as cláusulas gerais e os conceitos indeterminados, mas também os conceitos jurídicos aparentemente determinados e precisos exigem do intérprete um ulterior desenvolvimento da norma. É uma ideia praticamente assente, ainda que frequentemente ignorada, que quase todos os conceitos jurídicos, à excepção dos conceitos "numéricos", são indeterminados e, portanto, equívocos. Cfr. G. ORRÚ, *I criteri extralegali di integrazione del diritto positivo*, Milano, 1989, p. 100. Entre nós, CASTANHEIRA NEVES, *Questão-de-Facto — Questão-de-Direito ou o Pro-*

actividade considerada discricionária (indutiva e empírica), que se apresenta constrangida pelos factos, que a limitam a balizas bem definidas.

De maneira que, se a actividade administrativa vinculada oferece uma gama razoável de possibilidades (todas abstractamente compatíveis com o texto normativo), já a actividade de aquisição de dados (e, por consequência, dos interesses) está limitada pela obtenção de um resultado, a obtenção da melhor decisão possível. Isto significa que a legalidade-justiça é perfeitamente atingível pela actividade discricionária, por imposição dos princípios da justiça e da proporcionalidade, o

---

blema Metodológico da Juridicidade, op. cit., p. 419; GOMES CANOTILHO, "Fidelidade à República ou Fidelidade à Nato?", *op. cit.*, p. 66. Os estudos de semântica têm vindo a demonstrar que em torno do *núcleo conceptual,* do núcleo semântico, gravita uma zona fluída, de indeterminação e de imprecisão *(Begriffsohf)* que consente ao intérprete uma ampla liberdade de movimento. (Como é óbvio, a *auréola conceptual* é naturalmente maior nos conceitos indeterminados. Cfr. A. FRANCISCO DE SOUSA, "*Conceitos Indeterminados*"..., *op. cit.*, p. 51 e ss.). Neste sentido, a metajurisprudência alemã contemporânea tem vindo a evidenciar que não há interpretação que não constranja o intérprete a tomar posição face às alternativas postas pela norma. Todas, objectivamente, são possíveis (entendemos aqui por "metajurisprudência" as teorias que têm por objecto a actividade doutrinal e interpretativa dos juristas. Cfr. G. TARELLO, "Orientamenti della magistratura e della dottrina sulla funzione politica del giurista-interprete", in *L'uso alternativo del diritto,* Roma - Bari, 1973, p. 79). As causas podem ser várias: pluralidade de *rationes legis,* relatividade dos conceitos jurídicos, porosidade dos conceitos jurídicos descritos e polivalência da linguagem, pluralidade e fungibilidade dos cânones hermenêuticos, pluralidade de considerações teleológicas, fixidez e abstracção das normas, etc.

A norma jurídica é, por isso, simultaneamente objecto e resultado da interpretação, isto é, *law in making* (cfr. L. VALLAURI, *La scienza giuridica come politica del diritto,* Firenze, 1971, p. 212 e ss. Para CASTANHEIRA NEVES, "Interpretação", in *Polis,* II, 1985, p. 657, "o objecto da interpretação não é o texto da lei como texto, mas a norma que esse texto quer manifestar". Segundo o ensinamento deste Professor de Coimbra, "O actual problema metodológico da interpretação jurídica", in *R.L.J.*, n.º 3857, p. 227, "não pode deixar de reconhecer-se que os enunciados (...) não são um passivo "espelho" meramente constatativo da realidade referida e se traduzem também eles numa perspectivação e interpretação linguístico-conceitual dessa realidade". O referente de um discurso não é a realidade, mas a *sua* realidade (p. 227, nota 783). O que parece corroborar os fundamentos metafísicos da actividade administrativa presumidamente vinculada, se admitirmos que a necessidade absoluta de princípios práticos resulta da lei ou, talvez melhor, de uma razão pura revelada, mas nunca de forma empírica (KANT, *La religione entro i limiti della sola razione,* tr. it., Bari, 1980, p. 185).

que nem sempre está ao alcance da actividade estritamente vinculada [604]

Quer dizer, a existência de uma pluralidade de opções à disposição da Administração — com consequentes perigos de arbitrariedade — é, contrariamente a quanto é habitual pensar-se, mais penetrante na fase de interpretação-aplicação do direito, que caracteriza a actividade administrativa vinculada [605]. Por outro lado, a actividade administrativa vinculada, bem como o controlo de legalidade, implicam, como se sabe, também a aplicação de normas não jurídicas e de *standards*. Neste sentido, poder-se-ia sustentar que se assiste, quanto ao objecto, a uma aproximação entre o controlo de legalidade e o controlo de mérito [606]. A diferença está na técnica utilizada num e noutro caso. Mais formal o controlo de legalidade em oposição ao controlo substancial no que respeita ao mérito.

A tese por nós formulada, aparentemente paradoxal, constitui, bem ao contrário, a única explicação plausível do que nos é dado constatar na experiência concreta. A Administração sempre que exercita poderes vinculados é, aliás, a primeira a constatar e perceber a própria situação de supremacia, mesmo em termos superiores aos casos em que exercita poderes discricionários [607]. O que vem confirmar, aliás, a vali-

[604] A discricionaridade pertence ao mundo do *pensamento débil,* isto é, comporta um *modus vivendi* procedimental (aquisição e ponderação de factos e interesses), enquanto a actividade administrativa vinculada é mais consentânea com a autoridade e o poder.

[605] A nosso ver a "indeterminação" dos factos é maior na actividade administrativa vinculada, uma vez que a realidade vem já "prefigurada" na completude dos conceitos jurídicos. Cfr., se entendemos bem, CASTANHEIRA NEVES, *op. cit.*, p. 226 e ss.

[606] Neste sentido, G. SALA, "L'eccesso di potere amministrativo dopo la legge 241/90: un ipotesi di ridefinizione", in *Dir. amm.*, n.º 2, 1993, p. 211.

[607] Daí que os actos restritos especialmente lesivos dos direitos dos particulares assumam predominantemente carácter vinculado em obséquio a um rigoroso respeito do princípio da legalidade — actos ablatórios da propriedade privada, actos sancionatórios em matéria de abusos de edificação, etc. — extinguindo ou degradando frequentemente o direito subjectivo num interesse legítimo.

dade da afirmação de princípio, segundo a qual o controlo judicial de uma actividade administrativa autoritária (vinculada) não pode deixar de ser também um controlo sobre os "motivos" do exercício do poder [608].

A melhor confirmação disto mesmo resulta, desde logo, da Lei Fundamental (e também do C.P.A., art. 3.º e ss.), onde a operatividade dos princípios da legalidade, igualdade, justiça, proporcionalidade e imparcialidade (art. 266.º/2 da C.R.P.) não resulta de modo nenhum subordinada à assunção, por parte da actividade administrativa, de determinados caracteres fisionómicos, como por exemplo o carácter discricionário ou imperativo do acto administrativo [609]. A operatividade

---

O mesmo acontece com os actos impositivos de vínculos ambientais, paisagísticos ou monumentais, não fosse a insanável contradição e confusão entre discricionaridade administrativa e discricionaridade técnica. Para uns (LEVI, *op. cit.*, p. 310) o juízo de valor artístico, ambiental ou paisagístico contém já uma ponderação do interesse público à conservação do bem. Para outros (GIANNINI, *Diritto amministrativo,* II, *op. cit.*, p. 495) trata-se de um juízo alheio a qualquer valoração discricionária. A jurisprudência administrativa portuguesa (Acórdão de 22/10/1987, in *A.D.*, n.º 326, 1989, p. 129 e ss.), no que toca à classificação de imóveis de interesse público, tende, mais uma vez, a misturar alhos com bugalhos ao confundir conceitos indeterminados com juízos técnicos ou de ciência. Paradoxalmente, a haver discricionaridade ela situar-se-ia ao nível das pré-compreensões para que remete a interpretação da norma, não na utilização das regras técnicas e científicas.

A manter-se o actual estado de coisas, não é fácil compreender como uma actividade cognoscitiva possa resultar discricionária, com o perverso efeito de uma actividade abstractamente discricionária poder comportar em muitos casos um efectivo exercício de poder, a tal ponto intenso, que se esquiva a um eficaz controlo jurisdicional.

608 A fundamentação do acto vai aqui entendida como a exposição dos motivos, das razões de fundo, que permitem justificar e explicar (na medida em que explicar contribui para justificar) a adopção do acto. Ou, por outras palavras, a fundamentação substancial exige a "existência de pressupostos *reais* e de motivos correctos susceptíveis de suportarem uma decisão legítima quanto ao fundo". Cfr. VIEIRA DE ANDRADE, *O Dever da Fundamentação...*, *op. cit.*, p. 231.

M. S. GIANNINI, "Motivazione dell'atto amministrativo", in *EdD,* vol. XXVII, 1977, p. 257 e ss., distingue uma *fundamentação em sentido amplo* (válida para os actos vinculados e os actos internos do procedimento), da *fundamentação em sentido estrito,* entendida como verdadeira exposição dos motivos do acto.

609 Sobre a aplicação do princípio da imparcialidade à actividade administrativa vinculada, cfr. U. ALLEGRETTI, *L'imparzialità amministrativa,* Padova, 1965, p. 231 e ss.

destes princípios não pode deixar de fazer-se sentir relativamente aos actos de mera aplicação da lei, logo vinculados.

Os princípios da legalidade, da proporcionalidade, da imparcialidade e da justiça concorrem, assim, para delimitar, vincular, *toda* a actividade dos poderes públicos (art. 2.º/5 do C.P.A.) [610]. Nesta perspectiva, podemos dizer que aos princípios da proporcionalidade, igualdade, justiça e imparcialidade corresponde a procedimentalização sob o aspecto *funcional-substancial*, relativo à manifestação de direitos e interesses legalmente protegidos [611]. Ao princípio da legalidade corresponde a procedimentalização sob o aspecto *formal*, assumindo os referidos princípios, no nosso ordenamento jurídico, uma validade geral e não apenas restrita a certo tipo de actos administrativos [612].

---

610 Que o dever de boa administração constitui, a par do princípio da legalidade, um limite à expansão do poder é reconhecido, com tonalidades diferentes, entre outros, por FREITAS DO AMARAL, *Direito Administrativo,* II, *op. cit.*, p. 39 e ss. Cfr. também ROGÉRIO SOARES, *Interesse Público, Legalidade e Mérito, op. cit.*, p. 179 e ss. e GONÇALVES PEREIRA, *Erro e Ilegalidade no Acto Administrativo, op. cit.*, p. 61 e ss.

611 M. S. GIANNINI, *Istituzioni, op. cit.*, pp. 261 e 301, sublinha, precisamente, a coincidência entre princípio da legalidade e procedimentalização, sempre que se fala da necessidade do itinerário de formação do acto administrativo ser *juridicamente evidenciado.*

612 O ponto de encontro entre procedimentalização formal-estrutural e funcional é representado pelo princípio do *procedimento justo*, na base dos princípios consignados no art. 266.º/2 da C.R.P. e no C.P.A. (art. 3.º e ss.). Cfr. entre nós, GONÇALVES LOUREIRO, *O Procedimento Administrativo entre a Eficiência e a Garantia dos Particulares, op. cit.*, p. 203 e ss. Sobre o princípio do *procedimento justo* cfr. ainda ROEHRSSEN, "Il giusto procedimento nel quadro dei principi costituzionali", in *Dir. proc. amm.*, 1987, p. 47 e ss. e SALA, *Il principio del giusto procedimento nell'ordinamento regionale, op. cit.*, p. 2 e ss.

Quanto a nós, num Estado Social intervencionista, o princípio da legalidade-garantia transforma-se num princípio de legalidade-normatividade (Justiça), que se manifesta no vínculo do fim, em que a Administração se vê constrangida a prosseguir as finalidades impostas pela lei em sentido formal, mas também num vínculo no *meio,* fundado nos princípios gerais de Direito em geral e do Direito administrativo em particular. A doutrina é unânime em salientar isso mesmo, ROGÉRIO SOARES, "Princípio da legalidade e administração constitutiva", *op. cit.*, p. 169 e ss.; FREITAS DO AMARAL, "A evolução do Direito Administrativo em Portugal nos últimos dez anos", in *Contencioso Administrativo,* Braga, 1986, p. 11 e ss.; SÉRVULO CORREIA, *Legalidade e Autonomia Contratual..., op. cit.*, p. 499; GOMES CANOTILHO, "Fidelidade à República...", *op. cit.*, p. 51 e ss.; ESTEVES DE OLIVEIRA,

Por outro lado, o artigo 10.º do Código do Procedimento Administrativo estabelece que a Administração está sujeita a critérios de economicidade e *eficiência*. Parece, assim, que o legislador desferiu um golpe definitivo na tradicional distinção entre legalidade e mérito [613]. Com efeito, economia, eficiência e rigor assumem-se agora como verdadeiros parâmetros da legalidade da actividade administrativa, dificilmente distinguíveis no plano jurisdicional de um controlo directo sobre o mérito das escolhas administrativas. A boa qualidade das decisões, segundo critérios objectivos, transforma-se pura e simplesmente num requisito da legalidade da actividade administrativa. Queremos, portanto, significar que a actividade administrativa discricionária não pode considerar-se apenas vinculada no *fim*, devendo sê-lo plenamente também no *meio* [614]. Neste sentido, nos casos de uma abstracta atribui-

---

Direito Administrativo, op. cit., p. 252 e ss.; VIEIRA DE ANDRADE, *O Dever da Fundamentação..., op. cit.*, p. 383.

A nossa diferença está em que os referidos princípios se aplicam não só à decisão final, ao acto propriamente dito, mas a toda a actividade desenvolvida ao longo do procedimento. Daí que entendamos que há um vínculo no "meio" e não apenas no fim. No que se refere ao princípio da imparcialidade como princípio da função administrativa, cfr. M. T. DE MELO RIBEIRO, *O Princípio da Imparcialidade da Administração Pública, op. cit.*, p. 234 e ss., quando aborda criticamente a doutrina dominante. Cfr. também VIEIRA DE ANDRADE, "A imparcialidade da Administração como princípio constitucional", in *B.F.D.U.C.*, vol. L, 1974, pp. 236 e 237; U. ALLEGRETTI, *L'imparzialità amministrativa, op. cit.*, p. 137 e ss.

A *vinculação no meio* reconhece-se também na separação operada pela doutrina alemã entre *procedimento* e *resultado*, que corresponde à distinção realizada pela jurisprudência entre *vícios de ponderação inerentes ao procedimento* e *vícios de ponderação inerentes ao resultado*. As restrições ao controlo jurisdicional só operam em relação aos segundos, nunca relativamente aos primeiros porque aqui a Administração está desprovida de qualquer margem de apreciação, por força do princípio da completude do material instrutório. Cfr. S. COGNETTI, *op. cit.*, p. 105 e ss.

613 Cabe aqui salientar o papel precursor da obra de ROGÉRIO SOARES, *Interesse Público, Legalidade e Mérito,* Coimbra, 1955.

614 As coisas podem, porém, complicar-se se tivermos consciência de que a fronteira entre a actividade política e a actividade administrativa é hoje muito ténue (sobretudo naqueles casos em que o ordenamento jurídico atribui crescentes sectores de actividade administrativa a órgãos políticos eleitos — autarquias locais). Neste contexto, como reconhece a doutrina alemã, há aqui uma discricionaridade quanto à fixação dos fins (cfr. SÉRVULO CORREIA, *Legalidade e Autonomia Contratual..., op. cit.*, p. 494 e ss.) e, se me é permitido, um *continuum*

ção de discricionaridade, a Administração deve escolher o *meio mais adequado* para prosseguir o fim estabelecido na lei e não já o de escolher, entre os vários parâmetros legítimos, o mais conveniente [615].

É oportuno observar que a pretensa "reserva" da Administração, que aliás não deve ser invocada com um fim oposto à garantia de justiciabilidade [616], deve ser identificada com a actividade discricionária em sentido restrito, não com o agir de tipo essencialmente técnico. Ora este tipo de actividade é perfeitamente susceptível de confrontação por qualquer sujeito munido de adequada competência técnica, como deve acontecer com os estudos de impacto ambiental, que tantas vezes contaminam o parecer de compatibilidade ambiental.

Por outras palavras, a efectividade dos princípios anteriormente enunciados pressupõe a atribuição ao juiz administrativo de plenos poderes instrutórios e técnicos, de modo a poder verificar da adequação da actividade administrativa, isto é, da sua instrutória razoabilidade [617].

Da leitura dos artigos 2.º/5, 3.º, 5.º, 6.º, 8.º e 10.º do C.P.A. não poderá deixar de se concluir que a distinção entre actividade vinculada e actividade discricionária deve ser redefinida, se não mesmo superada. Na verdade, estamos postos perante um vínculo em ambos os casos. Se na actividade administrativa vinculada o vínculo é conhecido *a priori,* na actividade discricionária o vínculo resulta dos factos apurados pela Administração na fase instrutória do procedimento. O vínculo *a posteriori* formaliza-se à medida que aumenta procedimen-

---

(discricionário) entre meios e fins. Cfr. M. NIGRO, "Lineamenti generali", in *Manuale di diritto pubblico* de G. AMATO e A. BARBERA, 4.ª ed., Bologna, 1994, pp. 700 e 701.

615 V. OTTAVIANO, "Merito" (Diritto Amministrativo), in *Nov. dig. it.*, vol. X, 1964, pp. 576 e 577.

616 F. NICOSIA, *Il procedimento amministrativo,* Napoli, 1992, p. 34.

617 F. NICOSIA, *op. cit.*, p. 22 e ss.

talmente a tomada de conhecimento da situação de facto considerada.

A adequação da Administração resulta agora do carácter *objectivo* da sua actividade. O termo discricionaridade não pode, assim, significar uma actuação *livre* e *voluntária* da Administração, mas apenas o poder de individualizar a escolha, a decisão mais adequada, portanto mais coerente com o fim que a lei impõe. Logo, a Administração não goza de qualquer liberdade de escolha, uma vez que a decisão se apresenta vinculada em função da adequação do meio a eleger relativamente ao fim a prosseguir [618]. O conteúdo da decisão discricionária não pode, assim, ser determinado por meios mais ou menos artísticos, sendo antes o resultado praticamente obrigatório dos actos e interesses adquiridos imparcial e proporcionalmente em sede técnico-instrutória [619]. Em suma, estamos postos perante uma *discricionaridade instrutoriamente objectiva.*

O artigo 10.º do C.P.A., colocando explicitamente o dever de boa administração entre os requisitos normativos da activi-

---

618 F. NICOSIA, *op. cit.*, p. 38. Aliás, o problema da discricionaridade está ligado, ainda antes do confronto com o juízo, a alguns aspectos que determinam o próprio modo de colocar a questão da discricionaridade no interior da jurisdição. Refiro-me à sua relação com a lei, o interesse público e o procedimento administrativo.

Uma cultura jurídica que reduza a discricionaridade à legalidade coloca uma questão de enorme significado negativo, isto é, a ideia de que a lei resume monopolisticamente a interpretação das necessidades colectivas. A percepção de que a lei deve não só condicionar mas também ocupar o espaço da discricionaridade, significa enclausurar os interesses sociais e as formas de resposta que possam ser dadas pela Administração, no fundo *museulizar o interesse público.* Daí a compreensão da discricionaridade administrativa como liberdade de escolha da decisão, o que não terá sentido se percebermos que (procedimentalmente) o interesse público não foi ainda determinado. Logo, a forma de conceber o interesse público é determinante da leitura da discricionaridade administrativa.

Em conclusão, o problema não está tanto na relação entre Administração e jurisdição, mas no modo de conceber o desenvolvimento e o fim da actividade administrativa. Se a isto juntarmos o entendimento (da jurisprudência alemã) de fim (Zweck) em sentido amplo, tal permitiria o controlo do que entre nós se designa habitualmente por mérito.

619 Cfr. F. NICOSIA, *op. cit.*, p. 39.

dade administrativa, vem tornar mais pregnante a deslocação para a área da legalidade (em sentido estrito) da figura tradicional de desvio de poder, ontologicamente ligada ao exercício da discricionaridade administrativa, ampliando o respectivo espectro sintomático e favorecendo instrumentos mais incisivos de análise e de controlo [620]. A deslocação dos princípios da justiça e da proporcionalidade para os territórios da legalidade vem no fim de contas permitir a redução da quota de mérito insindicável.

O procedimento administrativo adquire, assim, a qualidade de meio idóneo para *aclarar* e de certo modo uniformizar, quer o vínculo *a priori,* quer o vínculo *a posteriori,* isto é, o procedimento *como direito comum da actividade administrativa.*

5. Avaliação técnica de impacto ambiental e discricionaridade administrativa

O enorme desenvolvimento técnico-científico que caracteriza o nosso século tem vindo a influenciar decisivamente os processos decisionais públicos, condicionando o legislador, a administração e mesmo o juiz. Ao ponto de se terem formulado previsões de uma inelutável e progressiva erosão da politicidade das decisões em favor da sua tecnicidade e cientificidade [621]. O estado actual de conhecimentos científicos e

---

[620] A. CERRETO, "Potere discrezionale e merito nell'attività della P. A.", in *Foro amm.*, 1993, p. 1956 e ss.

[621] A sua importância é tal que o Tribunal Constitucional italiano, sentenças n.º 226 de 1974, n.º 202 de 1976 e n.º 148 de 1981, tem admitido que a falta de adequação da legislação aos progressos técnicos pode determinar a inconstitucionalidade da mesma, depois de ter sido inicialmente considerada conforme à Constituição. Cfr. F. SALVIA, "Attività amministrativa e discrezionalità tecnica", *op. cit.*, p. 686, nota 3.; D. DE PRETIS, *Valutazione amministrativa...*, *op. cit.*, p. 174.

A nível supranacional há a assinalar a Directiva n.º 94/10/CEE, de 23 de Março, que altera pela segunda vez a Directiva n.º 83/189/CEE, de 28 de Março, relativa ao procedimento de informação no domínio das normas e regulamentações

técnicos, além de influenciar o momento da emanação do acto legislativo, faz sentir também o seu peso durante a sua vigência, ao ponto de poder causar a inconstitucionalidade do mesmo. Quanto à *Administração,* é fácil observar que esta tem sido influenciada nos últimos anos – do ponto de vista organizativo e funcional – pelas novas aquisições técnicas e científicas, como o demonstra o emprego crescente da informática.

A experiência recente, na sua riqueza e complexidade, tem feito emergir aspectos que merecem ser explorados e reconsiderados: casos em que a avaliação técnica implica (também) uma ponderação de interesses preliminar, como nas avaliações técnicas de tipo operativo; casos em que uma prévia escolha política ou discricionária condiciona a avaliação técnica a efectuar; casos em que a avaliação técnica vincula uma decisão administrativa abstractamente discricionária. Todas estas dimensões da "discricionaridade técnica" [622] confluem ou podem confluir no instituto de avaliação de impacto ambiental.

---

técnicas. A Directiva foi recentemente transposta para o ordenamento jurídico português pela Resolução do Conselho de Ministros n.º 95/95, de 3 de Outubro.

[622] Sobre esta expressão têm pairado alguns equívocos que têm prejudicado a sua sindicabilidade jurisdicional: 1) absorção da discricionaridade técnica na discricionaridade administrativa; 2) recondução da discricionaridade técnica ao "mérito"; 3) limitação dos meios de prova no processo administrativo; 4) confusão entre discricionalidade técnica e conceitos indeterminados. Cfr. C. MARZUOLI, *op. cit.*, p. 58 e ss.

Com efeito, a primitiva ideia da insindicabilidade dos juízos técnicos está hoje posta em causa, uma vez que permitir uma completa e directa apreciação dos factos não pode ser entendido como uma interferência na avaliação dos interesses que emergem dos referidos factos. S. RICHTER, "L'aspettativa di provvedimento", in *Riv. trim. dir pubbl.,* 1981, p. 28.

Não é inútil saber em que medida as noções técnicas confluiram nos conceitos jurídicos indeterminados no longo debate levado a cabo pela doutrina alemã, que tanto tem influenciado a doutrina portuguesa e reflexamente a jurisprudência administrativa. Certo é que na doutrina germânica bem poucos autores depois de JELLINEK puseram em dúvida a sindicabilidade dos *juízos técnicos* propriamente ditos. Entre as excepções pode referir-se FLEINER, *Institutionen des Verwaltungsrechts,* Aalen, 1963, p. 142 e ss.

5. 1. Discricionaridade legislativa e avaliações técnicas: juridicização das normas técnicas

Antes de abordarmos a incidência das avaliações técnicas sobre o processo de tomada de decisões públicas, tocaremos a questão da influência das determinações políticas e discricionárias sobre as avaliações técnicas, aspecto normalmente ignorado [623].

As razões que nos levam a evidenciar este aspecto prendem-se com a circunstância de nos últimos anos se ter manifestado, nomeadamente no Direito do Ambiente (por força do primado do Direito comunitário), um forte *processo de juridicização das normas técnicas*, que determinaram uma estreita simbiose entre as normas jurídicas e as normas técnicas.

No passado, o legislador — quando julgava oportuno inserir um "momento técnico" na actividade administrativa — adoptava geralmente o critério de reenviar para uma "norma técnica", investindo um certo órgão do dever de exprimir a sua apreciação relativamente aos pressupostos ou ao facto objecto da decisão [624]; nos últimos tempos, o legislador tem seguido quase sempre o critério de introduzir directamente na lei critérios de avaliação e de acção, fixando valores-limite, valores-guia, *standards* de tolerabilidade, conformação de produtos, métodos de medição etc. [625]. Esta técnica legislativa tem tido o

---

623 Também aqui utilizamos um texto já publicado na *Rev. Jur. Urb. Amb.*, n.º 2, 1994.

624 Cfr. F. SALVIA, *op. cit.*, p. 694. Para compreender como a técnica possa ser *invocada* pela proposição jurídica, basta meditar sobre a extrema variedade ontológica dos elementos da previsão normativa; entre estes elementos pode surgir a "natürliche Kausalität zwischen zwei Vorgängen", sendo certo que por vezes a lei não exige a efectiva confirmação de um acontecimento, mas apenas a *verosimilhança* da expectativa de um certo evoluir dos eventos. Cfr. K. LARENZ, *Metodologia da Ciência do Direito, op. cit.*, p. 175 e ss. Outras vezes a noção científica ou a norma técnica constitui o núcleo de um conceito jurídico. Cfr. LARENZ, *op. cit.*, p. 194.

625 A título de exemplo: Decreto-Lei n.º 352/90, de 9 de Novembro (estabelece o regime de protecção e controlo da qualidade do ar); Portaria n.º 286/93, de 12 de Março (fixa os valores limite e os valores guia no ambiente para o dióxido de enxo-

efeito de transformar as determinações do órgão técnico em actos de controlo da observância de uma certa disciplina legal ou de condicionar o seu conteúdo [626]. O órgão administrativo move-se, agora, nas suas apreciações de acordo com duas balizas: o momento técnico e o momento jurídico e não apenas um deles. Neste sentido, nem toda a modificação do ambiente natural (por exemplo, do ar) poderá qualificar-se como "poluição" [627], mas apenas aquela que altere as normais condições do mesmo, ultrapassando os limites de tolerabilidade estabelecidos pela lei. É, portanto, claro que a avaliação levada a cabo pelo órgão técnico em matéria de tolerabilidade das alterações ambientais (e a subsistência ou não do dano ambiental) não se baseia apenas em cânones científicos, sendo também guiada por normas jurídicas, formuladas através do recurso a uma mescla de critérios técnicos e políticos, a fim de conciliar uma pluralidade de interesses: o interesse dos industriais em produzir a custos competitivos e o direito dos cidadãos a viver num ambiente relativamente saudável.

Para superar o risco de deformar excessivamente as categorias técnicas e a sua mumificação, impedindo os processos decisionais de utilizar as mais recentes e sofisticadas aquisições técnico-científicas, a lei prevê frequentemente cláusulas de progresso técnico-científico [628].

---

fre, partículas em suspensão, dióxido de azoto e monóxido de carbono, o valor limite para o chumbo e os valores guia para o ozono); Decreto-Lei n.º 251/87, de 24 de Junho, alterado pelo Decreto-Lei n.º 292/89, de 2 de Setembro (aprova o Regulamento Geral sobre o Ruído); Decreto-Lei n.º 74/90, de 7 de Março (aprova as normas de qualidade da água).

626 D. DE PRETIS, *op. cit.*, p. 190.

627 F. SALVIA, *op. cit.*, p. 695.

628 É o caso dos acidentes industriais graves, Directiva 82/501, de 24 de Junho, alterada pela Directiva 88/610, de 24 de Novembro, e transposta pelo Decreto-Lei n.º 204/93, de 3 de Junho, que revogou o Decreto-Lei n.º 224/87, de 3 de Junho, obrigando as empresas a adaptar constantemente as suas instalações às modernas tecnologias. Cfr. M. PRIEUR, "La directive Seveso sur les risques d'accidents majeurs", in *R.J.E.*, n.º 3, 1989, p. 263 e ss.

A experiência apresenta-se muito variada e articulada. As hipóteses mais correntes são, em síntese, as seguintes:

a) Em primeiro lugar, casos em que a lei ao disciplinar uma determinada matéria traz à colação uma norma técnica sem a contaminar, hipótese cada vez menos frequente em que a norma técnica mantém a sua autonomia relativamente à norma jurídica.

b) Em segundo lugar, casos em que a norma técnica é incluída numa disposição legal com o efeito de juridicização da mesma, surgindo as tais normas-escapatória (cláusulas de progresso técnico-científico). Os autores alemães falam em conceitos receptícios *(Rezeptionsbegriffe)*.

c) Uma terceira hipótese, talvez a mais significativa, é aquela em que a lei exige, reclama, uma avaliação técnica, impondo, contudo, ao órgão que a deve efectuar a aplicação de normas técnicas *condicionadas* por uma disposição normativa [629]. Quando, por exemplo, uma lei estabelece *standards* muito rigorosos (em matéria de legislação anti-sísmica) para o exercício de uma determinada actividade, mas admite simultaneamente que a entidade competente, sob parecer favorável do órgão técnico, possa estabelecer derrogações à observância dos mesmos quando subsistam razões particulares, nomeadamente de defesa dos valores estético-ambientais dos centros históricos [630].

É, portanto, evidente que uma prévia opção política consagrada na lei condiciona o órgão técnico, impondo-lhe a obrigação de encontrar soluções alternativas adequadas à tutela

---

[629] F. SALVIA, *op. cit.*, p. 697.

[630] Cfr. F. SALVIA, *op. cit.*, p. 697. A norma técnica pode adquirir relevância jurídica de várias formas: a) casos em que a norma técnica é praticamente reproduzida no texto normativo; b) casos em que é invocada directa ou indirectamente; c) casos em que a técnica ou a ciência fornecem os elementos para a formação de um conceito jurídico; d) casos em que a referência a regras técnicas é necessária para determinar o conteúdo de cláusulas gerais. Cfr. F. LEDDA, "Potere, tecnica e sindacato giudiziario sull'amministrazione pubblica", *op. cit.*, p. 397 e ss.

dos bens ambientais. Em suma, em muitos casos uma decisão abstractamente discricionária é, com efeito, uma decisão concretamente vinculada e vice-versa, com tudo o que isso implica em matéria de controlo jurisdicional.

5. 2. Discricionaridade administrativa e avaliações técnicas: colocação da avaliação de impacto ambiental no processo decisional

O fenómeno autonomamente descrito de condicionamento externo das "avaliações técnicas" pode ser também determinado pela *posição* que estas venham a ocupar na sequência procedimental.

Para explicar adequadamente esta questão é oportuno recordar que a doutrina mais recente tem sublinhado que as determinações administrativas (de carácter discricionário) não são o fruto de escolhas instantâneas, mas a consequência de um processo selectivo de interesses a tutelar iniciado na fase cognoscitiva (instrutória). Quando a lei relaciona dois ou mais procedimentos, esta forma progressiva de constituir as decisões administrativas torna-se ainda mais clara [631]. O que se pretende salientar aqui é o seguinte: as modalidades da sequência procedimental, para além de influenciarem as escolhas discricionárias, podem também condicionar o conteúdo de alguns juízos técnicos.

O caso da avaliação de impacto ambiental é paradigmático. Para além da diversidade normativa nesta matéria, a verdade é que a diferente colocação da A.I.A. no processo decisional público pode repercutir-se significativamente sobre a intensidade da tutela do ambiente. Assim, se esta for inserida na fase da programação (planos, programas, políticas — EUA, e projecto de Directiva da Comissão, de Junho de 1991 —

[631] M. IBLER, *Die Schranken planerischer Gestaltungsfreiheit in Planfeststellungsrecht, op. cit.*, pp. 68 e ss., 73 e ss., 181 e ss.

A.I.A. estratégica) [632], logo, na fase em que são efectuadas as opções fundamentais em matéria de ordenamento do território, a dimensão da tutela revela-se máxima, sendo perfeitamente possível a formulação de propostas alternativas para impedir ou limitar o impacto ambiental [633]. Mas se a avaliação de impacto, como acontece normalmente, é colocada numa fase sucessiva à das grandes opções urbanísticas e económicas, portanto, apenas ao nível dos projectos individuais e dos procedimentos autorizativos, como acontece entre nós (D.L. n.º 186/90, de 6 de Junho e D.R. n.º 38/90, de 27 de Novembro), é muito provável que se consiga apenas minimizar o dano ambiental, alcançando-se a simples correcção do projecto [634].

Neste sentido, se um Plano Director Municipal prevê já a realização de uma obra, será extremamente difícil, em sede de A.I.A., manter a intangibilidade da área respectiva. Será possível, neste caso, propor algumas correcções de modo a tornar menos traumático o impacto ambiental, mas nada mais [635].

Parece, em suma, provado que a aproximação do órgão técnico em ordem a um determinado problema pode ser

---

[632] Já com a *A.I.A. estratégica* pretende-se implementar um sistema de avaliação ambiental que abarque todo o processo de planificação (art. 2.º/1 da referida proposta da Comissão). Cfr. C. DE FEO, "La valutazione di impatto ambientale: origine, evoluzione, situazione attuale e prospettive", in *San. pubbl.*, n.º 3, 1995, p. 347 e ss.

[633] Somos, assim, de opinião que o interesse difuso ambiental deve ser um elemento"invariável", absolutamente incontornável da urbanística contemporânea. Cfr., sobre o tema, G. IACOVONE, "Pianificazione urbanistica: crollo di un mito e scoperta del valore ambiente", in *Amm. e pol.*, n.º 5, 1992, pp. 136 e 137.

[634] V. PARISIO, "Valutazione d'impatto ambientale e pianificazione urbanistica: un connubio impossibile", in *Riv. giur. edil.*, n.º 4, 1989, p. 125 e ss.

[635] Sobre planificação urbanística e A.I.A., cfr. LA BARBERA, *L'attività amministrativa. Dal piano al progetto,* Padova, 1990, p. 15 e ss.; F. SALVIA, *Il Ministero dell'ambiente,* Roma, 1989, p. 109 e ss.; S. AMOROSINO, "Valutazione di impatto ambientale e pianificazione urbanistica: le tendenze della legislazione e dell'attività amministrativa", in *Valutazione di impatto ambientale e pianificazione urbanistica,* Napoli, 1992, p. 39 e ss.

influenciado *ab externo,* seja por opções políticas codificadas na lei, seja por precedentes determinações assumidas pela Administração em sede de programação. O que faz vacilar a ideia dominante, que tende a apresentar a discricionaridade técnica como um fenómeno neutral de pura aplicação de normas técnicas e científicas, capazes de influenciar as decisões administrativas sem, por sua vez, serem condicionadas [636].

Isto é particularmente visível nas avaliações técnicas de tipo operativo, como os estudos de impacto ambiental, em que pode haver, ainda que implicitamente, uma prévia ponderação de interesses. Assim, na construção de uma auto-estrada coloca-se o problema de conciliar as exigências de velocidade, segurança, custos e respeito da paisagem. Logo, seria de todo prudente que o legislador impusesse uma total independência ao redactor do estudo de impacto ambiental, ao contrário do que sucede actualmente [637], por forma a garantir o máximo de rigor do estudo. Desta forma será possível operar uma nítida distinção, no âmbito do procedimento de avaliação de impacto ambiental, entre o espaço reservado aos juízos técnicos e o espaço reservado à ponderação, participação dos interesses conflituantes, evitando-se os clássicos equívocos sobre a insindicabilidade da chamada discricionaridade técnica [638].

---

[636] F. SALVIA, *op. cit.*, p. 700.

[637] Com efeito, melhor seria adoptar um sistema em que se atribuisse a redacção do estudo de impacto ambiental a uma equipa interdisciplinar, devidamente habilitada e com inteira independência científica relativamente ao titular do projecto, assumindo, igualmente, a responsabilidade técnica pela confecção do estudo.

[638] Neste sentido, sustentamos a exigência de um controlo jurisdicional directo sobre as avaliações técnicas levadas a cabo pela Administração (Cfr. LEDDA, *op. cit.*, p. 429 e ss.) O único problema reside na escassez de meios instrutórios à disposição do juiz administrativo, que se vê, assim, remetido para a utópica convicção de criar uma "verdade" superior à da Administração apenas nos limites abstractos e formais da lei.

5. 3. Acto de avaliação de impacto ambiental e juízos técnicos: para uma discricionaridade objectiva, vinculada no "meio" e não apenas no fim

Como foi salientado anteriormente, o conteúdo do acto final (do acto autorizativo) é fortemente condicionado pelos resultados conseguidos pela actividade administrativa cognoscitiva em sede instrutória, especialmente nos procedimentos plurifuncionais [639]. Sendo assim, não parece excessivo sustentar que a fase decisiva da actividade administrativa, na qual a situação de supremacia da Administração se manifesta com mais evidência, é aquela em que se adquirem os elementos determinantes para chegar a uma decisão [640]. É nesta sede que se colocam as bases de realização das "escolhas", da chamada "oportunidade administrativa" ou, segundo cremos, se "projecta" a decisão mais adequada e, portanto, legítima.

Há, contudo, casos em que bem pode dizer-se que o acto conclusivo do procedimento, ainda que abstractamente discricionário, resulta em concreto de todo vinculado aos resultados entretanto adquiridos na instrução. Estamos a pensar naqueles actos que pressuponham o apuramento de factos através do recurso a conhecimentos especializados de carácter téc-

---

[639] A avaliação de impacto ambiental é o acto típico da Administração Pública que é simultaneamente acto administrativo e acto procedimental. No primeiro caso, o que é decisivo é o momento da definição do conteúdo do acto (fase decisória do procedimento); no segundo, é marcante o momento da participação dos cidadãos.

No caso português, a avaliação de impacto ambiental assume-se mais como acto procedimental, face à deficiente estrutura procedimental do actual regime jurídico, à forma como está organizada e à força jurídica do parecer. Todavia, a correcção da avaliação de impacto ambiental depende não só da qualidade da lei, mas também da capacidade técnica das entidades encarregadas da instrução do procedimento. Para uma leitura diversa, cfr. F. SPANTIGATI, "In difesa della valutazione di impatto ambientale: atto amministrativo e azione giuridica", in *Riv. giur. amb.*, 1995, p. 423 e ss.

[640] M. TERESA SERRA, *Contributo ad uno studio sulla istruttoria del procedimento amministrativo*, *op. cit.*, pp. 71 e ss. e 173 e ss.

nico [641]. Nestas situações bem pode suceder que o "vínculo" (técnico) seja de tal forma intenso que a Administração tenha perante si bem poucas escolhas ou mesmo apenas uma, sem qualquer alternativa [642].

Em suma, adopta-se aqui uma concepção epistemológica, *fundamentalmente objectiva*, da actividade discricionária, que não deixa margens significativas a uma presumível "liberdade de escolha" da A.P. [643]; a não ser no sentido, meramente instrumental, de uma liberdade de "investigação", o que evidentemente nada tem que ver com a liberdade de determinar o *resultado* da investigação. A actividade discricionária é, assim, reconduzível à actividade cognoscitiva levada a cabo pela A.P., na medida em que a realização da "escolha" pressupõe um "conhecimento", cujos efeitos surgem inevitavelmente vinculados [644]. Bem entendido, o "vínculo" não é aqui um *a priori* irrefutável, mas o hipotético resultado de uma investigação e de um conflito.

---

641 Procedimentos de localização de grandes obras públicas como, por exemplo, de centrais de incineração de resíduos. Nestes casos, a escolha "oportuna" e a escolha legítima na realidade coincidem. Com efeito, sempre que as avaliações técnicas demonstrem que um determinado local é de todo inadequado, por razões geológicas, à instalação de uma tal obra, não se vê como a Administração possa legitimamente desatender o resultado da instrução efectuada pelos órgãos técnicos.

642 F. GIAMPIETRO, "Criteri tecnici o discrezionali nel c. d. giudizio di compatibilità ambientale? Proposte di coordinamento della V.I.A. con gli altri procedimenti autorizzatori", in *Il Con. St.*, n.º 1, 1995, p. 162 e ss., esp. p. 168 e ss.

643 Cfr. F. NICOSIA, *Potere ed eccesso di potere..., op. cit.*, p. 52.

O conceito de discricionaridade foi elaborado para descrever quer o vínculo da Administração ao fim prescrito na lei, quer a amplitude da escolha confiada à Administração em ordem à realização do interesse público. A noção de discricionaridade funda-se em três ideias essenciais: o primado da lei, a liberdade de decisão da Administração (dentro dos limites legalmente estabelecidos) e a racionalidade do ordenamento jurídico.

É uma definição de discricionaridade que não se adequa à realidade de hoje, que se caracteriza por uma ilegalidade de massas consentida de modo diferenciado pela orientação política da Administração.

A este ponto coloca-se o seguinte dilema ao direito administrativo: alterar a definição de discricionaridade ou continuar a usar uma definição irrealista?

644 Neste sentido, o poder discricionário é a faculdade da Administração adquirir (através do procedimento) conhecimentos, factos, interesses, na base dos quais assume decisões inevitavelmente vinculadas. Cfr. F. NICOSIA, *Potere ed eccesso di potere.., op. cit.*, p. 53.

Posto isto, somos de opinião que, em matéria de avaliação de impacto ambiental, a superação da contraposição entre discricionaridade e vinculação não passa só através do reconhecimento de alguma margem de opinabilidade da actividade administrativa vinculada [645]. Na verdade, o traçado de tal percurso de superação apresenta frequentemente uma direcção oposta, ainda que convergente. Isto é, muitas das hipóteses, de aparente e teórica discricionaridade, representam na realidade uma escolha *tendencialmente* obrigatória, logo, vinculada. Uma das circunstâncias certamente susceptíveis de tornar vinculado o "parecer" que conclui o procedimento de impacto ambiental [646], é constituída pelo recurso a conheci-

---

[645] Como diz PESSOA *(Livro do Desassossego)* tudo o que o homem exprime é uma nota à margem de um texto apagado de todo. Pelo sentido da nota tiramos o sentido que havia de ser o do texto, mas fica sempre uma dúvida e os sentidos possíveis são muitos. Assim, o jurista precisa de ter em conta o próprio ponto de partida de toda a interpretação e, portanto, enfrentar o problema mais geral da "compreensão" do sentido de um texto. Condição da compreensão de um texto é a "pré-compreensão" do *quid*, do referente, que está fora do texto e para que este remete. Daí que se afirme existir um "subentendido" em todo o "entendido". Cfr. BAPTISTA MACHADO, *Introdução..., op. cit.*, p. 205 e ss.

[646] Antes de continuarmos, é oportuno fazer uma breve referência à natureza jurídica do "parecer de impacto ambiental". Como sabemos o D.L. n.° 186/90, de 6 de Junho e o D.R. n.° 38/90, de 27 de Novembro, que disciplinam o procedimento de A.I.A., qualificam o acto conclusivo deste com o termo "parecer" (art. 4.° e outros), o que impõe algumas observações prévias. Antes de mais o "parecer" determina, na perspectiva ambiental, a viabilidade do projecto, fixando, em caso afirmativo, as condições em que deve realizar-se a obra (art. 3.°/3 do D.L. 186/90, e art. 2.° do D.R. n.° 38/90). Tem sido pontualmente salientado que a capacidade do acto produzir efeitos constitutivos não depende de constituir ou não manifestação de vontade, uma vez que estes efeitos podem resultar de actos de ciência ou de juízos. M. S. GIANNINI, *Diritto amministrativo, op. cit.*, pp. 962-967, na sua célebre classificação distingue entre "atti di acclaramento, di accertamento e certazione", reconhecendo aos últimos carácter constitutivo. Por sua vez, GONZÁLEZ NAVARRO, "Los informes administrativos como actos de instrucción del procedimiento administrativo", in *D. A.*, n.° 98, 1966, p. 14, salienta que a declaração de vontade não é estranha ao conceito de parecer. Pode afirmar-se, portanto, que o seu conteúdo implica uma declaração de vontade e não apenas um simples juízo (tanto mais que é "ratificado" pelo Ministro do Ambiente). Assim, atrever-nos-íamos a dizer que o "parecer" configura uma autorização prévia e instrumental à que conclui o procedimento principal (G. CONTI, *La valutazione di impatto ambientale, op. cit.*, p. 33, fala de *decisão preliminar)*. Isto porque o procedimento de A.I.A. se apresenta como um subprocedimento de que o "parecer" constitui o acto final; parecer que vai aferir a qualidade ambiental do acto conclusivo do procedimento principal

mentos científicos e técnicos em relação a factos determinantes para a assunção de decisões em matéria ambiental [647].

Não é, assim, de todo surpreendente e extravagante admitir que aqui a actividade administrativa, considerada abstractamente discricionária, apresenta na prática caracteres de alguma mecanicidade. Se se considera a instalação de uma central térmical ou nuclear, as normas prescrevem tais e tantas *cautelas*, que o seu cumprimento poderia consentir pouquíssimas escolhas legítimas ou, pelo menos em teoria, *uma única escolha* ou mesmo nenhuma. Se adicionarmos a necessidade de dar vida a um procedimento de A.I.A. que, por força do seu carácter científico, deverá encurtar ainda mais as estreitas margens de uma escolha abstractamente discricionária, chegamos à conclusão de que a A.P. está posta perante um acto vinculado [648].

---

destinado a autorizar ou não a realização do projecto. Além disso, nenhum outro órgão administrativo realiza uma verificação ambiental do projecto, devendo o acto autorizativo final espelhar a declaração de vontade ambiental num todo coerente. Em suma, numa perspectiva material, o "parecer" de impacto ambiental é uma autorização, adquirindo a natureza de acto-condição, determinante do acto autorizativo final que, de acordo com uma cláusula de progresso científico e técnico, deveria ser modificável em função das circunstâncias e de novos dados científicos. Tratando-se de um acto preparatório essencial não pode deixar de ser autonomamente impugnável (art. 268.° / 4 da C.R.P.), tanto mais que o seu objecto consiste na tutela do direito fundamental ao ambiente. Acresce que pode haver já aí a lesão (potencial) da esfera jurídica do particular (se o parecer é negativo), na medida em que o "parecer" tende a ser absorvido pelo acto final, que condiciona irremediavelmente. Outra questão é a da natureza pública ou privada do projecto sujeito a avaliação. No primeiro caso (projectos públicos) parece que a natureza de autorização preliminar do "parecer" se desvanece, funcionando neste caso mais como um instrumento de autocontrolo, como autolimite da Administração.

[647] Neste ponto assume particular relevo o rigor e seriedade do "estudo de impacto ambiental" a apresentar pelo dono da obra (art. 3.°/ 1 do D.L. n.° 186/90 de 6 de Junho), sob pena de este se converter numa peça autojustificatória do titular do projecto.

[648] Mais difícil se apresenta a hipótese em que, uma vez respeitadas as prescrições legais e o procedimento de A.I.A., se coloque perante a Administração uma pluralidade circunscrita de escolhas (por exemplo, duas), aparente e abstractamente legítimas. Parece razoável que num caso destes a escolha entre as duas opções não poderá ser casual e arbitrária, havendo que recorrer aos princípios jurídico-constitucionais da igualdade, da imparcialidade, da justiça e da proporcionalidade (art. 266.°/2 da C.R.P. e arts. 3.° e 5.° do Código do Procedimento Administrativo).

É assaz dúbio que neste caso se possa falar de discricionaridade. Tem mais sentido fazer referência a uma actividade administrativa vinculada (em concreto) [649], ainda que abstractamente se possa considerar discricionária, uma vez que, por uma série de circunstâncias, a A.P. pode legitimamente efectuar apenas e tão só uma escolha possível [650]. Circunstâncias a que não é alheio *um escrupuloso cumprimento das normas técnicas e uma esclarecida participação do público.* Isto é, o parecer de compatibilidade ambiental consubstancia um verdadeiro juízo (aclaramento) técnico [651].

Se é correcto o ensinamento de Giannini [652], segundo o qual o momento de "apreciação" ou de "juízo" é conceptualmente distinto do da decisão, é também verdade que, em muitos casos, o referido acto conclusivo perde validade substancial, assumindo as vestes de mera formalização dos resultados da fase instrutória. Assim, não sendo formalmente vinculativo, o "parecer" de impacto ambiental (art. 6.º do D.L. n.º 186/90)

Neste sentido, o juiz, em referência ao estudo de impacto ambiental, pode recorrer ao princípio da proporcionalidade, o que quer dizer que o grau de exigência, rigor e amplitude do estudo de impacto deverá estar dependente da natureza, dimensão e localização da obra e dos eventuais efeitos (directos, indirectos e cumulativos) sobre o ambiente (art. 2.º do D.R. n.º 38/90 e Anexo II do D.L. n.º 186/90). A *insuficiência qualitativa do estudo de impacto* pode, aliás, viciar a decisão final por erro manifesto na apreciação dos pressupostos.

Acresce, ainda, que o juiz deve analisar se houve lugar a uma justa ponderação dos interesses envolvidos — sociais, financeiros e ambientais — por forma a concluir-se que a solução adoptada foi a melhor. Um caso paradigmático parece ser o da nova *ponte sobre o rio Tejo.*

649 Segundo L. BENVENUTI, *La discrezionalità amministrativa, op. cit.*, pp. 326-327, quando as normas técnicas estão em condições de determinar a actividade administrativa (e, por conseguinte, o acto final) devemos falar de discricionaridade vinculada ou de actividade vinculada *tout court.*

650 F. NICOSIA, *op. cit.*, p. 96. Para OSSENBÜHL, *Verwaltungsvorschriften und Grundgesetz,* Bad Homburg, 1968, p. 545, a Administração goza de um espaço discricionário quando, ao lado de outros pressupostos da autorização, são garantidas as necessárias precauções, segundo o estado da ciência e da técnica, contra eventuais danos.

651 Para GIANNINI, *Istituzioni..., op. cit.*, pp. 267-268, sejam quais forem as dimensões da opinabilidade da "discricionaridade técnica", não há qualquer discricionaridade administrativa, porque não há escolha mas apenas um juízo técnico.

652 M. S. GIANNINI, *Potere discrezionale..., op. cit.*, p. 73.

deve determinar materialmente o conteúdo do acto autorizativo, assumindo tendencialmente carácter vinculativo [653]. Carácter vinculativo que resulta da conjugação de três factores determinantes: importância dos elementos técnico-científicos na fase instrutória, com especial realce para o rigor dos estudos de impacto ambiental; participação esclarecida dos cidadãos, decisiva para a colocação de alternativas ao projecto [654]; por último, a existência de uma avaliação técnica que resume definitivamente o interesse público à protecção do ambiente.

Em suma, o "acto" de avaliação de impacto ambiental consubstancia a concepção de discricionaridade objectiva, vinculada no "meio" [655] e não apenas no fim — defesa do bem público ambiente. A não ser assim corre-se o risco de ver prevalecer em sede política todos aqueles interesses que não tive-

---

[653] Dizemos tendencialmente, uma vez que no procedimento principal há lugar a uma ampla ponderação de interesses que obrigará a Administração a achar finalmente a melhor solução. Todavia, o acto final deverá reflectir os resultados apurados em sede de instrução técnica, sendo que a hierarquização de interesses (no procedimento principal) não pode violar *a escala de valores* ordenada constitucionalmente.

[654] O procedimento de avaliação de impacto ambiental é propício à introdução no nosso ordenamento jurídico dos anglo-saxónicos *public hearing* e *public inquiry* ou das francesas *réunions publiques*.

No ordenamento jurídico português admite-se a possibilidade de promover *audiências públicas* abertas aos interessados "quando pelas circunstâncias do projecto tal se mostre necessário" (D.R. n.º 38/90, de 27/11, art. 4.º/ 5).

[655] Desta forma, a escolha a efectuar pela Administração é sempre menos opinável, menos sujeita a considerações subjectivas de oportunidade (política), para passar a constituir o fruto de avaliações empíricas, "objectivas", "científicas", portanto, verificáveis. Nesta perspectiva, a escolha é determinada em função da adequação do meio escolhido relativamente ao fim que se entende prosseguir.

Assim, o conteúdo da decisão discricionária constitui, em grande medida, o resultado obrigatório do esforço instrutório, da investigação empírica efectuada. Daí falar-se em *discricionaridade epistemológica, objectiva*. Mais, o procedimento administrativo de avaliação de impacto ambiental equivale, pelo menos teoricamente, a um procedimento de investigação técnico-científico dirigido a apurar a verdade (científica) relativa do impacto ambiental, com as consequências inerentes ao nível da verificação dos resultados atingidos. Verificação a que, em princípio, repugnará quaisquer determinações de carácter arbitrário, desvinculadas dos elementos, dos eventos, dos factos considerados. Sobre as questões científicas controversas e a sua relevância no procedimento, cfr. L. VIOLINI, *Le questioni scientifiche controverse nel procedimento amministrativo*, *op. cit.*, p. 166 e ss.

ram acolhimento no procedimento sujeito a avaliação de impacto ambiental, em virtude da ingénua, mas correctíssima, separação — consagrada na lei de A.I.A. — entre a instrução sobre os aspectos ambientais e a instrução sobre os aspectos económicos. De nada valendo, portanto, a platónica primazia da tutela do ambiente consagrada na lei de avaliação de impacto ambiental.

Mais uma nota, para concluir este ponto. Cremos que as complexas relações entre juízos técnicos, escolhas políticas [656] e escolhas discricionárias têm contribuído para explicar não só a persistência na linguagem jurídica da expressão "discricionaridade técnica", mas também as resistências da doutrina e da jurisprudência em admitir a sindicabilidade das avaliações técnicas de tipo complexo [657]. Como salientámos anteriormente, o termo "discricionaridade técnica" é absolutamente impróprio, contribuindo para o seu uso a falta de uma clara distinção, no âmbito do procedimento, daquilo que é reservado

---

[656] A. AZZENA, "Spunti per una riflessione su: regole tecniche e merito amministrativo in relazione alla possibilità di sindacato giurisdizionale sulla discrezionalità", in *Studi in ricordo di E. Capaccioli,* Milano, 1988, p. 599, ensina que na discricionaridade técnica a decisão que materializa o poder administrativo é inspirada em regras científicas, próprias do mundo fenomenológico. Já a "discricionaridade política" implica a aplicação de regras sociais. Por sua vez C. MARZUOLI, *op. cit.*, p. 205, entende que a técnica emerge como uma estrutura de poder tendente a questionar o primado do não técnico, que está na base do ordenamento.

[657] Parece lícito supor que a equiparação das avaliações técnicas aos juízos de mérito seja em boa parte devida a uma certa resignação do juiz administrativo, pouco propenso a um controlo directo dos factos relevantes.

O juiz continua a considerar próprias da *Gemeinwesen* as actividades científicas, técnicas e artísticas. Cfr. G. JELLINEK, *Allgemeine Staatslehre,* 3ª ed., Berlin, 1960, p. 260 e ss. Em desespero de causa, sempre se poderia argumentar (cfr. F. OSSENBÜHL, "Von unbestimmten Gesetzesbegriff zur letzverbindlichen Verwaltungsentscheidung", in *Deutsches Verwaltungsblatt,* 1978, p. 309 e ss.) que, quando intervenham interesses dignos de protecção (individuais, difusos, etc.), o juiz goza da possibilidade de tomar a última decisão vinculante. O que não sucederá, de forma tão nítida, se estiverem em causa apenas diferentes interesses públicos, sem prejuízo, dizemos nós, da legitimidade dos titulares dos interesses difusos, reconhecendo-se nestes casos a "soberania" da Administração. Para uma leitura mais acessível desta problemática, cfr. A. IRUJO, "La relación entre los poderes del Estado en la reciente dogmatica alemana", in *R.A.P.*, n.º 115, 1988, p. 419 e ss.

aos juízos técnicos do que é verdadeira escolha discricionária [658]. Se o parecer de compatibilidade remete para os primeiros, já o acto autorizativo tem a ver com o último termo da distinção.

A saída para este problema bem pode ser a evolução do desvio de poder, que de vício de actos administrativos discricionários caminha no sentido de um vício de razoabilidade, bem para lá da esfera da discricionaridade em sentido próprio; ou melhor, como vício da função (procedimento) e não apenas como vício intrínseco do acto [659].

6. Desvio de poder entre discricionaridade em abstracto e vinculação em concreto: procedimento, legalidade e mérito

A configuração de uma tutela "procedimental" face à Administração Pública é fruto da imanência do princípio da boa administração, enquanto súmula dos princípios acantonados nos artigos 266.º/ 2 e 267.º/ 4 da Constituição, com efeitos irradiantes do vício de desvio de poder em relação à actividade administrativa vinculada.

A configuração de um regime de "direito comum" — procedimental — da actividade administrativa, vinculada ou

---

[658] F. SALVIA, *op. cit.*, p. 698.

[659] No fundo, as normas que disciplinam a função administrativa visam garantir a prossecução por parte da Administração e, portanto, do acto, do interesse público, pelo que a sua violação, independentemente do desvio do acto do escopo legal, implica a anulação do acto como nas hipóteses de violação de lei. Cfr. F. BENVENUTI, "Eccesso di potere per vizio della funzione", in *Rass. dir. pubbl.*, 1950, pp. 46-47. Neste contexto, a fundamentação assumirá a maior importância (nomeadamente para o juiz), não tanto para verificar se a Administração argumentou correctamente a sua decisão mas, sobretudo, para constatar se a presença dos factos determinantes no procedimento permite legitimar a escolha da Administração. Cfr. ROMANO-TASSONE, *Motivazione dei provvedimenti amministrativi e sindacato di legittimità,* Milano, 1987, p. 326.

discricionária, ganha o seu fundamento na generalizada operatividade dos princípios constitucionais (art. 266.º/ 2 da C.R.P. e agora também do C.P.A., arts. 3.º, 5.º e 6.º) da legalidade, da imparcialidade, da justiça, da igualdade e da proporcionalidade (procedimentalização formal e funcional). Estes princípios concorrem, assim, para delimitar, vincular, toda actividade administrativa, sancionando a sua intrínseca sindicabilidade [660]. No plano lógico e da teoria geral se a vinculação não ilude a "opinabilidade", vice-versa a discricionaridade, em abstracto, transmuta-se frequentemente em vinculação em concreto, através de uma compressão factual que retira praticamente qualquer liberdade de escolha à Administração.

Em princípio, pode dizer-se que a configuração do vício de desvio de poder define o ponto lógico de encontro entre as noções de discricionaridade e vinculação [661]. As quais,

---

[660] F. NICOSIA, *op. cit.*, p. 139. Cfr. o art. 2.º/5 do C.P.A.

[661] Note-se que o ponto de encontro entre discricionaridade e vinculação pode ser explicitamente definido pela própria Administração através da autovinculação, fixação de critérios, instruções e orientações dos superiores hierárquicos, existência e exercício de um poder normativo secundário. Cfr. FREITAS DO AMARAL, *Direito Administrativo,* II, *op. cit.*, p. 148; P. MARIA VIPIANA, *L'autolimite della pubblica amministrazione,* Milano, 1990, p. 265 e ss.; VIEIRA DE ANDRADE, *O Dever da Fundamentação...*, *op. cit.*, p. 152; ESTEVES DE OLIVEIRA, *op. cit.*, p. 262 e ss. No que toca à jurisprudência, *vide* o recente Acórdão de 12/1/95, in *A.D.,* n.º 406, 1995, p. 1041.

A doutrina tem entendido que o melhor fundamento jurídico de autolimitação da Administração deve assentar no princípio da igualdade. Cfr. H. V. ERICHSEN - - W. MARTENS, *Allgemeines Verwaltungsrecht, op. cit.*, p. 198; C. STARK, "L'applicazione del principio di igualanza", in *Dir. e soc.*, 1985, p. 237 e ss.

Vejamos um exemplo de todo pertinente, o Acórdão de 29 de Abril de 1993 — Princípio da igualdade, indústria poluente e suspensão de laboração — publicado em *A.D.,* ano XXXIII, n.º 385, p. 53 e ss., com "anotação" de ESTEVES DE OLIVEIRA, in *Rev. Jur. Urb. Amb.*, n.º 1, 1994, p. 121 e ss.

O problema que nos interessa aqui fundamentalmente prende-se com o juízo formulado pelo alto Tribunal quanto à invocada violação do princípio da igualdade (art. 13.º da C.R.P.), pela imposição administrativa da suspensão total da laboração de uma unidade industrial, que se comprovou ser o principal agente poluidor de um curso de água, quando outras unidades industriais lançam também os seus efluentes líquidos no mesmo rio. Foi igualmente provado que a Administração não tomou quaisquer medidas ou "cautelas" relativamente a estas entidades, à excepção da Junta Nacional do Vinho.

Vai de imediato esclarecido que compreendemos perfeitamente o sentido e o "mérito" do Acórdão em apreço, bem como as pertinentes observações de ESTEVES DE OLIVEIRA.

Porém, a questão que gostaríamos de suscitar juridicamente é a de saber se as coisas são mesmo assim, se não estamos confrontados com um problema novo e prévio, decorrente da inércia da Administração. Será que a Administração ao "escolher" subitamente um destinatário não incorreu em *desvio de poder no âmbito da actividade administrativa vinculada?*

A nosso ver não há tanto violação da lei como desvio de poder, pelas razões que passaremos a expor. Mais exactamente, o vício de desvio de poder sugere a violação de lei.

O problema posto tem a ver, antes de mais, com o fenómeno de ilegalidade de massas (cfr. a este propósito, F. SPANTIGATI, "La trasformazione della discrezionalità in ponderazione delle pressioni: abusivismo edilizio e controlli tributari", in *Il diritto amministrativo degli anni'80,* Milano, 1987, p. 443) consubstanciado na generalizada *tolerância* da poluição do rio Lizandro. Em síntese, a Administração que deveria ser chamada a intervir, por força da lei, opta, todavia, por fechar os olhos, abrindo-os repentinamente para punir um entre vários agentes poluidores.

Será de nos interrogarmos se não estamos perante opções político-administrativas que ultrapassam em muito as margens da noção de poder discricionário e, obviamente, do poder viculado. Na verdade, nos casos em apreço subsiste indubitavelmente um vínculo normativo *a priori* a que a Administração deve inteiramente subordinar a sua actuação. Todavia, tal vínculo não opera em concreto senão ocasionalmente e *ad libitum,* sem que entretanto o ordenamento jurídico exprima soluções eficazes.

Tratando-se de vínculos que admitem uma mera interpretação-aplicação da Administração, ocorre verificar quais as soluções que o sistema jurídico oferece quando estamos em presença das referidas patologias.

Como sabemos, não pode existir, por força dos princípios expostos no art. 266.º/ 2 da Constituição, um sector da actividade administrativa subtraído ao sistema de direito administrativo, em suma, à lei.

O exemplo das sanções em matéria urbanística e ambiental é a este respeito decisivo, uma vez que se trata de uma típica expressão de poder teoricamente vinculado (para uma noção técnica desta expressão, cfr. GIANNINI, *Istituzioni..., op. cit.*, p. 446) o qual, todavia, conhece manifestações de discricionaridade, senão mesmo de arbítrio, como a decisão de não aplicar as sanções previstas na lei (ou resolvendo aplicá-la episodicamente a um destinatário, ainda que seja o maior poluidor).

Por outro lado, não parece suficiente e muito menos iluminante que os fenómenos descritos integrem uma disfunção do agir administrativo, tanto mais que tal actividade constitui uma função e um poder (F. NICOSIA, *op. cit.*, p. 155).

Por tudo isto, não parece suficiente e razoável que as referidas disfunções e patologias possam ser resolvidas através de mecanismos de responsabilidade política ou penal, posto que se trata de actividade administrativa e, em particular, de actividade administrativa irregular e ilegítima. As soluções terão, então, de se encontrar à luz dos princípios constitucionais e do Código do Procedimento Administrativo, em suma, no interior do direito administrativo, enquanto concretização do direito constitucional. Assim, a validade geral do art. 266.º da C.R.P. não pode deixar de se articular com o art. 268.º/4, segundo o qual é garantido aos interessados recurso contencioso, com fundamento em ilegalidade, contra quaisquer actos administrativos, independentemente da sua forma, que lesem os seus direitos ou interesses legalmente protegidos. O n.º 5 do mesmo artigo reconhece também o direito de acesso à justiça administrativa para a tutela de direitos ou interesses legalmente protegidos.

Sendo o vício de desvio de poder integrável na noção de ilegalidade e apontando-se hoje para um princípio da juridicidade mais amplo do que o conceito tradicional de legalidade (M. S. GIANNINI, *Diritto amministrativo, op. cit.*, p. 514), o recurso contencioso não pode deixar de abarcar hipóteses anteriormente não contempladas, como as de violação do princípio da igualdade, da proporcionalidade, da justiça, da imparcialidade (art. 266.º/ 2 da C.R.P.). Assim, parece-nos contestável a apriorística exclusão do vício de desvio de poder em relação a toda uma categoria de actos, ainda que de difícil individualização, próprios da actividade administrativa vinculada e, portanto, contrária ao referido preceito constitucional.

Parece-nos também discutível o entendimento de que a (i)legalidade não possa tocar o "mérito" das estatuições da autoridade (uma vez que estamos perante a aplicação de *standards* técnicos no âmbito da actividade administrativa vinculada), quando o Código do Procedimento Administrativo vem agora (art. 10.º) exigir celeridade, economia e eficiência às decisões da Administração, princípios estes que são de validade geral, logo, aplicáveis à actividade discricionária ou vinculada.

Não surpreende ninguém a intensidade do poder de que dispõe a Administração quando decide aplicar ou não uma sanção em matéria ambiental. Trata-se de actos que correntemente a doutrina e a jurisprudência administrativas consideram alheios a qualquer discricionaridade, contudo não são imunes a graves disparidades de tratamento dos cidadãos. Talvez por isso o recorrente alega violação de lei, argumentando que o despacho recorrido viola o princípio da igualdade estabelecido no art. 13.º da C.R.P. (Sobre o princípio da igualdade, *vide,* entre outros, GOMES CANOTILHO e VITAL MOREIRA, *Constituição da República Portuguesa Anotada, op. cit.*, p. 130 e ss.; JORGE MIRANDA, *Manual...*, IV, *op. cit.*, p. 224; MARTIM DE ALBUQUERQUE, *Da Igualdade. Introdução à Jurisprudência,* Coimbra, 1993; ALVES CORREIA, *O Plano Urbanístico..., op. cit.*, p. 393 e ss.; MARTINS CLARO, "O princípio da igualdade", in *Nos Dez Anos da Constituição,* Lisboa, 1987, p. 29 e ss.; ESTEVES DE OLIVEIRA e outros, *Código do Procedimento Administrativo Comentado,* vol. I, *op. cit.*, p. 149 e ss.; M. G. FERREIRA PINTO, "Princípio da igualdade: fórmula vazia ou fórmula 'carregada' de sentido?", Separata do *B.M.J.*, Lisboa, 1987, p. 7 e ss.; CASTANHEIRA NEVES, *O Instituto dos Assentos.., op. cit.*, p. 166 (sobre o sentido da igualdade perante a lei e *na própria lei*); ESTEVES DE OLIVEIRA, *Direito Administrativo, op. cit.*, p. 325 e ss.; M. KLOEPFER, *Gleichheit als Verfassungsauftrage,* Berlin, 1980, pp. 16 e ss. e 62 e ss.).

Na jurisprudência administrativa, sobre o princípio da igualdade, vejam-se também os recentes Acórdãos do S.T.A. de 12/2/81, de 13/3/90 e de 29/4/93 e de 2/5/95, in *A.D.*, respectivamente n.º 233, p. 598; n.º 362, p. 168, n.º 385, p. 53 e n.º 406, p. 1087 e ss.

O que perguntamos é se a circunstância da Administração ter ignorado, por "decénios", abusos em larga escala em matéria de poluição industrial, não incide minimamente sobre a legitimidade de um inesperado acto sancionatório que "escolha" como destinatário um determinado agente poluidor, sem indicação (prévia) alguma dos critérios que conduziram à sua individualização. Será legal um acto que não cumpra a exigência duma repartição igual (proporcional) dos encargos ou sacrifícios entre todas as entidades envolvidas?

Nestes casos, para que o exercício da actividade administrativa possa considerar-se legítimo, parece-nos necessário que a Administração fixe preventivamente critérios que consintam um efectivo respeito dos princípios da igualdade, da justiça, da imparcialidade e da proporcionalidade, por forma a impor reflexamente os ónus de modo pertinente e proporcional (art. 13.º da C.R.P.). Por exemplo, estabelecendo critérios objectivos de equitativa distribuição dos ónus, de prioridade, sob o aspecto cronológico, no que diz respeito à qualidade dos destinatários, para além de outros possíveis de imaginar.

Mais ainda. Tendo em consideração a "opinabilidade" da actividade interpretativa e o seu carácter autoritário, a Administração deve sentir-se obrigada a explicitar não só o iter lógico seguido, mas também a pré-estabelecer, em sede de autolimitação do poder, directrizes coerentes, de modo a garantir a paridade de tratamento dos interessados. O que teria a vantagem de realçar eventuais e injustificados desvios de uma *praxis* consolidada no que concerne à interpretação e aplicação das normas jurídicas, bem como permitir a reintegração da ordem jurídica de forma equitativa e justa.

A obrigação da Administração fornecer interpretações e aplicações unívocas em casos análogos encontra o seu fundamento nos princípios da igualdade, da imparcialidade e da proporcionalidade, que não podem ser "falsificados" em função da estrutura — discricionária ou vinculada — da actividade administrativa (curiosamente, o Acórdão de 30/4/92, in *A.D.*, n.º 372, p. 1308, sustenta que o princípio da imparcialidade não assume relevo quanto aos actos praticados no exercício do poder vinculado, funcionando antes e apenas como limite interno da discricionaridade). Aliás, o princípio da igualdade tem validade e opera não só quanto à determinação do *conteúdo* do vínculo, mas também em relação à sua *interpretação e aplicação.*

Vem também a propósito o cânone geral de boa fé no agir da Administração (art. 6.º-A do C.P.A). Não pode objectar-se, segundo cremos, que procedendo desta forma se acabe por considerar "ilegítimos" actos em si mesmos irrepreensíveis, a não ser que se prescinda de uma consideração comparativa relativamente a actos precedentes (BENVENUTI, "Per um diritto amministrativo paritario", *op. cit.*, p. 819).

Claro, poder-se-á argumentar que há o risco de cair num "excesso de tutela", uma vez que uma decisão abstractamente incensurável pode resultar ilegítima por motivos que se prendem não só com a legitimidade da escolha efectuada, mas também pela forma (modalidades) porque se chegou à decisão, ou ainda por força do contexto em que esta foi tomada.

Em suma, a qualificação em termos de legalidade ou ilegalidade intrínseca do acto não pode ser apriorística, prescindindo de qualquer consideração dos resultados conseguidos com a hipotética aplicação da lei. (Para BAPTISTA MACHADO, *Introdução ao Direito e ao Discurso Legitimador*, *op. cit.*, "o tribunal, na sua função estritamente jurisdicional, não faz prognoses, não decide com base em prognoses com vista à realização ou constituição de uma ordem social e jurídica diversa da ordem social vigente. A sua decisão não pode ter efeitos *constitutivos* neste aspecto" (p. 147)). O autor pretende, nomeadamente, assinalar as diferenças entre jurisdição e administração.

Isto não invalida, todavia, que a actividade de interpretação do Direito não tenha carácter *constitutivo,* na medida em que o sistema jurídico não é um sistema fechado, antes encerra um "código genético", cujas virtualidades carecem de ser desenvolvidas, designadamente no plano da sua realização e completude. Sobre estes problemas cfr. CASTANHEIRA NEVES, "O actual problema metodológico da interpretação jurídica", *op. cit.*, p. 129 e ss.

movendo-se de margens em abstracto opostas, acabam por sobrepor-se e coincidir, já que em ambas as hipóteses se trata de definir, ainda que através de um *iter* lógico de natureza diferente, o comportamento mais adequado e legítimo com vista à tutela de direitos e interesses legalmente protegidos [662] e à realização do interesse público (ambiental) [663].

O problema da configuração do vício de d.esvio de poder relativamente à actividade administrativa vinculada coloca-se, assim, em coerência com o que temos vindo a sustentar (contrariamente, o Acórdão de 10 de Maio de 1994, in *A.D.*, n.º 397, 1995, p. 16).

Neste sentido, o juiz deveria poder: a) verificar da coerência dos critérios adoptados pela administração para qualificar o episódio em causa como abuso sancionável; b) verificar da coerência da administração no que respeita à qualificação da *tipologia* do abuso em função da sanção aplicada; c) reconhecer que de abuso sancionável se trata e, todavia, contestar a ordem de prioridade seguida pela Administração, a qual, por exemplo, transcurou abusos mais graves, perseguindo um de menor índole(o que não é o caso); d) reconhecer o abuso no caso em apreço e submeter a controlo de legalidade a referida inércia da Administração, entendida como comportamento pressuposto ou antecedente, como actividade juridicamente relevante, cuja ilegalidade se repercute reflexamente sobre a validade do acto sancionatório impugnado. Nas hipóteses a) e b) o acto sancionatório poderia ser qualificado funcionalmente ilegítimo por desigualdade de tratamento, mesmo a prescindir de qualquer investigação sobre os caracteres intrínsecos do abuso. Nas hipóteses c) e d) a ilegalidade do comportamento do particular resultaria confirmada, ainda que aclarada esta, sob os aspectos considerados, possa ser de evidente utilidade para o recorrente. Nomeadamente, a Administração poderia ver-se obrigada a remover os abusos transcurados por outros agentes poluidores e a reapreciar, equitativamente, a sanção atribuída a uma das unidades industriais. Seria, todavia, de excluir o ressarcimento do recorrente pelo dano sofrido, em virtude da referida e generalizada "tolerância".

Em síntese, pensamos que o acto é anulável por desvio de poder, devendo, para o efeito, o juiz apurar os *motivos* do exercício do poder que levaram a Administração, depois de contemporizar com a generalizada poluição de um rio, a "alvejar" apenas uma das unidades industriais. O facto de se tratar do maior poluidor apenas justifica o critério cronológico eventualmente seguido, mas não já o facto de deixar os outros agentes imunes. Nestes casos, o caminho a seguir bem poderia ser o de, partindo do procedimento como direito uniformizador de toda a actividade administrativa, enuclear sintomas de desvio de poder relativamente ao exercício de actividades administrativas consideradas vinculadas, ou pelo menos não discricionárias em sentido estrito, como acontece com as actividades que exigem juízos técnicos complexos por parte da Administração. Esta tem sido, aliás, uma das vias adoptadas pela jurisprudência administrativa italiana (cfr. F. NICOSIA, *op. cit.*, p. 161, nota 44). A meu ver, a solução (limitada e de certo modo injusta) encontrada pelo juiz administrativo é fruto da equívoca distinção entre actividade administrativa vinculada e discricionária, bem como da respectiva arrumação dos vícios do acto.

662 A tutela dos direitos e interesses legalmente protegidos ganha tanto mais relevo quanto o juiz administrativo, através do vício de desvio de poder, trata como

Mais precisamente, verifica-se que, através dos referidos princípios e do respeito dos direitos fundamentais, o juiz chega ao ponto de sindicar verdadeiramente a escolha concreta efectuada pela Administração [664]. Decisão que só aparentemente é recebida como *uma* das escolhas lícitas possíveis, estatuindo, assim, implicitamente que a escolha legítima era outra, quando não *uma outra* bem individualizada e precisa [665].

Em bom rigor, a distinção, em termos ontológicos, entre legalidade e mérito não tem sentido, uma vez adquirido que, com o desvio de poder, o juiz administrativo estende o controlo à *aceitabilidade* das decisões, recorrendo a princípios jurídicos como o da imparcialidade, da proporcionalidade ou da razoabilidade [666]. Uma vez removido o acto viciado, acaba-se por determinar uma situação por força da qual a Administração resulta em substância vinculada a efectuar uma escolha necessariamente diversa, na base de pressupostos e de factos desta vez correctamente ponderados e avaliados ou da constatação do "desvio", relativamente aos fins indicados na lei (que no caso em estudo é a defesa do ambiente) [667].

Logo, o desvio de poder (especialmente por força dos princípios da justiça, da igualdade e da proporcionalidade) explica

---

actividade administrativa vinculada, actividades que em teoria pareceriam de todo discricionárias.

[663] Cfr. FREITAS DO AMARAL, *Direito Administrativo,* III, *op. cit.*, p. 260 e ss.

[664] No sentido de um controlo mais intenso do exercício do poder discricionário, FREITAS DO AMARAL, "A evolução do Direito Administrativo em Portugal nos últimos dez anos", *op. cit.*, p. 10 e ss.

[665] F. NICOSIA, *op. cit.*, p. 175.

[666] G. SALA, "L'eccesso di potere amministrativo...", *op. cit.*, pp. 211 e 212. Não só não colhe uma nítida distinção entre legalidade e mérito, como também não tem sentido reconduzir o princípio da razoabilidade ao mérito. Cfr. CASETTA, "Attività e atto amministrativo", in *Riv. trim. dir. pubbl.*, 1957, p. 330 e ss.

[667] Sobre os fundamentos do controlo da legalidade do acto administrativo é justo lembrar o esforço doutrinal de AFONSO QUEIRÓ, "Os limites do poder discricionário das autoridades administrativas", in *Estudos de Direito Administrativo,* I, Coimbra, 1968, pp. 17 e 18.

a eficácia de tornar, em concreto, vinculada uma actividade administrativa abstractamente discricionária. Isto acontece com maior evidência nos casos em que os sintomas de desvio de poder venham a coincidir, em boa parte, com as hipóteses de violação de lei [668]. Pensamos ser este, aliás, o sentido da proposta de Freitas do Amaral [669] quando formula a ideia de que o vício de violação de lei, que passaria a integrar uma lista exemplificativa, deverá incluir "as ilegalidades resultantes do desrespeito dos princípios da igualdade, da proporcionalidade, da justiça e da imparcialidade" (para além de ter o mérito de introduzir a possibilidade de anulação com fundamento na desrazoabilidade do exercício do poder discricionário). Neste caso, aliás, parece tratar-se de uma actividade administrativa vinculada *tout court*, em referência à qual a invocação do "desvio" de poder assume conotações notoriamente sugestivas e descritivas dos efeitos da violação de lei perpetrada [670].

Parece, assim, confirmar-se, ainda que com algumas incertezas e contradições, que desvio de poder e discricionaridade não andam de mãos dadas, isto num duplo sentido: por um lado, actos abstractamente vinculados (nomeadamente quando os preceitos incluem *standards* técnicos) podem apresentar sintomas de desvio de poder; por outro, a ocorrência do vício de desvio de poder frequentemente não faz mais do que exprimir, por via indirecta, o carácter concretamente vincu-

---

668 SÉRVULO CORREIA, *Noções..*, *op. cit.*, p. 180.

669 FREITAS DO AMARAL, "Projecto de Código do Contencioso Administrativo", *op. cit.*, p. 16; cfr. também G. SALA, *Potere amministrativo e principi dell'ordinamento,* Milano, 1993, p. 167; CARDI / COGNETTI, "Eccesso di potere (Atto amministrativo)", in *Dig. dir. pubbl.*, 1990, p. 348.

670 Estamos a pensar naquelas situações em que o acto autorizativo de um projecto (incluído no Anexo I do D.L. n.º 186/90 ou no Anexo único do Dec. Reg. n.º 38/90) comporta uma ofensa ecológica por não se ter produzido um estudo de impacto ambiental sério. Se não se procedeu à realização do estudo de impacto o acto padece obviamente de vício de forma, mas esta é outra situação.

lado da escolha que a Administração deveria ter efectuado e que ilegitimamente desatendeu [671].

Porém, não devemos concluir que a "transformação" da actividade discricionária em actividade "vinculada" é fruto da estatuição do juiz em relação ao deficiente exercício da discricionaridade. Quanto a nós, somos de opinião que tal questão precede o juízo administrativo, operando antes ao nível procedimental [672], especialmente na fase instrutória, por força da aplicação directa dos princípios da justiça, da proporcionalidade, da igualdade e da imparcialidade, já abundantemente referidos.

Por outro lado, parece correcto sustentar, para recuperar o sentido de uma antiga *querelle*, que em ambos os casos (actividade administrativa vinculada ou discricionária) se trata de desenvolver acções *intelectivas* — ainda que não homogéneas — e não tanto de operações volitivas.

Do crescente peso atribuído à necessidade de uma correcta avaliação dos factos nasceu e desenvolveu-se, em tempos relativamente recentes, na jurisprudência do *Conseil d'Etat* francês, uma nova manifestação de "excesso de poder", com alguma repercussão na nossa jurisprudência administrativa [673], o chamado *erreur manifeste d'appréciation* [674], que no

---

[671] C. IRELLI, "Note in tema di discrezionalità amministrativa e sindacato di legittimità", in *Dir. proc. amm.*, 1984, p. 510.

[672] F. NICOSIA, *op. cit.*, p. 182.

[673] A jurisprudência portuguesa parece seguir a jurisprudência francesa, mas de forma menos afoita, nomeadamente pela forma como confunde discricionaridade técnica e conceitos indeterminados. Todavia, não sendo imune aos ventos além-pirenaicos, a verdade é que se tem mostrado praticamente insensível à anulação do acto discricionário por erro manifesto (cfr. FREITAS DO AMARAL, "Projecto de Código do Contencioso...", *op. cit.*, p. 16; AFONSO QUEIRÓ, "Anotação ao Acórdão do S.T.A., de 13/3/82", in *R.L.J.*, ano 115, p. 363).

No que toca à sindicabilidade dos conceitos indeterminados, a jurisprudência tem vindo a alterar-se positivamente, tendo, em recentes decisões, admitido, ainda que de forma limitada e cuidadosa, o controlo do preenchimento do conteúdo dos conceitos indeterminados por parte da Administração. Neste sentido, os Acórdãos do S.T.A. de 22/10/91 e 26/6/92 e, mais recentemente, os Acórdãos de 24/3/94 (*A.D.*, n.º 397, p. 73 e ss.) e de 7/12/94 (*A.D.*, n.º 406, 1995, p. 1031 e ss.).

Quanto à doutrina portuguesa ela tendia a reconhecer uma quase total insindicabilidade das decisões discricionárias, não admitindo sequer por vezes o controlo do erro manifesto de apreciação (cfr. VIEIRA DE ANDRADE, *op. cit.*, p. 137 nota 93. Sobre a chamada discricionaridade imprópria, *vide* FREITAS DO AMARAL, *Direito Administrativo*, vol. II, *op. cit.*, p. 168 e ss.).

Mais recentemente, a doutrina vem referindo como limites da decisão discricionária, além do fim legal e da competência, os direitos fundamentais e os princípios da justiça, da imparcialidade, da proporcionalidade e da igualdade. Entre outros, ESTEVES DE OLIVEIRA, *Direito Administrativo*, *op. cit.*, p. 252 e ss., que além dos princípios da justiça, da imparcialidade e da igualdade, já referia como limite o princípio da proporcionalidade, entre outras razões, em face da consagração legal do dever de fundamentação de actos discricionários. GOMES CANOTILHO acentua os direitos fundamentais e o princípio da proporcionalidade como limites da discricionaridade (cfr. "Fidelidade à República ou Fidelidade à Nato?", *op. cit.*, p. 49 e ss.). Por último, FREITAS DO AMARAL, *op. cit.*, p. 200 e ss., assinala os princípios da justiça e da imparcialidade, como limites dos poderes discricionários, incluindo no primeiro princípio, os princípios da igualdade e da proporcionalidade. Para este autor (*op. cit.*, pp. 161-163), a forma mais eficaz de criar condições para um controlo efectivo do exercício do poder discricionário está no avanço das vinculações legais, apontando, como exemplo da evolução legislativa e da jurisprudência na redução do poder discricionário, o alargamento dos casos de *incompetência*, vício de forma e *violação de lei*, e não tanto através do mecanismo do desvio de poder.

Quanto à jurisprudência administrativa há também a assinalar a crescente atenção dada aos princípios da igualdade, da proporcionalidade e da imparcialidade como limites dos poderes discricionários. Cfr., por ex., os Acórdãos do S.T.A. de 30 de Março de 1993, in *A.D.*, n.os 380-381, pp. 861-870 e de 28 de Setembro de 1993, in *A.D.*, n.º 389, 1994, p. 516 e ss.

Na doutrina francesa assistimos ao reconhecimento praticamente unânime do declínio do *detournement de pouvoir*, reconhecido, entre outros, por LAUBADÈRE, ainda que com certa relutância, no seu *Traité de Droit Administratif*, vol. I., 7.ª ed., Paris, 1976, p. 574. Também recentemente VEDEL-DELVOLVÉ, *Droit Administratif*, Paris, 1984, p. 814 comungam da mesma ideia.

Em síntese, o labor doutrinal tem permitido desenvolver importantes técnicas de controlo da actividade administrativa discricionária, nomeadamente o controlo dos factos determinantes e o controlo através dos princípios gerais do Direito administrativo e dos Direitos fundamentais.

674 Com efeito, o juiz nem sempre pode controlar a apreciação dos factos através do controlo da sua qualificação jurídica. O juiz não ignora, aliás, que é igualmente reduzido o controlo sobre a materialidade dos factos.

A doutrina tem procurado, assim, corrigir a insuficiência de tal controlo; é este o caso da noção de erro manifesto, admitindo que um erro com estas características possa pôr em causa a legalidade da decisão administrativa (cfr. M. LETOURNER, "L'erreur manifeste d'appréciation dans la jurisprudence du Conseil d'Etat français", in *Miscellanea Ganshof Vander Meersch,* vol. III, Paris, 1972, p. 563). No contencioso por *detournement de pouvoir* o erro manifesto constitui um erro de avaliação, de apreciação, é um erro de facto. O controlo deste tipo tem sido destinado a impor às autoridades administrativas a assunção de decisões caracterizadas por um mínimo de bom senso e de lógica, censurando os erros mais grosseiros e as soluções irrazoáveis.

Mesmo assim, o número de anulações, motivadas por *erro manifesto de apreciação* tem sido bastante limitado. As estatísticas têm revelado que, no decurso dos

fundo constitui uma verdadeira forma de "censura interna da actividade administrativa" [675].

---

anos judiciais de 1967/68, 1968/69 e 1969/70, os actos anulados pelo Conselho de Estado com base em erro manifesto de apreciação foram, respectivamente, 6, 4 e 3.

O primeiro caso de *erreur manifeste* é convencionalmente considerado l'*arrêt Lagrange, Conseil d'Etat,* 15 février 1961, 121, comentado por J.-M. GALABERT - M. GENTOT, "Absence d'erreur manifeste d'appréciation dans l'etablissement d'une equivalence entre l'emploi de garde champètre et ce lui de cantonnier", in *A.J.D.A.*, 1961, p. 67. Quanto ao *erreur manifeste d'appréciation,* cfr., entre outros, B. KORNPROBST, "L'erreur manifeste", in *Dalloz chronique,* 1965, p. 121; J. Y. VINCENT, "L'erreur manifeste d'appréciation", in *Rev. Ad.*, 1971, p. 401; D. LAGASSE, *L'Erreur Manifeste en Droit Administratif. Essai sur les Limites du Pouvoir Discretionnaire de l'Administration,* Bruxelles, 1986; J. P. BOURGOIS, "L'erreur manifeste d'appréciation: la decision administrative, le juge et la force de l'evidence", in *L'espace juridique,* Lille, 1988; sobre a evolução histórica desta figura, *vide* J. BELL, "The Expansion of the Judicial Review over Discretionary Powers in France", in *Public Law,* 1986, p. 99 e ss.

675 Uma posterior orientação jurisprudencial do *Conseil d'État* propugna a chamada *théorie du bilan*. Num célebre *Arrêt* de 1971 (*Ville Nouvelle Est,* a que se seguiu o Arrêt Société Civile Sainte-Marie de l'Assomption, de 20 de Outubro de 1972), o *Conseil d'État* decidiu que uma obra pode ser declarada de utilidade pública apenas quando as limitações à propriedade privada, os custos financeiros e os inconvenientes de ordem social, nomeadamente os danos ao ambiente, não sejam considerados excessivos relativamente ao interesse que ela representa. Uma rigorosa aplicação desta escala ao nosso ordenamento jurídico seria capaz de superar *l'esprit hypocrite* da teoria do *bilan*, uma vez que os direitos à tutela do ambiente, paisagem, saúde, liberdade e dignidade humanas são qualificados pela Constituição como fundamentais, devendo prevalecer sobre o direito de propriedade e a liberdade de empresa. Se antes o *Conseil d'État* se limitava a efectuar um exame abstracto e formal do acto de declaração de utilidade pública, com a nova orientação jurisprudencial vai no sentido de *scruter la situation au coeur du litige,* efectuando uma ponderação entre as vantagens e os inconvenientes da operação. Assim, o *contrôle du bilan* pode revelar-se eficaz e decisivo, inclusive nos casos em que a técnica do *erreur manifeste* não está em condições de censurar a actividade administrativa. Cfr. HOLLEAUX, "La jurisprudence du bilan", in *Rev. Ad.*, 1980, p. 593 e ss.

Todavia, a *jurisprudence du bilan* apresenta também alguns pontos débeis, em consonância com os limites do controlo jurisdicional sobre a actividade administrativa. Com efeito, o juiz recusa-se a avaliar a oportunidade da operação. Declarada a utilidade pública da obra, permanece a possibilidade de escolha da Administração entre os vários terrenos expropriáveis, todos igualmente possíveis para o efeito.

Mesmo em sede de *bilan-coût-avantages* o juiz só conclui pela ilegalidade do acto quando reconhece um balanço claramente negativo, logo, uma desproporção incontestável entre os interesses em presença. Ao efectuar o *bilan* o juiz limita-se a censurar a arbitrariedade, assim como em sede de *erreur manifeste d'appréciation* constata apenas a existência de um erro manifesto. Por consequência, a técnica do controlo do *bilan* se bem que mais incisiva do que a do *erreur manifeste*, encontra também ela limites que, em boa medida, dependem dos circunscritos poderes do juiz administrativo.

Em última análise, tanto a jurisprudência sobre o *erreur manifeste*, como a *jurisprudence du bilan* se resumem a um controlo sobre a razoabilidade da conduta da Administração. O significado da evolução jurisprudencial no sentido de um *contrôle de la décision déraisonnable* parece, porém, assinalar a passagem do controlo sobre os motivos ao controlo do próprio sentido da decisão administrativa, em suma, da sua adequação às circunstâncias. Cfr. LEMASURIER, "Expropriation. 'Bilan-coût-avantages' et necessité publique", in *Rev. Ad.*, 1980, p. 505.

O que nos leva a concluir que o *contrôle de la décision déraisonnable* não apresenta diferenças significativas do *contrôle de la proportionnalité*. *Proportionnalité* que permanece a ideia fundamental e a matriz das outras noções.

Já na Alemanha o conceito de proporcionalidade (*Verhältnismäßigkeit*, ou mais raramente *Proportionalität*) é objecto de um interesse mais intenso do que em França. A reconstrução analítica do princípio da proporcionalidade apresenta uma estrutura tripartida cuja observância exige: a) a idoneidade *(Geeignetheit)* do acto para prosseguir o respectivo fim; b) a indispensabilidade *(Erforderlichkeit)* do acto escolhido, que deverá constituir, entre os meios idóneos disponíveis, o meio menos lesivo dos interesses dos particulares; c) a adequação *(Angemessenheit* ou *Proportionalität* ou *Abwägung)* do próprio acto, no seguimento da ponderação dos valores, bens e interesses envolvidos na decisão. Cfr., entre tantos, HIRSCHBERG, *Der Grundsatz der Verhältnismäßigkeit*, Göttingen, 1981, p. 43 e ss.; H. J. KOCH, *Allgemeines Verwaltungsrecht*, Frankfurt am Main, 1984, p. 148 e ss.

De notar ainda que, de acordo com a doutrina e jurisprudência alemãs, a idoneidade, necessidade e adequação do acto não são vistos como elementos alternativos, antes coexistem todos na *Verhältnismäßigkeit*, que constitui assim um conceito compósito.

O conceito de *Verhältnismäßigkeit*, recorrente na doutrina alemã, surge, frequentemente, relacionado com o conceito de *Zumutbarkeit* (razoabilidade). A orientação dominante na doutrina e na jurisprudência não descortina confins nítidos entre os dois conceitos, surgindo antes numa relação que assume diversas modalidades.

Assim, o princípio da proporcionalidade é por vezes entendido como limite e proibição de imposições irrazoáveis da Administração aos cidadãos. Outras vezes opina-se que o princípio da razoabilidade se baseia no princípio da proporcionalidade. Outras ainda, afirma-se que a *Zumutbarkeit* é um elemento constante da *Verhältnismäßigkeit* e, por fim, surge identificada com a terceira componente da *Verhältnismäßigkeit*, isto é, a *Abwägung*. Em suma, na República Federal Alemã a referência ao princípio da proporcionalidade faz-se acompanhar frequentemente do princípio da razoabilidade. Cfr. H. SCHNEIDER, *Die Güterabwägung des Bundesverfassungsgericht bei Grundrechtskonflikten*, Baden-Baden, 1979, p. 249. Para uma ampla referência bibliográfica, *vide* J. BARNES, "Introducción al principio de proporcionalidad en el derecho comparado y comunitario", in *R.A.P.*, n.º 135, 1994, p. 496 e ss., nota 1.

Conceito de razoabilidade mais identificado com o direito anglo-saxónico, mais precisamente com o direito administrativo do Reino Unido, cujas origens ressaltam ao século XVI como o célebre *Rooke's case*. Com efeito, o princípio de *reasonableness* representa um argumento fundamental em matéria de meios contra o *abuse of discretion* e no que concerne ao controlo jurisdicional do exercício de poderes discricionários.

Um dos pontos centrais do direito administrativo inglês é a doutrina dos *ultra vires*. Uma decisão administrativa é substancialmente *ultra vires* sempre que

Portanto, o círculo fecha-se: a noção de poder discricionário desce do pedestal, sendo a actividade administrativa convertida em actos administrativos cada vez mais susceptíveis (se bem que inconfessadamente) de controlo de *mérito* [676], uma vez que o ordenamento jurídico-constitucional e a própria jurisprudência se mostram cada vez menos dispostos a reconhecer à Administração o "poder" e o direito de se enganar [677].

Com efeito, a Administração não pode legitimamente errar, porque o erro, sobretudo quando manifesto, representa

---

se apresenta irrazoável *(unreasonable)*. A noção de *unreasonable* constitui o principal instrumento dos tribunais para exercitarem o seu controlo sobre *the substance of administrative decisions*.

Em síntese, a jurisprudência inglesa move-se num espaço intermédio relativamente à que ocupa a jurisprudência norte-americana. Com efeito, situa-se numa zona compreendida entre a exclusão de irrazoabilidade (compreendendo não só o *absurdity or caprice*, mas também *illegitimate motives and purposes*, bem como uma série de erros e incompreensões) e a doutrina do *hard-look*. Esta doutrina implica a imposição da única decisão considerada razoável, tendo em consideração as questões solicitadas pelos comentários recebidos e as alternativas ao conteúdo do projecto. Cfr. H. WADE, *Administrative Law*, 6ª ed., Oxford, 1988, pp. 126 e ss. e 319 e ss.; cfr. D. J. GALLIGAN, *Discretionary Powers. A Legal Study of Official Discretion*, Oxford, 1990, pp. 267 e ss. e 323 e ss.

Postos perante a experiência do direito comparado, chegou o momento de colocar a dialéctica jurisprudencial sobre as plantas. Quando as circunstâncias do caso reduzirem a inicial pluralidade de soluções teoricamente possíveis a uma só, em que há (de acordo com a doutrina alemã) uma redução *auf Null* do poder discricionário, não vemos porque o nosso juiz administrativo, movido pela lógica implacável do direito fundamental à tutela efectiva, não só possa anular o acto recorrido, *como também condenar a Administração a tomar a única decisão juridicamente possível, dadas as circunstâncias concretas do caso.*

Por outro lado, tal solução parece igualmente preconizável quando se trate de situações (em princípio) reguladas. Imagine-se o caso de uma denegação tácita de um pedido de declaração de ruína de um imóvel. Mais uma vez, o direito de acesso ao direito e aos tribunais (art. 20.º da C.R.P.) ficaria prejudicado se o tribunal não declarasse o estado de ruína, por falta de decisão da Administração. Com efeito, o privilégio da decisão prévia não significa que esta deva existir necessariamente para se ter acesso ao processo, mas tão só que a Administração tenha tido a oportunidade de o fazer e não o tenha feito. Precisamente para resolver estes problemas surgiu a doutrina do silêncio administrativo (arts. 108.º e 109.º do C.P.A.), cuja natureza é objecto de debate na doutrina.

676 O termo *mérito* é, aliás, arcaico, surgindo frequentemente identificado como a expressão de um controlo "político". O problema está apenas e tão só em saber *se se trata de um acto de boa ou má administração.*

677 F. NICOSIA, *op. cit.*, p. 183.

um défice de realização do interesse público. De resto, um acto viciado no "mérito" é *inadequado* [678], por força do princípio da proporcionalidade, e, portanto, ilegítimo, tanto mais que as regras que disciplinam a determinação do conteúdo do acto são regras jurídicas e não, como se pensava no passado, regras extrajurídicas. Por outro lado, ainda que se queira continuar a reconhecer a existência de uma quota de mérito insindicável em sede de controlo de legalidade [679], a questão não pode pôr-se em termos apriorísticos [680]. Não parece sustentável que um determinado motivo de impugnação possa ser considerado inadmissível porque "de mérito". Só *a posteriori* poderá dizer-se se a questão posta é relevante e fundada ou não. Trata-se, em suma, de um problema de *prova* e nada mais [681].

A discricionaridade mostra, assim, a sua íntima consistência. Isto é, trata-se agora não já de poder operar uma escolha "livre" entre várias, todas em abstracto legítimas, mas do poder, aparentemente mais circunscrito e delicado, de definir, entre as várias hipóteses possíveis, *a única "escolha" de boa e correcta administração*, logo, *a melhor*, afastando todas as ou-

---

[678] F. LEVI, *op. cit.*, p. 552.

[679] Note-se que a justiça dos actos administrativos, que anteriormente pertencia ao respectivo *mérito*, passou entretanto para o campo da *legalidade* como resulta do art. 266.°/2 da Constituição. A violação do princípio da justiça passou, assim, a constituir uma ilegalidade. Cfr. FREITAS DO AMARAL, *Direito Administrativo,* II, *op. cit.*, p. 155.

[680] F. NICOSIA, *op. cit.*, p. 183.

[681] Neste sentido CARMEN CHINCHILLA, *La Desviacíon de Poder,* Madrid, 1989, p. 145 e ss. Sobre o ónus da prova no juízo administrativo, cfr. G. VIRGA, *Attività istruttoria primaria e processo amministrativo,* Milano, 1991, p. 63 e ss.

Porque de certa forma poderia resolver o problema do ónus da prova (cfr. art. 17.° da Lei n.° 83/95), gostaríamos de chamar a atenção para a necessidade de ampliar o poder de cognição dos tribunais administrativos, especialmente, do Pleno da Secção do S.T.A. (art. 21.°/3 do E.T.A.F.). Funcionando o S.T.A. em certas causas como tribunal de primeira instância, seria igualmente desejável dar uma redacção ao art. 12.° da L.P.T.A. mais consentânea com as garantias do particular constitucionalmente previstas, em obséquio à plenitude da tutela jurisdicional (arts. 20° e 268°/4/5 da C.R.P.). Sobre o sentido das restrições probatórias, cfr., p. ex., RUI MACHETE, "A garantia contenciosa para obter o reconhecimento de um direito ou interesse legalmente protegido", in *Nos Dez Anos da Constituição,* Lisboa, 1987, p. 245; G. CANOTILHO / V. MOREIRA, *Constituição da República..., op. cit.*, pp. 942 e 943.

tras [682]. Assim deve ser porque a ponderação de interesses a realizar pelo acto deve ser a expressão fiel dos princípios da imparcialidade e da proporcionalidade, entendidos objectivamente. Aliás, o princípio do inquisitório, que regula a instrução no procedimento (art. 56.º do C.P.A.), obriga a Administração a colocar-se nas melhores condições para tomar a única decisão correcta [683].

É significativo que a este respeito, como já tivemos oportunidade de salientar, o Código do Procedimento Administrativo, em particular o artigo 10.º, venha codificar definitivamente os princípios de *economicidade* e da *eficiência* da actividade administrativa. "Economia" e "eficiência" são agora parâmetros gerais de avaliação da legalidade da actividade administrativa, tal como os princípios da proporcionalidade, da igualdade e da justiça etc. Trata-se, em suma, de enunciados aptos a individualizar *a contrariis*, posteriores "sintomatologias" do tradicional vício de desvio de poder. Não pode surpreender, portanto, que um hipotético controlo da economicidade e sobretudo da eficiência da actividade administrativa se venha em boa medida a confundir com o controlo sobre a *escolha* enquanto tal, logo, segundo os cânones tradicionais, de um controlo de mérito.

É preciso ir mais longe. Não basta dizer-se que a actividade administrativa discricionária é vinculada no fim. Na realidade é também vinculada no "meio", como resultado de uma *instrução aberta e complexa* que, verificando os factos, acertando os dados técnicos, consente a identificação, o equilíbrio dos interesses e a individualização do interesse público ambiental [684]. A legalidade do acto administrativo deve ser

682 F. NICOSIA, *op. cit.*, p. 185. Entre nós, FREITAS DO AMARAL, *Direito Administrativo,* II, *op. cit.*, p. 114; ROGÉRIO SOARES, *Interesse Público, Legalidade e Mérito, op. cit.*, p. 179 e ss.

683 Assim M. WALINE, "Le pouvoir discrétionnaire de l'Administration et sa limitation par le contrôle juridictionnel", in *Rev. dr. publ.*, 1930, p. 218.

684 Definitivamente, se o juiz administrativo está em condições de fornecer respostas em negativo (declarando o que é ilegal) num número indefinido de vezes,

vista agora em relação aos princípios consagrados no artigo 266.º/2 da Constituição e às "qualidades" do acto, expressas nas normas de princípio expostas no Código do Procedimento Administrativo, especialmente nos seus artigos 4.º, 5.º/2, 6.º e 10.º. Logo, o acto deve ser "bom" no sentido ético da coisa pública e do respeito do interesse geral. Deve ter as qualidades de um acto administrativo destinado a desenvolver uma função pública, logo uma função "positiva".

O actual controlo jurisdicional de legalidade parece hoje incompleto senão mesmo supérfluo. Com efeito, relativamente ao controlo de legalidade segue-se um modo de argumentar pelo menos curioso. O acto é examinado à luz dos vícios consagrados na lei (da incompetência, da usurpação do poder, vício de forma, violação de lei e desvio de poder). Se não se encontra qualquer destes vícios o acto é legítimo. Não se põe o problema, para além da ilicitude do acto administrativo e dos vícios da vontade, de um acto imune a qualquer vício ser inútil e injusto; ou do acto ser errado do ponto de vista gestional ou económico ou provocar um dano individual e social igual ou maior àquele que poderia causar um acto administrativo viciado [685].

A Administração Pública é hoje uma administração de prestação, pelo que o "produto final" deve ser bem confeccionado, com qualidades positivas e não apenas sem qualquer vício, sem qualquer mácula legal. Para além de "legal", o acto administrativo deve ser transparente, justo, em suma, eficaz, o que em última análise significa que o princípio hierárquico vem hoje suplantado pelo da competência.

A legalidade do acto administrativo não toca apenas os parâmetros da lei mas também o seu conteúdo, na medida em

---

porque não passar a encontrar casos em que é possível fornecer uma resposta positiva. Talvez fosse oportuno rebater a aproximação tradicional, segundo a qual o desvio de poder é o "negativo" da correcta discricionaridade, entendendo que o juiz, pelo menos em alguns casos, poderia ser chamado a declarar qual deva ser o correcto exercício da discricionaridade.

[685] V. ITALIA, *La delegificazione,* Milano, 1992, p. 65.

que incorpora as qualidades do acto. Temos de ter presente que o controlo jurisdicional da actividade administrativa tem sido circunscrito à legalidade do acto. Actualmente o problema coloca-se de modo diferente. O acto deve ser dotado de "qualidades" e, por consequência, a legalidade do acto deve ser considerada também sob este aspecto, enquanto expressão de boa administração [686].

O acto deve reportar-se aos critérios de "boa" administração e, portanto, ser um acto "bom", logo deve ter as qualidades que permitam à Administração não só ser imparcial mas também justa e eficaz. Em suma, funcionar bem. O critério da "qualidade" do acto, que é porventura uma das mais importantes consequências da legiferação trazida pelo novo Código do Procedimento Administrativo, comporta necessariamente que o parâmetro de avaliação do acto, em sede de controlo, deva ser considerado sob esta perspectiva. Por outras palavras, para além do critério formal da legalidade deve seguir-se o critério substancial de boa administração, como dever jurídico perfeito [687].

Melhor ainda, à parte formal do acto deve-se acrescentar a parte referida à "qualidade" do acto, que poderia ser definido como o "espírito do acto administrativo" [688]. O acto administrativo deve agora "viver" no campo jurídico não só por não sofrer de vícios ou de "doenças", mas por que tem certas qualidades que constituem elementos essenciais do próprio acto administrativo.

Nos tempos que correm o sistema de justiça administrativa, construído em torno do esplendor do acto e dos seus ví-

---

686 Segundo alguns autores, é a transformação de certos padrões de mérito em padrões de juridicidade que caracteriza a evolução recente do direito administrativo. Cfr. VIEIRA DE ANDRADE, *op. cit.*, p. 383, nota 76.

687 FREITAS DO AMARAL, *Direito Administrativo,* II, *op. cit.*, pp. 40 e 41, entende que se trata de um dever jurídico imperfeito, uma vez que não comporta uma sanção jurisdicional. Cfr., porém, GONÇALVES PEREIRA, *Erro e Ilegalidade...*, *op. cit.*, p. 61 e ss.

688 V. ITALIA, *op. cit.*, p. 72.

cios, não pode deixar de invadir a fealdade dos terrenos do mérito decorrentes da sua procedimentalização [689]. O que quer dizer que o controlo jurisdicional não pode prescindir das qualidades do acto e, portanto, de uma avaliação sobre a sua conveniência, justiça e eficácia. Pense-se, por exemplo, na qualidade da transparência ou da eficácia de um acto administrativo. Para judicar se tal acto administrativo é legítimo, é necessário que o dito acto seja avaliado no seu conteúdo, na conveniência, em suma, no mérito [690]. Assim, o controlo de um acto administrativo, baseado em normas técnicas (por exemplo, "materiais de boa resistência") ou sujeitos a *standards* fixados na lei, em matéria de poluição das águas ou da atmosfera, é um controlo em grande medida sobre a qualidade objectiva do acto, logo de "mérito" [691].

---

689 Recentemente têm-se escutado vozes que apontam para um alargamento sintomático do desvio do poder na direcção do controlo de mérito, nomeadamente através da valorização da participação no procedimento. Neste sentido S. MORSIANI, "Eccesso di potere amministrativo", in *Nov. dig. it.*, Apêndice, vol. III, Torino, 1980, p. 223.

690 V. ITALIA, *op. cit.*, p. 74.

691 Com a particularidade de existir aqui uma estreita relação entre a técnica e o direito, pelo que uma incorrecta aplicação da norma técnica dá lugar à inobservância da norma jurídica, de tal modo que legalidade e mérito se sobrepõem, sem que, por regra, devam confundir-se. (Cfr. LEDDA, *op. cit.*, p. 429).

Põe-se aqui o problema de saber se as questões técnicas consideradas nesta sede devem reconduzir-se às normas jurídicas, quer quanto à sua interpretação (na medida em que esta dependa da compreensão das normas técnicas), quer quanto à sua complementação. (De acordo com G. BERTI, "Momenti di trasformazioni...", *op. cit.*, p. 1886, a separação entre questão de facto e questão de direito é absolutamente artificial, não sendo mais do que um expediente para diminuir o grau de conhecimento do juiz. Cfr. também CASTANHEIRA NEVES, *Questão-de-Facto, Questão-de-Direito...*, *op. cit.*, pp. 371 e ss. e 401 e ss., que questiona a validade dos pressupostos metodológicos da distinção normativista entre vinculação e discricionaridade).

Nesta perspectiva, quando a técnica venha incorporada na norma, tanto a aplicação de um critério técnico inadequado, quanto um juízo fundado sobre operações técnicas incorrectas ou insuficientes comportam inevitavelmente o vício do acto. Isto é válido quer para os juízos de ciência, como para os juízos de prognose. A sua conformidade com o sentido da norma jurídica é inatacável sempre que o juiz conclua que o agente se baseou em critérios e procedimentos técnicos correctos ou, pelos menos, suficientemente verosímeis. O mesmo raciocínio é válido para as hipóteses em que a técnica ofereça critérios diferentes ou alternativos. É preciso entender que a vontade da Administração não conforme com a norma jurídica é, por definição, estranha ao âmbito da reserva administrativa (cfr. F. LEDDA, *op. cit.*, pp. 434 e 435). Note-se, que se trata aqui apenas de reconhecer ao juiz o poder de censurar os critérios e procedimentos técnicos do agente, o que não significa necessariamente substituir-se-lhe.

Tentando clarificar o vício enunciado anteriormente, por força da inobservância ou incorrecta aplicação das normas técnicas, podemos dizer que também aqui se oferece um critério sintomatológico de violação de lei. Uma clara violação de lei transparece quando a escolha do critério e ou do procedimento técnico resulta de uma clara indicação da lei e esta não venha respeitada. Sob este aspecto é irrelevante que a operação técnica conduza a um juízo de certeza ou de probabilidade.

Poderá falar-se de desvio de poder, quando na ausência de uma indicação completa pela norma jurídica, o agente utiliza critérios inadequados, ou resulte incongruente a solução em relação aos factos apurados. Neste caso, como referimos anteriormente, o controlo do desvio de poder deve ser de tal modo pregnante a verificar da correcção e racionalidade das operações técnicas.

Neste ponto é, obviamente, da maior relevância o tacto do juiz (cfr. SCHMIDT--SALZER, *Der Beurteilungspielraum der Verwaltungbehörden,* Berlin, 1968, pp. 65 e ss. e 74 e ss.), no sentido de dimensionar o controlo à intensidade da necessidade de tutela (cfr. H. RUPP, "Ermessenspielraum und Rechtstaatlichkeit", in *NJW*, 1969, p. 46).

As asserções técnicas são, em síntese, necessárias tanto para a compreensão do sentido da norma jurídica, *quanto para a correcta individualização dos meios* que, *com toda a probabilidade,* possam assegurar a realização de um resultado em harmonia com o escopo previsto na norma jurídica.

De todas as formas, só o fantasma do poder, mesmo sem o fascínio de Baden--Baden, impede o juiz administrativo de separar o trigo do joio, isto é, o momento propriamente técnico da passagem verdadeiramente discricionária, retirando a técnica da esfera do poder. O juiz tem que decidir definitivamente se a técnica deve guiar o poder, colocando-se como limite normativo ao agente ou se, pelo contrário, deve reforçá-lo como instrumento reservado à Administração. Este é um aspecto que deveria ser cuidadosamente ponderado no novo Código do Contecioso Administrativo.

Mais uma precisão. Se a distinção entre normas e *standards* permite distinguir, no controlo de legalidade, a violação de lei do desvio de poder, o tipo de técnica *(standard)* distingue, por sua vez, o controlo de legalidade, por desvio de poder, do controlo de mérito.

Impõe-se, por último, esclarecer que uma coisa é o controlo judicial de decisões técnico-científicas da Administração, outra a verificação de *standards gerais do direito do ambiente* normativamente fixados e uma outra o controlo de prescrições administrativas concretizadoras de normas jurídicas. Neste último caso não deve entender-se tais prescrições como *direito interno* da Administração, tornando possível o seu controlo jurisdicional, verificando os tribunais da concordância do acto com as determinações técnicas incorporadas na lei. Cfr. SCHMIDT-AßMANN, "I limiti del sindacato...", *op. cit.*, pp. 739 e 740, que, salientando o carácter controverso de tais prescrições e do respectivo controlo jurisdicional, sustenta que estamos perante uma vinculatividade flexível (p. 741).

Outra questão é a de saber qual o papel das normas técnicas em matéria de responsabilidade administrativa. Segundo G. SCHIAVELLO, *Responsabilità contabili, formale e amministrativa,* Napoli, 1987, p. 28 e ss., a avaliação da diligência e

É evidente que deste modo se estabelece um controlo jurisdicional penetrante sobre a Administração e que muitos dos tradicionais aspectos dos *arcana imperii* estão destinados a cair.

As teses tradicionais da jurisprudência de que os actos discricionários são, em princípio, insindicáveis, salvo nos casos limitados que se conhecem, não pode continuar a ser sustentada. A Constituição, sobretudo após a revisão de 1989, e o Código do Procedimento Administrativo estabelecem novas regras. O acto deve ser transparente, "bom", eficaz, funcionando como parâmetros da legitimidade do acto administrativo, o que comporta um controlo de legalidade tão profundo que se confunde com o controlo de mérito. O juiz julga a "bondade" da actividade administrativa, pelo que nenhum reduto da actividade administrativa deve ser subtraído ao seu julgamento (art. 20.º da C.R.P.) [692]. Em suma, a possibilidade do juiz administrativo sindicar o mérito do acto é uma das necessárias e importantes consequências do novo Código do Procedimento Administrativo. O juiz prossegue a "verdade" formal, mas também a "verdade" material de toda a actividade administrativa [693].

Poder-se-á questionar se não há o risco de um poder exagerado dos juízes, com graves implicações no sistema de separação de poderes [694]. A questão é particularmente delicada,

---

correlativa culpa é completamente absorvida pelas normas e disposições que definem o *standard* de comportamento.

692 V. ITALIA, *op. cit.*, p. 77.

693 Para tal impõe-se que o controlo sobre o desvio de poder não se esgote num simples observar do chamado iter lógico seguido pela Administração, externo às operações técnicas realizadas pelo agente, mas verifique directamente as referidas operações. Cfr. M. NIGRO, "Esperienze e prospettive del processo amministrativo", in *Studi in onore de A. Amorth,* I, Milano, 1982, p. 429 e ss. Entre nós, ROGÉRIO SOARES, "Princípio da legalidade e administração constitutiva", *op. cit.*, p. 169 e ss. Cfr. ainda, p. ex., o art. 68.º do R. S. T. A. e os arts. 11.º, 14.º, 27.º, 87.º/2, 89.º/3 e 91.º/3 da L. P. T. A. e ainda o art. 17.º da Lei nº 83/95, de 31 de Agosto.

694 Cremos, aliás, que a densidade normativa do princípio da separação dos poderes não assenta apenas na radicalidade do princípio democrático do Estado de

mas somos de opinião que esta ampliação dos poderes do juiz é certamente menos grave do que deixar inalterada a situação actual, em que o juiz pode dizer apenas, como o poeta, "aquilo que não somos ou o que não queremos".

Invocar uma presumível discricionaridade da Administração, insusceptível de controlo jurisdicional, tem constituído um cómodo *refugium* [695]. Vale a pena recordar a este propósito as iluminantes palavras de um jurista francês, segundo o qual a discricionaridade administrativa seria uma fábula criada pelas insuficiências do regime de prova no juízo administrativo [696].

Direito. Ela tem a ver também com a ideia mítica da intangibilidade dos actos do soberano e a sacralidade dos actos do Estado. Cfr. G. AZZARITI, *Della discrezionalità al potere, op. cit.*, p. 42 e ss.

[695] A propósito da discricionaridade administrativa e do respectivo controlo judicial existe uma recomendação do Conselho da Europa sobre o exercício dos poderes discricionários por parte da Administração (Recomendação n.º R(80)2, du Comité des Ministres aux Etats membres, concernant l'exercice des pouvoirs discrétionnaires de l'Administration, 11 mars 1980). Considerando que a Administração intervém em âmbitos cada vez mais numerosos, onde exerce frequentemente poderes discricionários e desejando reforçar e potenciar os direitos, liberdades e interesses legalmente protegidos, o Conselho da Europa enuncia alguns dos princípios fundamentais de exercício do poder discricionário. Princípios já plasmados em normas jurídicas na maioria dos Estados-membros, nomeadamente no nosso.

A Recomendação termina dizendo que o acto administrativo, produto do exercício de um poder discricionário, está submetido ao controlo de legalidade, dispondo os tribunais para o efeito do poder de obter as informações necessárias para o exercício da sua função.

Nesta linha se situa a implementação de técnicas e procedimentos como o de avaliação de impacto ambiental (Directiva 85/337, de 27 de Junho e transposta para o nosso ordenamento jurídico através do D.L. n.º 186/90, de 6 de Junho, regulamentado pelo D.R. n.º 38/90, de 27 de Novembro). Este procedimento administrativo especial proporciona uma maior fiabilidade e confiança nas decisões administrativas que devam adoptar-se, ao permitir à Administração eleger, entre as diferentes alternativas possíveis, aquela que melhor salvaguarda os interesses gerais numa perspectiva global e integrada, tendo em consideração todos os efeitos resultantes da actividade projectada.

É óbvio que instrumentos jurídicos deste tipo facilitam o controlo jurisdicional das decisões administrativas, ao evidenciar a valoração comparativa dos interesses públicos e privados em causa.

[696] É necessário, portanto, romper com o decoro formalista, como nos quadros de Caravaggio em que a luz penetra profundamente os corpos, dando tactilidade às decisões dos Tribunais administrativos. O que se questiona aqui é se não valerá a pena viver a *prodigiosa experiência da primeira vez.*

Esperamos, todavia, não cometer a ingenuidade apontada pelo Capitão das *Wahlverwandtschaften* (Afinidades Electivas) de GOETHE: "Quem quer livrar-se de um mal sabe sempre o que quer, mas quem pretende algo de melhor é cego". Observação "sábia" porque, exprimindo o *Verweile doch* de GOETHE *(Faust)* em linguagem poética, *yet we'll go no more a roving / by the light of the moon?* (BYRON, *So, we'll go no more a roving*, 1817). De todo o modo, temos o dever de assumir este risco num momento em que a discricionaridade administrativa resvala perigosamente, em alguns sectores, para uma *ponderação jurídica subjectiva de pressões* [697]. Ponderação de pressões que não se pode abstrair da situação actual do direito administrativo. *Um Direito Administrativo fraccionado e de massas*, em que a pressão de interesses hegemónicos tem dado lugar à não repressão atempada da violação da lei, como é visível em matéria fiscal, urbanística e ambiental [698], transformando o problema jurídico do restabelecimento da ordem jurídica violada num problema social e político — ilegalidade de massas.

Em nossa opinião, o importante não é tanto vincular (através de um panlegalismo) progressivamente a actividade administrativa, mas reforçar e melhorar o controlo jurisdicional — numa perspectiva de superação da distinção entre legalidade e mérito, o que passa pela compreensão do procedimento como direito comum da actividade administrativa. Em sentido oposto, FREITAS DO AMARAL, *Direito Administrativo,* II, *op. cit.*, p. 161.

697 F. SPANTIGATI, "La trasformazione della discrezionalità in ponderazione delle pressioni: abusivismo edilizio e controlli tributari", *op. cit.*, p. 447.

698 Pode talvez dizer-se que há aqui uma perversa e explosiva combinação entre a discricionaridade, como ponderação subjectiva de pressões, com a garantia e a estabilidade de situações jurídicas "legalmente" adquiridas. Veja-se o tormentoso debate em torno da constitucionalidade do D.L. n.º 351/93, de 7 de Outubro. Cfr. ESTEVES DE OLIVEIRA, "O direito de propriedade e o jus ædificandi no direito português", in *Rev. Jur. Urb. Amb.*, n.º 3, 1995; RUI MACHETE, "Constitucionalidade do regime de caducidade previsto no Decreto-Lei n.º 351/93, de 7 de Outubro (parecer)", na mesma *Revista,* p. 241 e ss.

Colocam-se aqui muitas e delicadas questões como resulta facilmente da leitura dos referidos pareceres, mas há aqui uma questão prévia que me parece decisiva. Importava saber se os actos de licenciamento não são ilegais por desvio de poder (vício de ponderação de interesses), sugerindo uma claríssima violação da lei, o que no fundo é tentado através do juízo de confirmação de compatibilidade com o PROT superveniente exigido pelo D.L. n.º 351/93.

Chegados a este ponto resta-nos esperar que a balança do juiz se imponha cada vez mais à espada da Administração.

Parte II

REGIME JURÍDICO DA AVALIAÇÃO DE IMPACTO AMBIENTAL NA COMUNIDADE EUROPEIA: A DIRECTIVA 85/337/CEE

Capítulo I

DO MODELO DO "COWBOY" À DIRECTIVA 85/337/CEE

1. O desassossego terminológico em torno da noção jurídica de avaliação de impacto ambiental

O problema da dramática degradação, redução e potencial esgotamento de bens fundamentais como o solo e a água é o resultado de um apodíctico privilégio do desenvolvimento industrial. São nos iluministas e transgressivos anos sessenta que começam a despontar sérias preocupações em torno do incontrolado desenvolvimento económico. Surgem então ideias e conceitos novos como o de avaliação de impacto ambiental em conexão com a teoria do desenvolvimento sustentável [1]. Estas

---

[1] Numa perspectiva histórica, a inserção do objectivo do "crescimento sustentável" nos arts. 2.° e 130.° / U do T.C.E, com as alterações introduzidas pelo Tratado da União Europeia (e já anteriormente pelo Acto Único Europeu), é o resultado de um processo que tem o seu início na Conferência (das Nações Unidas) de Estocolmo de 1972. Cfr. A. VON EPINEY e A. R. GALLEN, "Umweltschutz nach Maastricht", in *Europarecht,* 1992, pp. 373 e 374, que salienta as implicações práticas da inclusão dos objectivos ambientais nos arts. 2.° e 3.° no Tratado da C.E.

A dicotomia desenvolvimento económico-protecção do ambiente exposta nesta Conferência tem-se revelado uma orientação fundamental para uma correcta produção legislativa em matéria ambiental, especialmente no que concerne à avaliação de impacto ambiental. Este princípio-objectivo aparece igualmente reflectido no art. 33.° da Convenção de Lomé IV, de 15 de Dezembro de 1989.

Sobre o conceito de *desenvolvimento sustentável* se baseiam os actos juridicamente vinculantes adoptados no âmbito da Conferência das Nações Unidas sobre o ambiente e o desenvolvimento (UNCED) realizada no Rio de Janeiro, Junho de 1992. Sobre o tema, cfr., por exemplo, R. MARCHISIO, "Gli atti di Rio nel diritto internazionale", in *Riv. dir. int.*, 1992, p. 581 e ss. No mesmo sentido se desenvolve o Quinto Programa Comunitário, onde se sublinham os seguintes objectivos funda-

novas ideias e teorias irão permitir introduzir a racionalidade ecológica nos diversos instrumentos analíticos baseados em imperativos técnicos e económicos. É neste contexto que emerge um "corpus" técnico-científico de considerável envergadura e uns anos mais tarde o célebre *National Environmental Policy Act* de 1970.

As primeiras definições metajurídicas de avaliação [2] de impacto ambiental começam por privilegiar tanto a sua faceta interna — técnica de avaliação [3] — como a sua faceta externa,

---

mentais: a) garantir a qualidade de vida; b) evitar danos permanentes ao ambiente; c) garantir o acesso aos recursos naturais.

O quinto programa dá-nos um entendimento corrector do princípio definido no art. 2.º, que aponta contraditoriamente para um *crescimento sustentável.* Ora o conceito *crescimento* é identificado com incrementos quantitativos, enquanto o *desenvolvimento* se refere a aspectos *qualitativos.* De resto só o desenvolvimento e não o crescimento pode entender-se sustentável. Neste sentido o Parlamento Europeu, *Projet de rapport sur le programme d'action des Communautés européennes en matière d'environnement et de développement durable (1993-2000),* apresentado pela Comission des Communautés Européennes au Conseil, 20 de Mars 1992, PE 155.181 / rév. Sobre as fontes e ambiguidade do conceito de "*crescimento sustentável*" expresso no art. 2º do Tratado, cfr. L. M. FALOMO, "L'incidenza del Trattato di Maastricht sul diritto comunitario ambientale", in *Riv. dir. europ.*, n.º 3, 1992, p. 588 e ss. O quinto programa foi finalmente aprovado pela Resolução nº 93 / C 138 / CEE, de 1 de Fevereiro e publicada no *J. O. C. E.* C 138, de 17 de Maio de 1993.

Sobre os aspectos jurídicos pertinentes ao conceito de desenvolvimento sustentável, *vide* H. SCHACHTER, "The Emergence of International Environmental Law", in *Journal of International Affaires,* 1991, p. 457 e ss.; CH. SINGH, "Right to Environment and Sustainable Development as a Principle of International Law" in *Studia Diplomatica,* 1988, p. 45 e ss.

[2] A elaboração do conceito de *avaliação* (evaluation) reflecte uma longa evolução que conduz — com o positivismo lógico — a uma nítida separação entre "juízos de valor", "juízos de facto" e "juízos técnicos". Cfr., por exemplo, o volume de P. M. ROSSI e outros, *Evaluation, a Systematic Approach*, Beverly Hills, London, 1981, p. 43 e ss.

[3] Sobre a dinâmica interna da técnica de avaliação ambiental, *vide* L. W. CANTER, *Environmental Impact Assessment*, *op. cit*, p. 10 e ss.

Todavia, segundo grande parte dos autores, não existe, contudo, nenhuma definição universalmente aceite de A.I.A.. Adiantaremos, a título ilustrativo, algumas definições: 1) "... uma técnica criada para identificar e prever o impacto sobre o ambiente bio-geofísico, a saúde e bem estar humano, resultante de propostas legislativas, programas, projectos e procedimentos de gestão, e para interpretar e comunicar a informação relativa aos eventuais impactos" (R. E. MUNN, *Environmental Impact Assessment: Principles and Procedures*, Report 5, 2.ª ed., Chichester, 1979); 2) "identificar, prever e descrever, em termos correctos, as vantagens e desvantagens (custos e benefícios) de uma obra. Para ser útil a avaliação

o procedimento de avaliação ambiental. Do lado interno, significa uma avaliação antecipada das consequências de uma determinada actividade que se desenvolve sobre cada uma das componentes ambientais. As etapas essenciais de uma avaliação ambiental seriam as seguintes:

a) previsão da alteração de cada um dos elementos descritos;

---

deve ser comunicada em termos compreensíveis à comunidade e aos responsáveis pela autorização da obra. Acresce que as vantagens e os inconvenientes devem ser identificados na base de critérios pertinentes aos países interessados" (cfr. United Nations Environment Programme, *Draft Guidelines for Assessing Industrial Environmental Impact and Environmental Criteria for the Siting of Industry*, Paris, UNEP Industry and Environment Office, 1978); 3) "... uma avaliação de todos os efeitos ambientais e sociais relevantes que podem advir da realização de um projecto" (cfr. BATTELLE INSTITUTE, *The Selection of Projects for EIA*, Brussels, Comission of the European Communities Environment and Consumer Protection Service, 1978); 4) "... a avaliação de impacto ambiental consiste em determinar valores quantitativos por parâmetros seleccionados que definem a qualidade do ambiente antes, durante e depois da intervenção" (cfr. J. E. HEER, e D. J. HAGERTY, *Environmental Assessment and Statements*, New York, 1977); 5) "... o exame sistemático das consequências ambientais de projectos, políticas, planos e programas. O seu escopo principal é o de fornecer às autoridades administrativas responsáveis pela decisão um balanço das implicações das várias linhas de conduta alternativas antes de tomar uma decisão" (cfr. PADC, *A Manual for the Assessment of Major Development Proposals*, London, 1981). Estas citações podem ver-se também em B. CLARK, *op. cit.* p. 5.

Estas definições dão-nos uma indicação geral dos objectivos da A.I.A. ao mesmo tempo que ilustram vários conceitos deste instituto. O escopo da A.I.A. é definido com clareza apenas na primeira das definições. Três das definições compreendem impactos sócio-económicos, enquanto a última noção de A.I.A. refere apenas o ambiente. A definição fornecida pelo Programa das Nações Unidas para o Ambiente (UNEP) infere que a decisão sobre a importância relativa dos impactos positivos e negativos nas condições locais deveria fazer parte da A.I.A. As outras definições limitam-se a indicar que a A.I.A. é um procedimento objectivo, técnico e de precisão, privado de componentes de decisão.

Com o devido respeito por melhor opinião, cremos que o objectivo principal da A.I.A. é o de fornecer (a quem deve tomar as decisões) um exame e um balanço global das implicações das linhas de conduta propostas antes de se tomar uma decisão. Neste sentido, as autoridades que concedem a autorização não devem ser envolvidas no procedimento de avaliação de impacto ambiental, uma vez que este é normalmente considerado um procedimento técnico de natureza preventiva. Cfr. J. CUPEI, "Umweltverträglichkeitsprüfung (UVP). Die Richtlinie des Rates der Europäischen Gemeinschaften", in *DVBl*, 1985, p. 818.

Os resultados do procedimento de avaliação de impacto ambiental são recolhidas num documento a que chamamos *parecer* de compatibilidade ou incompatibilidade ambiental, que contém o balanço dos impactos positivos e negativos que resultam do projecto, plano ou política, conforme os casos.

b) determinação da magnitude da alteração;

c) aplicação de um factor de importância à alteração prevista [4].

Nem sequer faltaram concepções que apontam para uma ideia de funcionalidade da avaliação de impacto ambiental. Nesta perspectiva, a avaliação de impacto ambiental pode ser entendida como o procedimento destinado a assegurar uma protecção conveniente dos factores ambientais na tomada de decisão das acções de maior dimensão [5].

Para uma delimitação jurídica rigorosa é preciso ter consciência do desassossego e mesmo confusão que gravitam em torno do conceito de avaliação de impacto ambiental. Referimo-nos à poligamia de termos utilizados: avaliação de impacto ambiental, estudo de impacto ambiental, parecer de impacto ambiental, declaração de impacto ambiental, assim como aos mais variados esforços conceptuais [6].

Em suma, as formulações não jurídicas partem de uma noção global de avaliação ambiental baseada nas primeiras experiências normativas [7]. Esta concepção gira em torno da ideia de que a avaliação de impacto ambiental deve ser concebida como um instrumento auxiliar da decisão [8], ou como uma

---

[4] L. W. CANTER, *op. cit.*, pp. 10 e 11. Sobre este tema, *vide* também ROSA MORENO, *Régimen Jurídico de la Evaluación de Impacto Ambiental*, Madrid, 1993, p. 19.

[5] Esta aproximação hermenêutica parece-nos de grande utilidade para uma definição jurídico-formal da avaliação de impacto ambiental, entendida numa perspectiva procedimental. Cfr. M. HOLLICK, "The Role of Quantitative Decision--Making Methods in Environmental Impact Assessment", in *Journal of Environmental Management*, n.º 12, 1981, pp. 65-79. Cfr. também P. WATHERN, "An Introductory Guide to EIA", in P. WATHERN, *Environmental Impact Assessment. Theory and Practice,* 2.ª ed., London, 1992, p. 17 e ss.

[6] P. WATHERN, "An Introductory Guide to EIA", *op. cit.*, pp. 6-8.

[7] Referimo-nos, especialmente, à experiência norte-americana onde pontifica a análise custos-benefícios, que inquina decisivamente a avaliação ambiental.

[8] O instituto de avaliação de impacto ambiental assume uma dupla faceta: a da decisão e a do consenso.

A problematicidade e conflitualidade deste instituto prende-se com duas ordens de factores. Uma, externa à avaliação, é constituída pelo carácter finito dos recursos não renováveis, cuja utilização comporta efeitos tantas vezes irreversíveis. A segunda, interna à avaliação ambiental, prende-se com a sua finalidade: é o

forma de conhecimento ao serviço da mesma, com funções de coordenação, racionalização, flexibilidade e consenso [9]. Isto

---

problema da sua duplicidade. Se, por um lado, a avaliação de impacto ambiental é considerada um instrumento de melhoramento e optimização da decisão, por outro a avaliação surge como uma forma de consenso sobre uma determinada política ou projecto concreto. As duas facetas, ainda que teoricamente não contraditórias, podem provocar fortes tensões e "rumores".

A avaliação de impacto ambiental como *decision oriented* propõe-se a construção de uma forma de conhecimento relevante para a tomada de decisão. A avaliação é, assim, concebida como parte de um processo decisional sistematicamente estruturado em diversas fases, em contraste com um modelo "decisionista" e "economicisla" (cfr. P. N. DUINKER e G. E. BEANLANDS, "The Significance of Environmental Impacts: an Exploration of the Concept", in *Environmental Management*, vol. 10, nº 1, 1986, pp. 1-10).

A avaliação ambiental dirigida à optimização da decisão tem como objectivo de fundo racionalizar a decisão através da transferência e inclusão de conhecimentos organizados num processo decisional com várias fases e actores (cfr. W. A. ROSS, "Evaluating Environmental Impact Statements", in *Journal of Environmental Management*, n.º 25, 1987, pp. 137-147). Isto comporta um isomorfismo entre a organização da técnica de avaliação e a estruturação do processo decisional. Como o processo decisional se desenvolve temporalmente em diversas fases, a avaliação ambiental não pode ser concebida como um "sistema fechado" de verdades científicas, mas, essencialmente, como *work in progress*. (Cfr. G. MORO, *Ambiente, consenso e decisione. Una interpretazione sociologica della valutazione di impatto ambientale*, Milano, 1992, p. 58). Em suma, a avaliação de impacto ambiental como um precioso instrumento do *design* dos projectos e das políticas públicas em matéria de ambiente.

Neste sentido, a avaliação ambiental pode desempenhar um papel de modelização da realidade, em abono de uma correcta decisão. A um primeiro nível, a modelização mais ou menos formal do próprio processo decisional permite individualizar as possíveis fases de um procedimento de mediação dos vários interesses em jogo. A um segundo nível, a avaliação de impacto ambiental permite prever e conformar o comportamento dos actores privados e públicos envolvidos no projecto. Numa terceira dimensão de modelização da realidade, podem configurar-se mais nitidamente as diversas alternativas de um plano ou de um projecto. Cfr. B. BOWONDER, "Integrating Perspectives in Environmental Management", in *Environmental Management*, vol. 11, n.º 3, 1987, pp. 305-315.

[9] No que concerne à avaliação de impacto ambiental como *opinion oriented*, com uma função consensual, os seus objectivos e pressupostos são, naturalmente, diferentes da sua orientação como *decision oriented*. Pretende-se agora, com a face consensual deste instituto, uma melhor difusão da informação e de conhecimentos entre os cidadãos; um alargamento dos espaços de comunicação dialógica e de consenso; e, por último, uma maior consciência e participação dos cidadãos neste tipo de procedimentos.

O elenco das finalidades da avaliação de impacto como *opinion oriented* deixa evidenciar uma ulterior duplicidade e ambivalência. Assim, a técnica de avaliação ambiental ao ser considerada um instrumento de comunicação social vem a reflectir o carácter ambivalente da comunicação de que fala Habermas (cfr. J. HABERMAS, *Agire comunicativo e logica delle scienze sociali,* tr. it. Bologna, 1980 e *Teoria dell'agire comunicativo,* 2.º vol., *op. cit.*, p. 175 e ss.).

Uma primeira versão da avaliação de impacto ambiental dirigida para a obtenção do consenso pode ser definida de tipo "luhmanniano". A avaliação ambiental como verdade científica, como forma de redução da complexidade e da comunicação da escolha efectuada. Isto é, como chave do consenso em torno de um projecto ou de uma política, reduzindo desta forma a conflitualidade.

O meio mais importante através do qual a avaliação de impacto pode evitar a conflitualidade vem a ser a *procedimentalização da participação* (cfr. N. LUHMANN, *Legitimation durch Verfahren*, Berlin, 1969). Uma participação organizada e institucionalizada é configurada como um excelente instrumento de prevenção e composição dos conflitos dos agentes económicos com o público.

Uma participação estruturada exige, neste tipo de procedimentos administrativos, notáveis recursos de tipo económico e científico, difíceis de reunir por movimentos sociais espontâneos. Acresce ainda que a compreensão dos dados técnicos exige frequentemente uma boa dose da cultura científica de natureza especialística. Assim, não surpreende que as comunidades, as instituições locais ou os cidadãos, que se manifestam contra um projecto, venham representados, nos momentos de confronto aberto ou do *hearing,* por técnicos, na sua qualidade de intermediários científicos (Cfr. V. BETTINI e outros, *Il bilancio di impatto ambientale*, Milano, 1984, p. 188).

Em suma, a duração temporal do procedimento de avaliação ambiental e a pluralidade de instâncias, frequentemente hierarquizadas, chamadas a pronunciar-se tendem a provocar a atenuação ou mesmo a extinção das observações manifestadas pelos cidadãos. Segundo esta primeira interpretação da avaliação de impacto ambiental como *opinion oriented,* a procedimentalização da participação dos cidadãos acaba por constituir um instrumento de legitimação das decisões, reduzindo ao mínimo os custos democráticos da participação.

A outra face da avaliação de impacto aumbiental como *opinion oriented* pode ser definida de tipo *habermasiano.* A avaliação de impacto é agora vista como terreno de confronto, entre as diversas posições existentes, num dado contexto sócio-territorial, em torno de um projecto ou de uma política. O objectivo é o de atingir um consenso que seja fruto de uma racionalidade cognoscitiva, a qual deixa explicitamente antever a possibilidade de que, sobre questões ambientais e tecnológicas, possam existir não só interesses contrapostos mas também racionalidades diversas (cfr. J. HABERMAS, *Agire comunicativo...*, *op. cit.*, p. 108). Nesta perspectiva *o procedimento de avaliação de impacto ambiental assume-se como a mediação ideal,* de que falámos no início deste trabalho, *onde se condensam as dimensões técnico-instrumental, racional, estética e dramatúrgica da obra em causa.*

Seguindo esta interpretação, a avaliação de impacto ambiental apresenta-se como um instrumento através do qual se afirma a centralidade dos processos participativos na determinação das decisões que envolvam a alteração do ambiente. Isto comporta, obviamente, a superação das tradicionais formas de monetarização do risco, próprias da avaliação ambiental de tipo decisionista. Aqui o consenso é obtido através da distribuição de incentivos de natureza não económica.

Para que o envolvimento do público seja efectivo, é necessário que o procedimento de avaliação ambiental se baseie em dois pressupostos essenciais. O primeiro é constituído pela exigência de uma ampla e clara informação. O segundo pressuposto é dado pela relação entre o procedimento de impacto ambiental e o procedimento principal.

Com efeito, se a avaliação de impacto ambiental vier considerada unicamente como uma relação científica sobre as consequências ambientais de um projecto, delegando totalmente o momento decisório-autorizativo nos poderes públicos, explica que devem ser tomadas cautelas quando se pretende transplantá-las para as concepções jurídicas.

Como pórtico ao tratamento jurídico do instituto de avaliação de impacto ambiental poderíamos dizer que se trata de um procedimento participativo, propedêutico à decisão, por meio do qual se pretende individualizar, descrever e, se possível, quantificar os efeitos que a realização de um determinado projecto, plano ou programa provocará no ambiente [10].

É óbvio, no entanto, que a sua configuração positiva no nosso ordenamento jurídico obriga, desde logo, a algumas precisões. Numa vertente estritamente jurídico-administrativa há que anotar os seguintes aspectos:

1) O *âmbito* da avaliação de impacto ambiental restringe-se, entre nós, a determinados projectos públicos e privados fixados na lei (Anexo I do D.L. nº 186/90 e Anexo do D.R. nº 38/90), com exclusão de planos e programas.

2) A avaliação de impacto ambiental, na sua *vertente material,* faz referência a um poder discricionário que tem a soberana função de identificar e avaliar os impactos que a exe-

---

a participação pública perde em grande medida sentido. Decisivo para esta concepção de avaliação ambiental é a possibilidade do público exercitar um controlo efectivo sobre as decisões. Dir-se-ia também que, se a participação se limitasse ao registo de opiniões do público sobre o projecto, não seria necessário construir o complexo iter participativo do procedimento de impacto ambiental. Poder-se-ia, com vantagem, recorrer a metodologias como a *survey*, que permite colher as preferências da população sobre um determinado tema específico, numa relação com as variáveis explicativas.

A coexistência das duas orientações da avaliação de impacto ambiental — *decision oriented* e *opinion oriented* — é susceptível de provocar tensões e conflitos entre o "decision maker" e os entes representativos do interesse difuso ambiental. Estes conflitos exprimem a contradição entre a tecnologia social e a racionalidade discursiva, para retomar o célebre debate Habermas - Luhmann. Cfr. J. HABERMAS, N. LUHMANN, *Theorie der Gesellschaft oder Sozialtechnologie*, Frankfurt, 1971.

[10] Utilizamos aqui uma noção ampla de avaliação de impacto ambiental, que não se confina aos limites positivos postos pelo Direito comunitário do ambiente e pelo nosso ordenamento jurídico, privilegiando os ensinamentos do direito comparado. Muitas vezes aparecem confundidas as expressões de estudo de impacto e avaliação de impacto ambiental, o que é manifestamente redutor do alcance procedimental deste instituto.

cução de uma determinada obra causa no ambiente. Ambiente e impacto são, assim, os dois conceitos nucleares que servem de base à definição do poder discricionário.

Na sua *veste formal*, a avaliação de impacto ambiental significa um procedimento administrativo participativo destinado a ponderar antecipadamente as consequências ambientais resultantes de um projecto público ou privado. Trata-se, em suma, do revestimento procedimental do poder discricionário de avaliação ambiental.

3) *O estudo de impacto ambiental* é a peça documental essencial da avaliação ambiental, mais precisamente um documento técnico que o dono da obra deve apresentar no início do procedimento de avaliação de impacto ambiental (art. 3.°/ 1 do D.L. n° 186/90). É sobre este elemento técnico que em grande medida se baseia o parecer de "compatibilidade" ambiental [11].

4) *O parecer de "compatibilidade ambiental"* é o acto terminal do procedimento de avaliação ambiental. Acto formalmente não vinculativo [12], emanado pelo órgão ambiental competente, que culmina o referido procedimento. "Acto-parecer" que, posteriormente, vai ser introduzido na instrução do procedimento principal. Neste procedimento haverá lugar a uma justa ponderação de interesses, sem prejuízo da hegemonia assumida pelo interesse ambiental no procedimento de avaliação de impacto ambiental.

---

[11] Do rigor dos estudos de impacto ambiental depende em grande medida a seriedade da avaliação ambiental. Neste sentido, o legislador deverá consagrar mecanismos selectivos das equipas interdisciplinares, assim como a sua independência e responsabilidade face ao dono da obra, à semelhança do direito brasileiro. Cfr. LEME MACHADO, *Direito Ambiental Brasileiro*, 2.ª ed. São Paulo, 1989, p. 137 e ss. Para o direito norte-americano *vide* L. CANTER, "Environmental Impact Studies in the United States", in B. CLARK, R. BISSET, A GILAD, P. TOMLINSON, *Perspectives on Environmental Impact Assessment*, Dordrecht / Boston / Lancaster, 1984, pp. 15-25.

[12] Como vimos anteriormente, trata-se de um acto materialmente vinculativo, por força do que convencionámos chamar discricionaridade administrativa objectiva.

2. A avaliação de impacto ambiental como procedimento administrativo: considerações metodológicas

Por avaliação de impacto ambiental entende-se, portanto, um procedimento fundado na individualização, descrição e, se possível, quantificação do impacto global sobre o ambiente resultante de um determinado projecto ou empreendimento, tendo em consideração a importância relativa atribuível a cada um dos efeitos [13].

---

[13] A partir dos anos cinquenta e sessenta assiste-se a uma crescente consciência dos problemas ambientais que trouxe consigo uma maior atenção sobre o desenvolvimento económico nas modernas sociedades industriais e das suas possíveis consequências sobre o ambiente.

As primeiras tentativas de avaliar os projectos de grandes empreendimentos, sobretudo na área industrial e das infra-estruturas, não pecou pelo seu refinamento técnico e estético, baseando-se antes em estudos técnicos empíricos e especialmente na análise custos-benefícios (ACB). Este tipo de análise desenvolveu-se como forma de exprimir todos os impactos possíveis em termos de custos avaliados em dinheiro. Contudo, as obras avaliadas segundo as técnicas ACB, como, por exemplo, o projectado terceiro aeroporto de Londres, suscitaram grande perplexidade na opinião pública.

As limitações e defeitos deste tipo de técnica foi-se tornando mais visível, surgindo em sua substituição a chamada avaliação de impacto ambiental (A.I.A.). O novo conceito de A.I.A. foi visto desde o início pelos grupos ambientalistas como um meio potencialmente favorável à sua causa. Evoluiu-se no sentido de uma aproximação global à avaliação, na qual aos factores ambientais, tal como aos factores técnicos e económicos, é atribuído um peso importante no processo que conduz à decisão. Em síntese, a avaliação de impacto ambiental foi concebida como uma técnica globalizante, devendo incorporar todos os impactos potenciais que criavam problemas à ACB (cfr. BRIAN D. CLARK, "Environmental Impact Assessment (EIA): Scope and Objectives", in *Perspectives on Environmental Impact Assessment*, *op. cit.*, pp. 3 e 4). No início, portanto, os técnicos usavam o sistema de ACB como meio de recolha de informações, sem compreender a lógica do desenvolvimento económico.

Hoje parece-nos evidente considerar a A.I.A. como um meio idóneo de avaliar projectos e programas de desenvolvimento, desempenhando um papel importante na formulação de planos e linhas de conduta relativas ao ambiente e à sua avaliação. Contudo, é bom não esquecer que à luz do direito positivo nacional e comunitário, a A.I.A. vem aplicada apenas a projectos públicos e privados, mas não aos planos urbanísticos e económicos, o que nos parece uma limitação fundamental.

Em síntese, até há bem pouco tempo os projectos eram frequentemente avaliados segundo critérios técnicos, económicos e políticos, enquanto os potenciais impactos ambientais, sociais e sanitários raramente eram tomados em consideração de forma adequada. Quando eram ponderados, tal avaliação consistia habitualmente numa análise custo-benefício, que tentava grosseiramente atribuir um valor monetário às variáveis não-económicas como a destruição de um ecossistema

O conceito de avaliação de impacto ambiental pressupõe a consciência de que os meios que a civilização industrial contemporânea coloca à disposição da intervenção humana podem conduzir a irremediáveis fracturas na continuidade da evolução história do território ou causar a degradação irreversível dos recursos ambientais, submetidos a uma capitalização excessiva e irracional. Os adjectivos irremediável e irreversível são utilizados intencionalmente para significar que, quando estamos na presença destes fenómenos, não se pode falar de recuperação, no sentido positivo de englobar entre os elementos da planificação territorial os valores históricos da presença humana ou de utilizar em termos alternativos os recursos naturais. Nestas circunstâncias, quando muito pode falar-se de intervenções urgentes para evitar catástrofes ecológicas que a história tem registado com crescente perplexidade.

Por outro lado, uma obra ou empreendimento ainda que bem projectado comporta, por definição, o risco de uma alteração do ambiente [14], pelo que é razoável exigir modificações ao

---

ou os efeitos sociais e sanitários provocados pela poluição do ar. O resultado deste tipo de avaliação é que muitos programas de desenvolvimento provocaram impactos imprevistos, reduzindo, consequentemente, os benefícios. Um exemplo é a construção da barragem de Assuan que teve consequências secundárias danosas, como a redução da produtividade agrícola e uma crise da indústria da pesca no Mediterrâneo. Cfr. B. CLARK, *op. cit.*, p. 3 e ss.

14 Cfr. S. SARTORI, "La percezione del rischio nella 'Via' ", in F. BEATO, *La valutazione di impatto ambientale. Um approccio integrato,* 2ª ed., Milano, 1991, p. 142 e ss.

Além dos dicionários nos oferecerem uma definição insatisfatória de risco, julgamos mais avisado optar por uma interpretação cultural.

Platão considerava o *risco* como algo inerente à aceitação de certas hipóteses ou crenças e, portanto, *belo.* No existencialismo o risco é considerado inerente à escolha do próprio sujeito e de toda a decisão existencial.

A dificuldade maior de uma dismistificação do conceito de *risco* está em que, desde Aristóteles, o pensamento ocidental é dominado por uma compreensão da noção de risco baseada na essencialidade da máxima utilidade com o mínimo esforço.

O pensamento ocidental acaba por assinalar à fórmula: probabilidade x magnitude / tempo, a essência aristotélica do fenómeno – risco. Esta compreensão pode reunir o conjunto aristotélico de condições necessárias e suficientes para categorizações e cálculos próprios da engenharia e da física, mas parece-nos

projecto que permitam restabelecer novos equilíbrios aceitáveis, de tal modo que a utilização dos recursos não comprometa a sua capacidade de reprodução [15]. Para que este escopo

---

manifestamente insuficiente do ponto de vista cultural e social (cfr. S. SARTORI, *op. cit.*, p. 148).

Impõe-se, assim, chegar a uma definição mais ampla e aberta de risco, desnudando as perversões epistemológicas que se enunciam sob o abuso das fórmulas Pxm / t ou *how safe is safe enough*. Diversos pré-juízos minaram o conceito de risco. O primeiro é de tipo redutor, próprio da racionalidade científica, eficaz noutros contextos históricos, mas talvez menos nos nossos dias. O segundo reporta-se à ideia de que a gestão do risco seja só um problema de minimização do mesmo, confrontado com as vantagens e os custos relativos. Um preconceito tipicamente da racionalidade económica. O terceiro preconceito tem a ver com a ideia de segurança, própria da racionalidade tecnocrática.

O problema, segundo cremos, não está só no "domínio" do risco, sempre difícil de contornar, mas no estabelecimento de procedimentos adequados à obtenção de consensos racionais, sobretudo daqueles que suportam tais riscos, e na credibilidade ética e científica das entidades que decidem.

A substituição do conceito aristotélico de risco não é apenas uma questão linguística, mas a tradução de toda uma série de interacções entre o humano, a colectividade e o ambiente, o que pressupõe uma aproximação interdisciplinar e ética ao problema.

O risco não pode ser reduzido a uma qualquer situação de ameaça ou perigo. Assumir ou evitar conscientemente um risco implica o reconhecimento de que existem razões para agir de certo modo. Assumir riscos implica correr "perigo", mas estar em perigo não implica o conceito de risco.

O problema do risco coloca um problema fundamental: o tipo de racionalidade subjacente à decisão. Sabendo que a variabilidade cultural oferece distintas percepções de risco, entendemos que a racionalidade ambiental não pode deixar de ser uma componente decisiva da decisão sobre a realização de uma determinada obra.

Compreendemos também, como assinala W. C. CLARK, "Witches, Floods, and Wonder Drugs: Historical Perspectives on Risk Management", in R. SCHWING, W. ALBERS, *Social Risk Assessment: How Safe is Safe Enough?*, New York, 1980, pp. 287 e ss., que o problema não está só em dominar e reduzir os riscos, mas fundamentalmente como enfrentar o desconhecido, o outro lado ignorado. Chegados a este ponto não cremos que a fórmula matemática do risco (probabilidade por consequência) nos impeça de permanecer conscientemente preocupados. Cfr. O. RENN, "Psychological and Sociological Approaches to Study Risk Perception", in *Environment International*, vol. 10, n.ºs 5 e 6, 1984, p. 173 e ss.

Em síntese, a análise e avaliação do risco ambiental não se podem resumir à razão técnico-económica, antes devem ponderar aspectos sociais, culturais e éticos.

[15] Estas observações são feitas tendo igualmente em consideração a actual turbulência legislativa, comunitária e nacional, que tanto nos tem atormentado. Referimo-nos, particularmente, à anunciada alteração da Lei de avaliação de impacto ambiental (D.L. n.º 186/90), bem como da Directiva 85/337 (Proposta do Conselho de 16-3-94). A nível da União Europeia as alterações não se resumem apenas à referida Directiva, visto que está igualmente prevista uma Directiva para a chamada *avaliação ambiental estratégica* (planos, programas, políticas, etc.).

possa ser atingido, é óbvio que os resultados da avaliação sobre a aceitabilidade das alterações, que um projecto é susceptível de provocar no ambiente, devem poder condicionar a decisão final [16]. Sendo certo que devem pelo menos levar a modificar as características consideradas mais negativas.

A avaliação de impacto ambiental deve, assim, ser correctamente integrada nos procedimentos autorizativos de todos aqueles projectos que, pela sua natureza ou pelas características da zona em que devem ser realizados, são susceptíveis de modificar de maneira sensível as condições ambientais [17]. A "integração" procedimental pode e deve realizar-se sempre que do projecto, acompanhado de um estudo dos efeitos ambientais, possam resultar danos para o ambiente de tal modo relevantes que a autoridade competente para a autorização ou aprovação do projecto está obrigada a ponderar tais efeitos, considerando a sua aceitabilidade ou não [18].

Sobre estes princípios se deve basear o conceito de avaliação de impacto ambiental. A sua aplicação prática estrutura-se, frequentemente, de modo algo diverso, podendo, na pendência do significado a atribuir aos vários termos usados, oferecer resultados muito diferentes e contrastantes. Em particular, a avaliação contém em si uma margem notável de ambiguidade que justifica a heterogeneidade das experiências que comummente lhe vêm referidas [19].

Com efeito, a avaliação de impacto ambiental é normalmente entendida como a valoração (do ponto de vista ambiental) de um *projecto completamente definido,* baseado no con-

---

Cfr. *Papeles del Centro E.I.A.*, Madrid, 1995, p. 9 e ss. e onde se faz referência a uma proposta legislativa da Comissão para 1995.

[16] Cfr. o art. 8.º da Directiva 85/337/CEE e o art. 6.º do D.L. n.º 186/90.

[17] Para tal impõe-se recorrer à cláusula geral contida no art. 2.º/1 do D.L. n.º 186/90. Neste sentido, é igualmente iluminante o n.º 2 do art. 4.º da proposta de Directiva do Conselho de 16 de Março de 1994.

[18] S. BRUSCHI, *Valutazione dell'impatto ambientale*, 2.ª ed., Roma, 1988, p. 2.

[19] P. DE JONGH, "Uncertainty in EIA", in P. WATERN, *Environmental Impact Assessment, op. cit.*, p. 62 e ss.; H. J. SCHEMEL, *Die Umweltverträglichkeitsprüfung (UVP) von Grossprojekten,* Berlin, 1985, p. 45.

fronto entre as alterações introduzidas no ambiente e os requisitos ambientais prefixados. A conclusão do procedimento de avaliação de impacto ambiental consiste, neste caso, num juízo de compatibilidade, isto é, responde à questão de saber se o projecto é compatível com as mais genéricas exigências de tutela e conservação dos recursos naturais [20]. Um procedimento de avaliação deste tipo poderá ser integrado, sem grandes alterações, nos procedimentos autorizativos vigentes. Pelo menos nos procedimentos autorizativos mais complexos, uma primeira alteração a propor, relativamente à situação existente, consistiria na possibilidade de recolher num procedimento instrutório unitário, ou através de uma conferência de serviços, os pareceres emanados em momentos diversos e tendo em consideração apenas as particulares exigências de cada uma das autoridades envolvidas. Assim, os elementos objectivos de conhecimento do ambiente e a análise das (inter)relações entre a obra projectada e o ambiente, que deverão acompanhar o projecto em causa, poderão reduzir em muito as margens de discricionaridade deixada às autoridades competentes. A verdade é que muitos destes pareceres na base dos quais deve ser baseada a avaliação são motivados por considerações de tipo subjectivo e político, o que constitui uma contradição nos termos, uma vez que só se pode falar verdadeiramente de avaliação quando esta possui as características da objectividade e da verificabilidade.

Em qualquer caso, o confronto entre os requisitos ambientais e os efeitos, isto é, a avaliação dos impactos deverá operar-se exclusivamente através da utilização de métodos científicos [21]. Trata-se, portanto, de exigir uma maior respon-

---

[20] Por exemplo, o projecto poderá ser considerado inaceitável se apenas um dos impactos resulta superior a um determinado limiar crítico. Cfr. S. BRUSCHI, *op. cit.*, p. 2.

[21] Sobre este ponto, cfr., por exemplo, R. BISSET, "Métodos de AIA", in *Avaliação do Impacte Ambiental,* Lisboa, 1994, p. 78 e ss.; R. BISSET, "Developments in EIA Methods", in P. WATHERN, *Environmental Impact Assessment, op. cit.*, p. 47 e ss.; R. ATKINS, " A Comparative Analysis of the Utility of EIA

sabilização da Administração Pública na formação dos actos administrativos da sua competência e uma ágil verificação das motivações que estão na sua génese. Não esquecendo que a avaliação dos efeitos estéticos e paisagísticos exige o recurso às ciências humanas e sociais, as quais conservam uma certa margem de subjectividade na apreciação.

Independentemente das modalidades por que se realiza a avaliação ambiental, quando se examina, no curso de procedimentos autorizativos, um projecto já definido, é espontaneamente privilegiada uma de duas alternativas: ou se aceitam os efeitos ambientais porque, ainda que danosos, não atingem o nível máximo de perigosidade ou se refutam em bloco, antepondo as razões ambientais às de natureza sócio-económica.

A experiência ensina-nos que é muito difícil recusar um projecto por razões ambientais, a menos que as consequências imediatas sejam catastróficas. O resultado é que nestes casos se acaba por transcurar a importância dos efeitos de escassa dimensão, mas tornados perigosos com o decurso do tempo se somados a outros impactos análogos e, portanto, susceptíveis de desencadear uma cadeia de efeitos no ambiente que se tornam irreversíveis e dificilmente controláveis [22].

Quando estamos confrontados, como ainda hoje acontece, com um "processo" de avaliação embrionário (opção entre variantes tardiamente inseridas), o resultado do procedimento autorizativo é, neste caso, a opção, por "via intuitiva", daquelas soluções técnicas que melhor salvaguardam o ambiente sem, todavia, colocar em questão a essência do projecto da obra. Isto é, as variantes não estando previstas *ab initio* são introduzidas "caprichosamente" *ex officio* [23].

Methods", in B. CLARK, R. BISSET, A. GILAD e P. TOMLINSON, *Perspectives on Environmental Impact Assessment, op. cit.*, p. 241 e ss.

[22] R. N. ANDREWS, "Environmental Impact Assessment and Risk Assessment: Learning from Each Other", in P. WATHERN, *op. cit.*, p. 85 e ss.

[23] S. BRUSCHI, *op. cit.*, p. 4.

Este tipo de procedimento de avaliação de impacto ambiental deve ser considerado ainda muito "verde", uma vez que aplicado a um projecto completamente definido não pode tomar em consideração senão as variantes menores, minorando as verdadeiras alternativas à realização da obra.

Se, pelo contrário, a avaliação ambiental é feita antes da conclusão do processo de projectar a obra, quando ainda podem ser consideradas várias possibilidades de solucionar os problemas que o projecto coloca e deve resolver, não é necessário sacrificar drasticamente as exigências técnico-económicas ou as que se prendem com a protecção do ambiente. Aqui é ainda possível encontrar mediações para resolver os interesses contrapostos. Para atingir este objectivo, o procedimento de avaliação ambiental deve permitir uma graduação das diferentes variantes do projecto em relação ao conjunto dos aspectos ambientais tomados em consideração.

Por avaliação de impacto ambiental entende-se agora o resultado do procedimento de ponderação entre várias soluções possíveis de realização do projecto, de modo a individualizar aquela quc globalmente melhor responde às exigências de tutela do ambiente [24]

Métodos científicos para a escolha da variante que melhor responde à manutenção das condições ambientais globalmente consideradas satisfatórias, são aqueles que adoptam a figura dos *balanços de impacto ambiental*, quantitativos c qualitativos, do conjunto dos efeitos ambientais relativos a cada uma das variantes propostas [25].

Evidentemente, nem sempre é fácil prever e, sobretudo, avaliar todos os efeitos ambientais de um projecto como,

---

24 Por exemplo, a variante *B* poderá ser preferível à variante *A* porque ainda que custando mais e inserindo-se bem na paisagem, assegura melhor a manutenção dos requisitos da qualidade da água, considerados neste caso de primária importância. Cfr. S. BRUSCHI, *op. cit.*, p. 4.

25 S. BRUSCHI, *op. cit.*, p. 4.

por exemplo, o nível de alterações de uma paisagem em termos qualitativos, ou encontrar para aqueles critérios universalmente aceitáveis. Igualmente difícil é definir o peso a atribuir a cada um dos efeitos relativamente a outros como, por exemplo, a alteração dos valores paisagísticos confrontada com o aumento do inquinamento da água. Em suma, o nível de sofisticação do método de avaliação e ponderação utilizado pode condicionar fortemente a pretendida objectividade do resultado final. Todavia, o problema só é definitivamente resolvido com uma correcta articulação do instituto de avaliação de impacto ambiental com a figura do ordenamento do território.

3. O impacto ambiental

Por *impacto ambiental* deve entender-se a *alteração global* das condições ambientais originárias e a nova situação referida directa ou indirectamente à intervenção humana considerada [26]. Em geral não surgem problemas sobre a consideração e pertinência dos efeitos directamente referidos à obra em causa: impactos directos ou primários [27].

O controlo deste tipo de transformações ambientais é geralmente contemplado na lei de todos os países industrializados: controlo da qualidade do ar, da água, salvaguarda dos recursos hídricos e outros. Isto é conseguido através da fixação de adequados *standards* e requisitos relativos

[26] A noção de impacto engloba qualquer alteração da realidade existente, primária ou secundária, positiva ou negativa, causada directa ou indirectamente por um evento. Neste sentido, cfr. F. FIORELLI, "Valutazione di impatto ambientale negli Stati Uniti", in *Econ. pubbl.*, n.º 6, 1983, p. 253; J. F. CHAMBAULT, "Les études d'impact et la Communauté Européenne", in *R.J.E.*, n.º 4, 1985, p. 404 e ss. *Impacto* é um termo técnico que vem do latim *impingere* (impelir contra). A expressão *impacto ambiental* tem um sentido absolutamente neutro, se bem que comporte uma ligeira conotação negativa.

[27] R. BISSET, "Methods for Assessing Direct Impacts", in B. CLARK e outros, *op. cit.*, p. 195 e ss.

ao projecto e ao funcionamento dos diversos estabelecimentos e instalações e às características dos bens ambientais tutelados.

No primeiro caso são fixadas concentrações máximas de substâncias nocivas que podem ser lançadas no ambiente. Estes níveis de concentração devem ser respeitados durante o funcionamento do estabelecimento, sendo preventivamente verificadas determinadas componentes do projecto (instalações de tratamento de fumos, sempre que haja probabilidades de poluição atmosférica, etc.). No segundo caso e mais relevante, a avaliação de impacto ambiental refere-se a *standards* de qualidade do ambiente (como, por exemplo, do ar ou da água), devendo ter em consideração também os efeitos sinérgicos e de acumulação [28].

Diversa é a situação dos efeitos indirectos ou secundários, que exigem o conhecimento das regras de funcionamento de ecossistemas complexos e delicados [29]. Assim, por exemplo, a remoção da cobertura do solo (efeito directo de um projecto de reconversão agrária ou de um projecto de uma auto-estrada) pode causar uma excessiva erosão, com o consequente aumento das partículas sólidas em suspensão nos cursos de água do sistema hidrográfico afectado. Este acréscimo excessivo de partículas reduzirá a percentagem de penetração da luz na água e, por consequência, resultará numa diminuição do oxigénio. O efeito indirecto do projecto constituirá então uma ameaça ao ecossistema aquático e, por conseguinte, numa alteração da qualidade das águas dos rios afectados [30].

Efeitos indirectos deste tipo, dificilmente quantificáveis, não se prestam facilmente, como é bom de ver, a uma regula-

---

[28] S. BRUSCHI, *op. cit.*, p. 5.

[29] P. WATHERN, "Methods for Assessing Indirect Impacts", in B. CLARK e outros, *op. cit.*, p. 213 e ss.

[30] J. G. RAU, "Concepts of Environmental Impact Analysis" in J. RAU e C. WOODEN, *Environmental Impact Analysis Handbook*, New York, 1980, p. 87.

mentação jurídica, exigindo análises apuradas e a aplicação de modelos complexos nem sempre incompatíveis com margens de incerteza razoavelmente amplas. Análogas dificuldades de previsão estão patentes nos casos em que se pretenda avaliar os efeitos a médio e a longo prazo. Na avaliação global do impacto ambiental de um projecto torna-se necessário proceder a uma ponderação entre as vantagens e as desvantagens do empreendimento no imediato e a longo prazo, assim como importa considerar se a realização do projecto impede no futuro modalidades alternativas de utilização dos mesmos recursos naturais [31].

Os impactos ambientais imediatos ou a curto prazo são aqueles que se verificam durante o período de construção ou da entrada em funcionamento do estabelecimento industrial, enquanto os impactos a médio e longo prazo se manifestam para além do período inicial, podendo, inclusive, provocar no futuro efeitos indirectos no ambiente cuja importância e dimensão pode ser determinante para a degradação dos bens ambientais [32].

Se se consideram os efeitos negativos que a longo prazo afectam recursos não renováveis (biótopos de particular interesse, elementos singulares de rara beleza paisagística, recursos mineiros, combustíveis fósseis, etc.), reparamos que facilmente se tornam irreversíveis e, portanto, inaceitáveis na medida em que a perda ou a diminuição dos recursos não poderá em algum caso ser sucessivamente compensada através da reposição das condições naturais. Em suma, os efeitos negativos irreversíveis, directos ou indirectos, são aqueles que mais devem condicionar a decisão final sobre o projecto.

---

[31] S. BRUSCHI, *op. cit.*, p. 6.

[32] Seria, por isso, conveniente institucionalizar um sistema de controlo que vigiasse os efeitos da obra bem para lá da sua construção.

4. O *NEPA* como referência obrigatória da Directiva 85 / 337 / CEE

O modelo estado-unidense, pioneiro nesta matéria desde que a um de Janeiro de 1970 entrou em vigor o *National Environnmental Policy Act* (*NEPA*, 1969), representa uma referência indispensável da Directiva 85/337/CEE, bem como, no contexto europeu, a experiência francesa com a Lei de protecção da natureza, de 10 de Julho de 1976 [33].

Cabe agora, para melhor compreensão da Directiva Comunitária, sintetizar alguns dos aspectos e problemas relevantes postos pela experiência americana.

Antes de mais importa salientar que o âmbito material do procedimento de avaliação de impacto ambiental é bastante amplo, abrangendo planos, programas, políticas e, inclusive, os projectos legislativos. A expressão "ambiente humano" deixa, por sua vez, transparecer uma noção extensiva de ambiente, incluindo impactos e considerações de natureza social, económica e territorial, além dos inevitáveis impactos físico-naturais [34].

O modelo norte-americano assinala reiteradamente a obrigação de identificar as características da população e o seu crescimento, mas sobretudo a relação do projecto com os planos de uso do solo e as políticas definidas para a área potencialmente afectada. Contempla-se em profundidade a descrição, estudo e avaliação de alternativas razoáveis, considerando mesmo a opção zero, isto é, *no action*.

O *NEPA* concede grande importância à participação do público, entendendo-se que deve ter lugar nas primeiras fases

---

[33] O *NEPA* é normalmente considerado pelos autores como o *bill of rights* do ambiente, sendo constituído por um preâmbulo *(Congressional declaration of purpose)* e dois capítulos (títulos). Cfr. D. SIVE e outros, *A Practical Guide to Environmental Law,* Philadelphia, 1987, p. 171.

[34] Insiste-se na experiência norte-americana numa aproximação interdisciplinar, nomeadamente com o recurso às ciências naturais e sociais, numa tentativa de racionalizar o processo decisional.

do procedimento, por forma a potenciar eventuais alternativas ao projecto em questão. O *draft environmental statement*, que deve circular entre as diferentes agências, é também sujeito aos comentários do público durante um prazo mínimo de quarenta e cinco dias. Uma vez recebidos os comentários e observações das agências e do público, a agência responsável elabora o *final environmental impact statement*, sujeito igualmente a novos comentários e alegações durante trinta dias no mínimo [35].

Reconhece-se, assim, que a capacidade de supervisionar os estudos de impacto *(EIS)* e as alternativas, antes da tomada de decisão final, representa uma reforma administrativa importante. Racional, porque permite um escrutínio independente e contrastado, além de uma verificação das bases analíticas e políticas das decisões governamentais; democrática, porque facilita um acesso extremamente amplo a um conhecimento prévio das intenções dos promotores do projecto [36].

O *EIS* é um instrumento que se revelou válido tanto para a coordenação federal entre agências, como para as relações intergovernamentais na gestão do ambiente. Tanto mais que, antes da entrada em vigor do *NEPA*, havia uma considerável ausência de comunicação entre as agências federais e estatais [37].

Uma nota crítica relaciona-se com a amplitude e tecnicidade dos *EIS*, tornando-os de difícil acesso para grande parte do público interessado. A complexidade e a linguagem técnica dos estudos de impacto veio dificultar a síntese dos problemas

---

[35] L. F. CARREL, *Die Überprüfung der Umweltverträglichkeit von Bundesmassnahmen in amerikanischen Recht*, Berne, 1980, p. 272.

[36] R. CAHN, "The Impact of NEPA on Public Perception of Environmental Issues", in *Environmental Law Report*, n.º 3, 1976, p. 4080 e ss., faz depender o êxito do procedimento de avaliação de impacto ambiental de uma participação substancial do público.

[37] J. A. LANDA, "La evaluación de impacto ambiental. Marco de referencia y aspectos relevantes a debatir", in *Ciudad y Territorio*, n.º 83, 1990, p. 49.

essenciais para tomar uma decisão, razão pela qual se vem defendendo que a informação seja facilmente entendível. Questionou-se igualmente a dimensão dos estudos que atingiam normalmente várias centenas de páginas, o que obviamente não facilitava a sua compreensão pelos cidadãos [38]. Neste sentido, as questões nucleares passaram a incluir um resumo não técnico, figurando os detalhes técnicos como apêndices [39].

O *NEPA* veio ainda questionar o tradicional mecanismo de compartimentar e fragmentar os complexos problemas de gestão do ambiente, dispersando-os por diversas administrações. A divisão, tantas vezes artificial, dos projectos ou iniciativas escalonadas através de programas, dificulta claramente não só a avaliação cumulativa dos efeitos ambientais, como frequentemente se pretende expulsar da respectiva avaliação de impacto uma qualquer actividade geradora de danos ambientais.

Numerosos Estados adoptaram, por via administrativa, particulares procedimentos de avaliação de impacto ambiental. Praticamente todos os Estados contemplam um *EIS* para actividades, projectos e programas dependentes directamente das agências estatais, tanto para iniciativas governamentais como para actividades privadas [40]. Cada Estado regula, inclusive, o seu particular procedimento no que toca à participação dos cidadãos.

Finalmente, a preocupação de que o procedimento de avaliação de impacto ambiental comportaria enormes encargos financeiros e atrasos aos procedimentos autorizativos não se

---

[38] Actualmente o número de páginas mantém-se nas cento e cinquenta, podendo ir até às trezentas páginas nos projectos mais complicados (Reg. § 1502.7)

[39] N. LEE, "Environmental Impact Assessment: a Review", in *Applied Geography*, nº 3, 1983, p. 5 e ss. Para L. W. CANTER, "El papel de la *EIA* en la protección ambiental: seguimiento y control", in *Jornadas sobre Evaluación de Impactos Ambientales*, Sevilla, 1988, p. 8, o nível da informação e a análise do estudo de impacto dependerá da importância do projecto e do respectivo impacto ambiental.

[40] CHRISTOPHER WOOD, *Environmental Impact Assessment. A Comparative Review*, London / New York, 1995, p. 24 e ss.

veio a comprovar [41]. Isto não significa que, por força dos estudos de impacto, muitos dos projectos se vissem alterados ou mesmo cancelados, de harmonia com as preocupações ambientais expressas pelo legislador norte-americano [42].

5. Anotações introdutórias à Directiva 85/337/CEE: a importância dos *programas de acção* em matéria ambiental

A meados dos anos setenta, a Comunidade Europeia começou a evidenciar alguma atenção no que respeita à conveniência de introduzir legislação ambiental de cariz preventivo. Não é, contudo, a única organização europeia preocupada com a valoração e protecção do ambiente. Com efeito, a Comissão Económica das Nações Unidas para a Europa abordava também este tema [43], bem como a *OCDE* que se debruçou já em 1974 sobre os efeitos ambientais resultantes de grandes projectos, adoptando então a figura dos estudos de impacto ambiental [44].

---

41 Segundo B. CLARK, "Environmental Impact Assessment (EIA): Scope and Objectives", *op. cit.*, p. 11, os custos variam entre 0,5% e 2% do valor do projecto.

42 Para isso contribuiu uma análise interdisciplinar, integrando, no processo de planeamento e decisional, pontos de vista epistemológicos das ciências naturais, sociais e físicas.

43 United Nations Economic Comission for Europe, *Environmental Impact Assessment: Proceedings of UNECE*, Oxford, 1979. Cfr. também M. NAY HTUN, "Development of UNEP Guidelines for Assessing Industrial Environmental Impact and Environmental Criteria for the Siting of Industry", in BRIAN D. CLARK e outros, *Perspectives on Environmental Impact Assessment*, *op. cit.*, p. 253 e ss.

Sobre os antecedentes do procedimento de impacto ambiental em organismos internacionais, *vide*, entre muitos outros, S. HEBRARD, "Les études d'impact sur l'environnement devant le juge administratif", in *R.J.E.*, n.º 2, 1981, p. 130.

44 Conselho da OCDE, 14 de Novembro de 1974, Recomendação C. 74-216. Para uma leitura do desenvolvimento internacional da avaliação de impacto ambiental, *vide* recentemente R. MORENO, *Régimen Jurídico de la Evaluación de Impacto Ambiental, op. cit.*, p. 21 e ss.

O Conselho Europeu de Direito do Ambiente, através da Resolução número 7, adoptada a 3 de Junho de 1978 em Colmar, estabeleceu também alguns princípios directores para o procedimento de impacto ambiental [45]. O Conselho aponta dezanove princípios de enorme interesse, incidindo nos seus considerandos que as "consequências ambientais não podem ser verdadeiramente avaliadas sem recorrer a uma participação efectiva dos cidadãos afectados". Ressalta do documento (Resolução) a insistência na necessidade de "garantir a transparência no processo de decisão", prevendo, inclusive, a realização de audiências públicas em que o titular do projecto estaria obrigado a responder às objecções e observações formuladas pelos cidadãos (Princípio X) ou por técnicos (Princípio XII). É igualmente significativo o princípio de que o procedimento de avaliação de impacto ambiental possa abranger programas e planos e não apenas projectos individuais (Princípio XIV) [46].

Na origem da Directiva 85/337/CEE, de 27 de Junho, encontramos também os princípios básicos expressos nos primeiros Programas de Acção adoptados pela Comunidade Europeia em matéria ambiental [47]. Estes Programas introdu-

---

[45] Cfr. o número monográfico da *Revue Juridique de l'Environnement*, n.º 2, 1981. Todavia, as preocupações ambientais a nível comunitário têm um marco importante na Conferência de Paris de 1972, com manifestos reflexos nos programas de acção em matéria ambiental. Cfr. L. PAREJO ALFONSO, LUDWIG KRÄMER y otros, *Derecho Medioambiental de la Unión Europea*, Madrid, 1996, pp. 108 e 109.

[46] Cfr. A. LANDA, *op. cit.*, p. 52. A assembleia parlamentar do Conselho da Europa adoptou também a recomendação 911, de 27 de Fevereiro de 1981, sobre o impacto ambiental de grandes instalações industriais.

[47] Todos os programas foram adoptados através de "Resolução do Conselho e dos Representantes de Governo reunidos em sede de Conselho". Os actos adoptados pelos Representantes dos Governos dos Estados-membros ocupam uma posição particular dentro da categoria dos actos atípicos, dado que os Representantes dos Estados não agem na qualidade de membros do Conselho. Neste sentido, estes actos não seguem o procedimento legislativo previsto no Tratado para a formação dos actos normativos, nem são susceptíveis de controlo jurisdicional. Em suma, tais actos não são considerados fruto da acção institucional da Comunidade, mas da colaboração intergovernamental entre Estados. Situação que se alterou com a nova redacção do art. 130º/S/3 do T.C.E.

ziram a ideia de que os efeitos das actividades humanas sobre o ambiente deviam ser avaliadas nas primeiras fases do procedimento decisório [48]. Ressalta dos Programas comunitários também a preocupação de que os procedimentos de avaliação de impacto ambiental deveriam aplicar-se, gradualmente, na preparação de todo o tipo de actividades susceptíveis de produzir efeitos significativos sobre o ambiente. Daí que o instituto de avaliação de impacto ambiental se tenha convertido numa das áreas de maior atenção da Comunidade Europeia, inspirada no *National Environmental Policy Act* de 1969 [49] e mais tarde na experiência francesa [50].

Partindo ainda dos Programas de Acção em matéria ambiental, cabe destacar que desde o Terceiro Programa (1982-1986) [51] a Comunidade Europeia se propôs explorar a possibilidade de aplicar a avaliação de impacto ambiental ao nível do planeamento físico, dos programas de desenvolvimento económico e regional e das novas tecnologias [52]. O Quarto Programa de Acção (1987-1992) [53] reconhece que

---

Sobre a natureza jurídica dos programas, cfr. M. PILLITU, *Profili costituzionali della tutela ambientale nell'ordinamento giuridico comunitario,* Perugia, 1992, p. 19; L. KRÄMER "Droit communautaire de l'environnement", in *Juris Classeur Europe,* 1990, p. 5; V. GRADO, "Tendenze evolutive della politica comunitaria dell'ambiente in relazione al quinto programa d'azione", in *Riv. dir. europ.*, 1993, p. 20 e ss.

[48] Cfr. o Segundo Programa de Acção, Resolução do Conselho de 18 de Maio de 1977, in *J. O. C. E.*, 139, de 13 de Junho de 1977, p. 46 e ss.

[49] *Public Law* 91-190, 42 U.S.C. § 4321-4347, Section 102 (2) (c), 42 4332 (2) (c), modificado pela *Public Law* 94-83 de 9 de Agosto de 1975.

[50] Loi n.º 76/629 du 10 julliet 1976, relative à la Protection de la Nature.

[51] Resolução do Conselho de 7 de Fevereiro de 1983, *J.O.C.E.* C 46, de 17 de Fevereiro de 1983, p. 1 e ss. Sobre a relevância dos progressos comunitários em matéria ambiental, cfr., entre muitos, a recente obra de L. PAREJO ALFONSO, LUDWIG KRÄMER e outros, *Derecho Medioambiental de la Unión Europea, op. cit.*, p. 54 e ss.

[52] A. LANDA, *op. cit.*, p. 53.

[53] Resolução do Conselho de 6 de Março de 1986, *J.O.C.E.*, n.º 63, de 18 de Março de 1986, pp. 1 e 2.

desde o Terceiro Programa se havia produzido uma clara evolução do pensamento político no que toca à protecção do ambiente. O critério preventivo converte-se na pedra de toque da política ambiental, salientando-se a ideia de que as preocupações ambientais se deveriam integrar na planificação e execução de medidas em numerosos sectores económicos e sociais. Em consonância com o nº 2 do artigo 130-R, introduzido pelo Acto Único no Tratado de Roma de 1957, o ponto 1/5 do referido Programa explicita já "... a necessidade de uma política comunitária de ambiente integrada no núcleo das demais políticas comunitárias". As exigências ambientais adquirem, assim, a qualidade de elemento constitutivo das outras políticas da Comunidade (art. 130.º-R/2 do Tratado) [54].

---

[54] Cabe realçar que os primeiros programas desenvolveram um papel propulsor do direito primário e derivado da C.E. Todavia, foi o Acto Único Europeu com a sua entrada em vigor a 1 de Julho de 1987, que, pela primeira vez, veio constitucionalizar a tutela do ambiente a nível comunitário (art. 130-R e ss. do Tratado).

Com efeito, o Acto Único Europeu acrescenta o Título VII à Terceira Parte do Tratado de Roma com a epígrafe *Ambiente,* compreendendo três artigos em que se recolhem os objectivos e os princípios prosseguidos pela Comunidade neste campo e que enformarão as suas acções.

Por sua vez, o Tratado de Maastricht de 1993, que ratifica e amplia estes princípios, constitucionaliza a tutela do ambiente no Título XVI (arts. 130.º-R, 130.º-S e 130.º-T). Neste Tratado, a política ambiental surge como um fim autónomo da Comunidade, a par de outros objectivos (art. 3.º/ k). Aponta também, em comunhão com o quinto programa comunitário em matéria ambiental, para um desenvolvimento económico e social sustentável (art. 2.º).

Cfr., entre muitos, C. LONDON, "Droit communautaire de l'environnement", in *Rev. Trim. Droit Eur.*, 1994, p. 291 e ss.; H. J. GLAESNER, "L'environnement comme objet d'une politique communautaire", in *La Protection de l'Environnement par les Communautés Européennes,* sob direcção de J. CHARPENTIER, Paris, 1988, p. 9 e ss.; P. KROMAREK, "The Single European Act and the Environment", in *European Environmental Review,* 1986, p. 10 e ss.; VANDERMEERSCH, "The Single European Act and the Environment", in *European Law Review,* 1987, p. 407 e ss.; G. VACCA, *La politica comunitaria dell'ambiente e la sua attuazione negli stati membri,* Milano, 1992, p. 1 e ss.; ZACKER, "Umwelt", in *Grabitz, Kommentar zum EWG-Vertrag,* München, 1989, p. 58 e ss.; J. P. JACQUES, L'acte unique européen", in *Rev. Trim. Droit Eur.*, 1986, p. 606 e ss.; N. HAIGH, "Direito comunitário do ambiente", in *Direito do Ambiente,* Oeiras (INA), 1994, p. 175 e ss.; F. ROELANDS DU VIVIER, "Une nouvelle stratégie européenne", in *Revue du Marché Commun,* 1988, p. 225 e ss. Para uma resenha interessante da literatura jurídica sobre o tema, R. PISILLO MAZZESCHI, "La protezione dell'ambiente nella comunità europea:

O Quarto Programa incide também, com especial insistência, no alcance da dimensão preventiva da protecção do ambiente por forma a abranger, não só os projectos mas também as políticas e os programas. Assinala, assim, que "a avaliação ambiental das propostas de actuação (referindo-se à Directiva 85/337/CEE) não é suficiente para garantir a inclusão dos requisitos de tutela do ambiente noutras áreas políticas" [55]. A necessidade de ampliar o âmbito material da avaliação ambiental manifesta-se explicitamente ao afirmar que, "...a integração dos requisitos de protecção ambiental na planificação e execução das políticas e programas de desenvolvimento regional (além dos projectos individuais) é especialmente importante" [56].

Por último, o Quinto Programa, aprovado já pelo Conselho a 15 de Dezembro de 1992, sublinha também a necessidade de aplicação do procedimento de impacto ambiental aos planos e programas na sua fase de execução, exceptuando-se, contudo, a sua inserção da fase de elaboração dos referidos planos [57]. A ausência de uma avaliação

competenze statali e competenze comunitarie", in *Studi Economici-Giuridici* (In Memoria di Giovanni Pau), vol. LV, Napoli, 1993, 1994, p. 487, nota 16.

[55] Ponto 2.3.1. e especialmente o Ponto 9. 1. do Quarto Programa de Acção (1987-1992).

[56] O ponto 2.1.4. insiste na colaboração estreita na aplicação de políticas comunitárias de ambiente e regionais.

[57] A proposta (esboço) de alteração da Directiva 85/337/CEE, apresentada pela Comissão em Junho de 1991, assentava já nas orientações do Quarto Programa de Acção em matéria ambiental. Esta proposta aponta para a chamada avaliação ambiental estratégica, na medida em que abrangeria as políticas, os planos e os programas e não apenas os projectos individuais. Já a proposta mais recente, de 16 de Março de 1994 (publicada no *J.O.C.E.* C 130, de 12 de Maio), aponta para horizontes mais limitados, cuidando sobretudo de alargar o número de projectos sujeitos a avaliação ambiental e de aperfeiçoar a participação do público e a vigilância dos efeitos resultantes da realização do projecto.

Esta proposta preconiza também melhorar as relações entre os Estados-membros no que respeita aos impactos transfronteiriços, atendendo aos objectivos da *Convenção de Espoo*, assinada pela Comunidade em 25 de Fevereiro de 1991.

Importa, todavia, realçar que esta proposta de 1994, representa um retrocesso relativamente à de 1991, na medida em que políticas, planos e programas não figuram como objecto de avaliação de impacto ambiental. Esta última proposta fundamenta-se no relatório da Comissão (*COM* (93) final, de 2/4/993), que realça a

ambiental deste género tem sido considerada de forma negativa [58], viabilizando desta forma actividades incompatíveis com a defesa do ambiente e com o objectivo do desenvolvimento sustentável prefigurado no artigo 2º do Tratado da Comunidade Europeia [59].

Da análise dos vários Programas de Acção em matéria ambiental ressalta uma certa alteração da rota da política ambiental na direcção dos planos, programas e ordenamento do território, numa tentativa de superar a orientação inicial de evitar apenas distorções à livre concorrência e ao comércio [60].

A Directiva 85/337/CEE, fruto desta lenta evolução, prossegue um claro objectivo preventivo. Reconhece a necessidade de contribuir para a melhoria do ambiente e da qualidade de vida dos cidadãos e a manutenção da capacidade reprodutora dos ecossistemas como recurso fundamental da vida. Além disso, uma das razões para a adopção da Directiva era precisamente a necessidade de prever as consequências ambientais que os projectos públicos e privados possam ter sobre o ambiente e, portanto, prevenir novas fontes de contaminação, acidentes industriais, condições insalubres de vida e usos conflituais do solo [61].

---

falta de uniformidade na aplicação da Directiva 85/337/CEE pelos vários Estados-membros. A limitação realçada anteriormente está de certo modo superada com a anunciada proposta legislativa (para 1995) de uma Directiva especificamente dirigida às políticas, programas e planos (avaliação ambiental estratégica).

58 Cfr. o parecer do Conselho Económico e Social sobre o Quinto Programa, in *J.O.C.E.* C287, 4 de Novembro, 1992, p. 32.

59 Cfr. V. GRADO, *op. cit.*, p. 46.

60 Cfr. E. REHBINDER e R. STEWART, "Integration Through Law", in *Environmental Protection Policy*, vol. 2, Berlin, 1985, pp. 58-59.

61 Cfr. *COM* (80) 313 final, *Proposal for a Council Directive concerning the assessment of the environmental effects of certain public and private projects. J. O. C. E.*, C 169, p. 1, par. 2.

6. Alguns antecedentes da Directiva de avaliação de impacto ambiental na Comunidade Europeia. O resultado de uma longa elaboração

Antes da adopção da Directiva 85/337/CEE, a noção de "avaliação de impacto ambiental" não era ignorada na Comunidade Europeia. Com efeito, na segunda metade dos anos setenta, as instâncias comunitárias adoptaram importantes directivas que incorporavam já o princípio da prevenção sobre que se apoia actualmente a política comunitária ambiental (art. 130.º/ R.2). Deste modo, a Comunidade introduziu medidas embrionárias relativas a procedimentos de avaliação de impacto ambiental.

Em particular, a Directiva sobre os resíduos da indústria de dióxido de titânio [62] estabelece que a autoridade competente só pode conceder a respectiva autorização se for posta em prática uma avaliação que demonstre a inexistência de incidências negativas imediatas ou posteriores sobre o ambiente, mais precisamente na água, no solo e na atmosfera (art. 6.º b)). Os estabelecimentos industriais devem elaborar uma avaliação ambiental e as autoridades só poderão conceder a autorização requerida quando sejam utilizadas as técnicas menos danosas para o ambiente (art. 11.º).

Outra importante Directiva é a relativa à harmonização das disposições legais, regulamentares e administrativas em matéria de classificação, embalagem e rotulagem de substâncias perigosas [63]. Esta Directiva exige aos produtores de novas substâncias que entreguem, quarenta e cinco dias antes de as colocar no mercado, às autoridades do Estado-membro onde se

---

[62] Directiva do Conselho 78/176, de 25 de Fevereiro de 1978, *J.O.C.E.*, L. 54, p. 19 e ss., e respectivas alterações (*J.O.C.E.*, L. 378, de 31 de Dezembro de 1982, p. 1 e ss. e *J.O.C.E.*, L 32, de 3 de Fevereiro de 1983, p. 28 e ss.).

[63] Directiva do Conselho 67/548/CEE, de 27 de Julho, alterada por várias directivas, transpostas para a ordem jurídica portuguesa pelo D.L. n.º 82/95, de 22 de Abril. Cfr. também o D.L. n.º 385/93, de 18 de Novembro.

vai produzir a substância em questão, um relatório técnico que proporcione a informação necessária para avaliar os riscos possíveis para o ambiente e os seres humanos (art. 6.º/ 1).

Por último, a Directiva sobre os riscos de acidentes graves em determinadas actividades industriais [64] exige aos fabricantes de produtos perigosos a entrega de informação actualizada relativamente às substâncias e instalações industriais — localização geográfica, número de empregados, processos tecnológicos, etc. Uma vez ocorrido um acidente grave, o industrial deve informar o público e fornecer às autoridades competentes os dados necessários para avaliar os efeitos do acidente sobre o ambiente, bem como elaborar um plano de emergência (art. 16.º do D.L. n.º 204/93, de 3 de Junho).

Esta breve resenha do direito comunitário derivado é suficiente para demonstrar que a Comunidade, ao abrigo dos artigos 100.º e 235.º do Tratado de Roma, de 25 de Março de 1957 [65], iniciou uma resposta legislativa em matéria de avaliação de impacto ambiental, mesmo antes da Directiva 85/337/CEE. A aprovação desta Directiva teve o mérito de sistematizar o esforço do legislador, até aí fraccionado e disperso. A Directiva 85/337/CEE significa uma alteração importante

[64] Directiva do Conselho 82/501/CEE, de 24 de Junho, alterada pela Directiva do Conselho 88/610/CEE, de 24 de Novembro, transposta para a ordem jurídica interna pelo D.L. n.º 224/87, de 3 de Junho, revogado pelo D.L. n.º 204/93, de 3 de Junho.

Cfr. igualmente a *Convention sur la responsabilité civile des résultants d'activités dangereuses pour l'environnement* – Lugano, 1993, arts. 5.º e ss.).

[65] A lacuna normativa dos Tratados fundadores em matéria de ambiente não impediu a CEE, com base essencialmente no art. 235.º do Tratado de Roma, de legislar abundantemente neste sector, especialmente Directivas. Do *reportório analítico* dos actos em vigor em 1992, resulta a adopção, antes do Acto Único Europeu, de quatro regulamentos, cinquenta e três directivas e vinte decisões.

Recentemente, entre muitos autores, P. DELL'ANNO, "L'attuazione del diritto comunitario ambientale tra supremazia delle fonti e disaplicazione amministrativa: spunti di riflessione", in *Riv. trim. dir. pubbl.*, n.º 3, 1994, p. 617 e ss.

Sobre a aplicação do art. 235.º, cfr., por exemplo, P. GIARDINA, "The Rule of Law and Implied Powers in the European Communities", in *Italien Yearbook of International Law,* 1975, p. 99; E. SCHWARTZ, "Article 235 and Law-Making Power in the European Economic Community", in *International Comparative Law Quarterly,* 1978, p. 614.

da política ambiental comunitária ao propiciar um enfoque mais integrador dos sistemas de controlo existentes e dos elementos ambientais regulados [66].

A 7 de Março de 1985, sob a presidência italiana, o Conselho de Ministros do Ambiente chegava finalmente a acordo sobre o que viria a ser a Directiva 85/337/CEE, de 27 de Junho de 1985.

Concluia-se, assim, a elaboração e a discussão técnico-política iniciada a 11 de Junho de 1980 [67], com a apresentação da Proposta de Directiva do Conselho relativa aos impactos ambientais de determinados projectos públicos e privados [68].

Na ausência de normas do Tratado de Roma que regulassem expressamente a protecção do ambiente, a base legal da proposta foram os já referidos artigos 100.º e 235.º do Tratado. Posto que o sistema de votação de ambos os artigos exigia a "unanimidade" no Conselho, não é difícil compreender porque demorou tanto tempo a aprovar a Directiva. Em 1982, a Comissão propôs ainda algumas alterações à proposta original, reflectindo algumas das críticas dos agentes económicos e reticências colocadas por alguns dos Estados, especialmente o

[66] Cfr. N. HAIGH, "The European Community and Land Use an Incoming Tide?", in *New Orders, New Rules, New Assessments in Practices*, London, 1989, p. 58 e ss.

[67] A referida Directiva foi publicada no *J.O.C.E.* a 5 de Julho de 1985. O prazo para a transposição da Directiva foi de três anos a contar da sua notificação (art. 12.º/ 1), tendo os Estados-membros sido notificados a 5 de Julho de 1985. Cfr. *J.O.C.E.*, L 175/40, p. 9 e ss.

Até chegar aqui a Comissão Europeia realizou vários estudos, profundos debates internos (*vide,* o segundo Programa de Acção, par. 208, Bol. C.E., 11-1979, ponto 2.1.6.9.) e mais de vinte versões da Directiva. Cfr., por exemplo, C. WOOD, "The Impact of the European Commission's Directive on Environmental Planning in the UK", in *24 Planning Outlook*, 1982, p. 76 e ss.

[68] Comission of the European Communities Draft Directive Concerning the Assessment of the Effects of Certain Public and Private Projects on the Environment, Com (80) 313 final, Luxembourg, *J.O.C.E.*, C/169, vol. 23, de 9 de Julho de 1980. Cfr. W. R. SHEATE, *The EEC Draft Directive on Environmental Assessment of Projects: Its Historical Development and Implications*, London, 1984; P. WATHERN, "The EIA Directive of the European Community", in *Environmental Impact Assessment, op. cit.*, p. 192 e ss.

Reino Unido [69]. Finalmente, após dez anos, cinco dedicados aos estudos preliminares e cinco à discussão técnico-política, a Directiva relativa à avaliação de impacto ambiental foi finalmente aprovada em 27 de Junho de 1985.

Se a estrutura formal do documento permaneceu a inicial — catorze artigos e três anexos — o texto final da Directiva

---

[69] A proposta da Comissão gerou um extenso debate sobre a necessidade e o âmbito de um procedimento harmonizador da avaliação de impacto ambiental na Comunidade Europeia (cfr., entre outros, W. KENNEDY, "The Directive on Environmental Impact Assessment", in *Environmental Policy and Law*, 84, 1982; N. LEE e C. WOOD, "The Assessment of Environmental Impact in Project Appraisal in the European Community", in *16 Journal of Common Market Studies*, 158, 1978; N. LEE e C. WOOD, "EIA — An European Perspective", in *Built Environment*, 101, 1978, p. 102 e ss.).

Argumentava-se que a harmonização dos ordenamentos nacionais se devia centrar nos aspectos substantivos e não tanto nos procedimentais. Os representantes alemães e ingleses sustentaram então a necessidade de limitar os projectos incluídos no Anexo I da proposta (cfr. P. MALANCZUK, "EC — Developments", in *Environmental Policy and Law*, 85, 1981, p. 85).

Existiam fundados receios sobre os custos da avaliação ambiental, nomeadamente para os titulares dos projectos e para as Administrações. Temia-se especialmente que o titular do projecto negligenciasse a seriedade do estudo de impacto, obviando os aspectos mais nocivos para o ambiente (cfr. REHBINDER e STEWART, *op. cit.*, p. 157).

Havia também quem salientasse o perigo da repetição da experiência americana com a famosa secção 102(2)(c) do *NEPA* (1969), que havia permitido a entrega de informação adicional irrelevante, obstaculizando a tomada da decisão final sobre o projecto ou acção federal e confundia a opinião pública sobre os reais efeitos do projecto no ambiente (cfr. P. MALANCZUK, *op. cit.*, p. 85 e ss.).

Pensava-se que a Directiva sobre avaliação de impacto ambiental poderia causar problemas de implementação aos Estados que haviam já adoptado com anterioridade um procedimento de avaliação de impacto ambiental. Era este um dos argumentos do Reino Unido, um dos mais tenazes opositores ao alargamento do âmbito da avaliação ambiental (Sobre os problemas que se prendem com a recepção da Directiva no Reino Unido, *vide* N. HAIGH, *EEC Environmental Policy & Britain*, 2.ª ed., Harlow, 1989, W. SHEATE e R. MACRORY, "Agriculture and the EC Environmental Assessment Directive: Lessons for Commitee Policy-Making", in *Journal of Common Market Studies*, vol. XXVIII, 1989, pp. 68-81).

As normas relativas à participação dos cidadãos produziram variadas reacções. Os donos da obra temiam sobretudo que a Directiva fornecesse a entrega de informação confidencial ao público e a possíveis concorrentes. Salientava-se igualmente o perigo de constantes recursos aos tribunais, numa clara alusão à experiência americana nos primeiros anos de aplicação do *NEPA*, poder resultar em atrasos significativos na aprovação ou autorização dos projectos.

Por último, existiam sérias dúvidas sobre o propósito da Directiva de evitar distorções às regras da concorrência, tendo em conta que as autoridades nacionais gozavam de ampla discricionaridade (cfr. REHBINDER e STEWART, *op. cit.*, p. 107).

revela não só as dificuldades técnico-políticas de atingir o acordo entre os Estados-membros, como apresenta algumas dissemelhanças relativamente ao projecto inicial [70].

---

[70] Como se salientou na nota precedente, assumiu relevo especial a existência de disparidades entre as legislações vigentes nos Estados-membros em matéria de avaliação de impacto ambiental, o que podia falsear as regras da concorrência com incidência directa sobre o Mercado Comum (cfr. N. GRECO, *Processi decisionali e tutela preventiva dell'ambiente*, *op. cit.*, p. 212).

Foram excluídos do campo de aplicação da Directiva os procedimentos de programação através dos quais se autorizavam actividades privadas e públicas com particular impacto no ambiente, bem como os planos de ordenamento do território, programas de desenvolvimento regional e programas económicos (cfr. N. LEE e C. WOOD, "EIA — An European Perspective", *op. cit.*, p. 102 e ss.).

O texto final da Directiva não contém qualquer afirmação sobre o carácter *global* da avaliação de impacto ambiental. O texto original comportava expressamente a exigência de ponderar os correspondentes efeitos ambientais sectoriais, com a consequente necessidade de fazer intervir no procedimento de impacto ambiental todos os organismos com responsabilidade global ou sectorial em matéria de ambiente.

Importa salientar também que no projecto inicial as autoridades competentes estavam obrigadas a oferecer aos cidadãos a possibilidade de exprimir o seu parecer, por forma que este fosse tomado em consideração e apreciado no contexto do processo de decisão. Esta preocupação só de forma superficial transparece na redacção final da Directiva.

Por último, o âmbito de aplicação da Directiva foi substancialmente reduzido, pelo que a Directiva se faz acompanhar de um elenco limitadíssimo de projectos (Anexo I), aos quais é obrigatoriamente aplicado o procedimento de impacto ambiental.

Curiosamente, a proposta de Directiva do Conselho de 16 de Março de 1994, (*COM* (93) 575 final, Bruxelas, 16/3/1994, p. 12 e ss.), em muitos casos não faz mais do que repor o projecto inicial da Directiva de 1980, socorrendo-se dos estudos então elaborados para a preparação da Directiva. Num estudo apoiado pelo Instituto Battelle (M. J. COCKERELL, L. LICHWER, *La selezione delle opere per la valutazione dell'impatto ambientale*, *ENV/513/78/CEE*, Bruxelles, 1978, citado por S. BRUSCHI, *Valutazione dell'impatto ambientale*, *op. cit.*, p. 153, nota 7) vinham precisadas as obras sujeitas ou excluídas em princípio a avaliação, bem como os critérios para determinar casuisticamente a oportunidade de sujeitar a avaliação ambiental os projectos incluídos no Anexo II da Directiva. Ora a recente (1994) proposta de alteração da Directiva de 1985 vem precisamente enunciar no novo Anexo II-A os critérios de selecção referidos na "nova" redacção do n.º 3 do art. 4.º da Directiva. Os critérios têm especialmente em consideração as características do projecto, a sua localização, a sensibilidade do ambiente e a definição de alternativas ao projecto inicial.

Capítulo II

A DIRECTIVA 85/337/CEE

1. A Directiva de avaliação de impacto ambiental como procedimento administrativo

A Directiva 85/337/CEE, de 27 de Junho, supõe a adopção de uma disciplina procedimental que, segundo as típicas nomenclaturas comunitárias, diz respeito aos processos técnicos de decisão, inserindo no seu âmbito específicos procedimentos para avaliar preventivamente as repercussões de determinados projectos públicos e privados sobre o ambiente [71]. Trata-se, assim, de normas procedimentais a inserir nos procedimentos administrativos, remetendo para os Estados a escolha das estruturas procedimentais.

Com efeito, o artigo 2.º/2 consente aos ordenamentos nacionais integrar o procedimento de avaliação de impacto ambiental nos procedimentos autorizativos existentes. Na ausência de tais procedimentos [72], cada Estado poderá inserir a avaliação ambiental noutros procedimentos ou construir *ex-novo* um mecanismo procedimental para realizar os objectivos da pré-avaliação fixados na Directiva [73].

---

[71] Para alcançar este objectivo a Directiva introduz uma série de princípios para complementar os procedimentos autorizativos vigentes nos Estados-membros.

[72] Hipótese marginal atendendo ao elenco de projectos contidos nos Anexos I e II da Directiva.

[73] N. GRECO, *Processi decisionali e tutela preventiva dell'ambiente, op. cit.*, p. 214.

É de considerar ainda que a Directiva enuncia no seu preâmbulo a necessidade de "completar e coordenar os procedimentos de autorização de projectos públicos e privados". Todavia, é de realçar que não tem acolhimento no texto final o intento de dar ao procedimento de avaliação de impacto ambiental um carácter global ou recapitulativo de todas as avaliações sectoriais levadas a cabo em específicos procedimentos ou subprocedimentos administrativos.

Por outro lado, é de excluir que o procedimento de impacto ambiental se identifique pura e simplesmente com os procedimentos que conduzem à autorização dos projectos. É, porém, evidente o apelo à necessidade de uma inserção racional e eficaz do novo procedimento nos procedimentos autorizativos. Nesta perspectiva, é de grande relevo o facto da Directiva impor ao dono da obra a obrigação de fornecer articuladas e complexas informações pertinentes ao seu projecto sempre que os legisladores nacionais considerem tal exigência razoável (art. 5.º/ 1/ b)). Neste sentido, a Directiva (art. 6.º/ 2, último parágrafo) entende que se devem fixar prazos adequados para as diferentes fases procedimentais, por forma a garantir que a decisão sobre o projecto seja tomada num período de tempo razoável [74].

Em suma, a avaliação de impacto ambiental é concebida na Directiva como um procedimento administrativo e não como um mero estudo ou técnica que facilita a avaliação ambiental de determinadas actividades previamente fixadas [75].

A Directiva acrescenta outra ideia básica. A avaliação de impacto ambiental é uma espécie de procedimento de cooperação tripartida, que requer a participação do dono da obra, que solicita a autorização para a realização do projecto, da

---

[74] N. GRECO, *op. cit.*, p. 215.

[75] Este aspecto não está claramente reflectido no nosso ordenamento jurídico, dando lugar a frequentes equívocos entre a figura de estudo de impacto e o instituto de avaliação de impacto ambiental. A este propósito, os autores falam de avaliação de impacto ambiental imprópria. Voltaremos a este assunto na Parte IV.

Administração, representada pelas autoridades competentes e do público interessado, que tem o direito de ser informado sobre as principais características do projecto [76].

A Directiva estatui [77] ainda que a avaliação de impacto ambiental prossegue três objectivos essenciais: *identificar, descrever e avaliar* os eventuais impactos ambientais. Isto é particularmente importante, já que de outra forma se poderia pensar que este procedimento é meramente descritivo, não ressaltando a ideia de que a avaliação ambiental constitui, nos projectos elencados nos Anexos I e II, o elemento distintivo e terminal no que toca à defesa do ambiente.

2. Conteúdo normativo da Directiva comunitária

Sem prejuízo de caber aos Estados-membros a competência para fixar o procedimento de avaliação de impacto ambiental, a Directiva tem o mérito e o valor de fixar toda uma série de princípios e indicações normativas que o legislador nacional não pode deixar de cumprir. A Directiva está, por isso, conceptualmente ordenada por forma a indicar os pontos fundamentais do instituto, de modo a harmonizar a legislação a nível comunitário.

Deste modo, as modificações e transposições levadas a cabo pelos ordenamentos nacionais deverão ser realizadas tendo em atenção os elementos estruturantes da Directiva. Assim, o dono da obra (pública ou privada) que possa apresentar um impacto ambiental importante — pela sua natureza,

[76] A. GARCIA URETA, *Marco Jurídico del Procedimiento de Evaluación de Impacto Ambiental: el Contexto Comunitario y Estatal,* Bilbao, 1994, p. 110. *Id.*, "Prevention rather than Cure: The E.C. Environmental Assessment Directive and its Impact in Spain and the U.K.", in *Environmental Liability,* vol. 1, 1993, p. 63.

[77] Já a proposta originária de Directiva utiliza a expressão "considerará", no texto em inglês "shall consider". Cfr. A. GARCIA URETA, *Marco Jurídico del Procedimiento..., op. cit.*, p. 111, nota 64.

dimensão ou localização — é obrigado a fornecer, às autoridades competentes, informações detalhadas sobre o projecto e as possíveis incidências sobre o ambiente (art. 5.º) [78].

A autoridade licenciadora deve, por sua vez, informar as autoridades competentes em matéria ambiental, assim como o "público interessado". Tendo a Directiva definido como "autoridade ou autoridades competentes" aquelas que vierem a ser designadas pelos Estados como responsáveis pelas tarefas resultantes da presente Directiva (art. 1.º/ 3), coloca-se aqui um problema fundamental de índole organizativa. Trata-se de saber se tal autoridade é a que tem competência para autorizar o projecto [79] ou se compete a um organismo diferente e autónomo a função específica de organizar o desenvolvimento do procedimento de avaliação de impacto ambiental. Da leitura do ponto 2 do artigo 1.º da Directiva, que define a "autorização do projecto", ressalta que aquela é a "decisão da autoridade competente".

À primeira vista, e segundo a lógica comunitária, parece dever concluir-se que deve ser a autoridade competente para autorizar o projecto, responsável, portanto, pelo procedimento principal, a organizar e desenvolver, ainda que de forma autónoma, o subprocedimento de impacto ambiental. Em todo o caso, atendendo à natureza jurídica das directivas, bem como

---

[78] N. GRECO, *op. cit.*, p. 216.

[79] Como acontece nos Estados Unidos. Cfr. S. BRUSCHI, *op. cit.*, pp. 12 e 13. Sobre a concepção da avaliação de impacto ambiental, poderíamos falar de duas grandes tendências: a primeira é representada pelo procedimento adoptado em França, no qual a base da decisão é exclusivamente o estudo de impacto e os pareceres das diversas administrações envolvidas e do público, recolhidos através do processo de consulta. No sistema francês não há verdadeiramente um procedimento, nem sequer se acrescenta uma fase procedimental, mas apenas uma nova peça documental – o estudo de impacto.

Na segunda tendência, personalizada nos Estados Unidos, a avaliação de impacto ambiental é um acto administrativo distinto da decisão final, baseado num procedimento *ad hoc,* que conclui um processo complexo de recolha de diversos pareceres das administrações interessadas e do público sobre a coerência e compatibilidade do estudo de impacto, preparado pela autoridade competente para a decisão final.

ao espírito e à letra da Directiva 85/337/CEE, a autoridade que toma a decisão final não deve ser uma autoridade competente no campo ambiental, à qual os ordenamentos nacionais devem reservar espaço, informação e tempo para emanar os respectivos pareceres sobre o projecto a integrar no procedimento de avaliação de impacto ambiental [80]. Esta interpretação colhe apoio no artigo 6.°/ 1 da Directiva, do qual parece poder deduzir-se também que o procedimento de impacto ambiental deve concluir-se, sob o aspecto jurídico-formal, com a emanação de um parecer que deve integrar obrigatoriamente o procedimento principal, o procedimento autorizativo. Com efeito, a autoridade com competência para autorizar o projecto deve tomar em consideração as informações e o parecer recolhidos no âmbito do procedimento de impacto ambiental (art. 8.°) [81].

Os projectos objecto do procedimento de impacto ambiental são agrupados pela Directiva, com base na sua importância, em duas categorias (Anexos I e II). Em primeiro lugar, aqueles que pela sua dimensão e natureza produzem efeitos extremamente nocivos sobre o ambiente e são obrigatoriamente sujeitos a avaliação de impacto ambiental (Anexo I). Em segundo lugar, todos aqueles projectos que eventualmente possam ter uma incidência ambiental importante (Anexo II). Quanto a estes a Directiva não impõe, aparentemente, a sua sujeição, deixando aos Estados-membros a possibilidade de definir discricionariamente quais deles possam ser sujeitos a avaliação de impacto ambiental (art. 4.°/2) [82].

---

[80] N. GRECO, *op. cit.*, p. 216.

[81] Esta interpretação literal da Directiva, cuja preocupação foi a de não complicar excessivamente os procedimentos administrativos (art. 2.°/2), não prejudica o entendimento de que o procedimento de avaliação ambiental pode e deve ser organizado pela Administração ambiental, logo, por uma entidade autónoma da autoridade que autoriza o projecto, como, aliás, acontece entre nós — arts. 3.°/2 e 4.° e ss. do D.L. n.° 186/90, bem como o art. 3.° do D.R. n.° 38/90.

[82] Porque este ponto além de importante foi objecto de controvérsia ao nível comunitário e da doutrina, voltaremos a ele nas páginas seguintes.

De todo o modo, parece dever-se considerar que também para os projectos do Anexo II, o procedimento de impacto ambiental a aplicar deve ser idêntico ao instituído para os projectos do Anexo I [83].

A exclusão do procedimento de avaliação de impacto ambiental de projectos a ele sujeitos está ligado ao critério da excepcionalidade e à observância de regras específicas, a definir pelos ordenamentos nacionais, dirigidas a informar o público e a Comissão da Comunidade Europeia da referida isenção (art. 2.º/3). Nestes casos, os ordenamentos jurídicos internos podem prever formas simplificadas e subrogatórias de avaliação de impacto ambiental do projecto.

3. Modelo procedimental da Directiva 85/337/CEE: o procedimento de A.I.A. como subprocedimento ou procedimento coligado ao procedimento principal. A marcha do procedimento

Da leitura lógico-reconstrutiva da Directiva/CEE conclui-se que o procedimento de avaliação de impacto ambiental se insere no processo técnico-decisional relativo à autorização de um projecto, mas sem se identificar com ele [84]. Aquele qualifica-se (procedimentalmente) como um subprocedimento ou procedimento coligado, que se enxerta no procedimento de

---

[83] O que pode e deve variar é, a nosso ver, a intensidade e dimensão dos estudos de impacto.

[84] Embora os Estados-membros disponham de liberdade para configurar o procedimento de avaliação de impacto, parece resultar da Directiva a opção por um de dois modelos: no primeiro, o procedimento de avaliação de impacto ambiental não se apresenta como um procedimento autónomo de conteúdo permissivo, mas vem inserido na fase instrutória do procedimento autorizativo. O juízo contido no acto conclusivo do procedimento ambiental assume normalmente a veste de um parecer meramente obrigatório, ainda que possa assumir eficácia vinculante.

No segundo modelo, transparece a ideia de um subprocedimento inserto no procedimento principal, onde o acto conclusivo do procedimento de impacto ambiental é um acto autónomo, susceptível de impugnação, que vai aferir da legitimidade do acto final.

autorização, aportando elementos cognoscitivos, técnico-científicos, relativos às diversas interacções entre o projecto e os vários elementos ambientais que devem confluir numa avaliação ambiental [85].

É precisamente esta avaliação, com o respectivo suporte informativo e documental, que transita — na forma jurídica de parecer — para o processo decisório principal (isto é, aquele que conduz à autorização do projecto). Neste último procedimento, a adquirida avaliação deve ser *obrigatoriamente* tida em conta, como expressão sintética do interesse ambiental (eventualmente já relacionado com aspectos económicos e sociais), de modo a confrontá-la, antes da decisão, com outros interesses gerais e particulares que devem igualmente fundamentar o acto final.

Preliminarmente, é de considerar que, segundo a Directiva/CEE (art. 2.°/2) o procedimento específico de avaliação de impacto ambiental deve ser por norma integrado "nos procedimentos autorizativos dos projectos". Isto, por um lado, confirma a relevante orientação comunitária de respeitar a filosofia original da avaliação de impacto ambiental, que consiste no máximo descentramento desta relativamente a todas as autoridades que gerem poderes autorizativos relevantes para o equilíbrio ambiental e territorial. Por outro lado, torna-se necessário, para cada ordenamento nacional, a reformulação de tais procedimentos, inclusive para permitir situar racionalmente o novo procedimento

---

85 Estamos aqui confrontados com o problema da tipologia do procedimento administrativo. Cfr., por exemplo, M. S. GIANNINI, *Diritto amministrativo,* II, *op. cit.*, p. 905 e ss; *id.*, *Istituzioni...*, *op. cit.*, p. 285 e ss.; A. L. DE CESARIS, "La valutazione di impatto ambientale nella CEE e in Italia", in *La valutazione di impatto ambientale,* Milano, 1991, p. 14 e ss.; A. CUTRERA, "La direttiva 85/337/CEE sulla valutazione di impatto ambientale", in *Riv. giur. amb.*, 1987, p. 499 e ss.; P. DELL'ANNO, "Il procedimento", in *La valutazione d'impatto ambientale: problemi di inserimento nell'ordinamento italiano, op. cit.*, p. 42 e ss.; FERREIRA DA CUNHA, *O Procedimento Administrativo, op. cit.*, p. 98 e ss. Voltaremos a esta questão com mais detalhe na Parte IV deste trabalho.

de A.I.A. [86]. Trata-se, assim, de ligar estritamente o momento organizativo do procedimento de avaliação de impacto ambiental com a eventual reformulação dos procedimentos definidos para cada um dos tipos de projecto previstos no ordenamento interno; com efeito, a referida Directiva indica a necessidade de construir um procedimento totalmente novo apenas quando faltam estruturas procedimentais em que seja possível a sua integração, atendendo aos objectivos nela fixados (art. 2.º/2) [87].

Neste quadro, deve ser uma autoridade ambiental, distinta daquela que exercita os poderes relativos à autorização final do projecto, a assumir no ordenamento nacional a instrução da A.I.A., compreendida aí a recolha de informações e de pareceres de outras autoridades em matéria ambiental. Permanece, obviamente, sempre distinta do acto de autorização, a avaliação de impacto ambiental que conclua tal procedimento (subprocedimento) e que vem expressa num parecer (o *Statement* estado-unidense).

Com base nestas premissas podem distinguir-se, tendo sempre como referência a disciplina comunitária, as seguintes fases procedimentais:

a) Marcha do subprocedimento de avaliação de impacto ambiental

1.ª fase

Transmissão de informações por parte do titular (privado ou público) do projecto (art. 5.º/ 2). Tais informações compreendem: uma descrição do projecto com informações relativas à sua localização, concepção e dimensão, as eventuais alternativas tomadas em consideração pelo dono da obra, os efeitos

---

[86] Por exemplo, quando se trate de estabelecer qual das várias autorizações necessárias deva considerar-se principal ou final e, portanto, junto de qual autoridade deva ser colocado o procedimento de impacto ambiental.

[87] N. GRECO, *op. cit.*, p. 218.

relevantes que o projecto pode ter sobre o ambiente, as medidas previstas para mitigar tais efeitos e um resumo descritivo, não técnico (art. 5.º/ 2 da Directiva 85/337/CEE).

Consagra-se aqui uma delicada responsabilidade do dono da obra na apresentação do estudo do impacto ambiental e das respectivas informações. Em todo o caso, muitos dos dados técnicos e das informações necessárias ao dono da obra para a feitura do E.I.A., estão na posse das autoridades públicas, pelo que lhe deve ser garantido o acesso às respectivas informações [88].

2.ª fase

Consulta e informação de diferentes autoridades, assim como dos interessados (art. 6.º/ 3 da Directiva/CEE). Na base desta consulta está a efectiva disponibilidade dos sujeitos interessados em consultar os dados e informações fornecidos pelo dono da obra, devendo operar-se, previamente, a individualização das autoridades e do público interessado [89].

No que respeita às "autoridades" elas devem ter competências distintas daquela a que foi atribuída a instrução do procedimento de A.I.A., ainda que eventualmente tenham competência para a autorização do projecto [90]. A sua compe-

---

[88] Cfr. A. L. DE CESARIS, *op. cit.*, pp. 16 e 17; A. GUSTAPANE, G. SARTORI, C. M. VERARDI, *Valutazione di impatto ambientale (Profili normativi e metodologie informatiche)*, Milano, 1992, p. 3 e ss.; B. CARAVITA, *Diritto pubblico dell'ambiente, op. cit.*, p. 325 e ss.; A. GUSTAPANE, *La tutela globale dell'ambiente,* Milano, 1991, p. 133 e ss.; F. SALVIA, *Il ministero dell'ambiente,* Roma, 1989, p. 96 e ss.; A. CUTRERA, "Impatto ambientale", in *Annuario dell'ambiente,* Milano, 1986, p. 374 e ss.; F. KARRER, "I problemi dell'impatto ambientale e le direttive C.E.E.", in *Democrazia e diritto,* n.º 2, 1992, p. 57 e ss.; P. DELL'ANNO, *La V.I.A.: problemi di inserimento nell'ordinamento italiano, op. cit.*, p. 11 e ss.; N. GRECO, *La V.I.A.*, Milano, 1984.

[89] Sobre a noção de público, *vide* COLAÇO ANTUNES, "Tutela do ambiente e procedimento administrativo: do modelo francês dos "études d'impact" à solução da CEE", in *E. S.*, n.º 2, 1989, p. 90 e ss.

[90] N. GRECO, *Processi decisionali e tutela preventiva dell'ambiente, op. cit.*, pp. 219 e 210; COLAÇO ANTUNES, "Um procedimento administrativo para a defesa preventiva do ambiente", in *3ª Conferência Nacional sobre a Qualidade do Ambiente,* vol. II, Aveiro, 1992, p. 914 e ss.

tência deve, no entanto, exprimir-se no campo ambiental. Os ordenamentos nacionais devem ainda estabelecer a estrutura do subprocedimento de consulta, isto é, em termos gerais ou caso a caso, especificando também as formas e os modos em que a referida consulta vem realizada [91].

O público "interessado" vem definido pelos ordenamentos jurídicos nacionais, devendo ser recortado tendo em consideração as particularidades do projecto e do local em que venha a ser realizado.

Compete igualmente aos ordenamentos nacionais definir os modos e os meios de informação do público (editais, anúncios em jornais, etc.), bem como a forma em que se exprime a consulta do público.

Está incluída também nesta fase a obrigação dos Estados informarem outro(s) Estado(s)-membro(s) sempre que o pro-

---

[91] Uma interpretação mais atenta do art. 6.º/ 2 da Directiva ("Os Estados--membros devem assegurar ... ao público interessado a possibilidade de exprimir a sua opinião antes do projecto ser iniciado"), em conjugação com o art. 2.º/2, deixa entender que a Directiva aponta para uma avaliação de impacto preliminar, como acontece no ordenamento jurídico estado-unidense e alemão, ainda que de forma mais limitada. Com efeito, o legislador alemão (par. 16 da UVPGesetz) terá querido antecipar a A.I.A. ao contexto já das decisões preordenadas à autorização final do projecto.

Critica-se aqui a introdução da avaliação de impacto ambiental numa só instância — ao nível do procedimento (principal) autorizativo — deixando antever uma relevância menor deste novo instituto, visto que nesse caso as decisões relevantes sobre o projecto já teriam sido tomadas. (Cfr. M. WAGNER, *Die Genehmigung umweltrelevanter Vorhaben im parallelen und konzentrierten Verfahren*, Berlin, 1987, p. 33 e ss. Daí a proposta da introdução da A.I.A. a dois níveis diferentes *(gestufte UVP)*. Num primeiro momento — em que o projecto poderia ser amplamente alterado — são examinados os pressupostos de ordem geral relativos à compatibilidade ambiental do projecto, com referência especial para os aspectos inerentes ao uso do território *(Makrostandortvoraussetzungen)*. Num segundo nível — no âmbito dos procedimentos autorizativos específicos — está em causa a análise detalhada dos vários aspectos de impacto ambiental do projecto.

Esta bem pode ser uma solução normativa mais apta a garantir uma transposição eficaz e efectiva da Directiva comunitária, que tem como objectivo optimizar a protecção do ambiente. Objectivo que não é atingido com a introdução do procedimento de avaliação de impacto ambiental na fase "final", no âmbito do procedimento autorizativo do projecto. Cfr. BLEKMANN, ERBGUTH, SCHOENEBERG, *Die Umweltverträglichkeitsprüfung*, Linz, 1985, p. 57 e ss.; J. SCHOENEBERG, *Umweltverträglichkeitsprüfung*, München, 1993, p. 115 e ss.

jecto em causa revele potencialidades de impacto ambiental nesse(s) Estado(s) (art. 7.º).

3ª fase

Decisão do subprocedimento de impacto ambiental, correspondente à formação de um *statement,* contendo a quantificação e a qualificação dos presumíveis efeitos ambientais do projecto. Por princípio devem ser tomados em conta não só os efeitos negativos como também os positivos. Tudo na base de critérios de análise, indicadores e métodos de avaliação (apropriados a cada um dos casos) a ser objecto de preventiva e específica ponderação pelo ordenamento jurídico nacional, o que constitui provavelmente um dos aspectos de maior relevância técnica e política nesta matéria. A lógica fundamental do instituto de avaliação de impacto ambiental é a de restringir ao máximo o juízo meramente discricionário, através da correspondente utilização rigorosa de valores qualitativos e quantitativos predeterminados para a apreciação do impacto da obra sobre os diversos elementos ambientais.

É sobre estes pressupostos, que a avaliação de impacto ambiental do projecto, que conclui o procedimento específico, deve ser considerada um "parecer" distinto da decisão final sobre o projecto. Este parecer deve ser considerado um instrumento auxiliar, mas decisivo, do acto final [92].

Assim, a avaliação de impacto ambiental define, descreve e avalia de modo apropriado, para cada caso particular e de acordo com os artigos 4º a 11º da Directiva, os efeitos directos e indirectos de um projecto sobre os seguintes factores (art.3.º):

— o homem, a fauna e a flora;

— o solo, a água, o ar, o clima e a paisagem;

92 COLAÇO ANTUNES, "Um procedimento administrativo para a defesa preventiva do ambiente", *op. cit.*, pp. 918 e 919. A Directiva (art. 8.º) deixa entender que este parecer é obrigatório mas não vinculativo. Em bom rigor, o legislador comunitário não se manifesta quanto à força jurídica que o parecer deve assumir no âmbito dos procedimentos autorizativos.

— a interacção entre os factores referidos no primeiro e segundo travessões;
— os bens materiais e o património cultural.

b) O procedimento autorizativo (principal)

A Directiva evidencia um carácter essencialmente ecocêntrico [93] da disciplina e da tutela preventiva do ambiente, apesar da natureza e limites originários do Tratado da CEE. Isto significa que o potencial carácter global do procedimento de avaliação de impacto ambiental se refere apenas aos pareceres e avaliações ambientais, o que deve impedir a sua colocação instrumental relativamente ao processo decisório principal. Neste último, aliás, o valor ambiental adquire uma valoração pública (isto é, como interesse geral), não contaminado por outros interesses igualmente relevantes em termos sociais e jurídicos.

Assim, o conjunto de interesses — económicos, sociais, individuais e colectivos — que por norma e de formas diversas presidem ao acto administrativo, que em via definitiva e executória autoriza a realização de um projecto, devem ser avaliados no âmbito da "instrução" do processo decisional principal, onde devem ser tidos em conta não só os resultados do procedimento de A.I.A., mas também todo o complexo documental que o sustenta [94].

Um problema concreto permanece, ou seja, o de definir qual de entre os numerosos actos administrativos (licenças, concessões, autorizações etc.) constitui o acto principal ou final que autoriza o projecto. A solução do referido problema não passa, porém, por deslocar para a autoridade que detém o poder administrativo de tomar a decisão final, o desenvolvi-

---

[93] De outra opinião é N. GRECO, *op. cit.*, p. 221, que salienta o carácter antropocêntrico da Directiva.

[94] N. GRECO, *op. cit.*, pp. 221 e 222.

mento do procedimento de avaliação de impacto ambiental. A A.I.A. não deverá perder nunca a sua forma preliminar e distinta, mesmo nesta última hipótese. A definição da chamada "autorização principal" pode assumir também grande relevo para delinear, segundo as indicações da Directiva/CEE, a necessária racionalização e simplificação dos intrincados procedimentos administrativos que, para além das cautelas ambientais, devem ser percorridos por um projecto antes de se atingir a autorização final.

O *statement* que conclui o procedimento de A.I.A. só deverá assumir, por princípio, o carácter de "juízo" eventualmente preclusivo, quando no mesmo procedimento possam confluir todas as autorizações ambientais. Por outro lado, é necessário proceder ao nível dos ordenamentos nacionais à preventiva reconstrução analítica dos procedimentos administrativos que presidem à realização dos diversos tipos de projecto, de modo a inserir racional e eficazmente o procedimento de A.I.A. [95].

No pressuposto de que seja bem definido e eventualmente reorganizado o processo decisional principal, segundo a Directiva os resultados do procedimento de A.I.A. devem ser considerados de modo a terem influência sobre a decisão final, do modo que se segue:

1ª fase:

A instrução, o mais possível aberta ao público interessado, na qual as partes produzem as provas dos factos, que fundamentam, respectivamente, as suas pretensões e oposições, enriquece-se, naturalmente, com os contributos do procedimento de A.I.A. Referimo-nos fundamentalmente ao parecer de compatibilidade ambiental. O legislador nacional deve definir as modalidades de aplicação do artigo 8.º da Directiva/CEE, que diz o seguinte: "as informações reunidas nos

---

95 COLAÇO ANTUNES, *op. cit.*, p. 919.

termos dos artigos 5.º, 6.º e 7.º devem ser tomadas em consideração no âmbito do processo de aprovação" [96].

2ª fase

A decisão relativa à autorização principal do projecto, sem prejuízo obviamente da audiência dos interessados, será fundamentada nas formas e nos limites previstos pelos ordenamentos nacionais (art. 9.º da Directiva/CEE). Os motivos e considerações em que se baseia a decisão deverão, naturalmente, incluir os elementos ambientais expressos no parecer de compatibilidade ambiental, ainda que não rigidamente vinculativo [97].

No essencial, a racionalidade e a tecnicidade da avaliação de impacto ambiental deve ter um efeito racionalizante sobre todo o processo decisional, inclusive sobre a decisão final. Deve-se ter em conta que o procedimento de A.I.A. se destina a objectivar a discricionaridade administrativa que, nalguns casos, transborda para o campo do acto político [98]. Perma-

---

[96] COLAÇO ANTUNES, *op. cit.*, p. 920.

[97] N. GRECO, *op. cit.*, p. 223.

[98] Sobre o "acto político", caracterizado precisamente pela tal suposta liberdade de escolha, cfr. DI GASPARE, *Considerazioni sugli atti di governo e sull'atto politico*, Milano, 1984; R. BIN, *Atti normativi e norme programmatiche*, Milano, 1988. Entre nós, as pertinentes observações de Canotilho sobre a discricionaridade legislativa, GOMES CANOTILHO, *Constituição Dirigente e Vinculação do Legislador, op. cit.*, p. 226 e ss. Sobre o conceito de "governo", cfr. A. QUEIRÓ, *Teoria dos Actos de Governo*, Coimbra, 1948, p. 9 e ss. J. MIRANDA, *Funções, Órgãos e Actos do Estado*, Lisboa, 1990; CRISTINA M. M. QUEIROZ, *Os Actos Políticos no Estado de Direito (O problema do controle jurídico do poder)*, Coimbra, 1990. Para uma resenha da doutrina europeia sobre o "acto político", cfr. C. DELL'ACQUA, *Atto politico ed esercizio di potteri sovrani*, Padova, 1983, p. 1 e ss.

Somos de opinião, ainda que não possamos tratar aqui esta complexa questão, que a vigência dos princípios constitucionais da igualdade, justiça, proporcionalidade e imparcialidade comportam vínculos penetrantes da actividade dos poderes públicos e não apenas da actividade administrativa, compreendida a actividade "política" e legislativa.

Não se pretende cair na ingenuidade de acreditar na "jurisdicionalização da política" (sobre o célebre debate KELSEN - SCHMITT, cfr. ZAGREBELSKY, *La giustizia costituzionale*, Bologna, nova ed. 1988, p. 28 e nota 38 para as indicações bibliográficas sobre o caso). Contudo, é necessário não dar por adquirido que, no Estado

necem, contudo, invocáveis, inclusive contra a decisão política, os valores plasmados no texto fundamental, incluindo os ambientais.

O juízo político é sempre um juízo de valor e, portanto, diferente das justificações e qualificações técnico-científicas em que se baseia a avaliação de impacto ambiental, estritamente entendida.

3ª fase

A terceira fase pode reduzir-se à chamada integração da eficácia da decisão. Esta deve ser levada ao conhecimento dos sujeitos que participam no procedimento de A.I.A., especialmente do público e dos Estados afectados (impactos transfronteiriços), tendo sempre em consideração a defesa preventiva do ambiente (art. 9.º da Directiva / CEE). Cumpre, todavia, aos ordenamentos nacionais definir os modos e as formas desta informação.

Em suma, os resultados deste procedimento não podem certamente deixar de influenciar toda a estrutura decisional e, por conseguinte, a decisão final, pelo menos à luz do que nós qualificámos de discricionaridade objectiva [99].

O texto actual da Directiva/CEE, afastando-se do seu primitivo projecto, limita-se a referir apenas alguns elementos procedimentais, sem impor normas taxativas, com a justificação da diversidade cultural, jurídica, ambiental e territorial dos Estados-membros. Relevante é a obrigação de introduzir o procedimento em questão nos diversos ordenamentos jurídicos nacionais [100].

---

de Direito democrático, toda a actividade política seja *legibus soluta* e insusceptível de controlo de legalidade.

[99] Como já deixámos entender anteriormente, o progresso técnico está a transformar a actividade administrativa discricionária numa pura actividade técnica. Neste sentido, M. S. GIANNINI, "Discrezionalità amministrativa e pluralismo", in *Quaderni del Pluralismo,* 1984, p. 109.

[100] COLAÇO ANTUNES, *op. cit.*, p. 921.

Contudo, quer-nos parecer que as limitações da referida Directiva comunitária não justificam por si só a sua deficiente transposição para os diversos ordenamentos jurídicos nacionais [101].

4. O âmbito de aplicação da Directiva: a exegese dos artigos 2.º e 4.º

O sistema de avaliação de impacto ambiental configurado na Directiva comunitária apresenta como características fundamentais a flexibilidade e a mutabilidade.

É um sistema flexível porque permite a adaptação dos parâmetros gerais por ela fixados à natureza do projecto e às circunstâncias que rodeiam a sua realização. É um sistema mutável e evolutivo, na medida em que requer e exige a adaptação permanente da avaliação ambiental aos progressos técnicos e científicos [102].

O sistema de avaliação de impacto ambiental delineado pela Directiva está concebido, quer como um instrumento de autocontrolo da Administração, quer como uma técnica de intervenção administrativa, conforme se trate de um projecto público ou de um projecto privado. De acordo com o modelo da Directiva, apenas os projectos [103] públicos ou privados

---

[101] O n.º 3 do art. 11.º da Directiva prevê um período experimental de cinco anos, durante o qual a C.E. receberá dos Estados-membros informações sobre a sua aplicação. A fase actual é a de revisão da Directiva, à luz dos ensinamentos recolhidos, tendo o Conselho apresentado uma proposta nesse sentido a que nós temos vindo a fazer referência.

[102] Esta característica evidenciou-se, desde logo, com a Directiva 82/501/CEE, sobre acidentes industriais graves. Cfr. M. PRIEUR, "La directive Seveso sur les risques d'accidents majeurs", *op. cit.*, p. 261 e ss.

[103] Distintamente do *National Environmental Policy Act*, que se refere a acções *(actions)*, a Directiva aplica-se a projectos, que vêm definidos como: a) a realização de obras de construção ou de outras instalações ou obras; b) outras intervenções no meio natural ou na paisagem, incluindo as intervenções destinadas à exploração dos recursos do solo (art. 1.º/ 2).

(art. 1. °/1) são sujeitos a avaliação ambiental, excluindo as políticas, os planos e os programas [104].

Em suma, a Directiva aparentemente não faz mais do que consagrar uma técnica de avaliação ambiental aplicável apenas aos projectos de obras e instalações incluídos no Anexo I. Com efeito, a Directiva não assumiu a orientação da proposta da Comissão no sentido de estabelecer diferentes níveis de avaliação, consoante a importância dos projectos e dos eventuais efeitos ambientais [105].

Quanto ao âmbito da Directiva, o problema centra-se em torno da controvertida interpretação do Anexo II [106]. Mais

---

O termo "realização" parece não excluir uma intervenção física no ambiente *urbano* e natural. Neste sentido, o segundo travessão do art. 1.°/2 trata expressamente de intervenções que tocam a paisagem e não apenas o ambiente natural. *Prima facie*, só seria aplicável (a A.I.A.) a este tipo de ambiente e não ao ambiente urbano. No entanto, o teor do primeiro travessão do art. 1.°/2 é suficientemente amplo para abranger uma variedade de projectos e ambientes específicos.

Outro problema é o de saber se o conceito "projecto" incluirá a hipótese de demolição. Neste sentido, R. MACRORY, "Environmental Assessment — Critical Legal Issues in Implementation", in *Current Legal Developments. E. C. Environment and Planning Law,* coord. por Q. C. VAUGHAN, London, 1991, p. 39.

Todavia, sempre se poderia contestar esta opinião argumentando que a Directiva trata, no essencial, de projectos físicos, isto é, de obras de construção. Aliás, exceptuando a indústria extractiva, não se encontra nos Anexos I e II outro tipo de referências a situações similares à "demolição". No entanto, parece-nos razoável sustentar a aplicação do procedimento de avaliação à "demolição" sempre que esta faça parte de um projecto complexo que antecipadamente a preveja.

Contrariamente, sempre se poderia aduzir que não é esse o sentido e alcance da norma, porque de outra forma o legislador teria mantido a formulação originária da proposta (art. 1.°/ 2), que distinguia entre "projecto" e "alteração do projecto". Mais, a nova proposta de Directiva do Conselho, de 1994, volta à redacção inicial, acrescentando uma definição de "alteração do projecto": "qualquer transformação que afecte a estrutura de um projecto ou qualquer modificação importante das suas condições de exploração ou de funcionamento" (art. 1.°/ 2 da proposta de alteração).

[104] Esta solução foi, como vimos no início, objecto de duras críticas, dando lugar em 1991 à apresentação de uma proposta de Directiva, recentemente reiterada, que visa ampliar o objecto da avaliação de impacto ambiental, por forma a abranger os referidos planos e políticas.

[105] Esta solução estaria, aliás, em consonância com os princípios da flexibilidade e da proporcionalidade, princípios que já se reconhecem no art. 5.°/1/2 da Directiva em matéria de elaboração dos estudos de impacto ambiental.

[106] Este Anexo enumera uma lista de oitenta e dois (82) projectos susceptíveis de serem sujeitos a avaliação ambiental. Cfr. A. G. URETA, "Prevention rather

exactamente, importa saber qual alcance do artigo 2º face ao sistema de lista adoptado pela Directiva. A solução, salvo melhor opinião, não está na transposição obrigatória [107] do Anexo II, visto que o n.º 2 do artigo 4.º da Directiva remete claramente para a discricionaridade dos legisladores nacionais [108]. Melhor seria interpretar o artigo 4.º/2 em conjugação com o artigo 2.º/1. Deste preceito deduz-se um prin-

---

than Cure: The E.C. Environmental Assessment Directive and its Impact", *op. cit.*, p. 65.

[107] Esta solução (transposição obrigatória) é sustentada por P. KROMAREK, "Investissements régionaux et étude d'impact", in *Europe des Régions et Environnement*, coord. de M. PRIEUR, Limoges, 1989, p. 239, que baseia a sua interpretação no carácter teleológico do último parágrafo do n.º 2 do art. 4.º. Este preceito diz o seguinte "...os Estados-membros podem, nomeadamente especificar determinados tipos de projectos a submeter a uma avaliação ou fixar critérios e/ou limiares a reter para poderem, de entre os projectos pertencentes às categorias enumeradas no Anexo II, determinar quais os que devem ser submetidos a uma avaliação...".

Critérios que são agora explicitados na proposta de 1994, mais precisamente no seu Anexo II-A. Os critérios de selecção referem-se ao novo n.º 3 do art. 4.º da proposta de alteração da Directiva. "As alterações introduzidas ao disposto no art. 4.º da Directiva 85/337/CEE vão no sentido de melhorar os critérios que os Estados-membros deverão aplicar para identificar os projectos do Anexo II que carecem de ser sujeitos a avaliação ambiental".

O novo n.º 2 do artigo 4.º vem tornar obrigatória a avaliação dos projectos incluídos no Anexo II sempre que sejam susceptíveis de afectar significativamente as "zonas de protecção especial" designadas pelos Estados-membros nos termos da legislação comunitária.

Nos restantes projectos incluídos no Anexo II, as autoridades competentes procederão à avaliação ambiental com base nos critérios definidos no Anexo II-A e nos parâmetros fixados pelos Estados-membros. Em função destes critérios a Administração apreciará se os seus efeitos prováveis no ambiente exigem ou não uma avaliação nos termos dos arts. 5.º a 10.º.

A nova redacção do art. 4.º, tal como do art. 5.º, baseando-se no princípio da subsidariedade (art. 3.º-B do T.C.E.), deixa uma grande margem de apreciação aos Estados-membros na definição das "zonas de protecção especial e dos limiares a respeitar". Esta técnica legislativa não nos parece a melhor, atendendo a que a utilização reiterada de conceitos indeterminados pode ser fonte de distorções graves entre os vários ordenamentos jurídicos nacionais. Sobre o princípio da subsidiariedade, cfr. entre outros, M. SCHELTER, "La subsidiarité: principe directeur de la future Europe", in *Revue du Marché Commun,* 1991, p. 138; POCAR / SECCHI, *Il Trattato di Maastricht sull'Unione Europea,* Milano, 1992, p. 1 e ss.; L. PAREJO ALFONSO, LUDWIG KRÄMER, *op. cit.*, p. 32 e ss.

[108] "Os projectos pertencentes às categorias enumeradas no Anexo II são submetidos a uma avaliação... sempre que os Estados-membros considerem que as suas características assim o exigem". Prevalece aqui o critério ecológico. Neste sentido, realça-se o acórdão do T. J. no processo C-133/94 (acórdão de 2 de Maio de 1996 -*Colectânea,* 1996, I, pp. 2323-2355).

cípio geral de sujeição a avaliação ambiental de todo e qualquer projecto susceptível de ter *um impacto significativo no ambiente*, fixando para o efeito determinados critérios, a saber, a natureza, a dimensão e a localização do projecto. Isto é, o artigo 4.º/2 deve ser objecto de uma interpretação extensiva em harmonia com o princípio geral de sujeição consagrado no artigo 2.º/1 da Directiva, utilizando, como critério de delimitação material do procedimento de impacto ambiental, a natureza, dimensão e localização do projecto [109].

Em síntese, os projectos enunciados no Anexo II são susceptíveis de avaliação de impacto ambiental sempre que possam ter uma *incidência significativa sobre o ambiente*, à luz dos referidos critérios e atendendo ao carácter teleo-

---

[109] Cfr. R. MORENO, *op. cit.*, p. 47. O referido princípio geral de sujeição consagrado no art. 2.º/ 1, refere-se, todavia, aos projectos que possam ter "um impacto significativo no ambiente", o que nos obriga a um esforço hermenêutico neste ponto.

Trata-se, em suma, de saber quando um impacto ambiental é significativo. Antes de mais convém afastar as obsessões civilistas. A repercussão ou impacto não equivale, em nosso entender, a um dano ou prejuízo subjectivo. O ambiente é algo que importa conservar enquanto conjunto equilibrado de elementos e condições. Nesta perspectiva, impacto não significa apenas a lesão ou a mutilação do ambiente, mas sobretudo a alteração artificial das condições e bens que constituem o ecossistema. Um conceito amplo de impacto leva-nos a incluir, para além da destruição ou desaparecimento de ecossistemas, as alterações ao equilíbrio dos elementos e condições que constituem o ecossistema.

Por sua vez, os Tribunais estado-unidenses têm adoptado várias posições sobre esta matéria. Assim, no caso *Hanly* versus *Kleindienst*, o tribunal adoptou um duplo critério que incluía não só a quantificação global do impacto, mas também a alteração do uso normal do território (471 F2d 823 (2d Cir. 1972), cert. denied 412 U.S. 908, 1973, *(Hanly II)*. Cfr. S. BRUSCHI, *op. cit.*, p. 112. O Supremo Tribunal, no caso *Andrus* estabeleceu que as normas regulamentares do *CEQ* não eram puramente adjectivas, antes mereciam uma "deferência substancial", incitando os tribunais inferiores a professar um maior respeito pelas regras citadas. O Supremo Tribunal norte-americano, sobretudo a partir do caso *Overton Park* (1971), tem entendido que um determinado impacto só é ambiental quando exista uma relação causal e razoavelmente próxima entre o facto danoso e a alteração do ambiente físico, excluindo, portanto, os efeitos potenciais que a mera existência de um risco pode suscitar antes de se materializar. Isto tem algum sentido se entendermos que o direito estado-unidense consagra uma noção ampla de ambiente, através da referência ao "ambiente humano". Cfr. W. H. RODGERS, *Environmental Law,* St. Paul, 1977, p. 735.

lógico do instituto de avaliação ambiental. O que o legislador comunitário quis dizer foi que certos projectos (Anexo I) estão automaticamente sujeitos a avaliação ambiental, enquanto outros (Anexo II) carecem da mediação das Administrações nacionais, atendendo às características do projecto. Se estes forem de molde a provocar um impacto significativo no ambiente, o projecto será necessariamente sujeito a avaliação ambiental, por força do carácter preceptivo do artigo 2.º/1 da Directiva [110].

De outra forma estaríamos perante grosseiras incongruências [111]. Se as centrais nucleares e as instalações destinadas exclusivamente a armazenagem permanente ou à eliminação definitiva de resíduos radioactivos estão sempre sujeitas a

---

[110] Esta consequência pode, aliás, resultar inevitável, pelo menos para os projectos públicos, se atendermos aos últimos desenvolvimentos jurisprudenciais do T. J. da Comunidade, que tem vindo a reconhecer o efeito directo vertical às Directivas. Cfr. BOTELHO MONIZ, "As relações da ordem jurídica portuguesa com a ordem jurídica comunitária — algumas reflexões", in *Legislação*, n.ºs 4/5, 1992, p. 129 e ss.

Todavia, é nosso entendimento que a jurisprudência do Tribunal de Justiça não se pronunciou de forma clara e definitiva sobre o papel que cabe às Directivas na criação de direitos e obrigações na esfera jurídica dos particulares. Apenas no Acórdão de 2.8.1993, Proc. C-355/90, *Colectânea* I, 1993, p. 4211, o Tribunal de Justiça declara *ipsis verbis* (aparentemente de forma categórica) que as disposições da Directiva visam criar direitos e obrigações aos particulares, após verificar que o acto em referência visava também a protecção da saúde.

Porém, já noutros dois recentes acórdãos (12.5.1987, *Colectânea,* 1987, p. 2141 e de 23.2.1994, Proc. C-236/92, *Colectânea,* 1994), tal orientação é desmentida. Cfr., Parlamento Europeu, Documento de trabalho — Série sobre o Ambiente, a Saúde Pública e a Defesa do Consumidor, *Jurisprudência do Tribunal de Justiça das Comunidades Europeias no Domínio do Ambiente,* 8-1994, p. 13 e ss. esp. pp. 16 e 17.

Actualmente, o T.J. debruça-se sobre dois processos relativos à transposição da Directiva 85/337/CEE: Processos C-396/92 e C-431/92, respeitantes à R. F. A. O segundo processo é interessante porque se coloca a questão de saber qual a definição do conceito de "projecto": reportar-se-á apenas ao troço de estrada a autorizar concretamente ou deverá incluir-se todo o projecto no E.I.A., mesmo que não esteja em causa o conjunto da aprovação? Problemas idênticos têm sido suscitados nos Estados Unidos, tendo-se concluído contra a segmentização dos projectos.

[111] P. TOMLINSON, "Environmental Assessment in the U.K. Implementation of the EEC Directive", in *Town Planning Review*, 1986, pp. 463-464; A. G. URETA, "Prevention rather than Cure"..., *op. cit.*, p. 65.

avaliação ambiental [112], já as instalações para a produção, enriquecimento ou reprocessamento de combustíveis nucleares e para a recolha e tratamento de resíduos radioactivos ficariam excluídos da avaliação de impacto [113]. Se estas instalações podem produzir efeitos ambientais tão nocivos como os projectos e instalações mencionados no Anexo I não tem sentido manter uma distinção estanque entre os projectos referidos nos dois anexos, precisamente tendo em atenção o princípio geral de sujeição e os critérios apontados no artigo 2.°/1 da Directiva. Assim, teria, pela natureza das coisas, toda a lógica incluir as últimas instalações (Anexo II 3 g), h), i)) no Anexo I [114].

Em síntese, uma exegese sistemática das normas da Directiva parece conduzir-nos à conclusão de que os projectos que possam provocar impactos significativos sobre o ambiente hão-de submeter-se a avaliação ambiental no que toca aos

---

[112] Anexo I da Directiva 85/337/CEE, pontos 2 e 3.

[113] Anexo II 3. g), h), i).

[114] Em apoio da nossa interpretação está o facto de na Proposta de Directiva do Conselho, de 16 de Março de 1994, algumas das referidas instalações (3. als. h) e i)) passarem a integrar o Anexo I. A mais recente proposta de alteração da Directiva 85/337/CEE (Bruxelas, 18/1/1996, *COM* (95) 720 final, p. 1 ss.) prevê igualmente o alargamento do Anexo I com o aditamento de novos projectos — a produção e enriquecimento de combustível nuclear (actual al. g) do Anexo II), instalações para a incineração de resíduos, a captação de águas subterrâneas e determinadas instalações de criação de animais, entre outros.

O Anexo II é também melhorado, passando a fazer referência à extracção de minerais por dragagem marinha, centrais eólicas, pistas permanentes de corridas e treinos para veículos a motor, armazenagem de sucatas e de carcaças de automóveis e aos teleféricos.

Esta proposta evidencia outras modificações. Assim, na nova redacção do n.° 1 do art. 2.° os projectos que exigem uma avaliação ambiental passam a estar sujeitos às condições necessárias de aprovação ou autorização. Esta medida tem intuitos claramente uniformizadores, se bem que me pareça algo redutora. O procedimento autorizativo passa agora a constituir a verdadeira delimitação da tutela preventiva dos bens ambientais juridicamente protegidos.

No art. 3.° a definição dos factores ambientais abrangidos pela avaliação é clarificada, admitindo-se agora a interacção entre os diversos factores enunciados. Outras disposições a merecer alguma atenção são os arts. 5.°, 7.° e 9.°

Numa primeira leitura não nos surpreendem agradavelmente as alterações a introduzir na Directiva 85/337/CEE.

seus efeitos. Este princípio básico aplica-se tanto ao Anexo I como ao Anexo II [115]. No essencial, os Estados gozam de alguma discricionaridade [116] no que toca à fixação de critérios e limiares que lhes permitam determinar se um projecto do Anexo II está ou não sujeito ao procedimento de impacto ambiental [117].

Subsiste, porém, a questão de saber qual o regime dos projectos, que embora não incluídos nos Anexos I e II da Directiva, possam ter importantes repercussões no ambiente. De acordo com o princípio geral do artigo 2.°, tais projectos deveriam ser sujeitos a avaliação ambiental. Aliás, este era um dos requisitos da proposta inicial [118] que autorizava os Estados-membros a examinar se determinados projectos não incluídos nos Anexos I e II podiam apresentar efeitos sobre o ambiente, para desta forma os submeter ao procedimento de impacto ambiental.

Todavia, esta referência não subsiste no texto final da Directiva, pelo que deve entender-se que o princípio geral contido no artigo 2.° tem como limite os projectos mencionados nos Anexos da Directiva [119].

Em todo o caso, os Estados, de acordo com o artigo 13.° da Directiva, não estão impedidos de submeter os referidos projectos a avaliação ambiental.

---

[115] É precisamente no que toca ao Anexo II onde se registam as maiores disparidades normativas entre os Estados-membros, convertendo-o num dos problemas mais sérios e controversos da aplicação da Directiva.

[116] Sem prejuízo dos critérios base definidos pelo art. 2.° da Directiva — natureza, dimensão e localização do projecto.

[117] Segundo N. HAIGH, "Environmental Assessment — The EC Directive", in *Journal of Planning and Environment Law*, n.° 4, 1987, p. 355, o art. 4.° da Directiva não permite excluir totalmente os referidos projectos "If an Annex II project is bound to have 'significant effects' then it must be made subject to an assessment. The Members States discretion then only lies in deciding whether the characteristics of particular projects are such that they are not likely to have significant effects".

[118] Art. 4.°/3. Cfr. *COM* (80), 313 final, p. 11 par. 23.

[119] O segundo parágrafo do art. 2.°/1 indica expressamente que os projectos sujeitos a avaliação são os definidos no art. 4.°.

5. Excepções

Quer os projectos destinados à defesa nacional, quer os adoptados por um acto legislativo nacional específico estão excluídos do âmbito de aplicação da Directiva (art. 1.º/4/5) [120].

Os projectos de "defesa nacional" são geralmente justificados por questões de "segurança nacional", que terão levado provavelmente o legislador comunitário, num contexto internacional ainda não desanuviado, a não incluí-los no âmbito da Directiva.

Já a referência que aparece na Directiva aos projectos aprovados por um *acto legislativo nacional* devem-se à insistência dinamarquesa. Pese embora a deficiente formulação do preceito (art. 1.º/5), parece que a Directiva quis incluir no conceito de "acto legislativo nacional" os projectos aprovados pelas Autarquias Locais.

Por outro lado, a Directiva (art. 2.º/3) estabelece que, em casos excepcionais, um determinado projecto possa ficar isento, na totalidade ou em parte, da avaliação ambiental. A Directiva não menciona, porém, qualquer critério relativamente a esse assunto [121]. A proposta inicial permitia à autoridade competente, com prévio consentimento da Comissão, excluir os projectos do Anexo I apenas nos casos em que fosse pouco provável, atendendo a um determinado limiar, desen-

---

[120] No contexto do Tratado C.E., o art. 223.º/1/ a) estabelece uma salvaguarda, pelo que nenhum Estado-membro está obrigado a fornecer informações cuja divulgação considere contrária aos interesses essenciais da sua própria segurança. No mesmo sentido, a Directiva 90/313, de 7 de Junho, sobre o direito de acesso à informação ambiental, estabelece que tanto a defesa nacional, como a segurança pública (art. 3.º/ 2) constituem excepções ao direito de acesso à informação consagrado no art. 3º/1. Cfr. JOSÉ MAGALHÃES, *Rumo ao Espaço Comum Informativo?,* Coimbra, 1991, p. 34 e ss.; V. L. CARTOU, "L'environnement et le besoin d'être informé", in *Les Petites Affiches,* 1990, p. 17 e ss.

O Tribunal de Justiça da Comunidade tem entendido que o conceito de segurança pública se refere não só à segurança interna de um Estado, mas também à sua segurança externa.

[121] P. TOMLINSON, *op. cit.*, p. 467.

cadearem repercussões importantes no ambiente [122], o que, aliás, nos parece absurdo, atendendo ao carácter apertado dos projectos sujeitos a avaliação ambiental. Como não existe tal limitação na Directiva, um Estado-membro pode excluir da avaliação ambiental qualquer dos projectos (Anexos I e II) apesar de poderem apresentar incidências importantes no ambiente. Todavia, importa precisar que esta faculdade dos Estados está sujeita a algumas limitações:

a) *Imposição de outra forma de avaliação*. Os Estados hão-de examinar a conveniência de outra forma de avaliação ambiental, pondo à disposição do público as informações recolhidas [123];

b) Na alínea b) do nº 3 do artigo 2.º a Directiva estabelece que deve ser *facultada informação aos cidadãos*. Estes têm o direito de conhecer as informações relativas à exclusão da obra, bem como as razões pelas quais foi concedida. É importante sublinhar que, quando se exclui um projecto do procedimento de impacto ambiental, os cidadãos não participam no processo de decisão [124]. Nestes casos os cidadãos poderão apenas recorrer da autorização, alegando qualquer vício.

O Estado não está, porém, inibido de pôr à disposição do público as informações recolhidas através de *outra forma de avaliação* [125]. Deste modo, parece que um dos propósitos da Directiva é levar a cabo uma avaliação ambiental do

---

122 Art. 4.º/1, segundo parágrafo da proposta de Directiva. Cfr. *COM* (80) 313, final, p. 16.

123 A proposta originária referia uma forma "simplificada" de avaliação para os casos em que o projecto vinha excluído, na totalidade ou em parte, dos requisitos da Directiva (art. 4.º). A nova proposta de Directiva (1994) é omissa sobre estas matérias, tanto quanto sabemos.

124 Curiosamente o D.L. nº 186/90, de 6 de Junho, art. 2.º/4, apenas admite a isenção de avaliação ambiental para os projectos do Anexo I que, em princípio, são os que implicam consequências mais gravosas para o ambiente.

125 Vejam-se os arts. 6.º/2 e 7.º da Directiva.

projecto, ainda que menos intensa, inclusive quando tenha sido excluído do âmbito de aplicação da Directiva [126].

c) A terceira limitação refere-se à *obrigação do Estado informar a Comissão Europeia* (art. 2.º/ 3/ c)). Antes de conceder a aprovação ou autorização, os Estados-membros deverão informar a Comissão sobre os motivos que justificam a isenção concedida, proporcionando as informações necessárias que, eventualmente, ficarão também à disposição dos seus nacionais [127].

A Directiva, ao afastar-se da proposta inicial, adoptou uma solução intermédia, que exige a comunicação prévia da informação à Comissão. O acordo com a Comissão tinha todo o sentido se atendermos que um dos objectivos da Directiva é também o de evitar distorções às regras da concorrência [128].

---

126 G. URETA, *Marco Jurídico del Procedimiento...*, *op. cit.*, p. 126.

127 Isto supõe uma clara divergência relativamente à proposta original da Directiva, que exigia um acordo prévio entre a Comissão e o Estado-membro em questão, antes de ser concedida a autorização (art. 4.º, 2º parágrafo). Este requisito não sobreviveu no texto final devido às críticas de vários Estados, especialmente o Reino Unido.

128 Com efeito, sob a capa de uma excepção bem se poderia disfarçar uma ajuda estatal proibida pelo Tratado da C.E. A regra do direito comunitário é a de que todas as excepções a um princípio geral devem ser interpretadas restritivamente (cfr. A. C. EVANS, "The Enforcement Procedure of Article 169 EEC: Comission Discretion", in *European Law Review*, 1979, p. 434. Se um Estado exceptuasse um projecto de avaliação ambiental, em manifesto desrespeito pelos requisitos da Directiva, a Comissão poderá colocar a questão perante o Tribunal de Justiça (art. 169.º e ss.). A Comissão pode ainda recorrer ao Tribunal de Justiça, solicitando a adopção de medidas cautelares que suspendam a execução do projecto (arts. 185.º e 186.º do Tratado).

A nível interno, os interessados podem recorrer aos tribunais administrativos, alegando que o Governo terá cometido qualquer vício, nomeadamente desvio de poder ou violação de lei, ao decidir a isenção de um projecto contra o disposto nas normas comunitárias ou nacionais. Nestes casos, o juiz poderia apreciar se se cumpriram os requisitos de excepcionalidade, podendo concluir que o Governo pretendia atingir outros fins. Poderia estimar, portanto, que a decisão é ilegal ao não respeitar o requisito da excepcionalidade ao eximir o projecto, especialmente se da sua realização derivam importantes repercussões e danos para o ambiente. Esta solução é tanto mais possível se entendermos que o que o n.º 4 do art. 2.º do D.L. nº 186/90 estabelece não é tanto uma faculdade discricionária, mas uma decisão baseada num conceito indeterminado, gozando, por isso, de alguma margem de apreciação. De todo o modo sempre

6. O objecto da avaliação de impacto ambiental na Directiva

O artigo 3.º trata dos elementos a ter em conta no procedimento de avaliação ambiental. Diferentemente de outros actos normativos comunitários [129], a Directiva não nos oferece um conceito de ambiente [130]. Todavia, face aos elementos ambientais referidos no artigo 3.º, a Directiva parece enunciar um conceito amplo de ambiente [131]. Esta imposição genérica da Directiva é de enorme importância para a conformação dos modelos nacionais, na medida em que condiciona o significado e o alcance desta técnica de avaliação, seja qual for a sua concreta positivação.

Uma das particularidades do artigo 3.º consiste em admitir a interacção dos factores ambientais mencionados nos dois primeiros parágrafos, excluindo, porém, os "bens materiais" e o "património cultural" [132]. Em princípio, não nos parece lógico esta fractura entre estes dois factores e os restantes mencionados no artigo 3º. Acresce que o Anexo III, 3, que identifica a informação a prestar pelo dono da obra, nos termos do artigo 5º/1, inclui os bens materiais e o património arquitectónico e arqueológico na lista dos elementos ambientais, sem distinguir entre os que hão-de ser compreendi-

---

estaríamos perante um acto administrativo necessariamente fundamentado e fiscalizável.

[129] Directiva do Conselho 79/831, 1979, *J.O.C.E.* L 259, art. 2.º/ 1; Directiva do Conselho 82/883, 1982, *J.O.C.E.* L 378, art. 2.º. Cfr. A. G. URETA, *op. cit.*, p. 127.

[130] De facto não existe uma definição geral de ambiente no Direito comunitário, bem como no Direito internacional. Cfr. P. BIRNIE e A. BOYLE, *International Law & the Environment*, Oxford, 1993, pp. 2 e 3.

[131] A referência aos bens materiais e ao património cultural é elucidativo. Cfr. J. CUPEI, *Umweltverträglichkeitsprüfung (UVP)*, Köln, Berlin, Bonn, München, 1986, p. 132, que sustenta igualmente uma concepção antropocêntrica da Directiva / CEE, p. 131.

[132] Cfr. a mais recente proposta de alteração da Directiva 85/337/CEE (Bruxelas, 18/1/1996, *COM* (95), 720 final, p. 6), que admite agora a interacção entre todos os factores considerados no art. 3.º

dos numa perspectiva interactiva e os que ficam excluídos da mesma.

Outro aspecto a merecer alguns comentários prende-se com a consideração dos efeitos de um determinado projecto sobre o clima. Com efeito, não é fácil avaliar tais efeitos atendendo à infinidade de emissores determinados e indeterminados existentes num determinado local [133].

Por outro lado, apesar do artigo 3.º e o Anexo III enumerarem uma série de recursos naturais, não existe uma referência directa à sua preservação. Esta desatenção do legislador não se coaduna com as repetidas declarações do preâmbulo da Directiva ou com o teor do artigo 130R.1 do Tratado da C.E..

Por último, a Directiva não inclui, e bem, uma análise dos impactos sócio-económicos [134], afastando-se, mais uma vez, da proposta inicial. Esta requeria expressamente "a avaliação dos factores ambientais em consideração à necessidade de proteger e melhorar a saúde humana e as condições de vida", que indubitavelmente incluem os aspectos sociais e económicos. Esta solução permitiria, talvez, uma preventiva ponderação dos interesses em jogo, frequentemente implícita no estudo de impacto, evitando-se o perigo dos interesses

---

[133] GOMES CANOTILHO, "Actos autorizativos jurídico-públicos e responsabilidade por danos ambientais", *op. cit.*, p. 9 e ss. O autor, recorrendo a uma figura de quadrados semióticos acoplados, oferece-nos várias combinações possíveis de agentes emissores e agentes receptores de danos ambientais. Para resolver a *probatio diabolica,* bem como outros problemas em matéria de responsabilidade civil, a jurisprudência norte-americana elaborou novos critérios e teorias, de que se destaca a *market-share-liability.* Cfr. COLAÇO ANTUNES, "Poluição industrial e dano ambiental", *op. cit.*, p. 22 e ss. Recentemente, B. POZZO, *Danno ambientale ed imputazione della responsabilità (esperienze giuridiche a confronto),* Milano, 1996, p. 337 e ss.

[134] Na proposta de alteração da Directiva do Conselho de 1994, o ponto 2 do Anexo III é alterado por forma a tornar obrigatório o exame das principais alternativas ao projecto. Esta solução normativa corresponde a uma preocupação de eficácia da Directiva e de harmonização das disposições nacionais na matéria.

Entre nós, no que concerne às alternativas ao projecto inicial esta possibilidade vem esboçada tenuemente no n.º 2 do Anexo II do D.L. n.º 186/90, tal como acontece com o n.º 2 do Anexo III da Directiva.

sócio-económicos se imporem fora da esfera procedimental, isto é, em sede política.

7. A informação a entregar pelo dono da obra

O artigo 5.º/1 da Directiva prescreve que os Estados-membros adoptarão as medidas necessárias para assegurar que o dono da obra forneça, de uma forma adequada, as informações especificadas no Anexo III. Estas informações devem ser prestadas na medida em que sejam apropriadas a uma determinada fase do procedimento autorizativo, em que se insere o subprocedimento de A.I.A., bem como dos elementos ambientais que possam ser afectados. O dono da obra deverá reunir os dados, atendendo sobretudo aos conhecimentos e métodos de avaliação existentes.

Por sua vez, o artigo 5.º/2 vem especificar a informação mínima ou essencial que o dono da obra deverá proporcionar [135]. É de notar que os aspectos mencionados no artigo 5º/2, ainda que redigidos de forma mais restritiva, correspondem ao mencionado no Anexo III da Directiva. Entendemos, portanto, que as informações obrigatórias a fornecer pelo dono da obra são as que constam do Anexo referido e não os aspectos reflectidos apenas no artigo 5.º/2 [136].

---

[135] Na resposta à pergunta 3095/92, a Comissão entendeu que o facto do titular do projecto não apresentar determinados dados "pode constituir uma infracção à Directiva", 1993, *J.O.C.E.* C 258/25. Cfr. A. G. URETA, *Marco Jurídico...*, *op. cit.*, p. 131, n. (142).

[136] Pensamos que a discrepância entre o art. 5.º/2, mais lacónico, e o Anexo III se deveu apenas à técnica legislativa utilizada, porventura não a mais feliz, de não sobrecarregar o articulado da Directiva. Em sentido mais redutor, J. CHAMBAULT, "Les études d'impact et la Communauté Européenne", *op. cit.*, p. 419. Já em sentido maximalista, *vide* J. CUPEI, *Umweltverträglichkeitsprüfung (UVP)*, *op. cit.*, p. 143 e ss.

Em abono da nossa interpretação podemos referir que a proposta de alteração da Directiva suprime o n.º 2 do art. 5.º. A nova redacção do n.º 1 do art. 5.º, determina que os Estados-membros adoptem as medidas necessárias para garantir que a autoridade competente defina, de acordo com as autoridades com responsabi-

Os Estados-membros gozam, porém, da faculdade de exigir outras informações não especificadas na Directiva [137]. Neste sentido, o artigo 5°/2 indica que as informações devem incluir *pelo menos* os aspectos mencionados, salientando expressamente que estes constituem o limiar mínimo a exigir ao dono da obra. Assim sendo, o artigo 5.°/1 não pode ser interpretado por forma a que os Estados-membros sejam completamente livres para decidir qual a informação a prestar pelo titular do projecto. O facto deste preceito admitir que as informações a apresentar se devam ajustar às *características específicas de um projecto determinado*, não é mais do que a concretização do princípio da proporcionalidade no que toca ao rigor e amplitude do estudo de impacto, atendendo à natureza, dimensão e localização do projecto (art. 2.°/1). Em suma, a informação incluída no Anexo III da Directiva deve ser obrigatoriamente exigida ao titular do projecto.

Procedendo a uma reflexão sobre a informação prevista pela Directiva e a proposta apresentada pela Comissão, verificamos que certos aspectos foram excluídos do Anexo III. Com efeito, a Directiva não se refere expressamente à avaliação dos efeitos significativos do projecto principal quando este se apresenta associado a outros [138]. Desta forma, se o projecto individual pode apresentar efeitos insignificantes para o ambiente, já os complexos industriais ou urbanizações podem desencadear consequências de grande alcance e nocividade ambiental [139].

Mais, não parece existir qualquer referência no Anexo III às razões técnicas e económicas que motivam a escolha da localização do projecto. Já a proposta exigia ao titular do projecto que descrevesse "a relação entre o projecto e os requisi-

lidade em matéria de ambiente e com prévia consulta do titular do projecto, a informação, especificada no Anexo III, que este deve fornecer de forma adequada.

[137] Cfr. o art. 13.° da Directiva e os arts. 100.°-A / 4 e 130.°-T. do T.C.E..

[138] Cfr. o Anexo III, 3, da proposta e o Anexo III, 4, da Directiva.

[139] W. Kennedy, *op. cit.*, p. 85.

tos ambientais e a utilização do solo na área possivelmente afectada" [140]. É verdade que a Directiva faz exigências em matéria de utilização do solo durante as fases de construção e funcionamento, todavia esta formulação não parece ser tão ampla como a da proposta. Não há também qualquer referência na Directiva, em particular no Anexo III, à possibilidade de acidentes graves [141], provavelmente porque esta situação estava já regulada pela Directiva Seveso [142].

Importa ainda salientar que o titular do projecto não está necessariamente obrigado a proporcionar uma *avaliação* das repercussões ambientais do projecto. Ao contrário da proposta, que exigia "uma avaliação dos possíveis efeitos sobre o ambiente, incluindo, eventualmente, os efeitos sobre o ambiente de outro Estado-membro" [143], a Directiva só alude "aos dados necessários para identificar e avaliar os efeitos principais que o projecto possa ter sobre o ambiente" [144].

Porém, é razoável sustentar que o titular do projecto está também obrigado a avaliar as incidências ambientais e não simplesmente a proporcionar os dados. O teor da avaliação definido no artigo 3.º — identificará, descreverá e avaliará — parece aplicar-se a todo o procedimento, pelo que não deverá entender-se que a avaliação se refere unicamente ao "parecer" final da entidade competente [145].

A informação a entregar pelo dono da obra deve enunciar e demonstrar as diversas incidências do projecto nos diferentes elementos ambientais e outras externalidades que possa

---

[140] Cfr. o art. 6.º/1 e o Anexo III, 5, da proposta de Directiva.

[141] Cfr. o Anexo III, 3, da proposta de Directiva. Cumpre aqui destacar que o nosso regime jurídico de avaliação de impacto ambiental, (D.R. n.º 38/90, art. 2.º/1/c)), prevê, como a proposta, uma análise do risco de acidentes graves e um plano de emergência para todos os projectos do Anexo I.

[142] Referimo-nos à já citada Directiva do Conselho 82/501.

[143] M. GRANT, "Implementation of the EC Directive on Environmental Impact Assessment", in *Connecticut Journal of International Law*, 1989, pp. 466-467.

[144] Cfr. o art. 5.º/2 da Directiva 85/337/CEE.

[145] Cfr. o art. 3.º da Directiva.

produzir. O Anexo III parece englobar todo o tipo de efeitos resultantes de um projecto sujeito a avaliação de impacto ambiental – directos, indirectos, secundários, cumulativos, a curto, médio e longo prazo, permanentes e temporários, positivos e negativos.

Relativamente à configuração de *alternativas,* ao contrário da proposta inicial e da proposta de alteração [146], o artigo 5°/2 da Directiva não refere este aspecto. No entanto, uma interpretação atenta do Anexo III deixa transparecer tal possibilidade ao estatuir que, se for caso disso, a descrição do projecto deve incluir "um esboço das principais soluções de substituição examinadas pelo dono da obra e a indicação das principais razões dessa escolha, atendendo aos efeitos no ambiente".

A falta de clareza e precisão da solução encontrada pelo legislador comunitário é fruto das críticas que surgiram durante a discussão da proposta [147] e que apontavam para os custos de tal operação, onerando excessivamente o titular do projecto. Todavia, não faltaram vozes a defender que não seria difícil, nem excessivamente oneroso, realizar uma ponderação entre as alternativas postas e os custos correlativos ao necessário estudo [148].

A informação a apresentar pelo titular do projecto deve obrigatoriamente cobrir as medidas que prevê adoptar para evitar, reduzir e, se possível, compensar os efeitos negativos (importantes) do projecto sobre o ambiente. A Directiva reconhece também que o titular do projecto possa encontrar difi-

---

146 Como já fizemos referência, o ponto 2 do Anexo III passa a ter a seguinte redacção: "Uma descrição das principais soluções alternativas consideradas e uma indicação das principais razões da escolha feita pelo dono da obra, tendo em conta os efeitos no ambiente". Todavia, na última proposta de alteração da Directiva, já aludida, não foram aceites contributos que visavam suprimir a definição de "soluções alternativas" (alteração n.° 57).

147 Cfr. o art. 6.°/1 da proposta de Directiva.

148 CH. WOOD, "The Genesis and Implementation of Environmental Impact Assessment in Europe", in M. CLARK, J. HERINGTON,*The Role of Environmental Impact Assessment in the Planning Process,* London, 1988, p. 98.

culdades na hora de preparar a informação exigida [149]. Daí que tenha oportunidade de indicar à autoridade competente os problemas encontrados na compilação das informações requeridas, devendo estas ser tidas em consideração no momento de emanar o acto autorizativo (art. 8.º da Directiva).

Da letra da Directiva parece dever concluir-se que esta não impõe obrigações excessivas aos titulares do projecto, sendo estas perfeitamente consentâneas com o carácter teleológico do procedimento de avaliação de impacto ambiental. A informação exigida pela Directiva é extremamente importante, na medida em que incide directamente sobre a qualidade dos estudos de impacto, denominação que recebe a informação ambiental nos vários Estados-membros.

Uma das debilidades dos estudos de impacto ambiental consiste no facto de, apesar do exposto no artigo 3.º da Directiva, não avaliarem devidamente as interacções entre os diversos elementos ambientais. De resto, a Comissão tem entendido que permanecem problemas de qualidade dos estudos de impacto [150], destacando alguns aspectos: a) as avaliações não se efectuam numa fase suficientemente antecipada da planificação e elaboração dos projectos; b) não são tomadas em consideração as alternativas ao projecto, dificultando desta

---

[149] Cfr. o Anexo III, 7, da Directiva.

[150] O Relatório da Comissão (93) sobre a aplicação da Directiva 85/337/CEE, salienta precisamente a deficiente qualidade de grande número de estudos de impacto. Uma das explicações apontadas, entre outras, é de que quando os projectos são co-financiados pelos Fundos Estruturais da Comunidade há a tentação de acelerar os procedimentos de avaliação de impacto ambiental, descurando o rigor dos estudos. Foi igualmente salientado a ausência de um esforço sistemático para organizar cursos de formação para consultores, donos da obra e técnicos dos organismos oficiais. Segundo o mesmo Relatório é questionável que os serviços da Administração Pública disponham de recursos humanos suficientes para analisar correctamente os estudos de impacto. Aponta-se também a necessidade de melhorar os mecanismos de divulgação pública dos estudos e a necessidade de definir critérios uniformes na avaliação da sua qualidade.

A necessidade de fornecer, à luz de uma correcta interpretação dos n.ºs 1 e 2 do art 5.º, informações adequadas ao público é outro aspecto referido no Relatório da Comissão. Cfr. *COM* (93) 28 final, vol. 11, pp. 72 e 73. Cfr. também o Anexo relativo a Portugal, p. 1a e ss.

forma as medidas correctoras; c) a informação é por vezes excessivamente limitada; d) as disposições relativas ao conteúdo da avaliação são insatisfatórias [151].

8. A participação dos cidadãos

A informação e participação dos cidadãos representa um dos aspectos essenciais do procedimento de avaliação de impacto. Com efeito, a Directiva refere-se à informação dos cidadãos em três dos seus catorze artigos [152], fazendo, assim, ressaltar a sua relevância e a delicadeza da sua transposição para os diversos ordenamentos nacionais [153].

As normas referidas à informação dos cidadãos [154] têm um duplo objectivo. Por um lado, permitir aos cidadãos conhecer as linhas essenciais do empreendimento e expressar as suas observações e alegações sobre o projecto em causa, antes da sua autorização, e por outro, serem informados da decisão final. O primeiro tem sobretudo a ver com a formação procedimental da vontade da entidade competente e, por conseguinte, do parecer final. O segundo prende-se com o direito de acesso aos tribunais para recorrer do acto autorizativo que ofenda o bem ambiental, se não mesmo do parecer.

O teor da Directiva, quando utiliza as expressões "público" ou "público interessado", deixa entender que se refere a qualquer pessoa física ou jurídica, incluindo os titulares dos interesses difusos [155]. No nosso entendimento, a Directiva não

---

[151] *COM*, (93) 28 final - vol. 11, pp. 48 e 51.

[152] Cfr. os arts. 2.º/3 /b), 6.º e 9.º da Directiva.

[153] Cfr. o art. 6.º/3 da Directiva. *Vide* S. BALL, S. BELL, *Environmental Law*, London, 1991, p. 105 e ss. Cfr. R. ROMI, *L'Europe et la Protection Juridique de l'Environnement,* Paris, 1993, pp. 41 e 42.

[154] Curiosamente a palavra "participação" não transparece explicitamente na Directiva.

[155] COLAÇO ANTUNES, *op. cit.*, pp. 91 e 92.

exige que o cidadão demonstre ter interesse directo na obtenção da informação que solicita, o que significa que os ordenamentos internos dos Estados-membros não poderão restringir o sentido da Directiva.

É verdade que se poderia argumentar que o artigo 6.º/2 contempla duas situações distintas. Dir-se-ia que o primeiro parágrafo do artigo 6.º/2 prevê um direito mínimo do *público em geral* ser informado do pedido de autorização, enquanto o segundo parágrafo, relativo ao direito de expressar uma opinião sobre o projecto, se restringiria ao *público interessado*.

Todavia, não é esta a nossa interpretação destes preceitos. Antes de mais, o direito do "público" ser informado sobre o pedido de autorização do projecto é extensivo também às informações recolhidas nos termos do artigo 5.º (art. 6.º/2, 1º parágrafo). Por outro lado, o legislador comunitário ao utilizar a expressão "público interessado" (art. 6.º/2º, 2.º parágrafo), não quis restringir a participação dos cidadãos no procedimento de avaliação de impacto ambiental, mas tão só reconhecer o carácter horizontal, territorial, do interesse difuso ambiental [156]. A preocupação fundamental foi a de garantir a participação dos cidadãos antes de ter lugar a autorização do projecto (art. 6.º/2) [157]. Como sustentam alguns autores [158], o sentido literal do artigo 6.º pode sugerir que a participação do público possa ocorrer tardiamente, após a concessão da autorização. Porém, esta interpretação não colhe se, atendendo ao escopo da Directiva, repararmos que o artigo 6.º/2

---

[156] Tanto é assim que o nosso legislador, art. 4.º/2 do D.R. n.º 38/90, nos dá uma noção bastante ampla de "público interessado", incluindo neste conceito os cidadãos, as associações de defesa do ambiente e as autarquias locais.

[157] A nova redacção do n.º 2, segundo travessão, do art. 6.º, da proposta de alteração da Directiva de 16/3/94, substitui, clarificando o sentido do texto, o termo "iniciado" pelo termo "aprovado".

[158] A doutrina considera que se trata de um erro de redacção do art. 6.º/2. Cfr. J. CUPEI, *op. cit.*, p. 161; CHAMBAULT, *op. cit.*, p. 427.

(segundo parágrafo) refere expressamente que o público deve manifestar a sua opinião *antes do projecto ser iniciado*. Acresce, aliás, que os Estados-membros, de forma geral, não adoptaram esta solução.

Cumpre salientar que, infelizmente, a Directiva não consagra a figura do *scoping* [159]. É geralmente aceite que este procedimento proporciona uma melhor avaliação do projecto ao mitigar preventivamente as tensões que (habitualmente) surgem em fases adiantadas do procedimento autorizativo. Não obstante, ainda que a Directiva guarde silêncio a este respeito [160], nada impede que os ordenamentos nacionais acolham esta solução [161].

A Directiva (art. 6°/3) deixa à discricionaridade dos Estados-membros a concreção de uma série de aspectos relativos à informação e consulta dos cidadãos, em função das características particulares dos projectos e dos locais em questão. A liberdade de conformação de que gozam os orde-

---

159 Este conceito, oriundo dos Estados-Unidos, refere-se a um procedimento prévio e aberto destinado a determinar precocemente os aspectos mais significativos de uma determinada actividade ou projecto. Cfr., por exemplo, G. BEANLANDS, "Métodos de definição do âmbito e estudos de base em AIA", in M. R. PARTIDÁRIO e J. DE JESUS, *Avaliação do Impacte Ambiental,* Lisboa, 1994, p. 57.

160 Porém, uma leitura atenta e generosa do segundo parágrafo (travessão) do art. 6.°/2 da Directiva poderia levar-nos a conclusões sugestivas a respeito do *scoping*.

161 Como acontece com o caso espanhol, art. 13.° do Real Decreto 1131/1988. No modelo germânico, o "scoping-verfahren" vem referido no art. 5.° da *UVPG,* de 12 de Fevereiro de 1990.

A proposta de Directiva do Conselho de 16-3-1994 (art. 4.°/2 /3) introduz, como uma das mais importantes inovações, uma lista de aspectos a considerar previamente ao início do procedimento (Anexo II - A), que deverão ser tidos em conta, atendendo aos possíveis efeitos ambientais, pela autoridade competente no processo de *screening* dos projectos do Anexo II.

Em consonância com o estipulado no art. 4.°, o art. 5.°/1 introduz um processo de consultas. A autoridade competente (para licenciar a obra) deverá definir, de acordo com a autoridade ambiental (art. 6.°/1) e após consulta do titular do projecto, a informação ambiental exigível para a avaliação. Pretende-se deste modo melhorar a qualidade e a importância da informação ambiental proporcionada pelo dono da obra. Cfr. igualmente o art. 4.° e ss. da Lei n.° 83/95, de 31 de Agosto.

namentos nacionais nesta matéria, prende-se com a diversidade de soluções existentes, que vão desde a *enquête publique* ao *public inquiry*, passando pelas alegações escritas [162].

Uma vez produzido o acto final, as autoridades competentes porão à disposição do público interessado o conteúdo da decisão e os motivos e considerações que a fundamentam (art. 9.º) [163]. Desta forma, o artigo 9.º distingue dois níveis de informação: o conteúdo da decisão, informação mínima, e os motivos e considerações em que se baseia a decisão — informação adicional (fundamentação) [164]. A Directiva acrescenta que a referida informação será posta à disposição do público "sempre que a legislação dos Estados-membros o preveja" [165]. Todavia, esta formulação merece um reparo na medida em que está em desarmonia com a ênfase posta pela Directiva na participação dos cidadãos no procedimento de impacto ambiental.

Importa também salientar que, *stricto sensu,* a Directiva (art. 6.º/1) parece sugerir que os Estados-membros não estão obrigados a colocar à disposição do público a informação proporcionada pelas autoridades com responsabilidade no campo ambiental, a quem, de resto, cumpre ditar o parecer de compatibilidade ecológica do projecto [166]. Com efeito, o artigo 6.º/2

---

[162] É óbvio que a liberdade de escolha dos meios conferidos aos Estados-membros resulta, desde logo, da natureza jurídica do acto normativo escolhido pelo legislador comunitário — a Directiva (art. 189.º do Tratado).

[163] A proposta de alteração da Directiva de 1994 dá uma nova redacção ao art. 9.º que estabelece a publicidade da decisão final, bem com a sua fundamentação, "não obstante o carácter negativo dos pareceres obtidos em conformidade com os artigos 6.º e 7.º ".

[164] A Directiva, neste ponto, superou a proposta originária visto que esta não exigia a publicação das razões em que se baseava a decisão. Cfr. A. G. URETA, *op. cit.*, p. 142.

[165] Cfr. art. 9.º, segundo travessão. Na redacção dada pela proposta de alteração da Directiva de 1994, o art. 9.º/1, último travessão, prescreve que também o público terá acesso, se for caso disso, à "descrição das medidas para evitar, reduzir e, se possível, compensar os efeitos negativos importantes".

[166] O art. 6.º/1, na redacção introduzida pela proposta de alteração da Directiva, prescreve que as autoridades com responsabilidade específica em maté-

não inclui a referida informação entre os dados postos à disposição do público. Contrariamente à Directiva, a proposta originária estabelecia que cabia à autoridade competente sintetizar os principais comentários e observações das autoridades com específicas responsabilidades em matéria ambiental, bem como a informação fornecida por outro Estado-membro afectado pelo projecto [167].

Ainda de acordo com a estrutura da Directiva aquela informação é susceptível de fazer parte do conceito "considerações" [168] (art. 9.°, 1° travessão), já que a entidade que autoriza o projecto deve ter em consideração a informação recolhida por outras autoridades e, portanto, do público, antes de adoptar a decisão final. Neste sentido, o artigo 8.° prescreve que as informações recolhidas durante o procedimento (arts. 5.°, 6.° e 7.°) *devem* ser tomadas em consideração no momento da autorização do projecto [169].

Indo um pouco mais longe, entendemos que o artigo 8.° da Directiva não deixa deduzir claramente que a informação ambiental deva receber um tratamento prioritário e especial, relativamente a outros dados e interesses que convergem no procedimento principal. Na hierarquia dos interesses a ponderar no procedimento autorizativo, o interesse ambiental é um dado mais que, não podendo ser ignorado, não é determinante para a autorização do projecto.

---

ria de ambiente deverão emitir o seu parecer sobre o pedido de aprovação (o que já acontecia na Directiva) e "sobre as informações fornecidas pelo dono da obra".

[167] Cfr. o art. 10.°/2 da proposta originária de 1980. Cfr. também os arts. 7.° e 8.° da Directiva.

[168] Neste sentido, A. G. Ureta, "Prevention rather than Cure: The E. C. Environmental Assessment Directive...", *op. cit.*, p. 68.

[169] É de salientar que esta é a segunda e última vez que a Directiva utiliza o imperativo "devem". Cfr. também o art. 5.°/1 da Directiva. A proposta de alteração da Directiva referida, significativamente dá a seguinte redacção ao art. 8.°: "*Os pareceres* e informações obtidos nos termos dos artigos 5.°, 6.° e 7.° *serão tomados* em consideração no âmbito do processo de aprovação". Esta formulação não sendo suficientemente esclarecedora no que toca à primazia do interesse ambiental, é claramente mais incisiva e peremptória do que a redacção actual do art. 8.° da Directiva.

A Directiva, ao contrário da proposta originária, não obriga, a nosso ver bem, a autoridade que toma a decisão final a realizar a sua própria avaliação das incidências ambientais do projecto [170], a menos que se considere que o acto autorizativo representa uma avaliação [171].

Em suma, poder-se-ia dizer que a Directiva 85/337/CEE adianta um passo decisivo, embora tímido, no sentido de uma maior e mais eficaz participação dos cidadãos [172]. Para isso, importava sobretudo conferir primazia ao bem ambiental e precisar a natureza jurídica do "parecer" de compatibilidade ambiental do projecto. Outro aspecto da maior importância prende-se com a relevância jurídica a atribuir à participação do público, por forma que esta não se degrade num movimento simplesmente ritual. Só assim se poderia salvaguardar razoavelmente a tutela do ambiente, porque hoje por hoje é ainda um "direito débil" na consciência do legislador, do administrador e do empresário europeu.

Os resultados da avaliação indicados no artigo 8.º confirmam que se trata de um procedimento simplesmente instrutório. Procedimento de carácter instrutório que tem como objectivos essenciais proceder à recolha de informações, consentir uma avaliação global do ambiente (art. 3.º) e permitir a consulta do público [173], devendo a autoridade que autoriza o projecto "tomar em consideração" as referidas informações e pareceres.

---

170 Cfr. o art. 10.º/2 da proposta originária. N. HAIGH, *EEC Environmental Policy..., op. cit.*, p. 592.

171 Cfr. os arts. 3.º, 5.º/2 e 8.º da Directiva.

172 Neste sentido, REHBINDER, STEWART, *op. cit.*, p. 108. Cfr. também C. LAMBRECHTS, "Environmental Impact Assessment. France", in *European Environmental Yearbook*, 1987, pp. 170 e 172.

173 Lamentavelmente há uma absoluta ausência de referências às associações de defesa do ambiente.

Curiosamente, a Convenção das Nações Unidas, celebrada a 25 de Fevereiro de 1991, em Espoo (Finlândia), dá-nos a seguinte definição de público: "The Public means one or more natural or legal persons" (art. 1.º).

A debilidade da participação do público manifesta-se também no facto da Directiva não prever, com clareza, o desenho de alternativas ao projecto inicial, este sim um dos resultados mais relevantes da avaliação de impacto ambiental.

Um outro ponto a merecer menor aplauso é o facto da Directiva restringir a avaliação de impacto ambiental à fase de apresentação do projecto. Em nossa opinião, seria extremamente útil antecipá-la à fase de elaboração e continuar a avaliação ambiental na fase de execução e laboração do projecto, verificando desta forma se as previsões realizadas em sede preventiva têm confirmação no plano da realidade [174].

Em suma, a Directiva 85/337/CEE, mais próxima do modelo francês do que da experiência norte-americana, merece-nos, apesar das suas limitações, um juízo global favorável [175].

Abordamos, por último, a questão dos impactos ambientais transfronteiriços, tendo em atenção as alterações introduzidas pela Convenção das Nações Unidas nesta matéria [176].

---

174 O legislador espanhol, por exemplo, prevê expressamente (art. 11.º do Real Decreto 1131/88) mecanismos de vigilância ambiental na fase de execução do projecto, que visam garantir o cumprimento das medidas protectoras e correctoras estabelecidas no estudo de impacto ambiental. Cfr. R. MORENO, *op. cit.*, p. 239.

175 Esta opinião é reforçada pelo facto do Direito Comunitário em geral (art. 130-T do Tratado) e a Directiva em particular (art. 13.º) permitirem a adopção pelos ordenamentos nacionais de medidas de protecção reforçadas, como poderiam ser o alargamento da aplicação da avaliação ambiental às políticas, planos e programas.

176 Referimo-nos à *Convenção sobre Avaliação de Impacto Ambiental num Contexto Transfronteiriço (Convention on Environmental Impact Assessment in a Transboundary Context)* celebrada sob os auspícios das Nações Unidas, em 25 de Fevereiro de 1991, Espoo, Finlândia. A Convenção está publicada no *30 International Legal Materials* (I.L.M.) 800, 1991 (cfr. Boletim da C.E. 1/2/91, ponto 1.2.238). Portugal foi um dos países, juntamente com a Comunidade Europeia, que subscreveu esta Convenção Internacional.

Esta Convenção ratifica a importância dos procedimentos de impacto ambiental na tomada de decisões sobre todo o tipo de acções e programas, na esteira do *NEPA*. Importa desde já salientar que a referida Convenção está destinada a produzir significativas alterações na Directiva 85/337/CEE, como é visível na proposta da Directiva do Conselho, já abundantemente referida, de 16 de Março de 1994.

9. Avaliação dos impactos ambientais transfronteiriços

A Directiva 85/337/CEE não prestou muita atenção aos efeitos transfronteiriços dos projectos sujeitos a avaliação de impacto ambiental [177]. Partindo deste pressuposto, tentaremos compreender, à luz da Convenção das Nações Unidas de Espoo [178] e da Proposta de alteração da Directiva, as limitações da actual Directiva, bem como as alterações que inevitavelmente sofrerá por força da adesão da Comunidade Europeia à referida Convenção [179]. Com efeito, o artigo 7.º da Directiva assenta na premissa de que os efeitos ambientais de determinados projectos não respeitam as fronteiras internacionais. Todavia, é bom dizê-lo, a sensibilidade da Directiva pelos impactos fronteiriços radica no princípio da *colaboração interestadual*, sem ter em consideração direitos e prerrogativas dos cidadãos. Uma segunda pontualização tem a ver com o facto do artigo 7.º se referir a impactos transfronteiriços e não à poluição ou a danos ambientais em geral. Isto quer dizer que o seu âmbito é bem mais limitado do que poderia supor-se. Assim, nem todas as ofensas ecológicas transfronteiriças serão avaliáveis através dos módulos e obrigações que se estabelecem na Directiva, mas simplesmente as resul-

---

[177] As normas de referência são os arts. 7.º, 8.º e 9.º/2. De acordo com a Comissão Europeia, este foi um dos aspectos que pior se reflectiu nas legislações nacionais. No caso português não há sequer qualquer referência.

[178] A Convenção consta de vinte artigos e sete apêndices que complementam o articulado, sendo parte integrante da mesma (art. 10.º). Para efeitos pedagógicos podemos dividir a Convenção em duas partes. A primeira (arts. 1.º a 10.º) incluiria as normas substantivas (obrigações gerais dos Estados que assinaram a Convenção, definições, procedimento de notificação, preparação da documentação de impacto ambiental, consulta do público, decisão final, etc.). O resto do articulado (arts. 11.º a 20.º, com excepção do art. 15.º) refere-se à organização da Convenção (encontro das partes, direito de voto, revisão da Convenção, assinatura, ratificação, entrada em vigor, etc.). Uma aproximação aos aspectos essenciais da Convenção pode ver-se em A. G. URETA, "A Comment on Some Provisions of the United Nations Convention on Environmental Impact Assessment in a Transboundary Context", in *Environmental Liability,* vol. I, 1993, p. 101 e ss.

[179] Decisão 93/626/CEE do Conselho.

tantes dos projectos que, segundo o país de origem, se hão-de submeter a avaliação de impacto. Poderá, aliás, dar-se o caso de estarmos perante uma situação de falta de reciprocidade quando um projecto seja de obrigatória avaliação num Estado-membro e não em outro [180].

A Directiva, ao contrário da proposta originária, não exige ao dono da obra que tenha em conta as incidências do seu projecto no ambiente de outro Estado-membro previsivelmente afectado [181], a não ser que se trate de um projecto público.

Quando o Estado de origem constata que o projecto possa ter efeitos ambientais transfronteiriços, a Directiva (art. 7.º) estatui a obrigação daquele remeter ao Estado eventualmente afectado as informações recolhidas no procedimento. Tanto a Directiva como o Convénio das Nações Unidas, exigem ao Estado de origem que informe a Parte afectada, ao *mesmo tempo* que coloca à disposição dos seus nacionais os dados relativos ao projecto [182], nomeadamente os fornecidos pelo dono da obra [183]. O Estado eventualmente afectado pode também solicitar ao Estado de origem que lhe remeta as

---

180 Este ponto é particularmente importante se atentarmos a problemas como o aproveitamento hidroeléctrico dos rios internacionais, centrais nucleares, etc. Nas relações entre Portugal e a Espanha há desde logo, o problema do regime de avaliação de impacto ambiental do país vizinho abranger, para além dos projectos do Anexo I da Directiva, apenas mais cinco projectos do Anexo II. Cfr. o art. 1.º do Real Decreto Legislativo 1302/1986 e respectivo anexo.

Em síntese, estamos perante uma situação de clara ausência de reciprocidade, uma vez que Portugal se obriga a avaliar um maior número de projectos do Anexo II da Directiva.

181 Cfr. o art. 6.º/1 da proposta originária.

182 A proposta de Directiva do Conselho de 1994 (art. 7.º/1) estatui que as informações a prestar são as especificadas no novo Anexo IV.

183 O art. 3.º 1 da Convenção diz o seguinte: "For a proposed activity in Appendix I that is likely to cause a significant adverse transboundary impact, the Party of origin shall, for the purposes of ensuring adequate and effective consultations under Article 5.º, notify any Party which it considers may be an affected Party as early as possible and not later that when informing its own public about that proposed activity". Cfr. A. G. URETA, *Marco Jurídico...*, *op. cit.*, p. 146. Cfr. também o art. 6.º da Directiva.

informações referidas anteriormente. Pretende-se, assim, evitar o arbítrio do Estado onde se localiza o projecto na apreciação dos efeitos ambientais. Em princípio, a Directiva não requer que o Estado previsivelmente afectado prove que o projecto em causa tem repercussões ambientais importantes no seu território [184]. Para evitar estas dificuldades a *Convenção de Espoo* estabelece a criação de uma comissão com funções de estudar as possibilidades de um projecto produzir efeitos ambientais significativos num país vizinho.

A proposta de Directiva do Conselho de 1994 (art. 7.º/2) acrescenta que os Estados-membros em questão iniciarão as consultas num prazo considerado razoável. As informações incidirão sobre: a) as principais soluções alternativas ao projecto; b) as medidas que podem ser tomadas para evitar, reduzir e, se possível, compensar os efeitos negativos transfronteiriços; c) as formas de assistência mútua previsíveis para atenuar qualquer importante impacto negativo transfronteiriço do projecto proposto; d) as medidas que podem ser tomadas para assegurar a vigilância dos efeitos transfronteiriços do projecto a expensas do Estado-membro em que o projecto é proposto.

A Directiva não prevê a participação do público da Parte afectada. O Convenção das Nações Unidas introduz aqui importantes alterações, definindo que a Parte de origem deve estabelecer um procedimento de avaliação de impacto ambiental que permita a participação do público do Estado atingido [185]. A proposta do Conselho de 1994, não indo tão longe,

---

184 Não é difícil prever alguma conflitualidade entre Estados nesta matéria. Neste sentido, seria útil e preventivo a constituição de comissões mistas para tratar dos problemas que podem emergir da instalação de actividades contaminantes ou a realização de grandes obras nas zonas fronteiriças. As comissões poderiam também colaborar regularmente com técnicos independentes, dando maior credibilidade e consensualidade aos estudos técnicos.

185 Art. 2.º/2: "an environmental assessment procedure that permits public participation". Cfr. a este respeito A. G. Ureta, "A Comment on Some Provisions of

estabelece no artigo 7.º/3 a participação do público do Estado lesado e das autoridades interessadas, segundo as regras previstas no artigo 6.º. O seu parecer deverá ser comunicado num prazo razoável às autoridades do Estado-membro em cujo território se situa o projecto. No entanto, se o parecer não tiver sido emitido no respeito pelo prazo estabelecido e na forma prevista não poderá ser invocado para contestar a validade da decisão relativa ao projecto (art. 7.º/3, último parágrafo).

Ao contrário da Proposta de alteração e do Convénio [186], não existe na Directiva qualquer referência sobre a possibilidade de resposta da Parte lesada à Parte de origem. A Directiva estipula apenas que a informação recolhida pelos Estados em questão sirva de base às consultas levadas a cabo entre ambos. O Convénio das Nações Unidas exige às duas Partes que distribuam a "documentação de avaliação" [187] às autoridades e ao público da Parte afectada, por forma a poderem endereçar comentários e pareceres à autoridade competente do Estado infractor [188]. Completando o rol de diferenças entre a Directiva 85/337/CEE e o Convénio de Espoo, salientávamos que este último exige a ambas as Partes que se assegurem de que a decisão final toma em consideração o resultado da avaliação de impacto ambiental (art. 6.º). Na Directiva, esta obrigação recai na Parte de origem, isto é, cabe ao Estado onde se realiza o projecto (art. 8.º). Porém, o Estado lesado não se pode opor à execução do

---

the United Nations Convention on Environmental Impact Assessment in a Transboundary Context", *op. cit.*, p. 108 e ss.

[186] Arts. 7.º/2 e 3.º/2 /c). O último art. diz o seguinte: "An indication of reasonable time within wich a response under paragraph 3 of this Article is required, taking into account the nature of the proposed activity". Cfr. A. G. URETA, *op. cit.*, p. 147, nota 222.

[187] A. G. URETA, *op. cit.*, "A Comment on Some Provisions of the United Nations Convention on Environmental Impact Assessment in a Transboundary Context", *op. cit.*, p. 109.

[188] A consulta entre as duas partes assenta precisamente na referida documentação, art. 4.º/2.

projecto, tal como acontece, aliás, com a Convenção das Nações Unidas [189].

Uma outra diferença está no facto de no Convénio das Nações Unidas o Estado lesado ter o direito de não só conhecer o teor da decisão que autoriza o projecto, mas também as "razões e considerações em que esta se baseia" [190]. Já a Directiva permite apenas que o Estado lesado possa ser informado da decisão [191].

Por último, a Convenção faz referência a medidas sobre a vigilância *(monitoring)* e a "análise posterior" *(post-project analysis)* do projecto (art. 7.º/1) [192]. Por sua vez, a Directiva não inclui qualquer norma sobre a vigilância ambiental do projecto [193].

Em síntese, quer a Convenção das Nações Unidas, quer a Proposta do Conselho de alteração da Directiva, de 16 de Março de 1994, vêm melhorar a Directiva no que concerne aos impactos ambientais transfronteiriços. O Convénio de Espoo reconhece explicitamente aos cidadãos das "zonas susceptíveis de ser afectadas" (art. 3.º/8) o direito de expressar os seus comentários e opiniões sobre o projecto.

---

[189] A Comissão também pode dar o seu parecer sobre todo e qualquer projecto de avaliação dos resíduos radioactivos que permitam determinar se a execução de um projecto pode dar lugar à contaminação radioactiva das águas, do solo ou do espaço aéreo de outro Estado Membro (art. 37.º do Tratado Euratom). A Comissão Europeia pode ainda expressar a sua opinião sobre os projectos de natureza nuclear localizados nas imediações da fronteira de outro Estado-membro (arts. 41.º- 43.º do Tratado Euratom). Todavia, nestes casos o parecer da Comissão não é vinculativo para a decisão do Estado-membro (arts. 38.º e 61.º do Tratado Euratom). Cfr. A. G. Ureta, *op. cit.*, p. 106.

[190] Art. 6.º/2: "The Party of origin shall provide to the affected Party the final decision on the proposed activity along with the reasons and considerations on which it was based".

[191] A Proposta de alteração da Directiva do Conselho (art. 9.º/1), em sintonia com a Convenção das Nações Unidas, estabelece o dever do Estado lesado ser informado da decisão, motivos e considerações em que se baseia a decisão do Estado infractor.

[192] G. Ureta, *op. cit.*, p. 110 e ss.

[193] O mesmo não sucede com a Proposta de alteração da Directiva 85/337/CEE do Conselho que, como já foi referido, prevê tal possibilidade no novo n.º 2 do art. 7.º, tal como sucedia já na proposta originária (art. 11.º).

10. Balanço breve sobre a aplicação da Directiva 85/337/CEE

Procuraremos sobretudo dar conta das dificuldades e atrasos na transposição da Directiva 85/337/CEE para os ordenamentos jurídicos nacionais, tentando simultaneamente enunciar algumas das razões que obstaculizaram uma rápida e homogénea aplicação da Directiva.

Antes de mais, importa salientar que, tratando-se de uma Directiva-quadro (art. 189.º do Tratado), o êxito da sua aplicação depende em boa medida da forma como os Estados-membros a transpõem para o seu ordenamento jurídico, deixando-lhes uma grande margem de discricionaridade [194]. Ao contrário do que sucedia com a proposta de 1980, certos aspectos nucleares, como o âmbito e determinadas fases do procedimento de avaliação de impacto ambiental, ficaram à mercê da maior ou menor generosidade ecológica do legislador nacional. Com efeito, a Directiva comunitária ao centrar a sua incidência mais nos aspectos procedimentais do que substantivos, por força da pressão exercida pelo Reino Unido, reforçou a liberdade de conformação dos Estados-membros. A Directiva devia ter ido mais longe na fixação rigorosa de *standards* e critérios ambientais, como salientou o *European Environmental Bureau* [195]. No que toca à delimitação do âmbito de avaliação ambiental impunha-se a definição de regras precisas [196].

---

194 Cfr. o art. 189.º do Tratado de Roma. O Relatório da Comissão sobre a aplicação da Directiva 85/337/CEE, *COM*, (93), 28 final, vol. 11, p. 70 e ss., reconhece a existência de dificuldades na aplicação da Directiva, ao mesmo tempo que denuncia a necessidade de melhorar o procedimento de avaliação de impacto ambiental.

195 A. G. Ureta, *Marco Jurídico...*, *op. cit.*, p. 151.

196 A ausência de disposições obrigatórias no que toca à delimitação do âmbito da avaliação é um dos pontos débeis dos vários ordenamentos jurídicos nacionais, à excepção da R.F.A. Cfr. *COM* (93), 28 final, vol. 11, quadro 4. 5., p. 51.

Uma primeira explicação para as dificuldades encontradas na aplicação da Directiva está, em nossa opinião, na técnica e no instrumento legislativo escolhido [197].

Entretanto, outros motivos podem ser trazidos à colação para explicar este intrincado processo de uniformização da técnica de avaliação de impacto ambiental no espaço

---

[197] Como é sabido, a Directiva vincula os Estados-membros destinatários quanto ao resultado a alcançar, deixando, no entanto, às instâncias nacionais a competência quanto à forma e aos meios.

A verdade é que a Comunidade Europeia tem recorrido sobretudo à Directiva em matéria de política ambiental, em detrimento do Regulamento que tem carácter geral, é obrigatório em todos os seus elementos e directamente aplicável em todos os Estados-membros.

Todavia, impõem-se aqui algumas precisões no que concerne à relação da Directiva 85/337/CEE com os ordenamentos nacionais. O Tribunal de Justiça da Comunidade Europeia estabeleceu no acórdão "Van Gend & Loos", os requisitos que deve preencher uma norma comunitária para que possa produzir efeito directo. Isto é, a Directiva deve ser clara e precisa, incondicional e completa. Uma vez que o prazo de transposição da Directiva 85/337/CEE expirou há muito, entendemos que podem ser directamente invocadas as normas relativas aos projectos do Anexo I e à participação dos cidadãos (arts. 2.º/3 /b)), 6.º/2 e 9.º), bem como as que se referem à obrigação das autoridades ambientais tomarem em consideração as informações recolhidas durante o procedimento, antes, portanto, da decisão final (arts. 3.º e 8.º). (Cfr. L. Krämer, "The Implementation of Community Environmental Directives within Member States: Some Implications of the Direct Effect Doctrine", in *Journal of Environmental Law*, 1991, p. 49).

Assim sendo, parece indiscutível que os cidadãos podem socorrer-se dos referidos artigos e recorrer contra o Estado que não tenha transposto a Directiva ou o tenha feito incorrectamente. Falamos aqui do efeito directo vertical das Directivas, uma vez que tal efeito não é invocável nas relações entre particulares. Cabe, no entanto, dizer que a recente evolução da jurisprudência comunitária embora pareça não o admitir, tem vindo a abrir a porta ao reconhecimento do efeito directo horizontal de normas constantes de Directivas não transpostas ou deficientemente transpostas. No processo *Marleasing,* o Tribunal de Justiça defende que as autoridades nacionais, nomeadamente os Tribunais, deverão efectuar uma interpretação nos termos da qual a norma nacional não será aplicável se contradisser a norma comunitária. Em síntese, o que o Tribunal quis dizer é que nestes casos as normas comunitárias são aplicáveis nas relações entre particulares, produzindo, portanto, efeito directo horizontal.

Retomando o discurso sobre a avaliação de impacto ambiental, poder-se-ia concluir que as autoridades ambientais nacionais podem exigir ao titular do projecto o cumprimento dos requisitos do art. 5. º/1 /2, indo mais longe do que o exigido pelo ordenamento interno. Neste sentido, nada obstaria que um terceiro — vizinho, associações de defesa do ambiente —, desde que tenha legitimidade, possa recorrer da autorização, socorrendo-se do incumprimento das normas da Directiva que têm efeito directo.

comunitário. A complexidade da transposição é ainda maior quando as responsabilidades nas matérias abrangidas pela Directiva são repartidas por instâncias político-administrativas de diverso nível — nacionais, regionais e locais. O âmbito "horizontal" da Directiva significa que a transposição para os ordenamentos jurídicos nacionais impõe a cooperação e coordenação de vários departamentos governamentais e exige a adaptação de vários procedimentos autorizativos. Alguns dos requisitos da Directiva, nomeadamente os que se prendem com a informação e participação do público, depararam com alguma resistência, o que em alguns casos motivou uma transposição minimalista da Directiva [198].

Postas as dificuldades, importa agora resumir qual o défice de aplicação da Directiva nos ordenamentos nacionais. Em primeiro lugar, nem todas as classes de projectos do Anexo I são submetidos a avaliação ambiental em todos os Estados-membros [199], com a agravante de alguns Estados excluírem na íntegra os projectos do Anexo II; existe também uma grande variedade entre os ordenamentos jurídicos nacionais quanto às categorias e subcategorias de projectos do Anexo II abrangidos e quanto aos limiares técnicos aplicáveis [200]; em alguns casos, o cumprimento do disposto no artigo 5.º/1 da Directiva, relativamente à natureza e âmbito das informações a fornecer pelo dono da obra, revela-se incompleto; as disposições relativas à divulgação dessas informações e os processos participativos são em alguns casos pouco precisos para fornecerem uma base legal que permita o seu eficaz

198 O Relatório da Comissão sobre a Aplicação da Directiva 85/337/CEE, *COM* (93), 28 final, vol. 11, p. 3 (a) do anexo relativo a Portugal salienta, com pertinência, a contradição entre o art. 4.º/2 do D.L. n.º 186/90 e o art. 4.º/3 do D.R. n.º 38/90. O primeiro artigo estabelece que "os estudos efectuados e respectivos resultados devem ser tornados públicos, enquanto o segundo prescreve apenas a "divulgação de um resumo técnico".

199 *COM* (93), 28 final, vol. 11, quadro 3.4. p. 23.

200 *COM, op. cit.*, quadro 3.5., p. 25.

exercício [201]; por consequência a sua eficácia jurídica é normalmente escassa, para não dizer ritual [202].

Por último, salientaríamos pela sua importância, dois aspectos extremamente negativos. O primeiro, prende-se com o facto do "parecer" ou "declaração", que conclui o procedimento de avaliação de impacto ambiental, não ter carácter vinculativo na maioria dos ordenamentos nacionais. Em segundo lugar, a avaliação de impacto ambiental é levada a cabo demasiado tarde nos processos decisórios, o que dificulta seriamente a possibilidade de alternativas razoáveis ao projecto. Esta limitação é, de certo modo, inevitável num instrumento que se limita a avaliar o impacto ambiental de projectos individuais, quando toda uma série de importantes decisões políticas ou administrativas já foram tomadas em sede de programação ou planeamento [203].

Impõe-se, para concluir este capítulo, fazer referência às mais-valias resultantes da transposição da Directiva. Com efeito, alguns Estados-membros, em consonância com o artigo 130.º-T e 100.º-A do Tratado, adoptaram disposições formais que ultrapassam as exigidas pela Directiva. Referimo-nos ao alargamento do âmbito das actividades sujeitas a avaliação de impacto ambiental (Anexos I e II), como por exemplo alguns planos e programas, *alterações* de projectos do Anexo II e instalações militares [204]. Foram igualmente adoptadas em alguns Estados-membros disposições que configuram uma fase prévia de delimitação do âmbito da avaliação ambiental [205], bem como a obrigação do dono da obra apresentar alternativas ao projecto. A adopção de normas reguladoras de

---

[201] *COM, op. cit.*, pp. 40-41.

[202] O art. 8.º refere que as informações reunidas nos termos dos arts. 5.º, 6.º e 7.º "devem ser tomadas em consideração". Esta formulação pouco rigorosa da Directiva explica, de certo modo, as debilidades normativas que se constatam nesta matéria nos vários ordenamentos jurídicos nacionais.

[203] *COM, op. cit.*, p. 71.

[204] *COM, op. cit.*, p. 41.

[205] É o caso da experiência alemã. Cfr. *COM, op. cit.*, quadro 4.5., p. 51.

controlo e fiscalização do impacto ambiental na fase de execução do projecto, ainda que não seja a regra, é constatável em alguns Estados-membros [206].

Em suma, pese embora as limitações da Directiva e as dificuldades da sua transposição, é notório que a sua aplicação no espaço comunitário se tem revelado imprescíndivel para uma tutela preventiva do ambiente [207], como resultará, com maior nitidez, das páginas dedicadas ao estudo do direito comparado.

---

[206] O modelo espanhol é neste aspecto uma referência obrigatória no direito comparado. *COM, op. cit.*, quadro 4.10., p. 62. Cfr. também R. MORENO, *op. cit.*, p. 238 e ss.

[207] Para uma análise dos custos e benefícios resultantes da aplicação da Directiva 85/337, cfr. *COM, op. cit.*, p. 66 e ss. Um aspecto significativo a retirar do Relatório da Comissão é o de que os custos emergentes da avaliação de impacto ambiental são insignificantes, não excedendo geralmente 1% do custo do projecto. Segundo estudos da Comissão, os custos têm variado entre 0,25% do custo total da obra (Holanda) e 0,75% (em França). Nos Estados Unidos um estudo da *Environmental Protection Agency* indica uma percentagem de 0,19% e um inquérito realizado junto de 18 Estados afirma que o custo dos estudos de impacto representa em média 0,5% do total das obras. Cfr. Y. NICOLE, *L'Étude d'Impact dans le Système Fédéraliste Suisse,* Lausanne, 1992, p. 35, nota 64.

Parte III

AVALIAÇÃO DE IMPACTO AMBIENTAL: PERSPECTIVA COMPARADA

Capítulo I

MOMENTO GENÉTICO. O MODELO DOS ESTADOS UNIDOS

Nos capítulos que se seguem, pretende-se assinalar a presença de diversas soluções modelísticas do procedimento de avaliação de impacto ambiental, postas por alguns dos mais importantes ordenamentos jurídico-políticos. Teve-se aqui em consideração a existência de verdadeiros procedimentos de avaliação de impacto ambiental, procurando fazer alguma luz sobre a sua irradiação noutros ordenamentos jurídicos, nomeadamente no ordenamento jurídico comunitário.

Nesta perspectiva, não surpreende que a exegese do modelo estado-unidense de avaliação de impacto ambiental, enquanto momento genético (1969), mereça a primazia da nossa atenção, logo seguido da experiência francesa.

Parece-nos, assim, metodologicamente correcto abordar de imediato, a seguir às grandes linhas da Directiva 85/337/CEE, os referidos modelos, centrando, por último, a nossa atenção sobre os ordenamentos jurídicos alemão e espanhol que nos parecem consagrar soluções marcantes e inovadoras a ter em conta para a renovação do direito nacional nesta matéria.

1. Considerações introdutórias

Os Estados Unidos foi o primeiro país a revelar-se sensível à avaliação de impacto ambiental com a introdução, a 1 de Janeiro de 1970, do *National Environmental Policy Act* (NEPA) [1].

Antes de analisar a normação norte-americana sobre a avaliação de impacto ambiental [2], cabe ter em consideração

---

[1] *Public Law*, 91-190, 42 U.S.C. 4321-4347, de 1 de Janeiro de 1970, alterada pela *Pub. L.* 94-52, de 3 de Julho de 1975 e a *Pub. L.* 94-83, de 9 de Agosto de 1975. Cfr. *Environmental Law Report*, 10/75, 1975, p. 10173. Cfr. D. SIVE e outros, *A Practical Guide to Environmental Law, op. cit.*, p. 63 e ss.. Os trabalhos legislativos que deram origem ao *NEPA* tiveram o seu início nos finais dos anos cinquenta, pelo que foi um longo parto.

[2] A elaboração do conceito de *evaluation* tem nos Estados-Unidos conotações peculiares, constituindo, numa acepção lata, um momento intrínseco da investigação social. Cfr., por exemplo, P. M. ROSSI e outros, *Evaluation, a Systematic Approach, op. cit.*, p. 8 e ss.

O extraordinário aumento de iniciativas de avaliação sistemática das actividades públicas a partir dos anos 70, levaram numerosos autores a tentar esclarecer este fenómeno, partindo do reconhecimento crítico das condições de incerteza que rodeavam a actuação emergente da administração constitutiva. Nos Estados Unidos assistiu-se então à afirmação de uma vocação para a avaliação das políticas públicas. Esta assume variadas formas, mas a mais relevante respeita ao impacto e eficácia das políticas, programas e acções; refere-se não apenas a finalidades directas e preordenadas, mas também a operações cujos previsíveis efeitos colaterais possam comportar graves problemas e custos. Actividades públicas e privadas podem ter efeitos que extrapolam dos seus objectivos imediatos, o que requer novos e mais compreensivos esquemas de "contabilidade" social. Neste sentido, o estudo crítico de R. B. TEITZ, *Policy Evaluation: the Uncertain Guide*, 1978, publicado pelo Institute of Urban and Regional Development (IURD) da Universidade da Califórnia. O autor, depois de ter analisado o conceito de *policy evaluation* em termos de resposta social e de controlo da eficácia e da economicidade das acções, debruça-se sobre as relações com os procedimentos planificatórios, concluindo que nos próximos vinte anos os procedimentos vigentes no mundo ocidental poderiam resultar profundamente transformados: "a avaliação apresenta-se como uma parte integrante desta transformação, com a qual devemos aprender a conviver" (p. 39). É inútil afirmar o acerto desta previsão, ao ponto de as próprias Universidades constituirem também objecto de avaliação.

Também a expressão *impact* é totalmente recorrente e densa de significado no outro lado do Atlântico. Pretende-se, com o referido termo, fazer referência a toda e qualquer alteração da realidade existente, primária ou secundária, directa ou indirecta, provocada por um evento.

Com efeito, corre-se o risco de não interpretar correctamente o critério da *environmental impact evaluation* se os termos conceptuais que o compreendem são deslocados do seu contexto científico e cultural. O referido instituto tem, na concepção estado-unidense, uma latitude e articulação tais que, embora respeitando a projectos concretamente operativos, abrange iniciativas legislativas, programas administrativos e planos territoriais globais. Mais recentemente deu-se início à tentativa de instaurar o *urban impact evaluation*, cujo tratamento não cabe nos limites deste estudo. Cfr. A. R. MARKUSEN, *The Urban Impact Statement: a Critical Forecast*, IURD, "working paper", 1979 e R. LANGENDORF,

que a sua aproximação e, portanto, também a sua terminologia são diferentes da concepção europeia. Antes de mais cabe distinguir dois termos que frequentemente vêm utilizados de forma equívoca e indistinta: o *Environmental Impact Assessment* (E.I.A.) e o *Environmental Impact Statement* (E.I.S.). Este último não é mais do que um elemento fundamental do primeiro. Quando se fala de avaliação de impacto ambiental deve entender-se que nos estamos a referir ao primeiro conceito, ao *Environmental Impact Assessment*, portanto, ao procedimento em que se examinam os efeitos potenciais de uma determinada actividade sobre o ambiente, antes da decisão final. O *Environmental Impact Statement* não é mais do que o documento ou parecer que conclui o procedimento e que serve de suporte à decisão final. Logo, não é mais do que um elemento, ainda que o mais significativo de todo o procedimento de avaliação de impacto ambiental consagrado na secção 102 (2) (c) do *NEPA* [3], e posteriormente transposto e ampliado para os diversos Estados por via legislativa, onde cabe destacar o Estado da Califórnia [4], quer por decisão administrativa.

"Lesson from Urban Impact Assessment", in *Environmental Impact Assessment Review*, vol. I, n.º 3, 1980, p. 473 e ss.; J. LEITMANN, "Rapid Urban Environmental Assessment: Towards Environmental Management in Cities of the Developing World", in *Impact Assessment*, 1993, pp. 225 260.

3 Sobre os antecedentes legislativos do *NEPA*, cfr. V. BARTLETT e K. CALDWELL, "Política nacional del medio ambiente a través de la evaluación del impacto ambiental: la experiencia estado-unidense", in *Ambiente y Recursos Naturales*, vol. III, n.º 1, 1986, p. 33. É certo que o termo *statement* utilizado pelo legislador americano deixou impor a ideia de que o parecer final (ou o estudo de impacto) é mais importante do que o procedimento e o processo de análise das actividades projectadas, o que não é verdade.

4 Sobre as várias experiências estatais, especialmente a californiana, *vide* S. BENDIX e H. R. GRAHAM, *Environmental Assessment: Approaching Maturity*, Michigan, 1981. Cfr. também R. BASS, "Policy, Plan and Programme EIA in California", in *EIA Newsletter*, n.º 5, 1990, p. 4 e ss. Recentemente CH. WOODS, *Impact Assessment. A Comparative Review*, *op. cit.*, pp. 27 e ss. e 76-79.

Importa clarificar que foi o modelo federal que inspirou o legislador comunitário e que, portanto, é este o modelo aqui analisado.

Para ser mais exacto, a definição de *Environmental Impact Statement* [5] compreende aproximadamente os termos de "estudo de impacto ambiental" e o "parecer" que fecha o procedimento de impacto ambiental na normação portuguesa.

É oportuno chamar desde já a atenção de que a regulação da avaliação de impacto ambiental nos Estados Unidos é muito diferente da dos países europeus que examinaremos mais tarde. Assim é por força do alto nível de protecção do ambiente, pela amplitude das actividades submetidas a avaliação ambiental e pela importância da participação social. O procedimento de impacto ambiental nos EUA não consubstancia uma verdadeira normação jurídica com direitos e obrigações, antes representa uma avaliação institucionalizada das eventuais consequências de determinadas actividades sobre o ambiente, ponderando as possíveis variantes e alternativas [6]. Trata-se, em suma, de um método de avaliação ambiental que goza da possibilidade de actuar num espaço geográfico praticamente ilimitado, não regulado por fortes instrumentos de planificação territorial, e cuja atenção no caso concreto beneficia de não estar submetido a rígidos preceitos normativos [7].

---

[5] Para uma distinção conceptual, *vide* W. KENNEDY, "International Trends and Experiences in the Field of EIA", in *Gestione dei conflitti ambientali e valutazione di impatto*, Bologna, 1990, pp. 22-28.

[6] Para uma clara e concisa exposição sobre o modelo institucional de avaliação de impacto ambiental envia-se ao documento publicado pela Environmental Protection Agency (EPA), — *Produtive Armony, A Brief Explanation of Environmental Impact Statements*, Washington, 1977; cfr. N. GRECO, *Processi decisionali...*, *op. cit.*, p. 45 e ss.

[7] Todavia, a entropia crescente no sistema sócio-económico contemporâneo tem vindo a atenuar a rígida separação entre o *civil law* e o *common law*, própria do mundo anglo-saxónico. Cfr. F. FIORELLI, "Valutazione di impatto ambientale negli Stati Uniti" *op. cit.*, p. 254.

2. Quadro normativo e objectivos

O *National Environmental Policy Act (NEPA)* é o mais importante dos actos legislativos emanados nos anos setenta pelo Congresso dos Estados Unidos para a protecção do ambiente. Já a partir de 1948 o Governo federal havia assumido responsabilidades no campo ambiental com o *Federal Water Pollution Control Act*, alterado e reforçado em 1956 [8] e, mais tarde, com o *Air Pollution Act* em 1955 [9], o *Solid Waste Disposal Act* de 1965 [10] e o *Federal Aviation Act* de 1968 [11], que estabelecia o controlo federal do nível de ruído causado pelos aviões [12].

O *NEPA* de 1970 é marcante e distinto, sob diversos aspectos, da legislação ambiental precedente. Antes de mais, aponta para a protecção do ambiente na sua totalidade e não apenas para a defesa de alguns dos seus componentes essenciais. Além disso, antes do *NEPA*, a necessidade do controlo das fontes de inquinamento era frequentemente relacionada com a defesa dos interesses proprietaristas [13] e com a defesa

---

[8] Public Law 845, Ch. 758, 62 Stat. 1155, de 30 de Junho de 1948, com sucessivas emendas. Cfr. M. RISTORATORE, "Gli environmental impact statements. Problemi e prospettive nella applicazione amministrativa della normativa statunitense", in N. GRECO, *La valutazione di impatto ambientale: rivoluzione o complicazione amministrativa?*, Milano, 1984, p. 231 e ss.

[9] Esta lei foi substituída pelo *Clean Air Act*, 42 U.S.C., 1857 ss., 1974.

[10] Revogado pelo *Solid Waste Disposal Act*, 42 U.S.C., 3251-59, 1970.

[11] *Pub. Law* 90-82 Stat. 395. Estas referências foram colhidas em M. RISTORATORE, *op. cit.*, p. 231.

[12] Posteriormente ao *NEPA*, outras leis igualmente importantes surgiram, como o *Clean Air Act* (que estabelece determinados níveis de qualidade atmosférica), a *Resources Recovery Act* (sobre reciclagem e aproveitamento de resíduos); a *Federal Water Pollution Control Act* (sobre protecção de recursos hídricos); a *Ocean Dumping Act* (sobre recursos marinhos) ou o *Noise Control Act*, 42 U.S.C. §§ 4901 e ss. Sobre a recentíssima evolução do Direito do ambiente nos EUA, cfr. J. BAERT WIENER, "Law and the New Ecology: Evolution, Categories and Consequences", in *Ecology Law Quarterly*, vol. 22, n.º 2, 1995, p. 325 e ss. Sobre a reconstrução histórica do *Clean Air Act*, *vide* M. R. GALLOGLY, "Acid Precipitation: Can the Clean Air Act Handle It?", in *Aff. L. Rev.*, 1981, pp. 701-708.

[13] Por exemplo, para proteger o valor de terrenos eventualmente prejudicados na sua apetência económica pela presença de indústrias poluentes na zona.

da saúde dos cidadãos. O *NEPA,* ao contrário, baseado em considerações de mais amplo respiro, estabelece uma política nacional para a protecção do ambiente acompanhada de procedimentos administrativos que têm como função assegurar a sua concretização [14].

O texto do *NEPA*, que ocupa poucas páginas e utiliza uma linguagem não especializada, tem três componentes essenciais:

1) Uma declaração de objectivos entre os quais o de assegurar a todos os americanos um ambiente seguro, saudável, produtivo, estética e culturalmente agradável (sec. 101 (b) (1)); preservar importantes aspectos históricos, culturais e naturais do património nacional e manter, sempre que seja possível, um ambiente que favoreça a diversidade e a variedade das escolhas individuais (sec. 101 (b) (4)); conseguir o equilíbrio entre a população e os recursos, por forma a permitir um alto nível de vida e um amplo e generalizado gozo das amenidades da vida (sec. 101 (b) (5)) [15].

2) A institucionalização de um procedimento administrativo idóneo à realização dos objectivos previstos na lei. Cada agência federal deve preparar um *environmental impact statement (EIS),* isto é, uma análise detalhada do impacto ambiental das "propostas de lei e outras relevantes acções federais que produzam um efeito significativo sobre a qualidade do ambiente humano" (sec. 102 (c)) [16]. Além de dever prevenir as consequências sobre o ambiente das acções propostas, as agências federais devem examinar as possíveis alternativas a tais actividades. Todavia, a lei não obriga as agências federais a empreender a actividade mais vantajosa

---

[14] CH. WOOD, *Environmental Impact Assessment, op. cit.*, p. 19.

[15] BRIAN D. CLARK, "Environmental Impact Assessment (EIA); Scope and Objectives", in *Perspectives on Environmental Impact Assessment, op. cit.*, p. 3 e ss.

[16] L. F. CARREL, *Die Überprüfung der Umweltverträglichtkeit von Bundesmassnahmen im amerikanischen Recht, op. cit.*, p. 272; mais recentemente G. MEZGER, *Umweltverträglichtkeitsprüfung, Umweltschutz und räumliche Nutzung in den USA,* Berlin, 1989, p. 90 e ss.

do ponto de vista ambiental. São antes e apenas obrigadas a tomar em consideração todos os factores ambientais antes de tomar a decisão. O procedimento exigido pelo *NEPA* realiza--se, essencialmente, em quatro fases: a) a agência federal deve decidir (em primeiro lugar) se, para a actividade em causa, é exigida a preparação de um *EIS*; b) em caso afirmativo, a agência prepara uma primeira versão *(draft)* de um *environmental impact statement*; c) esta versão é então submetida a outras agências federais para comentários e observações e, posteriormente, tornada pública; d) na base das observações recebidas é preparada uma versão final do *EIS*. Este deve ser tido em conta pela agência federal no momento de decidir se a actividade em exame deve ou não ser realizada [17].

3) A terceira componente do *NEPA* consiste na institucionalização de uma nova entidade junto do presidente dos EUA: o *Council on Environmental Quality (CEQ)* — secs. 202-209 [18]. O papel deste organismo é fundamentalmente consultivo, a sua importância depende, em grande medida, da ênfase posta pelo Presidente dos Estados Unidos nas questões ecológicas. A influência do *Council Environmental Quality* sobre as outras agências federais é exercitada principalmente através da emanação de detalhados regulamentos *(regulations)* [19] respeitantes ao procedimento de preparação do *EIS* [20].

Algumas das disposições do *NEPA* constituem uma significativa inovação relativamente aos instrumentos tradicionalmente utilizados pelo Congresso americano. Habitual-

---

[17] M. RISTORATORE, "Gli environmental impact statements...", *op. cit.*, p. 232.

[18] J. G. ARBUCKLE e outros, *Environmental Law Handbook,* 8ª ed., Rockville, 1985, p. 373; G. MEZGER, *op. cit.*, p. 93.

[19] Cfr. D. SIVE e outros, *op. cit.*, p. 176.

[20] Cfr. o relatório do *CEQ, Environmental Impact Statement. An Analysis of Six Years Experience by Seventy Federal Agencies,* Washington, 1976 e o relatório do *Office of Planning and Research* do Estado da Califórnia, *The California Environmental Quality Act,* Sacramento, 1976. Em consequência daquele relatório houve lugar a uma revisão das orientações de 1973, operada a 30 de Julho de 1979. Cfr. N. LEE, "Environmental Impact Assessment: a Review", *op. cit.*, p. 5.

mente as leis do Congresso enumeram objectivos de alto valor moral, acompanhados de referências a vínculos genéricos que condicionam a sua aplicação. Estes ingredientes estão também presentes no *NEPA*: o objectivo de tutelar os bens ambientais das gerações presentes e futuras de americanos é condicionada pelo facto de "não contradizerem outras considerações essenciais" (sec. 101 (b)). O mesmo acontece com a institucionalização do *CEQ*. Os seus limitados poderes não lhe permitem controlar directamente o comportamento das outras agências federais [21]. O elemento de profunda inovação é constituído pela secção 102 (2) (c) do *NEPA,* que impõe precisas alterações nos processos decisionais de todas as agências federais, em vez de remeter para futuras alterações das leis que regulam a actividade de cada uma das agências [22].

Todas as agências são, portanto, obrigadas a preparar um "estudo de impacto ambiental" sobre as suas actividades antes de poder tomar qualquer decisão. Ainda que constituindo o elemento essencial do *NEPA,* a Secção 102 (2) (c) não estava prevista na formulação originária da lei; surge apenas na fase final do debate, quando o projecto de lei foi examinado pela Comissão intercamaral do Congresso, convocada para resolver as diferenças entre o texto aprovado pela Câmara de deputados e o texto aprovado pelo Senado [23]. Na altura da votação final em cada uma das câmaras, uma semana antes do Natal, o texto preparado pela referida Comissão enfrentava dois tipos de solução: ou era aprovado ou rejeitado *in toto*, sem possibilidade de sofrer qualquer emenda ou alteração [24]. Em

---

21 CH. WOOD, *Environmental Impact Assessment, op. cit.*, p. 23.

22 M. RISTORATORE, *op. cit.*, p. 233.

23 Inicialmente o projecto de lei não previa o *Environmental Impact Statement*. A sua aparição deve-se à emenda introduzida pelo senador Henry Jackson, se bem que a sua paternidade científica se deva a Lynton K. Caldwell. *Vide* a este propósito A. LIROFF, "Environmental Administration: NEPA and Federal Agencies", in S. NAGE, *Environmental Politics*, New York, 1974, pp. 292-293.

24 R. N. ANDREWS, *Environmental Policy and Administrative Change*, Boston, 1976, cap. 2.

tais circunstâncias, só uma profunda oposição ao espírito da lei (NEPA) poderia conduzir à sua rejeição. Porém, a dimensão e o alcance das disposições legais contidas na Secção 102 (2) (c) parece não ter sido bem compreendida, nem mesmo pelos senadores que haviam preparado o texto [25]. O *NEPA* é, assim, aprovado por larguíssima maioria do Congresso a 23 de Dezembro de 1969 e promulgado pelo Presidente dos Estados Unidos a 1 de Janeiro de 1970.

O *NEPA* foi judicado a Magna Carta da protecção ambiental [26] e o *EIS* um formidável instrumento para a melhoria do processo decisional no interior das agências federais. Todavia, tal facto não olvida que tenha sido objecto de pesadas críticas. Representantes da indústria e funcionários públicos lamentaram profundamente o aumento de custos e os atrasos que a aplicação do *NEPA* inevitavelmente comportaria a obras de utilidade pública, tais como a construção de complexos residenciais ou de centrais eléctricas. Estudiosos de Direito e de ciência política atacaram o *NEPA* pelo facto da lei ter enfatizado os procedimentos em detrimento da substância das decisões. Segundo o professor Theodore Lowi, da Cornell University, no *NEPA* "não se encontra uma só norma jurídica. Só sentimentos — adicionados de algo de pessoal e de um pouco de dinheiro. Mas nenhuma norma. Nenhum critério para identificar precisamente quais as acções a considerar danosas para o

---

[25] De acordo com a décima segunda emenda da Constituição ("The power not delegated to the United States by the Constitution, nor prohibited it to the States, are reserved to the States respectively, or to the people"), o Estado federal apenas dispõe das competências legislativas que a Constituição lhe confere. Como tal competência em matéria de ambiente não existe na Constituição, o Estado federal, apoiado pela jurisprudência, recorreu à célebre *interstate commerce clause* (art. 1, secção 8 da Constituição americana) para regular numerosos domínios da vida económica e social, inclusive o ambiente. Cfr. G. F. AUBERT, *Traité de Droit Constitutionnel Suisse,* Neuchâtel, 1976, I, p. 304; cfr. também Y. NICOLE, *L'Étude d'Impact dans le Système Fédéraliste Suisse, op. cit.*, p. 25.

[26] D. SIVE e outros, *op. cit.*, p. 171.

ambiente e, portanto, ilegais. Nem um passo, por mais pequeno, foi dado nesta direcção" [27].

O *NEPA* pode ser examinado sob dois (diversos) pontos de vista. Por um lado, impõe uma série de procedimentos formais a todas as agências federais antes de tomarem qualquer decisão no âmbito da sua jurisdição; por outro, o *NEPA* prescreve uma mudança radical no que se refere à substância das decisões [28]. As agências federais devem agora ter em consideração o impacto ambiental causado pelas suas actividades, quando antes do *NEPA* as actividades federais eram orientadas exclusivamente pelos fins institucionais de cada uma das agências e por considerações de ordem económica [29], sendo certo que dedicaremos mais atenção às normas procedimentais impostas pelo *NEPA*, assim como à sua organização administrativa.

---

[27] THEODORE LOWI, *The Politics of Disorder*, New York, 1971, p. 179. Menos pessimista R. ANDERSON, *Nepa in the Courts*, Baltimore, 1973; G. KUMIN, "Substantive Review under the National Environmental Policy Act: EDF v. Corps of Engineers", in *Eco. L. Q.*, 1973, p. 173. Recentemente, J. P. BOGGS, "Procedural vs. Substantive in NEPA Law: Cutting the Gordian Knot", in *Environmental Professional*, 1994, pp. 25-34.

[28] CH. WOOD, *op. cit.*, pp. 21 e 22.

[29] O exame dos efeitos do *NEPA* sobre a substância das decisões tomadas pelas agências federais será abordado mais adiante.

Contudo o recente *revival* liberal assumiu expressões muito coloridas no campo ambiental, se bem que superficiais. A atenção dada nos finais dos anos 60 aos problemas ambientais e o sucessivo aprofundamento durante os anos 70, não parece ter deixado rastos relevantes nos novos estudiosos da *zero sum society*. Veja-se a este propósito L. C. THUROW, *The Zero Sum Society*, New York, 1980, especialmente o cap. 5, *Environmental Problems*.

Tais orientações ideológicas não tiveram grande influência na visão das questões ambientais. Porém, é de realçar que o governo federal saído das eleições de 1980 tomou a iniciativa de reduzir os meios operativos da *EPA*, quer no que se refere à disponibilidade financeira — cerca de um terço, quer quanto ao aparelho organizativo (sobretudo a nível central). Além disso mostrou-se propenso a baixar os *standards* de tutela ambiental, em particular no que toca à poluição da água e do ar por parte das empresas industriais, considerando que os níveis vigentes seriam demasiado onerosos num período de recessão económica e num mercado assumidamente competitivo. Este cenário levou a que nos inícios dos anos 80 se manifestasse uma tendência para a redução das avaliações de impacto ambiental. Segundo CH. WOOD, *op. cit.*, p. 20 a partir da Administração Bush verificou-se um certo revigoramento das directivas do *CEQ* (1992), mas a situação mantém-se complexa e incerta no governo Clinton.

3. Objecto e âmbito material de aplicação

A secção 102, parágrafo 2 c) da lei americana estabelece que todas as agências federais deverão preparar a *detailed statement* [30] que acompanha cada recomendação ou relatório sobre os projectos de lei e outras actividades importantes *(major federal actions)* que afectem [31] de *forma significativa* [32] a qualidade do ambiente humano. A hermenêutica deste preceito normativo permite individualizar três critérios, de cuja conjugação se deduz o âmbito material de aplicação da *Environmental Impact Assessment*. Em primeiro lugar, o critério orgânico expresso no carácter federal da acção [33]; em segundo lugar, o critério técnico-administrativo da importância ou envergadura do projecto ou da actividade proposta; em terceiro lugar, o critério ecológico, isto é, os efeitos ambientais eventualmente resultantes da acção.

---

30 Mau grado, o *NEPA* não fala de estudo de impacto ambiental. A noção de *environmental impact statement (EIS)* é a expressão normalmente utilizada para referir este parecer.

31 Pressuposto indispensável da realização do *EIS* é o facto da actividade federal produzir efeitos sobre a qualidade do ambiente. O termo *efeito* abrange tanto os efeitos positivos como negativos, directos e indirectos.

Nos Estados Unidos o *EIS* é igualmente aplicável aos programas *(programs)*, que importa distinguir dos projectos *(projects)* e das prescrições gerais, materiais ou procedimentais (*regulations* e *procedures*). Sobre estes conceitos, cfr. L CARREL, *op. cit.*, p. 182 e ss.; D. SIVE, *op. cit.*, p. 191 e ss.

32 As instruções do *Council on Environmental Quality* não distinguem entre "major action" e os projectos que afectem "de forma significativa" o ambiente. Daí que este último termo constitua o limite da exigência do *EIS*, sendo objecto de numerosos litígios.

As instruções utilizam também as noções de "context" e de "intensitat". Em primeiro lugar são definidas as circunstâncias em que é proposta a acção, para seguidamente ser avaliada a gravidade do impacto ambiental. De facto são as Agências que determinam se a sua actividade tem consequências significativas sobre o ambiente, ainda que sejam os Tribunais, em última instância, a fixar a sua interpretação definitiva. Cfr. A. C. ROURA, *L'avaluació de l'impacte ambiental: el paper de les Comunitats Europees i dels estats membres,* Barcelona, 1993, pp. 13 e 14.

33 Em determinadas circunstâncias é considerada também como "acção" a sua ausência. Cfr. A. C. ROURA, *op. cit.*, p. 14, nota 12.

A precisão do primeiro critério, tendo em atenção a noção de "acção federal", tem como resultado a individualização da natureza operacional afectada pela *EIA*. [34] Já os outros dois critérios apontam para a delimitação material do campo de aplicação do referido mecanismo de avaliação ambiental.

3. 1. O que significa uma "acção federal"?

Atentemos antes de mais na noção de "acção". A ambígua terminologia utilizada pelo *NEPA,* diversificando as actividades sujeitas a avaliação ambiental, de modo a abranger os projectos de lei e "qualquer outra acção federal", tem vindo a ser concretizada pela jurisprudência e pelas directivas do *CEQ,* no sentido de incluir dentro da segunda categoria [35] não só os projectos concretos e pontuais mas também os programas e os planos territoriais. Desta forma, as orientações do *CEQ* começam por estabelecer, de forma genérica, a sujeição a avaliação tanto das "acções legislativas" como das "acções administrativas" [36], passando a enumerar, dentro destas categorias, as operações concretas sujeitas a avaliação ambiental [37]:

a) Os projectos de lei [38].

b) Os programas e projectos dos serviços federais, incluindo os que se encontram em fase de execução. Compreendendo não só os da iniciativa de uma determinada Agência Federal — acção directa — mas também os finan-

---

[34] R. MORENO, *op. cit.*, p. 65.

[35] O termo "acção" é interpretado de forma bastante ampla, de modo a abranger a construção de auto-estradas, projectos de irrigação, hospitais, aeroportos ou centrais nucleares. Em síntese, a noção de acção refere-se sobretudo a projectos de obras públicas e a grandes instalações industriais.

[36] Cfr. o parágrafo 1.500.2 (a) das orientações do *CEQ* de 1973, que menciona expressamente as "legislative actions" e as "administrative actions".

[37] O parágrafo 1.500.5 (a) (i) das orientações de 1973 (sob a epígrafe *Types of Actions Covered by the Act*).

[38] O parágrafo 1.505.5 (a) (i), avaliação ambiental das *Legislative actions*, desenvolvido no parágrafo 1.500.12.

ciados no todo ou em parte pelo Governo Federal, bem como os que estão submetidos a qualquer tipo de autorização federal [39]; ou ainda quando se trata de projectos que impliquem a cessão ou o arrendamento de terrenos federais ou a concessão de direitos sobre estes terrenos — acção indirecta.

c) A formação, modificação ou estabelecimento de normas regulamentares e políticas [40].

Cabe aqui salientar que, na prática, poucas foram as iniciativas legislativas sujeitas a avaliação ambiental [41], o mesmo não acontecendo, graças ao labor jurisprudencial [42], com a actividade de programação. Acresce ainda que a alteração sofrida pelas Directivas do *CEQ* a partir de 1973 acentuou a necessidade de submeter a uma avaliação ambiental escalonada por níveis [43] os programas em detrimento dos projectos concretos. Contudo, a concreção do critério orgânico (federal) implica também a sujeição, através de uma interpretação extensiva e generosa da expressão "acção federal", dos projectos de natureza privada que requeiram autorização ou que de alguma forma são apoiados pelos fundos federais [44]. Isto é, não estão abrangidas apenas pelo mecanismo de avaliação de impacto ambiental as actividades estritamente públicas.

Em suma, com a expressão "acção federal" pretende-se, em princípio, significar toda e qualquer actividade projectada, financiada e executada pelas agências federais. Porém, a

---

[39] Parágrafo 1.500.5 (a) (2).

[40] A exacta formulação do parágrafo 1.500.5 (a) (3) é a seguinte: *The making, modification, or establishment of regulations, rules, procedures and policy*. Cfr. R. MORENO, *op. cit.*, p. 66.

[41] F. A. ANDERSON, *NEPA in the Courts: A Legal Analysis of the National Environmental Policy Act*, Washington, 1973, p. 127 (cfr. a nota 227); cfr. SCHELDON NOVICK, *Law of Environmental Protection*, 2.ª ed., New York, 1988, pp. 9-13; J. ARBUKLE e outros, *op. cit.*, p. 383 e ss.

[42] Sobre os primeiros passos da jurisprudência nesta matéria, *vide Council of Environmental Quality: Environmental Quality 1975, 6th Annual Report, CEQ*, Washington, 1975, p. 640 e ss.

[43] É o denominado *tiering*. Cfr. D. SIVE, *op. cit.*, p. 192.

[44] Cfr. B. STOEL e J. SCHERR, "Experiences with EIA in the United States", in *Built Environment*, vol. IV, n.º 2, 1978, p. 97.

interpretação fornecida pelos tribunais e as Directivas do *CEQ* vieram ampliar em grande medida o campo de aplicação do *NEPA*. Segundo as Directivas do *CEQ* não só as actividades empreendidas directamente pelas agências federais estão abrangidas pelo *NEPA*, mas também aquelas que exigem apenas autorizações ou licenças federais ou que são financiadas por qualquer forma — empréstimos, subsídios, contratos — pelas agências federais, ainda que parcialmente [45]. A única excepção é constituída por aquelas actividades financiadas com fundos atribuídos com base em leis de *revenue sharing*, que não estão sujeitas a qualquer controlo federal e os pedidos, por parte das agências federais, de fundos do Congresso *(appropriations)* [46].

Esta interpretação do *NEPA* foi quase universalmente aceite. No entanto, surgem problemas particulares quando um ente não federal tenta eliminar qualquer envolvimento das agências federais nas suas actividades, por forma a subtrair-se à obrigação de preparar um *EIS*; ou quando o ente não federal tenta isolar da intervenção federal algumas parcelas de um determinado projecto em que o impacto ambiental é particularmente gravoso do ambiente.

Um caso deste tipo foi objecto de uma acção judicial (Sierra Club v. Volpe) [47]: o *Highway Departement* do Estado da Califórnia havia programado a construção de uma auto-estrada, financiada inicialmente pelo Governo Federal,

---

[45] Em sentido oposto, F. SKILLERN, *Environmental Protection Deskbook*, Colorado, 1995, p. 48 e ss. Veja-se o caso "Save Our Barton Creek Association v. FHA" 950 F2d 1129, 1135 (5th Cir. 1992).

[46] *Andrus v. Sierra Club*, 99 Sec. Cir. 2335, 1979, in M. RISTORATORE, *op. cit.*, p. 238. Questão complexa é a de saber se a inacção de uma agência, não exercendo as suas competências, pode ser considerada uma *acção* para efeitos de avaliação ambiental. Em sentido favorável, F. SKILLERN, *op. cit.*, p. 54. Todavia, a orientação geral tem sido em sentido oposto, como é paradigmático no caso "Defenders of Wildlife v. Andrus" (627 F2d 1238 DC Cir. 1980).

[47] Cfr. W. RODGERS, "Judicial Review of Risk Assessments", in *Environmental Law*, vol. 11, 1981, p. 301 e ss. *Vide* também N. ORLOFF, *The Environmental Impact Statements Process: A Guide to Citizen Action*, Washington D. C. 1978, pp. 64-71.

tentando, por sua vez, autofinanciar o segmento da auto-estrada mais nocivo do ponto de vista ecológico. O tribunal veio então proibir ao Governo Federal financiar não só o segmento em questão, mas toda a auto-estrada de que ele era parte integrante. A "desfederalização" de projectos de auto-estradas, destinada a evitar a preparação do *EIS,* tem sido impedida pelos tribunais noutros casos em que ficou provado que, no passado, o Governo Federal havia sempre participado na realização de projectos semelhantes [48]. Todavia, uma decisão *ad hoc* do Congresso dos Estados Unidos pode "desfederalizar" determinados projectos [49].

3. 2. Critérios de sujeição: *major federal actions* que "afectem de forma significativa a qualidade do ambiente humano"

A secção 102 (2) (c) do *NEPA* consagra de forma clara como critérios de delimitação do âmbito material do *EIA* o critério técnico-administrativo da importância das acções federais e o critério ecológico da relevância dos efeitos ambientais produzidos. Em suma, para submeter uma actividade a avaliação ambiental é necessário que esta seja de grande envergadura e que afecte de forma significativa a qualidade do ambiente.

O modelo norte-americano não opera normativamente, por princípio, com o sistema de lista, seja de exclusão ou de sujeição, impondo antes uma aproximação casuística que favorece a intervenção decisiva do juiz na fixação do âmbito material de aplicação do mecanismo de avaliação [50]. No

[48] *Scottsdale Mall v. Indiana,* 549 F. 2 d. 484 e 489, 7th Cir. 1977. Cfr. MARIO RISTORATORE, *op. ci.*, p. 238.

[49] Cfr. a sec. 154 (a) do *Federal-Aid Highways Act*, 1973.

[50] Segundo B. CLARK, "O processo de AIA: conceitos básicos", in *Avaliação do Impacte Ambiental*, Lisboa, 1994, p. 6, já foram elaborados mais 10.000 EIAs nos termos do *NEPA*. (Cremos que se refere aos primeiros dez anos de vigência desta lei). Nos primeiros anos de vigência a litigiosidade foi considerável, uma vez que

entanto, tal não impediu a elaboração de listas anormativas de actividades sujeitas a avaliação, da iniciativa das diferentes Agências influenciadas pelas Directivas do *CEQ* e pelo esforço jurisprudencial dos tribunais [51]. Estas listas constituem um contributo para a identificação do âmbito material de aplicação do *EIA,* ainda que não tenham qualquer efeito vinculante para o juiz, sujeito aos critérios positivados no *NEPA*. As Directrizes do *CEQ* de 1973 desenvolvem neste aspecto um papel importante ao fixar critérios hermenêuticos [52], em grande medida resultantes do esforço jurisprudencial, por forma a permitir uma aplicação mais uniforme e unívoca da lei. O resultado deste labor hermenêutico teve como resultado o entendimento do critério técnico-administrativo como uma condição a aclarar previamente, para só posteriormente entrar em cena o critério ecológico, critério que irá em definitivo recortar o âmbito material do instituto de avaliação de impacto ambiental [53].

Indo um pouco mais longe, é oportuno salientar que algumas acções federais são consideradas "menores" segundo regulamentos internos das agências, ficando, assim, fora do campo de aplicação do *NEPA* [54]. Já para as actividades *mais*

---

muitas das agências não cumpriram as disposições da alínea c) da sec. 102. Um dos casos mais célebres foi o da construção do oleoduto do Alasca, cujas obras sofreram grande atraso motivado pela impugnação do acto autorizativo.

Para C. ROURA, *L'avaluació de l'impacte ambiental: el paper de les Comunitats Europees i dels estats membres, op. cit.*, p. 22, só entre 1970 e 1980 foram elaborados 10.000 estudos de impacto, que deram lugar a 1911 acções judiciais. Nos últimos anos, segundo a referida autora, a elaboração de estudos de impacto manteve-se, variando entre os 900 e os1500 por ano. Num número de casos que varia entre os 10 e os 15 por ano os tribunais optaram por suspender o acto autorizativo do projecto.

51 O parágrafo 1.500.6 das orientações de 1973 convidava as agências federais a elaborar uma lista das principais acções sujeitas a avaliação ambiental. Cfr. R. MORENO, *op. cit.*, p. 68, nota 230, onde cita o *Environmental Law Report,* 8/73, p. 46005.

52 O parágrafo 1.500.6 tem como epígrafe *Identifyng major actions significantly effecting the environment.*

53 ROSA MORENO, *op. cit.*, p. 68.

54 Como foi referido, os serviços federais têm o ónus de determinar se tal ou tal actividade deve ser submetida ao *EIS*. O *CEQ* tem fornecido algumas regras de

importantes deve ser preparado um *EIS* quando tal acção tenha um impacto *significativo* sobre o ambiente ou, então, apenas uma *negative determination* que atesta a escassa incidência ambiental da actividade em exame. A determinação do impacto *significativo* é, naturalmente, muito problemática [55]. Isto, porque não existem metodologias universalmente aceites [56] para determinar as consequências ambientais de

interpretação da fórmula geral contida na sec. 102 (c) do *NEPA* (Reg. §§ 1508.18 e 1508.27). Sob o título de *categorial exclusions,* os *Regulations* do *CEQ* prescrevem que os serviços federais devem enunciar uma tipologia das actividades que entram no seu domínio de competência e para os quais o *EIS* não é necessário. O seu impacto é *a priori* limitado /Reg. § 1508.4). Este sistema é completado pelo *Finding of No Significant Impact — FONSI* (Reg. § 1508.13). Trata-se de um documento fornecido por um serviço federal no qual este indica as razões pelas quais uma das suas actividades, se bem que não fazendo parte das *categorial exclusions,* não produz incidências sensíveis no ambiente e, assim, fica excluída do *EIS.* O *FONSI* deve, todavia, reportar-se aos resultados de uma primeira e prévia avaliação.

A regulação norte-americana introduz vários tipos de excepções: a) dispensas que figuram noutra lei federal, que não o *NEPA;* b) dispensas que resultam de um conflito entre as exigências do *NEPA* e as de uma outra lei federal; c) exclusões fundadas sobre uma ideia de equivalência funcional, sempre que um serviço federal deve conduzir, de acordo com uma outra normação, uma avaliação comparável à prevista no procedimento do *EIS.* Pretende-se deste modo evitar a duplicação da avaliação ambiental (Reg. § 1506.4); d) excepções motivadas pelo risco de divulgação de informações confidenciais ligadas à segurança nacional. Cfr. D. SIVE, *op. cit.*, p. 183 e ss.

[55] Cfr. o caso "Hanly v. Kleindienst" (471 F2d 823 - 2^{d} Cir. 1972), em que se colocou em causa o possível impacto ambiental "significativo" da construção de uma cadeia em Manhattan.

[56] De todo o modo, as metodologias apropriadas à avaliação ambiental constituem nos Estados Unidos um corpo científico relativamente autónomo. Desde os primeiros estudos relativos aos *environmental impact statements*, têm-se distinguido vários momentos: *um momento identificativo,* entendido como descrição do sistema ambiental existente, determinação dos elementos do projecto e definição das alterações ambientais respectivas; *um momento de prognose*, como especificação das modificações ambientais mais significativas e previsíveis num dado período e das suas dimensões qualitativas e espaciais; *um momento de avaliação*, entendido como cálculo das incidências dos custos e dos benefícios para as pessoas interessadas e individualização e comparação dos *trade-off* das várias alternativas (paridade dos custos e dos efeitos). Cfr. G. MEZGER, *op. cit.*, p. 178 e ss.

Foram formuladas várias categorias de métodos de identificação – *overlays, ckecklists, matrices, networks* – assim como vários métodos pertinentes ao momento de predição – análise de sistemas, modelos de simulação – e ao momento de avaliação – análise dos custos-benefícios. Partindo da distinção dos métodos pertinentes à *identification, prediction* e *evaluation* do impacto ambiental de um projecto é oportuno indicar, ainda que sumariamente, as principais metodologias de identificação recorrentes na produção científica norte-americana (cfr. T. G.

DICKERT e K. R. DOMENY, *Environmental Impact Assessment: Guidelines and Commentary*, Berkeley, University of California, 1974). Esta obra contém as actas de uma Conferência realizada na Universidade da Califórnia e dedicada ao instituto dos *Environmental Impact Statements*. É particularmente interessante o estudo de T. G. DICKERT, "Methods for Environmental Impact Assessment: a Comparison", publicado no volume antológico do mesmo autor e de K. R. DOMENY, citado anteriormente. Cfr. também, a obra R. K. JAIN, *Environmental Analysis: a New Dimension in Decision Making*, New York, 1981). Cfr. M. R. PARTIDÁRIO e J. DE JESUS, *Avaliação do Impacte Ambiental, op. cit.*, p. 43 e ss. e 97 e ss.

Vejamos, em primeiro lugar, o método *Overlays*. Estas metodologias consistem numa série de cartas à mesma escala, cada uma das quais cobre a área territorial do projecto, descrevendo as diversas características ambientais — físicas, ecológicas e económicas. Esta metodologia permite determinar os graus de "sensibilidade" e "vulnerabilidade" e, portanto, de adaptação, das várias partes do território à realização do projecto. Nos casos em que as variáveis descritas sejam muito numerosas, esta metodologia presta-se facilmente ao tratamento informático dos cálculos levados a efeito.

O método das *Checklists* consiste em simples listas que têm a função de especificar os parâmetros ambientais a considerar, bem como apurar as possíveis consequências dos projectos. Pode tratar-se também de listas que elencam, para cada tipo de intervenção, os efeitos ambientais previsíveis. Estes métodos não comportam relações directas (causa-efeito) entre as actividades e os efeitos considerados, podendo inclusive indicar ou não os critérios segundo os quais os parâmetros ambientais elencados devem ser considerados e interpretados. Frequentemente estas aproximações metodológicas apresentam-se como componentes propedêuticas de análises mais complexas e aprofundadas.

Trata-se praticamente de estudos de impacto standardizados, utilizados sobretudo nas fases preliminares do procedimento *(draft environmental assessment)*. O recurso a listas de controlo é o método mais assiduamente proposto na instrução dos estudos de impacto fornecidos pelas administrações públicas. O método responde a uma exigência de normalização e simplificação dos estudos, embora apresente evidentes inconvenientes de generalidade e abstracção.

As *Matrices* são a combinação de uma lista de actividades previstas com uma lista de controlo *(check-lists)* dos efeitos ambientais previsíveis ou potenciais. As duas listas apresentam-se interligadas através de relações directas de causa-efeito. É, assim, possível determinar o conjunto dos impactos de um projecto e, inversamente, remontar às causas múltiplas de um determinado impacto.

As diferenças entre as várias matrizes deste tipo consistem fundamentalmente na quantidade e na natureza dos parâmetros considerados. As acções ou actividades abrangidas referem-se quer à fase de construção, quer à de funcionamento do empreendimento. As características ambientais são reagrupadas em três categorias: físico-químicas, biológicas e sociais. Nesta última categoria podem ser incluídas todas as características ambientais de mais delicada definição – estéticas, culturais, qualidade de vida etc. Cremos que o mérito deste método está na sua capacidade para determinar *ex-ante* as correlações referidas anteriormente. Cfr. F. FIORELLI, *op. cit.*, pp. 256 e 257.

Na literatura científica este método encontrou um notável sucesso, com realce para as famosas matrizes de *Leopold*. Cfr. L. B. LEOPOLD, F. E. CLARK, B. HANSHAW, J. R. BASLEY, *A Procedure for Evaluating of Environmental Impact*, U. S. Dep. of Interior, Geological Survey Circular 645, Washington, 1971.

um determinado projecto antes da sua realização, logo para judicar do seu *significado ambiental*. Além disso, o projecto poderia produzir consequências ecológicas relevantes se realizado numa certa localidade e não já se se optasse por outro local.

Neste sentido, os tribunais e as agências federais foram levados a definir "limites" não ambíguos para além dos quais o impacto ambiental deve ser considerado significativo. Na prática, cada agência encarou o problema de forma diferente; por exemplo, algumas agências prepararam um *statement detalhado* para todas as actividades inseridas num determinado programa, enquanto outros programas eram consi-

---

Networks. Estas metodologias têm como ponto de partida uma lista de acções previstas num projecto, visando determinar de forma dinâmica o sistema de factores, condições e efeitos das actividades elencadas. Normalmente esta metodologia toma em consideração os elementos físicos, ecológicos, económicos e sociais. A utilização de gráficos permite determinar de modo progressivo e específico as sequências de causa-efeito que geram os impactos, permitindo combinar os factores, as condições e os efeitos. O gráfico permite identificar a cadeia dos impactos directos, indirectos, primários e secundários causados por uma actividade e, inversamente, partindo de um dado impacto, identificar as acções responsáveis.

A utilização desta metodologia é geralmente utilizada para determinar os efeitos de actividades que atingem vastas zonas do território. Cfr. J. C. SORENSEN, *A Framework for Identification and Control of Resources Degradation and Conflict in the Multiple Use of Coastal Zone*, University of California, 1971; *vide* também A. BEREANO, *A Proposed Methodology for Assessing Alternative Thechnologies,* Cornell University, New York, 1972; R. BISSET, "Métodos de AIA", in *Avaliação do Impacte Ambiental, op. cit.*, p. 78 e ss.; MCHARG, *Design with Nature*, New York, 1969; G. DUINKER e G. BASKERVILLE, "A Systematic Approach to Forecasting in Environmental Impact Assessment", in *Journal of Environmental Management*, n.º 23, 1986, pp. 271-276.

As metodologias referenciadas podem classificar-se como clássicas, sendo a sua utilização particularmente pertinente nos países em que a legislação impõe a consideração de alternativas aos projectos. Na década de oitenta, parece ter-se verificado um certo distanciamento dos ambientes culturais e científicos, assim como alguma desorientação dos órgãos centrais e periféricos da *EPA*, adversos a elaborações excessivamente abstractas e multiformes.

Para uma leitura exaustiva das várias metodologias, *vide*, entre outros, BRIAN D. CLARK, R. BISSET, A. GILAD, P. TOMLINSON, *Perspectives on Environmental Impact Assessment, op. cit.*, p. 163 e ss.; F. MORACI, *Valutazione d'impatto ambientale in aree costiere,* Roma, 1988, p. 9 e ss.; S. J. WOZNIAK, "Methodology for Environmental Assessment of Building Developments", in *Environmental Assessment,* 1993, pp. 31 e 32. Sobre os métodos tratados, especialmente a teoria *custos benefícios,* cfr. G. MEZGER, *op. cit.*, p. 185 e ss.; CH. WOOD, *op. cit.*, p. 253 e ss.

derados isentos. Outras agências substituíram o critério do impacto significativo por outros critérios como o dos efeitos *não minimalistas*, não menos ambíguo; noutros casos foi dado relevo ao *carácter controverso* de um projecto [57].

Por último, a expressão "ambiente humano" [58] denota, segundo a interpretação de diversos tribunais, o interesse e a preocupação do legislador pelos efeitos estéticos e sociais e não apenas os respeitantes ao ambiente natural, causados pelas acções federais [59]. Todavia, os tribunais e as directivas do *CEQ* têm afirmado que o impacto das acções federais sobre o ambiente social e sobre a estética ambiental não exigem, de per si, a preparação de um *EIS*. Estes efeitos só devem ser ponderados quando venham relacionados com o impacto de tais acções sobre o ambiente natural.

3. 3. Segmentação de projectos

Para além do caso referido anteriormente, respeitante à "desfederalização" de uma boa parte do projecto, outras razões podem induzir uma agência a parcelar um determinado projecto em pequenos segmentos. Quando a construção de uma auto-estrada ou a concessão de exploração de reservas minerais possam ter um notável impacto ambiental, construir, por exemplo, separadamente troços de auto-estrada significaria empreender acções que não causam individualmente um efeito significativo sobre o ambiente e, portanto, susceptíveis de não exigir a feitura de um *EIS*.

Precisamente para evitar estas manobras algumas agências e diversos tribunais utilizaram a noção de "efeitos cumu-

---

[57] M. RISTORATORE, *op. cit.*, p. 239.

[58] Nos termos do *CEQ* (Reg. § 1508, 14) ambiente humano significa *the natural and physical environment and the relationship of people with that environment.*

[59] R. FINDLEY e D. FARBER, *Environmental Law*, 2ª ed., St. Paul, 1988, p. 29; D. SIVE e outros, *op. cit.*, p. 196.

lativos" [60]. Isto quer dizer que, se uma determinada actividade faz parte de uma série de acções cujo efeito cumulativo sobre o ambiente possa ser significativo, não só aquela actividade em particular como também o conjunto de acções deve exigir a preparação de um *EIS* [61].

4. Os elementos do *Environmental Impact Statement*

Trata-se agora de clarificar o conteúdo e alcance dos estudos de impacto ambiental *(EIS)*, bem como identificar a entidade responsável pela sua redacção.

4. 1. Quem deve preparar o *EIS* ?

A secção 102 (2) (c) do *NEPA* exige que o *EIS* seja elaborado "pelo funcionário federal responsável". Isto quer significar que uma das peculiaridades do modelo estado-unidense é o da responsabilidade pública pela feitura do estudo de impacto, mesmo que se trate de projectos de natureza privada [62].

De todo o modo, dada a natureza da acção sujeita a avaliação ambiental, um dos aspectos que causava alguma confusão na identificação da autoridade responsável era o da concorrência de diversos serviços federais em matéria de competência para autorizar ou aprovar um determinado projecto. Neste sentido, o *CEQ* foi chamado a resolver, de forma definitiva, o problema através da consagração da *Lead Agency* [63],

---

60 G. MEZGER, *op. cit.*, pp. 165-167. Critérios utilizados foram, entre outros, o de saber se as secções em que se repartiu o projecto são coerentes em si mesmas, se têm uma lógica própria e autónoma. Outro critério refere-se à questão da admissibilidade ou não de alternativas ao projecto.

61 Cfr. a directiva do *CEQ*, sec. 1500.6 (a).

62 ARBUCKLE e outros, *op. cit.*, p. 390 e ss.

63 Nos termos da Secção 102 (c) da lei, um funcionário federal é responsável pela elaboração do estudo de impacto. As *regulations* do *CEQ* Reg. §§ 1501.5 (a) e 1508.16 prevêem a designação de um serviço federal, que assume a qualidade de *lead agency* e dirige o procedimento. Cfr. ARBUCKLE e outros, *op. cit.*, p. 386 e ss.

ou seja, uma das agências competentes é responsável pela elaboração do estudo de impacto, assumindo as demais uma função de colaboração.

Contudo, na prática, as agências federais têm assumido três tipos de procedimento na confecção dos *EIS*; tais procedimentos reflectem as diferentes estruturas administrativas das próprias agências [64]:

a) há agências federais, como o *Forest Service* e o *Bureau of Reclamation*, cujo pessoal inicia, prepara e realiza grande parte dos projectos das próprias agências, recorrendo aos seus técnicos e investigadores na redacção dos *EIS*. O recurso a consultores externos é feito apenas quando emergem problemas particulares ou quando o tempo para a sua preparação é escasso;

b) as agências que financiam projectos propostos por entes estatais ou locais, como a *Federal Highway Administration* e a *Environmental Protection Agency* exigem a apresentação de uma primeira versão do *EIS* juntamente com o pedido de financiamento. Os entes locais ou estatais preparam o *EIS* utilizando o seu *staff* ou, mais frequentemente, consultores externos à agência. O *EIS* confeccionado desta forma é de seguida distribuído por outras agências federais para comentários e observações, geralmente sem que a agência financiadora introduza qualquer alteração [65].

c) as agências que concedem licenças ou autorizações a particulares, como a *Nuclear Regulatory Commission* ou o *Interstate Commerce Commission*, exigem a apresentação de uma primeira versão no momento que é requerida a autorização ou a licença respectivas. Os *EIS*, preparados por técnicos contratados pelos particulares, são submetidos a uma revisão, por vezes substancial, por

---

64 G. MEZGER, *op. cit.*, p. 89 e ss.
65 G. MEZGER, *op. cit.*, pp. 165-166.

parte da agência federal, sendo posteriormente distribuídos às outras agências [66].

4. 2. O problema da delegação de competências

Os procedimentos delineados nas alíneas a) e b) têm sido objecto de fortes críticas na medida em que estão em desconformidade com a letra da lei *(NEPA)*, que prescreve que o *EIS* seja elaborado por um funcionário federal. Estas críticas questionam a possibilidade de delegar nos entes estatais, locais ou a particulares a preparação do *EIS* [67]. Com efeito, é plausível que aqueles que requerem financiamento ou autorizações às agências federais caiam na tentação de minimizar os efeitos negativos dos seus projectos sobre o ambiente [68]. Uma vez verificada a distorção dos dados é de difícil correcção. Ainda que os estudos de impacto ambiental *(EIS)* sejam sujeitos a uma ampla correcção a nível federal não será fácil detectar os erros de avaliação baseados numa exclusão selectiva de dados.

As agências federais defendem o sistema de delegação de poderes, considerando que as entidades que propõem um determinado projecto estão em melhores condições do que qualquer outra de prever o eventual impacto ambiental e de sugerir possíveis alternativas. Assim, algumas agências como a *Federal Highway Administration* têm requisitado o pessoal necessário para a correcta feitura dos estudos de impacto ambiental.

Os tribunais federais têm-se ocupado frequentemente da legitimidade da delegação dos *EIS*. A sentença considerada mais importante, entre as que proibiram o exercício de tal delegação, foi a *Green County Planning Board v. Federal Power Commission* de 1972. Sucessivamente, todavia, outros

---

66 G. MEZGER,, *op. cit.*, p. 167.
67 Cfr. CARREL, *op. cit.*, p. 262 e ss.
68 M. RISTORATORE, *op. cit.*, p. 241.

tribunais vieram legitimar a delegação dos *EIS* na condição de que a agência federal ao participar no processo de preparação do *EIS* verifique o seu conteúdo [69].

Uma resposta legislativa parcial a esta questão foi fornecida pelo Congresso em 1975. A nove de Agosto desse ano, uma alteração ao *NEPA* veio permitir a preparação dos estudos de impacto ambiental aos entes estatais, sob a orientação de um funcionário federal [70]. A agência federal deve avaliar o *EIS* de forma independente e assumir a responsabilidade pela "extensão, objectividade e conteúdo de todo o *statement*" (sec. 102 (2) (d) do *NEPA*). Contudo, nada foi decidido em sede legislativa no que concerne à delegação dos estudos de impacto aos entes locais ou aos particulares [71].

As directivas do Conselho da Qualidade do Ambiente *(CEQ)* exigem contudo que, em todos os casos, a agência federal avalie as informações apresentadas nos *EIS*, estabelecendo também que aquela é sempre responsável pela sua exactidão e veracidade [72]. Na prática, o grau de efectivo envolvimento federal na preparação dos estudos de impacto ambiental e a probabilidade de uma completa revisão dos projectos propostos depende de uma série de factores. Neste

---

[69] M. Ristoratore, *op. cit.*, p. 241.

[70] Com efeito, a resposta chegou pela mão do legislador (P. L. 94-84, 9 de Agosto de 1975). Nos termos da nova letra (D) da sec. 102 do *NEPA,* um *EIS* pode ser preparado por um serviço de um Estado federado sob certas condições muito restritivas. Mas, mesmo nesta hipótese, o serviço federal permanece responsável pelo conteúdo e objectividade do relatório.

Em nenhum caso uma pessoa privada pode ser responsável pela realização de um *EIS.* Quando a actividade federal se resume à aprovação de um projecto de uma autoridade não federal, o serviço competente exige geralmente ao requerente o fornecimento de informações (Reg. § 1506. 5a), bem como visualizar o *Environmental Report,* na base do qual o *EIS* será estabelecido pelo serviço federal. Cfr. Y. Nicole, *op. cit.*, pp. 49-50.

[71] Com a excepção do *Housing and Community Development Act* de 1974, que atribui todas as responsabilidades resultantes do *NEPA* às comunidades locais que recebem os fundos denominados "Community Development Block Grant".

[72] Sec. 1.506.5 (a). Em qualquer caso, como garantia de qualidade, o *NEPA* ordena às Agências responsáveis a abordagem dos problemas ambientais numa perspectiva interdisciplinar. Cfr. também o parágrafo 1.502.17 da Directiva de 1979.

aspecto cumpre salientar a importância atribuída pelos dirigentes de cada uma das agências ao problema da poluição, à diligência do pessoal, à disponibilidade de recursos técnicos para uma efectiva verificação dos dados fornecidos pelos *EIS,* bem como à natureza dos projectos a que aqueles se referem.

4. 3. Conflitos de competências

Em alguns casos participam na realização do mesmo projecto diferentes agências federais. Assim, a construção de uma central eléctrica a carvão pode exigir a concessão de autorizações de uma agência federal para a utilização de água num circuito de arrefecimento; de uma segunda agência para a construção de linhas de transmissão de energia e de uma outra para a passagem no domínio público. As directivas do *Council on Environmental Quality* recomendam a preparação apenas de um estudo de impacto ambiental *(EIS),* sob a supervisão de uma das agências — a *lead agency.* As outras agências, denominadas *cooperating agencies*, devem fornecer, a solicitação da *lead agency*, todas as informações disponíveis, ou preparar as partes do *EIS* que estão sob a sua jurisdição [73].

O conceito de *lead agency* foi igualmente sancionado em sede judicial no caso *Natural Resources Defense Council v. Callaway* [74]. Se as agências federais não chegam a acordo, num período de tempo razoável, sobre qual deva ser a *lead agency*, a decisão cabe ao *Council on Environmental Quality.* As agências federais poderão estar em desacordo também no que concerne aos períodos necessários à preparação do estudo de impacto. Neste caso, cada agência pode tomar decisões relativamente aos aspectos do projecto proposto que caiam na

[73] Directiva do *CEQ* de 1973, sec. 1501.5.

[74] 524 F. 2nd 79, 2 Circ. 1975. Cfr. M. RISTORATORE, *op. cit.*, p. 242.

esfera da sua competência, sem atender à completude de todos os elementos do *EIS* [75].

4. 4. Conteúdo do estudo de impacto ambiental *(EIS)*

Uma vez tomada a decisão pela agência competente de elaborar o estudo de impacto ambiental, coloca-se o problema de saber qual deva ser o seu conteúdo, bem como o detalhe da análise do impacto ambiental. O texto do *NEPA* não fornece indicações precisas. Neste aspecto adquire extrema relevância o labor jurisprudencial dos tribunais, assim como as directivas do *Council on Environmental Quality* de 1973 que, beneficiando da jurisprudência ambiental, vieram detalhar materialmente os limites que constituem o esquema formal obrigatório dos estudos de impacto ambiental [76]. Estes sofreram uma leve alteração com as directivas de 1979, que introduziram medidas simplificadoras na elaboração dos *EIS*. Mantendo-se o rigor na elaboração dos estudos de impacto, adiciona-se entretanto a ideia de que deverão ser claros e concisos: "os estudos de impacto deverão ser analíticos e não enciclopédicos", "deverá utilizar-se uma linguagem simples e adoptar-se um plano claro evitando repetições" [77].

Em síntese, as directivas do *CEQ* vieram dar outro alcance e completude às indicações pouco precisas do *NEPA* no que se refere ao conteúdo do estudo de impacto ambiental e que passaremos a analisar de imediato.

a) Descrição da actividade projectada, dos seus objectivos e das componentes ambientais afectadas, bem como um

---

[75] *Silentman v. Federal Power Commission,* 556 F. 2nd 237, D. C. Circ. 1977. Cfr. M. RISTORATORE, *op. cit.*, p. 242.

[76] As orientações de 27 de Abril de 1971 já precisavam de algum modo o conteúdo dos estudos de impacto, sendo posteriormente completado com o parágrafo 1.500.8 — *Content of environmental statements* — das Directivas de 1973. Neste sentido também o *Executive order* n.º 11991, de 24 de Maio de 1977, sec. 2, do presidente Carter.

[77] Parágrafo 1.502.12. Cfr. R. MORENO, *op. cit.*, p. 69.

nutrido conjunto de dados técnicos necessários à avaliação dos eventuais impactos.

O estudo ambiental deverá incluir ainda todas as consequências significativas, directas ou indirectas sobre o ambiente, devendo valorar-se, inclusive, as que contribuem para a concentração ou distribuição da população [78]. Utiliza-se, portanto, um conceito amplo de ambiente onde cabem considerações de natureza sócio-económica, uma vez que o *NEPA* faz referência a um "ambiente humano" [79].

b) Enquadramento do projecto em causa nos planos e programas existentes ou em curso de realização na zona afectada. Deverá ser devidamente ponderada a compatibilidade da actividade com os referidos planos ou programas, aceitando-se a possibilidade de inicialmente não existir tal harmonia [80], impondo-se, todavia, a obrigação de fundamentar as derrogações eventualmente impostas pelo projecto.

c) Análise dos impactos prováveis do projecto sobre o ambiente, através de adequadas metodologias de previsão e avaliação [81]. Cabe aqui salientar os aspectos inovadores introduzidos pelas directivas do *CEQ*, relativamente às exigências fixadas pelo *NEPA*, no que respeita à tipologia dos impactos a considerar [82]. Neste sentido devem valorar-se tanto os efeitos

---

[78] R. MORENO, *op. cit.*, p. 70.

[79] Secção 101 do referido texto legal. Todavia, os tribunais têm considerado que os impactos sociais e económicos não devem ser tomados em consideração no *EIS*, salvo se estão em relação com uma alteração do ambiente físico. Neste sentido, FINDLEY e FARBER, *op. cit.*, p. 29.

[80] Parágrafo 1.500.8 (a) (2). Cfr. Y. NICOLE, *op. cit.*, p. 43.

[81] P. ANTUNES, "Técnicas de predição de impactes ambientais", in *Avaliação do Impacte Ambiental, op. cit.*, p. 99 e ss.

[82] Os tribunais federais têm afirmado que uma "discussão razoavelmente completa dos aspectos significativos das prováveis consequências ambientais é tudo o que se exige a um *EIS*". Cfr. *Trout Unlimited v. Morton,* 509 F. 2nd 1283, 9 Cir., 1974.

Um outro aspecto controverso prende-se com as consequências futuras de um determinado projecto. A orientação dos tribunais é de que o *EIS* deve incluir todas as *previsíveis* consequências da actividade em causa, mesmo as que se manifestem apenas a longo prazo.

negativos como os positivos, preceituando-se também a análise dos efeitos primários e secundários, devendo ser igualmente ponderados os efeitos sócio-económicos [83].

d) Análise das alternativas ao projecto apresentado [84]. As directivas do *CEQ* de 1973 introduzem aqui um novo elemento de racionalização ao impor o exame e valoração dos impactos ambientais que eventualmente venham a causar as diferentes alternativas postas ao projecto, podendo mesmo optar-se pela opção zero, isto é, a não realização do projecto [85].

e) Identificação de todo e qualquer efeito adverso que não possa ser evitado, caso o projecto seja realizado. Este ponto identificado pelo *NEPA* de forma imprecisa, levou a que as directivas do *CEQ* de 1973 viessem a estabelecer a necessidade de um resumo da análise efectuada nas alíneas b) e c) para melhor esclarecimento do efeito negativo resultante da realização da obra [86].

f) Incidências da utilização dos elementos ambientais sobre a manutenção e desenvolvimento das actividades produtivas a longo prazo [87]. Trata-se, portanto, de conciliar a pro-

---

As directivas do *CEQ* prescrevem que os *EIS* devem examinar também o impacto ambiental produzido fora do território nacional (§ 1500. 8 (a) (3) (i)). Em Janeiro de 1979, o presidente Carter emitiu uma *executive order* (N. 12.114, 1979) que prevê a preparação dos EIS em determinados casos — por exemplo, para o impacto ambiental sobre oceanos e territórios como a Antárctida.

[83] Parágrafo 1.508.14 das Directivas do *CEQ* de 1979.

[84] A técnica do estudo das alternativas foi inicialmente prevista na secção 102 (2) (c) (4), sendo precisada na secção 102 (2) (d) do *NEPA*. Segundo a interpretação dos tribunais, a agência não pode limitar-se a examinar apenas a proposta originária, mesmo que o impacto ambiental seja aceitável (*Environmental Defense Fund v. Corps of Engineers,* U. S. Army, 492 F 2nd 1123, 5 Cir., 1974 (cfr. M. RISTORATORE, *op. cit.*, p. 244). Todavia, as alternativas a ponderar pelo *EIS* devem ser *razoavelmente realistas* e o seu impacto não deve ser considerado *especulativo ou remoto.* Na sentença *Vermont Yankee Power Comission v. Natural Resources Defence Council,* 435 U, S. 519, 1978, o Supremo tende a ampliar a discricionaridade das agências federais, condenando os métodos de preparação do *EIS* apenas naqueles casos em que haja um claro contraste com a letra do *NEPA,* não obstante as disposições contidas nas directivas do *CEQ.*

[85] Trata-se da denominada *Taking no Action*. Cfr. R. MORENO, *op. cit.*, p. 71.

[86] Parágrafo 1.500.8 (a) (5). Cfr. R. MORENO, *op. cit.*, p. 70.

[87] Cfr. a Sec. 102 (2) (c) (4) do *NEPA* e par. 1.500.8 (a) (6) das Directivas do *CEQ* de 1973.

tecção do ambiente com o desenvolvimento económico, numa perspectiva certamente correcta de obter um crescimento sustentável.

g) Individualização dos recursos ambientais e culturais, cujo dano irreversível e irreparável resulte da realização do projecto [88]. Trata-se, com efeito, de salientar os máximos impactos negativos, por forma a reunir os dados suficientes para uma eventual inadmissibilidade do projecto.

h) Realização de um balanço custos-benefícios de maneira a ponderar os efeitos ambientais negativos com quaisquer outros factores positivos de política federal, nomeadamente sócio-económicos. Trata-se, em consonância com as directivas do *CEQ*, de uma forma de fundamentar a decisão tomada, dando igual relevância aos dados de natureza não ambiental, sem que com isso se pretenda legitimar, em termos estritos, os clássicos critérios económicos [89]. O entendimento do legislador estado-unidense é o de reconhecer as inatas dificuldades de quantificação nestes domínios [90].

Por último, a documentação enumerada deve fazer-se acompanhar por um resumo em que, além de descrever sinteticamente a situação anterior à concretização do projecto, bem como os possíveis impactos e alternativas examinadas, se referenciam as pessoas que, posteriormente, podem acrescentar informação válida sobre os projectos e o *EIS* [91].

---

[88] Cfr. a Secção 102 (2) (c) (5) do *NEPA* e parágrafo 1.500.8 (a) (7) das Orientações do *CEQ* de 1973.

[89] R. Moreno, *op. cit.*, p. 72.

[90] Cfr. a Sec. 102 (2) (b), que expressamente se refere a *factores directamente mensuráveis*.

[91] Segundo o *NEPA*, a primeira versão deve ser distribuída a outras agências federais, omitindo-se qualquer referência à participação do público. As directivas do *CEQ* sublinham, porém, tal tipo de participação, exigindo mesmo que a agência federal se ponha em contacto com "aquelas pessoas ou organizações que possam estar interessadas" (Sec. 1503. 1 (a) (4)).

Por sua vez, os tribunais têm optado por uma interpretação extensiva do *NEPA*, reconhecendo o direito dos cidadãos apresentarem observações e comentários aos *EIS*, bem como o direito de exigir uma resposta. Observações que, tendo

5. O procedimento de avaliação de impacto ambiental

Um dos aspectos mais relevantes do modelo norte-americano de avaliação de impacto ambiental é, indiscutivelmente, a sua dimensão procedimental, materializada na *Environmental Impact Assessment (EIA)*. O procedimento da *EIA* é composto pelas seguintes fases [92]:

1.ª A agência federal deve decidir inicialmente se para o projecto em questão é exigível a preparação de um estudo de impacto.

2.ª Preparação de um *EIS* provisório *(draft)*.

3ª. Sujeição do *EIS* provisório a uma fase de consulta institucional e pública.

4ª. Elaboração da versão final do estudo de impacto ambiental, que deve ser tido em consideração pelo departamento federal que toma a decisão final sobre o projecto.

5. 1. Fase vestibular do procedimento de avaliação de impacto ambiental: o problema de saber se é exigível à agência federal a preparação de um estudo de impacto para uma determinada actividade

Face à aproximação casuística posta pelo *common law*, mais concretamente pelo *NEPA*, na delimitação do âmbito material do mecanismo de avaliação ambiental, torna-se necessário examinar previamente se um qualquer projecto fica sujeito à redacção de um estudo de impacto [93]. A análise prévia e consequente parecer de constatação de impacto é a

---

como destinatário a primeira versão do *EIS*, poderão obrigar à realização de novos estudos para esclarecer as objecções postas. Cfr. ORLOFF, *op. cit.*, pp. 256-258.

[92] N. GRECO, "Procedimento e partecipazione amministrativa nella gestione dell' ambiente: dal modello USA al progetto della CEE", in *Riv. trim. sc. amm.*, n.º 1, 1980, pp. 12 e 13; CARREL, *op. cit.*, p. 272.

[93] F. A. ANDERSON, *NEPA in the Courts: a Legal Analysis of the National Environmental Policy Act, op. cit.*, pp. 291 e 292.

forma mais idónea de verificar se a actividade proposta é susceptível de produzir efeitos ambientais significativos. Esta fase vestibular, que em última análise implicaria a elaboração prévia e sistemática de um estudo de impacto, é um momento importante de todo o procedimento de avaliação de impacto ambiental [94].

Através desta prévia constatação, uma agência federal fica obrigada a concluir da necessidade ou não de realizar um estudo de impacto ambiental no caso vertente. De todas as formas, qualquer que seja a decisão tomada pela agência federal ela deve ser comunicada ao *CEQ* e publicada no *Federal Register* [95].

Contudo, é bom notar que a já referida existência de listas anormativas de actividades sujeitas a avaliação ambiental tem tido o efeito de desvalorizar a prévia constatação de impacto, ao ponto de se questionar da sua obrigatoriedade. Em suma, só para aquelas actividades em que subsiste uma dúvida fundada quanto aos seus efeitos ambientais se põe em marcha o mecanismo da prévia avaliação de impacto ambiental [96].

5. 2. Preparação do *draft EIS* e elaboração do estudo de impacto

O estudo de impacto ambiental *(EIS)* é uma peça imprescindível da avaliação de impacto ambiental de uma determinada actividade, cujo escopo não é o de justificar uma decisão já tomada, tal como entre nós se deixa frequentemente entender. Por outro lado, se o *EIS* é elaborado demasiado cedo corre-se o risco de os dados sobre as características específicas

---

[94] Parágrafo 1.500.6 (e) das Directivas do *CEQ* de 1973. O que está aqui em causa é a aplicação prévia do critério ecológico, imposto pelo *NEPA*, a uma qualquer actividade susceptível de desencadear danos ambientais relevantes.

[95] R. MORENO, *op. cit.*, p. 75.

[96] CARREL, *op. cit.*, p. 272.

do projecto poderem apresentar-se incompletas ou inexactas. As directivas do *CEQ* prescrevem a preparação do estudo de impacto "o mais precocemente possível" (par. 1500.2 (a)), isto é, antes de o tempo e recursos já investidos no projecto em causa tornarem altamente improvável substanciais alterações ou mesmo o abandono do projecto. Se o estudo de impacto é preparado tardiamente os tribunais federais têm entendido que a *lead agency* deve reiniciar de novo o procedimento de avaliação ambiental [97].

Sob o aspecto procedimental a lei determina um preciso iter operativo, afirmando, em primeiro lugar, que o *Environmental Impact Statement* deve assumir a veste de um esboço, isto é, de um documento provisório *(draft)* a apresentar pela agência federal responsável antes de se dar início à actividade proposta [98]. Antes de prosseguir, convém esclarecer que o seu conteúdo deve já compreender, na medida do possível, todos os aspectos essenciais, sendo a sua exacta determinação feita através do denominado *Scoping* [99]. Este *EIS* provisório, preparado pela Agência responsável de acordo com as sugestões recebidas e preliminar à entrada em vigor do programa federal a que se refere, deve ser enviado a todas as agências, à *EPA* e a todos os serviços interessados, não só federais mas também a nível estatal e local [100], por forma a exprimirem avaliações de carácter técnico e observações motivadas, completadas por estudos apropriados [101]. É igualmente aberto um

---

[97] Como no *Resources Defense Council v. Morton*. Cfr. ORLOFF, *op. cit.*, p. 115.

[98] A agência responsável faz publicar previamente no registo federal a *Notice of Intent,* onde se descreve sumariamente a acção e se ilustra o escopo e o procedimento da fase preliminar à redacção do *EIS*.

[99] Sob a forma de prévia consulta institucional e pública, com o escopo fundamental de apurar os impactos que deverão ser tomados em consideração. Cfr. CARREL, *op. cit.*, p. 288. Cfr. Reg. § 1501.7.

[100] No apêndice II das Directivas de 1973 vem publicada uma relação dos organismos federais com competências em sectores com incidência ambiental, bem como as Agências estatais. Cfr. R. MORENO, *op. cit.*, p. 76, nota 279.

[101] Tudo isto deve ser do conhecimento da agência federal competente para a formulação do *statement* final que acompanhará o procedimento de *decision-making*.

processo de informação pública [102]. Tudo isto durante pelo menos, quarenta e cinco dias [103]. O passo seguinte é a elaboração do estudo de impacto final, estudo que fica de novo aberto à consulta do público [104] e dos organismos interessados, por forma a permitir até trinta dias antes da decisão final, uma nova ou mais completa valoração das suas observações [105]. É nesta fase que pode intervir o *CEQ*, no pressuposto de que o responsável federal estime insatisfatório o estudo realizado. Devem ser igualmente enviadas cópias do *EIS* definitivo aos Serviços interessados, bem como a qualquer pessoa física ou jurídica que o requeira ou que tenha participado no procedimento [106], assim como ao próprio *CEQ*. O procedimento de *Environmental Impact Assessment (EIA)* deve, em princípio, ter uma duração de noventa dias, sem prejuízo de o período de completa planificação de um projecto público de grande dimensão ou de uma instalação industrial de grande envergadura poder levar vários anos [107].

No procedimento de *EIA* cabe ressaltar a fase da participação do público e das entidades interessadas, pela sua importância instrutória e relevância para o *statement* final, de tal forma que as suas observações e pareceres constituem uma das partes mais volumosas em muitas das avaliações de impacto realizadas. Contudo, também no ordenamento jurídico norte-americano subsistem algumas incertezas sobre a força jurídica das referidas observações e sugestões e da sua influência na avaliação definitiva do projecto [108].

---

[102] Trata-se da fase de *commentig* (Reg. § 1503 e ss.).

[103] Parágrafo 1.500.9 das Directivas de 1973.

[104] Nos termos do *Freedom of Information Act* (5 U.S.C. 552 e ss). Cfr. G. CAPT, *Les Prodédures Administratives en Droit Américain,* Lausanne, 1989, p. 17 e ss.

[105] Parágrafo 1.500.10 das referidas Directivas.

[106] Parágrafo 1.500.10 (b) das Directivas de 1973.

[107] F. A. ANDERSON, *op. cit.*, p. 239 e ss.

[108] R. MORENO, *op. cit.*, p. 77.

Fundado no *final EIS*, que deve ser remetido ao Presidente e ao *CEQ* e tornado acessível ao público [109], o Departamento federal (Agência) competente decide da realização da actividade projectada.

5. 3. Participação do público

A participação do público assume um papel decisivo no procedimento de avaliação de impacto ambiental, especialmente em torno do *Draft* do estudo de impacto. Com efeito, o estudo de impacto provisório é objecto de diversas fórmulas participativas.

A primeira consiste no chamado *Scoping*, que não constitui um exclusivo da participação dos cidadãos. Efectivamente, este instrumento, introduzido pelo *Council on Environmental Quality*, consiste na identificação dos aspectos que, tendo em atenção a natureza da actividade e do ambiente afectado, merecem ser tratados no estudo, dando lugar a uma participação institucional (Agências, organismos afectados ou com competências ambientais) e pública [110]. Pretende-se, assim, através de uma prévia coordenação, determinar os aspectos a analisar na avaliação ambiental, conferindo-lhe maior eficácia e celeridade na sua tramitação.

Contudo, onde o nível de participação do público assume maior relevo é na fase da audiência pública — *public hearing* [111], — imposta pela regulamentação interna das agên-

---

[109] A publicidade do estudo de impacto processa-se de acordo com as regras do *Freedom of Information Act*, § 552 e ss.

[110] Parágrafo 1.501.7 das Directivas de 1973.

[111] CH. WOOD, *op. cit.*, pp. 230-232.

O termo *hearing* tem vários sentidos. Porém, todos os autores estão de acordo em admitir que se trata de um sinónimo de audiência e, portanto, do direito de ser ouvido. Porém, o Professor Davis estima que o conceito *hearing* abrange apenas a audiência oral (K. DAVIS, *Administrative Law Treatise*, 2.º vol., St. Paul, 1958, pp. 432-437), enquanto os Professores Friendly e Koch consideram que abrange igualmente a audiência escrita (H. FRIENDLY, "Some Kind of Hearing", in *Univ. of Penn. Law Review*, n.º 123, 1975, pp. 1270-1271; cfr. também CH. KOCH, *Admi-*

cias federais, onde o estudo de impacto provisório é submetido a análise e consulta dos cidadãos. Este modelo participativo reveste diversas modalidades em função da importância e complexidade do projecto [112]. A sua versão mais conhecida consiste num debate público em que intervêm todas as partes interessadas, isto é, a Administração, os cidadãos e o titular do projecto, quando este seja de natureza privada, assegurando-se às partes do procedimento a possibilidade de antecipadamente disporem dos documentos necessários constantes do processo [113].

A participação dos cidadãos assume aqui uma dimensão colectiva, sendo decisivo o papel desempenhado pelas associações de defesa do ambiente na esfera procedimental e na fase processual [114]. Neste sentido, o *CEQ* adoptou uma postura

---

nistrative Law and Practice, 1.° vol., St. Paul, 1985, p. 42). Com efeito, esta expressão depende do contexto em que vem utilizada: nos arts. 554.°, 556.° e 557.° do APA, que regulam o procedimento de *adjudication* formal, trata-se de uma audiência orientada pelo princípio do contraditório. Já no art. 553.° do APA, que rege o processo de *rulemaking*, significa uma advertência prévia e a possibilidade de enviar comentários por escrito à Administração (Cfr. CH. KOCH, *Administrative Law and Practice*, 1.° vol., *op. cit.*, p. 43). É presidido por um funcionário que tem como incumbência velar pelo respeito dos direitos das partes e dirigir o procedimento, mantendo-se numa posição de rigorosa imparcialidade.

112 As observações formuladas pelo público devem ser tomadas em consideração e integradas no estudo de impacto final. A agência competente não pode silenciar (Reg. § 1503.4) ou rejeitar as opiniões do público sem a devida fundamentação, sob pena de os tribunais considerarem o estudo insuficiente *(inadequate)*. Condição indispensável para obter ganho de causa junto dos tribunais é a participação no procedimento administrativo. Cfr. Y. NICOLE, *op. cit.*, p. 72.

113 De acordo com as Directivas do *CEQ*, o estudo de impacto deve estar disponível ao público pelo menos quinze dias antes do início das reuniões. Cfr. R. MORENO, *op. cit.*, p. 78 nota 291.

114 Todos os cidadãos têm o direito de participar em sede administrativa e as agências têm o dever de ouvir o ponto de vista de todos aqueles que pretendam exprimi-lo no momento procedimental adequado. Já o *standing* a nível jurisdicional é um pouco mais restritivo. O controlo judicial *(judicial review)* é concedido, com base no *Administrative Procedure Act*, a qualquer sujeito que tenha sofrido uma ilegalidade ou dano provocado por uma agência.

As associações e organizações de defesa do ambiente estão bem dotadas de meios técnicos e conhecem bem o ordenamento jurídico estado-unidense, destacando-se entre outras o *Natural Resources Defense Council*, o *Environmental Defense Fund*, o *National Wildlife Federation*, *Friends of the Earth* e o *Sierra Club*. Pode dizer-se que a interpretação do *standing* operado pelos tribunais em matéria

exemplar ao recomendar às agências federais a listagem das associações por forma a receberem sistematicamente os estudos de impacto provisórios.

5. 4. A participação institucional

Um papel particularmente importante na aplicação do *NEPA* é desenvolvido por duas agências federais: o *Council on Environmental Quality* e a *Environmental Protection Agency*. Esta última agência está obrigada, por lei, a apresentar comentários e observações sobre os estudos de impacto ambiental preparados por outras agências [115]. Contudo, ambas as agências assumem uma presença significativa no procedimento de avaliação de impacto ambiental.

5. 4. 1. O *Council on Environmental Quality*

Esta agência é constituída por três membros nomeados pelo Presidente dos Estados Unidos, com a aprovação prévia do Senado, coadjuvados por um *staff* de cerca de quarenta

---

de ambiente tem sido suficientemente generosa ao ponto de ter incrementado as possibilidades efectivas de participação dos cidadãos. Cfr. Sierra Club v. Morton, 348, F. Supp. 219 (N. D. Col. 1972), *discussed* in W. RODGERS, *Environmental Law*, *op. cit.*, p. 225. *Vide* também, entre nós, COLAÇO ANTUNES, *A Tutela dos Interesses Difusos em Direito Administrativo, op. cit.*, p. 154 e ss; FINDLEY e FARBER, *op. cit.*, p. 2 e ss. É, aliás, geralmente reconhecida a utilidade do *NEPA*, 42 U.S.C., par. 4321-47, como instrumento idóneo a garantir a possibilidade dos entes associativos promoverem o controlo jurisdicional das *agency decisions*. Não parece haver dúvidas sobre o significado essencial do *NEPA* como fonte, através da aplicação do "zone of interest test, de *new injurable interests:* In the past we have often accepted the non sequitur that where all are intented beneficiaries of an interest, none has standing to protect it... Both logic and experience support the emerging view that an interest so fundamental that all are within the protected class must be permitted its champion. The NEPA has created such an interest". Cfr. E. HARTS-J. HANKS, "An Environmental Bill of Rights: the Citizen and the National Environmental Policy Act of 1969", in *Rut. L. Rev.*, 1970, pp. 230 e 248.

115 R. GRAD, "Intergovernmental Aspects of Environmental Controls", in R. GRAD e R. ROSENTHAL, *Environmental Control. Priorities, Policies and the Law*, New York, London, 1971, pp. 160-182.

técnicos [116]. Os três membros que integram o *Conselho* são personalidades particularmente qualificadas, de modo a cumprir satisfatoriamente as suas funções, desde logo a de formular e recomendar uma política nacional de ambiente [117]. Este órgão opera, portanto, ao mais alto nível do processo decisório, fixando directivas e programas de acção, tendo os membros do *CEQ* acesso ao Presidente dos *USA* e à alta administração.

Todavia, o papel do *CEQ*, segundo o texto do *NEPA*, deveria ser fundamentalmente consultivo. Os estudos preparados pelo *CEQ*, em particular os *Annual Reports*, são geralmente considerados de elevado valor científico, exercendo mesmo uma notável influência sobre a Administração e a opinião pública [118].

Pouco depois da entrada em vigor do *NEPA,* a *executive order* nº 11514 do Presidente Nixon, de Março de 1970, veio permitir ao *CEQ* a formulação de directivas (*guidelines*) que regulam o procedimento de preparação do *EIS*. Tais directivas não tinham força de lei e não eram aplicadas por todas as agências federais, ainda que fossem frequentemente citadas pelos Tribunais chamados a interpretar as normas do *NEPA*. As novas directivas do *CEQ*, em vigor desde trinta de Julho de 1979, na sequência de um nova *executive order* [119] presidencial, vêm definidas como regulamentos (*regulations*), sendo necessariamente aplicáveis, a menos que contradigam as leis em vigor [120].

---

116 Cfr. ARBUCKLE e outros, *op. cit.*, p. 373.

117 Cfr. Sec. 202 do *NEPA*.

118 Mais exactamente os *Environmental Quality Repports, NEPA,* art. 201, 42 USC, § 4341.

119 *Executive order*, n.º 11991,43 Fed. Reg. 26967.

120 Estas novas directivas vieram substituir mais de setenta regulamentações diferentes elaboradas pelos serviços federais. Cfr. ARBUCKLE e outros, *op. cit.*, p. 378 e ss. Em 1985 foram complementadas por novas regras procedimentais.

As directivas do *CEQ* desenvolvem de forma significativa os *requirements* do *NEPA* [121]: impõem, nomeadamente, a inclusão de onze diferentes componentes nos estudos de impacto ambiental e não apenas os cinco prescritos pelo *NEPA;* os estudos de impacto não devem ultrapassar as cento e cinquenta páginas, por forma a evitar que informações importantes surjam diluídas em centenas de páginas como acontecia frequentemente; as agências devem ainda preparar um documento em que venham precisados os factores tidos em consideração no momento de decidir sobre o mérito da actividade ou projecto examinados; todas as alternativas razoáveis à acção proposta devem ser tomadas em consideração pela agência, ainda que extravasem a sua jurisdição [122].

Algumas das directivas do *CEQ* resultaram em boa medida da interpretação dada pelos tribunais federais às normas do *NEPA* [123]. Questões fundamentais respeitantes à hierarquia e coordenação das fontes de direito permanecem todavia por resolver. As directivas do *CEQ* foram emanadas na sequência de uma *executive order* do presidente, enquanto o *NEPA* é um acto legislativo. Além disso, qualquer agência federal deve prosseguir os objectivos e cumprir as funções assinaladas nas respectivas leis institutivas. Frequentemente as disposições do *NEPA*, as directivas do *CEQ* e as normas que disciplinam o funcionamento de cada uma das agências são divergentes entre si. A secção 103 do *NEPA* sugeria uma possível saída para este problema: qualquer agência deveria poder propor ao Presidente dos EUA as medidas necessárias para conformar as normas constitutivas com o disposto no

---

[121] *Regulations for implementing the requirements provisions of the procedural provisions of National Environmental Policy Act,* Fed. Reg. 55978-56007. 40 C.F.R. § 1500 - 1508.

[122] G. MEZGER, *op. cit.*, p. 93 e ss.

[123] D. SIVE e outros, *op. cit.*, p. 174 e ss.

NEPA, o que nunca foi feito. Assim, quando emergem conflitos entre normas contrastantes, a sua resolução é remetida para os tribunais federais [124].

No que concerne à intervenção do *CEQ* no procedimento de avaliação de impacto ambiental, diríamos que é em grande medida condicionada pelo carácter consultivo do Conselho, circunscrevendo de maneira óbvia a sua participação no instituto de avaliação. Com efeito, o *Council on Environmental Quality* tem a oportunidade de emitir o seu parecer na fase de consulta do estudo de impacto provisório, bem como o direito de conhecer a avaliação final através de cópias remetidas pela *Lead Agency* [125].

Por último, é oportuno lembrar a função arbitral do *CEQ* na resolução de conflitos entre uma qualquer agência federal, que divirja na avaliação ambiental efectuada, e a agência responsável pelo *EIS*. Intervenção do *CEQ* que não tem carácter vinculante, ainda que goze de um grande peso junto das agências, podendo, contudo, solicitar à Presidência a suspenção do projecto [126].

5. 4. 2. A *Environmental Protection Agency*

A *Environmental Protection Agency* foi instituída a três de Dezembro de 1970, após o "plano de reorganização n.º 3" do Presidente Nixon. Configura-se como uma importante estrutura executiva a que cabe regulamentar e administrar programas de protecção do ambiente, especialmente nos sectores da

---

124 G. MEZGER, *op. cit.*, p. 95.

125 Intervenção já prevista na secção 102 (2) (c) do *NEPA*, último parágrafo, onde se obriga a agência responsável a remeter o *draft*, bem como uma cópia dos pareceres e comentários dos diversos organismos intervenientes, ao presidente do *CEQ*.

126 O *CEQ* pode utilizar nestes casos um procedimento especial — *referral procedure* – para sanar o conflito, dirigindo posteriormente recomendações à *Lead Agency* ou então defere a questão ao Presidente para decisão. Cfr. NICOLE, *op. cit.*, p. 52.

poluição do ar, da água e do tratamento de resíduos tóxicos [127]. Diferentemente do *CEQ*, a sua actividade situa-se a níveis inferiores do processo decisional, constituindo uma administração essencialmente operativa, com uma considerável estrutura orgânica, territorialmente desconcentrada [128]. As suas competências em matéria ambiental não se restringem ao procedimento de avaliação de impacto ambiental, desenvolvendo, entre outras funções, uma acção coerciva na defesa do ambiente [129].

Através das alterações introduzidas em 1971 no *Clean Air Act*, são definidas, no essencial, as actuais funções da *EPA* no procedimento de impacto ambiental [130]. É, assim, fixado o dever de remeter à *Environmental Protection Agency* o estudo de impacto provisório, ficando esta obrigada a fornecer comentários a todos os estudos de impacto preparados em consonância com o *NEPA* [131] e a remeter ao *CEQ* as acções empreendidas por outras agências federais que sejam consideradas insuficientes de um ponto de

---

[127] Fundamentalmente, o âmbito de actuação administrativa da *EPA* é determinado pelas seguintes normas federais: *NEPA*, de 1969, *Clean Air Act Amendments* de 1970 *(CAA); Federal Water Pollution Control Act Amendments* de 1972 *(FWPCA); Resource Conservation and Recovery Act* de 1976 *(RCRA); Toxic Substances Control Act* de 1976 *(TSCA); Federal Insecticide, Fungicide and Rodenticide Act* de 1982 *(FIFRA); Safe Drinking Water Act* de 1974 *(SDWA)* e *Comprehensive Environmental Response, Compensation and Liability Act* de 1980 *(Superfund)*. Cfr. M. SAGOFF, "The Principles of Federal Pollution Control Law", in *Min. L. Rev.*, 71, 1986, p. 19 e ss.

[128] S. COHEN, "EPA: A Qualified Success", in S. KAMIENIECKI, R. O'BRIEN e M. CLARK, *Controversies in Environmental Policy,* London, 1987, p. 174 e ss. Cfr. o documento *EPA, Your Guide to the U.S. Environmental Protection Agency, Office of Publics Affairs*, Washington, 1982, p. 23.

[129] F. A. ANDERSON, *op. cit.*, p. 231.

[130] Esta agência tem sido objecto de algumas tentativas de reforma. Cfr. R. SHIFRIN, "Not by Risk Alone: Reforming EPA Research Priorities", in *Yale L. Jour.*, vol. 102, n.º 2, 1992, p. 547 e ss; M. K. LANDY, M. J. ROBERTS, S. R. THOMAS, *The Environmental Protection Agency: Asking the Wrong Questions,* New York, 1990, p. 42 e ss.

[131] Todas as outras agências podem recusar-se a fornecer comentários. Neste sentido, M. RISTORATORE, *op. cit.*, p. 236.

vista ecológico [132]. Convém salientar que a *EPA* comenta separadamente a adequação do estudo de impacto e do projecto a que aquele se refere, o que vem reforçar a sua importância no processo de avaliação ambiental. O parecer emitido carece, contudo, de força vinculativa para a agência responsável pela actividade [133], gozando, não obstante, de meios de pressão sobre as agências, nomeadamente quando dispõe da faculdade de enviar os projectos para o *CEQ*, tornando pública a sua apreciação negativa.

Importa salientar ainda, que a *EPA* pode assumir outra posição no procedimento de avaliação de impacto ambiental, isto é, a de agência responsável pela redacção do estudo de impacto quando se apresenta como promotora ou realize algumas das actividades sujeitas a avaliação de impacto ambiental.

Em 1974 o Congresso declarou a *EPA* isenta da obrigação de preparar estudos de impacto ambiental em todos os actos levados a efeito, em cumprimento do *Clean Air Act*. Os tribunais vieram alargar a isenção a outros actos do *EPA* que constituam "equivalentes funcionais" dos *EIS*. Na base de tais "excepções", a *EPA* tem entendido que todas as suas actividades, enquanto ente vocacionado para a protecção do ambiente, estão isentas das disposições do *NEPA*. Todavia, a *EPA* tem declarado querer proceder voluntariamente à preparação de estudos de impacto nas suas actividades de maior relevo [134].

---

132 Desde 1977 a *EPA* conserva em arquivo uma cópia de todos os *EIS*, seja o *draft,* seja a versão final, publicando uma lista semanal no *Federal Register* e uma síntese todos os meses no 102 *Monitor*. Cfr. M. Ristoratore, *op. cit.*, p. 236.

133 À semelhança, como vimos, do parecer do *Council on Environmental Quality*.

134 Cfr. "Environmental Protection Agency, Environmental Impact Statements: Statement of Policy", 39 Federal Register 16.186, de 7 de Maio de 1974, in *Environmental Law Reporter* 6/74, p. 46.051, citado por R. Moreno, *op. cit.*, p. 82, nota 312. Cfr. D. Sive e outros, *op. cit.*, p. 185.

5. 4. 3. Outras agências federais

As disposições do *NEPA* são dirigidas a todas as agências federais. Até Maio de 1982 quarenta e quatro agências e *departments* federais prepararam, como já foi referido, dez mil estudos de impacto. O Departamento dos Transportes preparou o maior número, mais de 35%, seguido do *U. S. Army Corps of Engineers* (20%) e do Departamento de Agricultura (12%) [135].

As actividades federais em que foram elaboradas *EIS* são de diverso tipo, reagrupados em quatro categorias: 1) projectos inteiramente federais como a desinfestação de florestas e exercícios militares; 2) projectos financiados por agências federais mas executados por governos estatais ou locais, como por exemplo a construção de auto-estradas e de habitação social; 3) autorizações e licenças das agências federais no que concerne a projectos ou actividades privadas, como a construção de centrais eléctricas ou estabelecimentos industriais, abandono de linhas ferroviárias; 4) outras acções federais: propostas de lei ou regulamentos (por exemplo, em que se fixam as condições em que será permitida a extracção de minerais do subsolo), planos de gestão (por exemplo, os respeitantes à pesca em espaços administrados pelo governo federal) ou ainda decisões de outro tipo relativas, por exemplo, ao financiamento de investigação de engenharia genética [136].

Em suma, adaptar as disposições do *NEPA* à pluralidade de agências federais e às suas variadas actividades não tem sido fácil, tanto mais que cada agência tem adoptado procedimentos particulares. Aqui, mais uma vez, a jurisprudência tem tido um papel relevante, como já foi devidamente salientado.

---

[135] M. Ristoratore, *op. cit.*, p. 237.
[136] M. Ristoratore, *op. cit.*, p. 237.

6. Controlo jurisdicional

A natureza de acto administrativo que caracteriza a avaliação de impacto ambiental no sistema estado-unidense implica necessariamente uma referência ao controlo jurisdicional [137]. A evolução jurisprudencial teve um papel importante não só na aprovação da lei de 1969 mas também no seu desenvolvimento, em conformidade com uma tradição de activa participação dos cidadãos e das associações de defesa do ambiente que recorreram frequentemente às *public interest actions* e às *class actions* [138].

Por outro lado, o próprio esquema procedimental é em boa medida o resultado de interpretações jurisprudenciais que serviram de base a muitas orientações do Conselho da Qualidade do Ambiente. A lei de 1969 e as primeiras instruções silenciavam o modo em que os factores ambientais deveriam ser tomados em consideração na decisão final. Com as directivas de 1978 é claramente indicado que na avaliação de impacto ambiental devem ser evidenciadas as alternativas que melhor respondam à protecção do ambiente, sem ignorar os pontos de vista técnico e económico. Acresce que a decisão da agência competente deve ser acompanhada de uma especi-

---

137 De modo geral os tribunais controlam apenas os actos finais e não os actos "preparatórios". Assim, SIVE e outros, *op. cit.*, p. 204. As Regulations (Reg. 1500.3) do *CEQ* vão no mesmo sentido: "It is the Council's intention that judicial review of agency compliance with these regulations not occur before an agency has filled the find environmental impact statement or has made a final finding of no significant impact...".

138 W. RODGERS, *Environmental Law*, revista (pocket part) em 1984, p. 23 e ss; Cfr. também R. FINDLEY e D. FARBER, *op. cit.*, p. 3 e ss.; L. ZANUTTIGH, "Processo e tutela dell'ambiente nell'esperienza nordamericana", in AA.VV., *La tutela degli interessi diffusi nel diritto comparato, con particolare riguardo alla protezione dell'ambiente e dei consumatori*, Milano, 1976, p. 389 e ss.; L. JAFFE, "Standing to Secure Judicial Review: Public Actions", in *Harv. L. Rev.*, vol. 74, 1961, p. 1265. A bibliografia sobre as class actions é interminável. Indicamos apenas dois estudos recentes: A. R. SIMMONDS, K. A. SAGAT e J. RONEN, "Dealing with Anomalies, Confusion and Contradiction in Fraud on the Market Securities Class Actions", in *Ken. L. Journ.*, vol. 81, n.º 1, 1992-1993, p. 123 e ss.; B. G. GARTH, "Power and Legal Artifice: The Federal Class Action", in *Law & Society Review*, vol. 26, n.º 2, 1992, p. 237 e ss.

ficação *(Record of Decision)* [139] das razões que fundamentam a escolha efectuada entre outras igualmente possíveis, demonstrando que foram adoptados todos os meios para minimizar os danos ambientais. Em sede jurisdicional o acto final pode ser impugnado por ausência e insuficiência do estudo de impacto, incumprimento do procedimento, errada ou deficiente motivação e por vício no mérito [140].

---

139 Neste sentido S. STARK e S. WALD, "Setting no Records: the Failed Attempts to Limit the Record in Review of Administrative Action", in *Admin. Law Rev.*, vol. 36, 1984, p. 343 e ss.

140 Os vícios mais relevantes têm sido fundamentalmente de dois tipos: ausência e insuficiência do *EIS.* Em 1983 o primeiro vício foi invocado em quarenta e três por cento dos casos, enquanto o segundo foi invocado em quarenta por cento dos casos. Cfr. CARREL, *op. cit.*, p. 283; NOVICK, *op. cit.*, p. 9 e ss. Sobre os critérios desenvolvidos pela jurisprudência para determinar se o *EIS* é *adequate,* cfr. CARREL, *op. cit.*, p. 98 e ss.

Importa salientar também a utilização de actos inibitórios e de procedimentos de urgência nas *environmental lawsuits.* Pretende-se, assim, bloquear através de um *preliminary relief* (cfr. F.R. 65 a-b) ou por meio de uma suspensão espontânea (pode acontecer que a *agency* consinta em suspender a execução do acto impugnado espontaneamente ou depois de um acto jurisdicional definido "order requiring notice of interest to proceed", cfr. *Enviromental Law Funf v Volpe, 340 F Supp-.* 1329, 1972 e *Akers v Resor, 339 F Supp.*, 1375, 1972) a execução do acto impugnado, uma vez que o acto definitivo *on the merits* perderia sentido.

Os pressupostos de uma *preliminary injunction* nas *enviromental law suits* são definidos, por um lado, através de um delicado juízo sobre os danos para as partes resultantes da negação ou não do acto inibitório e, por outro, recorrendo a uma ponderação sumária dos fundamentos de direito. A valoração relativa à subsistência de fundamentos para a *injunction* depende, naturalmente, da prudente apreciação do juiz, sendo sujeita a revisão apenas por *abuse of discretion* (cfr. M. ROSENBERG, "Judicial discretion of the trial court viewed from above" in *Syr. L. Rev.,* n.º 22, 1971, p. 635). É, portanto, oportuno indagar os efeitos resultantes das normas do *NEPA,* no sentido de uma maior liberdade dos juízes no reconhecimento de *injunctive reliefs.* Considerou-se, por exemplo, que a formulação de um inadequado *environmental impact assessment* constitui um pressuposto suficiente para a suspensão da execução de um projecto, com a consequente irrelevância do *fumus boni juris* (cfr. *Lathan v. Volpe, 455 F 2d,* 111, 1971). Paralelamente, o elemento de *irreparable harm* foi considerado implícito quando a *agency* não tenha curado de todas as possíveis alternativas ao projecto em causa (cfr. R. PEKELIS HIGGINS, "Legislation Under NEPA: Plaintiffs Phirrhic Victories drow Congressional Fire, Judicial Warnings", in *Miss. L. Rev.,* vol. 39, 1974, p. 415; *Note* - "Developments in the Law: Injunctions", in *Harv. L. Rev.,* vol. 79, 1965, p. 994. Sobre os critérios para a concessão de *injunctions,* cfr. S. REASONER, "Criteria for Granting a Temporary Injunction When Only Questions of Law Are Presented", in *Tex. L. Rev.*, vol. 40, 1961, p. 409).

Por sua vez é sabido que a Federal Rule 65 (c) condiciona a concessão de um *restraining order* ou de uma *preliminary injunction* ao depósito de uma caução, por vezes astronómica, exigida pelas *agências* para desencorajar as *collusive suits.* Os juízes utilizam esta faculdade com extrema cautela, sensíveis aos exíguos recursos patrimoniais das *pubblic plaintiffs.* É sintomático, para dar um exemplo, que no caso *Natural Resources Defense Council Inc. v. Morton, 937, F. Supp. 167,* 1971, o governo tenha exigido uma caução de 750.000 dólares para o primeiro mês de suspensão da obra, tendo os juízes imposto um *bond* praticamente nominal.

Já o requisito do *fumus boni juris* presupõe que o juiz esteja em condições de valorar o fundamento da pretensão na base dos actos constantes do processo. Seguem-se, assim, regras e estratégias particulares na formação do *complaint,* e daí um largo uso dos *discovery devices.*

Este instrumento (F.R. 26 (b) - 34) está vocacionado para descobrir "as cartas do adversário" e permitir um juízo oral, rápido e concentrado. Nomeadamente as *agências,* em acções com implicações técnicas complexas, pretenderam esvaziar de significado a legitimação de grupos ou associações que, embora fornecidos de um *bona fide standing,* não possuem os meios técnicos e financeiros para fazer valer e, sobretudo, provar as suas teses.

É igualmente certo que as *environmental plaintiffs* acabaram por aproveitar da *evidence* (proveniente da contraparte), adquirida em juízo, especialmente através do *administrative record* que sustenta o *impact statement,* relativo aos efeitos sobre o ambiente causados por qualquer *major federal action.* Cfr. PEKELIS HIGGINS, *op. cit.*, p. 420.

Não faltam também exemplos em que o juiz, na fase preliminar, sem exigir uma inversão do ónus da prova, tende a impor às *agencies* o *burden of evidence.* As *agencies* ficam, assim, constrangidas a explicitar melhor o *iter* do acto, bem como a produzir ou indicar meios de prova. Por outro lado, o recurso ao *Freedom of Information Act,* cuja presença no *NEPA* contribui para definir este como uma *disclosure law,* prevê um válido instrumento para actuar o *discovery.* Esta técnica impõe que as *agencies* forneçam, a requerimento dos interessados, qualquer documento ou dado técnico que não esteja sujeito a *exemption.* Cfr. L. KATZ, "The Games Bureaucrats Play: Hide and Seek Under Freedom of Information Act", in *Tex. L. Rev.*, vol. 48, 1970, p. 1261. O *Freedom of Information Act,* 5 U.S.C. par. 552, trazido à colação pelo *NEPA* (42 U.S.C., par. 4332 (2) (c), 1970, prevê, com efeito, a obrigação das agências federais de *"make available to any interested person at any reasonable time any identified record in its possession"*, par. 552 (b) (1) - (9).

É evidente a utilidade do *Freedom of Information Act* para os *environmentalists,* obtendo, sem custos económicos, os dados indispensáveis para prosseguir com sucesso a acção. A eventual recusa da *agency* legitima a proposição de uma *independent action* para constranger a *agency* a suprir a recusa de informação, podendo mesmo dar lugar ao pedido de um *discovery* aprofundado e acelerado no juízo principal.

Sempre no âmbito dos meios dos *pretrial discovery,* depois do *revirement* do Supremo no caso *Overton Park Case,* no sentido da necessidade de produzir um *complete administrative record,* foi admitida, por vezes, a *deposition* dos *decision-makers* para aclarar os factos e a razão das escolhas. Cfr. G. COGGINS, "Preparing an Environmental Lawsuit: Doctrinal Barriers and Pretrial Preparation", in *Iowa L. Rev.*, vol. 58, 1973, p. 524, nota 62; D. SIVES, "Securing, Examining and Cross-Examining Expert Witnesses in Environmental Cases", in *Mich. L. Rev.*, vol. 68, 1970, p. 1175.

No que concerne a este último aspecto, os tribunais, especialmente os *district courts*, têm admitido a possibilidade de um controlo de mérito sobre as decisões administrativas que violem o *NEPA* [141]. Tal juízo respeita, em princípio, a casos em que o juiz está confrontado com uma decisão "arbitrária ou caprichosa"[142] ou "tenha dado inequivocamente um peso insuficiente aos valores ambientais" [143]. Nas palavras de Rodgers "o juiz pode atacar uma decisão no que toca ao mérito, com base no artigo 1.01, sempre que fique demonstrado que no caso em apreço o balanço custos-benefícios sobre que a decisão repousa seja arbitrário ou esteja fundado com toda a evidência numa insuficiente consideração dos valores ambientais". As possibilidades de impugnação aumentam quando a descrição do projecto ou programa careçam de precisão, as análises dos impactos presumíveis sejam inadequadas, bem como os efeitos cumulativos e indirectos, a discussão das alternativas seja precária ou ainda por falta de clareza da documentação sujeita a apreciação do público e tratamento rigidamente dogmático [144].

A jurisprudência dá particular importância ao exame e discussão das alternativas ao projecto, na medida em que a decisão definitiva deve repousar na sua atenta consideração.

---

141 ORLOFF, *op. cit.*, p. 281 e ss. O problema que se coloca aqui é o de saber em que medida uma agência federal deve ter em consideração o *EIS* no momento de decidir sobre o mérito de uma proposta.

Os tribunais mais afoitos no controlo de mérito têm sido os *district courts,* seguidos dos *circuit courts,* enquanto o Supremo tem sido mais prudente, refreando os tribunais inferiores — cfr. os casos *Citizens to preserve Overton Park Inc. versus Volpe,* 401 U. S. 402, 416, 1971; *Strycker's Bay versus Karlen,* 100 S. C. T. 497-500, 13 ERC 2157, 1980. Cfr. S. BRUSCHI, *op. cit.*, p. 112.

142 Cfr. *Environmental Defense Fund v. Corps of Engineers U.S. Army, 470 F. 2nd 289, 8 Cir.*, 1972. Cfr. MEZGER, *op. cit.*, p. 134 e ss.

143 *Calver Cliff's Coordinating Commitee v. Atomic Energy Commission, 449 F 2nd 1109. D. C. Circuit,* 1971. Na realidade, no Direito norte-americano distingue-se (com consequências sobre o grau e a intensidade do controlo judicial) entre a *review* da determinação dos factos *(fact finding)* e as questões de Direito (subdivididas em *questions of law* e *questions of law application).* Cfr. A. C. AMAN e W. T. MAYTON, *Administrative Law,* St. Paul, 1993, p. 436.

144 W. RODGERS, *op. cit.*, p. 735.

É neste contexto que surge a doutrina *hard look,* entendida como a obrigação do juiz procurar a *única decisão considerada razoável*, entre várias teoricamente possíveis, numa clara superação do *test* de razoabilidade, entendido como exclusão das decisões irrazoáveis [145]. Segundo Leventhal, a "função supervisora" dos tribunais exige a sua intervenção não só quando há vícios procedimentais, mas também quando concluem, especialmente a partir de uma conjugação de sinais de perigo, que a agência não operou de facto um *hard look* dos problemas mais importantes e não realizou verdadeiramente um exercício razoável do seu poder decisório [146]. Neste sentido, os tribunais norte-americanos, interpretando correctamente o significado de alternativa razoável, anularam decisões baseadas em avaliações de impacto ambiental que tiveram apenas em consideração alternativas extremas e, consequentemente, instrumentais à decisão adoptada. Foi igualmente sustentado que determinadas alternativas não podem ser excluídas, ainda que fundamentadamente, nos diversos momentos decisionais da avaliação de impacto, uma vez que o público ficaria privado de as examinar e discutir [147].

---

[145] Segundo J. FREEDMAN, "Crisis and Legitimacy in the Administrative Process", in *Stanf. L. Rev.,* 1974-1975, p. 1055 e ss., a intensidade do controlo jurisdicional deveu-se ao fenómeno da *capture* das *agencies* por aqueles que deveria regulamentar (grupos de interesses).

Para uma análise de um modelo alternativo (negocial) à resolução dos conflitos ambientais, cfr. U. SALANITRO, "L'environmental mediation negli USA: uno strumento alternativo per la risoluzione dei conflitti ambientali", in *Riv. giur. amb.*, n.º 2, 1991, p. 229 e ss.

[146] H. LEVENTHAL, teorizou pela primeira vez a noção de *hard look* no estudo "Decision-Making and the Role of the Courts", in *U. Penn. Law Review*, vol. 122, 1974, p. 509 e ss. Recentemente, M. B. GARLAND, "Deregulation and Judicial Review", in *Harv. L. Rev.*, vol. 98, 1985, p. 507 e ss. Esta doutrina recebeu uma importante legitimação do Supremo no caso *Citizens to Preserve Overton Park v. Volpe,* um dos *leading cases* em matéria de controlo jurisdicional da discricionaridade administrativa. Cfr. P. L. STRAUSS, "Revisiting Overton Park: Political and Judicial Controls over Administrative Actions Affecting the Community", in *UCLA L. Rev.,* vol. 39, 1992, p. 1251.

[147] *California versus Bergland,* 483 F. Supp. 465, 13 ERC 2203, E. D. Cal. 1980, citada por S. BRUSCHI, *Valutazione dell'impatto ambientale, op. cit.*, p. 113.

É ainda interessante notar que a necessidade de avaliação de impacto foi exigida pela jurisprudência também nos casos em que as autoridades consideraram oportuno não tomar qualquer decisão expressa face a comportamentos ou fenómenos susceptíveis de produzir efeitos ambientais importantes. Os Tribunais, em consonância com as orientações do *CEQ*, deram acolhimento à impugnação destes actos tácitos das agências. É de salientar que, por vezes, os tribunais se revelaram mais permeáveis à inércia das agências, não exigindo a avaliação de impacto ambiental nas fases decisionais de um procedimento de programação, onde os aspectos económicos e sociais são preponderantes. Com efeito, os tribunais manifestaram-se mais atentos e exigentes quando se tratava de projectos concretos de execução dos programas [148].

Convém, porém, chamar ainda a atenção que a doutrina do *hard look* se aplica também ao procedimento de elaboração dos regulamentos (informais) [149] das agências. Segundo esta

---

[148] Cfr. *State of North Dakota versus Andrus,* 483 F. Supp. 255, 14 ERC 1230, (D. N. Dak. 1980).

[149] Com o *Administrative Procedure Act* de 1946 uniformizou-se o procedimento de elaboração das normas regulamentares, codificando as duas modalidades essenciais do seu desenvolvimento. Passou também a exigir-se às agências administrativas a publicação no *Federal Register* das suas normas procedimentais internas, para efeitos de permitir o conhecimento a todos os interessados, garantindo-se igualmente a participação destes no procedimento do *rulemaking*. A participação deixou, assim, de estar dependente da boa vontade das agências para passar a converter-se no seu "basic purpose" – cfr. *Attorney General's Manual on the Administration Procedure Act*, preparado pelo United States Department of Justice, Washington, 1974, pp. 230-231. W. F. PEDERSON, "Formal Records and Informal Rulemaking", in *Yale L. Jour.*, vol. 85, 1975, p. 38 e ss.

Convém, contudo, ressalvar que, de acordo com R. LORCH, *Democratic Process and Administrative Law*, Detroit, 1969, p. 95, "The law is more zealous about protecting as individuals than people as a part of the public". Neste sentido, uma sentença, a propósito do procedimento desenhado pela secção 553 do APA "is to allow interested parties to make useful comment and not to allow them to assert their "rights" to insist that the rule take a particular form". Cfr. *Pacific Coast European Conf. v. United States*, 350 F 2d 197, 205 (9th Circ. 1965).

Isto significa que a agência não está vinculada, na elaboração da norma regulamentar, a atender exclusiva e fundamentalmente as observações e elementos fornecidos pelos intervenientes no procedimento. Cfr. S. BREYER e R. STEWART, *Administrative Law and Regulatory Policy,* Boston, 1985, p. 261 e ss.

doutrina, as agências devem considerar detalhadamente, como condição de validade das normas, as questões suscitadas pelos comentários recebidos e, especialmente, as alternativas ao conteúdo do projecto da norma. Um dos casos mais salientes da jurisprudência do *hard look* foi o caso *Nova Escócia*, resolvido por um *Court of Appeals* em 1977, pela sua enorme ressonância e rigor de muitas das suas formulações, ao ponto de merecer o título de *leading case*. Argumentou o Tribunal que "não se ajusta às exigências de um processo racional a total falta de resposta a questões vitais suscitadas por comentários obviamente relevantes. As agências gozam certamente de uma ampla margem de discricionaridade na formulação de uma norma, mas não da prerrogativa de obscurantismo reservada aos Parlamentos" [150].

Nos anos sucessivos, diversos *Courts of Appeals* aplicaram a doutrina do *hard look* em vários domínios, especialmente no campo ambiental, adquirindo a condição de verdadeira *communis opinio* nos tribunais federais de nível inferior e intermédio. O caso *National Lime*, julgado em 1980 pelo extraordinariamente influente em matéria jurídico-administrativa *D. C. Circuit Court of Appeals*, tem a importância de resumir o conteúdo desta doutrina, que dez anos antes era considerada revolucionária, com a concisão e naturalidade do que se aceita sem polémica. Segundo o referido Tribunal, aquela exige "que o que se pressupõe seja expressamente declarado, que o processo seja transparente, que o afastamento de teorias alternativas ou o abandono de vias alternativas de acção seja explicado e que o fundamento da decisão final seja exposto de forma a permitir ao público o exercício da sua prerrogativa legal de fazer os comentários, e aos Tribunais o desempenho da sua responsabilidade estatutária em

---

[150] Cfr. *United States v. Nova Scotia Food Products Corp.*, 568 F. 2d 240 (2d Circ. 1977). Cfr. L. RUBIRA, *La Participación Pública en el Procedimiento de Elaboración de los Reglamentos en los Estados Unidos de America*, Madrid, 1991, pp. 131-132.

caso de impugnação" [151]. Faltava, no entanto, a adesão do Supremo Tribunal que não tardaria a chegar nos célebres casos de 1983: *Baltimore Gas* e *State Farm*. No primeiro caso impugnava-se uma norma da *Nuclear Regulatory Commission* em que se dispunha que, nas decisões dos órgãos da própria *NRC* sobre a concessão de autorização a um projecto de energia nuclear, não se valorizou desfavoravelmente o risco de possíveis fugas radioactivas procedentes dos armazéns de energia nuclear já utilizada. Pois bem, o Supremo Tribunal de Justiça ainda que confirmando a norma, sustentou que a *NRC* "considerou os factores relevantes e articulou uma conexão racional entre os factos declarados e a opção realizada" [152]. Num segundo caso — *State Farm* — o acto impugnado consistia na derrogação, pela *National Highway Traffic Safety Administration*, de uma norma (anterior) em que se estabelecia a obrigatoriedade de todos os veículos construídos a partir de uma certa data estarem equipados com *airbag* e cintos de segurança automáticos. Neste caso, o Supremo anulou o acto derrogatório, defendendo que uma norma — ou a sua derrogação — é arbitrária e caprichosa se a agência não valorou factores importantes do problema, ou ofereceu uma explicação da sua decisão que é contraditória (com o material probatório) e inverosímil [153]. O Supremo anulou o acto derrogatório não porque considerasse o seu conteúdo materialmente incongruente com a lei, mas porque a agência não ponderou suficientemente outras opções antes de adoptar a decisão.

Gostaríamos, por último, de recordar o caso *Kennecott* de 1972, na senda do *leading case Automative Parts*. Aqui, o tribunal "anulou" uma norma da *Environnmental Protection Agency*, em que se fixava em sessenta miligramas por metro

---

[151] L. RUBIRA, *op. cit.*, p. 132.

[152] *Baltimore Gas and Electric Co. v. Natural Resources Defense Council*, 462 U.S. 87, 1983. Cfr. L. RUBIRA, *op. cit.*, p. 132.

[153] L. RUBIRA, *op. cit.*, p. 133.

cúbico o nível tolerável de emissão de ácido sulfúrico, por não fundamentar suficientemente no preâmbulo da norma a razão pela qual se havia optado pela referida medida [154].

Em síntese, a doutrina do *hard look* tem sofrido desenvolvimentos sucessivos que vão desde o processo legislativo à aplicação prática do *Environmental Impact Assessment.*

7. Coordenação do *NEPA* com outras normas legais

Posto isto, julgamos oportuno abordar o problema da coordenação das disposições do *NEPA* com as normas que regulam o funcionamento das agências. Os conflitos entre o *NEPA* e as referidas normas podem respeitar ao procedimento e ao mérito.

7. 1. O procedimento

Coloca-se agora o problema de saber em que medida as normas do *NEPA* podem permitir derrogações à observância de procedimentos impostos por outras leis às agências federais. Por exemplo, se a lei institutiva de um certo programa federal impuser à agência interessada a obrigação de tomar uma decisão nos trinta dias seguintes à apresentação do programa, pode a agência prorrogar este prazo, por forma a poder preparar um estudo de impacto? Ou será suficiente preparar um *EIS* menos detalhado do que o *NEPA* exige? A secção 105 do *NEPA* estabelece que "os objectivos (do *NEPA*) são suplementares aos estabelecidos nos actos constitutivos das agências federais" [155]. Na prática, a tendência das agências é

---

[154] L. RUBIRA, *op. cit.*, p. 139.

[155] Cabendo ao juiz estabelecer qual é a lei e o sentido último, não há dúvida que o juiz americano se tem visto confrontado com a interpretação da Administração (agências). Cfr. CH. CARLI, "Il caso Chevron. Interpretazione del giudice e

a de privilegiar os próprios fins institucionais, mais do que respeitar a letra do *NEPA*. Por sua vez, os tribunais têm avalizado tal comportamento no que respeita ao *timing*, permitindo às agências federais preparar um *EIS* mais limitado do que o prescrito pelo *NEPA* quando o tempo à disposição da agência não permitir a elaboração de um estudo de impacto detalhado [156].

Não obstante os regulamentos do *CEQ* e as sentenças de alguns tribunais inferiores — *district courts* e *circuit courts* —, o Supremo tem estabelecido que, em casos de conflito entre o *NEPA* e outras normas, os tribunais não têm o poder de impor às agências federais regras procedimentais *ad hoc* em benefício do *NEPA*. Todavia, as agências sendo livres de estabelecer novos procedimentos, devem, no entanto, respeitar o espírito do *NEPA*, bem como outras normas, nomeadamente as que regulam o seu próprio funcionamento [157].

---

interpretazione dell'amministrazione negli Stati Uniti", in *Riv. trim. dir. pubbl.*, n.º 4, 1995, p. 974 e ss.

O problema é extremamente delicado porque, sobretudo quando a lei é ambígua, permite à agência uma interpretação da lei dirigida à conciliação e ponderação de interesses divergentes. Nestes casos o juiz não vai além de verificar se tal solução (compromisso) seria passível de ser acolhida pelo legislador, recorrendo para o efeito aos trabalhos preparatórios da respectiva lei.

Aliás, o famoso caso *Chevron* constituiu uma forte deslegitimação da *hard look doctrine,* geradora de diversas reacções da doutrina. Cfr. C. BYSE, "Judicial Review of Administrative Interpretation of Status: an Analysis of Chevron's Step Two", in *Adm. L. Jour.*, vol. 2, 1988, p. 255; C. R. SUNSTEIN, "Constitutionalism after the New Deal", in *Harv. L. Rev.*, vol. 101, 1987, p. 465; K. WERHAN, "The Neo-Classical Revival in Administrative Law", in *Adm. L. Rev.*, vol. 523, 1992, p. 567.

156 Em alguns casos excepcionais o próprio Congresso americano isentou as agências federais do cumprimento do *NEPA*, por forma a permitir-lhes maior celeridade, como no *Federal Disaster Relief Act* de 1974, respeitante à prestação de assistência federal em caso de desastres. Cfr. M. RISTORATORE, *op. cit.*, p. 247.

157 *Vermont Yankee Power Corporation v. Natural Resources Defense Council: Three Perspectives,* in *Harv. L. Rev.*, vol. 91, 1978, p. 1804 e ss. Cfr. R. J. PIERCE, S. SHAPIRO, P. R. VERKUIL, *Administrative Law and Process,* New York, 1985, pp. 325-326. Em síntese, o Supremo não exclui totalmente o controlo de mérito. Apesar do caso *Chevron,* a jurisprudência continua a utilizar o controlo de razoabilidade e de *adequate consideration* na *judicial review* da actividade administrativa. Cfr. R. PIERCE, "Chevron and its Affermath: Judicial Review of

7. 2. O mérito

O *NEPA* obriga as agências federais a ter em consideração os efeitos ambientais da sua actividade antes de tomar decisões sobre o mérito das referidas actividades. Por outras palavras, a agência federal *pode* recusar-se a executar uma certa acção na base de considerações de ordem ambiental. Algumas agências, porém, são reguladas por normas que especificam critérios precisos de comportamento, como o de autorizar a venda de um determinado aditivo alimentar se inócuo para a saúde. Que relevância têm, em casos deste tipo, as normas do *NEPA?*

Para esclarecer melhor a questão é útil fornecer um exemplo emblemático. A *Food and Drug Administration (FDA)* deve conceder uma autorização para a venda interestatal de todos os alimentos que contenham aditivos químicos. Uma firma de bebidas engarrafadas em recipientes de plástico deve pedir a autorização da *FDA,* dado que uma pequena parte do plástico é absorvida, sendo, portanto, um aditivo.

A única missão da *FDA*, segundo a própria agência, é o de certificar que o aditivo não é perigoso para a saúde, à luz do *Federal Drug, Food and Cosmetics Act* de 1976. Contudo, uma associação de defesa do ambiente argumentou que a *FDA* deveria ter em consideração as consequências ambientais resultantes da autorização de venda de bebidas, particularmente o problema da reciclagem das garrafas de plástico [158].

Coloca-se então o problema de saber se a *FDA* , em nome do *NEPA,* poderá recusar a autorização quando a bebida seja considerada inócua para a saúde. No exemplo citado, a resposta do tribunal foi afirmativa. Noutros casos, de conflito

---

Agency Interpretation of Statutory Provisions", in *Vanderbilt Law Review,* vol. 41, 1988, p. 301.

158 *Environmental Defense Fund v. Mathews*, 410 Supp. 336, D. C. Circ. 1976.

aberto entre o *NEPA* e outras leis, os tribunais foram de opinião diversa. Por exemplo, o tribunal federal para o distrito do Dakota do Sul estabeleceu que o Departamento oficial não podia recusar-se a conceder a licença para a exploração mineira se o requerente satisfazia todas as exigências da lei do sector. Em síntese, segundo a jurisprudência estado-unidense, o *NEPA* não pode ser interpretado como uma lei que forneça poderes discricionários a uma agência federal que os não possuia antes [159].

Para concluir, a introdução do procedimento de avaliação de impacto ambiental no ordenamento jurídico norte-americano foi concebido por forma a atingir o máximo de objectividade e de transparência das decisões. A *praxis* jurisprudencial fez suas estas características do instituto de avaliação ambiental, insistindo na necessidade do público ser confrontado com todas as alternativas razoáveis antes da decisão final. Todavia, satisfeitas estas exigências de clareza formal, permanece a dificuldade de chegar a uma avaliação *objectiva,* baseada em informações de diversa quantidade e qualidade, provenientes de um conjunto heterogéneo de disciplinas e examinadas por especialistas com diferentes sistemas e critérios de avaliação.

A este propósito, é interessante notar que o entusiasmo inicial, aquando da introdução da avaliação de impacto ambiental, posto no recurso a técnicas sofisticadas de apoio à decisão (matrizes, listas de controlo, etc.), foi progressivamente esmorecendo em favor dos elementos participativos [160]. As últimas instruções do *CEQ* insistem com particular

---

[159] Cfr. ORLOFF, *op. cit.*, p. 353. Tem-se, aliás, argumentado que na realidade o *NEPA* assegura, como procedimento, o controlo formal de legalidade dos actos das *agencies,* longe de garantir, portanto, a efectiva observância da *environmental policy* e o mérito das decisões. Neste sentido, J. SAX, "The (Unhappy) Truth about NEPA", in *Okla. L. Rev.*, vol. 26, 1973, p. 239.

[160] Cfr. o Environmental Impact Statements: An Analysis of Six Years Experience by Seventy Federal Agencies, *Report of the Council on Environmental Quality*, march 1976, pp. 49-54.

atenção nos complexos procedimentos de consulta e de participação do público, num delicado equilíbrio entre a exigência de não sobrecarregar o procedimento e a necessidade permanentemente repetida de alargar a participação [161].

Numa óptica que privilegia a participação do público e a procura de um consenso preventivo em torno de objectivos definidos e explicitados com a maior clareza, o espaço para modelos matemáticos de optimização das escolhas vem necessariamente limitado, tanto mais que elas estão notoriamente ligadas a uma visão político-económica. "Se para uma determinada actividade se devesse considerar uma análise custos-benefícios, relativa às escolhas entre diferentes alternativas de utilização do ambiente, seria suficiente incluí-la como apêndice da avaliação, como um instrumento para estimar as consequências ambientais... A escala de valores positivos e negativos das várias alternativas não precisam necessariamente de ser explicitadas através de uma análise custos-benefícios expressa em termos monetários e não devem sê-lo quando existam aspectos qualitativos importantes" [162].

---

[161] O caso *Sierra Club* é paradigmático ao reforçar a necessidade da comunicação *ex parte,* enquanto instrumento eficaz de informação e de legitimação das decisões das agências. Acrescenta que o *record* público deve conter elementos de *central relevância* para o caso. Cfr. B. SCHWARTZ, *Administrative Law*, 2ª ed., Boston-Toronto, 1984, p. 169.

[162] Cfr. *Regulations for Implementing Procedural Provisions of NEPA*, par. 1502, 23.

Capítulo II

A SOLUÇÃO FRANCESA DOS *ÉTUDES D'IMPACT*

1. Fontes. Considerações introdutórias

A existência em França de um regime jurídico de avaliação de impacto ambiental, denominado *études d'impact*, obteve consagração formal através da Lei n.º 76-629, de 10 de Julho de 1976, sobre a protecção da natureza.

Contudo, é de realçar que os estudos de impacto não eram estranhos ao direito francês antes da votação de Lei de 1976 [163]. Deste modo, se se realiza uma breve resenha do direito francês verificar-se-á que na legislação francesa sobre "installations classées" para a protecção do ambiente [164] se exigia que os requerentes estabelecessem nos seus projectos os modos e as condições de evacuação, utilização e tratamento das águas residuais, bem como dos detritos e resíduos da exploração [165]. Da mesma forma, as preocupações ambientais

---

[163] M. DESPAX, *Droit de l'Environnement*, Paris, 1980, p. 160.

[164] Cfr. N. GRECO, *Processi decisionali e tutela preventiva dell'ambiente, op. cit.*, p. 129 e ss.

[165] Em 1961 foi emanada em França a primeira legislação sobre poluição atmosférica, seguida em 1964 pela conhecida lei sobre as águas. Estas duas normações aplicavam-se também às *installations classées* que, teoricamente, estavam sujeitas ao omnicompreensivo regime de polícia administrativa, respeitante a todas as formas de nocividade actual e potencial das instalações classificadas.

Em França, as indústrias que latamente se consideram poluentes estão sujeitas, desde o início do século passado, a um regime de polícia especial. Este regime foi instituído com o decreto de 15 de Outubro de 1810, posteriormente substituído

estavam já presentes em vários procedimentos administrativos, nomeadamente no procedimento expropriatório [166], a que não é alheia a jurisprudência do Conselho de Estado [167].

---

pela lei de 19 de Dezembro de 1917, sendo por sua vez modificada pela lei de 19 de Julho de 1976. Esta última lei foi emanada em quase concomitância com a lei sobre a protecção da natureza (lei n.º 76-629, de 10 de Julho de 1976), na qual vêm impressas as normas fundamentais sobre o procedimento dos *études d'impact*. Isto explica que os procedimentos autorizativos relativos às *installations classées* constituam uma referência essencial para entender as modalidades de aplicação dos *études d'impact* em matéria de instalações industriais e energéticas. As *installations classées* estão sujeitas a dois diferentes regimes, em razão da perigosidade da obra: o da *autorização* e o da *declaração,* sendo o estudo de impacto originariamente obrigatório para todas as instalações sujeitas a autorização. Cfr. N. GRECO, *op. cit.*, pp. 129 e ss. e 145 e ss.; cfr. M. PRIEUR, *Droit de l'Environnement, op. cit.*; CH. VIGOUROUX, "Sur le droit des installations classées pour la protection de l'environnement", in *A.J.D.A.*, 1994, p. 596 e ss., curiosamente não faz referência ao recente decreto de 9 de Junho de 1994, que veio harmonizar o regime das *instalations classées* com a Directiva 85/337/CEE ao alterar o Decreto n.º 77-1133, de 21 de Setembro de 1977 (art. 3.º/4). Cfr. ainda o Decreto nº 93-1412, de 29 de Dezembro de 1993, que modifica a nomenclatura das "installations classées".

Recentemente foram adoptadas cinco leis importantes em matéria ambiental: Lei da água, de 3 de Janeiro de 1992, a lei de 13 de Julho de 1992, relativa à eliminação de resíduos, lei de 31 de Dezembro de 1992, pertinente à luta contra o ruído, lei de 4 de Janeiro de 1993 sobre as pedreiras, lei de 4 de Janeiro de 1993 sobre a protecção da paisagem. Cfr. J. MORAND-DEVILLER, "Chronique de législation", in *A.J.D.A.*, 1995, p. 439.

Actualíssima é a Lei n.º 95-101, de 2 de Fevereiro de 1995, relativa *au renforcement de la protection de l'environnement* (cfr. *J.O.* 3 février 1955, p. 1840), assim como a Lei n.º 95-115, de 4 de Fevereiro de 1995 (Loi d'orientation pour l'aménagement et le développement du territoire). Cfr. o n.º 5 da *R.F.D.A.,* 1995, pp. 868-962).

[166] M. DESPAX *op. cit.*, pp. 160-161. Neste sentido podem citar-se o art. 5.º do Decreto de 8 de Junho de 1970, respeitante aos planos de ordenamento rural, o art. R. 110.2. 1, do Código do Urbanismo, o art. 158.º do Código Florestal, o Decreto de 1 de Abril de 1964 sobre os pedidos de autorização de instalações perigosas e insalubres e, entre outros, o art.R. 125-1 do Código do Urbanismo sobre determinados projectos que afectam a zona mediterrânica.

[167] Faz-se aqui referência à orientação jurisprudencial do *Conseil d'État* que propugna a chamada *theórie du bilan.* No conhecidíssimo *arrêt* de 28 de Maio de 1971, o Conselho de Estado, a que já fizemos referência, recorrendo ao princípio da proporcionalidade, decidiu que uma obra só pode ser declarada de utilidade pública se os inconvenientes de natureza ambiental que ela eventualmente comporta não forem excessivos e desproporcionados, tendo em vista o interesse que a obra apresenta. Trata-se da pronúncia do Conselho de Estado, de 28 de Maio de 1971 — *Ministre de l'Equipement et du Logement c. Fédération de défense des personnes concernées par le project actuellement dénommé "Ville nouvelle Est"*, in *Revue du Droit Public*, 1972, p. 461. Esta sentença foi objecto de numerosos comentários: cfr, por exemplo, G. VEDEL, "L'appréciation, par le juge administratif, de l'utilité d'un project", in *Revue du Droit Public,* 1972, p. 454 e ss.; LEMASURIER, "Vers un nou-

A nível pontual surgiram diversas circulares que têm em consideração as preocupações do ambiente. Estas circulares recolheram as conclusões do Comité Interministerial para o Ordenamento do Território adoptadas a 26 de Outubro de 1972 para o litoral francês, em que se desenha uma preocupação sobre as condições ambientais no que concerne à tomada de decisões administrativas [168]. Uma das finalidades deste conjunto normativo, que de certa forma anuncia a preparação da Lei de 1976, foi a introdução de mecanismos técnico-científicos no funcionamento da Administração, através de informação recíproca entre técnicos e organismos administrativos. Neste sentido, foram criadas, em cada região, listas de especialistas universitários, investigadores e personalidades qualificadas que, nomeadas pelo prefeito por períodos de três anos, emitem juízos e pareceres sobre os efeitos ambientais resultantes de projectos de ordenamento, equipamento e construção de obras no litoral [169].

Cabe recordar nesta fase do trabalho que o *National Environmental Policy Act* de 1969 constituiu uma fonte normativa de primeira importância da Lei da protecção da natureza de 1976 [170]. Com efeito, são os modelos norte-americano e francês que mais tarde estão na base da Directiva 85/337/CEE, de 27 de Junho. Um aspecto revelador é o de

---

veau principe général du droit? Le principe bilan-coût-avantages", in *Mélanges Offerts à Marcel Waline*, T. II, Paris, 1974, p. 551 e ss.; A. HOLLEAUX, "La jurisprudence du bilan", in *Revue Administrative*, 1980, p. 593. Mais recentemente, *vide* M. FROMONT, "Le principe de proportionnalité", in *A.J.D.A.*, 1995, p. 161 e ss. Entre nós, ALVES CORREIA, *As Garantias do Particular...*, *op. cit.*, pp. 183 e 184.

[168] Circular interministerial de 10 de Novembro de 1972, relativa a estudos biológicos sistemáticos nos projectos de ordenamento do litoral, citada por R. MORENO, *op. cit.*, p. 85, nota 326.

[169] Efectivamente, a referida Circular interministerial de 10 de Novembro revelou-se inovadora ao possibilitar a criação de bolsas de quadros técnicos do ambiente.

[170] Este diploma situa-se temporalmente a meio caminho entre a regulação norte-americana e a dos restantes países da Comunidade Europeia, com a possível excepção da República Federal Alemã, se bem que neste caso o regime instituído em 1975 teve aplicação apenas a nível administrativo.

que o legislador francês preferiu, ao termo correspondente "statement" usado na lei federal estado-unidense, a expressão "études d'impact" [171]. Esta solução normativa alimentou e consentiu uma certa elasticidade de juízos e também de definições, nem sempre inspiradas em motivações jurídicas, sobretudo nos anos imediatamente sucessivos à emanação da fundamental lei de 1976.

Assim, no mesmo ano da emanação da lei, a doutrina afirmava tratar-se de "estudos de novo tipo" [172] dirigidos a avaliar o impacto sobre o ambiente de determinados projectos, bem como de planos de uma certa relevância, por forma a modelá-los às exigências dos lugares e do ambiente em que se inseriam. Dizia-se então que se tratava de estudos que deveriam permitir a identificação e avaliação dos efeitos físicos, ecológicos e estéticos resultantes da construção de obras ou de uma qualquer decisão técnica, económica ou política. Estes efeitos (a princípio apenas eram tidos em conta os efeitos *directos*) deveriam ser considerados na sua influência a curto, médio e longo prazo. Contudo, bem vistas as coisas estas preocupações só vieram a ter plena consagração legal com o Decreto n.º 93-245, de 25 de Fevereiro de 1993 [173], que veio dar nova redacção a alguns artigos do Decreto n.º 77-1441 de 12 de Outubro [174], em aplicação do artigo 2.º da Lei n.º 76-269,

---

[171] SAINT-MARC, "Le rapport d'impact sur l'environnement", in *R.J.E.*, 1976, p. 250; Y. JEGOUZO, "Réflexions sur le statut juridique de l'étude d'impact", in *Aménagement et Nature,* n.º 102, 1995, pp. 16-19.

[172] M. FALQUE, "Réflexions sur la prise en compte de l'environnement", *Travaux de l'OCDE, Env. Urb.,* 1976, citado por N. GRECO, "Procedimenti amministrativi e tutela dell'ambiente: la soluzione francese degli études d'impact", in *Riv. trim. sc. amm.*, 1981, p. 65, nota 4.

[173] Cfr. *J.O.* 26 février p. 3032. Este diploma veio finalmente colocar o regime jurídico francês sobre os estudos de impacto em conformidade com a Directiva 85/337/CEE, nomeadamente no que concerne à tomada em consideração dos efeitos indirectos no ambiente causados por uma obra, Cfr. M. PRIEUR, "O direito do ambiente em França", in *Direito do Ambiente*, Lisboa, 1994, p. 280.

[174] Cfr. *J.O.* de 13 de Outubro de 1977.

de 10 de Julho de 1976 [175]. Com efeito, a nova redacção dada ao n.º 2 do artigo 2.º do Decreto de 12 de Outubro veio plasmar uma acepção ampla de ambiente, em consonância com o artigo 3.º da Directiva 85/337/CEE. Vêm agora especificados os efeitos directos e indirectos, temporários e permanentes do projecto sobre o ambiente e respectivas componentes naturais e culturais, bem como sobre a higiene e saúde pública. Todavia, como iremos ver, os referidos efeitos ambientais correspondem apenas a determinadas categorias de projectos.

O "procedimento" de avaliação de impacto ambiental foi introduzido em França através do artigo 2.º da Lei de 10 de Julho de 1976 relativa à protecção da natureza. Em bom rigor, a proposta de lei do executivo não previa este instituto, sendo em sede parlamentar que se obtém a entrada da avaliação de impacto ambiental na legislação francesa, através da alteração do texto original [176].

Em aplicação do artigo 2.º da Lei de 1976, o Conselho de Ministros, sob proposta do Ministro da Cultura e do Ambiente e parecer prévio do Conselho de Estado, emana o Decreto n.º 77-1441, de 12 de Outubro, acompanhado de uma circular do Primeiro Ministro da mesma data, posteriormente modificado pelo Decreto n.º 93-245, de 25 de Fevereiro de 1993. Com base no artigo 19.º do Decreto de 12 de Outubro de 1977, a regulação da avaliação de impacto ambiental entra em vigor no primeiro dia do terceiro mês a contar da sua publicação, isto é, a 1 de Janeiro de 1978. [177]. O artigo 2.º da Lei de

---

[175] Publicada no *J.O.* de 13 de Julho de 1976. Outra lei importante para o procedimento *d'étude d'impact* é a Lei n.º 79-587, de 11 de Julho de 1979, relativa "à la motivation et à l'amélioration des relations entre l'administration et le public". Cfr. *J.O.* de 12 de Julho de 1979, p. 1711.

[176] Neste sentido foi decisiva a intervenção do deputado Nungesser. Sobre a proposta de M. Nungesser, cfr. HUGLO-LEPAGE, "L'étude d'impact écologique selon la loi du 10 juillet 1976 sur la protection de la nature et son décret d'application", in *Gazette du Palais,* 1978, p. 258.

[177] Isto é, no dia 1 de Janeiro de 1978. No caso das instalações classificadas, o estudo de impacto era exigível desde a publicação no *J.O.* do Decreto de 21 de Setembro.

protecção da natureza entra finalmente em vigor ano e meio após a sua votação. Segundo alguns autores a lentidão na elaboração do Decreto (quinze meses), bem como o alongamento da *vacatio legis* (três meses), não são inocentes da parte da Administração [178]. No caso francês, o atraso na implementação do mecanismo de avaliação de impacto ambiental veio permitir a aprovação, sem a realização de estudos de impacto, de projectos importantes do ponto de vista ambiental e sanitário, como a central nuclear de Greys Malville (Decreto de 12 de Maio de 1977) e a de Flamanville (Decreto de 22 de Dezembro de 1977) [179], bem como outras grandes infra-estruturas como as auto-estradas.

Importa ainda referir, em matéria de publicidade e participação do público, a Lei de 12 de Julho de 1983, relativa à "democratização das *enquêtes publiques* e protecção do ambiente", bem como o seu desenvolvimento pelo Decreto 85-453, de 23 de Abril e outras medidas de natureza sectorial. Por último, a Lei "paysages" de 8 de Janeiro de 1993 veio introduzir alterações à Lei de 12 de Julho de 1983 [180], bem como a Lei n.º 95-101, de 2 de Fevereiro de 1995.

2. Caracterização técnica, jurídica e social dos "*études d'impact*"

Importa agora, antes de analisar o instituto em apreço, tentar precisar algumas características dos estudos de impacto ambiental, por forma a individualizar a especificidade do modelo francês. Em primeiro lugar, trata-se de um

---

[178] Neste sentido F. CABALLERO, "Le Conseil d'État ennemi de l'environnement?", in *R.J.E.*, n.º 1, 1984, pp. 37 e 38.

[179] M. PRIEUR, "Qui retarde l'entrée en vigeur des lois sur l'environnement?", in *R.J.E.*, n.º 4, 1978, pp. 325-328.

[180] Cfr. MORAND-DEVILLER, "Environnement et paysage", in *A.J.D.A.*, 1994, p. 588 e ss.

instrumento flexível ou pelo menos bastante mais flexível do que o instituto regulado nos Estados Unidos ou mesmo do que o praticado pela Directiva comunitária 85/337. A própria definição do instituto como "estudo" indica a vontade do legislador francês lhe atribuir um carácter não apenas instrumental mas, sobretudo, muito flexível.

Tal flexibilidade, para lá das razões políticas que possam tê-la aconselhado, recolhe uma justificação específica na circunstância de que há toda uma série de actividades — envolvendo grandes obras públicas, certas operações de planificação e transformação do solo — para as quais é difícil cristalizar em fórmulas ou *standards* as previsões de impacto ambiental em sentido lato, sobretudo quando tais prognoses se referem a períodos de médio e longo prazo. É precisamente nestes casos, ou melhor neste campo impreciso, que encontram aplicação os "estudos de impacto ambiental": partem, portanto, do pressuposto de que é necessário estudar especificamente certos efeitos da actividade humana sobre o ambiente até aí pouco conhecidos ou mesmo desconhecidos sob o ponto de vista científico. Trata-se, em suma, de impor desde o momento da projecção, uma avaliação sistemática dos possíveis efeitos negativos da actividade ou da obra, de modo a constituirem um objecto explícito e sistemático das valorações da Administração competente para autorizar as respectivas actividades. O aspecto da flexibilidade tem, também, uma razão de ser objectiva, que ressalta do facto de numerosas intervenções resultarem absolutamente imprescindíveis, mau grado a previsão cientificamente adquirida do seu impacto negativo sobre o ambiente. Nestes casos o problema desloca-se para a Administração, que deve saber tomar as medidas necessárias para reduzir ou mesmo eliminar os efeitos previstos [181].

---

181 N. GRECO, *op. cit.*, p. 68.

É com base nestes pressupostos, naturalmente problemáticos, que o instituto francês dos *études d'impact* foi definido como "um instrumento científico ou quase-científico de enquadramento e defesa do ambiente" [182]. O figurino jurídico deste instituto, destinado a constituir-se no elemento fundamental de um conjunto enorme de decisões administrativas, é de certa forma prejudicado pelo "pré-juízo" científico do estudo de impacto, o que explica também a escassa importância da participação do público na instrução do procedimento de avaliação de impacto ambiental. *Malgré tout,* os "estudos", na medida em que envolvem análises complexas, sofisticadas, e uma metodologia científica interdisciplinar, tendem a oferecer às decisões administrativas uma maior objectividade e racionalidade num sector particularmente delicado [183].

Neste sentido, foi justamente observado que um estudo de impacto, para ser eficazmente utilizado nos processos decisionais da Administração, deve colocar algumas interrogações e questões prévias. Põe-se aqui o problema de saber que características devem ser conferidas a um projecto — tecnológicas, pragmáticas, forma e extensão — de modo a minimizar os impactos negativos e maximizar os impactos positivos sobre o ambiente natural e cultural e os bens sócio-económicos.

O novo texto de Fevereiro de 1993 acrescenta algo que não é exigido pela Directiva/CEE. Trata-se de mencionar no estudo de impacto não só o autor e a sua formação académica, mas também os métodos que foram utilizados para avaliar os efeitos do projecto sobre o ambiente [184]. Uma outra exigência, para reforçar o rigor científico de impacto, consiste na obrigação do dono da obra mencionar as lacunas ou o desconhe-

---

[182] C. HUGLO e LEPAGE-JESSUA, "L'étude d'impact écologique selon la loi du 10 juillet 1976 sur la protection de la nature et son décret d'application", *op. cit.*, 1978, p. 535.

[183] A. PALANCHON et A. JOVENIAUX, "L'étude d'impact en France: éléments de pathologie", in *Stu,* 1978, p. 2.

[184] Cfr. M. PRIEUR, "O direito do ambiente em França", *op. cit.*, p. 280.

cimento científico de certos efeitos. A referência do legislador francês a uma concepção ampla de ambiente, que envolve largamente o social, obriga a ponderar também as características psico-sociológicas que o "procedimento" introduzido pelo artigo 2.º da Lei de 1976 necessariamente coloca. Este instrumento, perspectivado como um importante canal de informação especializada, uma vez aplicado aos projectos individuais, eventualmente subdivididos em grandes categorias, é utilizado pela Administração como instrumento de racionalização das decisões e da planificação, gradualmente mais sensível à defesa do ambiente.

Utilizando uma eficaz linguagem figurada, tem sido reconhecido que actualmente "os estudos de impacto se apresentam como uma espécie de transplante (de um órgão) num tecido escassamente predisposto a recebê-lo, numa situação em que, pelo menos inicialmente, as possibilidades de insucesso são no mínimo equivalentes às de um bom resultado" [185].

Isto significa que o ordenamento jurídico é chamado a criar instrumentos de estímulo e sensibilização no sentido da protecção do ambiente num processo inevitavelmente longo, como é reconhecido em França. Um aspecto particularmente negativo do modelo francês prende-se, como já foi referido, com o seu défice procedimental.

3. Figurino jurídico da avaliação de impacto ambiental

3. 1. O estudo de impacto como peça documental do procedimento administrativo

O legislador francês, no artigo 2.º da Lei de 1976, não instituiu um novo e autónomo procedimento administrativo a

---

[185] L. J. CHAPUISAT, "Les études d'impact et la forêt", in *A.J.D.A.*, 1979, p. 57.

par dos correspondentes procedimentos autorizativos ou de concessão já existentes. Pretendeu-se apenas e tão só estabelecer o princípio do respeito pelas preocupações ambientais, articulando-o através da sua inserção nos procedimentos administrativos existentes.

Posto perante esta pobre e insuficiente formulação de carácter geral [186], o legislador francês viu-se obrigado a estabelecer, em sede de avaliação ambiental, um novo instrumento jurídico, os estudos de impacto. Quere-se, assim, encurtar a margem de manobra do poder regulamentar mediante a fixação de um instrumento jurídico, que passa a exigir, nos casos previstos, que as preocupações ambientais sejam agora sistematicamente tidas em consideração [187]. O legislador não se deteve aqui, determinando, como veremos mais adiante, uma série de orientações e obrigações mínimas do executivo, no sentido de dotar este novo artesanato jurídico de um conteúdo mínimo, bem como de operatividade.

É oportuno observar que o âmbito de aplicação dos estudos de impacto ambiental não toca todos os procedimentos existentes, sem prejuízo do princípio do respeito pelas preocupações ambientais se aplicar a todos os procedimentos que possam ter efeitos ambientais nocivos, independentemente da obrigação de realizar um *étude d'impact* [188]. Não se optou, portanto, pela fixação de um procedimento especial, nem sequer se acrescentou uma nova fase procedimetal [189]. Pretendeu-se apenas, na melhor das hipóteses, adicionar aos procedimentos administrativos sujeitos a avaliação ambiental uma nova peça documental.

---

[186] A. LAUBADÈRE, "Chronique générale de législation", in *A.J.D.A.*, 1977, p. 539.

[187] R. NUNGESSER, "Rapport sur le projet de loi relatif à la protection de la nature", in *R.J.E.*, 1976, p. 279.

[188] F. TIBERGHEIN e B. LASSERRE, "Chronique générale de jurisprudence administrative française", in *A.J.D.A.*, 1982, p. 587.

[189] Salvo nas hipóteses de procedimentos autorizativos que não incluam uma fase de informação do público. Cfr. R. MORENO, *op. cit.*, p. 87, nota 332.

A natureza jurídica dos *études d'impact,* como formalidade essencial, foi salientada desde a primeira hora pela doutrina e jurisprudência [190] francesas, o que, aliás, resulta da própria interpretação literal do decreto regulamentar [191]. Os estudos de impacto devem, assim, figurar tanto na solicitação de autorização como no dossier que se submete a exposição pública.

Em síntese, o modelo francês de avaliação de impacto ambiental apresenta as seguintes notas caracterizadoras:

a) Não se estabelece um procedimento específico de avaliação ambiental, mas apenas um princípio que enforma todo o processo decisional.

b) Para dar execução prática ao referido princípio o legislador optou por modificar os procedimentos administrativos existentes.

c) Os estudos de impacto surgem, assim, como um particular instrumento, ainda que não o único [192], ao serviço do princípio do respeito das preocupações ambientais.

Daí que se depreenda que a avaliação dos efeitos ambientais está sempre presente no procedimento de adopção de uma decisão administrativa, servindo de orientação ao órgão competente para tomar a decisão. Já os estudos de impacto ambiental não são mais do que uma fórmula concreta de operatividade procedimental do referido princípio ao serem introduzidos nos procedimentos administrativos que caem no seu âmbito material de aplicação [193].

---

[190] Cfr. S. HEBRARD, "Les études d'impact sur l'environnement devant le juge administratif", *op. cit,*, p. 132; cfr. igualmente a "Resolução do Conselho de Estado de 19 de Junho de 1985", in *R.J.E.*, n.º 4, 1985, p. 500 e ss.

[191] Veja-se, por exemplo, os arts. 9.º e 18.º do Decreto de 12 de Outubro de 1977, nos termos dos quais os procedimentos existentes devem ser alterados por forma a incluir os estudos de impacto.

[192] R. MORENO, *op. cit.*, p. 87.

[193] M. PRIEUR, "Le respect de l'environnement et les études d'impact", in *R.J.E.*, n.º 2, 1981, p. 104.

3. 2. Inserção do princípio do respeito pelas preocupações ambientais nos procedimentos administrativos

Esclarecido o figurino jurídico da avaliação de impacto ambiental no direito francês, importa agora observar em que medida o princípio do respeito pelas preocupações ambientais recebeu acolhimento nos procedimentos existentes, dando, assim, cumprimento ao artigo 2.º da Lei de 1976. Com efeito, o princípio referido recebeu consagração, ainda que de forma desigual, em procedimentos que vão desde a planificação e ordenamento do território até à realização concreta de obras e trabalhos.

Segundo Michel Prieur [194], existem em França três métodos ou meios para medir o impacto ambiental de uma obra ou actividade: uma análise sucinta — a mini-notícia de impacto; uma análise mais completa — a notícia de impacto; uma análise aprofundada — o estudo de impacto.

3. 2. 1. A mini-notícia de impacto

Nem a Lei de protecção da natureza nem o Decreto de 1977 esclarecem o que se deve entender por mini-notícia de impacto, nem tão-pouco qual deve ser o seu conteúdo. O princípio do respeito pelas preocupações ambientais do meio ambiente impõe, porém, de forma implícita ou explícita, a realização da mini-notícia, sendo a sua definição e conteúdo concretizados de acordo com o caso concreto.

Nos termos do artigo 9.º do Decreto de 1977, o direito de construir é condicionado pelo respeito de uma série de prescrições especiais em favor da defesa do ambiente [195]. O mesmo

---

[194] M. Prieur, *Droit de l'Environnement, op. cit.*, pp. 89 e 90.

[195] Art. 9.º II do Decreto de 12 de Outubro de 1977 que alterou o art. 111.14.2 do Código do Urbanismo: "Le permis de construire est delivré dans le respect des préoccupations d'environnement définies à l'art. 1 de la loi 76-629 du 10 juillet 1976, relative à la protection de la nature. Il peut n'être accordé que sous

acontece nos casos de gestão de bosques públicos, bem como as instalações que resultam da referida gestão (art. 11.º do Decreto de 12 de Outubro de 1977) [196]. Nestes casos entende-se que a única forma de respeitar as preocupações ambientais é apresentar uma informação, ainda que sucinta, sobre as eventuais consequências destas actividades sobre o ambiente [197]. Existem, contudo, na lei francesa outras disposições que exigem explicitamente a elaboração e uma mini-notícia de impacto, a que passaremos a fazer referência.

a) Planos e instrumentos urbanísticos

O princípio do respeito das condicionantes ambientais é articulado em determinados procedimentos sem o recurso aos estudos de impacto ambiental. Referimo-nos, em primeiro lugar, aos planos e documentos de urbanismo que exigem apenas a elaboração de uma mini-notícia de impacto. Estão, assim, incluídos o Esquema Director de Ordenamento e Urbanismo *(SDAU),* o Plano de Ocupação do Solo *(POS),* as Zonas de Ambiente Protegido *(ZEP)* e os Planos de Ordenamento dos Perímetros de Acção Florestal *(POPAF).* Aqui, as preocupações ambientais são tidas em conta no âmbito de procedimentos que lhe são próprios [198], excluindo-se do âmbito de aplicação dos estudos de impacto propriamente ditos.

No que se refere ao *SDAU,* o artigo 9.º do Decreto de 12 de Outubro de 1977, que completa o artigo 122.º/5 do Código do Urbanismo, estabelece que este deve comportar uma aná-

---

reserve de l'observation de prescriptions spéciales, si les constructions par leur situation, leur destination ou leurs dimensions sont de nature à avoir des conséquences dommageables pour l'environnement".

196 O art. 11.º/ 1 do Decreto de 12 de Outubro de 1977 diz o seguinte: "Les aménagements prévus à l'art. 15.º du code forestier prennent en compte les préoccupations d'environnement définies par l'art. 1 du présent décret".

197 M. PRIEUR, *Droit de l'Environnement, op. it.*, p. 89.

198 Terceiro parágrafo do art. 1.º do Decreto de 12 de Outubro de 1977. Cfr. ainda J.-P. DARRIEUTORT, "Les évaluations environnementales des politiques, plans et programmes", in *Aménagement et Nature,* nº 102, 1991, p. 8 e ss.

lise do estado inicial do ambiente e da medida em que este é tomado em consideração pelo plano [199]. O mesmo é aplicável ao *POS* e ao *ZEP* (art. 123.º/17 do Código do Urbanismo completado pelo Decreto de 7 Julho de 1977). No caso do *POS*, a alteração do artigo 123.º/17 do Código do Urbanismo, introduzida pelo Decreto 83-813, de 9 Setembro de 1983, prescreve uma precisão mais quanto ao que se deve entender por preocupações ambientais. Com efeito, o referido diploma estabelece que o *POS*, tal como o *SDAU*, deve comportar no seu dossier um parecer sobre a sensibilidade do ambiente e o seu estado inicial, bem como as medidas tomadas para a sua preservação e aproveitamento. O facto de se tomar em consideração as medidas de preservação do ambiente e não apenas o seu estado inicial leva-nos a pensar que estamos neste caso mais próximo da notícia de impacto do que da mini-notícia. Neste sentido, o deputado Nungesser advogava a necessidade de incluir nos planos urbanísticos um verdadeiro estudo de impacto, o que como se sabe não veio a acontecer. Argumentou-se na altura, nomeadamente o Governo francês, que os Planos de Ocupação do Solo (*POS*) constituiam "em si mesmos um estudo de impacto ambiental" [200].

Por último, o artigo 11.º do Decreto de 12 de Outubro previu, no caso dos *POPAFs*, também uma análise do estado inicial do ambiente e das condições que os projectos devem ter em conta no respeito pelo princípio das preocupações ambien-

---

[199] CARBONELLI ROURA, *L'avaluació de l'impacte ambiental, cit.*, p. 95.

Estes planos carecem, senão de revisão pelo menos de coordenação à luz da nova lei de ordenamento do território, de 4 de Fevereiro de 1995. Cfr. H. PÉRINET-MARQUET, "Le nouvel article L. 111-1-1 du code de l'urbanisme (l'intégration des directives territoriales d'aménagement au sein des normes d'urbanisme)", in *R.F.D.A.*, n.º 5, 1995, p. 905 e ss.; JEAN - CLAUDE NÉMERY, "Les nouveaux instruments d'intervention en matière de développement et d'aménagement du territoire", in *R.F.D.A.*, n.º 5, 1995, p. 914 e ss.; sobre as interferências entre "la protection de l'environnement" e "l'aménagement du territoire", vide R. ROMI, "Politiques publiques d'environnement: nouveaux développements législatifs", in *Revue du Droit Public*, n.º 3, 1995, p. 765 e ss.

[200] Declaração do Ministro da Qualidade de Vida na Assembleia Nacional, in *R.J.E.*, 1976, p. 283. Cfr. R. MORENO, *op. cit.*, p. 89, nota 345.

tais. Noutras ocasiões ainda, o princípio do respeito das condicionantes ambientais é articulado sem a necessidade de realizar um parecer específico ou o recurso a determinados serviços administrativos especializados em matéria ambiental [201].

Em suma, nestes procedimentos o princípio do respeito pelo ambiente opera sem a necessidade de aplicação do regime dos estudos de impacto ambiental estabelecido no direito francês [202].

b) Outros trabalhos

A elaboração de mini-notícias de impacto é igualmente exigida noutros trabalhos, a que passamos a fazer referência sumária. Projectos de emparcelamento (art. R.315-5-a do Código de Urbanismo instituído pelo Decreto de 26 de Julho de 1977); trabalhos de defesa contra incêndios nos bosques (art. 11.º-V do Decreto de 12 de Outubro de 1977, que veio dar execução ao art. 2.º do Decreto de 9 de Julho de 1968) — a mini-notícia deve explicitar as condições em que os trabalhos satisfazem as condicionantes ambientais; trabalhos pertinentes à restauração e conservação de terrenos de montanha (art. R.424.3 do Código Florestal e art. 11.º-II do Decreto de 12 de Outubro de 1977) — também aqui a mini-notícia deve expor as condições em que os projectos de trabalho satisfazem as preocupações ambientais [203]; trabalhos mineiros (art. 13.º II do Decreto de 12 de Outubro de 1977, que veio alterar o artigo 3.º/4 do Decreto de 29 de Outubro de 1970) — o pedido de autorização de exploração mineira deve incluir uma notícia

---

201 Cfr. o art. 18.º II do Decreto de 12 de Outubro de 1977 no qual se estabelece a intervenção do Ministro responsável pelo ambiente ou do Delegado regional, de acordo com o nível territorial em que se situa o procedimento.

202 Das leituras que fizemos sobre a recente lei de 2 de Fevereiro de 1995, *relative au renforcement de la protection de l'environnement*, resulta não se terem verificado alterações de vulto nesta matéria.

203 C. ROURA, *op. cit.*, p. 96.

expondo as condições na base das quais o programa geral dos trabalhos satisfaz as condicionantes ambientais [204]; exploração de pedreiras nas zonas definidas no artigo 109.º do Código Mineiro (art. 13.º-III do Decreto de 12 de Outubro de 1977, que veio alterar o primeiro parágrafo do art. 9.º do Decreto de 21 de Fevereiro de 1972, por sua vez alterado pela Lei de 15 de Julho de 1994).

3. 2. 2. A notícia de impacto

O Decreto de 12 de Outubro de 1977 veio estabelecer uma categoria intermédia [205] de avaliação de impacto ambiental, a chamada *notícia de impacto* [206]. Deste modo, *a notícia* é perspectivada como uma peça documental dos processos que acompanham os pedidos de autorização, vindo também incluída nos dossiers a submeter a apreciação pública.

Assim sendo, a natureza jurídica das notícias de impacto é equivalente à dos estudos de impacto ambiental. Distingue-se destes quanto ao seu conteúdo, uma vez que, de acordo com o artigo 4.º do Decreto de 1977, nas notícias de impacto vêm indicadas apenas as eventuais incidências da respectiva actividade sobre o ambiente e as condições em que a operação projectada satisfaz as preocupações ambientais, nada mais. A sua elaboração presume-se mais sucinta do que a dos estudos de impacto, o que tem a ver com as actividades submetidas à notícia de impacto. Trata-se, com efeito, de operações medianas que não excedem determinados parâmetros económicos e técnicos, o que justifica a sua exclusão do

---

[204] C. Roura, *op. cit.*, p. 97.

[205] O facto de se instituir um procedimento "menor", de "segundo grau", relativamente ao do estudo de impacto, permitiu subtrair ao seu controlo certos projectos qualificados de "pouca" ou "menor" importância.

[206] Art. R. 122-5, relativo aos *S.D.A.U.* e art. R. 127-17, respeitante aos *P.O.S.*, ambos do Código do Urbanismo. Para M. Prieur, *op. cit.*, p. 95, a notícia de impacto "peut être définie comme un rapport succinct indiquant dans quelle mesure un projet respecte l'environnement".

âmbito material de aplicação dos estudos de impacto ambiental [207].

As notícias de impacto não são, portanto, mais do que um novo instrumento, ainda que menos exigente que o estudo de impacto, de realização do princípio do respeito pelas preocupações ambientais. Em síntese, este mecanismo de tutela do ambiente, a meio caminho entre a mini-notícia de impacto e o estudo de impacto, recebe a sua plena formalização no Decreto de 1977, onde se consagra, de forma imprecisa também o seu âmbito material de aplicação [208].

3. 2. 2.1. O conteúdo da notícia de impacto

Como se referiu anteriormente, o Decreto de 12 de Outubro de 1977 não estabeleceu qual deva ser o conteúdo da notícia de impacto. O artigo 4.º limita-se a subscrever que a notícia deve "indicar as eventuais incidências dos trabalhos e projectos sobre o ambiente e as condições que o projecto deve preencher para satisfazer as preocupações ambientais" [209]. Saber a que tipo de incidências se refere e quais são as condições necessárias para que o projecto respeite o ambiente, é uma questão que, por falta de regulamentação, se deixou à sabedoria do tempo e ao bom senso da prática. Neste sentido, parece indiscutível que o juiz administrativo tem exigido a maior seriedade das informações que o dono da obra deve fornecer. Assim, o Conselho de Estado, numa sentença de 11 de Fevereiro de 1983 considerou insuficiente uma notícia de

---

[207] O art. 4.º do Decreto de 12 de Outubro estabelece que, para os trabalhos e os projectos de instalações definidas no Anexo IV, a dispensa prevista em B e C do art. 3.º está subordinada à realização de uma notícia. Trata-se de operações que, quando ultrapassam um determinado limite de custos e magnitude, estão sujeitas normalmente à realização de estudos de impacto.

[208] Deve esclarecer-se, no entanto, que o seu âmbito se viu restringido, por força da ampliação do campo de aplicação dos estudos de impacto introduzido pelo Decreto n.º 93-245, de 25 de Fevereiro de 1993.

[209] Quanto ao âmbito de aplicação da notícia de impacto, cfr. o art. 4.º do Decreto de 12 de Outubro.

impacto relativa a uma indústria hidráulica de 500 Kw, porque não continha indicações sobre as repercussões sobre a fauna aquática [210].

Isto quer significar que na notícia de impacto, mau grado não se exija a precisão e amplitude presentes no estudo de impacto, é igualmente exigida a seriedade do seu conteúdo. Em resumo, não se trata apenas de uma formalidade a cumprir para que se verifique a aprovação do projecto.

3. 2. 3. Os estudos de impacto ambiental

O mecanismo que reflecte mais fielmente o princípio do respeito pelas preocupações ambientais e que, pelo seu conteúdo, se pode qualificar como "procedimento" de avaliação do impacto ambiental de uma obra ou actividade sobre o ambiente, é aquele que se baseia na elaboração de um estudo de impacto.

A introdução dos estudos de impacto dá-se através da Lei de protecção da natureza, de 10 de Julho de 1976, que no seu artigo 2.º, segundo parágrafo, estabelece: "os estudos prévios à realização de instalações ou obras que, pela importância das suas dimensões e a sua incidência sobre o ambiente natural, possam prejudicar este último, devem comportar um estudo de impacto que permita apreciar as suas consequências". O mesmo artigo refere que compete ao poder regulamentar esclarecer outros aspectos, tais como: as condições em que as preocupações ambientais são tidas em conta nos procedimentos existentes [211]; o conteúdo do estudo de impacto, de que

---

[210] C. Roura, *op. cit.*, p. 98.

[211] Entretanto, o Decreto de 12 de Outubro de 1977, no seu capítulo II, veio introduzir os estudos de impacto nos seguintes procedimentos: zonas de ordenamento concertado (art. R.311-3 do Código do Urbanismo); licenças de construção, sempre que concorram determinadas circunstâncias relativas ao volume de construção e à zona em que se situa a mesma (art. R.421-2 do Código do Urbanismo); abertura de exploração de minas (art. 9.º-II do Decreto 72-645); no procedimento expropriatório, sempre que se encontre dentro dos níveis que delimitam o âmbito

a Lei fixa um mínimo essencial; as condições de publicidade do estudo de impacto; uma lista delimitadora das obras a sujeitar a estudo de impacto; por fim, as condições em que o Ministro do Ambiente pode solicitar ou ser solicitado para examinar um estudo de impacto [212].

Cabe agora, portanto, analisar os perfis mais relevantes deste importante instrumento de avaliação de impacto ambiental do direito francês.

4. Âmbito de aplicação dos estudos de impacto

Nos termos do Decreto de 12 de Outubro de 1977, a delimitação do campo de aplicação dos estudos de impacto é um dos aspectos mais criticáveis deste mecanismo de avaliação.

Porém, com a entrada em vigor do recente Decreto n.º 93-245, de 25 de Fevereiro de 1993, a França é incontestavelmente um dos países comunitários onde se regista um maior número de estudos de impacto para actividades extremamente diversificadas. Isto corresponde à pretensão de harmonizar o regime francês à Directiva de 1985, incluindo mesmo alguns dos projectos referidos no Anexo II da Directiva, o que não acontecia anteriormente.

Realizam-se em França cerca de seis mil estudos de impacto por ano e a reforma de 1993 veio forçosamente aumentar este número, visto que decidiu incluir nos estudos de impacto as linhas eléctricas com mais de 63 Kw, as superfícies comerciais com mais de 10.000 m^2, os edifícios com mais de 50 m de altura, os terrenos de golfe e os arroteamentos superiores a 25 ha [213].

---

de aplicação material dos estudos de impacto. A não ser assim, ficam sujeitas à notícia de impacto (art. R.11-3.I do Código de Expropriações).

[212] C. ROURA, *op. cit.*, p. 100.

[213] M. PRIEUR, "O direito do ambiente em França", *op. cit.*, p. 281.

Inicialmente, a Lei de 1976 optou por um princípio geral de sujeição, condicionado a determinados critérios, com a exclusão de categorias de acções não específicas. Em segundo lugar, adoptou o modelo de lista negativa, como sistema de delimitação do âmbito material dos estudos de impacto, acrescentando, posteriormente, o Decreto de 1977 uma certa dose de confusão e perplexidade ao estabelecer, ao lado de uma lista negativa (dispensa de estudo), uma lista de obras sujeitas a avaliação, regras gerais de exclusão e excepções às mesmas [214].

Finalmente, completa-se a delimitação do campo de aplicação dos métodos de avaliação de impactos ambientais, através da previsão regulamentar das notícias e das mini--noticías de impacto, bem como da aplicação do princípio do respeito pelas condicionantes ambientais no que toca, essencialmente, aos documentos urbanísticos.

4. 1. Objecto

Antes de abordar o problema dos critérios acolhidos para delimitar o campo de aplicação dos estudos de impacto, importa fazer uma suspensão reflexiva sobre a especificação dos trabalhos e actividades que constituem o objecto dos estudos, uma vez que supõem um primeiro e relevante limite à aplicação do referido instituto.

A natureza das actividades sujeitas a elaboração de estudo de impacto resulta do artigo 2.º da Lei de 1976. Este condiciona a obrigação de apresentar um estudo de impacto à realização de projectos individuais. Por sua vez, o Decreto Regulamentar de 1977 faz alusão a trabalhos, obras e instalações [215].

---

[214] M. PRIEUR, "Le respect de l'environnement et les études d'impact", *op. cit.*, p. 112.

[215] Neste sentido, M. TURLIN, *Études d'Impact: l'Experience Française*, Paris, 1986, p. 9.

Cabe precisar que os estudos de impacto, tal como sucede entre nós, se inserem no escalão mais baixo do processo decisional, isto é, no procedimento autorizativo ou de aprovação, como resulta dos artigos 9.° a 18.° do Decreto de 1977, cuja única finalidade é a modificação dos procedimentos existentes através da introdução desta nova peça documental.

Diferentemente de outros modelos, o sistema francês de avaliação ambiental exclui da aplicação de estudos de impacto as leis, os instrumentos de planificação e os regulamentos [216]. Em síntese, está excluído de avaliação de impacto ambiental todo e qualquer processo decisional que conduza a um resultado normativo ou programático. Cabe, contudo, matizar esta afirmação, visto que em Julho de 1990 a Assembleia Nacional decidiu que todas as leis com incidência sobre o ambiente ficam sujeitas a um "bilan écologique", que abordará a incidência da Lei sobre o ambiente, os recursos naturais e o consumo de energia [217]. Se bem que isto signifique um grande avanço no campo da avaliação de impacto ambiental, não foi ainda verdadeiramente testado o alcance desta disposição normativa.

Há que considerar, em primeiro lugar, que o "bilan écologique" não é sinónimo "d'étude d'impact" e que, portanto, não está sujeito ao procedimento previsto na Lei de 1976 para a protecção da natureza. Em segundo lugar, este dispositivo, contido num regulamento interno da Assembleia, apresenta grandes dificuldades na hora de aplicação, sobretudo no

---

Contudo, o Decreto de 12 de Outubro de 1977, com as alterações introduzidas pelo Decreto de 25 de Fevereiro de 1993, prevê no seu art. 3.° as categorias de projectos dispensados de estudo de impacto: trabalhos de manutenção e grandes reparações; instalações, obras e trabalhos definidos nos Anexos I e II do Decreto; instalações, trabalhos e obras com um custo inferior a 12 milhões de francos. Em caso de realização fraccionada, o montante a reter é o do programa geral dos trabalhos (art. 3.°/c, *in fine*). A dispensa de estudo de impacto prevista em B e C do art. 3,° é substituída pela elaboração de uma notícia de impacto (art. 4.° do Decreto de 1977).

216 Como acontece no modelo dos Estados Unidos.

217 C. Roura, *op. cit.*, p. 90.

campo dos intrumentos de controlo [218]. Haverá, por conseguinte, que esperar pelo seu desenvolvimento para se poderem retirar conclusões mais seguras desta nova realidade.

4. 2. Sistema de delimitação do âmbito de aplicação dos estudos de impacto: critérios de sujeição e modelo de lista negativa

O artigo 2.º da Lei de 1976 prevê alternativamente dois critérios de sujeição das actividades públicas ou privadas a submeter a estudo de impacto ambiental: as dimensões do projecto — critério da importância da obra — e os efeitos sobre o ambiente — critério ecológico. Postos os critérios gerais de sujeição, o legislador adicionou uma remissão para o poder regulamentar, com a finalidade de este fixar uma lista delimitadora dos projectos excluídos do âmbito de aplicação dos estudos de impacto. O critério subjacente a esta política legislativa não é mais do que a vertente negativa do critério ecológico [219].

O sistema francês pode, assim, ser qualificado como um modelo complexo e simultaneamente indeterminado. Complexo, na medida em que não se inclina exclusivamente por um sistema de lista (positiva ou negativa), nem faz depender as actividades sujeitas a estudo de impacto da aplicação exclusiva dos critérios mencionados. Ao contrário, consagra também um sistema de lista negativa, por força do critério ecológico, como excepção à operatividade do critério quantitativo de sujeição. Indeterminado, porquanto deixa ao poder regulamentar uma ampla margem de discricionaridade, limitando-se a prescrever simples princípios gerais [220].

---

[218] C. ROURA, *op. cit.*, p. 91.

[219] R. MORENO, *op. cit.*, p. 93.

[220] Somos de opinião que a margem de discricionaridade ficou algo limitada com o novo diploma de 1993, uma vez que este veio subtrair alguns projectos relevantes à prerrogativa de avaliação da Administração. Como já foi referido, de

A regra geral do modelo francês de avaliação ambiental é, em virtude da aplicação dos critérios estabelecidos, o da sujeição a estudo de impacto de todo o projecto, obra ou instalação, vindo a excepção configurada pelo sistema de lista (negativa e positiva). O Conselho de Estado tem reiterado esta interpretação, nomeadamente com a importante decisão de 5 de Fevereiro de 1982. Neste caso o tribunal afirmou que a regra geral de sujeição a estudo de impacto de todo e qualquer projecto (que não se encontre dispensado – de acordo com as listas anexas ao Decreto de 1977), resulta da própria *ratio legis* [221], salvo se se demonstrar a debilidade dos seus efeitos ambientais [222]).

Sem dúvida que as alterações produzidas pelo Decreto de 12 de Outubro dc 1977, relativamente ao modelo de sujeição estabelecido na Lei de 1976, produzem um sistema de lista complexo que não favorece a linearidade e transparência do modelo francês de avaliação de impacto ambiental [223].

---

acordo com a nova redacção da alínea c) do art. 3.º do Decreto de 1977 ficam dispensados do procedimento de avaliação de impacto ambiental os trabalhos e as obras cujo custo total é inferior a 12 milhões de francos e não os 6 milhões como acontecia antes.

221 Outras vezes, numa jurisprudência nem sempre uniforme, o Conselho de Estado faz predominar o princípio da dispensa de estudo de impacto contido no Decreto regulamentar, em detrimento do princípio geral de sujeição, numa clara violação do espírito da lei. Lembramos aqui um caso de concentração urbana — decisão de 13 de Fevereiro de 1985 — em que foi dispensada a realização do estudo de impacto ambiental. Cfr. C. ROURA, *op. cit.*, p. 101.

222 C. HUGLO, "L'étude d'impact écologique. Bilan des dernières années de jurisprudence pour le 10e anniversaire du Decret du 12 d'octobre 1977", in *Gazette du Palais*, 1987, p. 709. Segundo J. CHAPUISAT, "Les études d'impact et la forêt", *op. cit.*, p. 58, o Decreto de 12 de Outubro de 1977 desenhou uma lista limitativa combinando factores positivos e negativos, donde resulta que apenas as operações previstas estão sujeitas a estudo de impacto, na linha restritiva da Administração.

Contudo, em virtude das alterações introduzidas pelo referido diploma e pelo Decreto de 25 de Fevereiro de 1993, a obrigação de apresentar um estudo de impacto não constitui a regra geral do procedimento. Mais precisamente, o Decreto de 12 de Outubro de 1977 (art. 3.º) estabelece uma lista (positiva) de projectos (Anexo III) que estão sujeitos a estudo de impacto, seja qual for o seu custo financeiro.

223 Com efeito, o Decreto de 12 de Outubro de 1977 admite algumas excepções ou dispensas de apresentação de estudo de impacto, em virtude da aplicação de critérios administrativos (instalações classificadas sujeitas a autorização), ou

Porém, a utilização de critérios positivos — importância da obra e critério ecológico — para delimitar o alcance material dos estudos de impacto deve merecer a nossa positiva valoração, ainda que tal não signifique a aplicação sistemática do estudo de impacto. Apesar disso, implica um método de delimitação do campo de aplicação do estudo mais racional do que o sistema de lista positiva adoptado pelo legislador comunitário.

Tentando fazer um juízo mais aproximado do modelo francês impõe-se analisar mais de perto os critérios de avaliação ambiental. Quanto ao critério da importância do projecto, a apreciação não pode ser de todo positiva, na medida em que se configura como um óbice ao aprofundamento e racionalização do sistema. O legislador francês faz, com este critério, uma referência às dimensões do projecto, destacando os parâmetros técnicos e económicos em desfavor da protecção do ambiente. Ignoram-se, portanto, os eventuais efeitos negativos sobre o ambiente resultantes da localização do projecto, assim como os que dependem da laboração de médias e pequenas actividades económicas. Não obstante isso, o critério ecológico não deixa de se aplicar. Com efeito, as consequências ambientais dos projectos estão consagradas na Lei sobre protecção da natureza, como critério de sujeição, matizando os problemas levantados pelo critério quantitativo técnico--económico [224].

Como mecanismo de exclusão da sujeição a estudo de impacto, a Lei de 1976 inclina-se para a adopção do modelo de lista como critério negativo e limitativo. Os parâmetros que estabelece para a articulação da lista são, pois, exclusivamente ambientais. No entanto, como já foi observado, o Decreto veio alterar o perfil legal do critério de dispensa do estudo de impacto, fazendo prevalecer os critérios de natureza

por força de critérios quantitativos de natureza técnica (linhas eléctricas com menos de 63 Kw) ou económica (cujo custo seja inferior a doze milhões de francos).

224 R. MORENO, "*op. cit.*, pp. 95 e 96.

técnico-económica [225]. De tal forma que se chegou a afirmar que o critério parece ser não o dos efeitos negativos sobre o ambiente, mas o da submissão a um regime de polícia administrativa [226].

A descaracterização do sistema francês é ainda acentuada ao incluir, como excepção ao mecanismo de dispensa, em função do custo do projecto, uma lista positiva não prevista na Lei de 1976, quebrando, assim, o critério geral de sujeição a estudo de impacto [227]. Nesta lista positiva conjugam-se parâmetros ambientais, sujeitando actividades a estudos de impacto, em razão da sua própria natureza, com critérios técnico-financeiros, de tal forma que a doutrina francesa chega a afirmar que a construção resultante do Decreto está concebida para tornar inoperante o mecanismo de avaliação de impacto ambiental [228].

5. Os elementos do estudo de impacto ambiental

Importa agora centrar a nossa atenção sobre esta peça fundamental da avaliação ambiental, mais exactamente sobre o responsável e o conteúdo do estudo de impacto.

5.1. O responsável pelo estudo de impacto ambiental

O segundo parágrafo do artigo 1.º do Decreto de 12 de Outubro de 1977 atribuía, por regra, a responsabilidade pela

---

[225] Face a estas "irregularidades" a associação de defesa do ambiente "Amis de la Terre" recorreu da "ilegalidade" do referido Decreto, tendo o Conselho de Estado, em sentença de 30 de Janeiro de 1985, considerado o Decreto não contrário à Lei de 1976. Cfr. HUGLO-LEPAGE, "L'étude d'impact écologique selon la loi du 10 juillet 1976 sur la protection de la nature et son décret d'application", *op. cit.*, p. 530.

[226] SAINT-MARC, *op. cit.*, p. 258.

[227] M. PRIEUR, *Droit de l'Environnement, op. cit.*, p. 103.

[228] S. CHARBONNEAU, "L'impact négatif des études d'impact", in *Combat Nature*, février, 1985, p. 50.

redacção do estudo de impacto ao peticionário da instalação ou ao promotor do projecto, isto é, ao titular da respectiva obra. O referido diploma contempla, contudo, algumas excepções ao estabelecer um procedimento particular para certos projectos, nos quais a responsabilidade pela elaboração do estudo é transferida para um organismo público [229].

A reforma de 1993 veio, por sua vez, acrescentar algo de muito importante, à semelhança de outros ordenamentos jurídicos. Trata-se de mencionar no estudo de impacto não só o autor e a sua formação académica – biólogo, físico ou de outra área científica – mas também os métodos que foram utilizados para avaliar os efeitos do projecto sobre o ambiente [230]. Uma outra exigência, como já salientámos, para reforçar o rigor do conteúdo científico dos estudos de impacto consiste na obrigação de mencionar as dificuldades técnicas e científicas encontradas na avaliação [231].

Nesta perspectiva, decorre para o dono da obra uma responsabilidade científica, jurídica e financeira. O regime francês de avaliação de impacto ambiental ao não fazer qualquer distinção entre o titular privado e o titular público do projecto, obrigando-os por igual, impõe aos projectos privados a necessidade de recorrer a equipas independentes e interdisciplinares, com as exigências impostas pela reforma de inverno de 1993. A denominação precisa e completa dos autores dos estudos de impacto teve em vista superar o carácter aleatório e medíocre dos estudos, por forma a evitar a emergência de efeitos negativos sobre o ambiente incorrec-

---

[229] Cfr. o art. L 312-1 do Código Florestal.

[230] Cfr. arts. 1.º e 2.º/5 do Decreto n.º 77-1441, de 12 de Outubro de 1977, na nova redacção dada pelo Decreto n.º 93-245, de 25 de Fevereiro de 1993 — *J.O.* 26 février p. 3032. Cfr. a este respeito R. HOSTIOU, "Note", in *R.F.D.A.*, n.º 9, 1993, p. 288 e ss.

Em boa verdade, a reforma de 1993 veio clarificar a distinção (com diversas implicações em matéria de responsabilidade civil e penal) entre o autor do estudo de impacto e o dono da obra.

[231] M. PRIEUR, "O direito do ambiente em França", *op. cit.*, p. 280. Cfr. art. 2.º/5 do Decreto de 77 com a nova redacção do Decreto de 93.

tamente avaliados. Em resumo, o estudo de impacto dificilmente se transforma agora numa peça justificatória do projecto, obrigando o titular da obra a procurar refúgio científico em técnicos de reconhecida competência [232].

Quanto à responsabilidade jurídica, julgamos que, após a reforma de inverno, a responsabilidade pela apresentação do estudo e do respectivo conteúdo não será apenas do promotor do projecto, como acontecia inicialmente, mas também do autor ou autores do estudo. Isto é, dos técnicos e académicos responsáveis pela sua elaboração. Estamos, assim, perante uma articulação da responsabilidade (solidária) entre o dono da obra e o autor do estudo. De qualquer forma, trata-se de um documento a juntar pelo dono da obra ao processo de avaliação ambiental conducente à autorização ou aprovação do projecto.

A responsabilidade financeira reflecte-se necessariamente na confecção e especialmente no financiamento do estudo de impacto a cargo do dono da obra. Este aspecto constitui, mesmo em França, um dos maiores obstáculos à correcta prossecução da finalidade deste instituto, sobretudo no que toca a projectos privados, pelos encargos económicos que comporta [233].

5. 2. O conteúdo do estudo de impacto

Trata-se agora de examinar duas questões fundamentais. A primeira é relativa aos parâmetros normativos e respectiva interpretação jurisprudencial, com evidência para os aspectos formais e materiais do conteúdo dos estudos de impacto ambiental. Em segundo lugar, cabe observar qual o alcance dos estudos, mais precisamente a amplitude dos elementos

---

[232] M. PRIEUR, "O direito do ambiente em França", *op. cit.*, pp. 279-280.

[233] J. LOUIS REY, "Le contrôle des études d'impact dans les déclarations d'utilité publique" (l'affaire du tunnel du Somport), in *R.F.D.A*, n.º 9, 1993, p. 277 e ss. Cfr. também R. HOSTIOU, "Note", *op. cit.*, p. 290 e ss.

ambientais, culturais e sócio-económicos submetidos a avaliação, bem como a apresentação de alternativas à solução adoptada.

5. 2. 1. Configuração do conteúdo do estudo de impacto ambiental

Nos termos do artigo 2.º do Decreto de 12 de Outubro de 1977, revisto pelo Decreto 93-245, de 25 de Fevereiro de 1993, o conteúdo do estudo de impacto está proporcionalmente dependente da envergadura dos projectos e dos efeitos previsíveis sobre o ambiente (art. 2.º). Assim sendo, o conteúdo do estudo de impacto pode ser segmentado da seguinte forma:

1. O estudo deve conter uma descrição suficientemente detalhada do estado inicial dos locais e do respectivo ambiente, com particular referência às riquezas e espaços naturais, agrícolas, florestais e marítimos, bem como a sua apetência para o turismo e a utilização de tempos livres (art. 2.º/1).

2. Uma análise dos efeitos directos e indirectos sobre o ambiente, eventualmente resultantes da actividade projectada. A reforma de 1993 (art. 2.º/2), de harmonia com o artigo 3.º da Directiva 85/337/CEE, consagra uma noção ampla de ambiente, incluindo agora os bens culturais, prescrevendo igualmente a obrigação de ponderar os efeitos directos e indirectos, temporários e permanentes, sobre o ambiente [234]. Esta última exigência, há muito reclamada pela doutrina e jurisprudência, resulta da Directiva comunitária [235].

---

234 C. Roura, *op. cit.*, p.107 e ss.

235 Alteração introduzida pelo Decreto n.º 93-245 de 25 de Fevereiro de 1993 (*J.O.* 26 février, p. 3032).

Com efeito, em Dezembro de 1992, o Tribunal Administrativo de Pau anulou uma operação que consistia na construção do túnel de Somport entre a França e a Espanha, sob os Pirinéus, na sequência de um recurso apresentado por uma associação ambientalista que se opôs à construção da referida obra por razões pertinentes à protecção dos ursos dos Pirinéus. O Tribunal anulou a operação com o fundamento de que o estudo de impacto era contrário à Directiva comunitária e não satisfazia todos os seus requisitos, nomeadamente no que concerne à análise dos efeitos indirectos da obra [236].

3. O estudo deve incluir as razões, essencialmente na perspectiva ambiental, que conduziram à eleição da solução adoptada entre as várias alternativas postas. A lei exige apenas que o dono da obra justifique o porquê de determinada opção. Não obriga, porém, a apresentar alternativas ou variantes ao projecto apresentado.

4. As medidas dirigidas a suprimir, reduzir e, se possível, compensar os efeitos negativos do projecto sobre o ambiente, assim como a estimação dos custos [237].

5. Uma análise dos métodos utilizados para avaliar os efeitos do projecto sobre o ambiente, mencionando as eventuais dificuldades de natureza técnico-científica sentidas na avaliação ambiental (lacunas e desconhecimento científico).

6. A elaboração de um resumo não técnico, tal como prescreve o Anexo III da Directiva, das informações

---

236 M. Prieur, *op. cit.*, pp. 279-280.
237 Cfr. J. Louis Rey, *op. cit.*, p. 279 e ss.

contidas no estudo, de modo a facilitar a sua consulta pelo público.

7. O estudo de impacto deve reportar-se ao programa na sua globalidade quando os trabalhos previstos para a sua implementação são realizados simultaneamente. Quando a sua realização é escalonada no tempo, o estudo de impacto de cada uma das fases da operação deve comportar uma apreciação dos impactos do programa no seu conjunto [238].

O regime jurídico francês de avaliação de impacto ambiental fixa simplesmente um critério geral quanto ao conteúdo dos estudos a realizar, sem prejuízo das normas regulamentares poderem precisar, para determinados projectos, o conteúdo dos estudos de impacto.

As condicionantes expressas na lei relativamente ao conteúdo do estudo são de primordial importância na hora do juiz controlar a legalidade da autorização do projecto. Trata-se aqui de apreciar especialmente da suficiência ou não do estudo de impacto. O juiz socorre-se então do princípio da proporcionalidade, pelo que o grau de exigência e rigor do estudo está em proporção com a importância da obra e dos eventuais efeitos ambientais [239]. Neste sentido, o juiz é posto perante um controlo material dos elementos que constituem o estudo de impacto, não se limitando a considerar o estudo apenas como uma formalidade essencial de que depende a concessão ou a legalidade da licença. Não se pronunciando sobre a oportunidade da operação ou sobre o seu objectivo, o juiz francês

---

[238] Cfr. o art. 5.º/2 do Decreto de 12 de Outubro de 1977, com as alterações introduzidas pelo Decreto 93-245 de 25 de Fevereiro de 1993.

Parece-nos haver aqui uma clara referência ao modelo norte-americano.

[239] No entendimento do Conselho de Estado (sentenças de 9 de Julho de 1982 e de 7 de Março de 1986) a noção de *análise séria* dependerá da aplicação do princípio da proporcionalidade, pelo que não é necessariamente sinónimo de estudo *detalhado ou exaustivo.* Cfr. R. MORENO, *op. cit.*, p. 99, nota 375.

não se inibe de desenvolver um controlo de legalidade a tal ponto incisivo que se avizinha do mérito. O juiz francês tem entendido, nomeadamente, que, se não for realizado um estudo sobre os peixes (efeitos indirectos), no contexto de um estudo de impacto para uma barragem hidroeléctrica, o estudo é insuficiente e o acto autorizativo é considerado ilegal.

Noutros casos particularmente sensíveis, por exemplo no domínio da exploração de minas de urânio, uma licença de exploração foi anulada porque o estudo de impacto tinha um conteúdo insuficiente no que respeita à fauna e à flora afectadas pela mina de urânio e não fornecia indicações quantitativas sobre os efeitos da radioactividade [240].

Em suma, o juiz administrativo francês, recorrendo aos princípios gerais do Direito administrativo, especialmente ao da proporcionalidade, efectua o seu controlo sobre o conteúdo dos estudos de impacto. Isto não significa obviamente que não valore convenientemente os aspectos formais do estudo de impacto. Aspectos estes que, consubstanciando uma formalidade essencial do procedimento de avaliação de impacto ambiental, ajudam a compreender o escopo do estudo ao fornecer uma adequada informação aos cidadãos e à Administração. Isto, porque, o rigor formal do estudo, bem como o seu resumo não técnico, são indispensáveis à claridade e compreensão do estudo, o que contribui para uma melhor consecução da sua finalidade.

5. 2. 2. Âmbito material do estudo de impacto

Neste ponto, importa examinar quais as componentes ambientais que o estudo de impacto deve incluir, bem como ponderar as alternativas que se colocam à solução entretanto adoptada.

---

240 M. Prieur, *op. cit.*, p. 282.

a) Componentes do estudo de impacto e efeitos ambientais

O âmbito material do estudo de impacto vem delimitado inicialmente no artigo 1.º da Lei de 10 de Julho de 1976.

De acordo com este dispositivo, os estudos versarão sobre a protecção dos espaços naturais e paisagísticos [241], da flora e da fauna, do equilíbrio ecológico e da protecção dos recursos naturais. A protecção de elementos ambientais bióticos e abióticos consagrada no artigo 1.º da Lei da protecção da natureza é complementada pelo artigo 2.º/2 do Decreto de 1977, alterado pela reforma de Janeiro de 1993 [242]. De acordo com a nova redacção deste artigo, produzida pelo Decreto n.º 93-245, de 25 de Fevereiro de 1993, o alcance do estudo de impacto adquire outra dimensão. Com efeito, vem agora incluído no estudo de impacto, para comodidade da vizinhança, para além da análise de ruídos, odores, vibrações, emissões luminosas e a higiene e salubridade públicas, elementos adicionados pela versão original do artigo 2.º do Decreto de 1977, a consideração dos bens do património cultural.

Em suma, a reforma de 1993 vem não só especificar as componentes naturais do ambiente como incluir a protecção dos bens culturais no conceito de ambiente, num claro respeito da Directiva comunitária 85/337, de 27 de Junho. A consideração dos elementos sócio-económicos continua a ser ignorada, ainda que a Administração motive os donos do projecto a tê-los em atenção.

Sobre a tipologia dos efeitos ambientais a reforma de 1993 veio também introduzir alguma novidade, como já foi

---

241 Neste sentido o art. 1.º da Lei de 1976 e o art. 2.º do Decreto de 1977. Esta preocupação foi acentuada com a publicação da nova lei sobre a paisagem — Lei n.º 93-24, de 8 de Janeiro de 1933. Cfr. J. CLAUDE HÉLIN, "La loi paysages et le droit des enquêtes publiques", in *L.A.D.A.*, 1993, p. 776 e ss.

242 M. PRIEUR, *Droit de l'Environnement, op. cit.*, p. 89.

referido. Passa a ser obrigatória a análise dos efeitos directos, como acontecia até aí, mas também dos efeitos indirectos, temporários e permanentes do projecto [243].

Um aspecto importante, depois da reforma de 1993, é a consideração dos impactos ambientais transfronteiriços [244].

b) A ponderação de alternativas

A colocação de variantes ou alternativas à solução adoptada percorre o espírito do Decreto de 1977, ainda que não tenha sido formalmente plasmada, e muito particularmente o Decreto de 1993 [245]. Com efeito, o titular do projecto não está obrigado a apresentar uma análise das diferentes alternativas, devendo simplesmente fundamentar, do ponto de vista ambiental, a opção tomada. Tão-pouco no caso de ser apresentado um contra-projecto, o dono da obra se vê obrigado a fazer constar as razões que o levaram a não adoptar essa orientação [246].

De todo o modo, uma leitura sistemática do quadro normativo vigente, bem como a presença de conceitos indeterminados, devem permitir construir uma corrente jurisprudencial suficientemente forte para obrigar os titulares dos projectos a apresentar as respectivas alternativas ao projecto.

---

[243] Estas alterações, como já foi salientado, resultam em grande medida dos imperativos comunitários da Directiva sobre impacto ambiental e dos esforços da doutrina e da jurisprudência francesas. Cfr. R. Hostiou, *op. cit.*, p. 290 e ss.

[244] Cfr. o art. 5.º com a redacção dada pelo Decreto de 25 de Fevereiro de 1993.

[245] A lei de 1976 sobre protecção da natureza é omissa quanto a este problema. Porém, com as alterações introduzidas pelo Decreto de 25 de Fevereiro de 1993, ao exigir a ponderação dos efeitos indirectos e permanentes, deve entender-se que o dono da obra está agora obrigado a estudar e apresentar alternativas ao projecto.

[246] R. Moreno, *op. cit.*, p. 102. Neste sentido, por exemplo, a sentença do Conselho de Estado de 17 de Junho de 1983.

6. O andamento do procedimento de avaliação de impacto ambiental

Como já ficou esclarecido, o procedimento de avaliação de impacto ambiental em França não constitui um verdadeiro procedimento específico, como acontece com o modelo norte-americano ou com a Directiva comunitária.

A lei francesa limita-se a estipular a obrigação do titular do projecto elaborar um estudo de impacto, acompanhado das respectivas medidas de publicidade. O que no ordenamento jurídico francês é particularmente interessante, visto não se tratar de um procedimento administrativo autónomo, é a inserção de uma fase de informação e participação públicas nos procedimentos autorizativos sujeitos a avaliação ambiental [247]. Daí que dediquemos alguma atenção a este mecanismo de participação pública, que apresenta algumas peculiaridades em matéria de direito comparado.

Passemos então a analisar o procedimento de avaliação de impacto ambiental (compreendido como o conjunto de actos que vão desde a elaboração do estudo de impacto até ao sub-procedimento de enquête publique), sem esquecer que o Decreto de 12 de Outubro de 1977 prevê também um procedimento de segundo grau, que gira em torno da notícia de impacto.

6. 1. Elaboração da notícia ou do estudo de impacto: autocontrolo do dono da obra

Como vimos anteriormente, o artigo 1.º do Decreto de 12 de Outubro de 1977 estabelece que os estudos previstos para a realização de instalações ou obras contempladas pelo Decreto são elaboradas pelo peticionário ou dono da obra. Não será

247 M. PRIEUR, "Les études d'impact en droit français", in *Environnement et Societé*, n.º 5, 1990, p. 7 e ss.

assim quando, por decreto, se estabeleça um procedimento particular referente a certos trabalhos ou projectos de instalação em que uma pessoa pública é responsável pelos estudos.

É, portanto, o beneficiário dos trabalhos ou projectos que tem a incumbência de realizar o estudo. O Estado só a título excepcional assume essa obrigação, o que não acontece nos Estados Unidos onde a elaboração do estudo é um dever da autoridade administrativa responsável pela actividade projectada [248].

O facto de ser o dono da obra, tal como acontece entre nós, a assumir a obrigação de elaborar o estudo de impacto não nos parece uma boa solução legislativa, nomeadamente do ponto de vista da imparcialidade da avaliação de impacto ambiental [249]. Melhor seria, como indica Prieur [250], estabelecer um controlo sério do conteúdo do estudo pelos poderes públicos em ligação com instituições científicas independentes. A solução trazida pela reforma de 1993 vai neste sentido ao estabelecer (arts. 1.º (3.º parágrafo) e 2.º (1.º parágrafo) do Decreto de 1977, alterado pelo Decreto de 25 de Fevereiro de 1993) que o estudo deve mencionar o seu autor e a respectiva formação académica, bem como os métodos utilizados para avaliar os efeitos do projecto sobre o ambiente.

De todo o modo, para que o estudo de impacto possa ajudar o dono da obra a calcular com rigor os danos ambientais do projecto, impor-se-ia que aquele fosse elaborado simultaneamente com o projecto, o que normalmente não acontece.

---

[248] O critério seguido pelo legislador francês foi mais tarde retomado pela Directiva 85/337, de 27 de Junho de 1985, art. 5.º; J. F. CHAMBAULT, *op. cit.*, p. 421, considera, no entanto, que a Directiva leva vantagem sobre o modelo francês. Cfr. COLAÇO ANTUNES, "Tutela do ambiente e procedimento administrativo: do modelo francês dos 'études d'impact' à solução da CEE", *op. cit.*, p. 83, nota 22.

[249] A situação é particularmente grave em França devido ao escasso controlo do estudo pela Administração ambiental.

[250] M. PRIEUR, *Droit de l'Environnement, op. cit.*, p. 106.

Num esquema desejável, preterindo mesmo a ideia de um estudo de impacto prévio e sistemático, o estudo (de impacto) e o projecto deveriam ser elaborados paralelamente, por forma a permitir integrar devidamente as preocupações ambientais no projecto. Contudo, na prática, os estudos de impacto são elaborados posteriormente à feitura do projecto, tal como acontece entre nós, o que naturalmente prejudica uma avaliação rigorosa do impacto ambiental, correndo-se o risco de se converter apenas numa formalidade indispensável à autorização do projecto [251]. Este problema é particularmente delicado quando se trata de pequenas indústrias que, por razões óbvias, não recorrem a técnicos capazes, limitando-se a elaborar o estudo de impacto com a ajuda de documentos publicados pela Administração.

Por sua vez, a elaboração da notícia de impacto compete igualmente ao dono da obra ou ao titular do projecto. A referência que o artigo 1.º do Decreto de 12 de Outubro de 1977 faz aos "estudos necessários à realização de instalações ou obras previstas no Decreto" deixa entender que abrange tanto a notícia como o estudo de impacto [252]. Tem sentido que assim seja, uma vez que o que distingue a notícia do estudo de impacto, para além do seu conteúdo mais limitado, é o facto de se referir a projectos com uma incidência menor sobre o ambiente. Se o dono da obra tem a incumbência de apresentar um estudo mais aprofundado, em função da importância da obra e dos eventuais efeitos sobre o ambiente, não pode deixar de elaborar um estudo mais simples para as obras de menor envergadura: a notícia. Neste sentido se pronuncia o artigo 8.º do Decreto de 12 de Outubro de 1977, alterado pelo Decreto de 25 de Fevereiro de 1993. Segundo esta norma, o peticionário deve, salvo no caso de um procedimento particular em que o

---

251 S. HEBRARD, "Les études d'impact sur l'environnement devant le juge administratif", *op. cit.*, pp. 133-134.

252 C. ROURA, *op. cit.*, p. 114.

estudo de impacto está a cargo de uma pessoa colectiva pública, apresentar, juntamente com o pedido de autorização, um estudo de impacto ou uma simples notícia.

É, com efeito, no momento da elaboração do estudo ou da notícia de impacto que o dono da obra é sensibilizado e toma consciência dos problemas ambientais postos pelo projecto. É aqui que se analisará, identificará e avaliará os efeitos do seu projecto sobre o ambiente, o que obrigará em boa razão a colocar as respectivas alternativas ou a desencadear medidas para reduzir ou compensar as eventuais incidências negativas. Nestes termos, poder-se-á falar de um autocontrolo do titular do projecto e, consequentemente, de uma maior consciência ambiental [253].

6. 2. Publicidade

O princípio da publicidade dos estudos de impacto é enunciado no artigo 2.º da Lei de protecção da natureza. O Decreto de 12 de Outubro de 1977, com as alterações introduzidas pela reforma de 1993, traça, por sua vez, os mecanismos de consulta pública, dependendo a sua operatividade da estrutura procedimental em que a avaliação de impacto ambiental se insere. Neste sentido, os artigos 5.º e 6.º do Decreto de 12 de Outubro de 1977 estabelecem o modelo participativo, que varia consoante o procedimento autorizativo ou de aprovação preveja ou não uma fase de informação pública.

No primeiro caso, o estudo de impacto é sujeito, juntamente com o dossier respectivo, a um período de consulta, numa evidente articulação da avaliação ambiental com os procedimentos administrativos existentes. Quando o subprocedimento de *enquête publique* não está previsto, o Decreto de 1977 determina que qualquer pessoa física ou jurídica pode

---

[253] COLAÇO ANTUNES, *op. cit.*, pp. 88-89.

requerer a consulta do estudo [254]. O pedido de consulta do estudo deve ser dirigido à autoridade com competência para autorizar, aprovar ou executar a respectiva obra (art. 6.º, parágrafo 4.º), competindo-lhe indicar os lugares e as modalidades de consulta do estudo [255]. Contudo, é de realçar negativamente que a intervenção do público surge (na segunda hipótese) procedimentalmente no pior dos momentos, visto que só pode ser desencadeada após o acto definitivo de aprovação ou autorizativo [256]. Portanto, num momento em que o projecto já não pode sofrer alterações, frustando o escopo da publicidade do estudo de impacto que é, de um ponto de vista de política preventiva, permitir a difusão de informações e a participação do público. Só assim é possível contrastar a opção tomada com outras alternativas sérias e minimizar verdadeiramente o impacto ambiental [257].

---

[254] A regra da publicidade do estudo cumpre-se com a publicação de um aviso em dois jornais locais e em dois jornais de difusão nacional quando se trate de intervenções ou obras de relevância nacional (art. 6.º do Decreto de 1977). As associações de defesa do ambiente criticaram abundantemente este sistema de publicidade do estudo de impacto, porque ineficaz. Após a publicação da lei de 12 de Julho de 1983, relativa à democratização das *enquêtes publiques* e à protecção do ambiente, registou-se algum progresso com a publicidade a ser feita através da rádio e televisão regionais, incluindo a organização de debates públicos. Cfr. C. LAMBRECHTS, "Impatto ambientale in Francia", in *Annuario Europeo dell'Ambiente '86,* Milano, 1986, p. 387.

[255] Não fosse o disposto no segundo par. do art. 6.º, a nova redacção dada pelo Decreto de 25 de Fevereiro de 1993 ao quarto par. faria presumir que o acesso ao estudo de impacto teria lugar durante o procedimento, logo, antes da decisão final. Restará, todavia, a possibilidade de recorrer à lei de acesso aos documentos administrativos. Cfr. COLAÇO ANTUNES, "Mito e realidade...", *op. cit.*, p. 38 e ss.

[256] A única vantagem que aqui se descortina é a de que o acesso ao estudo de impacto facilite o exercício do recurso contencioso.

[257] Relativamente à notícia de impacto está igualmente prevista a sua inclusão no dossier submetido à *enquête publique,* sempre que tal procedimento esteja previsto (art. 8.º, 3.º parágrafo). O referido Decreto de 12 de Outubro de 1977, na redacção actual, não faz referência a regras de publicidade da notícia nos casos em que o projecto não seja sujeito a um procedimento de *enquête publique,* ao contrário do que acontece com os estudos de impacto (art. 6.º). Parece, porém, razoável entender que as regras de publicidade do estudo se devem aplicar também à *notícia.* Em suma, a reforma de 25 de Fevereirro de 1993 continua a não prever, nos procedimentos não sujeitos a inquérito público, a publicidade dos estudos e também das notícias antes da autorização do projecto, como prescreve o art. 6.º da Directiva 85/337/CEE, de 27 de Junho.

Como corolário de uma consciencialização crescente em torno da participação do público surgiu entretanto a Lei n.º 83-630, de 12 de Julho de 1983 [258] (regulamentada pelo Decreto n.º 85/453, de 23 de Abril), relativa à democratização das informações públicas e à protecção do ambiente [259] e, mais recentemente, a Lei "paysages" de 8 de Janeiro de 1993 [260] e a Lei n.º 95-101, de 2 de Fevereiro de 1995, pertinente ao reforço da protecção do ambiente. Impõe-se agora observar o modelo de participação pública, tendo igualmente em atenção as mais recentes alterações legislativas.

6. 3. *Enquête publique* e participação dos cidadãos

a) Âmbito de aplicação

A noção de publicidade da notícia ou do estudo de impacto está necessariamente relacionada com a de participação pública, consubstanciando o chamado controlo social prévio.

Uma vez elaborado o estudo de impacto, a participação dos cidadãos realiza-se através da *enquête publique* nos projectos em que este procedimento esteja previsto. Existe, portanto, uma lista de projectos sujeitos a estudo de impacto e outra relativa a inquérito público, sem que inicialmente se verificasse uma coordenação dos respectivos campos de aplicação. Felizmente, depois da Lei de 1983, regulamentada pelo Decreto 85-453, de 23 de Abril [261], este desfasamento foi superado em grande medida, de maneira que actualmente só

---

[258] Como corolário da Circular de 31 de Julho de 1982, com a qual o Primeiro Ministro M. Mauroy recordava o carácter essencial da informação pública. Cfr. R. MORENO, *op. cit.*, p . 103.

[259] Cfr., por todos, R. HOSTIOU e J. CLAUDE HÉLIN, *Droit des Enquêtes Publiques,* Paris, 1993, p. 37 e ss.

[260] Cfr. J. PHILIPPE COLSON, "La réforme des enquêtes publiques en France", in *R.J.E.*, n.º 2, 1993, p. 223 e ss.

[261] Cfr. R. HOSTIOU, "Démocratisation des enquêtes publiques et protection de l'environnement. Analyse des Décrets du 23 avril 1985", in *R.J.E.*, 1986, p. 5.

um número restrito de projectos sujeitos a avaliação ambiental não está igualmente sujeito ao procedimento de *enquête publique*. Mau grado a harmonização em numerosos domínios (entre o campo de aplicação (ou dispensa) de estudo de impacto e o campo de actuação das *enquêtes publiques*) [262], para os projectos em que não está previsto este mecanismo, a participação dos cidadãos e das associações de defesa do ambiente é praticamente inexistente [263]. De todo o modo este obstáculo é superável, recorrendo à Lei de acesso aos documentos administrativos, pelo que será sempre possível consultar o estudo de impacto antes do acto final.

A *enquête publique* constitui um meio privilegiado de participação dos cidadãos em matéria ambiental [264]. Este mecanismo surgiu de início estritamente ligado aos procedimentos de expropriação [265], destinado aos proprietários, vindo progressivamente a tornar-se num instrumento geral de consulta aberta ao público. Com a Lei 83-630, de 12 de Julho de 1983, relativa à democratização dos inquéritos públicos e à protecção do ambiente, alargou-se o âmbito da *enquête*

---

[262] J. PH. COLSON, *op. cit.*, p. 224.

[263] Esta limitação foi em boa medida superada pela lei n.º 95-101 de 2 de Fevereiro de 1995.

[264] M. PRIEUR, "Le droit a l'environnement et les citoyens: la participation", in *R.J.E.*, n.º 4, 1988, p. 397 e ss.

[265] Vigora neste campo uma dupla disciplina. Para as operações não abrangidas pela lei Bouchardeau de 1983 aplica-se o "procedimento de direito comum", que continua a ser regulado pela velha disciplina das *enquêtes* preliminares à declaração de utilidade pública, levemente retocada (Referimo-nos às normas do *Code de l'expropriation,* que vão do art. R. 11-4 ao art. R. 11-14. A duração mínima mantém-se nos quinze dias e o comissário é sempre designado pelo prefeito. As poucas modificações, respeitantes à publicidade preliminar e conclusões do comissário, foram introduzidas pelo art. 23.º do Decreto n.º 85-453).

Quanto às intervenções previstas no elenco anexo ao Decreto n.º 85-453 aplica-se-lhes o "procedimento específico", regulado pela Lei n.º 83-630 e pelos decretos de aplicação respectivos. São os arts. R. 11 - 14-1 e ss do *Code de l'expropriation* introduzidos pelo art. 24.º do Decreto n.º 85-453. Para dar um exemplo, a expropriação de terrenos para efeito de construção de novas vias de comunicação está sujeita a *enquête publique* quando o custo dos trabalhos ultrapasse os 12 milhões de francos. Caso contrário, permanece o regime tradicional da *enquête publique.*

publique a todos os trabalhos ou obras que possam afectar negativamente o ambiente (art. 1.º) [266].

A lei previu igualmente, no mesmo artigo, a possibilidade de aplicar o procedimento de inquérito público à aprovação de documentos urbanísticos, sempre que uma norma legislativa ou regulamentar o imponha. O segundo parágrafo do artigo 1.º faz uma remissão para os decretos do Conselho de Estado que deverão fixar a lista de tipos de operações sujeitas a *enquête publique* e os respectivos critérios técnicos.

O desenvolvimento geral da Lei de 1983 faz-se especialmente pelo Decreto 85-453, de 23 de Abril de 1985, concretizando-se também noutros decretos sectoriais [267]. Por determinação do artigo 1.º/ 1 do referido Decreto, a lista das categorias de instalações, obras e trabalhos submetidos a inquérito público está definida no anexo deste diploma. Para saber se uma determinada obra está obrigada a este procedimento, impõe-se consultar o anexo e verificar se os critérios técnicos e

---

[266] Fazem parte das obras abrangidas os *aménagements,* as *ouvrages* e os *travaux*. Para uma distinção destas expressões, cfr. R. DE CAUMONT, *Rapport, document Assemblée Nationale n.º 1432 annexe au procès-verbal de la séance du 19 avril 1983,* p. 25, citado por M. CERUTI, "L'esperienza francese delle inchieste pubbliche per la tutela dell'ambiente", in *Riv. giur. amb.*, 1996, p. 221.

Permanecem excluídos do campo de aplicação da lei os trabalhos urgentes destinados a prevenir um grave e iminente perigo (art. 1.º, último parágrafo), bem como os trabalhos de manutenção de *grosses réparations* (art. 1.º, 4.º parágrafo do Decreto n.º 85-453). Por último, ficam também excluídas todas as operações secretas relativas à defesa nacional que dão lugar a expropriação. Cfr. J. CAILLOSSE, "Enquête publique et protection de l'environnement", in *R.J.E.*, 2 / 3, 1986, 213, p. 153. Sobre o regime anterior, cfr. DE LAUBADÈRE, "Chronique", *op. cit.*, p. 363; HAGELSTEEN, "La réforme de la procédure d'enquête préalable à la déclaration d'utilité publique", in *C.J.E.G.*, 1976, p. 38. Para uma análise cáustica dos textos legais de 1983 e 1985, *vide* A. GIVAUDAN, "Prolifération des enquêtes publiques et régression de l'État de droit", in *R.F.D.A.*, 1986, p. 247.

[267] Referimo-nos, por exemplo, ao Decreto 85-449, de 23 de Abril de 1985, relativo às instalações nucleares, em aplicação da Lei 83-630, de 12 de Julho de 1983; o Decreto 85-450 de 23 de Abril de 1985, em aplicação da Lei de 23 de Abril, que veio alterar o Decreto de 13 de Janeiro de 1965, relativo a stocks subterrâneos de hidrocarbonetos líquidos ou liquefeitos; o Decreto 85-452 de 23 de Abril de 1985, em aplicação da Lei 83-630 de 12 de Julho de 1983, derrogando diversas disposições do Código do Urbanismo.

os correspondentes limiares financeiros exigem, para um determinado projecto, a consulta pública [268].

Em síntese, o campo de aplicação dos inquéritos públicos assenta sobre dois pilares: por um lado, certos documentos urbanísticos e, por outro, determinadas categorias de instalações, obras e projectos [269]. Na primeira hipótese, a sujeição é determinada pela previsão, nos procedimentos regulados pelo Código do Urbanismo, de uma fase de informação pública. Na segunda, a sujeição a este mecanismo de participação pública resulta da utilização do critério de lista positiva [270] em que operam critérios técnicos e financeiros.

Importa aqui fazer mais uma observação, para melhor compreensão deste procedimento peculiar. Referimo-nos à articulação deste mecanismo nos diversos procedimentos existentes. O quadro normativo respeitante à democratização das

---

[268] Entre as actividades tradicionalmente sujeitas a inquérito público cabem as *installations classées.* São também compreendidos no seu âmbito de aplicação os trabalhos de investigação e exploração de minas e pedreiras.

Nalguns casos ficam também sujeitos a inquérito público dois dos mais importantes actos autorizativos em matéria urbanística: *le permis de construire* e *le lotissement.* (Cfr. J. CHAPUISAT, *Le Droit de l'Urbanisme,* Paris, 1988, p. 41 e ss.).

Compreendidos estão agora os trabalhos de reconversão agrícola e arroteamento dos bosques, realização de diques, estradas, caminhos de ferro e aeroportos, vias navegáveis, portos fluviais e marítimos (comerciais e turísticos, gasodutos, centrais nucleares, etc.). O elenco original do Decreto n.º 85-453, que previa trinta e três categorias de operações sujeitas a inquérito público, sofreu sucessivas alterações, entre as quais a do Decreto n.º 93-245 de 25 de Fevereiro de 1993.

Finalmente, é necessário recordar que estão sujeitos a inquérito os procedimentos de aprovação de alguns dos mais relevantes instrumentos urbanísticos: *plans d'occupation des sols, zone d'aménagement concerté, plans de sauvegarde et de mise en valeur.*

[269] J. THOMAS, "Le champ d'application de la loi", in *Les Nouvelles Procédures d'Enquête Publique*, Paris, 1986, p. 13 e ss. Cfr. também A. GIVAUDAN, "Prolifération des enquêtes publiques et regression de l'État de droit", *op. cit.*, p. 247 e ss.; J. CAILLOSSE, "Enquête publique et protection de l'environnement", *op. cit.*, p. 151 ss.; R. HOSTIOU, "La loi du 12 Juillet 1983 sur la démocratisation des enquêtes publiques", in *A.J.D.A.*, 1983, p. 606 e ss.; HUBRECHT e MELLERAY, "La démocratisation des enquêtes publiques et la protection de l'environnement", in *Les Petites Affiches,* n.º 138, 1983, p. 13; R. HOSTIOU e J. C. HÉLIN, *op. cit.*, p. 47 e ss.; F. BLOCH-LAINÉ, JEAN-MARIE GARRIGOU-LAGRANGE, *Associations et Développement Local,* Paris, 1988, p. 107 e ss.

[270] Cfr. art. 1 e Anexo do Decreto n.º 85-453.

informações públicas utiliza também o mesmo princípio que opera em matéria de estudos de impacto, isto é, a inserção desta figura jurídica nos procedimentos administrativos já existentes, voltando a repetir o erro em que ocorria a fórmula participativa contemplada no Decreto de 12 de Outubro de 1977.

Com efeito, não se opera qualquer modificação procedimental nas fases já previstas nos processos decisionais sujeitos à lei sobre a democratização das informações públicas (art. 3.º do Decreto de 1985). De tal forma que, na hipótese deste trâmite procedimental não estar previsto, a informação pública terá lugar apenas terminado o procedimento, o que naturalmente impede a Administração de optar pela melhor solução ambiental [271].

Por último, impõe-se ainda esclarecer que os estudos de impacto constituem uma peça importante do dossier de *enquête publique* (art. 6.º do Decreto de 1985) [272], a incluir tanto no caso de operações sujeitas ou não a autorização. O público tem acesso simultaneamente a todo o dossier, uma vez que não está previsto um procedimento especial para os estudos de impacto, pelo que a participação do público se fará de acordo com as modalidades e desenvolvimento do inquérito público [273].

---

[271] Cfr., porém, a Lei 95-101 du 2 février 1995 (art. 2.º). Para uma crítica do regime anterior, cfr. J. CAILLOSSE, *op. cit.*, p. 169 e ss.

[272] Devem constar do *dossier* os seguintes elementos:

1) A *notice explicative,* contendo: a) o objecto do inquérito, b) as características mais importantes do projecto, c) a indicação das razões justificativas da opção tomada em relação ao projecto quando haja outras alternativas;

2) o estudo de impacto ou a notícia de impacto;

3) o plano da situação;

4) o plano geral dos trabalhos;

5) as características mais relevantes da obra;

6) a previsão sumária dos custos (quando o dono da obra é um ente público);

7) menção expressa do quadro normativo da *enquête publique*, bem como a indicação da sua articulação no procedimento administrativo principal.

Adquire aqui particular relevância o estudo de impacto, cuja insuficiência e irregularidade se projecta no inquérito público.

[273] C. ROURA, *op. cit.*, p. 120.

b) O responsável pelo procedimento de enquête publique: o comissário inquirente

O inquérito público, à excepção de disposições particulares, é aberto e conduzido por um comissário da República ou, no caso da obra envolver diversos departamentos estatais, por um conjunto de comissários dos departamentos interessados (art. 7.º do Decreto de 1985) [274]. Com efeito, o comissário ou delegado é um elemento extremamente importante do procedimento das *enquêtes publiques*, cujo papel saiu reforçado com o Decreto de 1985 e especialmente com a Lei n.º 93-24 de 8 de Janeiro de 1993 [275]. O artigo 4.º da Lei de 1983, conhecida por *Lei Bouchardeau,* define a função do Comissário, a quem compete dirigir o desenvolvimento do inquérito, de modo a que o público possa tomar completo conhecimento do projecto e apresentar as suas opiniões, sugestões e mesmo contra-projectos.

Nos termos do artigo 11.º do Decreto de 1985, ao Comissário compete fixar:

a) o objecto, início e duração do inquérito público, não podendo em todo o caso ser inferior a um mês nem superior a dois (art. 3.º). O Comissário goza, contudo, da faculdade de prorrogar a sua duração através de uma decisão devidamente fundamentada, sem intervenção alguma de outro órgão;
b) os locais, dias e horas em que o público pode consultar o dossier de *enquête publique*. No caso de haver

---

274 O inquérito público é, em princípio, inicialmente sugerido e organizado através de um decreto da autoridade administrativa competente para adoptar a decisão final do projecto.

275 Apesar desta reforma anuncia-se para breve novas alterações ao regime jurídico deste procedimento especial. Cfr. B. ESCOLIN, "Le projet de loi Barnier renforce les compétences locales", in *La Gazette,* 19, décembre 1994, p. 43. Após a publicação deste artigo surgiu a Lei n.º 95-101 du 2 février. Cfr. J. MORAND-DEVILLER, "Chronique de législation", *op. cit.*, p. 439 e ss.

diversos locais, o comissário deve designar o endereço a que deve ser dirigida toda a correspondência [276];

c) o nome e qualidade do comissário ou dos membros da comissão de inquérito;

d) os locais, dias e horas em que o comissário ou os membros da comissão estarão à disposição do público para receber as suas observações;

e) os locais em que, publicado o inquérito, o público pode consultar o relatório e as conclusões elaboradas pelo comissário ou comissão (art. 11.º do Decreto n.º 85-453).

O inquérito é dirigido (de acordo com a importância da obra) por um comissário ou uma comissão nomeada pelo presidente do Tribunal Administrativo ou por um membro do Tribunal designado por aquele, nos termos do artigo 8.º do Decreto n.º 85-453.

No que se refere ainda à fórmula de designação dos comissários, a Lei de 8 de Janeiro de 1993 veio introduzir algumas alterações significativas. A primeira diz respeito ao momento da designação dos comissários para as *enquêtes* prévias a uma declaração de utilidade pública, necessitando para o efeito de um Decreto do *Conseil d'État* [277]. Com efeito, *la loi paysages* acrescenta um novo artigo (8.º bis) à Lei de 12 de Julho de 1983, prevendo que os trabalhos ou operações que relevam do artigo L. 11-2 do Código de Expropriações, isto é, aqueles que "en raison de leur nature ou de leur importance", não podem ser declarados de utilidade pública sem publicação de um decreto de Conselho de Estado. Nestes casos, o

[276] Para obviar esta dificuldade o artigo 6.º, parágrafo 4.º, do Decreto de 12 de Outubro de 1977, com a nova redacção dada pelo Decreto de 25 de Fevereiro de 1993, estipula agora que "os pedidos de consulta do estudo de impacto devem ser dirigidos à autoridade com competência para autorizar, aprovar ou executar a obra. Esta indica sem demora ao requerente os lugares e as modalidades de consulta do estudo".

[277] J. PH. COLSON, *op. cit.*, p. 224 e ss.

comissário ou os membros da comissão são designados "dès le début de l'élaboration du project" [278].

Esta alteração é particularmente relevante, uma vez que a lei vem agora reforçar o controlo social sobre decisões públicas importantes. Os comissários poderão, doravante, acompanhar o projecto desde o início da sua elaboração, reforçando o papel dos comissários no processo de decisão.

A segunda novidade introduzida pela Lei de 8 de Janeiro de 1993 prende-se com a remuneração dos comissários. No que concerne aos inquéritos sujeitos ao Código de Expropriações, o ónus do financiamento passa para o Estado, enquanto nos inquéritos regidos pela *lei Bouchardeau* é confiado aos presidentes dos tribunais administrativos, e não já aos prefeitos, o poder de determinar o montante a pagar aos comissários [279].

Estas alterações visaram valorizar a remuneração dos comissários, conferindo-lhes uma maior independência, ao mesmo tempo que se pretendeu colocar à sua disposição os meios materiais necessários à organização do procedimento de inquérito público e melhorar a sua qualificação técnica [280].

Neste sentido, o artigo 21.º I da Lei de 8 de Janeiro de 1993 veio estipular que "le commissaire enquêteur et les membres des commissions d'enquête sont choisis sur une liste d'aptitude établie dans chaque département par une comission..." [281]. Esta comissão, presidida pelo representante do Estado, é constituída por dois magistrados, um cível e outro administrativo, dois representantes eleitos pelas colectividades territoriais, duas personalidades qualificadas em matéria de protecção do ambiente e quatro representantes dos

---

278 J. C. HÉLIN, "La loi paysages et le droit des enquêtes publiques", *op. cit.*, p. 776; cfr. COLSON, *op. cit.*, p. 226.

279 Nos inquéritos públicos tradicionais permanece, todavia, a obrigação do dono da obra remunerar os comissários, ainda que com algumas excepções.

280 J. C. HÉLIN, *op. cit.*, pp. 778-779; R. ROMI, "Droit de l'environnement: l'épreuve de l'alternance", in *Revue du Droit Public,* nº 4, 1994, p. 1029.

281 J. C. HÉLIN, *op. cit.*, pp. 779.

Departamentos de Estado – equipamento, ambiente, agricultura e indústria. Esta lista é revista anualmente. A introdução de listas departamentais de aptidão vem obviamente retirar alguma liberdade ao presidente do tribunal administrativo, que não poderá agora designar um comissário que não figure na referida lista [282].

---

[282] Este sistema suscitou, porém, vivas críticas dos tribunais administrativos, que se consideravam injustamente "afastados" da presidência da Comissão, bem como dos comissários que viam ameaçada a sua independência. O mal-estar dos comissários resultava ainda do facto das autoridades (prefeitos), por razões orçamentais, disponibilizarem tardiamente (frequentemente só no fim do ano) os créditos relativos à indemnização dos comissários que dirigem os inquéritos, especialmente os que se desenvolvam no primeiro trimestre do ano.

Muito recentemente, a Lei n.º 95-101, de 2 de Fevereiro de 1995 (pertinente ao reforço da protecção do ambiente), pretende solucionar definitivamente a querela em torno de alguns dos aspectos mais controversos do quadro jurídico anterior, nomeadamente o problema da composição da *liste d'aptitude* na base da qual são recrutados os *commissaires-enquêteurs* (J. MORAND-DEVILLER, "Commentaire de la loi n.º 95-101 du 2 février 1995 relative au renforcement de la protection de l'environnement", in *A.J.D.A.*, 1995, pp. 442-443).

A lei de 12 de Julho de 1983 reservava ao presidente do tribunal administrativo ou a um juiz delegado a faculdade de designar os comissários "enquêteurs", devendo para o efeito informar o prefeito. Por sua vez, como já foi referido, o art. 21.º/1 da lei da paisagem, de 8 de Janeiro de 1993 veio impor que os comissários deviam ser escolhidos a partir de uma *lista de aptidão,* estabelecida a nível de cada departamento por uma comissão presidida pelo representante do Estado.

Finalmente, o art. 3.º da Lei de 2 de Fevereiro de 1995 institui um sistema próximo do configurado pela lei de 1983.

Este diploma confia a presidência da Comissão encarregada de fixar a *lista de aptidão* ao presidente do tribunal administrativo, prevendo, também, que o "comissaire-enquêteur" ou os membros da comissão de inquérito possam ser recrutados com base em listas, que não a da jurisdição do tribunal administrativo (a comissão, sempre que a especificidade do inquérito o exija, pode requerer ao presidente do tribunal administrativo que designe um técnico para "assistir" o "comissaire-enquêteur").

Com a Lei de 8 de Janeiro de 1993, por força da aplicação do novo artigo L. 11-9 do Código de Expropriações, a "indemnização" dos comissários deve ser suportada pelo Estado, como no passado (cfr. R. HOSTIOU e J. CLAUDE HÉLIN, *op. cit.*, p. 160 e ss., esp. p. 168), ou pelo dono da obra se a lei é omissa. A fixação da indemnização é feita pelo presidente do tribunal administrativo (art. 8.º da *loi paysages*).

A Lei n.º 95-101, de 2 de Fevereiro de 1995, veio ampliar o campo de aplicação do financiamento a cargo do dono da obra, nomeadamente às vistorias complementares. No que toca ao desenvolvimento do debate público, o dono da obra não é, em princípio, obrigado a contribuir, podendo, todavia, a sua "participação" vir a ser definida por um decreto regulamentar.

A Lei de 2 de Fevereiro de 1995, também conhecida por lei Barnier (o projecto de lei é largamente inspirado no documento "Cent mesures pour l'environnement" do deputado Michel Barnier, bem como no "Plan vert" do precedente ministro Brice Lalonde e no relatório encomendado a Huguette Bouchardeau em 1993), veio relançar também a faculdade deixada ao "comissaire-enquêteur" de organizar um debate público contraditório, ainda que facultativo. Este procedimento, oportunamente introduzido pela lei Bouchardeau, fazia depender o debate do acordo da autoridade competente, o que materializava um verdadeiro *direito de veto* do prefeito até à sua revogação pela lei da paisagem (cfr. R. HOSTIOU et J. C. HÉLIN, *op. cit.*, p. 160 e ss.

A Lei de 2 de Fevereiro de 1995 vai ainda mais longe. Aqui, o "comissaire-enquêteur" tem a faculdade de organizar sob a sua presidência uma reunião qualificada de "réunion d'information et d'échange" (não confundir com o debate público previsto no art. 2.°, cfr. J. MORAND-DEVILLER, *op. cit.*, p. 443) com a presença do público e do dono da obra. A iniciativa é da responsabilidade do comissário que dirige o inquérito, sem necessidade de solicitar autorização ao presidente do tribunal administrativo, como previa a Lei de 8 de Janeiro de 1993 (Lei da paisagem).

A Lei de 2 de Fevereiro de 1995 prevê ainda disposições tendentes a reforçar a transparência dos inquéritos públicos. Agora o *dossier* relativo ao inquérito é comunicado às verdejantes associações de defesa do ambiente, não obstante o disposto na lei de 17 de Julho de 1978. Os efeitos de um relatório desfavorável do comissário são também mais gravosos, pois nesta hipótese o projecto deve "faire l'objet d'une délibération de l'organe délibérant de la collectivité ou du groupement concerné" (cfr. J. MORAND-DEVILLER, *op. cit.*, p. 443).

Por último, a decisão tomada em sede de Conselho de Estado, conhecidas as conclusões desfavoráveis do relatório do comissário responsável pelo inquérito, deve ter lugar depois das assembleias locais exprimirem o seu ponto de vista.

Pena é que nos procedimentos expropriativos (art. L. 23-2 do Código das Expropriações), o legislador preveja apenas a faculdade de figurarem, na declaração de utilidade pública, prescrições particulares destinadas notoriamente a reduzir ou a compensar as consequências ambientais resultantes da realização de projectos ou obras. Esta disposição, aliás tímida, tem o grave inconveniente de contornar a obrigatoriedade da apresentação de um verdadeiro estudo de impacto ambiental.

A nova lei Barnier apresenta ainda o mérito de reforçar o papel das associações de defesa do ambiente, agora designadas como "associations agrées de protection de l'environnement", o que corresponde a uma unificação do regime das diversas categorias de associações existentes neste domínio (o Decreto de 7 de Outubro, sofrendo embora algumas derrogações nesta matéria, não é sensivelmente afectado).

As associações de defesa do ambiente (o controlo administrativo sobre as associações "agrées" é agora mais severo, no que toca a questões de forma e de fundo, ainda que facilitado pela fundamentação tornada obrigatória quanto ao reconhecimento e não apenas da recusa, como sucedia anteriormente) podem ser membros de pleno direito da *Comissão nacional de debate público*. O seu papel a nível jurisdicional surge igualmente reforçado, podendo constituir-se como assistente nos processos que envolvam a paisagem e os resíduos radioactivos.

Está igualmente prevista, o que é uma novidade importante, a possibilidade de uma associação de defesa do ambiente, devidamente mandatada para o efeito, intentar uma acção ressarcitória colectiva, tal como sucede com as associações de defesa do consumidor (cfr. os arts. 422-1 e 422-3 do Código do Consumo).

Cabe ainda aqui salientar que esta designação está condicionada pelos requisitos previstos no artigo 9.º do Decreto de 1985, nomeadamente a da especial qualificação técnica dos "eleitos". São causas de inelegibilidade a existência de qualquer interesse pessoal ou funcional na realização do projecto (actualmente ou nos últimos cinco anos — art. 2.º da Lei de 83 e art. 7.º do Decreto de 85). A participação ou a qualidade de membro de uma associação de defesa do ambiente é, por sua vez, um dos pressupostos necessários para lograr a qualificação legalmente exigida.

6. 4. Desenvolvimento do procedimento de *enquête publique:* a consulta pública

Pelo menos quinze dias antes da abertura do inquérito, o comissário procede à sua publicidade através de anúncios ou outros procedimentos adequados em todas as colectividades territoriais onde a obra há-de ter lugar [283]. Esta tarefa é feita com a colaboração do *maire* que, além do mais, a certifica (art. 4.º da Lei de 1983, conjugado com o artigo 12.º do Decreto de 1985). Um exemplar do *dossier* é remetido a cada colectividade local em que se pretenda concluir a operação no caso de não ser este o designado como local de realização do inquérito público (art. 13.º do Decreto de 1985).

Uma vez depositado o *dossier,* o público interessado pode consultá-lo e apresentar as suas observações. O período de consulta compreenderá pelo menos os dias e horas habituais de abertura ao público dos locais públicos onde o *dossier* está depositado, podendo incluir os domingos e dias feriados (art. 14.º do Decreto de 1985) [284]. As sugestões e apreciações do

---

283 Com a mesma duração e nos mesmos termos, o dono da obra deve proceder, em princípio, a ulteriores afixações do *avis* nos lugares em que se prevê a realização da obra ou na sua vizinhança.

284 A ausência dos comissários nos dias e horários estabelecidos, tendo em consideração a natureza e dimensão da obra, pode integrar uma irregularidade

público são feitas por escrito nos locais onde está depositado o *dossier* [285] ou por carta dirigida ao comissário, ao presidente ou a um membro da comissão. Existe também a possibilidade do comissário ou de um membro da comissão visitarem os locais afectados pela actividade, bem como o poder de investigar e ampliar o expediente [286]. Estes poderes podem deparar com a oposição fundamentada dos proprietários afectados ou do titular do projecto. Esgotado o prazo de consulta o comissário pode ainda ouvir qualquer pessoa ou mesmo o dono da obra.

O comissário, após a conclusão da informação pública, está obrigado a apresentar duas peças separadas: um relatório e um parecer pessoal [287]. No relatório o delegado ou comissário deve realizar um resumo do acontecido durante o desenvolvimento do inquérito público — incidências, exercício da faculdade de investigação, contra-projectos recebidos, etc. O relatório deve ainda incorporar uma análise objectiva das observações e alegações apresentadas pelo público, dedicando um capítulo específico ao exame dos contra-projectos apresentados [288]. Caso tenha havido uma reunião pública o comissário deverá ainda elaborar um relatório relativo ao acontecido durante o debate.

---

grave susceptível de invalidar o procedimento. Cfr. Tribunal Administrativo de Strasbourg, 19 juin 1990, Association Lindenkuppel v. Préfet du Haut-Rhin, in *R.J.E.*, 1991, p. 221 e ss.

[285] Contempla-se a existência de um registo onde os cidadãos podem expressar pareceres, sugerir correcções aos projectos, solicitar aprofundamentos instrutórios e avançar *contrepropositions*. Sobre a dificuldade de apresentar contrapropostas (problema da *capacité d'expertise* dos cidadãos e associações), cfr. J. CAILLOSSE, "Enquête publique et protection de l'environnement", *op. cit.*, p. 143.

[286] Cfr. os arts. 16.º, 17.º, 18.º e 19.º do Decreto n.º 85-453. O comissário pode ainda exigir documentação suplementar ao dono da obra e prorrogar o período de consulta pública (art. 19.º do Decreto n.º 85-453). Pode igualmente propor a realização de um debate público ou de uma reunião pública (art. 18.º do referido Decreto).

[287] Cfr. o art. 20.º do Decreto n.º 85-453.

[288] Cfr. CAILLOSSE, "Enquête publique et protection de l'environnement", *op. cit.*, 1986, p. 175 e ss., entende que é neste ponto que ganha todo o sentido a participação das associações de defesa do ambiente.

Quanto ao parecer, o comissário deve exprimir as suas conclusões motivadas sobre o procedimento de informação pública e a realização do projecto. Neste documento o comissário deve tomar posição, quer de forma absoluta, declarando-se favorável ou não à execução da obra, quer de forma relativa, fazendo recomendações destinadas a melhorar o projecto apresentado.

No prazo de um mês após a conclusão do procedimento de informação pública, o comissário ou a respectiva comissão transmitem o dossier respeitante à consulta pública, o relatório e o parecer pessoal ao comissário da República (art. 20.º do Decreto de 1985). Este endereça, por sua vez, a cópia do relatório e as conclusões pessoais do comissário ao presidente do Tribunal Administrativo, ao dono da obra e à autoridade competente para autorizar a realização do projecto [289].

Estão previstas disposições especiais no que respeita aos procedimentos de expropriação, concentração rural, empreendimentos hidráulicos sujeitos a autorização, aeródromos, instalações classificadas, etc. (cap. III do Decreto de 1985). Importa evidenciar, por exemplo, que, quando se trata de projectos de estradas, minas ou instalações classificadas, o dono da obra deve elaborar uma memória de réplica às observações do público.

6. 1. 1. A reunião pública

O processo de informação pública segue normalmente a tradição do procedimento escrito. Acontece que tanto a Lei de 1983 (art. 4.º) como o Decreto de 1985 (art. 18.º) prevêem a possibilidade do comissário ou do presidente da comissão de inquérito organizarem um debate público [290], na presença do

---

289 C. ROURA, *op. cit.*, p. 121.

290 Cfr. J. CAILLOSSE, *op. cit.*, p. 169; *vide* também J. CLAUDE ROURE, "Information et consultation du public", in *Aménagement et Nature*, n.º 71, 1983, p. 3.

promotor do projecto[291]. Esta é uma alteração profunda, há muito reivindicada pelas associações de defesa do ambiente. O debate público deverá ter lugar por iniciativa do comissário (com o acordo do presidente do tribunal administrativo competente), sempre que considere que a importância ou a natureza da operação o justificam [292]. Da reunião resultará a feitura de um relatório contendo as observações do público de que será dado conhecimento ao dono da obra. O relatório e as eventuais observações do titular do projecto são anexadas ao parecer que conclui o procedimento de informação pública.

A técnica de debate público do projecto é extremamente importante se nos lembrarmos que o estudo de impacto faz parte do dossier de informação pública, permitindo desta forma discutir mais amplamente o seu conteúdo e as respectivas alternativas ao projecto em causa [293].

Mau grado esta regulação jurídica, a experiência viva e a jurisprudência, ao contrário do que sucede nos Estados

---

291 A Lei n.º 93-24, de 8 de Janeiro, introduz aqui uma outra alteração relevante. Dispõe agora que o comissário pode organizar reuniões públicas em presença do dono da obra, obtido o acordo do presidente do tribunal administrativo, em substituição do acordo da autoridade competente. Esta novidade visa obviamente reforçar a independência do comissário. O art. 18.º do Decreto n.º 85-483, reduzia a noção de autoridade competente apenas ao prefeito, colocando-se mesmo a questão da sua legalidade. Cfr. J. PH. COLSON, *op. cit.*, p. 227.

Esta solução normativa coloca, entrètanto, alguns problemas delicados, uma vez que o comissário é nomeado pelo presidente do tribunal administrativo. Poder-se-á perguntar se o juiz poderá recusar o pedido de organização de uma reunião pública a um comissário previamente designado. Ou então qual será a imagem da jurisdição se a reunião não decorrer da melhor forma? Com efeito, esta responsabilidade administrativa do juiz pode entrar em colisão com a função de julgar e com a independência e imparcialidade do juiz no momento em que tenha de conhecer a matéria no contencioso. Cfr. C. HÉLIN, *op. cit.*, p. 777.

292 Quanto às modalidades de desenvolvimento das reuniões deve ser tida em consideração a entidade responsável pela organização do inquérito (normalmente o prefeito territorialmente competente) em ligação com o dono da obra.

293 Ressalta aqui alguma semelhança das *réunions publiques* francesas com o instituto anglo-saxónico das *public hearings*. Este procedimento, inspirado no modelo norte-americano, já tinha sido preconizado em 1977 no projecto elaborado pela "comission Fougère". Cfr. J. CAILLOSSE, *op. cit.*, p. 169.

Unidos, não têm ajudado a converter a *enquête publique* num verdadeiro procedimento de participação pública [294].

---

[294] Todavia, o legislador francês, advertido por sucessivos relatórios que salientavam o carácter tardio e restritivo da *enquête publique,* julgou por bem organizar um largo debate público situado mais a montante. De facto, também aqui a Lei de 2 de Fevereiro de 1995 rompe com o sistema anterior, instituindo uma estrutura permanente e independente: a *Comissão nacional de debate público* (cfr. R. ROMI, "Politiques publiques d'environnement: nouveaux développements législatifs", *op. cit.*, p. 769).

Inspirado pelo modelo canadiano, a sua independência é assegurada através de uma composição bastante diversificada, recolhendo a presença de parlamentares, eleitos locais, membros do Conselho de Estado, de jurisdições administrativas e tribunais comuns, representantes dos consumidores, associações ambientalistas de âmbito nacional e personalidades qualificadas. (J. MORAND-DEVILLER, "Commentaire de la loi n.° 95-101 du 2 février 1995 relative au renforcement de la protection de l'environnement", *op. cit.*, p. 441).

A questão essencial reside em saber em que fase de elaboração do projecto terá lugar o debate público. Colocado perante o dilema de optar por um momento demasiado tardio (o que comportaria o risco de elevados custos económicos nos projectos de maior dimensão) ou demasiado precoce (isto é, numa fase de puro esboço do projecto), o legislador (art. 2.°) prevê que o debate seja organizado "durante a elaboração" do projecto, redacção que deixa uma grande discricionaridade à Comissão. Esta, posta perante as limitações do procedimento de "enquête publique" e a experiência do direito comparado, não deixará, com certeza, de optar pela feitura do debate público numa fase em que os elementos estruturantes do projecto sejam já conhecidos, bem como os seus potenciais efeitos (nefastos) sobre o ambiente.

A Comissão não tem, obviamente, poder de decisão, cabendo-lhe conduzir o debate público por forma a favorecer a informação dos participantes, ainda que esta possa vir a ser prejudicada pela decisão da Comissão de circunscrever o debate "aos objectivos e características principais dos projectos". A Comissão é assistida em cada projecto por uma comissão especial presidida por um dos seus membros. O balanço-resultado de cada debate, redigido pelo presidente, deverá ser endereçado ao comissário que dirige o inquérito ou à respectiva comissão, o que não deixará de influenciar os resultados da *enquête publique* (cfr. J. MORAND-DEVILLER, *op. cit.*, p. 442).

Nos casos de declaração de utilidade pública, esta deve conter prescrições particulares susceptíveis de reduzir ou compensar as incidências negativas sobre o ambiente.

O exercício da actividade da Comissão não é, porém, totalmente livre. Os limites resultam da natureza dos projectos em que ela é chamada a intervir, mais exactamente as "grandes opérations publiques d'aménagement". Com efeito, a Lei de 2 de Fevereiro de 1995 estabelece várias condições aplicáveis a este tipo de projectos: a) devem apresentar um forte envolvimento económico; b) ter um impacto significativo sobre o ambiente; c) serem de interesse nacional (cfr. MORAND-DEVILLER, *op. cit.*, p. 441). Em síntese, parece resultar da Lei que a intervenção da Comissão e, consequentemente, do debate público, se deve limitar aos projectos mais importantes, isto é, de maior dimensão.

6. 4. 2. Relevância jurídica da informação pública

Como referimos nas páginas precedentes, no parecer o comissário reflecte as conclusões pessoais sobre a fase de informação pública, bem como a sua opinião sobre a realização do projecto.

Neste sentido, a relevância jurídica do resultado da fase de informação pública está dependente do sentido que pode ter este juízo. Com efeito, se o parecer do comissário é desfavorável à realização do projecto, a Lei de 1983 (art. 6.º), prevê um mecanismo em sede jurisdicional para suspender a execução do mesmo [295]. Esta é uma importante novidade que acrescenta alguma mais-valia à relevância jurídica das conclusões da informação pública, uma vez que se o parecer é favorável, o único significado das observações, alegações e eventuais contra-projectos apresentados é o de constituir mais um instrumento de consulta [296]. Quando muito poder-se-á

---

[295] *Vide,* infra, sobre este assunto. Com efeito, o juiz administrativo, confrontado com um pedido de suspensão *(sursis à exécution)* de uma decisão tomada pela autoridade competente, tende a acolher a demanda se um dos fundamentos em que se apoia é suficientemente sério para justificar a anulação do acto impugnado (art. 6.º da lei de 1983).

Esta disposição estabelece duas importantes derrogações à disciplina do procedimento cautelar suspensivo. Por um lado, é suficiente uma das condições classicamente exigidas, o *fumus boni juris,* para suspender o acto, uma vez que o *periculum in mora* é considerado pressuposto nas conclusões desfavoráveis do comissário. Por outro, a margem de apreciação dos juízes é consideravelmente reduzida. Quando o parecer do comissário é desfavorável à realização da obra e permanece um motivo sério de anulação, o juiz é "convidado" a acolher o pedido de suspensão.

Acresce ainda que a jurisprudência tende a assimilar ao parecer negativo as conclusões dos comissários (menos peremptórias - condições, recomendações) que não foram respeitadas pelo dono da obra, permitindo, assim, a quem impugna a decisão obter mais facilmente um *sursis automatique.* Cfr. *Conseil d'État,* 13 mars, 1989, "Commune de Saint-Michel-sur-l'Orge", in *R.J.D.P.*, 1989, p. 1529; *Tribunal Administratif de Nantes,* 4 mars 1991, "Association de défense contre l'aéroport d'Angers-Seiches-sur-le Loi et autres", in *R.J.E.*, 1991, p. 389.

[296] A não ser que se verifique qualquer irregularidade neste subprocedimento, o que não deixará de afectar a legalidade do acto final. Neste sentido, pode ocorrer o que R. HOSTIOU e J. C. HÉLIN, *Droit des Enquêtes Publiques, op. cit.*, p. 309, designam por *liberté d'appréciation amputée.*

dizer que sempre ajudará a fundamentar um eventual recurso contencioso no caso de um particular ou uma associação de defesa do ambiente considerarem o projecto nocivo para o ambiente.

7. O controlo por parte da Administração

O legislador francês não criou um verdadeiro procedimento de avaliação de impacto ambiental, o que comporta a inexistência de organismos especializados com intervenção a este nível. Logo, são as diversas administrações encarregadas da instrução do processo do projecto que, antes da sua autorização, têm responsabilidade em matéria de controlo dos estudos de impacto [297].

Nesta situação, o ordenamento jurídico francês deixa ao arbítrio e à sensibilidade das administrações da tutela o cômputo de controlar o estudo de impacto, enquanto formalidade essencial.

Ter-se-ia, seguramente, conseguido um controlo mais eficaz, obrigando o dono da obra a submeter o seu estudo de impacto ao controlo de um organismo especializado como o *Ministère de l'Environnement* ou aos "ateliers regionaux des sites et paysages", de âmbito regional. Este modelo organizativo foi interpretado como uma demonstração da confiança depositada pelo legislador na evolução da Administração, sem necessidade, portanto, da intervenção de um orgão da administração ambiental. Contudo, é incontornável a falta de adequação organizativa nesta matéria, visto que em muitos casos a Administração promotora do projecto coincide com a autoridade com poderes para autorizar ou aprovar o projecto. Isto é, funcionando simultaneamente

---

[297] M. PRIEUR, *Droit de l'Environnement, op. cit.*, p. 117 e ss.

como juiz e parte do procedimento de avaliação de impacto ambiental.

Existe, todavia, um caso em que o estudo de impacto está obrigatoriamente sujeito a parecer de uma entidade pública. O artigo 16.º do Decreto de 12 de Outubro de 1977 estabelece que se os trabalhos ou obras projectados afectam parques nacionais ou regionais (ou a sua periferia) os estudos ficam sujeitos ao controlo dos respectivos directores (dos parques).

7. 1. A Administração ambiental e o estudo de impacto

Por força da inexistência de um autêntico procedimento de avaliação de impacto ambiental, compete à autoridade com poderes autorizativos verificar da idoneidade da avaliação ambiental realizada.

O Decreto de 12 de Outubro de 1977 estabelece a forma de intervenção do Ministério do Ambiente nos procedimentos sujeitos a estudo de impacto, sob a forma de *saisine facultative* ou nos casos de *instruction mixte*. O Ministro do Ambiente pode conhecer, por iniciativa própria ou a pedido de qualquer pessoa física ou jurídica o estudo de impacto e emitir o respectivo parecer [298]. Todavia, com a reforma de 1993 do Decreto de 12 de Outubro de 1977 (art. 7.º), o Ministro do Ambiente, salvo quando os prazos da instrução do procedimento resultem de disposição normativa, deve emitir o seu parecer antes da abertura da *enquête publique* (desde que esta não tenha tido ainda lugar) e da autorização ou aprovação da obra [299]. Em princípio, a intervenção do Ministro do

[298] Art. 7.º do Decreto de 12 de Outubro de 1977. Cfr. M. TURLIN e CH. LILIN, "L'expérience française", in *Aménagement et Nature,* nº 102, 1991, p. 5.

[299] O Ministro dispõe de trinta dias para o efeito, podendo ser alargado o prazo para sessenta dias. Esta alteração introduzida pelo Decreto de 25 de Fevereiro de 1993 visou dar cumprimento ao art. 6.º da Directiva 85/337/CEE.

Ambiente tem carácter facultativo, mesmo no caso de se ter formulado uma petição nesse sentido [300].

Outra forma de intervenção da Administração ambiental, central ou regional, é o procedimento de instrução mista instituído pela Lei de 9 de Novembro de 1952 e regulado pelo Decreto n.º 55-1064, de 4 de Agosto de 1955. Este procedimento prevê uma conferência interadministrativa e aplica-se a certas categorias de projectos segundo a sua natureza e custo. Trata-se essencialmente de grandes projectos públicos, auto-estradas, instalações de produção e distribuição de energia, portos, etc.

Mesmo nos casos excepcionais em que o parecer é obrigatório, isso em nada afecta os seus efeitos e nem por isso adquire natureza vinculante para o órgão que toma a decisão final, nem sequer implica a interrupção do procedimento [301]. Esta interpretação do Conselho de Estado não é susceptível, em nossa opinião, de ser alterada, a pretexto da nova redacção dada ao artigo 7.º pelo Decreto 93-245, de 25 de Fevereiro de 1993.

8. Controlo jurisdicional

A jurisprudência administrativa francesa tem mostrado alguma atenção no que toca ao controlo dos estudos de impacto ambiental. Com efeito, a própria aplicação temporal

---

A *saisine ministérielle* passa, assim, a apresentar um carácter suspensivo.

300 No que se refere à notícia de impacto a possibilidade de "saisine falcultative" não existe.

301 O Conselho de Estado, num recurso interposto pela "Association de défense de la qualité de la vie du Val-de-Loire", declarou em 1982 que o parecer do Ministério do Ambiente estava desprovido de qualquer efeito jurídico sobre o desenvolvimento do procedimento, não tendo, portanto, qualquer influência sobre o acto final. Cfr. C. ROURA, *op. cit.*, p. 124.

da Lei de 10 de Julho de 1976 suscitou os primeiros pleitos dirimidos pelo Conselho de Estado [302].

Contudo, é, sem dúvida, o controlo realizado sobre o conteúdo e seriedade dos estudos que tem avolumado o contencioso nos tribunais administrativos e no próprio Conselho de Estado. Trata-se nestes casos de controlar a suficiência e completude do estudo de impacto, à luz da importância da obra e dos seus efeitos sobre o ambiente [303]. Daí que, como já se referiu noutra parte deste trabalho, o Conselho de Estado se socorra dos princípios da proporcionalidade e da seriedade para exercer com eficácia o respectivo controlo jurisprudencial sobre o conteúdo dos estudos de impacto [304]. Com efeito, a estreita relação conceptual do poder discricionário com a ponderação-comparação entre interesses divergentes na fase instrutória e com a análise custos-benefícios torna adequada, para o juiz francês, a "teoria do bilan" como mecanismo de controlo do poder administrativo de avaliação ambiental. Esta teoria criada pelo Conseil d'Etat francês [305] tenta desenvolver uma ponderação da qualificação jurídica do interesse geral [306] através do equilíbrio entre os interesses

---

[302] Pronúncia do Conselho de Estado de 18 de Maio de 1977, em que se recusa a pretensão de uma associação de ver suspensa a execução de uma decisão do Prefeito, com base no procedimento de urgência previsto no art. 2.º da Lei de 1976.

[303] Podemos neste ponto constatar uma jurisprudência abundante do Conselho de Estado e dos Tribunais Administrativos inferiores.

Quanto aos Tribunais Administrativos: T. A. de Limoges, 1 de Fevereiro de 1983 (sobre exploração de uma mina de urânio); T. A. de Grenoble, 8 de Junho de 1984 (criação de suínos); T. A. de Strasbourg, 3 de Agosto de 1989 (sobre águas superficiais afectadas por uma exploração mineira); T. A. de Pau, 2 de Dezembro de 1992 (sobre a construção do túnel de Somport); T. A. de Nantes, 15 de Outubro de 1992 (relativo a uma pocilga), in *R.J.E.*, n.º 1, 1993, p. 101 e ss.; T. A. de Rouen, de 8 de Junho de 1993 (Installation Classée), in *R.J.E.*, n.º 1, 1994, p. 67 e ss.

[304] Na base da actuação deste mecanismo de controlo jurisdicional está o princípio básico da razoabilidade da actividade administrativa, regra que faz apelo ao *bon sens*. Neste sentido M. PRIEUR, *Droit...*, *op. cit.*, p. 214.

[305] Especialmente o *arrêt Ville de Limoges*. Cfr. a obra colectiva *Melanges offerts a M. Waline, Le juge et le droit*, II, Paris, 1974. Recentemente, *vide* M. FROMONT, "Le principe de proportionalité, *op. cit.*, p. 156 e ss. esp. p. 161 e ss.

[306] S. KTISTAKI, *op. cit.*, p. 352.

afectados, quer valorando correctamente os diferentes interesses públicos em jogo [307], quer ponderando os possíveis interesses privados concorrentes. Não é, portanto, difícil verificar a coincidência entre este particular mecanismo de controlo e a dinâmica interna do procedimento de autorização.

A referida técnica, ao supor uma ponderação de interesses, produz sempre uma hierarquização dos valores [308], a que o juiz não é alheio. A técnica *du bilan* acentua, sem dúvida, o controlo jurisdicional sobre os efeitos que projectos e planos podem ter sobre o ambiente da zona afectada [309]. Outros aspectos da avaliação ambiental foram igualmente objecto de decisões dos Tribunais. Entre eles, merece referência a ausência do estudo de impacto, a delimitação conceptual entre — estudo de impacto e notícia de impacto —, bem como a determinação do âmbito material do instituto de avaliação [310].

A responsabilização da Administração pelos danos causados por autorizações concedidas com base na falta de estudos de impacto, quando obrigatórios, ou na sua insuficiência, merece a nossa atenção. Porém, é bom notar que o objecto do recurso é o acto autorizativo e não o estudo de impacto, que é simplesmente um documento administrativo preparatório da decisão e não um acto administrativo em si mesmo.

O controlo contencioso da jurisdição administrativa francesa desenvolveu-se nos casos tipificados — ausência ou insuficiência do estudo — a um nível formal (legalidade) e substancial (mérito), passando pelo procedimento de "sursis à exécution automatique".

Ao abordarmos o contencioso administrativo em matéria de avaliação ambiental, importa começar com uma breve

---

307 C. FERRER, "Sobre el control de la discrecionalidad en la potestad reglamentaria", in *R.A.P.*, n.º 116, 1988, p. 103.

308 A. HOLLEAUX, "La jurisprudence du bilan" *op. cit.*, p. 593.

309 S. KTISTAKI, *op. cit.*, p. 384.

310 C. E., 26 de Julho de 1978; C. E., 23 de Maio de 1980; C.E., 21 de Janeiro de 1983 e 17 de Janeiro de 1987. Cfr. R. MORENO, *op. cit.*, p. 115, nota 445.

referência à legitimação das associações de defesa do ambiente e ao recurso por excesso de poder.

8. 1. Associações de defesa do ambiente, excesso de poder e tutela jurisdicional

A actuação das associações de defesa do ambiente no plano jurisdicional não é propriamente uma novidade, nomeadamente no que se refere aos recursos contenciosos por excesso de poder. Com efeito, a Lei de 10 de Julho de 1976 sobre a protecção da natureza prevê genericamente no seu artigo 40.º a legitimidade processual das associações de defesa do ambiente e da natureza no que concerne à defesa do ambiente e, particularmente, em matéria de avaliação ambiental. O legislador francês não foi, porém, generoso quanto ao reconhecimento jurídico [311] destas associações, estabelecendo para o efeito uma série de requisitos – existência mínima de três anos, um funcionamento conforme aos estatutos, o exercício de actividades desinteressadas e garantias suficientes de organização [312].

Apesar da abertura há muito manifestada pelo Conselho de Estado [313], a verdade é que os pórticos do foro jurisdicional

---

311 Sobre a litigiosidade respeitante ao reconhecimento das associações de defesa do ambiente. Cfr. M. PRIEUR, "L'agrément des associations de protection de l'environnement et du cadre de vie, procedure et bilan provisoire", in *Les Associations, l'Environnement et le Droit*, Paris, 1984, p. 59 e ss.

312 As dificuldades hermenêuticas que estes conceitos levantaram deram lugar a um novo contencioso. Cfr. Y. PITTARD, "La practique de l'agrément des associations, présentation des premiers résultats d'une enquête régionale", in *Les Associations, l'Environnement et le Droit, op. cit.*, p. 65 e ss. O projecto de lei de GIANNINI sobre os "entes privados de interesse público" para a defesa do ambiente parece ter-se inspirado no modelo associativo francês.

313 C. E., 17 février 1950, Ministre de l'Agriculture c/ Dame Lamotte. Rec., p. 110. Segundo esta sentença, o recurso por excesso de poder é, perante o juiz administrativo, "ouvert même sans texte", tendo como efeito assegurar, em conformidade com os princípios gerais de direito, o respeito da legalidade. Todavia, o Conselho de Estado não quis fazer deste recurso uma acção popular, limitando a sua admissibilidade. Cfr. S. RAYMOND, "En matière de défense de l'environnement:

se têm revelado estreitos em matéria de legitimidade das associações de defesa do ambiente [314]. Com efeito, a noção de interesse em agir é essencial no contencioso administrativo, sendo mesmo uma das condições da admissibilidade do recurso. A orientação mais sensível do Conselho de Estado reconhece interesse em agir às associações na medida em que o acto recorrido atenta contra os interesses colectivos correspondentes ao seu escopo social. Portanto, o Conselho de Estado admite a legitimidade das associações apenas nos limites pertinentes ao seu fim, numa interpretação restritiva do princípio da especialidade das pessoas colectivas [315]. Em síntese, a legitimidade das associações radica na defesa dos interesses colectivos definidos nos seus estatutos [316].

No que toca ao contencioso por excesso de poder, um aspecto relevante é o de que o interesse para agir da associação é apreciado em função das conclusões do requerimento, que tende necessariamente à anulação do acto administrativo. Quando o acto, de que o recorrente demande a anulação, concerne directa e imediatamente à associação, a admissibilidade da acção não oferece dúvidas. Assim, uma associação tem legitimidade para contestar uma decisão administrativa quando

---

la qualité pour agir des associations et le recours pour excès de pouvoir", in *R.J.E.*, n.º 4, 1991, p. 453.

[314] A Lei de 8 de Janeiro de 1993, relativa à protecção da paisagem, veio reforçar o papel das associações em matéria de consulta e concertação, mas não veio resolver o seu défice processual. Neste aspecto, como vimos, a Lei n.º 95-101 de Fevereiro de 1995 revelou-se mais decisiva ao admitir a legitimidade das associações ambientalistas, mandatadas para o efeito, interporem uma acção conjunta de reparação (cfr. o novo artigo L. 252-5 du Code rural).

[315] J. RAYMOND, "En matiére de défense de l'environnement: la qualité pour agir des associations et le recours pour excès de pouvoir", *op. cit.*, p. 455.

[316] C. E., 28 de Outubro de 1987. Association pour la défense des sites et paysages. Cfr. J. RAYMOND, *op. cit.*, p. 455. Todavia, esta orientação está em vias de ser revista, pelo menos em matéria urbanística (P.O.S.), uma vez que a nova Lei Bosson, Lei n.º 94-112, de 9 de Fevereiro de 1994, vem agora admitir que as associações de defesa do ambiente tutelam o interesse geral e não apenas interesses colectivos, alargando desta forma a sua legitimidade. Cfr. F. BOUYSSOU, "Nouvelles dispositions en matière d'urbanisme", in *A.J.D.A.*, 1994, p. 208 e ss.; R. ROMI, "Droit de l'environnement: l'épreuve de l'alternance", *op. cit.*, p. 1200.

lhe é recusado o benefício contemplado no artigo 40.º da Lei de 10 de Julho de 1976, sempre que está posta em causa a sua existência, as condições do seu funcionamento ou da sua actividade [317].

Dizer que o interesse é apreciado em relação às conclusões da petição, significa que não pode ser apreciado em função dos meios contenciosos. Desde o momento em que o juiz reconhece legitimidade à associação, esta pode fazer valer contenciosamente todos os meios úteis [318]. O processo U.R.D.E.N. é particularmente característico. Num primeiro momento o Conselho de Estado descreve o acto impugnado; em seguida cita os estatutos do recorrente e deduz da aproximação das duas leituras que "l'intérêt invoqué par la association requérante n'est pas de nature à lui donner qualité pour demander l'annulation de l'arrêté ci-dessus analysé" [319]. O redactor da sentença precisou que a matéria tratada aqui é a do recurso por excesso de poder e o interesse em agir aprecia-se sempre em função das conclusões da *requête*.

Para aplicação destes princípios, o juiz administrativo enunciou um certo número de requisitos, que fundamentam o reconhecimento da vocação contenciosa das associações de defesa do ambiente. Os motivos considerados pelo Conselho de Estado como necessários para fundar a legitimidade das associações são de duas espécies: a) o acto impugnado pelas

---

[317] R. CHAPUS, *Droit du Contentieux Administratif*, Paris, 1995, p. 298.

[318] Na verdade, a doutrina tem entendido que é cada vez mais necessário substituir a natureza das conclusões, que podem variar, pelo objecto do contencioso. Cfr. S. DOUMBLÉ-BILLÉ, "Recours pour excès de pouvoir et recours de plein contentieux", in *A.J.D.A.*, 1993, p. 10; cfr. J. CL. HÉLIN, "La protection du citoyen contre l'administration. Réflexion sur l'évolution contemporaine des voies de la protection", in *L.P.A.*, 1990, p. 9 e ss.; R. DRAGO, "Les cours administratives d'appel", in *R.F.D.A.*, 1988, pp. 201-202.

A reforma de 1995 (Lei n.º 95-125 de 8 de Fevereiro de 1995) parece ir no mesmo sentido. Cfr. D. CHABANOL, "Un printemps procédural pour la juridiction administrative", in *A.J.D.A.*, 1995, p. 390 e ss.

[319] C. E., 26 de Julho de 1985, Union régionale pour la défense de l'environnement et la nature, de la vie et de la qualité de la vie en Franche-Comté, in J. RAYMOND, *op. cit.*, p. 456, nota 11.

associações não pode ser estranho ao seu objecto social; b) reconhecimento da congruência entre os interesses associativos e o acto questionado.

Quanto à primeira hipótese, o juiz exige que haja uma relação directa entre os interesses colectivos da associação e o acto em causa. Isto é, os interesses devem ser directamente ameaçados pelo acto. Isto significa que uma associação, que tenha como fim estatutário a defesa da fauna e da flora ou se quisermos das componentes naturais, não tem legitimidade para atacar o licenciamento de uma obra no centro de uma cidade [320]. Em conclusão, se o juiz não descortina uma ligação directa entre os efeitos, no ambiente urbano, do acto e a protecção dos espaços naturais, não é reconhecida legitimidade às associações de defesa do ambiente. Como foi salientado, esta exigência pode conduzir a soluções muito restritivas. Por exemplo, uma associação que tenha como escopo a defesa "de espaços naturais que apresentem um interesse especial" pode ver-lhe recusada a respectiva legitimidade para impugnar uma licença de construção de um edifício nas margens de uma zona urbanizada.

Mais, o juiz não considera senão os efeitos imediatos do acto impugnado. A orientação jurisprudencial mantém-se também aqui severa e redutora [321]. Assim, a construção de um túnel no centro da cidade, cuja realização obrigaria ao derrube de árvores centenárias, não pode ser impugnada por este motivo. Entende o juiz francês que a referida obra não tem por efeito autorizar o abate de árvores, uma vez que uma tal autorização resulta de uma decisão fundada numa legislação distinta. Não basta às associações o estabelecimento de uma

---

320 C. E., 25 mai 1990, Bauret n.º 104519, T., in J. RAYMOND, *op. cit.*, p. 458.

321 Esta orientação jurisprudencial tem os dias contados, na medida em que o art. 2.º do Decreto de 12 de Outubro de 1977, com a redacção dada pelo Decreto de 25 de Fevereiro de 1993, na linha das alterações à Directiva 85/337/CEE, prevê agora a análise dos efeitos indirectos, temporários e permanentes do projecto. Cfr. CH. HUGLO, "Le contentieux de l'environnement, nouvelles dimensions, nouvelles stratégies", in *R.J.E.*, n.º especial, 1995, p. 85.

ligação directa e imediata entre o seu objecto e o acto, é necessário também uma relação estreita entre a sua vocação estatutária e o alcance do acto.

Na segunda hipótese, a associação nem sempre é vista como a entidade mais vocacionada para defender os interesses em causa. Há situações em que o Conselho de Estado estimou que a Federação francesa das "associações" de protecção da natureza não estava habilitada a substituir-se às associações para atacar as decisões que respeitam a uma delas apenas [322]. Neste caso o Conselho de Estado não reconhece às federações a possibilidade de atacar um acto que interessa apenas a uma parte dos seus membros, nomeadamente àqueles que estão organizados em associações territorialmente mais próximas do lugar que sofreu o impacto do acto impugnado. Parece, assim, privilegiar-se as associações de âmbito regional e local em detrimento das de âmbito nacional.

Em sentido inverso deparamos com situações em que o Conselho de Estado considerou que uma associação local ou regional não tem legitimidade para impugnar um acto cujos efeitos sejam nacionais [323]. Dos exemplos referidos resulta que o Conselho não reconhece legitimidade às associações que visem, com o recurso, um fim contencioso situado *en deçà ou au-delà* da sua "especialidade" jurídica ou geográfica [324].

Todavia, exemplos há em que é reconhecido o interesse para agir às associações, mesmo quando a ligação directa entre o fim estatutário e o acto impugnado não seja evidente, desde que ambos (interesses e acto) pertençam ao mesmo "círculo", para utilizar a imagem do comissário Chenot [325].

---

[322] C. E., 15 janvier 1986, Fédération française des societés de protection de la nature, n.º 48271, T., in J. RAYMOND, *op. cit.*, p. 459.

[323] J. RAYMOND, *op. cit.*, p. 160.

[324] Todavia, é nosso entendimento que a jurisprudência francesa não deixará de ter em conta a Lei n.º 95-101 de 2 de Fevereiro, que veio reforçar o papel das associações de defesa do ambiente, particularmente a nível jurisdicional.

[325] J. RAYMOND, *op. cit.*, p. 460.

Para concluir, diríamos que o Conselho de Estado não reconhece grande autonomia ao direito do ambiente, pelo que a legitimidade das associações de defesa de ambiente não ganha qualquer especificidade relativamente a associações com um fim estatutário diferente.

8. 2. Procedimento de "*sursis à exécution automatique*" do acto administrativo e controlo substancial

Dadas as conotações procedimentais da disciplina francesa, é no momento do exercício da tutela jurisdicional que se pode verificar quanto e como o sistema tem recebido a obrigação de "prise en compte de l'environnement". A exigência do estudo de impacto recebe no plano contencioso uma sanção imediata. Na ausência do estudo " (...) la juridiction saisie fait droit à la demande de sursis à exécution de la décision attaquée, dès que cette absence est constatée selon une procédure d'urgence" (art. 2.°, 2.° parágrafo, da Lei n.° 76/629). Este preceito estabelece, assim, um procedimento contencioso excepcional de suspensão automática do acto administrativo no caso de ausência de estudo de impacto [326].

---

[326] Este procedimento só se aplica aos estudos de impacto e não às notícias de impacto. No que se refere às notícias é possível utilizar o "sursis à exécution" de direito comum, que exige a existência de motivos sérios de anulação e a ponderação de um prejuízo dificilmente reparável. Com este procedimento especial pretende-se evitar situações de impotência perante as denominadas *coup partis* produzidas por decisões judiciais tardias e, portanto, especialmente danosas para o ambiente.

Este mecanismo constitui uma excepção ao princípio da não suspensão dos recursos que rege o direito francês. Com efeito, distintamente do procedimento de suspensão do direito comum, este mecanismo configura-se como uma modalidade automática de suspensão, eximindo-se o juiz do dever de valorar o carácter dificilmente reparável do prejuízo que potencialmente ocorreria com a execução do projecto. Desta forma, o mecanismo da suspensão do projecto pode desencadear-se por duas vias, isto é, através do procedimento comum regulado pelo Código dos Tribunais Administrativos, ou então recorrendo à suspensão automática do art. 2.° da Lei de 1976. Neste sentido, é elucidativo o comentário de J. RAYMOND à sentença do Tribunal Administratif de Strasbourg, de 26 de Setembro de 1984, in *R.J.E.*, 1985, p. 54. Mais recentemente T. A. de Strasbourg, de 20 de Julho de 1993, in *R.J.E.*, 1995, pp. 135 e 136; T. A. de Nantes, de 23 de Março de 1994, in

Segundo esta norma bastaria a constatação da falta de estudo de impacto para que o tribunal possa decretar a suspensão do respectivo projecto [327]. Todavia, colocam-se aqui delicados problemas hermenêuticos relativamente aos casos de insuficiência dos estudos. Com efeito, não é a ausência de estudo de impacto que constitui a questão contenciosa por excelência nesta matéria, mas a interpretação extensiva do referido preceito, com a consequente análise do seu conteúdo [328].

Vejamos o problema mais de perto. Em geral o juiz administrativo é levado a estabelecer que a ausência de um estudo de impacto *ratione materiæ* é considerado como "ausência jurídica" e, portanto, acaba por abranger todos os casos em

---

R.J.E., 1995, p. 109 e ss.; T. A. de Lyon, 28 de Março de 1995, in *R.J.E.*, n.º 2, 1995, pp. 325-326. A recente reforma do contencioso administrativo (loi n.º 95-125 du 8 février 1995) não parece ter introduzido grandes alterações neste domínio. Com efeito, o art. L. 10 do Código institui apenas uma medida de suspensão provisória de um acto administrativo (três meses) contra o qual foi feito um pedido "de sursis à exécution". Findo este período os efeitos desaparecem se não foi entretanto tomada qualquer decisão. Cfr. D. CHABANOL, "Un printemps procédural pour la juridiction administrative", *op. cit.*, p. 389. Este artigo parece ter-se limitado a criar um procedimento redundante com o "procédure de sursis à exécution ordinaire". *Vide* ainda P. FRAISSEIX, "La réforme de la juridiction administrative par la loi n.º 95-125 du 8 février 1995 relative à l'organisation des juridictions et à la procédure civile, pénale et administrative", in *Revue du Droit Public,* n.º 4, 1995, p. 1077 e ss. Por último, R. HANICOTTE, "Les sursis à exécution: point névralgique de la protection de l'environnement", in *Revue du Droit Publique,* n.º 6, 1995, p. 1581 e ss. Cfr. ainda a *RJE,* n°s 1 / 2, 1996 (Jurisprudência).

Este estudo é particularmente interessante, dando-nos conta das oscilações minimalistas do *Conselho de Estado* no que toca ao conteúdo do estudo de impacto, baseando-se para o efeito na "alínea" 3 do art. 2.º da Lei de 10 de Julho de 1976.

[327] R. HANICOTTE, *op. cit.*, p. 1586 e ss., salienta que o carácter derrogatório do art. 2.º da Lei de 10 de Julho de 1976 ao regime comum assenta em dois pressupostos: "la dispense à la fois de la preuve du moyen sérieux et de la preuve du préjudice difficilement réparable" (p. 1586). O *prejuízo dificilmente reparável* deve ser entendido como um *prejuízo dificilmente reversível.* Segundo este autor, *op. cit.*, p. 1587, a automaticidade do *sursis à exécution* apresenta algumas limitações, nomeadamente não dispensa o recurso de anulação contra uma autorização ou uma decisão de aprovação de um projecto.

[328] Para os projectos sujeitos a *enquête publique* é igualmente possível a suspensão de uma decisão adoptada contra as conclusões desfavoráveis do comissário (art. 6.º da Lei de 1983), ainda que não opere de forma automática. Impõe-se aqui, todavia, a presença de motivos sérios para a anulação, motivos esses invocados no recurso.

que o estudo, ainda que formalmente existente, é demasiado sumário. Porém, importa distinguir o caso de insuficiência do estudo, que é assimilado à inexistência, da hipótese de insuficiência qualitativa de algumas partes do estudo. Este último deve ser visto com outra atenção porque facilmente confinante com um verdadeiro e próprio controlo de mérito, exercitado sobre o conteúdo dos estudos de impacto [329]. No primeiro dos dois casos, que a doutrina define como "controlo formal" dos estudos de impacto, é sabido que a Lei de 1976 delineou um conteúdo mínimo dos estudos [330]. Por sua vez, o Decreto de 12 de Outubro de 1977 veio acrescentar um quarto requisito relativo às razões que, do ponto de vista ambiental, conduziram à escolha do projecto apresentado. Esta disposição normativa, ainda que descarnada de densidade jurídica, permitiu à jurisprudência ampliar o conceito de *inexistência* do estudo a todos aqueles casos em que o estudo, ainda que formalmente existente, não contenha o conteúdo mínimo referido [331]. Ao juiz pede-se que verifique da regularidade do documento em relação às diferentes dimensões do seu conteúdo e que está na base do acto impugnado. Resulta, por isso, que, quando falte um elemento essencial ao estudo de impacto, o juiz adminis-

---

329 Com efeito, numa leitura formalista do art. 2.º da Lei de 1976, seria suficiente a apresentação de uma folha apenas sobre o estudo de impacto para que se contornasse o procedimento de suspensão automática do acto. Logo, a lide não versará especialmente sobre a presença ou não de um documento rotulado de estudo de impacto, mas sobretudo sobre a completude e seriedade do estudo.

330 O conteúdo mínimo refere-se à análise do estado inicial do local e do ambiente circundante, a um estudo das modificações no ambiente que o projecto acabará por determinar, previsão de medidas destinadas a evitar, reduzir e, se possível, compensar as consequências danosas para o ambiente – art. 2.º, 3.º parágrafo da Lei de 1976.

331 C. E., 11 de Fevereiro de 1983, Mme Coutras, in *R.J.E.*, 1983, p. 128; C. E., 17 de Junho de 1983, Commune de Montfort et autres, in *R.J.E.*, 1984, p. 53; C. E., 29 de Junho de 1984, Association "Comité de sauvegarde des sites et de l'environnement de Roquefort-les-Pins", in *R.J.E.*, 1984, p. 234; C. E., 16 de Janeiro de 1987, Commune de Gifsur-Yvette, in *A.J.D.A.* 1987, p. 430; C. E., 31 de Março de 1989, Mme. Gérard Coutras, in *R.J.E.*, 1989, p. 455. Mais recentemente C. E., 29 de Junho de 1994, Société ITM entreprise; C. E., 29 de Julho de 1994, M. Mme Dumont; C. E., 23 de Março de 1994; C. E., 21 de Outubro de 1994, Fédération Rhône-Alpes de protection de la nature, in *R.J.E.*, n.º 2, 1995, p. 327 e ss.

trativo deverá considerar que este último e o procedimento respectivo padecem de um vício substancial, sendo o acto final obviamente ilegítimo [332].

Numa sentença recente do Conselho de Estado [333] e nas concordantes conclusões do Comissário do Governo vingou a orientação de um controlo substancial, e não apenas formal, sobre a suficiência e completude dos requisitos a que deve obedecer a elaboração de um estudo de impacto [334]. Foi considerado que, no projecto de abertura de uma mina de urânio, o estudo de impacto não podia limitar-se a um exame sumário das perturbações ambientais previsíveis. Impunha-se também uma análise precisa e quantificada do aumento do ruído, do movimento dos materiais de laboração, do nível de radioactividade, bem como uma previsão das consequências de tal fenómeno sobre os equilíbrios biológicos, a saúde e a salubridade públicas [335]. O Conselho de Estado concluiu que o estudo de impacto padecia de insuficiências substanciais, pelo que não satisfazia as condições postas pela lei.

Assoma aqui, quase automaticamente, o delicado problema do conteúdo e limites do poder do juiz administrativo naquilo a que chamamos "controlo substancial" dos estudos de impacto. Controlo que atende não só à mera regularidade formal dos estudos, mas também à sua qualidade científica e técnica. A valoração da insuficiência do estudo de impacto comporta necessariamente uma apreciação qualitativa. Tanto

[332] CH. HUGLO, *op. cit.*, p. 294; M. PRIEUR, "Les études d'impact et le contrôle du juge administratif en France", *op. cit.*, p. 31.

[333] 7 de Março de 1986, Ministre de l'Industrie c. Cogema & Flepna, in BORGONOVO RE, "La valutazione d' impatto ambientale in Francia", in S. NESPOR e L. DE CESARIS, *La valutazione di impatto ambientale* Milano 1991, p. 137.

[334] Segundo as palavras do comissário "para controlar a suficiência de um estudo de impacto não basta a apresentação formal do documento — estudo de impacto, sendo igualmente necessário que ele contenha uma análise séria dos quatro pontos enumerados no art. 2.º do Decreto de 12 de Outubro de 1977, in *R.J.E.*, 1986, p. 283. Já para a Administração, segundo as palavras de J. CAILLOSSE, "Enquête publique et protection de l'environnement", *op. cit.*, p. 164, trata-se de uma formalidade a cumprir o mais depressa possível.

[335] Cfr. BORGONOVO RE, *op. cit.*, p. 138.

assim é que a jurisprudência francesa não hesitou em pronunciar-se sobre a consistência dos estudos, os quais deveriam ter "dimensões" proporcionais à importância dos projectos [336].

Como já foi salientado, o juiz administrativo recorre, na aplicação da suspensão automática do acto, às exigências configuradas na lei (art. 2.º da Lei de 1976) para avaliar da suficiência e consistência dos estudos de impacto. O juiz verifica, em primeiro lugar, se o estudo está completo, se é preciso e sério. Posteriormente, utiliza, com base no artigo 2.º/1 do Decreto de 1977, o princípio da proporcionalidade, valorando se o estudo de impacto está dimensionado de acordo com a natureza e importância dos trabalhos e projectos e a sua incidência sobre o ambiente [337]. Isto significa que o estudo de impacto deverá ser mais profundo e consistente quando se trata de obras cuja realização causa previsivelmente impactos significativos no ambiente.

Por outro lado, uma boa parte da jurisprudência considera também que a insuficiência qualitativa do estudo de impacto pode viciar a decisão final por erro manifesto na apreciação dos pressupostos [338]. Nestes casos, o juiz administrativo tende a verificar se os projectos sujeitos a estudo de impacto não contêm um erro manifesto relativamente à protecção dos interesses previstos no artigo 1.º da Lei de 1976.

Nas sentenças mais recentes dos Tribunais Administrativos deparamos frequentemente com o controlo substancial

---

[336] Nesta perspectiva não são considerados aceitáveis estudos que se limitem a uma apresentação genérica e vaga de uma operação, sem fazer referência a factos precisos e verificáveis. O juiz exige nestes casos análises sérias e não exclusivamente descritivas, imprecisas ou superficiais. Cfr. BORGONOVO RE, *op. cit.*, p. 138.

[337] O recurso ao princípio da proporcionalidade recebeu novo alento com a nova redacção dada pelo Decreto n.º 93-245 de 25 de Fevereiro ao n.º 2 do art. 2.º do Decreto n.º 77-1441 de 12 de Outubro de 1977. Cfr. M. HUON DE KERMADEC, "Le décret du 25 février 1993 relatif à la réforme des études d'impact: intégration du droit européen et incertitudes persistantes", in *La Semaine Juridique,* n.º 15, p 3754.

[338] T. A. de Nantes, 6 de Março de 1980, in CH. HUGLO, *op. cit.*, p. 294.

do conteúdo dos estudos de impacto [339]. Em suma, as lacunas deixadas em aberto pelo legislador têm sido lentamente colmatadas pela jurisprudência, por forma a garantir uma tutela efectiva do ambiente.

Importa ainda fazer uma breve suspensão reflexiva no que diz respeito à técnica procedimental utilizada em sede de suspensão automática do acto. Com efeito, o artigo 2.º da Lei de 1976 introduziu a necessidade de que a constatação da "ausência" do estudo de impacto se faça através de um procedimento de urgência, de modo a impedir que as normais dilações processuais conduzam à realidade dos factos consumados. Neste sentido, o Conselho de Estado tem-se pronunciado sobre a possibilidade de utilização indistintamente dos procedimentos *référé* e *constat d'urgence* [340]. Estes procedimentos têm um alcance limitado, especialmente o primeiro, o que motivou sérias dúvidas sobre a utilidade da *procédure d'urgence* contemplada no artigo 2.º da Lei de 10 de Julho de 1976. As perplexidades suscitadas por esta norma foram de certo modo superadas com o Decreto n.º 88-907, que veio ampliar a possibilidade de recurso. Pretendeu-se, assim, eliminar alguns obstáculos à sua operatividade, bem como facilitar o recurso contencioso, nomeadamente às associações de defesa do ambiente. Permanecem, contudo, algumas críticas quanto à eficácia do mecanismo de suspensão automática do acto e aos prazos que os tribunais administrativos dispõem para o seu pronunciamento [341].

---

339 Na sentença do Tribunal Administrativo de Amiens, de 20 de Novembro de 1992 — Association Aisne-Environnement, in *R.J.E.*, n.º 4/1993, pp. 577 e ss., o juiz exercita o controlo formal e material do estudo de impacto. O juiz verifica se o documento contém todos os elementos exigidos, para, posteriormente, constatar, com base no princípio da proporcionalidade, a adequação do conteúdo do estudo de impacto à finalidade da operação.

340 J. RIVERO, *Droit Administratif*, Paris, 1990, p. 281 e ss. Criticamente R. HANICOTTE, *op. cit.*, p. 1596 e ss.; C. BOITEAU, "Le juge unique en droit administratif", in *R.F.D.A.*, 1996, p. 13 e ss.

341 B. TOULEMONDE, Le droit des associations à l'information et à la participation en matière d'urbanisme et d'environnement", in *Les Associations...*,

Importa, por último, abordar o problema da individualização das categorias de obras excluídas da sujeição ao procedimento de avaliação de impacto ambiental em razão da sua natureza, dimensão e custo financeiro. Também aqui o Conselho de Estado numa sentença de 16 de Janeiro de 1987 [342] reflectiu sobre a noção de "programa de realização fraccionada" (art. 3.º/3 do Decreto de 1977). A norma prevê que sejam subtraídas à obrigação de elaborar um estudo de impacto as obras cujo custo seja inferior a seis milhões de francos [343], precisando que em caso de realização fraccionada das mesmas o custo a considerar é referido ao programa no seu todo. As noções de obras distintas e de programa de realização fraccionada são, na verdade, imprecisas. O Conselho de Estado tem vindo a entender e a precisar que a aquisição de um terreno e a sua consequente utilização não são dissociáveis, constituindo antes uma única operação, cujo custo global deve ser considerado para efeitos de aplicação das normas sobre impacto ambiental. Na referida sentença, o Conselho de Estado exprimiu o seu juízo sobre um complexo programa de renovação de um centro urbano. Embora tenha admitido o seu fraccionamento em várias operações, reservou ao controlo jurisdicional o poder de verificar da natureza autónoma ou não das obras envolvidas na realização do programa, tendo em atenção a sua sujeição ao estudo de impacto. Esta corrente jurisprudencial tem permitido ir além das meras roupagens formais apresentadas pelos projectos, para permitir uma análise séria e circunstanciada das

---

op. cit., p. 38. Sobre a reforma do contencioso administrativo, *vide* D. CHABANOL, *op. cit.*, p. 388 e ss.

[342] C. E., 16 de Janeiro de 1987, Commune de Gifsur-Yvette, in *A.J.D.A.*, 1987, p. 430.

[343] Com a alteração introduzida neste artigo pelo Decreto n.º 93-245, de 25 de Fevereiro de 1993, o montante foi elevado para doze milhões de francos. Segundo R. HANICOTTE, *op. cit.*, p. 1587, o estudo de impacto resulta de uma obrigação implícita quando o custo total da obra é superior à quantia referida, bem como nos casos de trabalhos não expressamente dispensados de avaliação ambiental.

relações entre as obras e o programa com vista a apurar o impacto ambiental global.

Capítulo III

O PROCEDIMENTO DE AVALIAÇÃO DE IMPACTO AMBIENTAL EM ESPANHA

1. Considerações preambulares

Devemos começar por referir que o legislador espanhol, contrariamente ao fixado na Directiva comunitária (art. 2.º/1) e nos modelos comparados [344], não introduziu na legislação em vigor [345] o princípio geral de sujeição a avaliação ambiental. Segundo este princípio ou cláusula aberta "os projectos que possam ter um impacto significativo no ambiente, nomeadamente pela sua natureza, dimensões ou localização, ficam submetidos à avaliação dos seus efeitos" (art. 2.º/ 1 da Directiva 85/ 337/ CEE).

A ausência de referência expressa a "incidências significativas" do projecto no ambiente é comum na legislação das Comunidades Autónomas. No entanto, em algumas delas

---

[344] Cfr. a lei alemã de 12 de Fevereiro de 1990 e a Town and Country Planning (Assessment of Environmental Effects) Regulations 1988, (SI N 1199), art. 4.º, e a lei portuguesa de avaliação de impacto ambiental (Dec. Lei n.º 186/90, art. 2.º 1).

[345] O regime jurídico de avaliação de impacto ambiental está consagrado no Real Decreto Legislativo 1302/1986, de 28 de Junho, que transpôs a Directiva para o ordenamento espanhol e no Real Decreto 1131/88, de 3 de Setembro, que veio regulamentar o diploma básico. Secundariamente poder-se-ia referir a Lei 25 / 1988, de 29 de Junho (de Carreteras), BOE de 30 de Junho de 1988, regulamentada pelo Real Decreto 1.812 / 1994, de 24 de Setembro, BOE de 23 de Setembro (Regulamento General de Carreteras).

autoriza-se que o Conselho de Governo possa submeter a avaliação de impacto outro tipo de projectos, desde que apresentem repercussões ambientais significativas, além das exigidas pela legislação estatal [346]. À parte determinadas alusões gerais no preâmbulo do Real Decreto Legislativo 1302 / 1986, existem muito poucas referências no texto normativo a este princípio. O art. 2.°, alínea c) do Real Decreto Legislativo, que trata do estudo de impacto ambiental, diz que este deverá conter medidas para reduzir, eliminar ou compensar os efeitos ambientais significativos.

Acresce que o Real Decreto Legislativo 1302/ 1986 não faz menção alguma aos critérios apontados pela Directiva para determinar as incidências ou repercussões negativas sobre o ambiente: natureza, dimensões e localização [347]. A legislação estatal inclui, todavia, estes critérios, caso a caso, juntamente com a lista de requisitos que o estudo de impacto deve respeitar, mas não como directrizes para determinar se um projecto pode apresentar incidências significativas no ambiente [348].

---

346 Cfr., por exemplo, Aragão, Decreto 148/1990, art. 2.°; Catalunha, Decreto 114/1988, Anexo, parágrafo 12.

347 Cfr. F. BODELON, "El medio natural y las evaluaciones de impacto ambiental" in *La Comunidad Europea y la Conservación de la Naturaleza*, Madrid, 1990, pp. 69 e 75. O anexo do regulamento introduz, no entanto, o parâmetro da "localização da obra", tornando mais pregnante o critério ecológico.

Em suma, esta lacuna é de certo modo resolvida pelo Real Decreto 1131/1988, de 28 de Setembro (Anexo II) ao fixar determinados níveis técnicos ou administrativos. Por exemplo, "a extracção a céu aberto de carvão, lenhite ou outros minerais", só está sujeita a avaliação ambiental se ultrapassar os 200.000 metros cúbicos/ano. A norma regulamentar cumpre também a função de especificar e concretizar os conceitos indeterminados do Real Decreto Legislativo, que utiliza frequentemente expressões como "grandes barragens", "instalação química integrada", etc.

348 Cfr. o art. 7.° e ss. do Real Decreto 1131/1988, que aprova o regulamento de avaliação de impacto ambiental.

O regulamento tem trinta artigos, uma disposição adicional e dois anexos. O primeiro define uma lista de trinta termos. Como se disse anteriormente, pretendeu-se clarificar vários conceitos do Real Decreto Legislativo e da Directiva comunitária, bem como proporcionar alguma orientação à Administração e aos titulares do projecto. O segundo anexo contém especificações relativas às obras, instalações ou actividades compreendidas no Anexo do Real Decreto Legislativo 1302 / 1986,

2. Projectos sujeitos a avaliação de impacto ambiental

O legislador espanhol adopta a técnica de lista positiva. Apenas os projectos incluídos no Anexo I da Directiva, mais cinco projectos do Anexo II, devem submeter-se, salvo algumas excepções, ao procedimento de avaliação de impacto ambiental. Um dos aspectos configuradores do instituto de avaliação ambiental em Espanha é o da sujeição de projectos públicos e privados [349].

O legislador adopta neste ponto uma técnica legislativa própria. Em primeiro lugar, o regulamento de avaliação de impacto ambiental, ao concretizar os conceitos indeterminados do Real Decreto Legislativo, veio constranger e limitar o alcance da lei ao fixar determinados parâmetros técnicos e administrativos [350]. Isto significa que as normas regulamen-

---

de 28 de Junho, delimitando desta forma os projectos sujeitos a avaliação de impacto ambiental.

O articulado encontra-se agrupado em quatro capítulos. O primeiro (arts. 1.º-4.º) recolhe as disposições gerais e o escopo do Regulamento. O capítulo II (arts. 5.º-22.º) refere-se à avaliação de impacto; o estudo de impacto, sua definição e o procedimento de avaliação (arts. 13.º-22.º). O capítulo III (arts. 23.º-24.º) trata dos projectos com efeitos transfronteiriços. O último capítulo recolhe as normas relativas à vigilância do projecto, certas questões sobre a responsabilidade do titular do projecto e as sanções correspondentes.

349 O art. 1.º do Real Decreto Legislativo de 1986 diz o seguinte: "os projectos, públicos ou privados, que consistem na realização de obras, instalações ou de qualquer outra actividade compreendida no anexo do presente Real Decreto Legislativo, deverão submeter-se a uma avaliação de impacto ambiental, na forma prevista neste dispositivo, cujos preceitos têm o carácter de legislação básica". Sobre este ponto, cfr. F. L. LÓPEZ BUSTOS, "Las EIA: incidencia del elemento técnico y su problemática jurídica", in *Notícias / CEE,* 1991, p. 92 e ss..

O Real Decreto Legislativo 1302/1986 apresenta um texto breve, sem grandes detalhes, ainda que em determinadas matérias a sua incidência seja apreciável, nomeadamente na determinação do órgão ambiental e na declaração de impacto ambiental. Consta de dez artigos, duas disposições adicionais e duas disposições finais. As disposições adicionais recolhem os projectos excluídos do âmbito de aplicação do Real Decreto Legislativo, bem como as excepções que se podem colocar no momento de submeter um projecto ao procedimento de impacto ambiental. No Anexo vêm definidos abstractamente os projectos sujeitos a avaliação ambiental. Entrou em vigor no dia vinte de Julho de 1988.

350 ALLI ARANGUREN, "Régimen jurídico de la evaluación del impacto ambiental (E.I.A.)", in *Revista Jurídica de Navarra,* n.º 8, 1989, p. 105 e ss.

tares, a pretexto da sua função especificadora, acabam por excluir determinados projectos do mecanismo de avaliação ambiental. Segundo o regulamento de avaliação de impacto ambiental, as actividades de extracção de carvão a céu aberto só ficam sujeitas a avaliação se atingirem os parâmetros fixados. Assim, não obstante o anexo do Real Decreto Legislativo, nem todas as extracções de carvão, lenhite ou outros minerais a céu aberto caem dentro do seu âmbito material de aplicação [351].

Por outro lado, o legislador adoptou o critério de ampliar sectorialmente os projectos sujeitos a avaliação ambiental. Este processo tem vindo a ser desenvolvido através de distintos instrumentos normativos, ora recorrendo à lei [352], ou através de disposição regulamentar. Trata-se de uma técnica legislativa curiosa tanto mais que a lei básica não contempla qualquer princípio geral de sujeição dos projectos a avaliação ambiental, como já foi referido. Com efeito, a remissão normativa, positivada na disposição final do Real Decreto Legislativo, não deveria habilitar mais do que uma especificação e uma complementação indispensável, permitindo-se desta forma que uma norma regulamentar possa vir alterar o âmbito de aplicação previamente fixado na lei, em claro desrespeito pela hierarquia das normas e do princípio de reserva da lei [353].

No essencial, o modelo espanhol de avaliação de impacto ambiental optou, numa interpretação restritiva dos artigos 2.°/ 1 e 4.°/ 2 [354] da Directiva comunitária, por excluir grande parte dos projectos referidos no Anexo II da Directiva.

---

[351] ROSA MORENO, *Régimen Jurídico de la Evaluación de Impacto Ambiental*, *op. cit.*, p. 196.

[352] Estão neste caso a Lei 4/1989 (segunda disposição adicional) e o art. 9.° da Lei 25/1988, de 29 de Julho, respeitante às vias de comunicação rodoviária.

[353] Em sentido crítico, cfr. ROSA MORENO, *op. cit.*, pp. 196 e 197.

A título de exemplo pode ver-se o Real Decreto 646/1991, com a particularidade de aqui a ampliação do âmbito material do regime jurídico de avaliação de impacto se produzir através da diminuição de parâmetros técnicos articulados.

[354] A doutrina espanhola e o Conselho de Estado têm entendido que o artigo 4.° da Directiva 85/337/CEE apenas impõe uma opção cujo exercício compete aos

3. Projectos excluídos de avaliação de impacto ambiental

O artigo 2.º do Real Decreto 1131/ 1988 configura como categoria de projectos excluídos do campo de aplicação do instituto de avaliação os relacionados com a defesa nacional [355] e os adoptados mediante um acto legislativo específico [356]. Se o primeiro critério não faz mais do que reflectir a orientação comunitária, já o segundo tem mais a ver com a configuração do objecto das avaliações ambientais tal como vem contemplado no modelo espanhol [357].

O Conselho de Ministros poderá ainda, nos termos do artigo 3.º do Real Decreto 1131/1988 excluir, excepcionalmente, um determinado projecto do instituto de avaliação ambiental.

Estados-membros, ficando estes obrigados a comunicar à Comissão, nos termos do art. 11.º da Directiva, a solução adoptada. Cfr., por exemplo, GONZÁLEZ ALONSO, "Marco jurídico español de las evaluaciones de impacto ambiental", in *Jornadas sobre Evaluación de Impactos Ambientales,* Sevilla, 1988, p. 13. Cfr. F. BODELON, "Marco legal e institucional de las evaluaciones de impacto ambiental", in *Curso sobre E.I.A. en Castilla y León*, 1990, p. 19; cfr. T. GRANADOS, "El procedimiento de evaluación de impacto ambiental", in *Curso de Derecho Ambiental Aplicado a la Gestión,* Murcia, 1990; com uma posição discordante, cfr., por exemplo, A. G. URETA, *Marco Jurídico, op. cit.*, p. 221 e ss, esp. p. 230; R. MORENO, *op. cit.*, pp. 46-49, sustenta uma posição mais matizada. Quanto ao Conselho de Estado, Parecer 49.291/FF, p. 26, Parecer 52.269/MM, p. 19.

O Conselho de Estado admitia que o Governo pudesse introduzir critérios para requerer a avaliação dos efeitos ambientais, mas recusou a liberdade do Executivo determinar, por Decreto, os projectos sujeitos a avaliação. Segundo esta instituição só uma lei do Parlamento poderia fazê-lo.

A escassa jurisprudência nesta matéria vai também num sentido restritivo, admitindo que só os projectos especificados no anexo do Real Decreto Legislativo 1302/1986 estão sujeitos a avaliação de impacto ambiental. Nada mais, nem sequer as actividades relacionadas com os projectos, pois a lista refere-se a projectos e não a actividades. Neste sentido, a sentença 319/1993, da Audiência Provincial de Lérida, de 30 de Novembro de 1993; o Supremo Tribunal espanhol manifestou-se de igual modo na sentença de 19 de Maio de 1992. Consultar a revista *Actualidad Administrativa*, n.º 1, 1993. *Vide* também A. E. IRUJO, "Usos del agua e impacto ambiental: evaluación de impacto ambiental y caudal ecologico", in *R.A.P.*, n.º 134, 1994, pp. 127-129.

[355] Cfr. o art. 1.º/ 4 da Directiva 85/337/CEE.

[356] Cfr. o art. 1.º/ 5 da Directiva.

[357] Todavia, e contrariamente ao que sustenta R. MORENO, *op. cit.*, p. 198, parece-me haver aqui também uma relação directa com o art. 1.º/5 da Directiva.

Nestes casos a decisão deverá respeitar certas condições formais e materiais e impor-se-á a sua fundamentação. Deverá também prever a possibilidade de efectuar outra forma de avaliação, determinando, em todo o caso, as medidas consideradas oportunas para minimizar o impacto do projecto. De acordo com a Directiva Comunitária (art. 2.º/ 3), o Governo deve, antes do projecto ser autorizado, informar a Comissão Europeia das razões desta excepção. A resolução deverá ser publicada, pondo igualmente à disposição do público interessado as informações relativas à referida isenção e os motivos porque foi concedida [358]. Porém, estas exigências de publicidade não abrangem esta particular forma de avaliação de impacto, à qual, não obstante a sua exclusão, pode ser submetido o projecto [359].

4. O procedimento de avaliação de impacto ambiental

O procedimento de avaliação de impacto ambiental desenhado pelo legislador espanhol desenvolve-se em várias fases. O procedimento inicia-se com a apresentação, pelo titular do projecto, de uma memória-resumo que inclue as principais características do projecto, seguida da possibilidade de uma consulta prévia institucional e pública, uma espécie de *scoping* [360]. O órgão ambiental competente remeterá as suas

---

[358] Cfr. a segunda Disposição Adicional do Real Decreto Legislativo 1302/1986.

[359] O Governo "examinará a conveniência de efectuar outra forma de avaliação e determinará se, nesse caso, torna públicas as informações recolhidas na mesma" (alínea c) do art. 3.º do Decreto de 1988).

[360] Como já foi referido, o *scoping* é uma técnica que permite a participação dos cidadãos e outros actores nos primeiros estádios de preparação do projecto, inclusivamente antes das suas características tomarem uma configuração definitiva.

O legislador segue nesta matéria, a nosso ver bem, o modelo americano. Cfr. N. Lee e Ch. Wood, "E.I.A: An European Perspective", in *Built Environment, op. cit.*, p. 108; cfr. R. Cahn, "The Impact of NEPA on Public Perception of Environmental Issues", in *Environmental Law Report,* vol. VI, n.º 3, 1976, p. 10 e ss. Pode

conclusões ao titular do projecto, tendo em consideração a informação recebida por outras entidades e pessoas. O dono da obra solicitará posteriormente o pedido de autorização do projecto acompanhado do respectivo estudo de impacto. Tanto este como o projecto são sujeitos a um período de informação pública de acordo com o estabelecido no procedimento principal. Cumprido este trâmite, o órgão ambiental preparará a declaração de impacto ambiental que será remetida ao órgão competente para tomar a decisão final sobre o projecto. Caso haja discrepâncias entre estes órgãos, o conflito será resolvido em sede de Conselho de Ministros.

4. 1. Início do procedimento

O artigo 13.º do Real Decreto de 1988 [361] estabelece que a pessoa ou entidade que pretenda realizar um projecto sujeito a avaliação de impacto ambiental deve comunicar antecipadamente ao orgão ambiental competente a sua intenção, acompanhada de uma "memória-resumo" que recolha as características mais significativas da obra.

O titular do projecto deve apresentar, assim, um relatório sobre a caracterização técnica da actividade que pretende realizar, por forma a precisar o alcance e a extensão do estudo de impacto. A inter-relação temporal do projecto técnico com a apresentação da "memória-resumo" é um aspecto importante a ter em consideração, se se atender que a elaboração do projecto não deve esgotar as possíveis alternativas [362]. A precisão dos dados técnicos sobre a obra permitirá enriquecer a necessária avaliação do impacto ambiental.

---

consultar-se também a *Guidelines for Preparation Environmental Impact Statements*, parágrafos 1.500.2 (a) e 1.500.9.

361 O Real Decreto Legislativo 1302/1986 é omisso no que toca ao início do procedimento de impacto ambiental.

362 ROSA MORENO, *op. cit.*, p. 252.

De acordo com o regime estabelecido no regulamento de avaliação ambiental, o início do procedimento concretiza-se através da iniciativa de qualquer pessoa física ou jurídica, pública ou privada. Esta regulamentação levanta, no entanto, um problema delicado, uma vez que a parte que inicia o procedimento, o titular do projecto, pode coincidir, nos projectos públicos, com a autoridade que deve avaliar ambientalmente o projecto.

Por outro lado, ainda de acordo com o artigo 13.º do Regulamento de avaliação ambiental, a "memória-resumo" deve ser igualmente remetida ao órgão que, no procedimento principal, tem competência para autorizar ou aprovar o projecto [363]. Isto significa que este orgão recebe, desde já, um aviso do futuro início do procedimento autorizativo, visto que não se trata de uma consulta. Quando muito estar-se-ia a dar início, ainda que implicitamente, ao procedimento administrativo principal.

Em suma, o procedimento de avaliação de impacto ambiental tem o seu início com a apresentação pelo dono da obra da referida "memória-resumo".

4. 2. Participação na fase preliminar: o "scoping"

O órgão ambiental competente, recebida a "memória-resumo", poderá consultar, num prazo de dez dias, as pessoas, Administrações [364] e instituições que possam ver-se afectadas

---

[363] O carácter imperativo do art. 13.º do Regulamento não parece admitir que se atribua à "memória-resumo" a natureza de consulta que, com carácter potestativo, o titular do projecto pode remeter ao órgão ambiental. Em sentido contário LÓPEZ GONZÁLEZ, "El régimen jurídico de la evaluación de impacto ambiental", in *Revista Andaluza de Administración Pública*, n.º 4, 1990, p. 75 e ss.

[364] O art. 2.º/2 do Real Decreto Legislativo de 1986 faz apenas uma referência genérica à "Administração", daí que se pensasse que o procedimento pecava neste ponto por uma excessiva simplificação (cfr. CASTANYER VILA, "Participación pública en la evaluación de impacto ambiental", in *Jornadas de Evaluación de Impactos Ambientales, op. cit.*, p. 10). Esta situação foi corrigida pelo Real Decreto 1131/1988 (art. 13.º).

pela actividade sujeita a avaliação ambiental. Estas dispõem de um prazo de trinta dias para remeter as observações e comentários que considerem necessários.

Com efeito, o artigo 13.º do Real Decreto 1131/1988 estabelece este período de consulta para proporcionar certa informação ao titular do projecto e ao órgão ambiental. Em princípio, este estádio preliminar do procedimento não supõe qualquer tipo de decisão da Administração relativamente ao projecto. A consulta prévia serve dois objectivos primordiais. O primeiro (art. 13.º, primeiro parágrafo) é o de facilitar a preparação do estudo de impacto, proporcionando ao titular do projecto informação, bem como documentação em posse da Administração [365]. Trata-se, em segundo lugar, da concreção do direito dos cidadãos em obter informação e orientação sobre os requisitos jurídicos e técnicos dos projectos nas fases iniciais do procedimento *(scoping)* [366]. Este desiderato é de certo modo instrumental relativamente ao primeiro.

Este controlo social prévio, previsto no artigo 13.º do Real Decreto 1131/1988, tem carácter facultativo, não estando o órgão ambiental obrigado a consultar as referidas pessoas, instituições e administrações [367]. A variedade de organizações que pode ser consultada é enorme, pelo que, em última instância, dependerá do órgão ambiental competente [368]. De facto, o Regulamento só parece mencionar o Instituto Nacional para a Conservação da Natureza.

---

365 O Regulamento não exige nesta fase um estudo de impacto detalhado, daí que uma sinopse seja suficiente.

366 Cfr. o art. 35.º, alínea g) da Lei 30/1992. Aliás, a Directiva 85/337/CEE, no seu art. 6.º/2 permite que os Estados-membros possam introduzir esta fase ao admitir a possibilidade do público interessado exprimir a sua opinião antes de o projecto ser iniciado.

367 O art. 13.º, terceiro parágrafo, diz apenas que o órgão ambiental "poderá efectuar consultas". Cfr. A. G. Ureta, *op. cit.*, p. 309.

368 Cfr. Martinez Nieto, "El papel de la administración pública en la protección del medio ambiente", in *Actualidad Administrativa,* n.º 40, 1991, p. 503 e ss.

Outro aspecto relevante é o que se prende com a forma como a consulta do público vem prefigurada. Na verdade, o Regulamento ao utilizar a expressão "pessoas previsivelmente afectadas" deixa entender que não é muito generoso em matéria de legitimidade dos cidadãos apostados na defesa do ambiente [369]. Se a fórmula parece sensata quanto à consulta institucional e, sobretudo, no que se refere aos titulares de interesses legítimos, já no que toca à participação pública dá-nos a ideia de não constituir um instrumento hábil para a defesa dos chamados interesses difusos [370].

Coloca-se aqui uma questão de extrema relevância, a que não podemos ser alheios, que é a de saber se a Administração de um Estado vizinho é obrigatoriamente consultada. Contudo, o Regulamento é omisso nesta matéria, não prevendo qualquer contacto preliminar nesta fase do procedimento com autoridades de outros Estados. É uma opção que, como é óbvio, não nos parece desejável, tendo em consideração a construção, junto das fronteiras, nomeadamente a nossa, de centrais nucleares, barragens, bem como outras grandes infra-estruturas no âmbito da União Europeia.

4. 3. Envio da informação recolhida pelo órgão ambiental ao titular do projecto

Uma vez recebidas as observações e comentários solicitados, o órgão ambiental competente enviará, no prazo de vinte dias, ao titular do projecto a informação recolhida, destacando os aspectos mais relevantes a ter em consideração na elaboração do estudo de impacto [371]. Desta forma a Administração

---

369 R. MORENO, *op. cit.*, p. 255.

370 Como salienta GONZÁLEZ ALONSO, *op. cit.*, p. 22, a participação dos interessados nesta fase vestibular do procedimento é positiva, pena é que a legitimidade para nela intervir não seja "excessivamente" ampla.

371 Art. 14.º do Real Decreto 1131/1988.

facilita a preparação do estudo de impacto, obviando a entrega de longos estudos de difícil compreensão.

Trata-se agora de saber quais são as consequências que o ordenamento jurídico espanhol prevê relativamente às aludidas orientações da Administração. Estamos a pensar naqueles casos em que o titular do projecto ajustou o estudo de impacto e o seu projecto às conclusões do órgão ambiental. A ser assim, o titular parece ficar exonerado de qualquer responsabilidade, podendo, inclusive, resultar daí um direito a ser indemnizado na hipótese do estudo de impacto ser recusado ou então a licença, com base no eventual défice do âmbito material do estudo [372]. Isto tem sentido, uma vez que uma das funções da notificação é precisamente delimitar o alcance do estudo de impacto [373].

Outra coisa distinta é o da insuficiência qualitativa do estudo de impacto, isto é, o carácter sumário do seu conteúdo, que não poderá justificar-se, com base na informação recebida da Administração. Aqui, o titular do projecto deve assumir por completo a responsabilidade, visto que as conclusões do órgão ambiental indicam apenas os elementos e os aspectos mais relevantes que o estudo deve tratar. Questão diferente é a de saber se os aspectos em causa foram tratados com seriedade e rigor, responsabilidade que compete ao titular do projecto [374].

---

[372] L. GONZÁLEZ, *op. cit.*, p. 76.

[373] Esta interpretação é apoiada pela doutrina e pela jurisprudência espanholas. Neste sentido a sentença do Supremo de 2 de Novembro de 1987, onde se refere expressamente que o administrado tem direito a ser indemnizado quando pautou a sua actuação de acordo com a informação recebida pela Administração. Acrescenta ainda que "o exemplo clássico é o do administrado que formula o seu projecto de obras, atendendo ao sentido da informação facilitada pela Administração, e depois vê denegado o seu pedido de licença".

[374] Responsabilidade que deriva também do facto de, no ordenamento jurídico espanhol, ser o titular do projecto a quem incumbe a apresentação do estudo de impacto. Responsabilidade que assume uma dimensão jurídica, técnica e financeira. Cfr. R. MORENO, *op. cit.*, p. 211 e ss.

4. 4. Apresentação do estudo de impacto ambiental e início do procedimento principal

Recebidas as conclusões do órgão ambiental, o dono da obra deve elaborar o estudo de impacto ambiental e, juntamente com a documentação necessária para a obtenção da correspondente autorização ou aprovação do projecto, remetê-lo à autoridade competente do procedimento autorizativo. O início do procedimento principal coincide, portanto, com o depósito do estudo de impacto, cuja elaboração não está dependente de qualquer prazo [375].

Um aspecto a merecer relevo e aplauso no modelo espanhol, é a novidade que constitui o "programa de vigilância ambiental", documento que é parte integrante do estudo de impacto. Para além de não resultar da Directiva comunitária, esta peça documental reveste-se de particular importância para o procedimento de avaliação de impacto ambiental, especialmente no que toca à vigilância ambiental do projecto. A sua relevância radica no facto dos seus mecanismos e prescrições passarem, através da sua recepção na declaração de impacto, a integrar a componente ambiental da autorização [376], o que obviamente reforça a possibilidade de controlo jurisdicional [377].

---

[375] A autoridade ambiental só toma contacto de novo com o estudo de impacto depois de ser sujeito a informação pública no procedimento principal ou, caso este não preveja esta fase, depois de se proceder a uma informação *ad hoc* (art. 17.º do Regulamento de avaliação de impacto ambiental).

Isto significa que o órgão ambiental não procede a qualquer análise de admissibilidade do estudo, ainda que sumária, ao contrário do que sucede com o modelo canadiano. Dir-se-á que o legislador espanhol pretendeu simplificar este procedimento, evitando-se mais demoras com as eventuais devoluções dos estudos de impacto. Seguindo o modelo canadiano, o juízo de admissibilidade da entidade competente pronunciava-se tendo em consideração a suficiência qualitativa e quantitativa do estudo de impacto. Cfr. o documento, *Procédure Administrative d'Évaluation et d'Examen des Impacts sur l'Environnement*, Ministère de l'Environnement, 1985, p. 7 e ss.

[376] Cfr. o art. 18.º/4 do Real Decreto 1131/1988.

[377] Cfr. o art. 27 do Regulamento de avaliação de impacto ambiental.

A declaração de impacto desenhará as modalidades de acompanhamento de avaliação ambiental na execução do projecto, tomando como referência e ponto de partida o "programa de vigilância ambiental" que integra o estudo de impacto. O artigo 11.º do Regulamento de 1988 dispõe que o "programa de vigilância ambiental" estabelecerá um sistema que garanta o cumprimento das indicações e medidas, protectoras e correctoras, contidas no estudo de impacto ambiental [378].

Com este sistema pretende-se, no fundo, uma permanente reinterpretação dos dados e, por conseguinte, uma renovação da primitiva identificação dos impactos e da valoração ambiental realizada pelo estudo de impacto, por forma a justificar novas medidas correctoras. Em última análise, o programa de vigilância permite uma constante confrontação e adaptação da declaração de impacto e da autorização em relação aos resultados da sua aplicação.

5. Integração da avaliação de impacto ambiental nos procedimentos existentes

5. 1. Aspectos gerais

Uma característica essencial do modelo espanhol é a inserção do procedimento de avaliação de impacto ambiental nos procedimentos autorizativos [379]. Desta forma o legislador não criou um procedimento completamente autónomo dos já existentes [380], o que está em consonância com o artigo 2.º/ 2 da Directiva [381].

---

[378] R. MORENO, *op. cit.*, p. 239.

[379] Cfr. ALLI ARANGUREN, *op. cit.*, p. 103; LÓPEZ BUSTOS, *op. cit.*, p. 89.

[380] Segundo CASTANYER VILA, "Participación pública en la evaluación de impacto ambiental", *op. cit.*, p. 8, a opção por um procedimento autónomo estaria

Introduzindo o estudo de impacto no procedimento principal, o legislador pretendeu evitar dilações desnecessárias no processo de decisão. Os elementos da avaliação ambiental hão-de combinar-se com o princípio de "economia processual", que constitui um dos fundamentos do procedimento administrativo e está, portanto, sujeito às normas de economia, celeridade e eficácia [382].

Para uma parte da doutrina espanhola [383], a opção do legislador espanhol pela inclusão do procedimento de avaliação de impacto ambiental no procedimento principal proporciona uma visão mais integrada de todos os aspectos que convergem no processo de decisão. Por outro lado, não pode ficar sem reparo que, de acordo com a legislação em vigor, a avaliação ambiental só poderá ser levada a cabo sempre e quando exista um procedimento autorizativo do projecto e uma resolução da

---

mais em conformidade com a orientação comunitária de simplificar os procedimentos administrativos. Cfr. o art. 3.º/1 do Real Decreto Legislativo.

[381] O modelo de avaliação de impacto ambiental apresenta um figurino próprio, ainda que sejam evidentes as influências dos arquétipos estado-unidense e francês.

[382] Cfr. o art. 3.º da L.R.J.P.C. e o art. 103.º/1 da Constituição espanhola. A lei procedimental concebe estes princípios como normas efectivas aplicáveis pela Administração a todo o tipo de procedimentos. Cfr. SAINZ MORENO, "Principios y ambito de aplicación de la L.A.P.", in *Administraciones Públicas y Ciudadanos,* Barcelona, 1993, p. 128 e ss.; LÓPEZ MENUDO, "Los principios generales del procedimiento administrativo", in *R.A.P.*, n.º 129, 1992, p. 19 e ss.

O legislador espanhol fala de unidade do "expediente", o que segundo SANTAMARIA PASTOR, "La actividad de la Administración (Título IV)", in *Comentario Sistemático a la Ley de Régimen Jurídico de las Administraciones y del Procedimiento Común,* Madrid, 1993, p. 143, significa, para além de questões de estilo, o mesmo que "procedimento". Isto é, o conjunto de documentos que fazem parte do procedimento a que nós chamamos "processo".

[383] Cfr. G. URETA, *Marco Jurídico del Procedimiento de Evaluación de Impacto Ambiental: el Contexto Comunitario y Estatal, op. cit.*, pp. 241-242.

Em sentido crítico M. MATEO, *Tratado de Derecho Ambiental*, vol. I, Madrid, 1991, p. 323; M. PARDO, "El estado de las evaluaciones de impacto ambiental en España: limitaciones y oportunidades en la gestión del medio ambiente", in *Estudios Territoriales*, n.º 25, 1987, p. 167; R. MORENO, *op. cit.*, p. 249.

Estes autores salientam a linearidade do procedimento e a compartimentação das diferentes fases, destacando que a questão das alternativas ao projecto fica manifestamente prejudicado, bem como o carácter preclusivo do procedimento.

Administração [384]. Isto significa que um particular pode realizar um projecto de reflorestação sem ter necessidade de se sujeitar a avaliação ambiental, uma vez que neste caso a Administração não intervém [385].

O núcleo essencial do procedimento de impacto ambiental (estudo de impacto) integra-se no procedimento autorizativo do projecto proposto (uma central nuclear, auto-estradas, aeroportos, etc.) [386], mais exactamente na fase de informação

---

[384] Cfr. os arts. 3.º/1 e 4.º do Real Decreto Legislativo.

[385] Criticamente, M. MATEO, *Tratado de Derecho Ambiental*, *op. cit.*, p. 325.

[386] Segundo R. MORENO, *op. cit.*, p. 285, a inserção do procedimento de avaliação de impacto ambiental nos procedimentos existentes não se realiza num dado momento do procedimento principal, dando-se tal articulação na base de uma comunicação ao largo do desenvolvimento de ambos os procedimentos.

Esta circunstância acarreta que a inserção se faça numa determinada fase, o que impõe um esforço de ajustamento dos procedimentos em toda a sua extensão até chegar à concorrência de ambas resoluções. Para este autor, *op. cit.*, p. 286, a teoria não é nítida e a prática desenrola-se de forma complexa e bruscamente, sem ordem nem conserto.

Com efeito, no sistema espanhol existe uma sobreposição não coordenada de mecanismos de intervenção, isto é, autorizações e aprovações diversas, sem que o Real Decreto Legislativo 1302/1986 tenha operado qualquer tentativa de clarificação neste sentido. Esta lacuna é de certo modo suprida pelo Real Decreto de 1988 através da sua disposição adicional. Contudo, o escopo desta disposição não é tanto a acomodação com os procedimentos estritamente substantivos, mas a substituição pelo novo procedimento de avaliação ambiental das diferentes técnicas existentes no ordenamento espanhol com a mesma finalidade. Em síntese, o modelo do país vizinho assenta na prevalência do procedimento principal.

Tratando-se de diferentes procedimentos que afectam um mesmo projecto, o razoável é articular o procedimento de impacto ambiental uma só vez para cada projecto. Nestes casos, a avaliação de impacto ambiental deve inserir-se no procedimento principal, quer implique uma valoração ambiental, quer incorpore uma fase de informação pública.

Em nossa opinião, pese embora o silêncio do legislador espanhol, a incorporação do procedimento de avaliação ambiental deverá concretizar-se na fase de informação pública prevista no procedimento principal.

Para concluir, poderemos dividir em três categorias os procedimentos afectados pelo instituto de avaliação de impacto ambiental: procedimentos estritamente substantivos; procedimentos substantivos com valoração ambiental; e procedimentos estritamente ambientais. (Cfr. R. MORENO, *op. cit.*, p. 287).

No caso ainda de projectos que se encontram sujeitos ao procedimento de avaliação de impacto ambiental (mas não só esses) poder-se-iam distinguir três tipos de autorização: 1) a autorização principal; 2) a autorização do Regulamento de Actividades Molestas, Insalubres, Nocivas e Perigosas; 3) a licença de obras concedida pelas autoridades municipais. Cfr. A. M. PEÑA FREIRE / J. L. SERRANO

pública do procedimento principal. No entanto, a legislação espanhola apenas regula os aspectos básicos e gerais pertinentes à avaliação dos efeitos ambientais do projecto. Nem o diploma básico, nem o regulamento desenvolvem o instituto da participação dos cidadãos que, em última instância, depende dos procedimentos autorizativos (substantivos) e das competências das Comunidades Autónomas.

A legislação estatal estipula unicamente que o estudo de impacto será sujeito à fase de informação pública contemplada no procedimento autorizativo [387], juntamente com outra documentação e pareceres nele previstos. Se esta fase de tramitação não vem prevista no procedimento principal, o orgão ambiental há-de proporcionar um período de informação pública *ad hoc*. Existe, assim, uma clara ausência de regulação da questão da participação dos cidadãos no procedimento de avaliação de impacto ambiental. A falta de regulação destes aspectos significa que os cidadãos hão-de confiar nas particularidades de cada procedimento autorizativo para poder exercitar os seus direitos.

Uma questão pertinente é a ausência de um modelo comum relativo à informação pública. Com efeito, existe nos diversos procedimentos uma variedade de períodos de tempo para o público apresentar as suas observações e alegações [388]. A variedade de períodos de consulta, que não inclui apenas o estudo de impacto, resulta da diversidade de projectos sujeitos a autorização.

MORENO, *Ecologia y Derecho. La Evaluación Ambiental,* Granada, 1994, p. 127 e ss.

[387] Art. 3.º/1 do Real Decreto Legislativo e o art. 15.º do Regulamento de 1988. Cfr. A. ARANGUREN, "Régimen jurídico de la evaluación del impacto ambiental (EIA)", *op. cit.*, p. 103.

[388] Assim, o período estabelecido pela legislação aplicável às centrais nucleares é de 30 dias, enquanto no que concerne à lei das águas o prazo pode variar entre vinte dias e dois meses.

Quanto às Comunidades Autónomas há a registar que algumas seguem a legislação estatal, outras, como a Galiza, estabelecem um período de trinta dias.

As horas de consulta da informação coincidem, em geral, com o horário de trabalho da grande maioria dos cidadãos [389]. A legislação ambiental do país vizinho não refere a possibilidade de obter cópias do estudo de impacto, ainda que esta omissão venha corrigida pelo artigo 37.º/ 8 da L.R.J.P.C., onde se estatui que o direito de acesso implica o de obter cópias dos "documentos cuja consulta seja autorizada pela Administração".

Por outro lado, o regime jurídico de avaliação de impacto ambiental não introduz novos mecanismos para facilitar a participação dos cidadãos, traduzindo-se, assim, em meras alegações unilaterais [390]. Acresce que o pedido de autorização do projecto deve ser anunciado de acordo com o procedimento principal. O anúncio da consulta do estudo de impacto deve ser publicado no Boletim Oficial do Estado, caso o projecto seja realizado pela Administração Central. O estudo de impacto é depositado, em princípio, no Ministério das Obras Públicas, Transportes e Meio Ambiente.

Em matéria de publicidade dos estudos de impacto o legislador espanhol apoia-se, assim, nos boletins oficiais, não recorrendo aos meios de comunicação social para o efeito.

5. 2. A participação pública no procedimento principal

No modelo espanhol, a informação pública configura-se como um dos elementos essenciais do procedimento de avaliação de impacto ambiental. O estudo de impacto deverá submeter-se a informação pública juntamente com o resto das peças documentais do processo, coincidindo, como já foi referido,

---

389 Cfr. o art. 38.º/ 5 da L.R.J.P.C. Esta solução tem sido criticada, nomeadamente no Reino Unido. Cfr. T. BURTON, "Access to Environmental Information: The UK Experience of Water Registers", in *Journal of Environmental Law*, n.º 192, 1989.

390 Cfr. o art. 55.º da L.R.J.P.C..

com a fase de informação do procedimento autorizativo principal. Esta fase de tramitação é nuclear, visto que de outra forma o acto seria nulo [391].

Além do "scoping", os cidadãos têm oportunidade de comentar os efeitos ambientais no procedimento principal. Além da excepção referida anteriormente, a legislação que transpôs a Directiva não estabelece nenhuma indicação sobre o lugar em que o estudo de impacto será depositado, o prazo de consulta ou a forma que hão-de tomar as alegações dos cidadãos, bem como o horário a que estará disponível.

Ao contrário da Lei do Solo, que prevê a utilização dos jornais para anunciar a abertura dos períodos de participação pública na preparação dos planos urbanísticos, nem a legislação estatal, nem a das Comunidades Autónomas prevêem o uso de outros meios de comunicação para anunciar a consulta do estudo de impacto [392].

Os cidadãos podem apresentar alegações e outros comentários sobre o projecto e os seus efeitos ambientais, que podem ter sido obviados pelo seu titular. Recorrendo ao artigo 86.° da Lei 30/ 1992, de 26 de Novembro, o procedimento está aberto a todos aqueles que quiserem participar, nomeadamente aos titulares de interesses difusos (art. 86.°/ 5). Os sujeitos que tenham apresentado observações ou comentários têm direito a obter da Administração uma resposta fundamentada. Apesar disso o legislador espanhol parece ter concebido a participação dos cidadãos como um mero intercâmbio unilateral de informação [393]. A participação dos cidadãos limita-se funda-

[391] Neste sentido, GONZÁLEZ PEREZ, *Comentarios a la Ley de Procedimiento Administrativo*, Madrid, 1977, p. 504; PEÑA FREIRE / SERRANO MORENO, *op. cit.*, p. 147 e ss..

[392] Por ex., a Galiza, Decreto 442/1990, art. 2.°, segundo parágrafo. Cfr., porém, o art. 18°/3 da Lei de 18 de Maio de 1994, n° 7/1994, relativa à Andaluzia

[393] S. MORON, "La participación del ciudadano en la protección del medio ambiente", in *Derecho y Medio Ambiente*, Madrid, 1981, p. 176. *Vide* ainda A. SÁNCHEZ BLANCO, "Sujetos, actores y factores en el procedimiento administrativo", in *R.A.P.*, n.° 111, 1986, p. 169 e ss.; L. A. POMED SÁNCHEZ, *El Derecho de Acceso de los Ciudadanos a los Archivos y Registros Administrativos,* Madrid, 1989;

mentalmente à informação escrita e não propriamente a consultas.

Por último, a Administração deve recolher as alegações e tê-las em consideração. Esta é, também, uma obrigação imposta pela nova Lei do Regime Jurídico das Administrações Públicas e do Procedimento Administrativo Comum, que estipula que a resolução final do procedimento decide "todas as questões colocadas pelos interessados e aquelas outras derivadas do expediente" [394]. Todavia, segundo Sánchez Moron [395], parece difícil que se possa sustentar com êxito, que a Administração não teve em consideração as referidas alegações e, portanto, requerer a nulidade do acto.

5. 3. Ausência de um período de informação pública no procedimento principal: a informação pública *ad hoc*

Face à ausência de um período de informação pública no procedimento principal, o período de informação pública

E. ALONSO GARCIA, "La participación de individuos en la toma de decisiones relativas al medio ambiente en España. Aspectos constitucionales", in *R.E.D.A.*, n.º 61, 1989, p. 51 e ss.; R. PARADA VASQUEZ, *Régimen Jurídico de las Administraciones Públicas y el Procedimiento Administrativo Común (Estudio, comentarios y texto de la Ley 30 / 1992, de 26 de noviembre)*, Madrid, 1993, p. 156, afirma que o direito de acesso confinado aos procedimentos concluídos constitui uma amputação a um direito constitucionalmente protegido, em clara violação do artigo 105.º (que não faz qualquer distinção entre procedimentos concluídos e não concluídos) e do artigo 20.º da Constituição. Cfr. DA SILVA OCHOA, "Derechos de los ciudadanos con especial referencia a las lenguas y acceso a registros", in *Administraciones Públicas y Ciudadanos,* Barcelona, 1993, p. 319 e ss.; S. FERNÁNDEZ RAMOS, "La directiva comunitaria sobre liberdad de acceso a la información en materia de medio ambiente y su transposición al derecho español", in *Rev. Andaluza de Adm. Públ.*, n.º 22, 1995, p. 53 e ss.; A. EMBID IRUJO, "El derecho de acceso a los archivos y registros administrativos", in *La Nueva Ley de Régimen Jurídico de las Administraciones Públicas y del Procedimiento Administrativo Común,* Madrid, 1993, p. 107 e ss.

394 Cfr. o art. 89.º da L.R.J.P.C..

395 S. MORON, *op. cit.*, p. 171. C. VILA, *op. cit.,* p. 11, é mais cáustico ao entender que o único efeito jurídico produzido pela informação pública é o de obter menção no expediente.

ad hoc e o seu desenvolvimento realiza-se por iniciativa do órgão ambiental [396]. A duração desta informação é de trinta dias úteis, independentemente da dimensão, natureza ou localização do projecto [397].

Quanto a esta informação pública coloca-se o problema de saber qual o seu âmbito e conteúdo, uma vez que o diploma base de 1986 (art. 3.º), e o Regulamento de 1988 (art. 17.º) referem apenas que o órgão ambiental deverá submeter o estudo de impacto a um período de informação pública. Nada se diz, pois, sobre a publicidade do projecto técnico, existindo razões para pensar que este está excluído da informação pública se atendermos que o estudo de impacto inclui necessariamente os aspectos e actividades do projecto susceptíveis de produzir efeitos ambientais nocivos [398]. Não obstante, deve-se concluir que é da maior importância submeter também o projecto técnico a informação pública, atendendo à relevância que assume para uma correcta compreensão da avaliação ambiental. Esta interpretação parece-nos razoável, tanto mais que nos procedimentos em que há uma fase de informação pública a lei de avaliação de impacto ambiental estatui que o *dossier* sujeito a publicidade inclui o estudo de impacto e o projecto técnico.

Em conclusão, a modificação, ainda que tácita, dos procedimentos afectados está perfeitamente em consonância com o carácter teleológico da lei sobre impacto ambiental. A não ser assim, teríamos de admitir que alguns dos projectos que, pela sua natureza, dimensão e localização, apresentam repercussões importantes sobre o ambiente e o homem estariam sujeitos a um controlo popular menos forte do que outros de menor importância.

---

396 Cfr. o art. 3.º/ 2 do Real Decreto Legislativo 1302/1986 e o art. 17.º do Real Decreto 1131/1988.

397 Em sentido crítico, *vide* G. URETA, *op. cit.*, p. 274; A. LANDA, *op. cit.*, p. 56.

398 R. MORENO, *op. cit.*, p. 263.

5. 4. Devolução do "processo" ao órgão ambiental

Uma vez concluída a fase de participação e antes da entidade autorizante adoptar a decisão final, esta há-de enviar à entidade ambiental toda a documentação recolhida durante as fases anteriores do procedimento [399].

Outra manifestação do princípio estrutural de comunicação entre o procedimento de impacto ambiental e o procedimento principal é a inclusão no primeiro dos pareceres que tiveram lugar no procedimento autorizativo [400]. Estes pareceres integram também o processo que será devolvido ao órgão ambiental competente [401]. A autoridade com poderes autorizativos poderá incluir as suas próprias sugestões a respeito do estudo de impacto ambiental. Esta entidade deve remeter ao órgão ambiental pelo menos os seguintes elementos: 1) o documento técnico do projecto; 2) o estudo de impacto ambiental; 3) o resultado da informação pública. O órgão ambiental, antes de formular a declaração de impacto ambiental, pode estimar insuficiente o estudo de impacto e nesse caso deverá devolvê-lo ao titular do projecto [402]. Nesta

---

[399] Na Galiza, o órgão a quem compete tomar a decisão final pode incluir também uma proposta de declaração de impacto ambiental, Decreto 442/1990, art. 5.º/3. A Galiza acaba de se dotar de uma lei de bases do ambiente: Lei 1 / 1995, de 2 de Janeiro.

[400] Cfr. o art 3.º/ 1 do Real Decreto Legislativo 1302/1986.

[401] Impõe-se aqui, no entanto, uma matização. Isto é, a integração dos pareceres dependerá da sua natureza. Cfr. G. FALLA, "Informes y dictámens en el procedimiento administrativo", in *D.A.*, n.º 140, 1970, p. 17. J. A. GARCIA-TREVIJANO GARNICA, *La Impugnación de los Actos Administrativos de Trámite, op. cit.*, p. 77 e ss.

Outra questão, é a do alcance, relativamente à avaliação ambiental, dos pareceres vinculantes existentes no procedimento principal. A circunstância do estudo de impacto estar sujeito a estes pareceres, deixa prever que os seus efeitos incidam também sobre o estudo de impacto.

Além disso aplicam-se aqui as regras comuns do procedimento administrativo, pelo que o órgão ambiental pode solicitar também a qualquer Administração, instituição ou pessoas qualificadas os pareceres que considere convenientes.

[402] O momento procedimental em que se situa esta faculdade do órgão ambiental é, uma vez decorrido o período de informação pública, dentro dos trinta

situação o dono da obra disporá de um prazo de vinte dias para melhorar o estudo. Esta solução do legislador espanhol parece-nos extremamente relevante à luz de uma correcta avaliação ambiental, pena é que se desenvolva numa fase procedimental tardia em que o estudo de impacto foi há muito elaborado pelo titular do projecto [403].

Esta interessante opção do legislador espanhol teria outro alcance e produziria outros resultados se previsse, o que não acontece, uma segunda fase de informação [404], de modo que o público pudesse examinar de novo o estudo de impacto, agora mais completo e suficiente.

Outra questão a considerar prende-se com o facto do titular do projecto não proceder às alterações do estudo solicitadas pela Administração ambiental. O Decreto de 1988 parece querer evitar a "caducidade" do procedimento, caso se verifique a inércia do promotor do projecto [405]. Com efeito, o artigo 17.º prevê que, uma vez cumprido o prazo estipulado, sem que tenha havido reformulação do estudo de impacto, o órgão ambiental procederá à emanação da declaração de impacto ambiental, correndo normalmente o procedimento [406].

Uma via a prosseguir talvez fosse a de suspender o procedimento sempre que a Administração considerasse decisiva, para a formulação da declaração de impacto, a informação adicional a apresentar pelo titular do projecto. Prerrogativa de avaliação do estudo, que a Administração deve executar à

---

dias seguintes ao seu termo e antes de emanar a declaração de impacto. Cfr. os arts. 54.º e 57.º da Lei do Procedimento.

[403] Nesta situação parece-nos razoável que a Administração deveria comparticipar nos gastos necessários à reformulação do estudo de impacto. O problema poderia ser resolvido satisfatoriamente se o legislador viesse a prever um juízo prévio de admissibilidade do estudo no início do procedimento.

[404] Esta lacuna pode ser de certa forma suprida através da fase da audiência dos interessados, em aplicação do Procedimento Administrativo Comum, justamente antes da decisão final.

[405] Neste sentido G. URETA, *op. cit.*, p. 276.

[406] A nosso ver, o titular do projecto sempre poderia argumentar que o prazo previsto é escasso, não podendo, por isso, proceder às alterações do estudo refutadas convenientes.

luz das exigências recolhidas pelo Real Decreto Legislativo de 1986 e no Regulamento de 1988.

6. Fim do procedimento de avaliação de impacto ambiental

6. 1. Formulação da declaração de impacto ambiental

Uma vez concluídos todos os trâmites preliminares, antes do órgão competente autorizar o projecto, a entidade ambiental deve formular a declaração de impacto ambiental. Esta declaração culmina o desenvolvimento do procedimento de avaliação de impacto ambiental [407].

O artigo 18.º do Decreto de 1988 esclarece que a declaração de impacto ambiental determinará, para efeitos ambientais, a conveniência ou não de realizar o projecto e, em caso afirmativo, fixará as condições em que deve realizar-se. Já o Real Decreto Legislativo diz expressamente que a declaração deve fixar as condições por forma a garantir uma "adequada protecção do ambiente e dos recursos naturais" [408]. Por outro lado, a declaração de impacto tem de incluir os requisitos necessários para o controlo da actividade, em consonância com o programa de vigilância ambiental. É oportuno notar que a lei se refere à *forma* do controlo e não ao seu conteúdo, que compete ao titular do projecto [409]. A lei base não diz, no entanto,

---

[407] O preâmbulo do Real Decreto 1131/1988 deixa entender que a avaliação de impacto ambiental se concebe como um procedimento que se inicia com a definição genérica do projecto (memória sintética) que se pretende realizar e termina com a declaração de impacto ambiental formulada pelo órgão ambiental competente.

[408] Art. 4.º/ 1 do Real Decreto Legislativo. Cfr. LÓPEZ GONZÁLEZ, *op. cit.*, p. 81 e ss.; JIMÉNEZ JAÉN "Evaluación de impacto ambiental y procedimiento administrativo", in *Revista de Derecho Ambiental*, nº 12, p. 39 e ss..

[409] Art. 18.º/ 4 do Regulamento de 1988.

qual deve ser o conteúdo da declaração de impacto no caso de esta ser negativa. A declaração de impacto é um "acto" só abstractamente discricionário, já que a Administração deve fundamentar a sua decisão numa série de elementos que concorrem no procedimento, muito especialmente no estudo de impacto. Estes elementos, particularmente o último, limitam de tal forma o âmbito de liberdade de apreciação e decisão do órgão ambiental, que bem poderia dizer-se que se trata de um "acto" vinculado [410].

6. 2. Natureza jurídica da declaração de impacto ambiental

Postos perante o silêncio da lei sobre os efeitos jurídicos da declaração de impacto [411], os autores espanhóis têm procurado desenvolver um esforço hermenêutico por forma a determinar qual a sua natureza jurídica.

Para uma parte da doutrina, com especial destaque para Martin Mateo [412], estaríamos perante um "acto de tramitação" (preparatório) preceptivo e vinculante para a autoridade que procede à autorização do projecto, o que lhe outorga a natureza de parecer vinculativo. Esta postura doutrinal, mais formalista e processual, tem implícita a primazia do procedimento principal em que o procedimento de impacto ambiental se insere. Nesta perspectiva, a declaração de impacto ambiental é um acto preparatório, instrumental da resolução final que culmina o procedimento autorizativo. A impugnação da declaração de impacto aparece-nos, assim, recortada pelos

---

410 M. MATEO, *Tratado de Derecho Ambiental, op. cit.*, pp. 329 e 330.

411 Apenas o Real Decreto 1131/1988 se refere laconicamente à noção de declaração de impacto ambiental, "pronúncia da autoridade competente em matéria de ambiente".

412 M. MATEO, *Tratado..., op. cit.*, p. 331. Segundo LÓPEZ GONZÁLEZ, *op. cit.*, pp. 81 e 82, o carácter vinculativo da declaração resulta mais evidente quando esta é negativa.

parâmetros legais do controlo dos actos preparatórios de tramitação procedimental [413].

Para outros autores a exegese sobre a natureza jurídica da declaração de impacto há-de procurar-se na ideia de que a avaliação de impacto ambiental constitui um subprocedimento específico inserido no procedimento principal.

Uma das razões que apoia a tese de que a declaração é um acto final ou resolutório é o facto dela determinar, para efeitos ambientais, a *conveniência* ou não de realizar o projecto. Se se observa o esquema posto pelo legislador, a declaração surge através de um procedimento específico. Isto sugere que a declaração de impacto implica uma decisão que em si mesma põe termo a este procedimento especial [414].

Para esta orientação, outra das razões que abonaria a tese de que a declaração é um acto administrativo, recorrível separadamente, fundamenta-se no facto daquela dever incluir as condições ambientais que condicionam a execução e posterior desenvolvimento da actividade objecto de avaliação. Assim, o titular do projecto poderia atacar as referidas condições ambientais caso viesse a considerar que são excessivas e desproporcionadas em relação à execução desses objectivos [415]. Esta tese apoia-se ainda no facto de, em virtude do artigo 27.º do Decreto, as condições impostas pelo órgão ambiental terem o mesmo valor e eficácia das impostas pela autoridade que autoriza o projecto [416].

---

[413] GARCIA DE ENTERRÍA e T.-RAMÓN FERNÁNDEZ, *Curso de Derecho Administrativo*, vol. I, 6.ª ed., Madrid, 1993, p. 527 e ss.. Neste sentido, a declaração é concebida como um acto preparatório do acto final. Isto significaria a impossibilidade de a impugnar separadamente em virtude do art. 107.º/ 1 da L.R.J.P.C.. M. MATEO, *op. cit.*, p. 331 entende, por sua vez, que a declaração é directamente recorrível nos termos do art. 113.º/ 1 da Lei do Procedimento Administrativo.

[414] G. URETA, *op. cit.*, p. 279.; vide também R. MORENO, *op. cit.*, p. 272 e ss.

[415] Em sentido inverso, os titulares do interesse difuso ambiental podem atacar a declaração sempre que esta considere de forma insuficiente as referidas condicionantes ambientais do projecto.

[416] G. URETA, *op. cit.*, p. 279.

A doutrina espanhola contempla, salvo melhor opinião, uma terceira orientação, baseada fundamentalmente no alcance e conteúdo da declaração de impacto [417]. Esta tese não ilude a instrumentalização da declaração de impacto relativamente à autorização que culmina o procedimento principal, mas configura-a numa perspectiva substantiva e material. Assim, a declaração de impacto e a decisão final formariam um todo coerente, sem que isso signifique que o órgão autorizativo se deva pronunciar sobre o conteúdo da declaração de impacto. A este compete apenas integrar a declaração de vontade ambiental na sua própria declaração. Ao órgão ambiental compete ou não autorizar ambientalmente o projecto, posto que nenhuma outra entidade administrativa realiza a verificação ambiental do projecto. Segundo esta concepção, o conteúdo da declaração de impacto constitui uma autêntica declaração de vontade, como acontece com os pareceres vinculantes [418]. Antes de mais, a declaração, numa perspectiva ambiental, determinará a viabilidade do projecto e, em caso afirmativo, "fixará as condições ambientais em que deve realizar-se" [419]. Esta doutrina configura a declaração de impacto como uma autorização prévia à do procedimento principal.

A diferença essencial relativamente à primeira tese é que agora a declaração de impacto assume a natureza de acto administrativo e não de parecer vinculativo. Quer dizer, a declaração de impacto é soberana quanto à avaliação dos efeitos ambientais do projecto, não cabendo ao acto autorizativo decidir nesta matéria. Em suma, a declaração de

---

417 ROSA MORENO, *op. cit.*, p. 273 e ss.

418 Para G. NAVARRO, "Los informes administrativos como actos de instrucción del procedimiento administrativo" *op. cit.*, p. 14. Por todos, *vide* J. A. GARCIA-TREVIJANO GARNICA, *La Impugnación...*, *op. cit.*, p. 168 e ss.

419 Cfr. o artigo 18.º/ 1 do Regulamento de 1988. F. L. LÓPEZ BUSTOS, *op. cit.*, pp. 99-100, salienta a importância da técnica na avaliação ambiental; P. ALFONSO, *Manual de Derecho Administrativo, op. cit.*, p. 516.

impacto assume as vestes de uma *autorização prévia de impacto* [420].

Esta tese intermédia reconhece a articulação e inserção do procedimento de impacto ambiental no procedimento autorizativo, sem que isso signifique qualquer primazia deste em matéria de controlo ambiental do projecto.

Finalmente, o acto autorizativo é configurado como um acto complexo, o que, em nossa opinião, estaria mais em consonância com a tese de Martin Mateo. Como sustenta Trevijano [421], referindo-se aos pareceres vinculativos, o acto final está tão intimamente ligado ao parecer prévio, que bem poderia falar-se aqui de acto complexo.

6. 3. Resolução de conflitos entre órgãos administrativos

Estamos aqui confrontados com a eventualidade de se verificar uma discrepância entre a entidade ambiental — a que compete formular a declaração de impacto — e o órgão autorizativo — que procede à decisão final do procedimento principal. Nestes casos (art. 4.º/ 3 do Real Decreto Legislativo 1302/ 1986) será um terceiro órgão a decidir a questão — o Conselho de Ministros —, produzindo-se um acto administrativo de natureza hierárquica superior que porá fim ao procedimento [422].

Parece-nos que esta solução, posta pelo legislador espanhol, está de acordo com a lógica preventiva que preside à avaliação de impacto ambiental e à própria natureza jurídica da declaração de impacto. É igualmente concordante com a

---

[420] R. MORENO, *op. cit.*, p. 274; cfr. GARCIA DE ENTERRÍA e T.-R. FERNÁNDEZ, *op. cit.*, vol. II, 4.ª ed., Madrid, 1993, p. 139 e ss.. Estes autores, inspirados em Giannini, distinguem entre "autorização em função de controlo e autorização em função de programação".

[421] GARCIA-TREVIJANO FOS, *Los Actos Administrativos*, Madrid, 1986, p. 321.

[422] Ao nível das Comunidades Autónomas, o órgão competente será o respectivo Governo.

separação de funções (entre os órgãos) estabelecida na legislação, apesar dos problemas que isto pode suscitar.

Em princípio, as condições (ambientais) impostas pela entidade ambiental devem ajustar-se às requeridas pela autoridade autorizativa, o que, obviamente, implica uma coordenação entre as diferentes entidades. Isto não significa que o órgão ambiental tenha que se subordinar ao órgão que autoriza o projecto, uma vez que é tão vinculante a autorização para a declaração de impacto, como esta para aquela [423].

A discrepância entre autoridades administrativas pode ser absoluta no que toca à conveniência ou não de realizar o projecto, ou apresentar alguma relatividade, estando agora em causa a dimensão e intensidade das condições ambientais impostas pela declaração [424].

De todo o modo o "recurso" para o Conselho de Ministros pode apresentar algumas desvantagens do ponto de vista ambiental. Devido à sua natureza, o Conselho de Ministros tenderá, desde logo, a privilegiar razões de oportunidade política em relação à realização do projecto, não obstante ter de decidir tendo em vista todos os factores envolvidos: ambientais, técnicos, económicos e sociais. Em segundo lugar, como o acto definitivo é um acto político, o controlo jurisdicional apresentará naturalmente mais dificuldades.

Neste sentido, seria desejável instituir no Regulamento de avaliação ambiental mecanismos de concertação entre os

---

[423] O art. 27.º do Regulamento estipula que: "A todos los efectos, y en especial a los de vigilancia y seguimiento del cumplimiento de la Declaración de Impacto Ambiental, el condicionado de ésta tendrá el mismo valor y eficacia que el resto del condicionado de la autorización".

[424] A solução encontrada pode, no entanto, deparar com um problema resultante da estrutura e organização administrativas ao nível das avaliações de impacto ambiental. Uma vez que o órgão ambiental competente faz parte do Ministério das Obras Públicas e Transportes, pode acontecer que, no caso de avaliação de impacto de um projecto público de infra-estruturas, no mesmo Ministério coincidam tanto o órgão ambiental como a autoridade autorizativa. Nestas situações julgamos que a possibilidade da hipotética discrepância chegar ao Conselho de Ministros é puramente teórica.

diferentes órgãos antes da publicação da declaração de impacto e da intervenção do Conselho de Ministros [425].

6. 4. Ausência da declaração de impacto ambiental

Ante a ausência da declaração de impacto poder-se-ia recorrer ao artigo 43.º/ 2/ c) da L.R.J.P.C. [426]. O teor deste artigo suporia considerar a declaração de impacto ambiental como uma resolução, o que prefigurava um acto tácito positivo [427].

No entanto, não nos parece adequado interpretar a ausência da declaração como assentimento do órgão ambiental à realização do projecto. Esta interpretação colocaria graves problemas, nomeadamente o do deferimento tácito poder assentar num estudo de impacto incompleto ou incorrecto no que concerne aos efeitos ambientais do projecto. Isto poria, obviamente, em dificuldade terceiros interessados que sustentem que a Administração se baseou numa informação errónea e, portanto, que a autorização final do projecto deveria ser anulada. Ao concentrar na declaração de impacto a consideração dos efeitos ambientais do projecto, a sua ausência significaria prescindir de uma formalidade essencial do procedimento.

Esta argumentação está na base da doutrina espanhola que aponta para a nulidade da autorização [428]. A ausência de

---

[425] A Comunidade de Valência estabelece o seguinte mecanismo: o órgão ambiental é solicitado pelo órgão "substantivo", de forma fundamentada, a modificar a declaração de impacto, dispondo para o efeito de um prazo de quinze dias. Só posteriormente intervém o Governo Autonómico, caso se mantenha o conflito. Cfr. G. URETA, *op. cit.*, p. 284.

[426] Sobre o silêncio administrativo na L.R.J.P.C., cfr., E. GARCIA-TREVIJANO GARNICA, *El Silencio Administrativo en la Nueva Ley de Régimen Jurídico de las Administraciones Públicas y del Procedimiento Administrativo Común*, Madrid, 1994; MORILLO-VELARDE PÉREZ, *Los Actos Presuntos,* Madrid, 1995, p. 127 e ss.

[427] Ao omitir-se no procedimento de avaliação de impacto ambiental qualquer referência ao silêncio, poderia sugerir-se que a declaração de impacto não constitui o acto final do procedimento de impacto ambiental.

[428] J. A. TREVIJANO GARNICA, *op. cit.*, p. 292 e ss. No mesmo sentido a jurisprudência do Supremo, sentença de 8 de Março de 1982, e o Conselho de Estado.

um requisito de transcendente significado para a validade do acto não pode deixar de provocar a sua nulidade, atendendo à natureza formal de procedimento da avaliação ambiental e à natureza jurídica substancial da declaração de impacto, que se assume como uma *autorização prévia* para efeitos ambientais.

Da legislação em vigor ressalta uma outra consequência, relacionada com a vigilância ambiental do projecto. Trata-se da faculdade da Administração poder suspender um projecto que começou a ser executado sem se ter verificado previamente a formulação da declaração de impacto ambiental [429].

Com efeito, na perspectiva ambiental este poder suspensivo constitui, sem dúvida, um excelente instrumento de polícia e controlo da execução dos projectos, inclusive dos públicos.

Cfr. as sentenças de 12 de Julho e de 15 de Novembro de 1990 e de 18 de Abril e 14 de Maio de 1991. Já a jurisprudência do Tribunal Constitucional defende uma posição mais matizada, com base na distinção entre formalidade essencial e não essencial: cfr., por exemplo, as sentenças de 10 de Julho de 1986, 30 de Novembro de 1989 e 21 de Dezembro de 1989. Para este Tribunal, a relevância dos vícios de forma depende se o vício é de modo a impossibilitar o acesso aos tribunais ou não. Sobre este ponto cfr. G. ENTERRÍA e T.-R. FERNÁNDEZ, *Curso..., op. cit.*, I, pp. 620-626; GONZÁLEZ PÉREZ, *El Derecho a la Tutela Jurisdicional,* 2ª ed., Madrid, 1989; PAREJO ALFONSO, *Manual..., op. cit.*, p. 506 e ss; A. BURRIEZA, *El Derecho a la Tutela Judicial Efectiva,* Madrid, 1990

Quanto à ausência da declaração de impacto a doutrina espanhola não é unânime. Se R. MORENO, *op. cit.*, p. 281-282, entende que o acto é nulo, já A. ARANGUREN, "Régimen jurídico...", *op. cit.*, p. 116 é de opinião que o acto é anulável. No sentido de uma "nulidade radical", cfr. JIMÉNEZ JAÉN, *op. cit.*, p. 44 e ss., nulidade enquadrável na alínea e) do art. 62.° da Lei 30 / 1992.

429 Segundo o art. 9.° do Real Decreto Legislativo de 1986 são três os pressupostos desta faculdade de suspensão da execução do projecto: ausência da declaração de impacto; incumprimento das condições ambientais; e a ocultação, falseamento ou manipulação maliciosa dos dados.

A suspensão da actividade pode ser requerida pelo órgão ambiental competente ou por um particular (art. 28.°/ 3 do Real Decreto 1131/1988), o que, segundo ARANGUREN, *op. cit.*, p. 110, significaria a positivação de uma acção pública. Mais cauteloso R. MORENO, *op. cit.*, p. 296.

O facto de qualquer interessado poder requerer a suspensão abre mais uma via de controlo jurisdicional das actividades sujeitas a avaliação de impacto ambiental, bem como da própria inércia da Administração.

6. 5. Publicidade da declaração de impacto ambiental

A publicação da declaração de impacto permitirá aos cidadãos ter uma visão mais completa da avaliação ambiental do projecto [430]. A legislação estatal não indica qual o órgão que deve proceder à publicação da declaração de impacto nem quando. No entanto, se atendermos à estrutura do Decreto de avaliação de impacto ambiental, verificamos que é precisamente o último artigo da secção intitulada "Procedimento" a exigir a publicação da declaração. Parece assim que, uma vez cumpridos todos os trâmites preliminares, a declaração deve ser publicada.

A publicação da declaração é de todo justificável atendendo à titularidade difusa dos direitos ambientais, o que não obsta que os interessados directamente no projecto devam ser notificados [431]. Em suma, a publicação e a notificação configuram-se como duas vias diferenciadas de comunicação externa dos actos administrativos, devendo a notificação prevalecer sobre a publicação quando estamos em presença do titular do projecto.

6. 6. Omissão da decisão final nos prazos previstos no procedimento principal

Se a entidade competente para autorizar o projecto não o tiver feito no prazo estabelecido no procedimento principal, aplicam-se as normas pertinentes ao silêncio administrativo plasmadas na Lei do Procedimento Comum. A L.R.J.P.C., artigo 43.°, indica, que o vencimento do prazo para

---

430 O legislador espanhol parece ter-se orientado aqui pelo art. 11.°/2 da proposta de directiva apresentada pela Comissão da Comunidade Europeia em 1980.

431 Cfr. o art. 4.°/3 do Real Decreto Legislativo de 1986 e o art. 22.° do Regulamento de avaliação de impacto ambiental de 1988.

tomar a decisão não exime a Administração da obrigação de decidir.

Cabe, portanto, colocar o problema do sentido do silêncio da Administração e em particular da entidade autorizativa (art. 4.º do Real Decreto Legislativo). Face ao artigo 43.º/ 2/ a) da L.R.J.P.C. poder-se-ia entender que estaríamos perante o deferimento tácito do acto, transcorrido o prazo estabelecido para a autoridade competente emanar a decisão final. Só não produziria estes efeitos se o procedimento principal, em que se insere o procedimento de avaliação de impacto ambiental (art. 2.º/ 3 do Real Decreto Legislativo), consagrasse o silêncio administrativo negativo (art. 43.º/ 2/ c) da L.R.J.P.C.), isto é, o indeferimento tácito do acto [432].

Postos perante o silêncio da Administração, deve entender-se que as condições impostas pela autoridade ambiental na declaração de impacto vinculam directamente o titular do projecto. Se a declaração for de parecer positivo, decorrido o prazo para formulação da decisão final e publicada a declaração de impacto, nos termos do artigo 22.º do Regulamento, parece dever concluir-se que o acto tácito de deferimento produz todos os seus efeitos, pelo que o titular do projecto ficará obrigado a executar o projecto de acordo com o "programa de vigilância ambiental".

Na hipótese da declaração de impacto ser de sentido negativo, a ausência da autorização final só pode interpretar-se como um acto de indeferimento tácito.

Em qualquer caso, o titular do projecto sempre poderá requerer à Administração uma confirmação do acto, que disporá para o efeito de vinte dias [433].

---

[432] MORILLO-VELARDE PÉREZ, *op. cit.*, p. 99 e ss., que distingue o silêncio administrativo dos actos tácitos.

[433] Art. 48.º/1 da L.R.J.P.C.. Cfr. PEÑA FREIRE / SERRANO MORENO, *op. cit.*, p. 182.

6. 7. Controlo administrativo: vigilância ambiental do projecto

Esta atribuição cabe, preferencialmente, às entidades com poderes autorizativos, reservando ao órgão ambiental competente algumas faculdades residuais como receber informação e "comprovar" a referida vigilância [434].

A declaração de impacto desenha as modalidades de acompanhamento da avaliação ambiental na execução do projecto, tomando como referência o programa de vigilância ambiental inserido no estudo de impacto. O escopo da fiscalização do projecto não se resume à simples constatação da conformidade da execução do projecto com as condições técnicas e ambientais fixadas pela autorização, pretendendo também verificar a eficácia das medidas protectoras e correctoras impostas pela declaração, bem como o rigor da própria avaliação ambiental [435]. Esta actividade de vigilância e enriquecimento das avaliações ambientais opera em estreita conexão com a chamada "cláusula de progresso", consagrada no artigo 18.º/ 3 do Real Decreto de 1988 [436].

Com efeito, o Regulamento de avaliação de impacto ambiental prevê, para este tipo de "actos administrativos", o princípio da *potestas variandi* da Administração, o que vem possibilitar a sua permanente correcção e adaptação à luz do progresso técnico e científico. Por conseguinte, o titular do projecto vê-se na contingência de modificar e melhorar as condições ambientais em que se realiza o projecto, sem direito a ser indemnizado (em princípio) [437].

---

434 Cfr. R. MORENO, *op. cit.*, p. 293.

435 Art. 26.º do Regulamento de avaliação de impacto ambiental.

436 Segundo esta disposição normativa "as condições a que se refere o n.º 1 deste artigo deverão adaptar-se às inovações impostas pelo progresso científico e técnico que alterem a actividade autorizada...". Cfr. LÓPEZ BUSTOS, *op. cit.*, p. 100.

437 A faculdade da Administração alterar unilateralmente as condições ambientais de execução do projecto não pode ser levada a cabo de forma arbitrária

Em suma, a Administração tem a faculdade de poder revogar não só a declaração como a autorização, sempre que as condições ambientais fixadas pela declaração e recebidas na autorização não estejam a ser respeitadas [438] O mesmo pode acontecer se as condições ambientais que existiam ao tempo da autorização do projecto sofrerem uma alteração substancial, dando lugar a uma nova situação ambiental. É a chamada revogação motivada pelo progresso técnico-científico.

Esta é uma área em que a participação dos cidadãos pode ser de grande utilidade, já que, uma vez aprovada a realização do projecto, a Administração tende a afrouxar os seus mecanismos de controlo. O legislador espanhol, com bom critério, adoptou um controlo administrativo e popular *a posteriori* dos projectos sujeitos a avaliação ambiental.

Os cidadãos têm direito de apresentar observações à Administração em relação à execução do projecto. Os cidadãos podem ainda solicitar à Administração a supervisão das instalações e dos mecanismos que tenham sido instalados de acordo com as condições fixadas pela autorização [439].

Por último, importa salientar que o artigo 27.° do Real Decreto 1131/ 1988 não só permite atacar judicialmente a declaração de impacto, especialmente quando não tenha havido ainda a autorização do projecto [440], como se deduz a possibilidade de controlo jurisdicional da própria autorização, sempre

e caprichosa. A actuação da Administração apenas se justifica quando esteja perante uma ameaça verosímil ao ambiente. Cfr. R. MORENO, *op. cit.*, pp. 294 e 295.

[438] Este parece ser o sentido da parte final do art. 18.°/3 do Regulamento, quando diz "... salvo que por su incidencia en el medio ambiente resulte necesaria una nueva Declaración de Impacto".

[439] Cfr. J. JORDANO FRAGA, "La evaluación de impacto ambiental: naturaleza, impugnabilidad y perspectivas", in *Rev. Der. Urb. y Med. Amb.*, 1995, p. 590 e ss.. A Comunidade Autónoma das Canárias estabelece mesmo uma acção pública "para exigir a observância das normas contidas na Lei", acrescentando que "a acção popular será sempre gratuita" (art. 39.° da Lei 11/1990). Cfr. G. URETA, *op. cit.*, p. 320.

[440] Nestes casos a declaração de impacto pode, como acto final, produzir efeitos relativamente ao titular do projecto ou a outros interessados, terminando para eles o procedimento.

que as condições ambientais incorporadas no acto final, e decorrentes do programa de vigilância ambiental, venham a ser violadas.

Capítulo IV

A AVALIAÇÃO DE IMPACTO AMBIENTAL NA R. F. A.

1. Introdução

Na República Federal Alemã, a tutela do ambiente não é concebida simplesmente como gestão administrativa dos problemas contingentes *(Daseinsvorsorgeverwaltung)* [441], entre repressão dos perigos e prevenção contra os riscos do progresso técnico. A protecção do ambiente compreende também a dimensão constitucional da unidade política, que se vê ameaçada não apenas pela crise económica mas também por insolúveis problemas ambientais.

No plano da constituição material, estas questões têm levado o legislador germânico a operar transformações nas estruturas relativas à formação da vontade política. Esta mudança profunda na vida constitucional tem se reflectido em novas instituições jurídico-políticas, como as iniciativas dos cidadãos *(Bürgerinitiativen)*, a desobediência civil *(ziviler Ungehorsam)*, manifestações de massas *(Grossdemonstrationen)* e na formação de um novo partido *(Die Grünen)*.

No plano da aplicação do direito constitucional, esta orientação tem projectado um crescente optimismo das ideias que propõem integrar o novo direito ao ambiente no catálogo

---

441 E. FORSTHOFF, *Der Staat der Industriegesellschaft*, München, 1971, pp. 20 e ss. e 120 e ss.

dos direitos fundamentais [442]. Por outro lado, existe um grande pessimismo em torno das visões apocalíticas de uma *dissolução radioactiva dos direitos fundamentais* [443], ou de uma involução da democracia no sentido do *Atomstat* [444]. Em suma, o Estado nuclear como resultado inevitável da lógica: mais segurança igual a menos liberdade.

Neste cenário dantesco tem vindo a ser atribuído ao *Bundesverfassungsgericht* o papel de *guardião do ambiente (Hüter der Umwelt)* [445]. Todavia, não obstante a ausência no texto constitucional de disposições relativas à tutela do ambiente, a doutrina constitucionalista alemã, através de diferentes construções teoréticas [446], não se poupou a esforços no

---

[442] Ou mais exactamente como direito fundamental de natureza análoga, restabelecendo a ordem dos *Grunwerte,* dos valores fundamentais que garantem o consenso e a homogeneidade social, enquanto pressupostos de toda a decisão democrático-formal. Cfr. J. LUTHER, "Profili costituzionali della tutela dell'ambiente in Germania", in *Riv. giur. amb.*, n.º 3, 1986, p. 460; L. MEZZETTI, "L'ambiente tra diritti fondamentali e apparato di governo: il caso tedesco", in *Le Regioni,* n.º 5, 1987, p. 971 e ss.

[443] A. ROßNAGEL, *Radioaktiver Zerfall der Grundrechte*, München, 1984, p. 73 e ss..

[444] R. JUNGK, *Der Atom-Staat. Vom Fortschritt in die Unmenschlichkeit,* Reinbek, 1979.

[445] R. WOLF, "Das Bundesverfassungsgericht – Hüter der Umwelt?", in *K.J.*, 1984, p. 239 e ss..

[446] Uma primeira perspectiva coloca o assento no direito a um mínimo existencial ecológico *(ökologisches Existenzminimum),* em analogia com o direito a um "mínimo de existência social", reconhecido pela jurisprudência do Tribunal Administrativo Federal *(Bundesverwaltungsgericht)* e do *Bundesverfassungsgericht* (cfr. E. REHBINDER, "Grundfragen des Umweltrechts", in *Zeitschrift für Rechtspolitik,* 1970, p. 250 e ss.). Esta construção dogmática baseia-se no conceito de *dignidade humana* (*Menschenwürde* – art. 1.º da Constituição de 1949), entendida como proibição da redução do homem a um mero objecto do mundo técnico-industrial, no direito à vida e à intangibilidade física (art. 2.º, 2.º parágrafo da Constituição), no direito ao livre desenvolvimento da personalidade (art. 2.º, 1.º parágrafo da Constituição) e no princípio do Estado social de direito (art. 20.º, 1.º parágrafo e art. 28.º, 1.º parágrafo). Segundo H. SOELL, "Umweltschutz, ein Grundrecht?", in *Natur und Recht*, 1985, pp. 205-213, o princípio do Estado Social constitui também o fundamento da responsabilidade do Estado no campo ambiental. Uma outra orientação dogmática salienta as garantias dos pressupostos do exercício dos direitos fundamentais *(Grundrechtsvoraussetzungsschutz)*, que exigem uma tutela do ambiente nos casos em que a lesão (do ambiente) se traduz num dano ou numa ameaça para os bens tutelados, por exemplo, pelo direito fundamental à vida e integridade e pelo direito fundamental de propriedade

(art. 14.º da Constituição). Estamos postos, portanto, perante a teoria da *contaminatio* dos direitos fundamentais. Cfr. M. KLOEPFER, *Zum Umweltschutzrecht in der Bundesrepublik Deutschland*, Berlin, 1972, p. 28.

Esta concepção inspira-se na *praxis* do *Bundesverfassungsgericht*, que aponta para uma interpretação extensiva, especialmente do art 2.º, 2º parágrafo da *Grundgesetz*, disposição que compreenderia uma série de *novas garantias* assaz importantes no âmbito da tutela do ambiente. Estas "novas" garantias consistem:

a) num direito subjectivo do particular a ser protegido pelo Estado contra eventuais lesões à sua integridade provocadas por terceiros;

b) numa garantia contra as ameaças de perigos para a vida e a integridade física;

c) numa garantia contra as lesões da integridade psíquica sempre que haja um efeito negativo ou a ameaça de um perigo para a saúde física.

Todavia, tudo isto não configura um verdadeiro direito fundamental ao ambiente, semelhante ao art. 66.º da C.R.P., pelo que, perante esta situação de *costitutione lata*, se tem vindo a colocar o problema da constitucionalização de um direito fundamental ao ambiente. Esta questão, originariamente suscitada a nível político por Willy Brandt e Hans-Dietrich Genscher, foi novamente suscitada pelo Tratado de reunificação alemã de 31 de Agosto de 1990, especialmente pelo seu art. 5.º.

A crítica contra estas propostas reconduz-se a dois tipos de argumentação. Por uma lado, sustenta-se a impossibilidade técnica de definir o conteúdo e os limites de um tal direito; por outro, os problemas de ordem político-constitucional. Quanto ao aspecto técnico, estas objecções inspiram-se numa espécie de cepticismo metodológico contra os conceitos demasiado vagos e genéricos no direito constitucional (cfr. H. KLEIN, "Ein Grundrecht auf saubere Umwelt?", in *Festschrift für Werner Weber*, Berlin, 1974, p. 643 e ss.). Objecções que parecem agora superadas pelos progressos da jurisprudência e pela teoria geral dos direitos fundamentais, que oferecem uma série de novas ideias e modelos para a construção dogmática de novos direitos fundamentais (cfr. R. ALEXY, *Theorie der Grundrechte*, *op. cit.*, p. 403. Mais precocemente vide, H. STEIGER, *Mensch und Umwelt. Zur Frage der Einführung eines Umweltgrundrechts*, Berlin, 1975, p. 33 e ss.). Perspectiva-se então que o direito fundamental à protecção do ambiente não se deve limitar a uma mera garantia formal de institutos manifestamente insuficientes. O direito fundamental pode conceber-se em várias dimensões. Desde a clássica *Abwehrrecht* (direito de defesa) contra actos jurídicos ou actos reais do Estado que lesam o ambiente, à *Recht auf Schutz* (direito à protecção), isto é, um direito a ser protegido contra actos danosos de terceiros, especialmente através da lei e dos actos administrativos. Outras dimensões relevantes são a do *Recht auf Verfahren* (direito ao procedimento), direito a participar nos processos decisionais que incidam sobre o ambiente e a do *Recht auf faktische Leistungen*, enquanto direito a prestações destinadas a melhorar a qualidade do ambiente. A escolha adequada da estrutura de um tal direito poderia resolver também os problemas relacionados com a sua titularidade, bem como a individualização dos seus limites.

Parece, contudo, prevalecer o entendimento de que a realização dos objectivos fixados na Constituição em matéria de direitos fundamentais é suficiente para contemplar a protecção do ambiente. Esta não depende da garantia de um direito fundamental ao ambiente, competindo antes ao legislador dar resposta às necessidades e pulsões vitais da sociedade (F. OSSENBÜHL, "Umweltschutz und Gemeinwohl in der Rechtsordnung", in *Bitfurger Gespräche*, Jahrbuch, München, 1983, p. 5 e ss, vai mesmo ao ponto de qualificar a pretensão de introduzir na

sentido de ver reconhecido o direito ao ambiente como um verdadeiro direito fundamental.

2. As origens do modelo alemão de avaliação de impacto ambiental

A emergência do direito do ambiente data dos anos setenta, com a redacção do primeiro *Umweltprogramm* do Governo federal (29 de Setembro de 1971) [447]. É no âmbito deste programa ambiental que aparece mencionada pela primeira vez o instituto de avaliação de impacto ambiental, entendido como verificação preliminar da compatibilidade ambiental das várias actividades federais sobre o território[448]. Implementando os objectivos fixados no referido programa, uma decisão interministerial, de 9 de Setembro de 1972, estabeleceu uma série de regras sobre o procedimento de avalia-

Lei Fundamental um tal direito fundamental como uma forma de *lirismo constitucional*).

Mesmo superado o cepticismo no plano técnico, subsistem ainda alguns problemas de natureza político-constitucional. A introdução de um novo direito fundamental comportaria sempre um aumento dos poderes dos Tribunais constitucionais, perturbando desta forma os precários equilíbrios entre os Tribunais, o Governo e o Parlamento. Num sistema de justiça constitucional como o germânico, apetrechado com o instrumento da *Verfassungsbeschwerde* (recurso de constitucionalidade), que permite recursos directos dos cidadãos contra as leis e os actos administrativos e jurisdicionais, teme-se um eventual efeito de deslegitimação e "desintegração" política, sempre que não se atinjam os objectivos inscritos na Constituição (cfr. E. BENDA, "Verfassungrechtliche Aspekte des Umweltschutzes", in *Umwelt und Planungsrecht*, Berlin, 1982, p. 241 e ss..

Por último, entendem alguns autores que a difícil tarefa da reunificação alemã em matéria económica, social, cultural e política não deve ser agravada com alterações constitucionais não indispensáveis. Neste sentido, ULRICH KARPEN, "La tutela dell'ambiente come diritto fondamentale e come finalità statale? Un elemento per una nuova costituzione dopo la riunificazione della Germania", in *Giur. cost.*, n.º 1, 1991, p. 1068.

447 R. FERRARA, "La protezione dell'ambiente nella Repubblica Federal Tedesca: tendenze evolutive", in *Foro. it.*, V, 1987, p. 22 e ss., com amplas referências bibliográficas sobre o tema.

448 A. EBERHARDT, "Das Konzept der deutschen UVP im Lichte der Arbeit internationaler Organisationen", in *Natur und Recht*, n.º 1, 1991, p. 4.

ção de impacto [449]. Por um lado, precisava-se a necessidade dos projectos de lei, decretos e outras disposições administrativas indicarem os possíveis efeitos ambientais resultantes da sua aplicação; por outro, prevê-se a intervenção do Ministério do Interior no procedimento de avaliação de impacto ambiental. Aquele deveria não só ser consultado, como lhe cabia a responsabilidade pela elaboração de um modelo procedimental para o desenvolvimento da avaliação ambiental.

Em Novembro de 1973 é recusada a proposta do Ministério do Interior [450], que apontava para a introdução de uma disciplina específica sobre avaliação de impacto ambiental. Em sua substituição, o Governo federal, optando pela chamada pequena solução *(kleine Lösung)*, aprovava uma circular a vinte e dois de Agosto de 1975, onde vinham fixados os princípios fundamentais e as características do mecanismo de avaliação de impacto ambiental, com eficácia meramente interna para as administrações públicas, que haveriam de sobreviver até à introdução do regime actual [451].

---

449 Existiam, todavia, já algumas leis que acenavam, ainda que imperfeitamente, para a configuração de um mecanismo de avaliação de impacto ambiental. Assim, por exemplo, os arts. 72.º a 78.º da *Verwaltungsverfahrensgesetz*, o artigo 36.º da *Bundesbahngesetz*, etc. Cfr. E. A. SPINDLER, "Impatto ambientale in Germania Federale", in *Annuario europeo dell'ambiente*, Milano, 1986, p. 389 e ss.

450 Proposta de 26 de Novembro de 1973. Apenas em Junho de 1986 as competências que recaíam em matéria ambiental nos Ministérios do Interior, da Agricultura e da Saúde, foram reunidas no Ministério para o Ambiente, a conservação da natureza e a segurança dos reactores (*Ministerium für Umwelt, Naturschutz und Reaktorsicherheit*). Deste Ministério dependem, entre outras instituições, a agência federal para o ambiente, a agência federal para a conservação da natureza e a agência federal para a protecção nuclear. Cfr. D. U. GALETTA, "La valutazione d'impatto ambientale alla luce dell'esperienza tedesca: confronti e proposte", in *Riv. it. dir. pubbl. com.*, 1992, p. 837.

451 Numa análise sumária do mecanismo de avaliação ambiental, tal como surgiu na R.F.A., não pode deixar de se fazer uma observação positiva. Cumpre, assim, assinalar a preocupação de inserir a avaliação de impacto o mais cedo possível no processo decisional, para além de abranger os já referidos projectos legislativos e outros institutos administrativos, como os actos, programas, planos e contratos.

Contudo, a volumosa produção legislativa em matéria ambiental e o ver-se condenado à prática de avaliações de impacto voluntárias, cerceou em grande

Tais princípios mantiveram-se, no entanto, privados de qualquer ressonância efectiva, assim como os contidos nas previsões normativas dos Länder.

Após a publicação da Directiva 85/337/CEE emerge um debate extremamente vivo na doutrina alemã. As opiniões dividiam-se fundamentalmente entre aqueles que patrocinavam a ideia de uma lei autónoma sobre a avaliação de impacto ambiental [452] e aqueles que sustentavam a oportunidade da sua introdução no âmbito de procedimentos já existentes [453]. Entre estes últimos autores surgiram duas orientações distintas. Uns entendiam que bastava a introdução dos princípios gerais da avaliação de impacto ambiental no âmbito de uma lei geral *(Leitgesetz)* existente [454], posteriormente concretizada através de regras especiais inseridas em várias leis sectoriais. Outros, consideravam mais ajustado a emanação

---

medida o alcance do mecanismo de avaliação ambiental. Apenas os municípios se mostraram mais sensíveis à sua aceitação espontânea.

Quanto à configuração procedimental da avaliação de impacto ambiental, o modelo apresenta-se expedito e completo, ainda que se trate de um procedimento estritamente interno à Administração sem qualquer tipo de participação pública institucionalizada. A intervenção da Administração ambiental resume-se a uma assistência técnica. Cfr. U. HUNDERTMARK, *Die Durchführung der UVP*, Berlin, 1988. *Vide,* também, A. EBERHARDT, "Das Konzept der deutschen UVP im Lichte der Arbeit internationaler Organisationen", *op. cit.*, p. 4.

452 Esta posição minoritária apresentava diversas nuances. Para a introdução de uma lei "autónoma" no âmbito de procedimentos autorizativos dos projectos, cfr. A. BECHMANN, M. VAN RIJN, G. WINTER, *Gesetz zur Durchführung der UVP*, Freiburg, 1987. No que concerne à introdução de uma lei autónoma acompanhada pela derrogação de algumas prescrições das várias leis sectoriais, cfr. HUCKE, SEIDEL, ZIMMERMANN, "Analyse behördinternen Voraussetzungen für die Durchführung der geplanten EG-Rictlinie zur UVP", in *Texte des Umweltbundesamtes*, n.º 5, 1984, p. 261 e ss. Para um tratamento aturado de outras teses menores, vide J. CUPEI, *Umweltverträglichkeitsprüfung*, Köln, Berlin, Bonn, München, 1986, p. 238 e ss.

453 Havia também aqueles que sustentavam a desnecessidade da transposição da Directiva comunitária, entendendo que bastavam meras interpretações do direito vigente ou medidas de carácter regulamentar. Cfr. J. CUPEI, *op. cit.*, p. 279.

454 As leis sugeridas pela doutrina como consentâneas com o referido objectivo eram as leis federais para a protecção da natureza *(Bundesnaturschutzgesetz)* ou aquelas sobre os procedimentos administrativos *(Verwaltungsverfahrengesetz)*. Cfr. P. C. STORM, "Probleme der UVP", in *Natur und Umweltschutzrecht*, Heidelberg, 1989, p. 55 e ss. *Vide,* também, J. CUPEI, *op. cit.*, p. 242 e ss..

de uma lei *(Dachoder Stammgesetz)* que expressamente regulasse os referidos princípios gerais. Uma ulterior variante representava todos aqueles que sustentavam a ideia da introdução da avaliação de impacto ambiental através da alteração dos vários procedimentos relativos a projectos sujeitos a avaliação ambiental [455].

O único ponto que reunia a unanimidade da doutrina residia precisamente na necessidade de introduzir o mais rapidamente possível, no ordenamento jurídico alemão, a avaliação de impacto ambiental, respeitando as prescrições da Directiva Comunitária.

Aos autores que defendiam a introdução da avaliação de impacto ambiental ao nível dos procedimentos de planificação territorial [456], juntaram-se, desde logo, aqueles que sustentavam a oportunidade de introduzir a avaliação ambiental no contexto do *Raumordnungsverfahren* [457]. Para que este pro-

---

455 Cfr. J. CUPEI, *op. cit.*, p. 246 e ss.

456 No âmbito da planificação territorial, cfr. G. GAENTZSCH, "Bauleitplanung und Baugenehmigungspraxis unter den Anforderung des Naturschutzes und der Umweltverträglichkeit", in *Natur und Recht*, n.º 1, 1990, p. 7 e ss.; A. EBERHARDT, "Das Konzept...", *op. cit.*, p. 4 e ss. Em oposição à introdução da *UVP* no âmbito da planificação comunal, cfr. W. LENZ, "Umweltverträglichkeitsprüfung in der Bauleitplanung", in *Baurecht*, n.º 3, 1989, p. 267 e ss.. Quanto à *UVP* ao nível dos planos regionais, cfr. T. KÖTTER, "Umwelt und Naturschutz in der Stadtplanung", in *Archiv für Kommunnalwissenschaften*, 1994, p. 46 e ss.; B. STREICH, "Planungserforderlichkeit und Umweltverträglichkeitsprüfung", in *Archiv...*, *op. cit.*, 1994, p. 343.

457 O objecto deste tipo de procedimento é a tentativa de verificar a compatibilidade de planos e projectos, com eventuais reflexos sobre o território, com os princípios gerais e os objectivos indicados pelo ordenamento e a planificação do território, fixados nos §§ 1 e 2 da *Raumordnungsgesetz*, cuja especificação é remetida para a legislação emanada pelos vários Länder. Com efeito, em matéria de ordenamento do território a competência federal é limitada à emanação de leis quadro *(Rahmenkompetenz)*. O que se pretende com este procedimento é influenciar decisivamente, numa fase inicial, o projecto de modo a evitar danos ambientais. Cfr. D. U. GALETTA, *op. cit.*, p. 839, nota 48.

A doutrina sobre o tema é muito abundante. Cfr., por exemplo, HOPPE/ /BECKMANN, *Umweltrecht*, München, 1989, p. 99 e ss.; M. KLOEPFER, *Umweltrecht*, München, 1989, p. 521 e ss.; A. WEBER, *Die Umweltverträglichkeitsrichtlinie im deutschen Recht*, Köln, 1989, pp. 74, 352 e ss. e 464 e ss. Mais recentemente, cfr. D. WAGNER, "Umweltverträglichkeitsprüfung in der Bauleitplanung und im

cedimento pudesse ser efectivamente utilizado como um "primeiro nível" de avaliação de impacto ambiental a duas "velocidades", era, todavia, necessário introduzir uma disciplina geral a nível federal. O que sucede com a emanação da nova *Raumordnungsgesetz* que, através de várias disposições [458], estatuiu expressamente o princípio da avaliação de impacto ambiental a dois níveis, cuja primeira fase, disciplinada seis meses antes da publicação da lei específica de avaliação de impacto ambiental, pode intervir já ao nível do *Raumordnungsverfahren* [459].

3. Regime actual: o modelo de avaliação de impacto ambiental

Com a lei de 12 de Fevereiro de 1990 o legislador alemão transpôs para o ordenamento interno a Directiva 85/337/CEE, consagrando expressamente a avaliação de impacto ambiental - *UVPG* [460]. A lei entrou em vigor a 1 de Agosto do mesmo ano,

---

Raumordnungsverfahren", in *Deutsches Verwaltungsblatt*, 1993, p. 583; JORG SCHOENEBERG, *Umweltverträglichkeitsprüfung*, München, 1993, p. 115 e ss.

[458] Nomeadamente o par. 6.º da nova *Raumordnungsgesetz*, em vigor a partir de 19 de Julho de 1989. Desta forma o procedimento *(Raumordnungsverfahren)* foi obrigatoriamente introduzido no ordenamento jurídico dos vários Länder. Cfr. ERBGUTH/SCHINK, *Gesetz über die Umweltverträglichkeitsprüfung (Kommentar)*, München, 1992, p. 99 e ss.; J. SCHOENEBERG, *op. cit.*, p. 116 e ss.

[459] D. U. GALLETA, *op. cit.*, p. 840.

[460] A *Gesetz über die Umweltverträglichkeitsprüfung (UVPG)* foi publicada a 20 de Fevereiro no *Bundesgesetzblatt*, I, p. 205 e ss. Para a transposição da Directiva o Parlamento federal optou por uma *Artikelgesetz* (lei por artigos), combinada com uma *Stammgesetz* (lei de bases). O art. 1.º da *Artikelgesetz* contém a *UVPGesetz*. Os artigos seguintes (2.º-14.º) referem as alterações introduzidas em numerosas leis especiais em matéria de direito do ambiente. Sobre este ponto, cfr. A. WEBER e U. HELLMANN, "Das Gesetz über die UVP", in *NJW*, n.º 27, 1990, p. 1626. ERBGUTH / SCHINK, *Kommentar, op. cit.*, p. 34 e ss..

A transposição da Directiva deveu-se também, para além do primado do direito comunitário, aos problemas ambientais existentes na R.F.A., problemas que atingem uma gravidade preocupante. Referimo-nos, por exemplo, à baixa qualidade dos solos agrícolas e florestais provocada pelas chuvas ácidas e aos denominados *Altlasten*. Estes constituem velhos depósitos de resíduos construídos sem adequadas medidas de protecção, sendo actualmente uma das fontes de conta-

nos termos do artigo 14.º, primeiro parágrafo *UVP-UG* [461]. O atraso na transposição da Directiva comunitária, cujo prazo expirou em 3 de Julho de 1988 (art. 12º/1 da Directiva 85/337/CEE), deveu-se em grande medida à convicção de que o direito alemão já satisfazia substancialmente as exigências da referida Directiva, tornando-se apenas necessário algumas alterações ao nível das disposições administrativas.

Ainda que para certos sectores ambientalistas se tenha tratado de uma oportunidade menos bem sucedida, o valor prático do controlo da compatibilidade ambiental depende decididamente da configuração das disposições emanadas em conformidade com o § 20 da *UVPG*. Tais normas devem conter fundamentalmente critérios para a avaliação e descrição das consequências ambientais emergentes de um projecto e estabelecer detalhadamente o respectivo procedimento, o que tem vindo a suceder de uma forma progressiva e desigual.

A lei de 12 de Fevereiro de 1990 caracteriza-se pelo facto do mecanismo de avaliação de impacto ambiental se apresentar inserido nos procedimentos administrativos já existentes. Na República Federal Alemã, como nos Estados Unidos, o controlo de compatibilidade é inserido, como parte não autónoma, nos procedimentos autorizativos, de aprovação e de planificação, nos termos do segundo parágrafo da *UVPG* [462].

---

minação das águas e dos solos. Actualmente existem cerca de trinta e cinco mil desses depósitos. Cfr. L. WICKE, *Die ökologischen Milliarden*, München, 1988, p. 102.

461 A *Gesetz zur Umsetzung der Richtlinie des Rates vom 27. Juni 1985 über die Umweltverträglichkeitsprüfung bei bestimmten öffentlichen und privaten Projekten* (85/337 EWG), indicada brevemente como lei de transposição, foi aprovada no *Bundestag* a 16/11/1989 (BR-Drs. 687/89) e promulgada a 12/2/1990 (BG BI).

As autorizações para a emanação de regulamentos e outras normas administrativas entraram imediatamente em vigor.

462 H. D. JARASS, "La trasformazione nel diritto nazionale della direttiva CEE sulla valutazione di compatibilità ambientale", in *Riv. trim. dir. pubbl.*, n.º 1, 1992, p. 47.

A segunda opção do legislador tem a ver com o *efeito de concentração* dos vários procedimentos paralelos de autorização numa entidade coordenadora à semelhança da *lead agency* norte-americana [463]. Com efeito, quando se trata de preparar um projecto de grandes dimensões é indispensável uma longa série de autorizações parcelares, frequentemente com carácter cumulativo. Cada uma destas autorizações trata apenas de uma parte dos problemas relacionados com o projecto, seja porque respeita apenas a determinados efeitos — por exemplo, o ar ou a água — seja porque compreende apenas uma parte do projecto. A concepção geral do projecto é abordada de forma rudimentar, em virtude da natureza sectorial destas autorizações.

Este sistema parcelar e paralelo de autorizações torna possível o que a doutrina designa por táctica do "salame", segundo a qual o impacto ambiental do projecto se apresenta dividido em numerosas fatias [464].

Em suma, um modelo de procedimentos paralelos de autorizações exclue uma ampla avaliação dos efeitos sobre o ambiente, o que obviamente dificulta a tutela dos direitos de terceiros. Isto, apesar de se tratar de um sistema de avaliação ambiental escalonado entre os procedimentos de ordenamento territorial e autorizativos, o que vem emprestar uma enorme racionalidade ao sistema e evitar duplicações na avaliação [465]. Num modelo procedimental em que os problemas ambientais são deslocados de um instrumento de intervenção para outro, faz com que uma repartição horizontal do controlo de compa-

---

[463] M. BECKMANN, "Die Umweltverträglichkeitsprüfung und das rechtssystematische Verhältnis von Planfeststellungsbeschlüssen und Genehmigungsentscheidungen", in *DÖV,* 1987, p. 944.

[464] J. SCHOENEBERG, *Umweltverträglichkeitsprüfung*, *op. cit*, p. 43 e ss.

[465] Em matéria de tutela de direitos, os requerentes e sobretudo os titulares de interesses difusos devem prestar muita atenção por forma a constatarem se, nos recursos interpostos, a sua petição faz parte do objecto de avaliação da autorização do projecto. Cfr. JARASS, *op. cit.*, p. 47.

tibilidade ambiental entre vários procedimentos paralelos não seja adequada à prossecução do efeito de concentração. Isto porque o controlo ambiental deve compreender todas as consequências do projecto, inclusive as suas interacções [466].

Os problemas relacionados com o paralelismo das autorizações resolvem-se, todavia, adoptando uma ampla concentração no procedimento autorizativo principal [467], o que significa uma vasta modificação de muitos procedimentos autorizativos e de aprovação. Assim, quando sejam necessárias várias autorizações, os Länder devem estabelecer, segundo o § 14 da *UVPG,* uma autoridade com funções de coordenação, de modo a assegurar o controlo global do impacto ambiental do projecto. Estes esforços da entidade coordenadora devem reflectir-se, desde logo, na delimitação do objecto de avaliação ambiental, para posteriormente se repercutirem na instrução do procedimento principal e, finalmente, se projectarem na ilustração global dos efeitos ambientais do projecto. Importa, contudo, realçar que é à autoridade competente para autorizar o projecto que é atribuída a função de ponderar os resultados do controlo ambiental.

Uma última opção de fundo da lei alemã de avaliação de impacto ambiental respeita à sua relação com o direito especial. Isto é, com as leis que regulam os pressupostos e os procedimentos das várias autorizações, como acontece, entre outras, com a lei federal de tutela das emissões, com o direito da água, com a lei dos resíduos [468].

De acordo com o § 4 da *UVPG*, o direito especial prevalece sobre a lei *UVP* sempre que seja mais exigente e detalhada. Esta opção, aparentemente sensata, tem o inconveniente de dificultar, num caso concreto, a presença dos pressupostos do

---

466 J. SCHOENEBERG, "Umweltverträglichkeitsprüfung und Raumordnungsverfahren", in *Beiträge zum Siedlungs und Wohnungsweses und zur Raumplanung*, Münster, 1984, p. 2 e ss.

467 J. SCHOENEBERG, *op. cit.*, p. 133 e ss.

468 JARASS, *op. cit.*, p. 49.

princípio da subsidariedade, vigente no ordenamento germânico [469]. É que as exigências impostas pelo direito especial, sendo mais pregnantes em defesa do ambiente, podem não corresponder às estabelecidas pela lei de avaliação de impacto ambiental. As normas do direito especial são consideradas mais detalhadas sempre que definam com mais vigor o controlo de avaliação ambiental, impondo exigências mais concretas.

A disciplina geral do princípio da subsidariedade não é de todo homogénea no que se refere aos documentos a apresentar pelo titular do projecto [470]. Assim, para os documentos referidos no § 6/ 2 da *UVPG* é reconhecido ao direito especial uma importância um pouco maior, o que a nosso ver, em desarmonia com o princípio da subsidariedade, vem pôr em perigo aquilo que deve ser uma visão integrada do controlo da avaliação ambiental.

4. Âmbito material da avaliação de impacto ambiental e respectivos procedimentos

Os objectivos expressamente prosseguidos pela lei de avaliação de impacto ambiental são fundamentalmente dois. Em primeiro lugar, a identificação, descrição e valoração dos impactos ambientais resultantes dos projectos sujeitos a avaliação de impacto ambiental. Em segundo lugar, a inserção nos procedimentos autorizativos das preocupações ambientais.

Quanto ao campo de aplicação da *UVP* [471], a lei alemã acolhe o sistema de lista positiva (§ 3/ 1). A *UVPG* compreende, na realidade, duas listas, sendo a segunda uma especi-

---

469 J. SCHOENEBERG, *op. cit.*, p. 50 e ss.

470 J. SCHOENEBERG, *op. cit.*, p. 63 e ss.; ERBGUTH / SCHINK, *op. cit.*, p. 183 e ss..

471 ERBGUTH / SCHINK, *op. cit.*, p. 148 e ss.

ficação da primeira [472]. No modelo germânico, condição essencial da sujeição de um projecto a avaliação ambiental é a existência de um procedimento autorizativo ou de aprovação [473], tal como acontece no modelo espanhol.

Este pressuposto jurídico define claramente a opção do legislador germânico no que respeita ao modelo procedimental da *UVP*. Assim, são abrangidos tanto os procedimentos autorizativos de instalações, como uma grande parte dos projectos submetidos ao procedimento especial de *Planfestellung* [474]. Este procedimento conecta de alguma forma o modelo germânico de avaliação de impacto ambiental com etapas prévias do processo decisional, ao sujeitar também os planos de uso do solo, previstos no "Código da Construção", sempre que seja susceptível de afectar um projecto sujeito a *UVP* [475].

Assim, a lei alemã prevê expressamente a necessidade de sujeitar a avaliação ambiental não só a autorização final do projecto, mas também aquelas decisões que sejam de qualquer forma substitutivas ou preordenadas à própria autorização. Entre as primeiras estão incluídas todas aquelas decisões respeitantes à autorização de um projecto que intervenham no âmbito de um procedimento administrativo. Das segundas fazem parte as decisões relativas à preparação, modificação ou conclusão de planos directores gerais ou de pormenor, que constituam um pressuposto indispensável para a autorização

---

472 A. WEBER, U. HELLMANN, "Das Gesetz über die UVP", *op. cit.*, p. 1629 e ss.

Cfr. para este efeito os parágrafos 2, 13-19 da *UVPG*. Uma importante limitação no que concerne ao âmbito de aplicação da *UVPG* consiste na "cláusula de subsidariedade" *(Subsidiaritätsklausel)*, nomeadamente o parágrafo 4 que faz referência a idênticas e mais rigorosas prescrições contidas nas várias leis especiais. Isto, obviamente, prejudica a tendência de harmonização do direito ambiental. Cfr. E. REHBINDER, "Ein weiterer Schritt auf dem Weg zur Kodification des deutschen Umweltrechts", in *Natur und Rechts*, 1994, p. 313 e ss.

473 Na segunda lista transparecem também os parâmetros técnicos que o projecto sujeito a avaliação de impacto ambiental deve respeitar.

474 Cfr. ERBGUTH/SCHINK, *Kommentar, op. cit.*, pp. 236 e ss e 252 e ss..

475 D. WAGNER, "EIA in Germany", in *EIA Newsletter,* n.º 5, 1990, p. 7.

de um projecto, nos termos do parágrafo 3 [476]; bem como a fixação das linhas gerais de desenvolvimento urbanístico e todas aquelas decisões emergentes nos procedimentos, na medida em que sejam objecto de consideração específica no âmbito do procedimento conclusivo de autorização. Particular relevância assume, a este propósito, o parágrafo 16.° da *UVPGesetz*. Aí é expressamente estatuído que, no âmbito do *ROV*, possam ser analisados os efeitos ambientais relevantes de um projecto [477]. Desta forma, antecipa-se também

---

[476] J. SCHOENEBERG, "UVP und Landschaftsplanung", in *Umwelt und Planungsrecht*, n.° 6, 1991, p. 212. Num dos anexos da lei vêm especificados todos os projectos, onde se inclui além dos projectos do Anexo I da Directiva também muitos dos projectos do Anexo II.

Significa isto a inclusão de projectos sobre complexos hoteleiros e outras instalações destinadas a alojamento turístico, objecto de planos gerais de urbanização (Anexo ao par. 3.° da *UVPG)*. Todavia, é através dos procedimentos autorizativos previstos na lei de protecção contra emissões ou em matéria de águas (§ 7/1/9 da *WHG*, através do art. 5.° da *UVP-UG*), que são submetidos um número considerável de projectos que carecem de obrigatoriedade na Directiva (Projectos do Anexo II). Cabe, assim, destacar a sujeição a avaliação ambiental das instalações para a manipulação industrial de micro-organismos geneticamente transformados; das instalações de manipulação de produtos fitosanitários; ou instalações para a produção de farinha ou óleo de peixe. Importa, todavia, salientar que, nos casos referidos, bem como noutros, vem aplicado o direito especial, por remissão da própria *UVPG,* funcionando esta subsidiariamente. Assim, às autorizações no domínio mineiro não são aplicáveis muitas das normas da lei de avaliação de impacto ambiental. Nos termos do § 18 *UVPG* são aplicáveis apenas os parágrafos 1-4, 15-22 da *UVPG.* Em seu lugar foi inserida na *Bundesberggesetz* um procedimento de planificação territorial que integra a avaliação de impacto ambiental.

Para agilizar a aplicação deste instituto têm vindo a aplicar-se directrizes *(Verwaltungsvorchriften)* e regulamentos onde vêm definidos critérios e procedimentos a utilizar para a determinação, descrição e avaliação dos impactos ambientais. Assim, antes de entrar em vigor para os projectos industriais, foi necessária a aprovação de um regulamento em Março de 1992 (9. *Verordnung zur Durchführung des Bundesimmissionschutzgesetzes,* BGB II, S. 536 ff), tal como acontece para as centrais nucleares.

Para acelerar os projectos de infra-estruturas nos novos Estados (Länder) foi aprovada, entretanto, uma lei para reduzir temporariamente os procedimentos de planificação e autorização (Gesetz zur Beschleunigung der Planungen für Verkehrswege in den neuen Länden sowie im Land Berlin, 16/12/1991, BGBI. I. S. 2174). Cfr. D. WAGNER, "EIA in Germany", in *EIA Newsletter,* n.° 7, 1990, pp. 10-12.

[477] Para uma análise da relação entre *UVP* e *ROV,* cfr. D. JARASS, "Grundstrukturen des Gesetzes über die Umweltverträglichkeitsprüfung", in *Natur und Recht,* n.° 5, 1991, p. 202.

de maneira substancial o momento da avaliação de impacto ambiental. No pressuposto da necessidade de efectuar a avaliação ambiental *o mais cedo possível* [478], o legislador alemão quis antecipá-la às decisões preordenadas à autorização final do projecto. A crítica fundamental da doutrina alemã relativamente à consagração da *UVP* a um nível apenas, nos procedimentos autorizativos, baseia-se na escassa relevância que ela revestiria num momento em que as opções fundamentais sobre um projecto já estavam consumadas. Daí a introdução da *UVP* a dois níveis *(tiering)* e em dois momentos distintos *(gestufte UVP)*. Num primeiro momento, quando o projecto é passível de ser alterado pelo proponente do projecto, são examinados os pressupostos de natureza geral relativos à compatibilidade ambiental do projecto, com especial referência para os aspectos inerentes à utilização do território *(Makrostandortvoraussetzungen)* [479].

Numa fase posterior, já no âmbito dos procedimentos autorizativos específicos — são examinados em detalhe os vários aspectos pertinentes ao impacto ambiental do projecto [480]. Julgou bem o legislador germânico, uma vez que esta solução normativa é bem mais satisfatória do que reduzir a avaliação de impacto ambiental apenas ao nível dos procedimentos autorizativos. Neste contexto é particularmente idóneo o *Raumordnungsverfahren* [481], seja no que toca ao objecto, seja no que

---

Com efeito, a lei *UVP* regula no § 16 da *UVPG* exclusivamente a relação entre o juízo de compatibilidade ambiental da planificação territorial e a avaliação, com o mesmo objecto nos sucessivos procedimentos autorizativos. A lei, contudo, não faz referência a um *sollen* nem tão pouco um *müssen,* mas simplesmente a um *können*. Cfr. D. U. GALETTA, *op. cit.*, p. 847, nota 73.

[478] O que está de acordo com o art. 2.º da Directiva 85/337/CEE. Cfr. D. U. GALETTA, *op. cit.*, p. 847.

[479] D. U. GALETTA, *op. cit.*, p. 847.

[480] N. HACKENBERG, T. WEICH, "Bedeutung und Stellenwert der UVP in einer ökologisch orientierten Raumplanung", in *Natur und Landschaft*, 1988, p. 51 e ss..

[481] J. SCHOENEBERG, *Umweltverträglichkeitsprüfung, op. cit.*, p. 121 e ss.

respeita ao seu âmbito de aplicação [482] e às respectivas alternativas [483].

Por último, cabe ainda salientar que a lei alemã de avaliação de impacto ambiental, para obviar aos inconvenientes do sistema de lista, permite ao Governo Federal, na base do critério ecológico de sujeição (efeitos ambientais significativos), a inclusão de novos projectos. Por outro lado, é igualmente possível a exclusão de actividades sujeitas a avaliação ambiental, ainda que seja necessário obter previamente o consentimento do Parlamento federal [484].

É de assinalar que o modelo germânico de avaliação de impacto ambiental, em contraste com o que se passa entre nós, sujeita os projectos relacionados com a defesa nacional a avaliação ambiental. Só excepcionalmente o Ministro da Defesa pode excluir parcial ou totalmente a aplicação do instituto de avaliação ambiental aos referidos projectos, exigindo para o efeito a intervenção do Ministro do Ambiente, Protecção da Natureza e Segurança dos Reactores Nucleares [485].

Sabendo que a avaliação de impacto ambiental é integrada nos procedimentos autorizativos vigentes, a lei de *UVP* achou por bem estabelecer mais detalhadamente quais os procedimentos sujeitos à referida avaliação. Esta questão não é de modo nenhum despicienda, uma vez que dela depende substancialmente o âmbito de aplicação da lei de *UVP*. Acresce ainda, como já foi referido anteriormente, que com

---

[482] Entre as medidas *(Massnahmen)* sujeitas ao *ROV* fazem parte os projectos contidos no Anexo I da Directiva comunitária. Cfr. D. GALETTA, *op. cit.*, p. 848, nota 78. Se bem que o âmbito de aplicação do *ROV* seja mais amplo do que o da *UVP*, todavia, em consideração à competência dos órgãos federais na matéria, que é limitada à emanação de leis quadro *(Rahmengesetzgebungskompetenz)*, a decisão relativa à introdução obrigatória da *UVP* no âmbito do *Raumordnugsverfahren*, foi deixada à discricionaridade dos legisladores dos Länder.

[483] Cfr. M. BECKMANN, "Rechtliche Grenzen informaler Bürgerbeteiligung bei der Standortsuche für Abfalletsorgungsanlagen", in *UPR*, 11-12/93, p. 421 e ss.

[484] Muitos autores entendem esta iniciativa inconstitucional. Cfr., entre outros, D. WAGNER, *op. cit.*, p. 11.

[485] Cfr. o par. 3.2 da *UVPG*.

estas disposições se torna possível uma avaliação ambiental escalonada, por graus.

Antes de mais, a avaliação ambiental deve ser efectuada, em conformidade com o § 2/ 3/ n.º 1 da *UVPG*, naqueles procedimentos em que se decide definitivamente sobre a admissibilidade dos projectos considerados e que permitem ao seu promotor fixar a sua localização. Podem ser procedimentos relativos à primeira autorização, como também a autorizações relativas a modificações de instalações já existentes [486]. Se a autorização está relacionada com uma decisão preliminar ou se a própria autorização se apresenta fragmentada em autorizações parcelares, o controlo ambiental mostra-se igualmente subdividido, nos termos do parágrafo 13 da *UVPG*. Dado que o juízo global positivo, ainda que provisório, é contido numa decisão administrativa preliminar ou numa autorização parcelar, grande parte da avaliação deverá ser levada a cabo no âmbito da decisão preliminar ou da primeira autorização parcelar. Mais, um juízo global provisório, desde que positivo, garante o carácter sintético do controlo de compatibilidade ambiental. Logicamente, os resultados adquiridos pelas avaliações ambientais desencadeadas em fases precedentes devem, segundo o parágrafo 13/ 2, estar na base das sucessivas autorizações parciais [487].

A avaliação ambiental é necessária não só nos procedimentos finais de autorização, como está igualmente prevista (parágrafo 2/ 3/ n.º 2 da *UVPG*) no âmbito de decisões preparatórias, em que são fixadas condições que posteriormente acabam por vincular as autorizações finais [488]. O controlo de compatibilidade ambiental surge aqui subdividido num exame

---

[486] Anexo 3 do parágrafo 3 da *UVPG*. Cfr. H. D. JARASS, *op. cit.*, p. 50.

[487] JARASS, *op. cit.*, p. 51.

[488] A. WEBER, U. HELLMANN, "Das Gesetz über die Umweltverträglichkeitsprüfung", *op. cit.*, p. 1631. Tocam-se aqui, segundo o parágrafo 15 da *UVPG*, as decisões pertinentes a linhas de transporte por via terrestre e os procedimentos autorizativos de aeroportos que, frequentemente, precedem a planificação de redes de estradas e de aeroportos. Cfr. JARASS, *op. cit.*, p. 51.

menos preciso no procedimento coligado e numa análise mais detalhada nos procedimentos de plano. Cumprido isto, os resultados do primeiro procedimento podem ser finalmente inseridos no procedimento conclusivo, em plena conformidade com o disposto no parágrafo 15/ 4 da *UVPG* [489].

Esta estrutura escalonada merece o nosso aplauso. Seria pouco razoável exigir, logo num primeiro momento, uma avaliação ambiental em toda a sua amplitude e profundidade, se bem que, por vezes, possam ser tomadas decisões importantes nos procedimentos preparatórios.

Por último, segundo o parágrafo 2/ 3/ n.os 3 e 4 da *UVPG*, deve-se também efectuar uma avaliação ambiental, ainda que sumária, na elaboração de planos directores ou de utilização de áreas e, portanto, nos procedimentos de plano sem referência a projectos [490].

5. O procedimento de avaliação de impacto ambiental

O procedimento de avaliação de impacto ambiental desenvolve-se em três fases principais. A primeira consiste na delimitação das bases da avaliação. Trata-se de uma fase informativa sobre o âmbito das análises a efectuar. A segunda fase é a concreção da participação das autoridades administrativas e dos cidadãos. A terceira respresenta a descrição, avaliação e consideração dos efeitos ambientais.

A primeira fase apresenta dois momentos essenciais. O primeiro respeita à delimitação por parte da autoridade competente, a requerimento do interessado, dos previsíveis âmbi-

---

489 O mesmo vale, segundo o § 16 da *UVPG*, para um procedimento coligado de planificação territorial. Cfr. JARASS, *op. cit.*, p. 51.

490 Na verdade, o legislador germânico (§17 da *UVPG*) optou quase completamente por remeter para a disciplina da planificação da construção. Segundo JARASS, *op. cit.*, p. 52, incluir estes planos na lei de avaliação de impacto ambiental pode ter um efeito perturbador.

tos de análise (§ 5.º da *UVPG*). Trata-se de uma espécie de *scoping*, que visa permitir ao titular do projecto *(Projektträger)* efectuar uma investigação de certo modo mais delimitada, com evidentes vantagens económicas e de tempo [491]. O *scoping* deriva da convicção de que uma eficaz avaliação de impacto ambiental pressupõe necessariamente a definição de aspectos nucleares no momento da avaliação. Com efeito, não é possível, nem talvez razoável, examinar todo e qualquer ponto da matéria com a máxima profundidade possível. O que importa é sujeitar a controlo os aspectos particularmente críticos, por forma a podê-los "observar" detalhadamente [492].

Ao contrário de outros ordenamentos jurídicos, a versão do *scoping* é bastante mais limitada. A autoridade competente deve discutir o objecto, a amplitude e os métodos de análise com o titular do projecto antes da apresentação do pedido de autorização ou aprovação [493].

A lei de avaliação de impacto ambiental alemã prescreve a participação do público, particularmente nos parárafos 5 e 9 da *UVPG*. No primeiro positiva-se o chamado "scoping-verfahren", enquanto o segundo define a participação dos particulares em sentido restrito [494].

O titular do projecto, ao discutir com a autoridade competente o objecto, alcance e métodos de avaliação ambiental,

---

[491] Uma tal solução seria bem vinda ao nosso ordenamento jurídico. Com efeito, parece oportuno que seja a autoridade pública a fixar as balizas da avaliação ambiental, uma vez que lhe compete pronunciar-se definitivamente sobre a compatibilidade ambiental do projecto. Teria, aliás, o mérito de evitar que o estudo de impacto resulte inutilmente redutor ou então demasiado vasto e custoso, transcurando de todo o modo aspectos que a A. P. considera decisivos. Sobre o tema, cfr. H. D. JARASS, "Grundstrukturen des Gesetz über die Umweltverträglichkeitsprüfung", *op. cit.*, p. 204.

[492] O *scoping-verfahren* é também importante no que respeita à participação do público, pois existe o perigo de este ser submerso por um caudal de informação que não está em condições de apreciar e de controlar. O *scoping* é, portanto, extraordinariamente relevante e contribui para o sucesso de uma correcta avaliação de impacto ambiental. Cfr. J. SCHOENEBERG, *Umweltverträglichkeitsprüfung, op. cit.*, p. 56. Cfr. também ERBGUTH / SCHINK, *Kommentar, op. cit.*, p. 168.

[493] ERBGUTH / SCHINK, *op. cit.*, p. 178.

[494] J. SCHOENEBERG, *op. cit.*, p. 56 e ss., esp. p. 69.

deverá manifestar-lhe a intenção de o realizar e juntar a informação considerada adequada. No momento em que se opera esta delimitação prévia do objecto do estudo de impacto haverá lugar à consulta de outras entidades, especialistas ou mesmo terceiros que possam suscitar dados relevantes para o efeito [495].

O que a lei aqui parece prever é sobretudo uma participação institucional, uma vez que a participação dos cidadãos é apenas facultativa. Os actores principais são, assim, o titular do projecto e a autoridade competente, ao serem envolvidos numa primeira relação relativa à decantação dos contornos da avaliação ambiental e à concreção do princípio da proporcionalidade do estudo de impacto [496]. A Administração deverá, nesta fase, disponibilizar ao titular do projecto toda a informação útil.

O segundo "passo" consiste na apresentação dos documentos pelo requerente, em simultâneo com a apresentação do pedido de autorização ou de aprovação [497]. O parágrafo 6 refere quais os documentos a serem apresentados pelo titular do projecto, distinguindo a lei dois grupos de documentos. O § 6/ 3 enuncia a documentação mínima ao indicar as informações que o estudo de impacto deve, em qualquer caso, obrigatoriamente conter [498]. O § 6/4 enuncia a documentação

---

[495] J. SCHOENEBERG, *op. cit.*, pp. 70 e 71.

[496] O parágrafo 5 da *UVPG* reflecte uma clara positivação do princípio da proporcionalidade, ao indicar que a autoridade competente deve precisar o tipo e volume de informação a apresentar pelo titular do projecto.

[497] Caso este procedimento não se processe simultaneamente, como é regra, o pedido de autorização deve ser feito sempre antes do exame dos documentos pela autoridade competente.

[498] Os documentos considerados obrigatórios (§ 6/3) correspondem em grande medida àqueles que já vinham sendo exigidos ao titular do projecto aquando do pedido de autorização.

O § 6/3 indica que o estudo de impacto deve conter os seguintes elementos:

1) Descrição do projecto com indicação da sua localização, características e dimensão, assim como o espaço necessário para a sua materialização.

2) Descrição qualitativa e quatitativa das emissões e resíduos previstos, em particular da contaminação do ar, de efluentes e da quantidade de águas residuais,

suplementar a incluir, em determinadas condições, no estudo de impacto [499].

Transparece no § 6 um dos aspectos mais salientes do regime de avaliação de impacto da R.F.A., ao aplicar ao conteúdo dos estudos de impacto o princípio da proporcionalidade, em perfeita sintonia com o artigo 5.º/ 1 da Directiva comunitária. O recorte do referido princípio realiza-se, como vimos, a dois níveis. Primeiro, estabelecendo um conteúdo mínimo obrigatório, sempre que a lei especial não assinale um conteúdo mais rigoroso. Segundo, prescrevendo um conteúdo suplementar em função das características do projecto e da racionalidade da sua exigência.

Deve-se, todavia, assinalar um facto, que de certo modo vem diminuir o alcance da avaliação de impacto ambiental neste país. Com efeito, a lei de *UVP* não considera necessariamente a documentação produzida objecto de uma primeira avaliação da compatibilidade ambiental do projecto, como sucede nos Estados Unidos. Para o público, que na sua apreciação se deve basear em tais documentos, é igualmente impor-

---

bem como outras informações necessárias para a avaliação das incidências ambientais mais significativas do projecto.

3) Descrição das medidas destinadas a evitar, reduzir e compensar os efeitos ambientais significativamente negativos, assim como as medidas alternativas no caso do impacto ambiental produzido pela intervenção no ambiente não ser compensável, mesmo sendo esta prioritária.

4) Descrição dos efeitos ambientais significativamente negativos e previsíveis, tendo em conta o actual estado de conhecimentos e os métodos de avaliação geralmente admitidos.

5) Um resumo de fácil apreensão.

499 De acordo com o § 6/4 da *UVPG* a documentação suplementar deve incluir:

1) Descrição das características mais importantes dos procedimentos técnicos utilizados.

2) Descrição do ambiente e dos seus componentes, considerando o actual estado de conhecimentos e métodos de avaliação reconhecidos, sempre que tal seja necessário para a análise e a avaliação de qualquer outra repercussão ambiental significativa do projecto, por forma a avaliar da sua admissibilidade.

3) Um quadro geral das mais importantes variantes examinadas pelo titular do projecto e a especificação de critérios selectivos.

4) Indicação das dificuldades encontradas na recompilação de dados, tais como problemas técnicos ou falta de conhecimentos.

tante que a variedade de informações apresente uma relação sistemática [500].

A segunda fase do procedimento de avaliação de impacto ambiental consiste na participação do público e de outras autoridades, que devem tomar posição sobre a documentação apresentada pelo titular do projecto.

No que respeita à participação dos vizinhos e do público em geral, a lei de *UVP* (§ 9/ 1) remete para as correspondentes disposições do *Verwaltungsverfahrensgesetz* [501]. Nos procedimentos de planificação, em princípio, apenas os interessados [502] dispõem de um direito à visão dos actos, o que não é compatível com o artigo 6.º/ 3 da *UVP/RL* [503]. Neste sentido, o parágrafo 73/ 2 do *VwVfG* deve ser sujeito a uma interpretação extensiva, de acordo com o artigo 6.º/ 2 da Directiva 85/337/CEE [504].

Importa ainda salientar que, nos procedimentos paralelos, a participação do público tem lugar em cada um deles (não se circunscrevendo, portanto, à autoridade com funções de coordenação). Isto significa que, num projecto que requeira várias autorizações, qualquer das entidades competentes deve

---

500 Não é seguro que na prática tal desiderato venha sempre a ser atingido face à formulação da Lei de *UVP*. A recapitulação dos dados segundo o § 6/3 da *UVPG* não permite facilmente colmatar tal lacuna.

501 Esta solução não é, contudo, inibitória de uma segunda intervenção no procedimento sempre que as alterações ao projecto possam provocar novos e nocivos efeitos ambientais.

502 Importa, todavia, considerar que os procedimentos de plano são autênticos procedimentos de massas *(Massenverfahren)*, onde a legitimidade procedimental é mais ampla, nos termos do § 17 e ss. do *VwVfG*, nomeadamente em matéria de direito à informação. Cfr. COLAÇO ANTUNES, *A Tutela dos Interesses Difusos em Direito Administrativo, op. cit.*, p. 96 e ss.

Neste sentido, podemos concluir que a *Erörterung* não é circunscrita aos directamente interessados, podendo intervir no debate todos aqueles que apresentaram a devido tempo as respectivas petições e alegações.

503 H. D. JARASS, *op. cit.*, p. 55.

504 O parágrafo 9 da *UVPG*, que faz a remissão para o § 73/ 2 do *VwVfG*, é uma reprodução restritiva e redutora do art. 6.º/ 2 da Directiva, uma vez que a informação do público foi concebida pelo legislador germânico como simples publicidade ou participação passiva.

pôr em prática um procedimento formal de participação do público [505].

Na terceira e última fase do procedimento de avaliação de impacto ambiental, a Administração procede à descrição, avaliação e consideração dos efeitos ambientais resultantes do projecto (§ 11 da *UVPG*). Esta fase subdivide-se em três níveis. Em primeiro lugar procede-se a uma representação global dos efeitos do projecto *(zusammenfassende Darstellung der Auswirkungen)*. A documentação fornecida pelo titular do projecto, as observações apresentadas por outras entidades, as observações de terceiros e do público, bem como as apreciações feitas pela autoridade competente, servem de base a esta primeira avaliação (§ 11/ 1 e 2).

A descrição sintética dos efeitos ambientais [506] deve ter lugar um mês depois da conclusão da precedente fase de "audição" (§ 11/ 3) [507]. A referida representação — elemento essencial da sucessiva avaliação — não é necessariamente contida num documento autónomo, podendo antes ser inscrita no contexto da motivação da autorização. Porém, esta solução não será possível quando sejam requeridas várias autorizações para o mesmo projecto. Nestes casos a entidade coordenadora (das várias autoridades interessadas) redigirá um documento autónomo global, que deverá remeter à entidade competente para autorizar o projecto.

---

[505] Em sentido contrário H. D. JARASS, "La trasformazione nel diritto nazionale della direttiva CEE sulla valutazione di compatibilità ambientale", *op. cit.*, p. 55. Para este autor deve-se, inclusive, recomendar aos Länder alargar as funções da autoridade coordenadora à participação do público, nos termos do § 14/1 da *UVPG*. Cfr. também WEBER, HELLMANN, *op. cit.*, p. 1629.

[506] Acresce que, segundo o § 11/ 1 da *UVPG*, na descrição das incidências ambientais do projecto importa dedicar particular atenção à interacção dos efeitos ambientais. A *praxis* das autorizações nem sempre tem sido esta, uma vez que a tutela das componentes ambientais (ar, água, etc.) compete a entidades diferentes. Cfr. H. D. JARASS, *op. cit.*, p. 56.

[507] Este prazo não é, todavia, peremptório, podendo ser alargado em determinadas circunstâncias.

O segundo nível de controlo administrativo consiste, segundo o parágrafo 12 da *UVPG*, na avaliação global dos efeitos ambientais *(Bewertung der Umweltauswirkungen)* [508]. Competente para esta avaliação é, com reserva dos diversos regimes dos Länder, a autoridade que emana a autorização, mesmo que se verifique a concorrência de várias autorizações. Assim, o parágrafo 14/2 da *UVPG* esclarece que as autoridades competentes para autorizar o projecto devem elaborar em conjunto uma *avaliação global* [509].

Em referência ao parágrafo 11/4 da *UVPG*, a avaliação global pode ser inserida na motivação da autorização final do projecto. Se houver lugar a várias autorizações paralelas, a avaliação global deve ser expressa num documento à parte, como sucede com a representação dos efeitos ambientais realizada anteriormente.

Finalmente, chega-se ao momento da consideração dos efeitos ambientais *(Berücksichtigung der Umweltauswirkungen)* [510], que representa a fase conclusiva do procedimento.

---

[508] No que concerne aos critérios de avaliação ambiental, na ausência de prescrições administrativas fixadas com base no parágrafo 20 da *UVPG*, estes resultarão das várias leis especiais. Esta solução foi vivamente criticada pela doutrina dada a abundância de conceitos indeterminados nas leis especiais, o que outorga à Administração uma ampla margem de discricionaridade. Cfr. H. D. JARASS, "Grundstrukturen des Gesetzes...", *op. cit.*, p. 206. Cfr. W. ERBGUTH, "Zur Zulässigkeit von Regelungen über die Bauleitplanung in einer UVP-Verwaltungsvorschrift", in *Natur und Recht*, 1993, p. 249 e ss; cfr. também J. SCHOENEBERG, *Umweltverträglichkeitsprüfung, op. cit.*, pp. 33 e 34 e 106 e ss.; H. SENDLER, "Normkonkretisierende Verwaltungsvorschriften im Umweltrecht, in *UPR*, 9/1993, p. 321 e ss.

[509] Não é, portanto, suficiente que cada autoridade proceda a uma avaliação no seu âmbito de competência. A entidade coordenadora tem apenas, nos termos do § 14/2, uma função de coordenação. De facto, o poder de decisão é deslocado para a entidade autorizante. A lei não prevê, porém, qual a solução no caso das autoridades competentes para ditar as autorizações não estarem de acordo. Nestes casos julgamos que deverá decidir a entidade a que compete produzir a autorização principal.

[510] Coloca-se aqui, no entanto, um problema delicado. No fundo, trata-se de saber como operar a distinção entre o momento da avaliação e o momento da tomada em consideração dos efeitos ambientais. O § 12 da *UVPG* faz referência a ambos os aspectos sem estabelecer qualquer diferença, o que poderia ser entendido no sentido de submeter a avaliação e a consideração dos efeitos ambientais a um

Esta fundamenta-se na referida representação e avaliação global, competindo à entidade que autoriza o projecto retirar as consequências resultantes da avaliação global do impacto. Se estivermos perante várias autorizações, cabe a cada autoridade, no âmbito das próprias competências sectoriais, decidir em obséquio às consequências da avaliação global. Na medida em que se trata de pressupostos ligados ao ambiente, aquela autoridade deve decidir segundo os mesmos pontos de vista utilizados para a avaliação global. Em substância, ela deve apreciar se o projecto está em desarmonia com os pressupostos ambientais. Acresce que, nas decisões que tornem imprescindível a coabitação de elementos ambientais com outros de natureza diversa, a autoridade competente deve efectuar uma ponderação entre eles [511].

Para concluir, o modelo germânico de avaliação de impacto ambiental não visa tanto uma formal alteração ou exasperação dos *standards* das leis especiais, como a sua adequada utilização num procedimento aberto e participado.

6. Avaliação de impacto e controlo jurisdicional

A avaliação de impacto ambiental insere-se, como vimos, nos diversos procedimentos autorizativos. Daí que uma das principais preocupações do legislador alemão fosse, indiscutivelmente, a adequada acomodação do instituto de avaliação ambiental aos diferentes procedimentos existentes. Isto é,

---

único controlo. Esta interpretação não colhe, porque incompatível com o disposto no § 14/ 2 da *UVPG*. Com efeito, esta disposição esclarece que a avaliação se desenvolve como actividade global das autoridades competentes para as diversas autorizações, enquanto a consideração dos efeitos ambientais compete a cada *uma* das autoridades competentes para a concessão de uma autorização sectorial, isto é, apenas no âmbito de tal decisão. Mais, a avaliação limita-se a considerar, de acordo com as exigências da lei especial, os efeitos ambientais de um projecto. Já ao nível da consideração dos efeitos cabe apreciar e ponderar outros interesses, privados ou públicos. Cfr. J. SCHOENEBERG, *op. cit.*, p. 133 e ss..

511 H. D. JARASS, *op. cit.*, pp. 59 e 60.

aliás, manifesto no parágrafo 2 da *UVPG*, onde se estabelece um importante mecanismo de coordenação procedimental — a avaliação global, que integra as análises parcelares decorrentes de diversos procedimentos paralelos.

Além disso, a lei alemã de avaliação de impacto ambiental contém várias normas de carácter procedimental no que concerne à participação dos cidadãos e entidades administrativas, antes da Administração competente tomar a decisão definitiva sobre a autorização de um projecto ou actividade.

Contudo, como procuraremos demonstrar, a dimensão procedimental da avaliação ambiental e os seus vícios não constituem, no ordenamento germânico, um aspecto decisivo da tutela jurisdicional. Antes de mais importa salientar que a obrigação da Administração ter em conta, no momento de tomar a decisão final, os resultados da *UVP*, assume um carácter substancial. É claro que os vícios procedimentais podem reflectir-se também na violação de regras substantivas, nomeadamente quando a Administração não define com suficiente precisão o impacto ambiental por deficiente exercício da regra da ponderação de interesses [512].

Com efeito, o princípio vigente no direito administrativo da R.F.A. de que os vícios procedimentais produzem a ilegalidade do acto sofre importantíssimas limitações. Princípio especificado em diferentes normas que permitem distinguir o aspecto substancial (e procedimental) da ilegalidade, do vício processual — no exercício da "acção" de anulação do acto "inquinado". Assim, os parágrafos 113 e 114 da lei do processo

---

[512] SCHMITT-GLAESER, "Die Position der Bürger", *op. cit.*, pp. 55-56. Importante aqui é o controlo dos vícios de ponderação inerentes ao procedimento *(Abwägungsfehler als Vorgang)* e não tanto os vícios de ponderação inerentes ao resultado *(Abwägungsfehler als Ergebnis)* . Com efeito, a Administração goza, com base na ponderação de interesses já efectuada, de uma margem de apreciação no momento em que chega a um *Ergebnis,* o que não sucede no momento da apreciação preventiva, isto é, na organização e selecção dos interesses ao longo do procedimento *(Vorgang)*. Cfr., entre outros, KOPP, *Verwaltungsgerichtsordnung, Kommentar,* München, 1989, p. 1171 e ss.; BULLINGER, "Das Ermessen der öffentlichen Verwaltung", *op. cit.*, p. 1001 e ss..

administrativo (VwGO) circunscrevem o direito de obter a anulação de um acto administrativo apenas quando há lesão de um direito ou interesse legalmente protegido [513]. Acresce ainda que a lei do procedimento administrativo (VwVfG) prevê que certos vícios procedimentais possam ser sanados no decurso da acção jurisdicional. Na verdade, aqueles só são relevantes quando sejam susceptíveis de contaminar o conteúdo do acto administrativo impugnado e lesar um direito subjectivo.

6. 1. O direito de denunciar os vícios procedimentais da *UVP*

Importa neste momento dar conta da legitimidade de terceiros envolvidos numa relação de vizinhança relativamente a uma área objecto de intervenção sujeita a avaliação de impacto ambiental.

De acordo com a lei alemã é consentido a estas pessoas "resistir" na medida em que possam alegar a violação de uma norma posta para a tutela de interesses individuais e não para a tutela de um bem colectivo [514]. A ser assim, não cabe

---

[513] E. REHBINDER, "La valutazione di impatto ambientale in Germania", in *La valutazione di impatto ambientale*, Milano, 1991, p. 106. A ideia de que o processo administrativo está vocacionado para tutelar os interesses juridicamente protegidos, e não a salvaguardar o bom andamento da Administração, limita, obviamente, o acesso aos tribunais, especialmente por parte de terceiros. Cfr. A. MASUCCI, *La legge tedesca sul processo amministrativo,* Milano, 1991, pp. 25 e ss e 32 e ss.

Sobre as recentes reformas em matéria de contencioso administrativo, especialmente no que toca à simplificação dos *processos de massas,* cfr. P. BADURA, "La recente novella alla legge tedesca sul processo aministrativo: un passo verso una più efficace tutela giurisdizionale del privato?" in *Dir. proc. amm.*, n.° 1, 1992, p. 31 e ss., esp. p. 39 e ss.

[514] O recurso às *Schutznormen* é mais eficaz quando conjugadas com leis especiais de protecção do ambiente.

A jurisprudência alemã tem mantido a orientação segundo a qual a legitimidade de um terceiro para impugnar um acto que não lhe diz directamente respeito, só subsiste quando possa invocar a violação de uma norma que tenha como escopo assegurar a protecção da sua situação jurídica (cfr., por todos, EYERMANN-

dúvida de que assistimos a uma natural retracção da jurisprudência, pois só podem ser invocados erros procedimentais que caibam na previsão da norma vocacionada para a protecção de interesses individuais. Todavia, as coisas não se passaram exactamente assim. Com a sentença do Tribunal Constitucional federal no caso Mülheim-Karlich [515], não só não se pôs em dúvida a participação de terceiros no procedimento como se reconheceu a sua legitimidade de agir para a defesa dos seus direitos. Foi igualmente abandonada a opinião segundo a qual as normas procedimentais que legitimavam a sua intervenção no procedimento eram simplesmente instrumentais à informação da Administração [516].

-FRÖHLER-KORMANN, *Verwaltungsgerichtsordnung, Kommentar,* 9, München, 1988, p. 308).

Segundo K. A. BETTERMANN, "Über die Legitimation zur Anfechtung von Verwaltungsakten", in K. A. BETTERMANN, *Staatsrecht. Verfahrensrecht. Zivilrecht. Schriften aus vier Jahrzehnten,* Köln, 1985, pp. 729 e 730, tem-se assistido, todavia, a um progressivo alargamento da noção de *Rechte,* admitindo-se como situação legitimante, para além da lesão de bens jurídicos, a lesão de normas de garantia. Este entendimento permitiu o reconhecimento das *Nachbarklage* e das *Konkurrentenklage,* com o limite intrínseco e insuperável de que a impugnação do terceiro só é possível quando o acto contraste com uma norma dirigida a dar protecção ao terceiro lesado.

A jurisprudência nega também a possibilidade de uma *Beiladung* em relação a outros vizinhos quando um deles tenha proposto um recurso, por exemplo, contra uma licença de construção. F. O. KOPP, *Verwaltungsgerichtsordnung, op. cit.*, p. 741.

Diversa é, porém, a posição seguida por J. MARTENS, *Die Praxis des Verwaltungsprozeßes,* München, 1975, p. 59 e ss., que sustenta que o escopo da *Beiladung* (necessária) é fundamentalmente o de assegurar eficácia à sentença, pelo que a legitimidade não preclude em relação a todos aqueles que estejam em condições de questionar o acto.

Esta interpretação tem sentido, se percebemos bem, uma vez que o envolvimento do terceiro na situação objecto do processo deve ser de tal forma intensa a determinar a necessidade jurídica de uma *única* decisão (com efeitos *erga omnes*). Cfr. EYERMANN-FRÖHLER-KORMANN, *op. cit.*, p. 496. O efeito da *Beiladung* é, portanto, a extensão da eficácia do caso julgado ao *Beigeladener* (utilizando-se a este propósito a noção de *Interventionswirkung),* o que parece, aliás, resultar da aplicação do § 121 *VwGO,* que declara vinculados à sentença os *Beteiligten* do processo.

[515] E. REHBINDER, *op. cit.*, p. 108. Cfr. *BVerfGE* 53, p. 30 e ss..

[516] Para uma concepção que equipara e assimila a tutela procedimental à tutela processual, cfr. ULE / LAUBINGER, *Verwaltungsverfahrensrecht, op. cit.*, p. 194. Sobre a teoria da tutela da participação, cfr. W. BLÜMEL, "Grundrechts-

Assim, os vizinhos podem seguramente invocar qualquer violação do procedimento de avaliação de impacto ambiental, nomeadamente no que concerne à participação do público, à não publicação do projecto ou à insuficiente informação fornecida pelo dono da obra [517].

Em todo o caso, os vizinhos só podem fundar a sua pretensão na violação de direitos procedimentais que lhes digam directamente respeito [518]. A falta de envolvimento de outras pessoas ou de associações de defesa do ambiente ou até de qualquer entidade interessada não faz parte das suas legítimas pretensões para efeitos de controlo jurisdicional [519].

A insuficiência das informações fornecidas pelo titular do projecto ou do estudo de impacto exigido pela Administração só são relevantes se respeitarem especificamente ao impacto ambiental sofrido pelo autor [520].

---

schutz durch Verfahrensgestaltungs", in *Frühzeitige Bürgerbeteiligung bei Planungen,* Berlin, 1982, p. 23; H. W. LAUBINGER, "Grundrechtsschutz durch Gestaltung des Verwaltungsverfahrens" in *VerwArch,* 1982, p. 67, salienta que a tutela jurídica resulta, em boa medida, da relação entre procedimento e direitos fundamentais dando, desta forma, concreção a uma correcta condução do procedimento.

517 Isto não significa que não subsistam dúvidas em relação a outros vícios procedimentais. Com efeito, segundo a doutrina dominante, estes vícios só podem ser denunciados se a norma em questão é posta para a tutela de direitos ou interesses individuais e se a sua violação incidir na esfera jurídica do autor. Cfr. F. O. KOPP, *Verwaltungsgerichtsordnung, op. cit.*, p. 736.

518 Cfr. por todos, C. H. ULE, *Verwaltungsprozeßrecht,* München, 1987, p. 112. Já noutra sentença (VGH Mannheim, de 4-3-1985, in *Die Öffentliche Verwaltung,* 1985, p. 585) foi excluído o interesse à *Beiladung* de uma associação de defesa da natureza.

519 Curiosamente, já segundo a opinião maioritária, o proprietário expropriado, por força da realização de uma obra sujeita a avaliação de impacto, poderá recorrer a uma violação das regras procedimentais, qualquer que ela seja, para impugnar o acto autorizativo (§ 29 da lei sobre a tutela do ambiente). Cfr. E. REHBINDER, *op. cit.*, p. 107. Ainda segundo este autor podemos colher a ideia de que a jurisprudência administrativa sobre esta matéria não é de todo homogénea. Com efeito, sentenças houve que negaram relevância a alguns dos vícios procedimentais (OVG Koblenz, in *NuR*, 1985, p. 30; VGH München, in *BayVBL*, 1988, p. 147; contra VGH Kassel, in *NuR*, 1988, p. 250).

520 Mais, a circunstância de não se ter elaborado um estudo de impacto ou de este ser insuficiente não implica necessariamente a anulação do acto administrativo, uma vez que a prescrição do estudo de impacto é feita tendo em conta o

A partir do momento que o procedimento de avaliação de impacto ambiental foi inserido na lei federal sobre a protecção do ambiente [521], as associações de defesa do ambiente passaram, em princípio, a poder denunciar a inobservância do procedimento de impacto ambiental. Contudo, não é ainda claro que esta interpretação seja indiscutível para todo o tipo de vícios procedimentais ou se é apenas válida quando se trata de vícios que atingem a posição procedimental das associações [522].

Por último, em alguns Estados como Berlim e Bremen, as associações ambientalistas reconhecidas podem, com base no

---

interesse público e não o de criar um direito para uma categoria determinada de pessoas.

Inclusive, as insuficiências que afectam o exercício do poder de apreciação da Administração na *Abwägung,* a ponderação de diferentes interesses, não serão decisivas para o julgamento do juiz, a não ser que este conclua que, sem este erro, a decisão teria um conteúdo diferente, susceptível de não lesar o interesse protegido do recorrente. Os erros de apreciação que não afectam este interesse são inoperantes. Em síntese, a ausência ou insuficiência do estudo de impacto só "comprometem" a ponderação de interesses e, portanto, a decisão, se for violado um direito subjectivo forte. Cfr. V. HARTLOFF, "Le contentieux de l'environnement en République Fédérale Allemande", in *R.J.E.*, 1995, pp. 94-95.

[521] Novo § 8, alterado pelo art. 6.º da lei sobre a avaliação de impacto.

O art. 29.º/ 1 da lei federal de protecção da natureza prevê também o direito de participação procedimental das associações de defesa do ambiente, reconhecidas formalmente de acordo com a alínea 2. Para o Supremo Tribunal Administrativo o direito de participação implica o direito de recurso contra decisões de fixação de planos *(Planfestellungbeschlüsse).* Todavia, este recurso é exercitável apenas quando o direito de participação das associações é ignorado. Acresce que o recurso não implica refazer o procedimento à luz das objecções postas pela associação. O controlo jurisdicional permanece formal, isto é, limitado ao controlo da legalidade. Cfr. V. HARTLOFF, *op. cit.*, p. 94.

[522] Uma sentença recente de um Tribunal Administrativo, VGH Kassel, in *NVwZ*, 1988, p. 1040, limita expressamente a legitimidade das associações de defesa do ambiente à violação de direitos procedimentais especificamente reconhecidos às associações. Por outro lado, o Tribunal Administrativo federal tem defendido que uma violação das normas procedimentais em matéria de conflito de competências constitui inobservância da lei sobre a protecção da natureza, o que deixa transparecer uma legitimidade mais ampla das associações de defesa do ambiente.

Igualmente contra a admissibilidade de uma *altruistische Verbandsklage* se colocam várias objecções, nomeadamente de recorte constitucional (art. 19º da Lei Fundamental). Acresce que com a *Verbandsklage,* a justiça administrativa se deslocaria para formas de controlo objectivo da Administração, o que, segundo alguns, seria incompatível com o princípio da separação de poderes.

seu estatuto, impugnar certos actos [523] não conformes às leis de tutela ambiental.

6. 2. Recurso de anulação do acto administrativo

A possibilidade de denunciar a infracção das regras procedimentais não se traduz sempre na anulação do acto administrativo viciado. Segundo os parágrafos 214 e 215 do Código urbanístico [524] a relevância dos erros procedimentais é limitada.

No que respeita a direitos e interesses de natureza individual, o parágrafo 46 do VwVfG não permite a anulação do acto administrativo sempre que a simples infracção procedimental não contenda com o conteúdo do acto [525].

Em princípio, os vícios procedimentais são relevantes nos casos em que a Administração goza de uma certa discricionaridade [526]. Existe, porém, uma excepção. O erro procedimental é considerado irrelevante sempre que fique provado que, no caso específico, aquele não teve qualquer influência na escolha da Administração [527].

No caso da avaliação de impacto ambiental resulta, todavia, difícil sustentar a irrelevância de uma fase procedimental para a escolha efectuada pela Administração. A situação é

---

[523] Referimo-nos em particular a actos de planificação urbanística que constituam um atentado ao ambiente e à paisagem. Cfr. STEFAN SALIS, *Gestufte Verwaltungsverfahren im Umweltrecht,* Baden-Baden, 1991, p. 40 e ss.

[524] Estas disposições referem-se a planos urbanísticos sujeitos a avaliação de impacto ambiental, na medida em que consentem a realização de um projecto ou constituem eles próprios um projecto que cabe no âmbito da avaliação ambiental.

[525] Esta norma, que reflecte a orientação jurisprudencial dominante de fazer prevalecer o aspecto substancial do acto em detrimento da sua correcção formal, é extremamente controversa. Cfr. E. REHBINDER, *op. cit.*, p. 110.

[526] Actos de planificação territorial, autorizações no domínio da água e da energia nuclear. Cfr. W. HOPPE, "Zur Struktur von Normen des Planungsrechts", in *BVBl,* 1974, p. 644 e ss.; R. RUBEL, *Planungsermessen, op. cit.*, p. 79 e ss..

[527] Isto é, nos casos em que o mérito da decisão administrativa não é posto em causa pelo tribunal, o vício procedimental é irrelevante. Esta é, aliás, a posição unânime da jurisprudência, no sentido da aplicação do § 46 *WwVfG*.

particularmente delicada no caso das autorizações de instalações, no âmbito da lei federal sobre o controlo das emissões, onde é frequente os pressupostos de facto do acto administrativo se apresentarem sob a forma de conceitos vagos e genéricos (perigo, bem estar colectivo etc.). A doutrina alemã mais recente tem vindo, todavia, a defender a inaplicabilidade do parágrafo 46 *VwVfG* quando a norma em questão reconheça à Administração a possibilidade de concretizar os conceitos indeterminados [528].

Esta orientação doutrinal parece-nos inteiramente ajustada ao instituto da avaliação de impacto ambiental, onde é visível uma manifesta dimensão discricionária da Administração, pelo que nos parece curial conferir toda a relevância ao correcto desenvolvimento do procedimento administrativo.

Como já assinalámos, as normas sobre a avaliação de impacto ambiental podem assumir também uma natureza substancial, reflectindo-se a sua violação na ilegalidade do acto administrativo. Para superar o limite previsto para a impugnação de vícios procedimentais, o terceiro deve argumentar que a mácula do acto é consequência de uma inadequada participação do público, provocando inevitavelmente uma insuficiente ponderação dos interesses em jogo.

De todo o modo, a "revisão" do acto no que toca ao mérito tem, com base na violação das normas procedimentais, uma eficácia limitada à deficiente ponderação dos seus interesses, relativamente a outros (interesses) que justificam a realização do projecto [529]. Logo, o terceiro não tem legi-

---

[528] F. J. KUNERT, "Normkonkretisierung im Umweltrecht", in *NVwZ*, 1989, p. 1018 e ss.

[529] Para evitar o risco de *Popularklage,* a jurisprudência tem dado particular atenção à natureza e intensidade da lesão *(Stufungen der Betroffenheit)*. Cfr. J. PIETZCKER, "Der Anspruch auf ermessensfehlerfreie Entscheidung", in *JuS,* 1982, p. 106. Curiosamente este perigo não existe, segundo cremos, uma vez que a doutrina dominante tende a não reconhecer a qualidade de parte ao titular do interesse difuso ambiental. Por exemplo, F. O. KOPP, *Verwaltungsgerichtsordnung,*

timidade para invocar a lesão de interesses de outras pessoas interessadas ou do interesse público à não realização do projecto. Este raciocínio é aplicável também à violação das normas destinadas a proteger o ambiente e a paisagem [530].

Em síntese, só os erros procedimentais que digam directamente respeito à tutela de interesses legalmente protegidos são relevantes para efeitos de impugnação do acto administrativo.

Os interessados só podem, em princípio, impugnar o acto administrativo final, por força da aplicação do parágrafo 44, a) do *VwGO* [531]. Segundo este artigo, os sujeitos que participam no procedimento são considerados partes, estando-lhes vedada a possibilidade de arguir qualquer vício procedimental antes da adopção do acto autorizativo [532].

Apenas os sujeitos ilegitimamente excluídos do procedimento têm legitimidade para recorrer imediatamente,

---

op. cit., p. 755, entende "... daß auch der notwendige Beigeladene nicht Partei, sondern Dritter in einem fremden Rechtsstreit ist ...".

530 O recurso daquele que tem a *Klagebefugnis* não incide somente sobre a admissibilidade global da petição inicial, mas também sobre o alcance do controlo jurisdicional no plano material. Todavia, a situação é mais complexa no quadro de uma 'acção' de impugnação *(Anfechtungsklage),* porque neste tipo de recurso, o juiz não valora todas as ilegalidades susceptíveis de afectar o acto administrativo contestado. Ele tomará apenas em consideração os vícios (do acto) que lesam o autor.

A situação é um pouco diferente no caso dos actos tomados no âmbito de um procedimento formalizado *(Planfestellungsverfahrehn).* Nestes procedimentos, caracterizados por uma larga margem de apreciação após uma participação adequada dos interesses em presença, o objecto de controlo jurisdicional deve observar se a Administração não cometeu qualquer vício de forma, se procedeu a uma instrução completa de todos os elementos de facto e não orientou a *Abwägung* por motivos arbitrários ou estranhos ao objecto da decisão. Cfr. V. HARTLOFF, *op. cit.*, p. 95; PETERS / SCHENK / SCLABACH, *Umweltverwaltungsrecht,* Heidelberg, 1990, p. 12 e ss..

531 Todavia, o acto administrativo que, com base no interesse público, tenha disposto a imediata execução de um projecto pode ser reexaminado pelo juiz através de um processo sumário (§ 80 e § 80a *VwGO*). Cfr. B. PETER, "Spécifités au regard du droit français des procédures d'urgence en droit allemand", in *Revue du Droit Public,* n.º 1, 1994, p. 186 e ss..

532 Cfr. OVG Koblen, in *NVwZ*, 1988, p. 76; VGH München, in *NVwZ*, 1988, p. 1054.

com base na lesão do seu direito a participar no procedimento [533].

Em suma, no ordenamento jurídico alemão, o acto de avaliação de impacto ambiental não é susceptível de ser impugnado autonomamente.

[533] Cfr. VGH Kassel, in *UPR*, 1988, p. 354.

Parte IV

O PRODECIMENTO ADMINISTRATIVO DE AVALIAÇÃO DE IMPACTO AMBIENTAL: UMA VISÃO PROSPECTIVA

Capítulo I

O PROCEDIMENTO ADMINISTRATIVO DE AVALIAÇÃO DE IMPACTO AMBIENTAL: TIPOLOGIA E PLURIFUNCIONALIDADE

1. Natureza jurídica do procedimento administrativo de avaliação de impacto ambiental

A avaliação de impacto ambiental, sob o aspecto formal, não é mais do que um procedimento administrativo através do qual decorre o poder de avaliação ambiental.

Procuraremos evidenciar o carácter central do procedimento relativamente ao acto final, oferecendo uma visão mais nítida deste singular instrumento do Direito do ambiente. O exame do procedimento de avaliação de impacto ambiental centrar-se-á, sob os aspectos funcionais, segundo o critério de análise do interesse público tutelado. Será também a oportunidade para inserirmos, nos termos da Directiva 85/337/CEE, este instituto nos procedimentos autorizativos de modo a torná-lo coerente com o sistema geral, contribuindo desta forma para a sua definitiva consolidação.

À primeira vista a sua configuração como procedimento especial parece decorrer tanto da Directiva 85/337/CEE, de 27 de Junho (art. 2.º/2), como do Decreto-Lei n.º 186/90, de 6 de Junho (art. 2.º/1), regulamentado pelo Decreto Regulamentar n.º 38/90, de 27 de Novembro, como já foi bastas vezes referido.

Uma leitura mais próxima do problema parece conduzir--nos a uma conclusão não muito diversa.

Todavia, a distinção entre o procedimento tipo e o procedimento especial perde significado se atendermos que no C.P.A. não existe esse pretendido procedimento típico ou comum, a que haveria de fazer-se referência para qualificar outros procedimentos como especiais [1]. Acresce que nem como categoria legal nem como construção doutrinal é possível falar desse imaginário procedimento comum ou tipo, modelo arquétipo único à laia de astro-rei em torno do qual girariam os procedimentos especiais [2]. Entendemos, porém, que não será erróneo falar-se de procedimento especial quando, relativamente às previsões contidas no Código, se verificam "desvios" tão importantes que alteram a estrutura interna do procedimento (formalizado) normalmente utilizável para o cumprimento de uma determinada finalidade administrativa [3].

Segundo González Navarro, para que possa delinear-se um procedimento administrativo especial é preciso a concorrência simultânea de um requisito formal, materializado numa tramitação diferente da geral, e de um requisito objectivo ou de fundo pertinente à peculiaridade da matéria a que se aplica [4]. A não ser assim, considera que "se trata de simples trâmites estabelecidos por normas de tipo regulamentar que caem perfeitamente dentro do procedimento ordinário..." [5]. Ora nós entendemos que no procedimento de avaliação de impacto ambiental estão reunidos os requisitos de

---

[1] Para uma crítica à concepção de procedimento administrativo comum ou tipo, vide LÓPEZ MENUDO, "Los principios generales del procedimiento administrativo", in *El Procedimiento Administrativo en el Derecho Comparado, op. cit.*, p. 143 e ss.

[2] Cfr. G. NAVARRO, *Derecho Administrativo Español, op. cit.*, p. 181.

[3] Assim, G. NAVARRO, *Derecho Administrativo..., op. cit.*, p. 181.

[4] G. NAVARRO, *Procedimientos Administrativos Especiales,* Madrid, 1967, p. 19.

[5] Cfr. G. NAVARRO, *op. cit.*, p. 19.

forma e de fundo que caracterizam o procedimento especial [6]. Com efeito, depara-se-nos uma tramitação diferente da geral, utilizada para a autorização, especialmente dirigida e vocacionada para a protecção do ambiente, tramitação que vem regulada por um dispositivo normativo distinto do que se refere à actividade principal [7]. Estes requisitos operam em simultâneo e condicionam-se reciprocamente, uma vez que se não decorre o procedimento de impacto ambiental e não se elabora o "parecer" de compatibilidade ambiental estamos perante uma actividade ilegal, o que legitima pelo menos a anulação do acto final. Deve, pois, assentar-se que, apesar do princípio *favor acti,* corrigido, aliás, pelo artigo 268.º/4 da C.R.P., a omissão do "parecer" ambiental não é sanável, tanto mais que sustentamos que o referido parecer é um acto administrativo [8]. Na verdade, um *acto final parcial* que conclui um procedimento especial — a avaliação de impacto ambiental.

Como já foi referido na primeira parte deste trabalho, a assunção de conteúdo próprio por esse acto final é, portanto, o principal critério definidor. Dificilmente se pode qualificar como simples acto preparatório aquele que, ainda que encadeado no procedimento, tem conteúdo próprio, contém um pronunciamento final, que não está inevitavelmente destinado a ser assumido pelo acto final do procedimento principal. É certo que este tomará em consideração o acto anterior (art. 6.º do D.L. n.º 186/90), mas nem por isso este perde conteúdo e individualidade [9]. Mais, o "parecer" em questão não é um simples acto preparatório ou um acto que põe fim a uma fase do procedimento, mas é antes a decisão final de um

[6] Autores há que sustentam que não estamos perante um procedimento especial. Cfr. R. MORENO, *op. cit.*, pp. 246 e 247.

[7] ALLI ARANGUREN, *op. cit.*, p. 113.

[8] LÓPEZ BUSTOS, "Las E.I.A.: incidencia del elemento técnico...", *op. cit.*, p. 97.

[9] J. A. GARCIA-TREVIJANO GARNICA, *La Impugnación...*, p. 170.

procedimento autónomo e especial. Precisamente por isso se trata de actos directamente recorríveis, sem necessidade de esperar pelo acto final do procedimento principal.

Sustentamos que o carácter especial deste procedimento peculiar resulta ainda do facto de se tratar de um *procedimento científico e de massas*, vocacionado para a tutela preventiva do ambiente, cuja particularidade é a de condicionar a eficácia do procedimento principal. Isto é, a eficácia do acto autorizativo está precisamente em respeitar os resultados e os efeitos constitutivos do acto de ciência, do juízo técnico que conclui o procedimento de avaliação de impacto ambiental [10].

Tentando dar um passo mais na específica configuração do procedimento administrativo de avaliação de impacto ambiental, o modelo nacional, pese embora o seu miserabilismo legislativo, adoptou, na linha da Directiva comunitária, um padrão particular entre o sistema norte-americano e o francês.

Com efeito, enquanto o primeiro modelo instaura um procedimento *ad hoc* e independente, no sistema francês não há qualquer procedimento específico, nem sequer existe de forma genérica, uma fase procedimental — salvo nos casos em que o procedimento careça de informação pública — adicionando-se unicamente uma nova peça documental (o estudo de impacto), modificando para tanto os procedimentos existentes afectados pelo âmbito material de aplicação das avaliações ambientais. O modelo nacional instaura, segundo cremos, um procedimento especial, inserto, mas autónomo do procedimento auto-

---

[10] Efeitos constitutivos que, como já foi referido em páginas anteriores, não dependem apenas de manifestações de vontade mas resultam também de actos de ciência, de juízo ou, mais em geral, de carácter enunciativo. Cfr. M. S. GIANNINI, *Diritto amministrativo,* II vol., *op. cit.*, p. 916 e ss.

Chegados a este ponto, somos de opinião que a procedimentalização da actividade administrativa, nomeadamente a presença de procedimentos complexos com fases claramente distintas, conduz necessariamente à conclusão de que os actos praticados no decurso de um procedimento são, entre nós, verdadeiros actos administrativos (art. 120.º do C.P.A.), logo recorríveis. Cfr., por todos, VASCO PEREIRA DA SILVA, *Em Busca do Acto Administrativo Perdido, op. cit.*, pp. 301 e ss., 573 e ss. e 701 e ss.

rizativo, principal, com uma fase de informação pública própria. Da leitura lógico-reconstrutiva do regime jurídico de avaliação de impacto ambiental concluiu-se que o procedimento de avaliação de impacto ambiental se insere no "processo técnico-decisional" relativo à autorização de um projecto, sem se identificar com ele [11]. Aquele qualifica-se, procedimentalmente, como um subprocedimento que se enxerta no procedimento autorizativo, aportando elementos cognoscitivos, técnico-científicos, pertinentes às diversas interacções entre o projecto e os vários elementos ambientais que devem confluir na "avaliação de impacto ambiental".

É precisamente esta "avaliação", com o respectivo suporte informativo e documental, que transita — na forma jurídica de "parecer" — para o procedimento principal, isto é, aquele que conduz à autorização ou não do projecto.

Em síntese, não se acrescenta simplesmente uma peça documental, como no modelo francês, antes se institui um subprocedimento administrativo, dirigido por uma autoridade distinta da que autoriza o projecto, inteiramente autónomo (ainda que não independente), que afecta directamente o procedimento autorizativo principal, nisto se distinguindo do modelo estado-unidense.

Singularidade esta que provoca alguns problemas de articulação entre o procedimento de avaliação de impacto ambiental e o procedimento autorizativo.

2. A avaliação de impacto ambiental como meio auxiliar da decisão administrativa: considerações breves

Se passamos do campo teórico para a aplicação prática da avaliação de impacto ambiental nos procedimentos

---

[11] N. GRECO, *Processi decisionali e tutela preventiva dell'ambiente, op. cit.*, p. 214.

autorizativos, a sua configuração tende a precisar-se posteriormente em função da sua colocação no processo decisional.

Como é sabido, o escopo declarado da avaliação de impacto ambiental é o de introduzir, na prepração das decisões, uma apreciação dos efeitos sobre o ambiente, efeitos que exigem uma ponderação e quantificação prudente e atenta [12].

A estrutura que o procedimento de avaliação de impacto ambiental tem assumido é justificada principalmente pela necessidade de encontrar novos métodos decisionais no momento em que os existentes não parecem adequados a uma realidade social cada vez mais complexa e a uma exigência crescente de participação. No caso português e até tempos relativamente recentes, as decisões da Administração Pública eram inseridas, sem grande dificuldade, em procedimentos destinados a assegurar uma clara repartição de competências, atribuindo a cada protagonista do processo um papel preciso e hierarquicamente definido. A faculdade da Administração ponderar preventivamente entre interesse público e interesses privados nunca foi posta em dúvida, mas a participação dos cidadãos nas opções relativas à concreta realização do interesse público era limitada apenas à tutela dos interesses legítimos dos proprietários eventualmente afectados pela respectiva obra.

A situação alterou-se nos últimos anos com o novo Código do Procedimento Administrativo e também por força da tendência para o descentramento das decisões no campo ambiental e urbanístico, com a correspondente atribuição de novas funções de coordenação e estímulo às autoridades centrais. Isto implica a existência de complexos procedimentos

---

[12] P. WATHERN, "An Introductory Guide to EIA", in *Environmental Impact Assessment*, *op. cit.*, p. 21.

de concertação, que envolvem, em torno de uma série de decisões, os diversos níveis de governo do território.

Esta nova situação impõe a necessidade de novos procedimentos que tenham em linha de conta o aumento e a relevância de novos protagonistas. É sobretudo pertinente a necessidade de envolver no processo decisional os cidadãos interessados, porque a violação dos seus direitos fundamentais poderá implicar qualquer vício do procedimento e, por consequência, a ilegalidade da decisão.

Esta faculdade está já prevista, ainda que de forma limitada, em alguns dispositivos legais relativos aos procedimentos de planificação urbanística e territorial [13]. No que concerne aos procedimentos de avaliação de impacto ambiental, como procedimentos de massas, exige-se que a participação se traduza num maior envolvimento do público na elaboração da decisão administrativa, ou melhor, no processo de selecção da solução mais conveniente entre as várias possíveis (art. 4.º e ss. do D.L. n.º186/90, de 6 de Junho e o art. 4.º do D.R. n.º 38/90, de 27 de Novembro).

Noutros países industrializados, onde estes problemas se colocaram muito antes, as tentativas de racionalização dos processos decisionais remontam já aos anos cinquenta, através da aplicação de métodos científicos idóneos a demonstrar as vantagens e os inconvenientes de um certo número de decisões e das respectivas alternativas, com o escopo último de facilitar o consenso *in itinere* em torno de opções consideradas cientificamente objectivas. Estes métodos podem referir-se a um critério económico, se se utiliza o método "custos-benefícios", ou a uma série de critérios — económicos, conservação dos recursos ambientais, sanitários, sociais — devidamente

---

13 Cfr. ALVES CORREIA, *O Plano Urbanístico...*, *op. cit.*, p. 250 e ss.; *id.*, *As Grandes Linhas da Recente Reforma do Direito do Urbanismo Português*, Coimbra, 1993, p. 36 e ss. Mais recentemente J. M. SARDINHA, "Algumas reflexões sobre os direitos de informação e participação dos particulares no direito do urbanismo português", in *Rev. Dir. Amb. Ord. Ter.*, nº 1, 1995, p. 90 e ss..

relacionados segundo um critério de prioridade previamente estabelecido [14].

No método "custos-benefícios", a primeira dificuldade consiste em traduzir correctamente em termos económicos um "balanço" homogéneo de todos os factores, distintos entre si, que concorrem para uma decisão de interesse público. Queremos evidenciar que, por exemplo, não é de todo fácil nem correcto traduzir em termos económicos os prejuízos estéticos de uma zona de rara beleza paisagística [15].

Quanto aos métodos "multicritério", o problema reside na atribuição de coeficientes de importância aos diversos factores de modo a relativizar a sua influência sobre a decisão. No caso do projecto de uma via rápida, qual o peso a atribuir à conservação de uma floresta e à segurança e brevidade do traçado? [16]. A conclusão é quase sempre a de que o acordo entre as partes sobre a importância a atribuir aos diversos factores ambientais não é muito fácil, tal como a obtenção de uma solução de compromisso.

Contudo, todos os métodos científicos postos em prática para racionalizar as decisões têm demonstrado possuir uma série de defeitos intrínsecos e limitações: rígida modelação dos comportamentos, dúbia validade do conceito de optimização, complexidade dos sistemas de tratamento dos dados e outros.

Estas limitações traduzem-se, frequentemente, na dificuldade das partes se reconhecerem nos resultados atingidos.

---

14 S. BRUSCHI, *op. cit.*, p. 9.

15 Para uma análise crítica desta metodologia, cfr. H. HILL, "A Goal Achievement Matrix for Evaluating Alternative Plans", in *Journal of the American Institute of Planners,* 34, 1968, p. 21.

16 Uma vasta resenha destes métodos e técnicas pode ver-se no trabalho de P. NIJKAMP, *Theory and Application of Environmental Economics*, Amsterdam, 1977, cap. 8 e ss..

Veja-se, entre muitos, A. JOVENIAUX, *L'Éude d'Impact en France: Éléments de Pathologie,* Paris, 1978, p. 208; L. B. LEOPOLD, F. E. CLARKE, B. B. HANSHAW, J. R. BASLEY, *A Procedure for Evaluating Environmental Impact,* Washington, 1971; A. BEREANO, *A Proposed Methodology for Assessing Alternative Techonologies*, *op. cit.*, p. 107.

Por esta razão alguns países, que no início haviam aplicado com interesse métodos científicos para a formação de um consenso o mais amplo possível, têm vindo a privilegiar, em todos os casos em que os interessados possam ser facilmente individualizados (como o do projecto afectar um âmbito territorial limitado), procedimentos que permitam o progressivo e directo envolvimento das partes interessadas, maxime os procedimentos de avaliação de impacto ambiental [17].

Este tipo de procedimento, quando introduzido no sistema administrativo, responde à dupla exigência de consenso entre os interessados e à tutela preventiva dos bens ambientais potencialmente afectados pelos efeitos da decisão.

Nesta perspectiva, a avaliação de impacto ambiental, que é declaradamente dirigida, pelo menos em princípio, à escolha da alternativa ou variante do projecto mais oportuna e idónea relativamente às exigências de tutela do ambiente e dos seus recursos, não se esgota na eventual aplicação de um modelo de optimização (unicritério ou multicritério) [18].

A avaliação ambiental é o resultado de um procedimento que tem por base um documento, o estudo de impacto ambiental, organizado por fases lógicas e temporais de modo a permitir o progressivo envolvimento de todas as partes interessadas na definição do seu conteúdo, especialmente os aspectos ambientais e os efeitos mais significativos a tomar em consideração no projecto.

O mesmo procedimento prevê sucessivamente uma posterior verificação crítica dos resultados do estudo, que neste ponto podem também ser explicitados através de modelos de optimização por parte dos protagonistas da decisão: publicação do estudo de impacto ambiental, recolha dos pareceres de todas as autoridades administrativas competentes e consulta do público.

---

[17] S. Bruschi, *op. cit.*, p. 10.
[18] S. Bruschi, *op. cit.*, p. 10.

Em suma, a avaliação de impacto ambiental resulta da qualidade do estudo de impacto e do contributo de todos os interessados, mas sobretudo do rigor e seriedade do controlo e revisão levados a cabo pela autoridade pública competente [19]. Neste sentido, é de presumir que o procedimento de avaliação de impacto ambiental esteja em condições de assegurar um consenso preventivo, sempre que o estudo de impacto venha complementado pelo resultado das diversas fases do procedimento, com particular destaque para a possibilidade do dono da obra poder reexaminar o estudo de impacto à luz desses resultados.

Podemos, agora, sintetizar duas tendências principais na concepção da avaliação de impacto ambiental. A primeira tendência é representada pelo procedimento em vigor nos Estados Unidos no qual a avaliação de impacto ambiental *(environmental impact statement)* é um acto de relevância administrativa, distinto da decisão final, que conclui um processo de recolha dos diversos pareceres das administrações interessadas e do público sobre a coerência e admissibilidade dos resultados do estudo de impacto ambiental. *EIS* preparado pela própria administração competente para a decisão final. Tal acto pode ser impugnado em sede jurisdicional por vícios de forma e de substância, como pode ser impugnada a decisão final sempre que esta não tenha em conta a avaliação de impacto ambiental [20].

A segunda tendência é representada pelo modelo adoptado em França para o qual a base da decisão são exclusivamente o estudo de impacto ambiental *(étude d'impact sur l'environnement),* da autoria do proponente, os pareceres das

[19] Isto não diminui, bem pelo contrário, a exigência de qualidade dos instrumentos jurídicos. Cfr. M. GUÉNAIRE, "La qualité juridique à l'interieur de l'administration", in *A.J.D.A.*, 1990, p. 75 e ss.

[20] Cfr. BARRY BREEN, "Citizen Suits for Natural Resources Damages: Closing a Gap in Federal Environmental Law", in *Wake Forest Law Review*, vol. 24, n.º 4, 1989, p. 855 e ss.; RODGERS, *Environmental Law, op. cit.*, p. 76 e ss.

diferentes administrações e do público recolhidos no curso do processo de consulta. Os resultados do estudo, isto é, a avaliação nele implicitamente contida, são da exclusiva responsabilidade do proponente, salvo o exercício das normais competências de controlo da Administração Pública.

A impugnação em sede judicial é possível apenas para a decisão final, que pode ser motivada seja em referência ao conteúdo do estudo (correcção dos dados fornecidos pelo dono da obra, correspondência do conteúdo às normas regulamentares), quer tendo em conta os critérios com os quais a decisão final mediou os factores de índole ambiental (expressos no estudo de impacto e nos pareceres de mérito recolhidos) com outros de natureza diversa (sociais, económicos, sanitários) [21].

Um elemento comum aos dois sistemas é a exigência de encontrar um momento unitário para examinar as incidências ambientais de um determinado projecto, superando a sectorialidade das competências que caracterizam indistintamente todos os sistemas administrativos contemporâneos.

Um outro aspecto, que merece ser sublinhado em todas as experiências de aplicação da avaliação de impacto ambiental, é a tentativa de atingir uma maior objectividade e transparência da decisão através da possibilidade do público interessado conhecer os elementos constitutivos da sua formação, de participar no procedimento e de contestar eventualmente as respectivas conclusões.

O legislador comunitário (art. 2.º/2 da Directiva) optou tendencialmente, bem como os Estados-membros, pelo modelo francês ao inserir o procedimento de avaliação de impacto ambiental no procedimento principal, ainda que conferindo àquele maior autonomia e desenvolvimento.

---

[21] S. HEBRARD, "Les études d'impact...", *op. cit.*, p. 129 e ss.

3. Princípios estruturantes do procedimento de avaliação de impacto ambiental

Importa agora trazer aqui à colação alguns princípios estruturantes de um correcto desenvolvimento do mecanismo procedimental de avaliação, motivador, aliás, de um adequado controlo social e jurisprudencial. Referimo-nos aos princípios da *proporcionalidade (adequação), da objectividade e da eficiência.*

a) O princípio da proporcionalidade

Nos termos do artigo 2.º/1 do D.R. n.º 38/90, o dono da obra deve apresentar previamente à entidade licenciadora, um estudo de impacto que, "consoante as circunstâncias do projecto", atenda aos aspectos enunciados nas respectivas alíneas.

Posta a flexibilidade que caracteriza o conteúdo dos estudos de impacto ambiental, no que se refere aos projectos do Anexo I do Decreto-Lei n.º 186/90 e o carácter mínimo que assumem nos projectos do Anexo III (art. 2.º/2 do D.R. n.º 38/90), teria todo o sentido a aplicação aqui do princípio da proporcionalidade. Com efeito, a natureza e envergadura do projecto e a sensibilidade ambiental devem servir de orientação na elaboração, verificação administrativa e posterior controlo jurisdicional do conteúdo dos estudos de impacto ambiental.

Princípio da proporcionalidade consagrado jurisprudencialmente nos Estados Unidos e em França e, por fim, normativizado no ordenamento jurídico alemão, numa correcta interpretação do artigo 5.º/1 da Directiva comunitária. O reconhecimento do citado princípio realiza-se a dois níveis. Primeiro, formulando um esquema básico que opera como conteúdo mínimo obrigatório do estudo de impacto [22], quando

[22] F. TIBERGHEIN e B. LASSERRE, "Chronique générale de jurisprudence administrative française", *op. cit.*, p. 590.

a lei não especifica um conteúdo particular e mais rigoroso [23]; o segundo, prescrevendo um conteúdo suplementar em função das características do projecto e proporcionalmente em conformidade com a sua exigência.

A solução normativa achada entre nós, ainda que não peque pela nitidez, parece contemplar expressamente (quanto aos projectos do Anexo I do D.L. n.º 186/90) a aplicação do princípio da proporcionalidade na delimitação do conteúdo dos estudos de impacto ambiental. Com efeito, o Anexo II do Decreto-Lei n.º 186/90 e o n.º 1 do art. 2.º do Decreto Regulamentar 38/90 indicam que o estudo de impacto deve conter, "consoante as circunstâncias", um conjunto de informações que enumeram. Entre elas destacaríamos a descrição do projecto, referindo a localização e principais características dos processos de fabrico (n.º 1, segundo parágrafo do Anexo II e art. 2.º/ 1/ a) do D.R. n.º 38/90); situação de referência e perspectivas de evolução do local da zona envolvente (art. 2.º/ 1/ b) do D.R. n.º 38/90); a apresentação, se for caso disso, de um esboço das principais soluções de substituição examinadas pelo dono da obra e a indicação das principais razões dessa escolha, atendendo aos efeitos no ambiente (n.º 2 do Anexo II do D.L. n.º 186/90); incidência do projecto sobre o ambiente e medidas mitigadoras, com realce para a análise dos riscos decorrentes de acidentes graves e respectivas medidas de prevenção (art. 2.º/ 1/ c) do D.R. n.º 38/90); a apresentação de um resumo não técnico das informações transmitidas (n.º 5 do Anexo II) e a indicação resumida das eventuais dificuldades (lacunas técnicas nos conhecimentos) encontradas pelo dono da obra na compilação das informações referidas (n.º 6 do Anexo II).

Em suma, é de concluir que o legislador nacional seguiu de perto as directrizes comunitárias, o que significa que tem

[23] Cfr. o § 6.º/ 2 /3 da UVPG. Vide J. SCHOENEBERG, *Umweltverträglichkeitsprüfung*, *op. cit.*, p. 63 e ss., ERBGUTH / SCHINK, *Gesetz über die Umweltverträglichkeitsprüfung, Kommentar, op. cit.*, p. 183 e ss..

pleno cabimento o recurso ao princípio da proporcionalidade na fixação do conteúdo dos estudos de impacto ambiental. Assim, a Administração ambiental deve, ao analisar o estudo de impacto, começar por atender à *natureza, dimensão e localização do projecto.* Deverá igualmente valorar a sensibilidade ambiental do local e da zona envolvente, atendendo, nomeadamente, à qualidade do ambiente e dos seus componentes, *habitats* e ecossistemas. Um outro aspecto que merece a maior relevância é o impacto no património arqueológico e monumental (art. 2.º/ 1/ b) do D.R. n.º 38/90).

b) O princípio da objectividade: o vínculo do fim

O artigo 3.º/ 1 do Código do Procedimento Administrativo afirma textualmente que "os órgãos da Administração Pública devem actuar em obediência à lei e ao direito, dentro dos limites dos poderes que lhes estejam atribuídos e em conformidade com os fins para que os mesmos poderes lhes forem conferidos".

Parece uma afirmação óbvia num Estado de Direito, onde pontifica o princípio da legalidade e mais genericamente a subordinação da Administração à lei. Contudo, esta disposição normativa deixa entender o princípio da legalidade num sentido positivo, e não apenas negativo como acontecia no Estado liberal, constituindo agora o fundamento, o critério e não apenas o limite de toda actividade administrativa [24]. Por outro lado, o respeito pelo direito vai muito além de um entendimento positivista da ordem jurídica, implicando a submissão a princípios gerais do direito e à Constituição. Esta disposição é igualmente iluminante se atendermos que tem

[24] A propósito da crise do princípio da legalidade, cfr. S. CASSESE, " Alla ricerca del Sacro Graal. A proposito della rivista Diritto pubblico", in *Riv. trim. dir. pubbl.*, 1995, p. 789 e ss. Com efeito, a "reverência" em relação a este princípio acaba por secundarizar outros métodos, mais eficazes e subtis, de controlo dos poderes públicos. Basta recordar, mais uma vez, a concepção ampla do *Conseil D'État* francês, que acaba por compreender os princípios gerais de direito.

sido sustentado, não obstante o artigo 266.º/2 da Constituição (cfr. ainda o art. 202.º/g)), que o traço distintivo fundamental da Administração relativamente à jurisdição se consumava na sua apetência para prosseguir "interesses próprios" [25]. A Administração entendida como agente seria uma pessoa jurídica directamente empenhada na realização de fins e interesses próprios, o que, a ser assim, colocaria problemas graves no que toca à imparcialidade da Administração, nomeadamente na realização dos projectos públicos sujeitos a avaliação de impacto ambiental.

Segundo esta concepção teleológica, a lei representaria o *limite* e não o *objecto* da actividade administrativa [26]. As considerações em torno do princípio da legalidade, em tal perspectiva, limitavam-se a sublinhar que o poder exercitado pela Administração estava previsto na lei. Mas, por outro lado, os confins do seu exercício permaneciam indeterminados, cabendo à Administração definir senão os fins a prosseguir (os interesses "próprios" a tutelar), pelo menos os meios considerados mais idóneos [27].

O haver-se finalmente precisado que a Administração está habilitada não já a prosseguir fins próprios mas os fins

---

[25] Como salienta P. MACHETE, *A Audiência dos Interessados...*, *op. cit.*, pp. 76 e 77, o princípio da legalidade impõe à Administração um dever de objectividade contrário à noção de parte; cfr. M. T. DE MELO RIBEIRO, *op. cit.*, p. 113 e ss.; U. ALLEGRETTI, *L'imparzialità...*, *op. cit.*, p. 5 e ss. No sentido da parcialidade da Administração (como parte), cfr. JORGE MIRANDA, *Funções, Órgãos e Actos do Estado, op. cit.*, p. 25.

[26] Como diz ROGÉRIO SOARES, *Interesse Público...*, *op. cit.*, p. 82, "O direito não é agora concebido como um limite externo à actividade administrativa, mas como a única forma possível de manifestação dessa actividade".

[27] Para uma síntese desta problemática, *vide* M. REBELO DE SOUSA, *Lições de Direito Administrativo,* Lisboa, 1995, pp. 103 e 104. Alguns autores sustentam a necessidade de subtrair do sistema político a legitimidade da Administração que, apesar do respeito pelas regras jurídicas, permanece.

Segundo G. BERTI, *La responsabilità pubblica (Costituzione e Amministrazione),* Padova, 1994, p. 397, é a permanência desta legitimação da Administração (política) a alimentar a definição do poder administrativo, da função, a justificar o acto autoritário e regulador, bem como o controlo formal do acto.

predeterminados na lei, está em consonância com uma concepção *objectiva* da Administração e da sua actividade. O que se pretende sublinhar é o vínculo a que a Administração está sujeita e a desvalorização do elemento subjectivo da actividade administrativa. A temática do *sujeito* como mero ponto de referência da representação do *objecto* é uma questão prioritariamente filosófica e só depois jurídica [28]. Nesta perspectiva, a *objectividade* é simultaneamente sinónimo e especificação dos princípios da proporcionalidade e da imparcialidade [29].

Postas as devidas pontualizações, à Administração cabe a função de interpretar-aplicar a lei, sem que os elementos de tipo subjectivo possam legitimamente sobrepor-se em nome de erróneas considerações de oportunidade ou de um genérico interesse público, que não seja o fixado na lei e prosseguido através de uma adequada ponderação de interesses.

É, aliás, um dado adquirido que a actividade administrativa é funcionalizada e vinculada no fim e que o princípio da legalidade deve ser entendido em sentido dinâmico. Não só como mera legalidade-garantia, mas também como obrigação de prosseguir os escopos estabelecidos na lei, numa acção conformadora e promocional que vai muito para lá da mera execução levada a cabo pela Administração.

O perfil mais expressivo do princípio da legalidade é, em consonância com a Constituição (arts. 20.º e 268.º/ 5), a completa justiciabilidade dos actos do poder público. Mas não só, é também a reafirmação do primado da lei e do interesse público, tantas vezes diminuído pela soberania de interesses hegemónicos disfarçados sob o manto das garantias individuais.

---

28 M. COLLI, *Filosofia dell'espressione*, 4ª ed., Milano, 1985, p. 8 e ss.

29 Sobre o princípio da imparcialidade, cfr. M. T. DE MELO RIBEIRO, *op. cit.*, p. 161 e ss.

c) O princípio da eficiência e do rigor: o vínculo no meio

É indesmentível que o estudo de impacto ambiental deva comportar uma análise séria e rigorosa [30] dos vários aspectos e elementos que compõem o seu conteúdo (art. 2.º/ 1 e / 2 do D.R. n.º 38/90), sem perda de relevância da faceta formal da apresentação do documento. De outra forma, a eficácia da avaliação ambiental é manifestamente prejudicada. Se a exaustividade se depreende do princípio da proporcionalidade, com o da eficiência e do rigor enlaça-se o da meticulosidade e sistematização da análise ambiental [31]. Esta não pode seguir a metodologia que melhor entenda, devendo, em todo o caso, o seu resultado corresponder a uma fundamentação científica.

Também aqui a Administração está sujeita a critérios de economicidade e *eficiência* (art. 10.º do C.P.A.), sendo que a lei deveria estabelecer critérios científicos orientadores da elaboração dos estudos de impacto e do respectivo controlo administrativo. A boa qualidade das escolhas, segundo critérios objectivos, é também um requisito da legalidade da actividade administrativa. Queremos, por isso, acentuar que a actividade administrativa não pode considerar-se apenas vinculada no *fim* (defesa do ambiente), devendo sê-lo plenamente também no *meio*. Neste sentido, nos casos de uma abstracta atribuição de discricionaridade, a administração está obrigada a escolher o *meio mais adequado* para prosseguir o fim estabelecido na lei – no que assume particular importância a qualidade do estudo de impacto e o controlo operado pela Administração ambiental (art. 4.º/ 1 do D.L. n.º 186/90 e art. 3.º do D.R. n.º 38/90). Impõe-se, assim, que o estudo (de impacto) se apresente como uma análise cientificamente séria e rigorosa dos

---

[30] Isto significa que uma decisão administrativa adequada exigirá sempre a elaboração de um estudo de impacto ambiental sério e rigoroso. O princípio do rigor e da cientificidade do estudo de impacto deveria ser explicitamente exigido pela lei de avaliação de impacto ambiental, o que mais uma vez se lamenta.

[31] F. TIBERGHEIN e B. LASSERRE, *op. cit.*, p. 591.

possíveis danos ambientais e não como uma técnica de tipo operativo, que traduza já uma prévia e implícita ponderação de interesses (ambientais, sócio-económicos e outros). Esta tarefa compete exclusivamente à Administração no acto final. O que está verdadeiramente em causa é saber qual o *perfil* do estudo de impacto ambiental que a lei estabelece e a Administração deve controlar. Se nos lembrarmos que a L.A.I.A. impõe a separação da instrução ambiental (a realizar no subprocedimento de impacto ambiental) da instrução sobre os aspectos sócio-económicos, confrontados com os interesses ambientais (que tem lugar no procedimento autorizativo), não podemos deixar de concluir que o figurino do estudo é recortado apenas pela análise técnica das componentes ambientais. De outra forma, correr-se-ia o risco de se transformar numa ponderação de interesses invisível, perturbadora da teleológica e objectiva tutela preventiva do ambiente.

Na avaliação de impacto ambiental, o perigo e a tentação de sublimar verdadeiras escolhas *políticas e económicas* em belos e "irrepreensíveis" juízos técnicos é perfeitamente plausível, pelo que a seriedade e o rigor do controlo ambiental dos estudos de impacto é uma tarefa absolutamente vinculada da Administração, que assume, aliás, uma importância decisiva para o correcto desenvolvimento do procedimento de avaliação de impacto ambiental.

Este é, a nosso ver, o caminho a seguir, tanto mais que o procedimento administrativo de avaliação de impacto se revela como um procedimento científico dirigido a aclarar a "verdade técnica" de um hipotético impacto ambiental.

Em suma, o "parecer" de avaliação de impacto ambiental consubstancia uma *discricionaridade objectiva*, assente numa instrução aberta e científica, o que pressupõe e exige rigor e eficiência do controlo da Administração, sob pena de incorrer em responsabilidade pelos danos ambientais causados pela obra.

4. Polivalência funcional do procedimento administrativo de avaliação de impacto ambiental

Das considerações desenvolvidas anteriormente e também devido à moldura teorética que se pretende criar para os procedimentos administrativos de avaliação de impacto ambiental, emerge a necessidade de fundar uma análise funcional e estrutural do novo instituto não inteiramente baseado no vacilante suporte legal vigente entre nós [32]. Impõe-se, assim, um olhar prospectivo iluminado pelo direito comparado e pelas experiências que se anunciam na U. E..

Desde logo, importa clarificar e definir *o que é* a avaliação de impacto ambiental e, sobretudo, *o que não é* e não deve ser. Examinando sob o aspecto funcional a Directiva comunitária 85/337 e o Decreto-Lei n.º 186/90, tal como o Decreto Regulamentar n.º 38/90, deparamos que a finalidade do procedimento de avaliação de impacto ambiental é o de proteger a saúde humana, a melhoria do ambiente e qualidade de vida, a manutenção da variedade das espécies animais e vegetais, a capacidade de reprodução dos ecossistemas e, por fim, a tutela dos ecossistemas artificiais de qualidade (art. 3.º da Directiva 85/337/CEE e art. 2.º/ 2 do D.L. n.º 186/90).

São, portanto, finalidades amplas e pregnantes que penetram profundamente em todos os sectores de vida social, económica e cultural, individualizando os objectos de tutela: o homem, os recursos ambientais, a paisagem, os bens materiais e os bens culturais. Fora deste quadro parece não existirem, para o legislador, bens jurídicos significativos.

Posto isto, é necessário ter em consideração que a avaliação e a tutela de interesses públicos diferenciados mas unidos

[32] Chamamos a atenção para o facto de termos igualmente em consideração a Directiva 85/337, até pela sua maior plasticidade normativa.

por uma comum avaliação e qualificação jurídica de interesses comprimários, isto é, ao mesmo nível de importância, não pode deixar de ser confiada a sujeitos públicos [33].

Nesta perspectiva, como já foi salientado, a *ponderação global do impacto ambiental* solicitado pelo novo instituto de tutela ambiental, implica certamente técnicas de identificação de impactos primários e secundários, avaliações comparativas que podem ser refinadas com a formulação de matrizes, de parâmetros complexos ou com o emprego de simulações [34]. Mas exige também e sobretudo avaliações e opções globais, logo, políticas em sentido amplo [35].

Um exame sistemático deste instituto permite evidenciar as várias funções assinaladas ao procedimento de avaliação de impacto ambiental. Aspecto da maior importância se se pretender alcançar uma moldura racional do instituto de avaliação de impacto ambiental.

a) A primeira das funções e talvez a mais importante é a função *de prevenção* [36]. A expansão de actividades humanas cada vez mais complexas do ponto de vista tecnológico com recíprocas implicações e inter-relações, o conhecimento dos riscos inerentes e da sua possível projecção no futuro tem determinado a convicção de que a melhor tutela do ambiente

---

[33] Neste sentido M. S. GIANNINI, *Corso di diritto amministrativo*, III, Milano, 1967, p. 47.

[34] K. S. WEINER, "La NEPA est une bonne affaire. Le rapport étroit entre l'étude des impacts sur l'environnement et une saine gestion des affaires", in *PNUMA Industrie et environnement*, ed. especial, 1980, p. 7 e ss. Este autor considera que a comparação de alternativas é o ponto crucial do instituto de avaliação de impacto ambiental, para quem a teoria da decisão inclui entre as suas componentes essenciais: a) a identificação e formulação de alternativas, b) a análise e comparação das mesmas, c) a realização e execução da melhor escolha entre as alternativas.

[35] A. PREDIERI, "Prefazione" a G. DE GIOVINE, *Diritto e ambiente*, Milano, 1983, p. XI e ss.

[36] Sobre as fontes, nomeadamente internacionais e comunitárias do princípio da prevenção. Cfr. F. SUORDEM, *op. cit.*, p. 238 e ss.

reside no momento da sua prevenção. É óbvio que a prevenção é maior quando se antecipa o procedimento de avaliação de impacto ambiental, inserindo-o no processo decisional de programas e planos com incidência no território e no ambiente, como acontece nos Estados Unidos. Ou ainda quando há lugar a uma "participação preventiva", sem distinção entre cidadãos e interessados, na fase de elaboração dos planos urbanísticos, como é o caso da República Federal Alemã [37].

É óbvio, portanto, que a vocação preventiva do procedimento de avaliação de impacto ambiental varia consoante a sua colocação no processo decisional público, sendo menor quando está confinado a simples projectos e obras, como sucede na União Europeia e na maioria dos ordenamentos jurídicos dos países-membros.

Passando mais ao detalhe, diríamos que a prevenção, como categoria jurídica, se compõe de três conceitos distintos, a que correspondem outros tantos aspectos funcionais [38].

O primeiro consiste na *prevenção negativa*, que se manifesta na impossibilidade de se desenvolver qualquer acção nefasta. É a finalidade típica da actividade de polícia. O segundo reporta-se à adopção de medidas de precaução para impedir eventos negativos, configurando a chamada *prevenção positiva*. As suas finalidades são mais articuladas, porque ao lado de medidas de polícia administrativa desenvolvem-se formas de gestão do bem ou do interesse público através de um ordenado desenvolvimento de relações jurídicas e de formas de protecção social. Um exemplo desta concepção é constituída pela protecção civil onde se deve manifestar uma

---

[37] S. COGNETTI, *op. cit.*, p. 73 e ss. Entre nós, veio recentemente admitir-se, como já foi suficientemente salientado, o dever de prévia audiência na preparação de planos ou na localização e realização de obras e investimentos públicos de certa dimensão. Cfr. o art. 4.º e ss. da Lei n.º 83/95, de 31 de Agosto.

[38] Para uma compreensão da prevenção como categoria jurídica actual e potencial, cfr. N. GRECO, *Processi decisionali...*, *op. cit.*, p. 227 e ss.

programação global dos instrumentos preventivos. Sobressai, assim, a necessidade da adopção de medidas cautelares positivas.

O terceiro aspecto tem a ver com a chamada *prevenção-previsão*, descrevendo e advertindo um determinado fenómeno antes que este se concretize. Ora, a este resultado só podemos chegar através de uma sequência lógica de actos que se compõe de múltiplas fases de pesquisa e reflexão, como o estudo das características ambientais, a avaliação preventiva das modificações que possam surgir no futuro em consequência dos eventos e das interacções dos fenómenos considerados. Impõe-se igualmente a adopção de um quadro institucional (organizativo), procedimental e substantivo idóneo a enfrentar o evento [39]. Esta dimensão do princípio da prevenção evidencia naturalmente um esforço de prognose, um juízo antecipatório de eventuais danos ambientais futuros.

Nesta terceira hipótese é evidente que a prevenção, mais do que impedir a realização da obra, pretende atenuar ao mínimo os possíveis riscos e os respectivos danos em consequência da concretização do evento indesejado [40].

No procedimento de avaliação de impacto ambiental convivem e integram-se as três tipologias jurídicas da prevenção. Assim, o efeito inibitório que se manifesta num juízo de incompatibilidade ambiental reconduz-se ao primeiro aspecto da prevenção negativa. Saliente-se, desde já, que não deve ser este o único objectivo, porventura tautológico, deste novo procedimento administrativo. No caso do juízo ser favorável, a avaliação de impacto ambiental coloca-se sob a vertente dos outros dois aspectos da prevenção, a prevenção positiva e a prevenção-previsão. Esta projecta as possíveis consequências

39 A este propósito é vulgar dizer-se que a avaliação de impacto ambiental não deve ser uma "crystal ball inquiry". Cfr. P. DELL'ANNO, "Il procedimento", *op. cit.*, p. 30.

40 Cfr. P. DELL'ANNO, "Il procedimento", *op. cit.*, p. 30.

danosas da obra, enquanto a prevenção positiva oferece os remédios possíveis (o melhoramento do projecto é um dos escopos deste novo instituto), predispondo também as medidas mais apropriadas face aos cenários delineados e aos objectivos previamente fixados [41].

As duas últimas facetas da prevenção manifestam claramente a aplicação de técnicas de tipo operativo que, como já salientámos, traduzem uma primeira composição de interesses divergentes e eventualmente contrastantes [42].

Em síntese, o procedimento de avaliação de impacto ambiental constitui um instrumento emblemático da catarse de uma política ambiental de tipo repressivo e sancionatório para uma tónica preventiva, logo de previsão, em consonância com o artigo 66.º da CRP e a Lei de Bases do Ambiente (Lei n.º 11/87, de 7 de Abril, art. 3.º, al. a) e art. 130.º/R/2 do T.C.E.).

b) Uma segunda função prende-se com a *planificação*. Referimo-nos à integração da avaliação de impacto ambiental nos módulos fundamentais da planificação urbanística, territorial, sócio-económica, energética e dos transportes.

A planificação como critério de recomposição de uma ordem de prioridade entre os interesses públicos [43] não pode deixar de constituir um ponto de referência essencial das decisões conexas com a avaliação de impacto ambiental, configurando-se simultaneamente como um instrumento de controlo do plano e de actuação das suas indicações gerais [44]. Deve sublinhar-se também que, sendo a planificação antes de mais um modelo do processo decisional, a sua implicação com a avaliação de impacto ambiental resulta reforçada, contri-

---

41 P. DELL'ANNO, *op. cit.*, p. 31.

42 Sobre esta matéria cfr. F. SALVIA, "Attività amministrativa e discrezionalità tecnica", *op. cit.*, p. 685 e ss.

43 M. S. GIANNINI, *Corso di diritto amministrativo*, vol. I, *op. cit.*, p. 122.

44 Mais restritivamente, P. DELL'ANNO, "Il procedimento", *op. cit.*, p. 31.

buindo para uma maior garantia e eficácia da actividade administrativa, como se verá mais adiante.

É de realçar que desde o *Primeiro Programa Comunitário de Acção* em matéria ambiental se afirmava a necessidade de ter em consideração a incidência dos processos de planificação e de programação sobre o meio ambiente [45]. No entanto, é de notar que a Directiva 85/337/CEE não optou por enxertar a avaliação de impacto ambiental nos planos e programas ou mesmo em políticas sectoriais. Pensou-se que, apesar das vantagens de carácter operativo e preventivo resultantes da integração da avaliação de impacto ambiental ao nível da planificação, seria mais prudente e oportuno introduzi-la progressivamente [46].

Este princípio de progressividade conduziu, obviamente, a deixar para etapas posteriores a sujeição de políticas, planos e programas ao instituto de avaliação de impacto ambiental, enquanto a Comissão declarava que a sucessiva ampliação do âmbito material da Directiva encontrava apoio no texto do *Terceiro Programa de Acção* comunitária (1982-1986) [47].

Esta previsível extensão do procedimento de avaliação de impacto ambiental a escalas de decisão superiores, como é prática comum nos Estados Unidos, Canadá e Holanda [48],

---

[45] Concretamente, o segundo dos princípios gerais de uma política ambiental na Comunidade, enunciado no Título II da Parte I do referido programa.

[46] F. PETTINI, "Les évaluations d'impact dans la politique d'environnement des communautés européennes", in *Aménagement et Nature*, n.º 50, 1978, p. 7.

[47] P. KROMAREK, "Investissements régionaux et étude d'impact", *op. cit.*, p. 246; A. DE CESARIS, "Le politiche comunitarie in materia di ambiente", *op. cit.*, pp. 18 e ss. e 23 e ss.

[48] Na Dinamarca, a avaliação de impacto ambiental integra-se também na planificação regional, havendo lugar a uma participação cívica exemplar. À autoridade responsável pela planificação regional compete igualmente realizar o controlo da avaliação ambiental, envolvendo a consideração dos impactos sócio-económicos. Cfr. R. COENEN, "El estudio del impacto ambiental en los Estados miembros de la Comunidad Europea", in *Jornadas de Evaluación...*, *op. cit.*, p. 6 e ss. Em Outubro de 1994 entrou em vigor o novo regime jurídico de A.I.A. (Regulamento n.º 847 de 30 de Setembro de 1994). Foi ampliado o número de projectos sujeitos a avaliação de impacto, prevendo também um (novo) procedimento

reforça a visão da A.I.A. como procedimento e não apenas como uma técnica de controlo ambiental. Parece claro que o procedimento de A.I.A. enquanto instrumento fundamental de uma política ambiental preventiva deveria incorporar-se em processos de decisão anteriores aos procedimentos autorizativos, isto é, ao nível dos planos, programas e políticas.

Esta tendência, absolutamente razoável e lógica, aparece também inserida no quarto e quinto *Programas de Acção* comunitária [49], pretendendo-se, desde já, chamar a atenção para as limitações inerentes a uma análise ambiental centrada unicamente em projectos isolados, desinseridos dos momentos planificatório e programatório, resultando a aplicação da técnica da avaliação de impacto ambiental redutora e desvirtuadora de uma autêntica política preventiva.

Particularmente em sectores como o das infra-estruturas rodoviárias [50] e da energia, parece óbvia a necessidade de poder analisar e questionar a validade do projecto e respectiva localização nas etapas prévias do plano ou do programa [51]. No âmbito de uma política sectorial, a protecção do ambiente deve, inclusive, implicar a própria escolha de determinada tecnologia ou infra-estrutura, seja na política agrária, industrial, energética ou de ordenamento do território. Vários

prévio para determinar a necessidade de avaliação dos projectos incluídos no Anexo II da Directiva.

No Reino Unido desde a década de setenta que se vem admitindo a introdução da A.I.A. através de programas de uso do solo e de planificação territorial, regulados pelo *Town and Country Planning Act.* Sobre a transposição da Directiva e os recentes desenvolvimentos legislativos, cfr. C. POTITO, "La valutazione di impatto ambientale in Gran Bretagna (autorità centrali e poteri locali"), in *Quaderni regionali,* n.º 1, 1994, p. 49 e ss.

[49] Cfr. o art. 2.º do Tratado da C. E.

[50] O D.L. n.º 380/85, de 26 de Setembro (consagra o regime jurídico das comunicações públicas rodoviárias afectas à rede nacional), que veio revogar o D.L. n.º 34593, de 11 de Maio de 1945 (plano rodoviário nacional), manifesta "escassas" preocupações ambientais.

[51] J. ALLENDE, "Calidad del suelo y planificación territorial en el marco de la evaluación de impacto ambiental", in *RDU,* n.º 121, 1991, p. 100.

projectos de auto-estradas e vias rápidas foram contestadas quando seria mais razoável que, previamente, a política ou o plano de infra-estruturas e transportes rodoviários tivesse sido sujeito a avaliação de impacto ambiental [52].

O exercício desta ampliação agilizará em grande medida o sistema de avaliação de impacto ambiental dos projectos, democratizando e racionalizado desde o início o processo decisional. Desta maneira, a análise das alternativas e a sua avaliação, que no estádio actual apresenta resultados muito duvidosos, ficaria suficientemente definida e racionalizada nas fases de decisão anteriores. Por outro lado, é sabido que a análise da A.I.A. ao nível dos planos e programas pode desnudar importantes impactos cumulativos que hoje são ignorados e desvirtuados. Isto sucede, por exemplo, com os projectos de auto-estradas e vias rápidas e com os programas de reflorestação em função das zonas ardidas [53].

Norman Lee, grande defensor da aplicação da avaliação de impacto ambiental aos planos, programas e políticas, desenha toda uma sequência cronológica de acções dentro de um esquema escalonado de impactos ambientais que resulta bastante sugestivo [54].

---

[52] Algo semelhante aconteceu com a política energética no Reino Unido com a conhecida *Winsdcale Inquiry*. Segundo NORMAN LEE, "Environmental Impact Assessment: a Review", *op. cit.*, p. 10, a principal limitação do enfoque da avaliação de impacto ambiental em projectos isolados é a de que as possíveis alternativas às acções propostas só podem ser investigadas sistematicamente numa fase relativamente tardia do processo de planeamento, quando algumas das opções mais importantes foram já marginalizadas.

[53] Os projectos de arborização de espécies florestais de rápido crescimento que incidam sobre áreas superiores a 350 hectares ou de que resultem áreas de idêntica ordem de grandeza, na continuidade de povoamentos preexistentes das mesmas espécies, terão obrigatoriamente de incluir um estudo de avaliação de impacto ambiental e um parecer dos municípios com competência nas áreas abrangidas, art. 4.º/ 1 do D.L. n.º 175/88, de 17 de Maio (cfr. também o art. 5.º/1 do D.L. n.º 180/89, de 30 de Maio). Curiosamente o D.L. n.º 423/93, de 31 de Dezembro, que regula a elaboração e aprovação dos planos municipais de intervenção na floresta não exige qualquer avaliação de impacto ambiental no que concerne à realização destes planos florestais.

[54] *Vide* o Quadro de N. LEE, *op. cit.*, p. 12, que apresentamos com adaptação própria.

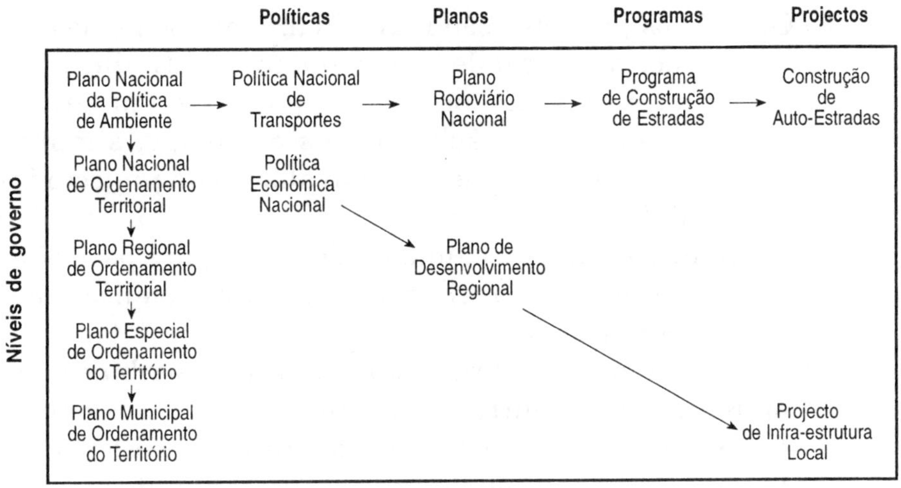

Fonte: Norman Lee com adaptação do autor

Este modelo escalonado de valoração e avaliação ambiental requere também a máxima transparência no procedimento administrativo de avaliação de impacto ambiental de cada escalão de decisão, o que exige o reforço da participação dos cidadãos. Esta metodologia oferece, entre outras, as seguintes vantagens:

1) A acção numa determinada escala está inevitavelmente condicionada por acções anteriores, em escalas superiores, pelo que se torna conveniente a consideração ambiental dessas acções.
2) O processo descendente de tomada de decisão *(tiering)* reduz as alternativas viáveis à acção proposta e declina o nível de preocupação institucional para contemplar outras alternativas [55].
3) Num sistema escalonado, grande parte da captação e ordenação de informação pode ser feita na fase de elaboração de políticas e planos.

---

[55] Sem prejuízo da possibilidade de inicialmente considerar uma vasta gama de alternativas que é, aliás, um dos méritos deste modelo.

4) Quando os projectos são individualmente pequenos em dimensão, mas grandes em número, a introdução da A.I.A. na fase de elaboração do plano ou do programa pode trazer ganhos substanciais de tempo, simplificando-se em grande medida a avaliação do projecto individual [56].
5) Especificação do procedimento de A.I.A. para os projectos singulares, permitindo simultaneamente uma maior coerência de análise.
6) Permitir uma maior racionalização na distribuição do ónus financeiro entre os poderes públicos e os operadores privados no que toca à elaboração dos estudos de impacto. Se o estudo de impacto do plano deverá ser suportado pelos entes públicos, já os pertinentes aos projectos caberão aos donos da obra.
7) Uma vantagem particularmente relevante seria a de permitir (na avaliação ambiental estratégica) a definição de áreas particularmente frágeis do ponto de vista ecológico, onde *qualquer* intervenção humana estaria sujeita a avaliação de impacto (sem os constrangimentos do sistema de lista).

É oportuno salientar que aos programas financiados pela Comunidade é exigida, desde 1989, uma avaliação de impacto ambiental. Nos termos do Regulamento (CEE) n.º 2052/88, todo o projecto, total ou parcialmente financiado por fundos estruturais comunitários ou pelo Banco Europeu de Investimento, deve respeitar a legislação ambiental da Comunidade, pese embora o perfil da técnica de avaliação não estar rigorosamente definido [57].

---

[56] Cfr. J. ALLENDE, *op. cit.*, pp. 106-107.

[57] M. PRIEUR, "Les études d'impact et l'évaluation de l'état de l'environnement", *op. cit.*, p. 11.

No seguimento dos programas de acção ambiental, em Junho de 1991, a Comissão apresentou ao Conselho um projecto de Directiva sobre a avaliação de impacto ambiental de políticas, planos e programas, denominado e bem por *Avaliação Ambiental Estratégica* (A.A.E.) [58].

A fundamentação jurídica desta nova proposta normativa de avaliação de impacto ambiental decorre dos objectivos de política ambiental comunitária (art. 130.º/ R/ 2 do Tratado da C.E.). A Comissão não esqueceu igualmente o imperativo de realizar o mercado interno, fazendo notar que as disparidades legislativas entre os Estados-membros em matéria de avaliação de impacto ambiental sobre projectos individuais poderia distorcer as regras de concorrência; perigo que, por maioria de razão, seria ainda maior, na ausência de uniformização dos regimes jurídicos no que concerne à avaliação de políticas, planos e programas, uma vez que se trata de medidas intervencionistas potencialmente mais condicionantes do funcionamento do mercado único.

Com a nova *avaliação de impacto ambiental estratégica* pretende-se remover as limitações ínsitas na avaliação ambiental de projectos individuais e, desta forma, garantir, essencialmente, uma adequada avaliação de todas as alternativas, assim como o tratamento oportuno dos impactos cumulativos e sinérgicos associados ao desenvolvimento de planos e programas. Em suma, está em causa agora um sistema de avaliação ambiental que abarque todo o processo de planificação [59]. Sem esquecer que a ampliação da técnica de avaliação

---

[58] Utiliza-se aqui o documento *Draft Proposal for Directive on the Environmental Assessment of Polices, Plans and Programmes*, XI/194/90-EN-REV.4, de 4 de Junho de 1990. A designação de *Strategic Environmental Assessment* (S.E.A.) é oriunda de países que pioneiramente formalizaram este instrumento de defesa do ambiente, como a Austrália, Canadá e Estados Unidos.

Em 1994, como já foi salientado, a Comissão da C.E. renovou esta iniciativa.

[59] Cfr., entre outros, PEÑA FREIRE / SERRANO MORENO, *Ecologia y Derecho, op. cit.*, p. 71 e ss.; L. SUSMEL, "Ecologia nella pianificazione del territorio", in *Studi par. pol. cost.*, n.º 76, 1987, p. 47 e ss.; MAX FOLQUE, "Criteri e gli strumenti della pianificazione ecologica", in *Nuova rassegna*, n.º 4, 1986, p. 424 e ss.; E.

de impacto ambiental ao nível dos planos comporta necessariamente um acréscimo de custos, uma maior morosidade dos procedimentos e, eventualmente, uma maior burocratização e complexidade na articulação dos procedimentos autorizativos [60]. Tratando-se agora de procedimentos de avaliação de impacto ambiental à escala de planos e programas, ganha ainda mais relevância a constituição de equipas técnicas pluridisciplinares, o que constitui mais um problema a ter em consideração [61].

Em face de todas estas dificuldades, a proposta de Directiva aponta medidas para mitigar os referidos óbices. Neste sentido, um dos aspectos relevantes da proposta é o sistema escalonado, denominado *Tiering*, com o qual se pretende flexibilizar, num duplo sentido, a avaliação estratégica de impacto ambiental [62].

a) *Relativamente à acção concreta*. A flexibilidade deve, desde logo, ser introduzida no conteúdo do estudo de impacto ambiental, que deverá abranger, exclusiva-

---

FALQUI, "Cultura urbanistica e cultura ecologica del territorio: verso la pianificazione ambientale", in *Nuova rassegna*, n.º 4, 1986, p. 407 e ss.

[60] Este tipo de avaliação implica também uma maior complexidade analítica. Um plano, envolvendo zonas com desenvolvimentos desiguais e com diferente sensibilidade ambiental, impõe a avaliação de impactos de diversa natureza. Justificando, eventualmente, uma menor precisão na avaliação dos efeitos ambientais específicos. Cfr. G. FRANCESCON, "L'evoluzione legislativa in tema di valutazione di impatto ambientale", in *Riv. giur. amb.*, n.º 6, 1995, p. 774.

[61] Sobre a importância dos quadros técnicos neste tipo de procedimentos, cfr. COLAÇO ANTUNES, "Tutela do ambiente e procedimento administrativo: do modelo francês dos "études d'impact" à solução da CEE", *op. cit.*, p. 95 e ss.. Salienta-se neste estudo, p. 96, que os técnicos podem responder ao quesito central, que é o de saber se se deve, como e com que conotações tecnológicas realizar determinados projectos relevantes para o território, de modo a optimizar as vantagens e reduzir ao mínimo o dano ambiental.

Saliente-se ainda que os técnicos devem proceder com objectividade e imparcialidade estando, portanto, sujeitos a controlo e mesmo sanção (p. 97).

[62] Os princípios em que se apoia o *Tiering* são enunciados pela Comissão no *Draft Proposal for Directive...*, *op. cit.*, pp. 7 e 8. Cfr. R. VERHEEM, "Desenvolvimentos recentes em relação à A.I.A. no âmbito da Comissão Europeia", in *Avaliação do Impacte Ambiental, op. cit.*, p. 524.

mente, os aspectos ambientais que possam satisfatoriamente avaliar-se, tendo em consideração o rigor da documentação técnica.

b) *Relativamente ao procedimento decisional*. Cada uma das avaliações deverá integrar-se nas avaliações prévias existentes, sendo sua função não só valorar como também fornecer informação suficiente para cimentar avaliações posteriores (art. 5.º/ 1 da proposta da Comissão) [63].

Os tipos de acções abrangidas pela avaliação de impacto ambiental estratégica enquadram-se em duas grandes categorias [64]:

a) políticas, planos e programas sectoriais;

b) acções relativas ao ordenamento do território e urbanismo.

Deve sublinhar-se que a lista de acções sujeitas a avaliação de impacto ambiental de carácter estratégico foi inspirada nos Anexos I e II da Directiva 85/337, tendo, contudo, presente a sua diferente natureza vinculante [65].

Acresce ainda que, segundo critérios positivos de sujeição, pode ser sujeita a avaliação qualquer outra tipologia de acção política não abrangida pelos anexos mencionados, como pode ser, por exemplo, a política fiscal [66], o ordenamento do território ou a política de afectação de solos (art. 130º/ S/ 2 do Tratado da C.E.) [67].

---

[63] Cfr. ROSA MORENO, *op. cit.*, p. 55.

[64] Numa perspectiva material, a avaliação ambiental estratégica segue o modelo do Convénio Internacional de Espoo, adoptando uma lista de operações sujeitas a avaliação ambiental em sintonia com a articulação subsidiária de critérios positivos em relação a outras tipologias operacionais, critérios adoptados quando os Estados-membros o considerem conveniente (art. 4.º/2 da proposta de Directiva).

[65] Cfr. *Draft Proposal for Directive...*, *op. cit.*, p. 16.

[66] Cfr. *Draft Proposal for Directive...*, *op. cit.*, p. 17.

[67] Com efeito, o Tratado de Maastricht veio fazer uma referência que passou um pouco despercebida, segundo a qual a C.E. tem competência em matéria de

Ao lado destes critérios identificadores do campo material de aplicação da avaliação ambiental estratégica, em sentido análogo à Directiva de 1985, a Comissão propõe a articulação de dois mecanismos de exclusão: um genérico, que afecta as acções aprovadas pelos Governos dos Estados-membros que já incorporem uma avaliação ambiental em que intervenha um órgão ambiental competente [68]; outro de cariz singular, exigindo-se nestes casos uma declaração pública de dispensa motivada na inexistência de danos ambientais ou na consideração prévia dos efeitos ambientais no processo de planificação. Dispensa e isenção [69] que, dada a complexidade da tramitação processual da tomada de decisão, concorrem, obviamente, para uma maior dificuldade na sua transposição e posterior aplicação prática.

De um ponto de vista formal, a similitude com a avaliação ambiental de projectos é enorme. Com efeito, a influência do parecer ambiental na tomada de decisão não vai além da fórmula de que o parecer deve *ser tomado em consideração* (art. 6.º/ d) da proposta de Directiva). Relativamente às soluções procedimentais consagra-se igualmente a já conhecida opção de introduzir a avaliação ambiental nos procedimentos já existentes ou criar um específico procedimento (art. 2.º/ 4). No que concerne à participação, esta fica reduzida à consulta do público e à publicidade da decisão (arts. 1.º/2 / f) e 6.º/ a) e e)) [70].

Em síntese, parece poder concluir-se que a originalidade deste sistema de avaliação de impacto ambiental ao nível das políticas, planos e programas se reduz em grande medida ao *Tiering*. Aspecto, aliás, de grande importância, uma vez que, pela própria lógica, não fica circunscrito às primeiras fases

---

afectação dos solos, por outras palavras, no campo do urbanismo. Cfr. M. PRIEUR, "O direito do ambiente em França", *op. cit.*, p. 284.

68 Art. 1.º/3 da proposta de Directiva.

69 Cfr. ROSA MORENO, *op. cit.*, p. 56.

70 Cfr. ROSA MORENO, *op. cit.*, p. 56.

decisionais, "descendo" até aos últimos níveis de decisão, o que vem permitir uma macro-racionalidade impossível de atingir de outra forma. Outra questão é a sua efectiva implementação na avaliação de projectos individuais, o que vem exigir a reforma do actual mecanismo de avaliação [71].

De tudo isto pode concluir-se que limitar a avaliação de impacto ambiental exclusivamente aos projectos de obras e instalações supõe um prejuízo de difícil quantificação, nomeadamente no que toca à análise das diferentes alternativas às referidas acções. É assim, cada vez mais indispensável alargar as avaliações ambientais aos planos, programas e, inclusive, às leis susceptíveis de produzir efeitos ambientais nocivos [72]. A Directiva 85/337/CEE (art. 1.º/ 5) se bem que exclua do seu âmbito de aplicação os projectos adoptados através do procedimento legislativo, consagra, no entanto, o propósito de atender, através do mesmo procedimento legislativo, aos objectivos prosseguidos pela legislação de impacto ambiental, especialmente os relativos à obrigação de fornecer adequada e oportuna informação ambiental.

Apesar dos riscos e limitações resultantes do novo modelo de avaliação ambiental estratégica, tais inconvenientes poderão ser ultrapassados, como se pretende na proposta de Directiva, através de uma correcta instrumentação normativa que passaria, em primeiro lugar, por uma "diversificação hierárquica" dos estudos de impacto ambiental, essencialmente no que concerne às exigências do conteúdo dos mesmos, assim

---

[71] COLAÇO ANTUNES, *op. cit.*, p. 78.

[72] Cfr. M. PRIEUR, "Les études d'impact...", *op. cit.*, p. 2. Neste sentido vão os últimos projectos de lei apresentados no Parlamento italiano (n.os 958/93 e 1019/93), particularmente o último. Cfr. G. FRANCESCON, "L'evoluzione legislativa in tema di valutazione di impatto ambientale", *op. cit.*, p. 771 e ss.; S. T. MASUCCI, "Qual futuro per la VIA? Spigolando tra disegni di legge e giurisprudenza in materia di impatto ambientale", in *Riv. giur. amb.*, n.º 6, 1995, p. 809 e ss.

No mesmo sentido, ainda que de forma mais limitada, a proposta de lei apresentada pelo Governo de Felipe González. Cfr. J. G. CAÑETE, "La evaluación ambiental en España", in *Papeles del Centro EIA,* Madrid, 1995 (Addendum), pp. 13 e 14.

como por uma correcta inserção dos instrumentos de avaliação de impacto ambiental em cada uma das fases do processo decisional [73]. Seria então de admitir que os estudos de impacto pertinentes aos planos (regionais) não devam ser excessivamente detalhados, porque estratégicos, ao contrário dos estudos de impacto relativos aos projectos individuais, mais focalizados em aspectos específicos [74]. Impõe-se, portanto, reflectir profundamente antes de se passar à chamada avaliação de impacto ambiental estratégica. É desde já óbvio que o âmbito material dos estudos ambientais não pode ser recortado com base nos projectos concretos. É igualmente visível que a amplitude e complexidade, tanto da redacção dos referidos estudos como a sua verificação, são substancialmente maiores, o que exige a presença de quadros altamente qualificados e uma maior formação ambiental do público [75].

Pese embora as críticas dos que salientam os inconvenientes deste modelo, nomeadamente a onerosidade e lentidão do processo decisional, a ninguém ocorrerá pensar em prescindir das indispensáveis verificações técnicas e da ponderação da dimensão sócio-económica dos planos, sendo certo que estes aspectos influem decisivamente na vontade da Administração [76]. Logo, tem todo o sentido uma ampla ponderação dos interesses coenvolvidos ao nível da avaliação ambiental estratégica.

Vivemos uma época em que a Administração está preocupada com a defesa do ambiente e a eventual *bondade do dano* de uma acção ou projecto. Assim, ainda que o novo modelo de avaliação de impacto ambiental comporte uma sempre irritante lentidão no processo de tomada de decisão é bom ter

---

[73] Cfr. M. R. PARTIDÁRIO, "AIA de políticas, programas e planos", in *Avaliação do Impacte...*, *op. cit.*, p. 133 e ss.

[74] Neste sentido, ROSA MORENO, *op. cit.*, p. 179.

[75] G. FRANCESCON, *op. cit.*, p. 775.

[76] Cfr. A. M. PEÑA FREIRE / J. L. SERRANO MORENO, *Ecologia y Derecho, op. cit.*, p. 73.

presente que este inconveniente se combate com módulos racionais e não com a supressão de fases e elementos indispensáveis à racionalidade material do processo decisional.

Em todo o caso, não será muito aventuroso apostar nas vantagens da sujeição de políticas, planos e programas a avaliação de impacto ambiental, já que a sua colocação ao mais alto nível do processo decisional permite evitar a eliminação irreflectida de possíveis alternativas ambientais, que constituem ao fim e ao cabo o nó górdio da avaliação de impacto ambiental estratégica.

Poder-se-á, entretanto, questionar qual o nível decisional adequado para a colocação da avaliação de impacto ambiental. É nossa opinião que os Planos Regionais de Ordenamento do Território (Decreto-Lei n.º 176-A/88, de 18 de Maio, com várias alterações) e os Planos Municipais de Ordenamento do Território (Decreto-Lei n.º 69/90, de 2 de Março, sucessivamente alterado), bem podem constituir essa referência indispensável [77].

Com efeito, se se pretende precisar o momento em que as preocupações ambientais devem penetrar nos processos de tomada de decisão, e se se pretende sair do espartilho dos procedimentos administrativos autorizativos como única via de inserção da avaliação de impacto ambiental, teremos de equacionar o ordenamento do território numa perspectiva globalizadora [78].

---

[77] O Plano nacional de ordenamento do território (art. 65.º/2/a) da C.R.P.) ainda não foi implementado e talvez fosse demasiado ambicioso inserir a este nível a avaliação de impacto ambiental.

Mais aceitável nos parece a inserção deste instituto nos planos especiais de ordenamento do território (D.L. n.º 151/95, de 24 de Junho, alterado pela Lei n.º 5/96, de 29 de Fevereiro).

Ainda que admitamos, como admitimos, a aplicação da avaliação de impacto ao nível dos PROTs, sempre diríamos que os projectos de relevância nacional (ainda que de âmbito regional) deveriam ser sujeitos ao parecer do Ministro do Ambiente e dos Recursos Naturais.

[78] Já na *Conferência de Estocolmo* de 1972 se afirmou que "a planificação racional constitui um instrumento indispensável para conciliar os conflitos entre as exigências de desenvolvimento e a necessidade de proteger e melhorar o am-

Na verdade, a função dos PROTs e dos PMOTs, logo, do ordenamento territorial e do planeamento urbanístico [79] é precisamente a de integrar a legislação sectorial, ordenando e sistematizando todas as actividades humanas, maxime as económicas [80]. Introduzir a racionalidade da avaliação ambiental nas actividades humanas de maior repercussão no ambiente não é uma panaceia, mas constitui, indiscutivelmente, um instrumento indispensável de uma política ambiental adequada [81]. Assim sendo, o ordenamento do território, através dos planos regionais e municipais de ordenamento do território, constitui uma premissa essencial e determinante do designado desenvolvimento sustentado.

No entanto, colocam-se aqui algumas dificuldades que é preciso ponderar: a) a acentuada necessidade de uma adequada formação das Autarquias e de modo geral dos entes planificadores; b) a importância de uma base de dados que permita aos agentes administrativos operar com elementos seguros; c) aumento da onerosidade das avaliações de impacto ambiental, como consequência da sua maior complexidade; d) eventual burocratização e morosidade dos procedimentos de avaliação de impacto ambiental [82].

Uma das opções que se coloca à inserção da avaliação ambiental no ordenamento do território passa, desde logo,

---

biente". A introdução da avaliação de impacto ambiental nos mecanismos de ordenamento do território foi considerado prioritário pela Resolução "sobre a utilização do solo: fundamento e limite do nosso desenvolvimento", adoptada pela Conferência Europeia de Ministros Responsáveis pelo Ordenamento do Território (CEMAT), Lausanne, 20-21 de Outubro de 1988.

79 Sobre o sentido das expressões *planeamento* e *ordenamento*, cfr. GONÇALVES PROENÇA, "Regime jurídico do planeamento territorial português", in *Revista de Ciência e Cultura*, n.º 1, 1992, p. 15.

80 Neste sentido, veja-se FERNÁNDEZ RODRÍGUEZ, "Derecho, medio ambiente y desarrollo", in *REDA*, n.º 24, 1980, pp. 10 e 11.

81 Assim, V. PUIG, "Il medio ambiente, fundamento racional de la planificación territorial", in *DA*, n.º 186, 1980, p. 6.

82 Sobre esta matéria cfr. M. FALERO, *Métodos para Facilitar la Toma de Decisiones en Planificación Física y Ordenación del Territorio*, Madrid, 1985, esp. p. 48 e ss.

pela superação do paradigma adoptado pelo legislador, que não contempla a necessária avaliação ambiental. Igualmente relevante é a necessidade, especialmente nos PROTs, de uma integração da planificação física com a programação sócio-económica [83], para além de uma descentralização de competências em matéria de ordenamento territorial [84].

Postas as dificuldades, é indispensável, concluir pela sujeição dos instrumentos de ordenamento do território (regionais e municipais) a uma avaliação de impacto ambiental, articulando a flexibilidade material e formal do sistema *tiering*. O Estado está, aliás, obrigado a desenvolver e assegurar "um correcto ordenamento do território" (art. 9.º/ e) da CRP), o que em bom rigor deve exigir a introdução do mecanismo de avaliação de impacto ambiental nos planos de ordenamento do território.

c) Das considerações anteriores emerge um outro aspecto relevante da avaliação de impacto ambiental, a função de assegurar, através da participação dos cidadãos, uma maior *garantia, imparcialidade e eficiência* no processo decisional da Administração Pública. Com efeito, uma Administração que solicita e promove a participação dos cidadãos no procedimento administrativo, não só oferece uma mais ampla garantia sobre a imparcialidade e a transparência das decisões, como assume maior eficiência na sua actuação na medida em que pesquisa e recebe um contributo de experiências mais

---

83 Cfr. Colaço Antunes, "Tutela do ambiente e procedimento administrativo: do modelo francês dos "études d'impact" à solução da CEE", *op. cit.*, p. 78, nota 13, onde se apontam as limitações do D.L. n.º 176-A/88, nomeadamente o seu art. 9.º/ 2. Uma adequada planificação do território deveria incluir a ponderação de elementos sócio-económicos como o turismo. Vide *Collection Études et Travaux*, n.º 14, Strasbourg, 1990.

84 Assim, F. Baram, "Environmental Decision-Making and the Siting of Facilities", in *ELR*, 1975, p. 50. Cfr. ainda C. Quadri, "Problemi istituzionali della valutazione di impatto ambientale", in *Foro it.*, 1989, p. 408 e ss..

vasto e articulado [85]. Contributo este que não pode deixar de ser decisivo no momento da decisão administrativa.

No que respeita à participação no procedimento administrativo de avaliação de impacto ambiental (arts. 4.º do D.L. n.º 186/90 e do D.R. n.º 38/90, em conjugação com o art. 53.º do C.P.A.), um dos principais objectivos é o de reduzir o campo de actuação do poder discricionário, evitando que se privilegie apenas o ponto de vista da Administração. Com efeito, impõe-se acertar os factos ambientalmente relevantes, tendo em consideração o acto final. Devem, portanto, representar-se e prognosticar-se os efeitos práticos que as diversas possibilidades de escolha podem causar na situação envolvente. Isto significa que a actividade cognoscitiva segue uma fase complexa, traduzindo-se primeiro na determinação abstracta das várias decisões possíveis e sucessivamente na previsão das consequências práticas de cada uma delas. Quanto ao apuramento dos factos pode dizer-se que os cidadãos intervenientes "dispõem do problema administrativo", uma vez que oferecem uma informação sobre os factos que, em grande medida, ilumina e orienta a instrução do procedimento [86].

A reflexão crítica sobre os dados cognoscitivos conduz à exposição das alternativas possíveis e dos seus efeitos práticos. Pois bem, entre estas alternativas relevam também aquelas postas pelos sujeitos legitimados a participar no procedimento de avaliação de impacto ambiental. Isto, porque, estes sujeitos não se limitam a estimular a actividade cognoscitiva da Administração [87] e a introduzir direitos e interesses legal-

---

[85] Assim, F. LEVI, *L'attività, op. cit.*, pp. 227 e ss e 400 e ss.

[86] Cfr. S. PIRAINO, *La funzione amministrativa fra discrezionalità e arbitrio*, Milano, 1990, p. 101 e ss.

Importa salientar que os princípios procedimentais como o da participação só podem assumir cidadania plena se vierem questionados alguns dos institutos tradicionais do direito administrativo, institutos esses elaborados (pela doutrina e pela jurisprudência) num tempo em que o Estado de Direito era apenas um ideal. Cfr. M. CLARICH, *Termine del procedimento e potere amministrativo, op. cit.*, pp. 9 e 10.

[87] Ainda F. LEVI, *op. cit.*, p. 287.

mente protegidos, mas fundamentalmente indicam e fundamentam a solução que estaria mais em conformidade com a tutela do ambiente. Os sujeitos que participam no procedimento não sendo co-autores da decisão final, reservada à Administração, concorrem decisivamente para a sua formulação.

Nesta perspectiva, assume particular relevância a participação de qualificadas associações de defesa do ambiente (art. 4.º/ 2/a) / b) do D.R. n.º 38/90). Esta destina-se não só a introduzir no procedimento o interesse difuso ambiental, como a compensar a disparidade de poderes entre os cidadãos e a Administração, mas também a reforçar a qualidade técnico-científica do procedimento. Em bom rigor, o fundamento da intervenção no procedimento de avaliação de impacto ambiental das associações de defesa do ambiente reconduz-se, não tanto à tutela preventiva de direitos e interesses legalmente protegidos, quanto à circunstância das finalidades prosseguidas por este procedimento serem as mesmas que as associações visam tutelar [88].

A função de orientação desenvolvida pelas normas que determinam os fins da actividade administrativa não são as únicas formas de garantia do interesse público. Se a intervenção *jure privati*, não prevista no procedimento de avaliação de impacto ambiental [89], é posta em função da tutela dos interesses individuais de natureza patrimonial, a participação das associações de defesa do ambiente é dirigida à prossecução do interesse público que a Administração visa tutelar. Como consequência dissolve-se o carácter unilateral e autoritário da decisão, enquanto resultado dialógico da Administração

---

[88] A participação destes sujeitos colectivos enquadra-se na tendência que visa ampliar a legitimação activa através das acções de grupos *(class actions)* e das acções populares (art. 12.º e ss. da Lei n.º 83/95, de 31 de Agosto).

[89] A noção de público plasmada no art. 4.º do D.R. n.º 38/90, de 27 de Novembro, exclui os titulares de direitos e interesses de cunho patrimonial (exceptuando, obviamente, o dono da obra), o que tem sentido se atendermos que o escopo deste procedimento é a tutela preventiva do ambiente, consagrando o princípio da separação das fases instrutórias.

Pública com as associações de defesa do ambiente e os titulares dos interesses difusos.

Acresce, por outro lado, que o poder discricionário não está só limitado por normas jurídicas, normas técnicas ou de boa administração, mas também pelos princípios da objectividade, eficácia, proporcionalidade e imparcialidade, para o que contribuem as observações dos participantes no procedimento.

Por outro lado, a participação dos titulares de direitos e interesses pluri-individuais no procedimento impõe não só que se deva dar conta na fundamentação das suas observações e críticas, como constituem elementos de referência para efeitos de controlo da razoabilidade das decisões adoptadas. O controlo popular resulta, portanto, mais profundo e penetrante, porque se é verdade que nem sempre se pode superar o âmbito da opinabilidade, é também verdade que tal juízo altera a sua qualidade sempre que, para além da solução adoptada pela Administração, outras devam ser valoradas, porque legitimamente postas no procedimento de avaliação de impacto ambiental. A legitimação de intervir ou participar no procedimento tem o sentido de tornar juridicamente relevante, primeiro no momento da decisão e depois em sede jurisdicional, a actividade dos sujeitos participantes [90]. A participação do público é, simultaneamente, pressuposto e veículo de imparcialidade ao postular a intervenção de sujeitos titulares de qualificações pertinentes a actividades imparciais,

---

[90] U. ALLEGRETTI, *L'imparzialità...*, *op. cit.*, especialmente o cap. 2. VIEIRA DE ANDRADE, "A imparcialidade...", *op. cit.*, p. 225 e ss., entende, segundo nós bem, que a imparcialidade se aplica a todas as fases do procedimento, ainda que restrinja a necessidade de ponderação ao círculo restrito de interesses que concretamente podem ser afectados pelo agir administrativo. Para SÉRVULO CORREIA, *Legalidade...*, p. 499, o princípio da imparcialidade impõe à Administração o dever de esta ponderar, previamente à decisão, todos os interesses públicos e privados afectados pela decisão administrativa. Para este autor o princípio da proporcionalidade assume-se como uma manifestação do princípio da imparcialidade.

Merece igualmente o nosso aplauso M. T. DE MELO RIBEIRO, *op. cit.*, p. 234 e ss., quando sustenta a aplicação do princípio da imparcialidade ao conjunto da actividade administrativa, seja vinculada ou discricionária.

porque de interesse comum [91]. O reforço do controlo resulta também da publicidade do procedimento, que na fase instrutória vem permitir aos interessados tomar conhecimento do dossier documental, aduzindo observações e circunstâncias contrárias ou diferentes dos factos já postos no procedimento de avaliação de impacto ambiental (arts. 61.° - 64.° do C.P.A., art. 4.°/ 2 do D.L. n.° 186/90 e art. 4.°/ 3 do D.R. n.° 38/90).

Por consequência, o controlo jurisdicional não pode deixar de ser mais incisivo e profundo quando o juiz ao examinar todos os dados recolhidos encontra a prova de um facto não enunciado na fundamentação e incompatível com aquele que serve de premissa à decisão administrativa [92]. É, assim, evidente o relevo global da actividade da Administração, mas também — esta é a novidade — dos participantes no procedimento. Deste ponto de vista, não pode deixar de sublinhar-se a extraordinária importância jurídica que se abre à legitimidade processual dos sujeitos do procedimento. O que é especialmente importante se se tiver em conta que as associações de defesa do ambiente e de modo geral os cidadãos, perseguem a defesa do interesse público ambiental.

Em síntese, o controlo do juiz é cada vez mais intenso por força dos princípios da porporcionalidade, imparcialidade, justiça e da eficiência, nos termos do Código do Procedimento Administrativo (art. 3.° e ss. do CPA). Estão criados os pressupostos normativos necessários para um controlo de legalidade não meramente platónico.

A actividade discricionária é, portanto, uma actividade parcialmente regulada através de disposições pontuais, princípios e critérios, por vezes auto-impostos pela Administração. A violação de tais regras e princípios, sejam de natureza constitucional ou outra, não constitui prova, presunção ou indício

---

[91] U. ALLEGRETTI, *L'imparzialità...*, *op. cit.*, pp. 186 e ss. e 244 e ss.

[92] Cfr. o n.° 6 do art. 4.° do D.R. n.° 38/90, onde se estipula que, findo o prazo para a consulta do público, é elaborado um relatório sucinto especificando as diligências efectuadas, a participação registada e as conclusões a extrair.

de facto que o interesse público não foi prosseguido; constitui *tout court* violação directa ou indirecta da lei.

Como já foi referido, a violação das disposições que disciplinam a função administrativa é acompanhada, com alto grau de probabilidade de desvio do fim legal[93]. No fundo, estas normas não são um fim em si mesmo, colocando-se antes como uma forma de garantir a prossecução pela Administração e, portanto, pelo acto administrativo da realização do interesse público a que tal exercício é preordenado. É precisamente pela sua natureza de "pressupostos garantidos", independentemente do efectivo desvio do acto do escopo legal, que constituem razão de anulação do acto, como em outras hipóteses de violação de lei. Isto quer significar que o mérito se manifesta de modo intermitente nestes procedimentos administrativos [94].

Neste quadro, a linha de demarcação entre os aspectos sindicáveis da actividade discricionária e os que o não são tem de orientar-se a favor do primeiro, não só por força da publicidade da actividade administrativa, mas também pelo facto das decisões administrativas deverem agora confrontar-se com as alternativas avançadas pelos sujeitos participantes no procedimento.

d) Um outro aspecto plurifuncional do procedimento administrativo de avaliação de impacto ambiental tem a ver

[93] O C.P.A. ao considerar e incluir os princípios da igualdade e da proporcionalidade (art. 5.º), da justiça e da imparcialidade (art. 6.º) e ainda da participação (art. 8.º), da desburocratização e eficiência (art. 10.º) entre os requisitos normativos da actividade administrativa, torna mais pregnante a deslocação para a área da legalidade da tradicional figura de desvio de poder, ontologicamente ligada ao exercício da discricionaridade administrativa, ampliando o espectro sintomático e fornecendo instrumentos mais incisivos e penetrantes de verificação e análise.

[94] Porque assim é, pensamos que talvez seja correcto entender o princípio da proporcionalidade como uma componente determinante do princípio da razoabilidade (Neste sentido, P. M. Vipiana, *Introduzione allo studio del principio di ragionevolezza nel diritto pubblico, op. cit.*, p. 76 e ss.), sobretudo se tivermos em consideração que vivemos com um *direito administrativo reforçado,* isto é, favorável à Administração.

com o novo modo de ver a repartição de competências, constitucionalmente consagrada, entre as Autarquias Locais e o Estado. Neste sentido, é oportuno observar que as relações entre estes entes públicos deve perspectivar-se não apenas numa relação de separação-autonomia e de tutela administrativa (art. 243.° da C.R.P. e Lei n.° 87/89, de 9/9), mas sobretudo numa relação de *cooperação-coordenação*. Esta orientação parece-me extremamente importante à luz de uma avaliação ambiental de políticas, planos e programas e não só de projectos individuais, sobretudo se tivermos em conta a futura regionalização do país [95].

Trata-se, com efeito, de outro aspecto *funcional* do procedimento de avaliação de impacto ambiental relativamente autónomo [96]. Assim, tem vindo a entender-se mais desejável substituir a *participação institucional* [97] e a participação corporativa [98] pelo novo instituto da *cooperação*, desde logo pela sua explícita conotação teleológica. Com efeito, a possibilidade de existirem conflitos de competências, estruturalmente ligados ao módulo organizativo separação-autonomia, vem manifestar-se ruidosamente no campo ambiental, em virtude da sua labilidade institucional. Como tal, o ambiente não pode deixar de assumir a estrutura organizativa de um ministério capaz de constituir um centro unitário de referência [99] e

[95] Gostaríamos, porém, de advertir que, "paradoxalmente", a regionalização não deve implicar a diminuição dos poderes e competências do Ministério do Ambiente e dos Recursos Naturais, face ao "pensamento (ambiental) débil" em muitas regiões do país e à presença de fortes e primários interesses económicos. A regionalização parece ser, entre nós, fruto da mediocridade do pensamento político débil e não de uma qualquer visão iluminada ou imperativo constitucional.

[96] É de realçar que o instituto do *environmental impact assessment* nasce, não só da exigência de realizar uma eficaz e racional gestão dos recursos, mas sobretudo da vontade de superar o fraccionamento de responsabilidades e o conflito de competências entre o Governo Federal e os Estados e entre as administrações que compõem o primeiro.

[97] P. DELL'ANNO, "Il procedimento", *op. cit.*, p. 34.

[98] Para uma crítica contundente deste tipo de participação, cfr. D. COLAS, *L'État et les Corporatismes,* Paris, 1988.

[99] Sobre as novas relações entre hierarquia e coordenação, cfr. G. CONTI, *Organizzazione gerarchica e stato democratico, op. cit.*, p. 165 e ss..

representação do interesse ambiental [100], sem prejuízo, naturalmente, da sua dimensão horizontal-territorial.

A recente institucionalização do Ministério do Ambiente (D.L. n.º 94/90, de 20 de Março) parece querer significar um passo decisivo na direcção da progressiva integração e coordenação dos interesses difusos ambientais nas políticas de governo e no desenvolvimento da actividade económica pública e privada. A sobreposição funcional com outras matérias conexas, como as obras públicas, transportes, indústria, não deixará, todavia, de persistir, pelo que se impõe também aqui uma correcta cooperação-coordenação com estes ministérios.

Em suma, os módulos funcionais de coordenação, na instrução procedimental, e de cooperação institucional deveriam permitir uma eficaz alternativa ao entrelaçamento e conflito de competências em sectores onde se regista a presença de diversas autoridades titulares de outros tantos interesses públicos. A *sede* de ponderação dos interesses deve ser, porém, o procedimento e não este ou aquele sujeito público.

No fundo, o procedimento de avaliação de impacto ambiental como *tópos de cooperação entre todos os sujeitos interessados*, públicos e privados, o que impõe um novo figurino legislativo deste instituto [101].

5. Tipologias procedimentais: aspectos relacionais com o procedimento autorizativo

Numa aproximação jurídico-formal, a avaliação de impacto ambiental é, sem dúvida, um procedimento administrativo. Nele se podem detectar alguns aspectos que lhe

---

100 Para uma leitura da organização administrativa ambiental, cfr. J. TAVARES, A. L. SÈVES, "Organização administrativa e ambiente. A organização administrativa portuguesa actual no domínio do ambiente", in *Rev. Jur. Urb. Amb.*, n.º 1, 1994, p. 67 e ss.

101 Neste sentido, P. DELL'ANNO, *op. cit.*, p. 35.

conferem uma peculiar estrutura procedimental. Aspectos que constituem autênticas premissas, cuja necessária compreensão é indispensável para a posterior e correcta análise do seu desenvolvimento e eficácia.

A presença no ordenamento jurídico português do procedimento de avaliação ambiental e os aspectos inovadores que comporta quanto à concepção de projectos e actividades, assim como relativamente aos parâmetros a considerar no processo decisional, não provocam, contudo, uma alteração profunda da tradicional harmonia jurídico-administrativa. Apesar das inovações conceptuais não se opera uma autêntica alteração estrutural. De facto, com pequenas *nuances,* as estruturas administrativas existentes não se adaptaram ao instituto de avaliação de impacto ambiental, mas, ao contrário, foi este que teve de adaptar-se aos procedimentos vigentes [102].

O legislador nacional parece ter seguido à letra o artigo 2.º/ 2 da Directiva 85/337, segundo o qual "a avaliação de impacto ambiental pode ser integrada nos processos de aprovação dos projectos existentes nos Estados-membros, ou na falta deles, noutros procedimentos ou em procedimentos a estabelecer, para responder aos objectivos da presente Directiva" [103].

O fundamento desta (equívoca) construção encontra apoio no consolidado princípio de economia processual [104]. Assim, tem-se procurado enxertar o procedimento de avaliação de impacto ambiental nos mecanismos autorizativos e concessionários clássicos, respeitando os seus esquemas procedimentais e orgânicos, alargando-se o menos possível os prazos de instrução sem alterar os burocratizados centros de tomada de

---

[102] As inovações entretanto registadas têm mais a ver com o novo Código do Procedimento Administrativo e não tanto com este procedimento específico.

[103] A mesma Directiva indica a necessidade de criar um procedimento totalmente novo apenas quando não existam estruturas procedimentais em que seja possível a sua integração (art. 2.º/ 3).

[104] Neste sentido, M. MATEO, *op. cit.*, p. 323.

decisão. As formas de participação do cidadão são igualmente inadequadas num procedimento de massas deste tipo em que está em causa uma inovadora finalidade pública, como é a protecção do ambiente.

Não surpreende, assim, uma certa linearidade do procedimento de avaliação de impacto ambiental, deixando mesmo transparecer a aplicação do princípio da preclusão formal e material, o que afectaria necessariamente a legitimidade procedimental e processual do cidadão ecologicamente preocupado [105].

Uma das características mais singulares da natureza jurídica do procedimento de avaliação de impacto ambiental é o intercâmbio e comunicação com o procedimento principal, nomeadamente na fase da instrução deste último.

No que concerne aos aspectos relacionais do procedimento de avaliação de impacto ambiental com o procedimento principal, as soluções, à luz da problemática geral dos procedimentos administrativos e dos procedimentos autorizativos em particular, são de vários tipos. Importa, assim, fazer uma análise dos aspectos estruturais do procedimento de avaliação de impacto ambiental, de modo a situar a opção feita pelo nosso legislador.

a) O primeiro modelo pode ser definido como *procedimento absorvente* ou *unificante,* uma vez que a avaliação de impacto ambiental absorve e susbtitui qualquer outro procedimento autorizativo previsto. Trata-se, nesta hipótese, de apagar com uma esponja todos os procedimentos autorizativos precedentes e de prefigurar uma espécie de superprocedimento em que a tutela do ambiente assume um aspecto preponderante. Estaríamos, assim, postos perante um *efeito de concentração no procedimento de avaliação de impacto ambiental.*

---

[105] Sobre este ponto já nos pronunciámos numa fase anterior do trabalho.

Este modelo, que a nosso ver é o que melhor se coaduna com o carácter teleológico deste instituto, comporta aspectos decisivamente positivos: a simplificação e a unificação de vários procedimentos num único procedimento, a coordenação da legislação sectorial, concentrando desta forma o poder autorizativo no Ministério do Ambiente. Os obstáculos são sobretudo de natureza institucional e de direito substantivo. O mais relevante dos quais é constituído pela presença de vários procedimentos autorizativos, com implicações de diferentes autoridades públicas, inseridos em módulos organizativos de diversa qualidade e espessura [106]. Um segundo problema é representado pela previsível sobreposição, ainda que parcial, de disciplinas normativas funcionalmente diversas.

Esta solução, a ser exequível, comportaria um reordenamento global do sistema administrativo de atribuição de poderes prescritivos, conformadores e de controlo, que veria os actuais sujeitos competentes para autorizar ou aprovar os projectos obrigados a emanar pareceres, participando de forma subalterna no procedimento [107].

Por sua vez, a solução do nosso legislador longe de se mover no sentido da simplificação dos procedimentos autorizativos e do quadro institucional, bem pode ser definida como uma manta de retalhos em matéria de competências, ainda que a solução de integrar o novo Ministério do Ambiente e dos Recursos Naturais no sistema decisional existente tenha um papel evidentemente racionalizador e unificante.

b) A segunda hipótese é configurada por um *procedimento paralelo*, na medida em que a avaliação de impacto ambiental "acompanha", numa situação de *plena autonomia,* o procedimento autorizativo, dando lugar a um sistema de "dupla

---

106 P. DELL'ANNO, "Il procedimento", *op. cit.*, p. 44.

107 P. DELL'ANNO, *op. cit.*, p. 44. Neste modelo, o Ministério do Ambiente assumiria um papel central, em desfavor das entidades com competência para licenciar os projectos.

autorização". Este modelo apresenta a característica de reconhecer a ambos os actos uma natureza administrativa e um conteúdo imediatamente decisório com efeitos na esfera jurídica dos particulares. Estaríamos, nesta hipótese, no campo dos procedimentos "coligados" pela unidade de facto da vida, na expressão de Giannini [108], postos pelo ordenamento jurídico em função de múltiplos interesses nacionais, regionais e locais.

Esta solução é de difícil realização quer quando exista um nexo de pressuposição, quer no caso de uma relação de consecução [109]. No primeiro caso, o procedimento autorizativo deve atender ao esgotamento do procedimento de avaliação de impacto ambiental para poder realizar-se. Isto permite ter em conta, nas cláusulas prescritivas a inserir no procedimento autorizativo, as eventuais propostas de alteração do projecto avançadas numa avaliação do impacto favorável, mas tornaria impossível o procedimento autorizativo se o procedimento de avaliação de impacto ambiental se conclui com um acto negativo.

Quando os procedimentos aparecem ligados por um nexo de consecução, as eventuais propostas de alteração do projecto, sugeridas por força do emprego da avaliação de impacto ambiental, enquanto instrumento vocacionado para a tutela do ambiente, podem ter eficácia apenas quando comportem o efeito de fazer suspender o procedimento principal, de modo a não prejudicar o resultado final. De outra forma este poderia ser inquinado por elementos incompletos e inactuais [110].

Em qualquer dos casos assistir-se-ia a um alongamento dos tempos de decisão, em claro prejuízo para os eventuais interessados. Com efeito, a autoridade competente no procedimento de avaliação de impacto ambiental não dialoga com a

---

[108] *Istituzioni...*, *op. cit.*, p. 286. Seguimos aqui a tipologia enunciada por GIANNINI, *Diritto amministrativo,* vol. II, *op. cit.*, pp. 541 e ss. e 647 e ss.

[109] P. DELL'ANNO, *op. cit.*, p. 45.

[110] P. DELL'ANNO, *op. cit.*, p. 45.

autoridade responsável pelo procedimento autorizativo, antes se limita a exprimir a sua autoridade. No caso das duas decisões não coincidirem cria-se inevitavelmente um conflito entre as duas entidades e o procedimento autorizativo fica suspenso até à resolução do diferendo [111].

Pode, portanto, concluir-se que esta solução favorece uma certa rigidez das autoridades tributárias de competências em matéria ambiental. Logo, em desarmonia com as orientações expressas pela Directiva comunitária, que visam realizar uma orgânica e eficaz integração e cooperação dos poderes públicos para a tutela do ambiente.

c) O terceiro modelo distingue-se do precedente na medida em que o procedimento de avaliação de impacto ambiental não se configura como um procedimento autónomo de conteúdo permissivo, inserindo-se antes no procedimento autorizativo principal, precisamente na fase da instrução [112]. O juízo contido no acto conclusivo pode ser considerado um *parecer* meramente obrigatório ou assumir carácter vinculante. No segundo caso, o procedimento de avaliação de impacto ambiental insere-se como parecer vinculativo no procedimento principal, o qual fica condicionado ao resultado positivo da avaliação de impacto ambiental. No caso de parecer negativo a autoridade competente no procedimento autorizativo não pode emanar o acto sem que venham introduzidas as alterações ao projecto, em conformidade com o juízo de impacto ambiental.

Na primeira hipótese, a avaliação de impacto ambiental é obrigatória mas o seu eventual resultado negativo não determina a emanação do acto autorizativo. É evidente que neste caso a tutela do ambiente assume um relevo escasso, uma vez

---

[111] Sempre se poderia recorrer à situação, prevista noutros ordenamentos jurídicos (Itália e Espanha), do conflito ser sanado em sede de Conselho de Ministros.

[112] M. S. GIANNINI, *Diritto amministrivo, op. cit.*, pp. 648 e 649.

que a autoridade a quem compete decidir em última instância não é obrigada a tê-lo em consideração [113].

O modelo procedimental descrito, na variante de parecer obrigatório mas não vinculante, aparentemente a solução adoptada no nosso ordenamento jurídico, configura-se como *um procedimento por actos de procedimento* [114], isto é, um procedimento que através da típica sequência de fases — iniciativa, instrução, decisão — visa a produção de um acto final a inserir numa fase específica do procedimento principal. Ao contrário do que prescreve o artigo 5.º do Decreto-Lei n.º 186/90, o procedimento principal deveria ser suspenso até ao decurso do prazo fixado no comum dos casos (cento e vinte dias), isto é, até à emanação atempada do parecer. Contudo, importa realçar que, nos termos do artigo 99.º/ 3 do C.P.A. a falta de emissão de parecer não implica a suspensão do procedimento e muito menos a impossibilidade de decidir [115].

d) A quarta hipótese configura um *subprocedimento*. A avaliação de impacto ambiental apresenta-se como um acto administrativo que vai aferir (ambientalmente) o acto que conclui o procedimento principal. Deste modo, reconhece-se ao acto de avaliação de impacto ambiental um efeito impeditivo (se o parecer for negativo) ou permissivo (se o parecer for positivo) do sucessivo procedimento administrativo principal com natureza autorizativa em sentido próprio [116]. Neste caso o

---

[113] A FIORITTO, "La direttiva sulla valutazione di impatto ambientale: problemi di recepimento", in *La valutazione di impatto ambientale dei progetti agricoli*, Napoli, 1988, p. 14. No caso português o parecer não é vinculante e deve ser enviado no prazo máximo de cento e vinte dias, susceptível de ser prorrogado por trinta dias (art. 5.º/1 /2 do D.L. n.º 186/90), pelo membro responsável pela área do ambiente à entidade competente para licenciar ou autorizar o projecto.

[114] M. S. GIANNINI, *Diritto..., op. cit.*, p. 648.

[115] Todavia, não será necessário recorrer a esta norma do C.P.A., visto que o nº 3 do art. 5.º da L.A.I.A. considera favorável o parecer se, decorridos os prazos contidos nos n.os anteriores, nada for comunicado à entidade competente para licenciar ou autorizar o projecto.

[116] P. DELL'ANNO, *op. cit.*, p. 50; M. S. GIANNINI, *op. cit.*, pp. 648 e 649.

procedimento de avaliação de impacto ambiental conclui-se com um acto autónomo, igualmente impugnável, que vai inserido no procedimento principal, adquirindo um efeito propedêutico na emanação da autorização [117].

Nesta hipótese, o acto relativo à avaliação de impacto ambiental assume relevância autónoma, podendo, por força do art. 268.º/ 4 da Constituição, ser objecto de impugnação contenciosa. Trata-se, com efeito, de um acto preparatório essencial do acto administrativo final, mesmo não assumindo carácter vinculante. A sua vocação é a de tutelar o direito ao ambiente, cuja fundamentabilidade permanece em confronto com outros direitos fundamentais consagrados na Constituição [118].

e) A quinta solução prefigura um procedimento "consular" baseado numa co-decisão sob a forma de um acordo entre o sujeito competente pela avaliação de impacto ambiental e a entidade tributária do poder autorizativo. Também neste caso permanece alguma perplexidade no que concerne à morosidade das decisões e à potencial conflitualidade entre as diversas autoridades [119].

f) Uma última possibilidade é a de um procedimento quase-judicial, para usar a terminologia estado-unidense, com as características de um procedimento misto, em parte administrativo e em parte jurisdicional. Neste modelo, o sujeito que dirige o inquérito público segue um esquema de tipo processual, assumindo um controlo directo sobre a Administração Pública, podendo mesmo substituir-se à Administração quanto ao poder decisório conclusivo. Um exemplo de particular interesse é o fornecido pela lei francesa de 12 de Julho de

---

117 A. Fioritto, *op. cit.*, p. 14.
118 Sobre este ponto já nos manifestámos suficientemente.
119 P. Dell'Anno, *op. cit.*, p. 50.

1983 sobre a *enquête publique*, que confere ao Presidente do Tribunal Administrativo competente a nomeação do responsável pela condução da *enquête* [120]. Como vimos anteriormente, a *enquête publique* desenvolve-se segundo os módulos da publicidade e da participação dos cidadãos, das autoridades públicas interessadas e do dono da obra, o qual apresenta um estudo de impacto ambiental, concluindo-se com o acolhimento ou a rejeição da proposta. Este modelo, que assenta numa absoluta credibilidade das instituições, deixa entender, ao considerar como objecto do procedimento apenas a avaliação de impacto ambiental, que o acto final é apenas um momento técnico-formal. Este modelo tem, a nosso ver, o mérito de acentuar o papel dos juízes no controlo dos actos administrativos discricionários e a imparcialidade da actividade administrativa [121].

Neste sentido, o caminho a seguir deve ser o entendimento do procedimento de avaliação de impacto ambiental como momento de *verificabilidade do direito* ao ambiente [122].

Em conclusão, trata-se de modelos procedimentais estruturalmente distintos, que deixam entender diferentes concepções funcionais da avaliação de impacto ambiental. Uma

---

[120] Cfr. J. PHILIPPE COLSON, "La réforme des enquêtes publiques en France", *op. cit.*, p. 223 e ss..

[121] A este propósito a experiência australiana é iluminante, no sentido de um modelo administrativo *discritionary* tendencialmente *judge proof.* Cfr. P. DELL'ANNO, *op. cit.*, p. 51. Acresce, todavia, fazer mais uma suspensão reflexiva sobre o poder discricionário. A discricionaridade pode ser "amiga" do ambiente, como aliás temos vindo a defender, no sentido de que pode desempenhar um papel corrector de um excessivo garantismo que serve de capa a *lobbies* poderosos, que bloqueiam frequentemente a realização do interesse público. Neste sentido, O. SEPE, *L'efficienza nell'azione amministrativa,* Milano, 1975, p. 168.

[122] Segundo M. S. GIANNINI, *Istituzioni...*, *op. cit.*, p. 261, a sujeição da actividade administrativa a regras controláveis exige dos institutos da discricionaridade administrativa e do procedimento administrativo um maior respeito pelas situações jurídicas dos cidadãos e uma maior eficácia, em conjugação com outros direitos e interesses eventualmente divergentes. Esta perspectiva exige naturalmente a activação de um percurso de garantias, do procedimento ao processo administrativo, de modo a permitir uma maior legitimação dos direitos difusos. Neste sentido COLAÇO ANTUNES, *A Tutela dos Interesses Difusos em Direito Administrativo, op. cit.*, p. 133 e ss.

escolha entre as várias soluções expostas, para além dos limites postos pelo direito positivo, deve ser coerente com os objectivos do instituto de avaliação de impacto ambiental, bem como com a realização de um processo decisional transparente e pleno de garantias.

Postos perante o quadro legal vigente, seríamos levados a concluir, à primeira vista, que a natureza jurídica do procedimento de avaliação de impacto ambiental se reconduz à categoria dos *procedimentos por actos de procedimento.* Isto porque, formalmente, se nos depara um parecer obrigatório mas não vinculativo. Todavia, como observámos noutras paragens deste trabalho e como veremos mais adiante, materialmente trata-se de um acto administrativo vinculativo se atendermos a *uma concepção objectiva da actividade administrativa discricionária,* consentânea, aliás, com a natureza científica deste procedimento, que praticamente exclui qualquer liberdade de apreciação à Administração.

Somos, portanto, de opinião que, à luz da tipologia enunciada anteriormente, estamos confrontados com um *subprocedimento,* uma vez que no seu termo encontramos um acto administrativo e não um parecer. Acto que poderemos classificar de *acto final parcial,* pois que este acto não só encerra um procedimento especial como reflecte apenas a apreciação final do interesse ambiental.

Capítulo II

DESENVOLVIMENTO E EFICÁCIA DO PROCEDIMENTO ADMINISTRATIVO DE AVALIAÇÃO DE IMPACTO AMBIENTAL

1. O âmbito da avaliação de impacto ambiental

O procedimento que conduz à decisão administrativa e, por consequência, à execução de um projecto implica uma multiplicidade de acções de distinta natureza. Estas acções podem consistir em projectos individuais, planos, programas, leis e regulamentos, conforme o tipo de procedimento e o regime jurídico em vigor.

Dispõe o regime de avaliação de impacto ambiental (art. 2º/1 do D.L. n.º 186/90), que a aprovação de *projectos* que, pela sua natureza, dimensão ou localização, se considerem susceptíveis de provocar incidências significativas no ambiente fica sujeito a um *processo prévio* de avaliação de impacto ambiental (A.I.A.), como formalidade essencial, da competência do membro do Governo responsável pela área do ambiente.

Por *aprovação* é entendida a decisão da autoridade ou das autoridades competentes que confere ao dono da obra o direito de realizar o projecto (art. 1º/ 2/c) do D.L. nº 186/90). Não fosse a definição dada de dono da obra (art. 1.º/ b) do D.L. n.º 186/90) [123] (uma vez que o termo aprovação parece iden-

---

[123] "Dono da obra – o autor do pedido de aprovação de um projecto privado ou a entidade pública que toma a iniciativa relativa a um projecto".

tificar o acto conclusivo quando está em causa um projecto público) e o emprego, pelo legislador, empírico e indiscriminado, do termo *aprovação* (que deixa entender as autorizações permissivas que têm como objecto actos) [124], seríamos levados a pensar que ficariam excluídos do âmbito da avaliação ambiental as obras de iniciativa privada. É, contudo, evidente que a eventual redução do âmbito de aplicação da avaliação de impacto ambiental às obras públicas estaria em nítido contraste com o espírito e a letra da Directiva 85/337 e da lei portuguesa sobre a matéria.

Pretende-se agora analisar a natureza e o âmbito das operações sujeitas a avaliação ambiental, assim como as consequências que daí resultam.

Segundo a orientação comunitária, que neste ponto se aproxima do direito francês [125] e se distancia do modelo norte-americano [126], o sistema nacional sujeita a avaliação de impacto ambiental apenas os projectos concretos de obras e instalações, com exclusão dos planos e programas [127]. O campo de aplicação da Directiva inclui um leque de projectos sujeitos a avaliação de impacto ambiental que oscila entre um mínimo – os constantes do Anexo I – e um máximo, os constantes no Anexo II da Directiva. O próprio conteúdo do estudo de impacto ambiental varia significativamente entre a proposta muito sucinta apresentada no seu

---

[124] M. S. GIANNINI, *Istituzioni di diritto amministrativo, op. cit.*, p. 316.

[125] M. PRIEUR, *Droit de l'Environnement, op. cit.*, p. 89.

[126] Cfr. T. G. DICKERT e K. R. DOMENY, *Environmental Impact Assessment: Guidelines and Commentary*, Berkeley, 1974, em particular a introdução.

Na literatura alemã pode consultar-se G. MEZGER, *Umweltverträglichkeitsprüfung, Umweltschutz und räumliche Nutzung in den USA, op. cit.*, p. 25 e ss..

[127] De qualquer modo é bom salientar que, da descrição dos projectos contida nos anexos da Directiva 85/337, não ressaltam indicações resolutivas num sentido ou noutro, pelo que nada obstaria que o legislador nacional fosse mais generoso, sujeitando também os planos e os programas a avaliação de impacto ambiental.

Ao transcrever directamente muito do articulado da Directiva, nomeadamente no que concerne ao âmbito de aplicação (alterando apenas a ordem dos anexos, no caso do D.L. n.º 186/90), o legislador português não teve em consideração as condicionantes nacionais e a experiência de direito comparado nesta matéria.

artigo 5º/2 e a proposta mais detalhada e exigente exposta no Anexo III.

1. 1. Sistemas de delimitação

Uma vez tocada, em geral, a questão do âmbito da avaliação de impacto ambiental à luz da Directiva, importa agora analisar o sistema adoptado pelo legislador nacional, sem descurar a experiência iluminante do direito comparado.

1. 1. 1. Os cenários possíveis

O Conselho da Europa expôs em 1980, de forma resumida, os diversos sistemas que podem ser adoptados para a determinação do âmbito material da avaliação de impacto ambiental.

Em síntese, os modelos existentes podem dividir-se em dois grandes grupos:

a) Os que adoptam critérios positivos de sujeição.

b) Os que utilizam a técnica de lista dos projectos [128].

Antes de mais, impõe-se precisar que os sistemas delimitadores respondem a modelos jurídicos distintos. No primeiro, o âmbito de aplicação não está pré-determinado, sendo necessário recorrer a aproximações sucessivas, ainda que os critérios venham conceptual e teoricamente definidos, à semelhança do modelo norte-americano. Já no segundo sistema a determinação do campo material de aplicação vem delineada *a priori*, de forma geral, em sintonia com o modelo comunitário, não obstante as notáveis diferenças entre os regimes europeus existentes. No que se refere ao primeiro sistema, o grande problema que se coloca é o da *eleição dos critérios de*

---

128 M. PRIEUR e C. LAMBRECHTS, "Modèle cadre relatif à l'impact sur l'environnement dans l'optique d'un aménagement ou d'une planification intégrée du milieu naturel", in *Sauvegarde de la Nature,* Conseil de l'Europe, 1980, p. 18 e ss.

sujeição [129]. Se se adoptam critérios financeiros, como a análise custos-benefícios, a solução é no mínimo discutível, tendo em consideração a finalidade proteccionista e preventiva do instituto de avaliação de impacto ambiental. Se, por outro lado, se recolhem critérios de sensibilidade ambiental, como a gravidade dos riscos e dos potenciais efeitos, a crítica, ainda que não tão pertinente, subsiste, uma vez que a finalidade da avaliação ambiental — constatar o impacto, os efeitos da actividade projectada (art. 2.º/ 2 da L.A.I.A.) — se configura como um meio de delimitação da sua acção [130]. Acresce ainda o inconveniente da insegurança que acompanha a escolha dos critérios ecológicos. É possível, no entanto, acolher uma série de critérios de sujeição mais concordes com a protecção do ambiente, como o da situação ou localização da obra ou a sensibilidade ambiental do meio circundante, recorrendo para o efeito a *cartas ecológicas* [131] em que venha desenhada a fragilidade dos espaços naturais. Seria, assim, possível estabelecer que determinados projectos, localizados em zonas pouco sensíveis, fossem dispensados de uma avaliação de impacto ambiental mais séria e rigorosa, numa boa aplicação do princípio da proporcionalidade. Outro factor a ter em conta, em conjugação com os critérios mencionados anteriormente, é o da *envergadura, natureza e importância* do projecto em causa.

O sistema que adopta a técnica de lista dos projectos, parece-nos, em princípio, mais censurável [132]. Trata-se, com

---

[129] Cfr. M. R. PARTIDÁRIO, "Selecção das acções e definição do âmbito", in *Avaliação do Impacte Ambiental, op. cit.*, p. 48.

[130] Cfr. M. PRIEUR e C. LAMBRECHTS, *op. cit.*, p. 52 e ss.. Para uma leitura mais próxima, cfr. R. MORENO, *op. cit.*, p. 187 e ss.

[131] Cfr. IAN MCHARG, *Design with Nature*, New York, 1969, p. 8 e ss.. Veja-se ainda *Ecological Mapping of the Territory of the European Community - Test of Methodology*, a report prepared for the European Economic Comission - June, 1978; IAN MCHARG, com a colaboração de MAX FOLQUE, *Composer avec Nature,* Paris, 1980, p. 183.

[132] Cfr. G. BEANLANDS, "Scoping Methods and Baseline Studies in EIA", in P. WATHERN, *Environmental Impact Assessment, op. cit.*, p. 33 e ss.; P. TOMLINSON, "Environmental Assessment...", *op. cit.*, p. 465.

efeito, de um mecanismo simplista em que a tutela do ambiente não é devidamente acautelada, na medida em que com este sistema é praticamente impossível saber se um determinado projecto pode ou não causar danos ambientais. Com a agravante de, no caso português, se carecer de experiência para, com algum rigor, determinar previamente as actividades que devem vir incluídas nas listas.

Postas as objecções, pode dizer-se que numa perspectiva prático-funcional pode considerar-se uma boa opção, visto que a sua institucionalização não "prejudica" as actividades económicas, pública e privada, exceptuando as acções recolhidas nas listas. Pode igualmente referir-se a favor desta solução um acréscimo de segurança jurídica, ainda que em prejuízo de uma efectiva e integral tutela do ambiente. Importa precisar que a segurança jurídica dependerá de parâmetros concretos a articular no momento de confeccionar o inventário das actividades sujeitas a avaliação de impacto ambiental [133].

Ao lado destes grandes sistemas delimitadores do âmbito de aplicação da avaliação de impacto ambiental, emerge uma nova técnica mais ambiciosa — *a técnica do estudo de impacto sistemático,* que de certa forma se reconhece na fase vestibular do *environmental impact assessment.* Esta técnica prevê a obrigatoriedade de uma *constatação prévia de impacto,* com resultados práticos evidentes, a partir da qual se verificará da necessidade ou não de pôr em marcha a avaliação de impacto ambiental [134].

É óbvio que a técnica do estudo de impacto sistemático supõe, definitivamente, a melhor e mais radical garantia da defesa do ambiente, sendo certo que a flexibilidade que comporta implica um alto grau de insegurança no momento de elaborar um projecto de uma certa dimensão, o

---

133 R. Moreno, *op. cit.*, p. 189.

134 Ch. Wood, *Environmental Impact Assessment, op. cit.*, p. 115 e ss.

que explica, obviamente, as reticências que se colocam a este modelo [135].

Não obstante as críticas aceitáveis ao modelo de *estudo de impacto sistemático* (prévio), é possível, para contornar os receios dos glosadores provincianos da economia do cowboy, fazê-lo acompanhar de critérios correctores, como o da localização da obra ou a sensibilidade do meio ambiental, colmatando o défice de segurança aquando da proposição do projecto. Deste modo não custa admitir que a técnica de avaliação prévia e sistemática possa constituir um novo instrumento jurídico dos ordenamentos nacionais.

1. 2. O modelo adoptado pelo sistema jurídico português de avaliação de impacto ambiental: sistema de lista positiva temperado pelo princípio geral de sujeição (art. 2.º da L.A.I.A.)

O legislador português adoptou a técnica de lista positiva, se bem que entendamos que há que combinar esta técnica com o princípio geral de sujeição previsto no artigo 2.º/ 1 da Directiva comunitária e no artigo 2.º/ 1 do D.L. n.º 186/90 que articulam, previamente, critérios ecológicos de sujeição para além do campo delimitado pela lista de projectos [136].

---

135 M. PRIEUR e C. LAMBRECHTS, *op. cit.,* p. 55.

136 A sujeição a avaliação de impacto ambiental da ponte sobre o rio Tejo resulta precisamente da combinação destas duas técnicas, numa boa aplicação do princípio geral de sujeição contido no art. 2.º/ 1 da L.A.I.A.. Todavia, sempre se poderia argumentar que a ponte estaria sujeita a avaliação ambiental na medida em que está inserida numa via-rápida ou auto-estrada (abrangidas pelo Anexo I do D.L. n.º 186/90).

Uma outra consequência do princípio geral de sujeição e do prévio procedimento de impacto ambiental – como formalidade essencial (art. 2.º/1 do D.L. n.º 186/90) – é o de sujeitar a avaliação de impacto a localização da obra, cuja decisão, por força do referido artigo, sempre deveria ser posterior à conclusão do prévio procedimento de avaliação de impacto ambiental. De outro entendimento é, todavia, o Acórdão do S.T.A. de 14 de Março de 1995 (*A.D.*, n.º 415, Julho, 1996, p. 838 e ss.).

Por outro lado, não se pode esquecer que a localização (art. 2.º/1/a) do D.R. n.º 38/90), em conjugação com critérios ecológicos como a sensibilidade física e estética do ambiente é um dos aspectos essenciais que preenchem o conteúdo do estudo de

Assim sendo, o modelo português de avaliação de impacto ambiental não faz repousar o seu âmbito de aplicação apenas na presunção de atentado ambiental dos projectos visados nas listas, o que seria manifestamente redutor, configurando-se antes como um sistema aberto aplicável àqueles projectos susceptíveis de provocar impactos significativos no ambiente (art. 2.º/ 1 do D.L. n.º 186/90).

Segundo o Decreto-Lei n.º 186/90, consideram-se abrangidos pela avaliação de impacto ambiental os projectos constantes no Anexo I (art. 2º/ 3 do D.L. n.º 186/90), bem como os projectos constantes do Anexo III, nos termos e de acordo com os critérios e limites fixados mediante decreto regulamentar (art. 7.º/ 1) [137]. Posteriormente, o Decreto Regulamentar n.º 38/90, em consonância com o art. 4.º/ 2 da Directiva 85/337/CEE, veio especificar que os projectos listados no seu Anexo único, que inclui um grande número de projectos incluídos no Anexo II da Directiva [138], ficam sujeitos a avaliação de impacto ambiental, desde que excedam os parâmetros técnicos e administrativos aí fixados. Entendeu e bem o legislador nacional, tal como a Comissão já o havia feito [139], que uma correcta transposição da Directiva implica a obrigatoriedade de avaliação de impacto ambiental dos projectos fixados no Anexo II da Directiva, entendendo que o disposto no

---

impacto (art. 2.º/1/b) do D.R. n.º 38/90). Logo, a *insuficiência* do estudo de impacto é susceptível de inquinar o acto final por violação da lei.

Acresce ainda que a problemática das alternativas ao projecto não é verdadeiramente inteligível sem uma correcta ponderação da sua localização (Anexo II do D.L. n.º 186/90). Cfr. Também o art. 4.º da Lei n.º 83/95, de 31 de Agosto. Em última instância, sempre se poderia recorrer ao art. 1.º / 2 / a) do D.L. nº 186 / 90, para além de não ser de fácil compreensão que quando se aprova a localização da ponte não se esteja precisamente a decidir a sua futura construção num local determinado.

[137] Se bem que a regulamentação não se refira a todos os projectos, verificando-se a ausência de critérios e limites relativamente a alguns.

[138] Como a Comissão reconhece, trata-se de uma tramitação generosa da Directiva 85/337/CEE. Cfr. *COM* (93), *op. cit.*, p. 4a.

[139] Vide o *Oitavo Relatório Anual sobre o controlo da aplicação do Direito comunitário COM* (91) 321, esp. p. 207 e ss..

artigo 4.°/ 2 da Directiva não tem apenas o carácter de recomendação [140]. A favor desta interpretação pode aduzir-se que do artigo 2.°/ 1 da Directiva [141], transposto para o Decreto-Lei n.° 186/90 (art. 2.°/ 1), se deduz um princípio geral de sujeição a avaliação ambiental de todo e qualquer projecto susceptível de "causar um impacto significativo no ambiente". Tratar-se-ia, portanto, de uma obrigação genérica que não pode ver-se prejudicada por uma interpretação restritiva do debatido artigo 4.°/ 2 da Directiva [142]. Poderíamos, inclusive, adicionar uma segunda linha de defesa interpretativa baseada numa leitura teleológica do segundo parágrafo do preceito mencionado, ao indicar que: "os Estados-membros podem, nomeadamente, especificar determinados tipos de projectos a submeter a uma avaliação ou *fixar critérios e/ou limiares necessários para determinar quais,* entre os projectos pertencentes às categorias enumeradas no Anexo II, devam ser objecto de avaliação". Neste sentido, é de concluir que os Estados-membros devem utilizar a alternativa de sujeição oferecida pelo preceito referido e submeter a avaliação de impacto os projectos enumerados no Anexo II, em consonância com a sua relevân-

---

[140] J. R. SALTER, "Environmental Assessment: the Need for Transparency", in *Journal of Planing & Environmental Law*, 1992, p. 14.

[141] O art. 2.°/ 1 da Directiva enuncia um princípio geral de sujeição a avaliação de todo e qualquer projecto que possa ter "um impacto significativo no ambiente". Princípio que não pode ver-se limitado por uma interpretação restritiva do n.° 2 do art. 4.° da Directiva 85/337/CEE.

Por sua vez, o art. 2.°/ 1 da Lei de avaliação de impacto ambiental fixa como critérios de sujeição a avaliação de impacto a "natureza, dimensão e localização dos projectos" susceptíveis de provocar "incidências negativas no ambiente".

Acresce ainda que o direito fundamental "a um ambiente de vida humano sadio e ecologicamente equilibrado" (art. 66.°/ 1 da CRP), ficará definitivamente prejudicado por uma leitura redutora do art. 2.°/1 do D.L. n.° 186/90. Aliás, a Comissão da Comunidade Europeia, influenciada pelo modelo francês, entende que o art. 2.°/ 1 da Directiva consagra uma obrigação genérica de sujeição a avaliação ambiental sempre que os projectos exerçam sobre o ambiente uma incidência relevante. Princípio geral de sujeição reforçado pelo carácter teleológico do referido preceito da Directiva. Cfr. P. KROMAREK, "Investissements régionaux et étude d'impact", *op. cit.*, p. 239.

[142] Cfr. SHEATE e MACRORY, *op. cit.*, p. 70.

cia ambiental concreta e a sensibilidade ecológica da sua localização. Entendeu o nosso legislador que seria de uma enorme discricionaridade legislativa decidir aprioristicamente pelo afastamento dos efeitos ambientais nocivos de todos estes projectos, se se tivesse optado pela sua exclusão do âmbito material de aplicação da técnica de avaliação ambiental [143].

Esta orientação legislativa parece-nos correcta, tendo em atenção que o nosso ordenamento jurídico recebeu e consagrou (art. 2.º/ 1 do D.L. n.º 186/90) o princípio geral de sujeição a avaliação de impacto ambiental dos projectos que tenham uma incidência significativa sobre o ambiente, à semelhança do modelo francês. Aliás, só assim nos parece possível dar cumprimento efectivo ao artigo 66.º da Constituição portuguesa, salvaguardando desta forma o direito fundamental a um ambiente saudável e equilibrado.

Em qualquer caso, um efeito importante resulta do segundo anexo da Directiva. Quando um Estado inclua, como acontece entre nós, no âmbito de aplicação das avaliações de impacto os projectos mencionados no referido Anexo, transposto praticamente na íntegra pelo Decreto-Lei n.º 186/90 [144], não pode, posteriormente, minimizar as exigências comunitárias e o seu âmbito de aplicação. Ora acontece que o Decreto Regulamentar n.º 38/90 veio reduzir manifestamente o âmbito de aplicação dos projectos fixados no Anexo III do Decreto Lei n.º 186/90, que corresponde precisamente ao Anexo II da Directiva 85/337/CEE.

Coloca-se, assim, a questão de saber se o Decreto Regulamentar de avaliação de impacto ambiental pode diminuir o âmbito normativo estabelecido pelo Decreto-Lei n.º186/90, diploma com outro valor normativo no que respeita às fontes

---

[143] Neste sentido, J. F. CHAMBAULT, "Les études d'impact et la communauté européenne", *op. cit.*, p. 417.

[144] Confronte o ponto 10 do Anexo III do D.L. n.º 186/90, de 6 de Junho, com o mesmo n.º 10 do Anexo II da Directiva 85/337/CEE.

do Direito (art. 115.º da CRP) [145]. A questão radica em decifrar os limites da remissão normativa realizada pelo Decreto-Lei n.º 186/90, no seu artigo 7.º/ 1 [146]. Estamos, no caso em apreço, na presença de uma habitual remissão normativa para o desenvolvimento e execução de uma lei, logo de um regulamento de execução. O que está em causa é, antes de mais, um dos seus aspectos, o limite material do Decreto Regulamentar de avaliação de impacto ambiental, na medida em que é através das suas *medidas especificadoras*, relativas às obras e instalações sujeitas a avaliação pelo Decreto-Lei n.º 186/90, que se aprecia da sua eventual correcção.

Como sabemos, a lei não veio especificar e esclarecer os conceitos indeterminados utilizados pela Directiva comunitária, repetindo noções vagas e termos confusos quando enumera no seu Anexo I as actividades sujeitas a avaliação de impacto, isto é, no momento de delimitar o seu âmbito material. É óbvio, que, por isso, ao Decreto Regulamentar coubesse uma primeira função, precisamente a de especificar e definir o significado dos conceitos indeterminados presentes no Anexo I, como o de "fábricas integradas" ou de "instalações químicas integradas".

Acontece que, na sua função executiva e especificadora, o Decreto Regulamentar sofre de uma importante limitação, uma vez que formalmente não pode, por muita fundamentação que se possa aduzir, limitar ou alargar o alcance da lei [147], no respeito das suas fronteiras normativas.

---

[145] Cfr. J. MIRANDA, "O actual sistema português de actos legislativos", in *Legislação,* 1991, p. 8 e ss. Sobre as relações entre a lei e o regulamento, GOMES CANOTILHO, *Direito Constitucional, op. cit.*, p. 923 e ss. Sobre a tipologia e aspectos dos regulamentos, cfr. COUTINHO DE ABREU, *Sobre os Regulamentos Administrativos e o Princípio da Legalidade,* Coimbra, 1987, p. 47 e ss.

[146] Cfr. J. C. DOUENCE, *Recherches sur le Pouvoir Réglementaire de l'Administration*, Paris, 1968. Cfr. também G. DE ENTERRÍA e T.-R. FERNÁNDEZ, *Curso de Derecho Administrativo*, I, *op. cit.*, p. 209 e ss.

[147] Para G. DE ENTERRÍA e T.-R. FERNÁNDEZ, *op. cit.*, vol. I, p. 287, uma das qualidades de boa técnica regulamentar é a sua clareza, para além da sua completude e fácil utilização. *Vide* ainda JORGE MIRANDA, *op. cit.*, p. 24 e GOMES

Ora o Decreto Regulamentar, recorrendo a certos limiares, critérios técnicos e administrativos (art. 1.° e respectivo Anexo), exclui determinados projectos que a lei de avaliação de impacto ambiental sujeita à técnica de avaliação (art. 7.°/ 1). Assim, a norma regulamentar vai para lá da especificação, reduzindo o seu âmbito de aplicação ao subtrair da avaliação ambiental algumas das indústrias de energia (fixadas no n.° 3 do Anexo III do Decreto-Lei n.° 186/90), indústria química, têxtil e de cabedais, só para dar alguns exemplos.

É certo que se poderia argumentar com o disposto no parágrafo segundo do n.° 2 do artigo 4.° da Directiva comunitária, mas tal linha retórica perde sentido quando confrontada com a recepção dos projectos do Anexo II da Directiva no Decreto-Lei n.° 186/90 (Anexo III). Em suma, não é admissível que o Decreto Regulamentar n.° 38/90 elimine pura e simplesmente certos projectos ou, ao operar com parâmetros técnicos e administrativos, exclua outros considerados normativa e ambientalmente sujeitos à técnica de avaliação ambiental.

Pelo contrário, a lei de avaliação de impacto ambiental (art. 2.°/ 1), à semelhança de outros modelos europeus [148], estabelece uma cláusula geral aberta, que faculta à Administração a possibilidade de ampliar a avaliação àquelas actividades que pela sua *natureza, dimensão ou localização sejam susceptíveis de provocar danos significativos no ambiente*. O que, em última instância, parece significar que o sistema de lista consagrado não assume carácter exaustivo e tipificado, por força do princípio geral de sujeição.

1. 2. 1. Os critérios de sujeição utilizados

A técnica de lista comporta em si mesma várias opções quanto à eleição de parâmetros ou critérios com base nos

CANOTILHO / V. MOREIRA, *Constituição da República Portuguesa Anotada, op. cit.*, pp. 512 e 513, em anotação ao n.° 5 do art. 115.° da CRP.

148 Assim, a lei alemã de avaliação de impacto ambiental de 1990 (§ 3°).

quais cabe decidir da inclusão de um projecto concreto na lista. Esta questão é da maior importância já que a racionalidade do sistema, diminuída pela técnica de lista utilizada, pode ver-se compensada pelo recurso a critérios de racionalidade ambiental. Neste sentido, parece razoável sustentar que o campo de aplicação de avaliação de impacto não deve ser demasiado apertado nem irracionalmente amplo [149].

Ao confrontarmo-nos com a lei de avaliação de impacto ambiental, reconhece-se, com relativa facilidade, a presença do critério da importância do projecto consubstanciado na sua *natureza, dimensão e localização,* bem como o critério da gravidade do risco e dos potenciais efeitos — *incidências significativas no ambiente* (art. 2.º/ 1 do D.L. n.º 186/90). Já os limites impostos no Decreto Regulamentar são essencialmente técnicos e quantitativos, desvanecendo em certa medida as expectativas tutelares depositadas neste instituto [150].

Porém, além dos limites técnicos e administrativos, assumem relevância outros critérios ecológicos, como a sensibilidade do meio receptor, a perigosidade do foco emissor, a localização da obra, o uso do solo e sua relação com figuras de ordenamento do território (art. 2.º do D. R. n.º 38/90, no que se refere ao conteúdo do estudo de impacto). É, todavia, especialmente notória a deficiente utilização do critério da *localização*, enquanto parâmetro de sujeição dos projectos a avaliação ambiental e manifestação genuína do critério ecológico [151].

---

[149] Com efeito, um controlo ambiental demasiadamente restrito facilitaria a prática de estudos de impacto ambiental medíocres e inúteis, tendo em consideração a dificuldade de encontrar especialistas capazes; por sua vez, uma delimitação demasiado generosa do âmbito de aplicação da avaliação ambiental seria de todo impraticável do ponto de vista administrativo e técnico.

[150] Critérios como a dimensão, a natureza ou a localização, que não necessariamente de aplicação cumulativa, ainda que a sua ordenação não deva ser arbitrária.

[151] À excepção do estudo de impacto ambiental (art. 2.º/ 1/ a) do D.R. n.º 38/90 e do princípio geral de sujeição consagrado no art. 2.º/1 do D.L. n.º 186/90), o critério da localização, ainda que *não ignorado,* não recebe na lei e no decreto regulamentar a devida atenção, nomeadamente nos Anexos respectivos em que se

Numa paupérrima compreensão da problemática ambiental, a disciplina de avaliação de impacto ambiental não valora suficientemente a delicada relação entre as actividades sujeitas a avaliação ambiental (art. 1.º do D. R. n.º 38/90) e o equilíbrio do território-ambiente, especialmente no caso da actividade industrial [152]. Com efeito, esta relação entre as actividades económicas e o ambiente assume uma dupla incidência:

— em primeiro lugar, uma incidência directa sobre a realidade física do território-ambiente;

— em segundo lugar, uma incidência indirecta, através do ambiente, sobre a saúde e a segurança das pessoas.

Assim, do ponto de vista lógico-jurídico colocam-se duas grandes questões ao modelo de avaliação de impacto ambiental [153]. A primeira é relativa ao problema de saber *onde* se localizam as actividades sujeitas à técnica da avaliação; a segunda, a de *como são construídas e funcionam as instalações* [154], impondo-se esclarecer da sua perigosidade interna e externa e, portanto, da sua segurança [155]; por último, o problema dos reflexos, das consequências da sua laboração sobre

---

enumeram os projectos sujeitos a avaliação ambiental. Cfr., porém, o art. 4.º do D.R. n.º 25/93, de 17 de Agosto.

[152] É curioso observar a escassa importância dada pelo legislador à avaliação de impacto ambiental dos projectos industriais. O âmbito do Anexo do D.R. n.º 38/90 engloba apenas três tipos de projectos da indústria extractiva e cinco tipos de instalações industriais, enquanto os tipos de projectos agrícolas abrangidos se elevam a nove. Todavia, importa fazer referência ao art. 5.º/ 1 do D.R. n.º 25/93, de 17 de Agosto (Regulamento do exercício da actividade industrial), onde se estabelece que "os processos de licenciamento dos estabelecimentos industriais constantes do Decreto-Lei n. º 186/90, de 6 de Junho, integram obrigatoriamente um EIA". Pena é que a sua redacção não tenha sido mais feliz, uma vez que uma interpretação literal pode bem excluir de avaliação os projectos listados no Anexo do D.R. nº 38/90.

[153] Cfr. S. AMOROSINO, *Sistemi ambientali e discipline amministrative*, Padova, 1990, p. 34.

[154] Cfr. a alínea a) do n.º 1 do art. 2.º do D.R. n.º 38/90.

[155] Merece referência elogiosa o facto do D.R. n.º 38/90 (art. 2.º/ 2) exigir uma análise dos riscos ambientais decorrentes de acidentes graves e um plano de emergência para todos os projectos do Anexo I do D.L. n.º 186/90, aspecto não exigido pela Directiva 85/337.

o ambiente (emissões atmosféricas, descargas hídricas, resíduos industriais tóxicos e nocivos).

1. 2. 2. Da relevância da natureza pública ou privada do projecto

Um dos elementos configuradores do mecanismo de avaliação (de impacto ambiental) é a sujeição quer dos projectos públicos como dos privados (art. 1.º do D.L. n.º 186/90). Esta característica do nosso modelo comporta uma das disfuncionalidades mais importantes do procedimento administrativo de avaliação de impacto ambiental vigente. Com efeito, o legislador parece alheio às diferenças de tratamento que isso acarreta, colocando a referida omissão uma série de questões que importa resolver. Esclareça-se, desde já, que ambas as actividades (pública e privada) devem ser sujeitas a avaliação ambiental. O problema é outro.

O regime jurídico confeccionado pelo Decreto-Lei n.º 186/90 não faz distinções entre a titularidade pública ou privada da actividade sujeita a avaliação ambiental. Unidade do regime jurídico apoiada na Directiva comunitária 85/337, que vai no mesmo sentido. No entanto, importa ter em atenção que, se por um lado, a inovadora técnica de avaliação se articula formalmente através de um autêntico procedimento administrativo a inserir no procedimento principal, por outro, trata-se de um poder administrativo com traços discricionários. Estas circunstâncias constituem elementos suficientemente ponderosos para o legislador optar por um regime jurídico diferenciado, ainda que apoiado em princípios comuns, tendo em consideração a génese pública ou privada do projecto.

Por consequência, a unidade do regime jurídico vê-se assim confrontada com as inevitáveis diferenças resultantes da diversa procedência do projecto. Neste sentido, algumas das questões mais pertinentes prendem-se com o controlo das avaliações, controlo que não pode assumir a mesma forma e os mesmos filtros quando se trata de actividades públicas ou de actividades privadas. Não só pelo diferente alcance que pode assumir o controlo judicial da discricionaridade administrativa [156], mas essencialmente porque o controlo administrativo dos projectos privados deve ser, senão substituído, pelo menos cuidadosamente reforçado por um efectivo e amplo controlo popular nos projectos públicos, o que obviamente requer pertinentes modulações do regime jurídico de avaliação de impacto ambiental.

À Administração compete, sem dúvida, controlar as actividades humanas e proteger o ambiente (art. 66º/ 2 da CRP), função que realiza de forma mais imparcial quando se trata de obras privadas, uma vez que nos projectos públicos a Administração está directamente *empenhada* na realização de fins e interesses próprios [157]. Neste caso, a Administração carece daquela qualidade de terceiro imparcial, pelo que seria aconselhável institucionalizar formas de controlo do "público" mais pregnantes, por forma a salvaguardar os direitos e interesses legítimos dos cidadãos.

Um dos caminhos a seguir poderia ser a institucionalização de um *hearing officer* [158], independente da Administração, com poderes decisórios, assim como a obrigatoriedade de *audiências públicas* abertas, não só aos interessados, mas também aos cidadãos [159].

---

[156] Cfr. o terceiro capítulo da Parte I.

[157] Nestes casos há uma clara perda de autonomia dos técnicos e funcionários que procedem à instrução do procedimento de avaliação ambiental e ao controlo do estudo de impacto (art. 4.º e ss. do D.L. n.º 186/90).

[158] M. S. GIANNINI, *Diritto amministrativo,* II, *op. cit.*, pp. 610 e 611; G. ARENA, "La partecipazione dei privati al procedimento amministrativo: analise dell'esperienza americana", in *Riv. trim. dir. pubbl.*, 1976, p. 279 e ss. A experiência da *enquête publique* é outra referência interessante e útil a um legislador ambientalmente atento.

[159] O D.R. n.º 38/90, faz depender das "circunstâncias do projecto" a realização de audiências públicas abertas aos *interessados*. De todo modo e tendo em atenção o C.P.A. (art. 53.º), dever-se-á interpretar extensivamente o conceito de interessados por forma a abranger os titulares do interesse difuso ambiental. Quanto à condicionante referida na fórmula "circunstâncias do projecto", a melhor

1. 2. 3. Isenções e dispensas

O artigo 8.° do Decreto-Lei n.° 186/90, de 6 de Junho, configura uma categoria de projectos excluídos do campo de aplicação da avaliação de impacto ambiental. Na voz do legislador, *os empreendimentos considerados pelo Governo como de interesse para a defesa e segurança nacionais* não estão sujeitos à técnica de avaliação. O legislador nacional optou mesmo por alargar a orientação comunitária (art. 1.°/ 4 da Directiva 85/337) ao excluir da avaliação ambiental as obras que se revelem de interesse para a segurança nacional.

Para além deste mecanismo de exclusão genérico, a lei de avaliação de impacto ambiental (art. 2.°/4) permite, excepcionalmente, excluir os projectos do Anexo I do procedimento de avaliação de impacto ambiental [160]. Esta decisão deverá responder a algumas condições formais e materiais. Deverá ser obtida por acordo entre o Ministro da tutela e o Ministro do Ambiente e dos Recursos Naturais; em atenção ao espírito da lei e ao carácter discricionário da decisão, o acto de exclusão deverá ser fundamentado e deverá reflectir a conveniência ou não de efectuar outra forma de avaliação por forma a minimizar o impacto ambiental do projecto. Em favor da sua transparência a lei obriga também o Governo a facultar informações sobre a dispensa concedida, nos termos do n.° 3 do art. 2.° da Directiva 85/337/CEE (art. 2.°/ 5 do D.L. n.° 186/90), pondo ao dispor dos interessados o dossier respectivo. Estima-se ainda pertinente a obrigação do Governo informar a Comissão Europeia, previamente à autorização do projecto, dos motivos que justificam a sua exclusão do regime

---

interpretação do normativo não pode limitar-se à consideração da natureza e envergadura do projecto, havendo que atender também à sensibilidade do ambiente afectado e ao nível de contestação do projecto por parte da população.

160 Assinale-se, porém, a ausência de qualquer indicação segura sobre a *excepcionalidade dos casos* excluídos de avaliação ambiental, bem como dos pressupostos de uma decisão claramente discricionária.

de avaliação de impacto ambiental, de forma a evitar sanções ao nível dos financiamentos estruturais.

1. 3. Uma possível quebra do sistema de lista com a sujeição dos planos a avaliação de impacto

Dispõe o artigo 30.º/ 1 da Lei de Bases do Ambiente (Lei n.º 11/87, de 7 de Abril) que "os *planos*, projectos, trabalhos e acções que possam afectar o ambiente, o território e a qualidade de vida dos cidadãos, quer sejam da responsabilidade e iniciativa de um organismo da administração central, regional ou local, quer de instituições públicas ou privadas, devem respeitar as preocupações e normas desta lei e terão de ser acompanhados de um estudo de impacto ambiental". Parece, assim, posto em causa o modelo de lista positiva, em harmonia com o artigo 2.º/ 1 do D.L. n.º 186/90, apesar de lamentavelmente o legislador se ter pronunciado depois num sentido mais restrito quanto ao âmbito material das avaliações de impacto ambiental, com a exclusão dos planos (D.L. n.º 186/90). Colocam-se aqui duas vias hermenêuticas do referido preceito normativo: com a primeira dir-se-ia que o ente planificador ficaria obrigado a sujeitar a avaliação os projectos que, nos termos da lei de avaliação de impacto ambiental, devem ser objecto da mesma. Já seguindo outra orientação interpretativa, abre-se a possibilidade à Administração de submeter a avaliação de impacto ambiental não só os planos como os projectos que, de acordo com o modelo de lista, não estariam sujeitos a avaliação ambiental. Estamos, portanto, perante uma remissão para os planos de desenvolvimento das actividades da Administração Pública, nomeadamente para os planos regionais e municipais de ordenamento do território [161].

[161] Segundo o art. 27.º/ 1/ e) da Lei n.º 11/87, os planos regionais e municipais de ordenamento do território, assim como outros instrumentos de intervenção urbanística, são instrumentos de política do ambiente e do ordenamento do território. A ideia de sujeitar os planos a avaliação de impacto ambiental parece agora re-

Na primeira hipótese, as determinações do Plano tenderiam a produzir efeitos declarativos. Na segunda, as determinações do Plano assumiriam carácter constitutivo. É certo que poderiam colocar-se algumas interrogações relativamente à viabilidade jurídica destes efeitos no caso de ser reconhecido carácter normativo aos instrumentos de planificação [162]. Trata-se, em suma, de saber se as determinações do Plano podem inovar o ordenamento jurídico, não se limitando a recolher os pressupostos de facto que, no seu âmbito territorial, sejam objecto do disposto na lei.

Superado este problema, coloca-se ainda a questão da remissão do artigo 30.°/ 2 da Lei n.° 11/87 para lei posterior em que são fixadas as condições em que será efectuada a avaliação de impacto ambiental. Este preceito parece apontar nitidamente como conteúdo mínimo dos planos a realização de estudos de impacto ambiental. Mais, através dos Planos Regionais, Municipais e Especiais de Ordenamento do Território pode, face a uma correcta articulação do critério ecológico, estabelecer-se uma lista de *zonas de sensibilidade ambiental*, nas quais qualquer tipo de actividade susceptível de implicar efeitos ambientais significativos (art. 2.°/ 1 do D.L. 186/90) fica sujeita a avaliação de impacto ambiental. De igual forma, a "lista" poderia incluir tipos de recursos que impliquem, em função da preocupação ambiental sobre eles existentes, sujeitar a avaliação qualquer actividade que os afecte, assim como enumerar problemas ambientais — tais

---

forçada com a Lei n.° 83/95, de 31 de Agosto (art. 4.°), onde se refere explicitamente o possível *impacte relevante no ambiente* dos planos do urbanismo, de planos directores e de ordenamento do território, bem como das decisões sobre a *localização* e a realização de obras e investimentos públicos de certa dimensão.

[162] Para além da natureza jurídica dos planos urbanísticos, cfr. FREITAS DO AMARAL, *Direito Administrativo,* III, *op. cit.*, 13 e ss.; ALVES CORREIA, *O Plano Urbanístico, op. cit.*, p. 217 e ss.. Debate-se aqui o problema da compatibilidade do plano urbanístico, enquanto instrumento modelador do conteúdo e limites do direito de propriedade do solo, com o princípio da reserva da lei. Cfr. ALVES CORREIA, *op. cit.*, p. 338 e ss.; SÉRVULO CORREIA, *Legalidade..., op. cit.*, p. 268; AFONSO VAZ, *Lei e Reserva da Lei, op. cit.*, p. 473 e ss., esp. p. 483 e ss.

como a desflorestação — que pela sua agudeza exija a avaliação das actividades que impliquem o agravamento dos mesmos.

Com efeito, uma retórica argumentativa teleológica favorece nitidamente a possibilidade de uma ruptura do sistema de lista em favor dos planos. Se examinarmos os princípios inspiradores da Lei de Bases do Ambiente (art. 3.º da Lei n.º 11/87), verificamos que a preocupação proteccionista é claramente dominada pelo critério ecológico [163]. Isto é tanto mais relevante se nos lembrarmos que o critério ambiental sofre importantes restrições técnico-administrativas no regime jurídico de avaliação de impacto ambiental quanto à determinação do seu campo de aplicação. Neste sentido, o critério ecológico, largamente reflectido na Lei de Bases do Ambiente (art. 3.º), deve ter o seu pontual reflexo nas actividades a realizar no âmbito concreto de um Plano, para que, de forma autónoma e em virtude da fragilidade do meio receptor, possam ser objecto de uma adequada avaliação ambiental, independentemente da sua sujeição ou não no sistema de lista.

Em suma, a remissão legal para os Planos de ordenamento do território é juridicamente oportuna (arts. 27.º e 30.º da Lei n.º 11/87) e adequada, uma vez que constituem um dos instrumentos mais apropriados para definir os conteúdos concretos da acção pública ambiental [164].

---

[163] A própria ordenação dos princípios específicos, ainda que imperfeita, deixa transparecer a soberania das preocupações ambientais manifestadas pelo legislador. A alínea f) do art. 3.º aponta mesmo para a procura do nível mais adequado da acção na execução das medidas de política de ambiente.

Para uma análise da Lei n.º 11/87, vide FREITAS DO AMARAL, "Análise preliminar da Lei de Bases do Ambiente", *op. cit.*, p. 43 e ss.

[164] Os primeiros países que pioneiramente institucionalizaram este tipo de avaliação ambiental, ainda que de forma parcial, foram a Austrália, o Canadá e os Estados Unidos. A Comunidade Europeia, como já salientámos, parece caminhar no mesmo sentido.

No ordenamento jurídico português, é bom não esquecer que o D.L. n.º 186/90, de 6 de Junho, regulamentado pelo D.R. 38/90, de 27 de Novembro (n.º 4/ 3 do Anexo Único), estabelece que os projectos de desenvolvimento urbano que ocupem uma área superior a 10 ha estão sujeitos a avaliação de impacto am-

1. 4. O procedimento administrativo autorizativo como limite do âmbito material da avaliação de impacto ambiental

O correcto funcionamento da técnica de avaliação, tal como está normativamente configurada, implica não só a concorrência dos pressupostos de facto descritos nos anexos da lei de avaliação de impacto ambiental, mas também a sujeição do projecto a um procedimento administrativo conducente à autorização ou licenciamento do projecto [165].

Com efeito, o procedimento de avaliação de impacto ambiental não é indiferente ao facto do projecto em causa estar ou não previamente sujeito a uma decisão administrativa indispensável à sua execução. O procedimento de avaliação de impacto ambiental em nenhum caso funciona como o único factor jurídico a ter em consideração relativamente ao projecto em questão. As relações entre o procedimento administrativo de avaliação de impacto ambiental e o procedimento principal e entre o "parecer" de compatibilidade ambiental e o acto final constituem aspectos a ter em consideração na interpretação do quadro normativo, enquanto pilares formais de apoio e delimitação de uma efectiva avaliação de impacto ambiental. Mais exactamente, o procedimento de impacto ambiental só tem lugar se inserido no procedimento autorizativo de que, em princípio, depende.

Esta condição jurídica, à semelhança do direito comparado [166], está explicitamente plasmada no nosso ordenamento jurídico (arts. 2º/1, 3.º/1, 5.º, 6.º e 10.º/1 do D.L. 186/90

---

biental. O mesmo critério ecológico transparece, como já foi referido, no art. 4.º da Lei n.º 83/95, de 31 de Agosto.

[165] Cfr. o art. 3.º/1 do D.L. n.º 186/90, de 6 de Junho.

[166] No modelo germânico de avaliação de impacto ambiental, especifica-se já o requisito da decisão administrativa autorizativa (Anexo ao § 3.º e suplemento do n.º 1 do mesmo Anexo da lei de 12 de Fevereiro de 1990).

No mesmo sentido o sistema francês (art. 2.º da Lei de 10 de Julho de 1976).

e arts. 30.º e 33.º da L.B.A.), tal como decorre da Directiva comunitária [167].

Na verdade, esta exigência jurídica pode acarretar uma nítida disfuncionalidade quando não exista uma previsão autorizativa para a actividade sujeita a avaliação [168]. Se é certo que com o actual âmbito de aplicação do modelo vigente isto dificilmente acontecerá, não é menos verdade que tal pode suceder no futuro, como, aliás, já sucedeu com as acções de arborização e rearborização de espécies florestais de rápido crescimento que envolvam áreas inferiores a cinquenta hectares (art. 1.º/ 2 do D.L. n.º 175/88, de 17 de Maio). Com a agravante de, nestes casos, os projectos de arborização apenas ficarem sujeitos a avaliação de impacto ambiental quando incidam sobre áreas superiores a trezentos e cinquenta hectares ou de que resultem áreas de idêntica ordem de grandeza na continuidade de povoamentos preexistentes da mesma espécie (Anexo do D.R. n.º 38/90).

Esta clara disfuncionalidade, para além de redutora, pode ter efeitos inibitórios, nomeadamente em matéria de legitimidade das associações de defesa do ambiente.

1. 5. A avaliação de impacto ambiental imprópria

Definido o regime geral no que respeita ao âmbito de aplicação da avaliação de impacto ambiental, impõe-se ainda abordar a chamada avaliação ambiental imprópria. Referimo-nos a actividades sujeitas a uma avaliação ambiental distinta da que temos vindo a tratar, isto é, a um regime jurídico singular, mais exactamente à realização de um estudo de impacto.

---

[167] Veja-se o art. 2.º/ 2 da Directiva 85/337/CEE e o art. 33º da L. B. A. . De forma mais explícita, a última proposta de alteração da Directiva (*COM* (95) final, p. 1), onde se torna claro que os projectos que exijam uma avaliação ambiental ficam sujeitos às condições necessárias de autorização (nova redacção do n.º 1 do art. 2.º da Directiva (p. 5).

[168] R. MORENO, *op. cit.*, p. 204.

Trata-se, com efeito, de actividades reguladas por diplomas que em alguns casos são anteriores à fixação de regime geral [169]. É oportuno sublinhar que estas situações estão hoje praticamente abrangidas pelos Anexos do Decreto-Lei n.º 186/90 e do Decreto Regulamentar n.º 38/90 [170].

Os efeitos materiais e formais destas inominadas avaliações de impacto ambiental limitar-se-iam a acrescentar mais um documento ao dossier que o titular do projecto deve apresentar e sobre o qual recairá, juntamente com outras peças documentais, a valoração da entidade autorizante. Mais precisamente, o dono da obra deve apresentar um estudo de impacto ambiental, vindo em alguns casos fixado o seu conteúdo na lei [171], mas sem se instituir um procedimento administrativo autónomo concluído com um "parecer". Está igualmente ausente qualquer subprocedimento de informação do público, bem como qualquer órgão encarregado de verificar o estudo de impacto ambiental, como acontece no regime geral de avaliação ambiental. Isto é, em princípio, cabe à entidade licenciadora apreciar também o estudo de impacto.

---

[169] D.L. n.º 175/88, de 17 de Maio, art. 4.º (arborização com espécies florestais de rápido crescimento como o eucalipto e a acácia); Portaria n.º 528/89, de 11 de Julho, que no seu art. 1.º/ f) estipula a obrigatoriedade do estudo de impacto ambiental, contemplado no art. 4.º do D.L. n.º 175/88, respeitar o formulário publicado no anexo 2 da referida Portaria; D.L. n.º 89/90, de 16 de Março (relativa à exploração de pedreiras), estipulando no art. 18.º/ 6 que nenhuma licença pode ser concedida para exploração, cuja área seja superior a 5 ha e ou a produção anual ultrapasse 150000 t sem a apresentação de um estudo de impacto. Cfr. igualmente o art. 44.º/ 1 do mesmo diploma; Portaria n.º 374/87, de 4 de Maio (resíduos originados pela indústria transformadora), art. 12.º/ 1/ b); D.L. n.º 70/90, de 2 de Março (relativo ao regime de bens do domínio público hídrico), segundo o qual (art. 8.º/2.º/ a)) são pressupostos gerais necessários de qualquer forma de licenciamento a abstenção da prática de actos ou actividades que causam exaustão ou degradação qualitativa dos recursos hídricos e outros *impactos sobre o ambiente*.

[170] Fica, em princípio, excluída a sobreposição e concorrência de vários textos normativos sobre o mesmo pressuposto de facto, por força do efeito integrador de uma interpretação sistemática do regime geral de avaliação de impacto ambiental. O que fica posto em causa é a uniformidade conceptual, não a unidade do regime jurídico. Cfr., todavia, o art. 1.º/2 do D.R. n.º 38/90, de 27 de Novembro.

[171] Veja-se o anexo da Portaria n.º 374/87, já anteriormente citada.

Em suma, a inércia do legislador na transposição da Directiva comunitária relativa à avaliação de impacto ambiental, permitiu a publicação de legislação em domínios sectoriais, nomeadamente sobre a aprovação de projectos de florestação e de pedreiras, requerendo a elaboração de estudos de impacto ambiental [172]. Estes estudos, definidos na respetiva legislação de modo diverso e inconsistente, vieram criar disfuncionalidades, contribuindo para a falta de homogeneidade conceptual e legislativa em matéria de avaliação de impacto ambiental [173].

Em síntese, a manter-se a actual imprecisão terminológica, as avaliações de impacto impróprias caracterizam-se por alguma dispersão normativa e pela ausência de um procedimento administrativo de avaliação de impacto ambiental. Nestes casos verifica-se apenas a exigência de um estudo de impacto ambiental, que funciona como condição essencial do licenciamento das obras e trabalhos pelos serviços competentes (art. 30.°/ 2 da Lei n.° 11/87, art. 3.°/ 1 do D.L. n.° 186/90 e art. 2.° do D.R. n.° 38/90).

2. Início do procedimento de avaliação de impacto ambiental

O nosso ordenamento jurídico-ambiental prescreve que, "para efeitos da avaliação de impacto ambiental, os donos da obra devem apresentar, no início do processo conducente à autorização ou licenciamento do projecto, à entidade pública

[172] P. PINHO, "O sistema de AIA em Portugal", in *Avaliação do Impacte, op. cit.*, p. 530.

[173] Infelizmente, o legislador tem prosseguido nesta confusão conceptual, não distinguindo com nitidez o estudo de impacto do instituto de avaliação de impacto ambiental. A título de exemplo podemos referir o art. 30.°/ 2 da Lei n.° 11/87, de 7 de Abril e o art. 5.° do D. R. n.° 25/93, de 17 de Agosto, que aprova o novo Regulamento do exercício da actividade industrial.

competente para tal decisão um estudo de impacto ambiental" (art. 3.º do D.L. n.º 186/90, de 6 de Junho).

De acordo com o referido artigo somos levados a concluir que o início do procedimento de avaliação de impacto ambiental coincide com o arranque do procedimento autorizativo principal, o que nos deixa algo perplexos. A ser assim, em contradição com o artigo 2.º/1 do Decreto-Lei n.º 186/90, a aprovação de projectos que, pela sua natureza, dimensão ou localização, se considerem susceptíveis de provocar incidências significativas no ambiente, dificilmente fica sujeita a um *procedimento prévio de avaliação de impacto ambiental* [174].

O estudo de impacto ambiental deve ser remetido à autoridade com competência para decidir do procedimento autorizativo (art. 3.º/ 1 do D.L. n.º 186/90), que posteriormente o enviará, acompanhado do projecto em causa e de outros elementos que considere convenientes (art. 3.º/ 2), ao membro do Governo responsável pela área do ambiente [175].

Dos dispositivos legais referidos parece resultar que cabe ao dono da obra dar início ao procedimento de avaliação de impacto ambiental. No entanto, esta situação não é substancialmente praticável em todos os projectos. Com efeito, pode dar-se a particularidade de ser, não já numa

---

[174] A Directiva 85/337, de 27 de Junho (art. 5.º/ 2) e a experiência do direito comparado recomendariam que a pessoa ou entidade que pretenda realizar um projecto, sujeito a avaliação de impacto ambiental, deveria comunicar ao órgão ambiental competente a referida intenção acompanhada *de um estudo prévio* que recolhesse as características mais significativas da actividade proposta.

[175] Infelizmente, esta disposição não configura nenhuma outra obrigação formal ou material para o dono da obra e muito menos uma consulta prévia do público, tal como acontece em alguns dos ordenamentos jurídicos por nós estudados.

A correcta inserção temporal do projecto técnico no processo decisional, acompanhado da apresentação de uma memória sintética não é irrelevante. Com efeito, na elaboração do projecto não deve esgotar-se o possível leque de variantes, por razões de economia ligados ao promotor da obra; por outro lado, a precisão dos dados técnicos sobre a obra ou actividade deve ser tal que permita uma valoração ambiental *prévia*, antes, portanto, de se terem tomado quaisquer opções e do projecto técnico estar concluído.

pessoa jurídica pública, mas a mesma pessoa jurídica pública que decide da autorização do projecto, a que inicia o procedimento na qualidade de titular do projecto. Situação particularmente delicada na medida em que a entidade competente para a aprovação ou autorização do projecto não é obrigada a seguir o parecer de avaliação de impacto ambiental (art. 6.º do D.L. n.º 186/90), por não ser vinculativo mas apenas obrigatório. Estamos, assim, perante uma clara quebra da pretensa uniformidade do procedimento de avaliação de impacto ambiental a todos os projectos, sejam de índole privada ou pública, confundindo-se nestes casos o dono da obra com a entidade licenciadora [176].

---

[176] Os contratempos assinalados anteriormente ficariam parcialmente resolvidos se viesse previsto a apresentação de um estudo provisório pelo proponente da obra ao Ministério do Ambiente e dos Recursos Naturais, assumindo um valor de consulta prévia para os cidadãos, Administração e entidades potencialmente afectadas pela actividade sujeita a avaliação (F. BODELON, "El medio natural", *op. cit.*, p. 75, é de opinião que a Directiva exige a introdução do *scoping* nos ordenamentos nacionais). Esclareça-se, tal lacuna não é impeditiva de pelo menos nos projectos públicos a Administração proceder à elaboração de um estudo preliminar, garantindo assim a introdução de considerações ambientais e facilitando a elaboração do estudo de impacto sobre o projecto. Esta possibilidade decorre, aliás, do Despacho conjunto de 28/12/93 dos Ministérios do Planeamento e da Administração do Território, das Obras Públicas, Transportes e Comunicações e do Ambiente e dos Recursos Naturais.

Entroncando directamente no *NEPA* norte-americano (*Guidelines for Preparation Environmental Impact Statements*, parágrafo 1500 2 a), especialmente o parágrafo 1500.9), esta modalidade participativa, denominada *scoping*, integra a participação pública preventiva nas avaliações de impacto ambiental como elemento essencial do procedimento ambiental (cfr. N. LEE e C. WOOD, "*EIA. An European...*", *op. cit.*, p. 108). Neste sentido, cabe realçar que esta *pré-análise consultiva* (cfr. A. LANDA, "La evaluación de impacto ambiental", *op. cit.*, p. 66) é da maior importância para a realização de um primeiro e prévio controlo do público sobre o conteúdo e alcance das avaliações de impacto ambiental. Teria ainda o mérito de permitir uma melhor e mais acabada formulação do estudo de impacto ambiental a apresentar pelo comitente (neste ponto, como noutros, advoga-se a necessidade urgente de rever a legislação em vigor, abrindo deste modo a primeira via de acesso do público ao procedimento de avaliação de impacto ambiental). Participação preventiva agora incontornável não só para realização e localização de obras e investimentos públicos como para a preparação de planos (cfr. o art. 4.º e ss. da Lei n.º 83/95). Quer dizer, os *projectos públicos* de uma certa dimensão e sujeitos a avaliação ambiental estão obrigados a uma participação prévia dos cidadãos.

Recebidos os resultados desta consulta prévia sobre o estudo sintético apresentado pelo dono da obra, o órgão ambiental competente facilitaria, num prazo razoável, ao titular do projecto o conteúdo da referida consulta, indicando também

2. 1. Apresentação do estudo de impacto ambiental

A apresentação do estudo de impacto ambiental dá lugar, como já foi referido, ao início do procedimento de avaliação de impacto ambiental, antecipando igualmente o início do procedimento autorizativo principal, na ausência de qualquer consulta prévia e de recolha de informações junto dos cidadãos e dos poderes públicos *(scoping)*, como seria desejável. Assim, o titular do projecto não recebe qualquer ajuda, pelo menos em princípio, por parte da Administração Pública [177]. O membro do Governo responsável pela área do ambiente não vê o estudo de impacto ambiental antes de este estar completamente elaborado.

Estamos, portanto, confrontados com uma notável lacuna. Dever-se-ia ter previsto uma prévia, ainda que sumária, análise de admissibilidade do estudo de impacto ambiental por parte do Ministério do Ambiente e dos Recursos Naturais [178]. O dono da obra deveria, à luz da experiência compa-

---

os aspectos mais importantes a ter em consideração na elaboração do estudo de impacto ambiental.

O promotor do projecto receberia então uma notificação da entidade competente em matéria ambiental, em que se delimitaria o alcance do estudo de impacto ambiental a apresentar posteriormente. Em síntese, o estudo prévio, além de dever constituir o início do procedimento de avaliação de impacto ambiental, adquire igualmente uma finalidade informativa-participativa com os efeitos normalmente atribuídos no nosso ordenamento jurídico aos processos de consulta. Haveria ainda de acrescentar as vantagens que resultariam da adopção pelo proponente da obra das orientações e informações dadas pelo Ministério do Ambiente e dos Recursos Naturais (cfr. art. 7.°/2 do C.P.A.). Neste caso parece que o titular do projecto deveria ser desonerado de qualquer responsabilidade pelos danos causados pela actividade em causa. Por outro lado, o proponente deveria ser indemnizado caso se visse obrigado pela Administração a alterar e ampliar o estudo de impacto ambiental, para além do exigido nas conclusões a que havia chegado a Administração ambiental. Neste sentido C. FERNÁNDEZ "La consulta urbanística previa a la solicitud de licencia", in *Derecho Urbanístico Local*, Madrid, 1992, pp. 340-341.

177 É certo que o dono da obra, em conformidade com o art. 7.° do C.P.A., pode requerer as informações e os esclarecimentos de que careça para a prossecução de projectos e actividades que se proponha realizar.

178 O exemplo canadiano é a este respeito igualmente iluminante. De acordo com este modelo de avaliação de impacto ambiental, a análise de admissibilidade permitiria (à Administração ambiental) pronunciar-se, tanto sobre os aspectos

rada, depois de ter realizado uma versão provisória sujeita a consulta institucional e do público, remeter o estudo de impacto ambiental à entidade competente em matéria ambiental, com o objectivo desta se pronunciar sobre a sua seriedade e precisão, antes deste ser sujeito a um controlo minucioso posterior. A Administração brindaria o titular do projecto com um serviço, evitando-se, desta forma, a devolução dos estudos de impacto, para ampliação e aprofundamento dos mesmos, o que, segundo julgo saber, não sucede entre nós [179].

O momento procedimental adequado para proceder a este juízo de admissibilidade do estudo de impacto ambiental deveria preceder a fase *formal* de consulta do público, de modo a permitir uma participação avisada e esclarecida. Evitava-se, por outro lado, o inconveniente de qualquer alteração do estudo ser posterior à participação dos cidadãos, ficando estes impossibilitados de se pronunciarem sobre os novos dados e informações entretanto surgidos. Desta forma, com a previsão de um *juízo prévio de admissibilidade do estudo* ultrapassavam-se custos desnecessários para o dono da obra.

Um outro reparo ao nosso regime jurídico de avaliação de impacto ambiental prende-se com a ausência da possibilidade de ampliar e corrigir o estudo de impacto ambiental, sem prejuízo de uma segunda informação e participação dos cidadãos [180]. Seguramente que o referido juízo prévio de ad-

---

quantitativos (se foram seguidas o conjunto de indicações do órgão ambiental e do dispositivo legal), como qualitativos (se foram utilizadas as informações e a metodologia adequadas). Cfr. CH. WOOD, *op. cit.*, p. 137 e ss.; V. BETTINI, "La partecipazione nei processi decisionali di valutazione d'impatto ambientale", in *Nuova rassegna*, n.º 4, 1986, p. 430 e ss., esp. p. 433 e ss.

[179] Esta possibilidade está prevista no ordenamento jurídico espanhol – Real Decreto 1131/88, segundo o qual o órgão ambiental competente poderá outorgar ao promotor do projecto um prazo de vinte dias para proceder ao aprofundamento do estudo de impacto apresentado, decorrido o qual procederá à formulação da declaração de impacto. Cfr. R. MORENO, *op. cit.*, p. 267.

É certo que, de acordo com uma instrução aberta e complexa (arts. 86.º e ss. do C.P.A), é possível à Administração solicitar ao dono da obra a melhoria e a eliminação das carências do estudo de impacto.

[180] Cfr. todavia, os arts. 100.º e 104.º do C.P.A.

missibilidade sobre o estudo de impacto permitiria assegurar uma maior proporcionalidade e seriedade da avaliação de impacto ambiental [181], para além de ter o mérito de decantar, com rigor, o âmbito e o conteúdo do estudo de impacto [182].

2.1.1. Os elementos do estudo de impacto ambiental

Pretende-se nesta fase do trabalho abordar os elementos que compõem o estudo de impacto a apresentar pelo dono da obra (art. 3º/1 do D.L. 186/90), por forma a detectar o perfil exacto desta peça fundamental do procedimento de avaliação de impacto ambiental. Seguindo um enfoque tradicional no estudo de matérias de direito administrativo procuraremos abordar os seus elementos objectivos e subjectivos.

2. 1. 1. 1. O responsável pelo estudo de impacto ambiental

O problema relativo à elaboração do estudo de impacto ambiental conporta uma certa tipologia de modelos, pelo que a opção por um ou por outro reflectir-se-á necessariamente na sua concepção e naturalmente na sua prática. Neste sentido, julgamos oportuno e conveniente passar em relance alguns modelos reflectidos no direito comparado, bem como os desenvolvimentos doutrinais nesta matéria para, de seguida, abordarmos a solução normativa posta pelo legislador nacional.

---

[181] Isto é tanto mais assim quanto o estudo de impacto ambiental (art. 3.º/ 3 do D.L. n.º 186/90) deve conter as especificações constantes no Anexo II do referido diploma, nomeadamente o esboço das principais alternativas e um resumo das eventuais dificuldades encontradas pelo dono da obra. As especificações constantes no Anexo II estão parcialmente reflectidas no art. 2.º/ 1 do D. R. n.º 38/90, de 27 de Novembro.

[182] Cfr. G. BEANLANDS, "Métodos de definição do âmbito e estudos de base em AIA", *op. cit.*, p. 57 e ss.

2.1.1.1.1. Posições doutrinais e direito comparado

Segundo a doutrina europeia [183] podem configurar-se vários modelos: a) estudo de impacto realizado pelo titular do projecto; b) estudo realizado por um organismo público; c) estudo realizado por um organismo independente; d) estudo da responsabilidade do dono da obra mas submetido ao controlo de uma entidade pública.

Convém, no entanto, observar que esta tipologia tem como referência essencial o sistema francês originário, bem como a sua peculiar confecção da técnica de avaliação. Acresce ainda que peca por não articular convenientemente os postulados da responsabilidade jurídica e financeira na redacção do estudo de impacto ambiental. Como elemento de referência e de reflexão é, porém, de grande utilidade para configurar com maior nitidez as várias opções que se colocam neste campo.

Num esforço simplificador poderíamos dizer que as opções em torno do estudo de impacto ficam reduzidas a dois grandes modelos: a) estudo realizado sob a responsabilidade do titular do projecto; b) estudo de impacto realizado por uma terceira entidade independente, estranha ao projecto [184].

Cabe notar que estes dois figurinos permitem algumas variações, sendo que podem alcançar projecção diversa os princípios da responsabilidade jurídica, técnica e financeira no que concerne à elaboração do estudo de impacto ambiental. Antes de mais, se se atribui a redacção do estudo a uma entidade estranha ao titular do projecto, esta tanto pode ter natureza pública como privada. Em segundo lugar, o financiamento tanto pode ficar a cargo do titular do projecto como da Administração. Por último, seja qual for o sistema conside-

---

[183] Seguimos neste capítulo a metodologia utilizada por M. PRIEUR e C. LAMBRECHTS, "Modèle cadre...", *op. cit.*, p. 58 e ss.. Cfr. igualmente R. MORENO, *op. cit.*, p. 208 e ss..

[184] M. PRIEUR e C. LAMBRECHTS, *op. cit.*, p. 60.

rado, sempre se deverá exigir a intervenção de uma equipa científica na elaboração do estudo de impacto ambiental.

Vantagens e inconvenientes foram apontados a ambos os sistemas, sem prejuízo de ao segundo modelo serem normalmente reconhecidas mais vantagens. É inegável que o primeiro modelo aponta para uma clara falta de objectividade, sendo certo também que a parcialidade não pode ser *a priori* afastada do segundo modelo. Por outro lado, não é menos verdade que a tarefa de avaliação exige uma enorme *proximidade* entre os especialistas e os responsáveis pela obra. Os requisitos fundamentais do estudo de impacto ambiental deverão ser, em qualquer caso, *a objectividade* e a adequação, por forma a garantir a sua credibilidade e utilidade [185].

No que respeita ao direito comparado, cabe ressaltar fundamentalmente dois modelos: a) o modelo comunitário e b) o modelo belga.

O modelo comunitário corresponde ao primeiro dos sistemas, enquanto o modelo belga corresponde ao segundo dos figurinos mencionados. Se do sistema comunitário se tem vindo a tratar, já no que se refere ao modelo belga convém anotar sumariamente alguns aspectos fundamentais [186], tendo em especial atenção a avaliação de impacto ambiental na Região de Wallonne [187]. A disciplina jurídica de avalia-

---

[185] R. MORENO, *op. cit.*, p. 208.

[186] B. JADOT, J. P. HANNEQUART, E. O. DE XIVRY, *Le Droit de l'Environnement*, Bruxelles, 1988, p. 315 e ss.. M. SANCY, "Les études d'impact en Belgique", in *Environnement et Societé*, n.º 5, 1990, p. 27 e ss. Outro sistema que apresenta características interessantes é o brasileiro, configurado pela Resolução 001/86 do Conselho Nacional de Meio Ambiente. Cfr. LEME MACHADO, *Direito Ambiental Brasileiro*, *op. cit.*, p. 138). No regime brasileiro, a redacção do estudo de impacto ambiental é atribuído a uma equipa interdisciplinar, que assume a responsabilidade técnica pela elaboração do estudo. A sua habilitação científica decorre da sua inscrição no cadastro Técnico Federal das Actividades e Instrumentos de Defesa Ambiental.

[187] O regime jurídico dos estudos de impacto ambiental resulta de diversas normas regulamentares, todas com a data de 23 de Março de 1989 e publicadas no *Moniteur Belge*, de 17 de Maio de 1989. A legislação belga foi recentemente alte-

ção ambiental nesta região da Bélgica dispõe que a redacção do estudo de impacto ambiental seja atribuída a uma equipa técnico-científica escolhida pelo dono da obra, saída de uma lista previamente habilitada pelo Ministro com competência em matéria ambiental, que assume a responsabilidade pela feitura do estudo de impacto [188]. Se bem que seja o titular do projecto a negociar livremente com os técnicos, cumpre salientar que estes devem ser previamente reconhecidos e aceites pela Administração. Os técnicos hão-de demonstrar a sua capacidade, sob pena do Ministério do Ambiente lhes retirar, temporária ou definitivamente, as respectivas credenciais [189].

---

rada pela Real Ordem de 23 de Dezembro de 1993 e publicada no *J.O.* de 2 de Fevereiro de 1994.

188 Cfr. C. ROURA, *op. cit.*, p. 163 e ss..

189 Diferentemente da Região de Wallonne, a Região flamenga prevê uma equipa técnica de composição mista. O colégio de técnicos deve ser constituído, por um lado, por um ou mais técnicos, designados livremente pelo próprio dono da obra, que estejam familiarizados com as medidas técnicas e de organização necessárias à prevenção de efeitos negativos do projecto sobre o ambiente. Por outro lado, o dono da obra pode escolher um ou mais técnicos que figurem numa lista previamente aceite pelo ministro com competência sobre o ambiente "de maneira que todas as disciplinas requeridas estejam representadas no colégio" (C. ROURA, *op. cit.*, p. 143).

O estudo de impacto só é válido se for efectuado pelo colégio de técnicos. Estes devem reunir vários requisitos, tal como acontece para a região de Wallonne (C. ROURA, *op. cit.*, pp. 144-145 e 164 e 165), conforme se trate de uma pessoa física ou de uma pessoa jurídica, nomeadamente serem portadores de um certificado de ensino universitário ou superior, bem como possuirem experiência na disciplina ou disciplinas professadas. No caso de se tratar de uma pessoa física não podem perceber qualquer remuneração do Estado, das regiões ou dos municípios, mas apenas na qualidade de membro do pessoal docente.

O estudo de impacto ambiental pode ser também elaborado por uma sociedade ou associação devidamente reconhecidas pelo ordenamento jurídico belga, devendo em todo o caso enviar ao Ministro do Ambiente o nome dos técnicos envolvidos na avaliação, os estatutos, bem como o nome dos directores e dos administradores da pessoa colectiva. Os técnicos podem ser nomeados para uma ou várias das disciplinas, fauna, flora, água, ar, radiações, clima e monumentos, entre outras. A autorização do Ministro do Ambiente para a realização de estudos de impacto tem uma duração máxima de cinco anos, podendo ser prorrogada. Pode igualmente ser revogada a todo o tempo sempre que não estejam a ser cumpridas as condições de aceitação.

2. 1. 1. 1. 2. A opção do nosso legislador

Trata-se agora de analisar a interpretação do modelo comunitário realizada pela lei portuguesa, dada a flexibilidade na aplicação das directivas (art. 189.º do Tratado da C.E.), especialmente no que se refere ao princípio da responsabilidade do dono da obra consagrado no artigo 5.º da Directiva 85/337/CEE.

a) O princípio da responsabilidade do dono da obra

Parece indiscutível a consagração do princípio da responsabiliade jurídica do dono da obra, tal como resulta do disposto nos artigos 45.º a 48.º da Lei n.º 11/87, nos artigos 3.º e 10.º do Decreto-Lei n.º 186/90 e dos artigos 2.º e 5.º do Decreto Regulamentar n.º 38/90. Poder-se-ia mesmo acrescentar que se trata, pelo menos em alguns casos, de uma responsabilidade objectiva. Com efeito, o artigo 41.º/1 da Lei de Bases do Ambiente prescreve que existe obrigação de indemnizar *independentemente de culpa*, sempre que o agente tenha causado danos significativos no ambiente, em virtude de uma acção especialmente perigosa, muito embora com respeito do normativo aplicável [190].

Em suma, é da exclusiva responsabilidade do dono da obra a apresentação temporal e formalmente adequada do estudo de impacto ambiental (art. 3.º/ 1 do D.L. n.º 186/90). Ele assume, portanto, o ónus pelo eventual falseamento, ocultação ou manipulação dolosa dos dados contidos no estudo de

---

[190] Cfr. GOMES CANOTILHO, "A responsabilidade por danos ambientais", *op. cit.*, pp. 404 e 405. A favor do princípio da responsabilidade do dono da obra joga também a função que cumpre a avaliação de impacto ambiental no que respeita à mentalidade dos operadores económicos e ao próprio paradigma dos projectos. A sensibilização ambiental dos titulares dos projectos deve evoluir no sentido de um autocontrolo de modo a racionalizar a soberania incontestada dos aspectos económicos. Neste sentido, L. J. CHAPUISAT, "Les études d'impact et la forêt", *op. cit.*, p. 62.

impacto ambiental. Por consequência, o titular do projecto não pode deixar de ser responsabilizado pelo eventual dano ao ambiente resultante da execução do projecto, pelo menos nas situações em que não venham respeitadas as obrigações que lhe incumbem de acordo com a lei de avaliação de impacto ambiental (art. 10.º do D.L. n.º 186/90).

b) O aspecto técnico

O princípio da responsabilidade jurídica do comitente pela redacção do estudo de impacto ambiental deve ser acompanhada por mecanismos idóneos a evidenciar os graves efeitos que podem resultar do projecto [191]. Somos de parecer que o suporte técnico do estudo de impacto é essencial para evitar que este se transforme numa simples defesa e justificação ambiental do projecto. Pese embora a importância e utilidade do controlo popular face a uma avaliação deficiente, parece óbvio que, face à complexidade da questão, a dimensão técnica interdisciplinar do estudo de impacto é decisiva para uma correcta avaliação de impacto ambiental. Diríamos mesmo que a forma como a lei organiza a redacção do estudo de impacto é capital. Não é indiferente saber se introduz exigências quanto à qualificação das pessoas que devam redigir o estudo, qual a responsabilidade directa do titular do projecto, bem como da equipa que elabora o estudo de impacto [192].

Com efeito, o regime comunitário é suficientemente amplo para permitir que a lei portuguesa adicione maiores exigências relativamente ao autor material do estudo de impacto ambiental. As fórmulas que, neste sentido, se podem positivar acolhem um amplo leque de opções. Começando pela mais simples, seria de exigir que os estudos fossem elaborados

---

[191] Neste sentido, R. MORENO, *op. cit.*, p. 212.

[192] COLAÇO ANTUNES, "Tutela do ambiente e procedimento administrativo...", *op. cit.*, p. 97.

por técnicos competentes e especializados. Esta condição é essencial mas não suficiente para dar a idoneidade necessária aos estudos de impacto. Seria igualmente aconselhável prever a interdisciplinaridade da equipa redactora do estudo, de modo a responder ao carácter multifacetado das análises ambientais, visando em cada caso concreto acudir a determinados âmbitos técnicos e científicos [193]. Especialmente importante é garantir a sua independência face ao dono da obra.

Parece, portanto, óbvio que as fórmulas que melhor se adequam à complexa lógica ambiental passam por estabelecer normativamente uma qualificação técnico-científica, pelo menos suficiente, das equipas redactoras do estudo de impacto. Problema que, ao carecer actualmente de um oportuno e necessário tratamento normativo, tem sido deixado à espontaneidade e consciência do dono da obra.

É evidente que o actual quadro normativo não dá resposta a exigências tão prementes como a necessidade de moldar adequadamente a integração das equipas redactoras, assim como não define determinados limites indispensáveis à sua correcta configuração. Colocam-se aqui problemas pertinentes às relações da equipa interdisciplinar redactora do estudo de impacto com a equipa técnica que elabora o projecto [194] ou com o titular da obra. Neste aspecto cabe salientar que a equipa que elabora o estudo de impacto contrai uma relação profissional com o titular do projecto, seu cliente, na qual este tem o direito de exigir objectividade e rigor de acordo com o estado de evolução técnico-científico. É precisamente aqui que cabe a responsabilidade dos técnicos ao redigirem o estudo de impacto ambiental, daí que se justificasse a sua independência em relação aos titulares do projecto e à Administração. É certo que tanto o autor do projecto técnico,

---

[193] Cfr. I. MOREIRA, "Equipas multidisciplinares", in *Avaliação do Impacte Ambiental*, *op. cit.*, p. 128.

[194] A. LANDA, "La evaluación de impacto ambiental...", *op. cit.*, p. 66.

como o titular da obra e a equipa redactora do estudo de impacto, devem assumir, de forma solidária, as suas respectivas quotas de responsabilidade [195]. Mas é igualmente verdade que a sua independência e correspectiva responsabilidade seria bem maior se não dependessem do titular do projecto.

O legislador, face à neutralidade da Directiva 85/337/CEE e à inércia da Comissão [196], deve estabelecer alterações ao actual quadro normativo. Neste sentido, é imperioso criar mecanismos em ordem a garantir a qualidade e seriedade dos estudos de impacto [197]. Seria oportuno propor, à semelhança dos regimes analisados, a criação de registos públicos ou um patamar mínimo de habilitações dos técnicos, devidamente credenciados, que garanta a qualidade das equipas interdisciplinares. Nesta linha, haveria que definir com mais precisão o papel das equipas que controlam os estudos de impacto no procedimento decisório que conduz ao "parecer" de avaliação de impacto ambiental [198]. Não lhes cabendo decidir, como é óbvio, deve exigir-se-lhes que ministrem uma informação técnica detalhada, precisa e flexível, que permita, inclusive, descortinar as melhores alternativas para a realização do projecto. Somos, assim, de opinião que estas exigências deviam estar devidamente positivadas na lei, de modo a garantir uma avaliação ambiental séria e independente dos principais interessados.

Por último, gostaríamos de chamar a atenção para um aspecto que nos parece digno da maior atenção, o da formação e educação ambiental [199]. Não cabe dúvida que uma sólida e

---

[195] Neste sentido, R. MORENO, *op. cit.*, p. 214.

[196] R. MORENO, *op. cit.*, p. 214.

[197] Criticamente, o Relatório da Comissão, *COM,* 93, 28 final, vol. 11, p. 13a.

[198] Sobre a necessidade de um esforço sistemático para organizar cursos de formação para consultores técnicos, cfr. o referido Relatório, p. 14a.

[199] Cfr. o art. 10.º da Lei n.º 10/87. Neste aspecto assume particular relevância o Instituto de Promoção Ambiental (D.L. n.º 194/93, de 24 de Maio).

adequada formação técnico-ambiental é um *prius* indispensável de qualquer avaliação séria. Vendo bem, uma análise ambiental superficial comporta muito mais perigosidade do que a erroneidade de um projecto. Por outro lado, uma formação ambiental ajustada permite diversificar-se em vários níveis, de forma proporcional, em função do tipo de destinatários, isto é, o público, os especialistas ou mesmo o titular da obra. No que concerne à redacção dos estudos de impacto, a formação dos autores dos projectos e fundamentalmente dos especialistas é determinante, enquanto a formação do público releva na fase da participação procedimental. Indo mais longe, seria interessante interligar a formação com a investigação ambiental, posta sempre numa perspectiva interdisciplinar [200]. No que respeita aos aspectos técnicos importa dar atenção ao desenvolvimento e aperfeiçoamento dos métodos de avaliação, a preparação de guias para ajudar na avaliação de impacto de alguns tipos de projectos. A aplicação de avaliação ambiental a novos domínios, como por exemplo planos e programas é outro aspecto que cabe considerar numa linha de aprofundamento do instituto de avaliação de impacto ambiental.

c) O aspecto financeiro

Uma das incomodidades que usualmente se apontam à avaliação de impacto ambiental é, sem dúvida, o seu custo económico, nomeadamente o que se prende com a elaboração

---

A ilustração do público constitui, aliás, um tema de grande actualidade no direito constitucional e no direito administrativo. Cfr. R. GRÖSCHNER, "La ilustración del público como una tarea de la Administración", in *D.A.*, 1993, p. 135 e ss.

[200] Bastaria para tanto colher a experiência canadiana e ouvir atentamente algumas vozes que apontam para a criação de linhas de investigação preferenciais, como as que se prendem com os aspectos legais, organizativos e procedimentais da Directiva comunitária. Cfr. M. G. JONES, "Canadian Federal and Ontario Provintial Environmental Assessment Procedures", in B. CLARK, A. GILAD, R. BISSET, P. TOMLINSON, *Perspectives on Environmental Impact Assessment, op. cit.*, p. 35 e ss..

dos estudos de impacto [201]. É inquestionável que os custos dos estudos de impacto ambiental, particularmente nos projectos privados, constituem um dado oneroso para o titular da obra, visto que para realizar um estudo sério é indispensável recorrer a um conjunto de especialistas.

A categorização dos custos pode enunciar-se do seguinte modo: a) custos com a realização do estudo de impacto ambiental; b) empolamento dos custos do projecto por força de dilações procedimentais; c) custos relativos à litigiosidade do projecto [202]. Sobre os custos pertinentes à segunda e terceira categorias pensamos que não assumem uma conotação particular que a distinga de outro tipo de actividade, pelo que não comportam, em princípio, grande onerosidade para os bolsos do dono da obra. No que se refere aos custos judiciais diríamos que eles têm sido praticamente irrelevantes, face ao escasso controlo jurisdicional nesta matéria [203], sendo que eles são em boa medida uma consequência da inqualidade do estudo de impacto.

---

201 Como já tivemos oportunidade de salientar noutros capítulos desta obra, este aspecto é normalmente empolado, o que não corresponde ao rigor da aritmética. Cfr., N. LEE, "Environmental Impact Assessment: a Review", *op. cit.*, p. 11. Segundo este autor o custo dos estudos de impacto não ultrapassa um por cento do orçamento do projecto.

202 L. CANTER, "El papel de la EIA en la protección ambiental: seguimiento y control", *op. cit.*, p. 76.

203 A nossa jurisprudência administrativa começa agora a dar os primeiros passos nesta matéria. Cabe, todavia, salientar o caso da ponte sobre o rio Tejo, onde se topa com alguma hesitação em matéria de recorribilidade dos actos preparatórios. Cfr. MÁRIO TORRES, *Dano Ecológico no Contencioso Administrativo Português,* Comunicação apresentada no Congresso Internacional de Direito do Ambiente da Universidade Lusíada, Porto, 1995, pp. 13 e 14, onde vêm citados dois acórdãos com sentido oposto. Enquanto o Acórdão de 14 de Março de 1995, processo n.º 31535, não levantou qualquer obstáculo ao conhecimento do recurso interposto da deliberação do Conselho de Ministros que aprovou o D.L. n.º 220/92, de 15 de Outubro (que no art. 1.º aprovou a localização da nova ponte sobre o Tejo), já no Acórdão de 4 de Abril de 1995, processo n.º 36995-A, se indeferiu, por manifesta ilegalidade do recurso, o pedido de suspensão da eficácia do despacho do Ministro da tutela, que "aprovou" o estudo de impacto e determinou que as recomendações nele formuladas fossem adoptadas. Cfr., por último, o Acórdão do S.T.A. de 7 de Dezembro de 1995, in *Revista do Ministério Público,* n.º 64, 1995, p. 127 e ss.

De facto, é a primeira categoria de custos, a pertinente à preparação e elaboração dos estudos de impacto ambiental, que assume particular relevância. Custos que seriam ainda mais gravosos se a nossa lei de avaliação de impacto ambiental exigisse, como sucede noutros ordenamentos jurídicos, um *programa de vigilância ambiental* a cargo do dono da obra [204]. Este assumiria, assim, o compromisso de efectuar controlos na execução e exploração da actividade e, se fosse caso disso, no momento do abandono da actividade em causa, como resultado do erróneo desenvolvimento ambiental do projecto.

A imputação dos custos financeiros do estudo de impacto ao dono da obra comporta uma grande delicadeza, nomeadamente a que se prende com a salvaguarda da imparcialidade e independência dos redactores do estudo. Admitindo que não deva ser a colectividade a suportar na totalidade estes custos, seria desejável que a Administração disponibilizasse aos promotores privados o maior número de informação e apoio técnico, de modo a facilitar a elaboração do estudo de impacto. Seria igualmente aconselhável estabelecer fundos, através de subvenções dos agentes públicos e privados, que permitissem suportar, pelo menos parcialmente, os custos resultantes da contratação de equipas interdisciplinares. Esta solução teria a vantagem de diluir as dependências do redactor do estudo relativamente aos titulares do projecto.

2. 1. 1. 2. Conteúdo do estudo de impacto

Assumindo o conteúdo do estudo de impacto ambiental um carácter predominantemente técnico-científico, a sua abordagem numa perspectiva jurídica reveste um significado essencial, quer no que se refere ao exacto cumprimento da

---

[204] É o caso da experiência espanhola (art. 18.º/ 4 do Real Decreto 1131/1988). Cfr. a este propósito R. MORENO, *op. cit.*, pp. 238-239.
As actuais comissões de acompanhamento esgotam a sua actividade apenas no controlo da realização da obra. Cfr. art. 7.º do D.R. n.º 38/90.

finalidade da avaliação ambiental, quer no que toca ao controlo dos cidadãos no procedimento e em via jurisdicional. Com efeito, a análise jurídica do perfil do conteúdo dos estudos de impacto é um elemento indispensável para decantar a inevitável *discricionaridade objectiva* nesta matéria, por forma a converter a avaliação ambiental num eficaz instrumento jurídico de controlo.

O conteúdo dos estudos de impacto ambiental vem predeterminado na lei, que estabelece uma exigência maior dos estudos quando se trata de projectos arrumados no Anexo I do Decreto-Lei n.º 186/90, relativamente aos projectos enunciados no Anexo do Decreto Regulamentar n.º 38/90. Esta distinção tem todo o sentido, visto que o Anexo I da L.A.I.A. se refere a projectos que pela sua natureza e dimensão poderão mais facilmente causar danos graves ao ambiente.

O critério seguido pelo legislador de determinar previamente, na lei, o conteúdo dos estudos de impacto tem a vantagem de assegurar uma maior segurança e uniformidade, evitando-se deste modo diferenças assinaláveis nas formas de abordar a avaliação ambiental de projectos do mesmo tipo. A desvantagem desta solução é a de se cair na fácil tentação de elaborar modelos esteriotipados, independentemente da natureza, dimensão e localização dos projectos [205].

Este inconveniente pode, no entanto, ser superado uma vez que o legislador não apontou para um esquema rígido de estimação dos impactos. Com efeito, segundo o artigo 2.º/ 1 do Decreto Regulamentar n.º 38/90, o dono da obra deve apresentar um estudo de impacto ambiental que, *consoante as circunstâncias do projecto*, atenda aos aspectos enumerados na referida norma. Podemos, portanto, concluir que, no que se refere aos projectos do Anexo I do Decreto-Lei n.º 186/90, o legislador aponta para uma certa flexibilidade [206] quanto aos

[205] M. PRIEUR e C. LAMBRECHTS, "Modèle cadre...", *op. cit.*, p. 69.
[206] M. PRIEUR e C. LAMBRECHTS, "Modèle cadre...", *op. cit.*, p. 61.

critérios de determinação de impacto ambiental. Esta norma deve ser interpretada como a fixação de um quadro básico, ainda que flexível, do conteúdo dos estudos de impacto, de modo a permitir, sem cair em estereótipos, *uma dose de uniformidade* indispensável nesta matéria. Já no que toca ao conteúdo dos estudos de impacto dos projectos do Anexo único do Decreto Regulamentar n.º 38/90, o legislador parece apontar para um *conteúdo obrigatório mínimo* dos estudos de impacto ambiental.

Para garantir a necessária *uniformidade e flexibilidade* na determinação dos impactos, caberia recomendar que o conteúdo dos estudos de impacto ambiental deva variar, a partir do respeito de um conteúdo mínimo básico e obrigatório, em função da categoria, natureza e localização dos projectos. Por outro lado, a desejável ampliação do âmbito das avaliações ambientais (políticas, planos e programas), pode recolocar o problema da definição do estudo de impacto numa fase diversa do procedimento de avaliação de impacto ambiental. Em suma, o lugar procedimental do estudo de impacto pode vir a variar consoante se trate de um projecto concreto ou de um plano ou mesmo programa, pelo que seria de admitir aqui alguma flexibilidade.

2.1.1.2.1. O objecto da avaliação ambiental

Queremos referir-nos aqui à tipologia dos componentes e dos impactos ambientais a analisar, cobrindo, simultaneamente, o espectro material dos estudos de impacto ambiental.

a) Noção ampla de ambiente

O quadro de referência ambiental e alcance dos estudos de impacto ambiental aponta para uma noção unitária e globalizante de ambiente, de acordo, aliás, com a Directiva comunitária (art. 3º). A lei de avaliação de impacto ambiental (art. 2.º/ 2) e respectivo Decreto Regulamentar (art. 2.º), alargam mesmo o conteúdo dos estudos de impacto para além dos factores ambientais, como são o ordenamento do território e os planos urbanísticos.

A lei obriga, nomeadamente, a avaliar os efeitos sobre o homem, a fauna, a flora, o solo, a água, os níveis de ruído, os odores, a luminosidade, a paisagem, a estrutura e função dos ecossitemas presentes na área previsivelmente afectada e o património histórico-cultural.

A lista dos bens ambientais a ponderar na elaboração dos estudos de impacto ambiental é bastante generosa, pese embora o carácter não taxativo do artigo 2.º do Decreto Regulamentar n.º 38/90, como resulta da utilização das expressões "nomeadamcnte" ou "designadamente". Contudo, para que esta pretensiosa e complexa norma não perca validade e eficácia, julgamos que ela deveria ser interpretada à luz do princípio da proporcionalidade, especialmente em função da sensibilidade física e estética do ambiente e da natureza, dimensão e localização dos projectos.

b) Amplitude dos impactos

Segundo o entendimento do legislador comunitário (Anexo III da Directiva) [207], que o legislador nacional transcreve na íntegra (Anexo II e respectiva nota do D.L. n.º 186/90), o estudo de impacto pertinente aos projectos do Anexo I deve incluir a descrição dos efeitos importantes sobre o ambiente (directos e indirectos, art. 2.º/2 do D.L. n.º 186/90) e, sempre que necessário, os efeitos indirectos secundários, cumulativos, a curto, médio e longo prazo, permanentes e temporários, positivos e negativos do projecto [208]. A este

---

[207] Note-se, aliás, que a Directiva 85/337/CEE aponta claramente para um conceito extensivo de ambiente (art. 3.º).

[208] O art. 2.º/ 2 deve ser lido em conjugação com o Anexo II do D.L. n.º 186/ 90.

elenco de efeitos sobre o ambiente, resultantes do projecto, caberia ainda adicionar os efeitos recuperáveis e irrecuperáveis, os reversíveis e os irreversíveis e ainda os residuais [209], isto é, aqueles efeitos que, não obstante as medidas mitigadoras, permanecem invariáveis durante certo tempo ou definitivamente, pelo que a sua valoração é ainda mais premente e indispensável.

Como a universalidade é também imputável às diferentes categorias de obras, a tipologia dos impactos dos projectos insertos no Anexo do Decreto Regulamentar deveria ser pelo menos mais generosa. Embora deparemos com a pobre formulação da L.A.I.A. e do respectivo Decreto Regulamentar (art. 2.º/ 2) que, na apreciação do E.I.A., manda atender aos efeitos cumulativos ou sinérgicos do empreendimento sobre as componentes ambientais, parece dever entender-se que o legislador não pretendeu reduzir excessivamente o horizonte material dos efeitos ambientais. Com efeito, uma leitura sistemática do regime jurídico vigente permite concluir que a análise dos efeitos ambientais deve ser objecto de atenção pormenorizada da equipa redactora do estudo, valorando não apenas os impactos *mais importantes e previsíveis,* mas igualmente aqueles efeitos mais mitigados — secundários, residuais e outros.

Particularmente relevante é não perder de vista que a análise dos impactos sectoriais deve ser integrada numa avaliação global do impacto provocado pela obra.

2. 1. 1. 2. 2. Conteúdo mínimo do estudo de impacto ambiental

Postos perante a flexibilidade e generosidade do artigo 2.º/1 e a míngua normativa do artigo 2.º/2 do Decreto

---

209 ERBGUTH / SCHINK, *Gesetz über die Umweltverträglichkeitsprüfung, op. cit.*, p. 213 e ss. Neste sentido, também a nota (1) de rodapé ao n.º 4 do Anexo III da Directiva Comunitária.

Regulamentar n.º 38/90, entendemos que, com a ajuda dos princípios antes enunciados no início deste capítulo e das recomendações de diversos organismos internacionais [210], deveríamos tentar esclarecer o que deve ser entendido por "conteúdo mínimo" do estudo de impacto no que toca aos projectos sujeitos a avaliação ambiental [211].

Entendemos, assim, que um conjunto de elementos significativos deve constituir o conteúdo mínimo obrigatório de um estudo de impacto ambiental sério e rigoroso:

1) Uma parte descritiva do projecto, salientando os elementos técnicos e ambientais envolvidos, com especial referência para a sua natureza, dimensão e localização.

2) Uma parte analítica que identifique e avalie os impactos ambientais à luz dos dados enunciados anteriormente, tendo como referência a situação actual e evolução da zona envolvida e a sensibilidade do ambiente.

3) Uma parte comparativa que reflicta as diversas alternativas possíveis ao projecto e respectivas variantes, assim como uma fundamentação objectiva da solução adoptada.

4) Uma proposta contendo as medidas protectoras e mitigadoras dos efeitos ambientais negativos, com destaque para os riscos decorrentes de acidentes industriais graves.

5) Um resumo sistemático do estudo de impacto que permita a sua leitura e compreensão pelo público.

6) O estabelecimento de medidas de controlo e fiscalização eficazes.

7) Consideração dos impactos transfronteiriços, sempre que o projecto o justifique.

---

[210] Cfr. a *Resolução* n.º 7, de 3 de Junho de 1978 do Conselho Europeu de Direito do Ambiente. *Vide* R. MORENO, *op. cit.*, p. 225, nota 868.

[211] Atendendo à variedade dos projectos a que faz referência o n.º 2 do art. 2.º do D. R. n.º 38/90, deve ser interpretado em conjugação com o n.º 1 do mesmo art. 2.º e o Anexo II do D.L. n.º 186/90.

Este guião paradigmático, ainda que apoiado na legislação comunitária e nacional, adiciona alguns elementos essenciais ao conteúdo do estudo a tomar em consideração numa futura revisão do regime em vigor.

Tentaremos de seguida aprofundar alguns destes aspectos, por forma a delinear qual a informação indispensável a um estudo de impacto que saiba respeitar os princípios da proporcionalidade e da objectividade, atendendo particularmente à fragilidade do ambiente e à natureza e dimensão do projecto.

a) Inventário ambiental e descrição do projecto (art. 2.º do D.R. n.º 38/90)

A primeira contribuição dos dados contidos no estudo de impacto deve incidir obviamente sobre a sensibilidade do ambiente afectado pelo projecto. Esta parte do estudo é de todo essencial, se se pretender oferecer uma visão adequada do ambiente [212]. Isto obriga a compilar os dados necessários e a elaborar a cartografia respectiva [213], exigência que acarreta

---

212 Trata-se aqui, apesar do silêncio do D.L. n.º 186/90, de elaborar uma espécie de "inventário ambiental". Com efeito, o titular do projecto deve incluir no estudo de impacto ambiental a situação de referência actual e perspectivas de evolução do local da zona envolvente, inventariando os factores físicos, bióticos e ecológicos susceptíveis de serem afectados pelo projecto (art. 2.º/ 1/ b) do D.R. n.º 38/90).

213 Sobre este ponto *vide* S. BRUSCHI, *op. cit.*, pp. 79-80. O método da cartografia ecológica tem como escopo, em função das possíveis utilizações, a individualização dos potenciais recursos disponíveis, num determinado espaço territorial, susceptíveis de serem afectados pela actividade humana. Neste sentido, a Lei de Bases do Ambiente, Lei n.º 11/87, de 7 de Abril, considera, no art. 27.º/ 1/ al. g), a cartografia do ambiente e do território como um instrumento da política do ambiente.

O potencial de recursos é referido pelo D.R. n.º 38/90, art. 2.º/ 1/ b), como abrangendo os factores físicos, nomeadamente a topografia, geologia, hidrologia, climatologia e solos; factores bióticos e ecológicos, nomeadamente a fauna e a flora, *habitats* e ecossistemas, pela sua particular importância, raridade e espécies protegidas; o património arqueológico e arquitectónico; a qualidade do ambiente e respectivos componentes.

um considerável custo económico [214], pelo que só deve aceitar--se como razoável quando o projecto seja de grande envergadura. Este óbice poderá ser ultrapassável através da criação de bancos de dados ambientais [215] fiáveis e de uma rigorosa cartografia ecológica, o que naturalmente compete à Administração realizar. Neste sentido, é absolutamente recomendável que esta disponibilize a informação ambiental, o que é de uma grande utilidade para a equipa responsável pela elaboração do estudo.

Em bom rigor, este capítulo do estudo de impacto comporta também um esforço analítico e não apenas descritivo. Na verdade, só assim se faz luz sobre as interacções ecológicas essenciais entre os bens ambientais [216]. Seria ainda prudente descrever a componente humana do conteúdo do estudo, ainda que fosse desejável realizar uma simbiose adequada entre os estados iniciais dos diversos elementos, permitindo, assim, uma mais rigorosa localização dos impactos ambientais.

No que toca à descrição do projecto [217] (art. 2.º/ 1 do D.R.), o que se pretende não é uma descrição minuciosa de todos os elementos do projecto, mas das suas características fundamentais, de modo a permitir individualizar, com nitidez, a sua

---

[214] J. P. Barde -D. W. Pearce, *Valutare l'ambiente. Costi e benefici nella politica ambientale*, Bologna, 1993, esp. p. 57 e ss.. O volume dá-nos uma perspectiva comparada (RFA, Itália, Holanda, Noruega, Reino Unido, USA) dos custos e dos benefícios das políticas ambientais.

[215] Sobre esta matéria vide G. Sartor, "L'informatica e la valutazione di impatto ambientale", in A. Gustapane, G. Sartor e C. M. Verardi, *Valutazione di impatto ambientale (Profili normativi e metodologie informatiche)*, *op. cit.*, pp. 297 e ss. e 318 e ss.

[216] A. Zeppetella, M. Bresso, G. Gamba, *Valutazione ambientale e processi di decisione*, Roma, 1992, p. 75. Cfr. a art. 2.º/2 do D.L. n.º 186/90, que apresenta precisamente a mesma limitação da Directiva (art. 3.º/3), excluindo as interacções entre os bens ambientais naturais e o património construído.

[217] Neste ponto cabe distinguir, especialmente para efeitos do conteúdo do estudo de impacto, entre as noções de "descrição" e "análise" dos elementos ambientais, sob pena de falta de rigor na sua elaboração. É óbvio que nem todos os elementos descritos carecem de ser analisados para efeito da avaliação ambiental.

natureza, dimensão, localização e funcionamento [218]. Contudo, na maioria dos casos, o estudo de impacto tende a privilegiar o mais ínfimo detalhe do projecto, em prejuízo da realização do estudo comparativo das alternativas possíveis. As coisas passam-se desta forma em virtude dos donos da obra estarem mais preocupados com a viabilidade técnico-económica do projecto, o que vem facilitado pela elaboração do estudo de impacto apenas no momento de solicitar o licenciamento ou a autorização da actividade (art. 3.º/ 1 do D.L. n.º 186/90).

A solução, mais uma vez, passa por uma diferente colocação do estudo de impacto no procedimento decisional, o que permitiria que este perdesse a função caucionadora do projecto, como acontece actualmente.

b) A questão central das alternativas possíveis

A colocação de alternativas é uma excelente forma de racionalizar todo o procedimento de tomada de decisões, nomeadamente quando se trata de estimar e prever impactos ambientais. Esta parte do estudo de impacto é um requisito indispensável para a consecução do carácter teleológico da avaliação ambiental, evitando, assim, que se converta numa autojustificação ambiental do projecto proposto pelo dono da obra. É óbvio que não basta apresentar um estudo comparativo das alternativas viáveis ao projecto, é necessário que, nos respeito dos princípios estruturantes do procedimento, se faça um tratamento sério dos distintos cenários e da sua previsível evolução [219]. Mais, para que o estudo comparativo se revista de utilidade é imperioso que ofereça um leque de dados sufi-

---

[218] Cfr. a alínea a) do art. 2.º/ 1 do D.R. n.º 38/90. Segundo este normativo a descrição do projecto deve referir a sua localização; as características funcionais relativas às fases de construção e operação, bem como, se for caso disso, a descrição dos processos de fabrico; utilização de recursos, incluindo a ocupação do solo, matérias-primas e meios humanos.

[219] COLAÇO ANTUNES, "Tutela do ambiente e procedimento administrativo...", *op. cit.*, p. 96.

cientemente amplo, de modo a permitir, de acordo com a dimensão do projecto, uma identificação das várias alternativas [220]. Coloca-se aqui com extrema acuidade o problema da localização da obra e da eventual sensibilidade paisagística do ambiente.

Com efeito, para ser mais rigorosa e eficaz, a análise do impacto ambiental de um projecto obrigaria que o estudo de impacto se aplicasse também às principais alternativas (do projecto), incluindo a chamada *alternativa zero*.

Importa compreender que o procedimento de avaliação de impacto ambiental, como instrumento analítico, é parte do procedimento autorizativo, cuja factibilidade da decisão depende em boa medida da qualidade e quantidade dos dados recolhidos pelo estudo de impacto.

A atenção que o Decreto-Lei n.º 186/90 deu a esta parte do estudo foi, para ser amável, discreta e nebulosa, visto que apenas o Anexo II, no seu n.º 2, admite, *se for caso disso*, "um esboço das principais soluções examinadas pelo dono da obra e a indicação das principais razões dessa escolha, atendendo aos efeitos no ambiente". Esta cerimoniosa redacção do Anexo II do referido diploma, que se limita a transcrever o Anexo III da Directiva neste ponto, não foi infelizmente corrigido pelo Decreto Regulamentar n.º 38/90 [221].

Um último ponto a merecer melhor atenção do legislador é o da explicitação das principais razões da escolha feita pelo dono da obra (Anexo II do D.L. n.º 186/90, n.º 2). Neste campo, a soberania dos motivos de natureza sócio-económica não

---

220 A. ZEPPETELLA, M. BRESSO, G. GAMBA, *Valutazione ambientale e processi di decisione, op. cit.*, p. 73 e ss..

221 A preocupação deste Decreto (art. 2º/1/c) vai apenas ao ponto do estudo prever medidas mitigadoras das incidências negativas sobre o ambiente. Muito mais ambicioso é o regime jurídico espanhol (arts. 8.º e 10.º do Real Decreto 1131/1988), que preceitua a necessidade de uma análise comparativa da situação ambiental actual e futura de cada uma das alternativas. Isto é, uma definição do impacto ambiental que previsivelmente produziriam as diferentes alternativas. Cfr. R. MORENO, *op. cit.*, p. 230.

deveria, por força do princípio da proporcionalidade, sobrepor-se às boas razões ambientais.

Em suma, esta parte essencial do estudo de impacto bem pode servir de apoio à sua concepção como *um instrumento multicritério de ajuda à decisão* [222]. A ponderação de alternativas ao projecto deve, todavia, incorporar uma análise, de que depende em larga medida a correcção do estudo comparativo, cuja função é a de prever e valorar os impactos ambientais resultantes da execução do projecto. Para obter esta prognose torna-se necessário, partindo da descrição do estado actual do ambiente, obter uma estimativa dos impactos ambientais [223] resultantes da realização da actividade, determinando o sentido e magnitude das alterações provocadas nas diversas componentes ambientais [224]. Como o estado do ambiente também pode variar ao longo do tempo por razões naturais, é através da comparação destes dois estados que se obtém uma medida da magnitude do impacto ambiental do projecto [225]. O figurino da análise é delimitado pelas balizas projecto-ambiente, assumindo particular relevância o estudo da situação de referência actual e perspectivas de evolução do local da zona envolvida e das respectivas componentes ambientais (art. 2º/ b) do D.R. n.º 38/90). Na análise das interacções entre o projecto e o ambiente há que considerar as fron-

---

[222] A "análise multicritério agregada" corresponde à exigência de integrar o conjunto dos critérios, e, portanto, os diferentes pontos de vista que concor-rem para a tomada de decisão. Torna-se, assim, necessário estabelecer relações de importância relativa entre os diversos pontos de vista em presença e, por consequência, entre os critérios que o traduzem. Em suma, uma ponderação de critérios.

Para uma leitura dos vários métodos de avaliação ambiental, cfr. entre outros, R. BISSET, "Developments in EIA Methods", in P. WATHERN, *Environmental Impact Assessment (Theory and Practice), op. cit.*, p. 31 e ss..

[223] Esta expressão é, por vezes, substituída pelo legislador pela de "efeitos" ou "incidências". Cfr., entre outros, os arts. 1.º/1 e 2.º/ 1 / 2 do D.L. n.º 186/90 e o último parágrafo do art. 2.º/ 1/ c) do D. R. n.º 38/90.

[224] Cfr. P. ANTUNES, "Técnicas de predição de impactes ambientais", in *Avaliação do Impacte Ambiental, op. cit.*, p. 99 e ss.

[225] Sobre a importância da monitorização na avaliação das variáveis ambientais numa relação espaço-tempo, cfr. R. BISSET, "O papel da monitorização e auditoria na AIA", in *Avaliação..., op. cit.*, p. 147 e ss.

teiras temporais e espaciais. Estas variantes englobam um exame dividido em duas partes. A dimensão espacial deve implicar um estudo não só a nível local, mas também regional ou mesmo nacional, dependendo da dimensão do projecto [226]. A dimensão temporal envolve os impactos previsíveis no momento da realização do projecto, bem como aqueles que resultam, pelo menos a curto e médio prazo, do seu funcionamento. Esta variante pode e talvez deva incluir uma última fase temporal relativa à alteração e ao abandono da exploração, aspecto, mais uma vez, ignorado pelo legislador e de grande relevância em determinadas actividades [227].

Como é de fácil observação, este esforço analítico é extremamente complexo, ao exigir, em bom rigor, uma compreensão do estado actual do conhecimento técnico e científico, razão pela qual na maioria dos casos não é feito com a seriedade exigível. Seriedade que depende em grande medida da *metodologia de identificação e previsão utilizadas* [228].

Trata-se, com efeito, da tarefa a nível técnico e científico mais complexa. A identificação e a valoração dos impactos deve consumar-se através do recurso a metodologias de indiscutível aceitação científica. Seja como for, o método utilizado deveria proporcionar uma categorização e hierarquização dos impactos ambientais em compatíveis, moderados, críticos e irreversíveis. A ausência normativa do método de avaliação é compreensível, já não o é tanto a escassa importância dada à categorização dos impactos, com o perigo de se considerarem apenas os impactos críticos ou irreversíveis. Outra distinção

---

226 R. MORENO, *op. cit.*, p. 232.

227 Aspecto este introduzido pela proposta de alteração da Directiva de 16.3.94 (art. 1º/2), se bem que haja uma breve e equívoca referência no n.º 12 do Anexo III do D.L. n.º 186/90, no que toca à alteração de projectos.

228 Sobre esta matéria, cfr. P. ANTUNES, "Técnicas de predição de impactes ambientais", *op. cit.*, p. 101 e ss.

que importava fazer é a que se refere aos impactos qualitativos e quantitativos [229].

A melhor metodologia, segundo uma doutrina de prestígio [230], é a de seguir não um mas vários métodos e utilizá-los na medida em que se adaptem adequadamente a cada uma das componentes ambientais. Face à variedade e riqueza da noção de ambiente, melhor seria concluir que o recurso a uma só metodologia não permite abarcar todos os objectivos da avaliação de impacto ambiental.

Gostaríamos, por último, de salientar a importância de uma valoração qualitativa e quantitativa dos impactos paisagísticos [231]. É verdade que é uma tarefa que se apresenta de extrema dificuldade, mas que não justifica a benevolência da Administração nesta matéria, revelando-se antes prisioneira de um equívoco — o de que a paisagem é uma preocupação essencialmente elitista [232].

c) Incidências sobre o ambiente e medidas mitigadoras

O Decreto Regulamentar, no último parágrafo da alínea c) do artigo 2.º/ 1, aponta a necessidade de serem tomadas "medidas mitigadoras das incidências negativas sobre o ambiente". Mais uma vez o legislador brinda-nos com um texto nebuloso e, portanto, pouco esclarecedor quanto às obrigações do titular do projecto.

---

229 Cfr. L. EBERHARD, "Quantitative Ecology and Impact Assessment", in *Journal Environment*, n.º 4, 1976, pp. 22-70.

230 N. LEE e C. WOOD, "Environmental Impact Assessment of Projects in EEC Countries", in *Journal of Environmental Management*, n.º 6, 1978, p. 59.

231 Cfr. o art. 2.º/2/b) do D.L. n.º 186/90. Apesar da esquálida referência da L.A.I.A. à dimensão estética do impacto, importa reter que a percepção da qualidade paisagística é um fenómeno interactivo que depende das variáveis da paisagem, objectivamente definidas, bem como do conhecimento ou da representação da paisagem. Neste sentido, D. M. FENTON / J. P. RESER, "The Assessment of Landscape Quality: An Integrative Approach", in J. L. NASAR, *Environmental Aesthetics. Theory, Research and Applications,* Cambridge, 1988, p. 77 e ss.

232 J. MORAND-DEVILLER, "Environnement et paysage", in *A.J.D.A.*, 1994, p. 590.

Tentando individualizar um sentido útil a esta expressão, entendemos que estas medidas devem configurar uma proposta do dono da obra no sentido de adequar o projecto ao ambiente. Em bom rigor, as medidas mitigadoras podem ser dirigidas também ao projecto e não apenas ao ambiente, sob a forma de medidas protectoras. É igualmente aconselhável o escalonamento das medidas, desde o momento da execução do projecto até ao abandono da actividade, passando pelo seu funcionamento. O catálogo das medidas possíveis é vastíssimo, pelo que tudo dependerá da natureza do projecto, da sensibilidade do ambiente afectado, da qualidade da equipa que elabora o estudo de impacto e da intensidade do controlo da Administração.

Partindo do princípio que é melhor evitar o impacto ambiental do que corrigi-lo, a lei de avaliação ambiental deveria pontualizar os objectivos essenciais das medidas correctoras. Em primeiro lugar, suprimir ou minimizar os impactos, agindo sobre a agressividade da actividade que os produz. Em segundo lugar, sempre que seja possível, compensar e atenuar os impactos negativos com medidas protectoras e reparadoras do ambiente envolvido e não apenas mitigadoras [233].

Por último, subsidiariamente, estabelecer medidas compensatórias, aspecto a que o legislador foi mais sensível (art. 10.°/5 do D.L. n.° 186/90 e art. 48.° da Lei n.° 11/87), o que, em abono da verdade, não são as que melhor se coadunam com o carácter teleológico do instituto de avaliação de impacto ambiental.

É, aliás, óbvio que a solução indemnizatória contribui mais para a aceitação do dano do que para a sua atenuação, especialmente quando não seja possível restaurar a situação anterior (art. 5.°/2 do D. R. n.° 38/90 e art. 48.°/3 da Lei n.° 11/87). Porque assim é, o legislador, num intento dissuasor, prescreve que o montante da indemnização seja

[233] Neste sentido, R. MORENO, *op. cit.*, p. 237.

calculado com base na estimativa do custo das acções e estudos alternativos à situação antes existente, por forma a "minimizar" os impactos provocados (art. 5.º/ 1 do D. R. n.º 38/90).

d) Um resumo não técnico

A feitura de um resumo não técnico, do qual constem os efeitos ambientais mais relevantes que o projecto pode provocar, é um instrumento essencial para a consulta do estudo de impacto e a participação do público no procedimento de avaliação ambiental (art. 4.º/ 3 do D. R. n.º 38/90 e n.º 5 do Anexo II do D.L. n.º 186/90) [234]. Para cumprir este objectivo do estudo de impacto ambiental, o de fornecer uma informação adequada ao público, é indispensável que o resumo não seja excessivamente extenso [235]. Por outro lado, não obstante o seu carácter sintético, o resumo deve ser elaborado utilizando uma linguagem acessível à compreensão geral do público [236].

O *resumo não técnico* é, assim, o último dos documentos a integrar o estudo de impacto ambiental. Em bom rigor (n.º 6 do Anexo II do D.L. n.º 186/90), o resumo deve incluir, ainda que de forma sintética, as eventuais dificuldades (lacunas

---

[234] Independentemnente da aplicação que venha a ser feita, resulta do art. 4.º / 3 do D.R. nº 38/90 e de uma releitura lógico-sistemática do regime de avaliação ambiental que este elemento do estudo de impacto se aplica aos projectos dos Anexos I e III do D.L. nº 186 / 90.

[235] O nosso regime de avaliação de impacto ambiental é omisso sobre esta matéria. Contudo seria razoável que não ultrapassasse as vinte ou trinta páginas de modo a facilitar a leitura pelo público interessado. Sobre os cuidados a ter na preparação do resumo, cfr. I. MOREIRA, "Comunicação dos resultados do estudo de impacte ambiental – preparação do resumo não técnico", in *Avaliação do Impacte Ambiental, op. cit.*, p. 183 e ss.

[236] Uma sugestão pertinente seria a de incluir na equipa que procede à avaliação (revisão) ambiental um especialista em comunicação, capaz de traduzir de forma compreensível os resultados da investigação. Neste sentido, A. BIANCOTTI, "Impatto ambientale delle grandi opere", in G. PAVONI, F. BIANCHI, *Valutazione di impatto ambientale (criteri, strumenti ed esperienze)*, Milano, 1990, p. 127.

técnicas ou nos conhecimentos) encontradas pelo dono da obra na compilação das informações requeridas [237].

3. Desenvolvimento do procedimento de avaliação de impacto ambiental

Nos termos do artigo 4.º/ 1 do Decreto Lei n.º 186/90, de 6 de Junho, "O membro do Governo responsável para a área do ambiente determinará a entidade encarregue da instrução do processo de A.I.A., a quem cabe apreciar e emitir parecer sobre o projecto, bem como promover uma consulta do público interessado, de molde a permitir uma alargada participação das entidades interessadas e dos cidadãos na apreciação do projecto" [238].

À entidade competente para realizar a instrução do procedimento cabe, assim, apreciar e emitir parecer sobre o projecto [239]. Na apreciação do estudo de impacto ter-se-ão em conta os efeitos ambientais do projecto. Compete igualmente a esta entidade promover uma consulta do público interessado, por forma a permitir uma ampla participação dos cidadãos, desde logo das associações de defesa do ambiente.

Com efeito, a participação do público, com base numa correcta informação, configura-se como um dos elementos básicos do procedimento de avaliação de impacto ambiental [240].

---

[237] Melhor seria, no entanto, que o legislador português tivesse consagrado uma disposição que obrigasse o resumo a reflectir as dificuldades técnicas e informativas sentidas pelo titular do projecto na realização do estudo, em vez de transcrever o n.º 6 do Anexo III da Directiva comunitária.

[238] Cfr. o Desp. 84/MARN/93, de 1/7/93, que designa como entidade competente para a instrução do procedimento de A.I.A. a D.G.A..

[239] Esta competência é exercida conjuntamente com o ministro responsável pelo ordenamento do território, nos casos de projectos situados dentro do perímetro urbano ou que atravessam povoações (art. 3.º/ 2 do D.R. n.º 38/90).

Quando o projecto se localize numa região autónoma, a entidade competente para a instrução do procedimento é designada pelos respectivos órgãos de governo próprios (art. 3.º/ 3 do D.R. n.º 38/90).

[240] Cfr., entre muitos, L. De Cesaris, "Informazione ambientale e accesso ai documenti amministrativi", in *Riv. trim. dir. pubbl.*, n.º 3, 1991, p. 855; G. Butti e

O estudo de impacto ambiental deve submeter-se a informação pública juntamente com o resto das peças documentais do *dossier*. Precisamente, um dos aspectos mais relevantes do procedimento de avaliação ambiental reside em saber qual a documentação que deve integrar o expediente de informação pública.

Tratando-se de um procedimento em que concorre uma certa delicadeza técnica do empreendimento, parece-nos que a melhor solução seria a de que o processo a submeter a publicidade fizesse acompanhar o estudo de impacto do projecto técnico. Todavia, o legislador parece não ter ido tão longe ao prescrever que a consulta popular pressupõe uma divulgação prévia dos estudos efectuados e respectivos resultados, *bem como a explicitação dos elementos mais caracterizadores do empreendimento em análise,* sem prejuízo da observância das normas legais que protegem os conhecimentos técnicos não patenteados (art. 4.º/ 2 do D.L. n.º 186/90) [241]. Somos, por-

---

L. BUTTI, "Il 'diritto di accesso' alle informazioni ambientali disponibili presso la pubblica amministrazione", in *Riv. giur. amb.*, n.º 3, 1993, p. 461 e ss.; L. LABRIOLA, "Diritto di accesso alla informazione del cittadino e doveri della pubblica amministrazione nella legge istitutiva del Ministero dell'ambiente", in *Scritti in onore di M. S. Giannini,* vol. II, Milano, 1988, p. 261; R. SCARGILIA, "Il diritto di accesso all'informazione ambientale", in *Scritti..., op. cit.*, p. 881; A. POSTIGLIONE, "Lo spazio giuridico di informazione, partecipazione e azione del cittadino e delle associazioni in relazione all' ambiente", in D. FERRANTI, A. PASCOLINI, *La qualità della vita e del ambiente,* Milano, 1989, p. 3 e ss.; G. CASTELLI, *Il Leviatano intelligente,* Roma, 1992, p. 28; PEDRO MACHETE, *A Audiência dos Interessados...*, *op. cit.*, p. 398 e ss.; JORGE MIRANDA, "O direito à informação dos administrados", in *O Direito,* n.os III e IV, 1988, p. 457 e ss.; JOÃO CAUPERS, "Os princípios gerais do procedimento e o direito à informação", *op. cit.*, p. 56 e ss.

241 Sempre se poderia trazer à colação os arts. 61.º a 64.º do C.P.A., solicitando o acesso ao projecto (bem como ao estudo de impacto), desde que não contenha matéria sigilosa e confidencial. Cfr. igualmente os arts. 82.º e ss. da L.P.T.A., bem como o art. 177.º/ 1 do P.C.C.A., que vem sujeitar pessoalmente o órgão ou agente a uma sanção pecuniária compulsória pelo não cumprimento da intimação, que acresce à responsabilidade criminal, civil e disciplinar (art. 177.º/ 2). Sugestivas são também as soluções encontradas pelo D.L. n.º 445/91 (com sucessivas alterações), art. 62.º, e pelo D.L. n. 448/91 (igualmente alterado), art. 68.º, cuja nova redacção dada pela Lei n.º 26/96, de 1 de Agosto, veio repor a acção para o reconhecimento de direitos. Sobre a intimação judicial para um comportamento, cfr., recentemente, R. LEITE PINTO, *Intimação para um Comportamento. Contributo*

tanto, levados a pensar não haver lugar à publicidade do projecto técnico, tanto mais que o estudo de impacto ambiental inclui necessariamente uma explicitação das acções emergentes do projecto susceptíveis de produzir efeitos ambientais negativos (art. 2.º do D.R. n.º 38/90) [242]. Não obstante, é de todo o interesse a necessidade de submeter também o projecto técnico a informação pública [243], dada a relevância que, sem dúvida, tem para a exacta compreensão da avaliação de impacto ambiental e, muito especialmente, para a definição do âmbito do estudo de impacto, que constitui, aliás, uma das deficiências do regime actual [244].

3. 1. Configuração da participação pública

Em matéria de protecção do ambiente perdeu-se, mais uma vez, a oportunidade para inovar as técnicas participativas, apesar da experiência comparada anglo-saxónica e francesa [245].

---

para o Estudo dos Procedimentos Cautelares no Contencioso Administrativo, Lisboa, 1995, p. 32 e ss.

[242] Reforça esta ideia o facto da consulta pública ser desencadeada pela divulgação de um resumo não técnico, fornecido pelo dono da obra, do qual constam os efeitos ambientais mais significativos resultantes do projecto (art. 4.º/3 do D.R. n.º 38/90).

[243] Salvaguardado, naturalmente, o segredo industrial e comercial, bem como outros direitos legítimos do titular do projecto. Cfr. art. 10.º da Directiva 85/337.

[244] A lei não peca pela clareza, nomeadamente no que se refere à publicidade do estudo de impacto. Porém, tal parece resultar da primeira parte do n.º 2 do art. 4.º do D.L. n.º 186/90, para além de que não se descortinam nem boas nem fundadas razões nesse sentido. É de realçar, como já foi salientado, a contradição entre o art. 4.º/2 do D.L. n.º 186/90 e o art. 4.º/3 do D.R. n.º 38/90, o que numa interpretação literal e não sistemática levaria a concluir que apenas o resumo não técnico estaria sujeito a publicidade (excluindo, portanto, o estudo de impacto).

[245] Cfr. J. CAILLOSSE, "Enquête publique...", *op. cit.*, p. 167; G. SCOFFONI, *Le Droit à la Information Administrative aux États-Unis. Du Modèle Américain au Système Français de Transparance,* Paris, 1990; GRANDBOIS, "Le droit d'accès à l'information en matière d'environnement au Canada et au Quebec", in *Mise en Oeuvre de la Directive CEE du 7 Juin 1990,* Limoges, 1992, p. 229.

As carências em matéria de participação pública residem, tanto nos seus aspectos organizativos, como na modalidade participativa e, por último, na sua relevância jurídica, no seu resultado.

No que concerne ao aparelho organizativo, praticamente inexistente, ficamos a saber (D. R. n.º 38/90 no seu art. 4.º/ 1) que a entidade competente para a instrução do procedimento de avaliação de impacto ambiental promove igualmente a consulta do público interessado [246]. Parecer-me-ia útil recolher aqui o ensinamento das *enquêtes publiques* e remeter para um órgão autónomo a organização do mini-procedimento de informação, com funções bem mais amplas do que as de resumir as observações acolhidas [247].

Outro aspecto relevante prende-se com a indispensável autonomia do órgão que procede à instrução do procedimento e ao tratamento da informação, especialmente quando está em causa um projecto público. É óbvio que os poderes atribuídos a este órgão são de certo modo inúteis se a sua independência for praticamente nula. Neste sentido, era de bom gosto caminhar-se para uma solução que permitisse às pessoas que integram este órgão desenvolver o seu trabalho com imparcialidade e competência [248].

---

[246] Saliente-se a inexistência formal de mecanismos específicos de acompanhamento deste subprocedimento e respectiva tramitação. Cfr. art. 7.º/ 2 do D.L. n.º 186/90.

[247] Seria desejável prever no futuro a institucionalização de um órgão especializado com a missão de dirigir informações indispensáveis ao público, conforme a natureza da acção, através dos meios mais adequados. Este órgão, que bem poderia ser o IPAMB, deveria ser revestido de uma série de faculdades quanto ao desenvolvimento, tramitação e recolha da informação, podendo, inclusive, prorrogar o período de informação pública. Deveriam ainda ser-lhe atribuídos poderes de investigação e de ampliação do dossier sujeito a informação, sem prejuízo dos entes locais poderem desenvolver outras iniciativas de consulta. Cfr. G. Francescon, *op. cit.*, p. 783.

[248] O sistema francês resolve este problema através do poder de nomeação atribuído ao Presidente do Tribunal Administrativo, configurando o associativismo ecológico como um dos pressupostos, ainda que não o único, para atingir a qualificação exigida.

No que se refere à *modalidade participativa* constatamos, lamentavelmente, que esta fase procedimental é praticamente inócua.

A consulta do público é desencadeada mediante a divulgação de um resumo não técnico fornecido pelo dono da obra, do qual constam os efeitos mais importantes que o projecto pode gerar no ambiente (art. 4.º/ 3 do D.R. n.º 38/90). Como já evidenciámos, no âmbito do procedimento de consulta do público serão apenas consideradas e apreciadas as exposições e reclamações apresentadas por escrito (art. 4.º/ 4 do D.R. n.º 38/90), em manifesto prejuízo da oralidade [249]. Solução que nos parece inibitória de uma aprofundada participação dos cidadãos, por razões óbvias [250].

O modelo inglês reveste organicamente o procedimento de *public inquiry* com o *Planning Inspectorate*, serviço que se nutre de funcionários através do procedimento de um concurso baseado na experiência e reputação profissionais. (Cfr. N. GRECO, *Processi decisionali...*, *op. cit.*, p. 71 e ss.). Nas particularmente importantes *local public inquiry,* o inspector é nomeado para conduzir o procedimento e elaborar as respectivas conclusões. Compete ao *Inspector* decidir como conduzir o procedimento e assegurar que este se desenvolva segundo os princípios da publicidade e da correcção.

O *Inspector* pode entender necessário interrogar os próprios intervenientes por forma a obter informações úteis a uma conclusão sobre o mérito da questão. O *Inspector* mantém o procedimento o mais informal possível, ainda que não admita interrupções ou perdas de tempo. No respeito destas regras, é consentido a qualquer pessoa expor livremente a sua opinião.

Em síntese, o *Inspector* goza de uma ampla discricionaridade sobre os modos e a duração do inquérito.

Este procedimento assemelha-se, todavia, a um processo. Assim, o requerente, a *planning authority* e as partes têm o direito de exigir provas *(to call evidence)* e de contra-interrogar as pessoas que as tenham apresentado.

Quanto à eficácia jurídica dos *local plan inquiries,* as conclusões do *Inspector* não vinculam a autoridade local, se bem que esteja obrigado a publicar o seu relatório e a fundamentação da decisão. N. GRECO, *op. cit.*, p. 75.

249 Nada impede, porém, o órgão instrutor de optar pela audiência oral (art. 102.º/ 1 do C.P.A.), se bem que esta possibilidade se encontre manifesta-mente limitada pela nova redacção dada pelo D.L. n.º 6/96, de 31 de Janeiro, ao art. 103.º/ 1/ c) do C.P.A.. Cfr., todavia, o art. 10.º da Lei n.º 83/95, de 31 de Agosto – direito de participação procedimental e de acção popular e o art. 100.º/ 1 do C.P.A..

250 Esta limitação pode ser ilidida com a promoção de *audiências abertas aos interessados,* se bem que tal possibilidade dependa da apreciação discricionária que a Administração faça das "circunstâncias" e natureza do projecto (art. 4.º/ 5 do D.R. n.º 38/90).

No que concerne à configuração recebida pela participação do público no procedimento de avaliação há, todavia, que fazer uma observação positiva. Com efeito, quando examinamos a duração do período de informação pública verificamos que ela varia de acordo com a dimensão do projecto [251].

Outro aspecto relevante e positivo do regime jurídico das avaliações de impacto ambiental (art. 4.º/ 2 do D.R. n.º 38/90) é o da consagração de uma oportuna articulação das associações de defesa do ambiente, bem como das autarquias locais, com o instituto da participação no procedimento de avaliação ambiental [252] [253].

Já no que toca à importantíssima questão da *relevância jurídica* da informação, os aspectos menos bons voltam a sobressair. Estabelece o Decreto Regulamentar que, findo o prazo fixado para a consulta do público, é elaborado, nos cinco dias subsequentes, um relatório sucinto especificando as diligências efectuadas, a participação registada e as conclusões a extrair (art. 4.º/ 6). A lei nada diz quanto à relevância jurídica da informação pública, ao contrário da Directiva comunitária

---

Este preceito tem ainda o mérito de permitir a discussão de *aspectos específicos do projecto* (art. 4.º/ 5 do D.R.), previamente divulgados, o que em princípio não seria possível com o debate do *resumo não técnico,* do qual constam apenas os efeitos mais significativos que o projecto pode causar ao ambiente.

[251] Nos termos do art. 4.º/ 1/ a) e b) do D.R. n.º 38/90, a duração da consulta do público nos projectos do Anexo I do D.L. n.º 186/90, de 6 de Junho, não pode ser inferior a quarenta nem superior a sessenta dias; quanto aos projectos do Anexo III do referido diploma a consulta do público varia entre vinte e trinta dias.

[252] Neste aspecto é de evitar que o espaço participativo seja monopolizado por minorias oligárquicas ou "associações-táxi" que nada representam. Assim B. LALONDE, "Le droit à l'environnement et les citoyens: La participation", *in Futuribles*, n.º 89, 1985, p. 87. Cfr. o art. 5.º/d) da Lei n.º 10/87, de 4 de Abril.

[253] Por tudo isto é fácil concluir que uma participação consciente, tecnicamente apoiada por especialistas, teria pelo menos o mérito de permitir a alteração do estudo de impacto ambiental, de forma a responder às exigências de uma protecção efectiva do ambiente. Todavia, cabe aqui fazer uma observação crítica. Com efeito, não se compreende a razão pela qual, para os projectos do Anexo III do D.L. n.º 186/90, se limita a participação dos entes locais às freguesias, uma vez que os efeitos ambientais podem ter um âmbito bem mais amplo. Cfr. o art. 4.º/ 2/ b) do D.R. n.º 38/90.

(85/337, de 27 de Junho) que no seu artigo 8.º exprime, com timidez normativa é certo, a necessidade das informações recolhidas nos termos dos seus artigos 5.º, 6.º e 7.º deverem ser tomadas em consideração no âmbito do procedimento de autorização [254].

Deste modo, a conclusão a retirar do dispositivo legal não pode ser amável, já que o seu efeito será então o de ser objecto de menção no procedimento. Esta será, parece, a única ligação com a resolução administrativa final.

Salientaríamos, por último, que o campo das avaliações ambientais é, sem dúvida propício à consagração de institutos como as anglo-saxónicas *hearings* [255] ou as francesas *réunions publiques* ou ainda a *public inquiry* [256].

---

[254] O art. 6.º do D.L. n.º 186/90 estipula apenas que a entidade competente para a aprovação do projecto deve ter *em consideração* o parecer, devendo, em caso da sua não adopção, incorporar na decisão as razões de facto e de direito que para tal foram determinantes. Cfr. também o art. 5.º/ 1 do D.L. n.º 186/90 e, sobretudo, o art. 9.º da Lei n.º 83/95.

[255] A instrução é confiada a um funcionário-instrutor, o chamado *hearing-officer* com plenos poderes decisórios no que concerne à instrução. O *hearing-officer* mais do que um funcionário é um órgão vocacionado para dirigir a instrução, com a função de convocar as partes, impor juramentos, convocar reuniões, exigir documentação; as normas preocupam-se sobretudo em definir os poderes que, pela sua natureza autoritária, exigem uma atribuição específica em obséquio ao princípio da legalidade. Segundo a doutrina, a instrução através do *hearing* é dominada pelo princípio da oralidade e da publicidade, podendo, no entanto, as partes apresentar observações escritas. O *officer* tem o poder de ordenar prestações de conteúdo delicado, como o de exibir os livros de contabilidade das empresas e o de darem conta da vida empresarial. Face a estes imensos poderes, a jurisprudência tem vindo a limitar o exercício do poder instrutório, concedendo às partes interessadas o direito de levantarem excepções às ordens do *officer*. Cfr. M. S. GIANNINI, *Diritto amministrativo*, II, *op. cit.*, pp. 610 e 611.

Antes de mais é de observar que o procedimento administrativo norte-americano está dividido em *duas fases*: a fase em que se adquirem as provas para decidir e a fase na qual, na base de tais provas, são tomadas as decisões. Toda a estrutura do procedimento ressente-se fortemente da influência do *modelo jurisdicional*. Isto é particularmente evidente na primeira fase (fase instrutória), na qual tem lugar a actividade participativa dos representantes dos interesses difusos no procedimento. É caracterizada pelos seguintes elementos: a presença de um *hearing officer* que tem a função de instruir o procedimento; a presença de um complexo de garantias propostas para a tutela dos direitos das partes (depoimentos e apresentação de provas documentais reconhecem-se no *hearing* como garantia do processo); a presença de um acto típico da Administração Pública dirigido *a adquirir informações* (designado *subpoena*). Qualquer órgão (seja de sua iniciativa, seja de iniciativa de outros exercita funções quase legislativas ou quase jurisdicionais) convida as partes interessadas a apresentarem-se num lugar e numa hora determinada, expondo brevemente os elementos essenciais e a substância do acto que entende ver emanado; tal convocação deve respeitar o prazo de pelo menos *trinta dias* para consentir às partes (que podem ser representadas pelos próprios advogados) de se preparar. Cfr. R. PEREZ, "L'istruzione nel procedimento amministrativo" in *Riv. trim. dir. pubbl.*, 1966, p. 626 e ss.

A fase instrutória abre-se logo com a presença das partes interessadas num *hearing,* no qual, em conjunto com o *hearing officer*, vêm examinados os problemas conexos com a decisão que o órgão pretende emanar; é nesta fase, durante o *hearing*, que se põem em confronto os interesses (gerais) primários e os interesses (particulares ou difusos) secundários. Compete às partes interessadas, durante o *hearing*, apresentar directamente à Administração Pública, na pessoa do *hearing officer*, os próprios interesses, particulares ou difusos: a participação dos particulares encontra, portanto, na estrutura do procedimento administrativo norte-americano, o seu momento natural no momento do *hearing.* Tanto mais que o *hearing* constitui para a Administração Pública uma *actividade obrigatória* para o correcto exercício da acção administrativa, enquanto representa para as partes interessadas a actuação de um dos requisitos do *due process of law*. A este respeito GUNTHER-DOWLING, *Constitutional Law, Cases and Materials*, Oxford, 1970, p. 796 ss. Cfr., por todos, G. CAPT, *Les Procédures Administratives en Droit Américan, op. cit.*, p. 150 e ss.

Neste ponto surge toda uma série de problemas respeitantes em particular à individualização das "partes interessadas" e sua legitimação *(standing)* para intervir no procedimento. Trata-se, portanto, de delinear, na base da elaboração jurisprudencial relativa à matéria, os grupos legitimados a participar no procedimento administrativo, analisando igualmente o desenvolvimento do próprio conceito de *standing* em relação a tal participação. Sobre este ponto a bibliografia é imensa. Veja-se, entre outros: C. REICH, "The Law of the Planned Society", in 75 *Yale L. J.*, 1966, p. 1227; CAHN and CAHN, "The New Sovereign Immunity", in 81 *Harv. L. Rev.*, 1968, p. 929; D. L. SHAPIRO, "Some Thoughts on Intervention before Courts, Agencies and Arbitrators", in 81 *Harv. L. Rev.*, 1968, p. 721; W. GELLHORN, "Protection of the Citizen in American Administrative Procedures (excluding judicial review)", in *18 Jahrbuch des Öffentlichen Rechts der Gegenwart,* 1969, p. 539; E. S. REDFORD, *Democracy in the Administrative State*, Oxford, 1969; K. C. DAVIES, *Discretionary Justice*, New York, 1971, p. 142-161; R. STEWART, "The Reformation of Administrative Law", in 88 *Harv. L. Rev.* 1975, p. 1711; cfr. COLAÇO ANTUNES, *A Tutela dos Interesses Difusos em Direito Administrativo, op. cit.*, p. 154 e ss.

256 Instrumento colocado a meio caminho entre o procedimento administrativo e o processo, é considerado um eficaz método de democracia directa, como fizemos referência anteriormente.

Outra referência comparada importante é o *examen public, public review* canadiano. O *examen public* é realizado por uma Comissão de avaliação ambiental. As audiências são conduzidas de modo informal, segundo regras predeterminadas de tipo não judiciário. Os participantes nas audiências podem ser interrogados, mas não estão obrigados a comparecer ou a prestar juramento. A comissão desenvolve uma campanha de informação por forma a manter o público esclarecido sobre o *examen public* e a garantir o seu acesso à informação.

Com efeito, estas modalidades participativas são da maior importância, tanto mais que o parecer não é vinculativo [257]. A organização de debates públicos é, indiscutivelmente, um instrumento de legitimação popular, sobretudo se se realizam em presença do promotor do projecto. Esta forma de participação pode, inclusive, eliminar os autoritarismos e a imprescrutabilidade dos comportamentos administrativos [258]. Parece evidente que a correcta operatividade da fórmula participativa passa, à semelhança das *hearings*, pela necessidade de um adequado revestimento organizativo. Todavia, esta nova forma de participação, extremamente favorável ao desenvolvimento de novas informações públicas, não pode contribuir para uma maior burocratização ou reproduzir os actuais vícios administrativos ou ainda converter-se num mero ritual participativo [259].

Particularmente interessante é a obrigação, entre outras (no decurso do *examen public)*, do promotor do projecto elaborar e desenvolver um programa de informação pública destinado a explicar o projecto e os eventuais efeitos sobre o ambiente; cabe-lhe ainda fornecer documentos suplementares a pedido da comissão; ou assegurar que outros funcionários e especialistas assistam às audiências públicas.

Terminado e *examen public,* a comissão redige um relatório com as conclusões e recomendações a dirigir aos ministros responsáveis, cujo carácter vinculativo depende da apreciação do ministro competente.

Recentes reformas legislativas apontam para a melhoria do *examen public,* prevendo-se a instauração de recursos que permitam ao público contestar a decisão de não sujeitar um projecto a apreciação pública. Cfr. T. SCOVAZZI, "La partecipazione del pubblico alle decisioni sui progetti che incidono sull'ambiente", in *Riv. giur. amb.*, n.º 3, 1989, p. 493 e ss.

[257] Curiosa é a solução proposta pelo legislador italiano (projecto de lei n.º 1091/93), segundo o qual, caso o parecer seja positivo, é admissível o recurso a uma consulta popular referendária dos cidadãos residentes nas comunas abrangidas pelo projecto. Parece evidente que, devido ao carácter técnico deste procedimento, esta solução não se nos apresenta exemplar.

[258] M. NIGRO, "Comissione per la revisione della disciplina dei procedimenti amministrativi. Appunto introduttivo", *in Riv. trim. sc. amm.*, n.º 4, 1984, p. 79.

[259] Sobre o tema, D. CYROT, "L'audition publique: une panacée?", *in Aménagement et Nature*, n.º 71, p. 12 e ss. Face à natureza difusa dos interesses ambientais importa trazer à colação as virtualidades participativas incorporadas no C.P.A., arts. 53.º e 100.º e ss., entre outros.

4. O acto conclusivo do procedimento de avaliação de impacto ambiental: natureza jurídica

No prazo máximo de cento e vinte dias, contados a partir da data da recepção da documentação referida no n.º 2 do artigo 3.º do Decreto-Lei n.º 186/90, o membro do Governo responsável pela área do ambiente enviará à tutela e à entidade competente para licenciar ou autorizar o projecto o respectivo parecer, acompanhado do relatório da consulta pública que tenha promovido e da análise do mesmo (art. 5.º/ 1 do D.L. n.º 186/90, de 6 de Junho) [260].

Nos termos do artigo 5.º/ 3 do referido diploma, considera-se favorável o parecer se, decorridos os prazos estabelecidos nos números anteriores, nada for comunicado à entidade competente para licenciar ou autorizar o projecto. O vértice da incongruência do regime jurídico de avaliação de impacto ambiental está precisamente nesta norma jurídica, como tivemos oportunidade de salientar noutra sede.

Acresce que o deferimento tácito, constitui aqui uma violação grosseira dos objectivos fixados pela Directiva 85/337 e das regras de concorrência comunitárias e nacionais, bem como do direito fundamental ao ambiente e qualidade de vida (art. 66.º da C.R.P.). Nesta ocasião, o instituto da avaliação de impacto ambiental não passaria de uma *fictio iuris*, pelo que não é crível que a tutela jurídico-constitucional e comunitária do ambiente possa ser constrangida no *espace d'un matin* de cento e vinte dias, eventualmente prorrogáveis por mais trinta [261].

---

[260] O prazo referido pode ser prorrogado por trinta dias, mediante despacho conjunto dos membros do Governo responsáveis pela área do ambiente e da tutela (art. 5.º/ 2 do D.L. n.º 186/90).

[261] Somos, aliás, de parecer que a referida disposição normativa viola o espírito do n.º 3 do art. 108.º do C.P.A., pelo que não o julgamos aplicável. Acresce ainda que o art. 30.º/ 3 da L.B.A. determina que a aprovação do estudo de impacto é condição essencial para o licenciamento final das obras e trabalhos pelos serviços competentes, nos termos da lei (art. 33.º da L.B.A.).

A entidade competente para a aprovação do projecto deve ter em consideração o parecer de avaliação ambiental e, em caso da sua não adopção, incorporar na decisão as razões de facto e de direito que para tal forem determinantes (art. 6.º do D.L. n.º 186/90).

Posto isto, cabe agora apreciar o conceito e a natureza jurídica do parecer de compatibilidade ambiental. Findo o prazo legalmente fixado, a entidade competente ditará o parecer de compatibilidade ambiental que culmina o procedimento administrativo de avaliação de impacto ambiental, previamente, portanto, à oportuna autorização.

O "parecer" de impacto ambiental constitui uma relevante inovação em matéria de Direito do ambiente, se bem que nos fique a impressão de estar aquém das prescrições da Directiva comunitária 85/337 e de outras soluções de direito comparado.

Com efeito, o "parecer de compatibilidade ambiental" incorpora um controlo administrativo do estudo de impacto ambiental, apresentado pelo dono da obra, autónomo relativamente à resolução do procedimento principal [262]. Porém, a referida verificação administrativa não apresenta as garantias de rigor que resultariam da sua atribuição a um organismo especializado e independente.

Se observarmos com atenção o regime jurídico em vigor, a avaliação de impacto ambiental apresenta-se sob a veste de "parecer", o que impõe um esforço hermenêutico e doutrinal se se pretende desvendar a sua exacta natureza jurídica [263].

---

[262] Impõe-se aqui, tal a infelicidade do legislador, fazer uma interpretação correctiva do art. 4.º/ 1 do D.L. 186/90, uma vez que o parecer não pode deixar de avaliar o estudo de impacto e não apenas o projecto da obra, como decorre da referida norma.

[263] Seguimos aqui o conceito zanobiniano de acto administrativo, que engloba toda a declaração de vontade, de juízo e de conhecimento, curiosamente também sustentado pelo seu ilustre discípulo M. S. Giannini, "Accertamento", in *EdD.*, vol. I, 1958, p. 219 e ss.

Não concordamos, assim, inteiramente com a noção de acto administrativo fornecida por Freitas do Amaral, *Direito Administrativo*, III, *op. cit.*, p. 66 e

Tentando, antes de mais, delimitar o seu conteúdo e alcance, impõe-se advertir que o parecer de impacto ambiental determinará, no que concerne aos efeitos ambientais da obra, a conveniência ou não de realizar o projecto. Em caso afirmativo fixará as condições em que deve realizar-se, as medidas correctoras que devem aplicar-se, devendo incluir igualmente as prescrições pertinentes a uma adequada execução da obra [264].

O artigo 6.º do Decreto-Lei n.º 186/90 desenha uma articulação, ainda que imperfeita, entre o parecer de compatibilidade ambiental e o acto autorizativo final[265], ao admitir que a entidade competente para a autorização do projecto deve ter apenas *em consideração* o parecer de compatibilidade ambiental.

No que toca à natureza jurídica do "parecer" de compatibilidade ambiental, diríamos que se trata de um acto administrativo, mais precisamente de um *acto final parcial* que conclui um procedimento especial [266]. Como salientámos na primeira parte deste trabalho, o facto de um acto procedimental não conter *a decisão final* não significa que, em determinadas condições, não possa conter *uma decisão final,* distinta da que assumirá o acto final do procedimento principal. Com

---

205 e ss., e projectada de certo modo no art. 120.º do C.P.A.. Uma interpretação sistemática do C.P.A. (arts. 149.º e ss. e 167.º e ss.) leva-nos a concluir que o art. 120.º não consagra uma noção ampla de acto administrativo, como entende V. PEREIRA DA SILVA, *Em Busca do Acto..., op. cit.*, p. 675 e ss. Cfr. as pertinentes observações de M. REBELO DE SOUSA, "Regime do acto administrativo", in *Direito e Justiça,* 1992, p. 38 e ss.

Afastamo-nos, assim, das teses restritivas do acto regulador de ROGÉRIO SOARES, *Direito Administrativo, op. cit.*, p. 76 e de (com algumas nuances) SÉRVULO CORREIA, *Noções..., op. cit.*, p. 288.

264 Recorde-se que o EIA (art. 3.º/ 3 do D.L. n.º 186/90) deve conter as especificações constantes do Anexo II, sem prejuízo do disposto no art. 2.º do D.R. n.º 38/90.

265 Articulação imperfeita na medida que prevê a possibilidade da não adopção do "parecer", devendo para o efeito a autoridade competente para autorizar o projecto incorporar na decisão as razões de facto e de direito que para tal foram determinantes. Solução anacrónica que apreciaremos mais adiante.

266 Cfr. J. A. G. TREVIJANO GARNICA, *op. cit.*, p. 169 e ss.

efeito, não vemos como possa o "parecer" ser qualificado como acto preparatório quando comporta um conteúdo próprio e uma verdadeira *decisão final,* ainda que parcial [267].

Acresce que a autoridade que emana a autorização pode seguir ou não o parecer, mas não lhe compete reapreciar o referido parecer, que não constitui objecto da sua competência. O parecer *decide* em si mesmo quanto aos eventuais efeitos ambientais da obra.

Mas mesmo assumindo a modesta natureza jurídica de parecer este não deixará de ser materialmente vinculante, apesar das limitações configuradas no artigo 6.º do Decreto Lei n.º 186/90 e nos artigos 98.º e 99.º do C.P.A. [268]. Com efeito, se aceitarmos a tese segundo a qual na discricionaridade técnica o objecto de controlo constitui um aspecto técnico, o órgão administrativo habilitado a emitir o acto administrativo final não está legitimado a desatender a avaliação técnica. Assim, perante um juízo de perigosidade sobre um imóvel, o órgão administrativo competente está legitimado para escolher entre diversas alternativas (manter o edifício, proteger a zona, efectuar obras de consolidação, demolir, reconstruir, etc.), mas não pode declarar a *não perigosidade* do edifício, inibindo-se de adoptar qualquer acto [269].

---

[267] Cfr. o que ficou dito na primeira parte, relativamente ao direito de acesso aos actos do procedimento. Cfr., porém, o notável Acórdão do S.T.A. de 7 de Dezembro de 1995 (*Rev. Min. Públ.*, n.º 64, 1995, p. 127 e ss.), onde se adianta também a tese de não estarmos perante um mero acto preparatório, contenciosamente irrecorrível.

[268] Cfr. LEVI, *L'attività conoscitiva...*, *op. cit.*, p. 444, o qual deduz o carácter vinculante do parecer da "regra segunda a qual os departamentos administrativos colaboram entre si de acordo com a especialização dos seus titulares". Segundo M. S. GIANNINI, *Corso di diritto amministrativo,* IV, *I procedimenti amministrativi,* Milano, 1969, p. 67, "Nel trattare dei pareri si è detto che la tradizione considera parere il parere vincolante. Como possa essere parere un atto che non permette al suo destinatario di discostarsene non è mai stato spiegato e non è spiegabile, anche il parere relativamente vincolante va costruito come decisione preliminare (...)".

[269] Sobre as diversas alternativas ao dispor do órgão munido de poder discricionário, cfr. VIRGA, "Appunti sulla cosiddetta discrezionalità tecnica", *op. cit.*, p. 99 e ss..

Esta tese encontra no regime jurídico de avaliação de impato ambiental uma confirmação parcial, uma vez que o parecer não tem formalmente carácter vinculativo, sendo apenas obrigatório (arts. 4.°/ 1 e 6.° do D.L. n.° 186/90). Contudo, o dispositivo normativo apenas deve ser interpretado literalmente nos casos em que as avaliações técnicas de tipo complexo estejam inquinadas de uma grande opinabilidade. O legislador estaria aqui inclinado a atribuir ao órgão administrativo competente o poder de dizer a última palavra, em homenagem ao primado do político sobre a técnica.

Quando se manifestam no mundo técnico-científico orientações diversas e contrastantes relativamente à interpretação de certos factos ou à previsão de certos eventos, será aconselhável deixar à Administração a possibilidade de atender a indicações diversas das recebidas dos seus órgãos internos, sobretudo quando estas são mais avançadas. O que nos leva a acolher a tese segundo a qual a Administração ao não atender o parecer negativo sobre o projecto, deveria fundamentar a sua decisão numa contraproposta técnica credível [270].

Assim, apenas em casos de juízos de prognose e de pluralidade de pareceres divergentes, a Administração pode deixar de se sentir vinculada à avaliação técnica previamente efectuada. Em todas as outras hipóteses o "parecer" é vinculante, na medida em que constitui um acto discricionário objectivo, epistemológico, em que a possibilidade de escolha praticamente não existe e, portanto, o órgão de Administração activa não o pode desatender, sob pena de resvalar para a ilegalidade. Mais, tão pouco a declaração de vontade é estranha ao conceito de parecer, sobretudo se este tem carácter vinculativo.

---

270 BACHELET , *L'attività tecnica della pubblica amministrazione*, *op. cit.*, p. 40 e ss., onde se afirma que perante pareceres técnico-discricionários contrastantes, a Administração não pode limitar-se a optar por um deles, devendo também explicar as razões da sua escolha.

Com efeito, o "parecer" de compatibilidade ambiental não compreende um simples juízo [271], o seu *conteúdo* é uma autêntica declaração de vontade, expressa no *acto final parcial* que conclui o procedimento de análise de impacto ambiental [272]. Vejamos o problema mais de perto. Se se entender que o "parecer", numa perspectiva ambiental, determina a viabilidade do projecto e, em caso afirmativo, fixa as condições em que deve ser realizado, pode, então, afirmar-se que o seu conteúdo implica uma declaração de vontade, configurando-se o "parecer" como uma *autorização preliminar* [273] e *parcial* em relação ao acto autorizativo final. A entidade ambiental competente "autoriza" ambientalmente ou não a actividade, fixando no mínimo os factos ambientalmente determinantes para a evolução do procedimento principal e respectivo epílogo [274]. Além disso nenhuma outra entidade administrativa realiza uma avaliação ambiental do projecto, nem sequer a entidade que autoriza a realização do projecto. A esta entidade cabe apenas receber o "parecer" de compatibilidade ambiental, mas não alterar as suas conclusões.

O parecer pode, por conseguinte, conceber-se como um *acto final parcial,* por outras palavras, como uma autorização prévia de impacto ambiental, a que se exige coerência procedimental com todas as demais autorizações com que concorre [275], ao contrário do que sucedia até aqui.

---

[271] R. MORENO, *op. cit.*, p. 273.

[272] Como já se salientou, os efeitos constitutivos podem resultar igualmente de actos de ciência ou de juízo. Mal se compreenderia que o M. A., que tem como atribuição a tutela do ambiente, apenas pudesse exprimir um parecer não vinculativo.

[273] S. BRUSCHI, *op. cit.*, p. 200.

[274] Trata-se, em suma, de uma autorização (prévia) *em função de controle.* Cfr. GIANNINI, *Diritto amministrativo*, II, *op. cit.*, p. 1099. Pode também consultar-se a sua obra *Istituzioni...*, *op. cit.*, p. 312.

[275] Pretende-se, agora, corrigir a tradição normativa de estabelecer inúmeros procedimentos autorizativos independentes aquando do exercício de uma actividade ou da execução de um projecto.

O problema que aqui se pode colocar é o de saber se se pode manter a qualificação jurídica de *autorização prévia* para o parecer de compatibilidade ambiental quando estamos perante um projecto de natureza pública. Nestes casos parece-nos mais aconselhável que o "parecer" funcione mais como um autocontrolo da Administração, desvanecendo-se a sua natureza de acto final parcial. O que nos leva a questionar mais uma vez da bondade da pretendida uniformidade de regime jurídico tanto para os projectos públicos como para os privados.

4. 1. A fundamentação do "parecer" de impacto ambiental enquanto acto administrativo

Se a fundamentação é hoje um requisito jurídico indispensável dos actos administrativos (art. 124.º e ss. do C.P.A.) [276], não cabe dúvida que mais se justifica quando estamos em presença de actos discricionários [277]. Neste sentido, o "parecer" de impacto ambiental deve ser fundamentado [278], não só porque pode afectar direitos e interesses legalmente protegidos, mas também por ter natureza discricionária, ainda que epistemológica [279]. Com efeito, o "parecer" de impacto ambiental, ao fazer referência a avaliações técnicas de tipo operativo como são assiduamente os estudos de impacto ambiental e a alternativas eventualmente mais favo-

---

[276] Mesmo degradando a natureza jurídica da avaliação ambiental em parecer, sempre caberia a sua fundamentação (art. 99.º do C.P.A.).

[277] VIEIRA DE ANDRADE, *O Dever da Fundamentação...*, *op. cit.*, p. 134 e ss.; S. CORREIA, *Legalidade...*, *op. cit.*, p. 280 e ss..

O C.P.A. impõe o dever de fundamentação relativamente aos actos que afectem interesses legalmente protegidos, mesmo que praticados no exercício de poderes vinculados. Em Espanha, o art. 54.º da Lei 30/1992, prevê expressamente a fundamentação dos actos discricionários. Os objectivos prosseguidos pela fundamentação do acto (cfr. RUI MACHETE, *op. cit.*, p. 380) adquirem aqui todo o sentido e oportunidade.

[278] Cfr. o art. 99.º/ 1 do C.P.A..

[279] O art. 6º do D.L. n.º 186/90 parece, todavia, admitir apenas a fundamentação do acto autorizativo final. Cfr., porém, o art. 105.º do C.P.A.

ráveis, exige necessariamente a sua fundamentação objectiva, de forma a obviar a arbitrariedade [280].

A fundamentação *objectiva* do parecer deve, assim, incluir a apreciação que foi feita da suficiência e completude do estudo de impacto apresentado pelo dono da obra [281], bem como da eficácia das medidas mitigadoras propostas, de maneira a iluminar correctamente a decisão final sobre o projecto.

4. 2. Publicidade do "parecer" de compatibilidade ambiental

No que se refere à publicidade do "parecer" de impacto ambiental, o quadro normativo é omisso, admitindo apenas que as *decisões finais* tomadas sobre os projectos apreciados, bem como os respectivos processos, devem ser objecto de divulgação pública (art. 9.º do D.L. n.º 186/90) [282]. Concluindo--se, assim, pela ausência da publicidade ou notificação do "parecer" de impacto ambiental, o que nos leva a sugerir, mais uma vez, a revisão do regime jurídico de avaliação de impacto ambiental. Nestes casos os particulares sempre poderão exercer o direito de serem informados pela Administração sobre o andamento dos procedimentos em que sejam partes

---

[280] Outra questão é a dos efeitos jurídicos decorrentes da ausência de fundamentação do acto, matéria sobre a qual a doutrina apresenta algumas nuances. Cfr. V. DE ANDRADE, *op. cit.*, p. 287 e ss. A orientação dominante na doutrina e na jurisprudência é a de que a falta de fundamentação torna anulável o acto por vício de forma. Cfr. recentemente os Acórdãos de 28 de Abril e 19 de Maio de 1994, in *A.D.*, n.º 402, 1995, p. 630 e ss.

[281] A fundamentação não pode deixar de juntar as razões da escolha efectuada, em face, nomeadamente, de eventuais alternativas quanto à localização da obra, postas pelos cidadãos e condensadas no relatório de consulta pública (nº 6 do art. 4.º do D.R. nº 38 / 90). .

[282] O art. 4.º/ 6 do D.R. n.º 38/90 tem a bondade de prever apenas que, findo o prazo fixado para a consulta do público, é elaborado, nos cinco dias subsequentes, um relatório sucinto especificando as diligências efectuadas, a participação registada e as conclusões a extrair.

interessadas, bem como o de conhecer as resoluções definitivas que sobre eles forem tomadas (art. 268.º/ 1 da C.R.P.) [283], pelo que o acesso ao "parecer" de impacto ambiental é juridicamente irrecusável. De todas as formas seria louvável que o regime jurídico de avaliação de impacto ambiental introduzisse a publicidade do "parecer", dada a titularidade pluri-individual dos interesses ambientais, funcionando como complemento da notificação (art. 66.º e ss. do C.P.A.).

Poder-se-ia colocar o problema de saber se a publicação do "parecer" de impacto substitui a (sua) notificação. Não parece difícil admitir a coabitação dos dois institutos, visto que cobrem funções diferentes. Assim, se a notificação como forma de publicidade pessoal [284] deve prevalecer para os mais directos interessados, já para os titulares dos interesses difusos cabe melhor a publicidade impessoal (arts. 130.º - 131.º do C.P.A.), dado o seu carácter pluri-individual e anónimo.

4. 3. Efeitos jurídicos da ausência do "parecer" de impacto ambiental

As questões que se colocam neste momento prendem-se com a "força" jurídica a atribuir às condições ambientais impostas pelo "parecer" de impacto ambiental e com as consequências que decorrem da ausência do "parecer" para a aprovação ou autorização de um projecto.

No que concerne ao primeiro aspecto, já tratado nas páginas anteriores, apontámos para a natureza substantiva do "parecer" de impacto ambiental enquanto *acto final parcial de um procedimento especial*. Este ponto é importante na medida em que aponta para a impugnabilidade do "parecer" de impacto ambiental enquanto acto administrativo autónomo do

---

283 Cfr. os arts. 61.º a 64.º do C.P.A..

284 SANTOS BOTELHO, PIRES ESTEVES, CÂNDIDO DE PINHO, *Código do Procedimento Administrativo, op. cit.*, p. 194.

acto autorizativo final, como já tivemos oportunidade de salientar.

O segundo aspecto prende-se com as consequências invalidantes do acto autorizativo decorrentes da ausência do "parecer" de impacto ambiental. Atendendo ao disposto no artigo 2.º/ 1 do Decreto-Lei n.º 186/90, a aprovação de projectos "... fica sujeita a um processo prévio de avaliação de impacto ambiental (A.I.A.), como *formalidade essencial*, da competência do membro do Governo responsável pela área do ambiente" [285]. Sendo a existência de vício de forma a causa de pedir, põe-se o problema de saber o que se vem pedir. Entendemos que o pedido deve ser a nulidade do acto administrativo, nos termos do artigo 133.º do C.P.A. [286].

Interrogado o direito positivo sobre a forma como vai reagir perante actos que o violem, parece apontar-se claramente para a nulidade do acto de avaliação ambiental [287], não obstante alguns óbices conhecidos. Com efeito, é de todos sabida a interpretação restritiva dos motivos que conduzem à nulidade dos actos administrativos [288]; critério que, ao projectar-se sobre a constatação de omissão total e absoluta do procedimento, como formalidade essencial, adquire maior rigor. Contudo, mesmo não prevalecendo a ideia de que se trata de uma *nulidade por determinação da lei* (art. 133.º/ 1 do C.P.A.), sempre se trataria de uma *nulidade por natureza*, isto é, as

---

[285] Sobre a categorização das formalidades cfr., entre outros, SÉRVULO CORREIA, *Noções...*, *op. cit.*, p. 384. Segundo nós, o parecer ambiental, além de uma formalidade substancial, constitui uma formalidade absolutamente essencial, na medida em que o efeito que a lei lhe atribui não é atingível por outra via. Cfr. M. ESTEVES DE OLIVEIRA, *op. cit.*, p. 460.

[286] São nulos os actos a que falte qualquer dos *elementos essenciais* ou para os quais a lei comine expressamente essa forma de invalidade (art. 133.º/1 do C.P.A.).

[287] Pronunciando-se pela anulabilidade, *vide* LÓPEZ BUSTOS, "Las EIA...", *op. cit.*, p. 97.

[288] F. RODRÍGUEZ, *La Doctrina de los Vicios de Orden Público*, Madrid, 1970, p. 214 e ss.; SANTAMARIA PASTOR, *La Nulidad de Pleno Derecho de los Actos Administrativos. Contribución a una Teoria de la Ineficacia en el Derecho Público*, Madrid, 1975, pp. 245 e 246.

que "por natureza consubstanciam casos em que, por razões de lógica jurídica, o acto não pode deixar de ser nulo..." [289]. Indo, talvez, menos longe, julgamos pertinente a orientação doutrinal que adopta o critério do interesse predominantemente protegido para determinar o tipo de invalidade do acto [290], tanto mais que o legislador tem perfilhado ultimamente o critério da "ponderação dos interesses envolvidos" [291]. Seria, assim, de adoptar o critério *do interesse predominantemente protegido ou tutelado*, procedendo-se à ponderação, segundo o princípio da proporcionalidade, dos vários interesses públicos e privados conflituantes. Esta operação deverá ter em consideração que ao direito fundamental [292] ao ambiente corresponde também e simultaneamente um interesse público – a protecção do ambiente – que compete ao Estado tutelar (arts. 9.º/ e) e 66.º/ 2 da CRP), face ao qual não pode prevalecer um qualquer interesse patrimonial dos parti-

---

[289] FREITAS DO AMARAL, *Direito Administrativo*, III, *op. cit.*, p. 333 e ss.; J. MIRANDA, "O regime dos direitos, liberdades e garantias", in *Estudos sobre a Constituição*, vol. III, 1979, p. 76; M. ESTEVES DE OLIVEIRA, *op. cit.*, p. 547.

[290] Cfr. ROGÉRIO SOARES, *Interesse Público, Legalidade e Mérito, op. cit.*, p. 287. Segundo este autor não poderá deixar de atender-se, segundo critérios teleológicos, à gravidade e evidência da lesão provocada à ordem jurídica (*op. cit.*, p. 295 e ss.). Em alguns casos a invalidade é um conceito ontológico que admite que se deva aplicar o regime da nulidade fora dos casos contemplados na lei em situações de antijuridicidade particularmente pregnantes. Neste sentido, FREITAS DO AMARAL, *A Execução das Sentenças dos Tribunais Administrativos*, Lisboa, 1967, p. 298 e ss.; JORGE MIRANDA, *Manual*, IV, *op. cit.*, p. 288.

[291] M. REBELO DE SOUSA, *O Valor Jurídico do Acto Inconstitucional*, vol. I, Lisboa, 1988, pp. 223-224.

[292] Não pode deixar de se adoptar aqui uma posição fortemente garantística quando está em causa o conteúdo essencial de um direito fundamental. Assim, os actos que prescindam do procedimento legalmente estabelecido e lesem o conteúdo essencial de um direito fundamental são nulos (Neste sentido, E. IRUJO, *El Ciudadano y la Administración*, Madrid, 1994, pp. 65 e 66). As premissas teoréticas bem podem ser as definidas por HÄBERLE ("El concepto de los derechos fundamentales", in *Problemas Actuales de los Derechos Fundamentales*, Madrid, 1994, p. 122): o Estado constitucional é um *Estado de direitos fundamentais* e a sociedade é uma *sociedade de direitos fundamentais*. Cfr. H. P. SCHNEIDER, "Carácter y función de los derechos fundamentales en el Estado constitucional democrático", in *R.E.P.*, n.º 7, 1979, p. 24.

culares, pelo que, em princípio, o acto não pode deixar de ser nulo [293].

Em suma, a ausência do "parecer" de impacto ambiental corresponde à omissão de uma formalidade essencial, de um requisito de enorme transcendência para a validade do acto final, que acarreta naturalmente a sua nulidade. Acresce ainda a natureza substancial do parecer, como acto-condição do acto final, assim como o carácter formal de procedimento administrativo que reveste a avaliação de impacto ambiental [294].

5. Controlo administrativo. Fiscalização da avaliação de impacto ambiental

O controlo e fiscalização da disciplina estabelecida em matéria de avaliação de impacto ambiental compete aos serviços competentes do Ministério do Ambiente e Recursos Naturais (art. 7.º do D.R. n.º 38/90). Cabe desde logo assinalar que, uma das muitas omissões do regime jurídico de avaliação

---

[293] Para M. Rebelo de Sousa, *op. cit.*, p. 222, este critério terá utilidade especialmente para aqueles casos em que na ausência de qualificação expressa legal, o intérprete tenha de optar entre a nulidade e ou a anulabilidade do acto.

[294] Poderia, no entanto, argumentar-se que a declaração de impacto ambiental é apenas um parecer não vinculativo (art. 6.º do D.L. n.º 186/90), perdendo, assim, o carácter de formalidade essencial (art. 99.º/3 do C.P.A.). Posição que encontra apoio na jurisprudência — Acórdão do *STA* de 21/1/86, (*AD*, 300, 1459). O Acórdão do STA de 19/3/91 vai ainda mais longe ao admitir que os pareceres, não constituindo declaração de vontade administrativa, nem sendo capazes de, per si, causarem imediata lesão na esfera jurídica dos interessados, não são susceptíveis de recurso contencioso directo de anulação.Cfr. Santos Botelho, Pires Esteves, Cândido de Pinho, *Código do Procedimento Administrativo, op. cit.*, pp. 246 e 247. Mais recentemente, *vide* o Acórdão do STA (Pleno da 1ª Secção) de 7 / 5 / 96.

Ora no caso em apreço, como já foi dito, trata-se de um acto administrativo, mais precisamente de um acto final parcial, que conclui o procedimento de avaliação de impacto ambiental.

Neste caso o acto terminal seria igualmente nulo por ofender o conteúdo essencial de um direito fundamental, nos termos da alínea d) do n.º 2 do artigo 133.º do C.P.A..

de impacto ambiental está em que o "parecer" de impacto não contempla qualquer modalidade de acompanhamento da avaliação ambiental na execução do projecto. Infelizmente, esta possibilidade está apenas explicitamente prevista para os casos de não adopção do parecer (art. 6.º do D.R. n.º 38/90). Aqui a lei impõe "a inclusão, no licenciamento, de obrigações de controlo sobre os impactos negativos sobre o ambiente e de mecanismos de acompanhamento, realização de auditorias, controlos e monitorizações que permitam avaliar os efeitos sobre o estado do ambiente decorrentes da realização do projecto, por forma a permitir a sua compensação atempada".

Seria igualmente desejável, para uma correcta avaliação de impacto ambiental, que o parecer integrasse um mecanismo *de vigilância ambiental*, à semelhança de outros ordenamentos jurídicos [295], com o fito de garantir o cumprimento

---

[295] Cfr. R. MORENO, *op. cit.*, p. 238 e ss. Segundo este autor trata-se de uma novidade do ordenamento espanhol. Nos termos do art. 18.º/ 4 do Real Decreto 1131/88 "La Declaración de Impacto Ambiental incluirá las prescripciones pertinentes sobre la forma de realizar el seguimiento de las actuaciones, de conformidad con el programa de vigilancia ambiental". Com este documento, parte integrante do estudo de impacto ambiental, planifica-se a sua prossecução e controlo. A sua relevância é enorme para todo o procedimento de avaliação ambiental, uma vez que os mecanismos que incorpora, através da sua recepção na Declaração de impacto ambiental, passarão a integrar a componente ambiental da autorização, com tudo o que isso implica sobre a possibilidade de controlo jurisdicional, nomeadamente no que se refere ao seu cumprimento (art. 27.º do Real Decreto 1131/1988).

Sobre o conteúdo deste Programa de vigilância ambiental, o Regulamento de avaliação dispõe unicamente que "estabelecerá um sistema que garanta o cumprimento das indicações e medidas, protectoras e correctoras, contidas no estudo de impacto ambiental" (art. 11º). Apesar do carácter algo lacónico desta disposição normativa, a magnitude deste documento vai mais longe, funcionando como meio auxiliar da actividade inspectiva da Administração ao velar pelo cumprimento da declaração ambiental, verificando a sua eficácia e, se for caso disso, determinando os mecanismos de correcção da mesma.

Não se trata apenas de cumprimento da Declaração de impacto mas também de eficácia correctiva, propondo novas medidas ou a modificação das previstas. O programa de vigilância não é mais do que uma via para possibilitar, dentro das suas previsões, a constante adaptação da declaração de impacto aos resultados da sua própria aplicação. Indiscutivelmente que a determinação do seu exacto conteúdo é uma tarefa complexa, pelo que deverá ser sujeita a uma auditoria ambiental independente, objectiva e periódica.

das medidas correctoras e mitigadoras decorrentes da avaliação ambiental [296]

Neste sentido, sendo óbvia a ligação que se estabelece entre esta actividade de vigilância e as cláusulas de progresso técnico-científico, permitindo desta forma uma permanente adaptação da avaliação ambiental aos novos dados técnicos, perguntar-se-á se não seria de configurar a possibilidade da revogação ou alteração do "parecer" motivado pelo progresso técnico-científico? A nosso ver, a resposta não pode deixar de ser positiva se atendermos que a avaliação de impacto ambiental consubstancia uma manifestação de discricionaridade objectiva, susceptível de verificação ou de "falsificação", à luz de novos conhecimentos científicos [297].

Ficaria, assim, ressalvada a possibilidade de modificação do "parecer" de impacto ambiental, juntando e adaptando medidas correctoras às novas circunstâncias emergentes do funcionamento do empreendimento, como pode ser o progresso técnico [298], cabendo, em última instância, à Administração ambiental revogar o acto de avaliação de impacto ambiental [299]. Esta manifestação de *potestas variandi* da Administração, a que não é alheio o dever do Estado de proteger o am-

---

Trata-se de uma actividade que integra as denominadas análises pós-projectos, flanco débil dos actuais sistemas de avaliação ambiental.

[296] Seria mesmo aconselhável que este mecanismo de fiscalização desenvolvesse a sua função para além da realização da obra, isto é, contemplasse também o seu funcionamento.

[297] Cfr. M. PRIEUR, "La directive Seveso sur les risques d'accidents majeurs", *op. cit.*, p. 261 e ss..

[298] Neste sentido, MEILÁN GIL, *La Cláusula de Progreso en los Servicios Públicos,* Madrid, 1968, p. 78.

Acto este que deveria ser "alterável" de acordo com uma cláusula de progresso técnico-científico, como prevê o D.L. n.º 204/93, de 3 de Junho, art. 11.º/2, o que se nos afigura pertinente por razões que se prendem com a vertiginosa evolução da ciência e da necessidade de proteger permanente e adequadamente o ambiente. Só assim será possível operar uma avaliação ambiental objectiva, cientificamente correcta.

[299] Neste sentido, a experiência espanhola, concretamente o art. 18.º/ 3 do Regulamento de avaliação de impacto ambiental que enuncia "... salvo que por su incidencia en el medio ambiente resulte necessária una nueva Declaración de Impacto".

biente, culminaria, naturalmente, com um direito de indemnização do dono da obra.

De todo o modo, como corolário da faculdade de inspecção da Administração, deveria desenhar-se com mais nitidez e amplitude [300] uma específica faculdade suspensiva (embargo administrativo) das actividades sujeitas a avaliação de impacto ambiental, desde que se verificassem os seguintes pressupostos:

a) Ausência ou incumprimento do "parecer" de impacto ambiental.
b) Ocultação, falseamento ou manipulação de dados pertinentes à obra.
c) Situação de perigo para a saúde, a segurança das pessoas e bens ambientais

Na perspectiva da protecção do ambiente, este poder suspensivo constituiria um vigoroso mecanismo de polícia, afectando tanto os projectos públicos com os privados [301].

6. O controlo jurisdicional do "parecer" de impacto ambiental

Se o controlo jurisdicional do ambiente alcança um relevo especial, dado o carácter público do dano ambiental, o controlo do "parecer" de impacto adquire um papel decisivo, uma vez que estamos perante um instrumento jurídico que aponta para a protecção integral do ambiente. Não obstante a escassa jurisprudência nesta matéria no nosso país e os óbices materiais e formais resultantes da natureza do acto administrativo de avaliação ambiental, deve caber recurso directo contra o

---

[300] Cfr. o art. 10.°/ 4 /a) / b) e c) do D.L. n.° 186/90.

[301] Cfr. o art. 10.°/4 do D. L. n.° 186/90 e os arts. 12.° a 15.° do D.L. n.° 109/91, de 15 de Março. Sobre a experiência espanhola em matéria de avaliação de impacto ambiental, cfr. R. MORENO, *op. cit.*, p. 295 e ss.

"parecer" de impacto ambiental. Desde logo, há casos em que a declaração de vontade que incorpora a "avaliação" ambiental pode implicar, dada a sua colocação no procedimento principal, o fim deste para o interessado, especialmente quando não se tenha produzido ainda o acto autorizativo final [302].

Deve aqui realizar-se uma genérica remissão para o que ficou dito no terceiro capítulo da primeira parte desta investigação, porquanto é na sua natureza discricionária (técnica) onde residem as maiores dificuldades com que se debate o juiz na hora de julgar a legalidade do "parecer" de impacto.

7. Dano ambiental e procedimento de avaliação de impacto ambiental

A responsabilidade por dano ambiental decorrente de um procedimento administrativo de avaliação de impacto ambiental tende a adquirir as tonalidades da responsabilidade objectiva [303]. Sem prejuízo da imposição de sanções (art. 10.º

---

302 Cfr. MARCELLO CAETANO, *Manual...*, *op. cit.*, p. 445. A jurisprudência dando-se conta do carácter acanhado da noção de acto recorrível, procedeu também ao seu alargamento naqueles casos em que o acto praticado implica a resolução final em relação a uma determinada pessoa ou *compromete irremediavelmente a decisão a tomar.* Esta última ideia (determinação da decisão final pelo acto intermédio), que decorre do ensinamento do Mestre de Lisboa, parece-nos extremamente rica, pena é que tenha sido acantonada a determinadas situações, como a exclusão de um candidato de um concurso.

Poderia ainda recordar-se que estamos perante *actos finais parciais* inseridos em procedimentos complexos e de formação gradual, o que numa perspectiva de tutela jurídico-administrativa efectiva (arts. 20.º e 268.º/4 da C.R.P.) justificaria a sua impugnabilidade. Cfr. GOMES CANOTILHO, "Privatismo, associativismo e publicismo na justiça administrativa do ambiente", *op. cit.*, n.º 3861, p. 355.

303 F. LETTERA, *Lo stato ambientale. Il nuovo regime delle risorce ambientali*, Milano, 1990, p. 110. Este autor salienta que o princípio ambiental do poluidor-pagador está também na base da responsabilidade por dano ambiental. Cfr. igualmente GOMES CANOTILHO, "A responsabilidade por danos ambientais — aproximação juspublicística", in *Direito do Ambiente, op. cit.*, p. 400 e ss..No mesmo sentido, M. MATEO, *Tratado...*, *op. cit.*, p. 170, segundo o qual a legislação ambiental administrativa tem evoluído no sentido da adopção de mecanismos de responsabilidade objectiva com efeitos cíveis. É de salientar aqui o art. 41.º/ 1 da Lei de Bases do Ambiente, Lei n.º 11/87, de 7 de Abril, segundo a qual existe obrigação de

do D.L. n.º 186/90), a infracção do disposto na lei de avaliação de impacto ambiental determina a obrigação juridicamente consagrada de reparar o dano causado, restaurando a situação anterior à infracção ou, no caso de não ser possível, o pagamento de uma indemnização [304].

Em matéria de dano ambiental, há que fazer uma distinção importante. Quando se produz um dano ao ambiente podem lesar-se bens materiais ou incorpóreos de titularidade privada ou pública. Na primeira situação estamos perante fórmulas compensatórias de Direito privado, cujo cumprimento compete à jurisdição comum [305]. No caso, distinto, de dano ambiental público, como dano dos interesses pluri-individuais da colectividade, cujas obrigações reparatórias e ressarcitórias competem à Administração fazer cumprir, parece mais ajustada a jurisdição contencioso-administrativa. Cabe, por outro lado, distinguir a responsabilidade dos titulares dos projectos privados, da responsabilidade da Administração quando esta é o autor do projecto e logo a causadora dos danos ambientais. Nestes casos, a protecção privada dos bens afectados decorre dos parâmetros da responsabilidade por actos lícitos e ilícitos da Administração [306].

---

indemnizar, independentemente de culpa, sempre que o agente tenha causado *danos significativos* no ambiente, em virtude de uma *acção especialmente* perigosa, muito embora com respeito do normativo aplicável. Pese embora a presença de vários conceitos indeterminados que não vêm ajudar a tarefa do juiz, a verdade é que se contempla a figura da responsabilidade objectiva em matéria ambiental.

[304] Esta hipótese está consagrada no art. 10.º do D.L. n.º 186/90, que parece referir-se apenas aos projectos privados. Coloca-se aqui, mais uma vez, o problema da uniformidade de regime jurídico para os projectos privados e públicos.

[305] Neste sentido seria aconselhável rever o art. 45.º da Lei n.º 10/87, que aponta como tribunais competentes para o conhecimento de acções em matéria ambiental os tribunais comuns.

[306] A responsabilidade da Administração Pública é, pois, um *princípio de garantia* que se fundamenta num critério de solidariedade social. Isto é, os efeitos indirectos prejudiciais de uma actividade dirigida, em última instância, a lograr benefícios colectivos devem ser assumidos igualmente por toda a colectividade. Cfr. M. REBOLLO, *La Responsabilidad Patrimonial de las Administraciones Públicas en el Ambito Urbanístico*, Santander, 1993, pp. 20-21. Cfr. GOMES CANOTILHO, *op. cit.*, pp. 405-407. Veja-se também J. FRAGA, "La responsabilidad de la Administración con ocasión de los daños al medio ambiente", in *RDU*, n.º 119, 1990, p. 79 e ss.. Cfr.

Aproximando-nos mais do problema do dano ambiental em consequência do procedimento de avaliação de impacto, impõe-se colocar as seguintes hipóteses: a) execução de um projecto na ausência de avaliação ambiental ou em sentido não conforme às prescrições impostas pela Administração Pública; b) execução de um projecto conforme às prescrições em vigor e legitimamente adoptadas; c) projecto executado na base de uma autorização ilegal por insuficiência do estudo de impacto ambiental.

Impõe-se, assim, interrogarmo-nos sobre eventuais danos ambientais causados por projectos sujeitos a um procedimento administrativo de avaliação de impacto ambiental.

Importa precisar previamente que, no que concerne à quantificação do dano ambiental, a equidade judicial não pode ser estranha às técnicas indiciadas em sede de avaliação de impacto ambiental. Com efeito, a transformação do habitat, os impactos inevitáveis, por força da actividade humana, não são uma consequência irrelevante no cálculo económico dos operadores privados, antes constituem um factor de custo da realização da obra [307]. A determinação do valor monetário dos bens ambientais poderá demonstrar-se útil na fase de quantificação do dano ambiental e de dissuasão do dono da obra, ainda que não seja a mais idónea para tutela do ambiente. Em suma, trata-se de induzir o titular da obra a não preferir a condenação ao ressarcimento do dano ambiental à adopção de medidas correctivas, economicamente mais onerosas, impostas no âmbito do procedimento de avaliação de impacto ambiental.

---

ainda FAUSTO DE QUADROS (Coord.), *Responsabilidade Civil Extracontratual da Administração Pública,* Coimbra, 1995, esp. p. 135 e ss. e 189 e ss. e a notabilíssima obra de M. DEGUERGE, *Jurisprudence et Doctrine dans l'Élaboration du Droit de la Responsabilité Administrative,* Paris, 1994, esp. p. 273 e ss.

[307] D'ORTA, "Ambiente e danno ambientale: della giurisprudenza della Corte dei conti alla legge sul Ministero dell'ambiente", in *Riv. trim. dir. pubbl.*, 1987, p. 98.

A *primeira hipótese,* por força da delimitação do âmbito material da avaliação ambiental pelo procedimento autorizativo, reconhece-se na L.A.I.A. (art. 10.°) que, como já referimos, parece ter em consideração apenas os projectos privados. A execução de projectos sujeitos a avaliação de impacto ambiental sem a necessária aprovação ou em violação do conteúdo dessa decisão constitui contra-ordenação punível com coima de 500 a 6000 contos (art. 10.°/ 1). A entidade competente para a aplicação da coima é o membro do Governo responsável pela área do ambiente (art. 10.°/ 3), o qual pode ainda, a título de sanção acessória e nos termos da lei geral, nas situações aí previstas, determinar:

a) A apreensão de máquinas ou utensílios;

b) O encerramento de instalações;

c) A interdição de exercer a profissão ou actividade;

d) A privação do direito de participação em arrematações e concursos promovidos por entidades ou serviços públicos, de obras públicas, de fornecimento de obras e serviços ou concessão de serviços, licenças ou alvarás (art. 10.°/ 4).

A negligência é igualmente punível (art. 10.°/ 2).

Aplica-se ainda o disposto no artigo 48.° da Lei n.° 10/87, de 4 de Abril (art. 10.°/ 5 da L.A.I.A.).

Sempre que a ordem de demolição ou o dever de reposição da situação no estado anterior não sejam voluntariamente cumpridos, os serviços do Estado actuarão directamente por conta do infractor, sendo as despesas cobradas coercivamente, através do processo previsto para as execução fiscais (art. 10.°/ 6 da L. A. I. A.).

Maior complexidade apresentam as hipóteses em que o dano ambiental seja causado pela execução de um projecto positivamente valorado em sede de avaliação de impacto ambiental e em conformidade com as prescrições impostas pela Administração Pública. Nestes casos somos de opinião que o efeito legalizador do procedimento de avaliação de impacto ambiental não pode ter, de per si, um efeito discriminante em sede de juízo de responsabilidade por dano ambiental. Se assim fosse, deveria considerar-se que o acto autorizativo, incorporando uma avaliação de impacto ambiental positiva, instauraria uma espécie de *presunção de não danosidade da obra,* o que teria o efeito paradoxal de transformar um instrumento de natureza planificatória e preventiva num meio de iludir, nomeadamente a tutela civilista [308] (de tipo inibitório e ressarcitório).

Por outro lado, não pode surpreender a hipótese do dano ambiental se vir a verificar na fase executiva de um acto autorizativo legalmente adoptado. Assim, o acto que certifica a abstracta compatibilidade ambiental da obra não pode isentar o titular do projecto da obrigação de proteger e respeitar, segundo os cânones da prudência e da diligência, os bens ambientais eventualmente afectados pelo empreendimento. À Administração sempre restará a possibilidade de demonstrar a antijuridicidade da conduta do comitente na execução da obra, nomeadamente a sua negligência (art. 10.º/ 2 da L.A.I.A.).

Igualmente complexo se apresenta o exame do caso em que o dano ambiental seja causado pela execução de um projecto valorado positivamente em sede de avaliação ambiental, ainda que (abstractamente) causador de danos ambientais. Estamos agora perante uma autorização ilegal por insuficiência do estudo de impacto ambiental, o que coloca toda uma

[308] U. RUFFOLO, "V.I.A. e disciplina civilistica", *in La nuova legislazione ambientale*, Rimini, 1989, p. 174 e ss.

Segundo GOMES CANOTILHO, "Actos autorizativos jurídico-públicos e responsabilidade por danos ambientais", *op. cit.*, p. 52, há que distinguir duas situações. Existe um sacrifício justificador de uma pretensão jurídico-pública apenas nos casos em que a actividade se destina a satisfazer finalidades públicas, portanto, quando se trata de um projecto público (por ex. a construção de uma auto-estrada). Topamos aqui com uma responsabilidade por actos lícitos a cargo da Administração. Nos restantes casos, sustenta o autor, existe um sacrifício legitimador de pretensão jurídico-privada, pelo que estamos perante uma *responsabilidade por actos lícitos* a cargo de entidades privadas. Cfr. a nota 152 da Parte I.

série de dificuldades [309]. Dificuldades que se prendem com a ambiguidade das relações que se estabelecem entre as noções de ilegalidade e de falta (culpa funcional). Contesta-se, assim, o posicionamento tradicional segundo o qual as duas noções não se sobrepõem, o que significa que a existência de uma ilegalidade se traduz necessariamente no reconhecimento de uma falta ou erro da Administração [310]. Nesta perspectiva, uma simples ilegalidade externa de forma ou procedimental é suficiente para provocar a responsabilidade da Administração. Somos, assim, levados a admitir que uma ilegalidade é sempre constitutiva de responsabilidade, ainda que seja necessário precisar que aquela só dá lugar a indemnização na condição expressa de se tratar de uma falta qualificada, geradora de um prejuízo [311].

A anulação de um acto autorizativo por vício do procedimento é, portanto, susceptível de provocar a responsabilidade da Administração. No entanto, é conveniente notar que se deve tratar de uma insuficiência *manifesta* do estudo de impacto ambiental e que o vício procedimental é acompanhado de uma ilegalidade material, por desrespeito do direito vigente em matéria de avaliação de impacto ambiental.

Por outro lado, não pode esquecer-se que o estudo de impacto ambiental é realizado pelo dono da obra ou da sua responsabilidade (art. 3.°/ 1 da L.A.I.A.). Esta obrigação do comitente não deve conduzir, porém, à irresponsabilidade da Administração, uma vez que esta está investida de poderes de controlo (art. 4.° e ss. do D.L. n.° 186/90) e de fiscalização

---

309 R. HOSTIOU, "Étude d'impact, responsabilité de l'Administration et contrôle du juge de cassation", in *R.F.D.A.*, n.° 10, 1994, p. 323. Para maiores desenvolvimentos e do mesmo autor *Droit des Enquêtes Publiques*, *op. cit.*, p. 327 e ss..

310 Como revela BAPTISTA MACHADO, *Introdução...*, *op. cit.*, pp. 96 e 133, é pouco crível a existência de normas jurídicas cuja violação não implique efeitos jurídicos.

311 Cfr. igualmente L. RICHER, *Recherches sur la Faute dans le Contentieux Administratif de la Responsabilité*, Paris, 1976, p. 223 e ss.; GOMES CANOTILHO, *O Problema da Responsabilidade do Estado por Actos Lícitos*, Coimbra, 1974, pp. 57. e 58.

(art. 7.º do D.R. n.º 38/90) [312]. Em suma, este tipo de contencioso é propício à eleição da *teoria das circunstâncias exoneratórias* ou às causas de exclusão da ilicitude, conducente, em última instância, à partilha de responsabilidades [313]. Assim, a Administração deve responder também pelos danos causados, independentemente da responsabilidade do funcionário, bem como o dono da obra [314]. Este, por sua vez, não poderá limitar-se a objectar que obteve "legalmente" a referida autorização, devendo invocar a boa fé [315], sem que isso signifique a escusabilidade ou a ignorância de factos e de conhecimentos significativos para quem intenta empreender uma obra sujeita a avaliação de impacto ambiental.

A responsabilidade da Administração é, todavia, susceptível de ser atenuada em função da falta cometida pelo dono da obra, decorrente, normalmente, da apresentação de um estudo de impacto ambiental incompleto da sua responsabilidade. Reafirma-se que esta ilegalidade deve ser apreciada

---

[312] Para além de actos positivamente ilícitos, podem verificar-se actos omissos da Administração. Casos em que as autoridades competentes não instituíram, infringindo a lei, qualquer controlo sobre as emissões de estabelecimentos industriais; ou nos casos em que a Administração, conhecendo a situação de prejuízo para o ambiente, não adopta um adequado procedimento urgente; ou quando não revoga o acto autorizativo de determinada actividade poluente ou não manda suspender a acção causadora do dano (art. 42.º da Lei n.º 11/87). Outras situações são previsíveis como a do silêncio-consentimento. Cfr. GOMES CANOTILHO, "A responsabilidade por danos ambientais...", *op. cit.*, p. 406.

[313] Mais uma vez seguimos R. HOSTIOU, *op. cit.*, p. 325.

[314] Já para CAMARDA "Ambiente, ambiente marino e danno ambientale", in *Riv. giur. amb.*, 1986, p. 507, a responsabilidade é exclusivamente do funcionário.

[315] Cfr. os arts. 227.º/1 e 762.º/ 2 do C.C. Princípio da boa fé que, como princípio geral do ordenamento jurídico, não poderia deixar de ser aplicável às relações procedimentais, e que agora é explicitamente consagrado no novo art. 6.º-A do C.P.A. (aditado pelo D.L. n.º 6/96, de 31 de Janeiro).

Parece-nos, todavia, incontornável uma responsabilidade civil do dono da obra *interna ao procedimento* (cfr. A. SCOGNAMIGLIO, "Sui collegamenti tra autonomia privata e procedimenti amministrativi", in *Riv. trim. dir. pubbl.*, n.º 1, 1983, p. 299), sempre que o estudo se apresente incompleto ou ofereça dados erróneos, reticentes ou eventualmente falsos.

Não podendo afirmar-se a existência de uma responsabilidade contratual, melhor seria configurar aqui uma responsabilidade pré-contratual, segundo as regras da boa fé (art. 227.º/ 1 do C.C.), com efeitos ressarcitórios mais limitados.

objectivamente, independente, portanto, de qualquer elemento intencional ou fraudolento, sendo igualmente irrelevante saber se o comitente agiu na ignorância da insuficiência do estudo de impacto ambiental.

8. Avaliação ambiental e défice da tutela cautelar

A tutela cautelar integra, inevitavelmente, o direito fundamental à tutela judicial efectiva (arts. 20.º e 268.º/ 4/ 5 da CRP) [316], no pressuposto de que *a necessidade de recorrer ao processo para obter razão não se dirija contra quem a tem.* A tutela cautelar tem especial importância quando se trata de interesses difusos ambientais e de vizinhança, na medida em que neste sector o pressuposto cautelar do *periculum in mora* se agudiza por força da extrema sensibilidade dos bens ambientais, em muitos casos irreversível [317].

Neste sentido, somos de parecer que a efectividade da tutela jurídica impõe, numa correcta interpretação dos artigos 20.º e 268.º da Constituição, a adopção de medidas cautelares necessárias para assegurar a eficácia da decisão final [318]. Assim, a tutela judicial efectiva não pode deixar de garantir o objecto litigioso na pendência da sentença. Este é, a nosso ver, um dos postulados importantes que emana do artigo 20.º/ 1 da CRP. Este preceito ficaria em grande medida

---

316 Sobre o princípio da plenitude da garantia jurisdicional administrativa, cfr., p. ex., GOMES CANOTILHO, *Direito Constitucional, op. cit.*, p. 672.

317 É oportuno lembrar que o princípio da prevenção é um dos princípios estruturantes do direito do ambiente (art. 3.º/a) da L.B.A.). Tutela judicial preventiva que, não se reduzindo nem se confundindo com o controlo suspensivo da eficácia do acto, se insinua em vários instrumentos legais, como a acção para o reconhecimento de direitos e interesses legalmente protegidos (art. 69.º e ss.) ou a "acção" de intimação para um comportamento (art. 86.º e ss. da L.P.T.A.).

318 Cfr. FINKELNBURG-JANK, *Vorläufiger Rechtsschutz im Verwaltungsstreitverfahren*, 3ª ed. München, 1986; Vide também a extensa obra de F. SCHOCH, *Vorläufiger Rechtsschutz und Risikoverteilung im Verwaltungsrecht*, Heidelberg, 1988. Uma visão mais sintética pode ver-se em O. KOPP, *Verwaltungsgerichtsordnung, op. cit.*, pp. 915-1019 e H. ULE, *Verwaltungsprozeßrecht, op. cit.*, pp. 364-387.

prejudicado se não fosse sequer capaz de garantir a sobrevivência e conservação do objecto litigioso [319]. A tutela cautelar é, pois, um dos temas nucleares da dogmática do citado artigo da Constituição. Em termos constitucionais, o determinante é tornar *efectiva* a tutela judicial, o acesso ao direito. Nesta perspectiva é de capital importância que a suspensão da eficácia do acto se constitua num instrumento decisivo de uma tutela judicial efectiva. À Constituição não importa tanto a técnica que se utiliza, quanto o resultado real.

Em princípio, o direito à tutela judicial efectiva não deve exigir, nesta sede, mais do que um exame geral e sumário das possibilidades de êxito que apresenta a questão de fundo [320].

---

[319] Cfr. FERNANDA MAÇÃS, "A relevância constitucional da suspensão judicial da eficácia dos actos administrativos", *op. cit.*, pp. 329 e 330.

[320] Contesta-se, assim, o princípio orientador de que a suspensão jurisdicional de eficácia não pode corresponder à antecipação da decisão do próprio recurso contencioso de anulação. Como revela GOMES CANOTILHO, "Privatismo, associativismo...", *op. cit.*, p. 356, no direito do ambiente, o recurso de suspensão de eficácia concebe-se cada vez mais como *recurso principal.* Poder-se-ia também colocar o problema de outra forma. Não será de admitir que o recurso de suspensão da eficácia, a pretexto da sua instrumentalidade, possa ser utilizado como um meio de tutela urgente não cautelar, isto é, como procedimento alternativo à morosidade do juízo principal. Cfr. M. ANDREIS, *Tutela sommaria e tutela cautelare nel processo amministrativo,* Milano, 1996, p. 282 e ss.

Para evitar distorções excessivas impor-se-ão, porém, determinadas cautelas: a) não reconhecer ao recorrente, em sede cautelar, mais (ou qualquer coisa de diverso) de quanto é possível obter no recurso principal; b) apreciar seriamente a subsistência do *fumus boni juris,* frequentemente descurado pela praxis judiciária; c) fundamentação da suspensão, sob pena da autonomia do procedimento cautelar se reduzir a uma mera afirmação formal (cfr. G. MONETA, "L'evoluzione involutiva della tutela cautelare amministrativa", in *Dir proc. amm.*, n.º 2, 1994, p. 414 e ss.).

Dir-se-ia que com estes cuidados a tutela cautelar tornar-se-ia indolor, ainda que um procedimento cautelar mais aturado possa colidir com a sua celeridade. Limitação menor se tivermos em conta que está em causa a tutela de direitos fundamentais. Cfr. SCOCA, "Processo cautelare amministrativo e costituzione", in *Dir. proc. amm.*, 1983, p. 310.

Cabe ainda dizer que uma tutela preventiva *ex ante* é outra das consequências da efectividade da tutela judicial, ao projectar-se sobre o acto administrativo a emanar pela Administração, quando o procedimento está ainda aberto, tanto para evitar um dano irreparável quanto para obter o reconhecimento e a tutela de um direito ou interesse legalmente protegido (art. 268.º/ 4/ 5 da CRP).

A Constituição, segundo G. CANOTILHO e V. MOREIRA, *Constituição Portuguesa Anotada*, *op. cit.*, p. 942, obviando as limitações do contencioso de mera anulação, consagra a introdução de verdadeiros direitos, que garantem a protecção dos

Uma análise mais cerimoniosa requereria mais tempo ao juiz, tornando o dano ambiental eventuamente irreversível.

Neste sentido e pelas razões que abordaremos de seguida, seria razoável ponderar outra redacção do artigo 76.º da Lei de Processo nos Tribunais Administrativos num momento em que está em curso a elaboração de um novo Código do Contencioso Administrativo [321]. Haveria, assim, que privilegiar uma ampla *ponderação de interesses* em que se examine se o interesse à inexecução provisória daquele que se vê afectado pelo acto administrativo deve prevalecer sobre o interesse público (ou privado) que parece apostar na sua execução [322].

---

particulares nos seguintes casos; (1) "inércia da Administração, obrigando — através de acções declarativas ou condenatórias — as autoridades administrativas a fazer uso dos seus poderes e a adoptar a providência requerida pelo particular (exs: "acção para cumprimento com base na omissão administrativa", "acções de cumprimento contra o silêncio da Administração", "mandato de segurança" ou "mandato de injunção", "acção de amparo"); (2) actos irrecorríveis não lesivos da esfera jurídica dos particulares (por ex., actos nulos ou ineficazes), mas criadores de situações de incerteza susceptíveis de atingir a "economia" ou "posição substantiva" dos administrados ("acções tipicamente declarativas"); (3) inércia regulamentar da Administração, criando discriminações ou lesando interesses dos administrados (ex.: acção tendente a obrigar a Administração à aprovação de um plano urbanístico ou à emanação de um regulamento de concursos); (4) acções tendentes à adopção de actos interinos de urgência (ex: pagamento de uma pensão, de uma soma em dinheiro). Devem igualmente ter acolhimento as acções *cominatórias*, destinadas a intimar a Administração a praticar determinado acto ou a fornecer determinadas prestações, bem como as acções *constitutivo-condenatórias*, destinadas a impor aos órgãos ou agentes da Administração o cumprimento de determinadas obrigações (de prestar ou de fazer)".

321 Cfr. M. G. DIAS GARCIA, "Os meios cautelares em direito processual administrativo" in *S.I.*, n.os 250/252, 1994, p. 211 e ss..

Face à consagração constitucional do direito fundamental à tutela afectiva (arts. 20.º e 268.º / 4 7 5 da CRP), dever-se-ia mesmo questionar da constitucionalidade do art. 76.º da *L.P.T.A.*, se interpretada no sentido de que aponta como única providência cautelar admissível a suspensão de eficácia do acto administrativo.

Solução tanto mais anómala quanto hoje se entende (crescentemente) o contencioso administrativo como contencioso de plena jurisdição. Neste sentido, JOSÉ DA CRUZ RODRIGUES, "Medidas cautelares no âmbito do contencioso administrativo", in *Rev. Min. Publ.*, n.º 62, 1995, p. 133 e ss.; cfr. igualmente RUI MACHETE, *Estudos de Direito Público e Ciência Política,* Lisboa, 1991, p. 423 e ss.

322 Cfr. FREITAS DO AMARAL, *Direito Administrativo,* IV, *op. cit.*, p. 314; VIEIRA DE ANDRADE, *Direito Administrativo, op. cit.*, p. 90. Importa, porém, salientar que o interesse da Administração na execução do acto anda perversamente acompanhado de grandes e relevantes interesses privados. Cfr. GOMES CANOTILHO, "Privatismo, associativismo...", *op. cit.*, p. 356. O dever-ser imporia antes que o in-

No seio desta ponderação de interesses, joga um papel importante o critério das possibilidades de êxito que o litigante tem no "recurso principal" [323]. Se o acto administrativo impugnado é manifestamente ilegal, não poderá tão-pouco haver interesse geral na sua execução. Inclusive, é suficiente, para prevalecer o interesse difuso ambiental, a existência de sérias dúvidas sobre a legalidade do acto impugnado [324].

A solução da ponderação de interesses e dos critérios fixados na lei deveria, portanto, articular-se com o instrumento das medidas cautelares. De acordo com um modelo escalonado, o juiz só poderia ordenar a execução imediata do acto administrativo quando não haja dúvidas sobre a sua legalidade, a medida seja de extrema urgência [325] e não esteja em perigo a tutela de um direito ou interesse legalmente protegido [326]. Dar-se-ia, assim, resposta ao problema temporal do processo cautelar [327]. As alterações do artigo 76.º e seguintes da Lei de Processo nos Tribunais Administrativos não devem

---

teresse público da Administração estivesse sintonizado com o interesse difuso ambiental na suspensão da eficácia do acto. Recentemente, o Acórdão do S.T.A. (1ª Secção) de 17/9/96, onde se vislumbra um novo olhar sobre o mecanismo da suspensão da eficácia dos actos, apontando mesmo, na esteira da jurisprudência francesa, para uma ponderação de interesses públicos no âmbito de relações jurídicas poligonais.

323 W. SCHMITT GLAESER, *Verwaltungsprozeßrecht*, *op. cit.*, p. 159 e ss..

324 K. FINKELNBURG-K. P. JANK, *op. cit.*, p. 252.

325 Assim, F. SCHOCH, "Grundfragen des verwaltungsgerichtlichen vorläufigen Rechtsschutzes", in *Verwaltungs-Archiv*, vol. 82, 1991, p. 167 e ss.

326 Poderá suceder até que, apesar da grave lesão do interesse público, a irreversibilidade do dano ambiental seja mais grave e valiosa do que o interesse personificado pela Administração.

327 Em sintonia com o que foi dito, cabe salientar um aspecto de notável relevância em ordem à tutela cautelar dos interesses difusos ambientais. Referimo-nos à adopção de medidas cautelares positivas, seguindo o modelo das *einstweilige Anordnungen* do ordenamento jurídico alemão. Cfr., entre outros, FINKELNBURG-JANK, *op. cit.*, pp. 59 e 164 e ss.. Com efeito, a suspensão da execução do acto impugnado, mediante o qual, por exemplo, se autoriza ou aprova a instalação de uma actividade sujeita a avaliação de impacto ambiental, pode não ser suficiente para a correcta salvaguarda do ambiente se já começaram a executar-se as obras. Daí a necessidade de adoptar outras medidas cautelares que possam implicar oportunas obrigações de fazer para a Administração ou para os particulares. Cfr. B. PETER, "Spécifités au regard...", *op. cit.*, p. 201 e ss.; F. KOPP, *Verwaltungsgerichtsordnung, op. cit.*, p. 1477 e ss.

ficar por aqui. Com efeito, não basta admitir a suspensão do acto numa relação bilateral em que se põem frente a frente unicamente o destinatário do acto e a Administração. Em matéria de ambiente justifica-se plenamente que a suspensão do acto deva ter em conta a existência, frequente aliás, de relações jurídicas multipolares [328]. A relação jurídica poligonal manifesta-se nas acções de vizinhança *(baurechtliche Nachbarklage)* e nas acções populares e de grupo em matéria de interesses difusos ambientais, visto que se trata de actos administrativos de duplo efeito *(Verwaltungsakte mit Doppelwirkung)* ou mesmo, com efeitos em relação a terceiros *(Drittwirkung)* [329].

Em síntese, parece-nos positivo que nas relações multipolares se deva observar uma *tutela judicial ponderada* e equilibrada entre todas as partes, vindo crescentemente a questionar-se a compreensão maioritária da existência cumulativa (e

[328] Cfr. o art. 18.º da Lei n.º 83/95, de 31 de Agosto. Veja-se também o exemplo legislativo germânico da suspensão do acto nas relações jurídicas multipolares — *Die aufschiebende Wirkung bei mehrpoligen Rechtsverhältnissen*. Cfr. P. BADURA, "La recente novella ...", *op. cit.*, p. 47 e ss.; M. G. FERREIRA PINTO, "As garantias de defesa jurisdicional dos particulares contra actuações do poder executivo na Alemanha", in *B.M.J.*, n.os 27/28, 1986, p. 391 e ss. Sobre as relações jurídicas multipolares e a protecção do ambiente, *vide* igualmente JOSÉ EDUARDO FIGUEIREDO DIAS, *Reacção contra Actos da Administração Pública Lesivos do Ambiente: Da Legitimidade Processual e das suas Consequências,* Coimbra, 1994, p. 247 e ss.

[329] Estabelecendo o princípio de paridade de armas o § 80a VwG0, introduzido numa reforma recente (lei de 17 de Dezembro de 1990), prevê que o interessado na obtenção de uma licença urbanística possa solicitar ante a Administração ou o Tribunal a imediata execução do acto de forma a iniciar a construção. Para garantir a igualdade à defesa *(Waffengleichheit)*, o § 80a VwG0 atribui ao vizinho a possibilidade de solicitar a suspensão da execução ante a Administração ou o restabelecimento do efeito suspensivo perante o juiz. Em suma, a Administração e o Tribunal podem ponderar e contrastar os interesses do proprietário com os interesses dos vizinhos, resolvendo segundo os interesses legalmente prevalecentes. Esta nova regulação legal, que possui algumas variantes no procedimento de suspensão de actos administrativos de duplo efeito, entrou em vigor a 1 de Janeiro de 1991 por obra da Quarta Lei de Reforma da Jurisdição Contencioso-administrativa. Cfr. K. P. SOMMERMANN, "La justicia administrativa alemana", in G. BARNES VAZQUEZ, *La Justicia Administrativa en el Derecho Comparado,* Madrid, 1993, pp. 105 e 106.

separadamente analisados) dos requisitos apontados no artigo 76.º da L.P.T.A. [330].

O problema da ponderação de interesses nos processos de suspensão de eficácia de actos lesivos do ambiente ganha, aliás, contornos específicos quando das normas aplicáveis se possa deduzir que a suspensão da eficácia depende em boa medida de uma condição essencial [331]. Estamos a pensar na suspensão da eficácia de um acto autorizativo de uma actividade industrial que não incorpore a avaliação de impacto ambiental (art. 2.º/1 da L.A.I.A.) ou ainda naqueles casos mais complexos de manifesta insuficiência da avaliação ambiental [332].

Como a lei do processo administrativo não regula a acção de embargos e apesar do embargo poder não substituir o pedido de suspensão de eficácia, importa fazer referência ao artigo 42.º da Lei de Bases do Ambiente [333], que aponta para o direito de obter a *suspensão* da actividade danosa sobre o ambiente [334]. É certo que estamos postos perante um exemplo de técnica legislativa lamentável, uma vez que a figura do processo de embargo administrativo é inexistente no nosso ordenamento jurídico [335]. Procurando dar sentido ao disposto

---

330 Cfr. Gomes Canotilho, *op. cit.*, p. 358. Cfr., mais uma vez, o destacado Acórdão do STA, de 7 de Dezembro de 1995 (Processo nº 38 436-A da 1ª Subsecção da 1ª Secção), onde é gratificante reconhecer algumas das teses por nós sustentadas.

331 Cfr. Gomes Canotilho, "Privatismo, associativismo...", *op. cit.*, p. 359.

332 A apreciação da matéria de facto assume aqui a maior relevância, a que não parece obstaculizar o art. 76.º da L.P.T.A. (Cfr. Gomes Canotilho, *op. cit.*, p. 359. Voltaremos a este problema mais adiante ao debruçarmo-nos sobre a experiência francesa nesta matéria.

333 Além de se tratar frequentemente de uma actividade material não fundada em actos jurídicos da Administração. Cfr. Pedro Gonçalves, *Os Meios de Tutela...*, *op. cit.*, p. 15 e ss.

334 Sob a epígrafe "embargos administrativos", o citado artigo 42.º da Lei n.º 10/87 diz o seguinte: "Aqueles que se julguem ofendidos nos seus direitos a um ambiente sadio e ecologicamente equilibrado poderão requerer que seja mandada suspender imediatamente a actividade causadora do dano, seguindo-se, para tal efeito, o processo de embargo administrativo".

335 Sobre as perplexidades e o sentido útil de tal disposição veja-se Freitas do Amaral, "Análise preliminar da Lei de Bases do Ambiente", *op. cit.*, pp. 49-50.

no artigo 42.º da Lei de Bases do Ambiente, conjugado com o artigo 45.º/ 1 da mesma lei, que diz tratar-se de uma acção judicial da competência dos Tribunais Comuns, é de entender que o artigo 42.º se refere, não a um embargo administrativo, mas a um "embargo" judicial de obra nova, com o regime dos embargos requeridos pelo Estado ou pelas Câmaras Municipais" [336]. Em suma, segundo Freitas do Amaral, o conceito de "embargo administrativo" do artigo 42.º da Lei de Bases do Ambiente equivale a um "embargo judicial requerido pela Administração Pública" [337].

Todavia, como bem salienta Gomes Canotilho [338], os problemas de articulação deste "embargo ambiental" com a acção cível de embargo de obra nova permanecem, sendo que o direito ao ambiente não se reconduz a direitos de raiz proprietarista. Deste modo, melhor seria articular o disposto no artigo 42.º da L.B.A. com o artigo 7.º/ 1 /a) da Lei n.º 10/87, reconhecendo às associações de defesa do ambiente o direito a propor uma acção de embargo mesmo contra obras do Estado e das Autarquias locais, não obstante o disposto no artigo 414.º do C.P.C. [339]. Para tanto impõe-se invocar como fundamento legal, não as normas processuais civis, mas os referidos normativos ambientais [340].

---

[336] FREITAS DO AMARAL, *op. cit.*, p. 50, trazendo à colação o art. 412.º e ss. do Código de Processo Civil.

[337] FREITAS DO AMARAL, *op. cit.*, p. 50. Para este autor, a vantagem desta solução é a de que um particular lesado por um dano ambiental, desde que ponha em movimento um embargo judicial da iniciativa da Administração Pública, nos termos previstos no Código de Processo Civil, fica sujeito a um regime mais favorável.

[338] Cfr. GOMES CANOTILHO, "Relações jurídicas poligonais, ponderação ecológica de bens e controlo judicial preventivo", *op. cit.*, pp. 62 e 63.

[339] Sobre a eventual abertura introduzida pela revisão do C.P.C., D.L. n.º 329-A/95, de 12 de Dezembro, cfr. criticamente GOMES CANOTILHO, "Privatismo...", *op. cit.*, p. 360. Cfr. ainda o art. 153.º do C.P.A.

[340] GOMES CANOTILHO, *op. cit.*, p. 63; cfr. PEDRO GONÇALVES, *Os Meios de Tutela Perante Danos Ambientais...*, *op. cit.*, p. 22 e ss.

Esta acção, devidamente articulada com a acção procedimental administrativa — acção popular administrativa para defesa do ambiente (arts. 12.º/ 1, 1.ª parte, e 1.º da Lei n.º 83/95, de 31 de Agosto) — poderia configurar-se como uma acção preventiva extremamente eficaz, na ausência de uma acção inibitória geral [341].

No direito comparado, em matéria de avaliação de impacto ambiental, parece-nos interessante fazer apelo à experiência francesa, concretamente ao último parágrafo do artigo 2.º da Lei de protecção da natureza. Esta disposição normativa instaurou um procedimento de suspensão da execução dos actos administrativos naqueles casos em que os projectos estão sujeitos a avaliação ambiental e não se façam acompanhar do pertinente estudo ou notícia de impacto ou então sejam manifestamente insuficientes. Trata-se, assim, de evitar uma situação de impotência frente a situações de facto, motivadas por decisões judiciais tardias, especialmente danosas da tutela ambiental.

O *sursis à exécution automatique* constitui uma excepção ao princípio da não suspensão dos actos que rege o ordenamento jurídico francês [342]. Com efeito, diferentemente do mecanismo de suspensão do processo administrativo, este novo instrumento configura-se como uma modalidade autónoma de suspensão, em que, com notas diferenciadoras, se

---

[341] O grande problema da tutela cautelar está, a nosso ver, na inevitável relação entre cautela e mérito, estendida ao *fumus,* o que desde logo inibe fortemente o nosso legislador e o juiz administrativo. Cfr. F. NOVARESE, "Tutela dei nuovi diritti e procedimento cautelare riformato", in *Riv. giur. amb.*, n.º 2, 1993, p. 223 e ss; cfr. A. VALORZI, *Tutela cautelare in processo amministrativo,* Padova, 1991, p. 28 e ss..

[342] Cfr. G. VEDEL e P. DELVOLVÉ, *Droit Administratif,* 10ª ed., Paris, 1988, p. 708 e ss.. Cfr. RENÉ CHAPUS, *Droit du Contentieux Administratif,* Paris, 1990, p. 756 e ss.; CARMEN CHINCHILLA, *La Tutela Cautelar en la Nueva Justicia Administrativa, op. cit.*, p. 65 e ss.; GARCIA DE ENTERRÍA, *La Batalla por las Medidas Cautelares, op. cit.*, p. 296 e ss.. Cfr. igualmente a declaração de NUNGESSER na Assembleia Nacional, in *R.J.E.*, 1976, pp. 296 e 297, segundo a qual se trata de "uma modificação fundamental dos princípios do Direito administrativo francês".

cerceia o poder discricionário do juiz e se exime este do juízo de prognose sobre o prejuízo potencialmente sofrido. De forma que se pode obter a suspensão de um projecto sujeito a avaliação ambiental por duas vias, isto é, por meio do regime consagrado no Código dos Tribunais Administrativos [343] ou através da suspensão automática do artigo 2.º da Lei de 1976 [344].

Nesta segunda via basta a constatação da falta de estudo de impacto ambiental para que o juiz decrete a suspensão da actividade em causa [345].

Não é todavia a ausência de estudo de impacto ambiental a questão litigiosa mais pregnante, como já tivemos ocasião de evidenciar na terceira parte, mas a interpretação extensiva da referida disposição normativa, no sentido de valorar questões que se prendem com a insuficiência da avaliação ambiental, o que vem a exigir a apreciação da matéria de facto no processo suspensivo.

A configuração de uma ampliação dos motivos de suspensão automática tem sentido, uma vez que uma postura hermenêutica literal conduziria ao formalismo absurdo de considerar a presença apenas de uma folha dedicada ao estudo de impacto como suficiente para obviar ao "cálice" de suspensão automática [346]. Logo, a questão litigiosa não versará tanto sobre a presença ou não de um documento qualificado como

---

[343] Recentemente alterado, como já aludimos ao fazer referência à experiência francesa dos estudos de impacto. Cfr. D. CHABANOL, "Un printemps procédural pour la juridiction administrative", *op. cit.*, p. 388 e ss..

[344] J. D. RAYMOND, "Commentaire à la decision du Tribunal Administratif de Strasbourg du 26 septembre 1984", in *R.J.E.*, 1985, p. 54.

[345] O mecanismo da suspensão foi utilizado desde o início da vigência dos estudos de impacto ambiental. Assim, T. A. de Bordeaux de 21 de Julho de 1978; T. A. de Marseille de 4 de Agosto de 1978. Cfr. recentemente, T. A. de Nantes, 23 Março de 1994 - Association de protection du site Luzan et Association "Vivre L'Ile 12 sur 12", in *R.J.E.*, n.º 1, 1995, p. 109 e ss.

[346] Cfr. R. CHAPUS, *Droit du Contentieux Administratif*, 5.ª ed. Paris, 1995, p. 1094 e ss.

estudo de impacto, mas fundamentalmente sobre o conteúdo e suficiência do estudo de impacto ambiental [347].

Nesta perspectiva, deve exigir-se um mínimo de seriedade e razoabilidade, fazendo respeitar ao estudo de impacto ambiental as condições previamente fixadas pelo legislador, nomeadamente os efeitos indirectos no ambiente provocados pela obra [348]. A constatação da ausência ou insuficiência do estudo de impacto ambiental deve fazer-se mediante um *procedimento de urgência* de modo a evitar que as dilações processuais façam tropeçar as medidas de suspensão com os inconvenientes factos consumados, tornando inalcançável o objectivo pretendido [349].

É igualmente oportuno evidenciar que uma insuficiente informação do público sobre os estudos de impacto ambiental pode motivar uma suspensão da decisão adoptada, ainda que não opere automaticamente[350]. Neste caso seria razoável que a apreciação do juiz tivesse em consideração a seriedade dos motivos invocados no recurso, nomeadamente se foi dada oportunidade ao público de participar na avaliação ambiental do projecto em discussão.

---

[347] A jurisprudência tem evoluído no sentido referido no texto, sendo a primeira sentença a do Tribunal Administratif de Dijon, de 8 de Outubro de 1979. Cfr. R. MORENO, *op. cit.*, p. 119, nota 463.

[348] Cfr. art. 2.º/2 do Decreto de 12 de Outubro, com a redacçao do Decreto de 25 de Fevereiro de 1993.

[349] Assim, o Conselho de Estado tem-se pronunciado sobre a possibilidade de utilização indistinta dos procedimentos *référé* e *constat d'urgence*. Cfr. LAUBADÈRE / / VENEZIA / GAUDEMET, *Traité de Droit Administratif*, I, Paris, 1990, p. 402 e ss. O alcance do procedimento de urgência estabelecido no art. 2.º da Lei de 1976 foi sensivelmente melhorado com as alterações introduzidas pelo Decreto n.º 88-907, de 2 de Setembro que veio ampliar a possibilidade de acção ao eliminar impedimentos à sua operatividade, introduzindo mecanismos que facilitam o acesso a estes procedimentos das associações de defesa do ambiente. Neste sentido, veja-se também B. TOULEMONDE, "Le droit des associations à l'information et à la participation en matière d'urbanisme et d'environnement" in obra colectiva *Les Associations, l'Environnement et le Droit*, *op. cit.*, p. 38. Para maiores desenvolvimentos, *vide* a experiência francesa, Parte III deste trabalho.

[350] Cfr. R. AVRILLIER, "L'écologie à l'épreuve du droit. Le droit à l'épreuve de l'écologie", in *R.J.E.*, n.º especial, 1995, p. 23 e ss; R. MORENO, *op. cit.*, p. 121.

Por último, entendemos que em matéria de avaliação ambiental, se justifica e se impõe a adopção de medidas cautelares positivas (de restauro e conservação) por forma a evitar a degradação ou a perda irreversível do bem ambiental ameaçado [351]. Seria mesmo desejável adoptar entre nós um sistema de *sursis automatique* no contencioso das liberdades fundamentais, do direito do urbanismo e do direito do ambiente [352].

---

351 Cfr. COLAÇO ANTUNES, "Para uma tutela jurisdicional dos interesses difusos", *op. cit.*, p. 29. Como o art. 1.º da *L.P.T.A.* aponta como supletiva a lei de processo civil, tem plena razão de ser que no âmbito do contencioso administrativo (recurso e acções) se apliquem as providências cautelares previstas no C.P.C., especialmente as providências cautelares não especificadas — art. 381.º e ss. do C.P.C. (*Vide* também o § 123 da VwGO alemã, cfr. K. P. SOMMERMANN, *op. cit.*, p. 107 e ss.).

Todavia, reflectindo ainda sobre uma nova redacção do art. 76.º da *L.P.T.A.*, somos levados a introduzir as seguintes reflexões. A primeira é esta: o *fumus boni juris* parece condicionado, na sua "consistência", pela natureza da investigação levada a cabo pelo juiz administrativo, a qual, sublinhe-se de novo, é de carácter essencialmente de mérito. A indagação de mérito sobre o *fumus* — e esta é a segunda ideia que se pretende sublinhar —, enquanto de *mérito,* é de natureza diversa da que cumpre o juiz ordinário no processo civil. É que o controlo de mérito operado pelo juiz administrativo é iluminado por uma luz fundamental — o interesse público, reflectindo-se sobre o dano e o *fumus.* A alínea a) do art. 76.º da *L.P.T.A.*, parece, assim, fazer referência a uma noção de dano "tout court", logo inquinada pelo direito privado e propícia a excluir os prejuízos de bens de fruição difusa — como são os bens ambientais.

Ancorando o "dano de difícil reparação" exclusivamente no interesse legítimo, damo-nos conta da necessária e fundamental característica do acto cautelar, isto é, da sua indisponibilidade para se articular com a variedade das situações da vida que lhe são postas. Daí, na sua configuração actual, a escassa maleabilidade que evidencia, a que não é alheia a irressarcibilidade imediata do dano consequente à violação do interesse.

Por último, o interesse da A.P. à execução do acto pode confrontar-se não com uma mas com várias partes, com interesses contrastantes, colocando-se, mais uma vez, perante a necessidade de formular uma hierarquia de valores e de direitos a nível constitucional. Pode, aliás, suceder que a ponderação de interesses implique a consideração de interesses públicos e privados colocados de um lado e de outro da respectiva perequação, com a possibilidade do interesse público do "lado de lá" (da Administração) ser menos relevante do que o do "lado de cá" (dos titulares de interesses ambientais).

352 Cfr. A. GUIHAL, "L'amélioration des procédures d'urgence devant le Tribunal administratif", in *R.F.D.A.*, 1991, p. 823.

9. Enquadramento institucional da avaliação de impacto ambiental

O traje institucional da disciplina de avaliação de impacto ambiental aponta para uma concentração de funções administrativas em matéria ambiental no Ministério do Ambiente e dos Recursos Naturais. A lei portuguesa de avaliação ambiental, seguindo a experiência francesa, prevê que a avaliação ambiental seja realizada por uma entidade diversa da competente para autorizar ou licenciar o projecto, como resulta do artigo 3.º e seguintes do Decreto-Lei n.º 186/90 e do artigo 3.º do Decreto Regulamentar n.º 38/90. As funções administrativas ambientais apresentam-se, portanto, concentradas no Ministério do Ambiente e Recursos Naturais, determinando a entidade administrativa encarregue da instrução do procedimento de avaliação de impacto ambiental, a quem cabe apreciar e emitir parecer sobre o projecto (art. 4.º/ 1 do D.L. n.º 186/90 e art. 3.º/ 1 do D.R. n.º 38/90) [353]. Nos casos de projectos situados dentro dos perímetros urbanos ou que atravessem povoações, a competência referida anteriormente é exercida conjuntamente com o ministro responsável pelo ordenamento do território (art. 3.º/ 2 do D.R. n.º 38/90).

A nosso ver, a solução de concentrar as funções ambientais no Ministério do Ambiente apresenta-se correcta, ainda que possa argumentar-se com o efeito descentralizador consagrado na Constituição (arts. 6.º e 237.º e ss.). A dimensão nacional do interesse difuso ambiental e a exigência do exercício unitário sobre todo o território nacional das funções administrativas preordenadas à sua tutela obrigam que a autoridade competente para a avaliação de impacto ambiental

---

[353] Entidade normalmente composta, de acordo com a natureza do projecto, por técnicos superiores em representação dos serviços da administração central na área do ambiente — Direcção Geral do Ambiente, Instituto da Água, Instituto de Meteorologia, Instituto de Conservação da Natureza e Direcções Regionais do Ambiente e dos Recursos Naturais. Cfr. P. PINHO, "O sistema de AIA em Portugal", *op. cit.*, p. 531.

esteja na dependência do Ministério do Ambiente, seja qual for o tipo de projecto e o impacto produzido [354].

Limitar o papel do Ministério a uma simples função de orientação e coordenação e remeter o procedimento de avaliação para as Autarquias Locais, constituiria uma cirurgia normativa que atentaria contra o princípio prosseguido noutros sectores, segundo o qual a dimensão nacional do interesse tutelado implica uma reserva do Estado nesta matéria [355]. A atribuição do "parecer" de avaliação de impacto ambiental a órgãos estaduais não significa que as Autarquias devam estar inibidas de participar no *iter* procedimental, como resulta do artigo 4.º do Decreto Regulamentar n.º 38/90.

Não é de excluir, no entanto, que a criação de regiões administrativas venha permitir uma disciplina de avaliação de impacto ambiental mais rigorosa. Se assim for, não será de todo descabido a atribuição de poderes penetrantes aos órgãos regionais na determinação do conteúdo do acto de avaliação ambiental, sem que isso signifique uma apropriação indevida de uma competência reservada ao Estado [356]. A necessidade de assegurar uma fiscalização tecnicamente capaz do processo de avaliação de impacto ambiental aconselha também à centralização de funções administrativas nesta matéria.

No caso de impactos ambientais transfronteiriços deverá ser sempre a Administração Central a assumir a competência

---

354 Num sentido descentralizador P. DELL'ANNO, "Il procedimento", *op. cit.*, p. 36 e ss..

355 Assim, C. QUADRI, "Problemi istituzionali della valutazione di impatto ambientale", *op. cit.*, p. 413.

356 Neste sentido COLAÇO ANTUNES, "Tutela do ambiente e procedimento administrativo...", *op. cit.*, p. 98, nota 36.

Todavia, qualquer tentativa de descentralizar as competências em matéria ambiental, o que em certa medida se justificaria pela dimensão horizontal-territorial do ambiente, deverá previamente ponderar e resolver os problemas que se prendem com as exigências de uma avaliação credível. Estamos a referir-nos à necessidade dos órgãos de governo regionais estarem suficientemente dotados de técnicos qualificados para proceder a um controlo ambiental sério e rigoroso dos projectos.

ambiental, ainda que as Autarquias possam e devam ser consultadas [357].

10. Concluindo com nostalgia. À "espera" da qualidade estética da avaliação de impacto ambiental

Já vai longo o discurso, pelo que julgamos oportuno concluí-lo com uma breve referência à qualidade estética da avaliação de impacto ambiental.

A abordagem do valor estético do ambiente deve ter em consideração que o adjectivo *estético* é semanticamente complexo [358]. Entre diversas acepções umas privilegiam o belo artístico, enquanto outras favorecem simplesmente o belo natural, a forma exterior, sem ligação ao artístico.

Quando se fala de avaliação estética do ambiente está-se a referir o segundo significado – o ambiente natural [359] – mas também o primeiro – ambiente antropomorfizado, edifícios, testemunhos histórico-culturais (art. 2.º/2 do D.L. n.º 186/90, de 6 de Junho). O fascínio estético do ambiente não é estranho ao esforço humano de compreensão das regras da harmonia e do equilíbrio da natureza. A humanidade procurou agir sempre sobre o ambiente, procurando respostas para as suas necessidades de sobrevivência económica e espiritual.

---

[357] C. QUADRI, *op. cit.*, p. 414.

[358] Cfr. M. A. CORTELAZZO, "Emozione estetica: una scheda lessicale", in *L'emozione estetica,* Padova, 1993, p. 73 e ss.

[359] A dimensão estética do ambiente vem aqui entendida como paisagem, embora saibamos que ambiente e paisagem não são a mesma coisa. A ideia de paisagem, ainda que se possa falar de unilateralidade, tem tanto a ver com a fruição estética como com as condições ambientais ou com a funcionalidade do território.

Por outro lado, não se pode esquecer que a fruição, a observação da paisagem estão intimamente ligadas com a representação proposta, em primeiro lugar, pela tradição pictórica. Os clássicos da história da arte ensinam que a capacidade de descrever o cenário exterior com os meios pictóricos nasce com absoluta novidade no século XV (cfr. K. CLARK, *Landscape into Art,* London, 1979, p. 45).

As hodiernas actividades de planificação urbanística e especialmente de ordenamento do território, sem o qual não é verdadeiramente compreensível o instituto de avaliação de impacto ambiental, incluem de modo explícito preocupações estéticas e ambientais, por forma a tornar o ambiente não só racional mas também agradável. É bom recordar que a emoção estética constitui o momento piramidal de evasão na nossa quotidiana interacção com o ambiente natural e construído [360]. Neste sentido, seria de nos interrogarmos se na A.I.A. a actividade cognitiva não deveria ser *orientada esteticamente* [361], na medida em que esta se baseia em dois critérios fundamentais de avaliação das coisas: o correcto-incorrecto e o belo-feio [362].

Nos últimos decénios temos assistido a uma crescente atenção dada pelos legisladores aos aspectos estéticos, sendo justo salientar pelo seu carácter inovador o *Multiple Use Sustained Yield Act,* de 1960 (respeitante à gestão das florestas, onde sobressai a preocupação pela qualidade cénica das paisagens e o *Wilderness Act,* de 1964, dirigido à tutela dos aspectos científicos, ecológicos e estéticos da paisagem ambiental. Mais recentemente, a *loi paysages,* em França, com implicações ao nível do ordenamento do território e dos *études d'impact (enquêtes publiques),* é igualmente marcante.

Um dos pontos da L.A.I.A. e da Directiva 85/337 a merecer revisão é certamente o que tem a ver com o escasso relevo dado ao impacto estético no ambiente causado pelos empreendimentos. Estamos, porém, num terreno onde é necessário usar de toda a sensibilidade e bom senso. O legislador deverá ponderar muito bem, pois estão aqui em causa impactos objectivos e subjectivos. Cremos que os impactos

[360] Cfr. A. ARGENTON, "Emozione estetica", in *Sillabrio delle emozioni,* Milano, 1992, p. 210.

[361] A. ARGENTON, "Psicologia delle emozioni e emozione estetica", in *L'emozione estetica,* Padova, 1993, p. 172.

[362] Cfr. U. NEISSER, *Conoscenza e realtà,* Bologna, 1981, p. 101.

objectivos (medidos cientificamente) não poderão deixar de atender aos aspectos subjectivos, percepções, sentimentos, visões, forma vivencial de uma determinada comunidade. A qualidade estética da avaliação de impacto ambiental não pode desatender a distinção entre impactos objectivos e subjectivos. A percepção da qualidade paisagística é um fenómeno complexo e interactivo que depende não só de variáveis da paisagem objectivamente definíveis, mas também das representações do belo projectadas pelo especialista ou por uma determinada comunidade. Queremos, no fundo, dizer que deve haver uma simbiose adequada entre o *observador* e o *observado,* sob pena de, ao excluirmos a plurisubjectividade, convertermos o juízo estético numa análise fria, sem emoção [363].

As aproximações que encontramos na avaliação de impacto ambiental são reconduzíveis a três categorias: a) juízos normativos; b) análise dos caracteres físicos e; c) descrição fenomenológica. Os dois primeiros têm em comum que a avaliação estética depende essencialmente das características do ambiente. A descrição fenomenológica sustenta que os elementos em que se funda o juízo estético podem variar de "observador" para observador. Pode tratar-se de aspectos diferentes do ambiente físico, como de diversa significação dos bens ambientais [364].

As técnicas de avaliação dos impactos estéticos são normalmente dominadas por critérios objectivos, por razões que se prendem, entre outras, com a definição de orientações programáticas e a cristalização normativa de *standards.* Não surpreende, assim, que as aproximações sejam sobretudo

---

[363] D. M. FENTON, J. P. RESER, "The Assessment of Landscape Quality. An Integrative Approach", in J. L. NASAR, *Environmental Aesthetics. Theory, Research and Applications, op. cit.*, p. 28 e ss.

[364] Cfr. A. T. PURCELL, R. J. LAMB, "Landscape Perception: An Examination and Empirical Investigation of two Central Issues in the Area", in *Journal of Environmental Management,* n.º 19, 1984, p. 208 e ss.

de natureza histórico-tipológica [365]. A paisagem é entendida na sua dimensão de estrutura formada de elementos materiais, segundo regras morfológicas e funções historicamente definidas (culturas, estabelecimentos de vário tipo, infra-estruturas). Através da definição das componentes históricas e da unidade tipológica da paisagem, com base no grau de permanência-transformação e no grau de sensibilidade ambiental, chega-se à avaliação da compatibilidade do projecto e das eventuais medidas correctoras. O princípio é o de que quanto mais elevada é a permanência mais alto é o nível de sensibilidade e, por conseguinte, do impacto potencial. Por outras palavras, o objectivo é a menor alteração possível da situação existente, considerada tanto mais preciosa quanto mais longo é o tempo em que permanece inalterada.

Estas metodologias tendem a privilegiar, porém, as paisagens de maior valor estético-visual, no pressuposto de que sejam mais merecedoras de tutela (áreas mais belas, o que não significa mais sensíveis). Dá-se igualmente relevo, para além das dimensões físicas, aos tipos de cobertura do território (ausência de elementos antropomorfizados, campos cultivados, florestas), a aspectos ligados à organização espacial e à homogeneidade do solo [366].

O impacto é judicado tanto maior, quanto menor é a capacidade de receptividade da obra projectada na paisagem, quanto maior é o contraste e a sua visibilidade. Aqui, o *sublime,* o *natural,* o *único* coincidem com as mais severas preocupações estéticas do "observador", o que comporta a consequência perversa de admitir que aquele espaço escassamente sensível ou belo pode ser alvo de intervenções mais gravosas. Está aqui subjacente a distinção entre áreas esteticamente belas e aquelas que não possuem tais atributos.

---

365 Cfr. G. GISOTTI, S. BRUSCHI, *Valutare l'ambiente,* Roma, 1990, p. 10 e ss.

366 Cfr. S. KAPLAN, "Perception and Landscape: Conceptions and Misconceptions", in *Environmental Aesthetics, op. cit.*, p. 219 e ss.

A realidade ambiental é medida pela percepção estética do observador, a que não é alheio a utilização de técnicas fotográficas [367].

Impõe-se, de certa forma, mais uma observação. As técnicas de tipo objectivo são utilizadas por especialistas, que exprimem ideários estéticos, sem, por vezes, terem a sensibilidade de atender à forma estético-espiritual como o espaço é vivido pelas pessoas de uma localidade. Em suma, o saber especializado deve enquadrar devidamente o impacto estético e emocional, a imagem do sítio, tal como ele é interpretado pelas gentes. Enfim, é preciso saber afastar concepções restritivas, ainda que extremamente refinadas, da qualidade estética da paisagem, em prejuízo da experiência estética vivente.

As aproximações "subjectivas" exprimem-se fundamentalmente no momento participativo que enforma este procedimento, enquanto as objectivas se reflectem mais no "parecer". A natureza simultaneamente afectiva e cognitiva do juízo estético contagia a participação plurisubjectiva, tornando-se um elemento capital de uma viva e correcta avaliação estética de impacto ambiental. Sem menosprezar, obviamente, os juízos sobre objectos de interesse histórico e artístico, os factores culturais, constituintes da atmosfera espiritual de um determinado espaço, assumem particular importância na formulação das observações e na configuração do impacto estético.

Aspectos estéticos emergem frequentemente na definição de *place identity,* como elemento da própria *self identity,* a que não são alheios os gostos e as formas de convivialidade.

Em conclusão, a avaliação de impacto ambiental deve privilegiar o lado estético do impacto ambiental, procurando

---

[367] Cfr. J. FORGAS, G. BOWER, "Affect in Social and Personal Judgement", in K. FIELDER, J. FORGAS, *Affect, Cognition and Social Behavior,* Toronto, 1988, p. 184. Nas palavras de R. BARTHES, *La Chambre Claire, note sur la photographie,* Paris, 1980, p. 56, "La photo est comme un théâtre primitif, comme un Tableau Vivant, la figuration de la face immobile et fardée sous laquelle nous voyons les morts".

uma maior integração entre os critérios objectivos e subjectivos. A correcta determinação do impacto estético é também ela uma forma de melhor avaliar os impactos propriamente físicos no ambiente.

A sabedoria de uma avaliação estética do impacto ambiental está em saber harmonizar o estilo florentino com a vivência e o imaginário estético da Aldeia da Luz. Se entendermos que um pouco de materialismo histórico não faz mal ao mundo, devemos lembrar que o *esgotamento de uma relação estética entre imagem e conhecimento* coincidiu com a afirmação da sociedade de mercado [368]. É preciso recuperar essa relação estética sem cair no excesso pitoresco de valorar igualmente uma acácia bastarda e um cipreste toscano.

A imagem poética ou pictórica é um pré-requisito da observação científica, mas não é dito que não possa ser um efeito como se podia pensar no século XVIII. Todavia, não foi a *Morte em Veneza* de Thomas Mann ou de Visconti que ofuscaram de neblina ou de nevoeiro a bela vista da cidade.

Talvez possamos compreender agora a *Gelassenheit* de Heidegger, como algo que aponta para a ideia de abandono e abertura. Estar aberto para o ambiente e, simultaneamente, deixarmo-nos abandonar nele e talvez por ele. Só *aqui* (paisagem) é possível o *habitar,* concebido como *pensar nostálgico,*

---

[368] Repropõe-se, assim, segundo os actuais cânones estético-hermenêuticos, senão o regresso à linguagem metafórico-poético-imaginativa, pelo menos a sua combinação com a linguagem racional, lógico-dedutiva-demonstrativa das ciências. Talvez, assim, seja possível encontrar *o* lugar ou mais esperançosamente *um* lugar em que o *logos* e o *pathos,* tradicionalmente opostos no dualismo radical do pensamento ocidental, surjam originariamente próximos.

Devemos ter a humildade de reconhecer a inadequação (insuficiência) da linguagem racional para exprimir a experiência fundamental da existência que se dá no *pathos.* Talvez por isso seja indispensável uma *linguagem arcaica* (cfr. E. GRASSI, *Potenza dell'immagine,* Milano, 1989, p. 91 e ss.), baseada numa constitutiva semanticidade e indicatividade. A linguagem metafórica (criadora de imagens) é reveladora de uma relação originária entre a visão sensível e o *logos* semântico. O *logos* natural e arcaico é ou pode ser incompreensível para uma linguagem racional como no diálogo entre Cassandra e o coro na tragédia de Ésquilo – *Agamémnon.* Cfr. E. GRASSI, *op. cit.*, p. 96.

enquanto forma suprema de meditação e de reflexão. Por isso e para isso deve-se poder *esperar*... no nosso longo caminho entre os campos.

Sem qualidade estética não é possível mantermo-nos próximos das coisas sem as dominar. *Habitar poeticamente a terra* não é permanecer num determinado lugar, mas é ainda menos viver no (pós-moderno) nomadismo de auto-estrada.

Como ilumina Heidegger, *das Wohnen ist vielmehr immer schon ein Aufenthalt bei den Dingen.*

BIBLIOGRAFIA

BIBLIOGRAFIA

AA.VV., *L'amministrazione pubblica tra riservatezza e trasparenza*, Milano, 1991

AA.VV., *Seminário sobre o Código do Procedimento Administrativo*, Coimbra, 1993

ACHTERBERG, N., *Allgemeines Verwaltungsrecht,* Heidelberg, 1982

ADAMOVICH, L. K. / FUNK, B. C., *Algemeines Verwaltungsrecht,* 3ª ed., Wien, New York, 1987

ALARCÃO, RUI, *Direito das Obrigações*, Coimbra, 1983

ALBERTI, P., "L'accesso ai documenti amministrativi", in *Lezione sul procedimento amministrativo*, Torino, 1992

ALBERTI, P./AZZARITI, G./CANAVESIO, G./GALLO, C. E./QUAGLIA, M. A., *Lezione sul procedimento amministrativo*, Torino, 1992

ALEXY, R., *Theorie der Grundrechte*, Frankfurt/M, 1985

ALIBRANDI, T./FERRI, P., *I beni culturali e ambientali*, Milano, 1985

ALLEGRETTI, U., *L'imparzialità amministrativa,* Padova, 1965

ALLEGRETTI, U., "Pubblica amministrazione e ordinamento democratico", in *Foro it.*, V, 1984

ALLENDE, J., "Calidad del suelo y planificación territorial en el marco de la evaluación de impacto ambiental", in *RDU,* nº 121, 1991

ALLI ARANGUREN, "Régimen jurídico de la evaluación del impacto ambiental (EIA)", in *Revista Jurídica de Navarra,* nº 8, 1989

ALMEIDA COSTA, *Direito das Obrigações*, 4ª ed., Coimbra, 1984

ALONSO GARCIA, E., "La participación de individuos en la toma de decisiones relativas al medio ambiente en España. Aspectos constitucionales", in *R.E.D.A.,* nº 61, 1989

ALVES CORREIA, *As Garantias do Particular na Expropriação por Utilidade Pública*, Coimbra, 1982

ALVES CORREIA, *O Plano Urbanístico e o Princípio da Igualdade*, Coimbra, 1989

ALVES CORREIA, *Código das Expropriações e Outra Legislação sobre Expropriações por Utilidade Pública*, Lisboa, 1992

ALVES CORREIA, *As Grandes Linhas da Recente Reforma do Direito do Urbanismo Português*, Coimbra, 1993

ALVES CORREIA, "O contencioso dos planos municipais de ordenamento do território", in *Rev. Jur. Urb. Amb.*, nº 1, 1994

AMAN, A. C./MAYTON, W. T., *Administrative Law,* St. Paul, 1993

AMATO, G., *Individuo e autorità nella disciplina della libertà personale,* Milano, 1967

AMOROSINO, S., *Sistemi ambientali e discipline amministrative*, Padova, 1990

AMOROSINO, S., "Valutazione di impatto ambientale e pianificazione urbanistica: le tendenze della legislazione e dell'attività amministrativa", in *Valutazione di impatto ambientale e pianificazione urbanistica,* Napoli, 1992

ANDERSON, F. A., *NEPA in the Courts: A Legal Analysis of the National Environmental Policy Act*, Washington, 1973

ANDERSON, R., *Nepa in the Courts,* Baltimore, 1973

ANDREANI, A., "Gli interessi pretensivi dinamici nel procedimento amministrativo", in *Dir. amm.*, nº 3, 1994

ANDREIS, M., *Tutela sommaria e tutela cautelare nel processo amministrativo,* Milano, 1996

ANDREWS, R. N., *Environmental Policy and Administrative Change*, Boston, 1976

ANDREWS, R. N., "Socio-Economic Aspects of Eia: the United States Experience", in *Aspetti socio-economici della Via*, Bologna, 1987

ANDREWS, R. N., "Environmental Impact Assessment and Risk Assessment: Learning from Each Other", in P. WATHERN, *Environmental Impact Assessment. Theory and Practice*, 2.ª ed., London, 1992

ANTUNES VARELA, *Das Obrigações em Geral*, I, 6ª ed., Coimbra, 1989

ANTUNES, P., "Técnicas de predição de impactes ambientais", in *Avaliação do Impacte Ambiental*, Lisboa, 1994

APARTONE, "Funzioni costitutive e regolative nella Critica della Ragione Pura di Kant", in *Riv. di storia della filosofia,* nº 4, 1990

ARAÚJO, ANTÓNIO, O Código do Procedimento e a participação dos administrados", in *Rev. Min. Públ.*, nº 53, 1993

ARBUCKLE, J. G. e outros, *Environmental Law Handbook,* 8ª ed., Rockville, 1985

ARENA, G., "La partecipazione dei privati al procedimento amministrativo: analise dell esperienza americana", in *Riv. trim. dir. pubbl.*, 1976

ARGENTON, A., "Emozione estetica", in *Sillabrio delle emozioni,* Milano, 1992

ARGENTON, A., "Psicologia delle emozioni e emozione estetica", in *L'emozione estetica*, Padova, 1993

ATKINS, R., "A Comparative Analysis of the Utility of EIA Methods", in B. CLARK, R. BISSET, A. GILAD e P. TOMLINSON, *Perspectives on Environmental Impact Assessment,* Dordrecht, Boston, Lancaster, 1984

AUBERT, G. F., *Traité de Droit Constitutionnel Suisse,* Neuchâtel, 1976

AVRILLIER, R., "L'ecologie à l'épreuve du droit. Le droit a l'épreuve de l'écologie", in *R.J.E.*, nº esp., 1995

AZEVEDO MOREIRA, "Conceitos indeterminados: sua sindicabilidade contenciosa", in *Rev. Dir. Públ.*, nº 1, 1985

AZZARITI, G., *Della discrezionalità al potere,* Padova, 1989

AZZARITI, G., "Trasformazioni dell'amministrazione e procedimento amministrativo", in *Lezioni sul procedimento amministrativo*, Torino, 1992

AZZENA, A., "Spunti per una riflessione su: regole tecniche e merito amministrativo in relazione alla possibilità di sindacato giurisdizionale sulla discrezionalità", in *Studi in ricordo de E. Capaccioli*, Milano, 1988

BACHELET, V., *L'attività tecnica della pubblica amministrazione*, Milano, 1967

BADURA, P., "Das Planungsermessen und die rechtsstaatliche Funktion des Allgemeinen Verwaltungsrechts", in *Festschrift für den bay. Verfassungsgerichtshof*, München, 1972

BADURA, P., "Il procedimento amministrativo", in *La codificazione del procedimento amministrativo nella Repubblica Federale di Germania*, in *Problemi di amministrazione pubblica*, 2, Napoli, 1979

BADURA, P., "Limiti e alternative della tutela giurisdizionale nelle controversie amministrative", in *Riv. trim. dir. pubbl.*, 1984

BADURA, P., "La recente novella alla legge tedesca sul processo amministrativo: un passo verso una più efficace tutela giurisdizionale del privato?", in *Dir. proc. amm.*, nº 1, 1992

BALDASSARRE, A., "Diritti pubblici soggettivi", in *Enc. giur.*, vol. XI, Roma, 1988

BALDASSARRE, A.,"Diritti inviolabili", in *Enc. giur.*, vol. XI, Roma, 1989

BALDASSARRE, A., "Aspetti teorici e storici della sopra-costituzionalità", in *Giust. e cost.*, 1995.

BALL, S./BELL, S., *Environmental Law,* London, 1991

BANFI, T., "Aspetti del procedimento per la valutazione di impatto ambientale", in *Amministrare*, n.ºs 1/2, 1989

BAPTISTA MACHADO, *Participação e Descentralização. Democratização e Neutralidade da Constituição de 1976*, Coimbra, 1982

BAPTISTA MACHADO, *Introdução ao Direito e ao Discurso Legitimador*, Coimbra, 1990

BARAM, F., "Environmental Decision-Making and Siting of Facilities", in *Environmental Law Review*, 1975

BARBERA, R., *L'attività amministrativa. Dal piano al progetto,* Padova, 1990

BARBIERI, M., *La teoria semantica dell' evoluzione*, Bologna, 1985

BARBOSA DE MELO, "As garantias administrativas na Dinamarca e o princípio do arquivo aberto", in *B.F.D.U.C.*, 1981

BARBOSA DE MELO, *Direito Administrativo, II (A protecção jurisdicional dos cidadãos perante a administração pública)*, Coimbra, 1987

BARCELLONA, P., *I soggetti e le norme*, Milano, 1984

BARDE, J. P./PEARCE, D. W., *Valutare l'ambiente. Costi e benefici nella politica ambientale*, Bologna, 1993

BARNES, J., "Introducción al principio de proporcionalidad en el derecho comparado y comunitario", in *R.A.P.*, nº 135, 1994

BARONE, G., *L'intervento del privato nel procedimento amministrativo*, Milano, 1969

BARRY BREEN, "Citizen Suits for Natural Resources Damages: Closing a Gap in Federal Environmental Law", in *Wake Forest Law Review*, vol. 24, nº 4, 1989

BARTHES, R., *La Chambre Claire, note sur la photographie*, Paris, 1980

BARTLETT, R. V., "Ecological Rationality: Reason and Environmental Policy", in *Environmental Ethics*, nº 8, 1986

BARTLETT, V./CALDWELL, K., "Política nacional del medio ambiente a través de la evaluación del impacto ambiental: la experiencia estadounidense", in *Ambiente y Recursos Naturales*, vol. III, nº 1, 1986

BASS, R., "Policy, Plan and Programme EIA in California", in *EIA Newsletter*, nº 5, 1990

BASSI, F., *La norma interna. Lineamenti di una teoria*, Milano, 1963

BASSI, F., "Note sulla discrezionalità amministrativa", in *Le trasformazioni del diritto amministrativo*, Milano, 1995

BATAILLE, G., *La Part Maudite*, Paris, 1967

BAUMOL, W., *Economics, Environmental Policy and the Quality of Life*, Englewood Cliff, 1979

BEANLANDS, G., "Scoping Methods and Baseline Studies in EIA", in P. WATHERN, *Environmental Impact Assessment*, 2ª ed., London, 1992

BECHMANN, A./VAN RIJN, M./WINTER, G., *Gesetz zur Durchführung der UVP*, Freiburg, 1987

BECK, U., "The Reinvention of Politics: Towards a Theory of Reflexive Modernization", in U. BECK ./ A. GIDDENS. / S. LASH, *Reflexive Modernization: Politics, Tradition and Aesthetics in the Modern Social Order*, Cambridge, 1994

BECKMANN, M., "Die Umweltverträglichkeitsprüfung und das rechtssystematische Verhältnis von Planfeststellungsbeschlüssen und Genehmigungsentscheidungen", in *DÖV*, 1987

BECKMANN, M., "Rechtliche Grenzen informaler Bürgerbeteiligung bei der Standortsuche für Abfalletsorgungsanlagen", in *UPR*, 11/12, 1993

BELL, J., "The Expansion of the Judicial Review over Discretionary Powers in France", in *Public Law*, 1986

BELLOCH MARQUÉS, V., "La evaluación socioeconomica de los impactos ambientales derivados de las actividades humanas", in *Economia y Medio Ambiente*, Madrid, 1982

BENDA, E., "Verfassungrechtliche Aspekte des Umweltschutzes", in *Umwelt und Planungsrecht,* Berlin, 1982

BENDER, "Nukleartechnische Risiken als Rechtfrage", in *DÖV*, 1980

BENDIX, S./GRAHAM, H. R., *Environmental Assessment: Approaching Maturity,* Michigan, 1981

BENHABIB, S., "Modes of Public Space: Hannah Arendt, the Liberal Tradition and Jürgen Habermas", in C. CALHOUN, *Habermas and the Public Sphere,* Cambridge, 1992

BENTON, T., *Natural Relations: Ecology, Animal Rights and Social Justice,* London, 1993

BENVENUTI, F., "Eccesso di potere per vizio della funzione", in *Rass. dir. pubbl.,* 1950

BENVENUTI, F., "Funzione amministrativa, procedimento, processo", in *Riv. trim. dir. pubbl.*, 1952

BENVENUTI, F., "Per un diritto amministrativo paritario", in *Studi in memoria di E. Guicciardi*, Padova, 1975

BENVENUTI, F., "L'amministrazione oggettivata: un nuovo modello", in *Riv. trim. sc. amm.*, 1978

BENVENUTI, F., "Parte (Diritto amministrativo)", in *EdD*, XXXI, Milano, 1981

BENVENUTI, L., *La discrezionalità amministrativa,* Padova, 1986

BEREANO, A., *A Proposed Methodology for Assessing Alternative Thecnologies,* Cornell University, New York, 1972

BERGONZINI, G., *L'attività del privato nel procedimento amministrativo,* Padova, 1975

BERRA, A., "Brevi riflessioni sul bene giuridico ambiente", in *Riv. giur. edil.*, nº 2, 1990

BERTI, G., "La definitività negli atti amministrativi", in *Arch. giur.*, 1965

BERTI, G., "Momenti della trasformazione della giustizia amministrativa", in *Riv. trim. dir. pubbl.*, 1972

BERTI, G., "Interessi senza strutura", in *Studi in onore di Antonio Amorth,* vol. I, Milano, 1982

BERTI, G., Il processo normativo dell'impatto ambientale", in *Valutazione di impatto ambientale e pianificazione urbanistica*, Milano, 1992

BERTI, G., *La responsabilità pubblica (Costituzione e Amministrazione),* Padova, 1994

BETTERMANN, K. A., "Über di Legitimation zur Anfechtung von Verwaltungsakten", in K. A. BETTERMANN, *Staatsrecht. Verfahrensrecht. Zivilrecht. Schriften aus vier Jahrzehnten,* Köln, 1985

BETTINI, V. e outros, *Il bilancio di impatto ambientale,* Milano, 1984

BETTINI, V., "La partecipazione nei processi decisionale di valutazione d'impatto ambientale", in *Nuova rassegna*, nº 4, 1986

BIANCOTTI, G., "Impatto ambientale delle grandi opere", in G. PAVONI, F. BIANCHI, *Valutazione di impatto ambientale (criteri, strumenti ed esperienze)*, Milano, 1990

BIN, R., *Atti normativi e norme programmatiche,* Milano, 1988

BIONDI, *I beni*, Torino, 1956

BIRNIE, P./BOYLE, A., *International Law & the Environment,* Oxford, 1993

BISSET, R., "O papel da monitorização e auditoria na AIA", in *Avaliação do Impacte Ambiental*, Lisboa, 1994

BISSET, R., "Methods for Assessing Direct Impacts", in B. CLARK, R. BISSET, A. GILAD E P. TOMLINSON, *Perspectives on Environmental Impact Assessment,* Dordrecht, Boston, Lancaster, 1984

BISSET, R., "Developments in EIA Methods", in P. WATHERN, *Environmental Impact Assessment. Theory and Practice,* 2ª ed., London, 1992

BISSET, R., "Métodos de AIA", in *Avaliação do Impacte Ambiental,* Lisboa, 1994

BLECKMANN / ERBGUTH / SCHOENEBERG, *Die Umweltverträglichkeitsprüfung,* Linz, 1985

BLOCH-LAINÉ, F./GARRIGOU-LAGRANGE, J. M., *Associations et Développement Local,* Paris, 1988

BLÜMEL, W., "Grundrechtsschutz durch Verfahrensgestaltungs", in *Frühzeitige Bürgerbeteiligung bei Planungen*, Berlin, 1982

BOBBIO, N., *Giusnaturalismo e positivismo giuridico*, Milano, 1965

BOBBIO, N., "La democrazia e il potere invisibile", in *Pol. dir.,* 1980

BOCK, B., *Umweltschutz im Spiegel von Verfassungsrecht und Verfassungspolitik,* Berlin, 1990

BÖCKENFÖRDE, E.-W., "Grundrechtstheorie und Grundrechtsinterpretation", in *NJW*, 1974

BÖCKENFÖRDE, E.-W., "Zur Kritik der Wertbegründung des Rechts", in *Oikeiosis, Livro de Homenagem a Robert Spaemann,* 1987

BODELON, F., "El medio natural y las evaluaciones de impacto ambiental", in *La Comunidad Europea y la Conservación de la Naturaleza,* Madrid, 1990

BODELON, F., "Marco legal e institucional de las evaluaciones de impacto ambiental", in *Curso sobre E.I.A. en Castilla y Léon*, 1990

BOGGS, J. P., "Procedural vs. Substantive in NEPA Law: Cutting the Gordian Knot", in *Environmental Professional,* 1994

BOHMAN, J., "Complexity, Pluralism and the Constitucional State: On Haberma's Faktizität und Geltung", in *Law & Society Review*, 1995

BOITEAU, C., "Le juge unique en droit administratif", in *R.F.D.A.*, 1996

BOLDING, H., "Aspects of Burden of Proof", in *Scandinavian Studies in Law*, 1960

BOOKCHIN, M., *Towards an Ecological Society*, Montreal, 1980

BOOKCHIN, M., *The Ecology of Freedom: The Emergence and Dissolution of Hierarchy*, Palo Alto, 1982

BORGONOVO RE, "La valutazione d'impatto ambientale in Francia", in S. NESPOR E L. DE CESARIS, *La valutazione di impatto ambientale,* Milano, 1991

BORGONOVO RE, "Contributo allo studio del danno ambientale", in *Riv. giur. amb.*, 1992

BORTOLOTTI, D., *Attività preparatoria e funzione amministrativa,* Milano, 1984

BOSSELMAN, K., "Eigene Rechte für die Natur? Ansatze einer ökologischen Rechtauffassung", in *K.J.,* 1986

BOTELHO MONIZ, "As relações da ordem jurídica portuguesa com a ordem jurídica comunitária-algumas reflexões", in *Legislação,* n.ºs 4/5, 1992

BOTELHO, S./ESTEVES, P./PINHO, C. DE, *Código do Procedimento Administrativo (anotado - comentado - jurisprudência),* Coimbra, 1992

BOTHE, M., "Umweltschutz als Aufgabe der Rechswissenschaft", in *Zeitschrift für ausländisches öffentliches Recht und Völkerrecht*, nº 32, 1972

BOURGOIS, J. P., "L'erreur manifeste d'appréciation: la decision administrative, le juge et la force de l'évidence", in *L'espace juridique,* Lille, 1988

BOUYSSOU, F., "Nouvelles dispositions en matière d'urbanisme", in *A.J.D.A.*, 1994

BOWONDER, B., "Integrating Perspectives in Environmental Management", in *Environmental Management*, vol. 11, nº 3, 1987

BREITENSTEIN, D. VON, "La loi allemande relative a la responsabilité en matière d'environnement: pierre angulaire du droit de l'environnement?", in *R.J.E.*, nº 2, 1993

BREYER, S./STEWART, R., *Administrative Law and Regulatory Policy,* Boston, 1985

BRIGNOLA, F., "I procedimenti di particolare interesse partecipativo", in *La disciplina generale del procedimento amministrativo,* Milano, 1989

BRUSCHI, S., *Valutazione dell'impatto ambientale*, 2ª ed., Roma, 1988

BUENZOD, J., "De l' Aufklärung au Sturm und Drang; continuité ou rupture", in *Studies on Voltaire*, vol. XXIV, Genève, 1963

BULLINGER, M., "Das Ermessen der öffentlichen Verwaltung-Entwicklung, Funktionen, Gerichtskontrolle", in *JZ,* 1984

BULLINGER, M., "Le pouvoir discrétionnaire de l'administration en République Fédérale d'Allemagne", in *R.F.D.A.*, nº 4, 1988

BULLINGER, M., "Procedimientos administrativos al ritmo de la economia y de la sociedad (directivas constitucionales para una reforma)", in *R.E.D.A.*, nº 28, 1992

BURRIEZA, A., *El Derecho a la Tutela Judicial Efectiva*, Madrid, 1990

BURTON, T., "Access to Environmental Information: The UK Experience of Water Registers", in *Journal of Environmental Law,* nº 192, 1989

BUTTI, G./BUTTI, L., "Il diritto di accesso alle informazioni ambientali disponibili presso la pubblica ammnistrazione", in *Riv. giur. amb.*, nº 3, 1993

BYSE, C., "Judicial Review of Administrative Interpretation of Status: an Analysis of Chevron's Step Two", in *Adm. Law Journal,* vol. 2, 1988

CABALLERO, F., *Essai sur la Notion Juridique de Nuisance*, Thèse, Paris, 1981

CABALLERO, F., "Le Conseil d'État ennemi de l'environnement", in *R.J.E.*, nº 1, 1984

CAETANO, MARCELLO, *Manual de Direito Administrativo* , vols. I, 10ª ed., e II, 9ª ed., Coimbra, 1980

CAHN and CAHN, "The New Sovereign Immunity", in *81 Harv. L. Rev.,* 1968

CAHN, R., "The Impact of NEPA on Public Perception of Environmental Issues", in *Environmental Law Report*, vol. VI, nº 3, 1976

CAIANIELLO, V., "Rapporti tra procedimento amministrativo e processo", in *Dir. proc. amm.*, n.º 2, 1993

CAILLOSSE, J., "Enquête publique et protection de l'environnement", in *R.J.E.*, n.ºs 2/3, 1986

CALVÃO DA SILVA, *Responsabilidade Civil do Produtor*, Coimbra, 1990

CAMARDA, "Ambiente, ambiente marino e danno ambientale", in *Riv. giur. amb.*, 1986

CANARIS, C., *Systemdenken und Systembegriff in der Jurisprudenz, entwickelt am Beispiel des deutschen Privatrechts*, Berlin, 1969

CAÑETE, J. G., "La evaluación ambiental en España", in *Papeles del Centro EIA,* Madrid, 1995 (Addendum)

CANTER, L. W., *Environmental Impact Assessment,* New York, 1977

CANTER, L. W., "Environmental Impact Studies in the United States", in BRIAN D. CLARK, R. BISSET, A. GILAD, P. TOMLINSON, *Perspectives on Environmental Impact Assessment*, Dordrecht, Boston, Lancaster, 1984

CANTER, L. W., "El papel de la EIA en la protección ambiental: seguimiento y control", in *Jornadas sobre Evaluación de Impactos Ambientales*, Sevilla, 1988

CAPACCIOLI, E., *Manuale di diritto amministrativo*, 2ª ed., Padova, 1983

CAPPELLA, V., *Ecologia: De las Razones a los Derechos*, Granada, 1994

CAPPELLETTI, M., "Appunti sulla tutela giurisdizionale di interessi collettivi o diffusi", in *Giur. it.*, IV, 1975

CAPT, G., *Les Procédures Administratives en Droit Américain,* Lausanne, 1989

CARAVITA, B., *Diritto pubblico dell' ambiente*, Bologna, 1990

CARDI, E., *La manifestazione di interessi nei procedimenti amministrativi,* I, Rimini, 1983, II, Perugia, 1984

CARDI/COGNETTI, "Eccesso di potere (Atto amministrativo)", in *Dig. dir. pubbl.*, 1990

CARDONA FERREIRA, "O regime e a natureza da discricionaridade imprópria e da técnica", in *Ciência e Técnica Fiscal*, n.os 289/291, 1983

CARLI, CH., "Il caso Chevron. Interpretazione del giudice e interpretazione dell'amministrazione negli Stati Uniti", in *Riv. trim. dir. pubbl.*, nº 4, 1995

CARNAP, R., *Der logische Aufbau der Welt*, Berlin, 1928

CARNEVALE VENCHI, *Contributo allo studio della funzione pubblica,* Padova, I, 1969, II, 1974

CARREL, L. F., *Die Überprüfung der Umweltverträglichkeit von Bundesmassnahmen im amerikanischen Recht,* Berne, 1980

CARSON, R., *Silent Spring*, London, 1963

CARTABIA, M., *La tutela dei diritti nel procedimento amministrativo*, Milano, 1991

CARTOU, V. L., "L'environnement et le besoin d'être informé", in *Les Petites Affiches,* 1990

CASETTA, E., "Attività e atto amministrativo", in *Riv. trim. dir. pubbl.*, 1957

CASSESE, S., *I beni pubblici*, Milano, 1969

CASSESE, S., "Le trasformazioni dell' organizzazione amministrativa", in *Riv. trim. dir. pubbl.*, 1985

CASSESE, S., "La disciplina legislativa del procedimento amministrativo. Una analise comparata", in *Foro it.*, V, 1993

CASTANHEIRA NEVES, *Questão-de-Facto—Questão-de-Direito ou o Problema Metodológico da Juridicidade*, I, *A Crise*, Coimbra, 1967

CASTANHEIRA NEVES, "A Unidade do Sistema Jurídico e o seu Sentido", in *Estudos de Homenagem ao Prof. Doutor Teixeira Ribeiro*, vol II, Coimbra, 1979

CASTANHEIRA NEVES, *O Instituto dos "Assentos" e a Função Jurídica dos Supremos Tribunais,* Coimbra, 1983

CASTANHEIRA NEVES, "Interpretação", in *Polis*, II, 1985

CASTANHEIRA NEVES, "O actual problema metodológico da interpretação jurídica", in *R.L.J.*, ano 117

CASTANYER VILA, "Participación pública en la evaluación de impacto ambiental", in *Jornadas de Evaluación de Impactos Ambientales*, Sevilla, 1988

CASTELLI, G., *Il Leviatano intelligente*, Roma, 1992

CASTIGLIONE, G., *I diritti degli animali*, Bologna, 1985

CASTRILLO, A., *Tractado de República*, Burgos, 1521, Madrid, 1958

CASTRONOVO, C., "Il danno all'ambiente nel sistema di responsabilità civile", in *Il danno all'ambiente*, Napoli, 1988

CAUPERS, JOÃO, "Os princípios gerais do procedimento e o direito à informação", in *O Código do Procedimento Administrativo*, Lisboa, 1992

CAUPERS, JOÃO/RAPOSO, JOÃO, *Contencioso Administrativo (Anotado e Comentado)*, Lisboa, 1994

CERRETO, A., "Potere discrezionale e merito nell'attività della P. A.", in *Foro amm.*, 1993

CERUTI, M., *Il vincolo e la possibilità*, Roma, 1986

CERUTI, M., "L'esperienza francese delle inchieste pubbliche per la tutela dell'ambiente", in *Riv. giur. amb.*, 1996

CHABANOL, D., "Un printemps procédural pour la juridiction administrative", in *A.J.D.A.*, 1995

CHAMBAULT, J. F., "Les études d'impact et la Communauté Européenne", in *R.J.E.*, nº 4, 1985

CHAPUISAT, J., "Les études d'impact et la fôret", in *A.J.D.A.*, 1979

CHAPUISAT, J., *Le Droit de l'Urbanisme,* Paris , 1988

CHAPUS, R., *Droit du Contentieux Administratif,* 5.ª ed., Paris, 1995

CHARBONNEAU, S., "L'impact négatif des études d'impact", in *Combat Nature,* février, 1985

CHASSANDE, P., "La loi sur la proteccion de la nature et les études d' impact", in *Le Mounier,* 1977

CHIARI, S. MATTEINI, *Il danno da lesione ambientale*, Rimini, 1990

CHINCHILLA, C., *La Desviación de Poder*, Madrid, 1989

CHINCHILLA, C., *La Tutela Cautelar en la Nueva Justicia Administrativa,* Madrid, 1991

CHITI, M., *Profilo pubblico del turismo*, Milano, 1970

CHITI, M., "L'influenza dei valori costituzionali sull diritto processuale amministrativo", in *Dir. proc. amm.*, nº 2, 1984

CLARICH, M., *Termine del procedimento e potere amministrativo,* Torino, 1995

CLARK, BRIAN D., "Environmental Impact Assessment (EIA): Scope and Objectives", in *Perspectives on Environmental Impact Assessment,* Dordrecht, London, Lancaster, 1984

CLARK, K., *Landscape into Art,* London, 1979

CLARK, W. C., "Witches, Floods and Wonder Drugs: Historical Perspectives on Risk Management", in R. SCHWING, W. ALBERS, *Social Risk Assessment: How Safe is Safe Enough?*, New York, 1980

CLEMENTE DE DIEGO, *Instituciones de Derecho Civil Español*, Madrid, 1959

COCKERELL, M. J./LICHWER, L., *La selezione delle opere per la valutazione dell'impatto ambientale, ENV/513/78/CEE*, Bruxelles, 1978

COCOZZA, F., *Collaborazioni preliminari al procedimento legislativo*, Milano, 1988

COENEN, R., "El estudio del impacto ambiental en los Estados miembros de la Comunidad Europea", in *Jornadas de Evaluación de Impactos Ambientales,* Sevilla, 1988

COGGINS, G., "Preparing an Environmental Lawsuit: Doctrinal Barriers and Pretrial Preparation", in *Iowa L. Rev.,* vol. 58, 1973

COGNETTI, S., *La tutela delle situazioni soggettive tra procedimento e processo*, Perugia, 1987

COGNETTI, S., "La legge italiana sul procedimento e le prospettive di sviluppo del rapporto giuridico amministrativo", in *Il procedimento amministrativo fra riforme legislative e trasformazioni dell'amministrazione,* Milano, 1990

COHEN, S., "EPA: A Qualified Sucess", in S. KAMIENIECKI, R. O'BRIEN e M. CLARK, *Controversies in Environmental Policy*, London, 1987

COLAÇO ANTUNES, "Para uma tutela jurisdicional dos interesses difusos", Separata do *B.F.D.U.C.*, 1986

COLAÇO ANTUNES, "Direito de acesso aos partidos políticos e liberdade de terceiros", in *E.S.*, nº 4, 1987

COLAÇO ANTUNES, "Reflexão sobre Jürgen Habermas (Theorie des Kommunikativen Handelns)", in *R.C.S.S.*, nº 23, 1987

COLAÇO ANTUNES, *A Tutela dos Interesses Difusos em Direito Administrativo: Para uma Legitimação Procedimental,* Coimbra, 1989

COLAÇO ANTUNES, "Tutela do ambiente e procedimento administrativo: do modelo francês dos "études d'impact" à solução da CEE", in *E.S.*, n.º 2, 1989

COLAÇO ANTUNES, "Colocação institucional, tutela jurisdicional dos interesses difusos e acção popular de massas", Separata do *C.E.J.*, 1990

COLAÇO ANTUNES, "Mito e realidade da transparência administrativa", Separata do nº especial do *B.F.D.U.C. - Estudos em Homenagem ao Prof. Doutor Afonso Rodrigues Queiró,* 1990

COLAÇO ANTUNES, "Los intereses difusos: ubicación constitucional; tutela jurisdiccional y 'acción popular de masas' ", in *R.A.P.*, nº 124, 1991

COLAÇO ANTUNES, "Poluição industrial e dano ambiental: as afinidades electivas da responsabilidade civil", Separata do vol. LXVII (1991) do *B.F.D.U.C.*, 1992

COLAÇO ANTUNES, "Um procedimento administrativo para a defesa preventiva do ambiente", in *3ª Conferência Nacional sobre a Qualidade do Ambiente,* vol. II, Aveiro, 1992

COLAÇO ANTUNES, "A tutela dos interesses difusos no novo Código do Procedimento Administrativo Português", in *Riv. trim. dir. pubbl.*, nº 4, 1993

COLAÇO ANTUNES, "Colbert na auto-estrada: a soberania dos interesses como critério de determinação do segredo administrativo", in *Vértice*, nº 53, 1993

COLAÇO ANTUNES, "Metaestabilidade jurídica e procedimento administrativo: o procedimento como forma de soberania popular", in *Estado e Direito,* nº 11, 1993

COLAÇO ANTUNES, "O acto de avaliação de impacto ambiental entre discricionaridade e vinculação: velhas fronteiras e novos caminhos procedimentais da discricionaridade administrativa", in *Rev. Jur. Urb. Amb.*, nº 2, 1994

COLAÇO ANTUNES, "À margem de uma recente orientação do Supremo Tribunal Administrativo: um olhar ecológico sobre o artigo 268º/4 da C.R.P.", in *Rev. Min. Públ.*, nº 63, 1995

COLAS, D., *L'État et les Corporatismes,* Paris, 1988

COLLI, M., *Filosofia dell'espressione,* 4ª ed., Milano, 1985

COLSON, J. P., "La réforme des enquêtes publiques en France", in *R.J.E.*, nº 2, 1993

COMMONER, B., *The Closing Circle*, New York, 1971

CONTI, G., *La valutazione di impatto ambientale*, Padova, 1989

CONTI, G., *Organizzazione gerarchica e stato democratico*, Padova, 1989

CORDEIRO, A., *A Protecção de Terceiros em Face de Decisões Urbanísticas*, Coimbra, 1995

CORSO, A. M., "Impugnabilità di atti intermedi del procedimento e tutela anticipata d'interessi", in *La disciplina generale del procedimento amministrativo*, Milano, 1989

CORSO, G., "Inquinamento", in *Guida per le autonomie locali 1978*, Roma, 1978

CORTELAZZO, M. A., "Emozione estetica: una scheda lessicale", in *L'emozione estetica,* Padova, 1993

COSTA ANDRADE, *Consentimento e Acordo em Direito Penal*, Coimbra, 1991

COUTINHO DE ABREU, *Sobre os Regulamentos Administrativos e o Princípio da Legalidade,* Coimbra, 1987

CRESTI, M., *Contributo allo sudio della tutela degli interessi diffusi,* Milano, 1992

CROSS, A., "Natural Resource Damage Valuation", in *Vanderbilt Law Review*, vol. 42, 1989

CRUZ RODRIGUES, J., "Medidas cautelares no âmbito do contencioso administrativo", in *Rev. Min. Públ.*, nº 62, 1995

CUNHAL SENDIM, J. S., "Nota introdutória à Convenção do Conselho da Europa sobre responsabilidade civil pelos danos causados por actividades perigosas para o ambiente", in *Rev. Jur. Urb. Amb.*, nº 3, 1995

CUPEI, J., "Umweltverträglichkeitsprüfung (UVP). Die Richtlinie des Rates der Europäischen Gemeinschaften", in *DVBl,* 1985

CUPEI, J., *Umweltverträglichkeitsprüfung (UVP),* Köln, Berlin, Bonn, München, 1986

CUTRERA, A., "Impatto ambientale", in *Annuario dell'ambiente,* Milano, 1986

CUTRERA, A., "La direttiva 85/337/CEE sulla valutazione di impatto ambientale", in *Riv. giur. amb.*, 1987

CYROT, D., "L'audition publique: une panacée?", in *Aménagement et Nature,* nº 71

D'ORTA, "Ambiente e danno ambientale: della giurisprudenza della Corte dei Conti alla legge sul Ministero dell'ambiente", in *Riv. trim. dir. pubbl.,* 1987

D'URSO, M., *Tutela dell' ambiente e pianificazione urbanistica*, Padova, 1990

DAVIES, K. C., *Discretionary Justice,* New York, 1971

DAVIGNON, J. F., *La Responsabilité Objective de la Puissance Publique. Essai de Théorie Générale*, II, Thèse, Lyon, 1978

DAVIS, K., *Administrative Law Treatise*, 2º vol., St. Paul, 1958

DE CESARIS, A. L., "Informazione ambientale e accesso ai documenti amministrativi", in *Riv. trim. dir. pubbl.*, nº 3, 1991

DE CESARIS, A. L., "La valutazione di impatto ambientale nella CEE e in Italia", in *La valutazione di impatto ambientale,* Milano, 1991

DE CESARIS, A., L., "La politiche comunitarie in materia di ambiente", in S. CASSESE, *Diritto ambientale comunitario*, Milano, 1995

DE CUPIS, A., "Danno", in *EdD*, XI, 1962

DE CUPIS, A., *La tutela civile dei diritti*, Milano, 1982

DE FEO, C., "La valutazione di impatto ambientale: origine, evoluzione, situazione attuale e prospettive", in *San. pubbl.*, nº 3, 1995

DE JONGH, P., "Uncertainty in EIA", in P. WATHERN, *Environmental Impact Assessment. Theory and Practice,* 2ª ed., London, 1992

DE PRETIS, D., *Valutazione amministrativa e discrezionalità tecnica*, Padova, 1995

DEGENHART, C., "Das Verwaltungsverfahren zwischen Verwaltungseffizienz und Rechtsschutzauftrag", in *DVBl*, 1982

DELGADO BARRIO, J., *El Control de la Discricionalidad del Planeamento Urbanístico*, Madrid, 1993

DELL'ACQUA, C., *Atto politico ed esercizio di potteri sovrani*, Padova, 1983

DELL'ANNO, P., "Il procedimento", in *La valutazione d'impatto ambientale: problemi di inserimento nell'ordinamento italiano*, Rimini, 1987

DELL'ANNO, P., *Contributo allo studio dei procedimenti autorizzatori*, Padova, 1989

DELL'ANNO, P., "La ponderazioni degli interessi ambientali nel procedimento amministrativo ed i riflessi nella tutela processuale", in *Riv. trim. dir. pubbl.*, nº 1, 1989

DELL'ANNO, P., "L'attuazione del diritto comunitario ambientale tra supremazia delle fonti e disaplicazione amministrativa: spunti di riflessione", in *Riv. trim. dir. pubbl.*, nº 3, 1994

DESPAX, M., *Droit de l'Environnement,* Paris, 1980

DEUTSCH, "Umwelthaftung: Theorie und Grundsätze", in *NJW*, 1991

DI GASPARE, *Considerazioni sugli atti di governo e sull'atto politico*, Milano, 1984

DI MAJO, A., *La tutela civile dei diritti*, Milano, 1982

DI RICCO, L., "Danno pubblico collettivo", in *Danno ambientale e tutela giuridica,* Padova, 1987

DIAS GARCIA, M. G., "Os meios cautelares em direito processual administrativo", in *S.I.*, n.os 250/252, 1994

DICKERT, T. G./DOMENY, K. R., *Environmental Impact Assessment: Guidelines and Commentary,* Berkeley, Univ. of California, 1974

DINIZ DE AYALA, B., *O (Défice de) Controlo Judicial da Margem de Livre Decisão Administrativa*, Lisboa, 1995

DOUENCE, J. C., *Recherches sur le Pouvoir Réglemantaire de l'Administration,* Paris, 1968

DOUMBLÉ-BILLÉ, S., "Recours pour excès de pouvoir et recours de plein contentieux", in *A.J.D.A.*, 1993

DRAGO, G., "La supraconstitucionnalité. Présentation et problématique générales", in *Giust. e cost.*, 1995

DRAGO, R., "Les cours administratives d'appel", in *R.F.D.A.*, 1988

DRAI, R., "Le dialogue administratif", in *La communication administration - administrés,* Paris, 1983

DRYZEK, J. S., *Rational Ecology: Environment and Political*, New York, 1987

DUINKER, G./BASKERVILLE, G., "A Systematic Approach to Forecasting in Environmental Impact Assessment", in *Journal of Environmental Management,* nº 23, 1986

DUINKER, P. N./BEANLANDS, G. E., "The Significance of Environmental Impacts: An Exploration of the Concept", in *Environmental Management,* vol. 10, nº 1, 1986

DÜRIG, G., "Der Grundsatz von der Menschenwürde", in *AöR*, 1956

DÜRIG, G., "Grundrechte und Zivil rechtsprechung", in *Livro de Homenagem a Nawiasky,* 1956.

EASTON, D., *A System Analysis of Political Life,* New York, 1967

EBERHARD, L., "Quantitative Ecology and Impact Assessment", in *Journal Environment,* nº 4, 1976

EBERHARDT, A., "Das Konzept der deutschen UVP im Lichte der Arbeit internationaler Organisationen", in *Natur und Recht,* nº 1, 1991

ECKERSLEY, R., *Liberal Democracy and the Environment: The Rights Discourse and the Struggle for Recognition*, 1994

EHMKE, H., *"Ermessen" und Umbestimmter Rechtsbegriff im Verwaltungsrecht,* Tübingen, 1960

EISENMANN, C., *Cours de Droit Administratif,* II, Paris, 1983

EKELÖF, K., "Beweiswürdigung, Beweislast und Beweis des estern Anscheins", in *ZZP*, nº 75, 1962

ENGEL, FORTES, *La Información Pública en el Derecho Administrativo,* Madrid, 1977

ENGISCH, K., *Le Fait et le Droit en Droit Allemand,* Bruxelles, 1961

EPINEY, A. VON/GALLEN, A. R., "Umweltschutz nach Maastricht", in *Europarecht,* 1992

ERBGUTH, W., "Zur Zulässigkeit von Regelungen über die Bauleitplanung in einer UVP-Verwaltungsvorschrift", in *Natur und Recht,* 1993

ERBGUTH/SCHINK, *Gesetz über die Umweltverträglichkeitsprüfung (Kommentar),* München, 1992

ERICHSEN, H. U./MARTENS, W., *Allgemeines Verwaltungsrecht,* Berlin, New York, 1992

ESCOBAR, G., *La Ordenación Constitucional del Medio Ambiente*, Madrid, 1995

ESCOLIN, B., "Le projet de loi Barnier renforce les compétences locales", in *La Gazette,* 19, 1994

ESTEVES DE OLIVEIRA, *Direito Administrativo,* vol. I, Coimbra, 1980

ESTEVES DE OLIVEIRA, "O direito de propriedade e o *jus ædificandi* no direito português", in *Rev. Jur. Urb. Amb.,* n.º 3, 1995

ESTEVES DE OLIVEIRA/GONÇALVES, PEDRO/PACHECO DE AMORIM, *Código do Procedimento Administrativo Comentado,* I, Coimbra, 1993

EUFSCHMIDT, M. M., *Environmental, Natural Systems and Development: an Economic Valuation Guide*, Baltimore, 1983

EVANS, A. C., "The Enforcement Procedure of Article 169 EEC: Comission Discretion", in *European Law Review,* 1979

EYERMANN/FRÖHLER/KORMANN, *Verwaltungsgerichtsordnung, Kommentar,* 9, München, 1988

FALERO, M., *Métodos para Facilitar la Toma de Decisiones en Planificación Física y Ordenación del Territorio*, Madrid, 1985

FALLA, G., "Informes y dictámens en el procedimiento administrativo", in *D.A.*, nº 140, 1970

FALOMO, L. M., "L'incidenza del Trattato di Maastricht sul diritto comunitario ambientale", in *Riv. dir. euro.*, nº 3, 1992

FALQUI, E., "Cultura urbanistica e cultura ecologica del territorio: verso la pianificazione ambientale", in *Nuova rassegna,* nº 4, 1986

FARIA COSTA, *O Perigo em Direito Penal (Contributo para a sua fundamentação e compreensão dogmáticas)*, Coimbra, 1992

FENTON, D. M./RESER, J. P., "The Assessment of Landscape Quality. An Integrative Approach", in J. L. NASAR, *Environmental Aesthetics. Theory Research and Applications*, Cambridge, 1988

FERNÁNDEZ RAMOS, S., "La directiva comunitaria sobre liberdad de acceso a la información en materia de medio ambiente y sua transposición al derecho español", in *Revista Andaluza de Administración Pública,* nº 22, 1995

FERNÁNDEZ, C., "La consulta urbanística previa a la solicitud de licencia", in *Derecho Urbanístico Local*, Madrid, 1992

FERRANDO, J. D., *El Medio Ambiente y la Intervención Administrativa en las Actividades Clasificadas*, vol. I, Madrid, 1992

FERRARA, R., "Gli interessi superindividuali tra procedimento amministrativo e processo", in *Dir. proc. amm.*, 1984

FERRARA, R., "La protezione dell'ambiente nella Repubblica Federal Tedesca: tendenze evolutive", in *Foro it.*, V, 1987

FERREIRA DA CUNHA, P., *O Procedimento Administrativo*, Coimbra, 1987

FERREIRA PINTO, M. G., "As garantias de defesa jurisdicional dos particulares contra actuações do poder executivo na Alemanha", in *B.M.J.*, n.os 27/28, 1986

FERREIRA PINTO, M. G., "Princípio da igualdade: fórmula vazia ou fórmula 'carregada' de sentido?", Separata do *B.M.J.*, Lisboa, 1987

FERRER, C., "Sobre el control de la discrecionalidad en la potestad reglamentaria", in *R.A.P.*, nº 116, 1988

FIELD, B. C., *Environmental Economics: A Guide to Information Sources*, Detroit, 1979

FIGUEIREDO DIAS, EDUARDO, *Reacção contra Actos da Administração Pública Lesivos do Ambiente: Da Legitimidade Processual e das suas Consequências*, Coimbra, 1994

FIGUEIREDO DIAS, JORGE, "Sobre o papel do Direito Penal na protecção do ambiente", in *Rev. Dir. Eco.*, nº 1, 1978

FINDLEY, R./FARBER, D., *Environmental Law*, 2ª ed., St. Paul, 1988

FINKELNBURG, K./JANK, K. P., *Vorläufiger Rechtsschutz im Verwaltungsstreitverfahren,* 3ª ed., München, 1986

FIORELLI, F., "Valutazione di impatto ambientale negli Stati Uniti", in *Econ. pubbl.*, nº 6, 1983

FIORITO, A., "La direttiva sulla valutazione di impatto ambientale: problemi di recepimento", in *La valutazione di impatto ambientale dei progetti agricoli*, Napoli, 1988

FLEINER, F., *Institutionen des Verwaltungsrechts*, Aalen, 1963

FOLQUE, MAX, "Criteri e gli strumenti della pianificazione ecologica", in *Nuova rassegna,* nº 4, 1986

FONSECA, G. DA, "Garantia do recurso contencioso e fundamentação do acto administrativo", in *Estudos sobre a Jurisprudência do Tribunal Constitucional*, Lisboa, 1993

FORGAS, J./BOWER, G., "Affect in Social and Personal Judgement", in K. FIELDER, J. FORGAS, *Affect, Cognition and Social Behaviour,* Toronto, 1988

FORIERS, "Introduction au droit de la preuve", in *La Preuve en Droit*, Bruxelles, 1981

FORSTHOFF, E., *Der Staat der Industriegesellschaft,* München, 1971

FORTE, F., *I diritti della natura*, Roma, 1991

FRAGA, J., "La responsabilidad de la Administración con ocasión de los daños al medio ambiente", in *RDU*, nº 119, 1990

FRAGA, J., "La evaluación de impacto ambiental: naturaleza, impugnabilidad y perspectivas", in *Revista de Derecho Urbanistico y Medio Ambiente*, 1995

FRAISSEIX, P., "La réforme de la juridiction administrative par la loi n° 95-125 du 8 février 1995 relative à l'organisation des juridictions et à la procédure civile, pénale et administrative", in *Revue du Droit Public,* n° 4, 1995

FRANCARIO, L., *Danni ambientali e tutela civile*, Napoli, 1990

FRANCESCON, G., "L'evoluzione legislativa in tema di valutazione di impatto ambientale", in *Riv. giur. amb.*, n° 6, 1995

FRANCHINI, F., *Le autorizzazioni amministrative costitutive di rapporti giuridici tra amministrazione e i privati,* Milano, 1957

FRANZONI, M., *La responsabilità oggettiva,* I, *Il danno da cose e da animali,* Padova, 1988

FRATTINI, F., "Le fonti della gerarchia degli interessi", in Atti del XXXVII Convegno di Studi di Scienza dell'Amministrazione, *Gerarchia e coordinamento degli interessi pubblici e privati dopo la riforma delle autonomie locali e del procedimento amministrativo*, Milano, 1994

FREEDMAN, J., "Crisis and Legitimacy in the Administrative Process", in *Stanf. L. Rev.*, 1974/1975

FREITAG, O., "Zur Bedeutung subjektiver öffentlicher Rechte und des Verfahrensrechts für das Verhältnis vor Verpflichtungsklage und verbundener Leistungsklage im Sozialgerischtsverfahren", in *DVBl*, 1976

FREITAS DO AMARAL, *A Execução das Sentenças dos Tribunais Administrativos,* Lisboa, 1967

FREITAS DO AMARAL, *Conceito e Natureza do Recurso Hierárquico*, vol. I, Coimbra, 1981

FREITAS DO AMARAL, "A evolução do Direito Administrativo em Portugal nos últimos dez anos", in *Contencioso Administrativo,* Braga, 1986

FREITAS DO AMARAL, "Direitos fundamentais dos administrados", in *Nos Dez Anos da Constituição*, Lisboa, 1986

FREITAS DO AMARAL, *Direito Administrativo,* Lisboa, vol. II, 1988, vol. III, 1989, vol. IV, 1988

FREITAS DO AMARAL, "Fases do procedimento decisório do 1° grau", in *Dir. Jus.*, vol. VI, 1992

FREITAS DO AMARAL, "O novo Código do Procedimento Administrativo", in *O Código do Procedimento Administrativo*, Lisboa, 1992

FREITAS DO AMARAL, "Projecto de Código do Contencioso Administrativo", in *S.I.,* n.ºs 235/237, 1992

FREITAS DO AMARAL,, "Análise preliminar da Lei de Bases do Ambiente", in *S.I.*, n.ºs 241/243, 1993

FREITAS DO AMARAL, *Direito do Urbanismo (Sumários)*, Lisboa, 1993

FREITAS DO AMARAL, "Ordenamento do território, urbanismo e ambiente: objecto, autonomia e distinções", in *Rev. Jur. Urb. Amb.*, n° 1, 1994

FREITAS DO AMARAL/CAUPERS, JOÃO/MARTINS CLARO/SIZA VIEIRA, PEDRO /PEREIRA DA SILVA, V., *Código do Procedimento Administrativo Anotado*, Coimbra, 1992

FRIENDLY, H., "Some Kind of Hearing", in *Univ. of Penn. L. Rev.*, nº 123, 1975

FROMONT, M., "Le principe de proportionnalité", in *A.J.D.A.*, 1995

GADAMER, H. G., *Wahrheit und Methode. Grundzüge einer philosophischen Hermeneutik,* tr. esp., Tübingen, 1967

GAENTZSCH, G., "Bauleitplanung und Baugenehmigungspraxis unter den Anforderung des Naturschutzes und der Umweltverträglichkeit", in *Natur und Recht*, nº 1, 1990

GALABERT, J.,/GENTONT, M., "Absence d'erreur manifeste d'appréciation dans l'etablissement d'une equivalence entre l'emploi de garde champètre et ce lui de cantonnier", in *A.J.D.A.*, 1961

GALBRAITH, J. K., "L' autre dimension", in *Economie de l'Environnement*, Paris, 1975

GALDI, M., "Legge sul procedimento e giudizio amministrativo-Profili costituzionali", in *Giur. it.*, IV, 1992

GALEOTTI, S., *Contibuto alla teoria del procedimento legislativo*, Milano, 1957

GALETTA, D. U., "La valutazione d'impatto ambientale alla luce dell'esperienza tedesca: confronti e proposte", *Riv. it. dir. pubbl. com.*, 1992

GALIMBERTI, U., *La terra senza il male,* Milano, 1984

GALLIGAN, D. J., *Discretionary Powers. A Legal Study of Official Discretion*, Oxford, 1990

GALLOGLY, M. R., "Acid Precipitation: Can the Clean Air Act Handle It?", in *Aff. L. Rev.*, 1981

GALVÃO TELES, *Das Universalidades*, Lisboa, 1940

GALVÃO TELES, *Direito das Obrigações,* 6.ª ed., Lisboa, 1989

GALZIGNA, M., "La fabbrica del corpo", in *Conoscenza e dominio*, Bertani, 1985

GARCIA DE ENTERRÍA, *Hacia una Nueva Justicia Administrativa*, Madrid, 1989

GARCIA DE ENTERRÍA, *La Batalla por las Medidas Cautelares. Derecho Comunitario Europeo y Processo Contencioso-Administrativo Español*, Madrid, 1992

GARCIA DE ENTERRÍA/FERNÁNDEZ, T.-RAMÓN, *Curso de Derecho Administrativo*, vol. I, 6ª ed., vol. II, 4ª ed., Madrid, 1993

GARCIA-TREVIJANO FOS, J. A., *Los Actos Administrativos*, Madrid, 1986

GARCIA-TREVIJANO GARNICA, E., *El Silencio Administrativo en el Derecho Español,* Madrid, 1990

GARCIA-TREVIJANO GARNICA, E., *El Silencio Administrativo en la Nueva Ley de Régimen Jurídico de la Administraciones Públicas y del Procedimiento Administrativo Común*, Madrid, 1994

GARCIA-TREVIJANO GARNICA, J. A., *La Impugnación de los Actos Administrativos de Trámite,* Madrid, 1993

GARLAND, M. B., "Deregulation and Judicial Review", in *Harv. L. Rev.*, vol. 98, 1985

GARTH, B. G., "Power and Legal Artifice: The Federal Class Actions", in *Law & Society Review*, vol. 26, nº 2, 1992

GEHLEN, A., *Der Mensch*, 12ª ed., 1978

GELLHORN, W., "Protection of the Citizen in American Administrative Procedures (excluding judicial review)", in *18 Jahrbuch des Öffentlichen Rechts der Gegenwart*, 1969

GENY, *Méthodes d'Interprétation et Sources en Droit Positif*, 2ª ed., Paris, 1954

GEORGE, P., *Fin de Siècle en Occident: Déclin ou Métamorphose*, Paris, 1987

GHETTI, G., *Il contraddittorio amministrativo*, Padova, 1971

GIACCHETTI, S., "La valutazione di impatto ambientale (VIA): un nuovo strumento di governo dell' ambiente o un strumento di mistificazione?", in *Rass. giur. ener. elett.*, 1989

GIAMPIETRO, F., *La responsabilità per danno all' ambiente*, Milano, 1988

GIAMPIETRO, F., "Criteri tecnici o discrezionali nel c. d. giudizio di compatibilità ambientale? Proposte di coordinamento della V.I.A. con gli altri procedimenti autorizzatori", in *Il Con. St.*, nº 1, 1995

GIANNINI, M. S., *Il potere discrezionale della pubblica amministrazione,* Milano, 1939

GIANNINI, M. S., *Lezione di diritto amministrativo*, Milano, 1950

GIANNINI, M. S., "Accertamento", in *EdD*, vol. I, 1958

GIANNINI, M. S., *Corso di diritto amministrativo*, Milano, I, 1960, III, 1967, IV, 1969

GIANNINI, M. S., "Ricorsi amministrativi negli ordinamenti regionali", in *Giur. cost.*, 1961

GIANNINI, M. S., *I beni pubblici*, Roma, 1963

GIANNINI, M. S., "Ambiente: saggio sui diversi suoi aspetti giuridici", in *Riv. trim. dir. pubbl.*, 1973

GIANNINI, M. S., "I beni culturali", in *Riv. trim. dir. pubbl.*, 1976

GIANNINI, M. S., "La tutela degli interessi collettivi nei procedimenti amministrativi", in *Le azioni a tutela di interessi collettivi*, Padova, 1976

GIANNINI, M. S., "Motivazione dell'atto amministrativo", in *EdD,* vol. XXVII, 1977

GIANNINI, M. S., "Prefazione" *a* V. MAZZARELLI, *Le convenzioni urbanistiche,* Bologna, 1979

GIANNINI, M. S., *Istituzioni di diritto amministrativo*, Milano, 1981

GIANNINI, M. S., "Discrezionalità amministrativa e pluralismo", in *Quaderni del Pluralismo,* 1984

GIANNINI, M. S., *Diritto pubblico dell' economia*, Bologna, 1985

GIANNINI, M. S., *Il pubblico potere* , Bologna, 1986

GIANNINI, M. S., *Diritto amministrativo,* I, II, 2ª ed., Milano, 1988

GIARDINA, P., "The Rule of Law and Implied Powers in the European Communities", in *Italien Yearbook of International Law,* 1975

GIDDENS, A., *Beyond Left and Right*, Cambridge, 1994

GISOTTI, G./BRUSCHI, S., *Valutare l'ambiente*, Roma, 1990

GIVAUDAN, A., "Prolifération des enquêtes publiques et régression de l'État de droit", in *R.F.D.A.*, 1986

GLAESNER, H. J., "L'environnement comme object d'une politique communautaire", in J. CHARPENTIER, *La Protection de l'Environnement par les Communautés Européennes*, Paris, 1988

GOGGINS, G., "Preparing an Environmental Lawsuit: Doctrinal Barriers and Pretrial Preparation", in *Iowa L. Rev.,* vol. 58, 1973

GOMES CANOTILHO, *O Problema da Responsabilidade do Estado por Actos Lícitos,* Coimbra, 1974

GOMES CANOTILHO, *Constituição Dirigente e Vinculação do Legislador (Contributo Para a Compreensão das Normas Constitucionais Programáticas)*, Coimbra, 1982

GOMES CANOTILHO, "Fidelidade à República ou Fidelidade à NATO?" (O problema das credenciações e o poder discricionário da administração militar), Separata do nº esp. (1986) do *B.F.D.U.C. - Estudos em Homenagem ao Prof. Doutor Afonso Rodrigues Queiró*, Coimbra, 1987

GOMES CANOTILHO, "Constituição e défice procedimental", in *Estado e Direito,* nº 2, 1988

GOMES CANOTILHO, "Anotação", in *R.L.J.*, ano 123, nº 3793, 1990

GOMES CANOTILHO, "Procedimento administrativo e defesa do ambiente", in *R.L.J.*, n.os 3794, 3795, 3798, 3799, 3802

GOMES CANOTILHO, *Direito Constitucional*, 5ª ed., Coimbra, 1991

GOMES CANOTILHO, "Tópicos de um curso de mestrado sobre direitos fundamentais, procedimento, processo e organização", Separata do vol. LXVI (1990) do *B.F.D.U.C.*, 1990

GOMES CANOTILHO, "Actos autorizativos jurídico-públicos e responsabilidade por danos ambientais", in *B.F.D.U.C.*, vol. LXIX, 1993

GOMES CANOTILHO, "A responsabilidade por danos ambientais — aproximação juspublicística", in *Direito do Ambiente*, Oeiras, 1994

GOMES CANOTILHO, "Relações jurídicas poligonais, ponderação ecológica de bens e controlo judicial preventivo", in *Rev. Jur. Urb. Amb.*, nº 1, 1994

GOMES CANOTILHO, *Protecção do Ambiente e Direito de Propriedade (Crítica de jurisprudência ambiental)*, Coimbra, 1995

GOMES CANOTILHO, "Privatismo, associativismo e publicismo na justiça administrativa do ambiente", in *R.L.J.*, ano 128, n.os 3858, 3859, 3861, 1996

GOMES CANOTILHO/VITAL MOREIRA, *Constituição da República Portuguesa Anotada*, 3ª ed., Coimbra, 1993

GONÇALVES LOUREIRO, *O Procedimento Administrativo Entre a Eficiência e a Garantia dos Particulares*, Coimbra, 1990

GONÇALVES PEREIRA, *Erro e Ilegalidade no Acto Administrativo*, Lisboa, 1962

GONÇALVES PROENÇA, "Regime jurídico do planeamento territorial português", in *Revista de Ciência e Cultura*, nº 1, 1992

GONÇALVES, PEDRO, *Os Meios de Tutela Perante os Danos Ambientais Provocados no Exercício da Função Administrativa*, Coimbra, 1996

GONZÁLEZ ALONSO, "Marco jurídico español de las evaluaciones de impacto ambiental", in *Jornadas sobre Evaluación de Impactos Ambientales*, Sevilla, 1988

GONZÁLEZ NAVARRO, *Procedimientos Administrativos Especiales*, Madrid, 1967

GONZÁLEZ NAVARRO, "Los informes administrativos como actos de instrucción del procedimiento", in *D.A.*, nº 89, 1986

GONZÁLEZ NAVARRO, *Derecho Administrativo Español*, II, Pamplona, 1988

GONZÁLEZ PEREZ, *Comentarios a la Ley de Procedimiento Administrativo*, Madrid, 1977

GONZÁLEZ PEREZ, *El Derecho a la Tutela Jurisdicional*, 2ª ed., Madrid, 1989

GÖTZ, V./KLEIN, H. H./STARK, CH., *Die öffentliche Verwaltung zwischen Gesetzgebung und richterlicher Kontrolle*, München; 1985

GRAD, R., "Intergovernmental Aspects of Environmental Controls", in R. GRAD e R. ROSENTHAL, *Environmental Control. Priorities, Policies and the Law*, New York, London, 1971

GRADO, V., "Tendenze evolutive della politica comunitaria dell'ambiente in relazione al quinto programa d'azione", in *Riv. dir. europ.*, 1993

GRANADOS, T., "El procedimiento de evaluación de impacto ambiental", in *Curso de Derecho Ambiental Aplicado a la Gestión*, Murcia, 1990

GRANDBOIS, "Le droit d'accès à l'information en matière d'environnement au Canada et au Quebec", in *Mise en Oeuvre de la Directive CEE du 7 Juin 1990*, Limoges, 1992

GRANT, M., "Implementation of the EC Directive on Environmental Impact Assessment", in *Connecticut Journal of International Law*, 1989

GRASSI, E., *Potenza dell'immagine*, Milano, 1989

GRECO, N., "Procedimento e partecipazione amministrativa nella gestione dell'ambiente: dal modello USA al progetto della CEE", in *Riv. trim. sc. amm.*, n.º 1, 1980

GRECO, N., *La V.I.A.*, Milano, 1984

GRECO, N., *Processi decisionali e tutela preventiva dell' ambiente*, Milano, 1989

GREIMAS, J., *Semiotique et Sciences Sociales*, Paris, 1976

GRIMM, D., "Rückkehr zum liberalen Grundrechtsverständnis", in *Recht*, 1988

GRÖSCHNER, R., "La ilustración del público como una tarea de la Administración", in *D.A.*,1993

GUARINO, A., "La tricotomia ius civile-gentium-naturale", in *L'ordinamento giuridico romano*, Napoli, 1959

GUARINO, G., "'Unità' e autonomia del diritto dell'energia", in *Scritti diritto, economia e fonti d'energia*, I, Milano, 1962

GUÉNAIRE, M., "La qualité juridique à l'interieur de l'administration", in *A.J.D.A.*, 1990

GUIHAL, A., "L'amélioration des procédures d'urgence devant le Tribunal administratif", in *R.F.D.A.*, 1991

GUNTHER-DOWLING, *Constitutional Law, Cases and Materials,* Oxford, 1970

GUSTAPANE, A., *La tutela globale dell'ambiente*, Milano, 1991

GUSTAPANE, A., "La valutazione di impatto ambientale in Italia tra indirizzo communitario e attuazione statale", in *Valutazione di impatto ambientale,* Milano, 1992

GUSTAPANE, A./SARTORI, G./VERARDI, C. M., *Valutazione di impatto ambientale (Profili normativi e metodologie informatiche)*, Milano, 1992

HÄBERLE, P., "Grundrechte im Leistungsstaat", in *VVDStRL*, n.º 30, 1972

HÄBERLE, P., *Die Wesensgebaltgarantie des Artikel 19 Abs., 2 Grundgesetz*, 3ª ed., Heidelberg, 1983

HÄBERLE, P., "El concepto de los derechos fundamentales", in *Problemas Actuales de los Derechos Fundamentales*, Madrid, 1994

HABERMAS, J., *Agire comunicativo e logica delle scienze sociali*, tr. it., Bologna, 1980

HABERMAS, J., *Teoria dell' agire comunicativo*, vols I e II, tr. it., Bologna, 1986

HABERMAS, J., "Wie ist Legimität durch Legalität möglich?", in *K.J.*, 1987

HABERMAS, J., *Faktizität und Geltung*, Frankfurt/M, 1992

HABERMAS, J., "Struggles for Recognition in the Democratic Constitucional State", in A. GUTMANN, *Multiculturalism,* Princeton, 1994

HABERMAS, J./LUHMANN, N., *Theorie der Gesellschaft oder Sozialtechnologie,* Frankfurt, 1971

HACKENBERG, N./WEICH, T., "Bedeutung und Stellenwert der UVP in einer ökologisch orientierten Raumplanung", in *Natur und Landschaft*, 1988

HAECKEL, E., *Natürliche Schöpfungsgeschichte*, vol. II, Heidelberg, 1868

HAGELSTEEN, "La réforme de la procédure d'enquête préalable à la déclaration d'utilité publique", in *C.J.E.G.*, 1976

HAIGH, N., "Environmental Assessment - The EC Directive", in *Journal of Planning and Environment Law*, n.º 4, 1987

HAIGH, N., *EEC Environmental Policy & Britain*, 2ª ed., Harlow, 1989

HAIGH, N., "The European Community and Land Use an Incoming Tide?", in *New Orders, New Rules, New Assessments in Practices*, London, 1989

HAIGH, N., "Direito comunitário do ambiente", in *Direito do Ambiente*, Oeiras, 1994

HANES, C., "Citizen Partecipation and its Impact upon Prompt and Responsible Administrative Action", in *24 South West Law Journal,* New York, 1970

HANICOTTE, R., "Les sursis à execution: point névralgique de la protection de l'environnement", in *Revue du Droit Public*, nº 6, 1995

HARTLOFF, V., "Le contentieux de l'environnement en République Fédérale Allemande", in *R.J.E.*, 1995

HARTS, E./HANKS, J., "An Environmental Bill of Rights: The Citizen and the National Environmental Policy Act of 1969", in *Rut. L. Rev.,* 1970

HATTENBERGER, D., *Der Umweltschutz als Staatsaufgabe. Möglichkeiten und Grenzen einer verfassungsrechtlichen Verankerung des Umweltschtzes,* Springer, Wien, New York, 1993

HEBRARD, S., "Les études d'impact sur l'environnement devant le juge administratif", in *R.J.E.*, nº 2, 1981

HECK, P., *Begriffsbildung und Interesseniurisprudenz*, 1932

HECK, P., *Interesseniurisprudez*, 1933

HEIDEGGER, M., *Essais et Conférences*, Paris, 1958

HEIDEGGER, M., *Saggi e discorsi*, tr. it., Milano, 1976

HEIDEGGER, M., *Sein und Zeit*, 1927, tr. it., Milano, 1976

HEIDEGGER, M., *Introduzione alla metafisica,* tr. it., Milano, 1979

HEIDEGGER, M. *L' Abbandono*, tr. it., Genova, 1983

HEISENBERG, W., *Fisica e filosofia*, tr. it., Milano, 1966

HELD, J., *Der Grundrechtsbezug des Verwaltungsverfahrens*, Berlin, 1984

HÉLIN, J. C., "La protection du cityoen contre l'administration. Réflexion sur l'évolution contemporaine des voies de la protection", in *L.P.A.*, 1990

HÉLIN, J. C., "La loi paysages et le droit des enquêtes publiques", in *A.J.D.A.*, 1993

HÉLIN, J. C., "La loi Barnier et la participation du public. Ajustements et innovation", in *R.J.E.*, nº 2, 1995

HENKE, W., *Das subjektive öffentliche Recht*, Tübingen, 1968

HENKE, W., "Das subjektive im System des öffentlichen Rechts", in *DÖV*, 1980

HESSE, K., *Grundzüge des Verfassungsrechts der Bundesrepublik Deutschland,* 16ª ed., Heidelberg, Karlsruhe, 1988

HEYDE, I. VON DER, "Responsabilità per danni ambientali. Una legge che favorisce il singolo individuo?", in *Riv. crit. dir. priv.*, 1994

HILL, H., "A Goal Achievement Matrix for Evaluating Alternative Plans", in *Journal of the American Institute of Planners,* 34, 1968

HIRSCHBERG, *Der Grundsatz der Verhältnismäßigkeit*, Göttingen, 1981

HOLLEAUX, A., "La jurisprudence du bilan", in *Revue Administrative*, 1980

HOLLICK, M., "The Role of Quantitative Decision-Making Methods in Environmental Impact Assessment", in *Journal of Environmental Management*, vol. 12, 1981

HOPPE, W., "Zur Struktur von Normen des Planungsrechts", in *BVBl*, 1974

HOPPE, W., "Staatsaufgabe Umweltschutz", in *VVDStRL*, nº 38, 1980

HOPPE/BECKMANN, *Umweltrecht*, München, 1989

HOPPE/SCHLARMANN, *Rechtsschutz bei der Planung von Strassen und anderen Verkehrsanlagen*, München, 1981

HOSLE, V., *Philosophie der ökologischen Krise.* Moskauer Vortager, München, 1991

HOSTIOU, R., "La loi du 12 juillet 1983 sur la démocratisation des enquêtes publiques", in *A.J.D.A.*, 1983

HOSTIOU, R., "Démocratisation des enquêtes publiques et protection de l'environnement. Analyse des Décrets du 23 avril 1985", in *R.J.E.*, 1986

HOSTIOU, R., "Note", in *R.F.D.A.*, n.º 9, 1993

HOSTIOU, R., "Étude d'impact, responsabilité de l'Administration et contrôle du juge de cassation", in *R.F.D.A.*, nº 10, 1994

HOSTIOU, R./HÉLIN, J. C., *Droit des Enquêtes Publiques,* Paris, 1993

HUBRECHT/MELLERAY, "La démocratisation des enquêtes publiques et la protection de l'environnement", in *Les Petites Affiches,* nº 138, 1983

HUCKE/SEIDEL/ZIMMERMANN, "Analyse behördinternen Voraussetzungen für die Durchführung der geplanten EG-Richtlinie zur UVP", in *Textes des Umweltbundesamtes,* nº 5, 1984

HUFEN, F.,"Heilung und Unbeachtlichkeit grundrechtsrelevanter Verfahrensfehler?", in *NJW*, 1982

HUGLO, CH., "L'étude d'impact écologique. Bilan des dernières années de jurisprudence pour le 10e anniversaire du Decret du 12 d'octobre 1977", in *Gazette du Palais*, 1987

HUGLO, CH., "Le contentieux de l'environnement, nouvelles dimensions, nouvelles stratégies", in *R.J.E.*, nº especial, 1995

HUGLO/LEPAGE, "L'étude d'impact écologique selon la loi du 10 juillet 1976 sur la protection de la nature et son décret d'application", in *Gazette du Palais*, 1978

HUME, D., *A Treatise of Human Nature*, 1739-1740, Oxford, 1951

HUNDERTMARK, U., *Die Durchführung der UVP,* Berlin, 1988

IACOVONE, G., "Pianificazione urbanistica: crollo di un mito e scoperta del valore ambiente", in *Amm. e pol.*, nº 5, 1992

IBLER, M., *Die Schranken planerischer - Gestaltungsfreiheit im Planfeststellungsrecht,* Berlin, 1988

IRELLI, C., "Note in tema di discrezionalità amministrativa e sindacato di legittimità", in *Dir. proc. amm.*, 1984

IRUJO, A. E., "La relación entre los poderes del Estado en la reciente dogmatica alemana", in *R.A.P.*, nº 115, 1988

IRUJO, A. E., "El derecho de acceso a los archivos y registros administrativos", in *La Nueva Ley de Régimen Jurídico de las Administraciones Públicas y del Procedimiento Administrativo Común*, Madrid, 1993

IRUJO, A. E., *El Ciudadano y la Administración*, Madrid, 1994

IRUJO, A. E., "Usos del agua e impacto ambiental: evaluación de impacto ambiental y caudal ecologico", in *R.A.P.*, nº 134, 1994

ITALIA, V., *L'accesso ai documenti amministrativi,* Milano, 1992

ITALIA, V., *La delegificazione,* Milano, 1992

JACQUES, J. P., "L'acte unique européen", in *Rev. Trim. Droit Eur.*, 1986

JADOT, J./HANNEQUART, J. P./DE XIVRY, E. O., *Le Droit de l'Environnement,* Bruxelles, 1988

JAFFE, L., "Standing to Secure Judicial Review: Public Actions", in *Harv. L. Rev.*, vol. 74, 1961

JAIN, R. K., *Environmental Analysis: A New Dimension in Decision Making,* New York, 1981

JAMBRENGHI, V. C., *Premesse per una teoria dell' uso dei beni pubblici,* Napoli, 1979

JAMBRENGHI, V. C., "Tutela dell'ambiente e beni pubblici", in *Amm. pol.*, nº 5, 1992

JARASS, H. D., "Grunrechte als Wertentscheidungen bzw. objektivrechtliche Prinzipien in der Rechtsprechung des Bundesverfassungsgerichts", in *AöR,* 1985

JARASS, H. D., "Grundstrukturen des Gesetzes über die Umweltverträglichkeitsprüfung", in *Natur und Recht,* nº 5, 1991

JARASS, H. D., "La trasformazione nel diritto nazionale della direttiva CEE sulla valutazione di compatibilità ambientale", in *Riv. trim. dir. pubbl.*, nº 1, 1992

JEGOUZO, Y., Réflexions sur le statut juridique de l'étude d'impact", in *Aménagement et Nature*, nº 102, 1995

JELLINEK, G., *Sistema dei diritti pubblici subiettivi,* tr. it., Milano, 1912

JELLINEK, G., *Allgemeine Staatslehre,* 3ª ed., Berlin, 1960

JELLINEK, G., *Gesetz, Gesetzeanwendung und Zweckmässigkeitserwägung,* Aalen, 1964

JIMENÉZ JAÉN, "Evaluación de impacto ambiental y procedimiento administrativo", in *Revista de Derecho Ambiental*, nº 12

JONAS, H., *Le Principe de la Responsabilité. Une Éthique pour la Civilisation Technologique*, Paris, 1990

JONES, M. G., "Canadian Federal and Ontario Provincial Environmental Assessment Procedures", in B. CLARK, A. GILAD, R. BISSET, P. TOMLINSON, *Perspectives on Environmental Impact Assessment,* Dordrecht, Boston, Lancaster, 1984

JOVENIAUX, A., *L'Étude d'Impact en France: Éléments de Pathologie,* Paris, 1978

JUNGK, R., *Der Atom-Staat. Vom Fortschritt in die Unmenschlichkeit,* Reinbek, 1979

KANT, *La religione entro i limiti della sola razione*, tr. it., Bari, 1980

KAPLAN, S., "Perception and Lanscape: Conceptions and Misconceptions", in *Environmental Aesthetics. Theory, Research and Applications,* Cambridge, 1988

KARPEN, U., "La tutela dell'ambiente come diritto fondamentale e come finalità statale? Un elemento per una nuova costituzione dopo la riunificazione della Germania", in *Giur. cost.*, nº 1, 1991

KARRER, F., "I problemi dell'impatto ambientale e le direttive CEE", in *Democrazia e diritto*, nº 2, 1992

KATZ, L., "The Games Bureaucrats Play: Hide and Seek Under Freedom of Information Act", in *Tex. L. Rev.,* vol. 48, 1970

KENNEDY, W., "The Directive on Environmental Impact Assessment", in *Environmental Policy and Law,* 84, 1982

KENNEDY, W., "International Trends and Experiences in the Field of EIA", in *Gestione dei conflitti ambientali e valutazione di impatto*, Bologna, 1990

KERMADEC, M. HUON DE, "Le décret du 25 février 1993 relatif à la reforme des études d'impact: intégration du droit européen et incertitudes persistantes", in *La Semaine Juridique,* nº 15

KISS, A., "La notion de patrimoine commun de l'humanité", *Académie de droit international* , *Recueil de cours*, t. 175, 1982

KISS, A./SCHELTON, D., *Manual of European Environmental Law*, Cambridge, 1993

KLEIN, H., "Ein Grundrecht auf saubere Umwelt?", in *Festschrift für Werner Weber*, Berlin, 1974

KLEMM, CYRILLE, "Les éléments de l' environnement", in *L' Ecologie et la Loi*, Paris, 1989

KLEMM, CYRILLE, "Les apports du droit comparé", in *Le Dommage Ecologique*, Paris, 1992

KLOEPFER, M., *Zum Umweltschutzrecht in der Bundesrepublik Deutschland,* Berlin, 1972

KLOEPFER, M., *Gleichheit als Verfassungsauftrage,* Berlin, 1980

KLOEPFER, M., *Umweltrecht*, München, 1989

KOCH, CH., *Administrative Law and Practice*, 1º vol., St. Paul, 1985

KOCH, H. J., *Allgemeines Verwaltungsrecht,* Frankfurt/M, 1984

KOPP, F. O., "Zehn Jahre Verwaltungsverfahrensgesetz-Anspruch und Wirklichkeit-ein Bilanz", in *Die Verwaltung*, 1987

KOPP, F. O., *Verwaltungsgerichtsordnung, Kommentar*, 8, München, 1989

KOPP, F. O., "Grundrechtliche Schutz und Förderungspflichten der öffentlichen Hand", in *NJW*, n° 28, 1994

KORNPROBST, B., "L'erreur manifeste", in *Dalloz chronique,* 1965

KÖTTER, T., "Umwelt und Naturschutz in der Stadtplanung", in *Archiv für Kommunnalwissenschaften*, 1994

KRÄMER, L., "Droit communautaire de l'environnement", in *Juris Classeur Europe*, 1990

KRÄMER, L., "The Implementation of Community Environmental Directives within Member States: Some Implications of the Direct Effect Doctrine", in *Journal of Environmental Law,* 1991

KROMAREK, P., "The Single European Act and the Environment", in *European Environmental Review,* 1986

KROMAREK, P., "Investissements régionaux et étude d'impact", in M. PRIEUR, *Europe des Régions et Environnement,* Limoges, 1989

KTISTAKI, S., *L' Évolution du Contrôle Juridictionnel des Motifs de l' Acte Administratif,* Paris, 1991

KUMIN, G., "Substantive Review under the National Environmental Policy Act: EDF v. Corps of Engineers", in *Eco. Law Quarterly,* 1973

KUNERT, F. J., "Normkonkretisierung im Umweltrecht", in *NVwZ*, 1989

LABAND, P., *Il diritto pubblico dell' impero germanico*, tr. it., IV, Torino, 1925

LABRIOLA, S., "Diritto di accesso alla informazione del cittadino e doveri della pubblica amministrazione nella legge istitutiva del Ministero dell ambiente", in *Scritti in onore di Massimo Severo Giannini,* vol. II, Milano, 1988

LAGASSE, D., *L'Erreur Manifeste en Droit Administratif. Essai sur les Limites du Pouvoir Discretionnaire de l'Administration*, Bruxelles, 1986

LALONDE, B., "Le droit à l'environnement et les citoyens: la participation", in *Futuribles*, n° 89, 1985

LAMBRECHTS, C., "Environmental Impact Assessment. France", in *European Environmental Yearbook*, 1987

LANCHESTER, F., *"Drafting" e procedimento legislativo in Gran Bretagna e negli Stati Uniti*, Roma, 1990

LANDA, J. A., "La evaluación de impacto ambiental. Marco de referencia y aspectos relevantes a debatir", in *Ciudad y Territorio,* n° 83, 1990

LANDI, P., *La tutela processuale dell'ambiente,* Padova, 1991

LANDY, M. K./ROBERTS, M. J./THOMAS, S. R., *The Environmental Protection Agency: Asking the Wrong Questions,* Oxford University Press, New York, 1990

LANGENDORF, R., "Lesson from Urban Impact Assessment", in *Environmental Impact Assessment Review*, vol. I, n° 3, 1980

LARENZ, K., *Metodologia da Ciência do Direito*, tr. port. 2ª ed., Lisboa, 1978

LAUBADÈRE, A., "Chronique générale de législation", in *A.J.D.A.*, 1977

LAUBADÈRE, A., *Traité de Droit Administratif,* Paris, vol. I, 7.ª ed., 1976, vol. II, 1986

LAUBADÈRE/VENEZIA/GAUDEMET, *Traité de Droit Administratif,* I, Paris, 1990

LAUBINGER, H. W., "Grundrechtsschutz durch Gestaltung des Verwaltungsverfahrens", in *VerwArch*, 1982

LAVEISSIÈRE, G., "L'accès aux documents administratifs", in *Information et Transparence Administratives*, Paris, 1988

LEBRETON, P., *La Nature en Crise*, Paris, 1988

LEDDA, F., "Potere, tecnica e sindacato giudiziario sull'amministrazione pubblica", in *Dir. proc. amm.*, 1983

LEDDA, F., "Problema amministrativo e partecipazione al procedimento", in *Dir. amm.*, nº 2, 1993

LEE, N., "Environmental Impact Assessment: a Review", in *Applied Geography*, nº 3, 1983

LEE, N./WOOD, CH., "E.I.A.: An European Perspective", in *Built Environment,* nº 2, 1978

LEE, N./WOOD, CH., "Environmental Impact Assessment of Projects in EEC Countries", in *Journal of Environmental Management,* nº 6, 1978

LEE, N./WOOD, CH., "The Assessment of Environmental Impact in Project Appraisal in the European Community", in *16 Journal of Common Market Studies*, 158, 1978

LEISERSON, A., *Administrative Regulation (A Study in Representation of Interests),* Univ. Chicago Press, 1972

LEITE PINTO, R., *Intimação para um Comportamento. Contributo para o Estudo dos Procedimentos Cautelares no Contencioso Administrativo,* Lisboa, 1995

LEITMANN, J., "Rapid Urban Environmental Assessment: Towards Environmental Management in Cities of the Developing World", in *Impact Assessment,* 1993

LEMASURIER, J., "Vers un nouveau principe général du droit? Le principe bilan-coût-avantages", in *Mélanges Offerts à Marcel Waline*, t II, Paris, 1974

LEMASURIER, J., "Expropriation. 'Bilan-coût-avantages' et necessité publique", in *Rev. Adm.*, 1980

LEME MACHADO, *Direito Ambiental Brasileiro,* 2ª ed., São Paulo, 1989

LENZ, W., "Umweltverträglichkeitsprüfung in der Bauleitplanung", in *Baurecht,* nº 3, 1989

LEOPOLD, A., *A Sand Country Almanac and Sketches Here and There*, Oxford, 1949

LEOPOLD, L. B./CLARKE, F. E./HANSHAW, B. B./BASLEY, J. R., *A Procedure for Evaluating Environmental Impact*, Washington, 1971

LEOST, R., "L'agrément des associations de protection de l'environnement", in *R.J.E.*, nº 2, 1995

LETOURNER, M., "L'erreur manifeste d'appréciation dans la jurisprudence du Conseil d'État français", in *Miscellanea Ganshof Vander Meersch,* vol. III, Paris, 1972

LETTERA, F., *Lo stato ambientale. Il nuovo regime delle risorce ambientali,* Milano, 1990

LEVENTHAL, H., "Decision-Making and the Role of the Courts", in *U. Penn. Law Review,* vol. 122, 1974

LEVI, F., *L'attività conoscitiva della pubblica amministrazione*, Torino, 1967

LIPARI, N., "Spunti problematici in tema di soggettività giuridica", in *Riv. trim. dir. proc. civ.*, n° 3, 1988

LIROFF, A., "Environmental Administration: NEPA and Federal Agencies", in S. NAGE, *Environmental Politics*, New York, 1974

LITTMANN-MARTIN/LAMBRECHTS, C., "Rapport général", in *Le Dommage Ecologique en Droit Interne Communautaire et Comparé*, Paris, 1992

LITTRÉ, E., *Dictionnaire de la Langue Française*, IV, Paris, 1957

LOCKE, J., *Two Treatises of Government*, London, 1984

LOEWITH, K., "Il disincanto del mondo", in *Tecnica e casistica.* "Archivio di filosofia", Padova, 1964

LOMBARDI, G., "Iniziativa economica privata e tutela dell'ambiente", in *L'ambiente e la sua protezione*, Milano, 1991

LONDON, C., "Droit communautaire et l'environnement", in *Rev. Trim. Droit Eur.*, 1994

LÓPEZ BUSTOS, F. L., "Las EIA: incidencia del elemento técnico y su problemática jurídica", in *Notícias/CEE,* 1991

LÓPEZ GONZÁLEZ, "El régimen jurídico de la evaluación de impacto ambiental", in *Revista Andaluza de Administración Pública,* n° 4, 1990

LÓPEZ MENUDO, "Los principios generales del procedimiento administrativo", in *El Procedimiento Administrativo en el Derecho Comparado*, Madrid, 1993

LORCH, R., *Democratic Process and Administrative Law,* Detroit, 1969

LOREDANA DE ANGELIS, "La tutela degli interessi diffusi nell'amministrazione: possibile ruolo del difensore civico (Anche in relazione alla L. 241/90)", in *Dir. proc. amm.*, n° 2, 1991

LOWI, T., *The Politics of Disorder,* New York, 1971

LUCIANI, M., "Nuovi diritti fondamentali e nuovi rapporti fra cittadino e pubblica amministrazione", in *Riv. crit. dir. priv.*, n° 1, 1985

LUCIANI, M., "Sovracostituzionalità e diritto europeo", in *Giust. e cost.*, 1995

LUHMANN, N., *Legitimation durch Verfahren,* Berlin, 1969, Frankfurt, 1983

LUHMANN, N., *Potere e codice politico*, tr. it., Roma, 1982

LUHMANN, N., "The Self-Reproduction of the Law", in *Conference Materials on Autopoiesis in Law and Society,* European University Institute, Firenze, 1984

LUÑO, P., *Derechos Humanos, Estado de Derecho y Constitución*, 2ª ed., Madrid, 1986

LUTHER, J., "Profili costituzionali della tutela dell'ambiente in Germania", in *Riv. giur. amb.*, nº 3, 1986

LUTHER, J., "Antropocentrismo ed ecocentrismo nel diritto dell' ambiente in Germania e in Italia", in *Pol. dir.*, nº 4, 1989

MAÇÃS, M. F., "A relevância constitucional da suspensão judicial da eficácia dos actos administrativos", in *Estudos sobre a Jurisprudência do Tribunal Constitucional*, Lisboa, 1993

MACHETE, PEDRO, "A suspensão jurisdicional da eficácia dos actos administrativos", in *O Direito*, 1991

MACHETE, PEDRO, *A Audiência dos Interessados no Procedimento Administrativo*, Lisboa, 1995

MACHETE, RUI, "Contribuição para o estudo das relações entre o processo administrativo gracioso e o contencioso", in *Cadernos de Ciência e Técnica Fiscal*, nº 125, 1969

MACHETE, RUI, *Estudos de Direito Público e Ciência Política,* Lisboa, 1991

MACHETE, RUI, "Os princípios gerais do Código do Procedimento Administrativo", in *O Código do Procedimento Administrativo*, Lisboa, 1992

MACHETE, RUI, "Contencioso administrativo", in *D.J.A.P.*, vol. II, Coimbra, 1992

MACHETE, RUI, "Constitucionalismo do regime de caducidade previsto no Decreto-Lei n.º 351/93, de 7 de Outubro (parecer)", in *Rev. Jur. Urb. Amb.*, n.º 3, 1995

MACPHERSON, A. B., *La Teoria Política del Individualismo Posesivo*, tr. esp., Barcelona, 1970

MACRORY, R., "Environmental Assessment-Critical Legal Issues in Implementation", in Q. C. VAUGHAN, *Current Legal Developments. E.C. Environment and Planning Law*, London, 1991

MADDALENA, P., *Responsabilità amministrativa, danno pubblico e tutela dell' ambiente*, Rimini, 1985

MADDALENA, P., *Danno pubblico ambientale,* Rimini, 1990

MAGALHÃES, JOSÉ, "Ambiente de perdição, acções de salvação: a acção popular ecológica e o direito às compensações por prejuízo ambiental no horizonte português de 1992", in *Rev. Dir. Públ.*, nº 8, 1990

MAGALHÃES, JOSÉ, *Rumo ao Espaço Comum Informativo?*, Coimbra, 1991

MAIHOFFER, "Die Natur der Sache", in *Archiv für Rechts und Sozialphilosophie*, vol. XLIV, 1958

MALAFOSSE, J. DE, e outros, *La Codification de l'Impossible. Du Code Rural au Code de l'Environnement. Dossiers et Documents de la R.F.D.A.*, 1991

MALANCZUK, P., "EC-Developments", in *Environmental Policy and Law,* 85, 1981

MALINCONICO, C., *I beni ambientali*, Padova, 1991

MANGANARO, F., *Principio di buona fede e attività delle amministrazioni pubbliche,* Napoli, 1995

MANTINI, P., *Associazioni ambientaliste e interessi diffusi nel procedimento amministrativo,* Padova, 1990

MANTINI, P., "Associazioni ecologiste e tutela giurisdizionale dell'ambiente: aspetti e problemi", in *Associazioni ecologiste e tutela giurisdizionale dell'ambiente,* Rimini, 1990

MANTINI, P., *Lezioni di diritto pubblico dell'ambiente*, Padova, 1991

MANUEL DE ANDRADE, *Teoria Geral das Obrigações,* Coimbra, 1966

MANUEL DE ANDRADE, *Teoria Geral da Relação Jurídica*, vol. I, Coimbra, 1972

MANUELA FLORES, "Tutela cível do ambiente-evolução", in *Textos-Ambiente*, C.E.J., Lisboa, 1994

MARBURGER, P., *Das technische Risiko als Rechtsproblem Bitburger Gespräche*, München, 1981

MARCHISIO, R., "Gli atti di Rio nel diritto internazionale", in *Riv. dir. inter.*, 1992

MAREN-GRISEBACH, "Philosophie der Grünen", in F. CAPRA E C. SPRETNAK, *La politica dei verdi*, tr. it., Roma, 1986

MARKUSEN, A. R., *The Urban Impact Statement: A Critical Forecast*, IURD, working paper, 1979

MARTENS, J., *Die Praxis des Verwaltungsprozeßes,* München, 1975

MARTIM DE ALBUQUERQUE, *Da Igualdade. Introdução à Jurisprudência,* Coimbra, 1993

MARTIN MATEO, R., "Tutela del medio ambiente en los centros urbanos con especial atención a la problemática de la protección de las ciudades históricas", in *Imp. Amb. e Pubbl. Amm., Quaderni,* nº 9, 1977

MARTIN MATEO, R., *Tratado de Derecho Ambiental,* vol. I, Madrid, 1991

MARTIN MATEO, R., *Nuevos Instrumentos para la Tutela Ambiental*, Madrid, 1994

MARTIN, G., "La réparation du préjudice écologique. Droit de l'environnement marin", in *Droit et Économie de l'Environnement*, Paris, 1988

MARTINEZ NIETO, "El papel de la administración pública en la protección del medio ambiente", in *Actualidad Administrativa,* nº 40, 1991

MARTINS CLARO, J. M., "O princípio da igualdade", in *Nos Dez Anos da Constituição,* Lisboa, 1987

MARTINS CLARO, J. M., "A marcha do procedimento", in *O Código do Procedimento Administrativo*, Lisboa, 1992

MARZUOLI, C., *Potere amministrativo e valutazioni tecniche*, Milano, 1985

MASUCCI, A., *L' accordo nell' azione amministrativa,* Roma, 1988

MASUCCI, A., *La legge tedesca sul processo amministrativo,* Milano, 1991

MASUCCI, S. T., "Qual futuro per la VIA? Spigolando tra disegni di legge e giurisprudenza in materia di impatto ambientale", in *Riv. giur. amb.*, nº 6, 1995

MAURER, H. *Allgemeines Verwaltungsrecht,* 5.ª ed., München, 1986

MAYER-KOPP, *Algemeines Verwaltungsrecht*, Boorberg, 1985

MAZZESCHI, R. P., "La protezione dell'ambiente nella comunità europea: competenze statali e competenze comunitarie", in *Studi Economici-Giuridici(In Memoria di Giovani Pau)*, vol. LV, Napoli, 1993/1994

MCHARG, I., *Design with Nature*, New York, 1969

MCHARG, I./FOLQUE, M., *Composer avec Nature,* Paris, 1980

MCINTYRE, O., "The Guiding Principles of European Community Environmental Law-Making", in *European Environment,* vol. 4, 1994

MEDEIROS, RUI, "Estrutura e âmbito da acção para o reconhecimento de um direito ou interesse legalmente protegido", in *R.D.E.S.*, n.os 1/2, 1989

MEDEIROS, RUI, *Ensaio sobre a Responsabilidade Civil do Estado por Actos Legislativos,* Coimbra, 1992

MEILÁN GIL, *La Cláusula de Progreso en los Servicios Públicos*, Madrid, 1968

MELO RIBEIRO, M. T., "A eliminação do acto definitivo e executório na revisão constitucional de 1989", in *Dir. Jus.*, vol. VII, 1993

MELO RIBEIRO, M. T., *O Princípio da Imparcialidade da Administração Pública,* Coimbra, 1996

MEYERS, H./BORGS, H., *Verwaltungsverfahrensgesetz,* Metzner, Frankfurt, 1982

MEZGER, G., *Umweltverträglichkeitsprüfung, Umweltschutz und räumliche Nutzung in den USA*, Berlin, 1989

MEZZETTI, L., "L'ambiente tra diritti fondamentali e apparato di governo: il caso tedesco", in *Le Regioni*, nº 5, 1987

MIRANDA, JORGE, "O regime dos direitos, liberdades e garantias", in *Estudos sobre a Constituição,* vol. III, 1979

MIRANDA, JORGE, "Os direitos fundamentais na ordem constitucional portuguesa", in *Rev. Esp. Der. Const.*, nº 18, 1986

MIRANDA, JORGE, "O direito à informação dos administrados", in *O Direito,* n.os 3/4, 1988

MIRANDA, JORGE, *Manual de Direito Constitucional,* vol. IV, Coimbra, 1988

MIRANDA, JORGE, *Funções, Órgãos e Actos do Estado*, Lisboa, 1990

MIRANDA, JORGE, "O actual sistema português de actos legislativos", in *Legislação,* 1991

MONETA, G., "L'evoluzione involutiva della tutela cautelare amministrativa", in *Dir. proc. amm.*, nº 2, 1994

MONTEIRO, C., *Suspensão da Eficácia de Actos de Conteúdo Negativo*, Lisboa, 1990

MONTESQUIEU, *De l' Esprit des Lois*, Paris, 1922

MORACI, F., *Valutazione d'impatto ambientale in aree costiere,* Roma, 1988

MORAND-DEVILLER, J., "Environnement et paysage", in *A.J.D.A.*, 1994

MORAND-DEVILLER, J., "Chronique de législation", in *A.J.D.A.*, 1995

MORAND-DEVILLER, J., "Commentaire de la loi nº 95-101 du 2 février 1995 relative au renforcement de la protection de l'environnement", in *A.J.D.A.*, 1995

MOREIRA, I., "Comunicação dos resultados do estudo de impacte ambiental-preparação do resumo não técnico", in *Avaliação do Impacte Ambiental,* Lisboa, 1994

MOREIRA, I., "Equipas multidisciplinares", in *Avaliação do Impacte Ambiental,* Lisboa, 1994

MORENO, R., *Régimen Jurídico de la Evaluación de Impacto Ambiental,* Madrid, 1993

MORENO TRUJILLO, E., *La Protección Jurídico-Privada del Medio Ambiente y la Responsabilidad por su Deterioro*, Barcelona, 1991

MORENO, S., *Ecologia y Derecho*, Granada, 1992

MORILLO-VELARDE PÉREZ, *Los Actos Presuntos*, Madrid, 1995

MORO, G., *Ambiente, consenso e decisione. Una interpretazione sociologica della valutazione di impatto ambientale,* Milano, 1992

MORON, S., "La participación del ciudadano en la protección del medio ambiente", in *Derecho y Medio Ambiente*, Madrid, 1981

MORSIANI, S., "Eccesso di potere amministrativo", in *Nov. dig. it.*, Apêndice, vol. III, Torino, 1980

MORTATI, "Le comunità statale", in *Persona, società intermedie e stato, Quaderni di Justitia*, nº 10, 1958

MOSES, S., *Système et Révélation*, Paris, 1982

MOTA PINTO, *Direitos Reais*, Coimbra, 1970/71

MOTA PINTO, *Teoria Geral do Direito Civil*, 3ª ed., Coimbra, 1991

MÜLLER, J. P., *Die Grundrechte der Verfassung und der Persönlichkeitsschutz des Privatrechts*, Berlin, 1964

MÜLLER, J. P., *Soziale Grundrecht in der Verfassung?*, Basel, Frankfurt, 2ª ed., 1981

MURSWIEK, D., "Grundrechte als Teilhaberechte, soziale Grundrechte", in *HdbStRBRD*, t.V., 1992

NAESS, A., "The Shallow and the Deep, Long-Range Ecology Movement. A Summary", in *Inquiry,* nº 16, 1973

NAESS, A., "Defense of the Deep-Ecology Movement", in *Environmental Ethics*, vol. 16, nº 3, 1984

NASH, R., *The Rights of Nature: A History of Environmental Ethics*, Madison, 1989

NAY HTUN, M., "Development of UNEP Guidelines for Assessing Industrial Environmental Impact and Environmental Criteria for the Siting of Industry", in B. CLARK, R. BISSET, A. GILAD E P. TOMLINSON, *Perspectives on Environmental Impact Assessment,* Dordrecht, Boston, Lancaster, 1984

NEISSER, U., *Conoscenza e realtà,* Bologna, 1981

NÉMERY, J.-C., "Les nouveaux instruments d'intervention en matière de développement et d'aménagement du territoire", in *R.F.D.A.*, nº 5, 1995

NICOLE, Y., *L'Étude d'Impact dans le Système Fédéraliste Suisse*, Lausanne, 1992

NICOSIA, F., *Interesse legittimo e tutela giurisdizionale,* Napoli, 1991

NICOSIA, F., *Potere ed eccesso di potere nell'attività amministrativa "non discrezionale"*, Napoli, 1991

NICOSIA, F., *Il procedimento amministrativo. Principi e materiali,* Napoli, 1992

NIETZSCHE, F., *Umano, troppo umano,* tr. it., vol. I, Torino

NIGRO, M., "Il giudice amministrativo 'signore della prova' ", in *Foro it.*, V, 1967

NIGRO, M., *La riforma del processo amministrativo,* Milano, 1980

NIGRO, M., "Procedimento amministrativo e tutela giurisdizionale contro la pubblica amministrazione (il problema di una legge generale sul procedimento amministrativo)", in *L'azione amministrativa tra garanzia ed efficienza*, in *Problemi di amministrazione pubblica,* nº 1, Napoli, 1981

NIGRO, M., "Esperienze e prospettive del processo amministrativo", in *Studi in onore de A. Amorth*, I, Milano, 1982

NIGRO, M., *Giustizia amministrativa*, 3ª ed., Bologna, 1983

NIGRO, M., "Comissione per la revisione della disciplina dei procedimenti amministrativi. Appunto introduttivo", in *Riv. trim. sc. amm.*, nº 4, 1984

NIGRO, M., "L'azione dei pubblici poteri. Lineamenti generali", in *Manuale di diritto pubblico*, Bologna, 1984

NIGRO, M., "Le due facce dell'interesse diffuso: ambiguità di una formula e mediazioni della giurisprudenza", in *Foro it.*, V, 1987

NIGRO, M., "Conclusioni", in *L'accordo nell'azione amministrativa*, Roma, 1988

NIGRO, M., "Territorio: problemi generali", in *AA. VV.: Seicentosedici dieci anni dopo*, Roma, 1988

NIGRO, M., "Il procedimento amministrativo fra inerzia legislativa e trasformazioni dell'amministrazione (a proposito di un recente disegno di legge)", in *Il procedimento amministrativo fra riforme legislative e trasformazioni dell'amministrazione,* Milano, 1990

NIGRO, M., "Lineamenti generali", in G. AMATO E A. BARBERA, *Manuale di diritto pubblico* , 4ª ed., Bologna, 1994

NIJKAMP, P., *Theory and Application of Environmental Economics,* Amsterdam, 1977

NOGUEIRA DE BRITO, M.,"Sobre a legislação do património cultural", in *Rev. Jur.*, n.os 11/12, 1989

NOVARESE, F., "Tutela dei nuovi diritti e procedimento cautelare riformato", in *Riv. giur. amb.*, nº 2, 1993

NOZICK, R., *Anarchi, State and Utopia*, New York, 1974

NUNGESSER, R., "Rapport sur le projet de loi relatif à la protection de la nature", in *R.J.E.*, 1976

OBERMAYER, K., "La legge sul procedimento amministrativo nella Repubblica Federale Tedesca", in *Amministrare*, 1978

OLASAGASTI, M., "Introducción a Heidegger", in *Rev. Occid.*, 1967

OLIVEIRA ASCENSÃO, *Direito Civil (Reais)*, 4ª ed., Coimbra, 1987

ORESTANO, "Diritti soggettivi e diritti senza soggetti", in *Jus*, 1969

ORLANDO DE CARVALHO, *Critério e Estrutura do Estabelecimento Comercial*, I - *O Problema da Empresa como Objecto de Negócios*, Coimbra, 1967

ORLANDO DE CARVALHO, *Teoria Geral da Relação Jurídica*, Coimbra, 1970

ORLANDO DE CARVALHO, *Direitos das Coisas*, Coimbra, 1977

ORLOFF, N., *The Environmental Impact Statements Process: A Guide to Citizen Action*, Washington, 1978

ORNAGHI, L., *Il concetto di "interesse"*, Milano, 1984

ORRÚ, G., *I criteri extralegali di integrazione del diritto positivo*, Milano, 1989

OSSENBÜHL, F., "Von unbestimmten Gesetzesbegriff zur letzverbindlichen Verwaltungsentscheidung", in *Deutsches Verwaltungsblatt*, 1978

OSSENBÜHL, F.,"Kenergie im Spiegel des Verfassungsrechts", in *DÖV*, 1981

OSSENBÜHL, F., "Umweltschutz und Gemeinwohl in der Rechtsordnung", in *Bitfurger Gespräche, Jahrbuch*, München, 1983

OSSENBÜHL, F., "Autonome Rechtsetzung der Verwaltung", in ISENSEE/KIRCHHOF, *Handbuch des Staats Rechts*, vol. III *(Das Handeln des Staates)*, Heidelberg, 1988

OTERO, PAULO, "As garantias impugnatórias dos particulares no Código do Procedimento Administrativo", in *S.I.*, n.ºs 235/237, 1992

OTERO, PAULO, *Conceito e Fundamento da Hierarquia Administrativa*, Lisboa, 1989 e Coimbra, 1992

OTTAVIANO, V., "Merito"(Diritto Amministrativo), in *Nov. dig. it.*, vol. X, 1964

PALANCHON, A./JOVENIAUX, A., "L'étude d'impact en France: éléments de pathologie", in *Stu*, 1978

PAPIER, H. J., "Immissionen durch Betriebe der öffentlichen Hand", in *NJW*, 1974

PAPIER, J., "Einwendungen Dritter im Verwaltungsverfahren,", in *NJW*, 1980

PARADA VASQUEZ, R., *Régimen Jurídico de las Administraciones Públicas y el Procedimiento Administrativo Común (Estudio, comentarios y texto de la Ley 30/1992, de 26 de noviembre)*, Madrid, 1993

PARDO, M., "El estado de las evaluaciones de impacto ambiental en España: limitaciones y oportunidades en la gestión del medio ambiente", in *Estudos Territoriales*, nº 25, 1987

PAREJO ALFONSO, L., *Manual de Derecho Administrativo*, Barcelona, 1990

PAREJO ALFONSO, L./KRÄMER, L. e outros, *Derecho Medioambiental de la Unión Europea*, Madrid, 1995

PAREJO ALFONSO/BLANCO, J./ALVAREZ, O., *Manual de Derecho Administrativo*, 3ª ed., Barcelona, 1994

PARISIO, V., "Valutazione d'impatto ambientale e pianificazione urbanistica: un connubio impossibile", in *Riv. giur. edil.*, nº 4, 1989

PARSONS, T., *The Social System*, London, 1951

PARTIDÁRIO, M. R., "A.I.A. de políticas, programas e planos", in *Avaliação do Impacte Ambiental*, Lisboa, 1994

PARTIDÁRIO, M. R., "Selecção das acções e definição do âmbito", in *Avaliação do Impacte Ambiental*, Lisboa, 1994

PARTIDÁRIO, M. R./JESUS, J. DE, *Avaliação do Impacte Ambiental*, Lisboa, 1994

PASSERIN D'ENTREVES, "Il problema del diritto naturale e due domande intorno al diritto", in apêndice à 2ª ed. de *La dottrina del diritto naturale*, Milano, 1962

PASTORI, G., "Introduzione generale", in *La procedura amministrativa*, Firenze, 1964

PATTI, S., *La tutela civile dell' ambiente*, Padova, 1979

PATTI, S., "Prove. Disposizioni generali", in *Saggi di diritto privato comparato*, Torino, 1986

PEDERSON, W. F., "Formal Records and Informal Rulemaking", in *Yale L. Jour.*, vol. 85, 1975

PEKELIS HIGGINS, R., "Legislation Under NEPA: Plaintiffs Phirrhic Victories drow Congressional Fire, Judicial Warnings", in *Miss. L. Rev.*, vol. 39, 1974

PEÑA FREIRE, A. M./SERRANO MORENO, J. L., *Ecologia y Derecho. La Evaluación Ambiental,* Granada, 1994

PEPPER, D., *The Roots of Modern Environmentalism*, London, 1984

PERA, M., *Popper e la scienza su palafitte*, Bari, 1980

PEREIRA DA SILVA, V., *Para um Contencioso Administrativo dos Particulares (Esboço de uma teoria subjectivista do recurso directo de anulação)*, Coimbra, 1989

PEREIRA DA SILVA, V., *Em Busca do Acto Administrativo Perdido*, Coimbra, 1996

PEREZ, R., "L'istruzione nel procedimento amministrativo", in *Riv. trim. dir. pubbl.*, 1996

PERICU, G., "I procedimenti di massa", in *Il procedimento amministrativo fra riforme legislative e trasformazioni dell'amministrazione*, Milano, 1990

PÉRINET-MARQUET, H., "Le nouvel article L. 111-1-1 du code de l'urbanisme", in *R.F.D.A.*, nº 5, 1995

PERLOFF, J. M., "Breach of Contract and the Foreseeability Doctrine of Hadley v. Baxendale", in *Jour. Leg. Stud.*, 10, 1981

PESTALOZZA, CH., "Der Untersuchungsgrundsatz", in W. SCHMITT-GLAESER, *Verwaltungsverfahren*, Boorberg, Stuttgart, 1977

PETER, B., "Spécifités au regard du droit français des procédures d'urgence en droit allemand", in *Revue du Droit Public*, nº 1, 1994

PETERS/SCHENK/SCLABACH, *Umweltverwaltungsrecht,* Heidelberg, 1990

PETTINI, F., "Les évaluations d'impact dans la politique d'environnement des communautées européennes", *Aménagement et Nature,* nº 50, 1978

PICOZZA, E., "Cose d' arte", in *EdD,* XI, Milano, 1962

PICOZZA, E., *Il piano regolatore generale urbanistico*, Padova, 1987

PICOZZA, E., *L'attività di indirizzo della pubblica amministrazione*, Padova, 1988

PICOZZA, E., "Commento", in *Corr. giur.*, nº 3, 1989

PIERCE, R. J./SHAPIRO, S./VERKUIL, P. R., *Administrative Law and Process*, New York, 1985

PIERCE, R., "Chevron and its Affermath: Judicial Review of Agency Interpretation of Statutory Provisions", in *Vanderbilt Law Review,* vol. 41, 1988

PIETZCKER, J., "Der Anspruch auf ermessensfehlerfreie Entscheidung", in *JuS,* 1982

PIETZNER, R./RONELLENFITSCH, M., *Das Assessorexamen in öffentlichen Recht*, 7ª ed., Düsseldorf, 1991

PILLITU, M., *Profili costituzionali della tutela ambientale nell'ordinamento giuridico comunitario*, Perugia, 1992

PINHO, P., "Impactes sociais e económicos", in *Avaliação do Impacte Ambiental,* Lisboa, 1994

PINHO, P.,"O sistema de AIA em Portugal", in *Avaliação do Impacte Ambiental,* Lisboa, 1994

PIRAINO, S., *La funzione amministrativa fra discrezionalità e arbitrio*, Milano, 1990

PIRAS, A., "Discrezionalità amministrativa", in *EdD*, Milano, 1964

PIRES DE LIMA/ANTUNES VARELA, *Código Civil Anotado,* Coimbra, vols. I, 4.ª ed., 1987, III, 2ª ed., 1984

PITSCHAS, R., *Verwaltungsverantwortung und Verwaltungsverfahren. Strukturprobleme, Funkionsbedinungen und Entwicklungsperspektiven eines Konsensualen Verwaltungsrechts*, München, 1990

PITTARD, Y., "La practique de l'agrément des associations, présentation des premiers résultats d'une enquête régionale", in *Les Associations, l'Environnement et le Droit*, Paris, 1984

PIVA, G., "Cose d' arte", in *EdD*, XI, Milano, 1962

PIVA, G./SPANTIGATI, F., *Metastabilità giuridica*, Roma, 1989

PIZZORUSSO, A., "Interesse pubblico e interessi pubblici", in *Riv. trim. dir. e proc. civ.*, 1972

POCAR/SECCHI, *Il Trattato di Maastricht sull'Unione Europea*, Milano, 1992

POMED SÁNCHEZ, L., *El Derecho de Acceso de los Ciudadanos a los Archivos y Registros Administrativos*, Madrid, 1989

POPPER, K., *Congetture e confutazioni*, tr. it., Bologna, 1972

POSTIGLIONE, A., "Ambiente: suo significato giuridico unitario", in *Riv. trim. dir. pubbl.*, 1985

POSTIGLIONE, A., "Lo spazio giuridico di informazione, partecipazione e azione dell cittadino e delle associazioni in relazione all'ambiente", in D. FERRANTI, A. PASCOLINI, *La qualità della vita e dell'ambiente*, Milano, 1989

POTITO, C., "La valutazione di impatto ambientale in Gran Bretagna (autorità centrali e poteri locali)", in *Quaderni regionali*, nº 1, 1994

POULANTZAS, N., *Nature des Choses et Droit. Essai sur la Dialectique du Fait et de la Valeur*, Paris, 1965

POZZO, B., "Il criterio di imputazione della responsabilità per danno all'ambiente nelle recenti leggi ecologiche", in P. TRIMARCHI, *Per la riforma della responsabilità per danno all'ambiente*, Milano, 1994

POZZO, B., *Danno ambientale ed imputazione della responsabilità (esperienze giuridiche a confronto)*, Milano 1996

PREDIERI, A., "Prefazione" a G. DE GIOVINE, *Diritto e ambiente*, Milano, 1983

PREUSS, U. K., *Die Internalisierung des Subjekts - Zur Kritik der Funktionsweise des Subjektiven Rechts*, Frankfurt, 1979

PREUSS, U. K., *Revolution, Fortschrift und Verfassung. Zu einem neuen Verfassungsverständnis*, Berlin, 1990

PRIEUR, M., "Qui retarde l'entrée en vigeur des lois sur l'environnement?", in *R.J.E.*, nº 4, 1978

PRIEUR, M., "Le respect de l'environnement et les études d'impact", in *R.J.E.*, nº 2, 1981

PRIEUR, M., "L'agrément des assotiations de protection de l'environnement et du cadre de vie, procedure et bilan provisoire", in *Les Associations, l'Environnement et le Droit,* Paris, 1984

PRIEUR, M., "Le droit a l'environnement et les citoyens: la participation", in *R.J.E.*, nº 4, 1988

PRIEUR, M., "La directive Seveso sur les risques d'accidents majeurs", in *R.J.E.*, nº 3, 1989

PRIEUR, M., "Les études d'impact en droit français", in *Environnement et Societé,* nº 5, 1990

PRIEUR, M., *Droit de l'Environnement*, 2ª ed., Paris, 1991

PRIEUR, M., "O direito do ambiente em França", in *Direito do Ambiente*, Lisboa, 1994

PRIEUR, M./LAMBRECHTS, C., "Modèle cadre relatif à l'impact sur l'environnement dans l'optique d'un aménagement ou d'une planification intégrée du milieu natural", in *Sauvegarde de la Nature, Conseil de l'Europe*, 1980

PUBUSA, A., *Sovranità popolare e autonomie locali nell'ordinamento costituzionale italiano*, Milano, 1983

PUBUSA, A., *Procedimento amministrativo e interessi sociali*, Torino, 1988

PUBUSA, A., *L'attività amministrativa in trasformazione,* Torino, 1993

PUGLIATTI, S., "Cosa" (teoria generale), in *EdD*, XI, Milano, 1962

PUGLIATTI, S., *Beni e cose in senso giuridico*, Milano, 1964

PUGLIESE, F., "Il contraddittorio nel procedimento, in *Il procedimento amministrativo fra riforme legislative e trasformazioni dell'amministrazione,* Milano, 1990

PUIG, V., "Il medio ambiente, fundamento racional de la planificación territorial", in *D.A.*, nº 186, 1980

PURCELL, A. T./LAMB, J. R., "Landscape Perception: An Examination and Empirical Investigation of Two Central Issues in the Area", in *Journal of Environmental Management*, nº 19, 1984

QUADRI, C., "Problemi istituzionali della valutazione di impatto ambientale", in *Foro it.*, 1989

QUEIRÓ, AFONSO, *O Poder Discricionário da Administração*, Coimbra, 1944

QUEIRÓ, AFONSO, *Teoria dos Actos de Governo,* Coimbra, 1948

QUEIRÓ, AFONSO, *Os Limites do Poder Discricionário das Autoridades Administrativas*, Coimbra, 1965

QUEIRÓ, AFONSO, *Lições de Direito Administrativo*, I, Coimbra, 1976

QUEIRÓ, AFONSO, "Função administrativa", Separata da *R.D.E.S.*, Ano XXIV, n.os 1, 2, 3, 1977

QUEIRÓ, AFONSO, "Anotação ao Acórdão do S.T.A., de 13/3/82", in *R.L.J.*, ano 115

QUEIROZ, CRISTINA M. M., *Os Actos Políticos no Estado de Direito (O problema do controle jurídico do poder)*, Coimbra, 1990

RADBRUCH, "Die Natur der Sache als juristiche Denkform", in *Festschrift Zur Ehren von R. Laun*, Hamburg, 1948

RANELLETTI, O., "Concetto e natura delle autorizzazioni e concessioni administrative", in *Giur. it.*, 1894

RAU, J. G., "Concepts of Environmental Impact Analysis", in J. RAU E C. WOODEN, *Environmental Impact Analysis Handbook*, New York, 1980

RAWLS, J., *A Theory of Justice*, Cambridge, 1971

RAYMOND, J. D., "Commentaire à la decision du Tribunal Administratif de Strasbourg du 26 septembre 1984", in *R.J.E.*, 1985

RAYMOND, S., "En matière de défense de l'environnement: la qualité pour agir des associations et le recours pour excès de pouvoir", in *R.J.E.*, nº 4, 1991

REASONER, S., "Criteria for Granting a Temporary Injunction When Only Questions of Law Are Presented", in *Tex. L. Rev.*, vol. nº 40, 1961

REBELO DE SOUSA, M., *O Valor Jurídico do Acto Inconstitucional,* vol. I, Lisboa, 1988

REBELO DE SOUSA, M., "Regime do acto administrativo", in *Direito e Justiça,* 1992

REBOLLO, M., *La Responsabilidad Patrimonial de las Administraciones Públicas en el Ambito Urbanístico,* Santander, 1993

REDFORD, E. S., *Democracy in the Administrative State,* Oxford, 1969

REGAN, T., "The Nature and Possibility of an Environmental Ethics", in *Env. Eth.*, vol 3, nº 1, 1980

REGAN, T., *The Case for Animals Rights,* Los Angeles, 1983

REHBINDER, E., "Grundfragen des Umweltrechts", in *Zeitschrift für Rechtspolitik,* 1970

REHBINDER, E., "La valutazione di impatto ambientale in Germania", in *La valutazione di impatto ambientale*, Milano, 1991

REHBINDER, E., "Rapport général", in *Le Dommage Ecologique en Droit Interne Communautaire et Comparé*, Paris, 1992

REHBINDER, E., "Ein weiterer Schritt auf dem Weg zur Kodification des deutschen Umweltrechts", in *Natur und Rechts,* 1994

REHBINDER, E./STEWART, R., "Integration Through Law", in *Environmental Protection Policy,* vol. 2, Berlin, 1985

REHNQUIST, W., "The Notion of a Living Constitution", in *Tex. L. Rev.*, nº 54, 1976

REICH, C., "The Law of the Planned Society", in *75 Yale L. Jour.,* 1966

REMÉDIO MARQUES, "Planeamento urbanístico: considerações acerca do regime e natureza dos seus instrumentos", in *Tribuna da Justiça,* n.os 4 e 5, 1990

RÈMOND-GOUILLOUD, M., *Du Droit de Détruire*, Paris, 1989

RENN, O., "Psycological and Sociological Approaches to Study Risk Perception", in *Environment International*, vol. 10, n.os 5 e 6, 1984

REY, J. L., "Le contrôle des études d'impact dans les déclarations d'utilité publique", in *R.F.D.A.*, nº 9, 1993

RIALS, S., *Le Juge Administratif Français et la Technique du Standard,* Paris, 1980

RICHER, L., *Recherches sur la Faute dans le Contentieux Administratif de la Responsabilité,* Paris, 1976

RICHTER, S., "L'aspettativa di provvedimento", in *Riv. trim. dir. pubbl.*, 1981

RIFKIN, *Entropia,* Milano, 1985

RISTORATORE, M., "Gli environmental impact statements. Problemi e prospettive nella applicazione amministrativa della normativa statunitense", in N. GRECO, *La valutazione di impatto ambientale: rivoluzione o complicazione amministrativa?*, Milano, 1984

RIVERO, J. *Droit Administratif,* Paris, 1990

ROBIN DE ANDRADE, *A Revogação dos Actos Administrativos,* 2ª ed., Lisboa, 1985

RODGERS, W., *Environmental Law*, St. Paul, 1977

RODGERS, W., "Judicial Review of Risk Assessments", in *Environmental Law,* vol. 11, 1981

RODRÍGUEZ, T. FERNÁNDEZ, *La Doctrina de los Vicios de Orden Público*, Madrid, 1970

RODRÍGUEZ, T. FERNÁNDEZ, "Derecho, medio ambiente y desarrollo", in *R.E.D.A.*, nº 24, 1980

RODRÍGUEZ, T. FERNÁNDEZ, "Juzgar a la Administración contribuye también a administrar mejor", in *R.E.D.A.*, nº 76, 1992

ROEHRSSEN, "Il giusto procedimento nel quadro dei principi costituzionali", in *La disciplina generale del procedimento amministrativo,* Milano, 1989

ROELANDS DU VIVIER, F., "Une nouvelle stratégie européenne", in *Revue du Marché Commun*, 1988

ROMAGNOSI, G. D., *Della costituzione di una monarchia nazionale rappresentativa*, Roma, 1937

ROMANO, B., *Soggettività, diritto e postmoderno. Una interpretazione con Heidegger e Lacan*, Roma, 1988

ROMANO-TASSONE, *Motivazione dei provvedimenti amministrativi e sindacato di legittimità*, Milano, 1987

ROMI, R., *L'Europe et la Protection Juridique de l'Environnement*, Paris, 1993

ROMI, R., "Droit de l'environnement: l'épreuve de l'alternance", in *Revue du Droit Public,* nº 4, 1994

ROMI, R., "Politiques publiques d'environnement: nouveaux développements législatifs", in *Revue du Droit Public*, nº 3, 1995

ROSENBERG, M., "Judicial Discretion of the Trial Court Viewed from Above", in *Syr. Law Review,* nº 22, 1971

ROSENBAUM, W. A., *Environmental Politics and Policy,* Washington, 1985

ROSS, A., *On Law and Justice*, London, 1958

ROSS, W. A., "Evaluating Environmental Impact Statements", in *Journal of Environmental Management,* nº 25, 1987

ROSSI, E., *Le formazioni sociali nella costituzione italiana*, Padova, 1989

ROSSI, P. M. e outros, *Evaluation, a Systematic Approach,* Beverly Hills, London, 1981

ROßNAGEL, A., *Radioaktiver Zerfall der Grundrechte*, München, 1984

ROTA, R., "Funzione amministrativa e procedimento in materia di tutela dell'ambiente e dello sviluppo", in *Dir. proc. amm.*, nº 3, 1993

ROURA, A. C., *L'avaluació de l'impacte ambiental: el paper de les Comunitats Europees i dels estats membres*, Barcelona, 1993

ROURE, J. C., "Information et consultation du public", in *Aménagement et Nature,* nº 71, 1983

ROUSSEAU, J. J., "Du Contract Social; ou, principes du droit politique", in *Oeuvres complètes*, Paris, 1959-1969

RUBEL, R., *Planungsermessen*, Frankfurt/Main, 1982

RUBIRA, L., *La Participación Pública en el Procedimiento de Elaboración de los Reglamentos en los Estados Unidos de America,* Madrid, 1991

RUFFOLO, G., *La qualità sociale*, Bari, 1985

RUFFOLO, U., "V.I.A. e disciplina civilistica", in *La nuova legislazione ambientale,* Rimini, 1989

RUPP, H., "Ermessenspielraum und Rechtstaatlichkeit", in *NJW*, 1969

SAGOFF, M., "The Principles of Federal Pollution Control Law", in *Min. Law Review,* 71, 1986

SAINT-MARC, "Le rapport d'impact sur l'environnement", in *R.J.E.*, 1976

SAINZ MORENO, *Conceptos Jurídicos, Interpretación y Discricionalidad Administrativa*, Madrid, 1976

SAINZ MORENO, "Principios y ambito de aplicación de la L.A.P.", in *Administraciones Públicas y Ciudadanos*, Barcelona, 1993

SALA, G., *Il principio del giusto procedimento nell'ordinamento regionale,* vol. I, Milano, 1985

SALA, G., "L'eccesso di potere amministrativo dopo la legge 241/90: un ipotesi di ridefinizione", in *Dir. amm.*, nº 2, 1993

SALA, G., *Potere amministrativo e principi dell'ordinamento,* Milano, 1993

SALANITRO, U., "L'environmental mediation negli USA: uno strumento alternativo per la risoluzione dei conflitti ambientali", in *Riv. giur. amb.*, nº 2, 1991

SALIS, STEFAN, *Gestufte Verwaltungsverfahren im Umweltrecht,* Baden-Baden, 1991

SALTER, J. R., "Environmental Assessment: The Need for Transparency", in *Journal of Planning & Environmental Law,* 1992

SALVIA, F., *Il ministero dell'ambiente*, Roma, 1989

SALVIA, F., "Attività amministrativa e discrezionalità tecnica", *Dir. proc. amm.,* nº 4, 1992

SÁNCHEZ BLANCO, A., "Sujetos, actores y factores en el procedimiento administrativo", in *R.A.P.*, nº 111, 1986

SANCY, M., "Les études d'impact en Belgique", in *Environnement et Societé,* nº 5, 1990

SANDULLI, A. M., "Notazioni in tema di provvedimenti autorizzativi", in *Riv. trim. dir. pubbl.*, 1957

SANDULLI, A. M., "Dominio eminente", in *Enc. giur.*, vol. XIII, 1964

SANDULLI, A. M., *Il procedimento amministrativo*, Milano, 1964

SANDULLI, A. M., *Manuale di diritto amministrativo*, Napoli, 1984

SANTAMARIA PASTOR, *La Nulidad de Pleno Derecho de los Actos Administrativos. Contribución a una Teoria de la Ineficacia en el Derecho Público*, Madrid, 1975

SANTAMARIA PASTOR, "La actividad de la Administración (Título IV)", in *Comentario Sistemático a la Ley de Régimen Jurídico de las Administraciones y del Procedimiento Común*, Madrid, 1993

SANTANIELLO, G., "Il procedimento amministrativo: linee di sviluppo", in *Dir. proc. amm.*, 1985

SANTI ROMANO, *La teoria dei diritti pubblici subiettivi, Trattato Orlando*, IV, Milano, 1897

SARDINHA, J. M., "Algumas reflexões sobre os direitos de informação e participação dos particulares no direito do urbanismo português", in *Rev. Dir. Amb. Ord. Ter.*, nº 1, 1995

SARTOR, G., "L'informatica e la valutazione di impatto ambientale", in A. GUSTAPANE, G. SARTOR, C. M. VERARDI, *Valutazione di impatto ambientale (Profili normativi e metodologie informatiche)*, Milano, 1992

SARTORI, S., "La percezione del rischio nella 'Via' ", in F. BEATO, *La valutazione di impatto ambientale. Un approcio integrato*, 2ª ed., Milano, 1991

SAVATIER, R., "Essai d'une présentation nouvelle des biens incorporels", in *Riv. trim. dir. civ.*, 1958

SAVIGNY, F., *System des heutigen römischen Rechts*, I, Berlin, 1840

SAX, J., "The (Unhappy) Truth about NEPA", in *Okla. L. Rev.*, vol. 26, 1973

SAX, J., "Le petit poisson devant le grand barrage", in *R.J.E.*, nº 4, 1978

SCARGILIA, R., "Il diritto di accesso all'informazione ambientale", in *Scritti in onore di Massimo Severo Giannini*, vol. II, Milano, 1988

SCHACHTER, H., "The Emergence of International Environmental Law", in *Journal of International Affaires*, 1991

SCHAFF, A., *Langage et Connaissance*, Paris, 1974

SCHAMBECK, H., *Der Begriff der "Natur der Sache"*, Wien, 1964

SCHARPF, F., *Die politischen Kosten des Rechsstaats*, Tübingen, 1970

SCHELDON NOVICK, *Law of Environmental Protection*, 2ª ed., New York, 1988

SCHELTER, M., "La subsidiarité: principe directeur de la future Europe", in *Revue du Marché Commun*, 1991

SCHEMEL, H. J., *Die Umweltverträglichkeitsprüfung (UVP) von Grossprojekten*, Berlin, 1985

SCHERER, R./KELKEL, A., *Heidegger*, Madrid, 1975

SCHEUNER, U., "Die Funktion der Grundrechte im Socialstaat", in *DÖV*, 1971

SCHEUNER, U., "Verfassung", in *Staatstheorie und Staatsrecht. Gesammelte Schriften*, Berlin, 1988

SCHIAVELLO, G., *Responsabilità contabili, formale e amministrativa,* Napoli, 1987

SCHINAIA, M., "La disciplina generale del procedimento amministrativo", in *Foro it.*, 1987

SCHINAIA, M., "Profili evolutivi nella problematica del procedimento amministrativo", in *La disciplina generale del procedimento amministrativo,* Milano, 1989

SCHINAIA, M., "Relazione di sintesi", in *Il procedimento amministrativo fra riforme legislative e trasformazione dell' amministrazione,* Milano, 1990

SCHMEL, W. C., *Massenverfahren vor den Verwaltungsbehörden und den Verwaltungsgerichten*, Berlin, 1982

SCHMIDT-AßMANN, "Der Verfahrensgedanke in der Dogmatik des öffentlichen Rechts", in LERCHE/SCHMITT-GLAESER/SCHMIDT-AßMANN,*Verfahren als staats und verwaltungsrechtliche Kategorie*, Heidelberg, 1984

SCHMIDT-AßMANN, "I limiti del sindacato dei tribunali amministrativi", in *Dir. proc. amm.*, nº 4, 1995

SCHMIDT-SALZER, *Der Beurteilungspielraum der Verwaltungbehörden*, Berlin, 1968

SCHMITT-GLAESER, "Il procedimento amministrativo e la sua legge: un'osservazione introduttiva", in *La codificazione del procedimento amministrativo nella Repubblica Federale di Germania*, in *Problemi di amministrazione pubblica,* 2, Napoli, 1979

SCHMITT-GLAESER, "Die Position der Bürger als Beteiligte im Entscheidungsverfahren gestaltender Verwaltung", in LERCHE/SCHMITTGLAESER/SCHMIDT--AßMANN, *Verfahren als staats und verwaltungsrechtliche Kategorie*, Heidelberg, 1984

SCHMITT-GLAESER, *Verwaltungsprozeßrecht,* 10ª ed., Stuttgart, München, Hannover, 1990

SCHNEIDER, H. P., "Carácter y función de los derechos fundamentales en el Estado constitucional democrático", in *R.E.P.*, nº 7, 1979

SCHNEIDER, H., P., *Die Güterabwägung des Bundesverfassungsgericht bei Grundrechtskonfliten*, Baden-Baden, 1979

SCHOCH, F., *Vorläufiger Rechtsschutz und Risikoverteilung im Verwaltungsrecht*, Heidelberg, 1988

SCHOCH, F., "Grundfragen des verwaltungsgerichtlichen vorläufigen Rechtsschutzes", in *Verwaltungs-Archiv,* vol. 82, 1991

SCHOENEBERG, J., "Umweltverträglichkeitsprüfung und Raumordnungsverfahren", in *Beiträge zum Siedlungs und Wohnungsweses und zur Raumplanung,* Münster, 1984

SCHOENEBERG, J., "UVP und Landschaftsplanung", in *Umwelt und Planungsrecht,* nº 6, 1991

SCHOENEBERG, J., *Umweltverträglichkeitsprüfung*, München, 1993

SCHOLZ, R., "Verwaltungsverantwortung und Verwaltungsgerichtsbarkeit", in *VVDStRL* Heft 24, Berlin, 1976

SCHWARTZ, B., *Administrative Law,* 2ª ed., Boston, Toronto, 1984

SCHWARTZ, E., "Article 235 and Law-Making Power in the European Economic Community", in *International Comparative Law Quarterly*, 1978

SCHWINGER, *Teologische Begriffsbildung im Strafrecht,* 1930

SCIULLO, G., *Pianificazione amministrativa e partecipazione*, Milano, 1984

SCIULLO, G., "Il principio del 'giusto procedimento' fra giudice costituzionale e giudice amministrativo", in *Jus*, 1986

SCOCA, F., "Processo cautelare amministrativo e costituzione", in *Dir. proc. amm.*, 1983

SCOCA, G., "La valutazione di impatto ambientale alla luce della direttiva CEE", in *Tutela dell'ambiente (procedure di impatto ambientale e legge Galasso)*, Perugia, 1987

SCOCA, G., "La teoria del provvedimento dalla sua formulazione alla lege sul procedimento", in *Dir. amm.*, nº 1, 1995

SCOFFONI, G., *Le Droit à l'Information Administrative aux États-Unis. Du Modèle Américain au Système Français de Transparence*, Paris, 1990

SCONAMIGLIO, A., "Sui collegamenti tra autonomia privata e procedimenti amministrativi", in *Riv. trim. dir. pubbl.*, nº 1, 1983

SCOVAZZI, T., "La partecipazione del pubblico alle decisioni sui progetti che incidono sull'ambiente", in *Riv. giur. amb.*, nº 3, 1989

SCOZZAFAVA, O. T., *I beni e le forme giuridiche di appartenenza*, Milano, 1982

SELLERI, B., *Pubblica amministrazione e cittadino: alla ricerca della "parità"*, Napoli, 1984

SELLERI, B., *Il diritto di accesso agli atti del procedimento amministrativo,* Napoli, 1984

SENDLER, H., "Normkonkretisierende Verwaltungsvorschriften im Umweltrecht", in *UPR*, 9, 1993

SEPE, O., *L'efficienza nell'azione amministrativa,* Milano, 1975

SEPE, O., "Partecipazione e garantismo nel procedimento amministrativo", in *Riv. trim. dir. pubbl.*, nº 2, 1992

SERRA, TERESA, *Contributo ad uno studio sulla istruttoria del procedimento amministrativo,* Milano, 1991

SÉRVULO CORREIA, *Noções de Direito Administrativo*, Lisboa, 1982

SÉRVULO CORREIA, *Legalidade e Autonomia Contratual nos Contratos Administrativos*, Coimbra, 1987

SÉRVULO CORREIA, *Contencioso Administrativo,* Lisboa, 1990

SÉRVULO CORREIA, "O direito à informação e os direitos de participação dos particulares no procedimento e, em especial, na formação da decisão administrativa", in *Legislação,* n.os 9/10, 1994

SFORZA, C., "Diritto soggettivo", in *EdD,* vol. XVII, 1964

SHAPIRO, D. L., "Some Thoughts on Intervention before Courts, Agencies and Arbitrators", in *81 Harv. L. Rev.,* 1968

SHEATE, W. R., *The EEC Draft Directive on Environmental Assessment of Projects: Its Historical Development and Implications,* London, 1984

SHEATE, W./MACRORY, R., "Agriculture and the EC Environmental Assessment Directive: Lessons for Commitee Policy-Making", in *Journal of Common Market Studies,* vol. XXVIII, 1989

SHIFRIN, R., "Not by Risk Alone: Reforming EPA Research Priorities", in *Yale L. Jour.*, vol. 102, nº 2, 1992

SILVA OCHOA, "Derechos de los ciudadanos con especial referencia a las lenguas y acceso a registros", in *Administraciones Públicas y Ciudadanos*, Barcelona, 1993

SIMMONDS, A. R./SAGAT, K. A./RONEN, J.,"Dealing with Anomalies, Confusion and Contradiction in Fraud on the Market Securities Class Actions", in *Ken. L. Jour.,* vol. 81, nº 1, 1992/1993

SINGH, CH., "Right to Environment and Sustainable Development as a Principle of International Law", in *Studia Diplomatica,* 1988

SIVE, D. e outros, *A Practical Guide to Environmental Law,* Philadelphia, 1987

SIVES, D., "Securing, Examining and Cross-Examining Expert Witnesses in Environmental Cases", in *Mich. L. Rev.,* vol. 68, 1970

SKILLERN, F. *Environmental Protection Deskbook,* Colorado, 1995

SMEND, R., *Staatsrechtliche Abhandlungen,* 2ª ed., Berlin, 1968

SOARES, ROGÉRIO, *Interesse Público, Legalidade e Mérito*, Coimbra, 1955

SOARES, ROGÉRIO, *Direito Público e Sociedade Técnica,* Coimbra, 1969

SOARES, ROGÉRIO, *Direito Administrativo*, Coimbra, 1978

SOARES, ROGÉRIO, "Princípio da legalidade e administração constitutiva", in *B.F.D.U.C.*, vol. LVII, 1981

SOARES, ROGÉRIO, "O acto administrativo", in *S.I.*, n.os 223/228, 1990

SOARES, ROGÉRIO, "A propósito de um projecto legislativo: o chamado Código de Processo Administrativo Gracioso", in *R.L.J.*, n.os 3694, 3695, 3699, 3702, 3703, 3716

SOARES, ROGÉRIO, "Administração Pública e controlo judicial", in *R.L.J.*, nº 3845

SOELL, H., "Umweltschutz, ein Grunrecht?", in *Natur und Recht,* 1985

SOMMERMANN, K. P., "La justicia administrativa alemana", in G. BARNES VASQUEZ, *La Justicia Administrativa en el Derecho Comparado,* Madrid, 1993

SORENSEN, J. C., *A Framework for Identification and Control Resources Degradation and Conflict in the Multiple Use of Coastal Zone*, Univ. of California, 1971

SOUSA, A. FRANCISCO, *A Discricionariedade Administrativa,* Lisboa, 1987

SOUSA, A. FRANCISCO, *"Conceitos Indeterminados" no Direito Administrativo,* Coimbra, 1994

SOUSA, A. FRANCISCO, "Margem de apreciação e Estado de Direito", in *Polis*, nº 2, 1995

SOUTO DE MOURA, J., "Tutela penal e contra-ordenacional em matéria de ambiente", in *Textos-Ambiente*, C.E.J., Lisboa, 1994

SPANOU, C., "Les associations face à l'information administrative: le cas de l'environnement", in *Information et Transparence Administratives,* Paris, 1988

SPANTIGATI, F., "La trasformazione della discrezionalità in ponderazione delle pressioni; abusivismo edilizio e controlli tributari", in *Il diritto amministrativo degli anni' 80*, Milano, 1987

SPANTIGATI, F., "Intervento", in *Nuovi moti per la formazione del diritto*, Padova, 1988

SPANTIGATI, F., "La natura giuridica delle associazioni ambientali", in *Riv. crit. dir. priv.*, nº 3, 1992

SPANTIGATI, F., "In difesa della valutazione di impatto ambientale: atto amministrativo e azione giuridica", in *Riv. giur. amb.*, 1995

SPINDLER, E. A., "Impatto ambientale in Germania Federale", in *Annuario europeo dell'ambiente*, Milano, 1986

STARK, CH., "L'applicazione del principio di igualanza", in *Dir. e soc.*, 1985

STARK, CH., "I diritti fondamentali nel Grundgesetz della Repubblica Federale di Germania", in *Giur. cost.*, 1992

STARK, S./WALD, S., "Setting no Records: The Failed Attempts to Limit the Record in Review of Administrative Action", in *Administrative L. Rev.,* vol. 36, 1984

STEIGER, H., *Mensch und Umwelt. Zur Frage der Einführung eines Umweltgrundrechts*, Berlin, 1975

STELKENS, P., *Verwaltungsverfahren*, München, 1991

STERN, K., "Die öffentliche Sache", in *VDSFRL*, Berlin, 1964

STERN, K., *Das Staatsrecht der Bundesrepublik Deutschland,* vol. III, München, 1988

STEWART, R., "The Reformation of Administrative Law", in *88 Harv. L. Rev.*, 1975

STIPO, M., "L'interesse pubblico: un mito sfatato?", in *Scritti in onore di Massimo Severo Giannini*, vol. III, Milano, 1988

STOEL, B./SCHERR, J., "Experiences with EIA in the United States", in *Built Environmental,* vol. IV, nº 2, 1978

STONE, C., "Toward legal rights for natural objects", in *South. Calif. L. Rev.*, nº 45, 1972

STORM, P. C., "Probleme der UVP", in *Natur und Umweltschutzrecht,* Heidelberg, 1989

STRAUSS, P. L., "Revisiting Overton Park: Political and Judicial Controls over Administrative Actions Affecting the Community", in *UCLA L. Rev.,* vol. 39, 1992

STREICH, B., "Planungserforderlichkeit und Umweltverträglichkeitsprüfung", in *Archiv für Kommunnalwissenschaften*, 1994

STRUBE, W., "Interesselosigkeit. Zur Geschichte eines Grundbegriffs der Ästhetik", in *Archiv für Begriffsgeschichte*, 23, 1979

STUTZIN, "Die Natur der Rechte und die Rechte der Natur" in *Rechtstheorie*, 1980

SUNI PRAT, E. P., "Diritti fondamentali e garanzie procedurali in Germania: spunti per una nuova visione dei diritti fondamentali", in *Dir. soc.*, nº 4, 1990

SUNI PRAT, E. P., *I diritti al procedimento (Profili di diritto comparato)*, Torino, 1994

SUORDEM, F., *O Princípio da Separação de Poderes e os Novos Movimentos Sociais,* Coimbra, 1995

SUSMEL, L., "Ecologia nella pianificazione del territorio", in *Studi par. pol. cost.*, nº 76, 1987

SUSTEIN, C. R., "Constitutionalism after the New Deal", in *Harv. L. Rev.,* vol. 101, 1987

SWAN, P. D., "Droits écologiques procéduraux et démocratie déliberative", in *Rev. Int. d'Études Jur.*, 1995

TARELLO, G., "Orientamenti della magistratura e della dottrina sulla funzione politica del giurista-interprete", in *L'uso alternativo dell diritto,* Roma, Bari, 1973

TAVARES, J./DE SÈVES, A. L., "Organização administrativa e ambiente. A organização administrativa portuguesa actual no domínio do ambiente", in *Rev. Jur. Urb. Amb.*, nº 1, 1994

TEDESCHINI, F., "Procedimento amministrativo", in *EdD,* vol. XXXV, Milano, 1986

TEITZ, R. B., *Policy Evaluation: The Uncertain Guide,* IURD, California, 1978

TEIXEIRA DE SOUSA, M., "Legitimidade processual e acção popular no direito do ambiente", in *Direito do Ambiente*, INA, 1994

TERRASI, M., *Procedimenti amministrativi e garanzie dell cittadino*, Napoli, 1991

THOMA, R., "Die juristische Bedeutung der grundrechtlichen Stätze der Deutschen Reichsverfassung im allgemeinem", in NIPPERDEY, *Die Grundrechte und Grundpflichten der Reichsverfassung*, vol. I, 1929

THOMAS, J., "Le champ d'application de la loi", in *Les Nouvelles Procédures d'Enquête Publique*, Paris, 1986

THUROW, L. C., *The Zero Sum Society,* New York, 1980

TIBERGHEIN, F./LASSERRE, B., "Chronique générale de jurisprudence administrative française", in *A.J.D.A.*, 1982

TOMEI, R., *L' approvazione amministrativa,* Torino, 1990

TOMLINSON, P., "Environmental Assessment in the UK. Implementation of the EEC Directive", in *Town Planning Review,* 1986

TOMMASO, S., *Summa theologiæ*, I, Torino, 1950

TORCHIA, L., *I modelli di procedimento amministrativo*, Padova, 1993

TORRES, MÁRIO, "A garantia constitucional do recurso contencioso", in *S.I.*, n.os 223/228, 1990

TORRES, MÁRIO, "Bem jurídico/legitimidade", in *Textos-Ambiente*, C.E.J., Lisboa, 1994

TORRES, MÁRIO, *Dano Ecológico no Contencioso Administrativo Português,* Univ. Lusíada, Porto, 1995

TOULEMONDE, B., "Le droit des associations à l'information et à la participation en matière d'urbanisme et d'environnement", in *Les Associations, l'Environnement et le Droit*, Paris, 1984

TREITEL, G. H., *Remedies for Breach of Contract. A Comparative Account*, Oxford, 1989

TRIBE, L. H., "Ways Not to Think About Plastic Trees: New Foundations for Environmental Law", in *Yale L. Jour.*, vol. 83, nº 7, 1974

TRIEPEL, H., *Derecho Público y Política,* trad. esp., Madrid, 1974

TRIMARCHI, F., "Procedimento amministrativo e riforma del processo", in *Il procedimento amministrativo fra riforme legislative e trasformazioni dell' amministrazione*, Milano, 1990

TRIMARCHI, P., *Rischio e responsabilità oggettiva*, Milano, 1961

TURLIN, M., *Études d'Impact: l'Experience Française,* Paris, 1986

ULE, C. H., *Verwaltungsprozeßrecht,* München, 1987

ULE, C. H./LAUBINGER, H. W., *Verwaltungsverfahrensrecht*, Köln, Berlin, Bonn, München, 1979

ULE, C. H./LAUBINGER, H.W., "Diritto del procedimento amministrativo", in *La codificazione del procedimento amministrativo nella Repubblica Federale di Germania,* in *Problemi di amministrazione pubblica,* 2, Napoli, 1979

URETA, A. GARCIA, "A Comment on Some Provisions of the United Nations Convention on Environmental Impact Assessment in a Transboundary Context", in *Environmental Liability,* vol. 1, 1993

URETA, A. GARCIA, "Prevention rather than Cure: The E.C. Environmental Assessment Directive and its Impact in Spain and the U.K.", in *Environmental Liability*, vol. 1, 1993

URETA, A. GARCIA, *Marco Jurídico del Procedimiento de Evaluación de Impacto Ambiental: el Contexto Comunitario y Estatal*, Bilbao, 1994

VACCA, G., *La politica comunitaria dell'ambiente e la sua attuazione negli stati membri*, Milano, 1992

VALLAURI, L., *La scienza giuridica come politica del diritto*, Firenze, 1971

VALLAURI, L., *Saggio sul diritto giurisprudenziale*, Milano, 1975

VALLE, L., "Ecologia, processo storico, sistema politico complesso", in *Il difficile governo dell' ambiente*, Roma, 1988

VALORZI, A., *Tutela cautelare in processo amministrativo*, Padova, 1991

VANDERMEERSCH, "The Single European Act and the Environment", in *European Law Review,* 1987

VAZ, AFONSO, *Direito Económico. A Ordem Económica Portuguesa,* 2ª ed., Coimbra, 1990

VAZ, AFONSO, *Lei e Reserva da Lei*, Porto, 1992

VEDEL, G., "L'appréciation par le juge administratif de l'utilité d'un project", in *Revue du Droit Public*, 1972

VEDEL, G./DELVOLVÉ, P., *Droit Administratif,* 10.ª ed., Paris, 1988

VERHEEM, R., "Desenvolvimentos recentes em relação à AIA no âmbito da Comissão Europeia", in *Avaliação do Impacte Ambiental,* Lisboa, 1994

VIEHWEG, TH., "Some Considerations Concerning Legal Reasoning", in *Law, Reason and Justice,* New York, 1969

VIEHWEG, TH., "Notizien zu einer rhetorischen Argumentationstheorie", in *Jahrbuch für Rechtssoziologie und Rechtstheorie,* II, Düsseldorf, 1972

VIEIRA DE ANDRADE, "A imparcialidade da Administração como princípio constitucional", in *B.F.D.U.C.*, vol. L, 1974

VIEIRA DE ANDRADE, *Os Direitos Fundamentais na Constituição Portuguesa de 1976*, Coimbra, 1983

VIEIRA DE ANDRADE, *O Dever da Fundamentação Expressa de Actos Administrativos*, Coimbra, 1991

VIEIRA DE ANDRADE, *Direito Administrativo e Fiscal,* Lições ao 3.º ano do Curso de 1993/1994 e 1994/1995, Coimbra.

VIGOUROX, CH., "Sur le droit des installations classées pour la protection de l'environnement", in *A.J.D.A.*, 1994

VILLA, E., *Teorie della scienza giuridica e teorie delle scienze naturali*, Milano, 1984

VILLATA, R., *Autorizzazioni amministrative e iniziativa economica privata,* Milano, 1974

VILLATA, R., "Nuove riflessioni sull' oggetto del processo amministrativo", in *Studi in onore di Antonio Amorth,* I, Milano, 1982

VILLATA, R., "La trasparenza dell'azione amministrativa", in *La disciplina generale del procedimento amministrativo*, Milano, 1989

VILLATA, R., "Riflessioni in tema di partecipazione al procedimento e legittimazione processuale", in *Dir. proc. amm.*, nº 2, 1992

VILLATA, R., "Considerazioni in tema de istruttoria, processo e procedimento", in *Dir. proc. amm.*, 1995

VILLEY, V. M., *Le Droit et les Droits de l'Homme*, Paris, 1983

VILLEY, V. M., "Les biens et les choses", in *Arch. phil. droit,* t. 24

VINCENT, J. Y., "L'erreur manifeste d'appréciation", in *Rev. Adm.,* 1971

VIOLINI, L., *Le questioni scientifiche controverse nel procedimento amministrativo*, Milano, 1986

VIPIANA, P. M., *L'autolimite della pubblica amministrazione,* Milano, 1990

VIPIANA, P. M., *Introduzione allo studio del principio di ragionevolezza nel diritto pubblico*, Padova, 1993

VIRGA, G., *Attività istruttoria primaria e processo amministrativo*, Milano, 1991

VIRGA, P., "Appunti sulla cosiddetta discrezionalità tecnica", in *Jus*, 1957

VITAL MOREIRA, *A Ordem Jurídica do Capitalismo*, Coimbra, 1976

WADE, H., *Administrative Law,* 6ª ed., Oxford, 1988

WAGNER, D., "EIA in Germany", in *EIA Newsletter,* nº 5, 1990

WAGNER, D., "EIA in Germany", in *EIA Newsletter,* nº 7, 1990

WAGNER, D., Umweltverträglichkeitsprüfung in der Bauleitplanung und im Raumordnungsverfahren", in *Deutsches Verwaltungsblatt,* 1993

WAGNER, M., *Die Genehmigung umweltrelevanter Vorhaben im parallelen und konzentrierten Verfahren*, Berlin, 1987

WAHL, R., "Verwaltungsverfahren zwischen Verwaltungseffizienz und Rechtsschutzauftrag", in *VVDStRL*, nº 41, Berlin, New York, 1983

WALINE, M., "Le pouvoir discrétionnaire de l'Administration et sa limitation par le contrôle juridictionnel", in *Rev. Dr. Publ.*, 1930

WALINE, M., *Traité Élémentaire de Droit Administratif,* II, 5ª ed., Paris, 1950

WALTER, S., *An Etymological Dictionary of the English Language*, Oxford, 1978

WARTBURG, W., *Französisches Etymologisches Wörterbuch. Eine Darstellung des galloromanisches sprachschtzes*, IV, Basel, 1952

WATHERN, P., "Methods for Assessing Indirect Impacts", in B. CLARK, R. BISSET, A. GILAD e P. TOMLINSON, *Perspectives on Environmental Impact Assessment,* Dordrecht, Boston, Lancaster, 1984

WATHERN, P., "An Introductory Guide to E.I.A.", in P. WATHERN, *Environmental Impact Assessment. Theory and Practice,* 2.ª ed., London, 1992

WATHERN, P., "The EIA Directive of the European Community", in *Environmental Impact Assessment. Theory and Practice*, 2ª ed., London, 1992

WEBER, A., *Die Umweltverträglichkeitsrichtlinie im deutschen Recht,* Köln, 1989

WEBER, A./HELLMANN, U., "Das Gesetz über die UVP", in *NJW*, nº 27, 1990

WEBER, M., *The Protestant Ethics and Spirit of Capitalism*, New York, 1958

WEIDES, P., *Verwaltungsverfahren und Widerspruchverfahren*, 1981

WEINBERGER, O., *Normentheorie als Grundlage der Jurisprudenz und Ethik. Eine Auseinandersetzung mit Hans Kelsen Theorie der Normen*, Berlin, 1981

WEINER, K. S., "La NEPA est une bonne affaire. Le rapport étroit entre l'étude des impacts sur l'environnement et une saine gestion des affaires", in *Industrie et Environnement,* ed. especial, 1980

WEIZSÄCKER, C. F. VON, *Para uma Nova Concepção Física do Universo*, tr. port., Coimbra, 1945

WERHAN, K., "The Neo-Classical Revival in Administrative Law", in *Adm. L. Rev.*, vol. 523, 1992

WHITE, L., "The historical roots of our environmental crisis", in *Science*, n.º 155, 1967

WHITEHEAD, A. N., *La scienza e il mondo moderno*, tr. it., Torino, 1979

WICKE, L., *Die ökologischen Milliarden*, München, 1988

WIEACKER, F., *História do Direito Privado Moderno*, tr. port., Lisboa, 1980

WIENER, J. B., "Law and the New Ecology: Evolution, Categories and Consequences", in *Ecology Law Quarterly*, vol. 22, nº 2, 1995

WILLKE, H., *Stand und Kritik der neuren Grundrechtstheorie*, Berlin, 1975

WITTGENSTEIN, L., *Tractatus logico-philosophicus*, tr. it. Torino, 1964

WOLF, R., "Das Bundesverfassungsgericht-Hüter der Umwelt?", in *K.J.*, 1984

WOLFRUM, R., "Der Ausschluss von Einwendungen im Anhörungsverfahren und sein Einfluss auf den Verwaltungsrechtsschutz", in *DÖV*, 1979

WOOD, CH., "The Impact of the European Commission's Directive on Environmental Planning in the UK", in *24 Planning Outlook*, 1982

WOOD, CH., "The Genesis and Implementation of Environmental Impact Assessment in Europe", in M. CLARK e J. HERINGTON, *The Role of Environmental Impact Assessment in the Planning Process*, London, 1988

WOOD, CH., *Environmental Impact Assessment. A Comparative Review*, London, NewYork, 1995

WOZNIAK, S. J., "Methodology for Environmental Assessment of Building Developments", in *Environmental Assessment*, 1993

XAVIER, ALBERTO, *Do Procedimento Administrativo*, São Paulo, 1976

ZACKER, "Umwelt", in *Grabitz, Kommentar zum EWG-Vertarg*, München, 1989

ZAGREBELSKY, G., *La giustizia costituzionale*, Bologna, nova ed., 1988

ZAGREBELSKY, G., *Il diritto mite*, Torino, 1992

ZANUTTIGH, L., "Processo e tutela dell'ambiente nell'esperienza nordamericana", in AA. VV., *La tutela degli interessi diffusi nel diritto comparato, con particolare riguardo alla protezione dell'ambiente e dei consumatori*, Milano, 1976

ZECCHINATO, P., "La normatività della natura nella più recente filosofia italiana", in E. BERTI, *Problemi di etica: fondazione, norme, orientamenti*, Padova, 1990

ZEPPETELLA, A./BRESSO, M./GAMBA, G., *Valutazione ambientale e processi di decisione*, Roma, 1992

ZITO, A., *Le pretese partecipative del privato nel procedimento amministrativo*, Milano, 1996

ZUCCHETTI, A., *La partecipazione del cittadino nelle autonomie locali*, Milano, 1992

ABREVIATURAS

A.D. — *Acórdãos Doutrinais do Supremo Tribunal Administrativo*
Adm. L. Rev. — *Administrative Law Review*
A.J.D.A. — *Actualité Juridique - Droit Administratif*
AöR — *Archiv des öffentlichen Rechts*
A.P. — *Administração Pública*
Arch. giur. — *Archivio giuridico*
Arch. phil. droit — *Archives de philosophie du droit*
B.F.D.U.C. — *Boletim da Faculdade de Direito da Universidade de Coimbra*
BGB — *Bürgerliches Gesetzbuch*
B.M.J. — *Boletim do Ministério da Justiça*
bzw. — *beziehungsweise*
C.C. — *Código Civil*
CEQ — *Council on Environmental Quality*
Corr. giur. — *Corriere giuridico*
C.P.A. — *Código do Procedimento Administrativo*
C.R.P. — *Constituição da República Portuguesa*
D.A. — *Documentación Administrativa*
Dir. amm. — *Diritto amministrativo*
Dir. Jus. — *Direito e Justiça*
Dir. proc. amm. — *Diritto processuale amministrativo*
Dir. soc. — *Diritto e società*
DÖV — *Die Öffentliche Verwaltung*
DVBl — *Deutsches Verwaltungsblatt*
Econ. pubbl. — *Economia pubblica*
EdD — *Enciclopedia del Diritto*
EIA — *Environmental Impact Assessment*
EIS — *Environmental Impact Statement*
EPA — *Environmental Protection Agency*
E.S. — *Economia e Sociologia*
Est. Dir. — *Estado e Direito*
Foro it. — *Foro italiano*

Giur. cost. — *Giurisprudenza costituzionale*
Giust. cost. — *Giustizia e costituzione*
Harv. L. Rev. — *Harvard Law Review*
HdbStRBRD — *Handbuch des Staatsrechts der Bundesrepublik Deutschland*
Imp. amb. pubbl. amm. — *Impresa ambiente e pubblica amministrazione*
Journ. Leg. Stud. — *Journal Legal Studies*
JuS — *Juristiche Schulung*
JZ — *Juristenzeitung*
Ken. L. Jour. — *Kentucky Law Journal*
KJ — *Kritische Justiz*
L.A.I.A. — *Lei de Avaliação de Impacto Ambiental*
L.P.T.A. — *Lei de Processo dos Tribunais Administrativos*
Mich. L. Rev. — *Michigan Law Review*
NEPA — *National Environmental Policy Act*
NJW — *Neue Juristiche Wochenschrift*
Nov. dig. it. — *Novissimo digesto italiano*
NuR — *Natur und Recht*
Pol. dir. — *Politica del diritto*
R.A.P. — *Revista de Administración Pública*
Rass. dir. pubbl. — *Rassegna di diritto pubblico*
Rass. giur. ener. elet. — *Rassegna giuridica dell' energia elletrica*
R.C.S.S. — *Revista Crítica de Ciências Sociais*
R.E.D.A. — *Revista Española de Derecho Administrativo*
Rev. Ad. — *Revue Administrative*
Rev. Dir. Amb. Ord. Ter. — *Revista de Direito do Ambiente e Ordenamento do Território*
Rev. Dir. Ec. — *Revista de Direito e Economia*
Rev. Dir. Públ. — *Revista de Direito Público*
Rev. Esp. Der. Const. — *Revista Española de Derecho Constitucional*
Rev. Jur. Urb. Amb. — *Revista Jurídica do Urbanismo e do Ambiente*
Rev. Min. Públ. — *Revista do Ministério Público*
Rev. trim. droit eur. — *Revue trimestrielle de droit européen*
R.F.D.A. — *Revue Française de Droit Administratif*
R.J.E. — *Revue Juridique de l' Environnement*
Riv. crit. dir. priv. — *Rivista critica del diritto privato*
Riv. dir. eur. — *Rivista di diritto europeo*
Riv. giur. amb. — *Rivista giuridica dell' ambiente*
Riv. giur. edil. — *Rivista giuridica dell' edilizia*
Riv. trim. dir. civ. — *Rivista trimestrale di diritto civile*
Riv. trim. dir. e proc. civ. — *Rivista trimestrale di diritto e procedura civile*

Riv. trim. dir. pubbl. — *Rivista trimestrale di diritto pubblico*

Riv. trim. sc. amm. — *Rivista trimestrale di scienza dell'amministrazione*

R.L.J. — *Revista de Legislação e de Jurisprudência*

San. pubbl. — *Sanità pubblica*

S.I. — *Scientia Iuridica*

South. Calif. L. Rev. — *Southern Californian Law Review*

S.T.A. — *Supremo Tribunal Administrativo*

Tex. L. Rev. — *Texas Law Review*

UVP — *Umweltverträglichkeitsprüfung*

UVPG — *Gesetz über die Umweltverträglichkeitsprüfung*

UVP-RL — *Richtlinie des Rates über die Umweltverträglichkeitsprüfung bei bestimmten öffentlichen und privaten Projekten*

VVDStRL — *Veröffentlichungen der Vereinigung der Deutschen Staatsrechtslehrer*

Yale L. Jour. — *Yale Law Journal*

ZZP — *Zeitschrift für Zivilprozeßrecht*

ÍNDICE

Parte I

PARA UM DIREITO PROCEDIMENTAL DO AMBIENTE

PRÉ-COMPREENSÕES: ARQUEOLOGIA DE UMA INIMIZADE

Capítulo I
TRIANGULAÇÕES PARA A INDIVIDUALIZAÇÃO DE NOVAS SITUAÇÕES JURÍDICAS

Capítulo II
O PROCEDIMENTO ADMINISTRATIVO COMO CIDADE CONSTITUCIONAL DOS INTERESSES DIFUSOS: O EXERCÍCIO PARITÁRIO DA FUNÇÃO ADMINISTRATIVA

Capítulo III
O PROCEDIMENTO COMO DIREITO COMUM DA ACTIVIDADE ADMINISTRATIVA: PARA UMA DISCRICIONARIDADE OBJECTIVA CONSTITUCIONALMENTE NECESSÁRIA E AMBIENTALMENTE INEVITÁVEL

Parte II

REGIME JURÍDICO
DA AVALIAÇÃO DE IMPACTO AMBIENTAL
NA COMUNIDADE EUROPEIA: A DIRECTIVA 85/337/CEE

Capítulo I
DO MODELO DO "COWBOY" À DIRECTIVA 85/337/CEE

Capítulo II
A DIRECTIVA 85/337/CEE

Capítulo II
A SOLUÇÃO FRANCESA DOS *ÉTUDES D'IMPACT*

Capítulo III
O PROCEDIMENTO DE AVALIAÇÃO DE IMPACTO AMBIENTAL EM ESPANHA

Capítulo IV
A AVALIAÇÃO DE IMPACTO AMBIENTAL NA R.F.A.

Parte IV

O PRODECIMENTO ADMINISTRATIVO
DE AVALIAÇÃO DE IMPACTO AMBIENTAL:
UMA VISÃO PROSPECTIVA

Capítulo I
O PROCEDIMENTO ADMINISTRATIVO DE AVALIAÇÃO DE IMPACTO AMBIENTAL: TIPOLOGIA E PLURIFUNCIONALIDADE

Capítulo II
DESENVOLVIMENTO E EFICÁCIA DO PROCEDIMENTO ADMINISTRATIVO DE AVALIAÇÃO DE IMPACTO AMBIENTAL